PAGE 34

SUR LA ROUTE

ÎLES, VILLES ET VILLAGES
Visites, activités et bonnes adresses

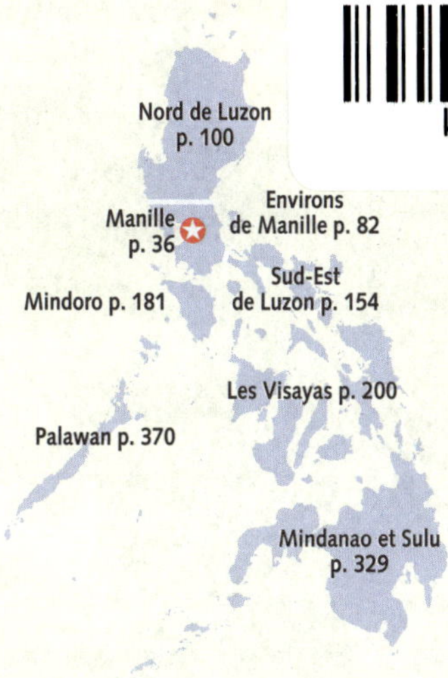

PAGE 435

PHILIPPINES PRATIQUE

TOUT POUR S'ORGANISER
Forfaits aériens, location de voitures et de bateaux, organismes à connaître

ÉDITION ÉCRITE ET ACTUALISÉE PAR

Greg Bloom,

Michael Grosberg, Trent Holden, Adam Karlin, Kate Morgan

Bienvenue aux Philippines

Exception culturelle

Les Philippines se démarquent du Sud-Est asiatique géographiquement mais aussi spirituellement et culturellement. Fruit de plus de trois siècles de domination espagnole, l'importance du catholicisme dans le pays est l'un de ses aspects les plus surprenants. De l'époque espagnole ont subsisté d'exubérants festivals comme l'Ati-Atihan de Kalibo, une architecture coloniale hispano-philippine unique et de ravissantes églises dominant des places animées. Les centres commerciaux, les fast-foods et l'omniprésence de l'anglais témoignent de l'influence des Américains, qui ont succédé aux Espagnols. Malgré ces influences étrangères, le pays a conservé un caractère bien à lui. La population est philippine, tout simplement, et fière de l'être. Accueillante, chaleureuse et d'un optimisme à toute épreuve, c'est elle qui fait tout le charme du pays et achève de séduire les visiteurs.

Vie insulaire

Les Philippines sont formées de plus de 7 000 îles et à certaines périodes de l'année, le visiteur peut avoir l'impression de les avoir pour lui tout seul. Elles sont essentiellement constituées d'un intérieur montagneux couvert de jungle, entouré d'un littoral sablonneux baigné d'eaux bleu-vert regorgeant de coraux. Certaines se singularisent allant des simples étendues

JOHN PENNOCK/LONELY PLANET IMAGES ©

Rizières émeraude, mégalopoles turbulentes, jeepneys bariolés, volcans menaçants, tarsiers aux yeux globuleux, buffles placides, visages souriants... pas de doute, vous êtes bien aux Philippines.

(à gauche) Le parc national Hundred Islands, au nord de Luzon
(ci-dessous) Festival, Negros Occidental

TOM COCKREM/LONELY PLANET IMAGES ©

de sable en plein milieu de l'océan aux îles géantes et surpeuplées comme Luzon ou Mindanao. Les amateurs de plage et de plongée pourront filer tout droit aux Visayas, où les occasions de passer d'une île à une autre sont nombreuses et où les plages sont idéales. Quant à ceux qui préfèrent l'aventure, ils pourront planter leur tente sur une plage déserte pour jouer les Robinson Crusoé.

L'aventure accessible

De la randonnée dans les montagnes au nord de Luzon, au kitesurf à Boracay, en passant par la spéléologie dans les grottes de Samar, les Philippines ont de quoi ravir tous les accros à l'adrénaline. Boracay et Daet, sur Bicol, sont deux grandes destinations pour les amateurs de kitesurf et de planche à voile. Si les surfeurs commencent tout juste à s'intéresser aux vagues qui se forment sur les deux côtes à certaines périodes de l'année, les plongeurs connaissent depuis longtemps les charmes sous-marins du pays. Un masque et un tuba suffisent pour partir à la rencontre des gentils *butanding* (requins-baleines) dans le sud-est de Luzon. Dans les eaux vives, le programme est bien fourni : rafting, kayak et wakeboard. De retour sur la terre ferme, les rizières des environs de Banaue offrent des randonnées très prisées, mais il y a aussi de nombreux sommets (dont bon nombre de volcans) sur Luzon, les Visayas, Mindoro et Mindanao.

Philippines

Les incontournables

Siargao
Cloud Nine ou le paradis des surfeurs (p. 352)
Archipel de Bacuit
Des eaux cristallines et de belles plages isolées (p. 394)
Intérieur de Bohol
Tarsiers aux grands yeux et majestueuses Chocolate Hills (p. 293)
Siquijor
Sable chaud, plongée et sorciers guérisseurs (p. 289)
Camiguin
Un terrain de jeu pour des aventures de plein air (p. 341)
Mer de Sibuyan
Pinamalayan
Sablayan
Roxas
San José
Apo Reef
Détroit de Mindoro
Île de Busuanga
Coron
Groupe des Calamian
Île de Culion
Palawan
Îles Semirara
Îles de Cuyo
El Nido
Taytay
Baie de Taytay
Port Barton
Roxas
Île de Dumaran
Palawan Passage
Puerto Princesa
Quezon
Narra
Mt Mantalingajan (2 086 m)
Brooke's Point
Île Bugsuk
Île Balabac
Îles de Cagayan
Mer de Sulu
Récifs de Tubbataha
Île de Cagayan Sulu
Turtle Islands
Sandakan
MALAISIE (Sabah)
Île de Pangutaran
Île de Jolo
Jolo
Île de Tawi-Tawi
Bongao
Archipel des Sulu
Mer des Célèbes
Île de Tablas
Île de Romblon
Île de Sibuyan
Île de Boracay
Caticlan
Kalibo
Roxas
Panay
San Jose de Buenavista
Iloilo City
Jordan
Île de Guimaras
Mer des Visayas
Visayas
Silay
Bacolod
Mt Kanlaon (2 465 m)
San Carlos
Toledo
Cebu City
Cebu
Kabankalan
Sipilay
Negros
Dumaguete
Bohol
Tagbilaran
Île de Siquijor
Sorsogon
Bulan
Masbate
Masbate
Catarman
Laoang
Samar
Calbayog
Catbalogan
Borongan
Île de Biliran
Tacloban
Ormoc
Leyte
Baybay
Maasin
Padre Burgos
Île de Homonhon
Île de Dinagat
Île de Siargao
Fosse des Philippines
12°N
Mer de Mindanao
Surigao
Lac Mainit
Île de Camiguin
Tandag
Butuan
Cagayan de Oro
Prosperidad
Dipolog
Oroquieta
Iligan
Malaybalay
Bislig
Liloy
Péninsule de Zamboanga
Pagadian
Ipil
Lac Lanao
Mindanao
8°N
Cotabato
Mt Apo (2 954 m)
Tagum
Caraga
Kidapawan
Davao
Mati
Zamboanga
Golfe de Moro
Isabela
Île de Basilan
Alah Valley
Lac Buluan
Digos
Baie de Davao
Malita
General Santos
Alabel
Glan
Mer de Mindanao
INDONÉSIE

15 FAÇONS DE VOIR LES PHILIPPINES

Les rizières en terrasses des Ifugao

1 En regardant une carte du nord de Luzon, on pourrait aisément croire que la cordillère n'est constituée que de nature sauvage. Certes la jungle est bien présente, mais les voyageurs qui se rendent à Banaue, Batad et dans d'autres localités des Ifugao (p. 142) sont toujours frappés de voir l'importance des cultures. Même sur les versants les plus escarpés des montagnes, de petits lopins de terre ont été transformés en rizières, composant un paysage vert émeraude des plus remarquables.

Batad, province des Ifugao

Archipel de Bacuit

2 Avec ses plages isolées, ses lagons magnifiques et ses îlots rocheux, le dédale formé par l'archipel de Bacuit (p. 394), au nord de Palawan, est incontournable. À un court trajet en *bangka* de la sympathique localité côtière d'El Nido, la baie de Bacuit présente un mélange étonnant d'imposantes falaises calcaires, de plages de sable longées de palmiers et de récifs coralliens. Les trajets de nuit entre îles de la baie, ou plus au nord à travers le détroit de Linapacan vers Coron, permettent de rejoindre des villages de pêcheurs éloignés où les prises du jour sont grillées pour le dîner.

Baie de Bacuit, Palawan

KIMBERLEY COOLE/LONELY PLANET IMAGES ©

TOM COCKREM/LONELY PLANET IMAGES ©

MARK DAFFEY/LONELY PLANET IMAGES ©

TOM COCKREM/LONELY PLANET IMAGES ©

DALLAS STRIBLEY/LONELY PLANET IMAGES ©

Célébrations

3 Les Philippines ne seraient pas les Philippines sans leurs festivals colorés, ou fiestas, qui animent les îles au fil de l'année. Le plus important de tous est le carnaval d'Ati-Atihan Festival (p. 18), à Kalibo. Au festival MassKara de Bacolod (p. 20) et au festival des Moriones de Marinduque (p. 179), d'espiègles hommes masqués poussent les foules à danser. À Pâques, la cérémonie de la Crucifixion (p. 18) de San Fernando, au nord de Manille, offre un spectacle beaucoup moins jovial, avec ses catholiques fanatiques qui se font littéralement clouer sur des croix. Danseurs costumés, festival d'Ati-Atihan

Plages

4 Rien ne définit mieux les Philippines qu'une plage de sable blanc isolée – il en existe au moins une sur chacune des 7 000 îles que compte le pays. Vous voulez vous sentir seul au monde ? C'est presque trop facile – la majeure partie de Luzon est entourée de plages désertes et votre île particulière vous attend dans l'archipel des Calamian (p. 395), vers Coron, dans la province de Palawan. Envie d'un bon spot de plongée et d'une plage superbe ? Essayez Malapascua (p. 220) ou Sipalay (p. 278). Un peu d'action ? Vous pourrez prendre des cours de kitesurf sur Boracay (p. 250) ou de surf à San Juan, La Union (p. 108). Coron, Palawan

Boracay

5 Il y a encore peu de temps, Boracay (p. 250) n'était qu'un îlot délaissé. Les temps ont bien changé ! Désormais, la petite île fait partie des plages en vogue du Sud-Est asiatique. Pourtant, en dépit de tous les changements intervenus, elle reste en général plus calme que les plages comme Kuta Beach ou Ko Samui. Il est encore possible de trouver une certaine intimité, notamment à l'extrémité sud de la plage emblématique de White Beach, où l'esprit de la Boracay d'antan perdure. White Beach, Boracay

Aventures à Bicol

6 Le sud-est de Luzon, géographiquement délimité par la péninsule de Bicol (p. 155), est le rendez-vous de tous les amateurs d'aventure aux Philippines. Non contente de produire la meilleure cuisine des îles, Bicol est la destination phare des accros à l'adrénaline, grâce notamment au Camsur Watersports Complex, où le wakeboard et ses dérivés règnent en maîtres. Daet, dans la province de Camarines Norte, est un important spot de surf et de kitesurf. Direction la côte de Luzon pour plonger avec tuba en compagnie des gentils requins-baleines de Donsol – un souvenir inoubliable. Requins-baleines

Sagada

7 Les ethnies de la cordillère du nord de Luzon semblent toutes avoir d'impressionnantes pratiques funéraires. À Sagada (p. 131), la manière dont la population traite les dépouilles est aussi simple qu'originale : les cercueils sont empilés dans des niches creusées dans les falaises, conservés silencieusement comme des vieux livres présidant au-dessus de la jungle. Sagada elle-même est l'une des rares villes traditionnellement "routardes" du nord de Luzon, avec l'ambiance sympathique et conviviale propre aux villes bon marché de ce type. Grotte funéraire de Lumiang, Sagada

6

MICHAEL AW/LONELY PLANET IMAGES ©

7

NOBORU KOMINE/LONELY PLANET IMAGES ©

8

JOHN BORTHWICK/LONELY PLANET IMAGES ©

9

JACOB MAENTZ/CORBIS ©

L'intérieur de Bohol

8 Aucune visite de Bohol (p. 302) ne serait complète sans un détour vers les emblématiques Chocolate Hills et leurs adorables petits tarsiers aux grands yeux. Le mieux est de louer une voiture ou une moto ; rendez-vous sur place à l'aube pour profiter d'une vue mémorable sur les monticules verdoyants s'étirant jusqu'à l'horizon embrumé. Vous pourrez guetter les tarsiers dans la nature lors de safaris de nuit, mais mieux vaut vous rendre au refuge des tarsiers, où vous serez sûr de voir ces extraordinaires et ravissants primates. Chocolate Hills, Bohol

Surf à Siargao

9 L'ambiance détendue et les vagues convenant aussi bien aux experts qu'aux novices font de cette île un bon spot de surf. Le pittoresque pavillon de Cloud Nine (p. 352) est le centre local et touristique, mais il y a des vagues partout. Pour un peu de calme, direction le paisible village de Burgos (p. 353), dans le nord, ou prenez un *bangka* jusqu'à un spot peu visité. À la fin de la journée, quelles que soient vos compétences, il est de rigueur d'aller se vanter de ses exploits, en les exagérant un peu, avec d'autres surfeurs en regardant les vagues au soleil couchant.

10

CARLOTTA/ALAMY ©

11

TOM COCKREM/LONELY PLANET IMAGES ©

Escalade à Camiguin

10 Depuis le littoral nord de Mindanao, le paysage déchiqueté de l'île volcanique de Camiguin (p. 341) est masqué par sa silhouette verdoyante. Pour prendre conscience de la topographie de l'île, rejoignez l'intérieur, par les routes qui traversent les forêts denses et vont dans les hauteurs. Idéal pour les amateurs d'aventure en solo, les sommets et les vallées de Camiguin offrent ruisseaux à descendre, montagnes à escalader, canyons pour faire du rappel et bassins au pied de cascades, où se baigner après une journée d'excursion.

Excursion à Siquijor

11 Le meilleur moyen de profiter de l'ambiance de Siquijor (p. 289) est de faire le tour de l'île à moto. Commencez la journée à la plage de Paliton avant de prendre le petit-déjeuner chez JJ's. Organisez une visite chez un guérisseur, qui travaille avec des herbes médicinales, puis rejoignez Lazi et sa belle église en bois et coraux. Vous pourrez vous rafraîchir dans les chutes ou à la plage de Kagasua. Les amateurs d'art contemporain apprécieront l'Olang Art Park, et vous pourrez finir au nord de Larena en admirant le coucher du soleil. Couvent de Lazi, Siquijor

DENNIS M. SABANGAN/EPA/CORBIS ©

JOHN WARBURTON-LEE PHOTOGRAPHY/ALAMY ©

Apo Reef

12 Apo Reef (p. 197) est un spot de plongée particulier. Atoll protégé, en majeure partie immergé au large de la côte ouest de Mindoro, le "récif d'Apo" offre un véritable festin de splendeurs sous-marines aux plongeurs de tout poil. On en vient parfois à ne plus savoir combien de requins, de raies et de tortues de mer on a vu tant ils étaient nombreux. Des thons, des labres et d'immenses colonies de carangues patrouillent dans les eaux profondes tandis qu'anguilles, tortues et toutes sortes de petits animaux marins peuplent les récifs en eaux peu profondes.

Manille la nuit

13 Tout est là ! C'est ainsi que l'on pourrait le mieux résumer la vie nocturne à Manille. Des bars branchés de Quezon City aux bars à concerts de Malate, en passant par les discothèques de Makati et au tout nouveau Resorts World, il y a de l'animation à toute heure. Tous les soirs, les "restobars" à ciel ouvert sont bondés de clients une bière à la main jusque bien après minuit. Le week-end, expatriés et cadres dansent dans les clubs jusqu'à l'aube. Envie de plus d'originalité ? Le spectacle de travestis du Club Mwah! (p. 61) est un incontournable.

Architecture coloniale

14 Les Espagnols ont laissé aux Philippines une superbe architecture qui mêle éléments locaux et européens. Les centres historiques de Vigan (p. 111) au nord de Luzon et de Silay (p. 275), sur Negros, abritent encore de nombreuses maisons ancestrales bien conservées, souvent reconverties en de ravissants hôtels et restaurants. Des églises de pierres centenaires, telles que celles (reconnues par l'Unesco) de Paoay (p. 117), Santa Maria (p. 115) et Miagao (p. 245) figurent également au rang des bâtiments hérités de la période espagnole. Église de Paoay, Ilocos

NOBORU KOMINE/LONELY PLANET IMAGES ©

Volcans

15 Situées sur le "cercle de feu" du Pacifique, les Philippines sont une terre de volcans. En 1991, l'éruption du mont Pinatubo (p. 99) a altéré le climat planétaire durant une brève période. Il est possible d'arpenter le paysage lunaire du Pinatubo et de nager dans le lac de son cratère, d'un bleu profond. Les amateurs d'escalade iront au mont Kanlaon (p. 274) sur Negros, au mont Guiting-Guiting (p. 236) de Romblon ou, pour les plus aguerris, au mont Halcon (p. 191) de Mindoro. L'ascension la plus facile est celle du mont Taal (p. 85) et le mont Mayon (p. 167), qui fume toujours, est des plus photogéniques.

Mont Mayon, Bicol

VERONICA GARBUTT/LONELY PLANET IMAGES ©

L'essentiel

Monnaie
» Peso philippin (P)

Langues
» Tagalog (philippin/filipino) et anglais

Quand partir

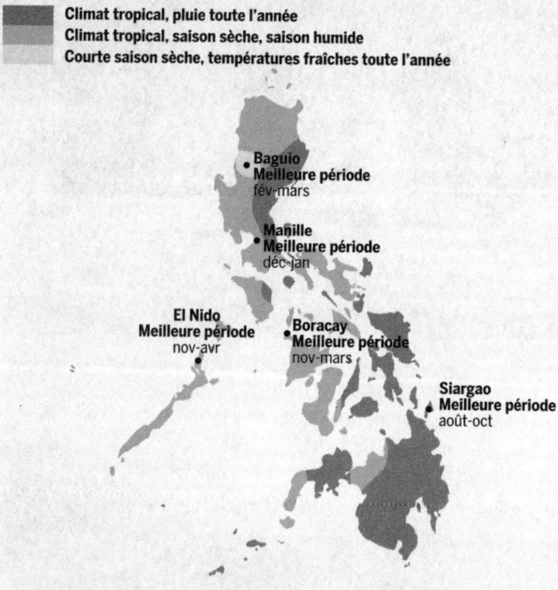

Haute saison
(déc-avr)

» La haute saison est la saison sèche dans la majeure partie du pays ; la période de décembre à février est la plus fraîche et la plus agréable.

» La plupart des stations triplent leurs prix vers le nouvel an et avant Pâques.

Saison intermédiaire
(mai et nov)

» La hausse des températures en mai annonce la fin de la saison des pluies vers Manille et ailleurs.

» Novembre annonce le retour des tarifs de la saison haute.

Basse saison
(juin-sept)

» Dans les zones touristiques, les prix de l'hébergement chutent de 30%.

» Les typhons peuvent entraîner des pluies torrentielles.

» Le littoral est généralement sec, mais cela n'exclut pas les typhons.

Budget quotidien

Moins de
2 200 P
(38 €)

» Place en dortoir ou chambre simple 250-500 P

» Cuisine locale et bière 500 P

» Tricycle 8 P

2 200-6 000 P
(38-105€)

» Chambre climatisée 1 200-3 000 P

» Repas correct avec boissons 1 200-2 000 P

» Location de moto et massage 1 000 P

Plus de
6 000 P
(105€)

» Hôtel élégant 4 000-12 000 P

» Brunch buffet avec champagne 3 000 P

» Location de van avec chauffeur 4 000 P/jour

Argent

» Hormis dans les zones les plus reculées, les DAB sont largement disponibles. Cartes de crédit acceptées dans les hôtels, restaurants et certaines boutiques.

Visas

» Des visas de 21 jours sont accordés à l'arrivée à la plupart des voyageurs. Prolongation facile (38 jours maximum) dans les principaux centres provinciaux.

Téléphones portables

» Les cartes SIM locales peuvent être utilisées dans tous les téléphones. On peut acheter un téléphone basique (à partir de 15 $US) à l'arrivée.

Transports

» Il s'agit surtout de bateaux ou de vols bon marché entre les îles, ainsi que de bus ou de voitures de location (conduite à droite) sur l'île principale, Luzon.

Sites Web

» **Philippine Newslink** (www.philnews.com) Informations, liens.

» **ClickTheCity.com** (www.clickthecity.com) Tout ce qui se passe à Manille et dans le pays.

» **Tanikalang Ginto** (www.filipinolinks.com) Tous les sujets en vogue aux Philippines.

» **Lonely Planet** (www.lonelyplanet.fr). Dernières nouvelles des voyages aux Philippines, forum de discussion, informations sur les voyages et liens vers des sites utiles.

» **MindaNews** (www.mindanews.com) Site d'informations en ligne sur Mindanao.

Taux de change

Canada	1 $C	42 P
États-Unis	1 $US	42 P
Suisse	1 FS	47 P
Zone euro	1 €	58 P

Pour les taux de change actuels, consultez www.xe.com

Numéros utiles

Composez le 0 avant les indicatifs locaux lorsque vous appelez depuis un téléphone portable ou un téléphone fixe en dehors de la région.

Indicatif national	☎63
Urgences	☎117
Code international	☎00
Opérateur international	☎108
Renseignements PLDT	☎187

Arriver aux Philippines

Depuis/vers l'aéroport international Ninoy Aquino (NAIA)

» Renseignez-vous pour savoir à quel terminal du NAIA vous arriverez (et duquel vous repartirez).

» Les transports publics en ville sont compliqués et impliquent des correspondances. Les taxis sont bon marché (225 P vers la plupart des hôtels) et nombreux aux aéroports.

» Les 4 terminaux ne sont pas si proches les uns des autres ; service de navettes (20 P).

» Voir p. 80 pour des informations plus détaillées.

Voyage responsable

L'explosion démographique pèse lourdement sur l'environnement philippin et sur les minorités autochtones. Voici des recommandations pour éviter que la situation n'empire :

» Pour les circuits, préférez les petites agences locales (généralement des agences d'écotourisme bien ancrées) aux grandes sociétés.

» Abordez les zones indigènes avec respect : évitez les manifestations ostentatoires de richesse et demandez la permission avant de prendre des photos.

» Remplissez votre gourde ou vos bouteilles aux stations de remplissage omniprésentes.

» Évitez tant que possible les sacs en plastique.

Enfin, même si nous aimons toujours Boracay, les constructions frénétiques et l'explosion du tourisme ne sont pas favorables à son environnement. Pensez à visiter des zones moins touristiques. Elles ont bien besoin de votre argent.

Envie de...

Aller d'île en île

Deuxième archipel au monde de par sa taille, les Philippines constituent un véritable paradis pour qui aime voyager d'île en île. Des petits groupes d'îlots sont plus ou moins rassemblés autour de toutes les îles principales et, dans toutes les localités en bord de mer, vous trouverez un batelier vous attendant avec son *bangka*.

Nord de Palawan Les archipels labyrinthiques de Bacuit et Calamian devraient figurer en première place de la liste de tout fan des îles (p. 394 et p. 395).

Romblon Le *bangka* est le seul moyen de se déplacer dans cette province éclectique de la mer de Sibuyan, au nord de Boracay (p. 229).

Péninsule de Caramoan Les karsts que l'on trouve sur ce morceau de terre à l'est de Bicol n'ont rien à envier à ceux de l'archipel de Bacuit (p. 161).

Siargao La capitale philippine du surf offre un choix étourdissant d'îlots idylliques à explorer lorsque les vagues laissent à désirer (p. 350).

Côte de Zambalès Les îles désertes abondent sur cette portion de littoral facilement accessible depuis Manille (p. 101).

Randonnée

Les plus grandes îles sont tapissées de forêts et abritent certaines des plus grandes grottes d'Asie. Les rizières en terrasses du nord de Luzon sont l'objet d'excursions prisées, mais il y a aussi de beaux sommets à découvrir dans le sud de Luzon, sur Mindoro, les Visayas et Mindanao.

La cordillère Célèbre pour ses rizières en terrasses, la chaîne de montagnes emblématique de Luzon permet des randonnées qui passent par des villages tribaux reculés et des sommets de plus de 2 500 m (p. 119).

Bicol Presque "parfait", le mont Mayon est le plus beau de la région. À proximité, le mont Isarog et le mont Bulusan se prêtent mieux à la randonnée (p. 155).

Davao Point culminant des Philippines, le mont Apo domine l'horizon dans le sud de Mindanao (p. 354).

Île de Sibuyan Un vrai paradis pour la biodiversité, où se trouve également le mont Guiting-Guiting (2 058 m ; p. 236).

Mindoro Oriental L'ascension du mont Halcon (2 505 m) est un véritable défi. Les randonnées font de découvrir des villages tribaux mangyans isolés (p. 191).

Sports aquatiques

La plongée est l'activité reine (voir p. 25), mais le pays se prête au surf et au kitesurf. La voile, la planche à voile, la pêche en haute mer, le rafting, le kayak et le wakeboard sont également au menu.

Snorkeling avec les requins-baleines Plonger avec les gentils *butanding* (requins-baleines) de Donsol est l'activité phare aux Philippines (p. 169).

Rafting Les eaux vives des environs de Cagayan de Oro sont étonnamment... vives ! Elles sont accessibles toute l'année (p. 334).

Kayak de mer Les adeptes du kayak de mer ont des kilomètres de littoral intact à explorer dans des endroits comme le nord de Palawan ou le parc national Hundred Islands (p. 107).

Surf Le point break de Baler, rendu célèbre par *Apocalypse Now*, est inconstant, mais lorsqu'il est là, c'est le paradis des surfeurs (p. 145).

Kitesurf et windsurf L'*amihan* (mousson du Nord-Est) fait souffler des vents puissants sur Boracay de décembre à mars, pour le plus grand plaisir des adeptes de la voile et faisant de cette île un véritable paradis du kitesurf et du windsurf (p. 250).

» Surf sur la plage de Sabang (p. 145), Baler, nord de Luzon

Écotourisme

Les 20 ans de pillage des ressources naturelles du pays (sous Marcos), suivies de 20 ans d'indifférence écologique, ont dégradé l'écosystème philippin. Aujourd'hui, le pays s'ouvre enfin aux bienfaits de l'écologie et de l'écotourisme.

Tubbataha Embarquez pour un safari-plongée dans cet atoll immergé et protégé au milieu de la mer de Sulu (p. 379).

Puerto Princesa Pasyar Developmental Tourism organise des circuits à la rencontre des dauphins et des séjours chez l'habitant dans de petites localités rurales dans le sud de Palawan (p. 373).

WWOOF Faire du volontariat dans une ferme bio dans les villages d'Acop (p. 127) et Pula (p. 142), dans la cordillère.

Île de Pamilacan Repérez les dauphins près de l'île de Pamilacan, depuis des bateaux jadis utilisés par des pêcheurs de raies manta et de baleines (p. 304).

Aigles et primates Pour une observation "responsable" d'oiseaux et de primates, direction le Philippine Eagle Research & Nature Center, près de Davao (p. 361), ou le refuge de tarsiers de Bohol (p. 302).

Histoire

Peu de pays ont autant souffert durant la Deuxième Guerre mondiale que les Philippines. À travers tout l'archipel, des monuments commémorent les batailles clés, les débarquements historiques et les sinistres marches de la mort.

Manille La capitale abrite plusieurs mémoriaux poignants, comme le cimetière de Fort Bonifacio, particulièrement paisible et émouvant (p. 61).

Péninsule de Bataan Des bornes kilométriques jalonnent la route de la marche de la mort de Bataan. Le musée et le sanctuaire situés au sommet du mont Samat sont incontournables (p. 96).

Red Beach Une statue étonnante reproduit le célèbre retour du général MacArthur aux Philippines (p. 315).

Île de Corregidor Seule Bataan est plus évocatrice de la Deuxième Guerre mondiale aux Philippines. Une visite fascinante à faire en 1 ou 2 jours depuis Manille (p. 84).

Golfe de Lingayen Faites comme les hommes de MacArthur en débarquant sur les larges plages entourant Lingayen, site de plusieurs importants débarquements de véhicules amphibies (p. 106).

Stations balnéaires

Que ceux qui recherchent des stations plus discrètes que celles de Boracay se rassurent : le choix ne manque pas. Perdez-vous sur votre propre île privée ou adonnez-vous aux plaisirs sous-marins. Avec plus de 7 000 îles, tout le monde trouvera un coin de sable où poser sa serviette.

El Nido Un mélange unique de complexes balnéaires de luxe sur des îles privées et de bungalows basiques sur la plage (p. 388).

Dumaguete Ce n'est pas une station à proprement parler, mais la ville est facilement accessible depuis les renommées Siquijor, Sipalay, Dauin et l'idyllique île d'Apo (p. 280).

Île de Mactan Un ensemble de luxueux complexes indépendants où pratiquer de nombreuses activités qui en font une destination prisée des familles (p. 216).

Île de Malapascua Un complexe balnéaire dédié à la plongée, à l'ambiance décontractée et situé à proximité de nombreux sites dans le nord de Cebu (p. 220).

Port Barton Située sur la côte ouest de Palawan, cette station balnéaire abrite plusieurs complexes aussi bien sur la côte que offshore (p. 385).

Mois par mois

Le top 5

1 **Ati-Atihan,** janvier

2 **Festival des Moriones,** semaine sainte

3 **Cérémonies de la Crucifixion,** vendredi saint

4 **MassKara,** octobre

5 **Rodeo Masbateño,** mai

Janvier

Le nouvel an est une période ultratouristique, et les tarifs des hôtels peuvent être multipliés par quatre dans les zones balnéaires. À l'écart du littoral est, le temps est habituellement assez beau – assez frais et sec, même si la pluie peut persister en janvier.

Ati-Atihan

Ce carnaval d'une semaine, à Kalibo, sur Panay, qui culmine le 3e week-end de janvier, est la fête la plus renommée et la plus animée des Philippines. Des fêtes semblables sont organisées dans les villes voisines de Cadiz, sur Negros, et Iloilo, au cours du week-end le plus proche du 26 janvier (p. 264).

Sinulog Fiesta

Durant la plus ancienne des fêtes de Cebu, les participants dansent le *sinulog*, enchaînant deux pas en avant et un pas en arrière, censé imiter le rythme de la rivière (p. 207).

Février

Il est essentiel de réserver car c'est la haute saison pour les voyageurs étrangers. Les vents de Noël continuent de souffler, ce qui enchante les kitesurfeurs ; la saison de surf perdure à San Fernando (La Union) et l'activité des requins-baleines (appelés butanding aux Philippines) est à son plus haut à Donsol.

Nouvel an chinois

Le nouvel an lunaire, qui tombe fin janvier ou début février, est également prisé des Philippins qui ne sont pas de nationalité chinoise. Au programme : danses du dragon, fêtes de rues et grand feu d'artifice à Manille.

Festival des fleurs de Panagbenga

Durant la dernière semaine de février, les rues de la ville de Baguio, nichée dans la Cordillère, s'animent au rythme de chansons et de danses. Défilés floraux avec des chars spectaculaires.

Avril

Tout le pays s'arrête pendant la semaine sainte, durant laquelle des pièces retraçant la Passion (*senakulo*) et des lectures de la Passion du Christ (*pasyon*) sont données dans tout le pays. Les tarifs dans les stations balnéaires atteignent de nouveau des records.

Festival des Moriones

Haut en couleur, le festival le plus connu de Marinduque est un *senakulo* d'une semaine durant lequel les rues sont envahies par des habitants masqués qui se lancent dans de faux combats à l'épée et font des farces aux spectateurs.

Cérémonies de la Crucifixion

La reconstitution de la Crucifixion de San Fernando (Pampanga), au nord de Manille, est la plus macabre, des fidèles étant réellement crucifiés sur des croix en bois. Des reconstitutions similaires se tiennent dans d'autres villes (p. 97).

FELIX HUG/LONELY PLANET IMAGES ©

(ci-dessus) Costumes sophistiqués portés lors de la fête du Sinulog de Cebu
(ci-dessous) Participants en costume au Pahiyas sa Lucban, à Luzon

RICHARD I'ANSON/LONELY PLANET IMAGES ©

Fête de Carême des préparations à base de plantes

Sur l'île de Siquijor, des guérisseurs traditionnels et sorciers se réunissent autour d'un grand chaudron, en psalmodiant et en préparant des concoctions de plantes médicinales qui, à en croire la population, sont efficaces.

Mai

En raison de la chaleur torride, des plages bondées de Philippins en vacances et des vents légers, voyager au mois de mai n'est pas très agréable. Préférez la visite de sites de l'île principale comme Batad, où les rizières en terrasses sont verdoyantes. C'est durant ce mois que l'on peut voir les derniers requins-baleines à Donsol.

Rodeo Masbateño

Rodéo d'une semaine (fin avril ou début mai) à Masbate, avec épreuves de montée à cru de taureaux, et concours de prise au lasso entre autres animations de cow-boys (p. 173).

Flores de Mayo

Dans tout le pays, le mois de mai est marqué par cette fête, tradition séculaire appelée Flores de Mayo (Fleurs de mai), durant laquelle des jeunes filles en robe blanche éparpillent des fleurs autour d'une statue de la Vierge Marie. Le quartier de Makati, à Manille, accueille, mi-mai, une parade très animée de Flores de Mayo.

Pahiyas sa Lucban

L'une des fêtes les plus connues des Philippines a lieu (autour du 15 mai) dans la ville de Lucban, au sud de Manille. Les maisons sont ornées de décorations en *kiping* (gaufrettes de riz en forme de feuille) colorées, qui sont mangées par la suite (p. 92).

Juin

Le début de la saison des pluies (et de la basse saison) offre un répit bienvenu à la chaleur. Juin marquant aussi le début de la saison des typhons, vérifiez le radar et changez d'itinéraire si une tempête se dirige vers vous.

Pintados-Kasadyaan

Cette "fête peinte" à Tacloban, sur Leyte, célèbre le 29 juin les pratiques de tatouage traditionnelles préhispaniques, bien que pour ce festival, les décorations corporelles soient réalisées avec de la peinture à l'eau.

Festival Baragatan

La 3e semaine de juin, les habitants de Puerto Princesa, Palawan, envahissent le domaine du Capitole de la province pour des festivités importantes (p. 375).

Août

Août étant le mois le plus pluvieux (à l'exception du littoral est, où c'est le mois le plus sec), les hôtels accordent d'importantes réductions. À la fin du mois, la saison des durians commence sur Mindanao et la saison du surf est lancée sur Siargao.

Festival Kadayawan sa Dabaw

Ce festival à Davao (3e semaine d'août), sur Mindanao, présente ses influences musulmanes, chinoises et autochtones avec des défilés, des spectacles et des expositions de fruits et de fleurs.

Octobre

Le temps devient plus sec après les gros orages d'août et de septembre, mais les typhons sont toujours courants. Les hôtels commencent à afficher les tarifs de la haute saison vers la fin du mois. Les centres commerciaux se mettent à passer en boucle les musiques de Noël.

Festival MassKara

Le week-end le plus proche du 19 octobre, de malicieux hommes masqués entraînent les foules dans une danse frénétique à travers les rues de Bacolod, capitale du Negros Occidental.

Fête de tous les saints (Todos los Santos)

Le soir de la Toussaint, les familles chargées de nourriture se réunissent dans le cimetière local pour honorer leurs défunts. L'atmosphère est étonnamment festive. À Manille (p. 46), ne manquez pas la fête qui a lieu dans le cimetière chinois.

Décembre

Les musiques de Noël sont de plus en plus présentes, et le vent du nord-est s'intensifie, lançant la saison de kitesurf sur Boracay et la saison de surf au nord-ouest de Luzon.

Festival Shariff Kabungsuan

Ce festival, qui se déroule à Cotabato sur Mindanao (15-19 décembre), célèbre l'arrivée de l'islam dans la région et comprend des défilés de bateaux décorés sur des rivières.

Itinéraires

Que vous disposiez d'une semaine ou de deux mois, ces itinéraires constituent des bases pour élaborer un voyage inoubliable. Encore en manque d'inspiration ? Consultez le forum des voyageurs de Lonely Planet à l'adresse www.lonelyplanet.fr/forum.

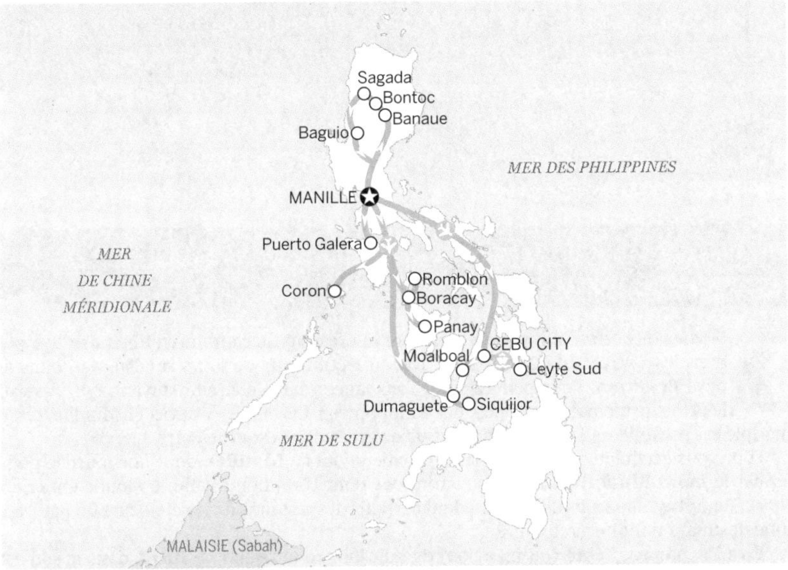

10 jours
En partant de Manille

Commencez par passer deux jours à **Manille** ; consacrez une journée aux monuments du quartier historique **Intramuros**, et l'autre à visiter la ville moderne du côté du quartier **Makati**.

Après la grande ville, partez découvrir la campagne. Les amateurs de bord de mer prendront l'avion en direction de **Boracay**, pour sa superbe plage de sable blanc, ses activités sportives et sa vie nocturne. Terminez votre circuit en passant quelques jours à explorer les îles autour de l'idyllique **Romblon** ou à faire une croisière sur la côte sauvage de **Panay**. Pour un séjour plus paisible sur la plage, rendez-vous à **Dumaguete** et optez pour un site isolé dans le **sud de Negros** ou à **Siquijor**.

Les plongeurs iront une semaine à **Puerto Galera**, **Moalboal**, **Coron** ou au **sud de Leyte** observer une myriade de poissons. Vous préférez la montagne ? Partez vers le nord, voir les rizières en terrasses de **Banaue** et de **Batad**. Si vous pouvez passer du temps dans la Cordillère, lancez-vous dans une expédition à **Sagada**, ou explorez d'autres rizières en terrasses autour de **Bontoc** avant de revenir par la "capitale d'été" des Philippins, **Baguio**.

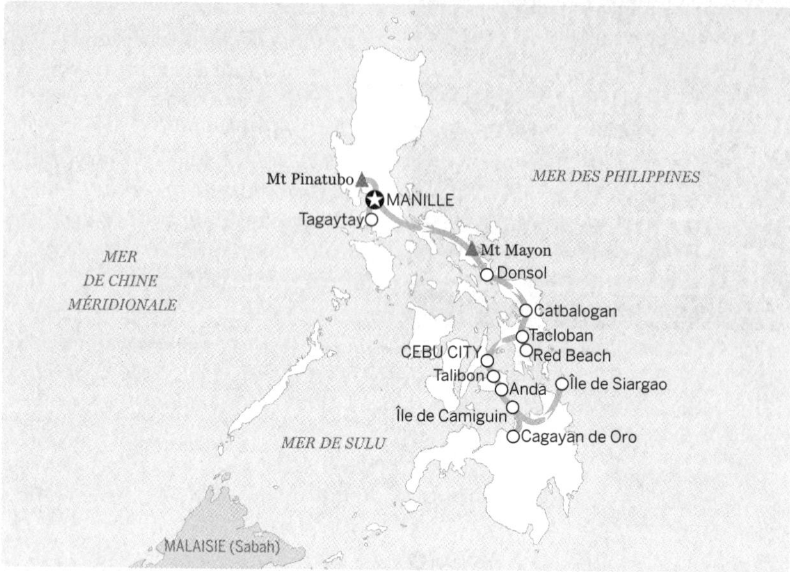

Un mois

Traversée nord-sud

Si vous disposez d'un mois, il peut être intéressant de combiner l'itinéraire "Périple dans les Visayas", de 2 semaines, avec une quinzaine de jours sur Palawan dans le nord de Luzon. Vous pouvez aussi vous lancer dans le circuit suivant, qui traverse les trois principaux archipels des Philippines : Luzon, les Visayas et Mindanao. Ce périple est par ailleurs assez écologique puisqu'un seul vol est nécessaire.

Pour vous acclimater, consacrez les 3 premiers jours à **Manille**, dont une journée pour gravir le **mont Pinatubo** (départ aux aurores), dont l'éruption a ému le monde entier en 1991. **Tagaytay**, superbe village possédant certains des restaurants les meilleurs du pays, est une destination moins éreintante.

Ensuite, prenez un bus (ou un avion) de nuit jusqu'à la région de **Bicol**, dans le sud-est de Luzon. C'est l'endroit rêvé pour le surf ou le wakeboard et pour escalader des volcans. Près de Legazpi, vous pourrez nager avec les requins-baleines de **Donsol** ou escalader le **mont Mayon**.

Vers le sud, traversez le détroit de San Bernardino jusqu'aux îles de **Samar** et de **Leyte**, dans l'est des Visayas. En chemin, goûtez aux plaisirs de la spéléologie à **Catbalogan**, puis arrêtez-vous à **Tacloban**, ville d'Imelda Marcos, pour vous régaler d'un bon repas et compléter vos connaissances sur la Seconde Guerre mondiale à la plage de **Red Beach**. Prenez ensuite un ferry et rejoignez la capitale des Visayas, **Cebu City**, où vous attend un peu de confort moderne et d'animation nocturne.

La deuxième moitié de votre périple pourra être l'occasion de paresser sur les plages. Suivez la route la moins empruntée jusqu'à Bohol et montez à bord d'un ferry reliant Talibon avant de descendre la côte est jusqu'à **Anda**, dont la plage sablonneuse invite au farniente. Une fois revigoré, partez vers le sud et prenez un autre ferry qui reliera Jagna, sur Bohol, à l'**île Camiguin** en 3 heures 30.

Camiguin ravira les aventuriers et les amateurs de plage. Consacrez plusieurs jours à cette île avant de faire la courte traversée jusqu'à Mindanao. Si certaines zones de Mindanao sont à éviter, le littoral nord n'est pas dangereux. Passez vos derniers jours à **Cagayan de Oro**, une ville universitaire animée où les sportifs pourront pratiquer le rafting en eaux vives ou à **Siargao**, une île idyllique qui s'avère être le meilleur spot de surf des Philippines.

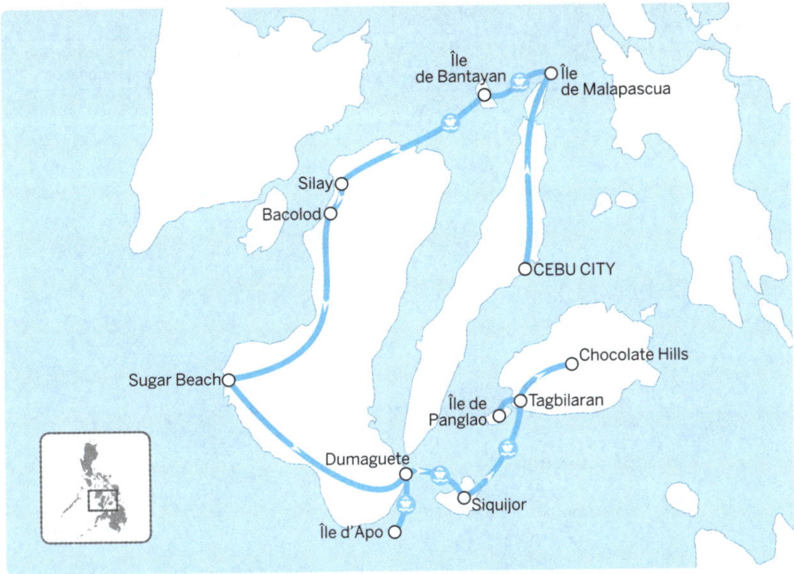

Deux semaines

Périple dans les Visayas

Débutez votre périple à **Cebu City**. Après vous être imprégné de son histoire dans la journée, profitez de sa vie nocturne. Rejoignez ensuite les îles : les amateurs de plongée iront directement sur **Malapascua**, où vous pourrez rencontrer des requins-renards ou vous prélasser au soleil sur la paisible **île de Bantayan**. Consacrez-lui 1 à 3 jours avant de prendre le ferry pour rejoindre l'île voisine de Negros.

Le voyage en bus jusqu'à **Silay** à travers des haciendas et des plantations de canne à sucre est fascinant. Passez une nuit dans l'une de ces maisons anciennes et offrez-vous un dîner espagnol dans les ruines d'une somptueuse demeure datant des années 1930. À une heure de route de là, vers le sud, se trouve **Bacolod**, où vous pourrez profiter des joies de la vie urbaine, faire de bons repas et tester des bars. C'est également le point de départ de la randonnée sur le volcan **Kanlaon**. Rejoignez ensuite la côte pour retrouver les plaisirs de la plage à **Sugar Beach** – une étendue divine de sable blanc, idéale pour se détendre. Continuez à suivre la côte vers le sud-est jusqu'à la ville universitaire de **Dumaguete**, où vous attendent un superbe boulevard propice aux promenades, d'excellents poissons et fruits de mer et une vie nocturne effervescente. À bord d'un *bangka*, gagnez ensuite la minuscule **île d'Apo**, réputée pour ses spots de plongée, parmi les plus beaux des Philippines.

Quittez Negros et prenez le ferry jusqu'à l'île mythique de **Siquijor**, qui mérite un séjour d'un ou deux jours, afin que vous rendiez visite à un guérisseur traditionnel, vous détendiez sur l'une de ses belles plages, et peut-être fassiez un peu de plongée ou de la spéléologie, tout en vous laissant aller au rythme paisible de l'île.

L'étape suivante est Bohol, destination prisée de nombreux voyageurs, et **Tagbilaran**, sa capitale animée. Passez-y une nuit afin de vous inscrire à une inoubliable expédition nocturne en kayak durant laquelle vous verrez des lucioles, avant de rejoindre les foules sur l'**île de Panglao**. Au programme : fantastiques séances de plongée et nuits arrosées sur Alona Beach. Changez de décor et faites un circuit dans l'intérieur de l'île, qui abrite une jungle. Levez-vous tôt pour voir les **Chocolate Hills** à l'aube, quand les touristes n'ont pas encore tout envahi, d'où s'étire une vue majestueuse. Vous pourrez aussi y admirer des tarsiers, ces primates comptant parmi les plus petits au monde. Ces animaux étranges et adorables sont plus faciles à voir au **Tarsier Research & Development Center**.

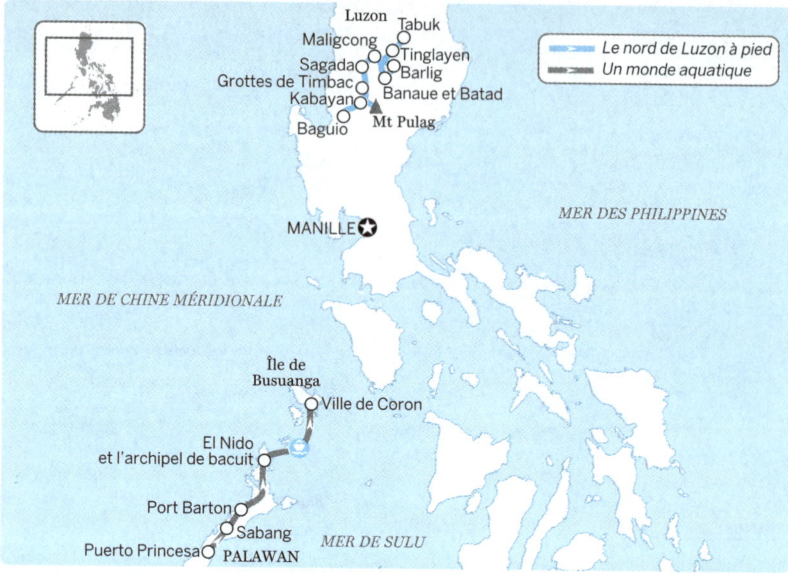

Trois semaines

Un monde aquatique

Puerto Princesa, capitale et centre des transports de cet archipel tout en longueur, est le meilleur point de départ. Restez-y quelques jours pour profiter des nombreux restaurants et enfourchez une moto afin de découvrir la campagne alentour et la baie de Honda. De Puerto, comme l'appellent les habitants, faites-vous conduire à **Sabang**, ville tranquille de bord de mer et base pour explorer en bateau une grotte obscure.

De Sabang, direction **Port Barton**, autre ville discrète bordée d'une plage, où pratiquer le snorkeling, et dotée de criques isolées. Continuez vers le nord pour rejoindre **El Nido**, ville en sandwich entre des falaises calcaires et le pittoresque **archipel de Bacuit** où explorer îles et lagons secrets, plages et paysages rocheux. Depuis El Nido, prenez un bateau qui trouvera son chemin dans le labyrinthe des îles jusqu'à la ville de **Coron**, sur l'île de Busuanga. De là, aventurez-vous jusqu'aux étonnants lacs de l'**île de Coron**, et découvrez des vestiges de la Seconde Guerre mondiale en plongeant dans les épaves. De Busuanga, vols et ferries vous ramèneront à Manille.

Trois semaines

Le nord de Luzon à pied

De Baguio, prenez un bus pour **Kabayan** et le sentier d'Akiki, qui monte au sommet le plus élevé de Luzon, le **mont Pulag**. Puis partez à pied de Kabayan jusqu'à la Halsema Highway en jetant un œil aux momies des **grottes de Timbac** et empruntez un bus allant jusqu'à **Sagada**, où vous pourrez faire d'excellentes petites randonnées et visiter des grottes. Les étonnantes rizières en terrasses de **Maligcong** sont votre prochaine destination. Prenez soit un jeepney pour Bontoc, à explorer dans la journée, ou allez-y à pied en passant par Mainit depuis la ville d'Aguid, près de Sagada.

De Bontoc, deux choix s'offrent à vous. Pour sortir des sentiers battus, partez pour **Tinglayen** et marchez jusqu'aux villages des environs. De Tinglayen, voyagez en jeepney, ou descendez en raft sur la rivière Chico, jusqu'à **Tabuk**. Sinon, de Bontoc allez droit à **Banaue** et **Batad**, sites des plus célèbres **rizières en terrasses** de Luzon. Les randonneurs chevronnés ne manqueront pas le remarquable trek de 2 jours de **Barlig** à Batad, près de Bontoc, via le mont Amuyao. Les randonnées autour de Batad et de Banaue vous occuperont pendant plusieurs jours.

Plongée aux Philippines

Meilleures régions où plonger

Mindoro À 2 heures au large de la côte ouest de Mindoro, Apo Reef (p. 197) est sans conteste le meilleur site de plongée des Philippines, mais les eaux émeraude de Puerto Galera (p. 183) sont riches en récifs coralliens où vivent des créatures marines de toutes formes et de toutes tailles.

Bohol La destination la plus prisée des plongeurs aux Visayas est l'île de Panglao, à Bohol (p. 297), notamment autour de la plage d'Alona. Toute la zone est bordée de sites magnifiques, dont la star est sans conteste l'île de Balicasag (p. 301).

Sud de Negros La ville de Dumaguete (p. 280) est proche de plusieurs excellents spots, notamment le paradis sous-marin de l'île d'Apo (p. 288), Siquijor (p. 289), Dauin (p.287), ainsi que l'île de Sumilon, au sud-est de Cebu (p. 227).

Cebu Sur l'île-province de Cebu, Moalboal (p. 223) est l'un des plus anciens centres de plongée du pays. Citons aussi l'île de Mactan (p. 216), une zone de complexes hôteliers avec de bons spots, près de Cebu City, et l'île de Malapascua (p. 220), où vous pourrez peut-être voir le très rare requin-renard (ou renard de mer).

Pratique

Quand partir

Contrairement à de nombreuses régions ouvertes aux plongeurs tout au long de l'année, les Philippines sont frappées chaque année par la mousson du nord-est (*amihan*) et du sud-ouest (*habagat*). Ces vents créent une saison sèche (de novembre à mai, avec quelques variations régionales), et une saison humide (de juin à octobre). Des typhons traversent aussi périodiquement le pays entre juin et décembre.

Saison sèche

Les vents *amihan*, qui soufflent sur le pays de novembre à avril, chassent les pluies résiduelles. Au plus fort de l'*amihan* (de la fin du mois de décembre au début du mois de mars), la mer est parfois un peu houleuse et la visibilité s'en ressent. Les centres de plongée se rabattent souvent sur d'autres sites en cas de mauvaises conditions météo. La mi-novembre marque le début de la saison touristique pour les clubs de tout le pays. Noël et le nouvel an voient un afflux de plongeurs dans les centres et les complexes balnéaires : il est donc conseillé de réserver. L'*amihan* s'atténue vers fin mars, et la mer retrouve son calme et sa transparence : dans de nombreux sites, la visibilité n'est jamais aussi bonne qu'en avril et mai.

PLONGÉE RESPONSABLE

Avant toute excursion de plongée avec des bouteilles, en apnée ou avec un tuba, pour votre sécurité et votre plaisir, suivez scrupuleusement les règles ci-dessous.

» Assurez-vous d'être en bonne santé, en forme, confiant et à l'aise.

» Informez-vous de la réglementation locale en vigueur et des règles applicables à la vie et à l'environnement marins.

» Évitez de toucher ou de vous tenir sur des organismes marins, ou de traîner des objets sur le récif. Le moindre contact peut abîmer les polypes.

» Prenez garde à vos palmes. Même sans les toucher, les coups de palmes peuvent créer une houle qui détériore les organismes fragiles.

» Entraînez-vous à contrôler votre flottabilité. En descendant trop vite, les plongeurs peuvent heurter les coraux et les endommager.

» Abstenez-vous de prélever, ou d'acheter, des coraux ou des coquillages, et de piller les sites archéologiques (en particulier les épaves).

» Emportez avec vous vos déchets et ceux que vous trouveriez sur les sites. Le plastique représente un grave danger pour la vie marine.

» Ne nourrissez pas les poissons.

» Faites-vous aussi discret que possible près des créatures marines. Ne vous accrochez jamais à la carapace d'une tortue.

Saison humide

Le plus fort de la saison des pluies (du mois de juillet au mois de septembre) est pour la majorité du pays synonyme de typhons. Ce double phénomène provoque des pluies tropicales diluviennes, parfois pendant plusieurs jours. Si les grosses averses peuvent nettement réduire la visibilité, les zones de plongée recèlent généralement quelques spots protégés des vents dominants, où l'eau reste relativement claire. Néanmoins, les offres d'excursion et de croisière de plongée se raréfient entre juillet et novembre. Dans certaines zones, les prestataires ferment leurs portes pendant quelques mois à cette saison.

Ce que vous verrez

La diversité de la vie marine des Philippines est surtout représentée par les espèces de petite ou de moyenne taille. De l'aveu même des connaisseurs, les Philippines sont l'un des meilleurs sites de macro (petites espèces marines) au monde. En dehors des récifs de Tubbataha, Apo Reef et de quelques autres sites, les grosses espèces pélagiques (celles qui vivent en haute mer) que l'on rencontre dans des zones voisines, comme Palau dans le Pacifique Sud, sont rares. Néanmoins, la richesse de la vie marine, et la diversité des coraux, font de l'archipel l'un des meilleurs sites de la planète.

Malheureusement, la menace qui pèse sur le corail n'a pas disparu : la pêche au cyanure et à la dynamite reste une pratique commune (voir p. 433). Les meilleurs sites de plongée des Philippines sont ceux qui, bénéficiant du statut de zone marine protégée, sont épargnés par ces méthodes dévastatrices.

Matériel

La plupart du temps, les centres de plongée mettent à votre disposition un équipement bien entretenu et assez récent. Les adeptes de la plongée technique trouveront du matériel adapté dans des centres spécialisés : dévidoir et accessoires, mélanges gazeux et, souvent, scaphandres autonomes à circuit semi-fermé. De nombreux prestataires proposent aussi l'équipement à la vente, et la plupart des marques reconnues internationalement sont disponibles dans les îles.

Choisir un club de plongée

Les conditions de plongée aux Philippines sont parfois trompeuses. La clarté de l'eau et l'excellente visibilité sont telles que l'on est facilement désorienté, et que l'on peut perdre toute notion de profondeur. Les courants sont puissants sur certains sites, les conditions maritimes et le temps peuvent changer en un instant à certaines époques de l'année : il suffit de quelques minutes pour passer d'un temps calme et ensoleillé à des averses, du vent et de grosses vagues.

» (ci-dessus) Plongée dans une épave à Monkey Beach, Mindoro Occidental
» (à gauche) Un nudibranche dans les eaux au large de l'île de Negros

PLONGER À QUEL PRIX ?

Le prix d'une plongée varie considérablement d'une région à l'autre, et dépend de l'importance de votre groupe. À condition de pouvoir réunir plusieurs participants, attendez-vous à payer environ 23 à 30 $ par plongée avec un accompagnateur. Ce tarif comprend tout l'équipement et un trajet en bateau relativement court, et baisse un peu si vous disposez de votre propre matériel. Des plongées à deux ou trois bouteilles coûtent évidemment moins cher qu'une plongée unique. En revanche, le tarif augmente si vous gagnez le large. Les cours de brevet "PADI Open Water" varient considérablement d'un resort à l'autre, et oscillent entre 350 et 450 $.

Parmi les grandes destinations des Philippines, Moalboal et Dumaguete (des villes sans grand intérêt, mais situées à proximité de nombreux bons sites) se distinguent car ce sont les moins onéreuses. Padre Burgos, à Leyte, est un peu plus cher.

Anilao, la plage d'Alona (île de Panglao), Mactan et Dauin (point de départ pour l'île d'Apo à Negros) se situent à l'autre extrême de la gamme tarifaire. Une plongée en individuel y atteint 40 $, équipement compris, et les cours "PADI Open Water" dépassent 450 $.

Les autres centres les plus appréciés (Malapascua, île de Camiguin, Coron, Puerto Galera et Siquijor) pratiquent des prix moyens. On y trouve à la fois des clubs à prix correct, et des resorts haut de gamme où la plongée est très coûteuse.

À Boracay, moins connue comme site de plongée, mais très appréciée pour passer son brevet, les tarifs pratiqués par les resorts sont théoriquement fixés par la Boracay Association of Scuba-diving Schools (BASS) à 35 $ la plongée, tout l'équipement compris, et à 450 $ pour un stage d'Open Water.

Dans le choix d'un prestataire, la sécurité passe avant le prix. Les clubs plus onéreux sont souvent (mais pas toujours, loin de là) mieux équipés et/ou emploient des guides plus expérimentés.

Il est donc fortement conseillé de plonger avec un prestataire local affichant un grand professionnalisme. L'enseigne PADI indique généralement que l'organisme est sérieux, soucieux de sécurité et du bon accueil du client. Vérifiez également les procédures de sécurité et d'urgence du club. Demandez si l'agence dispose d'oxygène, si les bateaux de plongée en sont équipés, et si le personnel est formé à son maniement à bord. Examinez le matériel de location : est-il relativement neuf et bien entretenu ? Les salles de classe sont-elles équipées d'un support audiovisuel ? Enfin, puisque des centaines de professionnels travaillent aux Philippines, choisissez quelqu'un qui parle une langue que vous maîtrisez.

Qualification

Tous les centres de plongée des Philippines exigent un certificat de plongée délivré par un organisme de formation reconnu, et devraient aussi demander à voir votre carte (nombre d'entre eux se contentent toutefois de croire leurs clients s'ils oublient leur carte). Les prestataires demandent rarement au plongeur de voir son carnet de plongées pour évaluer son niveau. Un niveau avancé est nécessaire pour la plupart des croisières, mais sachez que les stages sont très faciles à trouver et peu chers dans tout le pays.

Cours

Débutants à la recherche d'un centre de plongée professionnel, adeptes expérimentés de plongée technique souhaitant passer professionnels..., les Philippines sont une destination parfaite, quel que soit votre profil, que vous souhaitiez apprendre à plonger ou poursuivre votre formation. Le grand nom du secteur, la Professional Association of Diving Instructors (PADI), apparaît dans la majorité des certificats de plongée délivrés ici. L'archipel compte de nombreux centres de plongée et *resorts* affiliés PADI, ce qui indique généralement qu'un centre respecte les normes de sécurité, possède de bonnes pratiques et un certain professionnalisme. D'autres organismes sont également présents dans le pays, dont la National Association of Underwater Instructors (NAUI), Scuba Schools International (SSI), la Confédération mondiale des activités subaquatiques (CMAS), Scuba Diving International (SDI), et toutes les principales associations internationales de plongée technique.

Plongée aux Philippines

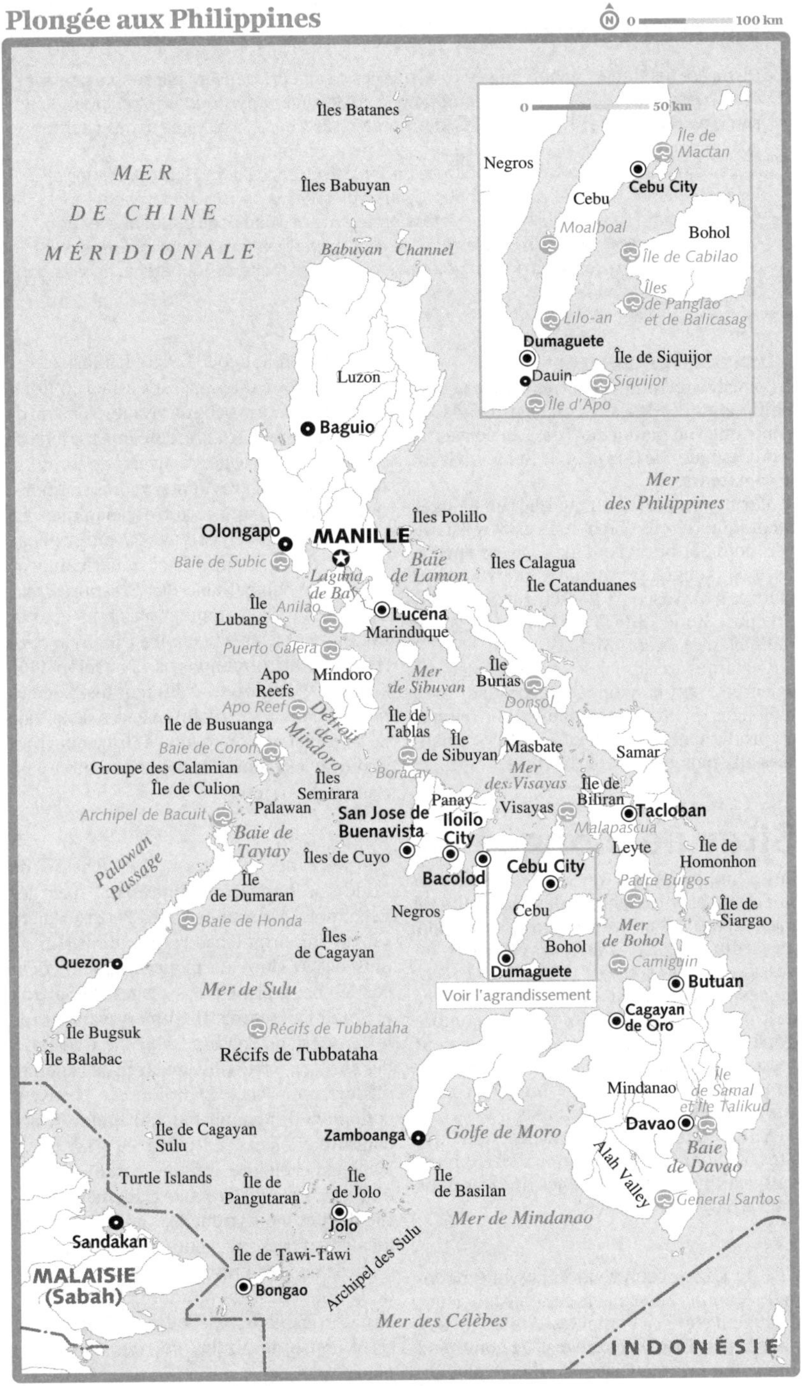

NAVIRES DE CROISIÈRE

Un navire habitable (un bateau à bord duquel les plongeurs peuvent passer plusieurs nuits) permet de se rendre sur un site éloigné ou de couvrir plusieurs sites en une semaine. Il en existe diverses sortes, des bateaux destinés à la plongée et des yachts, aux bateaux de pêche et aux *bangka* spécialement équipés.

Les croisières de plongée en habitable partent de Puerto Galera, Boracay ou des Visayas, et sont affrétées par des clubs locaux. Vos critères de sélection doivent être la sécurité à bord, la navigabilité et le professionnalisme de l'équipage plutôt que le tarif.

Depuis Puerto Princesa, à Palawan, les navires habitables constituent le seul moyen de rejoindre le top des sites de plongée de l'archipel : les récifs de Tubbataha, dans la mer de Sulu.

Plongée technique

La plongée technique est très en vogue aux Philippines, et les sites plus profonds où s'entraîner ne manquent pas. Les épaves au fond des baies de Coron et de Subic raviront les amateurs.

Parmi les opérateurs qualifiés en plongée technique, citons Tech Asia (www.asiadivers.com), la branche d'Asia Divers spécialisée en plongée technique à Puerto Galera (voir p. 185), Vasco (p. 94) dans la Subic Bay Freeport Zone (SBFZ) et PhilTech (www.philtech.net), basé à Makati.

Certaines croisières sont également orientées sur la plongée technique, avec mélanges gazeux ou scaphandre autonome, et prodiguent des formations personnalisées aux plongeurs expérimentés.

Sites de plongée

Les Philippines ont de quoi satisfaire la soif de défis et d'aventure des plongeurs de tous niveaux. Que l'on préfère plonger sur un jardin de corail à faible profondeur, ou s'essayer à des plongées profondes et techniques, l'archipel est l'une des meilleures destinations au monde. On y trouve nombre d'épaves, tombants et récifs qui abritent souvent une belle variété d'espèces marines, du minuscule nudibranche (limace de mer) aux énormes requins-baleines.

À titre indicatif, voici un descriptif des sites de plongée – les plongeurs en fréquentent néanmoins des centaines d'autres dans tout le pays.

Luzon

L'île de Luzon comprend la capitale nationale, Manille, ainsi que la capitale officieuse de la plongée avec bouteilles, Anilao (p. 89), dans la province de Batangas. De nombreux amateurs viennent de Manille y plonger pour la première fois. Le site le plus célèbre d'Anilao, voire du pays, est Cathedral Rock, réserve marine proche du rivage. Non loin de là, l'île de Sombrero présente une kyrielle de crevasses et de rochers couverts de coraux et de gorgones, où gravitent comères saumons, thons à queue jaune et autres pélagiques. La profondeur ne dépasse pas 27 m. Les eaux autour de l'ancienne base américaine de la baie de Subic (Subic Bay Freeport Zone, ou SBFZ ; p. 93) comptent plusieurs épaves, notamment le spectaculaire USS *New York* (p. 94). Enfin, n'oublions pas Donsol (p. 169), au sud-est de Luzon, où des requins-baleines nagent dans les eaux limoneuses de la baie de Donsol. Les plongeurs avec tuba pourront y côtoyer les requins de début décembre à fin mai ou début juin.

Mindoro

Au yeux des plongeurs, la richesse de Mindoro, baptisée "mine d'or" par les Espagnols, est sous-marine. Puerto Galera est un important centre d'apprentissage : plus de 20 clubs de plongée se succèdent sur les deux principales plages de Sabang et Small La Laguna. L'isthme s'avance dans le Verde Island Passage, si bien que certains des sites, en particulier au large de la pointe d'Escarceo (ou Lighthouse), peuvent connaître des changements rapides et des courants violents. La présence d'un guide local expérimenté est une condition *sine qua non*. Cela dit, il existe également quantité de sites moins difficiles, qui conviennent idéalement aux plongeurs de niveau moyen ou passant leur brevet. À 2 heures au large de la côte ouest de Mindoro, Apo Reef est l'un des meilleurs spots des Philippines, et on y croise davantage de requins que de plongeurs.

Les Visayas

Les Visayas se composent de nombreuses îles, grandes ou petites, abritant certains des sites de plongée les plus fascinants du pays – leur liste est quasiment infinie. Situé sur l'île de Cebu, Moalboal (p. 223) est doté d'un tombant assez spectaculaire qui démarre non loin de la côte. Parmi les autres grandes destinations de plongée à Cebu, citons Lilo-an (p. 227), à la pointe sud de l'île, et l'île de Mactan (p. 216) à proximité de Cebu City. Les deux accueillent des groupes organisés. Au large de la côte nord de Cebu, près de l'île de Malapascua (p. 220), le Monad Shoal est sous la surveillance d'un banc de requins-renards. Vers Bohol, les eaux entourant les îles de Cabilao (p. 301) et de Panglao (p. 297) concentrent une incroyable vie marine, et moult habitués des sites de plongée considèrent l'île de Balicasag comme le meilleur site commercial du pays, après les récifs éloignés des parcs nationaux d'Apo Reef et de Tubbataha.

Au sud de Negros, l'île d'Apo et l'île de Siquijor sont deux zones de plongée extrêmement réputées, mais les sites y sont plus éparpillés qu'à Alona ou à Moalboal. Boracay (p. 250) est une destination surtout appréciée pour prendre des cours et passer son brevet, mais elle offre aussi quelques belles plongées. Quant à Padre Burgos (p. 315), sur la baie de Sogod, dans le sud de Leyte, elle est connue pour sa plongée sur récif et ses requins-baleines, surtout présents de février à juin.

Mindanao et l'archipel des Sulu

Mindanao est la seconde plus grande île des Philippines. Bien souvent synonyme d'agitation religieuse et politique, elle n'en possède pas moins d'excellents sites de plongée. Dans sa partie sud, les environs de Davao (p. 354), et surtout l'île Samal (p. 360) et l'île Talikud (p. 361), plus petite, sont des destinations très populaires depuis plusieurs décennies. Le site le plus réputé des environs de l'île Samal est celui de Ligid Caves. General Santos (ou "Gensan" ; p. 185) possède quelques centres de plongée, et une paroi spectaculaire longeant le rivage sur 10 km. Au large du centre de la côte nord de Mindanao, l'île Camiguin (p. 341) affiche les traces de ses origines volcaniques et d'une activité tectonique plus récente avec des spots comme Jigdup Reef, mont sous-marin qui se dresse jusqu'à la surface.

Palawan

Le long doigt de terre qu'est Palawan offre de mémorables sites de plongée. Dans la baie de Coron, au nord, la flotte japonaise de la Deuxième Guerre mondiale (p. 396) fera le bonheur des amateurs de plongée sur épaves. Il y a aussi à Coron des récifs coralliens, remarquables et peu connus, ainsi qu'une autre curiosité : un lac intérieur, où plonger après avoir fait l'ascension d'une falaise. L'archipel de Bacuit (p. 394) est plus attrayant pour ses paysages terrestres que sous-marins, mais les environs d'El Nido recèlent quelques sites fameux. De son côté, Puerto Princesa (p. 373), où trouver quelques spots dans la baie de Honda (p. 378), est surtout renommée comme point de départ pour les navires de croisière qui rejoignent les récifs de Tubbataha (p. 379).

Autres informations

» Complétant idéalement cette section, *Diving & Snorkelling Philippines*, publié par Lonely Planet, est un guide détaillé des sites de plongée aux Philippines.

» Les Philippines possèdent le plus grand nombre d'espèces coralliennes (un total de 488) de la planète.

» Le site Internet www.divephil.com (en anglais) est une source exhaustive de renseignements sur la plongée aux Philippines.

» Tanikalang Ginto est un excellent portail de sites consacrés à la plongée aux Philippines : www.filipinolinks.com/Sports/Diving.

» Le site Internet de Dive Right Coron, www.coronwrecks.com, livre des renseignements détaillés sur les épaves de Coron.

Les régions en un clin d'œil

Luzon, les Visayas et Mindanao sont les principaux groupes d'îles des Philippines. Leur diversité est telle que chacun devrait y trouver son compte : méga cité animée à Manille, tribus dans le nord de Luzon et sur Mindanao, surf sur la côte est et spots de plongée extraordinaires presque partout. Les Visayas incarnent sans doute le mieux l'image que l'on se fait des Philippines, une île déserte de rêve avec palmiers et sable blanc. Palawan est une île à part, un monde fantastique de forêts vierges et de paysages marins surréalistes.

Manille

Histoire ✓✓
Vie nocturne ✓✓
Cuisine ✓✓

La capitale peut paraître un peu turbulente pour les voyageurs qui la découvrent pour la première fois, mais elle sait rapidement séduire ses visiteurs avec ses musées fascinants, sa vie nocturne animée, sa cuisine variée et son incontestable énergie.
p. 36

Environs de Manille

Plongée ✓
Histoire ✓✓✓
Randonnée ✓✓

Corregidor et Bataan évoquent bien sûr la Seconde Guerre mondiale. Pour les grimpeurs, le choix de sommets est impressionnant et la côte sud de Luzon abrite certains des meilleurs spots de plongée du pays.
p. 82

Nord de Luzon

Histoire ✓✓
Nature ✓✓✓
Culture ✓✓✓

La diversité de cette région est impressionnante : baies protégées où les vagues sont presque toujours excellentes, enclaves espagnoles romantiques, montagnes entaillées de rizières en terrasses, peuples indigènes...
p. 100

Sud-est de Luzon

Cuisine ✓✓✓
Nature ✓✓
Festivals ✓✓

Après avoir goûté la succulente cuisine épicée de Bicol, vous pourrez vous dépenser en pratiquant un sport aquatique ou en escaladant un volcan. Les petites îles à proximité permettent des excursions courtes idéales.
p. 154

Mindoro

Plongée ✓✓✓
Minorités ✓✓
Sites isolés ✓✓

Impossible de trouver meilleur spot de plongée que celui d'Apo Reef, et Puerto Galera y ajoute une ambiance festive. Vous découvrirez des îles perdues au large et des tribus vivant dans d'impénétrables arrière-pays.
p. 181

Les Visayas

Plongée ✓✓✓
Plages ✓✓✓
Histoire ✓✓

La plongée et les plages ravissent les voyageurs dans les Visayas, mais la région séduit aussi les amateurs d'histoire. Il existe quantité de lieux rappelant la Seconde Guerre mondiale, des épaves sous-marines aux musées ou monuments.
p. 200

Palawan

Sites sous-marins ✓✓✓
Hébergement ✓✓✓
Petits villages ✓✓✓

Des îles privées aux petits bungalows simples en front de mer, Palawan offre un large choix d'hébergements. Partez explorer de superbes récifs de coraux, des épaves de la Seconde Guerre mondiale ou découvrir des villages isolés.
p. 370

Mindanao et Sulu

Randonnée ✓✓✓
Sports aquatiques ✓✓
Paysages ruraux ✓✓✓

Le paysage accidenté et varié de Mindanao est une bénédiction pour les randonneurs. Cette grande île compte quatre sommets de plus de 3 000 m, avec de multiples occasions de faire du canyoning, du surf, du rafting et de la plongée.
p. 329

Les pictos pour se repérer :

- ♥ Les coups de cœur de l'auteur
- Les adresses écoresponsables
- GRATUIT Entrée, accès libre

Voir aussi l'index où figurent toutes les localités couvertes dans ce guide.

Sur la route

Manille

INDICATIF TÉLÉPHONIQUE 02 / 11,5 MILLIONS D'HABITANTS

Dans ce chapitre »

Le top des restaurants

» Sala (p. 67)
» Corner Tree Cafe (p. 68)
» Seafood Market (p. 53)
» Sofitel Philippine Plaza (p. 58)
» Casa Armas (p. 53)

Le top des hébergements

» Manila Hotel (p. 49)
» Hotel Miramar (p. 49)
» Makati Shangri-La (p. 63)
» Casa Bocobo (p. 49)
» A Venue Suites (p. 65)

Pourquoi y aller

Surnommée la “Perle de l’Orient”, Manille ne révèle ses attraits qu’à ceux qui prennent le temps de les dénicher. Peu épargnée, la ville a subi toutes sortes de désastres humains et naturels, ce qui ne l’a pas empêchée de devenir une typique mégalopole asiatique. Des gratte-ciel percent le ciel brumeux et se multiplient parmi les vastes bidonvilles, tandis que de rutilantes galeries marchandes présagent un univers climatisé. Les rues, congestionnées par la circulation, sont les artères qui irriguent cette métropole moderne.

Les visiteurs curieux découvriront la douceur de Manille dans les cours verdoyantes et les rues pavées d’Intramuros, qui n’a guère changé depuis le départ des Espagnols, et à travers la gentillesse et la générosité de ses 11 millions d’habitants.

Quand partir

Manille

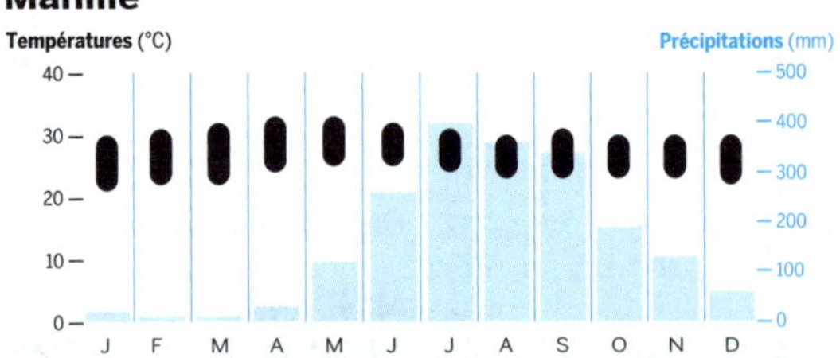

Déc-fév
Les mois les plus frais et les plus plaisants.

Mars-avr
Manille est calme lors de la semaine sainte, quand les stations balnéaires sont, elles, bondées.

Juil-août
S'il pleut trop pour certains, c'est la meilleure époque pour échapper au soleil brûlant.

MANILLE EN...

Deux jours

Flânez dans le quartier historique d'**Intramuros** et le **parc Rizal**. Rejoignez **Roxas Blvd** pour admirer le soleil couchant sur la baie de Manille, puis passez la soirée dans les bars de **Malate**. Le lendemain matin, prenez le LRT jusqu'au **cimetière chinois**, puis revenez déjeuner dans **Chinatown**. Le soir, rendez-vous dans l'élégant **Makati** où vous aurez le choix entre de nombreux restaurants, bars et discothèques.

Quatre jours

Suivez le précédent itinéraire puis, le troisième jour, optez pour une agréable **promenade à pied** dans un quartier de la ville. L'après-midi, revenez à Makati pour visiter le curieux **Ayala Museum** et dîner dans un bon restaurant. Le dernier jour, passez la matinée au **National Museum of the Filipino People** ou faites-vous masser dans l'un des nombreux spas de Manille. Explorez le **Cultural Center of the Philippines**, puis contemplez le coucher du soleil au Sofitel Philippine Plaza ou dans l'un des nombreux restaurants du Mall of Asia.

Histoire

Les premiers voyageurs, comme Fedor Jagor au XIXe siècle, décrivaient Manille comme une splendide cité fortifiée, avec de larges rues pavées et de ravissantes demeures. Malheureusement, la majeure partie de la ville fut détruite durant la Deuxième Guerre mondiale.

Manille fut colonisée par l'Espagnol Miguel López de Legazpi en 1571. Ses vastes étendues de terres fertiles la rendaient plus attrayante que Cebu, l'ancienne capitale. Le roi Philippe II d'Espagne lui conféra l'illustre titre d'*Insigne y Siempre Leal Ciudad* (Cité insigne et toujours fidèle), mais elle conserva son nom préhispanique de Maynilad (qui viendrait de *may*, "il y a", et de *nilad*, une plante de mangrove qui pousse en abondance sur les rives du fleuve Pasig), transformé plus tard en Manila.

À partir de la fin du XIXe siècle, Manille devint une sorte de Paris de l'Asie. Centre de négoce prospère, son cosmopolitisme en faisait un bon point d'entrée en Chine et dans d'autres pays asiatiques. En 1905, le concepteur de Chicago, Daniel Burnham, fut chargé de dessiner un plan de la ville. Sa réalisation incluait le Roxas Blvd, qui même aujourd'hui évoque Lake Shore Dr à Chicago. De majestueux édifices, pour la plupart de style Art déco, bordaient les rues.

La Deuxième Guerre mondiale mit un terme à cette période faste (voir le chapitre *Histoire* p. 408), et beaucoup affirment que la ville ne s'en est jamais remise. La reconstruction d'après-guerre fut chaotique et Manille n'a jamais retrouvé son importance régionale ni sa personnalité. Nombre d'habitants se plaignent du caractère disparate de la capitale ; les diverses localités qui la composent restent dissemblables et l'ensemble n'offre aucune unité.

VILLE DE MANILLE (CENTRE-VILLE)

Si la vaste conurbation appelée Metro Manila se compose de 16 localités, la ville de Manille ("downtown Manila" ; 1,7 million d'habitants) demeure son cœur et son âme. C'est ici que la cité fut fondée sur les rives du Pasig, que les Espagnols consolidèrent leur mainmise sur les Philippines après avoir renversé les dirigeants musulmans de Maynilad, et que la ville connut ses heures les plus sombres à la fin de la Deuxième Guerre mondiale.

Le ceinture touristique traditionnelle englobe le secteur immédiatement au sud du Pasig : Intramuros, où se concentrent les principaux sites à voir, ainsi qu'Ermita et Malate, où logent la plupart des visiteurs. Juste au nord du Pasig se situent les quartiers de Binondo et de Quiapo, qui donne accès à Chinatown. Les autres quartiers sont Paco, San Miguel, Santa Cruz, San Nicolas et Tondo, un secteur de taudis près des quais des ferries.

Jusque récemment, les touristes n'avaient guère de raisons de s'aventurer hors du centre. Cependant, les meilleurs restaurants et bars de Metro Manila (région métropolitaine de Manille) ont progressivement migré

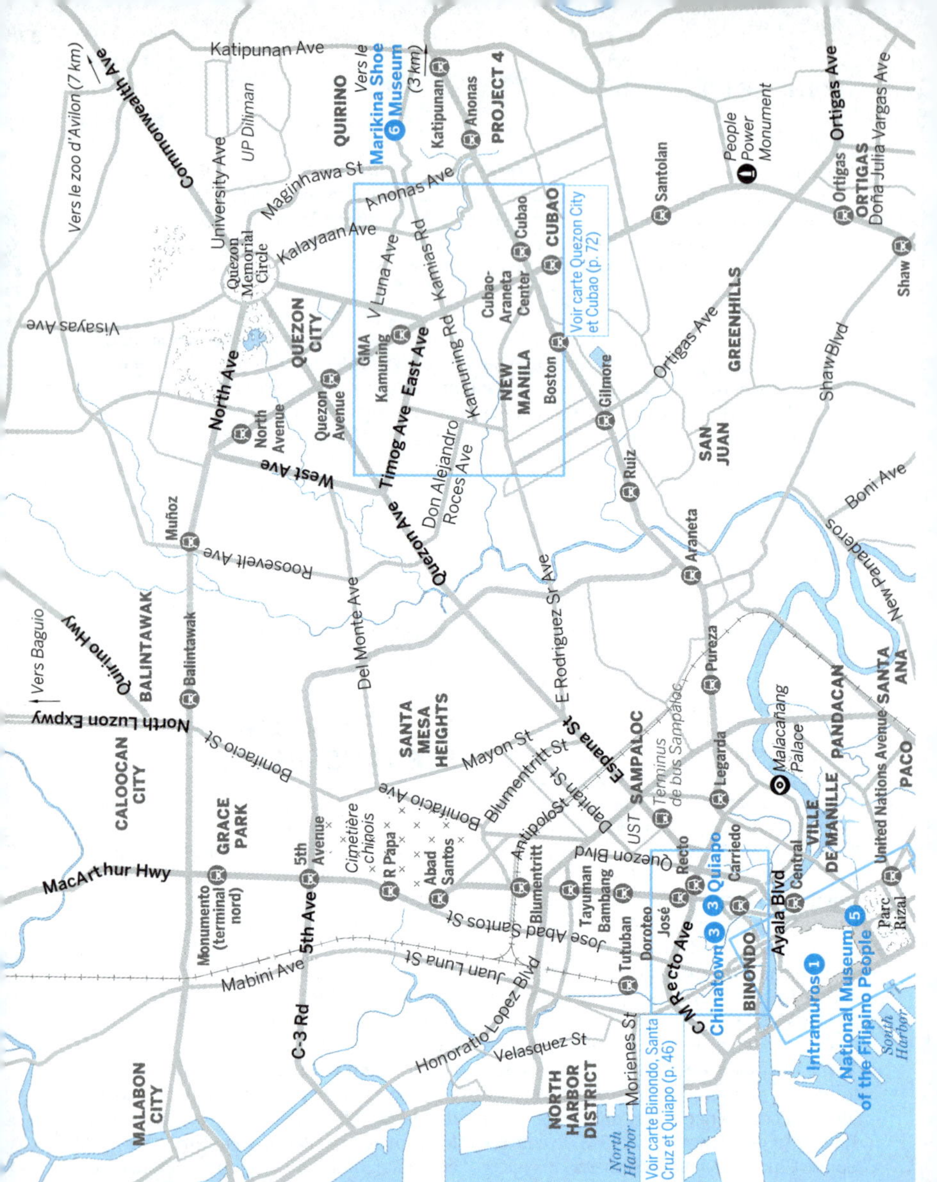

À ne pas manquer

1 Écouter les échos d'un passé perdu dans **Intramuros** (p. 40)

2 Vivre la grande vie dans les galeries marchandes, restaurants et hôtels haut de gamme de **Makati** (p. 61)

3 Arpenter les marchés et les petites rues de **Quiapo** (p. 48) et de **Chinatown** (p. 47)

4 Explorer une Manille inconnue au fil d'une excellente **promenade à pied** (p. 48)

5 Découvrir la culture du pays au splendide **National**

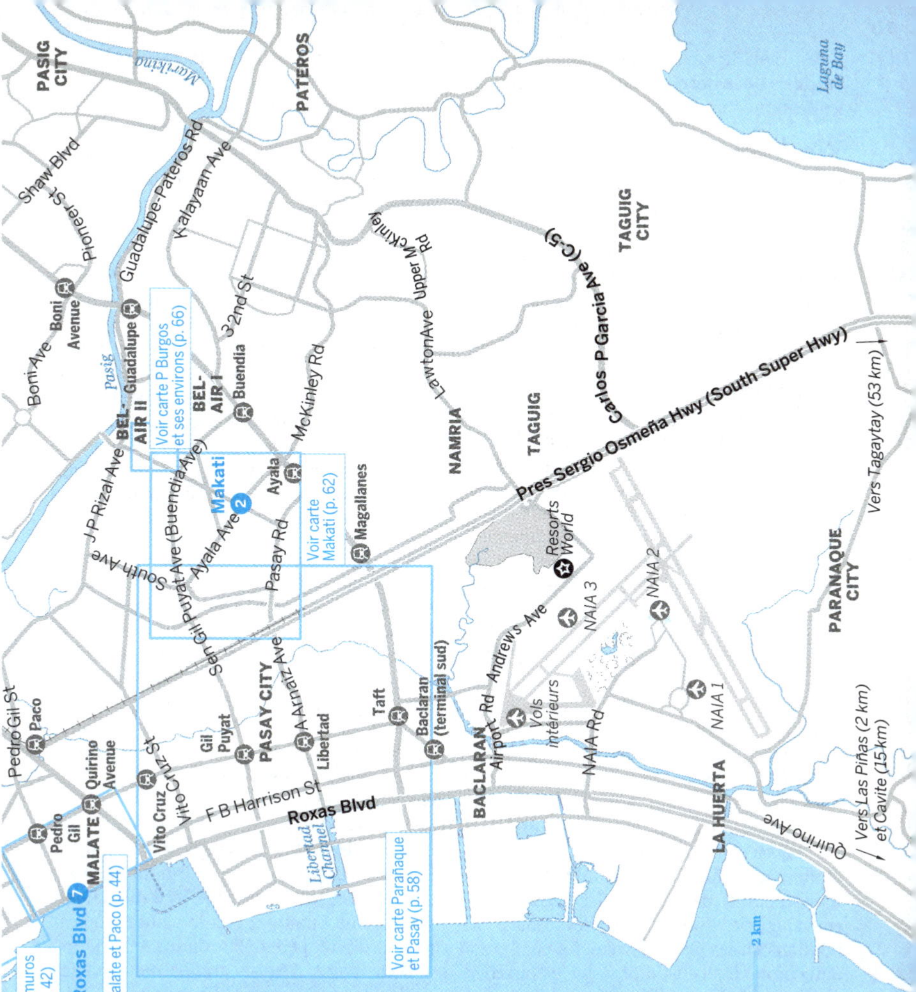

Museum of the Filipino People (p. 41)

6 Voir les 800 paires de chaussures d'Imelda exposées au **Marikina Shoe Museum** (p. 75)

7 Admirer le soleil couchant sur la baie de Manille le long du **Roxas Blvd** (p. 45)

8 Faire une balade en **jeepney** (p. 80) dans les rues de la capitale

à l'est dans le quartier plus chic de Makati au cours de la dernière décennie, entraînant les visiteurs.

À voir

Pour une ville qui n'est pas réputée destination touristique majeure, Manille est très intéressante. En raison de son étendue et de la circulation, il est peu probable que vous puissiez tout découvrir ; mieux vaut explorer un quartier à la fois. La vie des différents quartiers a souvent plus d'attrait que les sites classiques.

INTRAMUROS

Quand Miguel López de Legazpi prit le contrôle de Manille, il choisit d'ériger sa forteresse sur les vestiges d'un village musulman à l'embouchure du Pasig. Appelée Intramuros, la cité fortifiée fut tour à tour envahie par des pirates chinois, menacée par l'armée hollandaise, puis occupée par les Britanniques, les Américains et les Japonais à différentes époques. Elle survécut jusqu'aux derniers jours de la Deuxième Guerre mondiale, avant d'être détruite au cours la bataille de Manille.

Dès sa fondation en 1571, Intramuros fut le domaine exclusif des classes dirigeantes espagnoles. Fortifiés de bastions (*baluarte*), les remparts protégeaient une superficie de quelque 64 ha. Des portes (*puertas*) avec pont-levis la reliaient au monde extérieur. À l'intérieur des remparts se nichaient d'imposants bâtiments administratifs, de majestueuses demeures, des églises, des couvents, des monastères, des écoles, des hôpitaux et des places pavées. La population autochtone était installée dans les quartiers alentour, tels Paco et Binondo, tandis que les Chinois étaient confinés dans des ghettos surveillés appelés *parian*.

L'exploration d'Intramuros est une plongée dans l'histoire. Commencez la promenade par le **centre des visiteurs d'Intramuros** (☎527 296 ; ⌚8h-17h), dans le jardin du Fort Santiago, qui fournit un excellent plan gratuit de la cité fortifiée. Flânez le long d'**Anda St**, où nombre d'édifices conservent des plaques de rue en céramique espagnole.

Fort Santiago FORTERESSE

(Carte p. 42 ; Santa Clara St ; adulte/étudiant 65/50 P ; ⌚8h-18h). À l'embouchure du Pasig, l'attraction phare de la capitale est devenue au fil des ans un mémorial au Dr José Rizal (1861-1896), emprisonné ici avant son exécution pour incitation à la rébellion contre les colons espagnols.

À l'intérieur du fort, le **Rizal Shrine** (⌚8h-17h) occupe le bâtiment où il fut incarcéré et où sont exposés divers souvenirs du héros national, dont un reliquaire contenant l'une de ses vertèbres, le premier manuscrit de son roman *Noli Me Tangere* (*N'y touchez pas !*) et l'original du poème *Mi Ultimo Adios* (*Mon dernier adieu*), sorti clandestinement de sa cellule dans une lampe à huile.

À l'extrémité du fort, une caserne espagnole a été transformée en **théâtre à ciel ouvert**, rarement utilisé. Rizal a passé sa dernière nuit dans une cellule au bout de ces bâtiments. Des empreintes en cuivre incrustées dans la chaussée commémorent ses derniers pas jusqu'au lieu d'exécution dans le parc Rizal. Pour plus d'informations sur Rizal, reportez-vous p. 410.

Église San Agustin PATRIMOINE RELIGIEUX

(Carte p. 42 ; General Luna St). L'église San Agustin est le seul édifice resté intact après la destruction d'Intramuros durant la Deuxième Guerre mondiale. Érigée entre 1587 et 1606, c'est la plus vieille église des Philippines. Le bâtiment actuel, le troisième construit sur ce site, a survécu à sept séismes majeurs, ainsi qu'à la bataille de Manille. Cette église est très prisée pour les mariages et autres cérémonies.

La façade massive cache un intérieur ornementé, rempli d'objets d'une grande importance historique et culturelle. Remarquez les fresques en trompe-l'œil du plafond voûté et ne manquez pas le cloître tropical ni le jardin un peu mélancolique à l'arrière.

Pour visiter l'église gratuitement, venez à l'heure de la messe. Vous pouvez aussi y accéder par le **San Agustin Museum** (100 P ; ⌚8h-12h et 13h-18h), dont les antiquités offrent un aperçu des fabuleuses richesses de l'ancienne Manille. Repérez la statue en ivoire de l'Immaculée Conception à l'air vaguement chinois.

Casa Manila MUSÉE

(Carte p. 42 ; ☎527 4084 ; Plaza Luis Complex, General Luna St ; adulte/enfant 70/50 P ; ⌚9h-18h mar-dim). Cette superbe reproduction d'une maison coloniale espagnole témoigne de l'opulence de la bourgeoisie de la ville au XIXe siècle. Imelda Marcos la fit construire pour présenter l'architecture et la décoration intérieure de l'époque espagnole tardive (la hauteur des plafonds est due à la taille d'Imelda supérieure à la moyenne, 1,78 m).

Si la maison est une reconstitution, les meubles et les œuvres d'art sont d'authentiques antiquités.

Bahay Tsinoy MUSÉE

(Carte p. 42 ; angle Anda St et Cabildo St ; adulte/étudiant 100/60 P ; ⏲13h-17h mar-dim). Ce vaste musée démontre l'importance du rôle des *Sangley* – comme les Espagnols appelaient les Chinois – dans l'expansion de Manille (*sangley* signifie commerce en hokkien, le dialecte local dominant). Il contient des dioramas sur la vie des Chinois et des métis dans le *parian,* des monnaies anciennes et une belle collection de photos.

Remparts REMPARTS

La plupart des murs, portes et fortifications d'Intramuros sont accessibles, mais certaines parties sont envahies par les herbes et sans grand attrait. Vous pouvez parcourir le sommet des remparts sur toute leur longueur (4,5 km environ), ou monter et descendre à plusieurs endroits.

Memorare Manila MÉMORIAL

(Carte p. 42 ; angle General Luna St et Anda St). Ce mémorial, simple et émouvant, rend hommage aux 150 000 Manileños qui périrent dans la bataille de Manille. À proximité, des panneaux défraîchis montrent des photos de la ville avant et après la bataille.

Cathédrale de Manille PATRIMOINE RELIGIEUX

(Carte p. 42 ; angle Postigo St et General Luna St). Détruite durant la Deuxième Guerre mondiale et reconstruite en 1951, la cathédrale de Manille semble néanmoins ancienne avec sa façade romane et sa gracieuse coupole érodées par les éléments. À l'intérieur, vous découvrirez un autel doré, un orgue à 4 500 tuyaux et de superbes vitraux en rosace. Elle donne sur la **Plaza de Roma**, jadis une arène de corrida. Sur un côté de la place, un nouveau département du Trésor a été construit sur les ruines de l'**Ayuntamiento**, autrefois le plus majestueux bâtiment d'Intramuros.

Théâtre métropolitain BÂTIMENT HISTORIQUE

(Carte p. 42 ; Quezon Blvd). En face du parc Lawton et de l'arrêt de bus Ride, à quelques rues au sud de la poste centrale de Manille, ce théâtre est l'un des rares survivants du plan de Burnham. En piteux état, il reste remarquable pour son architecture Art déco. À proximité et superbement éclairé la nuit, le clocher de l'**hôtel de ville de Manille** (P Burgos St) se distingue du terrain de golf d'Intramuros.

PARC RIZAL ET SES ENVIRONS

Parc Rizal PARC

(Carte p. 42). Communément appelé "Luneta" (son nom jusque dans les années 1950), le parc emblématique de Manille compte plus de 60 ha de pelouses, jardins ornementaux, allées pavées et secteurs boisés, parsemés de monuments dédiés aux héros philippins.

À l'aube, divers groupes s'y rassemblent pour pratiquer le tai chi ou l'art martial local de l'*arnis,* ou *arnis de mano,* un style de combat au bâton préhispanique. Le Concert at the Park, une manifestation établie de longue date, se déroule dans l'**auditorium en plein air** ; ce concert gratuit débute vers 17h30 le dimanche.

José Rizal fut exécuté dans ce parc par les autorités coloniales espagnoles. Symbole de l'identité philippine, le **monument à Rizal**, gardé par des sentinelles en costume d'apparat, contient la dépouille du héros.

D'un côté du monument se tient le **site de l'exécution de Rizal** (10 P ; ⏲8h-17h mer-dim) ; à l'entrée, *Mi Ultimo Adios* (*Mon dernier adieu*), le poème de Rizal, est gravé sur un mur de granit noir. Huit tableaux de statues en bronze grandeur nature recréent les derniers moments du héros ; le soir, ces statues font partie du spectacle son et lumière dédié à Rizal (50 P ; ⏲19h mer-dim). Commenté en tagalog, le spectacle peut être en anglais pour un groupe (ou moyennant finances).

À l'extrémité ouest du parc se dresse le **Quirino Grandstand**, la tribune où les présidents prêtent serment et prononcent leur premier discours à la nation. À l'autre bout du parc, la gigantesque **carte en relief des Philippines** mérite le coup d'œil ; essayez de repérer le mont Mayon.

Le long du côté nord vous découvrirez des jardins ornementaux et la **Chess Plaza**, un endroit ombragé où se réunissent des joueurs d'échecs.

National Museum of the Filipino People MUSÉE

(Carte p. 42 ; www.nationalmuseum.gov.ph ; T Valencia Circle ; 100 P, dim gratuit ; ⏲10h-17h mar-dim). Le splendide musée national du Peuple philippin possède d'innombrables objets, dont la calotte crânienne du premier habitant connu des Philippines, Tabon Man, (qui serait en fait une femme) et qui aurait vécu 24 000 ans av. J.-C. Le musée présente

Intramuros et Parc Rizal

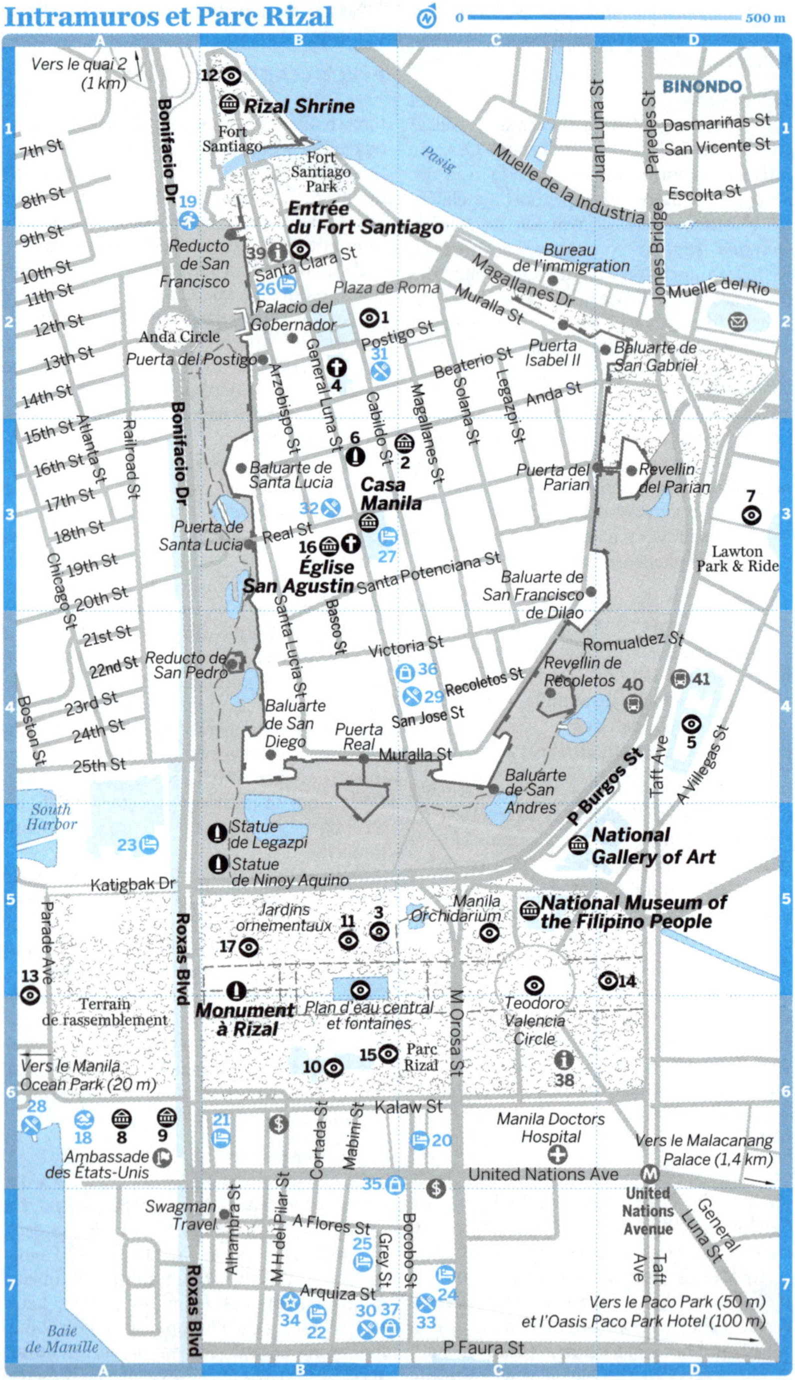

Intramuros et Parc Rizal

Les incontournables

Casa Manila ... B3
Entrée du Fort Santiago ... B2
National Gallery of Art ... C5
National Museum of the Filipino People ... C5
Monument à Rizal ... B5
Rizal Shrine ... B1
Église San Agustin ... B3

À voir

1 Ayuntamiento ... B2
2 Bahay Tsinoy ... C3
3 Chess Plaza ... B5
4 Cathédrale de Manille ... B2
5 Hôtel de ville de Manille ... D4
6 Memorare Manila ... B3
7 Théâtre métropolitain ... D3
8 Museo ng Maynila ... A6
9 Museo Pambata ... A6
10 National Library ... B6
11 Auditorium en plein air ... B5
12 Théâtre à ciel ouvert ... B1
13 Quirino Grandstand ... A5
14 Carte en relief des Philippines ... D5
15 Parc Rizal ... B6
16 San Agustin Museum ... B3
17 Site de l'exécution de Rizal ... B5

Activités

18 Army & Navy Club Pool ... A6
19 Entrée du Club Intramuros Golf Course et Barbier ... A1

Où se loger

20 Casa Bocobo ... C6
21 Hotel Miramar ... B6
22 Lotus Garden Hotel ... B7
23 Manila Hotel ... A5
24 Ralph Anthony Suites ... C7
25 Richmond Pension ... B7
26 Sailor's Inn ... B2
27 White Knight Hotel ... B3

Où se restaurer

Barbara's ... (voir 27)
28 Harbor View ... A6
29 Ilustrado ... C4
30 Kashmir ... B7
31 Patio de Conchita ... B2
32 Ristorante delle Mitre ... B3
33 Seafood Market ... C7

Où sortir

34 Hobbit House ... B7

Achats

35 Hiraya Gallery ... B6
La Monja Loca ... (voir 27)
36 Silahis Arts & Artifacts Center ... C4
37 Solidaridad Bookshop ... B7
Tradewinds Books ... (voir 36)

Renseignements

38 Department of Tourism Information Centre ... C6
39 Centre des visiteurs d'Intramuros ... B2

Transports

40 Jeepneys pour Ermita, Malate et Baclaran ... D4
41 Jeepneys pour Quiapo, Sampaloc et Cubao ... D4

d'importantes expositions sur les principaux groupes indigènes du pays et une vaste collection de peintures et sculptures philippines. Une grande section est consacrée aux porcelaines, monnaies, bijoux, etc. récupérés dans l'épave du *San Diego*, un galion espagnol qui coula au large de la côte de Luzon en 1600. Parmi les autres trésors figurent de nombreux artefacts et instruments de musique préhispaniques.

National Gallery of Art MUSÉE D'ART
(Carte p. 42 ; P Burgos St ; adulte/étudiant 100/30 P, dim gratuit ; 10h-17h mar-dim). Ce beau musée renferme nombre des œuvres d'art majeures des Philippines, dont l'étonnant *Spoliarium* (1884) de Juan Luna, qui condamne ouvertement la domination espagnole. Il occupe l'ancien bâtiment du Congrès conçu par Daniel Burnham, en face du National Museum of the Filipino People (voir p. 41 ; billet combiné pour les 2 musées 150 P).

Museo ng Maynila BÂTIMENT HISTORIQUE
(Carte p. 42 ; South Blvd). Le Museo ng Maynila est installé dans l'ancien Army & Navy Club, qui était jadis un repaire élégant d'officiers américains. Le musée est fermé, mais le bâtiment mérite le détour pour son architecture classique de l'époque américaine. La piscine et les courts de tennis voisins faisaient jadis partie du club.

Ermita, Malate et Paco

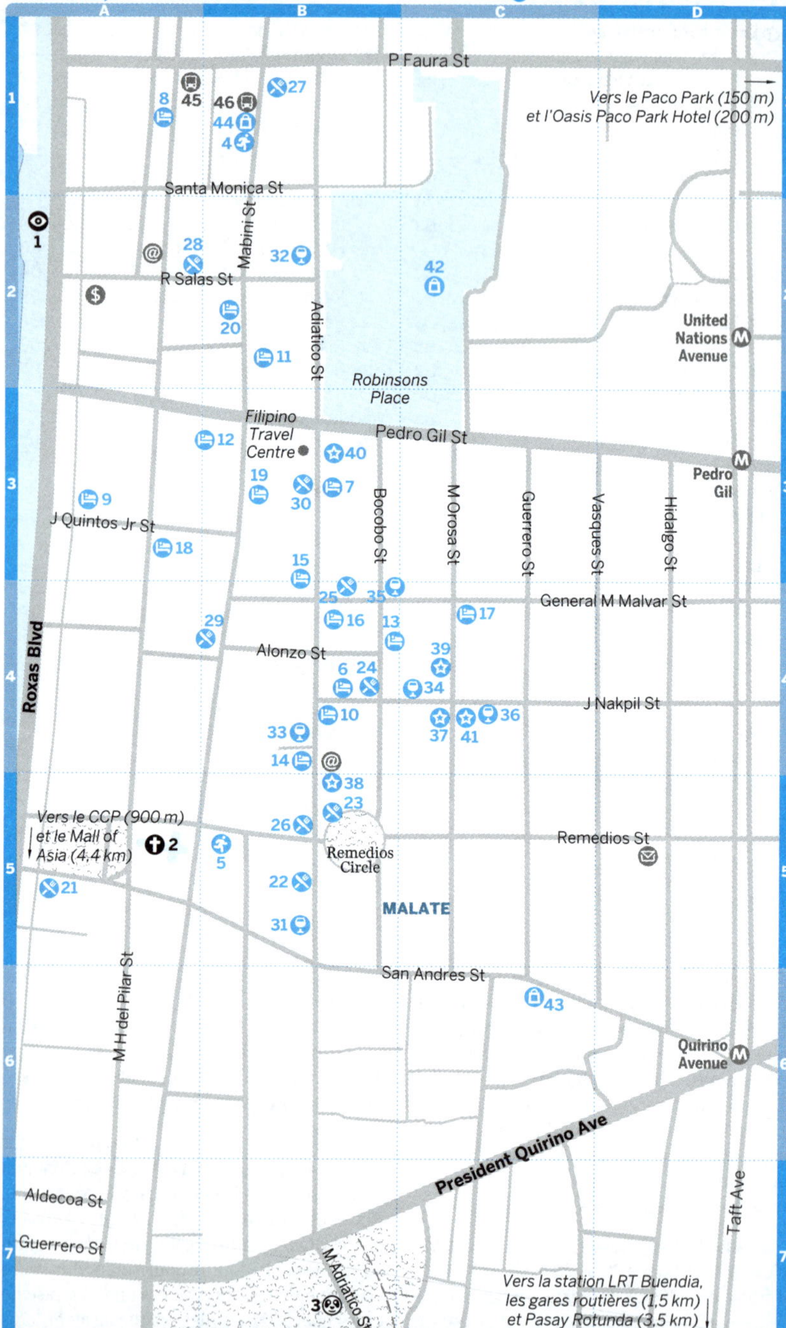

Ermita, Malate et Paco

ERMITA, MALATE ET PACO

Pauvres en sites à visiter, les quartiers adjacents d'Ermita, Malate et Paco, situés au sud du parc Rizal, valent surtout pour leurs nombreux commerces et services, dont la plupart des infrastructures touristiques. Remedios Circle, entouré de nombreux restaurants, bars et salons de karaoké, forme le cœur de l'animation.

Baywalk — PROMENADE

(Carte p. 44 ; Roxas Blvd). Promenade piétonne le long du Roxas Blvd, la Baywalk offre une vue splendide sur la baie de Manille. Autrefois débordante d'activité, elle a été débarrassée des gargotes, chanteurs de rue, jongleurs, magiciens et musiciens par l'actuel maire de Manille, Alfredo Lim, après son entrée en fonction en 2007. Ce n'est plus qu'un endroit paisible où admirer le coucher de soleil.

Église de Malate — PATRIMOINE RELIGIEUX

(Carte p. 44 ; angle MH del Pilar ST et Remedios St, Malate). Une effigie grandement révérée de la Vierge, appelée *Nuestra Señora de Remedios* (Notre-Dame-des-Remèdes), repose dans cette église édifiée en 1588 et reconstruite dans les années 1860.

Parc Paco — PARC

(Hors carte p. 44). Plus verdoyant et chargé d'histoire que Remedios Circle, ce joli parc circulaire, entouré d'épais murs en pierre, est prisé pour les mariages et la promenade. Il servit de cimetière durant la domination espagnole. Rizal y fut inhumé de 1898 à 1912.

BINONDO, QUIAPO ET SANTA CRUZ

Les maisons de thé de Chinatown constituent le principal attrait de ce secteur, de l'autre côté du Pasig en venant d'Intramuros. Ces quartiers comptent parmi les plus anciens de Manille, mais les rares édifices espagnols restants sont rapidement rasés. Ils restent néanmoins le centre du commerce avec de nombreux marchés, notamment à Quiapo. La station Carriedo du LRT-1 se trouve au cœur de l'action.

À l'ouest du vieux quartier de Binondo, des endroits ont survécu sans dommage à la guerre. Un peu louche, le quartier San Nicolas, dans Madrid St, Lavezares St et alentour, abrite quelques maisons en bois du XIXe siècle, délabrées mais superbes, avec des fenêtres en *capiz* (nacre), des sculptures élaborées et des plaques de rue en céramique. Malheureusement, nombre de ces maisons ont été démolies ces dernières années et remplacées par des bâtiments en béton.

Bahay Nakpil-Bautista — ÉDIFICE HISTORIQUE

(Carte p. 46 ; http://bahaynakpil.org ; 432 A Bautista St ; adulte/étudiant 40/20 P ; ⌚9h-17h mar-dim). Dans une rue très fréquentée située à l'est de la Plaza Miranda, le Bahay Nakpil-Bautista est l'endroit où vécut la veuve d'Andres Bonifacio (1863-1896), le père de la Révolution philippine, après la mort de son époux.

Monument historique en soi, la maison abrite également un petit musée et est utilisée parfois pour des expositions culturelles temporaires.

GRATUIT Cimetière chinois — CIMETIÈRE

(Hors carte p. 46 ; Rizal Ave Extension ; ⌚7h30-19h). Les riches citoyens chinois sont enterrés avec tout le confort moderne dans cet immense cimetière. Des mausolées comportent lustres en cristal, climatisation, eau courante chaude et froide, cuisine et toilettes.

Les 1er et 2 novembre (Toussaint et jour des Défunts), des centaines de familles sino-philippines se réunissent et viennent offrir nourriture et fleurs à leurs ancêtres.

Louez un vélo (100 P/heure) pour l'explorer et éventuellement les services d'un guide (350 P) pour découvrir les plus beaux tombeaux. Le guide Ivan Man Dy d'Old Manila Walks (p. 48) propose une excellente visite du cimetière. Pour rejoindre ce dernier, prenez le LRT jusqu'à Abad Santos puis marchez ou empruntez un tricycle (25 P) jusqu'à l'entrée sud.

Mosquée dorée — MOSQUÉE

(Carte p. 46 ; Globo de Oro St). La Mosquée dorée fut construite en 1976 pour accueillir le dirigeant libyen Muammar Kadhafi, qui finalement annula sa visite. Plus grande mosquée de la ville, elle dessert la communauté musulmane croissante qui s'est installée à Quiapo.

Binondo, Santa Cruz et Quiapo

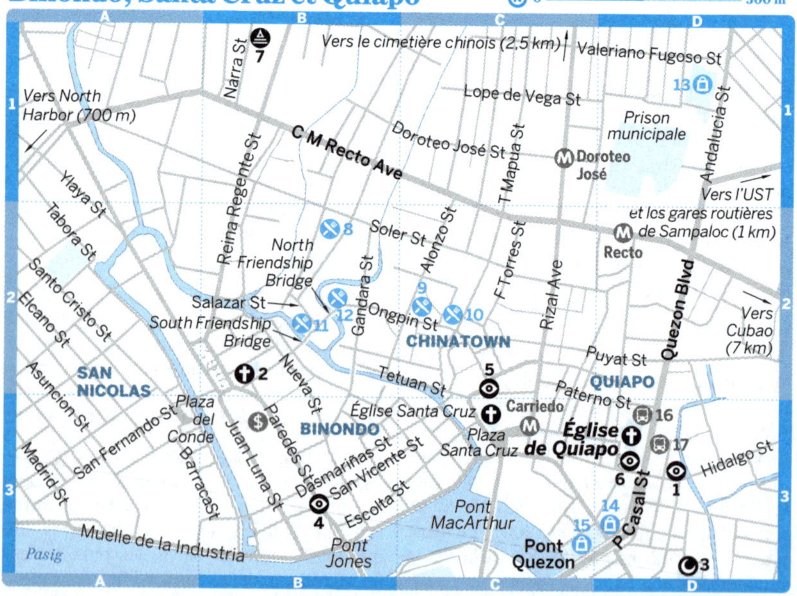

Église de Binondo PATRIMOINE RELIGIEUX

(Carte p. 46 ; angle Paredes St et Ongpin St). À l'extrémité nord de Paredes St, l'inhabituel clocher octogonal de l'église de Binondo date de 1596. L'église elle-même est un bâtiment moderne, construit après la guerre. À l'intérieur vous pourrez voir une statue assez effrayante d'un Christ ensanglanté (expression sculpturale visant en premier lieu à impressionner les fidèles).

Temple bouddhique Seng Guan TEMPLE

(Carte p. 46 ; Narra St). Plus au nord, le temple Seng Guan, immense et guère attrayant, constitue le centre de la communauté bouddhiste de Manille.

Chinatown QUARTIER HISTORIQUE

(Carte p. 46). Après des siècles d'oppression par les Espagnols, la population chinoise de Manille grimpa rapidement l'échelle économique et sociale sous des administrations plus libérales. Aujourd'hui le centre de cette communauté dynamique, Chinatown, chevauche Santa Cruz et Binondo.

Les **Arches Goodwill** (carte p. 46) délimitent Chinatown. Ongpin St, l'artère principale, se parcourt en 10 minutes, mais l'exploration du quartier peut prendre des heures. Comme dans toute enclave chinoise, vous découvrirez d'innombrables orfèvres, herboristes, maisons de thé, boutiques de gâteaux de lune, d'encens, de papier monnaie à brûler pour les ancêtres, de bibelots et de curiosités, ainsi qu'une multitude de gargotes pour un repas (voir p. 54).

Activités

Golf

Club Intramuros Golf Course GOLF

(Carte p. 42 ; ☎527 6613 ; Bonifacio Dr ; non résident green avec caddy jour/nuit 1 800/2 750 P, résident 1 300/1 650 P). Juste en dehors des murs d'Intramuros dans un cadre urbain unique, ce parcours de golf 18 trous par 66 occupe les anciennes douves. Vous pouvez pratiquer le jour ou la nuit, louer les services d'une "fille ombrelle" (350 P) ainsi que des clubs (comptez 700 P).

Spas

Trouver un salon de massage ne présente aucune difficulté et il suffit d'un peu de bon sens pour éviter des "prestations annexes". À Malate, mieux vaut choisir les meilleurs hôtels. Les cinq-étoiles comme les hôtels Pan Pacific et Diamond disposent de spas luxueux qui accueillent les non-résidents. Makati compte de nombreux spas.

Touch of Hands SPA

(www.touchofhands.com ; massage 1 heure 300-600 P) Mabini (carte p. 44 ; Casa Tesoro Bldg, 1335 Mabini St, Ermita) Remedios (carte p. 44 ; 513 Remedios St, Malate). Un spa d'un bon rapport qualité/prix et sans offres ambiguës.

Baignade

Il existe heureusement d'autres lieux que la baie polluée de Manille pour se rafraîchir. La plupart des piscines des hôtels cinq-étoiles sont accessibles moyennant 600 à 1 000 P. Il revient moins cher de commander un plat à l'Oasis Paco Park Hotel (hors carte p. 44), ce qui donne accès à la piscine. Vous pouvez aussi vous mêler à la foule et nager gratuite-

Binondo, Santa Cruz et Quiapo

Les incontournables

Église de Quiapo D3

À voir

1 Bahay Nakpil-Bautista D3
2 Église de Binondo B2
3 Mosquée dorée D3
4 Arches Goodwill B3
5 Arches Goodwill C2
6 Plaza Miranda D3
7 Temple bouddhique Seng Guan B1

Où se restaurer

8 Happy Veggie B2
9 Ling Nam Wonton Parlor & Noodle Factory C2
10 MXT Tea House C2
11 President Tea House B2
12 Salazar Bakery B2

Achats

13 Marché central D1
14 Ilalim ng Tulay D3
15 Marché Quinta C3

Transports

16 Bus pour Makati D3
Jeepneys et FX pour le Parc Rizal, Ermita, Malate et Pasay .... (voir 6)
17 Jeepneys et FX pour l'Université de Santo Tomas et Quezon City D3

À NE PAS MANQUER

L'ÉGLISE DE QUIAPO ET SES MARCHÉS

Les amateurs de marchés et de cohue traverseront le pont Quezon sur le Pasig pour rejoindre l'**église de Quiapo** (carte p. 46 ; Quezon Blvd), qui renferme le fameux **Nazaréen noir**. L'église mérite le détour pour l'animation de sa place, la Plaza Miranda, et des marchés alentour.

Vous ne pourrez manquer les stands d'apothicaire qui vendent des remèdes traditionnels ou à base de plantes et des amulettes (pierres gravées et médaillons aux soi-disant pouvoirs magiques). Les vendeurs vous affirmeront que la "Pampa Regla" soigne tous les maux, de l'obésité aux problèmes d'érection. Le Langis Ng Ahas est (peut-être) une huile de serpent.

Dans Carriedo St, des étals très pittoresques vendent des soutiens-gorge rembourrés, du matériel informatique, des DVD érotiques et bien d'autres marchandises. Non loin, sous le **pont Quezon**, dans le secteur appelé **Ilalim ng Tulay** (littéralement "sous le pont" ; carte p. 46), vous trouverez des babioles bon marché pour touristes. De l'autre côté de la rue, au **marché Quinta** (carte p. 46), des commerçants vantent bruyamment leurs poissons, viandes, fruits, légumes et autres denrées.

L'ambiance est particulièrement fiévreuse le week-end, quand la moitié de la population vient faire ses courses dans le quartier.

Concours de beauté, réunions politiques, divers événements et festivités avaient lieu sur la Plaza Miranda jusqu'à ce qu'elle soit détruite par un bombardement sanglant en 1971 et que Marcos impose la loi martiale. La place a ensuite été reconstruite dans le style forum romain avec colonnes, arcs et urnes décoratives.

ment à la **piscine de l'Army & Navy Club** (carte p. 42 ; South Blvd, Rizal Park ; ⏲9h-15h), un beau bassin de 25 m.

Circuits organisés

Deux sympathiques habitants de Manille proposent des promenades passionnantes et amusantes dans la capitale. Ce sont d'excellents moyens de découvrir la ville, surtout si vous n'y restez qu'un jour ou deux.

Walk This Way PROMENADE À PIED

(☎0920 909 2021 ; www.carlosceldran.com ; adulte 1 000-1 100 P, étudiant 500 P). Célébrité locale, Carlos Celdran propose une vision hilarante et relativement excentrique de l'histoire des Philippines et ses dessous – une visite recommandée aux voyageurs curieux dotés d'un esprit large et du sens de l'humour. Son bureau d'Intramuros se situe dans son espèce de boutique de souvenirs, La Monja Loca, en face de l'église San Agustin. Carlos Celdran, soutien actif du Reproductive Health Bill (voir p. 407), a eu des problèmes avec l'église qui elle y est opposée, et a même passé une nuit en prison en 2010 pour avoir interrompu une messe.

Old Manila Walks PROMENADE À PIED

(☎711 3823, 0918 962 6452 ; www.oldmanilawalks.com ; promenades 650-1100 P). Le guide Ivan Man Dy possède une connaissance approfondie de la capitale philippine, de son histoire et de sa culture. Il excelle à dénicher des secrets, souvent oubliés. Les circuits les plus chers comprennent un repas. Ivan Man Dy vend également des cartes pour ceux qui préfèrent effectuer les promenades en indépendant.

Jeepney Tours VISITES DE LA VILLE

(☎994 6636 ; www.jeepneytours.com ; visite 2 500-6 000 P/pers). Les visites en jeepney climatisé (et équipé pour le karaoké) sont souvent combinées avec une promenade à pied, un circuit en bateau sur le fleuve et/ou une croisière au coucher du soleil dans la baie de Manille.

Fêtes et festivals

Procession du Nazaréen noir RITUEL

Le Nazaréen noir (Black Nazarene), une statue d'ébène figurant un Christ noir grandeur nature hautement révéré, est conservé dans l'église de Quiapo. Prétendument miraculeux, il est promené dans les rues sur les épaules des fidèles lors de grandes processions le 9 janvier et durant la semaine sainte.

Anniversaire de l'Indépendance FÊTE NATIONALE

Un immense défilé dans le parc Rizal célèbre la fin de la domination espagnole le 12 juin 1898 (voir p. 411).

Où se loger

Manille offre des hébergements pour tous les budgets, des petites chambres spartiates à 500 P aux suites luxueuses à 1 000 $US. La principale question est le choix du quartier ; consultez l'encadré p. 50 pour des conseils.

Les cinq-étoiles sont somptueux et se livrent une concurrence honnête. Il est souvent possible de bénéficier d'un "tarif promotionnel", surtout le week-end.

INTRAMUROS

Des hôtels n'ont commencé à s'installer que récemment à l'intérieur des remparts d'Intramuros. Ils constituent un bon choix si vous recherchez le calme car Intramuros s'assoupit vers 22h (voire plus tôt).

White Knight Hotel HÔTEL $$
(Carte p. 42 ; ☎524 7382 ; www.whiteknighthotelintramuros.com ; General Luna St ; d 1 960-2 520 P, ste 2 744 P ;). Aménagé dans un édifice restauré du XIXe siècle du complexe Casa Manila, le White Knight ne manque pas de caractère. Malgré quelques chambres un peu spartiates, il offre globalement un bon mélange d'histoire et d'équipements modernes. Les forfaits séjour/golf en font une adresse prisée des lève-tôt qui fréquentent le Club Intramuros.

Sailor's Inn AUBERGE DE JEUNESSE $
(Carte p. 42 ; ☎527 6206 ; 1 Fort Santiago ; dort/qua/ste 350/1 700/2 200 P ;). Avec 2 vastes dortoirs semi-compartimentés et climatisés (100 lits pour les hommes, 40 pour les femmes), et de grandes salles de bains communes avec eau froide, cette auberge tient de la caserne. Chambres et dortoirs sont aussi nets qu'à bord d'un bateau, mais sommaires.

PARC RIZAL

Ce quartier se distingue surtout par ses hôtels historiques.

Manila Hotel HÔTEL $$$
(Carte p. 42 ; ☎527 0011 ; www.manila-hotel.com.ph ; 1 Rizal Park ; ch à partir de 7 000 P ;). Comptant parmi les hôtels emblématiques d'Asie, le Manila Hotel a accueilli des personnalités comme le général MacArthur, JFK ou les Beatles. Plus que centenaire, il a traversé les âges sans perdre sa splendeur. D'élégantes touches locales, comme les paravents en *capiz* et les lits à deux colonnes, agrémentent des chambres d'un confort sans faille. Les salles de bains sont équipées de TV à écran plat et un bar se tient au milieu de la piscine. Tout simplement extraordinaire.

Hotel Miramar HÔTEL HISTORIQUE $$$
(Carte p. 42 ; ☎523 4484-86 ; www.miramarhotel.ph ; 1034-36 Roxas Blvd ; d avec petit-déj 3 200-4 400 P, ste 5 500-10 000 P ;). Si vous recherchez un hôtel classique évoquant le Manille d'antan sans être ruineux, choisissez ce chef-d'œuvre Art déco des années 1930. Les chambres, joliment meublées et modernes, ont un charme d'avant-guerre. Le café, aux murs décorés de peintures, est excellent. Tarifs promotionels très intéressants.

Casa Bocobo HÔTEL $$
(Carte p. 42 ; ☎526 3783 ; www.casabocobo.com.ph ; 100 Bocobo St ; ch avec petit-déj 1 900-2 800 P ;). Le meilleur hôtel de catégorie moyenne de Metro Manila. De belles photos en noir et blanc et des TV à écran plat ornent les murs soigneusement peints et de jolies lampes flanquent les lits tendus de draps blancs soyeux. Les chambres standard "petite" sont un peu exiguës mais les "superior", un peu plus chères, sont spacieuses. Sans ascenseur.

LA BEAUTÉ AU MASCULIN

Pour des soins sérieux à des prix abordables, difficile d'égaler le **barbier** (carte p. 42 ; ☎489 3359 ; Bonifacio Dr ; soin 100-200 P ; 8h-20h lun-sam) du Club Intramuros Golf Course. Une séance de 2 heures dans un fauteuil comprend un ou tous les soins suivants : coupe de cheveux, rasage, manucure, pédicure, nettoyage des oreilles, soin du visage, gommage des pieds, plus un massage complet du corps prodigué simultanément pour un prix total de 800 P environ. Il n'est pas rare que 4 personnes s'occupent en même temps d'un client !

La plupart des barbiers offrent des services similaires à des prix identiques (tels ceux de la chaîne Bruno's), mais Intramuros est plus intime ; aucun voyeur ne vous espionnera et vous serez souvent le seul client.

OÙ LOGER À MANILLE ?

L'immensité de Manille complique le choix d'un hôtel, surtout lors d'une première visite. L'important est de sélectionner d'abord le quartier. Voici un bref récapitulatif des principaux quartiers hôteliers.

QUARTIERS	AVANTAGES	INCONVÉNIENTS
Centre-ville (Malate et Ermita)	Ceinture touristique traditionnelle ; proche des principaux sites ; Manille "authentique" ; meilleurs hôtels pour petits budgets	Mendiants et escrocs ; misère dans la rue ; restaurants quelconques ; vie nocturne moyenne
Centre-ville (Intramuros)	Paisible ambiance de quartier ; proche des principaux sites	Restaurants limités ; vie nocturne inexistante
Centre-ville (parc Rizal)	Histoire et charme	Cher
Pasay et Parañaque	Proche de l'aéroport, du Mall of Asia et des terminus de bus de Pasay	Proche d'Epifanio de los Santos Ave ; bruyant, délabré ; manque de restaurants
Makati	Excellents restaurants ; vie nocturne animée ; rues propres	Cher ; trop aseptisé ; peu de baroudeurs
Quezon City	Moins touristique ; bons restaurants et bars ; proche des terminus de bus de Cubao	Loin de tout sauf des terminus de bus de Cubao

Lotus Garden Hotel HÔTEL $$
(Carte p. 42 ; ☎522 1515 ; www.lotusgardenhotelmanila.com ; 1227 Mabini St ; s/d avec petit-déj à partir de 2 200/2 500 P ; ❄@📶). Un superbe hôtel de catégorie moyenne avec un bel escalier incurvé et le Cilantro Restaurant Bar, animé et enfumé, qui attire le regard dans l'entrée. Plus on monte dans la gamme de prix, plus on gagne en lumière et en confort (cuisine par exemple). La salle de gymnastique fait partie des extras.

Ralph Anthony Suites APPARTEMENTS $
(Carte p. 42 ; ☎521 1107 ; www.ralphanthonysuites.com ; M Orosa St ; d à partir de 2 000 P, ste à partir de 2 400 P ; ❄@📶). Essentiellement destiné aux longs séjours, il offre un bon rapport qualité/prix pour les courts séjours. Les suites avec une chambre disposent d'une kitchenette.

MALATE, ERMITA ET PACO

Malgré la popularité croissante de Makati, la plupart des voyageurs préfèrent les quartiers voisins de Malate, Ermita et Paco. Malate reste le meilleur choix et l'endroit préféré des routards. Ermita, plus louche et plus éloigné de l'animation de Remedios Circle et de J Nakpil St, compte de meilleurs hôtels de catégorie moyenne. Paco possède plus une ambiance de quartier.

Les hôtels haut de gamme du secteur sont de grands immeubles avec vue sur la ville et la baie de Manille. Les habitués des dortoirs devront prévoir savon et serviette. Les résidences d'appartements consentent souvent d'importantes réductions pour la location au mois et parfois à la semaine.

♥ **Malate Pensionne** AUBERGE DE JEUNESSE $$
(Carte p. 44 ; ☎523 8304 ; www.mpensionne.com.ph ; 1771 Adriatico St ; dort avec ventil 350 P, d sans/avec sdb 750/1 100 P, avec clim à partir de 1 400 P ; ❄@📶). Bien tenue et pleine de charme avec ses boiseries, cette auberge a du succès. Elle comprend un dortoir pour hommes de 3 lits, un dortoir pour femmes plus grand et diverses chambres, dont certaines un peu défraîchies. Un tableau permet de laisser des messages. Wi-Fi en sus.

♥ **Oasis Paco Park** HÔTEL $$
(Hors carte p. 44 ; ☎521 2371-73 ; www.oasispark.com ; 1032-34 Belen St ; ch standard/deluxe avec petit-déj à partir de 1 825/2 500 P ; 🚭❄@📶🏊). À l'écart de l'agitation de Malate et d'Ermita, cet accueillant hôtel de quartier est l'un des rares établissements de catégorie moyenne à posséder une piscine, dans une verdoyante cour centrale avec meubles de jardin et connexion Wi-Fi. Les chambres sont élégantes et bien équipées ; choisissez une deluxe pour disposer d'une fenêtre.

Friendly's Guesthouse AUBERGE DE JEUNESSE $
(Carte p. 44 ; ☎489 8897 ou 0917 333 1418 ; www.friendlysguesthouse.com ; 1750 Adriatico St ; dort sans/avec clim 325/375 P, s/d à partir de 500/675 P ;). Dirigé par le sympathique Benjie, ce rendez-vous de baroudeurs offre 3 grands dortoirs, un superbe balcon/salon, des films en permanence, du café gratuit et même du vin gratuit un samedi sur deux. Les chambres sont petites et propres, avec salle de bains pour certaines.

Pension Natividad AUBERGE DE JEUNESSE $
(Carte p. 44 ; ☎521 0524 ; 1690 MH del Pilar St ; dort avec ventil 400 P, d sans/avec sdb 1 000/1 100 P, avec clim 1 500 P ;). Prisé des bénévoles du Peace Corps, c'est l'un des établissements pour petits budgets les plus plaisants. Choisissez une autre adresse si vous voulez faire la fête car sa publicité vante des "chambres propres pour personnes seules, couples mariés et familles". Les hôtes se retrouvent le soir dans le grand patio en plein air.

Adriatico Arms Hotel HÔTEL $$
(Carte p. 44 ; ☎524 7426 ; 561 J Nakpil St ; ch standard/deluxe 1 650/1 850 P ;). Cet élégant hôtel de charme propose des chambres d'un bon rapport qualité/prix ; celles avec climatisation sont plus plaisantes qu'à la Malate Pensionne voisine. Le café du rez-de-chaussée est accueillant.

Hotel Vieve HÔTEL $$
(Carte p. 44 ; ☎526 4211 ; 1548 Mabini St ; ch avec petit-déj 1 800 P ;). Récemment rénové, l'ancien Hotel Frendy est un modèle d'élégance contemporaine dans un secteur un peu louche d'Ermita. Les chambres spacieuses sont bien meublées et équipées de TV à écran plat. Points faibles : serviettes de piètre qualité et plomberie défectueuse.

Pearl Garden Hotel HÔTEL $$
(Carte p. 44 ; ☎525 1000 ; www.pearlgardenhotel.net ; 1700 Adriatico St ; d avec petit-déj 2 600-3 400 P, ste 3 900-5 900 P ;). Dans l'hôtel de catégorie moyenne le plus moderne et stylé de Malate, nombre des chambres sentent le tabac. Préférez les doubles "deluxe" avec TV à écran plat, baignoire et douche séparées et beaux lits *king size* arborant des couvre-lits de coton blanc.

Adriatico Pensionne Inn HÔTEL $
(Carte p. 44 ; ☎404 2300 ; adriaticopensionne@yahoo.com ; 1612 Adriatico St ; d avec petit-déj 950-1 500 P, ste à partir de 1 700 P ;). Il compte 29 chambres sombres, très propres, dont certaines avec ventilateur et salle de bains commune. Les grandes suites en duplex avec TV à écran plat ou le penthouse (3 000 P) sont nettement supérieures. Demandez une réduction de 20%.

Diamond Hotel HÔTEL $$$
(Carte p. 44 ; ☎528 3000 ; www.diamondhotel.com ; angle Roxas Blvd et Jr Quintos St ; s/d avec petit-déj à partir de 8 000/8 900 P ;). Les cinq-étoiles de Manille, tous somptueux, ne diffèrent guère. Le Diamond offre les promotions les plus intéressantes : vous pouvez y passer la nuit pour seulement 5 000 P le week-end ou en réservant sur des sites spécialisés du Sud-Est asiatique comme www.agoda.com.

Pan Pacific Hotel HÔTEL $$$
(Carte p. 44 ; ☎318 0788 ; www.panpacific.com ; angle Adriatico St et Gen Malvar St ; ch à partir de 11 500 P ;). Ce cinq-étoiles d'affaires particulièrement luxueux est le seul de Malate à proposer un service de majordome à l'anglaise. Chaque séjour peut être personnalisé en ligne. Les chambres standard comprennent l'un des avantages gratuits suivants : petit-déjeuner, surclassement ou transfert de l'aéroport.

Hyatt Hotel and Casino Manila HÔTEL $$$
(Carte p. 44 ; ☎245 1234 ; www.manila.casino.hyatt.com ; 1588 Pedro Gil St ; s/d avec petit-déj à partir de 179/200 $US ;). Peu d'hôtels proposent autant de services que le Hyatt, où l'on peut se faire couper les cheveux, acheter des muffins, jouer à la roulette, se faire masser les pieds ou suivre un cours de yoga. Les chambres de style contemporain, hautes de plafond, semblent sortir d'un magazine de décoration.

Pearl Lane Hotel HÔTEL $$
(Carte p. 44 ; ☎523 2000 ; 1700 M Orosa St ; d avec petit-déj 2 100-3 400 P ;). Légèrement inférieur à son homologue, le Pearl Garden, il possède les mêmes points forts et faibles.

Riviera Mansion Hotel HÔTEL $$
(Carte p. 44 ; ☎523 4511 ; www.rivieramansion.com ; 1638 Mabini St ; d avec petit-déj 2 500-4 200 P ;). Les chambres standard, avec trop de tissu et des petits lits, ne sont pas à la hauteur de l'élégante réception et des belles salles de bains. Wi-Fi à 100 P l'heure.

Chill-Out Guesthouse AUBERGE DE JEUNESSE $
(Carte p. 44 ; ☎450 8023, 0939 517 7019 ; Lucky 888 Bldg, 1288 MH del Pilar St ; dort 350 P, d 800-1 340 P ;). Sérieux concurrent du Friendly, cet

établissement récent séduit par ses dortoirs climatisés et son espace cuisine/détente fumeur. Sa situation dans l'un des secteurs les plus bruyants et louches d'Ermita est un inconvénient.

Les établissements suivants, quoique spartiates, peuvent dépanner si les autres adresses pour petits budgets affichent complet, comme c'est souvent le cas :

Stone House PENSION **$**
(Carte p. 44 ; ☎524 0302 ; stonehouse_apt@yahoo.com ; 1529 Mabini St ; s/d sans sdb à partir de 300/500 P ; ❄). Si les chambres simples les moins chères sont minuscules, les doubles sont correctes. Certaines n'ont pas de fenêtre. Wi-Fi en supplément.

Richmond Pension PENSION **$**
(Carte p. 44 ; ☎525 3864 ; 1165 Grey St ; dort 3 lits 290 P, s/d sans sdb à partir de 390/570 P). Dans une vieille maison familiale vétuste, des chambres simples dans une petite rue isolée.

Lovely Moon Pension Inn PENSION **$**
(Carte p. 44 ; ☎524 9974 ; 1718 Bocobo St ; d 400-850 P ; ❄). Pour les amateurs de bouges étouffants, typiques jadis du Sud-Est asiatique, avec une clientèle d'autochtones pittoresques et de baroudeurs endurcis.

Où se restaurer

Le centre-ville n'est plus le paradis gastronomique d'antan depuis que la plupart des bons restaurants ont migré au nord, dans le quartier plus florissant de Makati. Quelques fidèles sont néanmoins restés à Malate. En dehors de ceux-là, les buffets des cinq-étoiles et les maisons de thé de Chinatown constituent les meilleurs choix.

Des galeries marchandes comme Robinson's Place à Ermita et le gigantesque Mall of Asia (à Pasay, mais proche de Malate) abritent une extraordinaire variété de fast-foods, dont des chaînes un peu haut de gamme comme **Mexicali** (burritos 125 P), **Outback Steakhouse** (steaks 350-600 P) et **Kenny Rogers Roasters** (poulet avec 3 garnitures 200 P).

Vous pourrez faire vos courses dans les grands supermarchés à l'occidentale des galeries marchandes. Les nombreux marchés en plein air, tel le marché San Andres de Malate, vendent des produits plus pittoresques, notamment des fruits tropicaux. Si les stands de restauration sont totalement absents des rues de Manille, des *turu-turò* (des gargotes où l'on désigne le plat choisi) abondent dans Malate, Ermita et ailleurs.

La plupart des bars indiqués p. 54 sont aussi de bons endroits pour la cuisine philippine et parfois occidentale. Une tenue décontractée est de mise partout.

INTRAMUROS

Ce quartier compte d'excellentes tables, souvent spécialisées.

Barbara's HISPANO-PHILIPPIN **$$$**
(Carte p. 42 ; ☎527 3893 ; General Luna St ; buffet déj/dîner 395/425 P ; ⏲café 9h-18h, restaurant déj et dîner lun-sam). Dans une salle élégante à l'intérieur du complexe Casa Manila, le Barbara's propose un dîner-buffet raffiné avec un spectacle (19h15) de musique et danses traditionnelles comme le *tinikling* (voir p. 421).

LES MEILLEURS BRUNCHS

Déguster un somptueux brunch à volonté (de préférence avec champagne) le dimanche dans un cinq-étoiles de Manille est une expérience inoubliable. Les brunchs commencent habituellement vers 11h ou 12h et se prolongent dans l'après-midi. Certains cinq-étoiles servent tous les jours midi et soir des buffets presque aussi succulents.

Voici nos cinq préférés :

- **Sofitel Philippine Plaza** (p. 58 ; déj/brunch dominical 2 100/2 700 P). La référence ; tout simplement époustouflant.
- **Manila Hotel** (p. 49 ; déj/brunch dominical 1 700/1 866 P). Bar de fruits de mer et cuisines du monde entier.
- **The Peninsula** (p. 63 ; déj/brunch dominical 1 680/2 087 P). Son restaurant Escolta propose un festin, mais comptez un supplément de 700 P pour le champagne.
- **Diamond Hotel** (p. 51 ; déj/brunch dominical 1 420/1 550 P). Près du Manila Hotel.
- **Oasis Paco Park Hotel** (p. 50 ; brunch dominical 500 P). Ce n'est pas un cinq-étoiles, avec un prix en conséquence.

Ilustrado HISPANO-PHILIPPIN $$$
(Carte p. 42 ; ☎527 3674 ; 744 General Luna St ; plats 450-720 P ; ⏲déj et dîner lun-sam, déj dim). Dans une maison restaurée de l'époque espagnole, ce restaurant guindé sert des spécialités hispano-philippines comme la paella avec saumon, canard et côtelettes d'agneau. À côté, le Kuatro Kantos Bar, un café moins snob, ouvre toute la journée.

Ristorante delle Mitre PHILIPPIN $$
(Carte p. 42 ; 470 General Luna St ; plats 175-400 P ; ⏲8h-20h30). Des religieuses préparent des plats aux noms d'évêques dans ce café original et très séduisant en face de l'église San Agustin. La cuisine mêle des influences italiennes et philippines. C'est un bon endroit pour un petit-déjeuner avant une promenade guidée – goûtez les gaufres.

Patio de Conchita PHILIPPIN $
(Carte p. 42 ; angle Cabildo St et Beaterio St ; repas 75-150 P ; ⏲10h-22h). Un peu plus ordinaire que les précédents, ce restaurant philippin, moins chic qu'il ne paraît, est en fait un *turu-turò* haut de gamme où l'on commande des plats préparés.

Harbor View POISSON $$
(Carte p. 42 ; South Blvd, Rizal Park ; plats à partir de 150 P ; ⏲déj et dîner). Établi et prisé de longue date, cet *inahaw* (grill) de poisson borde la baie de Manille. Si la brise est un délice par forte chaleur, vérifiez le sens du vent qui charrie parfois les effluves malodorants des débris rejetés le long des quais. Venez plutôt au coucher du soleil et accompagnez votre poisson d'un rafraîchissement ambré.

PARC RIZAL

♥ **Seafood Market** POISSON $$$
(Carte p. 42 ; 1190 Bocobo St ; repas à partir de 400 P ; ⏲11h-22h30). Le long comptoir de glace ressemble à l'étal d'un poissonnier. Montrez le poisson de votre choix, puis regardez les cuisiniers le préparer dans un wok visible du trottoir. Une expérience merveilleuse, à condition de demander le prix lors de la pesée du poisson pour éviter les mauvaises surprises.

Kashmir INDIEN $$$
(Carte p. 42 ; ☎524 6851 ; P Faura St ; repas 300-550 P ; ⏲11h-23h). Relativement petit mais haut de gamme, le Kashmir sert des spécialités indiennes ainsi que quelques plats malais et moyen-orientaux. Les curries sont savoureux.

MALATE, ERMITA ET PACO

Les meilleurs restaurants se situent à Malate, aux alentours de Remedios Circle et de J Nakpil St, où l'on peut observer la vie du quartier d'une table en terrasse.

♥ **Casa Armas** ESPAGNOL $$$
(Carte p. 44 ; J Nakpil St ; tapas 25-35 P, plats 300-500 P ; ⏲11h-minuit lun-sam, 18h-minuit dim). Depuis des années, les gourmets raffolent de ce restaurant hispano-philippin qui propose tapas, paella, poissons et même cochon de lait entier rôti. Succursale dans Greenbelt 3 à Makati.

Cafe Adriatico INTERNATIONAL $$
(Carte p. 44 ; 1790 Adriatico St ; repas 250-500 P ; ⏲7h-5h). Ce bistrot d'angle vaut le détour pour sa cuisine espagnole aux influences anglaise, américaine et italienne, et pour regarder l'animation de Remedios Circle.

Bistro Remedios PHILIPPIN $$
(Carte p. 44 ; Adriatico St ; plats 200-400 P ; ⏲déj et dîner). Spécialisé dans la cuisine de la province de Pampanga, ce restaurant offre nombre de plats inhabituels dans une ambiance détendue.

Zamboanga Restaurant PHILIPPIN $$
(Carte p. 44 ; ☎521 7345 ; 1619 Adriatico St ; plats 200-300 P ; ⏲10h-23h30, spectacle 20h30). Les prix sont raisonnables étant donné que beaucoup de plats suffisent pour deux et que le dîner s'accompagne d'un spectacle culturel philippin, avec costumes chatoyants et danses. Cuisine raffinée.

Suzhou Dimsum CHINOIS $
(Carte p. 44 ; angle Mabini St et Alonzo St ; dim sum 90-120 P, soupes 120 P ; ⏲24h/24). Le Suzhou sert d'excellents *dim sum*, de copieux plats de nouilles à prix doux et d'autres plats chinois classiques. Demandez la sauce aux piments pour relever les soupes.

Korean Palace CORÉEN $$$
(Carte p. 44 ; 1799 Adriatico St ; plats 200-500 P ; ⏲10h-minuit). Il reste le meilleur restaurant coréen de Manille. Essayez le *bibimbap* (riz avec viande, légumes, œuf et piment ; 300 P) ou le barbecue coréen (300-400 P).

Aristocrat PHILIPPIN $
(Carte p. 44 ; angle Roxas Blvd et San Andres St ; repas 150-400 P ; ⏲24h/24). Cette institution de la capitale est apparue en 1936 sous forme de stand d'en-cas.

Shawarma Snack Center MOYEN-ORIENTAL $
(Carte p. 44 ; 485 R Salas St ; shawarma 55 P, repas 100-250 P ; 24h/24). Cette gargote sert de savoureux falafels, *muttabal* (purée d'aubergine), houmous et kebabs. La succursale de l'autre côté de la rue dispose d'une salle climatisée plus chic.

München ALLEMAND $$
(Carte p. 44 ; 1316 Mabini St ; plats 155-500 P, menu déj 285 P). Un restaurant douillet, de style ferme bavaroise, où se régaler d'authentiques spécialités allemandes, tels le pain de viande, le rumsteck et le chou rouge.

CHINATOWN (BINONDO)

Happy Veggie CHINOIS $
(Carte p. 46 ; 958 Masangkay St ; repas 50-150 P ; 9h30-20h ;). Ce restaurant végétarien, aux murs couleur melon, propose des plats délicieux et se double d'une boutique de produits bio chinois.

Salazar Bakery BOULANGERIE $
(Carte p. 46 ; 783 Ongpin St ; en-cas à partir de 30 P). Découvrez les joies singulières du soja noir, des gâteaux de lune poisseux et d'autres pâtisseries exotiques et insolites.

Ling Nam Wonton Parlor & Noodle Factory CHINOIS $
(Carte p. 46 ; 616 Alonzo St ; dim sum 50-70 P, plats 120-150 P). Comme son nom l'indique, ce restaurant offre des nouilles fraîches. Les marmites fument, les climatiseurs ronronnent et les clients satisfaits dégustent des plats simples et savoureux.

President Tea House CHINOIS $$
(Carte p. 46 ; 809 Salazar St ; dim sum 60-100 P, plats 150-250 P). Le premier établissement de ce qui est devenu l'une des chaînes de restaurants chinois les plus prisées de la capitale ; il est réputé pour ses dim sum.

MXT Tea House CHINOIS $$
(Carte p. 46 ; 965 Ongpin St ; plats 150-250 P ; 7h-minuit). D'autres succulents dim sum et soupes aux nouilles au cœur de Chinatown.

Où prendre un verre

Vous serez rarement loin d'un bar dans le centre de Manille. Les étudiants fréquentent les bistrots bon marché à l'ouest de Remedios Circle, dans Remedios St (Malate), appelée la "Monoblock Republic" en raison de la prépondérance des meubles en plastique.

1951 (Penguin Cafe) CAFÉ
(Carte p. 44 ; 0917 858 3009 ; 1951 Adriatico St ; à partir de 18h mar-sam). Ce légendaire bar-galerie a rouvert à Malate après un déménagement avorté à Makati. Il séduit une clientèle bohème et accueille les vendredi et samedi certains des musiciens les plus talentueux du pays, dont parfois Kalayo (voir p. 418). Son nom officiel est désormais "1951", mais tout le monde continue à l'appeler Penguin Cafe.

Oarhouse BAR
(Carte p. 44 ; angle Bocobo St et General Malvar St). Sorte de club pour des bénévoles du Peace Corps et des journalistes philippins, qui s'y attardent souvent jusqu'à l'aube, l'Oarhouse a récemment changé d'adresse.

Kuwagos Grill BAR
(Carte p. 44 ; 615 J Nakpil St ; plats 100-200 P ; 16h-8h). Ce *restobar* en étage, protégé par un toit de chaume, est idéal pour un verre et un plat philippin en regardant l'animation de J Nakpil St.

Erra's Place BAR
(Carte p. 44 ; Adriatico St). Un petit bistrot pour des en-cas à prix doux et des San Miguel à 29 P. S'il est plein, le bar voisin facture la San Miguel à 31 P. Tous deux sont des rendez-vous de routards.

Silya BAR
(Carte p. 44 ; 642 J Nakpil St ; petit-déj 75 P, plats 110-160 P). Ce petit *restobar* est un bon endroit pour s'exercer au karaoké.

Aqualicious EAU
(Carte p. 44 ; Adriatico St ; eau potable 5 P/litre ; 7h30-19h). Pour remplir ses bouteilles.

Où sortir

Makati et le complexe Resorts World à Parañaque offrent la vie nocturne la plus effervescente. Malate reste le centre des boîtes de nuit gay ; l'animation commence au coin de J Nakpil St et de M Orosa St et se propage dans les rues alentour jusqu'à l'aube le week-end et parfois en semaine. Des clubs et salons-bars branchés unisexe se nichent derrière les bars de la Monoblock Republic (ou Remedios St).

FAB/The Library DISCOTHÈQUE
(Carte p. 44 ; www.thelibrary.com.ph ; 1139 M Orosa St, Malate ; spectacles 100-500 P, discothèque prix variables). Deux clubs gays sous un seul toit. Le FAB est une discothèque avec musique

INTERVIEW

AIMEE MARCOS

Interview de Trent Holden

Aimee est membre du groupe philippin indé les Dorques, promotrice de musique underground, DJ, fan de *Star Wars* et la plus jeune fille de Ferdinand et Imelda Marcos.

Vous êtes la batteuse des Dorques, le groupe a-t-il toujours du succès ? Nous jouons toujours, mais par intermittence car la plupart d'entre nous jouent dans d'autres groupes et qu'il est difficile de vivre de la musique, surtout avec nos looks – notre chanteur principal est déguisé en vache sur scène, par exemple. L'une de nos chansons (*Le Metronome*) a été inspirée par un des guides de conversation de Lonely Planet…

Qu'en est-il de votre agence artistique, Princess Batugan ? Nous faisons surtout la promotion de groupes locaux underground. Cette activité est momentanément entre parenthèses, mais nous organisons parfois des concerts pour des groupes de hardcore punk et de metal. Les groupes sont nos bébés.

Quel est votre endroit préféré aux Philippines ? Mon endroit favori est Illoco Norte, splendide ! L'un des secrets les mieux gardés. N'en parlez pas ! Surf, plongée et paysages étranges. Nous avons appelé les dunes "Tatooine", comme le désert de Star Wars. Je me vois bien m'installer quelque part à Paoay. Le lac, l'église, tout est si joli.

Comment s'est passée votre enfance dans la famille Marcos ? Amusante, du bon temps. Nous étions très unis. Je leur dois tout ce que je suis. Mon amour de la musique, de l'écriture, de l'art, des voyages. Mes parents nous ont toujours encouragés à poursuivre nos rêves et nous ont soutenus dans nos ambitions, qu'il s'agisse de musique ou de politique. Mis à part notre nom de famille, nous sommes des gens normaux. Nous plaisantons toujours autant. Nous sommes un peu fous.

Les gens font une fixation sur la collection de chaussures de votre mère, l'avez-vous vue ? Je ne la connais pas vraiment bien. Quand j'étais petite, je jouais au ballon avec et je les enfilais parfois en cachette, comme le font toutes les gamines !

J'ai lu que votre père vous autorisait à assister aux réunions si vous le souhaitiez ? Je me rappelle y avoir assisté, mais je n'avais que 7 ans quand nous avons quitté les Philippines en 1986. Je ne pouvais pas comprendre les discussions ni les affaires de mon père à l'époque. Je me rappelle juste avoir joué dans les jambes des gens.

Pourriez-vous envisager une carrière politique ? Je ne sais pas, je ne me suis jamais vraiment intéressée à la politique. Je ne pense pas que cela pourrait m'intéresser dans l'immédiat, mais sait-on jamais ? Je veux seulement faire ce qui me tient à cœur. Je ne pense pas qu'il faille être rangé dans une seule catégorie. Je suis persuadée qu'on peut faire plusieurs choses bien et, d'une manière ou d'une autre, aider les autres, et j'espère avoir l'occasion de le montrer à mon humble manière, derrière ma batterie.

live en semaine. The Library propose tous les soirs des spectacles comiques (21h) prisés des gays et des hétéros.

Bed — DISCOTHÈQUE

(Carte p. 44 ; www.bed.com.ph ; angle J Nakpil St et M Orosa St, Malate ; ⌚21h-6h jeu-sam). Toujours apprécié malgré de nombreuses réincarnations, le Bed organise de sulfureuses fêtes gays et hétéros qui durent jusqu'à l'aube.

O Bar — DISCOTHÈQUE

(Carte p. 44 ; angle J Nakpil St et M Orosa St, Malate ; entrée avec 3 bières sem/week-end 150/250 P ; ⌚tard). La clientèle de cette petite discothèque gay déborde souvent dans la rue ; spectacle de drag queens presque tous les soirs après 1h.

Bedrock — MUSIQUE LIVE

(Carte p. 44 ; 1782 Adriatico St ; entrée libre ; ⌚19h-4h). Impensable de visiter le pays sans écouter un groupe spécialisé dans les reprises. Le Bedrock est une adresse tout indiquée, animée tous les soirs. À part la bière (90 P), les autres boissons sont chères.

Hobbit House — MUSIQUE LIVE

(Carte p. 42 ; www.hobbithousemanila.com ; 1212 MH del Pilar St ; 125-150 P ; ⌚17h-2h). Cet excellent bar de blues a déménagé après trente-quatre ans dans Mabini St. Le personnel est composé de nains, ce que certains trouvent charmant et qui en scandalisent d'autres.

Ka Freddie's MUSIQUE LIVE
(Carte p. 44 ; ☎526 7241 ; angle Adriatico St et Pedro Gil St). Légende de la folk philippine, Freddie Aguilar possède cet établissement d'Ermita et joue tous les lundi, mercredi, vendredi et samedi. La musique acoustique débute généralement à 20h30, suivie par Freddie ou un autre artiste à 22h30.

Cinémas

Les galeries marchandes de Manille abritent des centaines de cinémas, pour la plupart ultramodernes. Les superproductions hollywoodiennes sortent souvent en même temps qu'aux États-Unis et les billets ne valent que 100 ou 150 P. La liste des films figure dans tous les quotidiens locaux et sur le site www.clickthecity.com. Les films en anglais sont projetés en version originale. Parmi les cinémas les plus fréquentés, citons le **Robinsons Movieworld** (carte p. 44 ; ☎632 9116 ; Robinsons Place, Ermita).

Achats

Manille est un paradis pour les bonnes affaires. Les galeries marchandes, qui abritent des boutiques très diverses, ont l'avantage d'être climatisées et d'offrir d'autres distractions comme les restaurants et les cinémas. Si vous préférez les marchés, rendez-vous dans le quartier de l'église de Quiapo (voir l'encadré p. 48). À Ermita, flânez le long de Mabini St pour découvrir d'authentiques textiles anciens et d'autres antiquités.

Silahis Arts & Artifacts Center SOUVENIRS
(Carte p. 42 ; www.silahis.com ; 744 General Luna St ; ⌚10h-19h). Silahis vend des paniers finement tressés, des statues en bois de *bulol* (gardien du riz) d'Ifugao, des textiles et d'autres produits artisanaux, ainsi que de superbes antiquités. Une adresse à ne pas manquer à Intramuros.

Tesoro's SOUVENIRS
(Carte p. 44 ; 1325 Mabini St ; ⌚9h-20h). Spécialisé dans le *pinya* tissé, il propose aussi des objets en noix de coco laquée, des paniers, des sacs, du café, des mangues séchées et des livres rares sur la culture philippine.

Hiraya Gallery ART
(Carte p. 42 ; www.hiraya.com ; 530 United Nations Ave ; ⌚9h-17h lun-sam). Établie de longue date, cette galerie offre une sélection d'œuvres philippines contemporaines. Repérez celles de Leonard Aguinaldo, Norberto Carating et Eric Guazon.

CHASSE AUX SOUVENIRS

Des souvenirs de tout le pays sont vendus à Manille. Les objets en noix de coco laquée, principalement produits dans les Visayas – balles, saladiers, sets de table, vases –, sont les plus prisés avec les paniers.

Parmi les souvenirs typiques figurent les sculptures en bois de la province d'Ifugao dans le nord de Luzon, les boîtes à noix de bétel de la région du Lake Sebu sur l'île de Mindanao et des tissages des tribus montagnardes du nord de Luzon et de Mindanao. Les tissages philippins sont d'un bon rapport qualité/prix. Ceux en abaca (chanvre local) des T'boli et d'autres tribus de Mindanao sont de qualité supérieure.

Le *barong tagalog*, la tunique traditionnelle (avec un plastron brodé) portée par les hommes, constitue un achat apprécié. Les plus beaux *barong* sont en *pinya*, un tissu en fibres d'ananas (voir p. 265). Le *jusi*, en fibres de ramie, est plus courant et moins cher, et le coton encore meilleur marché. La plupart des boutiques d'artisanat et des grands magasins vendent des *barong* en prêt-à-porter ; les tailleurs en confectionnent volontiers selon les desiderata du client. Les boutiques proposent souvent des vêtements féminins en tissu finement brodé.

L'immense Greenhills Shopping Center (p. 74) dans Mandaluyong City est considéré comme un bon endroit pour acheter des perles d'élevages locaux, de Tahiti (plus chères) et d'autres provenances du Pacifique sud.

Pour des souvenirs originaux, recherchez la marque **Kilus** (www.kilus.org), disponible dans diverses boutiques, qui utilise des matériaux recyclés pour fabriquer des sacs à main, des sets de table et d'autres objets.

Enfin, sachez que les *balisong* (couteaux papillons) de Batangas ou de Laguna, en vente sur des stands du marché central de Quiapo, sont interdits dans nombre de pays.

LA RÉSIDENCE DU PRÉSIDENT

Résidence officielle du président des Philippines, le **Malacañang Palace** (carte p. 38 ; ☎784 4286 ; pml@malacanang.gov.ph ; Kalayaan Gate, JP Laurel Sr St, San Miguel) était à l'origine la maison d'été d'un dignitaire espagnol.

La visite du palais et du **Museo ng Malacañang**, qui contient des souvenirs des 15 présidents philippins et d'anciennes photos de Manille, ne s'effectue que sur rendez-vous. Envoyez un courriel à Edgar Faustino à l'adresse e-mail du palais au moins 7 jours avant votre visite. Indiquez un numéro de téléphone, le nombre de participants et joignez les copies de tous les passeports.

Le guide Ivan Man Dy (voir p. 48) organise des visites de Malacañang.

La Monja Loca SOUVENIRS
(Carte p. 42 ; General Luna St ; ⏲9h-18h mar-dim). Excellente sélection de souvenirs originaux dans la boutique du fameux guide Carlos Celdran, dans le complexe Casa Manila.

Robinsons Place Manila GALERIE MARCHANDE
(Carte p. 44 ; entre Pedro Gil St et Padre Faura St). Proche de la ceinture touristique, ce vaste centre commercial s'agrandit.

Solidaridad Bookshop LIVRES
(Carte p. 42 ; ☎254 1086 ; 531 P Faura St, Ermita ; ⏲9h-18h lun-sam). Propriété du grand auteur philippin F. Sionil Jose, cette fabuleuse librairie possède une superbe collection d'essais occidentaux et orientaux, des magazines internationaux et des ouvrages historiques ou documentaires philippins.

Tradewinds Books LIVRES
(Carte p. 42 ; 3e ét, Silahis Arts & Artifacts Center, 744 General Luna St, Intramuros). Divers ouvrages sur les Philippines et l'Asie, dont des titres épuisés ou introuvables.

Marchés

Pour découvrir le vrai parfum des Philippines, ne manquez pas d'explorer l'un des nombreux marchés de la capitale. Les marchés traditionnels se situent dans les quartiers les plus anciens comme Quiapo, où l'on se presse pour faire ses emplettes aux alentours de l'église de Quiapo (voir p. 48).

Marché San Andres MARCHÉ
(Carte p. 44 ; San Andres St ; ⏲24h/24). Sombre dédale débordant de délices, le principal marché de Malate ressemble à une corne d'abondance remplie de fruits, dont d'exotiques *guyabanos* (corossols) et durians.

Marché central MARCHÉ
(Carte p. 46 ; Andalucia St). Au nord de l'église de Quiapo, à côté de la prison de Manille, le marché central vend des vêtements, des uniformes militaires, des couteaux et de la quincaillerie.

PARAÑAQUE ET PASAY

Juste au sud de Malate, ces districts adjacents enjambent la principale artère de Manille, Epifanio de los Santos, universellement appelée EDSA. Plus connus comme carrefours de transports, ils abritent l'aéroport et nombre d'importantes gares routières. Le secteur le plus plaisant se situe au nord d'EDSA (il s'agit plutôt d'une extension de Malate) et près du front de mer. Au sud d'EDSA, les quartiers deviennent rapidement bruyants et louches.

À voir

Cultural Center of the Philippines (CCP) Complex QUARTIER HISTORIQUE
(Carte p. 58). Les principaux sites de Pasay sont éparpillés dans le vaste domaine du CCP. Conçu à l'époque des grandioses projets d'Imelda Marcos, le CCP désigne à la fois un grand ensemble de bâtiments construits sur un territoire gagné sur la mer et le centre des arts de la scène éponyme. Les édifices décrépits constituent un fascinant héritage des excès de l'ère Marcos.

De nombreuses salles d'expositions et d'autres bâtiments parsèment le domaine. Certains, comme l'hôtel Sofitel Philippine Plaza et le Philippine International Convention Center, conservent belle allure. D'autres, tels le Manila Film Center (voir l'encadré p. 61) et le Coconut Palace (voir l'encadré p. 60), luttent contre la déréliction.

De Malate, une plaisante promenade le long de Roxas Blvd conduit au CCP ; vous pouvez aussi prendre un jeepney à destination de Baclaran dans MH del Pilar St. Des jeepneys font le tour du complexe.

GRATUIT **Cultural Center of the Philippines** BÂTIMENT HISTORIQUE

(Tanghalang Pambansa ; carte p. 58 ; CCP Complex, Roxas Blvd). Pièce maîtresse du complexe du CCP, le Centre culturel a été construit en retrait du Roxas Blvd dans le style pompeux prisé des dictateurs. S'il n'a jamais rempli sa vocation première de centre de culture pour le peuple, le bâtiment, conçu par l'architecte philippin Leandro Locsin, ne manque pas d'allure. Il abrite une **galerie d'art** (entrée libre ; 10h-18h mar-dim), une **bibliothèque** (8h-17h mar-ven) et un **musée d'Instruments de musique** (adulte/étudiant 30/20 P ; 10h-18h mar-dim). Trois théâtres accueillent des représentations de l'Orchestre philharmonique philippin, du Ballet des Philippines et d'artistes locaux ou étrangers.

Metropolitan Museum of Manila MUSÉE

(Carte p. 58 ; www.metmuseum.ph ; Roxas Blvd ; 100 P ; 9h-18h, exposition d'or jusqu'à 16h30 lun-sam). Ce musée, le plus sous-estimé de Manille, renferme une fabuleuse collection d'ornements en or préhispaniques, des poteries anciennes et accueille parfois de superbes expositions d'art philippin contemporain. Il se tient dans le parc du Bangko Sentral ng Pilipinas (Banque centrale), qui a racheté les collections à l'apogée de l'ère Marcos dans les années 1970 et 1980. Elles comprennent de véritables trésors, dont des bracelets et des colliers en or de plus d'un kilo.

GRATUIT **GSIS Museo ng Sining** MUSÉE

(Musée d'Art ; carte p. 58 ; CCP complex, GSIS Bldg ; 9h-12h et 13h-16h mar-sam). Ce musée, difficile à trouver, possède une importante collection d'art philippin contemporain, dont des peintures, des sculptures et des tapisseries d'artistes connus tels Fernando Amorsolo, Vicente Manansala et Hernando Ocampo. Un concert gratuit a lieu le dernier jeudi du mois avec du *kundiman* (voir p. 418).

Où se loger

La principale raison de loger à Pasay est la proximité de l'aéroport ou un séjour au Sofitel.

Sofitel Philippine Plaza HÔTEL $$$

(Carte p. 58 ; 551 5555 ; www.sofitel.com ; CCP Complex, Atang Dela Rama St ; ch avec petit-déj à partir de 8 000 P ;). Ce chef-d'œuvre cinq-étoiles, avec son espace piscine qui serpente le long de la baie, est ce qui se rapproche le plus d'un complexe balnéaire à Manille. Cet hôtel splendide domine le CCP depuis des décennies. Parmi ses autres points forts, citons le bar-bibliothèque et les fabuleux repas-buffets.

Parañaque et Pasay

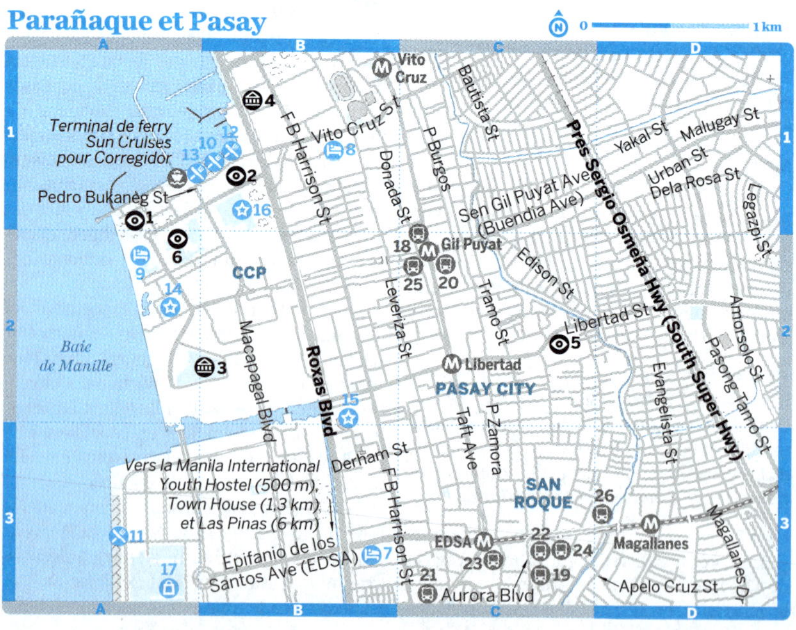

Orchid Garden Suites HÔTEL $$

(Carte p. 58 ; ☎708 9400-14 ; www.orchidgarden-hotel.com ; 620 P Ocampo Sr St ; d avec petit-déj à partir de 2 800 P ;). Élégante et pratique pour Malate, cette tour des années 1980 loue des chambres immenses et parfaitement entretenues. Le salon et la salle de réception sont installés dans une demeure Art déco des années 1930, l'un des rares bâtiments d'avant-guerre subsistants. L'espace manque un peu autour de la piscine.

Manila International Youth Hostel AUBERGE DE JEUNESSE $

(Hors carte p. 58 ; ☎851 6934 ; 4227-9 Tomas Claudio St ; dort avec ventil 270 P, d/tr avec clim 1 000/1 500 P ;). Proche de l'aéroport, cette auberge de jeunesse comprend un grand dortoir pour hommes (36 lits) et un dortoir pour femmes plus restreint (12 lits).

Copacabana Apartment-Hotel APPARTEMENTS $$$

(Carte p. 58 ; ☎831 8711 ; www.copasuites.com ; 264 EDSA Extension ; studio 2 700-3 700 P, app 2 ch 4 800-5 300 P ;). Pratique pour l'aéroport, cet hôtel à l'affreuse façade offre des appartements séduisants avec cuisine et œuvres d'art aux murs. Parfait pour les longs séjours, malgré le morne emplacement le long d'EDSA. Wi-Fi en supplément.

Townhouse AUBERGE $

(Hors carte p. 58 ; ☎854 3826 ; bill_lorna@yahoo.com ; 31 Bayview Dr ; dort 180 P, s/d à partir de 300/400 P ;). Les seuls atouts de cette maison grinçante sont ses petits prix et sa proximité de l'aéroport.

Où se restaurer et prendre un verre

Pasay compte étonnamment peu de restaurants et ceux des hôtels sont le meilleur choix. Pour trouver une bonne table, vous devrez prendre un taxi du CCP jusqu'à la promenade en front de mer du **Mall of Asia** (MOA ; carte p. 58) surnommée "San Miguel sur la baie", où une longue file de *restobars* attire les clients avec de la musique live et des seaux de San Miguel à prix réduits. Plus proche du CCP, **Harbour Square** (carte p. 58 ; CCP Complex, Pedro Bukaneg St), un modeste espace de restauration, donne sur la marina.

Army Navy TEX MEX $$

(Carte p. 58 ; Harbour Sq ; burritos 145-170 P ; 10h-23h dim-jeu, 10h-2h ven-sam). Cette chaîne de gargotes de *burritos* et burgers figure en bonne place sur la liste de nos plaisirs coupables. Si tout est bon, les *burritos* végétariens remportent la palme.

Parañaque et Pasay

À voir

1 Coconut Palace A1
2 Cultural Center of the Philippines B1
3 GSIS Museo ng Sining B2
4 Metropolitan Museum of Manila B1
5 Pasay City Cockpit C2
6 Philippine International Convention Center A2
Cultural Center of the Philippines .... (voir 2)
15 Cuneta Astrodome B2
16 Star City B1

Où se loger

7 Copacabana Apartment-Hotel B3
8 Orchid Garden Suites B1
9 Sofitel Philippine Plaza A2

Où se restaurer

Army Navy .... (voir 10)
10 Hap Chan Tea House B1
11 Harbor View Bistro A3
12 Harbour Square B1
13 Inggo's A1
Mall of Asia .... (voir 17)

Où sortir

14 Amazing Show A2

Achats

17 Mall of Asia A3

Transports

BSC/Batman .... (voir 23)
18 Ceres/JAC Liner C2
DBLT .... (voir 18)
19 Five Star Bus Lines Terminal C3
Genesis Pasay Terminal .... (voir 23)
20 JAM Transit C2
21 Jeepneys pour les terminaux de l'aéroport C3
22 Partas Parsay Bus Terminal C3
23 Pasay Rotunda C3
24 Philtranco Bus Terminal C3
25 RRCG C2
Navette pour le Terminal 3 .... (voir 23)
26 Victory Liner Pasay Terminal D3

Harbor View Bistro POISSON $$
(Carte p. 58 ; Mall of Asia Waterfront ; plats 150-400 P ; ⌚15h-minuit). S'il n'a pas l'ambiance, le bon service et le choix étourdissant de son homologue près du parc Rizal, ce bistrot reste l'un des meilleurs choix le long du Mall of Asia. Essayez les crevettes géantes tigrées au corail de crabe.

Hap Chan Tea House CHINOIS $$
(Carte p. 58 ; Harbour Sq ; plats 130-250 P ; ⌚11h-minuit). Les maisons de thé de cette chaîne servent de délicieuses spécialités de Macao. Celle-ci est la seule dotée d'un patio extérieur et d'une vue sur le port. Une autre succursale se situe dans General Malvar St à Malate.

Inggo's RESTOBAR $$
(Carte p. 58 ; Harbour Sq ; plats 75-300 P ; ⌚8h-1h). Nous n'avions pas vu d'entonnoir à bière depuis longtemps avant d'entrer dans ce *restobar* sur le port. Il sert des plats philippins classiques comme le *sisig*, sur fond de musique live tous les soirs.

☆ Où sortir

Arts de la scène

Pasay est le cœur des arts de la scène. Si les revues de travestis (voir l'encadré p. 61) constituent la principale attraction pour les touristes, représentations théâtrales, ballets et concerts classiques sont également nombreux, quoique rarement de classe internationale.

Cultural Center of the Philippines ARTS DE LA SCÈNE
(Carte p. 58 ; ☎832 1125 ; www.culturalcenter.gov.ph ; CCP Complex, Roxas Blvd ; prix variables ; ⌚billetterie 9h-18h mar-sam, 13h-17h dim jours de spectacle). Les principaux acteurs de la vie culturelle de Manille se produisent ici, tels le Ballet Philippines, la première troupe de danse de la nation, le Philippine Philharmonic Orchestra, le principal orchestre classique du pays, et Tanghaland Pilipino, une troupe de théâtre qui joue des pièces du répertoire classique ou national, souvent dans la langue d'origine.

Discothèques

Lors de nos recherches, les meilleures discothèques se situaient dans le nouveau complexe Resorts World, en face du terminal 3 de l'aéroport.

Republiq DISCOTHÈQUE
(Carte p. 38 ; www.republiqclub.com ; Resorts World, Andrews Ave, Pasay ; prix variable ; ⌚mer, ven-sam). La discothèque en vogue de Metro Manila lors de notre passage, avec l'**Opus Lounge** (www.opusmanila.com) voisin.

Sport

Cuneta Astrodome BASKET
(Carte p. 58 ; ☎831 4652 ; Derham St). Une salle très prisée pour les matchs de basket professionnels organisés par la PBA (Philippine Basketball Association), l'équivalent philippin de la NBA américaine.

Shopping

Mall of Asia GALERIE MARCHANDE
(MOA ; carte p. 58 ; Manila Bay ; ⌚10h-22h). Centre commercial le plus récent et somptueux de Metro Manila, il borde la baie de Manille et comprend une patinoire de taille olympique, un cinéma IMAX et bien d'autres installations.

LE COCONUT PALACE

De tous les projets insensés d'Imelda Marcos, ce **palais** (carte p. 58 ; CCP Complex, Pedro Bukaneg St) semble le plus délirant. Apprenant que le pape Jean-Paul II prévoyait un voyage aux Philippines, elle ordonna la construction d'un palais luxueux, faisant honneur au savoir-faire et aux matériaux de la nation.

Des centaines d'artisans travaillèrent jour et nuit pour terminer l'édifice avant l'arrivée du pontife. Alors qu'Imelda se préparait à accueillir le saint-père, celui-ci déclara que les 37 millions de dollars qu'avait coûté l'édifice auraient pu être mieux employés, par exemple en fournissant de l'eau potable à la population, et alla loger ailleurs.

Abandonnée avec un palais (dont le nom provient du bois majoritairement employé) sans invité, Imelda finit par dénicher un couple d'artistes pour le gala d'inauguration : Brooke Shields et George Hamilton. Les guides vous apprendront que Brooke et George ont respectivement dormi dans des draps en fibres d'ananas et de bananier.

Aujourd'hui, le palais sert de bureau au vice-président. Il est fermé au public, mais vous pouvez admirer l'extérieur.

BOAS, TALONS AIGUILLES ET DRAG QUEENS

Si les spectacles de transsexuels et de travestis sont nés à Bangkok, Manille a porté cette animation à son sommet.

Les meilleures représentations de drag queens ont lieu au **Club Mwah!** (hors carte p. 66 ; ☎535 7943 ; www.clubmwah.com ; 3e ét, Venue Tower, 652 Boni Ave, Mandaluyong City), un endroit fabuleux, au décor inspiré de Las Vegas. Les gays expatriés l'adorent !

Au cœur du CCP, le Manila Film Center accueille l'**Amazing Show** (carte p. 58 ; ☎834 8870 ; www.amazing-show.com ; 1 200 P ; ⌚20h mar-dim). Les revues de 1 heure et les concours de beauté entre tout type de trans-genres séduisent particulièrement les groupes de touristes coréens.

Malate offre aussi quelques spectacles de travestis moins flamboyants. Si vous flânez dans Adriatico St et Mabini St, surtout le week-end en soirée, vous verrez de grandes "femmes" avec boas et robes moulantes racoler les clients à l'entrée des night-clubs.

MAKATI

Le centre des affaires de Manille est aussi celui des restaurants et de la vie nocturne. Les gratte-ciel abritent les principales sociétés du pays, et la plupart des grands hôtels. Ce secteur s'est développé après la Deuxième Guerre mondiale, quand la famille Ayala a profité de la destruction du reste de la ville pour commencer à construire. Le cœur de Makati était l'aéroport de Manille dans les années 1930 et 1940 : Ayala Ave et Makati Ave étaient les pistes et la Filipinas Heritage Library, le terminal.

Aujourd'hui, l'Heritage Library se tient dans les Ayala Triangle Gardens, récemment transformés par la famille Ayala en un parc urbain soigné, cœur géographique du quartier d'affaires central. Immédiatement au sud du parc, l'Ayala Centre est un immense ensemble de galeries marchandes haut de gamme.

Makati semble devoir s'agrandir indéfiniment et pourrait rappeler Singapour, n'étaient les effluves d'égout. Le secteur prometteur de Fort Bonifacio, une extension de Makati dans Taguig City, ressemble davantage à la Cité du Lion. Le "Fort", comme on l'appelle ici communément, est traité dans cette section.

À voir

Ayala Museum — MUSÉE

(Carte p. 62 ; ☎757 7117 ; www.ayalamuseum.org ; Greenbelt 4 ; étranger/résident 425/225 P ; ⌚9h-18h mar-ven, 10h-19h sam-dim). Cet excellent musée moderne possède de belles collections ethnographiques et archéologiques sur la culture, l'art et l'histoire des Philippines. Une superbe présentation de 60 dioramas retrace l'histoire violente de la nation. Les expositions temporaires d'art privilégient des artistes philippins comme Luna et Amorsolo.

Les visites guidées (100 P) sont chaudement recommandées ; mieux vaut téléphoner avant de venir.

American Memorial Cemetery — CIMETIÈRE

(Carte p. 38 ; Old Lawton Dr, Fort Bonifacio). Héritage de la Deuxième Guerre mondiale, ce vaste cimetière occupe un terrain verdoyant et bien entretenu. Vous y verrez d'innombrables rangées de croix blanches parfaitement alignées, ainsi que plusieurs belles galeries en plein air avec des peintures murales et des descriptions de batailles. C'est un lieu paisible et fort émouvant.

GRATUIT Museo ng Makati — MUSÉE

(Hors carte p. 66 ; JP Rizal St ; ⌚8h-17h lun-ven). Au bord du fleuve, ce musée est une ancienne maison typique de Manille du XIXe siècle. (remarquez les fenêtres en nacre – *capiz*), avec de superbes photographies du vieux Manille, des portraits d'anciens maires et d'autres objets.

Statue de Ninoy Aquino — MONUMENT

(Carte p. 62 ; angle Paseo de Roxas et Ayala Ave). Cette fameuse statue de Ninoy Aquino le représente juste avant qu'il soit abattu. Elle se dresse à l'endroit où de rassemblements pour la démocratie ont eu lieu dans les années 1980 et 1990.

Activités

Vous trouverez dans Makati de nombreux salons de massage, généralement excellents dans le quartier d'affaires central et dans celui de P Burgos.

Ces messieurs, même les moins habitués à se faire bichonner par des mains expertes

Makati

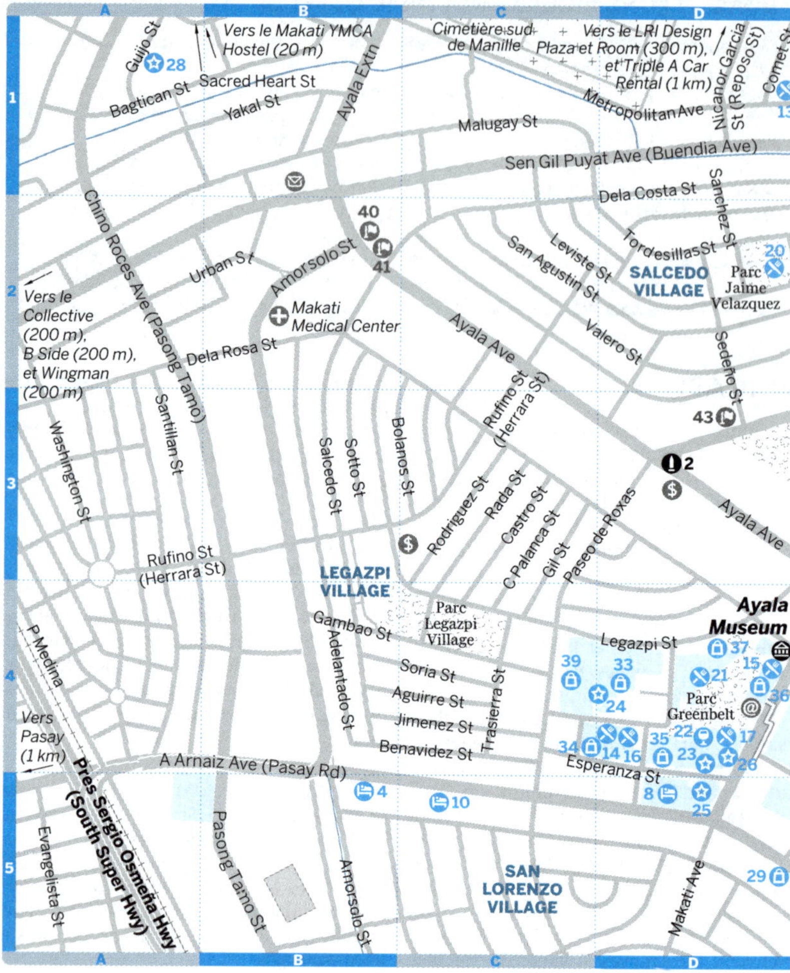

devraient profiter de la gamme de services offerte par tout barbier à des prix étonnamment dérisoires (voir l'encadré p. 49).

Mandarin Oriental Spa SPA

(Carte p. 62 ; ☎750 8888 ; www.mandarinoriental.com ; angle Makati Ave et Paseo de Roxas ; forfaits à partir de 3 200 P). Le spa rénové de cet hôtel cinq-étoiles propose divers soins et des cours de yoga.

The Spa MASSAGE

(www.thespa.com.ph ; massage 1 heure à partir de 820 P). Cette chaîne possède une demi-douzaine d'établissements, notamment dans Greenbelt 1 à Makati et dans Bonifacio High St dans le Fort.

Neo Spa MASSAGE

(☎815 6948 ; www.neo.ph ; 26th St angle 3rd Ave, Fort ; massage 1 heure 1 000 P). Les tarifs sont plus élevés, à juste titre.

Footloose MASSAGE DES PIEDS

(www.clickthecity.com ; massage 1 heure 350 P). Faites-vous plaisir et offrez-vous donc un gommage complet des pieds, surtout après une bonne journée de marche en ville. Consultez le site Internet pour les différentes adresses.

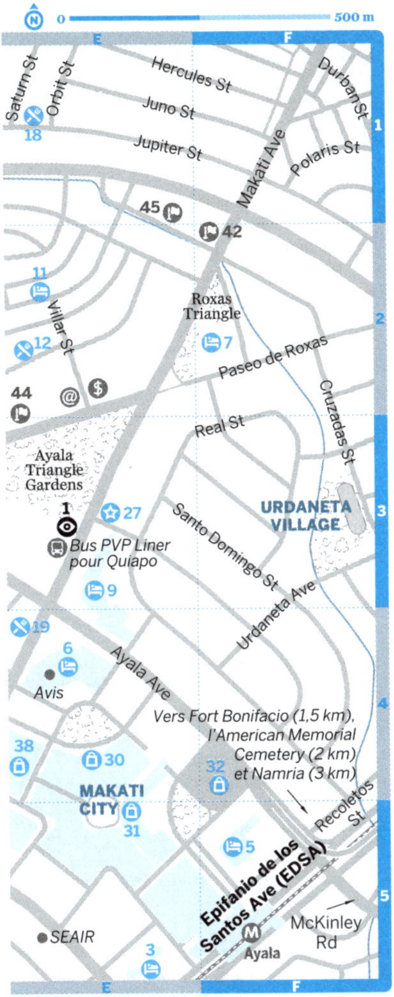

Piandré SALON DE BEAUTÉ
(Carte p. 62 ; 816 3884 ; www.piandre.com ; Greenbelt 1). Excellent pour une épilation professionnelle à la cire.

Où se loger

Les hôtels cinq-étoiles de Makati se regroupent près de l'Ayala Centre. Ceux de catégorie moyenne sont installés dans le quartier plutôt chaud de Makati, au nord du quartier d'affaires central. Ce secteur compte de nombreux bars à entraîneuses dans P Burgos St, mais également des bars et des restaurants respectables.

Les quelques établissements pour voyageurs à petits budgets se trouvent en dehors du quartier d'affaires.

AYALA CENTRE ET SES ENVIRONS

Makati Shangri-La HÔTEL $$$
(Carte p. 62 ; 813 8888 ; www.shangri-la.com ; angle Ayala Ave et Makati Ave ; ch à partir de 14 500 P ;). Avec une entrée superbe face à la galerie marchande Glorietta, le Shangri-La pourrait remporter la palme d'or de la décoration intérieure. Les restaurants asiatiques de classe internationale et les mini-cascades à chaque étage contribuent grandement à l'ambiance zen. Les non-résidents peuvent accéder à la piscine moyennant 600 P.

Peninsula Manila HÔTEL $$$
(Carte p. 62 ; 810 3456 ; www.peninsula.com ; angle Ayala Ave et Makati Ave ; ch à partir de 8 600 P ;). Le beau décor philippin des chambres rajeunit ce vétéran de Makati. Rendez-vous des hommes d'affaires locaux 24h/24, le café du vaste lobby sert un excellent brunch le dimanche. Une anecdote : un tank a enfoncé la porte en 2007 lors d'un coup d'État manqué.

Mandarin Oriental Manila HÔTEL $$$
(Carte p. 62 ; 750 8888 ; www.mandarinoriental.com ; angle Makati Ave et Paseo de Roxas ; ch à partir de 8 000 P ;). Comme dans tout établissement Mandarin Oriental, le service est exceptionnel. Les chambres ont été récemment rénovées et le spa est le plus beau de Manille.

El Cielito Inn HÔTEL $$
(Carte p. 62 ; 815 8951 ; www.elcielitohotels.com ; 804 Pasay Rd ; s/d avec petit-déj à partir de 2 750/3 150 P ;). Un bon choix si vous souhaitez loger près des galeries marchandes d'Ayala Centre sans la dépense d'un cinq-étoiles. Pimpantes après une récente rénovation, ses chambres s'agrémentent de détails appréciables comme des bureaux et de grands comptoirs dans les salles de bains.

Pensionne Virginia PENSION $$
(Carte p. 62 ; 844 5228 ; pensionnevirginia@yahoo.com ; 816 Pasay Rd ; s/d 1 150/1 700 P, ste 1 500-2 050 P ;). Seul établissement du quartier pour les voyageurs à petit budget, cette pension excentrique est tenue par une famille. Défraîchie et un peu déprimante, elle reste intéressante pour les touristes voyageant en solo. Les suites sont immenses.

Makati

Les hôtels suivants se situent un cran en dessous des "trois grands" (le Shangri-La, le Peninsula et le Mandarin). Ils offrent tous plusieurs restaurants et un service impeccable, mais n'ont rien d'historique et leurs chambres sont moins modernes.

Hotel InterContinental HÔTEL $$$
(Carte p. 62 ; ☎793 7000 ; www.intercontinental.com ; 1 Ayala Ave ; ch à partir de 8 000 P ;). Son architecture rappelle l'époque où l'on préférait les petites fenêtres, moins exposées en cas de troubles politiques.

New World HÔTEL $$$
(Carte p. 62 ; ☎811 6888 ; www.manila.newworld-hotels.com ; angle Esperanza St et Makati Ave ; ch à partir de 8 200 P ;). Il propose souvent d'intéressantes promotions.

Dusit Thani Manila HÔTEL $$$
(Carte p. 62 ; ☎867 3333 ; www.dusit.com ; angle EDSA et Pasay Rd ; ch à partir de 8 000 P ;). De récentes rénovations l'ont rapproché des grands.

P BURGOS ET SES ENVIRONS

Our Melting Pot AUBERGE DE JEUNESSE $
(Carte p. 66 ; ☎659 5443 ou 0932 950 0255 ; ourmeltingpotbackpackers@gmail.com ; A Venue Suites Unit 18 N-O, 7829 Makati Ave ; dort avec clim 2/4/6 lits 850/800/750 P, ch 1 000-1 600 P, petit-déj inclus ;). Rares sont les auberges de jeunesse à pouvoir s'enorgueillir d'un emplacement aussi chic. Aménagée dans un appartement d'un hôtel/résidence prisé, elle privilégie le style minimaliste tout en restant simple. Accès gratuit à la salle de gym et à

la piscine de l'A Venue. Les chambres sont installées dans une annexe, dans la proche Kalayaan Ave. Bonne adresse pour séjourner à proximité de la vie nocturne de Makati.

A Venue Suites APPARTEMENTS $$$
(Carte p. 66 ; ☎403 0865 ; www.avenuehotelsuites.com ; 7829 Makati Ave ; ste 1/2 ch avec petit-déj 6 500/9 000 P ;). D'impeccables suites stylées dans une tour au-dessus de la galerie marchande A Venue, ainsi que des appartements loués à long terme ; le service et les équipements, quoique satisfaisants, ne valent pas ceux d'un cinq-étoiles plus luxueux. Le site www.agoda.com propose des tarifs très attractifs – moins de 75 $US – pour cet établissement et les Antel Suites.

Picasso Makati APPARTEMENTS $$$
(Carte p. 62 ; ☎828 4774 ; www.picassomakati.com ; 119 Leviste St, Salcedo Village ; ch avec petit-déj à partir de 9 000 P ;). Les lofts de cet établissement de charme semblent sortis d'une revue d'architecture : lits suspendus, escaliers flottants, sièges futuristes... Les chambres standard sont presque aussi séduisantes et les promotions peuvent faire baisser les prix de moitié. L'hôtel se double d'une galerie d'art.

Hotel Durban HÔTEL $$
(Carte p. 66 ; ☎897 1866 ; www.durbaninn.com ; 4875 Durban St, Makati ; ch 1 100-1 700 P ;). Le meilleur hôtel de catégorie moyenne de Makati est parfaitement tenu. Les chambres impeccables, avec lambris imitation bois, sont plus que correctes pour le prix. Réservez à l'avance, car il est prisé.

Makati YMCA Hostel AUBERGE DE JEUNESSE $
(Hors carte p. 62 ; ☎899 6379 ; www.ymcaofmakati.com ; 7 Sacred Heart St ; dort/ch avec clim à partir de 400/1 100 P ;). Dans cette auberge propre

MANILLE AVEC DES ENFANTS

Vous venez à Manille avec vos enfants ? Pas d'inquiétude ! La ville offre de nombreuses activités et attractions pour les plus jeunes.

Plus propre et plus vert, Makati est l'endroit favori de la plupart des parents avec enfants. Le parc central de Legazpi Village et le parc Jaime Velasquez dans Salcedo Village possèdent de bons terrains de jeu ; les galeries marchandes de l'Ayala Centre comptent de nombreuses distractions, telles que châteaux gonflables et salles de jeux vidéo. Mieux encore, l'élégant Bonifacio High Street Mall (p 71), dans le Fort, comprend de curieuses sculptures interactives que les enfants peuvent manipuler le long d'une agréable promenade, où les habitants promènent leurs chiens.

Le **Repertory Philippines Children's Theatre** (carte p. 62 ; ☎571 6926 ; www.repertory.ph ; OnStage Theatre, 2e ét, Greenbelt 1, Makati ; 340-450 P ;) propose des spectacles comme *Pinocchio* et *Les Habits neufs de l'empereur.*

Au charmant **Museo Pambata** (carte p. 42 ; www.museopambata.org ; angle Roxas Blvd et South Blvd, Ermita ; 100 P ; 9h-17h mar-sam, 13h-17h dim), près du parc Rizal, des expositions interactives explorent des sujets très divers dont l'environnement, le corps humain et le vieux Manille à travers des yeux d'enfant. Tout est ramené à leur taille, y compris un jeepney miniature.

Le **Manila Ocean Park** (hors carte p. 42 ; www.manilaoceanpark.com ; Rizal Park ; adulte/enfant 400/350 P ; 10h-19h lun-mar, 10h-20h30 mer-ven, 9h-20h30 sam-dim), un impressionnant aquarium écologique, souffre de sa popularité. Il est souvent bondé, surtout le week-end. L'entrée se situe derrière le Quirino Grandstand.

Le **zoo de Manille** (carte p. 44 ; www.manilazoo.org ; angle Quirino Ave et Adriatico St, Malate ; 40 P ; 7h-18h) constitue une oasis séduisante au cœur de la ville avec divers animaux, mais il est aujourd'hui un peu délabré. Si vous disposez d'une voiture, visitez plutôt le **zoo d'Avilon** (hors carte p. 38 ; www.avilon zoo.ph ; adulte/enfant 300/200 P), plus plaisant pour les visiteurs et pour ses pensionnaires. Très difficile à dénicher, il se situe au nord-est de Quezon City dans la ville de Rodriguez, à 40 -60 minutes de Makati (selon la circulation) ; consultez l'itinéraire sur le site Internet.

Star City (carte p. 58 ; www.starcity.com.ph ; CCP Complex, Roxas Blvd ; entrée 60 P, manège à partir de 100 P ; 16h-minuit lun-jeu, 14h-minuit ven-dim), un parc de loisirs dans le complexe du CCP, comprend des manèges, un terrain de jeu et d'autres attractions dont des sculptures de glace. Il est souvent bondé.

P Burgos et ses environs

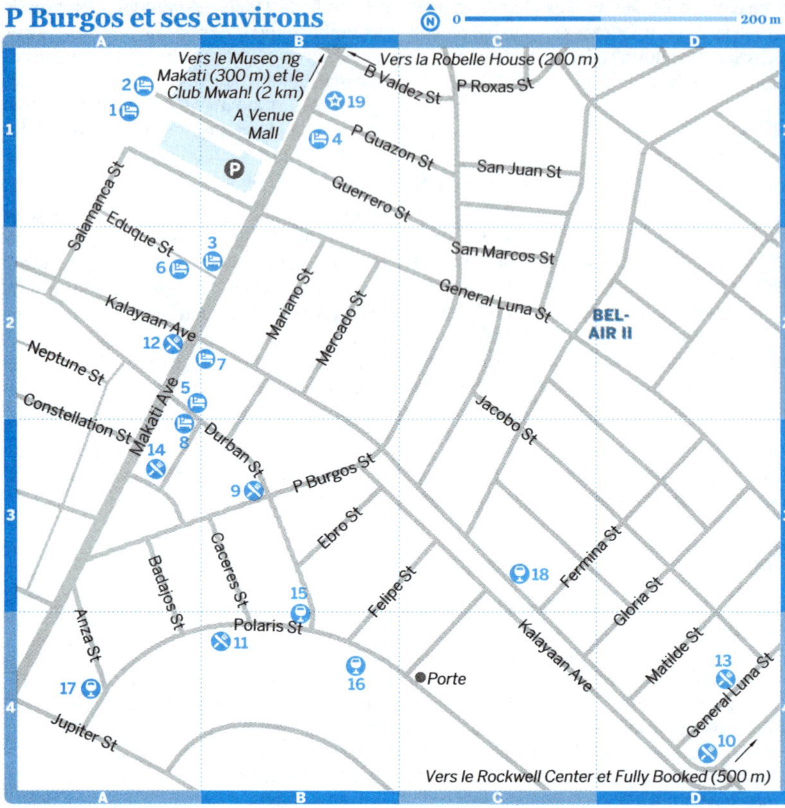

aux matelas fermes, le dortoir est réservé aux hommes et les femmes peuvent louer les chambres. Elle se situe dans un paisible *barangay*, à 5 minutes de marche du quartier d'affaires central de Makati.

Berjaya Hotel HÔTEL $$$
(Carte p. 66 ; ☎750 7500 ; www.berjayahotel.com ; 7835 Makati Ave ; ch avec petit-déj à partir de 4 500 P ;). Dans la même rue que la galerie marchande A Venue, ce bel hôtel tenu par des Malais offre un excellent service. Bien en dessous d'un cinq-étoiles, il demeure un très bon choix pour les voyageurs d'affaires, avec de substantielles réductions.

Robelle House PENSION $$
(Hors carte p. 66 ; ☎899 8209 ; www.robellehouse.net ; 4402 B Valdez St ; s/d 1 000/1 250 P, avec sdb 1 495/1 750 P ;). Sa situation dans un quartier résidentiel peut rebuter ceux qui redoutent les rues désertes. Cet inconvénient mis à part, il s'agit d'une pension séduisante, totalement différente des autres hébergements du secteur. Une petite piscine jouxte la réception à ciel ouvert et l'ambiance convient aux familles.

Antel Suites APPARTEMENTS $$$
(Carte p. 66 ; ☎403 8888 ; www.antelsuites.com ; 7829 Makati Ave ; d avec petit-déj 7 650-8 100 P ;). Comme l'A Venue voisin, ce luxueux hôtel/résidence comporte une salle de gymnastique, un spa et tout le confort.

St Giles Hotel HÔTEL $$$
(Carte p. 66 ; ☎988 9888 ; www.stgilesmanila.com ; angle Makati Ave et Kalayaan Ave ; ch à partir de 3 600 P ;). La salle de gymnastique, la piscine sur le toit et les chambres compactes et tendance séduiront les voyageurs d'affaires. Wi-Fi à 300 P/jour.

Millennium Plaza HÔTEL $$
(Carte p. 66 ; ☎899 4718 ; www.millenniumplaza.com.ph ; Eduque St ; ch 2 800 P ;). Élégantes

P Burgos et ses environs

Où se loger

1	A Venue Suites	A1
2	Antel Suites	A1
3	Berjaya Hotel	B2
4	Great Eastern Hotel	B1
5	Hotel Durban	A2
6	Millennium Plaza	A2
	Our Melting Pot	(voir 1)
7	St Giles Hotel	B2
8	Sunette Tower	A3

Où se restaurer

9	Filling Station	B3
10	Grilla Bar & Grill	D4
11	La Tienda	B4
12	North Park Noodles	A2
13	Som's Noodle House	D4
14	Ziggurat	A3

Où prendre un verre

15	Beers Paradise	B4
16	Handlebar	B4
17	Heckle & Jeckle	A4
18	Howzat	C3

Où sortir

19	Time	B1

et spacieuses, les chambres comprennent un balcon fumeur et une kitchenette. Wi-Fi en supplément.

Great Eastern Hotel HÔTEL $$
(Carte p. 66 ; ☎898 2888 ; www.greateasternhotel-manila.com ; 7842 Makati Ave ; d 1 500-1 900 P, ste 2 600 P ; ❄@🛜). En face de l'A Venue, cette tour abrite des chambres datées et sombres. Le prix des doubles fonctionnelles est correct pour le secteur.

Sunette Tower APPARTEMENTS $$
(Carte p. 66 ; ☎895 2726 ; www.sunette.com.ph ; Durban St ; d/ste à partir de 2 500/3 000 P ; ❄@). Résolument années 1980, il propose divers studios standard et des suites avec kitchenette. Wi-Fi en supplément.

Où se restaurer

Vous n'aurez que l'embarras du choix à Makati. Contrairement au reste de Manille, certains des meilleurs restaurants se situent dans les galeries marchandes, notamment dans Greenbelt 2 et 3, ainsi que Bonifacio High St dans le Fort. Ces galeries marchandes comportent des secteurs piétonniers en plein air bordés de restaurants et de bars. La plupart d'entre eux disposent de salles climatisées et de terrasses.

En dehors du quartier d'affaires central de Makati, des bons restaurants jalonnent Jupiter St dans le secteur P Burgos. D'autres se trouvent dans Kalayaan Ave, qui se termine près du Power Plant Mall dans le Rockwell Center, un autre centre commercial haut de gamme avec d'excellents restaurants.

Les grands hôtels cinq-étoiles possèdent tous de bonnes tables. Le Red du Makati Shangri-La, le Spices du Peninsula et le Benjarong Royal Thai Restaurant du Dusit sont les meilleurs.

Pour un régal au marché, visitez le Salcedo Community Market (p. 69) à Makati.

AYALA CENTRE ET SES ENVIRONS

♥ **Sala** FUSION $$$
(Carte p. 62 ; ☎750 1555 ; A Locsin Bldg, angle Makati Ave et Ayala Ave ; plats 500-1 500 P ; ⌚déj et dîner lun-ven, dîner sam-dim). Probablement le meilleur restaurant de Manille (prix en conséquence), ce bistrot européen raffiné offre un service irréprochable et une sélection de plats fusion et de desserts originaux perpétuellement renouvelée. Si vous ne pouvez pas obtenir une réservation, essayez le Sala Bistro, près du People's Palace dans Greenbelt 3.

People's Palace THAÏLANDAIS $$$
(Carte p. 62 ; rdc, Greenbelt 3 ; plats à partir de 350 P ; ⌚11h-minuit). Presque tout dans ce restaurant vise à repousser les limites, à commencer par le fait qu'il ne ressemble pas à un restaurant asiatique. Les plats authentiques sont si joliment présentés qu'on ne les reconnaît pas forcément.

Masas PHILIPPIN $$
(Carte p. 62 ; rdc, Greenbelt 2 ; repas 300-600 P ; ⌚déj et dîner ; 🖉). Ce restaurant, spécialisé dans la cuisine de la région de Bicol, au sud-est de Luzon, propose une version contemporaine des traditions culinaires philippines.

Travel Café Philippines PHILIPPIN $$
(Carte p. 62 ; ☎729 3366 ; niveau 2, Greenbelt 5 ; plats 150-450 P ; ⌚11h-21h30 ; 🖉). Dans ce café sur le thème du voyage, vous pourrez savourer des spécialités régionales avant d'acheter du café du nord de Luzon (dont du *kopi luwak*, extrait des fèces de civettes), des CD philippins, de l'artisanat, des guides, etc.

Grappa's ITALIEN $$$
(Carte p. 62 ; niveau 2, Greenbelt 3 ; plats 400-1 000 P ; ⌚11h30-23h30 ; 📶🖉). Un *ristorante* très bien situé, avec une vue superbe sur le parc central de Greenbelt, des menus au déjeuner (595 P) et une bonne carte de P Burgos et de ses environs

P BURGOS ET SES ENVIRONS

♥ **Corner Tree Cafe** VÉGÉTARIEN $$
(Carte p. 62 ; 150 Jupiter St ; Fort Bonifacio ; plats 200-400 P ; ⌚11h-22h mar-dim ; 📶🖉). Le tranquille Corner Tree permet d'échapper à l'animation de Jupiter St et propose d'exquis plats végétaliens, sans gluten ou simplement végétariens. Les soupes, ragoûts, croquettes de feta et d'épinards ainsi que les jus de fruits mixés ont notre préférence ; essayez aussi le burger aux tofu et noix ou le chili végétalien. Délicieux.

Ziggurat MOYEN-ORIENT $$
(Carte p. 66 ; près Makati Ave ; plats à partir de 200 P ; ⌚24h/24 ; 🖉). Ce joyau culinaire est l'un des secrets les mieux gardés de Makati, avec une longue carte de plats aux influences indienne, moyen-orientale et africaine. Dans le bar en plein air, vous pouvez vous allonger et savourer un narguilé dans un cadre qui évoque une tente du désert.

La Tienda ESPAGNOL $$$
(Carte p. 66 ; 43 Polaris St ; plats 300-700 P ; ⌚épicerie 7h30-23h, restaurant 7h30-15h et 17h30-23h). Comme son nom l'indique, ce beau restaurant se double d'une épicerie fine. Il propose d'excellents tapas, ainsi que des paellas et diverses grillades. Vous pouvez aussi vous contenter d'un verre de vin rouge.

Grilla Bar & Grill PHILIPPIN $$
(Carte p. 66 ; angle Kalayaan Ave et Rockwell Dr ; plats 150-300 P ; ⌚11h-14h30 et 17h-1h, 17h-3h ven-sam). L'un des meilleurs *restobars* philippins, c'est un bon endroit pour goûter des spécialités locales comme les gambas et la *pata* (jambonneau) et commander un seau de San Miguel.

Som's Noodle House THAÏLANDAIS $$
(Carte p. 66 ; ☎836 0075 ; 5921 A Alger St ; plats 150-220 P ; ⌚10h30-22h). Som's propose une cuisine thaïlandaise particulièrement réussie, avec un curry rouge et un *tom yam* épicés selon vos souhaits. Il peut aussi livrer à votre hôtel.

Room FUSION $$
(Hors carte p. 62 ; LRI Design Plaza, 210 Nicanor Garcia St ; repas léger 150-300 P ; ⌚9h-18h30 lun-sam ; 📶). Garni de meubles particulièrement originaux qui correspondent à son emplacement dans le centre du design, c'est un endroit plaisant pour passer l'après-midi – bon café, petit-déjeuner à toute heure et plats légers asiatiques fusion.

Queens INDIEN $$$
(Carte p. 62 ; ☎895 1316 ; 146B Jupiter St ; plats 250-450 P ; ⌚déj et dîner ; 🖉). Malgré une importante communauté indienne, Manille manque malheureusement de restaurants indiens de classe internationale. Le Queens est probablement le meilleur, malgré une décoration douteuse. Les films Bollywood qui passent en boucle sur le petit écran sauvent un peu l'atmosphère.

Filling Station DINER $$$
(Carte p. 66 ; 5012 P Burgos St ; burgers 410 P ; ⌚24h/24). Même aux États-Unis, on trouve rarement un *diner* aussi rempli d'objets de la pop-culture des années 1950, des statues grandeur nature de superhéros aux motos d'époque. Burgers et milk-shakes sont ses spécialités.

Wingman AMÉRICAIN $$
(Hors carte p. 62 ; the Collective, Malugay St ; 6/12 ailes 180/300 P ; ⌚12h-1h). L'un des premiers établissements installés dans le Collective, à 10 minutes de taxi à l'est de P Burgos St, le Wingman propose plusieurs variétés d'ailes de poulet – de loin les meilleures de la ville –, des burgers, de la bière et d'autres plats prisés des routards.

Army Navy TEX MEX $$
(Carte p. 62 ; 140 Valero St ; burgers 145-250 P ; ⌚24h/24 lun-ven, 9h-23h sam-dim ; 🖉). Bien situé dans Makati, il fait partie d'une chaîne branchée de burgers et *burritos*.

North Park Noodles CHINOIS $$
(Carte p. 66 ; 1200 Makati Ave ; repas 125-170 P ; ⌚10h-4h). Savoureux ragoûts à des prix abordables et autres plats de nouilles chinois.

FORT BONIFACIO

Pier One PHILIPPIN $$
(☎887 0115 ; www.pierone.com.ph ; Fort Sq ; plats 150-300 P ; ⌚17h30-2h). Parmi les nombreux *restobars* qui servent des plats philippins classiques et des seaux de bière, le Pier One possède l'ambiance la plus chaleureuse, avec des tables à l'intérieur et en terrasse.

UN WEEK-END DE GOURMET

Au début de l'année 2004, plusieurs expatriés, vivant dans les appartements luxueux de Salcedo Village, à deux pas du quartier financier de Makati, se réunirent pour parler cuisine. L'un deux évoqua les pittoresques marchés de quartier européens et tous s'étonnèrent de l'absence d'une activité similaire dans cette partie du monde.

Aujourd'hui, près de 150 marchands s'installent le samedi dans le **Salcedo Community Market** (carte p. 62 ; Jaime Velasquez Park, Salcedo Village ; 7h-14h sam) et proposent une belle variété de spécialités des régions d'Ilocos, de Pampanga ou de Bicol, d'innombrables produits bio, ainsi que des produits français, thaïlandais ou indonésiens.

Par chance pour les voyageurs, qui ne disposent pas toujours d'une cuisine, les plats préparés sont nombreux. Les visiteurs peuvent tout goûter, des friandises et desserts locaux au porc grillé et aux *bibingka*, des crêpes de farine de riz. Le marché est aussi idéal pour se faire des amis et rencontrer des voyageurs ; rejoignez l'espace de restauration, prenez une chaise et régalez-vous. Si vous manquez le marché de Salcedo, un marché similaire se tient le dimanche dans le parc central de Legazpi Village.

Aubergine FRANÇAIS, EUROPÉEN $$$
(856 9888 ; angle 5th Ave et 32nd St ; plats 500-1 500 P ; déj et dîner ;). L'un des meilleurs restaurants de Manille, il séduit une clientèle aisée venue de toute la métropole. Le service est attentif et la carte délicieuse ; goûtez la fondue de poireaux aux cèpes (680 P) ou le saumon sauvage de Tasmanie (980 P). Les végétariens s'en tireront à moindre frais.

Rose FUSION $$$
(Rdc, Grand Hamptons Tower, 31st St entre 1st Ave et 2nd Ave ; tapas 75-200 P, plats 600-800 P ; déj et dîner mar-dim;). Dans ce petit restaurant "japonais moderne", des morceaux de poisson cru et d'autres amuse-gueules flottent sur des bateaux miniatures le long d'une minirivière aménagée dans le bar à sushis. La cuisine est tout aussi créative et étonnante.

Où prendre un verre

Makati compte d'excellents bars, notamment dans les rues parallèles à P Burgos St. La bière est un peu chère (75 P la San Miguel), mais vous pourrez profiter de l'*happy hour* en début de soirée.

Handlebar BAR
(Carte p. 66 ; www.handlebar.com.ph, 31 Polaris St ; 15h-2h lun-jeu, 11h-3h ven-dim). Le thème de la Harley Davidson domine ce repaire favori des expatriés, doté d'un grand écran pour les sports et prisé à juste titre pour son barbecue sous le gros arbre en façade (excellents steaks et pommes de terre au four), organisé tous les soirs. Des musiciens jouent le week-end.

Museum Café SALON-BAR
(Carte p. 62 ; Ayala Museum, Greenbelt 4 ; plats 400-600 P). Plus qu'une halte pour les visiteurs du musée, le "M Café" attire les snobs de Manille, qui viennent en début de soirée, dans la salle ou en terrasse. Le jeudi soir, les percussions se déchaînent et la fête commence. La carte comporte de nombreux en-cas et sandwichs.

Heckle & Jeckle BAR
(Carte p. 66 ; angle Jupiter St et Polaris St ; 14h-5h). Ce pub simple et généralement calme est l'endroit idéal pour fuir la folie de P Burgos St toute proche. Numéros comiques à l'occasion et matchs de foot à la télé.

Havana BAR
(Carte p. 62 ; cour Greenbelt 3 ; 11h-2h). La cour du Greenbelt 3 est un endroit apprécié pour un verre et des rencontres. Tard en soirée, l'animation se concentre autour du Havana, où des groupes de salsa jouent tous les soirs à partir de 21h30.

Conway's SALON-BAR
(Carte p. 62 ; Makati Shangri-La ; 17h-1h). Bondé de branchés, d'expatriés et de toutes sortes de personnages venus écouter des groupes philippins comme le Spirit of '67. Bière, vin et cocktails à volonté (625 P) tous les soirs de 18h à 20h.

Nuvo SALON-BAR
(Carte p. 62 ; rdc, Greenbelt 2 ; repas 500-1 000 P ; 11h-2h). Ce bar branché séduit la classe aisée de Manille. Excellente cuisine à prix élevés.

Howzat PUB

(Carte p. 66 ; 8471 Kalayaan Ave ; ⌚10h-2h). Franchissez les portes pour entrer dans un univers de pintes et de football.

Beers Paradise BAR

(Carte p. 66 ; angle Polaris St et Durban St ; ⌚17h-4h). Les bières belges, pour la plupart assez fortes, sont la spécialité de ce bar spartiate.

Dillinger's BAR

(Carte p. 62 ; niveau 3, Greenbelt 3 ; plats 200-400 P ; ⌚11h-4h). Il sert essentiellement des plats de viande et des amuse-gueules classiques avec un choix de bières à la pression.

☆ Où sortir

Malgré le grand nombre de distractions nocturnes à Makati, les trouver peut être difficile car aucun site Internet ou magazine n'en fournit une liste complète. Le site www.clickthecity.com, et les mensuels gratuits *Circuit* (www.circuitmag.net) et *24/7* (www.mag24-7.com), vous donneront quelques idées. Le site http://manilaclubbing.com recense les discothèques de la capitale.

Clubs et discothèques

Hormis les deux discothèques snobs du Resorts World à Parañaque, les plus fréquentées se regroupent dans Makati. L'entrée varie de gratuite à 500 P, voire davantage dans les endroits les plus prisés. La scène est changeante, mais ces lieux garantissaient une bonne soirée lors de nos recherches.

Time DISCOTHÈQUE

(Carte p. 66 ; http://timeinmanila.com ; 7840 Makati Ave). La musique résonne à l'intérieur et le patio extérieur surplombe Makati Ave.

Palladium DISCOTHÈQUE

(Carte p. 62 ; New World Hotel, Esperanza St ; entrée avec boisson 500 P ; ⌚mer-sam). Une valeur sûre, dans les profondeurs du cinq-étoiles New World.

Robot DISCOTHÈQUE

(Carte p. 62 ; the Peninsula, Makati Ave ; ⌚18h-minuit, 18h-3h ven-sam). Un lieu qui connaît des fortunes diverses ; à surveiller. Paiement pour une table le week-end.

Arts de la scène

SaGuijo MUSIQUE LIVE

(Carte p. 62 ; ☎897 8629 ; www.saguijo.com ; 7612 Guijo St, Makati ; après 22h 150 P ; ⌚18h-2h mar-sam). Se voulant club de rock indé, c'est en réalité un petit bar simple et détendu où la musique live n'est qu'un atout supplémentaire. Les groupes – principalement emo et post-punk – jouent à partir de 22h30.

B Side MUSIQUE LIVE

(Hors carte p. 62 ; Collective, Malugay St ; ⌚variable). Âme du Collective, ce bar accueille un ou deux groupes de musiciens dans la cour centrale le week-end et certains soirs en semaine, faisant danser tout le complexe. Le dimanche, des concerts reggae débutent en fin d'après-midi.

Repertory Philippines THÉÂTRE

(Carte p. 62 ; www.repertory.ph ; Greenbelt 1). Cette troupe professionnelle se produit à l'OnStage Theatre.

Cinéma

Le **Greenbelt 3 Theaters** (carte p. 62 ; ☎757 3863 ; Greenbelt 3) est le cinéma le plus fréquenté.

Karaoké

Obsession nationale, le karaoké est proposé dans les bars, les cafés, les bus et pratiquement partout où se rencontrent un apprenti chanteur, un micro et un rêve.

Red Box KARAOKÉ

(Carte p. 62 ; ☎757 6188 ; niveau 3, Greenbelt 3 ; 300-500 P/pers avec 2 boissons ; ⌚12h-3h). Il s'agit d'un karaoké haut de gamme. S'il n'est peut-être pas authentiquement philippin, l'endroit est très amusant, les prix raisonnables et la liste des titres très complète. Les salons peuvent accueillir de 15 à 20 personnes. Réservation possible.

Achats

Le centre de Makati ressemble à une vaste galerie marchande haut de gamme, temple de la consommation. De nombreuses galeries d'art sont disséminées dans Makati.

Consultez l'encadré p. 56 pour des conseils sur les souvenirs.

Balikbayan Handicrafts SOUVENIRS

(Carte p. 62 ; 1010 Pasay Rd ; ⌚9h-20h). Un magasin qui attire invariablement les touristes et propose des articles de qualité, en particulier de superbes plats, balles décoratives et autres objets en noix de coco vernissée.

LRI Design Plaza ART

(Hors carte p. 62 ; 210 Nicanor Garcia St ; ⌚9h-18h30 lun-sam). Un ensemble de galeries d'art et de salles d'exposition de meubles contemporains, qui présente le summum du chic dans le domaine artistique. La **Ricco Renzo Gallery** (www.riccorenzo.com) organise des ateliers d'art ouverts à tous.

Collective CURIOSITÉS
(Hors carte p. 62 ; Malugay St). Un groupe de galeries et de boutiques originales, parsemé de quelques bars et restaurants. On peut y acheter vêtements vintage, déguisements, statuettes vaguement érotiques, lampes à lave et tissus tie dye. L'endroit s'anime en début de soirée.

Greenbelt GALERIE MARCHANDE
(Carte p. 62 ; entre Makati Ave et Paseo de Roxas, Ayala Centre). Endroit le plus chic de l'Ayala Centre, avec nombre d'excellents cafés et restaurants autour d'un parc central. Il comporte 5 sections (de Greenbelt 1 à Greenbelt 5), chacune avec son propre caractère. Une oasis au cœur de la jungle de béton.

Landmark SOUVENIRS
(Carte p. 62 ; Makati Ave, Ayala Centre). Ce grand magasin délicieusement désuet, parfait pour acheter une tenue de soirée, offre une belle sélection de textiles, sculptures sur bois et souvenirs au dernier étage.

Bonifacio High Street et Serendra GALERIES MARCHANDES
(Entre 7th Ave et 11th Ave ; Fort Bonifacio). Adjacentes, ces deux élégantes galeries marchandes en plein air abritent de nombreux bons restaurants.

Glorietta GALERIE MARCHANDE
(Carte p. 62 ; Office Dr, Ayala Centre). Des fast-foods et des boutiques moins chics que dans le Greenbelt voisin. Deux des cinq sections (Glorietta 1 et 2) sont momentanément englouties par la construction d'un hôtel "six-étoiles" dans Pasay Rd.

Filipinas Heritage Library Bookstore LIVRES
(Carte p. 62 ; Ayala Triangle Gardens, Makati Ave, Makati ; ⌚9h-18h mar-sam). L'une des meilleures librairies pour des livres sur les Philippines.

Fully Booked LIVRES
(Hors carte p. 66 ; Power Plant Mall, Rockwell, Makati). La librairie la plus exhaustive de Manille, avec une excellente section "voyages" et un choix exceptionnel de romans et d'autres ouvrages. Succursales dans Bonifacio High Street, dans le Fort, et dans le Mall of Asia.

National Book Store LIVRES
(Carte p. 62 ; rdc, Greenbelt 1, Makati). Livres, revues, papeterie et service de photocopie. Succursales dans toute la ville.

Power Books LIVRES
(Carte p. 62 ; niveau 2, Greenbelt 4, Makati). Une autre grande librairie semblable à Fully Booked, avec des succursales dans la plupart des grands centres commerciaux.

QUEZON CITY

Plus vaste municipalité du pays avec près de 3 millions d'habitants, Quezon City (QC) est généralement ignorée par les visiteurs car loin de l'aéroport et des sites du centre de Manille. Si vous passez outre ces inconvénients, vous découvrirez de fabuleux restaurants, une scène musicale dynamique et une agréable population estudiantine. Promenez-vous dans le paisible quartier à l'ouest de T Morato Ave, aussi calme que les élégantes résidences fermées de Makati – sans les grilles.

QC est si différente du reste de Manille qu'on peut la considérer comme une entité à part entière. Si vous en avez le temps, consacrez-lui quelques jours.

Cette section couvre également Ortigas, un quartier d'affaires juste au sud de QC dans Mandaluyong City.

À voir

QC vaut plus pour ses restaurants et ses bars que pour ses sites. T Morato, l'avenue des restaurants, croise Timog Ave, la principale artère commerçante, au **Monument aux boy-scouts** (carte p. 72). De nombreuses rues alentour portent les noms des scouts depuis que 24 d'entre eux sont morts dans un accident d'avion en 1963.

UP Diliman UNIVERSITÉ
(Carte p. 38 ; www.upm.edu.ph). Si vous disposez d'une demi-journée, rejoignez le joli campus de l'université des Philippines Diliman. L'ambiance rappelle celle d'université américaine et ses 22 000 étudiants animent la vie nocturne de QC. Le campus est idéal pour la marche, le vélo ou le jogging et vous pourrez assister à des matchs de football et d'Ultimate Frisbee l'après-midi sur le terrain central, appelé Sunken Garden.

Ninoy Aquino Parks & Wildlife Center ZOO
(Quezon Memorial Circle ; adulte/enfant 8/5 P ; 7h-17h). Ce parc et centre de soins pour animaux sauvages comprend un mini-zoo où sont gardés des animaux en convalescence. Quelques patients restent à demeure, dont un python birman et divers oiseaux, reptiles et singes.

Où se loger

Le secteur le plus attrayant est de loin celui de T Morato. Quelques hébergements se situent dans le quartier congestionné du City Hall, au sud du Quezon Memorial Circle, mais nous ne recommandons pas ce secteur.

Stone House HÔTEL **$$**
(Carte p. 72 ; 724 7551 ; www.stonehouse.ph ; 1315 E Rodriguez Sr Ave, Quezon City ; ch 1 100-2 500 P ;). À mille lieues de son homologue de Malate et conçu pour les baroudeurs fortunés, le Stone House soigne son style, ses prix et son confort. Les chambres les moins chères n'ont pas de fenêtre, un défaut qu'atténuent les tons colorés ; ajoutez 200 P pour bénéficier d'une fenêtre. Les restaurants de T Morato se rejoignent facilement à pied.

Torre Venezia Suites APPARTEMENTS **$$$**
(Carte p. 72 ; 332 1658 ; www.torrevenezia-suites.com.ph ; 170 Timog Ave ; ch/ste à partir de 4 500/5 500 P ;). Un concept identique aux A Venue Suites de Makati : des chambres ultraraffinées dans un hôtel/résidence, avec lits, meubles et salles de bains splendides et beau linge de toilette. Ajoutez une salle de gymnastique et un spa somptueux. Importantes réductions sur www.agoda.com.

Edsa Shangri-La Hotel HÔTEL **$$$**
(633 8888 ; www.shangri-la.com ; 1 Garden Way, Ortigas ; ch à partir de 200 $US ;). Un peu moins impressionnant que le Shangri-La de Makati, il n'en mérite pas moins ses cinq étoiles. Le jardin est superbe et le MRT à quelques pas.

Villa Estella Hometel HÔTEL **$$**
(Carte p. 72 ; 371 2279 ; 33 Scout Santiago St ; ch standard/deluxe 1 500/1 800 P ;). Hôtel de quartier accueillant dans le dédale de rues silencieuses à l'ouest de T Morato Ave, il offre des chambres défraîchies aux meubles vieillots. Attardez-vous plutôt au bar qui borde la piscine.

Imperial Palace Suites APPARTEMENTS **$$**
(Carte p. 72 ; 927 8001-05 ; www.imperial.ph ; angle Timog Ave et T Morato Ave ; d avec petit-déj

Quezon City et Cubao

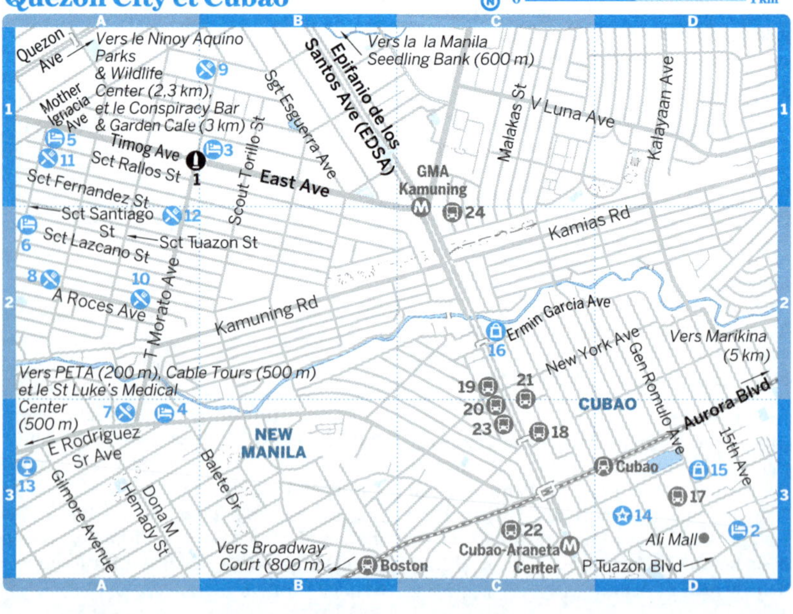

4 350-4 875 P, ste à partir de 5 915 P ;). Un peu datées, les chambres bien tenues, avec kitchenette et de nombreux équipements, surplombent le Monument aux boy-scouts. Guettez les tarifs promotionnels.

Broadway Court APPARTEMENTS **$$**
(Hors carte p. 72 ; 722 7411-15 ; www.broadway-court.com ; 16 Broadway Ave ; d 1 400-1 600 P, ste à partir de 5 915 P ;). Ces appartements sommaires, dans un paisible quartier résidentiel, sont une bonne affaire, surtout pour les longs séjours, mais sont mal situés. Wi-Fi en supplément.

Fersal Tuazon HÔTEL **$$**
(Carte p. 72 ; 912 2691 ; www.fersalhotelgroup.com ; 245 P Tuazon Blvd, Cubao ; ch avec petit-déj à partir de 1 600 P ;). Un bon hôtel de catégorie moyenne à Cubao.

Où se restaurer

Quezon City compte d'innombrables resto-bars qui servent une cuisine philippine et sont prisés des étudiants. Ils offrent habituellement des seaux de bière à prix réduits.

Chocolate Kiss EUROPÉEN **$$**
(Carte p. 72 ; 91 A Roces Ave ; sandwichs 150-200 P, plats 200-300 P ; 11h-22h lun-sam, 9h-14h dim ;). Les cuisiniers de ce restaurant fréquenté mitonnent des plats occidentaux copieux, tels le poulet à la Kiev et le steak Salisbury, ainsi que de bons sandwichs et desserts. Le dimanche, le brunch à volonté ne coûte que 350 P.

Greens VÉGÉTARIEN **$**
(Carte p. 72 ; 92 Scout Castor St, Quezon City ; 11h-22h lun-sam, 12h-21h dim ;). La succulente cuisine végétarienne justifie presque à elle seule le trajet jusqu'à Quezon City. Goûtez le "bœuf" aux brocolis, l'extraordinaire sisig sans viande et le gâteau au chocolat.

Mogwai CAFÉ **$$**
(Carte p. 72 ; mogwaifilm.multiply.com ; Cubao Expo, Gen Romulo Ave, Cubao ; plats 140-200 P ; 18h-2h). Établissement favori et ultrabranché de Cubao X, le Mogwai est à la fois un restaurant, un bar et un cinéma (séance à 21h, lun-jeu), avec une longue carte de plats philippins.

Uno Restaurant FUSION **$$$**
(Carte p. 72 ; 374 0774 ; 195C T Morato Ave ; plats 300-600 P ; 10h-21h30 lun-sam ;). Ce bistrot pittoresque sert une cuisine fusion complexe, préparée par le talentueux chef-propriétaire Jose Mari Relucio. La carte change chaque trimestre. Entrez par Scout Fuentebella St.

Restorante La Capre PHILIPPIN **$$**
(Carte p. 72 ; angle Scout Santiago St et Scout Limbaga St ; plats 150-350 P ; 10h-2h lun-sam). Niché dans les rues calmes à l'ouest de T Morato Ave, ce petit restaurant sert des

Quezon City et Cubao

À voir
1 Monument aux boy-scouts ... A1

Où se loger
2 Fersal Tuazon ... D3
3 Imperial Palace Suites ... B1
4 Stone House ... A3
5 Torre Venezia Suites ... A1
6 Villa Estella Hometel ... A2

Où se restaurer
7 Azadi Persian Kebab ... A3
8 Chocolate Kiss ... A2
9 Gerry's Grill ... B1
10 Greens ... A2
Mogwai ... (voir 15)
11 Restorante La Capre ... A1
12 Uno Restaurant ... A2

Où prendre un verre
13 Big Sky Mind ... A3

Où sortir
14 Araneta Coliseum ... D3

Achats
15 Cubao Expo ... D3
16 Q Mart ... C2

Transports
Amihan Bus Lines ... (voir 17)
17 Gare routière Araneta ... D3
18 Gare routière Baliwag Transit ... C3
Cagsawa ... (voir 17)
19 Dagupan Bus Co ... C2
20 Dominion Bus Lines ... C3
21 Genesis Cubao Terminal ... C2
Isarog Bus Lines ... (voir 17)
22 Partas Cubao Terminal ... C3
23 Victory Liner Cubao Terminal ... C3
24 Victory Liner Kamias Terminal ... C2

INTERVIEW

LE QUEZON CITY DE CARLOS CELDRAN

Quezon City compte un nombre surprenant d'espaces verts. Prenez d'abord le MRT jusqu'à Quezon Ave. Au coin, vous trouverez la **Manila Seedling Bank** (hors carte p. 72 ; www.msbfi.com ; angle Quezon Ave et EDSA), à la fois école, magasin et serre, où vous pourrez vous promener parmi les arbres fruitiers, les plantes, les fleurs et les expositions horticoles. À pied ou en jeepney, rejoignez le Quezon City Hall et prenez le passage souterrain jusqu'au **Quezon Memorial Circle** (carte p. 38), qui abrite le **monument Quezon**, de style Art déco, et le **mausolée à l'ancien président Manuel Quezon**. Si l'ascenseur fonctionne, admirez la vue du sommet, puis le tombeau de Quezon en dessous. Terminez la journée à la verdoyante UP Dilliman (p. 71).

Le dimanche est idéal pour une visite : pas de circulation, pas de foule. Faites un tour jusqu'au marché fermier de Cubao (station MRT Cubao) puis flânez dans Cubao Expo avant de dîner dans le restaurant italien Bellini's ou de prendre un verre au Mogwai (p. 73).

Pour un repas succulent, allez au **Van Gogh is Bipolar** (☎394 0188 ; 154 Maginhawa St, Sikatuna Village), qui propose une cuisine extraordinaire dans une ambiance *Alice au pays des merveilles*. Les plats portent le nom de célébrités qualifiées "bipolaires" par le restaurant. Le chef-propriétaire Jetro Rafael vous compose un menu en fonction de l'effet désiré et de votre personnalité. Appelez avant de venir, car il ouvre selon son humeur. Après le dîner, promenez-vous dans Maginhawa St, le nouveau quartier branché.

Le **Big Sky Mind** (angle E Rodriguez Sr Ave et 14th St, New Manila ; 🕘21h-5h mar-dim) est surtout connu comme "le seul bar à ma connaissance qui reste ouvert tard le dimanche soir". En soirée, vous pourrez écouter un groupe de jeunes musiciens, regarder une exposition ou bavarder avec la clientèle. Hank, le barman, jouera du rock classique, de la New Wave britannique ou même du Henry Rollins pendant que vous dégustez une bière fraîche, des cacahuètes à l'ail et des sucettes au poulet (comme leur nom l'indique).

Carlos Celdran est un guide réputé, connu pour ses visites guidées du centre de Manille.

plats philippins classiques et des spécialités insolites de Pampanga comme le crocodile et le kabayo (cheval) grillés.

Gerry's Grill RESTOBAR $$
(Carte p. 72 ; angle T Morato Ave et Eugenio Lopez St ; repas 100-250 P ; 🕘11h-1h). Premier établissement d'une chaîne de restobars philippins, le Gerry's Grill est devenu une institution de Quezon City.

Azadi Persian Kebab MOYEN-ORIENTAL $
(Carte p. 72 ; 1 T Morato Ave ; plats 70-160 P ; 🕘24h/24). Proche du Stone House, cette gargote à prix doux propose houmous, kebabs et narguilés. Prisée des étudiants et des habitants.

Achats

Greenhills Shopping Center MARCHÉ
(Ortigas Ave, Greenhills, San Juan ; 🕘9h-22h). Sorte de marché aux puces couvert et en plein air, Greenhills abrite d'innombrables stands de DVD et de vêtements de marque à l'origine douteuse (attention aux contrefaçons). Vous trouverez aussi de belles antiquités et la meilleure sélection de perles authentiques du pays.

Cubao Expo COMMUNAUTÉ D'ARTISTES
(Carte p. 72 ; Gen Romulo Ave, Cubao). Surnommé "Cubao X", il s'agit d'un ensemble hyper branché de boutiques et de galeries kitsch où l'on vend aussi bien des jouets rétro que des ustensiles ménagers. C'est aussi un centre de chausseurs et le point de vente traditionnel des chaussures fabriquées à Marikina ; certains l'appellent toujours de son ancien surnom, le Marikina Shoe Expo.

Q Mart MARCHÉ
(Carte p. 72 ; Ermin Garcia Ave). Pour une expérience authentique, explorez cet immense bazar couvert dans EDSA, non loin des terminus de bus de Cubao.

Où sortir

La musique live constitue le principal atout des bars d'étudiants de QC. Les discothèques, à l'existence plus ou moins fugace, tendent à se regrouper dans T Morato Ave, au nord de Timog Ave.

'70s Bistro MUSIQUE LIVE

(Hors carte p. 72 ; www.70sbistro.com ; 46 Anonas St ; 150 P ; ⌚21h-tard lun-sam). Ce bar ouvert est réputé accueillir certains des meilleurs groupes de reggae du pays, ainsi que des groupes de rock philippins classiques comme les Jerks, en activité depuis les années 1970. Il fait le plein tous les soirs.

Conspiracy Bar & Garden Cafe MUSIQUE LIVE

(www.conspi.net ; 59 Visayas Ave, Quezon City ; entrée libre ; ⌚17h-2h ; 🚭). Les propriétaires, Cynthia Alexander et Joey Ayala, et leurs invités jouent du folk, du jazz et des succès planétaires. Cette musique acoustique séduit une clientèle plus âgée, assise dans la salle non-fumeur. En-cas végétariens et jardin plaisant pour se détendre en buvant une San Miguel brune.

Philippine Educational Theater Association THÉÂTRE

(PETA ; hors carte p. 72 ; ☎725 6244 ; www.petatheater.com ; 5 Eymard Dr ; ⌚spectacles 10h, 15h et/ou 20h ven-dim). Cette compagnie de théâtre "ouvert" propose des comédies et des tragédies, la plupart du temps originales. Sans doute la meilleure troupe de Manille.

Araneta Coliseum STADE

(Carte p. 72 ; www.aranetacoliseum.com ; Araneta Center, angle EDSA et Aurora Blvd). Manille est un bon endroit pour voir des rockers des années 1970 et 1980. Boy George, les Eagles et Duran Duran s'y sont produits ces dernières années. Ce stade est aussi apprécié pour les matchs de basket de la PBA.

ℹ Renseignements

Accès Internet

Les cybercafés sont omniprésents à Malate, Ermita, et dans le secteur de P Burgos à Makati. Tous les grands centres commerciaux en abritent au moins un. Les cybercafés suivants offrent d'autres services :

b_connected (carte p. 62 ; niveau 2, Greenbelt 4, Makati ; 1 P/min ; ⌚10h-22h). Impressions, scanner, fax, gravure de CD et autres services informatiques.

E Cafe (carte p. 44 ; MH del Pilar St ; 39 P/h ; ⌚24h/24). Un grand cybercafé près du célèbre Manila Bay Cafe.

Station 168 (carte p. 44 ; Adriatico St ; 1 P/min ; ⌚24h/24). Services informatiques complets.

Agences de voyages

Les nombreuses agences de voyages d'Ermita, Malate et Makati se spécialisent pour la plupart dans les voyages à l'étranger. Beaucoup d'hôtels peuvent organiser des excursions en dehors de Manille. Les agences suivantes s'adressent aux étrangers et peuvent s'occuper des prorogations de visa.

Filipino Travel Cafe (carte p. 44 ; ☎729 3366 ; 2e ét, Greenbelt 5, Makati ; ⌚11h-21h lun-sam). Un agent de voyage privé qui possède un bureau dans le café. Visites de la ville, location de véhicules, etc.

Filipino Travel Center (carte p. 62 ; ☎528 4507-9 ; www.filipinotravel.com.ph ; angle Adriatico St et Pedro Gil St, Malate ; ⌚8h-18h lun-ven, 9h-17h sam). Serviable et bien informée, cette agence organise des excursions dans tout le pays. Elle vend aussi des billets de bus pour Banaue.

VAUT LE DÉTOUR

MUSÉE DE LA CHAUSSURE DE MARIKINA

S'étendant à l'est de Quezon City à la lisière de Metro Manila, Marikina reste une sorte de no man's land pour les touristes malgré un site incontournable (du moins pour les fans d'Imelda Marcos) : le **Marikina Shoe Museum** (JP Rizal St ; 50 P ; ⌚8h-17h lun-sam).

S'il expose les chaussures de diverses célébrités philippines, celles d'Imelda – environ 800 paires alignées dans des vitrines – constituent la principale attraction. Elles ne représentent qu'un quart de la collection abandonnée au palais de Malacañang par l'ancienne première dame, mais suffiront sans doute à combler votre curiosité.

Capitale philippine de la chaussure, Marikina fabriquait encore 70% des souliers du pays en 1981. On en trouve à prix intéressants dans les grands magasins et au **Marikina Market Mall** (Shoe Ave), à 10 minutes de marche du musée. La chaussure exposée dans le Riverbanks Mall, le long du fleuve Marikina, serait la plus grande au monde.

De Cubao, des jeepneys rallient le centre de Marikina ; prenez un jeepney "Silangan-Cubao" signalé "Marikina" dans Aurora Blvd. Vous pouvez aussi emprunter le LRT-2 jusqu'au terminus (Santolan), puis un jeepney "San Mateo" jusqu'au City Hall dans Shoe Ave, à courte distance du musée.

ESCROQUERIES À GOGO

Manille est connue pour les escroqueries qui visent les touristes. La plus courante implique un groupe qui se présente comme des amis ou une famille et se lie avec des voyageurs (habituellement seuls). Il l'invite à la maison ou pour une courte excursion et le voyageur se retrouve drogué et dépouillé. Si un inconnu se montre trop amical, éloignez-vous. Méfiez-vous également de ceux qui prétendent vous avoir déjà rencontré ou séjourner dans votre hôtel.

Sachez que les changeurs d'argent qui opèrent le long de HM del Pilar St et de Mabini St à Ermita sont réputés pour leur habileté à escroquer le chaland.

Les taximètres trafiqués deviennent plus courants, bien que la plupart des chauffeurs de taxi soient honnêtes ; reportez-vous p. 81 pour des conseils sur les taxis.

Swagman Travel (carte p. 42 ; ☎523 8541 ; www.swaggy.com ; 411 A Flores St, Ermita). Une agence efficace dans le Swagman Hotel.

Argent

Pour des informations générales sur le change aux Philippines, reportez-vous p. 437. Les trois principales banques philippines avec des DAB qui acceptent les cartes occidentales – Bank of the Philippine Islands (BPI), Metrobank et Banco de Oro (BDO) – ont des agences dans la capitale, notamment dans les principales galeries marchandes. Elles imposent habituellement une limite de 10 000 P par retrait, contre 15 000 P à la Citibank et 40 000 P à la HSBC. Les **agences principales de la Citibank** (carte p. 62 ; 8741 Paseo de Roxas) et de la **HSBC** (carte p. 62 ; 6766 Ayala Ave) se situent dans le quartier central des affaires de Makati.

De nombreux changeurs opèrent à Malate et Ermita et, dans toute la ville, des endroits changent les devises en pesos philippins ; montrez-vous prudent en utilisant ces services.

American Express (carte p. 62 ; rdc Eurovilla 1, 142 Legazpi St, Makati ; ⏲9h-17h lun-ven). Change les chèques de voyage Amex en dollars US.

Désagréments et dangers

Manille n'est probablement pas plus dangereuse qu'une autre ville, à condition de respecter les précautions habituelles. Comme dans toute grande ville, la criminalité est présente et les étrangers sont parfois la cible de petits délinquants et de voleurs de voiture. Restez sur vos gardes si vous marchez seul le soir, surtout dans les endroits déserts et dans les quartiers chauds comme Tondo. En taxi, verrouillez les portières, comme votre chauffeur.

Des pickpockets sévissent dans le MRT/LRT et aux alentours des bars, où les touristes éméchés représentent des proies faciles.

La circulation est le principal problème de Manille ; vous passerez sans doute une bonne partie de votre temps dans les embouteillages. Prévoyez une large marge pour rejoindre les aéroports, les terminus de bus ou un lieu de rendez-vous. Le bruit, la foule et la pollution atmosphérique constituent les désagréments majeurs.

Office du tourisme

Department of Tourism Information Centre (DOT ; carte p. 44 ; ☎524 2384 ; www.visitmyphilippines.com ; Kalaw St ; ⏲7h-18h lun-sam). Ce grand bureau accueillant se situe dans un superbe bâtiment d'avant-guerre au bout de Taft Ave du côté parc Rizal. Il fournit des cartes pour d'intéressantes promenades à pied. Des comptoirs du DOT sont installés dans les terminaux du NAIA.

Poste

Poste centrale de Makati (carte p. 62 ; Sen Gil Puyat Ave, Makati ; ⏲8h-17h lun-ven)

Poste centrale de Manille (carte p. 42 ; Magallanes Dr, Intramuros ; ⏲6h-18h30 lun-ven, 8h-12h sam). Un monument et tous les services postaux.

Poste d'Ermita (carte p. 44 ; Pilar Hidalgo Lim St, Malate). La plus pratique pour le quartier touristique de Malate.

Prorogation de visa

Bureau of Immigration Head Office (BOI ; carte p. 42 ; ☎527 4536 ; Magallanes Dr, Intramuros ; ⏲7h30-17h lun-ven). Délivre des prorogations de visa, mais les démarches peuvent être fastidieuses. Adressez-vous à une agence de voyages ou effectuez cette formalité en province.

Services médicaux

Metro Manila compte plusieurs grands hôpitaux privés, qui attirent un tourisme médical. Les établissements suivants sont modernes et bien situés pour les secteurs touristiques de Malate et Makati.

Makati Medical Center (carte p. 62 ; ☎888 8999 ; www.makatimedcenter.com ; 2 Amorsolo St, Makati)

Manila Doctors Hospital (carte p. 42 ; ☎524 3011 ; www.maniladoctors.com.ph ; 667 United Nations Ave, Ermita)

St Luke's Medical Center (hors carte p. 72 ; ☎789 7700 ; www.stluke.com.ph ; 32nd St, Fort Bonifacio). L'hôpital le plus récent et le plus moderne de Metro Manila.

Site Internet

Click the City (www.clickthecity.com). Les pages jaunes en ligne de Manille s'améliorent de jour en jour. Listes de numéros de téléphone et d'adresses pour la plupart actualisées et liens vers des sites Internet. Recherche possible par nom, catégorie et/ou adresse.

Urgences

Ambulance (☎911 1121)

Police (☎117)

Pompiers (☎522 2222)

Depuis/vers Manille

Avion

Tous les vols internationaux depuis/vers Manille utilisent l'un des trois principaux terminaux du **Ninoy Aquino International Airport** (NAIA ; carte p. 38 ; ☎877 1109) ; nombre de vols domestiques utilisent un quatrième terminal. Ces 4 terminaux partagent les mêmes pistes, mais ne sont pas proches les uns des autres. Des navettes "Airport Loop" (20 P, 7h-22h) les relient.

INTERNATIONAL

Pour des informations sur les vols internationaux et une liste des compagnies internationales desservant Manille et d'autres aéroports philippins, reportez-vous p. 444 et à l'encadré p. 445.

Une taxe de départ de 750 P est exigée pour les départs internationaux du NAIA.

Plusieurs compagnies asiatiques à bas coût utilisent l'aéroport international Diosdado Macapagal (Clark Airport, DMIA) dans la zone économique spéciale de Clark près d'Angeles, à 1 heure 30 ou 2 heures de route au nord de Manille.

NATIONAL

Cebu Pacific et Airphil Express utilisent le terminal 3 du NAIA, Philippine Airlines (PAL) le terminal 2 et Zest Air, SEAIR et Sky Pasada, le vieux terminal domestique du NAIA (carte p. 58).

PAL et sa compagnie à bas coût, Airphil Express, disposent de billetteries associées dans NAIA 2 et de plusieurs billetteries en ville. Les autres transporteurs nationaux possèdent des billetteries dans leur terminal de départ, ainsi que plusieurs en ville.

Les compagnies suivantes offrent des vols nationaux depuis/vers Manille.

Airphil Express (☎855 9000 ; www.airphilexpress.com). Agence principale dans NAIA 2.

Cebu Pacific (☎702 0888 ; www.cebupacificair.com). Possède 8 agences en ville, dont une dans la galerie marchande Robinsons Pl et une dans le terminal domestique.

ITI (☎851 5674 ; www.islandtransvoyager.com ; ITI Hangar n°5-03-127, Andrews Ave, Pasay). L'agence se situe près du terminal domestique.

Philippine Airlines (☎855 8888 ; www.philippineairlines.com). Agence principale dans NAIA 2.

SEAIR (carte p. 62 ; ☎849 0100 ; www.flyseair.com ; 2e ét, La'O Centre, Pasay Rd, Makati)

Sky Pasada (WCC ; ☎912 3333 ; www.skypasada.com ; terminal domestique)

Zest Air (☎855 3333 ; angle Domestic Rd et Andrews Ave, Parañaque)

Bateau

Le port de Manille est divisé en deux sections, South Harbor et North Harbor (voir carte p. 38). Mieux vaut prendre un taxi pour North Harbor, un quartier peu sûr pour les touristes. South Harbour se rejoint plus facilement.

Deux grandes compagnies de navigation desservent les îles à partir de Manille. Toutes deux possèdent d'excellents sites Internet pour les horaires, les réservations et la liste actualisée des destinations. Vous pouvez acheter les billets dans presque toutes les agences de voyages et dans les billetteries des principales galeries marchandes.

ACCÈS WI-FI

L'accès Wi-Fi est courant dans les cafés de chaînes, qui facturent habituellement 100 P l'heure. La galerie marchande Robinsons Pl à Ermita fait exception : tout le bâtiment offre l'accès Wi-Fi gratuit. Parmi les cafés avec Wi-Fi gratuit à Makati, il en existe plusieurs au Bonifacio High Str Mall (p. 71) de Fort Bonifacio ; citons également le Seattle's Best dans le Greenbelt 3 et le Starbucks en face de l'agence principale de la Citibank dans Salcedo Village. La plupart des hôtels de Manille proposent l'accès Wi-Fi, souvent gratuit.

Negros Navigation (☎554 8777 ; www.negrosnavigation.ph ; quai 2, North Harbor)

SuperFerry (☎528 7000 ; www.superferry.com.ph ; quai 15, South Harbor)

Autres compagnies avec des services de passagers :

Moreta Shipping Lines (☎721 4066 ; www.moretashipping.com ; quai 6, North Harbor). Bateaux pour Kalibo et Dumaguit sur Panay.

Romblon Shipping Lines (☎243 5886, www.romblonshippinglines.com ; quai 8, North Harbor). Liaisons hebdomadaires vers Caticlan (pour Boracay), Mandaon sur Masbate et plusieurs ports de Romblon.

Bus

Quitter Manille en bus est plus ardu qu'on ne peut s'y attendre, car il n'existe pas de gare routière centrale. Une multitude de compagnies privées desservent des destinations spécifiques à partir de leurs propres terminus.

Les deux principaux "groupes" de terminus sont Cubao, dans Quezon City près du coin d'EDSA et d'Aurora Blvd (voir carte p. 72), et Pasay, le long d'EDSA près de la correspondance LRT/MRT (Pasay Rotunda ; voir carte p. 58).

Deux autres groupes, plus difficiles à rejoindre, sont Sampaloc, au nord de Quiapo près de l'université de Santo Tomas (UST), et Caloocan, tout au nord de Metro Manila.

La plus grande compagnie de bus, **Victory Liner** (www.victoryliner.com), possède un excellent site Internet avec itinéraires et prix à partir de ses 5 terminus dans la capitale ; vous pouvez réserver en ligne.

En direction du nord, essayez de prendre des bus signalés "SCTEX", qui épargnent jusqu'à 2 heures de trajet en empruntant le nouveau Subic-Clark-Tarlac Expressway.

Ci-dessous figure une liste de certaines des plus importantes compagnies de bus, classées par destination. Pour les tarifs et les temps de trajet, consultez les chapitres régionaux correspondants.

NORD-EST ET BANAUE

La réservation est fortement recommandée pour les bus de nuit directs à destination de Banaue. Le trajet de jour jusqu'à Banaue implique plusieurs changements ; voir p. 140.

> **QUEL TERMINUS ?**
>
> Vous ne savez pas où prendre votre bus ? Sur le site www.clickthecity.com, cherchez "bus lines" et indiquez votre destination. Le nom de la compagnie et le terminus s'affichent habituellement.

Baliwag Transit (carte p. 72 ; ☎912 3343 ; EDSA angle New York St, Cubao). Bus pour Cabanatuan (toutes les 30 min) et pour Tuguegarao (4/jour) via Solano.

Cable Tours (derrière St Luke's Medical Center, E Rodriguez St, Quezon City). Bus tous les soirs pour Bontoc.

Florida Bus Lines (☎781 5894 ou 743 3809 ; angle Extremadura St et Earnshaw St, Sampaloc). Bus pour Tuguegarao (départs fréquents) et Santa Ana via Solano, pour Claveria via Laoag et Pagudpud, et pour Banaue.

Genesis Cubao Terminal (carte p. 72 ; ☎421 1422 ; angle New York Ave et EDSA, Cubao). Bus pour Baler (3 tôt le matin, 1 express à minuit).

Ohayami (☎516 0501 ; angle Loyola St et Cayco St, Sampaloc). Différents bus à 22h tous les soirs pour Banaue et pour Kiangan (450 P, 8 heures).

Victory Liner Kamias Terminal (carte p. 72 ; ☎920 7396 ; angle EDSA et East Ave, Kamias, Quezon City). Bus pour Santiago City (toutes les 30 min), Tuguegarao (toutes les heures jusqu'à 23h30) et Tabuk (4/jour), tous via Solano.

BAGUIO, ILOCOS ET ZAMBALÈS

Plusieurs compagnies proposent des express de nuit "deluxe" à 27 places pour Vigan et Laoag. Mieux vaut réserver un ou deux jours à l'avance.

Dagupan Bus Co (carte p. 72 ; ☎727 2330 ; angle EDSA et New York St, Cubao). Bus pour Baguio (toutes les heures) et Bolinao (8/jour).

Dominion Bus Lines (carte p. 72 ; ☎727 2350 ; angle EDSA et East Ave, Kamias). Bus pour Bangued (10/jour), San Fernando-La Union (18/jour) et Vigan (8/jour).

Fariñas Transit (☎731 4507 ; angle Laong Laan St et M de la Fuente St, Sampaloc). Bus pour Laoag via Vigan (15/jours).

Five Star Bus Lines (carte p. 58 ; ☎853 4772 ; Aurora Blvd, Pasay). Bus pour Alaminos (3/jour), Bolinao (3/jour) et Dagupan dans le Pangasinan (toutes les 30 min).

Genesis Pasay Terminal (carte p. 58 ; ☎853 3115 ; Pasay Rotunda). Bus pour Balanga et Mariveles dans le Bataan (toutes les 15 min) et pour San Fernando-La Union (toutes les heures).

Partas Cubao Terminal (carte p. 72 ; ☎725 7303/1740 ; Aurora Blvd angle Bernadino St, Cubao). Bus pour Vigan (toutes les heures) et Laoag (toutes les 2 heures) via San Fernando-La Union.

Partas Pasay Terminal (carte p. 58 ; ☎851 4025 ; 518 EDSA angle Tramu St, à côté Winston Hotel). Bus pour Vigan et Laoag (8/jour).

Victory Liner Cubao Terminal (carte p. 72 ; ☎727 4534 ; angle EDSA et New York Ave). Bus pour Bolinao via Alaminos (4/jour), Baguio (climatisé toutes les 30 min, deluxe via SCTEX 5/jour), Iba (3/jour) and Olongapo (climatisé toutes les 30 min, deluxe via SCTEX 7/jour).

Victory Liner Pasay Terminal (carte p. 58 ; ☎833 5020 ; angle EDSA et Taft Ave). Bus pour Baguio (toutes les heures), Iba (6/jour) et Olongapo (toutes les 30 min).

ANGELES ET CLARK AIRPORT

Swagman Travel (voir p. 76) propose 3 bus quotidiens pour Angeles City (600 P), à 11h30, 15h30 et 20h30. Sinon, la plupart des bus en direction du nord (pour Baguio ou Ilocos) vous déposent à Dau, à courte distance en tricycle ou jeepney d'Angeles.

Philtranco (carte p. 58 ; ☎851 8078/9 ; angle EDSA et Apelo Cruz St, Pasay) dessert l'aéroport de Clark 5 fois par jour à partir de son terminus à Pasay (450 P, 1 heure 45) et s'arrête pour prendre des passagers au SM Megamall à Ortigas (400 P, 1 heure 30).

Partas rallie Clark 2 fois par jour de son terminus de Pasay et de celui de Cubao.

BATANGAS ET PUERTO GALERA

Pour Puerto Galera sur Mindoro, plusieurs compagnies offrent des services bus/bateau, qui partent vers 8h d'Ermita. Le trajet dure 4 heures et coûte environ 350 P de plus que le parcours en indépendant, en prenant un bus jusqu'au quai de Batangas, puis un bateau pour Puerto Galera. Parmi les compagnies, citons :

Swagman Travel (voir p.76). Billets 850 P ; départ à 8h.

Si-Kat (carte p. 44 ; ☎708 9628 ; Citystate Tower Hotel, 1315 Mabini St, Ermita). Billets 700 P ; départ à 8h30.

Les compagnies suivantes desservent le quai de Batangas environ toutes les 20 min dans la journée :

JAM Transit (carte p. 58 ; angle Taft Ave et Sen Gil Puyat Ave, Pasay)

RRCG (carte p. 58 ; angle Taft Ave et Sen Gil Puyat Ave, Pasay)

DLTB (carte p. 58 ; ☎0922 817 1082 ; angle Taft Ave et Sen Gil Puyat Ave, Pasay ; 📶)

Ceres/JAC Liner (carte p. 58 ; angle Taft Ave et Sen Gil Puyat Ave, Pasay)

SUD DE MANILLE

BSC/Batman (carte p. 58 ; Pasay Rotunda). Bus pour Nasugbu et Matabungkay via Tagaytay (toutes les 30 min).

DLTB (carte p. 58 ; ☎0922 817 1082 ; angle Taft Ave et Sen Gil Puyat Ave, Pasay). Bus à destination de Santa Cruz pour Pagsanjan (toutes les 30 min) et pour Lucena via San Pablo (toutes les 30 min).

Ceres/JAC Liner (carte p. 58 ; angle Taft Ave et Sen Gil Puyat Ave, Pasay ; 📶). Bus pour Lucena via San Pablo (toutes les 30 min).

JAM Transit (carte p. 58 ; angle Taft Ave et Sen Gil Puyat Ave, Pasay ; 📶). Bus pour Lipa City (toutes les 30 min) et Lucena via San Pablo (toutes les 30 min).

SUD-EST DE LUZON

Carrefour des bus pour Bicol, l'**Araneta Bus Terminal** (carte p. 72 ; entre Times Sq Ave et Gen Romulo Ave, Cubao, Quezon City) a récemment déménagé. Cagsawa et RSL proposent des bus de nuit directs au départ d'Ermita. Tous les bus de nuit pour Bicol ne se valent pas. Mieux vaut choisir un bus deluxe plus coûteux, avec 3 sièges entièrement inclinables par rangée, et réserver à l'avance si possible. Moins chers, d'innombrables bus "ordinaires" (sans clim.) partent du terminus Araneta.

Amihan Bus Lines (carte p. 72 ; ☎387 1790 ; Araneta Bus Terminal, Cubao). Nombreux bus essentiellement de nuit pour Naga, Legazpi et Sorsogon.

Cagsawa Ermita (carte p. 44 ; ☎525 9756 ; P Faura Centre, Padre Faura St, Ermita), Cubao (carte p. 72 ; ☎913 1514 ; Araneta Bus Terminal, Cubao). Deux bus deluxe de nuit pour Tabaco via Legazpi et Naga à partir d'Ermita. D'autres bus depuis Cubao.

Isarog Bus Lines (carte p. 72 ; ☎482 1600 ; Araneta Bus Terminal, Cubao). Bus de nuit deluxe pour Naga (6/jour) et Legazpi (6/jour). Isarog possède les bus les plus confortables.

Philtranco (carte p. 58 ; ☎851 8078/9 ; angle EDSA et Apelo Cruz St). Bus pour Naga et Legazpi tous les jours. Philtranco effectue aussi le trajet réservé aux masochistes le long de la "Nautical Highway" jusqu'à Davao (Mindanao) via Samar, Leyte et Surigao City (3 fois/jour, 2 jours).

RSL (carte p. 44 ; ⏲525 7077 ; Padre Faura Center, Padre Faura St, Ermita). Bus de nuit quotidien pour Tabaco via Naga et Legazpi.

Voiture et moto

Si vous conduisez, les North et South Luzon Expressways sont les routes les plus rapides pour sortir de Manille. Les péages sont relativement chers (même selon les standards occidentaux), mais ces voies express permettent d'éviter les embouteillages. Reportez-vous p. 449 pour des informations sur la location de voiture.

Train

Philippine National Railways (PNR ; ☎319 0041) relie la gare Tutuban à Tondo (carte p. 38) et Naga (siège/couchette/executive 548/950/1 425 P, 10 heures) dans le sud-est de Luzon avec 5 courtes haltes à Lucena,

Hondagua, Tagkawayan, Cagay et Sipocot. Les trains partent à 18h30 dans les deux sens.

Comment circuler

Comme de nombreuses métropoles asiatiques, Manille connaît d'énormes problèmes de circulation. À cela s'ajoutent les heures de pointe, la pluie ou les deux. Par chance, les transports locaux ne sont pas chers. Même un taxi coûte rarement plus de 250 P pour un long trajet.

Encore moins chers, les jeepneys se faufilent partout, mais se retrouvent coincés dans les embouteillages, malgré les manœuvres kamikazes des chauffeurs.

Les trains LRT et MRT constituent un excellent moyen d'éviter les bouchons. Leurs seuls inconvénients sont la limitation du réseau et la foule aux heures de pointe.

Depuis/vers l'aéroport et les quais

En l'absence de transport public direct entre les quatre terminaux et Malate ou Makati, prenez un taxi, surtout avec un lourd bagage. Le NAIA est relativement proche de la ville et, sans embouteillage, vous rejoindrez Malate et Makati en 20 minutes.

Première possibilité : les taxis blancs prépayés, qui facturent un peu plus de 440 P pour Malate et 530 P pour Makati. Ils stationnent devant la zone des arrivées des quatre terminaux.

Tout aussi pratiques si la file d'attente n'est pas trop longue, les taxis jaunes avec compteur de l'aéroport comptent 70 P de prise en charge (contre 40 P pour les taxis ordinaires). Leurs stations se trouvent juste devant la zone des arrivées des trois terminaux internationaux. Comptez 170 P pour Malate et 220 P pour Makati.

Pour économiser quelques pesos, vous pouvez monter à l'étage du hall d'arrivée de n'importe quel terminal et prendre un taxi ordinaire avec compteur. Vous économiserez de 70 à 100 P pour rejoindre Makati ou Malate.

NOMS DES RUES

Nombre de rues sont connues sous 2 ou 3 noms. Ainsi, A Arnaiz Ave, à Makati, est couramment appelée Pasay Rd, son ancien nom, P Ocampo Sr St est Vito Cruz St, Sen Gil Puyat Ave est Buendia, Rizal Ave est Avenida, et Chino Roces, Pasong Tamo. Pour compliquer les choses, les numéros de rue sont souvent absents. Une adresse est habituellement indiquée par une intersection, par exemple "Pedro Gil St au coin d'A Mabini St".

L'aéroport intérieur possède une station de taxis facile à trouver, avec des taxis ordinaires dotés de compteur.

Emprunter les transports publics à partir l'aéroport est compliqué, implique plusieurs changements et ne se justifie guère étant donné les prix modiques des taxis. Si vous préférez cette solution, rejoignez la route principale et hélez un jeepney signalé "Baclaran". À Baclaran, prenez le LRT ou un jeepney à destination de Malate.

Au terminal 3, une navette "Airport Loop" (20 P) part toutes les 15 minutes de 7h à 22h et rallie directement la correspondance MRT/LRT à **Pasay Rotunda** (angle EDSA et Taft Ave), où des transport publics desservent Malate ou Makati. Sortez du terminal et tournez à droite – ne confondez pas cette navette avec l'autre "Airport Loop" qui relie les 4 terminaux. La navette circule de Pasay Rotunda à l'aéroport à la même fréquence.

Si vous arrivez à Manille en bateau, mieux vaut également prendre un taxi, car le port n'est pas un quartier sûr et les lignes de transport public sont compliquées.

Bus

Les bus locaux ne sont réellement utiles que pour rejoindre des endroits dans les grandes artères comme Taft Ave, España Blvd, Buendia (ou Sen Gil Puyat Ave) ou EDSA, car ils ne peuvent pas circuler dans la plupart des rues du centre-ville. Selon le trajet, les bus ordinaires coûtent de 10 à 15 P et les bus climatisés, de 10 à 25 P.

Comme les jeepneys, un panneau sur le pare-brise indique la destination des bus, par exemple "Ayala" (pour l'Ayala Center) et "Monumento" (pour Caloocan).

Le bus local le plus pratique est sans doute le PVP Liner climatisé entre Quezon Blvd, à côté de l'église de Quiapo, et Makati Ave, au cœur de Makati (26 P).

FX (van)

De nombreux vans Toyota Tamaraw FX climatisés, portant parfois une enseigne Mega-Taxi, suivent les mêmes itinéraires que les jeepneys, prenant et déposant des passagers en chemin. Le tarif s'élève à 30 P pour les longs trajets, et à 20 P pour les plus courts.

Jeepney

Pour les non-initiés, les jeepneys de Manille sont une expérience mémorable. Ces Jeeps rallongées desservent d'innombrables destinations et, bien qu'elles soient indiquées sur des panneaux collés au pare-brise, peu de passagers arrivent là où ils le souhaitent lors d'un premier trajet. Toutefois, en empruntant les itinéraires les plus courants, vous devriez arriver à bon port.

En direction du sud au départ de l'église de Quiapo, les jeepneys pour "Baclaran" passent par Ermita/Malate le long de MH del Pilar St, continuent près du CCP, traversent EDSA et aboutissent à l'arrêt Baclaran du LRT. De l'église de Quiapo, vous pouvez aussi prendre un jeepney "Kalaw" pour Ermita.

En direction du nord au départ de Baclaran, les jeepneys suivent Mabini St ou Taft Ave, et partent dans diverses directions au niveau du parc Rizal :

» les jeepneys "Divisoria" empruntent le pont Jones, passent près du Bureau de l'Immigration et rejoignent Divisoria Market.

» les jeepneys "Monumento" longent la poste centrale de Manille, traversent le pont MacArthur, puis desservent le cimetière chinois et les terminus de bus de Caloocan.

» les jeepneys "Quiapo" et "Cubao" franchissent le pont Quezon et passent par l'église de Quiapo. Les jeepneys "Cubao via España" continuent jusqu'aux terminus de bus Cubao via l'UST et les terminus de bus Sampaloc.

Pour plus de détails sur les jeepneys aux Philippines, reportez-vous p. 448.

Kalesa

Les calèches tirées par des chevaux, appelées *kalesa*, restent communes à Binondo, Intramuros et, dans une moindre mesure, à Malate, où elles sont utilisées par les touristes et les habitants. Les cochers étaient autrefois connus pour exagérer les prix avec les touristes. Aujourd'hui, ceux d'Intramuros indiquent des prix fixes sur leurs calèches ; la promenade de 30 minutes dans la cité fortifiée revient à 350 P. À Binondo (Chinatown), les habitants continuent d'utiliser les *kalesa* en raison des prix raisonnables (200-250 P pour une promenade de 1 heure). Les calèches peuvent accueillir de 2 à 4 personnes et les tarifs s'entendent pour la voiture (et non par personne).

LRT et MRT

Le métro de Manille est loin d'être pratique, et la forte fréquentation le rend quasiment inutilisable aux heures de pointe. Il reste néanmoins un bon moyen d'éviter la circulation et de se déplacer en profitant de la climatisation dans les périodes creuses.

Le LRT (Light Rail Transit) comprend 2 lignes aériennes. La LRT-1 circule de Monumento au nord jusqu'à Baclaran au sud, offrant la correspondance avec le MRT au coin d'EDSA et de Taft Ave près de Pasay Rotunda. La LRT-2 relie Recto à l'ouest et Santolan à l'est, avec changement pour le MRT à Cubao.

Le MRT (Metro Rail Transit) suit un itinéraire sud-nord le long d'EDSA. Il est pratique pour rejoindre l'Ayala Centre à Makati et Quezon City.

Les cartes électroniques ne sont souvent valables que pour un trajet, d'où les longues files d'attente aux billetteries aux heures de pointe. Les tarifs (12-15 P) varient selon la distance. Quelques stations vendent des "stored-value cards" qui valent jusqu'à 100 P et sont valables 3 mois, mais elles sont difficiles à trouver.

Taxi

Les taxis sont nombreux et bon marché. La prise en charge s'élève à 40 P pour le premier kilomètre, puis 3,5 P tous les 300 m (ou 2 min d'attente). Un trajet de 15 à 20 minutes coûte rarement plus de 150 P.

La plupart des chauffeurs mettent le compteur ; dans le cas contraire, demandez-leur poliment de le faire. Si le compteur est "cassé" ou si le chauffeur répond que vous déciderez le prix de la course, descendez et trouvez un autre taxi (ou proposez un prix dérisoire).

Les compteurs truqués se répandent à Manille. S'il tourne dans les premiers 500 m et/ou accélère brutalement, il est trafiqué. Durant les 5 premières minutes dans des conditions de circulation normales, il ne devrait pas afficher plus de 50 à 60 P.

Tricycle

Les tricycles à moteur sont utiles pour les courts trajets en ville, qui coûtent de 30 à 50 P selon vos talents de négociateur. Les cyclo-pousses constituent une alternative moins chère dans quelques quartiers comme Malate.

Voiture et moto

En raison de la circulation et de la conduite fantaisiste des habitants, conduire une voiture ou une moto dans Manille n'est pas recommandé. Cependant, une voiture de location constitue un excellent moyen de visiter les sites en dehors de Metro Manila, souvent mal desservis par les transports publics.

Les compagnies internationales de location de voitures disposent de bureaux dans les terminaux de l'aéroport et dans quelques grands hôtels. Les tarifs débutent à 3 000 P par jour. Les compagnies locales sont souvent moins chères. Quelques compagnies :

Avis (carte p. 62 ; ☎584 2463/4 ; www.avis.com.ph). Des agences dans toute la ville, y compris aux terminaux 1, 2 et 3 du NAIA et au Shangri-La Hotel.

Nissan (carte p. 62 ; ☎816 3551 ; www.nissanrentacar.com ; Peninsula Hotel, angle Ayala Ave et Makati Ave, Makati)

Triple A Car Rental (hors carte p. 62 ; ☎895 4382 ou 0920 926 5750 ; tr-a@pldtdsl.net ; 1158 Antipolo St, Makati). Loue des véhicules à partir de 1 800 P/jour, plus 500 P pour le chauffeur (obligatoire). Une agence fiable et honnête.

Environs de Manille

Dans ce chapitre »

Le top des restaurants

- Antonio's (p. 87)
- Sonya's Garden (p. 87)
- Iguana's (p. 98)
- Texas Joe's (p. 95)
- Vasco's (p. 95)

Le top des hébergements

- Farm at San Benito (p. 89)
- Kinabuhayan Cafe Bed & Breakfast (p. 90)
- Discovery Country Suites (p. 87)
- Arthur's Place (p. 90)
- Lighthouse (p. 95)

Pourquoi y aller

Une fois lassé des plaisirs urbains de Manille, vous éprouverez sans doute le besoin de prendre un bon bol d'air. Vous n'aurez que l'embarras du choix dans les régions vallonnées environnantes.

Le sud de la capitale abrite des sites militaires historiques, et ses décors naturels, à base de reliefs volcaniques et de paysages marins, sont parmi les plus spectaculaires du pays.

Au nord, dans les monts Zambalès, mésestimés, le tristement célèbre volcan Pinatubo domine les anciennes bases militaires de Subic et de Clark, qui tentent péniblement de se reconvertir en pôles touristiques.

Quitter Manille peut hélas prendre la majeure partie de la matinée, du fait de la circulation intense à l'heure de pointe. À l'exception de Corregidor, la plupart des sites peuvent difficilement faire l'objet d'une excursion à la journée en transports publics. La location d'une voiture s'avère donc particulièrement conseillée.

Quand partir

Manille

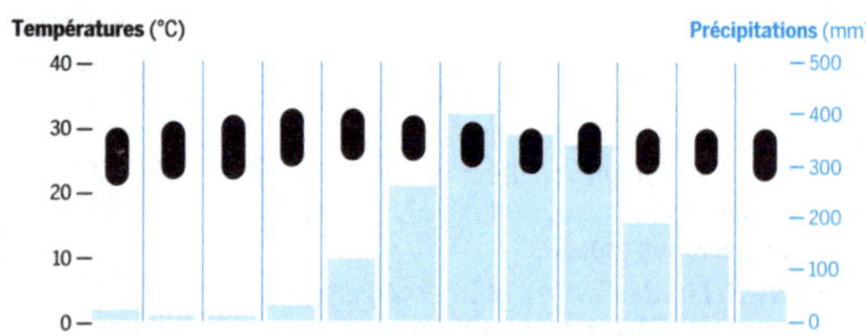

Mai
La pleine saison chaude, idéale pour se réfugier dans les montagnes.

Déc-fév
Les mois les plus frais, particulièrement bienvenus.

Août-oct
Idéal pour aller surfer sur la côte de Zambalès, à proximité de Subic.

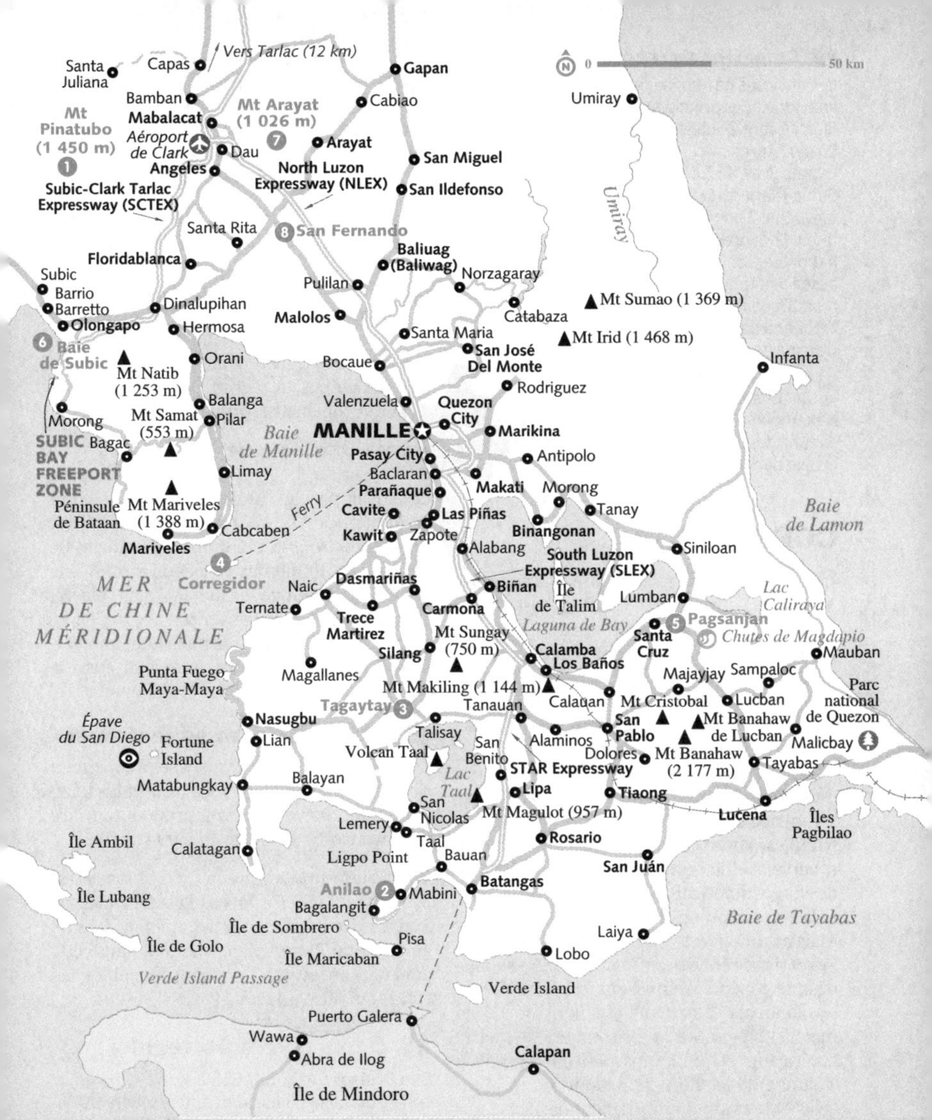

À ne pas manquer

1 Partez à l'ascension de l'inquiétant volcan **Pinatubo** (p. 99)

2 Accordez-vous un week-end plongée et snorkeling à **Anilao** (p. 89)

3 Régalez-vous à **Tagaytay** (p. 85), après avoir admiré le majestueux volcan Taal

4 Revivez un épisode sombre de la Seconde Guerre mondiale à **Corregidor** (p. 84)

5 Faites la descente des rapides sur la **Pagsanjan** (p. 91)

6 Admirez le contraste entre les forêts vierges et les épaves de la **baie de Subic** (p. 93)

7 Offrez-vous un vol en ULM au-dessus du luxuriant **mont Arayat** (p. 97), puis faites l'ascension de ce volcan éteint

8 Observez la macabre **cérémonie de la Crucifixion** (p. 97) du Vendredi saint à San Fernando, dans la province de Pampanga

Comment s'y rendre et circuler

Les environs de Manille requièrent un véhicule individuel. Les principaux axes de sortie de Manille sont 2 voies rapides à péage : la North Luzon Expressway (NLEX) et la South Luzon Expressway (SLEX). Sur le même modèle, la Subic-Clark-Tarlac Expressway (SCTEX) permet de gagner 1 heure entre Manille et la baie de Subic (2 heures au lieu de 3). En quittant les nationales, on peut emprunter de jolies routes assez peu fréquentées. Celles qui font le tour du mont Banahaw et du lac Taal sont agréables, et mènent à des sites éloignés, inaccessibles en transports en commun.

Les transports publics desservent toutes les destinations mentionnées dans ces pages. Néanmoins, il est plus pratique de se concentrer sur une destination, comme Anilao, Batangas ou la baie de Subic.

CORREGIDOR

L'île de Corregidor, à 48 km à l'ouest de Manille et surnommée "The Rock", est un lieu apprécié des habitants de la capitale. Dans les décennies suivant la Deuxième Guerre mondiale, l'île attirait les férus d'histoire et les anciens combattants. Aujourd'hui, les Philippins viennent nombreux, séduits par l'île et ses superbes panoramas.

Les Espagnols ont été les premiers à faire de Corregidor une ligne de défense contre les intrus. L'île a été le théâtre de violentes batailles durant la Deuxième Guerre mondiale, et le dernier bastion de résistance des forces américaines contre l'invasion japonaise de Luzon en 1941. Le général Douglas MacArthur s'y est terré jusqu'en mars 1942, avant de se réfugier en Australie. Son successeur, le général Wainwright, capitula devant les Japonais à Bataan, non loin de là, en mai 1942. Nombre de prisonniers de guerre américains et philippins périrent durant la "marche de la mort de Bataan" entre Mariveles et le camp d'internement de Tarlac.

Le Japon occupa Corregidor jusqu'en janvier 1945, date du retour de MacArthur. La seconde bataille pour reprendre l'île ne fut pas moins sanglante que la précédente, et fit des milliers de victimes.

À voir et à faire

L'île compte nombre de bâtiments vestiges de la guerre : le **QG du général MacArthur**, des **baraquements** de plus d'un kilomètre de long et le **phare espagnol**, qui offre une belle vue sur la baie de Manille, sans oublier un petit **musée** et des **canons**.

Divers sentiers autour de l'île (qui fait 3 km sur 5) sont faciles à parcourir, et l'on trouve généralement des vélos à louer.

L'entrée aux sites mentionnés ci-dessus est comprise dans les forfaits de l'unique prestataire de l'île, Sun Cruises.

Tunnel de Malinta BUNKER

Ce tunnel, creusé à flanc de colline au début du XXe siècle, est un bunker qui a servi autant de refuge pendant la guerre que d'hôpital. Un spectacle son et lumière y est parfois organisé – les amateurs pourront ainsi revivre les événements de 1941-1942. Des machines à écrire et des meubles d'époque jonchent encore le site.

Mémorial de la guerre du Pacifique MÉMORIAL

Construit par les Américains sur le point culminant de l'île (210 m), ce mémorial est un sanctuaire à la mémoire des milliers de victimes du conflit dans les deux camps. Une flamme symbolique en métal y a été placée, et un dôme, découvert en son centre, capte les rayons du soleil le 6 mai, jour anniversaire de la perte de l'île. Allez voir aussi le **cimetière japonais**, sobre et solennel.

Où se loger et se restaurer

Les déjeuners de Sun Cruises se prennent au Corregidor Inn, mais si vous restez plus longtemps, ou arrivez par vos propres moyens, vous trouverez des cafés ailleurs sur l'île.

Corregidor Inn AUBERGE $$

(s/d 2 880/3 000 P ; ❄✉). Les formules de Sun Cruises (avec tour complet de Corregidor 2 000 P) prévoient une nuit dans cette auberge attrayante (parquet, meubles en rotin) qui offre une jolie vue.

Depuis/vers Corregidor

Sun Cruises (☎02-527 5555 ; www.corregidorphilippines.com ; embarcadère CCP Complex, Pasay ; excursions adulte/enfant 2 000/1 120 P) achemine 100 à 200 passagers à 7h30 pour un retour à Manille à 15h45. Déjeuner et visite de l'île inclus. La location d'un *bangka* depuis Mariveles (2 500 P) est le seul autre moyen de se rendre à Corregidor.

SUD DE MANILLE

Le sud de Manille offre diverses excursions d'une journée, ou plus. Les sites les plus en vogue sont pris d'assaut le week-end ; si vous le pouvez, privilégiez les jours de semaine.

Las Piñas

☎02

Autrefois minuscule, le village de Las Piñas, à 20 km au sud de Pasay (Manille), a depuis longtemps été absorbé dans la région métropolitaine de Manille ou Metro Manila. Le centre a néanmoins conservé une ambiance villageoise, et de nombreux édifices ont été restaurés avec des méthodes traditionnelles.

Le principal site d'intérêt de Las Piñas est l'**orgue en bambou** (bamboo organ ; ☎825 7190 ; www.bambooorgan.org ; Quirino Ave ; entrée avec visite 50 P ; 8h-12h et 14h-18h mar-dim, sur rdv lun) que l'on trouve dans la jolie **église Saint-Joseph** (Quirino Ave). Cet instrument a été construit dans une période austère, entre 1816 et 1821, par le prêtre espagnol Padre Diego Cera. Même si les tuyaux d'orgue étaient habituellement en métal, il préféra le bambou, moins coûteux (seules les trompettes horizontales sont en métal).

Votre billet d'entrée permet d'écouter un court concert d'orgue. La deuxième semaine de février, les organistes du monde entier se retrouvent à l'occasion du **festival de l'Orgue en bambou** (Bamboo Organ Festival).

Pour aller à Las Piñas, prenez un jeepney Baclaran-Zapote-Alabang depuis l'arrêt LRT Baclaran et faites-vous déposer à l'église.

Cavite

☎046 / 76 000 HABITANTS

Les amateurs d'histoire pourront rejoindre, à 15 km au sud de Las Piñas, la **maison d'Aguinaldo** (entrée libre ; 8h-16h mar-sam), située dans la localité de Kawit. C'est du balcon de cette demeure que l'armée révolutionnaire du général Emilio Aguinaldo (1869-1964) proclama l'indépendance des Philippines le 12 juin 1898, avant que sa victoire ne soit écrasée par les Américains. La jolie maison, bâtie en acajou et en *nara* en 1849, est devenue un musée-mémorial, où découvrir les quartiers privés d'Aguinaldo et admirer sa piste de bowling.

Prenez un bus ou un jeepney pour Cavite à l'arrêt de LRT Baclaran, ou le long de Roxas Blvd à Pasay.

Calamba

☎049 / 360 300 HABITANTS

Calamba, au sud-est de Manille sur la rive du lac Laguna de Bay, est le lieu de naissance de José Rizal (1861-1896), héros national des Philippines. La maison de style colonial espagnol (reconstruite dans les années 1950), où Rizal vit le jour, abrite le **Rizal Shrine** (entrée libre ; 8h-16h mar-dim), un mémorial.

Tagaytay et lac Taal

☎046 / 62 000 HABITANTS

Par beau temps, le lac Taal est une splendeur. Depuis Tagaytay, la vue sur les cratères bouillonnants du volcan Taal – appelé aussi Volcano Island –, qui s'élève au milieu du lac 600 m en contrebas, est à couper le souffle.

Le lac Taal et une île (Volcano Island) se situent dans un vaste cratère préhistorique d'environ 75 km de circonférence (cet ancien cratère forme la crête de Tagaytay). Comme une série de *matriochkas* russes, le volcan Taal est lui-même une grande caldeira comprenant son propre lac de cratère, qui contient lui-même une île.

La ville de Tagaytay s'étire sur 20 km le long de la crête montagneuse éponyme. À 60 km au sud de la capitale, elle est son antithèse : aérée, propre, relaxante et superbe. Il s'agit aussi d'un paradis des gourmets.

Le week-end, quand les gens de Manille arrivent, provoquant des embouteillages, l'ambiance change radicalement.

Tagaytay Rotunda (rond-point), à l'intersection de la route de Silang, sépare la crête en deux tronçons, est et ouest. Olivares Plaza, où se concentrent les commerces, se situe immédiatement au nord du rond-point.

À voir et à faire

Les visiteurs se contentent souvent de trouver un établissement au bord du précipice et d'observer le brouillard qui chatouille les cratères du volcan Taal. Les plus courageux descendent jusqu'au lac Taal pour rejoindre Volcano Island à bord d'un bangka et escalader son volcan. Assez facile et d'un intérêt relatif, l'ascension dans la poussière et la chaleur tient surtout du rite de passage.

Volcan Taal RANDONNÉE

La masse de Volcano Island a surgi pendant la violente éruption de 1911, qui fit des centaines de morts. De fréquentes éruptions ont ensuite modifié le visage de l'île. Avec plus de 47 cratères et 35 cônes volcaniques, le volcan Taal est l'un des plus dangereux au monde. Le cratère principal s'élève au milieu de cette île (le seul cône visible depuis la crête est le Binitiang Malaki, dont la dernière éruption remonte à 1715). Le plus actif est le mont Tabaro, côté ouest, d'où se sont déversées des coulées de lave dans les années 1960 et 1970.

Il existe plusieurs sentiers de randonnée, mais le plus populaire est celui qui monte jusqu'au principal cratère du volcan, d'où l'on surplombe son lac jaune sulfureux. L'ascension prend environ 45 minutes (à moins de louer un cheval pour 500 P). Malgré l'insistance des rabatteurs, la présence d'un guide est tout à fait superflue.

Le point de départ des *bangka* pour Volcano Island est la ville de Talisay, au bord du lac, où des dizaines d'opérateurs rivalisent pour attirer les touristes. Suivant le prestataire, la traversée (20 min) jusqu'à l'île coûte entre 1 200 et 1 800 par bateau.

Pour éviter les rabatteurs, rendez-vous au Taal Lake Yacht Club ou dans l'un des nombreux complexes hôteliers délabrés qui bordent le rivage à l'ouest de Talisay. On peut aussi organiser l'excursion depuis Tagaytay ; cela revient plus cher, mais le prix inclut le transport jusqu'à Talisay.

Parmi les autres randonnées possibles sur Volcano Island, citons les rudes treks d'une journée qui gravissent le mont Tabaro ou la crête sud du cratère principal du Taal, d'où un sentier redescend jusqu'au lac. Seuls quelques guides les entreprennent moyennant quelque 1 000 P et un supplément pour une traversée en *bangka* du côté sud de l'île (3 500 P jusqu'à 6 pers).

EXCURSIONS EN SOLO AU DÉPART DE MANILLE

Il n'est pas simple d'entreprendre des excursions à la journée depuis Manille en transports publics, mais ce n'est pas impossible. Les nouvelles routes nationales facilitent les choses. Voici 5 options en partant de bonne heure.

- **Vols en ULM** Gagnez Angeles en bus et l'on viendra vous chercher.
- **Sanctuaire du mont Samat** Vous devrez louer un tricycle privé pour aller jusqu'en haut.
- **Tagaytay/Mont Taal** Après l'ascension, choisissez un restaurant et n'en bougez plus.
- **Pagsanjan** Assez loin, mais faisable.
- **Mont Arayat ou mont Makiling** Ascensions possibles malgré des transports problématiques.

Pour toutes les randonnées, prévoyez assez d'eau et un chapeau, car il y a peu d'endroits où s'abriter du soleil implacable.

L'**Institut philippin de volcanologie et de sismologie** (Philvolcs ; ☎773 0293 ; Barangay Buco, Talisay ; entrée libre ; ⏲8h-17h), au bord du lac à 3 km à l'ouest du croisement, là où se termine la route en provenance de Tagaytay, informe sur la dangerosité ou non du volcan. Il contient un poste de surveillance, un modeste musée et des sismographes des récentes éruptions. Si vous trouvez porte close, frappez ; quelqu'un viendra vous ouvrir.

Taal Lake Yacht Club ACTIVITÉS NAUTIQUES
(☎773 0192 ; Barangay Santa Maria, Talisay). Dispose d'un parking (100 P), loue des *bangka* pour Volcano Island (1 800 P) et a un bon choix d'équipements de sports nautiques, dont des catamarans Hobie 16 (3 200 P/jour), des bateaux Topper à une seule voile (1 600 P/jour) et des kayaks de mer biplaces. Ascension et descente d'un "sentier secret" à l'arrière de Volcano Island (bateau et guide 2 800 P). À 1 km à l'ouest du croisement.

People's Park in the Sky POINT DE VUE
(15 P ; ⏲8h-17h30). Étonnamment perchée sur un tumulus à l'extrémité est de Tagaytay, la résidence d'été inachevée de Ferdinand Marcos présente un certain charme, malgré son délabrement. Le domaine comprend un amphithéâtre de style grec en mauvais état et une poignée d'attractions touristiques plutôt kitsch. La tour météorologique qui domine l'ensemble offre une vue à 360 degrés vraiment spectaculaire. Goûtez les en-cas à la noix de coco vendus sur le parking. À 8,5 km à l'est du rond-point (rotunda) de Tagaytay. Des jeepneys partent d'Olivares Plaza.

Picnic Grove PARC D'AVENTURE
(☎483 0346 ; Tagaytay Ridge ; 50 P ; ⏲7h-19h). Ce parc propose diverses activités : **équitation** (200 P/h), **fish spa** (spa avec poissons docteurs ; 200 P les 20 min), sentier nature offrant de belles vues et **tyrolienne** (zip-line ; aller simple/aller-retour 200/300 P lun-ven, 320/420 P sam-dim) de 250 m qui traverse une petite gorge. À 4,7 km à l'est du rond-point.

Où se loger

À Talisay, les complexes hôteliers (resorts) au bord du lac sont dans l'ensemble délabrés et beaucoup trop chers. Mieux vaut loger sur la crête, à Tagaytay. Les tarifs baissent d'au moins 20% du lundi au jeudi – pensez à vous renseigner sur les promotions.

Sonya's Garden B&B **$$$**
(☎0917 532 9097 ; www.sonyasgarden.com ; bungalows par pers avec petit-déj et dîner sem/week-end 3 000/3 400 P ; ❄). Plus connu pour son restaurant, le Sonya gère aussi un charmant B&B dans la campagne, bien en dehors de la ville. Cours de yoga, spa. Repérez l'embranchement, avant le MC Mountain Home Apartelle, à 13 km à l'ouest du rond-point.

Discovery Country Suites COMPLEXE HÔTELIER **$$$**
(☎413 4567 ; www.discoverycountrysuites.com ; 300 Calamba Rd ; ch avec petit-déj 7 400-12 300 P ; ❄). Le plus luxueux des resorts de Tagaytay allie vue partielle sur le lac, 7 immenses chambres quasi nuptiales toutes différentes, remarquable restaurant continental avec cheminée, et Jacuzzi rafraîchi par la brise. Essayez d'obtenir une promotion en semaine. À 1,5 km à l'est du rond-point.

Estancia COMPLEXE HÔTELIER **$$**
(☎413 1133 ; www.estanciatagaytay.com.ph ; huttes traditionnelles/d avec petit-déj à partir de 4 000/4 600 P ; ❄). À 1,3 km à l'est du rond-point, un large choix d'hébergements, dont certains haut de gamme dans un nouveau bâtiment de style méditerranéen. Vous préférerez sans doute les huttes traditionnelles en nipa, moins chères et dotées d'un balcon donnant sur le lac, qui se fondent discrètement dans la jungle. Wi-Fi (90 P/h).

Taal Vista Hotel HÔTEL **$$$**
(☎413 1000 ; www.taalvistahotel.com ; km 60 Aguinaldo Hwy ; ch avec petit-déj à partir de 6 500 P ; ❄@). Hôtel des années 1970 bien rénové, équipé de lits king-size, de produits de toilette de luxe et du Wi-Fi (en sus). Vue magnifique. Tarif promotionnel très avantageux en semaine. À 4 km à l'ouest du rond-point.

Keni Po HÔTEL **$$**
(☎483 0977 ; http://keniporooms.blogspot.com ; 110 Calamba Rd ; d 1 200-1 500 P ; ❄). Installé côté vallée, à 3,5 km à l'est du rond-point, le Keni Po est la meilleure adresse en bas de la catégorie moyenne. Petites doubles bien tenues (minibar, TV et balcons communs). Agréable piscine à l'arrière.

Java Jazz B&B HÔTEL **$**
(☎860 2699 ; http://javajazzcoffee.blogspot.com ; 442 Calamba Rd ; ch avec petit-déj 980-1 400 P ; ❄). Ce café tourné vers l'art loue 4 chambres colorées à prix doux, qui se partagent une salle de bains pour deux. À 3,3 km à l'est du rond-point, sur la route côté vallée.

Tagaytay Econo Inn HÔTEL **$$**
(☎483 4284 ; www.tagaytayeconoinn.com ; Calamba Rd ; ch avec petit-déj 1 500-4 000 ; ❄@). Dominant le lac à 2,7 km à l'est du rond-point, un hôtel soigné d'un bon rapport qualité/prix, toutefois situé à un carrefour bruyant. Les chambres les moins chères sont un peu sombres. En payant le tarif supérieur, vous dormirez plus loin de la route et profiterez d'une vue sur l'eau.

San Roque Paradise Resort COMPLEXE HÔTELIER **$$**
(☎773 0271 ; Barangay Buco, Talisay ; ch 1 500-2 500 P ; ❄@). Il n'y a pas meilleur établissement au bord du lac, juste à l'est du Philvolcs (l'Institut de volcanologie). Les 11 chambres sont proprettes et la sympathique direction, familiale, se fait un plaisir de vous organiser des excursions. Repas 200-350 P.

Talisay Green Lake Resort COMPLEXE HÔTELIER **$$**
(☎773 0247 ; Barangay Sta Maria, Talisay ; d/tr/qua 1 500/2 000/2 500 P ; ❄). Voisin du Taal Lake Yacht Club, ce resort fait une solution de remplacement acceptable à Talisay, surtout grâce à sa piscine correcte.

Où se restaurer et prendre un verre

Tagaytay est réputée pour ses restaurants, parmi les meilleurs du pays. Curieusement, nombre d'entre eux s'inscrivent dans des jardins retirés au nord de la route et n'ont pas vue sur le volcan.

♥ **Antonio's** CONTINENTAL **$**
(☎0917 899 2866 ; Barangay Neogan ; menus à partir de 1 500 P ; ⊙déj et dîner, fermé lun). Ce restaurant haut de gamme est l'occasion de s'offrir un repas savoureux et bien présenté, en compagnie de politiciens et d'oligarques – à condition d'avoir réservé (il faut s'y prendre des mois à l'avance pour le week-end). Les tables sont disposées autour de bassins couverts de lotus, ou dans un vaste jardin. Suivez l'embranchement à 7,6 km à l'ouest du rond-point. Les deux annexes sur la crête, dans Tagaytay même, ne valent pas l'original, sans pour autant démériter.

Sonya's Garden BIO $$$

(☎0917 532 9097 ; www.sonyasgarden.com ; repas 610 P ; ⊙déj et dîner). La table la plus appréciée de Tagaytay, notamment pour ses menus du déjeuner de plusieurs plats, avec pâtes maison et produits bio cultivés dans un immense jardin tout autour. Réservation indispensable. Guettez l'embranchement bien indiqué avant le MC Mountain Home Apartelle, à 13 km à l'ouest du rond-point.

Josephine PHILIPPIN $$

(Km 58 Aguinaldo Hwy ; plats 175-400 P ; ⊙7h-22h30). Rien n'égale le panorama qu'offre le Josephine, établissement de référence pour sa cuisine philippine, parmi les plus réussies de la région. La longue carte n'oublie aucun classique, des plats d'*adobo* au *sisig* (joues de porc grillées), en passant par les grillades. À 3 km à l'ouest du rond-point.

Bag of Beans PÂTISSERIE-RESTAURANT $$

(115 Aguinaldo Hwy ; plats 200-500 P ; ⊙6h-21h). Venez vous régaler de tourtes anglaises à la viande et de desserts succulents au milieu des trompettes des anges, bégonias et autres fleurs exotiques qui agrémentent la terrasse. À 6,5 km à l'ouest du rond-point.

Leslie's PHILIPPIN $$

(Aguinaldo Hwy ; plats à partir de 200 P). La partie centrale de la crête de Tagaytay (près de Starbucks) accueille plusieurs grands grills philippins (*inahaw*), où l'on peut manger du *tawili*, un petit poisson qui ne vit que dans le lac Taal. Le Leslie's, le plus réputé du lot, jouit d'une vue exceptionnelle sur le lac. À 1,8 km à l'ouest du rond-point.

Mushroomburger VÉGÉTARIEN $

(Aguinaldo Hwy ; burgers 60-100 P). Institution de Tagaytay, renommée pour les burgers du même nom, savoureux et bon marché. À 300 m à l'ouest du Taal Vista Hotel.

Renseignements

Plusieurs cybercafés sont installés autour d'Olivarez Plaza, ainsi que des banques et des distributeurs automatiques de billets (DAB).

Depuis/vers Tagaytay et le lac Taal

Les bus BSC/Batman, de Pasay Rotunda (à Manille) pour Nasugbu ou Calatagan, passent par Tagaytay (80 P, 1 heure 30). Pour rentrer à Manille, arrêtez un bus depuis l'abri d'Olivarez Plaza, ou de Mendez Crossing, en centre-ville.

Comment circuler

Des jeepneys font souvent la navette d'un bout à l'autre de la ville en passant par la route de la crête. Talisay est accessible en jeepney (35 P, 25 min, toutes les heures) ou en tricycle (200 P, 30 min) depuis l'embranchement situé à 4 km à l'est du rond-point.

Taal

☎043 / 51 500 HABITANTS

Taal est une cité historique bordée de nombreux édifices coloniaux espagnols. L'imposante **basilique Saint-Martin-de-Tours** (construite de 1849 à 1865) domine le **parc Taal**, qui s'étale à ses pieds. Tout près, de nombreux magasins vendent les broderies et les *balisong* (couteaux papillon) qui ont fait la réputation de la ville. Certaines demeures historiques ont des horaires d'ouverture irréguliers. Séparée de 3 km de la route principale, entre Batangas et Tagaytay, la ville est l'occasion de faire une belle halte, surtout pour les voyageurs motorisés.

Batangas

☎043 / 295 000 HABITANTS

Le port industriel de Batangas est sans grand intérêt pour les touristes, mais il sert de point de départ pour se rendre à Puerto Galera et quelques autres ports de Mindoro et de Romblon.

Où se loger

Inutile de passer la nuit en ville, mais voici deux adresses pour ceux qui manqueraient le dernier ferry.

Travellers Inn HÔTEL $

(☎723 6021 ; Rizal Ave ; s/d à partir de 625/700 P ; P❄). Le meilleur des hôtels bon marché abrite 25 chambres rudimentaires, à 500 m du terminal des ferries. L'option "deluxe" vous garantit la TV câblée.

Pontefino Hotel HÔTEL $$$

(☎723-3466 ; Pastor Village, Gulod Labac ; d sem/week-end à partir de 3 850/5 200 P ; ❄@). L'hôtel d'affaires le plus réputé de Batangas, situé à proximité du centre, à 10 minutes à pied du SM Mall.

Depuis/vers Batangas

Bus

Depuis Manille, la plupart des bus à destination de Batangas rejoignent l'embarcadère, mais vérifiez néanmoins auprès du chauffeur. Assurez-

UN BIEN-ÊTRE DE STAR

Au service du bien-être et de la détoxication, le **Farm at San Benito** (☎02-884 8074 ; www.thefarm.com.ph ; ch à partir de 190 $US ; ❄@≋) est un havre de paix niché dans la jungle, à moins de 2 heures de route au sud de Manille, près de Lipa City. Il propose des soins du corps, allant du gommage à base de café, aux massages traditionnels *Hilot*. On y trouve un restaurant végétalien où savourer un repas copieux de 5 plats à base d'aliments crus. Puis vous dégusterez un verre de jus d'herbe de blé bio, et un dépuratif du colon ou du foie. Les bungalows en bambou et en bois tropical sont ravissants, et un grand soin est apporté aux jardins. On y croise parfois des stars.

vous qu'il s'agit d'un service express via les voies rapides SLEX et Star (180 P, 1 heure 30), reconnaissable à la mention "Batangas Pier" et/ou "*derecho*" (direct). Concernant les compagnies à Manille qui desservent Batangas, reportez-vous p. 79. Pour rejoindre la capitale, prenez le bus à l'embarcadère.

Bateau

ABRA DE ILOG ET CALAPAN (MINDORO)

SuperCat (☎723 8227) assure 7 liaisons quotidiennes en bateaux rapides (*fastcrafts*) pour Calapan (300 P, 1 heure) pendant les heures du jour. Des ferries pour voitures (*car-ferries*) de **Montenegro Lines** (☎723 8294 ; www.montenegrolines.com.ph) et de plusieurs autres compagnies desservent cette destination 24h/24 (192 P, 2 heures 30). Des ferries pour voitures de Montenegro effectuent 6 traversées/jour à destination de Abra de Ilog (260 P, 2 heures 30).

ÎLE DE PANAY ET ROMBLON

Un bateau Montenegro Lines assure la traversée Batangas-Odiongan (752 P, 8 heures) en fin d'après-midi, tous les jours sauf le mardi (sauf le mercredi dans l'autre sens). Le bateau continue jusqu'à Romblon (960 P, 12 heures) les lundi, jeudi et samedi.

Super Shuttle Ferry (☎722 1655) rallie Dumaguit, près de Kalibo (750 P, 17 heures), via Odiongan les lundi, mercredi et vendredi.

CSGA Ferry (☎02-742 6148). Deux ferries hebdomadaires pour Romblon, qui poursuivent jusqu'à San Fernando, sur l'île de Sibuyan.

PUERTO GALERA (MINDORO)

Des *bangka* rapides pour Puerto Galera (220 P, 1 heure), Sabang (230 P, 1 heure) et White Beach (250 P, 1 heure 15) lèvent régulièrement l'ancre de l'embarcadère de Batangas jusqu'à 16h30. Au-delà, il faut recourir à un "special trip", c'est-à-dire louer un *bangka* privé.

Sauf tempête tropicale, les bateaux assurent la traversée, parfois houleuse et rude – en 2009, 12 des 60 passagers d'un *bangka* surchargé reliant Batangas à White Beach ont péri noyés. Si le temps se gâte, embarquez plutôt sur un robuste ferry pour voitures à destination de Calapan.

Le ferry pour voitures de la compagnie Montenegro (2 heures 30) qui circulait auparavant entre Batangas et l'embarcadère de Balatero, à 2,5 km à l'ouest de Puerto Galera, n'opérait plus lors de notre passage.

Anilao

☎043 / 650 HABITANTS

Anilao, à 30 km à l'ouest de Batangas sur une petite péninsule, vit apparaître les premiers clubs de plongée des Philippines dans les années 1960. Si d'autres cités balnéaires, comme Puerto Galera ou Alona Beach (Bohol), l'ont depuis dépassée en popularité, Anilao reste très appréciée des plongeurs vivant à Manille.

Le village se remplit le week-end... et se vide en semaine, si bien que de nombreux resorts ferment. Si vous n'êtes pas adepte de plongée, vous risquez de vous ennuyer, à moins que le paysage, et la solitude qui règne en milieu de semaine, ne vous suffisent. L'hébergement et les tarifs de plongée sont chers pour les Philippines. En outre, les resorts fonctionnent le plus souvent sur réservation et l'on vous regardera d'un drôle d'air si vous débarquez en semaine, à l'improviste, avec votre guide en main et une dégaine de routard.

Anilao est un terme générique désignant la péninsule de 13 km qui s'étire vers le sud depuis le village éponyme (un *barangay* de Mabini). Les resorts de plongée ponctuent le rivage rocheux à l'extrémité ouest de la péninsule, reliés par une route bitumée et sinueuse.

Activités

Anilao est renommée pour ses coraux colorés et la diversité des espèces, qui sont une invitation à la macrophotographie. De beaux sites de plongée sont éparpillés autour de la baie de Balayan et des îles de Sombrero et Maricaban. La majorité des complexes hôteliers indiqués ci-après ont des clubs de plongée, et certains proposent des stages diplômants.

Où se loger et se restaurer

La plupart des resorts d'Anilao sont isolés les uns des autres et il faut parfois descendre plus d'une centaine de marches depuis la route – deux raisons qui expliquent pourquoi les clients n'en bougent guère. Sauf mention contraire, les tarifs correspondent à la pension complète.

Arthur's Place Dive Resort COMPLEXE HÔTELIER **$$**
(☎0919 716 7973 ; www.arthurs-place.com ; d avec ventil/clim 1 200/2 500P, sans les repas ; ❄). Avec le Ligaya, c'est le seul établissement axé sur la plongée qui s'apparente à la catégorie petits budgets. Vous ne perdez rien à loger ici plutôt qu'ailleurs, car il y a un restaurant

LES SECTES DU MONT BANAHAW

Le mont Banahaw (2 177 m), grand volcan en sommeil dominant toute la région du sud-ouest de Luzon, est souvent qualifié de "mystique." La montagne serait en effet la demeure de divinités et d'esprits, en particulier du héros et poète révolutionnaire philippin José Rizal, exécuté par les Espagnols en 1896. Un groupe de "rizalistas" voit en lui la réincarnation du Christ. Pas moins de 75 sectes ont élu domicile au pied de la montagne, se consacrant au culte de Rizal et d'autres esprits censés résider dans le cratère du Banahaw.

Le mont se prête à l'une des randonnées les plus impressionnantes du sud de Luzon. Les conditions météo sont cependant un facteur à prendre en considération, car la vue stupéfiante qui plonge dans les entrailles du cratère, profond de 600 m, peut disparaître entièrement sous un nuage bas. Même à la saison sèche, il arrive qu'une brume s'élève soudainement du fond du volcan, ajoutant encore à l'atmosphère fantomatique.

Le secteur est périodiquement fermé au public afin d'empêcher les dégâts environnementaux causés par les randonnées non encadrées et les pèlerinages de masse. Contactez le **Protected Areas and Wildlife Bureau** (Bureau des zones et des espèces protégées ; PAWB ; ☎02-928 1178 ; www.pawb.gov.ph) à Manille.

Avec ou sans ascension, l'endroit vaut le déplacement. Le long trajet par la route, qui contourne le pied de la montagne via San Pablo, Tiaong, Tayabas et Lucban, donne à voir un joli paysage dominé par le volcan embrumé et ses contreforts, le mont Banahaw de Lucban (1 875 m) et le mont San Cristobal (1 470 m).

On peut aussi se rendre auprès des sectes installées sur les pentes inférieures du mont Banahaw. L'une d'entre elles, appelée Suprema de la Iglesia del Ciudad Mistica de Dios, entretient un domaine assez impressionnant. Attention : demandez toujours l'autorisation avant de photographier des membres, et ne sortez jamais votre appareil dans les lieux de culte.

La ville de **Dolores** constitue le camp de base idéal. De là, une piste accidentée traverse plusieurs villages occupés par des sectes jusqu'à Kinabuhayan, où résident les adeptes d'une obscure religion baptisée Tres Persona, vouée à l'adoration des "trois personnalités de Dieu". Les principaux sentiers menant au mont Banahaw et au mont Cristobal commencent près de Kinabuhayan.

À Dolores, Jay Herrera tient le **Kinabuhayan Cafe Bed & Breakfast** (☎0916 221 5791 ; http://kinabuhayancafe.multiply.com ; Dolores ; en-cas 100-200 P, grands menus 750 P, ch en pension complète 2 250 P), où vous pourrez jouer au billard en cas de pluie, boire une bière et vous restaurer copieusement. Jay prépare en effet des repas de premier ordre, qui couvrent plusieurs genres culinaires. Pensez à téléphoner pour réserver. Deux cabanes en bois dans les arbres logent les hôtes, non loin de petites piscines naturelles.

Toujours dans la région montagneuse du sud-ouest de Luzon, le **mont Makiling**, riche en faune et en flore, près de Los Baños, se prête aussi à la randonnée. Comme sur les autres sommets, les sangsues pullulent à la saison chaude.

Les bus Manille-Lucena passent par San Pablo, d'où des jeepneys desservent Dolores (35 min, fréquents en journée) au départ du marché. Concernant les bus pour Lucena, voir p. 93. De Dolores, quelques jeepneys irréguliers rejoignent le village de Kinabuhayan. Autre possibilité : louer un tricycle (500 P aller-retour).

jouissant d'une belle vue, et des chambres basiques fort acceptables prolongées par une petite terrasse ouvrant sur une cour herbeuse. À 9,5 km au sud de l'embranchement, dans le village d'Anilao.

Ligaya COMPLEXE HÔTELIER $
(☎02-622 8111 ; www.philtech.net/VillaLigaya ; dort/d par pers à partir de 1 650/2 100 P). Fraîchement rénové, ce complexe compte depuis longtemps parmi nos préférés pour la qualité de ses cours de plongée – le propriétaire est l'un des meilleurs plongeurs techniques du pays –, et son hébergement simple mais confortable adapté aux voyageurs sac au dos. Les hôtes qui arrivent tard ne paient que 450 P pour un lit en dortoir, petit-déjeuner inclus. À 6 km au sud de l'embranchement.

Balai Resort COMPLEXE HÔTELIER $$
(☎02-240 2927 ou 0919 857 1005 ; www.balairesort.com ; d avec ventil/clim 2 250/2 550 P/pers ; P❄). Un établissement simple et attrayant, de 15 chambres, au bord d'une petite crique privée. Design moderne rehaussé de nombreuses touches décoratives, surtout dans les espaces communs aérés. Repas frais et savoureux. À 12,5 km de l'embranchement – soit un des hébergements les plus éloignés de la ville.

Dive & Trek COMPLEXE HÔTELIER $$
(☎0910 936 4556, 02-851 8746 ; www.diveandtrek.com ; ch avec/sans plongée 4 000 P/3 500 P ; ❄@≋). Accessible uniquement par la mer, l'endroit permet de s'isoler vraiment tout en faisant de la plongée et du snorkeling à volonté sur le récif local. Les chambres cosy, meublées simplement, occupent 2 bâtiments en bambou et nipa à flanc de colline. Prévenez à l'avance et l'on viendra vous chercher gratuitement en bateau au resort Dazu by Dazi, à 1,5 km au sud de l'embranchement.

Mayumi COMPLEXE HÔTELIER $$
(☎0919 420 2231 ou 0918 930 8922 ; www.mayumiresorts.com ; d sem/week-end à partir de 1 200/2 200 P/pers ; ❄). Une autre adresse économique, qui se distingue par des rabais en semaine et un agréable espace-détente de style balinais sur le rivage. Chambres avec jolie salle de bains et petite véranda.

Dive Solana COMPLEXE HÔTELIER $$$
(☎0908 876 5262 ; www.divesolana.com ; ch à partir de 3 490 P/pers ; ❄@). Une valeur sûre, de longue date, que ce resort plaisamment décoré d'artisanat local. Dans ce cadre rappelant les Philippines des années 1930, on s'attendrait presque à voir amerrir un hydravion de la Pan Am ! À 10 km au sud de l'embranchement.

Pacifico Azul COMPLEXE HÔTELIER $$
(www.pacificblueasia.com ; ch sans repas ni sdb 1 600 P/pers, avec sdb 2 500-3 600 P ; ❄). Les clients ont le choix entre des chambres économiques correctes, construites dans les arbres, et d'autres plus chères, climatisées et bien équipées. Agréable restaurant et espace commun sous un haut toit de paillote. Dommage qu'il n'y ait pas de vue. À 200 m au sud du Ligaya.

Vivere Azure COMPLEXE HÔTELIER DE LUXE $$$
(☎02-771 7777 ; www.vivereazure.com ; ch à partir de 6 800 P/pers ; ❄≋). Beau et sélect, mais pas vraiment à la hauteur des tarifs pratiqués.

ℹ Comment s'y rendre et circuler

Pour rejoindre Anilao depuis Manille, prenez un bus jusqu'à l'embarcadère de Batangas (voir p. 79 pour plus de détails) et descendez immédiatement avant le pont qui y mène. De là, des jeepneys rejoignent fréquemment le village d'Anilao, à l'ouest (30 P, 30-45 min).

Depuis le village même, un court trajet en tricycle coûte 40 P, ou 150-200 P jusqu'aux resorts les plus éloignés. Le petit **office du tourisme** (☎410 0607), à l'embarcadère d'Anilao, peut vous aider à négocier.

Pagsanjan

☎049 / 35 900 HABITANTS

La ville de Pagsanjan (prononcez pag-san-*han*), à 100 km au sud-est de Manille, est le point de départ d'une excursion en canoë sur la rivière éponyme, jusqu'aux chutes de Magdapio.

👁 À voir et à faire

Chutes de Magdapio CIRCUIT EN BATEAU
Certaines scènes finales du film de Francis Ford Coppola, *Apocalypse Now*, ont été tournées sur ce tronçon de rivière.

La première chose à faire est de vous adresser à l'**office du tourisme** (☎501 3544 ; ⏲8h-17h), à la mairie de Pagsanjan, à proximité du pont dans le centre de la ville, pour obtenir un canoë. Après quoi deux *bangkeros* (bateliers) vous emmèneront à la rame en amont de la rivière pendant 1 heure 30 à travers une spectaculaire gorge cernée de falaises et de végétation. À l'arrivée, les *bangkeros* vous amènent sous des chutes de 10 m de haut sur un radeau en bambou pour 100 P de plus. De là, il n'y a plus qu'à se laisser porter par le courant : la descente est rapide et exaltante.

Le milieu de la saison humide (d'août à octobre) est la meilleure période. Les week-ends sont généralement à éviter : la moitié de Manille se bouscule dans les rapides. Prévoyez un sac plastique pour votre appareil photo, et attendez-vous à finir trempé.

Sachez que quantité de rabatteurs, postés sur la route, vous proposeront des balades en bateau. Ils tentent de vous faire payer plus que le tarif officiel (1 250 P/pers au moment de la rédaction de ce guide), et empochent la différence après vous avoir amené au lieu de départ officiel. Seuls les *bangkeros* possédant une licence et employés par la ville sont autorisés à proposer leurs services. Ne vous adressez qu'à l'office du tourisme ou aux hôtels cités ci-après.

Le tarif s'élève à 1 250 P/personne, soit 1 000 P pour le trajet en bateau et 250 P pour accéder aux chutes. S'y ajoute le pourboire au *bangkero* (100 P/pers). Les embarcations prennent 3 passagers.

Où se loger et se restaurer

La ville de Pagsanjan ne présente guère d'attrait, mais y loger permet de partir tôt le matin pour les chutes (les circuits en bateau commencent dès 7h). Les hébergements sont résolument sommaires.

Willy Flores Guesthouse PENSION $
(☎0948 679 3000 ; Garcia St ; ch avec ventil/clim 600/800 P). Cette pension s'apparente presque à un logement chez l'habitant, et la famille qui la tient est une véritable mine d'informations sur la région. Le petit-déjeuner ne coûte que 50 P. À 400 m à l'ouest du pont, dans le centre-ville.

Yokohama Hotel PENSION $$
(☎501 7608 ; Garcia St ; ch sans sdb 1 000-1 500 P ; ❄). Une discrète maison en bois, à 300 m à l'ouest du pont, aux chambres simples et accueillantes, disposées autour d'une ravissante salle commune où trône un grand billard. Derrière le Kurisa Bar & Restaurant, tenu par le même propriétaire japonais.

La Vista PENSION $
(☎501 1229 ; Garcia St ; d sans sdb 350 P, avec sdb et clim 1 200 P ; ❄). Donnant directement sur la rivière, à 150 m à l'ouest du pont, cette pension compte 4 doubles propres sans intérêt particulier, plus 6 chambres convenables (ventilateur) situées dans une maison de l'autre côté de la rue.

Calle Arco PHILIPPIN $
(National Hwy ; plats 70-150 P ; ⏲10h-21h). La meilleure table de la ville rehausse les classiques philippins de touches locales. Le sandwich au poulet *sisig* est fameux.

Aling Taleng's Halo Halo PHILIPPIN $
(169 General Luna St ; halo-halo 65 P, repas pour deux 200-300 P ; ⏲9h-20h). Après une chaude journée sur la rivière, rien de mieux que le rafraîchissant *halo-halo*, le dessert glacé national que cette humble échoppe, à côté du pont, prépare depuis des décennies.

Depuis/vers Pagsanjan

Aucun bus direct ne dessert Pagsanjan, mais des bus DLTB (140 P, 2 heures 30) assurent la liaison régulière entre Manille et Santa Cruz, non loin. La gare routière de Santa Cruz est sur la nationale, à mi-chemin de Pagsanjan ; de là, des jeepneys font la navette avec Pagsanjan.

Attrapez un jeepney pour Lucena et Lucban (45 min), vers l'est, dans l'artère principale de Pagsanjan.

Lucban

☎042 / 45 500 HABITANTS

Nichée au pied du mont Banahaw, la paisible ville montagnarde de Lucban reprend vie le 15 mai pour **Pahiyas**, fête annuelle des moissons de San Isidro Labrador. Un concours est organisé, et les habitants couvrent leurs maisons de fruits, de légumes et d'extravagantes décorations multicolores à base de feuilles faites à partir d'amidon de riz appelées *kiping*. Des statues géantes en papier mâché sont promenées dans les rues jusqu'à l'église. C'est une superbe fête, et les habitants sont enchantés d'être rejoints par des étrangers (sachez que les chambre se réservent un an à l'avance).

Autrement, les rues étroites bordées de vieilles demeures espagnoles et la vue sur le mont Banahaw, à l'ouest, rendent l'endroit assez plaisant.

Le **Patio Rizal Hotel** (☎540 2107 ; 77 Quezon Ave ; d 1 600-2 100 P, deluxe à partir de 2 600 P ; ❄📶), très central, se double d'un excellent café donnant sur une placette. Dommage que toutes les chambres soient aveugles à l'exception des "deluxe".

Des jeepneys pour Lucena (30 P, 45 min) et Pagsanjan (40 P, 1 heure) partent régulièrement de Rizal St, dans le centre.

Lucena

☎042 / 236 500 HABITANTS

Capitale de la province de Quezon, Lucena est le point de départ des bateaux de passagers à destination de Marinduque. Nous vous recommandons d'éviter cette ville peu engageante envahie de tricycles, qui compte quelques hôtels corrects où passer la nuit. Pour être sûr de dormir, logez bien à l'écart du centre.

Où se loger

Queen Margarette HÔTEL **$$**
(☎373 4889 ; Diversion Rd, National Hwy ; d avec petit-déj 1100-3 300 P ; ❄📶🏊). Avec son emplacement tranquille à la périphérie de Lucena, ses nombreuses chambres confortables (les plus chères du moins) et son restaurant chinois, le Queen Margarette répond aux critères essentiels.

Sulu Plaza Hotel HÔTEL **$$**
(☎660 5400 ; Diversion Rd ; d avec petit-déj 1500-5 000 P ; ❄@🏊). Comparable au Queen Margarette, et juste à côté de la gare routière.

Fresh Air Hotel & Resort HÔTEL **$**
(☎710 2424 ; Tagarao St, Isabeng ; ch 320-800 P ; ❄🏊). Un lieu à la Hitchcock qui donne la chair de poule, mais qui est bon marché. Hors la ville, sur la route de Batangas.

Depuis/vers Lucena

La South Luzon Expressway pourrait être prolongée jusqu'à Lucena, ce qui réduirait à 1 heure 30 le temps de trajet depuis Manille.

Bateau

Les bateaux pour Marinduque partent du port de Dalahican, qui est aussi un port de pêche, à 5 km au sud de l'immense Shoe Mart à l'extrémité est de Lucena.

Pour des informations sur les ferries à destination de Marinduque, voir p. 180.

Kalayaan Shipping assure 3 liaisons/semaine avec Magdiwang, sur l'île de Sibuyan, dans la province de Romblon (800 P, 17 heures) via l'île de Banton et la ville de Romblon.

Le trajet en tricycle pour le port de Lucena coûte 50-75 P.

Bus et jeepney

JAC Liner et DLTB ont des bus réguliers entre l'arrêt LRT Buendia, à Manille, et le terminal Lucena Grand Central (ordinaire/clim 180/210 P, 3 heures 30). Depuis Grand Central, à 5 km au nord de la ville sur Diversion Rd (National Hwy), des bus fréquents rejoignent Bicol et des jeepneys Lucban (30 P, 45 min).

Des jeepneys relient régulièrement Grand Central au centre et au port de Dalahican.

Sur la route de Batangas (près du Fresh Air Hotel & Resort), vous pouvez héler l'un des bus Supreme Lines ordinaires, fréquents, pour Batangas.

NORD DE MANILLE

La péninsule de Bataan, au nord de la capitale, a été le théâtre du drame de la "marche de la mort" en 1942, et attire à ce titre les amateurs d'histoire. Son autre attrait est la région de la baie de Subic, avec son centre balnéaire naissant et ses nombreuses activités. La ville d'Angeles n'a été ni transformée ni reconstruite, bien que l'aéroport de Clark accueille de plus en plus de voyageurs et de compagnies aériennes low cost.

Dominant le paysage, le volcan Pinatubo, désormais aisément accessible, se dresse dans les monts Zambalès.

Olongapo et baie de Subic

☎047 / 227 300 HABITANTS

Jusqu'en 1992, la baie de Subic (Subic Bay) accueillait l'immense 7e flotte de la Marine américaine. La ville voisine d'Olongapo s'était alors taillé une réputation pour le commerce du sexe. Les autorités s'efforcent aujourd'hui de transformer l'ancienne base militaire, désormais appelée Subic Bay Freeport Zone (SBFZ), en une respectable destination d'affaires et de tourisme familial.

Si ce projet touristique n'a pas connu un succès fou, la splendide baie de Subic, célèbre pour ses épaves, ses vastes étendues de jungle vierge et ses parcs de loisirs destinés aux enfants, ne manque pourtant pas de potentiel. Mais pour attirer les visiteurs en masse, encore faudrait-il que le canal fétide qui sépare Olongapo de la Freeport Zone cesse de charrier ses ordures dans la baie. En attendant, il conserve le surnom de "Shit River" lancé par les Américains.

Avec une voiture de location, la baie de Subic fait également une bonne base pour explorer Bataan, les environs du mont Pinatubo et la côte de Zambalès.

À voir et à faire

La grande plage de la baie de Subic et la plupart des hôtels bordent le front de mer dans le Central Business District (CBD). Trois ponts relient le CBD, respectivement à la Freeport Zone au sud, à la National Hwy qui se dirige au nord vers Zambalès, et au centre d'Olongapo via l'entrée principale de la SBFZ et la "Shit River".

Les plus belles plages se déploient au nord/nord-ouest de la ville, dans le Barrio Barretto (où subsistent des traces de l'activité prostitutionnelle) et au-delà à Zambalès.

Randonnée

Pendant la présence américaine, la Freeport Zone n'a pas souffert d'abattage illégal, et la jungle vierge qui couvre la région réserve de superbes **randonnées**. Les services touristiques de la SBFZ vous indiqueront les marches possibles dans l'immense forêt tropicale au sud de la SBFZ (véhicule individuel indispensable). De belles promenades sont aussi possibles dans le **parc naturel de Subic Bay**, vaste étendue de forêt côtière au sud du quartier de Cubi. Le parc est parcouru de deux sentiers : une **randonnée** de 30 minutes (20 P) et le **sentier d'Apallin** qui rejoint le rivage (2 heures 30 à 3 heures aller/retour). Prenez un taxi jusqu'au début du sentier, bien indiqué, à 7 km au sud de l'aéroport.

Depuis la zone résidentielle de Binictican Heights, le joli **sentier forestier de Pamulaklakin** mène, en 40 minutes, jusqu'au village aeta de Pastolen ("aeta" désigne les Negritos de la région). Accès par les bus Winstar "Binictican" depuis le Transportation Terminal.

Au début du sentier de Pamulaklakin, vous pourrez engager un guide aeta, qui vous conduira dans la forêt et vous enseignera comment faire du feu et autres techniques de survie (50 P/pers les 30 min). Renseignez-vous sur les circuits écologiques plus longs ou avec nuit dans la jungle.

Le quartier de Cubi (près de l'aéroport de Subic) accueille une colonie des plus grandes **chauves-souris** au monde : chauves-souris frugivores et roussettes des Philippines. Véritable "royaume des chauves-souris" (Bat Kingdom), le site change chaque année, mais se repère aisément au vacarme de la colonie. Quand la nuit tombe, des centaines de ces petits mammifères s'envolent dans cette zone.

Plongée

La **plongée sur épave** est l'autre grand attrait de Subic. Parmi les 7 épaves qui intéressent les plongeurs, celle de l'USS *New York* (à une profondeur de 28 m) est sans doute la plus spectaculaire. Ce croiseur de combat, construit en 1891, a été sabordé par les Américains en 1941 pour éviter que les Japonais ne s'en emparent. On peut pénétrer à l'intérieur, mais il s'agit d'un grand bâtiment sillonné de coursives et de passages interminables où l'on s'égare facilement. Cette plongée requiert de l'entraînement et un guide expérimenté.

El Capitan (20 m) a la faveur des photographes pour son bon état de conservation, sa pénétration aisée et sa vie marine, tandis que le *San Quintin* (16 m) abrite de plus gros poissons, tels que labridés, poissons chirurgiens, priacanthes et plectorhinques. Ces deux épaves conviennent aux débutants. Les plongeurs expérimentés tenteront quant à eux le LST, une barge de débarquement américaine longue de 37 m.

L'*Oryuku Maru* (20 m), ou "Vaisseau de l'Enfer", à bord duquel 1 600 prisonniers américains furent tués par erreur lors d'une attaque aérienne, était interdit d'accès lors de notre passage.

Il n'y a pas la même visibilité à Subic qu'ailleurs dans le pays : c'est entre février et avril que l'eau est la plus limpide.

Les tarifs s'avèrent plutôt intéressants à Subic, soit 1 000-1 500 P pour une plongée (équipement non compris), et 16 000-18 000 P pour un cours Open Water.

Boardwalk Dive Center PLONGÉE
(☎252 5367 ; www.ss719.com ; Waterfront Rd). Un centre professionnel avec une section consacrée à la plongée technique.

Subic Scuba 719 PLONGÉE
(☎252 9428 ; www.boardwalkdivecenter.com ; 664 Waterfront Rd). Un endroit sympathique et décontracté qui pratique des tarifs avantageux et en connaît un rayon sur les épaves.

Vasco's Dive Center PLONGÉE
(☎252 1843/5 ; www.vascosresort-museum.com ; Lot 14, Argonaut Hwy, SBFZ). Ce centre de plongée technique, rattaché à l'estimable pub Vasco's, fait partie des meilleurs du pays et attire les plongeurs expérimentés.

Promenades à cheval

El Kabayo ÉQUITATION
(☎0915 537 1169 ; 700 P/h). On vient ici de Manille pour les nombreux chevaux à dispo-

sition et les formules de randonnée autour de Subic. Les prix incluent une excursion guidée jusqu'à une chute d'eau voisine. À Binictican Heights.

Parcs à thème

Ocean Adventure PARC D'ATTRACTIONS
(☎252 9000 ; www.oceanadventure.com.ph ; Camayan Wharf, zone forestière de West Ilanin ; adulte/enfant 500/420 P ; ⏲9h-18h). Un parc maritime où l'on peut nager avec des dauphins et voir, entre autres, des otaries. À 20 km au sud du CBD, soit 20 minutes en taxi (500 P aller-retour).

Zoobic Safari ZOO
(☎252 2272 ; www.zoobic.com.ph ; adulte/enfant 395/295 P ; ⏲8h-16h). Un safari en jeepney pour observer de très près bon nombre de tigres. Un peu au nord d'Ocean Adventure.

Où se loger

Les meilleurs hôtels sont regroupés près de Waterfront Beach, dans le CBD.

The Lighthouse HÔTEL $$$
(☎252 5000 ; www.lighthousesubic.com ; Waterfront Rd, CBD ; ch avec petit-déj à partir de 6 000 P ;). D'une catégorie bien au-dessus de celle des autres hébergements de la baie de Subic, le Lighthouse se distingue par son confort, son décor, son service... et ses tarifs. Chambres spacieuses et luxueuses. Les vérandas donnant sur la baie gagneraient à être embellies.

Subic Park Hotel HÔTEL $$
(☎252 2092 ; www.subicparkhotel.com ; 93 Moonbay Marina, Waterfront Rd ; ch 2 100-3 500 P ;). Proche du luxueux Lighthouse, à l'extrémité de Waterfront Beach, le Subic Park a davantage de classe que ses concurrents, et est une bonne alternative parmi les hôtels donnant sur la baie. Préférez les chambres "Oceanfront", pourvues d'un balcon regardant la mer et de lits king-size.

Court Meridian HÔTEL $$
(☎252 2366 ; www.courtmeridian.com ; Waterfront Rd ; ch avec petit-déj 2 600-4 500 P ;). De l'autre côté de la rue par rapport au front de mer, cet hôtel reste proche du rivage et offre une qualité supérieure. Vous vous sentirez comme chez vous dans ses chambres très bien équipées et meublées ; les plus chères disposent d'une TV et d'une véranda avec vue sur la montagne.

Sheavens Seafront Resort COMPLEXE BALNÉAIRE $$
(☎223 9430 ; www.sheavens.com ; Barrio Barretto, Olongapo ; d 990-1 850 P, deluxe 2 250-3 800 P ;). Le meilleur rapport qualité/prix du secteur pour ce resort magnifiquement situé sur les rochers à l'extrémité sud-est de Baloy Long Beach, la plage phare de Barretto, à l'écart de la partie sordide du quartier.

Kong's Hotel HÔTEL $
(☎224 1516 ; 32 Magsaysay Dr, Olongapo ; ch avec ventil/clim à partir de 450/900 P ;). Pour des hôtels véritablement économiques, direction Olongapo. Celui-ci ne prétend pas au luxe, mais le bois et les bardeaux tiennent au moins les odeurs indésirables en respect.

Où se restaurer et prendre un verre

Les restaurants-bars du front de mer, très fréquentés, proposent souvent des concerts.

Vasco's PUB
(☎252 1843/5 ; Lot 14, Argonaut Hwy, SBFZ ; plats 200-300 P ; ⏲24h/24 ;). Aussi connu sous le nom de Magellan, ce bar-restaurant "pirate" plein de charme surplombe la baie près du port. Le patron, Brian Homan, est un explorateur d'épaves chevronné. Des porcelaines et autres trésors découverts par lui figurent dans un petit musée. Fort plaisant pour prendre le petit-déjeuner, l'endroit offre plusieurs chambres à louer. Du CBD, prenez un bus Winstar marqué "Airport-Cubi" (9 P).

Texas Joe's RESTAURANT $$
(☎252 3189 ; Waterfront Rd ; travers de porc 389 P). Certains n'hésitent pas à faire le trajet depuis Manille pour déguster d'énormes et succulents travers de porc et autres plats carnés de l'Amérique profonde.

Rama Mahal INDIEN $$
(☎252 3663 ; Sampson Rd ; repas 250-300 P ; ⏲10h-22h). Ram, le jovial patron népalais, prépare de généreuses portions d'excellentes spécialités indiennes, plus quelques plats moyen-orientaux. Même si vous n'aimez pas trop cette cuisine, arrêtez-vous au moins pour boire le légendaire lassi à la mangue de la maison. Face à la rue commerçante de Freeport Exchange.

Renseignements

Les cybercafés et les banques sont concentrés dans Rizal Ave, à Olongapo.

VAUT LE DÉTOUR

LA PÉNINSULE DE BATAAN

Pour les anciens combattants de la Deuxième Guerre mondiale ayant fait la campagne du Pacifique, rares sont les lieux qui inspirent autant d'amertume que la péninsule de Bataan. Les deux armées connurent de véritables drames dans la jungle autour du mont Mariveles. Peu de témoins de la "marche de la mort de Bataan" sont encore en vie : ce drame se produisit lorsque 75 000 soldats américains et philippins se rendirent aux Japonais en avril 1942. Les vainqueurs forcèrent les prisonniers, souvent malades et affaiblis, à parcourir plus de 100 km à pied de Mariveles à San Fernando, dans la province de Pampanga, d'où ils furent acheminés par le train, dans des wagons de marchandises, vers le camp d'internement O'Donnell, non loin de Tarlac. On estime que quelque 20 000 d'entre eux succombèrent en chemin.

Bataan compte plusieurs sites pouvant faire l'objet d'une excursion à la journée depuis Angeles ou la baie de Subic, voire depuis Manille. Le long de la nationale, entre Mariveles et la gare de San Fernando à 102 km de là, d'émouvants panneaux relatifs à la "marche de la mort" s'égrènent tous les kilomètres. Les commémorations annuelles du 9 avril incluent le parcours d'une partie du trajet et un super marathon sur sa totalité.

Le **Dambana ng Kagitingan** (sanctuaire de la bravoure), perché sur le mont Samat près de Balanga, s'orne d'un **crucifix** de 90 m de haut, dont la base est sculptée de scènes de batailles. Un **ascenseur** (10 P ; ⌚8h-12h et 13h-17h) conduit à la barre transversale de la croix, où une longue galerie d'observation offre une belle vue sur le mont Mariveles, la baie de Manille et la mer de Chine méridionale.

Au pied de la croix, un escalier descend 50 m plus bas jusqu'au sanctuaire proprement dit et à son **mur mémorial**, en marbre, illustrant les épisodes de la bataille de Bataan et de la marche de la mort qui s'ensuivit. Dans un bunker sous le sanctuaire, un **musée** (entrée libre ; ⌚8h-12h et 13h-17h) abrite une collection d'armes, de dessins de combats et de dioramas, ainsi qu'un remarquable plan en relief de la péninsule.

Le 9 avril, les rares vétérans américains et japonais survivants de Bataan et leurs proches se rassemblent au sanctuaire pour rendre hommage aux milliers de leurs camarades tombés dans la jungle environnante.

Comment s'y rendre

Il vous faudra tout d'abord rallier Balanga, desservie par des bus Genesis et Bataan Transport au départ de Manille (Pasay Rotunda, 210 P, 3 heures) via la gare routière d'Angeles, située à Dau. On peut aussi prendre un bus Victory Liner depuis/vers Olongapo (80 P, 1 heure 15).

De Balanga, poursuivez vers le sud sur quelques kilomètres, puis tournez à droite (ouest) en direction de Bagac. Comptez 4,5 km jusqu'à l'embranchement pour le mont Samat, où attendent des tricycles (200 P aller-retour), et 7 km de plus jusqu'à la croix par une jolie route goudronnée abrupte. Sinon, il est possible de rejoindre l'embranchement depuis Balanga en prenant un jeepney à destination de Bagac.

La location d'un van à Balanga pour une demi-journée d'excursion coûte 1 000 P. Le personnel du **Gap Plaza Hotel** (☎047-237 6757 ; www.gapplaza.com ; angle Capitol Dr et Sampaguita St ; d avec petit-déj 2 300-3 000 P ; ⊜❄📶), qui abrite les meilleures chambres du coin (les plus chères incluent un circuit au mont Samat), se chargera de l'opération.

ℹ Depuis/vers Olongapo et la baie de Subic

En circulant depuis/Manille, faites bien attention à prendre l'un des bus express affichés "via SCTEX", afin de gagner au moins 1 heure de trajet. Il existe 7 bus **Victory Liner** (☎222 2241 ; angle W 18th St et Rizal Ave) qui assurent cette liaison tous les jours, et aussi des bus (240 P, 2 heures 15) **Genesis** (Perimeter Rd). Genesis est situé à un jet de pierre à pied de l'entrée principale de la Subic Bay Freeport Zone (SBFZ), et Victory Liner est quant à elle à 10 minutes environ en tricycle. Ces deux compagnies disposent de bus locaux qui rejoignent Manille toutes les heures (210 P, 3 heures 30).

Des bus Victory Liner fréquents desservent aussi, au nord, Iba (140 P, 2 heures) et Santa Cruz (240 P, 4 heures), ainsi que Baguio (toutes les heures).

Comment circuler

Les bus Winstar, spécificité de la SBFZ, jouent le rôle de jeepney. Ils partent du Transportation Terminal près de l'entrée principale de la SBFZ, et ne circulent que dans la Freeport Zone.

À Olongapo, les jeepneys bleus pour Barrio Barretto, et la ville de Subic, affichent "Castillejos".

Des taxis stationnent au Transportation Terminal. Il vous en coûtera 50 P pour de courts trajets, ou 100-150 P pour rejoindre le Vasco's ou le "royaume des chauves-souris" (Bat Kingdom).

La location d'une voiture sans chauffeur tourne autour de 2 500 P/jour. Adressez-vous à votre hôtel, ou à **Subic Bay Taxi** (☎0929 675 347).

San Fernando (Pampanga)

☎045 / 269 400 HABITANTS

La ville industrielle de San Fernando, capitale de la province de Pampanga, est à distinguer de San Fernando (La Union), au nord-ouest de Baguio. La principale raison qui fait venir les gens dans cette ville est la **cérémonie de la Crucifixion** de fanatiques chrétiens qui se déroule à Pâques. Le Vendredi saint, à 12h, dans le *barangay* San Pedro Cutud, des volontaires quelque peu masochistes sont crucifiés sur des croix de bois, et fouettés jusqu'au sang.

Des bus Victory Liner rejoignent San Fernando depuis leur terminal de Cubao (100 P, 1 heure, toutes les 30 min). Attention, les bus partant de Manille vers des destinations plus au nord empruntent la NLEX sans marquer d'arrêt à San Fernando. Des jeepneys vont à Angeles, au nord.

Angeles et aéroport de Clark

☎045 / 314 500 HABITANTS

Aux Philippines, Angeles est synonyme d'industrie du sexe. Un chapelet de clubs et de bars glauques jalonnent Fields Ave, dans le *barangay* Balibago. Les 10 000 filles et femmes qui y travaillent sont les derniers stigmates de la présence américaine, lorsque leur nombre était 10 fois supérieurs. Angeles est toujours liée au sort de l'ancienne base de l'Armée de l'air américaine, Clark Airbase (rebaptisée Clark Special Economic Zone). L'arrivée récente de plusieurs compagnies aériennes à l'aéroport de Clark (aéroport international Diosdado Macapagal), et la popularité croissante des excursions au mont Pinatubo, attirent dans la région de plus en plus de touristes censés ne pas être intéressés par la prostitution.

Activités

Croyez-le ou non, il existe bel et bien quelques activités *légitimes* dans la région d'Angeles, en premier lieu la randonnée et les vols en ULM. Si vous projetez de faire l'ascension du mont Pinatubo, loger dans cette ville plutôt qu'à Manille permet de dormir quelques heures de plus le matin avant de vous mettre en route.

Parc national du mont Arayat RANDONNÉE

(50 P). En arrivant à Angeles, les visiteurs prennent souvent le cône volcanique du mont Arayat (1 026 m), qui domine l'horizon, pour le Pinatubo. Ce volcan peut faire l'objet d'une randonnée d'une demi-journée pour les marcheurs moins aguerris, mais il n'est pas facile de s'y rendre par les transports publics. À la gare routière de Dau, cherchez un jeepney pour la ville d'Arayat et prenez ensuite un tricycle jusqu'à l'entrée du parc, où vous payerez votre billet et partirez avec un guide (obligatoire). Des lieux de restauration et des kiosques vendant de l'eau se trouvent à la base du parc, de même que plusieurs piscines naturelles alimentées par une source censée être la plus pure au monde.

Angeles City Flying Club ULM

(☎802 2101 ou 0918 920 3039 ; www.angelesflying.com ; vols de 10/20 min 1 650/2 900 P). Les survols en ULM de la région de Pampanga ont beau être brefs, ils durent assez longtemps pour donner un aperçu en microcosme du paysage philippin : mosaïque de rizières verdoyantes, cours d'école animées, *carabaos* (buffles d'eau) et églises. Même les plus courts d'entre eux passent juste au-dessus des versants broussailleux du mont Arayat. Le lieu de décollage se situe à Magalang, à 25 minutes d'Angeles, mais on viendra vous chercher gratuitement le matin.

Où se loger

Sachez que les nombreux hébergements bordant Fields Ave et Don Juico Ave cachent souvent des hôtels de passe.

Clark Star Hotel HÔTEL $

(☎624 5882 ; 1st St, angle MacArthur Hwy ; d 700-950 P ; ❄📶). Pour passer la nuit dans un hôtel sans bar à filles, vous avez le choix entre l'un des resorts de la base, très chers, destinés aux golfeurs, ou bien cet hôtel au

CIRCULER DEPUIS L'AÉROPORT DE CLARK

Vers le sud

Les compagnies Philtranco et Partas proposent chacune 4 liaisons directes de Clark à Manille, généralement via Cubao (400 P, 1 heure 30) et Pasay (450 P, 2 heures). Les bus Philtranco s'arrêtent aussi au Megamall d'Ortigas.

Si vous manquez de temps, rendez-vous à la gare routière d'Angeles, à Dau, et montez dans n'importe quel bus pour Manille.

Vers le nord

Pour gagner le nord de Luzon, allez à la gare routière de Dau (ou à Angeles même si vous prévoyez de louer une voiture), d'où de nombreux bus desservent, entre autres, Baguio et Vigan. La destination la plus difficile d'accès est Banaue car il n'existe pas de bus direct. Si vous acceptez de changer plusieurs fois de bus/jeepney, l'itinéraire recommandé est le suivant : Dau-Tarlac-San José (ou Cabanatuan)-Solano-Lagawe-Banaue. Sinon, retournez à Manille et prenez le bus de nuit direct au départ de Sampaloc.

rapport qualité/prix imbattable. Cependant, bien qu'un parc et un boulevard le séparent de Fields Ave, vous n'échapperez pas entièrement au côté sordide d'Angeles.

Clarkton Hotel HÔTEL $$

(☎322 3424 ; www.clarkton.com ; 620 Don Juico Ave ; ch 1 650-3 900 P ; ❄@📶🏊). Un bel hôtel, confortable et spacieux, très apprécié, qui abrite une agence de voyages compétente et dispose d'une jolie piscine. En déboursant un peu plus, vous obtiendrez même une chambre assez chic. Dans la zone de "divertissement" de Balibago, près des meilleurs restaurants de la ville.

Angeles Beach Club HÔTEL $$$

(☎892 2222 ; www.angelesbeachclubhotel.com ; Don Juico Ave ; ch avec petit-déj 4 900-17 518 P ; ✈❄@📶🏊). L'exact opposé du Clark Star Hotel : grand, ostentatoire et au cœur de l'action. La piscine comporte, entre autres, un bar à sushis au ras de l'eau accessible aux baigneurs, et les chambres affichent un luxe clinquant. Ambiance festive.

Où se restaurer

Ce n'est pas une mauvaise idée de réserver dans les restaurants suivants.

Iguana's MEXICAIN $$

(☎893 3654 ; Don Juico Ave ; plats 200-350 P ; ❄). À une courte distance à l'ouest du Clarkton Hotel, l'Iguana's est réputé pour son excellente cuisine mexicaine, fort copieuse, ainsi que ses margaritas. Mention spéciale pour les enchiladas.

Cottage Kitchen AMÉRICAIN $$

(☎322 3366 ; 382 Don Juico Ave ; plats 300-800 P ; ⏲10h-23h mar-dim ; ❄). Également proche du Clarkton, c'est l'endroit où commander un bon steak. Travers de porc façon St Louis, soupe de haricots noirs, poisson-chat frit à la mode du Sud et autres spécialités américaines complètent le menu.

Renseignements

Quantité de cybercafés et de banques se succèdent le long de l'artère principale, Fields Ave, et de Don Juico Ave, qui la prolonge.

AAA (☎0929 782 2966 ; 30 Fields Ave). Location de voitures (1 800 P/jour) et de motos (300 P/jour) à prix très raisonnables.

City Guide (☎892 1623 ; www.city-guide.ph ; stand 79, Fields Ave ; ⏲8h30-19h). Cette compagnie privée dirige le stand d'information touristique situé bien en vue dans Fields Ave. Son personnel vous renseigne gratuitement, organise le circuit que vous voulez et peut vous mettre en contact avec un groupe pour partager les frais de l'excursion au mont Pinatubo.

Depuis/vers Angeles et l'aéroport de Clark

Avion

L'**aéroport international Diosdado Macapagal** (DMIA ; aéroport de Clark ; www.clarkairport.com) est situé dans la Clark Special Economic Zone.

En théorie, des navettes climatisées acheminent les passagers qui débarquent jusqu'à l'entrée principale de la Clark Freeport Zone à Balibago (30 P) ou jusqu'à la gare routière de Dau (45 P). À défaut, rejoignez l'entrée en jeepney ou prenez un taxi à prix fixe (400/500 P pour Angeles/Dau).

Bus

La gare routière d'Angeles est à Dau, près du terminus de la NLEX. Vous y trouverez quantité de bus desservant Manille (140 P, 1 heure 30) et pratiquement toutes les autres destinations du nord de Luzon.

Swagman Travel (☎892 6495 ; www.swaggy.com) et **Southern Cross Shuttle** (☎892 5475) proposent des navettes directes jusqu'à la Subic Bay Freeport Zone (600 P, 1 heure). Également navettes pour Manille.

Un flot constant de jeepneys relie Dau et Angeles.

Mont Pinatubo

Pendant des siècles, les habitants d'Angeles ont vécu dans l'insouciance à l'ombre des volcans Pinatubo et Arayat. Mais le 15 juin 1991, le mont Pinatubo, le plus grand des deux, s'est littéralement déchiré, projetant une colonne de cendres et de roches à 40 km dans les airs. La montagne a perdu 300 m de hauteur, faisant pleuvoir sur Angeles, la base de Clark et la baie de Subic une fine couche de poussière et de pierres. Pour ne rien arranger, un violent typhon balaya le nord de Luzon, transformant la cendre en redoutable lahar (coulée boueuse de flanc de volcan), qui fit des ravages. Dans la province de Zambalès, à l'ouest du mont Pinatubo, les coulées de lahar ont détourné des rivières et ont englouti des villages entiers dans le lac Mapanuepe, apparu pendant le désastre.

Les couches de lahar, très friables, ont créé un paysage étonnant autour du volcan, où la végétation recommence à peine à croître. Les rivières Abacan et Pasig-Potrero se sont frayé un chemin dans les sédiments, laissant apparaître des pics, des vallées et des canyons dans le lahar.

Ascension du mont Pinatubo

L'ascension du Pinatubo (1 450 m) ne pose aucune difficulté, à condition de ne pas l'entreprendre par temps incertain : en 2009, une crue subite à la suite d'un typhon a balayé un convoi de jeeps, tuant 7 personnes, dont 2 touristes européens. Après l'accident, l'accès au volcan a été fermé pendant une courte période et les règles ont changé. Les excursions jusqu'au sommet doivent désormais débuter vers 7h ou 8h (les fortes pluies sont plus fréquentes l'après-midi), 10h au plus tard au cœur de la saison sèche. Par conséquent, les circuits organisés au Pinatubo partent avant l'aube de Manille, à peine plus tard d'Angeles et de Subic. Vous devrez faire de même en solo.

Le point de ralliement pour l'ascension se trouve à Santa Juliana, près de la base de la face nord de la montagne, à environ 40 km d'Angeles. De là, vous gravirez une partie de la montagne en 4x4, puis rejoindrez le cratère à pied (2 heures), où vous pourrez vous baigner dans les eaux glacées du lac de cratère.

En théorie, vous pouvez faire toute l'ascension à pied, mais, depuis l'accident, les autorités préfèrent souvent ne pas autoriser des randonnées plus longues qui se poursuivent jusque dans l'après-midi.

Des sentiers moins fréquentés gravissent les flancs sud et ouest du mont Pinatubo en partant des villages aetas autour du lac Mapanuepe (voir p. 104).

Contactez à l'avance Marisa, à l'**office du tourisme de Santa Juliana** (Santa Juliana Tourism Council ; ☎0906 462 3388) pour être sûr que l'ascension est possible le jour qui vous convient. L'office du tourisme peut aussi se charger de vos réservations auprès de l'un des prestataires locaux assurant les trajets en 4x4 : la **Santa Juliana 4x4 Association** (☎0919 608 4313) et le **PDC** (☎045-493 0031 ou 0929 702 5058), installé dans un spa/restaurant coréen, le Pinatubo Spa Town.

À Santa Juliana, Alvin, de la Santa Juliana 4x4 Association, propose un **hébergement chez l'habitant** (☎0919 861 4102 ; bognothomestay@gmail.com) moyennant 400 P/pers/nuit, petit-déjeuner compris. Le PDC dispose aussi de chambres à un prix similaire.

Depuis/vers le mont Pinatubo

La plupart des touristes optent pour une excursion organisée. Les prix des tour-opérateurs d'Angeles varient selon la taille du groupe ; comptez 2 500-3 000 P/pers pour 3 participants. Vous payerez davantage au départ de Manille.

Vous pouvez y aller par vos propres moyens. Quelques jeepneys sporadiques font le trajet de Capas à Santa Juliana (1 heure), et vous pouvez aussi prendre un tricycle depuis Capas (500 P). Vous paierez 1 500 P/pers pour un groupe de 1-4 personnes (déjeuner inclus), ou 1 000 P/pers pour un groupe de 5 participants ou plus.

Nord de Luzon

Dans ce chapitre »

Le top des restaurants

» Log Cabin (p. 134)
» Uno Grille (p. 115)
» Bliss Cafe (p. 126)
» Hill Station (p. 126)
» Oh My Gulay (p. 126)

Le top des hébergements

» PNKY (p. 125)
» Villa Angela (p. 114)
» Pacita Batanes (p. 151)
» Casa Vallejo (p. 125)
» Sagada Homestay (p. 133)

Pourquoi y aller

La région du nord de Luzon résume à elle seule la diversité des Philippines : chaîne montagneuse peuplée d'ethnies farouches et hospitalières, plages de surf ensoleillées, péninsule tempétueuse où vécurent les premiers autochtones, villes coloniales espagnoles aux fenêtres en coquilles de *capiz* et forteresses solitaires.

Les voyageurs ont généralement un faible pour les rizières en terrasses vert émeraude de la cordillère centrale, qui dissimule des cercueils suspendus, des momies ancestrales et les vieux esprits de la forêt. Dans ces confins sauvages, le trekking et les activités de plein air occupent une place de choix. La diversité culturelle, religieuse et linguistique est aussi à l'honneur, avec la présence de nombreuses minorités dans les montagnes, Zambalès, Ilocos et au-delà. Mais en dépit de leurs différences, les habitants de la région ont un point commun : une gentillesse à toute épreuve.

Quand partir

Sagada

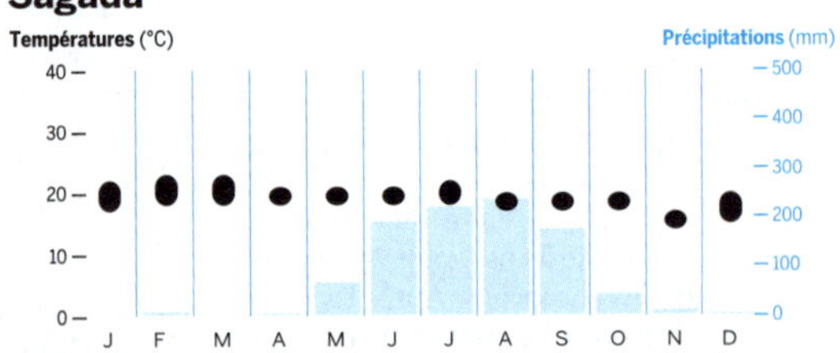

Nov-mai
La période idéale car le temps est très agréable, mais vous ne serez pas seul !

Avr-juil
Il fait chaud et les touristes sont moins nombreux.

Juil-oct
Des rizières en terrasses verdoyantes, mais aussi des typhons.

Langue

On parle une myriade de langues dans le nord de Luzon, et la Cordillère à elle seule compte des dizaines de dialectes. C'est encore plus vrai dans le Kalinga, où presque tous les villages ont leur propre dialecte. Dans la Cordillère, les gens comprennent souvent mieux l'ilocano ou même l'anglais que la langue officielle du pays, le tagalog.

Dans les basses terres, les langues principales sont le tagalog et l'ilocano, qui est la langue dominante non seulement dans la province d'Ilocos, mais aussi dans celles de Cagayan, d'Isabela et de La Union. Parmi les dialectes les plus répandus, citons le pangasinan et le sambal, la langue des habitants de la province de Zambalès.

Désagréments et dangers

Des fusillades éclatent de temps à autre entre le gouvernement et la Nouvelle Armée du peuple (NPA) dans les régions montagneuses du nord de Luzon. Ces violences se produisent généralement loin des zones touristiques, dans des provinces comme Aurora et Isabela, et ne touchent que très exceptionnellement des voyageurs.

Des guerres tribales opposent parfois des villages à Kalinga et dans la province des Montagnes. Le gouvernement philippin n'intervient pas dans ces conflits qui, pour certains, remontent à plusieurs siècles. Les tribus des montagnes évitent d'impliquer des touristes dans leurs querelles ; néanmoins, avant de vous rendre à Kalinga, renseignez-vous auprès de la police de Bontoc.

Depuis/vers le nord de Luzon

Des vols réguliers relient Manille à Baguio, Baler, Basco (Batanes), Cauayan (province d'Isabela), Laoag, San Fernando (La Union) et Tuguegarao. Des bus climatisés circulent entre Manille et les principales villes du nord de Luzon ; de confortables bus "deluxe" desservent notamment Laoag, Vigan et Baguio.

La voiture est idéale pour découvrir les régions reculées de Luzon, telles la côte de Zambalès et la Cordillère. Pour la Cordillère, il vous faudra un bon 4x4, même si la Halsema Hwy, entre Baguio et Bontoc, est goudronnée. Vous pouvez louer une voiture à Manille.

CÔTE DE ZAMBALÈS

La bande littorale isolée de Zambalès qui s'étend sur 100 km entre la mer et le massif menaçant du mont Pinatubo abrite de belles plages de surf, notamment autour de Pundaquit, mais connaît l'été des pluies incessantes. En dehors de cette saison, le soleil baigne les îles au large et les complexes balnéaires, souvent familiaux et de taille modeste. Les villageois se montrent partout extrêmement accueillants et vous aurez peut-être l'occasion de rencontrer des Negritos.

Pundaquit et île Capones

☎047 / 2 450 HABITANTS

À seulement 3 heures de route de Manille, vous pourrez dormir à la belle étoile sur l'île Capones, en forme de sablier, accessible en 20 ou 30 minutes en *bangka* depuis le petit village de pêcheurs de Pundaquit. La location d'un *bangka* pour une journée d'île en île revient à 1 200 P ; si cela ne vous convient pas, essayez d'obtenir une réduction par l'intermédiaire de votre hôtel. Une courte randonnée vous mènera au **phare** de Capones.

Pundaquit possède une plage, mais elle est sale et encombrée de bateaux de pêche.

Activités

Entre juillet et octobre, la saison du surf bat son plein, mais la houle reste bonne jusqu'en février. De mars à mai, la mer est très calme. Les meilleurs spots se situent dans le sud de l'île Capones, à Anawangin Cove (sud de Pundaquit) et à San Narciso (à 7 km au nord de San Antonio). Anawangin Cove n'est accessible qu'à pied ou en bateau ; avant de partir, appelez le Crystal Beach Resort pour vous renseigner sur la météo marine.

Crystal Beach Resort & Campsite SURF
(☎913 4309 ; www.crystalbeachzambales.com). Moitié retraite évangélique, moitié camp de surf, le Crystal Beach Resort & Campsite, à San Narciso, est un établissement atypique qui offre néanmoins les meilleures vagues de Zambalès, des planches à louer (200 P/heure) et des cours de surf (200 P/heure). De Manille, c'est l'endroit le plus proche pour apprendre le surf. Il est possible de loger sur place dans des conditions rudimentaires, mais vous trouverez de meilleures adresses à Pundaquit ou à Subic, à 30 km au sud.

Où se loger

Les resorts de Zambalès se composent généralement d'immeubles d'appartements peu élevés proches de la mer. La **Zambales Resort Owners Association** (www.zambales-resort.com) en fournit la liste exhaustive. En

À ne pas manquer

1 Visiter les fabuleuses rizières en terrasses de **Banaue** (p. 138), **Batad** (p. 141) et **Bontoc** (p. 135)

2 Goûter au charme colonial du **Mestizo District** (p. 111) de Vigan

3 Faire de belles randonnées et apprécier l'ambiance décontractée de **Sagada** (p. 131), QG des baroudeurs

4 Découvrir la musique, la bonne cuisine et l'air de la montagne à **Baguio** (p. 119)

5 Voir les fascinantes momies de **Kabayan** (p. 129)

6 Prendre une leçon de surf à **San Fernando (La Union)** (p. 108)

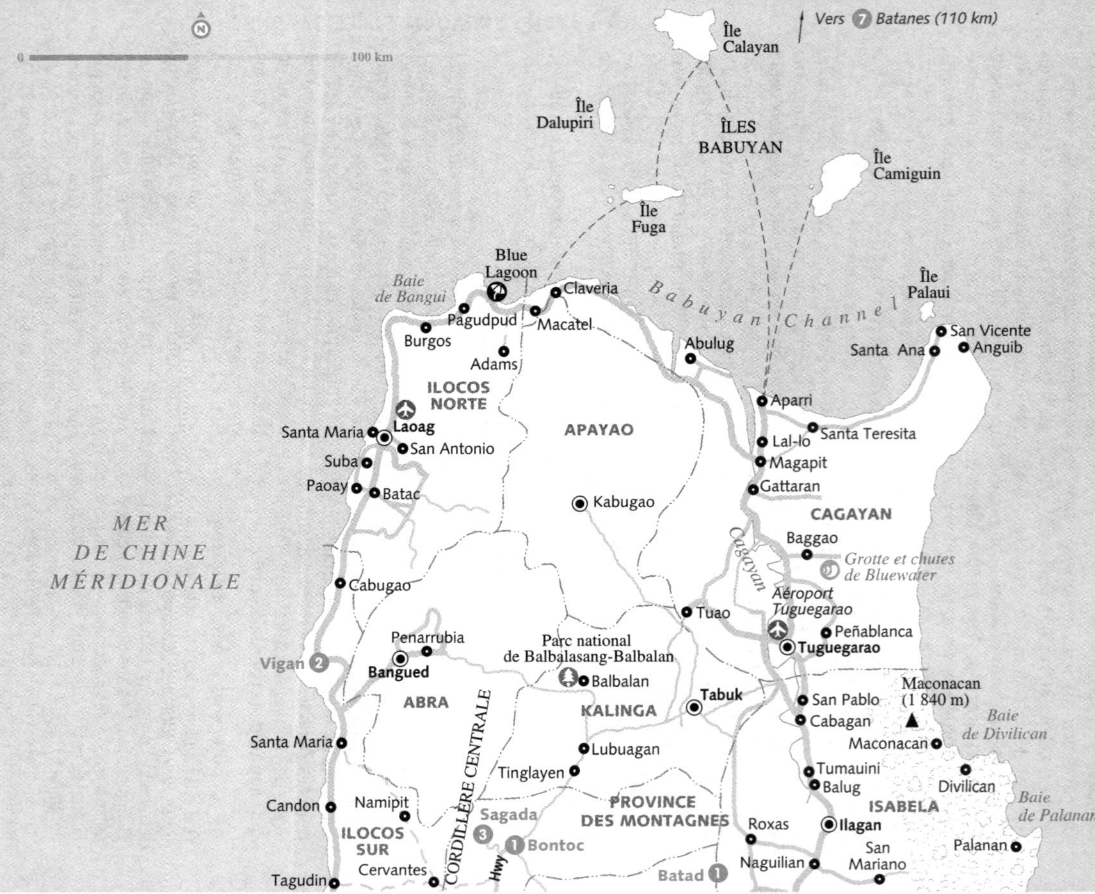

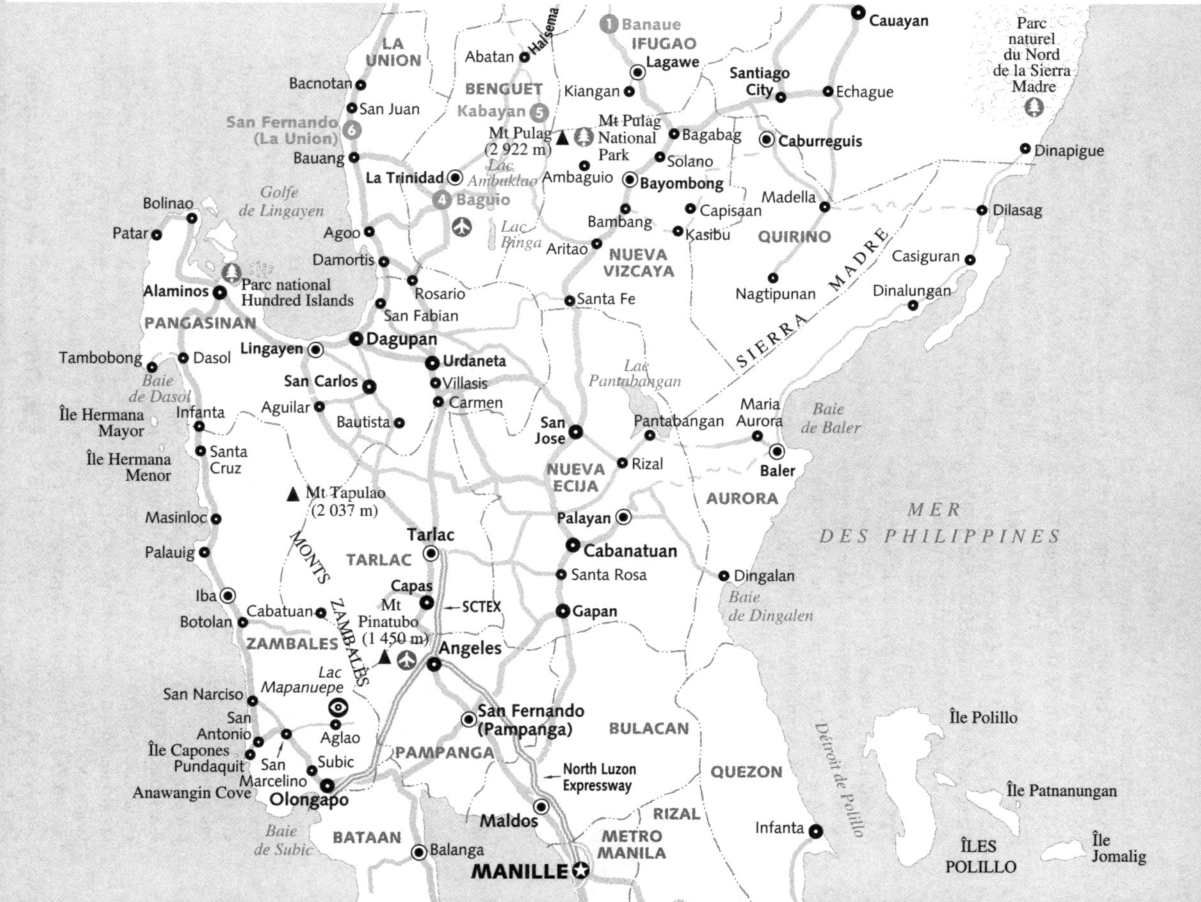

7 Faire une escapade au bout du monde dans l'**archipel des Batanes** (p. 150)

basse saison (juin-septembre), beaucoup tournent au ralenti et, s'ils accueillent encore des hôtes, les effectifs du personnel et la qualité du service chutent. Sauf par temps de pluie, le camping reste une bonne option.

Norma Beach Resort COMPLEXE BALNÉAIRE $$
(☎0910 948 8607 ; normabeachresortwebs.com ; d avec ventil/clim 1 500/3 500 P, huttes 700 P ; ❄☒). Un ensemble de charmants bungalows de plage pouvant accueillir chacun jusqu'à 6 personnes vous attend dans la jolie crique d'Anawangin, à l'extrémité de Pundaquit. Les voyageurs en solo peuvent louer une hutte basique (500 P en journée). Pour le transport en *bangka*, demandez au propriétaire.

Pundaquit Luxury Resort COMPLEXE BALNÉAIRE $$
(☎0917 512 2307 ; www.pundaquitluxuryresort.com ; d avec ventil/clim à partir de 1 500/2 300 P, ste à partir de 3 700 P ; ❄📶☒). Où trouver ailleurs une chambre rouge et blanc avec une tête de lit ornée d'un cœur géant ? Populaire auprès des familles philippines et amusant quand il y a du monde, ce resort est un peu trop onéreux pour les prestations offertes.

ℹ Depuis/vers Pundaquit et l'île Capones

Au départ d'Olongapo ou de Manille, prenez un bus à destination d'Iba, descendez à San Antonio et louez un tricycle pour parcourir les 4,5 km jusqu'à Pundaquit (75 P).

Lac Mapanuepe

Lorsque le mont Pinatubo entra en éruption en 1991, la lave endigua le fleuve Mapanuepe qui arrosait les monts Zambalès. La lente montée des eaux obligea les habitants d'Aglao et de Bajaoen à se réfugier en amont. De là, ils ne purent qu'assister, impuissants, à l'engloutissement de leurs maisons. La population locale a reconstruit ses villages sur les rives du tout nouveau lac Mapanuepe, niché dans les monts Zambalès, à environ 15 km à l'est de San Marcelino.

Jadis à une courte distance d'Aglao à dos de *carabao* (buffle), ces villages ne sont désormais accessibles qu'en bateau et demeurent primitifs ; vous croiserez certainement des Aetas vêtus de leur pagne traditionnel. De là, vous pourrez aussi suivre le chemin moins fréquenté qui mène au sommet du **mont Pinatubo** (1 450 m) ; vous ne devriez pas avoir de mal à trouver un guide local.

Au milieu du lac Mapanuepe se trouve l'**église engloutie de Bajaoen**, facilement reconnaissable à sa croix marron qui dépasse à la surface de l'eau. On peut essayer d'observer l'église en faisant du snorkeling, mais la visibilité est souvent très médiocre.

Par temps sec, 2 ou 3 jeepneys relient Aglao depuis San Marcelino (45 min), avec une vue imprenable sur le mont Pinatubo en chemin. Quand il a plu, la route est difficilement praticable et le service de jeepney peut se réduire à un départ par jour, voire être suspendu. Un *bangka* jusqu'à l'église engloutie depuis le "port" d'Aglao coûte environ 700 P. Tous les bus circulant entre Olongapo et Iba s'arrêtent à San Marcelino.

Iba et Botolan

☎047 / 96 000 HABITANTS

Ces deux villes voisines, à environ 45 km au nord de San Antonio, sont un bon point de chute pour des randonnées dans les monts Zambalès. Les nombreux resorts de ce secteur ne sont plus d'une prime jeunesse, mais certains sont peu à peu rénovés. Cybercafés, DAB, chaînes de fast-food habituelles (Jollibee), combats de coqs, on y trouve tous les signes de la vie urbaine philippine.

Activités

Mont Tapulao RANDONNÉE
La randonnée la plus prisée est l'ascension du **mont Tapulao** (2 037 m), la plus haute montagne, enveloppée de brume, de la chaîne des Zambalès. On peut s'y rendre à pied ou prendre un 4x4 et suivre la route minière qui s'arrête à environ 1 heure de marche du sommet. Cette route de 18 km part de Dampay, à la périphérie de Palauig. Pour atteindre Dampay, prenez un tricycle à Palauig (150 P, 40 min). Si vous roulez vers le nord, prenez à droite de la route nationale, à environ 2 km au nord de Palauig. La route peut être impraticable lorsqu'il a plu.

Où se loger et se restaurer

Si vous suivez en voiture la côte de Zambalès du sud au nord, c'est ici que commence à apparaître la masse des complexes hôteliers.

BOTOLAN

Botolan Wildlife Farm PENSION $
(☎0917 734 2206 ; www.botolanwildlifefarm.com ; barangay San Juan ; ch 650 P). Au pied des monts Zambalès, l'excentrique zoologue suisse Martin Zoller a créé cet hébergement

touristique doublé d'une **réserve** (adulte/enfant 75/65 P) où vit un petit groupe d'animaux recueillis, dont un très grand tigre de Sibérie. Les chambres jouissent d'une vue imprenable sur les enclos des bêtes et la montagne. Pour vous y rendre, prenez un tricycle (75 P) ; c'est à 4 km à l'est de l'embranchement bien indiqué sur la route nationale, juste au sud du centre de Botolan.

Martin Zoller a aussi mis en place un programme de développement pour relancer le village aeta de Cabatuan, à 20 km à l'est de Botolan et accessible uniquement en charrette tirée par un carabao. Renseignez-vous pour le visiter ou y faire du bénévolat.

Rama Beach Resort COMPLEXE BALNÉAIRE **$$**
(☎0918 910 1280 ; www.ramabeach.com ; d 1 400 P, s avec ventil/clim 900/1 000 P, bungalows à partir de 1 200 P ; ❄📶🏊). Un établissement tenu par des Australiens, sur une plage paisible à 8 km au sud de Botolan où des tortues nichent entre octobre et février. Chambres ravissantes et agréable restaurant.

IBA

Les resorts d'Iba sont regroupés dans le Bangantalinga, à 3 km au nord.

Sajorda River Park COMPLEXE HÔTELIER **$$**
(☎811 3665 ou 0908 881 2148 ; www.sajordariverpark.com ; d/q/ste à partir de 1 500/1 800/3 500 P ; ❄📶🏊). À environ 1 km au nord d'Iba (guettez les panneaux sur la route principale), cet établissement sérieux se tient dans l'intérieur des terres, à 3 km de la plage. Gaies et colorées, les chambres présentent un décor ô combien philippin, rehaussé de fanfreluches et de peintures florales. Excursions possibles dans les environs.

Palmera Garden Beach Resort COMPLEXE HÔTELIER **$$**
(☎811 2109 ou 0917 464 1377 ; www.palmeragarden.com ; s/d/f 1 200/2 500/3 040 P ; ❄📶🏊). Ce complexe tenu par des Suisses offre la meilleure prestation du secteur en termes de service et le meilleur restaurant. Bien que médiocres, les chambres s'avèrent d'une qualité supérieure pour le Zambalès.

Tolyo Pension PENSION **$**
(☎811 1266 ou 0910 273 4260 ; www.cafetolyo.8k.com ; route nationale ; s/d à partir de 450/750 P ; ❄📶). Au lieu de payer une fortune pour loger sur la plage quelconque de Bangantalinga, choisissez cette adresse sans prétention dans le centre-ville d'Iba, à côté du bâtiment du gouvernement provincial.

ℹ Depuis/vers Iba et Botolan

Victory Liner (☎811 1392) assure des liaisons (toutes les heures 5h-18h) entre Iba et Caloocan, à Manille (342 P, 5 heures), via Olongapo (145 P, 2 heures). Des bus faisant le même itinéraire partent aussi de Pasay, à Manille (357 P), à 5h, 10h30, 12h, 14h et 23h. D'autres prennent la route vers le nord toutes les 20 minutes à destination de Santa Cruz (83 P, 1 heure 30).

Au nord d'Iba

Les possibilités de croisières inter-îles et de camping sur la plage sont encore plus nombreuses entre les provinces de Zambalès et de Pangasinan. Au large de Santa Cruz, l'**île Hermana Menor** est bordée par une belle plage de sable blanc d'où vous pourrez faire du snorkeling. L'île est privée mais le SeaSun Beach Resort (ci-après) y organise des excursions en *bangka* (2 500 P), et on peut visiter l'île voisine, **Hermana Mayor**.

Un peu plus au sud, l'**île Potipot** (entrée 50 P) est plus accessible et plus populaire. Camping possible sur la plage de sable blanc. Pour vous y rendre, adressez-vous au SeaSun Beach Resort (800 P).

En continuant vers le nord, Tambobong est la porte d'entrée vers **Snake Island**, un paradis pour le snorkeling, à 25 minutes au large en *bangka*. L'île étant difficilement accessible, on a toutes les chances d'y être seul. Au départ du marché de Dasol, 2 ou 3 jeepneys circulent tous les jours le long de la petite route côtière jusqu'à Tambobong (35 P, 45 min). Vous pouvez aussi prendre un tricycle (600 P, 1 heure). Négociez avec les pêcheurs locaux la traversée en *bangka* jusqu'à l'île (environ 800 P), et pensez à organiser votre retour si vous restez jusqu'au lendemain.

Tenu par des Danois, le **SeaSun Beach Resort** (☎0917 409 3347 ; www.seasun.com.ph ; barangay Sabang ; d avec ventil/clim 600/2 000 P), à Santa Cruz, donne sur une plage agréablement isolée, avec vue sur Hermana Menor et Hermana Mayor. Chambres sommaires avec ventilateur ou doubles plus sophistiquées avec minibar et TV. Le complexe se trouve à 1,5 km en retrait de la route principale ; prenez l'embranchement bien indiqué à 2 km au sud de Santa Cruz.

Victory Liner propose des bus réguliers pour Iba et Olongapo vers le sud, et pour Alaminos et Lingayen vers le nord. Des bus locaux (sans climatisation) font la navette sur ce trajet durant la journée.

GOLFE DE LINGAYEN

Dominant le littoral de la province de Pangasinan, le golfe de Lingayen est parsemé d'îles émeraude se détachant sur des eaux azur et turquoise. Il joua un rôle déterminant au cours de la Deuxième Guerre mondiale. En décembre 1941, les envahisseurs japonais firent leur première grande opération amphibie aux Philippines, au sud de Bauang (La Union). Trois ans plus tard, les troupes de libération américaines débarquèrent plus au sud-ouest, à Lingayen et San Fabian.

Malheureusement, les récifs coralliens ont été presque entièrement détruits par la pêche à la dynamite ou au cyanure. Néanmoins, de nombreux resorts bordent la côte entre Bolinao et San Fernando (La Union), qui est devenue une destination prisée pour débuter le surf.

Bolinao et plage de Patar

☎075 / 69 500 HABITANTS

Bolinao donne l'impression d'être au bout du monde, ce qui n'est pas faux géographiquement parlant. Ses complexes balnéaires paraîtront à certains d'une solitude romantique, à d'autre un brin désolés. On vient ici surtout pour la "plage" de Patar, une étendue de sable longue et étroite reliant Bolinao au *barangay* Patar, situé à 18 km au sud. Vous y trouverez des plages propices à la baignade, la plus belle étant White Beach, à Patar même, que domine l'imposant phare du cap Bolinao, construit par les Espagnols. Bolinao compte de nombreux cybercafés mais aucun DAB n'existait lors de nos recherches.

À voir et à faire

♥ **University of the Philippines Marine Science Institute** CENTRE DE RECHERCHE

(☎554 2755 ; www.msi.upd.edu.ph/bml ; 10 P ; 8h-17h lun-ven). Dans cet institut de recherche fort intéressant et doté d'un centre d'accueil des visiteurs, on cultive des palourdes géantes productrices de corail pour les transplanter au parc national Hundred Islands et jusqu'en Malaisie et en Australie. L'institut se situe à 1,5 km à l'est du quai de Bolinao ; repérez l'embranchement signalé à droite, 200 m avant la jetée.

L'institut océanographique peut organiser des sorties snorkeling dans les parcs, tout comme les resorts de la plage de Patar. Le prix moyen pour un *bangka* de 8 personnes est de 1 200 P aller-retour (certains complexes font payer plus cher). On peut aller observer les épaves avec le **Cape Bolinao Diving Centre** (☎0929 307 7515 ; lopecaacbay@yahoo.com ; Celino St, Bolinao ; 500 P la plongée).

Golfe de Lingayen

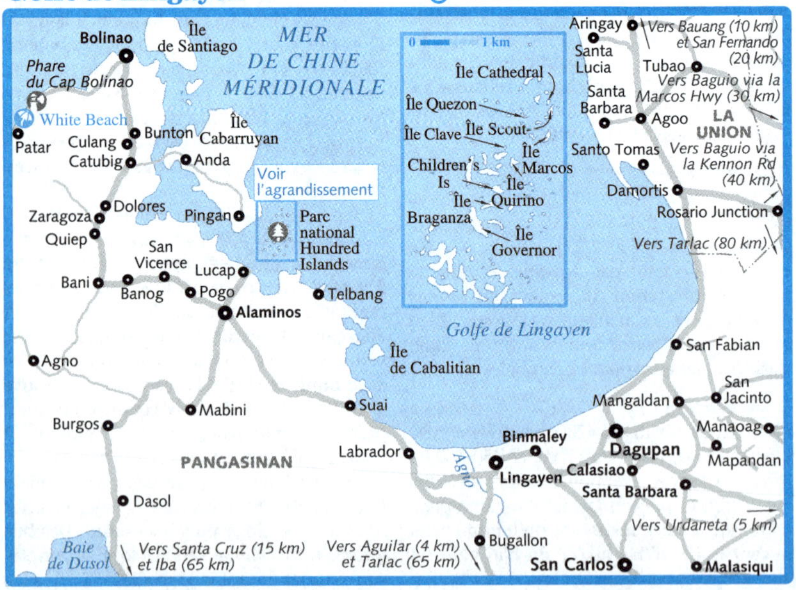

Église Saint-Jacques PATRIMOINE RELIGIEUX
Construite par les Augustins en 1609, cette église (Church of St James), sur la place de la ville, se distingue par son influence mexicaine. Sur son autel s'élèvent deux statues aztèques. Elles auraient été apportées à Bolinao par d'anciens marchands (qui, très certainement, ne venaient pas des Amériques). Les *santos* (statues religieuses) en bois sur la façade de l'église sont à voir, car nombre d'entre elles ont été volées dans le pays.

Où se loger et se restaurer

BOLINAO

Sundowners Bistro Bolinao POISSON $$
(☎554 2800 ; d 900 P ; ❄). En plus d'être la meilleure table de Bolinao, ce restaurant (plats 100-150 P) en plein air avec vue sur le quai possède au 3e étage deux chambres.

PLAGE DE PATAR

Treasures of Bolinao COMPLEXE BALNÉAIRE $$$
(☎696 3266, 0921 564 2408 ; bungalow/d/ste à partir de 4 000/4 800/5 800 P ; ❄≋). À 17 km de Bolinao et aussi somptueux que peut l'être un resort dans cette partie de Luzon, l'établissement comprend des villas chics, des bungalows haut de gamme et de vastes chambres superbement meublées avec vue sur l'océan. Belle plage de sable fin.

Punta Riviera COMPLEXE BALNÉAIRE $$$
(☎696 1350 ; www.puntarivieraresort.com ; ch à partir de 3 000 P ; ❄≋). Ce qui s'apparente le plus à un complexe balnéaire "multiservices" à Bolinao. Kayaks de mer gratuits.

Comment s'y rendre et circuler

Victory Liner et Five Star font circuler des bus le matin et deux bus l'après-midi à destination de Cubao, à Manille (432 P, 6 heures 30).

Des bus et des minibus font la navette jusqu'à Alaminos (45 P, 1 heure).

Un tricycle pour les resorts de la plage de Patar coûte entre 150 et 175 P l'aller, selon l'arrêt.

Parc national Hundred Islands

☎075

Ce petit **parc national** (☎552 7777 ; www.hundredislands.ph ; entrée journée/journée et nuit 20/40 P, bateau 800/1 400 P) se trouve au large d'Alaminos, à 35 km au sud-est de Bolinao. Dit des Cent Îles, il est en fait formé de 123 îlots qui se résument pour certains à de gros rochers. Au fil des siècles, les marées ont érodé la base de certaines de ces îles calcaires qui ont pris des airs de champignons.

Les Hundred Islands sont malheureusement victimes de leur succès, les touristes comme les pêcheurs ayant mis l'environnement à rude épreuve. Il devient aujourd'hui difficile de trouver une île où les coraux n'ont pas été victimes de la pêche à la dynamite ou des typhons. De ce fait, mieux vaut consacrer du temps à l'exploration du site, car une simple journée d'excursion risque fort de vous laisser sur votre faim.

La situation sur le plan environnemental s'améliore depuis que la municipalité d'Alaminos a pris la direction du parc en 2005. Des vedettes patrouillent dans les eaux du parc 24h/24, à la recherche d'éventuels braconniers. De son côté, l'University of the Philippines Marine Science Institute de Bolinao a réintroduit les palourdes géantes, ce qui aide le corail à se rétablir.

À voir et à faire

Pour entrer dans le parc, rendez-vous au quai de Lucap et achetez votre billet à l'office du tourisme, qui peut garder les bagages en dépôt. Les trois îles les plus populaires sont les **îles Quezon**, **Governor** et **Children**. Leurs plages n'ont rien d'exceptionnel, mais l'île Governor jouit d'un beau panorama. Le week-end, préférez les îles secondaires, les premières étant envahies par les familles nombreuses et les vendeurs ambulants. Les eaux calmes et peu profondes de Children, la bien nommée, attirent les familles.

Vous pourrez pratiquer le snorkeling dans l'un des sites accueillant les palourdes géantes, mais ils sont difficiles à trouver ; renseignez-vous auprès du bureau du parc.

100 Islands Ocean Sports SPORTS
(☎551 2246 ; Lucap waterfront). Le kayak en tandem est de loin le meilleur moyen de découvrir le parc. On peut en louer un auprès de 100 Islands Ocean Sports (500 P/jour) et l'embarquer avec soi sur un *bangka*, ou bien en louer un directement sur l'île Quezon (650 P/heure). Ce prestataire organise aussi des sauts de plusieurs mètres dans un bassin de la grotte sous-marine Imelda, sur l'île Marcos. Vous pourrez également faire de la plongée sous-marine, et même vous initier au "snuba" (plongée avec un tuyau de 12 m relié à un réservoir à la surface). Jim, le propriétaire américain, propose aussi du parachutisme ascensionnel et des excursions de pêche hauturière sur son bateau.

Où se loger et se restaurer

On peut planter sa tente où on le souhaite dans le parc national moyennant 200 P. L'île Quezon offre 6 huttes en nipa pour 2 personnes (500 à 1 100 P), sans électricité. L'île Governor abrite une pension (10 000 P) pouvant accueillir 8-10 personnes et dispose de la climatisation quand l'électricité fonctionne (entre 18h et 6h). Prévoyez des provisions. Réservez et payez au bureau du parc national, à Lucap.

Renseignements

Le **bureau du parc national Hundred Islands** (552 7777 ; www.hundredislands.ph ; 8h-17h) se trouve près du quai dans le *barangay* Lucap. Le bureau encaisse le droit d'entrée et le prix du camping, et édite les tarifs officiels pour la location de *bangka*.

BDO (Banco de Oro), BPI (Bank of the Philippine Islands) et Metrobank disposent de DAB à Alaminos. Deux cybercafés sur place.

Comment s'y rendre et circuler

Five Star et Victory Liner proposent des bus réguliers vers Pasay, à Manille (standard/clim 370/450 P, 5 heures 30), et Santa Cruz (180 P, 1 heure 30), où vous pourrez prendre une correspondance pour Olongapo. Victory Liner assure aussi la liaison avec Baguio (200 P, 3 heures 30, 4/jour).

Comptez 10 minutes en tricycle (60 P, 5 km) entre le centre d'Alaminos et les resorts de Lucap.

Louer un bateau à Lucap pour aller au parc national Hundred Islands coûte 800 P aller-retour (bateau de 5 passagers, une journée). Une croisière inter-îles coûte 200 P de plus.

Lingayen

075 / 95 800 HABITANTS

La capitale de la province de Pangasinan est connue pour avoir été le théâtre du débarquement des troupes américaines venues libérer Luzon en janvier 1945, honorant ainsi la promesse du général MacArthur : "Je reviendrai." Le petit **mémorial de la guerre du golfe de Lingayen**, en plein air, se situe sur la plage, derrière le bâtiment du gouvernement provincial, et rend hommage aux soldats à travers des photos et des descriptions du débarquement. L'aile et la queue d'un avion de chasse américain exposé ont été détruites par le typhon Cosme en 2008.

Le littoral de Lingayen s'anime chaque année le 1er mai avec le défilé de la **Pista'y Dayat**, une fête célébrée en l'honneur des pêcheurs locaux. En dehors de cette semaine de festivités, vous n'aurez pas de raison de vous attarder ici. Préférez Alaminos ou Dagupan, plus animées, à 15 km à l'est.

San Fernando (La Union) et ses environs

072 / 115 000 HABITANTS

Le berceau de la culture surf aux Philippines est le *barangay* Urbiztondo à San Juan, une petite station balnéaire à 6 km au nord de San Fernando, qui offre les meilleures vagues du pays entre novembre et mars. Pendant la saison et pour un prix dérisoire (400 P/heure), des moniteurs donnent des cours sur des vagues idéales pour les néophytes.

À voir

Pagode Ma-Cho TEMPLE

(Carte p. 109). Cet étonnant temple chinois – taoïste et catholique – s'élève en haut d'une colline, juste au nord de San Fernando et mêle l'iconographie des deux cultes. L'effigie de la Vierge de Caysasay, patronne de la communauté philippino-chinoise, est amenée au temple depuis Taal, Batangas, à la mi-septembre, dans le cadre de la fête de la Vierge (une réplique est exposée le reste de l'année).

Freedom Park PARC

(Carte p. 109). Près du bâtiment du gouvernement provincial, le parc de la Liberté (Freedom Park) offre une vue panoramique sur la ville. On y accède par Zigzag Rd ou en gravissant les 153 marches menant à **Heroes Hill**, colline où se dressent les statues de héros nationaux et de présidents philippins.

Activités

Le **surf** est ici la principale activité. Vous trouverez facilement des moniteurs par l'intermédiaire des resorts du *barangay* Urbiztondo, qui louent aussi des planches (200 P/heure). Les meilleures vagues pour les débutants se trouvent généralement à la "cimenterie" (Cement Factory), à Bacnotan, à 6 km au nord de San Juan. La principale plage d'Urbiztondo et sa voisine, Mona Liza Point, offrent souvent de plus grosses vagues. Si vous êtes débutant, prospectez pour dénicher quelqu'un avec qui vous pourrez communiquer aisément car le niveau d'anglais des moniteurs varie.

San Fernando (La Union)

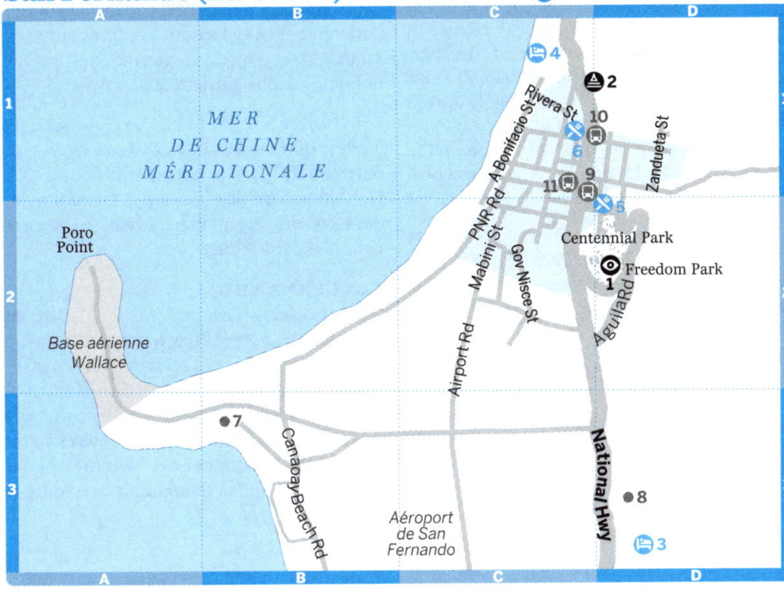

Où se loger

SAN JUAN

Si toutes les adresses bon marché d'Urbiztondo affichent complet, les moniteurs de surf réussiront sans doute à vous trouver un lit pour seulement 500 P.

Sebay Resort COMPLEXE BALNÉAIRE **$$**
(Carte p. 110 ; ☎888 4075 ou 0910 739 5698 ; Urbiztondo ; tr/q avec ventil 1 200/1 400 P, d avec clim à partir de 1 600 P ; ❄📶). Voici une excellente option à l'ambiance décontractée, avec un bon restaurant sur une grande terrasse installée face à la mer. Les chambres sont simples mais propres et les nouveaux bungalows sont d'un rapport qualité/prix correct.

Little Surfmaid COMPLEXE BALNÉAIRE **$$$**
(Carte p. 110 ; ☎888 5528 ; www.littlesurfmaidresort.com ; d à partir de 2 500 P, ste face à la plage 3 900 P ; ❄📶). La "petite sirène" offre un haut niveau de service et l'un des meilleurs restaurants sur la plage. Les suites de 2 chambres sur le rivage, dont la vue depuis le balcon embrasse Mona Liza Point, sont à la hauteur du prix. On ne peut pas en dire autant des doubles standard.

San Juan Surf Resort COMPLEXE BALNÉAIRE **$$**
(Carte p. 110 ; ☎720 0340 ou 0917 880 3040 ; www.sanjuansurfresort.com.ph ; Urbiztondo ; d/q avec clim à partir de 1 500/1 920 P, ventil 890 P ; ❄). L'endroit est devenu un village de surfeurs qui décline une gamme d'hébergements allant de la chambre humide et exiguë à la suite semi-luxe. Ces dernières se tiennent en retrait, dans un haut bâtiment en béton à deux pas de la principale plage.

San Fernando (La Union)

À voir

1	Heroes Hill	D2
2	Pagode Ma-Cho	D1

Où se loger

3	Oasis Country Resort	D3
4	Sea & Sky Hotel	C1

Où se restaurer

5	Cafe Esperanza	D2
6	Taipan Garden Restaurant	C1

Renseignements

7	Bureau de l'mmigration	B3
8	Office régional du tourisme (DOT)	D3

Transports

9	Bus pour Vigan et Laoag	C1
10	Jeepneys pour Bauang et San Juan	D1
11	Minibus pour Baguio	C1

Sunset German Beach Resort COMPLEXE BALNÉAIRE $$
(Carte p. 110 ; ☎888 4719 ou 0917 921 2420 ; www.sunsetgermanbeachresort.com ; barangay Montemar ; d avec ventil/clim 800/1 100 P, ste 2 100 P ; ✱). Un petit resort de luxeux à 3,5 km au nord d'Urbiztondo, avec de jolies chambres douillettes, une plage tranquille propice au surf. Prenez l'embranchement à 1 km au nord de San Juan.

Final Option COMPLEXE BALNÉAIRE $$
(Carte p. 110 ; ☎888 2724 ou 0929 448 5505 ; www.finaloptionbeach.com.ph ; barangay Montemar ; ch/ste avec clim 2 100/3 000 P, ventil 1 000 P ; ✱≋). Cet autre complexe allemand d'appartements et de bungalows au nord d'Urbiztondo donne entièrement satisfaction. Au programme : atmosphère enjouée, grande piscine et honnête cuisine germanique.

Lola Nanny's HÔTEL $$
(Carte p. 110 ; ☎0915 418 4934 ; d avec ventil et sdb commune 800 P, s/d avec clim 1 200/2 500 P ; ✱). Une adresse propre, basique et fonctionnelle, qui convient parfaitement à ceux qui ne viennent que pour le surf.

Environs de San Fernando

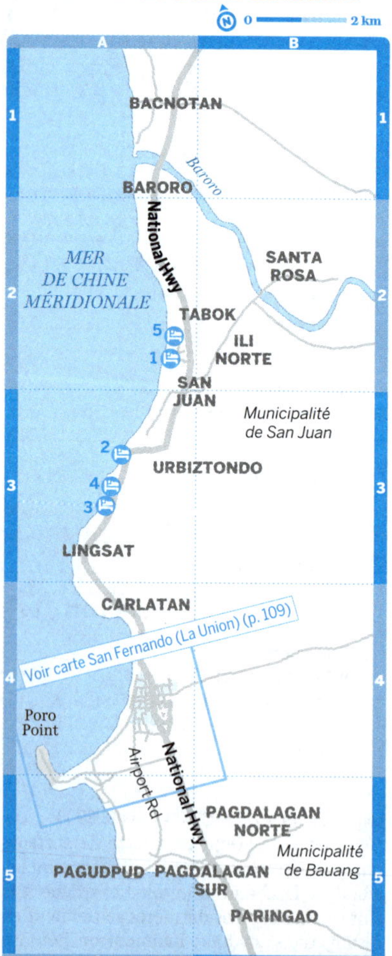

SAN FERNANDO

Oasis Country Resort HÔTEL $$$
(Carte p. 109 ; ☎242 5621 ; www.oasiscountryresort.com ; National Hwy ; s/d à partir de 2 100/3 000 P ; ✱≋). Cet hôtel d'affaires de qualité offre de vastes chambres impersonnelles et des *casitas* (maisonnettes) plus intéressantes au bord de la piscine. Le restaurant sert des sushis et un buffet thématique à volonté le soir.

Sea & Sky Hotel HÔTEL $$
(Carte p. 109 ; ☎242 5579 ; Quezon Ave ; s 600 P, d sous-sol/standard 1 000/1 300 P ; ✱≋). Les doubles de cet immeuble en béton clair et spacieux donnent soit sur la mer, soit sur la nationale, mais elles coûtent le même prix dans les deux cas. Wi-Fi dans le hall.

Où se restaurer et prendre un verre

Les meilleurs endroits où manger à San Juan et Bauang sont les complexes balnéaires. Il existe de nombreux bars dans Pennsylvania Ave en direction de Poro Point, le plus souvent peu recommandables.

Taipan Garden Restaurant CHINOIS $$
(Carte p. 109 ; Purgos St, San Fernando ; plats 80-340 P ; ⌚déj et dîner ; ✱). La palme des restaurants chinois agréablement climatisés de San Fernando. Spécialité de *lapu-lapu* (mérou) cuit à la vapeur et de tofu qui sent fort.

Environs de San Fernando

Où se loger

1	Final Option	A2
2	Little Surfmaid	A3
	Lola Nanny's	(voir 4)
3	San Juan Surf Resort	A3
4	Sebay Resort	A3
5	Sunset German Beach Resort	A2

Cafe Esperanza CAFÉ $
(Carte p. 109 ; Gomez St, San Fernando ; sandwichs à moins de 100 P). Dominant la grand-place, ce lieu à la douce atmosphère sert du café, des desserts et des plats philippins et chinois.

Renseignements

Bureau de l'immigration (BOI ; carte p. 109 ; ☎888 4515 ; Pennsylvania Ave, Poro Point, San Fernando). Prorogations rapides de visas.

Office régional du tourisme (DOT ; carte p. 109 ; ☎888 2411 ; National Hwy, San Fernando ; ⏲8h-17h30). À côté de l'Oasis Country Resort.

Comment s'y rendre et circuler

Partas (☎242 0465 ; Quezon Ave) et **Viron** (☎888 2089 ; Quezon Ave) sont les principales compagnies desservant Manille (500 P, 6-7 heures, au moins 1/heure).

Partas va aussi à Laoag (380 P, 5 heures) et à Vigan (250 P, 3 heures). Des bus moins chers et plus fréquents relient Laoag et Vigan au départ de Quezon Ave, devant la place de la ville.

Des minibus pour Baguio (70 P, 1 heure 30) partent toutes les 10 minutes de Gov Luna St.

Vous pourrez prendre un jeepney pour Bauang et San Juan (18 P) dans Quezon Ave.

Seair et Zest desservaient naguère San Fernando depuis Manille ; les vols auront peut-être repris quand vous lirez ces lignes.

ILOCOS

Vigan

☎077 / 49 000 HABITANTS

Dans l'imaginaire touristique, Vigan fait figure de carte postale avec son lot de demeures en bois foncé, de rues pavées et de *kalesa* (calèches). La réalité de ce site classé au patrimoine mondial de l'Unesco est plus nuancée. Il s'agit certes du plus bel exemple de ville coloniale espagnole subsistant en Asie, mais, en dehors de la rue Crisologo bien restaurée (interdite aux véhicules) et de quelques pâtés de maisons autour, elle s'apparente à bien d'autres agglomérations du pays. Sans chercher à rompre le charme, sachez que tout n'a pas été remis en état. Ainsi apprécie-t-on mieux les lieux vivants où les effluves d'empanadas flottent au milieu des boutiques d'antiquités, des fabriques de poteries et des fenêtres en coquilles de *capiz*.

Histoire

Proche de l'endroit où le fleuve Govantes se jette dans la mer de Chine méridionale, Vigan est devenue une étape commode sur la route de la soie, qui reliait l'Asie, le Moyen-Orient et l'Europe, et un comptoir commercial florissant où l'or, le bois et la cire d'abeille étaient troqués contre des marchandises du monde entier.

En 1572, le conquistador espagnol Juan de Salcedo (petit-fils de Miguel López de Legazpi, l'un des premiers conquistadors) prit possession de ce port international prospère. Il fut nommé lieutenant-gouverneur de la région d'Ilocos, et Vigan s'imposa comme le centre des activités politiques, religieuses et commerciales dans le nord. La ville devint le foyer de la résistance contre les Espagnols lorsque, en 1762, Diego Silang conquit Vigan et la déclara capitale de l'Ilocos Libre. Il fut assassiné, et sa femme, Gabriela Silang, prit le pouvoir. Première femme à mener une révolte aux Philippines, elle fut enlevée et pendue publiquement sur la place de la ville.

Vigan échappa à la destruction pendant la Deuxième Guerre mondiale : les Japonais quittèrent la ville juste avant l'arrivée des bombardiers américains qui annulèrent leur mission à la dernière minute.

À voir

Vigan possède deux places principales proches l'une de l'autre, à l'extrémité nord de la ville : la Plaza Salcedo, dominée par la cathédrale Saint-Paul, et la Plaza Burgos, un lieu de promenade plus animé. L'historique Mestizo District se concentre autour de Crisologo St, non loin. La principale artère commerçante est Quezon Ave, qui s'étend au sud du marché.

Mestizo District QUARTIER HISTORIQUE
La vieille ville de Vigan, le Mestizo District, abrite le plus grand nombre de demeures ancestrales et autres édifices de l'époque coloniale. D'une architecture sino-espagnole unique, ces maisons furent construites par des marchands chinois qui s'installèrent ici et se marièrent entre eux avant de devenir, au XIXe siècle, l'élite locale. Elles incorporent des éléments empruntés aux styles mexicain, caribéen et nord-africain tels que de vastes vérandas lumineuses, des patios luxuriants et des balcons en fer forgé. Parallèlement, l'Asie se manifeste par la présence de bois sombre, de parquets et de fenêtres coulissantes en coquilles de *capiz*.

Le rez-de-chaussée de la plupart des demeures est ceint de murs en pierre et est strictement réservé à l'entreposage et/ou au travail, tandis que le 1er étage, tout en bois, avec sa *sala* (salle de séjour) claire et spacieuse, est un lieu de vie. Les fenêtres en coquilles de *capiz* sont aussi grandes que les portes, et leurs larges rebords sont idéals pour la sieste. Le *capiz* devint à la mode au XIXe siècle car il était moins cher que le verre et assez solide pour résister à la pluie et aux typhons. Le *capiz* donne à la lumière qui le traverse un aspect des plus romantiques.

Si quelques demeures ont été transformées en chambres d'hôte ou en musées, la plupart sont privées. Vous pouvez frapper à la porte (remarquez les heurtoirs en cuivre en forme de main) et voir si le propriétaire accepte de vous faire visiter. Deux maisons sont très intéressantes : la **Quema House** et la **Syquia Mansion** sur Quirino Blvd. Cette dernière a récemment été convertie en **musée** (20 P ; ⌚9h-12h et 13h30-17h) rempli de meubles anciens et d'objets consacrés à la vie d'Elpidio Quirino, natif de Vigan et sixième président des Philippines. Poussiéreuse, elle compte néanmoins parmi les mieux préservées et donne une bonne idée de l'intérieur sino-espagnol traditionnel.

Cathédrale Saint-Paul ÉGLISE

(Burgos St). Cette église fut édifiée dans le “style baroque des tremblements de terre” (une structure imposante et des murs épais) après qu'une construction antérieure fut endommagée par deux séismes, en 1619 et 1627. Le chantier de l'église d'origine, en bois et en chaume, aurait été supervisé par Salcedo en 1574. Le plan octogonal de l'église répondrait aux principes du *feng shui*, la communauté des riches marchands chinois de la ville étant essentiellement chrétienne.

Museo San Pablo MUSÉE

(10 P ; ⌚9h-12h et 14h-17h mar-dim). Situé dans la cathédrale Saint-Paul, le Museo San Pablo est consacré à la religion ; on peut y admirer

Vigan

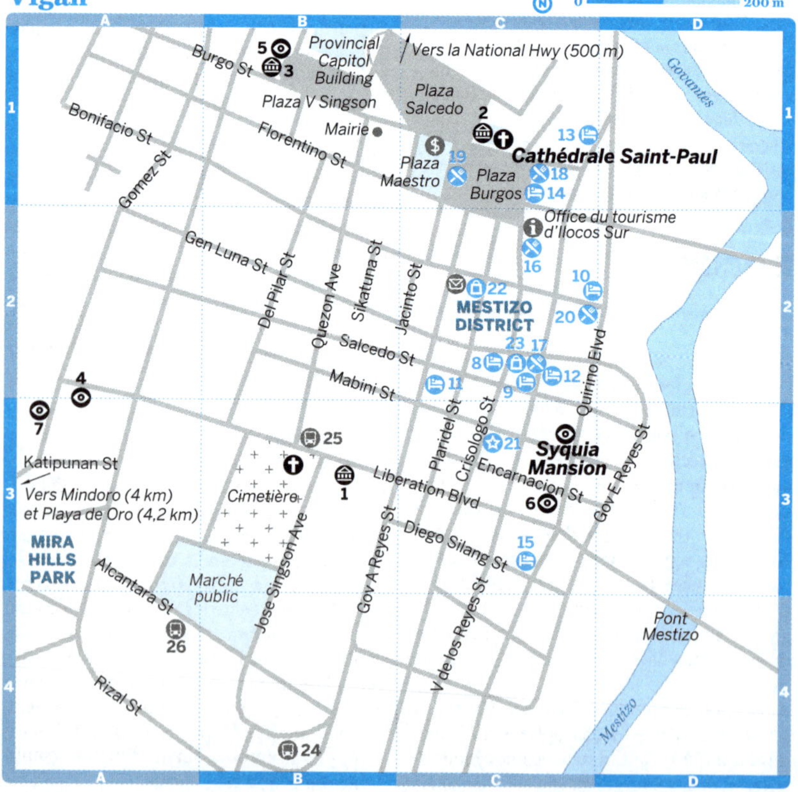

d'anciens *santos* (statues religieuses). Ne manquez pas la superbe collection de vieilles photographies d'un pharmacien allemand qui vécut à Vigan à la fin des années 1800.

Musée National Padre José Burgos MUSÉE
(Musée Ayala ; Burgos St ; 10 P ; ⏲8h30-11h30 et 13h30-16h30 mar-dim). Ce musée occupe la maison datant de 1788 où vécut le père José Burgos, l'un des trois prêtres martyrs exécutés par les Espagnols en 1872. Il conserve une importante collection d'objets ilocano, dont une série de tableaux de l'artiste local, Don Esteban Villanueva, dépeignant la révolte du *Basí* en 1807, contre les Espagnols et leur monopole sur la vente du vin de canne à sucre. Tapisseries, bijoux tingguians (itnegs), instruments de musique, poteries et outils agricoles et de pêche sont aussi exposés.

Juste à côté s'élève la **prison provinciale**, construite en 1657.

Fabriques de poterie ARTISANAT
Avant l'arrivée des Espagnols, les colons chinois tirèrent profit des abondantes ressources en argile de la région et développèrent une industrie de la poterie toujours active de nos jours. Les *burnay* (pots en terre) sont utilisés pour la fermentation du *basí* (vin de canne à sucre) et du *bagoong* (beurre de poisson), mais on peut aussi en voir dans les maisons et les jardins. Vous pouvez visiter des fabriques de poterie sur Liberation Blvd, près du croisement avec Gomez St. Le four de **RG Jar** (Gomez St), de 50 m de long, date de 1823 et peut contenir près de 1 000 pots. Un *carabao* est parfois utilisé pour piétiner l'argile. Les potiers aiment faire une pause cigarette en regardant les touristes qui tentent maladroitement de sculpter la terre. Faites-leur plaisir en achetant un petit souvenir.

Tisserands ARTISANAT
Les tisserands de Vigan ont la particularité d'utiliser de l'*abel*, un tissu en coton fabriqué localement, pour tisser à la main des châles, des nappes, des serviettes et des *barong* (chemises traditionnelles). Dans le *barangay* Camanggaan, à 10 minutes en tricycle au sud-est de Vigan, vous pourrez voir des tisseurs d'*abel* en action à l'**atelier de tissage de Rowilda** (weaving factory).

Dans le *barangay* Mindoro, près du resort Playa de Oro, on peut voir des tisserands sur des métiers à lanière dorsale fabriquer des couvertures *binakol* (motifs traditionnels).

Des *binakol* de meilleure qualité, notamment des couvertures anciennes de la province voisine d'Abra, sont en vente chez Mira Furniture et dans de nombreuses boutiques de Crisologo St.

Vigan

Les incontournables
- Cathédrale Saint-Paul C1
- Syquia Mansion C3

À voir
- 1 Crisologo Museum B3
- 2 Museo San Pablo C1
- 3 Musée National Padre José Burgos B1
- 4 Fabriques de poterie A2
- 5 Prison provinciale B1
- 6 Quema House C3
- 7 RG Jar A3

Où se loger
- 8 Cordillera Inn C2
- 9 Gordion Inn C2
- 10 Grandpa's Inn C2
- 11 Hem Apartelle C2
- 12 Hotel Salcedo de Vigan C2
- 13 Vigan Hotel C1
- 14 Vigan Plaza Hotel C1
- 15 Villa Angela C3

Où se restaurer
- 16 Cafe Leona C2
- Cafe Uno .... (voir 10)
- 17 Leila's Café C2
- 18 Royal Bibingka C1
- 19 Stands de rue C1
- 20 Uno Grille C2

Où sortir
- 21 Legacy C3

Achats
- 22 Mira Furniture C2
- 23 Rowilda's C2

Transports
- 24 Bus pour Bangued B4
- 25 Dominion Bus Lines B3
- 26 Gare routière Partas A4

GRATUIT **Musée Crisologo** MUSÉE
(Liberation Blvd ; 8h30-11h30 et 13h30-16h30 mar-sam). Les Crisologo, la plus importante dynastie politique de Vigan, ont également transformé leur demeure ancestrale en une sorte de temple familial singulier mais intéressant, le musée Crisologo. En plus des habituels livres, photos et autres objets personnels, vous pourrez admirer la vieille Chevrolet dans laquelle se trouvait la gouverneur Carmeling Crisologo lorsqu'elle tomba dans une embuscade en 1961 (dont elle réchappa).

Fêtes et festivals

Festival des arts Viva Vigan CULTURE
Cette fête célébrant le patrimoine culturel de la ville a lieu la 1re semaine de mai. Au programme : danse de rue, défilé de mode, défilé de *kalesa*, et spécialités culinaires.

Fiesta de la ville de Vigan CULTURE
Durant la 3e ou 4e semaine de janvier, la fête honore le saint patron de la ville, l'apôtre saint Paul. Défilé et spectacles musicaux.

Où se loger

Les tarifs baissent d'environ 20% de juin à octobre.

Villa Angela HÔTEL HISTORIQUE $$
(722 2914 ; www.villangela.com ; 26 Quirino Blvd ; dort/d/q avec petit-déj à partir de 700/1 500/2 800 P ;). Cet hôtel qui a plus de 130 ans a conservé intact son charme d'antan. Les chambres imposantes arborent de fabuleux meubles d'époque (lit à baldaquin king-size en bois de nara, harpe, etc.). C'est ici que logèrent Tom Cruise, Willem Dafoe et d'autres acteurs célèbres lors du tournage de *Né un 4 juillet* (1989).

Hotel Salcedo de Vigan HÔTEL $$$
(722 1200 ; www.hotelsalcedodevigan.com ; angle V de los Reyes St et Salcedo St ; standard/deluxe/ste avec petit-déj à partir de 2 340/3 510/3 960 P ;). Des présidents philippins sont descendus dans cet hôtel décoré à l'ancienne, alors pourquoi pas vous ? Les chambres ont des murs vieillis jaune moutarde et des lits moelleux. Service professionnel.

Grandpa's Inn HÔTEL HISTORIQUE $$
(722 2118 ou 0917 580 2118 ; 1 Bonifacio St ; d avec/sans clim à partir de 1 350/800 P, petit-déj inclus ;). Avec son choix impressionnant de chambres et son service de qualité, le Grandpa's reste une valeur sûre. Toutes les chambres sont décorées de murs en brique, de fenêtres en coquilles de *capiz*, de poutres et de meubles anciens. Deux d'entre elles ont même une *kalesa* en guise de lit. Dommage que certaines soient plutôt étriquées et pourvues d'une salle de bains minuscule.

Hem Apartelle PENSION $
(722 2173 ou 0917 519 1888 ; 32 Gov A Reyes St ; ch à partir de 600 P ;). Loin de l'architecture classée, cette pension climatisée se contente d'être l'aubaine des petits budgets. Sans rien de superflu, ses chambres avec TV respirent la propreté des sols aux draps en passant par les toilettes – bingo !

Cordillera Inn HÔTEL $$
(722 2727 ; www.cordillerainn.cjb.net ; 29 Crisologo St ; d avec ventil/clim à partir de 1 050/1 500 P ;). L'emplacement imbattable vaut mieux que les murs peints en rose. Lors de notre passage, le Wi-Fi fonctionnait dans le hall et les chambres proches.

Gordion Inn HÔTEL $$
(722 2526 ; gordionhotel@yahoo.com ; angle V de los Reyes St et Salcedo St ; d avec ventil 900 P, d avec clim et petit-déj à partir de 1 800 P ;). On reconnaît facilement ce B&B à son éclatante façade bleu et jaune. Un bâtiment neuf en béton renferme de belles chambres spacieuses, une maison ancienne d'autres un peu fatiguées, mais avec plus de cachet.

Vigan Plaza Hotel HÔTEL $$$
(722 8552 ; vphotel@pldtdsl.net ; Plaza Burgos ; s/d/ste avec petit-déj à partir de 2 300/3 100/4 400 P ;). Une adresse haut de gamme valable qui allie le confort moderne au charme de l'ancien.

Vigan Hotel HÔTEL $
(722 1906 ; Burgos St ; s/d avec ventil et sans sdb 395/495 P, d avec clim, sdb et petit-déj 1 395 P ;). Sommaire mais bon marché. Le propriétaire a juré de ne pas augmenter ses tarifs.

Où se restaurer et prendre un verre

La région d'Ilocos est réputée pour sa cuisine. Parmi les spécialités locales, citons le *pinakbét* (légumes sautés), le *bagnet* (jarret de porc frit) et le *puqui-puqui* (plat à base d'aubergines grillées). Pour un en-cas typique et pas cher, rendez-vous auprès des nombreux stands qui bordent Florentino St, le long de Plaza Burgos. Ils vendent des empanadas, de l'*okoy* (omelette frite aux crevettes) et du *sinanglao* (soupe de bœuf).

Uno Grille FUSION $$
(Bonifacio St ; plats 100-180 P ; 📶). Tenu par les patrons du Grandpa's Inn voisin, il égale en qualité l'excellent restaurant de ce dernier et réussit tous les plats de sa carte très fournie. Le **Cafe Uno** (1 Bonifacio St ; pâtisseries 60 P ; 📶) appartient aux mêmes propriétaires.

Leila's Cafe CAFÉ $
(Gen Luna St ; plats 30-80 P ; ⏲7h30-21h30 ; 📶). Le genre de café que chaque ville devrait avoir : salle vaste et lumineuse, jeunes gens qui discutent avec animation ou lisent dans un coin et connexion Internet rapide. La carte se compose de savoureux plats au four.

Cafe Leona PHILIPPIN $$
(Crisologo St ; repas 100-300 P). Ce restaurant fréquenté qui déborde sur Crisologo St est un don du ciel pour les voyageurs cherchant de quoi se sustenter et se désaltérer après une longue journée. Il propose de délicieuses spécialités japonaises et régionales, auxquelles s'ajoutent des buffets de pâtes à volonté. On déplorera seulement le mobilier en plastique du patio et le bruyant bar-karaoké en plein air juste à côté.

Royal Bibinkga PÂTISSERIE $
(8 Florentino St ; bibingka 20 P). On fabrique à Vigan l'un des meilleurs *bibingka* (gâteau à la farine de riz) du pays. Celui confectionné ici est sucré, dense et spongieux.

Legacy CLUB
(Crisologo St). La modeste concession de Vigan à la vie nocturne. L'intérieur évoque un lounge new-yorkais incongru dans ces parages et des rythmes électro secouent les murs. Soirée dames (avec une bière gratuite) le mercredi et danses de salon le jeudi.

Achats

Des magasins d'antiquités et de textiles jalonnent Crisologo St de part et d'autre. En marchandant ferme, on peut faire quelques affaires.

Mira Furniture MOBILIER
(Angle Plaridel St et Bonifacio St). Possède une bonne sélection de meubles et prend des commandes pour des pièces sur mesure.

Rowilda's ARTISANAT
(Crisologo St). Des articles tissés en *abel* et fabriqués dans le *barangay* Camanggaan sont en vente dans les magasins de souvenirs et d'antiquités qui bordent Crisologo St. Rowilda's en propose un choix très intéressant.

Renseignements

Nombre de cybercafés et de banques avec DAB sont concentrés dans Quezon Ave.

Office du tourisme d'Ilocos Sur (☎722 8771 ; 1 Crisologo St ; ⏲8h-12h et 13h-17h). Dans la maison ancestrale de la poétesse Leona Florentino, un personnel fort compétent propose des visites guidées gratuites de Vigan.

Poste (angle Bonifacio St et Gov A Reyes St)

Depuis/vers Vigan

Interisland Airways (☎02-852 7789 ; www.interislandairways.com) dessert Vigan au départ de Manille.

Les bus pour Manille (700 P, 9 heures) sont très nombreux. **Dominion Bus Lines** (☎722 2084 ou 741 4146 ; angle Liberation Blvd et Quezon Ave) assure la liaison avec Cubao et Sampaloc. **Partas** (☎722 2350 ; Alcantara St) dessert Cubao et Pasay, avec des départs 3 soirs/semaine dans des bus express "deluxe" (29 places 820 P, 8 heures) ; la compagnie assure également une liaison régulière vers Laoag (180 P, 2 heures) et Baguio (350 P, 5 heures). **Florida** (☎02-743 3809) assure 3 bus de nuit de 29 places (deluxe/super deluxe/couchettes 550/750/850 P) qui partent chaque matin pour Manille. Fiable, **Ancieto** (☎02-73 3809) est la meilleure compagnie du lot, avec des bus ordinaires mais confortables partant tous les matins (420 P).

De nombreux autres bus à destination de Laoag et de Manille s'arrêtent à la station-service Caltex, sur la National Highway, juste à la sortie de Vigan. Des bus en direction du sud passent par San Fernando (210 P, 3 heures 30), avec un départ toutes les 2 heures environ.

Des bus pour Bangued (100 P, 1 heure 30, toutes les 30 min jusqu'à 16h30) partent de la principale gare des bus et jeepneys, non loin du marché public.

Comment circuler

Vigan est l'une des rares villes philippines où les *kalesa* sont encore en service (150 P/heure). Comptez autour de 1 000 P pour un circuit d'une journée, mais choisissez bien votre chauffeur, car tous ne parlent pas bien anglais. Un trajet en tricycle en ville coûte 10 P, davantage la nuit.

Environs de Vigan

Au sud de Vigan, l'**église Santa Maria** mérite le trajet d'une heure en voiture. Inscrite au patrimoine de l'humanité par l'Unesco, cette gigantesque structure baroque édifiée en 1769 est tout à fait unique. Dotée d'une imposante façade en brique, elle s'élève seule sur une colline – et non sur une place comme la plupart des églises espagnoles – et surplombe la ville de Santa Maria. On comprend aisément pourquoi elle a été utilisée comme forteresse durant la Révolution philippine de 1896.

À Magsingal, à 11 km au nord de Vigan, des vestiges du passé ilocano et de la Cordillère sont exposés dans une annexe du **Musée national** (entrée libre ; ⏲8h-12h et 13h-17h lun-ven). Le vieux clocher (1732) d'une église en ruine s'élève devant le musée. Le musée en lui-même était autrefois le couvent de l'église, qui fut remplacée en 1827 par l'**église Magsingal** voisine. Cette dernière abrite deux curieuses sculptures de sirènes.

Laoag

☎077 / 102 500 HABITANTS

À l'instar de Vigan, Laoag est chargée d'histoire, mais on ne distingue guère aujourd'hui dans cette ville bruyante les traces de son passé. Les gens restent ici favorables à l'ancien dictateur Marcos, toujours révérencieusement appelé "président Marcos".

À voir

Cathédrale Saint-Guillaume ÉGLISE

Cette cathédrale (St William's Cathedral) de style Renaissance italienne fut édifiée dans les années 1870. Son **clocher** (Belltower), exposé aux intempéries, s'enfonce petit à petit dans la terre meuble qui borde la rivière.

Museo Ilocos Norte MUSÉE

(☎770 4587 ; www.museoilocosnorte.com ; Gen Antonio Luna St ; 20 P ; ⏲9h-12h et 13h-17h lun-sam, à partir de 10h dim). Logé dans l'entrepôt Tabacalera historique, le rutilant Museo Ilocos Norte est l'un des plus beaux musées ethnographiques des Philippines. Il présente une importante collection d'objets culturels ilocanos, igorots et itnegs, et possède une boutique de souvenirs plutôt correcte.

Où se loger

Isabel Suites HÔTEL $

(☎770 4998 ; www.isabelsuites.com ; Gen Segundo Ave ; s/d à partir de 850/1 300 P ; ❄📶). Nettes à défaut d'être spacieuses, les chambres doubles ont de grands lits confortables. Grâce à l'insonorisation un peu au-dessus de la moyenne, vous pourrez peut-être dormir jusqu'à 6h30 !

Java Hotel HÔTEL $$$

(☎770 5596 ; javahotel@gmail.com ; Gen Segundo Ave ; ch/ste avec petit-déj à partir de 2 180/3 200 P ; ❄📶🏊). Si la station-service sur le parking et les chambres ne cadrent pas tout à fait avec le style balino-marocain de l'hôtel, ces dernières sont néanmoins grandes et confortables pour la région.

Texicano Hotel HÔTEL $

(☎772 0606 ; Rizal Ave ; ch avec ventil et avec/sans sdb 400/250 P, d avec/sans clim à partir de 4 000/800 P ; ❄📶). Même les employés de l'office du tourisme admettent que le Texicano est "un peu vieux", mais il a toujours la faveur des routards.

Où se restaurer et prendre un verre

Dap-ayan ti Ilocos Norte PLEIN AIR $

(Angle Rizal Ave et V Llanes St ; plats à partir de 50 P). Cet espace de restauration en plein air permet de goûter aux spécialités locales, tels le *bagnet*, les empanadas et les légendaires *longganisa* (saucisses) d'Ilocos.

Macy's Diner FUSION $

(Gen Segundo Ave ; plats à partir de 80 P ; ⏲petit-déj, déj et dîner). Dans ce diner américain des années 1950 installé sous l'Isabel Suites, on peut commander une assiette de crevettes séchées et fermentées pour accompagner son burger-frites.

La Preciosa PHILIPPIN $$

(☎773 1162 ; Rizal Ave ; plats 150 P ; ⏲déj et dîner). Le restaurant le plus chic de Laoag est chaudement recommandé pour ses généreuses portions de spécialités régionales, comme le *pinakbét* et le foie de porc grillé.

Renseignements

Les grandes banques ont toutes des agences à l'intersection entre Gen Segundo Ave et Rizal Ave, la principale artère commerçante de Laoag. Les avenues Gen Segundo et Primo Lazaro abritent de nombreux cybercafés.

Bureau de l'immigration (BOI ; ☎771 6855 ; Alejandro Bldg, AG Tupaz St). Prorogation de visas.

Depuis/vers Laoag

Les vols PAL et Cebu Pacific pour Manille partent de l'aéroport situé à 7 km à l'ouest de la ville. Des jeepneys pour l'aéroport (15 P, 10 min) partent de Fariñas St ; la plupart indiquent "Laoag-Gabu".

De nombreuses compagnies de bus desservent Manille (à partir de 650 P, 9 à 11 heures), dont

LE LEAD, PIONNIER DU TOURISME VERT

À Laoag, contactez absolument le **Laoag Eco-Adventure Development Movement** (LEAD ; ☎077-772 0538 ou 0919 873 5516 ; http://leadmovement.wordpress.com) qui s'efforce de promouvoir un tourisme respectueux de l'environnement à Ilocos Norte. Si ses activités concernent avant tout le teambuilding et les voyages scolaires, les visiteurs occasionnels peuvent s'adresser à cet organisme pour pratiquer le sandboard sur des dunes proches de Laoag évoquant le Sahara. L'agence affiliée **Wen! Travel & Tours** (☎077-770 3420 ou 0917 511 1050 ; wentravelandtours.tripod.com) facture autour de 2 500 P pour un groupe jusqu'à 4 personnes. Elle organise aussi des treks, des descentes en rafting et d'autres formules d'aventure écologiques dans toute la région.

Partas (☎772 1615 ; Gen Antonio Luna St), **Fariñas Trans** (☎772 0126 ; F. R. Castro Ave) et **Maria de Leon** (☎770 3532 ; A. G. Tupaz St). La plupart proposent quelques bus express "deluxe" qui roulent de nuit.

Partas assure une liaison régulière vers Baguio (500 P, 7 heures). Tous les bus en direction du sud s'arrêtent à Vigan (140 P, 2 heures).

GMW/GV Florida (☎771 6466 ; Gen Segundo Ave) offre 5 liaisons/jour vers Tuguegarao (env 500 P, 7 heures) via Pagudpud (120 P, 1 heure 30) et Claveria (240 P, 3 heures). Des minibus pour Pagudpud (env 80 P) partent toutes les 30 minutes derrière le bâtiment du gouvernement provincial.

Des jeepneys Laoag-Batac-Paoay partent de Hernando Ave. Les jeepneys Laoag-Nagbacalan-Paoay empruntent la route côtière vers Paoay (45 min) via l'embranchement pour le Fort Ilocandia et Malacañang of the North (30 min) ; ils partent de Fariñas St.

Les jeepneys à destination de Fort Ilocandia (25 min) indiquent "Calayab" et démarrent devant la cathédrale Saint-Guillaume.

Environs de Laoag

FORT ILOCANDIA

Situé près de la plage dans le *barangay* Calayab, à 9 km au sud du centre de Laoag, l'immense **Fort Ilocandia Resort & Casino** (☎02-839 1390 ; www.fortilocandia.com.ph ; ch à partir de 3 920 P ;) attire de nombreux touristes amateurs de jeux d'argent, la plupart originaires de Taïwan, à une heure seulement d'avion. Le complexe fut construit à l'origine par la famille Marcos pour la réception de mariage de leur fille Irene. Les chambres, le service et les restaurants sont de bonne qualité, mais la décoration ne fait pas dans le raffinement.

Certaines activités sont ouvertes aux non-résidents. Juste au sud du complexe, les magnifiques **dunes de sable de Suba** s'étendent à perte de vue jusqu'à Paoay. Le complexe loue des véhicules tout-terrain (550 P/20 min). Il est possible de voler au-dessus des dunes à bord de la **montgolfière** (1 400 P/pers) du complexe, mais nous conseillons plutôt d'explorer le secteur avec l'équipe du LEAD (voir l'encadré ci-dessus).

BATAC

Le corps embaumé de Ferdinand Marcos (1917-1989) repose au **musée et mausolée Marcos** (barangay Lacub ; entrée libre ; ⌚9h-12h et 13h-16h). L'ambiance lugubre est renforcée par une musique chorale qui passe en boucle. Le fait que la famille de Marcos ait pu rapporter le corps dans sa maison d'enfance témoigne de son influence politique encore présente. L'ambivalence (voire l'hostilité) des Philippins quant à l'héritage du dictateur pousse nombre d'entre eux à soupçonner que ce corps n'est qu'un mannequin en cire et, donc, un ultime pied de nez.

L'impressionnante **demeure ancestrale de Marcos** se trouve juste à côté, avec des objets complaisamment exposés sur le seuil.

PAOAY

Depuis Batac, il suffit de parcourir 4 km vers l'ouest pour gagner Paoay, qui abrite l'église la plus célèbre du nord de Luzon. L'**église de Paoay** fut édifiée dans le style "baroque des tremblements de terre", avec d'imposants renforcements en brique sur les côtés. Ses murs sont faits d'épais blocs de corail et de briques stuquées tenus par un mélange de mortier calcaire et de jus de canne à sucre. Commencée en 1704 et achevée 90 ans plus tard, son architecture unique mêle des influences gothique, chinoise et même japonaise. Avec son imposant clocher, l'église de Paoay s'élève sur une vaste place qui met en valeur toute sa splendeur et toute sa gloire. Elle a été inscrite par l'Unesco au patrimoine de l'humanité en 1993.

En reprenant la route côtière vers le nord en direction de Laoag, vous traverserez Suba, où se trouvent le pittoresque **lac Paoay** et **Malacañang of the North** (20 P ; ⌚9h-11h30 et 13h-16h mar-dim), l'ancienne résidence somptueuse de la famille Marcos. L'impressionnante demeure, avec son immense *sala*, ses fenêtres en coquilles de *capiz* et ses différentes notes coloniales, offre un bon aperçu du train de vie de la famille.

Pagudpud et ses environs

✆077 / 20 400 HABITANTS

Disons-le d'emblée, Pagudpud est exceptionnelle : plage de sable blanc, palmiers, eaux miroitantes couvrant toutes les nuances de bleu, habitants sympathiques et concerts de grenouilles le soir. La rénovation réussie d'une poignée d'hôtels, l'amélioration des liaisons aériennes avec Laoag et la renommée grandissante de ses spots de surf donnent enfin une vraie existence à cette portion isolée du littoral, même si l'endroit ne peut rivaliser avec l'animation de Boracay.

À voir

Pagudpud consiste en 3 vastes plages s'étendant le long de l'extrémité nord de Luzon et cernées par des promontoires rocheux. Bordée de cocotiers, la **plage de Saud** accueille la majorité des resorts. L'idyllique Blue Lagoon se trouve un peu plus à l'est. Déserte, la **plage de Pansian** se situe un peu plus loin, près de la province de Cagayan.

À environ 30 km à l'ouest de Pagudpud s'élève l'impressionnant **phare du cap Bojeador** ; non loin de là, on peut voir les **moulins à vent** de la belle baie de Bangui. Les hôtels organisent des excursions aux chutes de Kabigan, dans la jungle, qui dévalent 120 m ; on peut aussi s'y rendre en louant un tricycle (environ 650 P aller-retour).

Blue Lagoon PLAGE

La plage de Blue Lagoon offre le sable le plus blanc et l'eau la plus bleue de Luzon. On peut faire de magnifiques sorties snorkeling, et malgré l'ouverture récente de quelques resorts, la plage est rarement bondée. Depuis Saud, roulez sur 16 km jusqu'à l'embranchement pour la plage, puis parcourez encore 4 km sur une route gravillonnée.

Lovers Rocks SITE

Près du *barangay* Balaoi, on aperçoit les **Dos Hermanos**, une paire d'îles inaccessibles qu'une légende locale assimile à deux frères pêcheurs perdus en mer. Plus loin se dressent le **Bantay-abot** ("montagne trouée"), un îlot rocheux percé d'un trou, et le **Timmangtang Rock**, gros rocher couvert de végétation, qui portent collectivement le nom de Lovers Rocks. On peut y accéder à marée basse, mais renseignez-vous d'abord à la réception de votre hôtel ou auprès de votre chauffeur de tricycle.

Activités

Pagudpud connaît une popularité grandissante en tant que spot de **surf** : des vagues géantes déferlent parfois sur Blue Lagoon, et Saud peut aussi offrir de très bonnes conditions. La pleine saison de surf s'étend d'août à octobre. Location de planches (400 P/heure) au Kapuluan Vista Resort. Soyez prudent lorsque vous nagez par gros temps car il y a un fort courant sous-marin.

Presque tous les resorts louent des **VTT** (60 P/heure) et le Terra Rika Beach Resort dispose d'un centre de plongée. Perchée dans la montagne, l'agréable ville d'**Adams** offre de bons sentiers de randonnée et plusieurs cascades. Sur une portion de la Bulu, la descente en chambre à air est autorisée. Voyez auprès de **Wen! Travel & Tours** (✆0917 511 1050). Les meilleurs rapides se forment entre août et octobre. La route cahoteuse de 14 km jusqu'à Adams commence près de la plage de Pansian. Des motos-taxis (environ 170 P) prennent des passagers à l'embranchement.

Où se loger et se restaurer

Les tarifs des hébergements mentionnés ci-après concernent la haute saison (janvier-avril), sachant qu'ils chutent considérablement en période creuse (juin-décembre). De nombreux logements chez l'habitant ont ouvert dans le village qui jouxte la plage de Saud (suivez la route après le grand virage près du Saud Beach Resort). Lors de notre passage, le prix d'une chambre avec ventilateur/climatisation s'élevait à 600/1 000 P.

PLAGE DE SAUD

Les resorts répertoriés ici sont groupés sur la plus belle partie de la plage de Saud, à son extrémité ouest. Ils offrent toute une gamme d'hébergements.

Apo Idon COMPLEXE BALNÉAIRE $$$

(✆786 1491 ou 0917 510 0671 ; www.apoidon.com ; ch/ste à partir de 4 800/6 000 P ; ❄📶🏊). Le plus chic de la plage de Saud : chambres joliment décorées d'art Ifugao, fenêtres en coquilles de *capiz* et tout le confort moderne.

Terra Rika Beach Resort COMPLEXE BALNÉAIRE **$$**
(☎676 1599 ou 0918 937 1752 ; www.terrarika.com ; ch à partir de 2 500 P ; ❄📶). Un large éventail de chambres, dont des "deluxe" qui ne justifient pas leur prix et des bungalows plus chers, avec lambris et draps blancs, qui valent le coup.

Evangeline Beach Resort COMPLEXE BALNÉAIRE **$$**
(☎655 5862 ou 0929 878 0335 ; www.evangelinebeachresort.net ; d/q avec petit-déj à partir de 2 600/3 700 P ; ❄📶). Ce complexe a amélioré son standing en redécorant dans un élégant style balinais des chambres jadis spartiates. Préférez les suites, d'un meilleur rapport qualité/prix.

Saud Beach Resort COMPLEXE BALNÉAIRE **$$$**
(☎Manille 02-921 2856 ; www.saudbeachresort.com ; d/tr/q avec petit-déj à partir de 3 620/3 950/4 312 P ; ❄📶). Un service de qualité mais des chambres au chic tropical d'un prix exagéré. Cela dit, les hôtes ne manquent pas d'espace, les chambres étant disséminées sur une des propriétés les plus étendues de la plage.

Villa Del Mar Beach Resort COMPLEXE BALNÉAIRE **$$**
(☎0921 295 8196 ; www.villadelmarpagudpud.com ; tr avec ventil/clim à partir de 1 590/1 890 P, cottage à partir de 4 500 P ; ❄📶🏊). Une belle adresse haut de gamme composée de bungalows en bois et chaume dont l'intérieur un brin austère déçoit légèrement malgré le confort et la propreté ambiantes.

Northridge Resort COMPLEXE BALNÉAIRE **$$**
(☎0920 220 5089 ; http://northridgeresort.com ; ch sans/avec clim 1 200/1 500 P ; ❄📶). Une option conseillée aux voyageurs sac au dos pour ses doubles bien tenues. Le personnel serviable s'occupe volontiers des transports et de la location de vélo.

Jun & Carol Beach Cottages COMPLEXE BALNÉAIRE **$$**
(☎0920 574 0136 ; http://juncarolbeachresort.com ; ch à partir de 2 500 P ; ❄📶). Diverses chambres cosy, une grande salle de restaurant et une joyeuse atmosphère tropicale.

BLUE LAGOON

Hannah's Beach Resort COMPLEXE BALNÉAIRE **$$$**
(☎0928 520 6255 ; www.hannahsbeachresort.com ; ch/ste à partir de 2 500/6 000 P ; ❄📶). Au bord d'une jolie crique, ce complexe paradisiaque haut de gamme composé de petites villas et de bungalows dispense un hébergement très diversifié en fonction du prix, du plus simple au plus somptueux. Longue liste d'activités et service très professionnel.

Kapuluan Vista Resort COMPLEXE BALNÉAIRE **$$$**
(☎0920 952 2528 ; www.kapulanvista.com ; dort sans sdb 600 P/pers, d avec petit-déj à partir de 2 700 P ; ❄). Ce resort discret conçu à l'origine pour les surfeurs répond désormais aux attentes de tous. Il s'agit d'un excellent choix, avec une cuisine savoureuse et des chambres agréables et variées sur un terrain bien entretenu.

ℹ Depuis/vers Pagudpud

La route nationale est spectaculaire par endroits. Si vous arrivez de Laoag, essayez d'avoir un siège côté gauche dans le bus.

Des bus réguliers parcourent la route côtière jusqu'à Laoag (80-100 P, 1 heure 30) et Claveria (70 P, 1 heure 15).

De nouvelles liaisons sont prévues : lorsque vous lirez ces lignes, des bus Florida circuleront de Pagudpud, voire de Claveria, jusqu'à la capitale, Manille.

LA CORDILLÈRE

Pour beaucoup de voyageurs, le nord de Luzon se résume à la Cordillère. Ces montagnes épineuses, qui culminent à environ 2 900 m, suscitent la crainte aussi bien chez ceux qui les visitent que chez ceux qui y vivent et les vénèrent.

Les habitants de la Cordillère, collectivement appelés les "Igorot", possèdent une culture fascinante, comme en témoignent la variété et le grand nombre de sites de la région. Les fameuses rizières en terrasses de Banaue sont, à juste titre, surnommées "la huitième merveille du monde". L'Ifugao, la province des Montagnes et le Kalinga abritent des terrasses moins connues mais tout aussi spectaculaires.

Baguio

☎074 / 305 000 HABITANTS / ALTITUDE 1 450 M

Chaque pays d'Asie du Sud-Est possède un refuge sur les hauteurs au milieu des pins, à l'écart de la chaleur étouffante des plaines poussiéreuses. Aux Philippines, ce rôle incombe à Baguio qui, comme d'autres stations climatiques, est une ville

La Cordillère

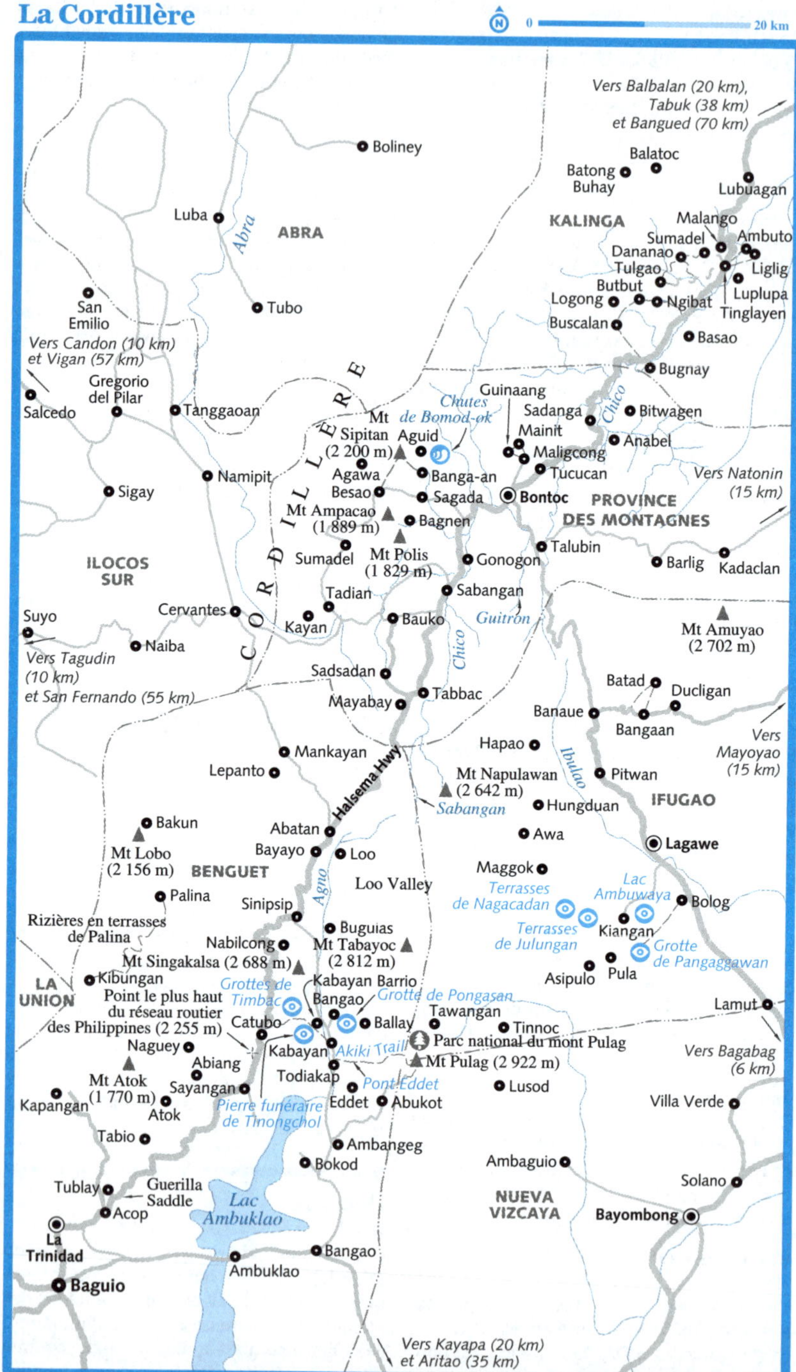

universitaire à l'importante population étudiante (250 000). Il s'agit en outre d'un carrefour où se rencontrent ethnies montagnardes et habitants des basses terres. Baguio est aussi la principale porte d'accès à Sagada, Banaue et Kalinga, les destinations plus au nord prisées des routards.

Malheureusement, les milliers de jeepneys, taxis et tricycles qui circulent dans le centre-ville occasionnent un niveau de smog à peine supportable. En dehors du centre embouteillé, Baguio est une cité plaisante et aérée. En fait, si vous revenez des montagnes, vous apprécierez l'animation urbaine à petite échelle, la vie nocturne et le nombre grandissant de bons restaurants.

À voir et à faire

La ville rayonne autour du parc Burnham. L'ambiance de Baguio change radicalement entre le sud et l'est du centre : le chaos fait alors place aux parcs verdoyants, aux imposants pins de Benguet, aux magnifiques résidences secondaires et aux rues sinueuses offrant une vue spectaculaire. Les jardins botaniques de Baguio, le parc Wright, le Camp John Hay et le parc Mines View comptent parmi les nombreux espaces verts (et gratuits) de ce quartier de la ville qui offre tranquillité et air pur.

Musée BenCab — MUSÉE

(☎442 7165 ; bencabmuseum.org ; km 6, Asin Rd, Tadiangan ; adulte/étudiant et senior 100/80 P ; 9h-18h mar-dim). À la périphérie de la ville, ce musée consacré à l'artiste Benedicto Reyes Cabrera, dit BenCab, se révèle aussi passionnant que le peintre lui-même. Ses salles éclairées par de hautes baies vitrées donnent à voir un mélange d'œuvres modernes et d'art populaire philippin, dont des tableaux du maître et de ses contemporains, des statues en bois de divinités animistes et une petite collection d'œuvres érotiques. Ultramoderne, le bâtiment s'inspire lui-même en partie d'une terrasse de rizière. Prenez un jeepney pour Asin en demandant qu'on vous dépose au musée, ou bien un taxi (150 P).

Village Tam-awan — VILLAGE CULTUREL

(☎446 2949 ; www.tam-awanvillage.com ; Long-Long Rd, Pinsao ; 50 P). Huit maisons traditionnelles ifugao et deux rares huttes octogonales kalinga ont été démontées et réunies dans ce village d'artistes situé à l'extrémité nord-ouest de la ville. Par beau temps, vous pourrez voir la mer de Chine méridionale, d'où son nom, "Tam-awan" (poste d'observation).

La fondation Chanum, dirigée par le célèbre artiste contemporain BenCab (voir ci-dessus), a développé ce projet dans le cadre de sa mission de préservation et de diffusion de l'art et de la culture des habitants de la Cordillère. La fondation subventionne plusieurs artistes locaux qui peignent et exposent leurs œuvres ici. Chit Asignacion, le vice-président de la fondation, est une formidable source d'informations sur la région.

Les visiteurs peuvent participer à des ateliers d'art et assister à des représentations de musique et de danse locales. Les ateliers doivent être organisés à l'avance (400 P/séance). Vous pouvez également y séjourner en passant la nuit dans l'une de ces **huttes** (simple/double 500/900 P), promesse d'une expérience unique.

Pour vous y rendre, prenez un taxi (70 P) ou bien un jeepney Quezon Hill-Tam-awan ou Tam-awan-Long-Long à l'intersection de Shaghem St et de Kayang St. Profitez-en pour visiter la salle de tissage d'Easter (p. 127), qui est quasiment sur le chemin.

GRATUIT St Louis University Museum — MUSÉE

(☎442 3043 ; 7h30-12h et 13h30-17h lun-sam). Aménagé au sous-sol de la bibliothèque universitaire, l'endroit est dirigé par Ike Picpican, l'un des plus éminents spécialistes philippins de l'histoire et de la culture des peuples de la Cordillère. Il renferme une riche collection d'armes, d'objets en vannerie et autres pièces ethnographiques bien légendées. S'il se trouve dans les parages, le conservateur vous fournira des explications supplémentaires. La visite guidée gratuite se termine par une initiation aux instruments de musique de la région. Pour entrer, vous devrez laisser une pièce d'identité aux agents de sécurité de l'université.

Musée Emilio Aguinaldo — MUSÉE

(Aguinaldo Park, Gen Luna Rd ; 10 P ; 10h-12h et 13h-16h mer-dim). Plus proche de l'accumulation d'objets que du musée véritablement pensé, ce lieu offre pourtant un aperçu intéressant de la vie du leader de l'indépendance Emilio Aguinaldo et de son époque. Il recèle en particulier certains de ses effets personnels et le premier drapeau national des Philippines. Sa visite vous éclairera sur les épisodes de la lutte contre le colonisateur espagnol, puis les Américains.

Baguio

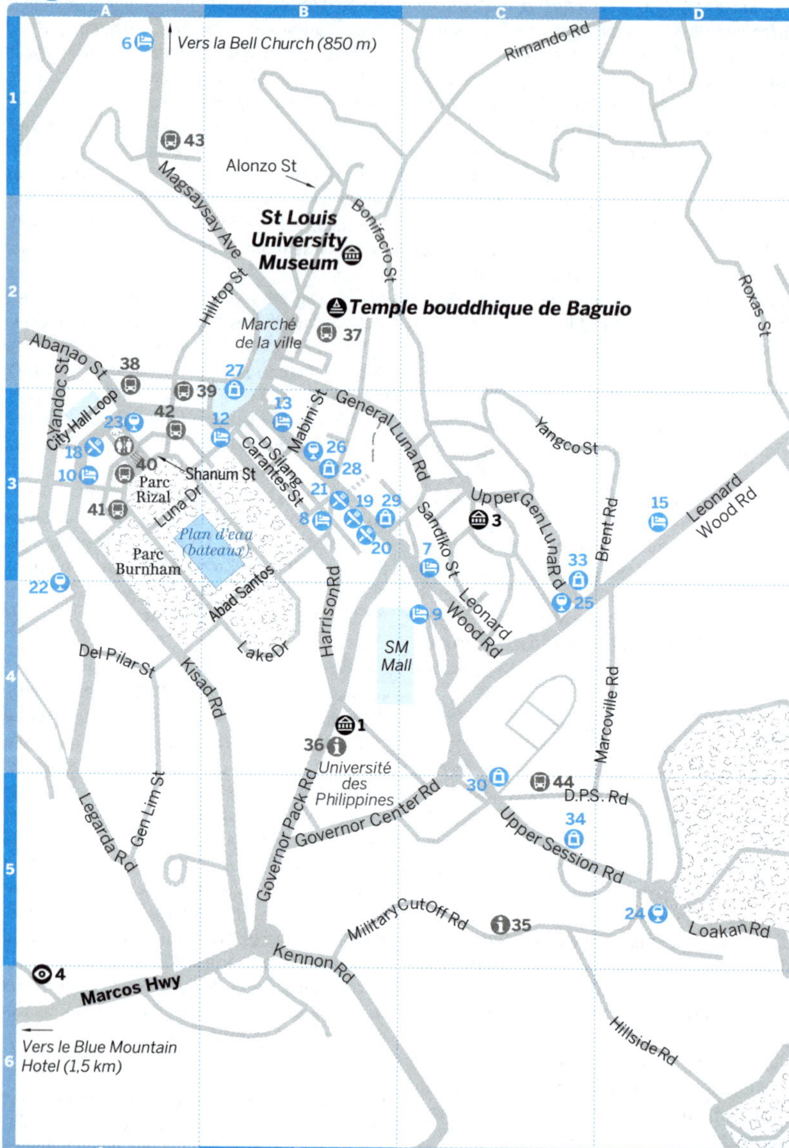

Temple bouddhique de Baguio TEMPLE

Difficile à trouver, ce sanctuaire proche du campus de l'université de Saint-Louis, dans une rue qui part d'Assumption Rd, renferme un bouddha assis de 6 m de haut et donne sur le quartier du marché. Attirant davantage d'étudiants philippins et d'esprits new age séduits par le bouddhisme que de membres de la communauté chinoise de Baguio, il reçoit beaucoup de soutien de la part des expatriés qui fréquentent le Bliss Restaurant.

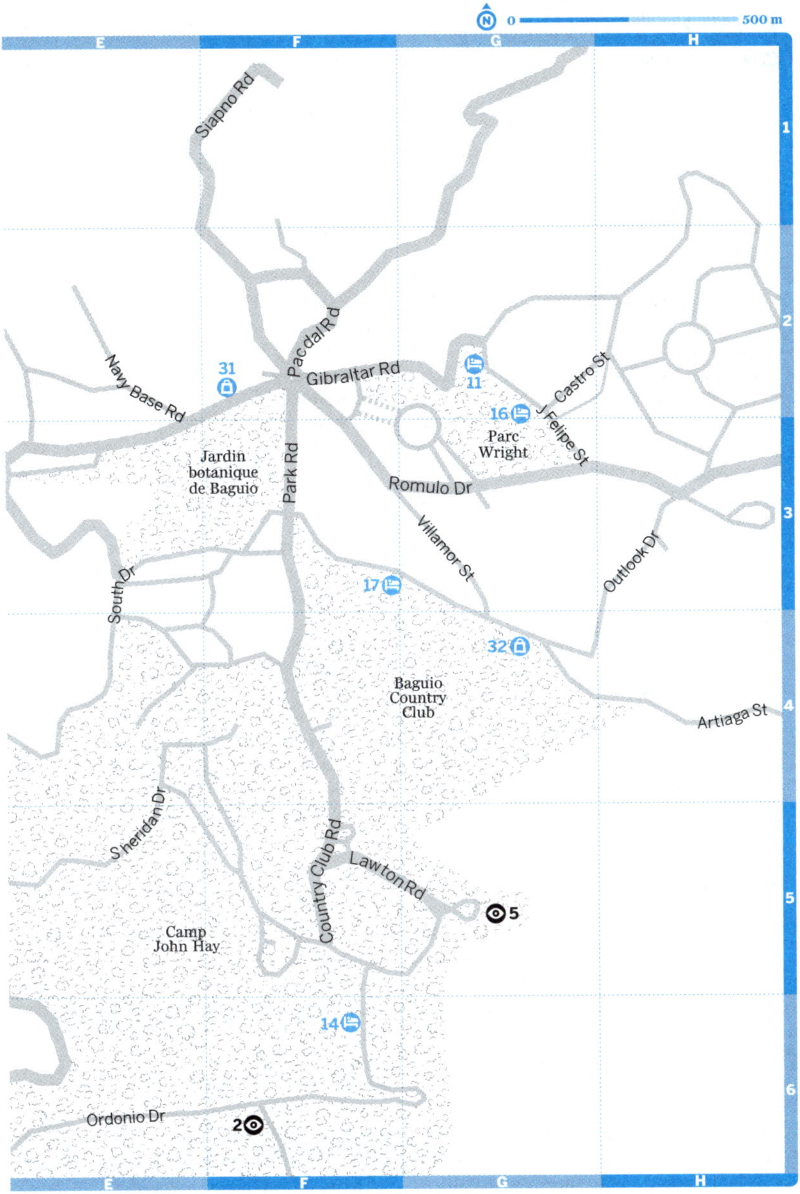

Grotte de Lourdes MONUMENT

Construite par les jésuites espagnols en 1907, la grotte de Lourdes (Lourdes Grotto) se tient en haut de 252 marches, d'où l'on jouit d'un beau panorama. Des statues de saints grandeur nature ornent parfois ses abords.

Bell Church ÉGLISE

(La Trinidad Rd ; ⏲6h-17h). Un ensemble de temples très ornés avec des toits en pagode, près de la limite entre Baguio et La Trinidad, où se pratique un culte à mi-chemin entre le taoïsme et le christianisme.

Baguio

Les incontournables
Temple bouddhique de Baguio B2
St Louis University Museum B2

À voir
1 Baguio Mountain Provinces Museum B4
2 Réserve de papillons F6
3 Musée Emilio Aguinaldo C3
4 Réserve écologique de Maryknoll A6
5 Point de vue de Mile High G5

Où se loger
6 Baguio Village Inn A1
7 Bloomfield Hotel C3
8 Burnham Hotel B3
9 Casa Vallejo C4
10 Holiday Park Hotel A3
11 Hotel Elizabeth G2
12 Hotel Veniz B3
13 La Brea Inn B3
14 Mile-Hi Inn F6
15 PNKY D3
16 Ridgewood G2
17 Villa Cordillera F3

Où se restaurer
Bliss Cafe .... (voir 11)
Brothers Burger .... (voir 14)
18 Cafe by the Ruins A3
19 Flying Gecko B3
Hill Station .... (voir 9)
20 Oh My Gulay B3
21 Pizza Volante B3
PNKY Cafe .... (voir 15)

Où prendre un verre
22 18 BC A4
23 City Tavern A3
24 Nevada Square D5
25 Red Lion Pub/Inn C4
26 Rumours B3

Achats
27 Marché de la ville B3
28 Ibay's Silver Shop B3
Mt Cloud Bookshop .... (voir 9)
29 Namaste B3
30 Narda's C5
31 Pilak F2
32 Sabado's G4
33 Teresita's (magasin principal) C3
34 Teresita's (showroom) C5

Renseignements
35 Bureau de l'immigration C5
36 Office du tourisme régional (DOT) B4

Transports
37 Gare routière Dangwa B2
38 Jeepneys pour Asin Rd A2
39 Jeepneys pour Tam-awan A3
40 Gare KMS A3
41 Gare Ohayami A3
42 Gare des jeepneys de la Plaza A3
43 Gare routière de Slaughterhouse A1
44 Gare des bus Victory Liner C5

Réserve écologique de Maryknoll PARC
(☎0912 431 4622 ; http://maryknollecological.weebly.com ; Camp Sioco ; ⊙8h-17h). Cette réserve écologique (Maryknoll Ecological Sanctuary) à 25 minutes du centre-ville englobe 2,8 ha d'une forêt préservée à défaut d'être exceptionnelle. Son intérêt réside davantage dans le "Cosmic Journey", un sentier nature à travers une série d'installations illustrant l'évolution de l'humanité aux Philippines par le biais d'objets ethniques, de sculptures surréalistes et d'un discours très new age.

Camp John Hay CENTRE DE LOISIRS
Ancien lieu de cantonnement de l'armée américaine s'étendant sur 246 ha, le Camp John Hay a été reconverti en centre de loisirs avec restaurants, hôtels, magasins et un fantastique terrain de golf au milieu de collines et de bosquets de pins de Benguet. Ne manquez pas le cœur historique (historical core), avec son amphithéâtre Bell joliment aménagé et ses chemins de randonnée. Non loin de là, vous trouverez l'exceptionnel restaurant Choco-Laté de Batriol. Le **point de vue de Mile High** offre un beau panorama et la **réserve de papillons** (butterfly sanctuary) mérite également une visite. L'entrée est libre, mais une modeste contribution est demandée pour certains sites.

Baguio Mountain Provinces Museum MUSÉE
(☎444 7541 ; Governor Pack Rd ; ⊙9h-17h lun-sam). La collection de ce musée n'est pas aussi impressionnante que celle de l'université, mais le musée présente une belle exposition sur l'histoire de Baguio, avec photos et

affiches de l'époque retraçant le rôle de la ville pendant la Seconde Guerre mondiale. Une momie de Kabayan est aussi exposée.

Mont Santo Tomas RANDONNÉE
Point culminant des environs de Baguio (2 200 m), le mont Santo Tomas, au sud de la ville à hauteur de la Marcos Highway, est propice au VTT et à la randonnée. Comptez 2 heures de marche pour atteindre le sommet par une route ne présentant pas de difficulté.

Où se loger

Préférez un logement en dehors du centre-ville si vous voulez échapper au bruit et à la pollution. Pensez à demander le "tarif promotionnel" (ou une simple réduction) en morte saison.

L'hébergement économique le plus original, le Village Tam-awan (p. 121), a l'inconvénient d'être à 15 minutes en voiture de Baguio.

PNKY B&B $$
(☎444 5418 ou 0922 818 4247 ; pnkyhome.com ; 13 Leonard Wood Rd ; ch été/hiver 2 480/3 100 P ; 📶). Bien que Baguio brille par sa créativité et son dynamisme intellectuel, cela ne se traduit guère dans son parc hôtelier. Exception à la règle, ce B&B possède 4 chambres de type loft branché, dont la déco diffère beaucoup de l'une à l'autre (tons orange et tournesols peints dans la chambre Van Gogh). S'y ajoute un superbe espace commun agrémenté d'objets d'art et d'artisanat en vente dans la boutique au rez-de-chaussée.

Casa Vallejo HÔTEL DE CHARME $$$
(☎424 3397 ; www.casavallejobaguio.com ; Upper Session Rd ; d/ste à partir de 2 700/3 600 P ; 🚭❄@). Un bel hôtel installé dans un bâtiment ancien qui fleure bon l'époque coloniale et où l'on s'attend presque à croiser des messieurs à moustache relatant leur dernière chasse au tigre. Moins majestueuses que l'architecture extérieure, les chambres au sol blanc cassé et aux éléments en bois sombre affichent une élégance discrète.

Burnham Hotel HÔTEL $$
(☎442 2331 ; www.burnhamhotelbaguio.com ; 21 Calderon St ; d à partir de 1 000 P ; 📶). Cette adresse rétro du centre-ville dispose d'une attrayante salle commune décorée d'antiquités et de photos. Les chambres sont joliment décorées, quoiqu'un peu défraîchies, mais évitez celles qui donnent sur la rue bruyante.

Ridgewood HÔTEL $$$
(☎446 6295 ; www.ridgewoodhotel.com ; 17 J Felipe St ; d/ste 2 800/3 900 P ; 🚭❄📶). Cet hôtel en bois et brique non loin du parc Wright offre des prestations haut de gamme à des tarifs de catégorie moyenne. En dehors du centre-ville, vous profiterez de ce havre de paix avec des couettes moelleuses, un service de nettoyage deux fois par jour et l'accès au golf du Country Club de Baguio.

Baguio Village Inn HÔTEL $
(☎442 3901 ; 356 Magsaysay Ave ; ch sans sdb 300 P/pers, d avec sdb à partir de 850 P). Ce point de chute chaleureux pour voyageurs indépendants rappelle les douillettes pensions de famille en pin de Sagada et de Banaue. Demandez une chambre à l'arrière.

Blue Mountain Hotel HÔTEL $
(☎0917 507 2030 ou 443 8411 ; Marcos Hwy ; d à partir de 600 P ; 📶). Dans un immeuble bleu pastel qui explique son nom, l'hôtel renferme des chambres plaisantes et bien meublées. Propriétaire sérieux.

Hotel Veniz HÔTEL $$
(☎0917 506 0701 ou 446 0700 ; www.hotelveniz.com ; 1 Abanao St ; s/d à partir de 1 200/1 400 P ; 📶). Une valeur sûre de catégorie moyenne, un brin quelconque, mais tout a fait correcte pour ceux qui veulent Wi-Fi, TV et des chambres fonctionnelles.

La Brea Inn HÔTEL $$
(☎446 6061, SMS 0917 508 7800 ; labrea.webs.com ; 24 Session Rd ; d à partir de 1 100 P ; 📶). Cet hôtel simple et impeccable bénéficie d'une meilleure insonorisation que la plupart des hôtels du centre. Wi-Fi gratuit dans le hall.

Villa Cordillera HÔTEL $$
(☎619 2062 ; villacordillera.com ; 6 Outlook Dr ; d/tr/q 1 600/2 400/3 200 P ; 📶). Ce bâtiment aux allures de cabane au fond des bois surplombe le Country Club de la ville. À l'écart du centre, vous y serez calme. Chambres agréables avec parquet et lits simples au cordeau. N'oubliez pas de goûter le pain aux raisins.

Mile-Hi Inn HÔTEL $
(☎446 6141 ; Mile-Hi Center ; dort/d 600/1 800 P). "Propre, douillet et confortable" est la devise du lieu et il l'honore parfaitement. Dans le centre commercial duty free de Camp John Hay, il compte 4 dortoirs de 4 lits.

Bloomfield Hotel HÔTEL $$$
(☎446 9112 ; www.bloomfieldhotel.com ; 3 Leonard Wood Rd ; d/ste à partir de 2 140/3 390 P ;). Un hôtel rutilant proche du SM Mall, qui loue des chambres sobres et de bon goût avec literie engageante. Dotées de lits king-size, les suites méritent la dépense.

Holiday Park Hotel HÔTEL $$
(☎619 2807 ; 129 Abanao St Extension ; ch/ste 1 800/3 800 P ;). Cet hôtel parmi les plus modernes de la ville arrive juste derrière le Bloomfield Hotel en termes de classe, mais il a des chambres plus grandes et mieux insonorisées, ainsi qu'un service plus professionnel.

Hotel Elizabeth HÔTEL $$$
(☎619 0367 ; www.hotelelizabeth.com.ph ; 1 J Felipe St ; ch à partir de 3 800 P ;). Dépourvu de cachet, cet énorme établissement a néanmoins deux atouts : davantage de services que les autres (piscines, salles de gym...) et des tarifs réduits de 20% en basse saison. Le mariage du jaune moutarde et du pourpre dans les chambres fonctionne bien.

Où se restaurer

Baguio a la réputation d'abriter les meilleurs restaurants des Philippines. Le Mile-Hi Center à Camp John Hay compte plusieurs bonnes adresses, dont le toujours fiable **Brothers Burger** (☎446 5702 ; hamburgers Black Angus 250 P) qui livre aussi.

Cafe by the Ruins FUSION $$
(☎442 4010 ; 25 Chuntug St ; plats 150-325 P ; 7h-21h ;). Le restaurant le plus populaire de Baguio est un paisible refuge au milieu du tumulte urbain. Œuvres d'art, feuillages et bois sculpté composent la décoration intérieure. Au menu : cuisine philippine inspirée de la Cordillère. Goûtez l'omelette d'aubergines au fromage frais de carabao au petit-déjeuner ou le *suman at tsocolate* (chocolat chaud et gâteau de riz gluant) à l'heure du thé.

Hill Station FUSION $$$
(Casa Vallejo, Upper Session Rd ; plats 250-450 P ; déj et dîner ;). Sans doute la table la plus créative et ambitieuse de la ville, dont la carte fait voyager autour du monde : morceaux de canard croustillant lentement mijotés, bœuf en ragoût à la cannelle et à l'origan, légumes grillés de la Méditerranée... Si les plats ne sont pas tous des réussites exceptionnelles, on y mange très bien dans l'ensemble et les cocktails ne gâtent rien.

PNKY Cafe FUSION $$
(☎444 5418 ; 13 Leonard Wood Rd ; plats 150-350 P ; déj et dîner). Les frites belges et le tofu frit qui voisinent sur la carte des hors-d'œuvre donnent le ton de ce restaurant à la mode au carrefour de l'Europe et de l'Asie. Le plus souvent occidentaux, les plats de résistance vous changeront agréablement de l'habituel *sisig*. Les pâtes ont notre préférence.

Bliss Cafe VÉGÉTARIEN $$
(☎619 0367 ou 0917 846 4729 ; www.blissnbaguio.multiply.com ; plats 150-250 P ; 11h-21h ;). Des bouddhas sur les tables, des tableaux chinois aux murs et des objets de déco modernes dans des niches et une ambiance délicieusement nature vous attendent au restaurant lacto-végétarien de l'Hotel Elizabeth. Shanti, la patronne et cuisinière, concocte de délicieuses pâtes végétariennes et des plats indiens. Téléphonez avant pour vérifier que l'établissement est bien ouvert.

Oh My Gulay VÉGÉTARIEN $$
(La Azotea Bldg, Session Rd ; plats 150-250 P ; 11h-20h30 ;). Le restaurant de Baguio au cadre le plus original s'étend sur 5 étages dans un vaste atrium. Telle une forteresse dans les arbres, il comporte des ponts, des échelles et de petits recoins où se cacher. Carte entièrement végétarienne et concise : goûtez la salade de tofu aux *lumpia* (petits rouleaux de printemps).

Pizza Volante PIZZERIA $$
(☎445 0777 ; 82 Session Rd ; pizzas de 15/25 cm 100/200 P ; 24h/24). Des pizzas sans équivalent en ville et une bonne bière, encore plus appréciables après la fermeture des autres établissements. Service de livraison.

Flying Gecko PHILIPPIN $$
(☎444 9372 ; 102 Session Rd ; sandwichs 145-220 P). Une oasis de tranquillité sur Session Rd, qui prépare une honnête cuisine philippine fusion.

Où prendre un verre et sortir

Red Lion Pub/Inn PUB
(☎304 3078 ; tonyperlas54@yahoo.com ; 92 Upper Gen Luna Rd ; 24h/24). Ce bar ouvert 24h/24 est rempli d'expatriés et de touristes amateurs de bière. Il sert aussi de bons steaks, mais le karaoké laisse à désirer.

LA PROVINCE DE BENGUET À L'HEURE DU BIO

Les restaurants végétariens et les produits bio sont légion à Baguio, mais vous pouvez faire plus que vous contenter de déguster les délicieux légumes cueillis dans les champs de la province de Benguet. En effet, vous pouvez proposer gracieusement vos services à la ferme biologique de la famille Cosalan, **Enca Farm** (☎0919 834 4542 ; www.encaorganicfarm.com), à Acop (Benguet), à 1 heure au nord de La Trinidad sur la Halsema Highway. En 2005, la ferme a été la première à recevoir le label des Travailleurs volontaires en ferme biologique Wwoof (World Wide Opportunities on Organic Farms).

La personne à contacter à la ferme est Marilyn Cosalan, dont la famille pratique l'agriculture depuis des générations selon les méthodes du peuple Ibaloi. La famille a perdu sa ferme historique de riz rouge *kintoman*, dans le village voisin d'Itogon, en raison de l'exploitation sauvage de mines de cuivre, qui a détruit des hectares de terres cultivées et plusieurs rivières dans le sud de Benguet, à l'époque de Marcos. La nouvelle ferme de la famille produit des haricots, des laitues, des brocolis, des carottes, des radis et du café. Les volontaires travaillent généralement 8 heures par jour. Ils sont logés sur place à un tarif très bon marché (250 P/nuit). Pendant leurs jours de repos, ils peuvent partir en randonnée ou aller visiter les grottes de Bengaongao et Paterno voisines. Nous encourageons les voyageurs de passage à se rendre à la ferme.

Marilyn peut aller chercher les volontaires à Baguio. Vous pouvez aussi vous y rendre par vos propres moyens en prenant un jeepney Baguio-Acop depuis la gare routière de Dangwa jusqu'à Acop (1 heure 30). De l'arrêt des jeepneys à Acop, vous devrez parcourir 3 km à pied ou prendre un autre jeepney jusqu'à la ferme. Contactez Marilyn ou l'**office du tourisme de la province de Benguet** (☎422 1116) à La Trinidad.

City Tavern BAR

(Abanao St ; ⌚8h-3h). Ce bar en plein air original et très prisé de la population locale organise de nombreux concerts. Essayez de voir Petune qui se produit régulièrement ici et joue un mélange unique de reggae d'inspiration tribale chanté dans divers dialectes de la Cordillère.

18 BC BAR

(16 Legarda Rd ; ⌚18h30-tard). Un autre lieu apprécié pour ses concerts. Le vendredi est consacré au reggae et le samedi à la musique alternative. Immanquablement plein à craquer et divertissant le week-end.

Rumours BAR

(☎442 8153 ; Session Rd). Agréable et raffiné, il attire une clientèle de touristes, d'expatriés et d'étudiants. La maison prépare des cocktails que l'on n'oublie pas de sitôt.

Nevada Square BARS-DISCOTHÈQUES

(Près de Military Circle, Loakan Rd). Cet ensemble anodin de bars et de discothèques se transforme en une immense fête bon enfant le week-end, avec fléchettes, billards et étudiants philippins qui dansent sur les tables jusqu'à l'aube. L'endroit est souvent calme en semaine.

Achats

Baguio est connue pour ses sculptures en bois, ses tissages traditionnels, ses paniers, son argenterie et ses fruits et légumes de climat tempéré comme les fraises.

Plusieurs hôtels et boutiques en ville vendent des sculptures en bois du *bulol* (gardien du riz) ifugao et des paniers en rotin, mais vous pourrez économiser jusqu'à 50% en achetant ces articles en gros dans l'un des nombreux ateliers qui bordent Asin Rd, à 7 km à l'ouest du centre-ville. Dans ces ateliers, vous pourrez voir les artisans Ifugao à l'œuvre. Prenez le jeepney pour Asin Rd dans Kayang St. À Baguio, **Teresita's** (magasin principal 90 Upper Gen Luna Rd) et **Sabado's** (16 Outlook Dr) vendent des sculptures similaires, ainsi que des *bulol* anciens, et, dans le cas de Teresita's, des tissus et des perles igorot. Teresita's possède une salle d'exposition 221 Upper Session Rd.

Pour d'authentiques tissages et vêtements igorot, **Narda's** (151 Upper Session Rd ; ⌚8h-19h) et la **Easter Weaving Room** (salle de tissage d'Easter ; 2 Easter School Rd) offrent un large éventail d'articles de bonne qualité, fabriqués localement. La salle de tissage d'Easter vend de tout, des marque-pages tissés à la main aux *tapis* (jupes portefeuille tissées). L'endroit est bien conçu et les prix clairement

AU SUJET DU RACISME

Les Philippins sont réputés pour leur hospitalité, mais leur attitude et leur discours vis-à-vis des personnes d'une autre origine peuvent parfois choquer. L'exemple le plus frappant est l'emploi fréquent du mot "nigger" (nègre) pour désigner les Noirs. S'il nous est arrivé occasionnellement d'entendre ce terme ailleurs à Luzon, il semble très courant à Baguio, où de nombreux étudiants africains, soudanais en particulier, fréquentent les universités locales et où vivent quelques volontaires afro-américains des Peace Corps.

Après avoir évoqué la question avec des expatriés de toutes origines, nous n'avons pas réussi à savoir si cet usage linguistique relevait du racisme, de l'ignorance ou des deux à la fois. Certains disent que les Philippins n'ont pas conscience de la connotation insultante du mot et continuent de l'utiliser même lorsqu'on le leur fait discrètement remarquer. D'autres affirment qu'ils en ont pleinement conscience mais s'en moquent.

Mieux vaut savoir à quoi s'attendre et rester patient. Si vous éprouvez le besoin de vous exprimer franchement à ce sujet, faites-le de la façon la plus courtoise possible.

indiqués. On peut voir les femmes travailler dans la fabrique du sous-sol.

La ville compte plusieurs boutiques d'argenterie. Les meilleures sont **Ibay's Silver Shop** (☎444 2652 ; angle Session Rd et Assumption Rd) et **Pilak** (☎442 3686 ; 37 Leonard Wood Rd). Toutes deux ont des stands au parc Mines View. Pour des bijoux et de l'artisanat tibétains et népalais, rendez-vous à **Namaste** (Porta Vaga Bldg, Session Rd ; ⌚10h-19h).

Mt Cloud Bookshop LIVRES
(Casa Vallejo, Upper Session Rd). Nous ne sommes pas sûrs qu'il s'agisse de la seule librairie de ce type à Baguio, mais c'est de loin la plus tendance de l'île, avec un formidable choix de livres occidentaux et philippins. Elle met l'accent sur l'histoire et l'ethnographie sans pour autant oublier la fiction.

Marché MARCHÉ
(Magsaysay Ave). Le marché municipal de Baguio est un véritable labyrinthe où les marchands vendent de tout, des laitues à la volaille vivante, en passant par de l'artisanat et des souvenirs de mauvaise qualité. Préparez-vous à marchander. On y trouve de bons restaurants : vous les repérerez à l'affluence.

ℹ Renseignements

On trouve des banques et des DAB partout dans le centre. Session Rd et les rues adjacentes abritent des cybercafés.

BOI (☎447 0805 ; 38 Military Cut Off Rd). Prorogation de visas. À l'heure où nous rédigeons, il n'y a pas d'enseigne ni de numéro de rue ; le bureau est dans le hall du bâtiment de la Greenwood School/Alex and Jenny, Inc.

Office du tourisme régional de la Cordillère (DOT Cordillera Regional Office ; ☎442 6708/7014 ; Governor Pack Rd). Informations sur les circuits et les treks dans la Cordillère.

ℹ Depuis/vers Baguio

Sky Pasada (WCC ; ☎912 3333 ; www.skypasada.com) assure des vols depuis/vers Manille (3 426 P) et Batanes (5 285 P). Lorsque vous lirez ces lignes, une liaison avec Tuguegarao devrait être mise en place.

Les bus les plus rapides et confortables pour Manille sont les bus directs de 29 places de **Victory Liner** (☎619 0000 ; Upper Session Rd) pour Pasay (715 P, 4-5 heures, 5/jour). Des bus prennent la voie express SCTEX (Subic-Claeck-Tarlac Expressway), mais lors de notre passage, seuls des bus de Victory Liner faisaient le trajet sans arrêts. Réservez votre billet à l'avance. Victory Liner a des bus plus lents pour Manille toutes les 20 minutes (455 P, 6 heures 30) ; cartes de crédit acceptées. **Genesis** (☎421 1425 ou 709 0545) assure aussi des liaisons vers Manille depuis Governor Pack Rd.

Partas (☎725 1740 ou 410 1307) propose des départs toutes les heures pour Vigan (350 P, 5 heures), de 8h à environ 18h, et de San Fernando (La Union ; 100 P, 1 heure 30). À Vigan, des correspondances vont à Laoag (180 P). Des minibus pour San Fernando (70 P) partent de la gare des jeepneys de la Plaza, à l'est du parc Rizal.

GL Lizardo (☎304 5994) assure des départs toutes les heures vers Sagada (230 P, 6-7 heures) de 6h à 13h depuis la gare routière de Dangwa**. D'Rising Sun**, basé à la gare routière de Slaughterhouse dans Slaughterhouse Rd, propose des bus vers Bontoc (220 P, 6 heures) toutes les heures de 6h à 16h. Ces deux compagnies empruntent la Halsema Hwy. À la gare routière de Slaughterhouse, vous trouverez aussi A-Liner, qui dessert Kabayan (170 P, 4-5 heures) ; les bus partent d'environ 7h à 10h toutes les heures, avec un dernier départ à

13h. Ce trajet pittoresque vous mènera jusqu'au barrage d'Ambuklao par une route asphaltée, avant de cahoter vers le nord sur 30 km jusqu'à Kabayan. En cas de fortes pluies, ce dernier tronçon peut être impraticable.

Sachez qu'il prend autant de temps (8-9 heures) pour se rendre en bus de Manille à Banaue que de Baguio à Banaue ! Ohayami et KMS proposent chacune des trajets quotidiens vers Banaue (480 P, 8 heures 30), par la route sud goudronnée, via San José, d'environ 7h à 2h du matin. Leurs gares sont proches l'une de l'autre dans Shanum St. Pour rejoindre plus rapidement Banaue, prenez un van climatisé à la gare routière de Dangwa jusqu'à Bambang (200 P, 4 heures) via Ambuklao Rd. Bambang est à 2 heures 30 de Banaue en prenant 3 jeepneys.

Kabayan

☎074 / 1 300 HABITANTS / ALTITUDE 1 200 M

Nichée au milieu des montagnes escarpées et des rizières en terrasses, Kabayan – et ses célèbres momies – est un joyau d'authenticité. Outre la découverte des momies, Kabayan vous permettra de marcher, de vous abîmer dans la contemplation, de respirer l'air pur et de vous émerveiller du couvre-feu volontaire de 19h. Le village est aussi le centre de la culture ibaloi, dont de nombreuses traditions et pratiques animistes subsistent, en particulier dans les collines environnantes. La région est aussi connue pour son fort café arabica et son savoureux riz rouge kintoman.

Vous trouverez des guides pour le mont Pulag et les grottes de momies auprès du Coop Lodge, du Rockwood Cafe ou de l'office du tourisme à l'hôtel de ville.

À voir et à faire

Louer les services d'un guide (500-1 500 P la journée selon les activités) par l'intermédiaire du Coop Lodge est une idée judicieuse. Compétents et courtois, les professionnels locaux vous apprendront un tas de choses qui vous échapperaient autrement.

Musée national de Kabayan MUSÉE
(20 P ; ⌚8h-12h et 13h-17h lun-ven). Un petit lieu qui rassemble des objets rituels ibalois, kankanays et ikalahans, ainsi qu'une momie.

Grottes de momies GROTTES
Même si les forêts entourant Kabayan sont censées renfermer des dizaines de grottes de momies que seuls les anciens Ibaloi peuvent trouver, vous ne pourrez voir des momies que sur deux sites principaux : les grottes de Timbac, 1 200 m au-dessus de Kabayan, et les grottes plus accessibles situées non loin du *sitio* (petit village) de **Bangao**, dans les contreforts du mont Tabayoc (2 812 m), à 7 km au nord de Kabayan. La plus intéressante est la **grotte de Pongasan** (Pongasan Cave ; entrée libre), à une demi-heure de montée de Bangao, où se trouvent cinq cercueils renfermant des momies, pas aussi bien préservées que celles de Timbac.

À LA DÉCOUVERTE DES MOMIES DE TIMBAC

La méthode de momification séculaire suivie à Kabayan est différente des neuf autres cultures ayant pratiqué la momification à travers le monde, car ces dernières n'intervenaient pas sur les organes internes. Ici, les cadavres étaient séchés à l'aide de la chaleur et de la fumée d'un petit feu, puis étaient méticuleusement plongés dans des bains d'herbes conservatrices. De la fumée de cigarette était régulièrement soufflée dans les cavités abdominales afin de chasser les vers et de préserver les organes. Tous ces procédés pouvaient prendre jusqu'à six mois. D'autres tribus de Benguet pratiquaient aussi la momification, mais c'est à Kabayan qu'elle était le plus répandue.

Les momies ont été l'objet de vols et de vandalisme au fil des années, et les principales grottes sont désormais gardées sous clé. Les momies les mieux préservées sont celles des **grottes de Timbac** (100 P). Situées à environ 1 200 m au-dessus du village de Kabayan, il s'agit des grottes les plus sacrées de Kabayan, et, avant d'y pénétrer, la population locale fait couramment des offrandes de gin et de *pinikpikan*. Ce plat se prépare avec la viande d'un poulet battu avant d'être tué pour que son sang coagule. Si ce procédé vous heurte, demandez si vous pouvez offrir à la place des cigarettes ou du riz.

Visiter les grottes avec un guide ibaloi (1 500 P) est la façon la plus intelligente et enrichissante de découvrir les traditions uniques de la Cordillère.

Il faut marcher 4 à 6 heures sur des sentiers escarpés pour atteindre Timbac depuis Kabayan. Cela nécessite d'être en bonne forme physique.

Pierre funéraire de Tinongchol GROTTE
(Don apprécié 20 P). À 3 km au nord-ouest de Kabayan, près du *barangay* Kabayan Barrio, ce lieu d'inhumation renferme plusieurs cercueils à l'intérieur de cavités creusées directement dans la roche. On y accède en une heure de marche par un sentier qui débute derrière le musée national et traverse un superbe paysage montagneux ; le dernier tronçon est très pentu. On peut soit prendre la clé en laissant son obole au chef du *barangay*, soit venir avec un guide, sans doute la meilleure option pour ne pas avoir à chercher son chemin.

Grotte funéraire d'Opdas GROTTE
(Don apprécié 20 P). À la lisière sud du village, pratiquement dans le jardin d'un particulier, cet ossuaire contient des centaines de crânes et d'ossements vieux de 500 à 1 000 ans.

Où se loger et se restaurer

Des échoppes le long de la route principale servent du poulet et du riz accompagnés de légumes frais de saison. Le soir, des habitants fréquentent des bars clandestins ; ils invitent volontiers les touristes de passage à se joindre à eux, mais les femmes risquent de se sentir un peu mal à l'aise.

Coop Lodge PENSION $
(D avec sdb 200 P/pers). Cet établissement pittoresque sur la grande route propose une demi-douzaine de chambres doubles équipées de lits superposés et de toilettes minuscules. Quand il affiche complet, la mairie peut mettre à disposition ses dortoirs (comptez 200 P).

Depuis/vers Kabayan

Des bus circulent régulièrement de 7h à 10h entre Kabayan et la gare routière de Slaughterhouse à Baguio (170 P, 4-5 heures), mais attention, le dernier départ a lieu à 13h.

La route vers le nord jusqu'à Abatan donne des allures d'autoroute à la Halsema Highway. Elle est vraiment spectaculaire, mais il vous faudra un bon 4x4 avec un châssis très élevé pour rouler ne toute sécurité.

Pour une escapade plus aventureuse, marchez jusqu'aux grottes de Timbac, puis rejoignez la Halsema Hwy, où vous pourrez héler un bus à destination de Baguio (vers le sud) ou de Bontoc ou Sagada (vers le nord).

Environs de Kabayan

PARC NATIONAL DU MONT PULAG

Le mont Pulag (2 922 m), considéré comme sacré par les Ibaloi et les Kalanguya, est le troisième point culminant des Philippines et il constitue le plus grand parc national de la Cordillère. Le **Bureau de la zone protégée** (Protected Areas Office, PAO ; ☎0919 631 5402 ; www.pawb.gov.ph/protected/mt_pulag/pulagmain.htm) à Ambangeg, à 1 heure 30 au sud de Kabayan, sert aussi de centre d'accueil des visiteurs. Le prix d'entrée est élevé pour les non-résidents (750 P ; 100 P pour les résidents), payable ici ou à d'autres points d'entrée.

Depuis le centre d'accueil des visiteurs, une route accidentée grimpe les 11 km jusqu'au départ du **sentier Grassland** (Grassland Trail) près du bureau de la Direction de l'environnement et des ressources naturelles (DENR). Là, vous devrez engager un guide (500 P) pour aller jusqu'au sommet (comptez 2 ou 3 heures). À 30 minutes environ avant le sommet se trouve le terrain de camping "Grassland" (50 P).

Plus intéressant, le **sentier Akiki** (Akiki Trail) – aussi appelé "sentier infernal" – s'effectue en 2 ou 3 jours. Le départ se situe à 2 km au sud de Kabayan, à Todiakap, un *sitio* de Duacan. De là, comptez 2 heures pour atteindre la rivière Eddet et encore 6 heures jusqu'au terrain de camping "Cow Country". Vous pouvez planter votre tente ici ou continuer encore pendant 4 heures jusqu'au camping "Saddle Grassland" qui se trouve à 30 minutes du sommet. Un guide pour cette randonnée coûte 1 200 P/jour.

Il existe des itinéraires encore plus longs jusqu'au sommet du mont Pulag qui passent par l'arrière de la montagne et traversent Tawangan ou Lusod, pays des Kalanguya. Appelez le PAO ou renseignez-vous auprès des guides à Kabayan. La visibilité est meilleure en mars et en avril, et la zone est balayée par des pluies torrentielles entre juin et novembre.

Le PAO, très spacieux et bien tenu, dispose d'un grand dortoir (150 P) à l'étage et d'une cuisine pour les hôtes.

Pour atteindre le bureau d'accueil des visiteurs, descendez du bus A-Liner Baguio-Kabayan à Ambangeg. Si vous avez pris le bus à Baguio, vous arriverez trop tard pour monter à l'assaut du mont Pulag, car il pleut souvent à partir de 14h. Prévoyez de passer la nuit au PAO ou à Kabayan, et mettez-vous en route de bonne heure le lendemain.

Sagada et ses environs

074 / 1 550 HABITANTS / ALTITUDE 1 477 M

Avec ses températures fraîches et son ambiance décontractée, ce paisible village de montagne niché dans une verte vallée où flotte la brume incarne la douceur de vivre de la Cordillère. Propices à la randonnée, ses environs recèlent d'étonnantes grottes funéraires et cercueils suspendus.

Les touristes affluent durant la semaine sainte et entre Noël et le nouvel an. Mieux vaut alors réserver longtemps à l'avance.

Essayez d'organiser votre séjour en même temps qu'une *begnas* (fête traditionnelle de la communauté kankanay), lors de laquelle les femmes portent des *tapis* et les hommes âgés revêtent leurs pagnes avant de se réunir dans le *dap-ay* (maison des hommes) ; on sacrifie des poulets et on frappe sur des gongs dans une ambiance joyeuse.

Les habitants sont d'origine applai (Kankanay du Nord) et leur langue est le kankanay. Mais, comme dans le reste de la Cordillère, l'ilocano et l'anglais sont très répandus.

À voir

Grottes GROTTES

Sur la route pour Ambasing, là où elle marque un virage serré sur la droite (quand on descend), vous pourrez voir les **cercueils Sugong** (Sugong Coffins) suspendus à la paroi de la falaise. Un peu plus loin, la route bifurque à hauteur du Right Turn Cafe. Prenez à droite, continuez sur 200 m et cherchez un sentier sur votre gauche qui descend jusqu'à la **grotte funéraire de Lumiang** (Lumiang Burial Cave). Plus de 100 cercueils sont empilés dans l'entrée, dont le plus ancien daterait d'environ 500 ans. Des représentations de lézards, symboles de

Sagada

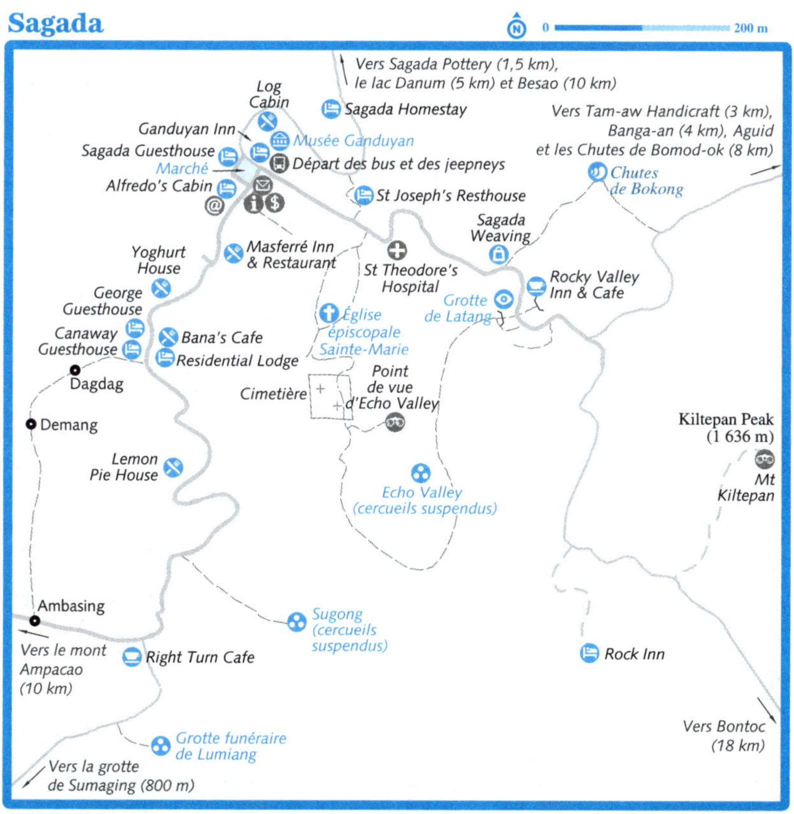

longévité et de fertilité, ont été sculptées sur beaucoup d'entre eux.

Quelque 900 m plus bas, un sentier mène à l'étonnante **grotte de Sumaging** (ou Big Cave). Il vous faudra un guide pour visiter la grotte (environ 2 heures) ; le guide vous fournira une lanterne à gaz. Certaines zones sont glissantes et humides ; portez des sandales ou des chaussures avec des semelles antidérapantes. Les sportifs et les amateurs de sensations fortes pourront s'aventurer dans le **couloir de la grotte** (cave connection), un passage souterrain qui relie les grottes de Sumaging et Lumiang. La visite dure de 3 à 4 heures ; claustrophobes, s'abstenir. Vous avez de bonnes chances de pouvoir vous baigner dans des bassins souterrains.

Musée Ganduyan MUSÉE

(25 P ; ⏲8h-19h). Ce petit musée conserve une multitude de sculptures, bijoux et autres objets kankanay. Discutez avec la propriétaire Christina Aben, mine d'informations sur l'histoire et la culture locales. Ganduyan est le nom kankanay de Sagada.

Besao VILLAGE

Les randonnées qui partent de la ville voisine de Besao sont aussi intéressantes que celles de Sagada (les cercueils en moins), et on trouve à se loger sur place pour 200 P/nuit. Des jeepneys et des bus pour Besao s'arrêtent à Sagada tout au long de la journée, mais le dernier départ depuis Besao étant en milieu de matinée, vous devrez louer une voiture pour revenir à Sagada le soir. Le trajet de 10 km emprunte une route accidentée.

Demang VILLAGE

Au sud du centre, le petit village de Demang est désormais un *barangay* de Sagada. En tant que premier village habité de la zone, il reste le cœur culturel et traditionnel de Sagada. La plupart des *dap-ay* de Sagada se trouvent ici et la plupart des *begnas* s'y déroulent aussi. Si vous avez la chance d'être invité à l'une d'entre elles, apportez un cadeau (du pain ou du poulet). Pour aller à pied jusqu'à Demang, tournez à droite 50 m après la George Guesthouse, au niveau du magasin Joan's.

Activités

Sagada offre de nombreuses randonnées de premier ordre. Pour tout itinéraire, contactez la **Sagada Genuine Guides Association** (☎0916 559 9050 ; http://sagadagenuineguides.blogspot.com), dont les guides prennent les randonnées et le service aux clients très au sérieux. Comme souvent dans la cordillère centrale, ils portent des tongs ; surtout, ne les imitez pas.

Echo Valley RANDONNÉE

La plupart des fameux cercueils suspendus (Hanging Coffins) de Sagada se trouvent sur les hautes falaises calcaires entourant Echo Valley (la vallée de l'Écho). Certains de ces cercueils sont centenaires, d'autres sont récents. Les vieux Applai animistes continuent d'être enterrés dans les grottes entourant Sagada – à condition qu'ils en aient les moyens. Les dieux exigent en effet le sacrifice de plus de 20 porcs et trois fois plus de poulets.

Pour atteindre le **point de vue** d'Echo Valley, passez derrière l'église Sainte-Marie et prenez complètement à gauche sur une route de terre qui monte en serpentant jusqu'à un cimetière. Poursuivez jusqu'en haut du cimetière et au-delà : le sentier conduit à une antenne-relais de téléphone portable. De là, il vous suffira de descendre un peu pour atteindre le point de vue, où vous pourrez vous entendre en écho (c'est à ce phénomène que la vallée doit son nom).

On peut descendre dans la vallée et suivre l'un des nombreux sentiers, mais il n'existe pas de carte fiable ni de sentiers balisés. Des visiteurs partis pour une simple promenade sont souvent revenus plusieurs heures plus tard, couverts de boue et avec des feuilles plein les cheveux. Un guide vous accompagnera pour une randonnée d'une heure dans la vallée qui peut se terminer par une visite de 10 minutes dans la **grotte de Latang** (Latang Cave), une rivière souterraine qui débouche à côté du Rocky Valley Inn & Cafe, d'où vous regagnerez rapidement la ville.

Si vous voulez traverser la grotte de Latang, assurez-vous que votre guide a une lampe torche et prévoyez des chaussures qui résistent à l'eau.

Raft Sagada RAFTING

(☎0919 698 8361 ; www.luzonoutdoors.com ; 2 500-3 500 P). Cette excellente société, dont le patron américain investit ses bénéfices dans la communauté locale, décline un large éventail de descentes en rafting et en kayak sur la rivière Chico. La meilleure période s'étend de septembre à décembre.

Mont Kitepan RANDONNÉE

Vous jouirez d'une vue superbe sur les rizières en terrasses et les montagnes depuis le mont Kitepan, qui se trouve à environ

40 minutes de marche (ou 10 min de voiture) de la ville. Prenez la route vers l'est à la sortie de la ville et tournez à gauche environ 500 m après l'embranchement pour Rock Inn.

Chutes de Bokong RANDONNÉE

À environ une demi-heure à pied de la ville se trouvent les petites chutes de Bokong, idéales pour se baigner dans l'eau fraîche. Pour y accéder, suivez la route vers l'est à la sortie de la ville et prenez l'escalier juste après Sagada Weaving sur la gauche. Suivez le sentier à travers les rizières jusqu'à une petite rivière. Traversez la rivière et remontez jusqu'aux chutes. Le sentier continue jusqu'à la route menant à la ville de Banga-an, à 4 km.

Chutes de Bomod-ok RANDONNÉE

C'est à Banga-an que commence la randonnée de 45 minutes menant aux chutes, plus imposantes, de Bomod-ok (ou Big Waterfall). Il vous faudra un guide pour vous y rendre, car le sentier traverse des rizières en terrasses dont l'accès est parfois interdit en raison des traditions associées aux périodes de plantation et de moisson.

En revenant, demandez à votre guide ou aux habitants de vous indiquer la direction d'Aguid, un village pittoresque à environ 3 km après Banga-an. Depuis Aguid, revenez à Banga-an en suivant la route. Deux jeepneys assurent chaque jour la liaison entre Sagada et Banga-an, mais comme ils partent au milieu de l'après-midi, ils ne vous seront pas d'un grand secours si vous n'êtes là que pour la journée. Vous pouvez marcher ou louer un jeepney. Des jeepneys partent de bonne heure le matin de Banga-an en direction de Sagada.

Mont Sipitan RANDONNÉE

Vous pourrez également randonner dans les montagnes, notamment sur la plus haute de Sagada, le mont Sipitan (2 200 m), même s'il est réputé pour être infesté de pièges de chasseurs ; bien entendu, ne vous y aventurez pas sans être accompagné d'un guide. Une grande partie de cette randonnée exigeante d'une journée entière, qui part du charmant lac Danum sur la route de Besao et se termine à Banga-an, traverse une forêt moussue. Le **mont Ampacao** (1 889 m), à 10 km au sud de la ville après Ambasing, est beaucoup plus facilement accessible par une route de terre.

Où se loger

Les hébergements de Sagada sont exceptionnellement bon marché. Les salles de bains communes ne possèdent d'ordinaire que l'eau froide, mais les hôtes peuvent acheter des seaux d'eau chaude (50 P). Le Wi-Fi dans les chambres devient la norme.

Sagada Homestay PENSION $

(☎0919 702 8380 ; ch avec sdb 250 P/pers ; Wi-Fi). Cette pension accueillante et très abordable ne manque pas de charme, avec ses boiseries en pin brillant. Très belle vue.

Residential Lodge PENSION $

(☎0919 672 8744 ; www.geocities.com/residential_lodge ; dort/ch 200/250 P). "Tita" (tatie) Mary, une enseignante philippine à la retraite, loge ses pensionnaires dans des chambres ravissantes et les gâte comme ses petits-enfants.

Sagada Guesthouse PENSION $

(☎0929 680 7849 ou 0919 300 2763 ; ch sans sdb 250 P/pers, d avec sdb 600 P). Les doubles gaies et rustiques donnant sur la place centrale affichent un excellent rapport qualité/prix. Plus on monte dans les étages, plus le prix augmente jusqu'à atteindre 1 200 P, mais les chambres plus vastes peuvent accueillir de 3 à 5 personnes.

Canaway Resthouse PENSION $

(☎0918 291 5063 ; ch 250 P/pers ; Wi-Fi). Des chambres très avantageuses, avec draps nets, Wi-Fi fiable et service avenant.

George Guesthouse PENSION $

(☎0918 548 0406 ; ch à partir de 250 P/pers ; Wi-Fi). Dans un bâtiment couleur bonbon voisin du Canaway, cette pension présente plus ou moins le même niveau de prestations et un décor comparable. Une grande chambre avec TV coûte 600 P, une folie à Sagada.

Ganduyan Inn PENSION $

(☎0921 273 8097 ; ch sans sdb 250 P/pers, d avec sdb 600 P ; Wi-Fi). Pas aussi rustique que certaines pensions du genre, mais fonctionnelle et économique.

Rock Inn HÔTEL $

(☎0920 909 5899 ; www.rockfarmsagada.com ; grenier/dort/tr/q 250/450/1 500/1 800 P ; Wi-Fi). Si vous êtes motorisé, cette adresse vous attend à 2 km du centre, au milieu des citronniers. Elle dispose d'une immense salle de banquet et de chambres variées : doubles splendides donnant sur un jardin de rocaille et un *dap-ay*, dortoir pour les groupes et grenier où 18 personnes peuvent dormir par terre.

Alfredo's Cabin PENSION $
(☎0918 588 3535 ; s/d sans sdb 350/600 P). Les doubles sans prétention comptent parmi les plus agréables en ville, à un prix très intéressant. Un brin médiocre sur le plan culinaire, le restaurant a en revanche du charme.

St Joseph's Resthouse HÔTEL $
(☎0918 559 5934 ; d/q avec eau froide à partir de 500/900 P, bungalows avec eau chaude 1 700 P). Voici l'établissement qui rassemble le plus large choix de chambres, réparties dans divers bâtiments donnant sur un jardin et sur les montagnes en arrière-plan. La qualité varie considérablement de l'une à l'autre.

Où se restaurer et prendre un verre

À Sagada, la cuisine est bonne mais le service laisse un peu à désirer ; n'hésitez pas à aller au comptoir passer votre commande.

Log Cabin FUSION $$
(☎0920 520 0463 ; plats 150-250 P ; ⊙dîner). Ce restaurant figure parmi les surprises agréables que réserve Sagada. La cuisine d'inspiration occidentale consiste en des plats copieux et bien présentés. Le samedi soir, un buffet (250 P ; sur réservation et paiement anticipé) est préparé par un chef français, qui fait son pain lui-même. Une bonne carte des vins et une cheminée parachèvent le tout. Il faut s'y arrêter le matin pour passer sa commande. Fermeture occasionnelle le mardi ou en l'absence de clients.

Yoghurt House FUSION $$
(Petit-déj 60-140 P, plats 85-160 P ; ⊙7h-20h30 ; ✎). Venez savourer un bon café et un délicieux yaourt maison avant une journée de randonnée. Revenez pour le dîner afin de déguster des pâtes végétariennes ou des *rösti* (pommes de terre râpées et frites). Mention spéciale pour les cookies aux flocons d'avoine.

Masferré Inn & Restaurant FUSION $$
(☎0948 341 6164 ; sandwichs 80 P, plats 150-220 P ; ⊙petit-déj, déj et dîner). Si l'endroit sert l'une des meilleures cuisines de la ville, son principal attrait réside dans les photos de feu Eduardo Masferré, natif de Sagada.

Bana's Cafe CAFÉ $
(Petit-déj 100 P, plats 130-150 P ; ⊙petit-déj, déj et dîner ; ✎). Ce bar au cadre bohème a est idéal pour le café et le petits-déjeuner (omelettes savoureuses). Son étroit balcon surplombe une gorge et reçoit le soleil le matin.

Lemon Pie House CAFÉ $
(Tartes/plats à partir de 35/50 P ; ⊙petit-déj, déj et dîner ; ✎). Outre des tartes au citron (lemon pie) et aux œufs tout à fait réussies, ce ravissant café propose des plats philippins et occidentaux de base. Nous le soupçonnons toutefois d'utiliser les mêmes pâtes pour les *lumpia* et les “spaghettis”...

Achats

Sagada Weaving ARTISANAT
(⊙7h-18h). Cet atelier de tissage fabrique des sacs à dos, des ceintures-portefeuilles et d'autres objets utiles avec les motifs traditionnels de la région.

Tam-aw Handicraft ARTISANAT
(Barangay Madongo). Choix plus limité mais à des prix plus intéressants, sur la route de Banga-an, où les tisserands sont sourds et/ou muets.

Sagada Pottery POTERIE
Sur le chemin pour Besao, vous passerez devant cet atelier de poterie qui crée à grand renfort de main-d'œuvre des poteries qui mettent 30 heures à cuire. À 1,5 km au nord de Sagada.

Renseignements

L'**office du tourisme** (⊙7h-17h), dans l'hôtel de ville, est l'unique interlocuteur pour trouver un guide à Sagada. Les tarifs fixes des guides et des jeepneys privés (Banga-an aller-retour 550 P) sont clairement affichés ; comptez 600 à 1 000 P pour une excursion aux grottes ou une randonnée d'une journée, selon le trajet.

Au rez-de-chaussée de l'office de tourisme se trouvent le **bureau de poste**, un **DAB** qui fonctionne la moitié du temps (et accepte la moitié des cartes de crédit internationales) et la **Sagada Rural Bank** (⊙8h-11h45 et 13h15-16h45 mar-sam). La banque change de l'argent à un taux très bas.

En face de l'hôtel de ville, Sagada Newsstand vend les journaux nationaux et des livres d'occasion.

Le **Golinsan Internet Cafe** (40 P/h ; ⊙8h-20h30) se trouve en contrebas d'Alfredo's Cabin.

Depuis/vers Sagada

Le matin, des jeepneys partent pour Bontoc (50 P, 1 heure), mais ils sont moins nombreux à partir de midi. GL Lizardo assure un départ en bus toutes les heures vers Baguio (230 P, 6 heures 30) jusqu'à 13h.

Pour Manille, vous pouvez revenir à Baguio afin de prendre une correspondance, ou bien prendre le bus Cable Tours depuis Bontoc. Ces deux options prennent au moins 12 heures. Changez à Bontoc pour Banaue.

Bontoc

☎074 / 3 500 HABITANTS / ALTITUDE 900 M

Vivant et dynamique, Bontoc fait partie des bourgs les plus importants de la Cordillère. Il n'a cependant guère d'intérêt pour les voyageurs, si ce n'est comme nœud de transports et pour son excellent musée. Si vous aimez la randonnée, les montagnes et les rizières, mieux vaut mettre le cap sur Sagada ou Banaue. La ville est aujourd'hui surtout connue pour être le point de départ vers Maligcong, Mainit et Kalinga.

À voir

Musée de Bontoc MUSÉE

(50 P ; 8h-12h et 13h-17h). Le remarquable musée de Bontoc est tout bonnement le meilleur du nord de Luzon. D'émouvantes photos en noir et blanc et de la musique indigène complètent la visite de chaque salle (une pour chacune des principales tribus de la région). Naturellement, les salles consacrées aux chasseurs de têtes, qui présentent les haches *ad hoc* et les poignées de *gansa* (gong) fabriquées à partir d'os maxillaires humains, sont les plus impressionnantes. Quelques macabres photos de chasseurs de têtes exhibant leurs trophées sont aussi exposées. Les huttes bontoc installées devant le musée méritent un coup d'œil, notamment la "chambre" dans l'une d'entre elles.

Circuits organisés

Raynoldo "Kinad" Waytan EXCURSIONS

(☎0929 384 1745). Kinad est un guide chevronné qui se substitue de fait à l'office du tourisme. Les excursions à Maligcong, Mainit et au-delà reviennent à 1 000 P/jour environ pour des groupes allant de 1 à 4 personnes (repas non compris). Si le numéro de téléphone de Kinad ne répond pas, vous pourrez le contacter par l'intermédiaire de la plupart des hôtels.

Francis Pain EXCURSIONS

(☎0915 769 0843). Roi des polyglottes de la Cordillère, cet homme fiable parle plus d'une douzaine de dialectes locaux et conduit des excursions de qualité.

Où se loger

Pour un minimum de confort, vous devrez traverser le pont jusqu'à la paisible rive est de la Chico.

Bontoc

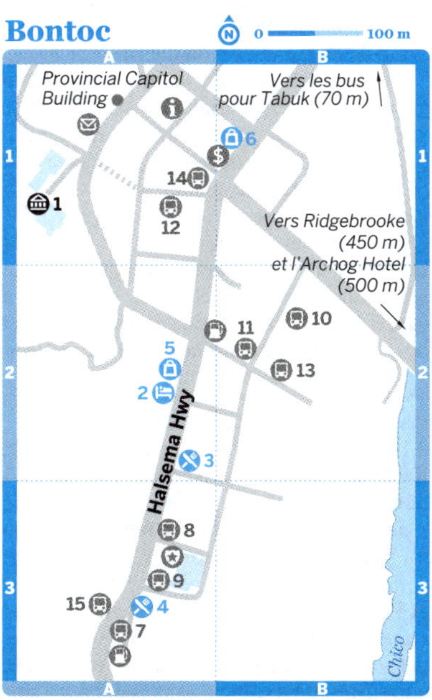

Bontoc

À voir
1 Musée de Bontoc A1

Où se loger
2 Churya-a Hotel & Restaurant A2

Où se restaurer
3 Cable Cafe A2
4 Tchayapan A3

Achats
5 Luisa's Antique Shop A2
6 Mountain Province Trade Centre B1

Transports
Cable Tours ..... (voir 3)
7 Gare routière Dadance A3
8 Gare routière D'Rising Sun A3
9 Jeepneys et bus pour Banaue A3
10 Jeepneys pour Barlig, Kadaclan et Natonin B2
11 Jeepneys pour Mainit B2
12 Jeepneys pour Maligcong A1
13 Jeepneys pour Sagada B2
14 Jeepneys pour Tinglayen A1
15 Gare routière Von Von (bus pour Banaue) A3

Churya-a Hotel & Restaurant HÔTEL $
(☎0906 430 0853 ; darwin_churyas@yahoo.com ; dort/d/tr 250/400/700 P). La meilleure pension de la ville, ce qui ne signifie pas grand-chose, se distingue par une salle commune et un café décorés avec goût qui ouvrent sur un balcon surplombant la rue. Les réceptionnistes peuvent vous trouver un guide.

Archog Hotel HÔTEL $$
(☎0918 328 6908 ; www.archoghotel.com ; d 700-1 000 P, ste 1 100-1 800 P ; ❄📶). Rattaché au Ridgebrooke Hotel défraîchi, l'Archog est ce qui s'apparente le plus à un hôtel d'affaires à Bontoc. Ses doubles propres sans salles de bains sont d'un honnête rapport qualité/prix.

Où se restaurer et prendre un verre

Les hôtels Churya-a et Tchayapan servent la meilleure cuisine en ville. La viande de chien est courante à Bontoc ; nous n'avons pu nous résoudre à en manger, mais il suffit de frapper à la bonne porte.

Cable Cafe BAR $
(☎606 8013 ; repas 90 P ; ⏰7h-15h et 18h-22h). Concert tous les soirs (pop des années 1980 et chansons philippines). Aucun autre lieu ne reste ouvert après le couvre-feu de 22h et vous pourrez y déguster des ailes de poulet accompagnées d'une bière peut-être jusqu'à 23h !

Achats

Luisa's Antique Shop ANTIQUITÉS
(⏰6h30-18h30). Vend des reproductions d'objets igorot, mais les plus malins pourront faire des affaires en dénichant une authentique couverture tissée ou un *tapis* samoki.

Mountain Province Trade Centre SOUVENIRS
(⏰8h30-18h). Articles tissés en provenance de Sagada, Sadanga et Samoki, qui ont tous un style bien particulier.

Renseignements

Il existe des cybercafés dans la rue principale.

Landbank (⏰9h-19h). Près du Mountain Province Trade Centre ; change.

Office du tourisme (Town Plaza ; ⏰8h-17h lun-ven). Cartes détaillées de la région.

Depuis/vers Bontoc

Cable Tours (☎0918 521 6790 ou 0908 207 8465) fait circuler quotidiennement des bus climatisés pour Quezon City à Manille (650 P, 12 heures, 11h et 15h) via Banaue (120 P). Bonbon dessert Banaue toutes les heures de 10h à 12h au même tarif. Le bus Manille-Bontoc de Cable Tours prend la route entre 20h et 21h. D'Rising Sun rallie Baguio (220 P, 6 heures) toutes les heures jusqu'à 16h.

Un jeepney pour Banaue démarre une fois plein, généralement vers 12h (150 P).

Des jeepneys à destination de Sagada (50 P, 1 heure) partent toutes les heures de 7h à 17h (attention car le dernier ne circule pas toujours). Au moins un bus et un jeepney par jour rejoignent Tinglayen (100 P, 2 heures 30) ; la meilleure solution est de prendre le bus de 8h30 qui va jusqu'à Tabuk (210 P, 6 heures). Maligcong est desservie par 2 jeepneys le matin et deux l'après-midi (dernier départ pour revenir à Bontoc à 16h).

Les jeepneys prennent les routes accidentées menant à Mainit (40 P, 1 heure, 14h30 et 16h30), Barlig (90 P, 1 heure 30, 13h30) et Kadaclan (130 P, 4 heures, de 16h à 17h). Des jeepneys partent pour Natonin (170 P, 6 heures, 1/jour) une fois pleins. Dadance a un bus qui part tôt le matin pour Paracelis et qui dessert les 3 villages.

Environs de Bontoc

MALIGCONG ET MAINIT

Vastes et soutenues par des murs de pierre, les **rizières en terrasses** de Maligcong rivalisent avec celles de Banaue et Batad, mais attirent beaucoup moins de touristes. Mainit abrite des **sources d'eau chaude**, plusieurs **ato** (*dap-ay*) intéressants, et des jardins de **mausolées** ornés de cornes de *carabao*, un symbole de la richesse du défunt.

Mainit est à 2 heures de marche de Maligcong par un chemin qui longe une crête de 300 m. On peut aussi faire une randonnée jusqu'à Aguid, près de Sagada, depuis Mainit (6 heures en terrain très escarpé). Ces deux itinéraires nécessitent un guide.

Si vous devez passer la nuit ici, vous trouverez des pensions rudimentaires à Mainit. L'**Odsey** (ch 250 P) et le **Geston's** (ch 250 P) offrent des chambres propres et des lits durs, tout comme le **Terraces View** (ch 250 P), près de Maligcong.

BARLIG, KADACLAN ET NATONIN

À l'est de Bontoc, les villages isolés de Barlig, Kadaclan et Natonin possèdent de magnifiques **rizières en terrasses**. Depuis Barlig, il ne faut que 4 heures pour faire l'ascension du point culminant de cette région, le **mont Amuyao** (2 702 m). La marche entre Barlig et Batad, qui passe par le mont Amuyao, est l'une des meilleures randonnées sur 2 jours dans la cordillère centrale. La randonnée entre Natonin et Mayoyao prend 2 à 3 jours.

Les guides, que l'on rencontre à la mairie de Barlig ou à Bontoc, demandent 800 P/jour.

Il existe dans les villages des pensions et des chambres chez l'habitant extrêmement rudimentaires. Le **Sea World** (ch 250 P), dans la localité de Barlig, a notre préférence.

Province de Kalinga

Si certains tour-opérateurs philippins n'hésitent pas à exhiber des photos d'ethnies tatouées à demi nues pour vanter la Cordillère aux touristes, le Kalinga est bien l'endroit où le cliché peut se transformer en réalité. Le Kalinga un endroit où les animaux sont sacrifiés au cours de *cañao* (fêtes rituelles), et où la loi traditionnelle prime encore sur les règles du monde contemporain. Ici, vous croiserez peut-être un des derniers chasseurs de têtes du Kalinga ou des femmes tatouées arborant des os de serpent dans les cheveux. Vous suivrez des sentiers dans les montagnes qui mènent à des villages entourés de rizières en terrasses tout aussi spectaculaires que celles de Bontoc et de l'Ifugao.

Voyager ici n'est pas sans risque. Si vous vous blessez, vous serez à des années-lumière de soins médicaux modernes (des remèdes tribaux seront plus faciles à trouver). Les installations sanitaires sont rudimentaires voire inexistantes. Les glissements de terrain, en particulier pendant la saison humide, peuvent compromettre votre séjour.

La pratique de la chasse aux têtes a cessé il y a plusieurs dizaines d'années, mais des guerres tribales éclatent encore parfois. Si les tribus en guerre s'attaquent rarement aux étrangers, mieux vaut rester prudent.

Les cadeaux sont bien accueillis au Kalinga : allumettes, gin et, si vous voulez vous faire des amis, des poulets vivants.

TINGLAYEN

074 / 865 HABITANTS / ALTITUDE 900 M

Meilleur point de départ pour des randonnées dans le Kalinga, Tinglayen se trouve à 2 heures 30 au nord de Bontoc, sur la rivière Chico. Victor Baculi, le "capitaine" du *barangay* Luplupa (de l'autre côté du pont suspendu de Tinglayen), vous mettra en contact avec des guides ; vous le trouverez au Luplupa Riverside Inn, dont il est propriétaire. Renseignez-vous aussi au **Churya-a Hotel** (0906 430 0853 ; darwin_churyas@yahoo.com), à Bontoc, ou auprès d'un organisme de guides à Banaue ou à Sagada. Les tarifs des guides sont en moyenne de 800 P/jour.

Activités

Tinglayen a peu d'intérêt si vous ne faites pas de **randonnée**. Il existe des circuits exceptionnels, de l'excursion d'une demi-journée dans les villages voisins au trek de plusieurs jours jusqu'à Tabuk ou la province d'Abra. Pour les randonnées ci-après, vos guides s'occuperont de votre hébergement et du transport jusqu'au départ du sentier.

La chasse aux têtes a disparu, mais des rumeurs invérifiables sur la persistance de cette pratique se font encore entendre. Si l'on croise quelques d'autochtones arborant sur la poitrine des tatouages, la population montagnarde a dans l'ensemble renoncé à son mode de vie traditionnel. On peut les rencontrer dans les villages de **Sumadel**, à 3 heures de marche de Tinglayen, et de **Dananao**, qui peut constituer une étape dans la randonnée de 3 heures vers **Tulgao**, où l'on trouve des **sources d'eau chaude** et une **cascade** de 30 m. En début d'après-midi, un jeepney fait la majeure partie du trajet jusqu'à Tulgao (40 min).

La randonnée Ngibat-Butbut-Buscalan-Bugnay est un autre excellent trek d'une journée au sud-ouest de Tinglayen. Il nécessite d'être en bonne forme physique (forts dénivelés). **Buscalan** est un magnifique village où s'étendent de jolies rizières en terrasses soutenues par des murs de pierre et des maisons traditionnelles.

À l'est de la Chico, la municipalité de **Tanudan** attire moins de visiteurs que les villages situés à l'ouest de Tinglayen. L'endroit est très isolé et le terrain très accidenté.

Pour une randonnée plus courte, essayez la boucle Tinglayen-Ambuto-Liglig-Tinglayen. Vous traversez de petites **rizières en terrasses**, ainsi que des villages avec quelques maisons indigènes.

Où se loger et se restaurer

La **Sleeping Beauty Resthouse** (ch 250 P/pers) à Tinglayen et le **Luplupa Riverside Inn & Restaurant** (ch 250 P/pers) proposent le couvert et des chambres sommaires. Le premier comprend aussi un magasin où l'on peut s' approvisionner en eau et en-cas.

La plupart des villages autour de Tinglayen abritent une coopérative polyvalente ou un modeste logement chez l'habitant.

Comment s'y rendre et circuler

Le bus quotidien Tabuk-Bontoc marque l'arrêt à Tinglayen vers 11h quand il va vers le nord (direction Tabuk) et vers 10h30 quand il va vers le sud (direction Bontoc). Au moins un jeepney par jour assure la liaison avec Bontoc et Tabuk. Pour profiter de la vue, prenez place sur le toit.

TABUK

074 / 88 000 HABITANTS / ALTITUDE 200 M

La capitale de la province de Kalinga est une ville universitaire morne, poussiéreuse et étouffante sur les bords de la Chico. Il ne s'y passe pas grand-chose, mais **Chico River Quest** (0920 205 2680 ; www.chicoriverquest.com ; excursions sur la rivière Chico aval/amont transport et hébergement inclus 4 000/7 000 P) organise des sorties de rafting sur la rivière Chico entre juin et décembre. L'excursion vers l'amont, plus excitante, inclut une nuit au Sleeping Beauty Resthouse de Tinglayen, où s'effectue le départ en raft.

Le meilleur hôtel de Tabuk est le ravissant **Davidson Hotel** (0918 930 0830 ; http://davidsonhotel.com.ph ; Provincial Hwy ; ch à partir de 1 030 P ;), avec des doubles impeccables et une ambiance chic de station coloniale de montagne. Les voyageurs à petits budgets préféreront la **Kalinga Youth Hostel** (dort 150 P), près de Chico River Quest.

Autobus et Victory Liner proposent des bus quotidiens vers Manille (environ 700 P, 11 heures), et des vans font la liaison jusqu'à Tuguegarao (80-100 P, 1 heure 30).

Le matin, des bus et des jeepneys partent du *barangay* Dagupan, à 7 km au nord de la ville, à destination des villages reculés du Kalinga et de Bontoc.

ROUTE KALINGA-ABRA

Sur le trajet entre Tinglayen et Tabuk, à environ 7 km au nord de Lubuagan, la route principale bifurque vers le **parc national de Balbalasang-Balbalan** et la province d'Abra. Quatre heures de route séparent l'embranchement de la capitale de l'Abra, **Bangued**. Les transports publics empruntant cette route se limitent à un jeepney matinal le samedi ou le dimanche depuis/vers Tabuk, et un autre depuis/vers Bangued ; sinon, il vous faudra un 4x4 ou un VTT.

Le trajet de 2 heures entre Balbalan et Balbalasang emprunte l'une des routes les plus pittoresques du pays. Elle plonge dans des gorges et coupe à travers des montagnes déchiquetées, chaque virage semblant laisser apparaître une cascade, une rizière en terrasse ou une rivière. Que ce spectacle ne détourne pas vos yeux de la route pleine de virages, car vous risqueriez l'accident !

Le parc national de Balbalasang-Balbalan a été créé pour commémorer l'opposition du Kalinga aux opérations d'exploitation forestière soutenues par le gouvernement dans les années 1970. Le parc abrite de bons terrains de camping, le meilleur étant situé le long de la rivière, à Balbalasang.

Banaue

074 / 2 594 HABITANTS / ALTITUDE 1 200 M

Pour un Philippin, l'évocation de rizières en terrasses renvoie à Banaue. Cerné par ces vertes cultures étagées, le bourg est directement accessible depuis Manille, ce qui en fait une destination moins idyllique que Sagada. Ces impressionnantes rizières en terrasses, soutenues par des murs de boue, datent d'il y a quelque 2 000 ans et sont inscrites au patrimoine de l'humanité.

Ces rizières en terrasses furent construites par les Ifugao, jadis chasseurs de têtes, qui sculptaient le bois aussi habilement qu'ils façonnaient des terrasses. Leurs statues de *bulol* sont devenues un symbole des Philippines, quoique mal compris : les *bulol* sont des gardiens du riz et non des dieux du riz, comme on le croit souvent.

Si Banaue reste le centre de la riche culture ifugao, la ville est soumise à la loi du tourisme. Vous pourrez vous échapper vers des villages comme Batad, qui possèdent leurs propres rizières en terrasses.

À voir et à faire

Viewpoint SITE REMARQUABLE

Une course de 10 minutes en tricycle vous emmènera à ce point de vue (aller-retour 200 P), d'où observer les terrasses de Banaue. Il consiste en fait en quatre points de vue sur la route de Bontoc, à 200 m d'intervalle. Plus vous montez, plus la vue est dégagée. Il y a des magasins de souvenirs à la plupart des points, et à l'un d'entre eux, vous pourrez prendre en photo de femmes ifugao parées de leurs costumes pour environ 20 P.

Musée de la sculpture de la Cordillère MUSÉE

(100 P ; 8h-17h). Situé à côté du Spring Village Inn, ce musée présente une belle collection de *bulol* et d'autres sculptures ifugao sur bois, dont quelques rares originaux. Vous pourrez consulter revues et livres anciens, dont un numéro de *National Geographic* de 1912 consacré aux chasseurs de têtes.

Musée de Banaue MUSÉE

(30 P ; sur demande). Le Banaue View Inn gère ce musée qui conserve des livres de

l'anthropologue Otley Beyer et des objets igorot rassemblés par son fils William.

Tam-an, Poitan, Matanglag et Bocos RANDONNÉE

Les randonnées entre ces villages traversent des champs de riz à proximité immédiate de Banaue. Tous les villages regroupent des maisons traditionnelles ifugao. Le départ pour la randonnée de 45 minutes entre Tam-an et Poitan s'effectue près de la piscine du Banaue Hotel et suit un canal d'irrigation centenaire. Une fois à Poitan, vous devrez remonter vers la route, prendre à gauche vers Banaue, puis à droite quelques minutes plus tard au niveau d'un escalier et commencer à grimper. Au bout de 30 minutes, vous atteindrez Matanglag, où travaillent des ouvriers bronzeurs. De là, comptez 30 minutes pour gagner Bocos, réputé pour ses sculptures sur bois. Vous passerez devant la cascade visible depuis Banaue. De Bocos, vous pouvez redescendre à Banaue ou prendre la direction du nord à travers d'autres rizières en terrasses et aller jusqu'au point de vue. Demandez votre chemin ou prenez un guide qui pourra vous aider.

Où se loger

CENTRE-VILLE

Uyami's Greenview Lodge HÔTEL $

(☎386 4021/2 ou 0920 540 4225 ; www.ugreenview.wordpress.com ; d sans sdb 250 P/pers, d sans/avec vue 800/1 500 P ; 📶). Sans être exceptionnel, l'hôtel le plus populaire de Banaue répond à toutes les attentes des voyageurs sac au dos. Propre et confortable, il possède un restaurant correct, une belle vue sur les rizières et une connexion Wi-Fi.

People's Lodge & Restaurant HÔTEL $

(☎386 4014 ; d sans sdb à partir de 250 P/pers, d avec sdb à partir de 600 P ; 📶). L'hôtel le plus prisé après le Greenview emploie un personnel sympathique qui compense l'extrême inesthétisme de son restaurant. La vue depuis le balcon de ce dernier et les chambres à prix raisonnable ne gâte rien.

Sanafe Lodge & Restaurant PENSION $

(☎386 4085 ou 0920 950 4644 ; sanafelodge.com ; s/d/ste 400/700/1 200 P). Le plus beau restaurant du centre, une splendide terrasse verdoyante, un bar donnant sur les rizières (incontournable à l'happy hour) et des chambres très cosy, dont des suites "deluxe" plutôt chics pour Banaue, bien que trop coûteuses. Bizarrement, l'endroit est désert hors saison.

Stairway Lodge & Restaurant PENSION $

(D sans sdb 250 P/pers, d avec sdb 500 P). Des chambres acceptables pour le prix, un peu au nord du Greenview.

RIDGE ROAD ET AILLEURS

Native Village Inn HUTTES $$

(☎0916 405 6743 ; www.nativevillage-inn.com ; huttes 2 pers à partir de 1 250 P). Nichées dans un cadre merveilleusement isolé à 9 km de la ville, ces jolies huttes jouissent d'une vue imprenable sur les rizières en terrasses. On n'y accède que par une route non bitumée :

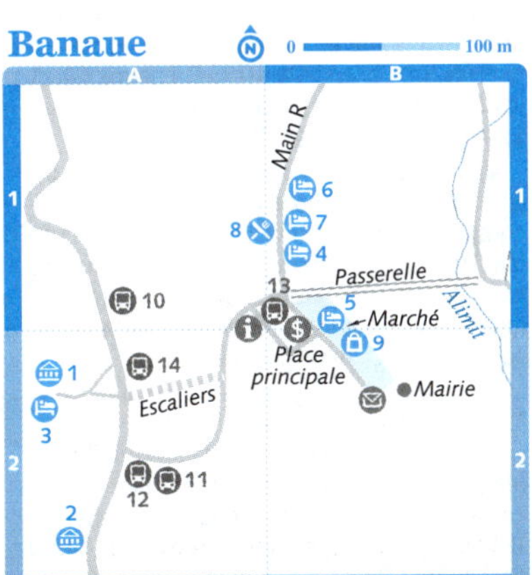

Banaue

À voir

1 Musée de Banaue ... A2
2 Musée de la sculpture de la Cordillère ... A2

Où se loger

3 Banaue View Inn ... A2
4 People's Lodge & Restaurant ... B1
5 Sanafe Lodge & Restaurant ... B1
6 Stairway Lodge & Restaurant ... B1
7 Uyami's Greenview Lodge ... B1

Où se restaurer

8 Las Vegas ... A1

Achats

9 Montana & Tex ... B2

Transports

10 Bus pour Bontoc ... A1
11 Gare routière Dangwa Tranco ... A2
12 Gare routière KMS ... A2
13 Point de départ principal de jeepneys B1
14 Gare routière Ohayami ... A2

assurez-vous d'organiser votre transport à l'avance avec le propriétaire.

Banaue View Inn PENSION $
(☎386 4078 ou 0916 405 6743 ; dort sans sdb 200 P, d/tr/f avec sdb 800/900/1 500 P). Cet hôtel perché en haut de la colline de Magubon domine la ville et les rizières. Les chambres plaisantes et bien tenues vont de pair avec un service aimable. Lily, la propriétaire, pourra vous raconter de savoureuses histoires sur son grand-père, le célèbre anthropologue Otley Beyer, qui a beaucoup écrit sur la culture ifugao, et sur son père, William, un antiquaire truculent.

Banaue Hotel HÔTEL $$
(☎386 4087 ; ch standard/deluxe à partir de 2 800/3 500 P ;). Peu engageant de l'extérieur, ce bloc de béton dissimule un vaste hall orné de boiseries et d'une énorme cheminée. Les chambres standard sont spacieuses et les "deluxe" lambrissées ont même un certain cachet en plus de leur vue splendide. Le restaurant sert des steaks, de la cuisine continentale et un vin correct. Très fréquenté par les groupes en voyage organisé, l'hôtel dispense des services en rapport.

Où se restaurer et prendre un verre

Les meilleures pensions se doublent d'un restaurant à l'avenant. Nous préférons celui du Sanafe Lodge. Les plats coûtent de 60 à 150 P, les plus chers étant les versions philippines de recettes occidentales. Plusieurs cafés discrets dotés d'une belle vue jalonnent la route de crête au nord du Banaue Hotel. La plupart des cuisines ferment vers 21h.

Las Vegas PHILIPPIN $
(Plats 60-90 P). L'une des rares tables encore ouverte après 21h, dont les propriétaires sympathiques proposent une cuisine philippine moyenne dans un décor kitsch.

Achats

Les sculptures sur bois et l'artisanat ifugao sont partout, mais c'est Montana & Tex, près de la grande place, qui offre le meilleur choix. Des ateliers bordant la grande route en direction de Bocos pratiquent des tarifs plus intéressants.

Renseignements

Prenez vos précautions, car il n'y a aucun DAB international à Banaue. La magasin de proximité RSR et les hôtels Greenview Lodge et People's Lodge changent des dollars à des taux modiques. La ville compte plusieurs **points d'accès à Internet**, notamment au People's Lodge.

Le **bureau de poste** principal se trouve près de l'entrée du Banaue Hotel.

Les visiteurs doivent acquitter d'une taxe environnementale de 20 P, payable dans la plupart des hébergements ou à l'office du tourisme de Banaue. Personne ne nous a demandé de la régler lors de notre séjour, mais les hôteliers assurent que c'est normalement le cas. Batad a son propre réseau de guides.

Office du tourisme de Banaue (☎386 401 ; ⏲6h-19h). Gère un réseau de guides accrédités, vend une carte (15 P) et dispose de la grille officielle des tarifs des guides et des transports privés vers un éventail de destinations. Un guide pour une journée de randonnée coûte en moyenne 1 200 P.

Marcial Cuision (☎0918 522 5049). Ce guide sympathique peut vous emmener en balade à pied ou à bord de son van.

Tam-an Guides Organisation (☎0919 500 1028 ; ⏲6h-19h). À côté du bureau de poste, cette association a été créée par un groupe de guides indépendants dont Elvis, qui vous emmènera à Sagada et à peu près partout dans la Cordillère sur sa moto tout-terrain (1 500 P/jour, plus l'essence) ; il a une autre moto si vous préférez conduire vous-même.

Depuis/vers Banaue

Ohayami assure un bus de nuit quotidien entre Banaue et Sampaloc, à Manille (450 P, 9 heures), via Cubao. En période d'affluence touristique, il faut acheter ses billets bien à l'avance. Le trajet en tricycle de la gare routière jusqu'en ville coûte 20 P. Lors de notre passage, Florida avait suspendu sa liaison avec Banaue, mais prévoyait de la rétablir en haute saison au départ du terminal Sampaloc de la capitale.

Si vous préférez voyager de jour, il vous faudra prendre un jeepney pour Lagawe (35 P, 50 min), puis un autre pour Solano (75 P, 1 heure 15), où vous prendrez alors un des bus réguliers pour Sampaloc, à Manille (320 P, 7 heures).

Aller directement à Banaue depuis l'aéroport de Clark n'est pas chose facile. Le moins compliqué est de revenir sur vos pas en allant à Manille et de prendre un bus là-bas. Si faire des changements ne vous dérange pas, le meilleur itinéraire est le suivant : Clark-Dau-Tarlac-San José-Solano-Lagawe-Banaue.

KMS (3/jour), Ohayami (3/jour) et Dangwa Tranco (1/jour) font circuler des bus (généralement de nuit) à destination de Baguio (465 P, 8 heures 30) via Solano et San José. Le plus simple pour aller à Vigan (au moins 12 heures) consiste à prendre l'un de ces bus, à descendre à Rosario, La Union, puis à prendre une correspondance avec un bus allant vers le nord. On peut aussi rallier Tuguegarao au nord, longer la côte septentrionale de Luzon jusqu'à Laoag, puis gagner Vigan. Cela signifie 15 heures de voyage avec trois ou quatre changements de bus, mais le paysage vaut vraiment le coup.

Les bus à destination de Bontoc (150 P, 2 heures 30) passent par Banaue tous les matins, et 3 autres bus marquent l'arrêt. Un jeepney pour Bontoc (70 P) part à 8h30. Changez à Bontoc pour Sagada.

La plupart des jeepneys partent de la place principale.

Environs de Banaue

Cinq rizières en terrasses des ifugao sont inscrites au patrimoine mondial de l'Unesco : Batad, Bangaan, Mayoyao, Hungduan et les terrasses de Nagacadan, près de Kiangan. Parmi elles, celles de Batad sont les plus célèbres, mais celles de Mayoyao les talonnent de près. Mayoyao n'est pas abordé ici mais est accessible depuis Banaue (3 heures) ou Santiago (5 heures), dans la province d'Isabela.

BATAD ET SES ENVIRONS

074 / 1 100 HABITANTS

Après Baguio, les cercueils suspendus de Sagada, le point de vue de Banaue et les momies de Kabayan, votre tour de la cordillère centrale ne saurait être complet sans les rizières en terrasses de Batad, entourées de murs de pierre, tel un amphithéâtre vert aux gradins parfaitement dessinés. Accessible seulement à pied, Batad reste le rendez-vous des voyageurs indépendants, même si le développement des pensions et l'arrivée récente de l'électricité lui ont fait perdre un peu de sa magie (les habitants voient au contraire cela comme une aubaine). Plusieurs villages voisins, dont Cambulo, attirent les visiteurs désireux de s'isoler des autres touristes.

Activités

Ce qui suit n'est qu'un aperçu des nombreuses randonnées possibles dans la région. L'office du tourisme de Banaue ou n'importe quel guide peuvent vous indiquer des circuits plus longs. Batad a un réseau de guide, la Batad Environmental Tour Guides Association ; 20% des sommes qu'ils touchent sont reversés pour restaurer les rizières en terrasses. La plupart des randonnées autour de Batad nécessitent un guide. Vous apprécierez sa connaissance du terrain et il pourra vous aider à trouver les artisans locaux.

Le propriétaire du Ramon Homestay possède une hutte traditionnelle construite par son grand-père, qui arbore des crânes de cervidés, de singes et de cochons. À l'intérieur, un petit ensemble de javelots, de tonneaux de vin de riz et de sculptures ethniques ravira les amateurs d'ethnologie. Soyez gentil de faire un don (20-40 P) si vous visitez.

Cascade de Tappia RANDONNÉE

Une randonnée de 40 minutes à travers les terrasses vous mènera à la cascade de Tappia, haute de 30 m, où vous lézarderez au soleil sur les rochers ou vous baignerez dans l'eau froide. Pour vous y rendre depuis le quartier des pensions, descendez jusqu'au village puis remontez jusqu'au promontoire, juste à gauche du Waterfall Side Lodge.

Environs de Banaue

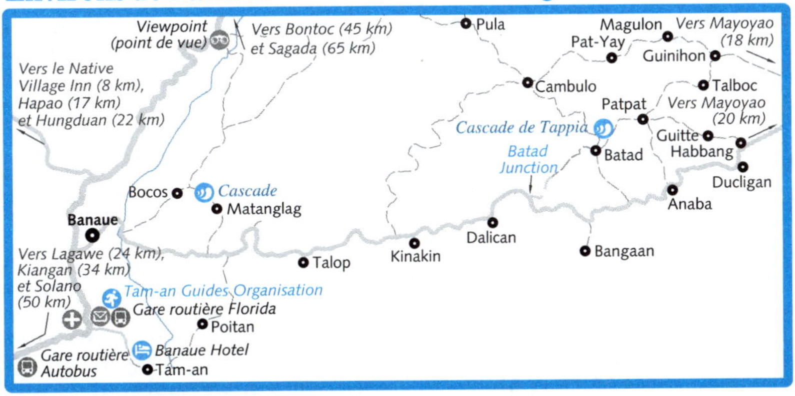

LES TERRASSES DES IFUGAO

Les rizières en terrasses des Ifugao sont extraordinaires tout au long de l'année, mais c'est un ou deux mois avant la moisson qu'elles sont les plus belles, quand elles arborent une couleur vert vif qui prendra peu à peu des reflets dorés. À l'époque des plantations, les terrasses donnent à voir un paysage nu et aride qui a aussi beaucoup de charme. À Banaue, la meilleure période s'étend de juin à juillet (avant la moisson) et de février à mars (nettoyage et plantation). À Batad, qui connaît deux périodes de plantation, les champs sont particulièrement verdoyants entre avril et mai et octobre et novembre. Si vous vous intéressez aux efforts de conservation des terrasses ou pour en savoir plus, renseignez-vous auprès du Ifugao Terraces Movement (sitmo.org).

Batad-Bangaan RANDONNÉE

Cette randonnée de 2 heures 30 est un itinéraire conseillé pour sortir de Batad ou pour y entrer. Depuis Batad, prenez le sentier derrière le Rita's et descendez jusqu'à la petite rivière. Traversez-la, puis empruntez un petit pont sur la gauche et suivez le sentier. Quand il bifurque au bout de 10 minutes, prenez à droite. À partir de là, le terrain ne présente plus aucune difficulté et vous pourrez profiter du panorama sublime sur les montagnes et les rizières en terrasses, traversées par une rivière en contrebas. Pour finir, vous franchirez une rizière avant de déboucher sur la grande route qui mène au bout de 2 km au Family Inn, qui surplombe Bangaan et, à 1,5 km de là, à la jonction pour Batad.

Batad-Cambulo-Pula-Banaue Viewpoint RANDONNÉE

Pour cette randonnée, un guide est nécessaire. Comptez 1 heure 30 entre Batad et Cambulo, 3 heures entre Cambulo et Pula, et 4 heures entre Pula et le point de vue. Une grande partie de ce circuit traverse des rizières en terrasses. Le tronçon entre Cambulo et Pula suit une rivière sinueuse, avec des terrasses taillées dans les hautes montagnes. Pula est un minuscule ensemble de maisons ifugao sur un affleurement vallonné.

À la sortie de Pula, en allant vers le point de vue de Banaue, on trouve une cascade et un profond bassin pour nager sous un pont. Le sentier entre Pula et le point de vue traverse une forêt.

Si vous suivez cet itinéraire, vous prévoirez peut-être de séjourner à Cambulo, où une poignée de pensions louent des lits à 200 P la nuit. Vous pouvez aussi aller directement à Cambulo depuis la grande route Banaue-Batad. Cherchez une route de terre près de Kinakin et marchez sur 13 km (3 heures 30). Avec un jeepney privé, vous pouvez rouler jusqu'aux 3 derniers kilomètres.

Pula-mont Amuyao RANDONNÉE

De Pula, c'est une difficile ascension de 7 heures jusqu'au sommet du point culminant de la région (2 702 m). Il vous faudra un guide (800 P/jour) et du courage ! Soyez prêt à dormir à la station radar du sommet. L'Amuyao est beaucoup plus facile à escalader depuis Barlig, près de Bontoc.

Où se loger et se restaurer

Batad étant à peine couverte par le réseau de téléphonie mobile, on ne peut souvent pas appeler ses 11 pensions. Cela ne pose pas de problème, sauf de mars à mai, quand les Philippins en circuits organisés prennent les hébergements d'assaut. Si vous venez durant cette période, mieux vaut arriver tôt pour être sûr de dénicher une chambre.

Le logement ne varie guère d'une adresse à l'autre : chambres sommaires, salles de bains le plus souvent communes et restaurant préparant des plats philippins et occidentaux (40-80 P). Ne vous attendez pas à un menu complet.

Hillside Inn PENSION $

(☎0917 757 4411 ; ch 150 P). L'établissement dispose d'un téléphone et, surtout, de chambres propres et d'une ravissante véranda.

Batad Kandagyan Lodges HUTTES $

(Ch 200 P). D'authentiques huttes traditionnelles, sans électricité mais fort pittoresques.

Simon's View Point & Pizza Restaurant PENSION $

(Ch 200 P). Avec 16 chambres, l'électricité 24h/24 et un restaurant servant des pizzas et du *malawach* (pain plat yéménite), le Simon's fait ici figure de palace.

Batad Guesthouse & Pension PENSION $
(Ch 200 P). Huit petites chambres et des salles de bains communes avec l'eau chaude. Le propriétaire, un habile sculpteur sur bois, en connaît un rayon sur la région.

Ramon Homestay PENSION $
(Ch 200 P). Outre des chambres basiques avec l'électricité 24h/24 qui ressemblent à celles de la concurrence, cette adresse possède une hutte traditionnelle (200 P) pour l'hébergement et une autre abritant un minimusée consacré à la culture de Batad.

Waterfallside Lodge PENSION $
(Ch 150 P). Juste à côté de la cascade de Tappia, la pension la plus isolée est aussi l'une des plus agréables. Elle n'a que 2 chambres, mais offre des vues splendides.

Cristina's Main Village PENSION $
(Ch 150 P). Un endroit nickel, tenu par la très accueillante Cristina.

Depuis/vers Batad

De Banaue, une route rocailleuse croise au bout de 12 km une piste de 4X4 qui grimpe en pente abrupte sur 3 km jusqu'au "col" surplombant Batad. Lors de notre passage, aucun véhicule ne pouvait gravir cette dernière tout du long. Les tricycles déposent leurs passagers à 1 heure 50 de marche du col, d'où il faut compter encore 40 minutes pour descendre jusqu'à Batad.

Au départ de Banaue, 3 ou 4 jeepneys par jour s'arrêtent à la jonction de Batad (50 P, 1 heure). De là, vous devrez marcher jusqu'au col. Sinon, vous pouvez faire équipe avec d'autres voyageurs pour louer un jeepney et rejoindre la jonction de Batad (aller-retour 2 000 P) ou aller jusqu'au col (aller-retour 2 500 P). Des tricycles assurent la liaison jusqu'à la jonction (aller-retour 2 000 P). Des tricycles peuvent aussi vous emmener jusqu'au col (aller-retour 700 P).

Pour regagner Banaue, vous pouvez organiser votre transport à l'avance, marcher (en empruntant l'un des itinéraires décrits ci-dessus), ou bien héler un jeepney le long de la route pour Banaue (la circulation sur le chemin du retour est plus importante tôt le matin).

HAPAO ET HUNGDUAN

Disséminées dans le fond de la vallée, les rizières en terrasses de Hapao et Hungduan sont éblouissantes. Pour atteindre un petit **étang** à côté d'une rivière à Hapao (2 200 habitants), un *barangay* de Hungduan, à 17 km au nord-ouest de Banaue, descendez l'escalier derrière le point de vue et tournez à gauche en bas. Suivez le canal d'irrigation pavé pendant 10 minutes environ jusqu'à un petit groupe de maisons. De là, vous devrez marcher encore pendant 15 minutes jusqu'à la rivière, où vous pourrez vous rafraîchir.

Cinq kilomètres après Hapao se trouve le *poblasyon* (centre-ville ; 1 500 habitants) de Hungduan qui abrite les spectaculaires **terrasses en toile d'araignée de Bacung** et constitue le point de départ pour l'ascension de 6 heures jusqu'au sommet du **mont Napulawan** (2 642 m), qui fut l'ultime retraite du général Yamashita à la fin de la Seconde Guerre mondiale.

L'office du tourisme de Hungduan, à quelques kilomètres de Hapao, renseigne sur d'autres randonnées. Vous trouverez un guide à l'hôtel de ville de Hungduan, qui propose aussi des chambres à louer. Les tarifs des guides démarrent à 800 P/jour.

Des jeepneys pour Banaue quittent Hungduan (70 P, 22 km, 2 heures) et Hapao (65 P, 17 km, 1 heure 30) vers 8h et repartent entre 14h et 15h. Au moins un jeepney par jour circule depuis/vers chaque ville. Hapao est accessible en tricycle depuis Banaue (aller-retour 700 P, 1 heure 30).

Kiangan

☎074 / 1 600 HABITANTS / ALTITUDE 1 200 M

Kiangan fut le théâtre de la capitulation du général Yamashita, le "tigre de Malaisie", devant les troupes ifugao et américaines, durant la Deuxième Guerre mondiale.

À voir et à faire

Un **mémorial de guerre** en forme de pyramide marque l'endroit où eut lieu la reddition du général Yamashita en 1945.

Sur la pelouse, à l'opposé du mémorial, le **Musée ifugao** (8h-12h et 13h-17h lun-ven) abrite une petite collection d'objets ifugao. Le **lac d'Ambuwaya**, à 3 km à l'est de la ville, est un bon endroit où se baigner. Inscrites au patrimoine mondial de l'Unesco, les **terrasses de Nagacadan** et les **terrasses de Julungan** se trouvent à environ 10 km à l'ouest de la ville et sont accessibles en tricycle. On peut monter à pied jusqu'aux terrasses de Nagacadan puis redescendre jusqu'au village de Maggok (3 heures). Si vous êtes sur place le dernier week-end d'août, vous pourrez assister au **Bakle'd Kiangan**, la fête qui célèbre une récolte de riz abondante. À cette occasion, les habitants revêtent des tenues traditionnelles.

La **grotte de Pangaggawan** est à 3 heures de marche de Kiangan ; vous trouverez d'autres grottes dans les alentours. Depuis le centre-ville, un sentier igorot classique (c'est-à-dire escarpé) mène en 1 heure 30 en haut du **mont Kapugan**, d'où vous jouirez d'une vue exceptionnelle sur les terrasses environnantes.

Pour trouver un guide ou vous renseigner sur des randonnées plus ambitieuses dans la région, adressez-vous au directeur de l'office du tourisme, Ani Dumangeng, à l'hôtel de ville de Kiangan. L'Ibulao, Ibulao Bed & Breakfast est une autre bonne source d'informations. Cet hébergement propose des sorties de rafting sur la rivière Ibulao et organise des randonnées de 2 jours dans les grottes de la région. Lors de nos recherches, les excursions de rafting n'étaient ouvertes qu'aux groupes importants.

Le **Mouvement pour la sauvegarde des terrasses ifugao** (Save the Ifugao Terraces Movement, SITMO ; http ://sitmo.org) est basé à Kiangan. Il organise de temps à autre des excursions écologiques pendant lesquelles on est amené à travailler dans les champs de riz de Kiangan, de Hungduan et d'ailleurs.

Où se loger

Ibulao, Ibulao Bed & Breakfast B&B $$
(☎0919 694 5964 ; totokalug@yahoo.com.ph ;). Roberto Kalungan, un médecin, a fait construire cette maison digne des revues d'architecture. Surplombant la rivière Ibulao, elle se trouve à la jonction de la route Lagawe-Kiangan. Le rez-de-chaussée du corps principal abrite une chambre unique en son genre, taillée dans la roche. De vastes fenêtres dispensent une vue magnifique. Réservation impérative.

Kiangan Youth Hostel AUBERGE DE JEUNESSE $
(☎0910 324 3296 ; dort/d 250/400 P). Chambres passables.

Depuis/vers Kiangan

Kiangan est facilement accessible en jeepney depuis Lagawe (25 P, 25 min, toutes les 20 min jusqu'à la tombée de la nuit). Ohayami fait circuler un bus de nuit entre Kiangan et Manille, et KMS assure une liaison nocturne vers Baguio.

Environs de Kiangan

Dans le *barangay* Pula, rattaché à la ville d'Asipulo, une forêt de caféiers biologiques de 48 ha a été transformée en un parc, le **Julia Campbell Agroforest Memorial Park** (parc mémorial d'agroforesterie Julia Campbell ; http://juliacampbellpark.wordpress.com). Julia Campbell était un membre volontaire des Peace Corps américains dont le meurtre par un homme de la région sur le principal sentier de Batad, en 2007, bouleversa le pays.

Ce parc abrite une ferme biologique, **Bantai Civet Coffee** (www.bantaicivetcoffee.com), qui produit du robusta ainsi qu'une variété de café plus rare et onéreuse issue des excréments de la civette mangeuse de grains de café. Alors que la plupart des plantations de café commerciales occupent des parcelles clairement définies, ici, les arbres ont été plantés au milieu d'une forêt naturelle. C'est cet environnement qui attire la civette en quête d'un abri ombragé. La ferme a ainsi des raisons autant économiques qu'écologiques de préserver cette forêt indigène.

Le parc est le deuxième projet des Travailleurs volontaires en ferme biologique (Willing Workers on Organic Farms) aux Philippines (le premier est à Acop, près de Baguio). Il accueille bénévoles et touristes désireux de profiter d'une vie sans électricité dans un petit village ifugao. L'hébergement se résume à des huttes ifugao rudimentaires, sans installations sanitaires et ni eau courante. Vous pourrez vous baigner dans l'une des nombreuses sources naturelles (froides) du secteur. La nuitée coûte 250 P ; elle est gratuite si vous offrez vos services.

Des jeepneys à destination du *barangay* Pula (70 P, 2 heures) partent de Lagawe, traversent Kiangan, et continuent jusqu'à Pula (1 heure). Trois jeepneys circulent habituellement l'après-midi. Des jeepneys supplémentaires depuis Lagawe et Kiangan desservent Asipulo, d'où vous pouvez prendre un mototaxi jusqu'à Pula. De Pula, vous devrez suivre un chemin escarpé pendant 20 minutes pour accéder au parc. Le directeur du parc, Gerald Puguon, peut venir vous chercher à Lagawe et vous conduire au parc à condition de le prévenir un peu à l'avance.

NORD-EST

En s'enfonçant dans le nord-est de Luzon, le voyageur découvre une contrée sauvage aux immenses étendues forestières, ponctuée de villages desservis par des pistes de coupeurs de bois et peuplée d'ethnies montagnardes. On n'y croise guère de Philippins et encore moins d'étrangers. Le fleuve Cagayan, la voie navigable la plus longue du pays, traverse le cœur de cette région à la fertilité renommée. À l'est du fleuve s'élève la sierra Madre, qui compte parmi les chaînes de montagnes les plus impénétrables des Philippines et abrite le sauvage et luxuriant parc naturel du nord de la Sierra Madre. À l'ouest se dessine la majestueuse cordillère centrale.

Baler et ses environs

☎042 / 36 000 HABITANTS

Coupée du reste du monde par la sierra Madre et la mer des Philippines, Baler, la capitale de la province d'Aurora, est connue pour avoir servi de décor à la scène de surf dans *Apocalypse Now*. Le gouvernement de la province vante les attraits de Baler en matière d'activités d'aventure, mais les voyageurs ne sont pas encore au rendez-vous.

À voir et à faire

Museo de Baler — MUSÉE

(Parc Quezon ; 20 P ; ⏲8h-12h et 13h-17h). Ce musée présente des photos et objets intéressants sur l'histoire et la culture de la région.

Plage de Cemento — SURF

Des typhons de terre provoquent une forte houle propice au surf entre juillet et octobre. De novembre à mars, une brise de mer rend les conditions difficiles. Les plus grosses vagues frappent un récif de la plage de Cemento, à 6 km à l'est de la ville, au niveau du quai de Cemento.

Plage de Sabang — SURF

La ville accueille l'Aurora Surfing Cup tous les ans en février, sur la plage de Sabang, une bande infinie de sable fin et foncé qui s'étend du nord de Baler jusqu'à Charlie's Point, théâtre de la fameuse réplique "Charlie don't surf" ("les Viets ne font pas de surf") dans *Apocalypse Now*.

Aliya Surfshop — SURF

(☎0920 253 4814 ; location de planches/cours 150/200 P/h). Près du poste des maîtres nageurs, Aliya propose des planches et des cours. Magasin d'équipement de plongée.

Crique de Dicasalarin — RANDONNÉE

Si vous parcourez 4,5 km après le quai de Cemento, vous arriverez à Digisit, où un sentier à travers la jungle va vers le sud à une plage de sable blanc isolée, la crique de Dicasalarin (Dicasalarin Cove). Ce circuit de 2 ou 3 heures nécessite un guide. On peut aussi louer un *bangka* (1 000 P aller-retour) auprès des pêcheurs, non loin de l'embouchure du San Luis, à la plage de Sabang. Un *bangka* sans moteur (3 P) transporte les passagers de l'autre côté du fleuve, jusqu'au *barangay* Castillo, d'où on peut marcher jusqu'au quai de Cemento. Sinon, prenez un

Baler

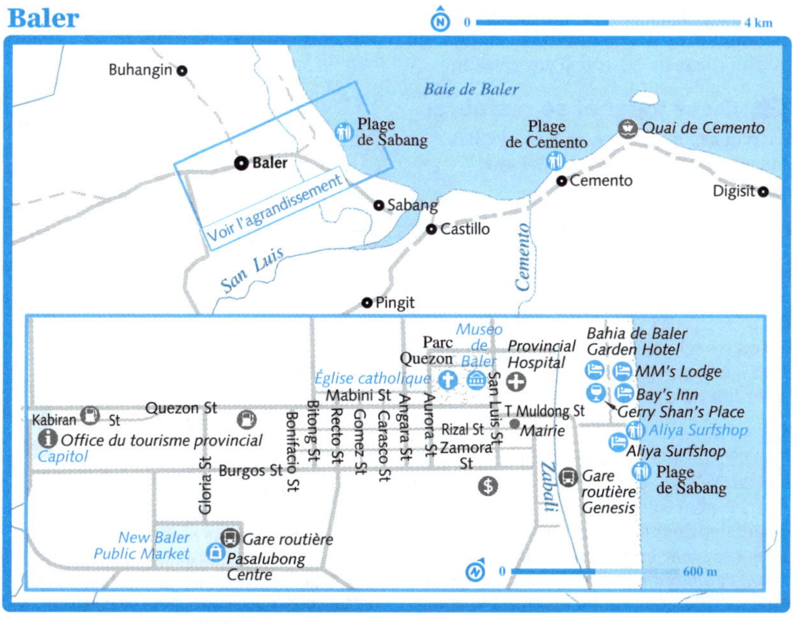

LOS ULTIMOS DE FILIPINAS

Joli édifice colonial construit en 1611, l'**église catholique** de Baler fut le théâtre d'un événement qui marqua l'histoire de la province d'Aurora. En juin 1898, au cours de la guerre hispano-américaine, une garnison de 50 soldats espagnols cantonnés dans l'église, avec à leur tête le capitaine Enrique de las Morenas y Fossí, fut assiégée par des centaines de combattants de la liberté philippins. Dans l'air chaud et confiné de l'église, la maladie se déclara, tuant l'officier et ses subalternes. Le commandement passa alors au lieutenant Saturnino Martin Cerezo et le siège se poursuivit jusqu'en 1899. Pendant ce temps, en décembre 1898, l'Espagne avait cédé les Philippines aux États-Unis.

Malgré les supplications des habitants, des civils espagnols et des soldats, Cerezo refusa de se rendre. Seule la vue d'un journal madrilène annonçant la reddition de son pays et le mariage d'un officier de sa connaissance parvint à le convaincre de capituler. Les marines américains qui vinrent ensuite à la rescousse des Espagnols furent arrêtés et emprisonnés pendant 8 mois par les nationalistes philippins. La population acclama Cerezo, qui reçut les félicitations du président Emilio Aguinaldo. Les membres de la garnison furent surnommés Los Ultimos de Filipinas, "les derniers des Philippines". Un film illustre cet épisode, *Baler* (2008), qui a connu un immense succès aux Philippines.

tricycle depuis Sabang ou le centre de Baler (120 P aller simple).

Chutes de Ditumabo RANDONNÉE

Une randonnée plus facile vous mènera aux chutes de Ditumabo (ou Mother Falls), qui tombent de 15 m dans un petit réservoir, au-dessus d'un barrage hydroélectrique inachevé. L'embranchement pour le sentier se trouve à Ditumabo, 5,7 km à l'ouest de San Luis. De là, marchez ou prenez un tricycle sur 2 km, le long d'une piste de 4x4 allant au départ du sentier. Cette randonnée de 45 minutes va aux chutes d'eau, en haut du lit d'un ruisseau et à côté d'un aqueduc.

Où se loger et se restaurer

La plupart des hébergements de Baler se situent le long de la plage, à Sabang.

Aliya Surfshop HÔTEL $$

(☎0920 253 4814 ; aliyasurfcamp.multiply.com ; ch 1200-2 000 P ; ❄📶). L'un des meilleurs points de chute pour surfeurs de Baler, ce qui ne veut pas dire grand-chose vu le manque de concurrence. Cela dit, l'Aliya loue des chambres éclairées par des fenêtres à vitraux, avec une literie propre, de l'eau chaude et un accès Internet. Bref, c'est Byzance !

MM's Lodge PENSION $

(☎0919 537 9405 ; d avec/sans sdb et clim à partir de 800/350 P ; ❄). Un établissement bon marché pour surfeurs mais qui dispose de chambres donnant vraiment sur la plage. Elles occupent le 2e étage d'un bâtiment en béton et s'agrémentent d'un balcon. Ne vous attendez pas pour autant au grand luxe.

Bay's Inn HÔTEL $

(☎0918 926 6697 ; baysinnbaler.multiply.com ; d ventil/clim 650/1 200 P ; ❄). Son restaurant animé sur le front de mer sert d'appétissants tacos (60 P). Il y a du monde, mais les chambres sont juste correctes.

Bahia de Baler Garden Hotel HÔTEL $$

(☎0908 982 7064 ; www.bahiadebaler.com ; d/tr/q à partir de 1 200/2 000/3 000 P ; ❄📶). De loin la meilleure adresse de la ville si vous recherchez un peu de confort. Spacieuses, les chambres ont parfois quelques touches élégantes (murs lambrissés ou lampes design).

Gerry Shan's Place PHILIPPIN $

(Quezon St ; plats à partir de 70 P ; ⏲11h-23h). Gerry marie les cuisines philippine, chinoise et occidentale. À la carte surtout des plats chinois à base de poisson et fruits de mer.

Achats

À côté du marché de Baler, **Pasalubong Centre** (⏲7h30-17h30) vend de l'artisanat et des chapeaux tissés à la main à bon prix.

Renseignements

Prévoyez des espèces. La Development Bank et la Landbank possèdent des DAB mais non sécurisés et souvent en panne. Les banques ne changent pas d'argent. **AMCI-B2B Center** (angle San Luis St et Burgos St ; 20 P/h ; ⏲9h-22h) dispose d'un accès Internet.

L'**office du tourisme provincial** (☎209 4373 ; Provincial Capitol Compound ; ⏲8h-12h et 13h-17h lun-ven) propose des cartes du secteur et peut vous trouver un *bangka* ou un guide.

Renseignements sur le pittoresque littoral d'Aurora, au nord de Baler, près de Casiguran et Dilasag.

Depuis/vers Baler

Baler est à 7 heures de route de Manille. Les bus prennent la route goudronnée qui passe par Pantabangan. Si avez votre propre 4x4, prenez la route de terre plus rapide et plus pittoresque qui part de Palayan. **Genesis** (☎421 1425) fait circuler des bus climatisés toutes les heures à destination de Pasay, à Manille (500 P, 6-8 heures). Des bus pour Baler quittent Cubao, à Manille, toutes les heures de 4h30 à 7h30. Genesis a un bus de nuit deluxe au départ de la capitale (650 P) qui ne s'arrête pas en route.

Depuis ailleurs dans Luzon, vous devez d'abord vous rendre à Cabanatuan. Des vans climatisés relient Cabanatuan et Baler (241 P, 4 heures) toutes les heures jusqu'à la nuit tombée. Ils partent de la gare routière principale, près du nouveau marché public. De là également, D'Liner fait circuler 4 bus le matin qui prennent la route cahoteuse de Dilasag (420 P, 6 heures), d'où partent les bateaux pour Palanan.

Les vols SEAIR pour Baler depuis Manille étaient interrompus lors de nos recherches.

Santiago City

☎078 / 128 000 HABITANTS

Dans la province d'Isabela, cette ville typique est un important carrefour routier et le point de départ pour deux grandes expériences : le voyage en bus et en bateau jusqu'à Palanan, dans le parc naturel du nord de la Sierra Madre, et le trajet sur la route secondaire de Mayoyao, dans la province d'Ifugao. La ville compte quelques hôtels si vous devez y séjourner, tous proposant des simples/doubles à environ 500/800 P et offrant la même qualité (médiocre).

La **gare routière de Santiago City** (Santiago City Terminal ; Pantranco-Sagana Rd) voit converger la plupart des transports publics. Au moins 2 bus partent chaque matin pour Mayoyao (150 P, 6 heures). Pour vous rendre à Palanan, prenez place dans l'un des 3 bus du matin à destination de Dinapigue et descendez à Dilasag (340 P, 10 heures), dans la province d'Aurora. À Dilasag, un bateau attend que les bus arrivent de Santiago City avant de partir pour Palanan. Victory Liner fait circuler des bus toutes les heures à destination de Manille (391 P, 8 heures 30).

Parc naturel du nord de la Sierra Madre

Peu de destinations sont aussi sauvages que cette vaste étendue de forêt tropicale montagneuse à la faune abondante, qui domine la côte est du nord de Luzon. De la taille de la Suisse, la plus longue chaîne de montagne des Philippines abrite plus de 60% des variétés de plantes poussant dans le pays et 29 espèces animales en danger, notamment l'aigle philippin en voie d'extinction, qui est l'oiseau national. Le crocodile le plus menacé au monde vit également ici, de même que le *Varanus bitatawa*, un grand reptile frugivore qui peut atteindre les 2,20 m de long.

Bien que présente, la population humaine est en revanche plus rare. Le littoral préservé du parc est habité par les Dumagat, un peuple negrito semi-nomade dont le mode de vie demeure quasi inchangé depuis des millénaires. Cette région servit aussi de refuge aux derniers rebelles de la Révolution philippine, et les forces américaines capturèrent le général Emilio Aguinaldo dans la ville côtière de Palanan, le 23 mars 1901.

Avec un bon guide, on peut traverser le cœur du parc jusqu'à **Palanan**. Le point de départ de cette randonnée de trois jours est **San Mariano**, à environ 30 km à l'est de Naguilian. On peut trouver un guide par l'intermédiaire du bureau du maire à San Mariano (comptez au minimum 800 P/jour, plus s'il faut louer un véhicule). Avant d'entrer dans le parc, vous devrez obtenir un permis auprès des bureaux des responsables des zones protégées du Département de l'environnement et des ressources naturelles (DENR), à Balug (5 km au sud de Tumauini) ou à Palanan.

Des crocodiles philippins en voie de disparition vivent près de San José, à 2 heures à l'est de San Mariano en camion forestier (1 par jour). Si vous voulez voir les crocodiles, le **Cagayan Valley Program for Environment & Development** (CVPED ; ☎0916 553 2998 ; www.cvped.org/croc.php), à l'université de d'État d'Isabela, à Cabagan, anime un projet de sauvegarde des crocodiles et organise des randonnées d'observation.

Il existe une pension de la DENR (200 P) et des restaurants à Palanan, une localité perdue au bout du monde, où des Dumagat installent des cabanes en chaume sur la plage et des Aeta vendent du varan au déjeuner. Pour rejoindre les plages isolées de

Dicotcotan et de **Didadungan**, vous devrez vous débrouiller seul et demander alentour.

Comment s'y rendre et circuler

Pour accéder au parc, vous pouvez prendre un avion, un bateau ou bien marcher depuis San Mariano. Pour vous rendre à San Mariano, prenez un jeepney ou un bus à Ilagan, Cauayan ou Naguilian.

Des avions à 6 places de la compagnie **Cyclone Airways** (☎Cauayan 078-652 0913 ; www.cycloneairways.com) relient Palanan et Maconacan depuis Cauayan, et Maconacan au départ de Tuguegarao. **Chemtrad Airlines** (☎Tuguegarao 078-844 3113) assure une liaison vers Maconacan depuis Tuguegarao. Tous les avions partent quand ils sont pleins, en général chaque jour (4 000 P, 20-30 min).

Pour prendre un bateau vers Palanan, rendez-vous d'abord à Dilasag ; des bus réguliers relient Dilasag depuis Baler et Santiago City. Au départ de Dilasag, un ou deux bateaux par jour partent pour Palanan (300 P, 6-7 heures). Un bateau part le soir, quelques heures après l'arrivée des bus en provenance de Santiago City. L'autre départ s'effectue vers 4h. Vous trouverez une poignée de pensions basiques à Dilasag si vous avez besoin d'y passer la nuit.

Tuguegarao

☎078 / 132 000 HABITANTS

Dans la capitale politique et économique de la province de Cagayan, les voitures, tricycles et jeepneys contrastent fortement avec l'environnement bucolique, mais la ville est un bon point de chute pour explorer le plus grand réseau de grottes du pays, 25 km à l'est, et la province de Kalinga à l'ouest.

À voir et à faire

Plus de 300 grottes ont été mises au jour dans la commune de Peñablanca, à environ 40 minutes au nord-est de la ville.

Grottes de Callao et de la Sierra GROTTES

Les 7 chambres de la grotte de Callao et la grotte de la Sierra voisine, plus difficile, sont accessibles en voiture. La grotte de Callao se trouve en haut d'un escalier de 184 marches. Plusieurs ouvertures dans la roche illuminent les vastes chambres ; l'une d'entre elles abrite une petite chapelle avec des bancs et un autel. Pour vous y rendre, prenez un jeepney depuis le marché Don Domingo, juste au nord de la ville.

Si vous êtes dans la région, une excursion à ne pas manquer consiste à louer un *bangka* (500 P) près de la grotte de Callao et de naviguer en amont pendant 15 minutes pour observer des milliers de chauves-souris sortir des grottes et survoler la **rivière Pinacanauan** à la tombée de la nuit. Vous trouverez une plage de galets avec une table de pique-nique non loin. Vous pouvez louer des kayaks (200 P/h) auprès du Callao Caves Resort, de l'autre côté de la rivière Pinacanauan par rapport à la grotte de Callao.

Grotte d'Odessa GROTTE

Un peu plus loin, la grotte d'Odessa, considérée comme le deuxième plus long ensemble de grottes du pays avec ses 12,5 km (mais elle n'a pas encore été explorée jusqu'au bout), est réservée aux spéléologues confirmés. Pour y accéder, il faut parcourir 7 km à pied depuis Callao, puis descendre en rappel sur 30 m dans un trou.

Circuits organisés

Kalesa CALÈCHES

Des *kalesa* tirées par des chevaux circulent encore dans le centre commerçant de Tuguegarao. Vous pouvez leur faire signe et parcourir la ville pendant une demi-journée/journée (1 200/1 800 P). Plus grandes et plus colorées qu'en d'autres endroits du pays, elles sont en bois et en caoutchouc. Les calèches peuvent contenir jusqu'à 8 passagers, ce qui permet de partager les frais.

Adventures & Expeditions NATURE

(☎844 1298 ou 0917 532 7480). Dirigée par Anton Carag, un guide local chevronné, cette société propose des sorties en kayak sur la Pinacanauan, dont les eaux transparentes coulent entre les falaises calcaires. Pour cela, vous devrez prendre un *bangka* sur 5 km en amont (1 000 P), puis effectuer le chemin du retour en kayak sur les rapides. Adventures & Expeditions organise également des excursions de plusieurs jours, notamment de spéléologie, de kayak et de rafting sur la Chico, dans la province voisine de Kalinga.

Où se loger et se restaurer

Tous les hôtels suivants se doublent d'un bon restaurant. Pour un repas plus modeste, il suffit d'arpenter Bonifacio St, bordée de fast-foods et de stands de rue.

Hotel Lorita HÔTEL $

(☎844 1390 ; www.ivoryhotelandsuites.com/lorita.html ; 67 Rizal St ; s/d 700/1 000 P, ch "matrimoniale deluxe" 1 400 P ; ❄📶). La meilleure affaire de Tuguegarao, surtout si vous choisissez l'une des vastes chambres “matrimoniales deluxe” qui donnent sur l'arrière. Les autres aussi sont calmes, modernes et bien équipées.

Las Palmas de San José HÔTEL $$
(☎844 1661 ; www.lasplamas.com.ph ; Bagay Rd ; ch à partir de 1 850 P ; ❄☒). Si vous avez envie d'un hôtel plus sélect, direction le Las Palmas, avec ses palmiers taillés, ses allées de style méditerranéen et son personnel en uniforme. Même si les chambres peuvent paraître aseptisées à force de modernité, on l'oublie vite après un verre dans l'excellent bar de l'hôtel.

Hotel Delfino HÔTEL $
(☎844 1314 ; Gonzaga St ; s/d à partir de 500/700 P ; ❄). Un peu vieux et sensible au bruit de la rue, l'établissement loue en revanche des chambres vastes et bon marché. Son restaurant chinois propose l'une des meilleures cuisines de la ville.

Renseignements

L'artère principale de Tuguegarao est Bonifacio St où l'on trouve de nombreux DAB et cybercafés.

Le personnel de l'**office du tourisme** (DOT Region II Office ☎844 1621 ; Rizal St ; ⏲9h-18h) est une excellente source d'informations sur Tuguegarao et Cagayan, mais aussi concernant les îles Batanes et Babuyan, la Nueva Vizcaya et le parc naturel du nord de la Sierra Madre.

Depuis/vers Tuguegarao

PAL Express, Cebu Pacific et Air Philippines assurent des liaisons aériennes quotidiennes depuis/vers Manille (1 heure). Il y a aussi des vols pour Batanes et Maconacan, dans le parc naturel du nord de la Sierra Madre.

Victory Liner (☎844 0777), **Baliwag** (☎844 4325) et **Florida Liner** (☎846 2265 ; Diversion Rd) offrent les bus les plus confortables pour rejoindre Manille (650 P, 12 heures). **GMW/ Florida** (Diversion Rd) relie Laoag (500 P, 7 heures) via Claveria et Pagudpud. Des bus deluxe Florida circulent aussi de nuit (900 P ; 10 heures).

Îles Babuyan

Si vous souhaitez partir loin de tout, montez à bord d'un *bangka* et faites la traversée agitée jusqu'à cet archipel de 5 îles, dans les eaux poissonneuses au large de la pointe nord de Luzon. Au large, vous pourrez apercevoir sans mal des baleines à bosse pendant la saison des amours (février-mai). Des typhons et des conditions météo particulièrement mauvaises nous ont empêché de nous rendre aux îles Babuyan lors de notre dernier passage. **Manang Awit** (☎0910 789 4120) organise de petites sorties d'observation des baleines au large de l'île la plus à l'est, **Camiguin**, et peut loger les visiteurs chez l'habitant. Cette île volcanique est connue pour ses sources d'eau chaude.

Le **Jotay Resort** (☎096 478 1270 ou 078 372 0560 ; www.jotayresort.com ; ch à partir de 700 P, ste 2 000 P), dans la ville de Santa Ana, offre des chambres confortables, mais un service inégal. Il organise des circuits en bateaux dans les îles Babuyan ; la formule de base incluant snorkeling et camping dure 2 jours et coûte 12 000 P pour 6 personnes.

Uncharted Philippines (☎02-621 5399 ; www.unchartedphilippines.com ; circuits 8 jours 700 $US) propose des excursions dans les mêmes îles au départ de Manille, qui comprennent observation des baleines, randonnée et plongée ; malgré leur prix élevé, nous les recommandons. Sinon, contactez **Bal-yena** (☎03-531 8604 ; www.balyena.org), un organisme d'étude et de protection des cétacés basé à Bohol, pour voir s'il est possible de participer à l'une de ses sorties scientifiques. Enfin, des pêcheurs d'Aparri et de Santa Ana peuvent vous transporter moyennant finance (minimum 2 000 P). Même si vous ne voyez pas de baleines, vous apercevrez à coup sûr des dauphins. Mettez-vous en route avant le lever du soleil.

Les îles sauvages de **Fuga** et **Dalupiri** abritent de magnifiques plages de sable blanc mais n'ont ni électricité ni hébergement. Demandez à loger chez l'habitant ou bien plantez votre tente. Vous pourrez facilement loger chez l'habitant dans l'île Babuyan la plus développée, **Calayan**, couverte d'une végétation extraordinaire.

La meilleure période s'étend d'avril à juin. De décembre à mars et au plus fort de la saison des typhons (août à octobre), le détroit de Babuyan est généralement trop agité pour une traversée en bateau.

Si le temps le permet, quelques *bangka* assurent chaque semaine la liaison depuis Aparri vers Calayan (600 P, 6 heures) et Camiguin (500 P, 4 heures).

Des *bangka* relient sporadiquement Calayan avec les autres îles Babuyan habitées. Vous pouvez aussi louer un *bangka* pour passer d'une île à l'autre.

LES BATANES

Extrémité géographique des Philippines, cet archipel de 10 îles n'a en fait pas grand-chose de commun avec le reste du pays. Seules 3 d'entre elles sont habitées. Avec ses champs verdoyants et onduleux quadrillés par des haies, Batan, l'île principale, ressemble davantage aux Highlands écossais qu'aux Philippines. Sabtang, avec ses pittoresques villages de maisons traditionnelles en pierre, semble sortie d'un conte fantastique. Rarement visitée, Itbayat, l'île habitée la plus au nord, se résume à un gros rocher au milieu de l'océan.

Batanes

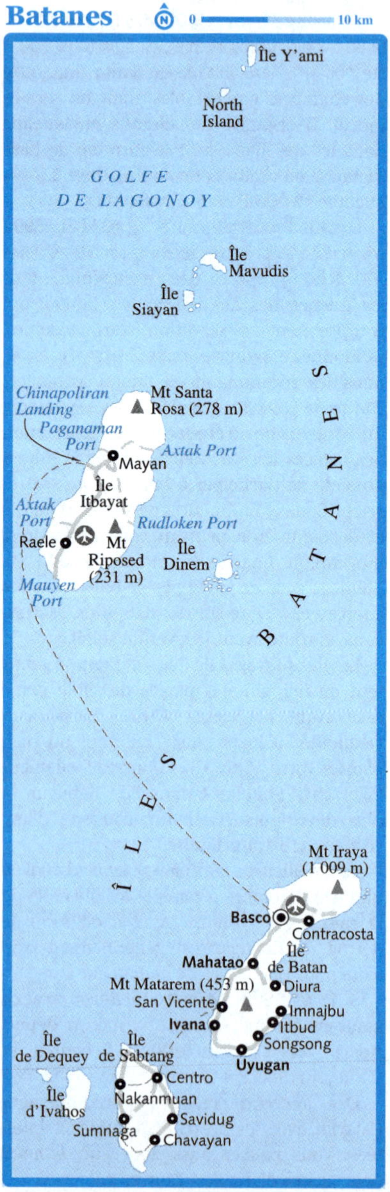

Les Batanes connaissent des précipitations bien supérieures au reste du pays et sont parfois frappées par des typhons. Les autochtones, Ivatan pour la plupart, s'expriment dans leur langue maternelle (l'ivatan). Leurs maisons traditionnelles sont conçues pour résister aux typhons : partiellement enfoncés dans le sol, les murs en pierre calcaire d'un mètre d'épaisseur sont couverts d'un toit touffu en herbe de *cogon*.

L'étrange et robuste chapeau que certaines femmes Ivatan arborent s'appelle un *vakul*. Il est fabriqué à partir de la fibre du palmier *voyavoy*, que l'on trouve seulement aux Batanes. La fabrication du chapeau prend 3 semaines, mais il dure une vie entière.

La meilleure période pour vous y rendre s'étend de mars à mai, quand le temps est relativement sec et les typhons peu probables.

Depuis/vers les Batanes

L'avion est le seul moyen d'accéder aux Batanes. **SEAIR** (flyseair.com) assure un vol quotidien (7h50) vers l'île de Batan depuis Manille (1 heure 45).

Chemtrad Airlines (☎Basco 0920 514 5274, Tuguegarao 078-844 3113) et **Batanes Air** (☎Basco 0905 927 8326, Tuguegarao 0929 963 9162 ; www.cycloneairways.com) desservent Basco, sur Batan, depuis Tuguegarao avec des avions de 8 places (5 600 P, 1 heure 15). Chemtrad circule les lundi, mercredi et vendredi. Les vols du lundi et du vendredi continuent vers Itbayat (1 800 P, 12 min). Les avions de Batanes Air partent quand ils sont pleins, en général tous les jours.

Île de Batan

☎078 / 12 000 HABITANTS

La quasi-totalité des touristes arrivent aux Batanes par Batan, le centre économique et le siège de l'administration de la province. Consacrez au moins une journée à la découverte de l'île, de ses magnifiques paysages verdoyants et de ses villages. Batan abrite quantité de beautés de la nature, mais pour goûter à la culture ivatan authentique, Sabtang est un meilleur choix.

BASCO

Avec sa multitude d'hébergements et ses quelques bons restaurants, la capitale des Batanes est un excellent camp de base pour explorer le reste de l'île. Abad St est l'artère principale, avec des restaurants tout simples et deux quincailleries où l'on peut louer des motos et des VTT.

À voir et à faire

Radar Tukon SITE EMBLÉMATIQUE
Depuis Basco, une promenade à pied de 1 heure 30 ou un trajet abrupt à vélo de 30 minutes mène au radar Tukon, une station météorologique américaine abandonnée, au sommet d'une colline offrant un beau panorama à 360°.

Fondation Pacita Abad MAISON D'ARTISTE
(www.fundacianpacita.ph). À environ 500 m en contrebas, derrière le Radar Tukon, la Fondation Pacita Abad occupe une magnifique maison en pierre perchée sur un promontoire surplombant le Marlboro Country. L'artiste Pacita Abad vécut et peignit ici jusqu'à sa mort, en 2004. La demeure abrite également un hôtel. L'embranchement pour le Radar Tukon se trouve sur la route nationale, en face du Batanes Seaside Lodge.

Mont Iraya RANDONNÉE
Au nord de Basco, le mont Iraya (1 009 m) est un volcan endormi, entré en éruption pour la dernière fois en 505. On peut en faire l'ascension en 5 heures environ (comptez 3 heures pour redescendre), mais le sommet est souvent pris dans les nuages. Votre hôtel peut vous aider à trouver un guide (1 000 P).

Où se loger

Les quelques hôtels de l'île de Batan se trouvent à Basco. Les chambres climatisées ont généralement l'eau chaude, celles avec ventilateur se contentent de l'eau froide.

Pacita Batanes HÔTEL $$$
(☎0927 290 2404 ; www.fundacionpacita.ph ; ch à partir de 6 300 P ; ❄). Séjourner dans le cadre original et luxueux de l'ancien atelier de l'artiste Pacita Abad, en haut d'une colline herbeuse avec vue sur l'océan tumultueux, a évidemment un prix, mais celui-ci se justifie. Belles chambres sobres dans des tons unis contrastés et excellent restaurant.

ShaneDel's Inn HÔTEL $$
(☎0920 447 0737 ; shanedels@yahoo.com ; angle National Hwy et Abad St ; ch avec ventil et sdb commune 500 P/pers, s/d/tr avec clim 900/1 500/1 800 P ; ❄). Il n'y a pas plus propre et plus confortable en ville que cet hôtel familial tenu par l'aimable Del, qui connaît l'île comme sa poche, et il présente de loin le meilleur rapport qualité/prix. Des sorties de pêche (3 500 P) sont proposées et le personnel peut cuisiner vos prises. Les œuvres d'artistes locaux tapissent les murs.

Ivatan Lodge HÔTEL $
(☎0930 851 1884 ; angle National Hwy et Castillejos St ; s/d/tr avec ventil 300/400/600 P, d avec clim 1 000 P ; ❄). Ses chambres mornes répondent bien à la définition de basique, mais l'Ivatan est économique et il a malgré tout la faveur des voyageurs qui font le chemin jusqu'à Batan. Près du ShaneDel's, avec vue sur l'embarcadère.

Où se restaurer

Les Batanes sont réputées pour leur abondance de produits de la mer et de légumes frais. Les *tatus* (crabes des cocotiers), le mets le plus délicat de l'île, deviennent de plus en plus rares, mais de gros spécimens peuvent encore être pêchés et mangés en toute légalité. La langouste est également très appréciée.

Doque Grill Xaus PHILIPPIN $$
(National Hwy ; repas 150 P ; ⏲déj et dîner). Si vous le prévenez, le chef et propriétaire Salvatore vous mitonnera des spécialités locales exotiques comme le *vunung* (plat à base de riz jaune), les *vunes* (queues de *gabi* séchées) et de divins *uved* (croquettes de racines de bananier avec de l'ail et des morceaux de poisson).

Pension Ivatan PHILIPPIN $$
(National Hwy ; repas 150-200 P ; ⏲déj et dîner). Une autre bonne adresse pour goûter à la cuisine ivatan.

Renseignements

Le long de la route nationale, quelques banques changent les dollars, mais aucune ne disposait d'un DAB au moment de nos recherches. Les hôtels peuvent organiser des excursions guidées d'une journée dans l'île (env 4 000 P).

Amboy Store (angle Nunez St et Abad St ; VTT/moto 30/150 P/h ; ⏲7h-19h)

Click (angle Castillejos St et Santana St ; 25 P/h ; ⏲9h-21h). Le meilleur cybercafé, avec un accès à Skype.

Philippine Information Agency (☎0929 466 5794 ; Town Plaza ; ⏲9h-18h lun-ven). La directrice, Necitas Alconis, est une encyclopédie vivante sur la culture ivatan et peut vous aider à trouver des guides, à organiser votre transport et votre logement chez l'habitant (particulièrement à Itbayat, son île natale). En face de l'église Santo Domingo.

TOUR DE L'ÎLE

La grande route de l'île, la National Highway, suit le littoral dans le sens inverse des aiguilles d'une montre, de Basco à Imnajbu. Non loin d'Imnajbu, une route de terre monte jusqu'au Marlboro Country, avant de vous ramener à Mahatao.

Juste au sud de Mahatao se trouve **White Beach**, l'une des rares plages de Batan où la baignade est généralement possible. En continuant vers le sud, vous arriverez au *barangay* **San Vicente**, le point de départ pour l'île de Sabtang, avant d'entrer dans la ville d'**Ivana**, où des maisons traditionnelles tiennent encore debout (mais la plupart sont en ruine). La route redevient plate en allant vers **Uyugan**, où vous trouverez encore quelques maisons traditionnelles.

Sur la gauche, environ à mi-chemin entre Itbud et Imnajbu (des *barangay* d'Uyugan), une route de terre non signalisée vous amène à un pâturage verdoyant et onduleux peuplé de *carabao* non domestiqués et de bétail. Il s'agit du Racuh Apayaman, mieux connu sous le nom de **Marlboro Country**. De là, vous jouirez d'une vue magnifique sur la côte est de Batan, le mont Iraya et un **phare**, près du village de pêcheurs de Diura.

En continuant sur la route de terre, vous franchirez deux barrières, puis vous atteindrez un embranchement. Tournez à droite et descendez jusqu'à l'intersection avec la route Mahatao-Diura. Prenez à gauche pour revenir à Mahatao (3 km) ou à droite pour descendre à **Diura** (1,5 km). À Diura, demandez aux habitants de vous indiquer la direction de la sombre et étroite **grotte de Cristal** (Crystal Cave ; 30 min de marche) et de l'**ancien village de Diura** (15 min).

On peut loger chez l'habitant (100 P) à Diura – adressez-vous à l'**office du tourisme** (National Hwy ; ⏲8h-17h lun-ven) de Mahatao, qui partage ses bureaux avec le Trésor public.

Partout sur l'île, vous trouverez de petits restaurants qui servent des plats préparés à l'avance mais qui peuvent cuisiner des aliments frais à la demande.

ℹ Comment s'y rendre et circuler

Il existe plusieurs façons d'effectuer cette boucle. Vous pouvez marcher, en prenant des jeepneys quand vous le souhaitez. La randonnée entre Imnajbu et Mahatao via le Marlboro Country devrait vous prendre environ 3 heures (pas de jeepney sur ce tronçon). Si vous êtes en bonne condition physique, louer un VTT est une bonne solution. Parcourir la boucle en entier vous demandera 4 à 6 heures, sans compter les pauses. Il s'agit d'un parcours difficile et sinueux, ponctué d'une montée abrupte de 45 minutes jusqu'au Marlboro Country. Pour un circuit moins éreintant, louez une moto, un jeepney ou un van à Basco.

Des jeepneys circulent régulièrement sur la route reliant Basco à Itbud entre 4h30 et 20h30 environ. À Basco, attendez les jeepneys devant le ShaneDel's.

Île de Sabtang

☎078 / 1 500 HABITANTS

Faire le trajet entre Basco et Sabtang renforce encore un peu plus l'impression d'avoir quitté les Philippines. Ici, la culture ivatan est restée presque intacte. Des dames âgées portent encore le *vakul* et, contrairement à Batan, les maisons traditionnelles en pierre calcaire avec leurs toits herbeux ont été bien préservées. Des promontoires spectaculaires, des plages de sable blanc et un superbe arrière-pays montagneux complètent le fabuleux tableau que donne à voir Sabtang.

Faire le tour de l'île est une **randonnée** fantastique. Depuis **Centro**, où sont amarrés les ferries, prenez la direction du sud sur la route de **Savidug** pendant environ 1 heure (6 km). Juste au sud de Savidug, cherchez une *idjang* (forteresse) verdoyante, qui date de l'époque préhispanique.

Parcourez encore 4 km depuis Savidug pour atteindre **Chavayan**, que les autorités locales ont demandé à inscrire au patrimoine mondial pour son architecture traditionnelle ivatan exceptionnellement bien conservée. On peut acheter des *vakul* tissés à la main auprès de l'**Association des tisserands de Sabtang** (Sabtang Weavers Association), le long de la grande route.

La route se termine à Chavayan, mais une promenade de 2 heures dans l'intérieur des terres vous amènera à **Sumnaga**, où d'autres maisons en pierre forment un groupe compact le long de la côte. De Sumnaga, une route goudronnée mène au nord à **Nakanmuan**, sur la pointe nord de l'île, puis revient à Centro via la jolie **plage de Nakagbuan**. Un sentier de randonnée intérieur relie également Nakanmuan à Centro (45 min).

Vous pouvez louer une moto (800-1 000 P), une jeep privée (1 500-2 000 P) ou un vélo

(200 P) pour explorer l'île, à l'exception du tronçon Chavayan-Sumnaga. Demandez au maire, très serviable, ou à l'office du tourisme de Centro de vous aider.

Centro compte deux hébergements. L'**office du tourisme** (d avec sdb 300 P/pers) loue quelques chambres. Juste à côté, l'École des pêches (School of Fisheries) dispose d'un **dortoir** (150 P) bien tenu.

À Centro, quelques épiceries de quartier (*sari-sari*) possèdent une cuisine et vous prépareront des plats avec les moyens du bord. Les nuits sont calmes à Sabtang, car l'électricité s'arrête vers 20h.

Si le temps le permet, des bateaux à fond arrondi (*falowa*) assurent plusieurs traversées quotidiennes entre San Vicente à Batan et Centro (60 P, 35 min par beau temps). Il y a généralement 3 liaisons le matin ; la première part de Centro vers 5h. Parfois, un service supplémentaire est proposé l'après-midi. Si vous vous retrouvez coincé à Sabtang, vous pouvez y rester pour la nuit ou bien louer un *falowa* pour faire la traversée (minimum 3 000 P). Attention : la mer peut être agitée.

Île d'Itbayat

078 / 3 100 HABITANTS

Une superbe traversée en avion de 12 minutes mène de Basco à Itbayat, une île se résumant à une plate-forme rocheuse qui constitue l'ultime frontière habitée des Philippines.

Les amateurs de **randonnée** pourront parcourir les sentiers qui traversent le cœur de l'île. Vous jouirez d'une belle vue du haut du **mont Riposed** (231 m), à l'est de Raele. Une magnifique promenade d'une demi-heure relie la principale ville, **Mayan** (Centro), à Paganaman Port, où, au crépuscule, vous verrez les fermiers revenir des champs et les pêcheurs rapporter leur butin. Si vous arrivez à marée basse, vous pourrez plonger dans une piscine naturelle entre les rochers avoisinant le port.

Le maire, que vous trouverez dans le bâtiment municipal, pourra vous loger à la **Municipal Hall Guesthouse** (dort 150 P) de Mayan, qui dispose d'une cuisine. Sinon, cherchez Faustina Cano, qui loue quelques chambres dans sa maison.

Comme Sabtang, Itbayat ne jouit que de 12 heures d'électricité par jour.

Si le temps se dégrade, vous pourriez vous retrouver coincé à Itbayat pendant quelques jours, et il vaut donc mieux prévoir une petite marge dans votre emploi du temps.

Chemtrad Airlines assure un vol le lundi et le vendredi entre Basco et Itbayat (1 670 P, 12 min), et propose occasionnellement des vols supplémentaires. La piste d'atterrissage se trouve près de Raele, à 10 km au sud de Mayan. De là, vous serez conduit jusqu'à Mayan en tombereau.

Un ou deux ferries *falowa* relient Basco à Itbayat entre 6h et 7h, puis font demi-tour et repartent d'Itbayat vers 12h. Même quand la météo est clémente, la traversée est agitée et elle peut à tout moment être annulée si la mer devient particulièrement démontée.

Sud-est de Luzon

Dans ce chapitre »

Le top des hébergements

- Sirangan Beach Resort (p. 168)
- La Playa Camp (p. 162)
- Ticao Island Resort (p. 174)
- Giddy's Place (p. 170)
- Avenue Plaza Hotel (p. 159)

Le top des restaurants

- Geewan (p. 160)
- Small Talk Cafe (p. 165)
- WayWay Restaurant (p. 165)
- Bistro Roberto (p. 160)
- Casa de Don Emilio (p. 179)

Pourquoi y aller

Il est d'usage, dans la littérature de voyage, de comparer la forme d'un pays ou d'une région à celle d'un objet : l'arc vietnamien, le cerf-volant thaïlandais, etc. La côte du sud-est du Luzon ne ressemble à rien, sinon au chaos – mais quel chaos ! Des hauteurs volcaniques du mont Mayon aux profondeurs marines de Donsol peuplées de requins-baleines, la variété est au rendez-vous.

Au programme, dans la région : un rythme de vie tranquille (et joyeux) sur les îles de Masbate ou de Catanduanes, une ambiance universitaire à Naga, et une atmosphère de catholicisme médiéval à Marinduque ; en matière de loisirs de plein air, vous pourrez notamment faire du surf à Daet et escalader des falaises de calcaire dans la péninsule de Caramoan. Côté gastronomie, Bicol épice et relève la cuisine philippine. Et, surtout, le sud-est de Luzon est suffisamment proche de Manille pour bénéficier de bonnes infrastructures, mais suffisamment loin pour que l'on se sente à l'écart de la pression de la capitale.

Quand partir

Naga

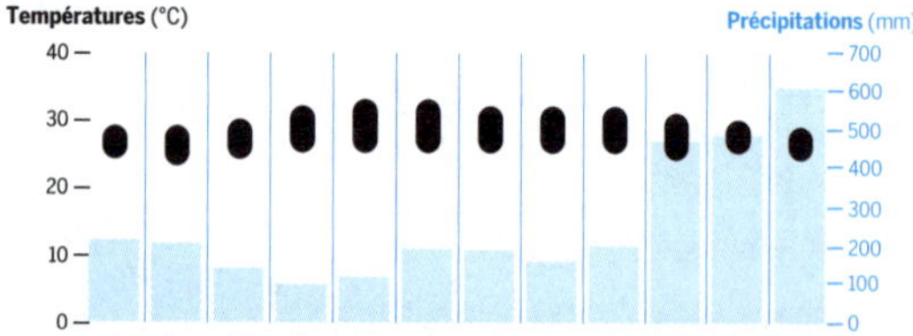

Fév-avr
Un temps agréable et des festivals.

Mai-juil
Une période généralement ensoleillée (et chaude !).

Nov-jan
De fortes pluies touchent la côte Pacifique ; le temps est meilleur à Bicol.

Climat

Dans le sud-est de Luzon, la saison humide commence et s'achève un peu plus tard qu'à Manille, ou qu'ailleurs dans l'île. Elle débute vers la fin août et dure jusqu'en février. Néanmoins, la pluie peut tomber tout au long de l'année, surtout du côté oriental (Pacifique). La saison des typhons va de juillet à novembre ; la plupart passent à quelques centaines de kilomètres des côtes, mais atteignent parfois la côte est, et frappent souvent Catanduanes.

Depuis/vers le sud-est de Luzon

Depuis Manille, le meilleur moyen de transport vers le sud-est de Luzon est un confortable bus "deluxe" de 29 sièges. Il circule de nuit, et ne coûte que 200 P de plus que son équivalent normal climatisé. Il existe aussi des vols pour Naga, Legazpi, Catanduanes et Marinduque. Reportez-vous aux chapitres en question.

Les îles de Marinduque et Catanduanes sont desservies par des ferries réguliers ; d'autres partent de Matnog, à l'extrémité sud de Bicol, pour Samar, et de Pilar, près de Donsol, en direction de Masbate. Reportez-vous aux chapitres en question.

BICOL

Bicol inclut théoriquement la péninsule sud-est de Luzon et les îles Catanduanes et Masbate, mais la section suivante ne concerne que sa partie péninsulaire. Catanduanes (p. 175) et Masbate (p. 171) font l'objet de sections séparées dans ce chapitre.

Daet et Bagasbas

054 / 94 180 HABITANTS

Après être passé à la banque et/ou avoir consulté leurs courriels (dans Vinzons Ave), les voyageurs s'attardent peu à Daet. La ville donne néanmoins accès à la belle plage de Bagasbas, rendez-vous des surfeurs et des aficionados du karaoké, à 4 km plus au nord.

Activités

La magnifique **plage de Bagasbas** s'étend sur plusieurs kilomètres de sable blanc. Les amateurs de **surf** préféreront la période (août-octobre) où les typhons agitent les eaux du Pacifique, mais les vagues sont pour le moins capricieuses. L'endroit est tout indiqué pour les surfeurs débutants, les vagues étant plutôt petites la majeure partie de l'année, et les petits génies du surf local donnent des cours (400 P/heure). Les habitants sont très accueillants ; il n'est pas rare qu'ils invitent des voyageurs étrangers à manger ou prendre un verre chez eux.

Des baraques de location d'équipement bordent la plage (planche 200 P/heure). Prenez garde en nageant car la mer est traîtresse dans le secteur. Pour le kitesurf (plutôt du wakeboard où l'on remplace le bateau par une voile), rendez-vous chez **Mike's Kites** (0921 457 2299 ou 0919 209 9191 ; www.mikes-kites.com ; initiation 60 $US/2 h ; location kiteboard 20 $US/jour), tenu par Mike Gambrill, tout comme le restaurant/bar éponyme.

Côté vie nocturne, Bagasbas est l'une des Mecques du karaoké aux Philippines. Lorsque l'on sait que le chapelet de bars se concentre sur 500 m, on imagine l'animation qui y règne. En semaine, la plage est déserte jusqu'à 16h, et prise d'assaut jusqu'à 4h. Le week-end, elle est envahie en permanence.

Où se loger et se restaurer

Sur la plage de Bagasbas, le succès de **Kusina ni Angel** ne se dément pas. Tenu par Angel de la Cruz, sa carte créative est axée sur les fruits de mer et quelques bons plats végétariens, tels les okras (gombos) aux aubergines. Le restaurant **Catherine's** est une adresse animée – mais un peu chère – donnant sur la plage.

Zenaida's Palace HÔTEL $$
(0921 224 0461 ou 441 6286; james_auro@yahoo.com ; s/d 600/1 200 P ;). L'accueillant propriétaire de ce "palais" a transformé sa maison en hôtel de catégorie moyenne pour surfeurs. Sol carrelé, chambres impeccables d'un bon rapport qualité/prix.

Mike's Kites PHILIPPIN $$
(0919 209 9191 ; www.mikes-kites.com ; Bagasbas Rd ; bungalow avec clim/ventil 1 200/800 P, hutte s/d 300/500 P ;). Ce bar-restaurant sert une bonne cuisine occidentale et philippine, de la bière et donne l'occasion de rencontrer des voyageurs et des locaux. Les bungalows et les huttes traditionnelles offrent un bon rapport qualité/prix.

Bagasbas Surfer's Diner CHEZ L'HABITANT $
(0916 475 9053 ; ch avec ventil/clim 500/1 000 P ;). Des particuliers proposent des séjours chez l'habitant à Bagasbas – renseignez-vous ou repérez les pancartes. Sinon, il existe des chambres propres et simples situées derrière le Bagasbas Surfer's Diner. Prévoyez des bouchons d'oreilles.

À ne pas manquer

1 Faire du snorkeling avec les **requins-baleines** (p. 169) de Donsol, géants placides de Bicol

2 Regarder le ballet des cow-boys locaux autour des bêtes durant le **Rodeo Masbateño** (p. 173), à Masbate

3 Paresser à Catanduanes en attendant la légendaire vague **Majestics** (p. 177)

4 Découvrir, en bateau, les falaises de calcaire et les plages de la somptueuse **péninsule de Caramoan** (p. 161)

5 Plonger avec les raies au **Manta Bowl** (p. 170), dans le Ticao Pass

6 Goûter le meilleur de la **cuisine épicée de Bicol** (p. 162) et une vie nocturne trépidante à Naga

7 Admirer l'extravagance des masques arborés au **festival des Moriones** (p. 179) à Marinduque

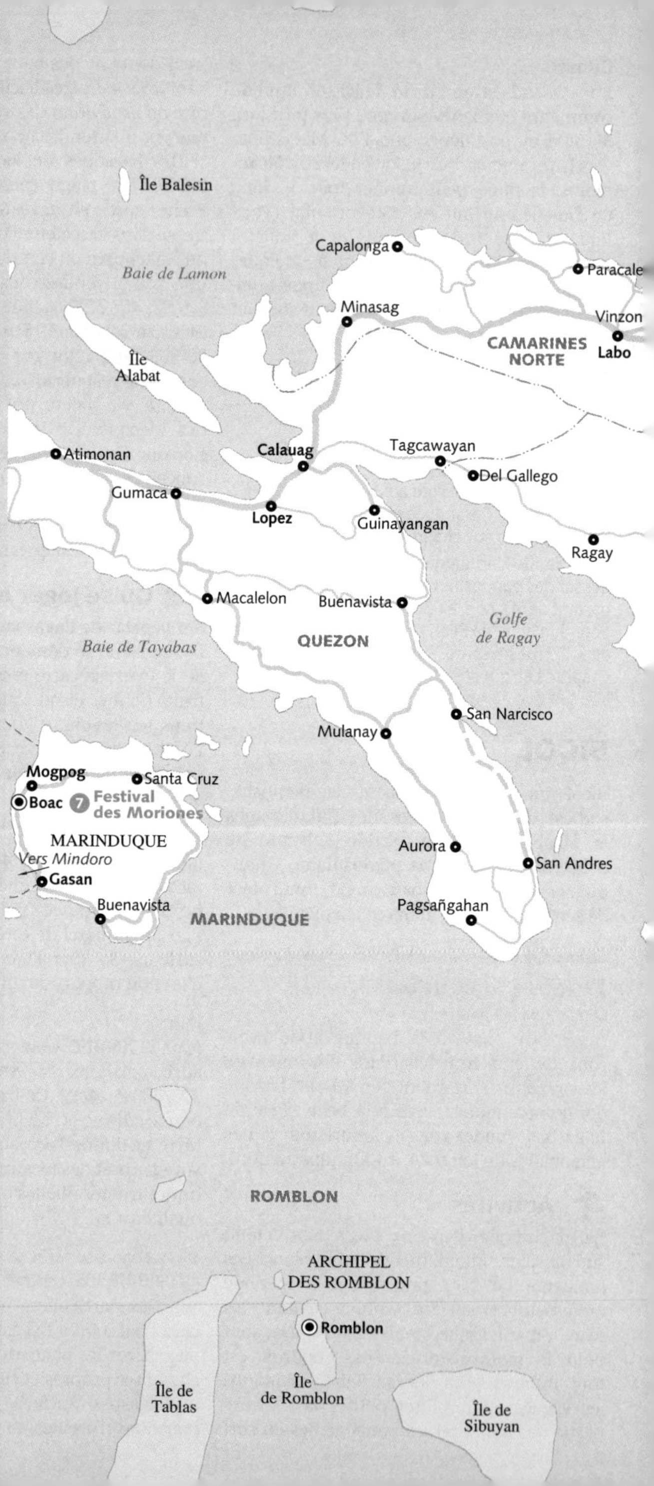

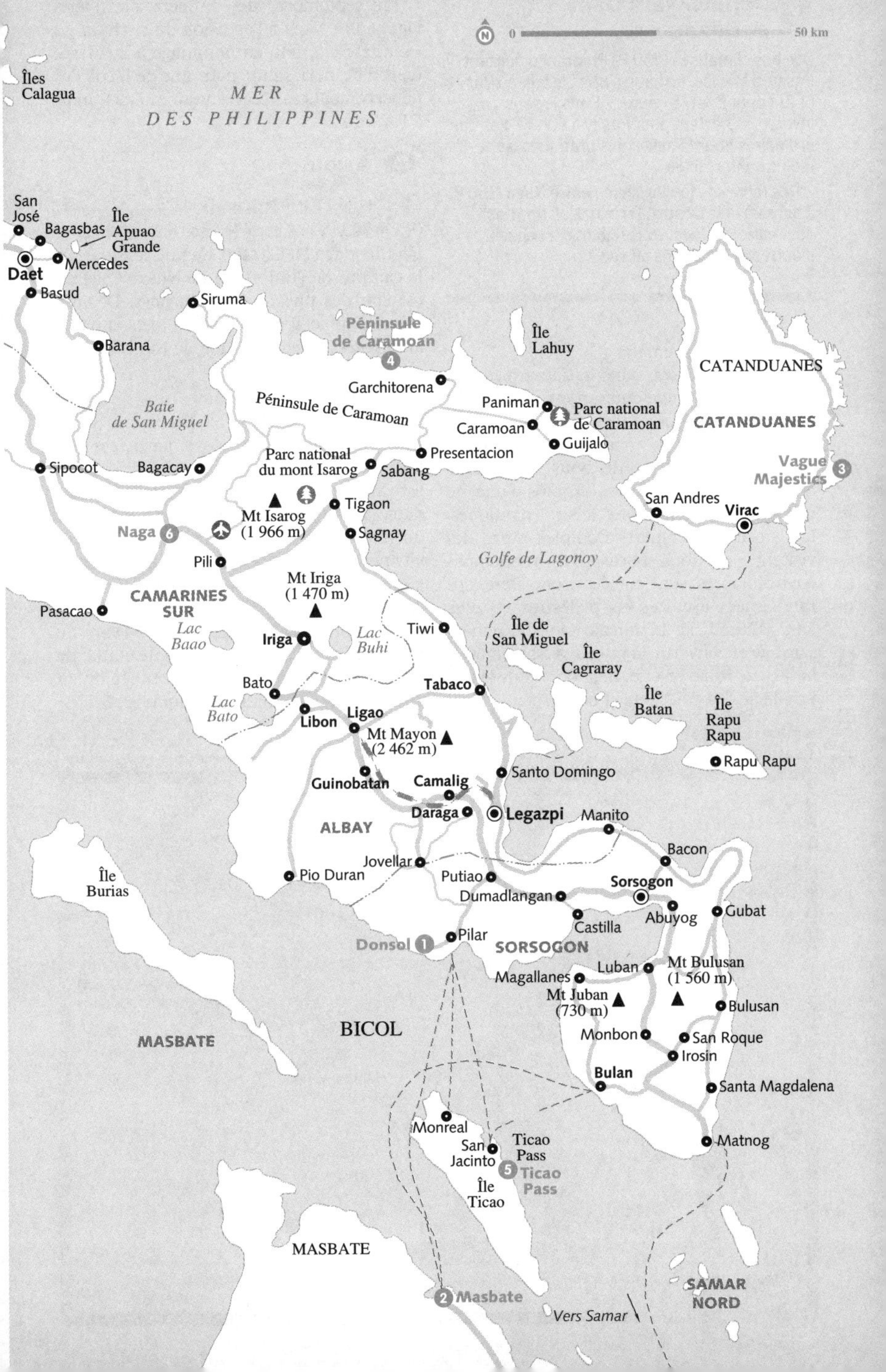

0
50 km
Îles Calagua
MER DES PHILIPPINES
San José
Bagasbas
Île Apuao Grande
Mercedes
Daet
Basud
Siruma
Barana
Péninsule de Caramoan
4
Garchitorena
Île Lahuy
CATANDUANES
Péninsule de Caramoan
Paniman
Parc national de Caramoan
Caramoan
Guijalo
CATANDUANES
Baie de San Miguel
Presentacion
Vague Majestics
3
Sipocot
Bagacay
Parc national du mont Isarog
Sabang
Tigaon
San Andres
Virac
Mt Isarog (1 966 m)
Naga
6
Sagnay
Pili
Golfe de Lagonoy
Mt Iriga (1 470 m)
CAMARINES SUR
Pasacao
Lac Baao
Iriga
Lac Buhi
Tiwi
Île de San Miguel
Île Cagraray
Bato
Tabaco
Île Batan
Île Rapu Rapu
Lac Bato
Libon
Ligao
Mt Mayon (2 462 m)
Rapu Rapu
Santo Domingo
Guinobatan
Camalig
Daraga
Legazpi
Manito
ALBAY
Bacon
Île Burias
Jovellar
Pio Duran
Putiao
Sorsogon
Dumadlangan
Abuyog
Gubat
Castilla
Donsol
1
Pilar
SORSOGON
Luban
Mt Bulusan (1 560 m)
Magallanes
Mt Juban (730 m)
Bulusan
MASBATE
BICOL
Monbon
San Roque
Irosin
Bulan
Santa Magdalena
Monreal
San Jacinto
Ticao Pass
5
Ticao Pass
Matnog
Île Ticao
MASBATE
SAMAR NORD
2
Masbate
Vers Samar

Depuis/vers Daet et Bagasbas

Des bus climatisés (750 P) Philtranco quittent Pasay, à Manille, le matin à 8h et le soir à 20h et 21h pour Daet (8 heures). Dans le sens inverse, ils partent pour Pasay à 20h30. Les bus ordinaires pour Manille, plus pratiques, sont moins confortables.

Des minivans font la liaison entre Naga (150 P, 2 heures) et le Central Terminal, au nord-est de la ville. De Naga, vous rejoindrez Legazpi et d'autres destinations au sud.

Naga

☎054 / 165 500 HABITANTS

L'accueillante Naga, dans le Camarines Sur, est typique des agglomérations philippines de taille moyenne. Ville universitaire par excellence, elle ne manque pas de cafés équipés du Wi-Fi et de bons restaurants qui ne sont pas très chers, en plus d'une vie nocturne animée. Côté loisirs nautiques, le Camsur Watersports Complex attire des visiteurs de tous bords. Les montagnes environnantes sont idéales pour faire des randonnées cyclistes ou pédestres et, plus loin, s'étend la péninsule de Caramoan, sauvage et couverte de jungle. À Naga même, la **Plaza Rizal** est le lieu de rendez-vous privilégié des étudiants et des oisifs.

En septembre, des milliers de fidèles viennent à Naga à l'occasion du **festival de Peñafrancia**, fête en hommage à la Vierge de Peñafrancia, sainte patronne de Bicol. Les hébergements se réservent au moins 2 mois à l'avance.

À voir

GRATUIT **Naga City Museum** MUSÉE
(Room 309, Dean Antonio N. Sison Hall ; 8h-12h et 14h-17h lun-ven, 8h-12h sam). Ce musée, situé sur le campus de l'université de Nueva Caceres, est l'un des plus anciens du pays. Dédié à l'ehnographie, il contient des objets et outils antérieurs à la colonisation de Bicol.

GRATUIT **Peñafrancia Museum** MUSÉE
(Balatas Rd ; 9h-12h et 14h-17h lun-ven, 8h-12h sam). Si vous ne pouvez participer au festival de Peñafrancia, ce petit musée est une compensation intéressante. Situé dans la basilique de Peñafrancia, épicentre du festival, il donne à voir des images, des vitrines d'habits religieux et des dioramas de la procession principale – une plongée dans l'adoration de la Vierge, au centre du catholicisme philippin. L'original de Notre-Dame de Peñafrancia est inaccessible ; cette statue de 30 cm dérobée en 1981 a été restituée un an après par un marchand d'antiquités.

Naga

0 — 400 m

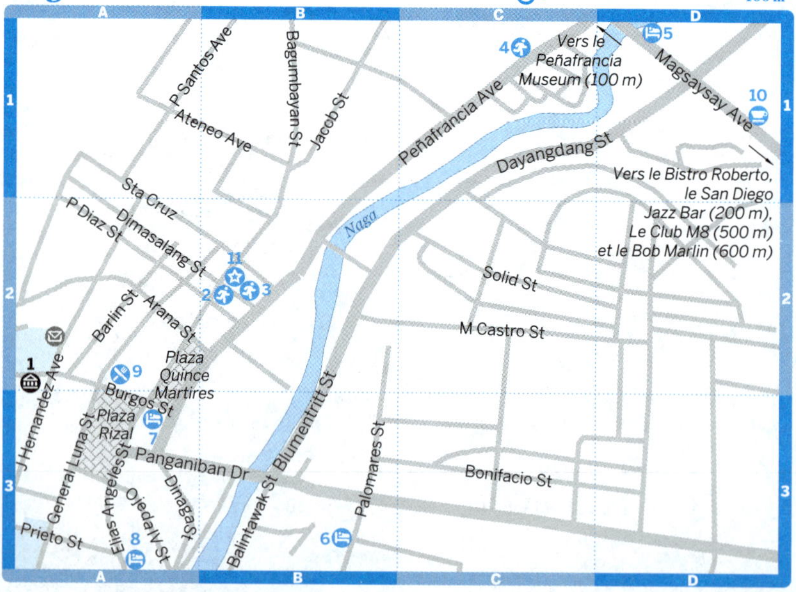

Activités

Les activités de plein air dans les environs de Naga – soit l'un des secrets les mieux gardés de Luzon – sont concentrées autour du mont Isarog et de la péninsule de Caramoan. Les plongeurs trouveront de bons spots dans le golfe de Ragay, à l'ouest.

Kadlagan Outdoor Shop & Climbing Wall PLEIN AIR

(☎0919 800 6299 ou 472 3305 ; http://kadlagan.i.ph ; 16 Dimasalang St ; ⏰magasin 9h-19h, mur d'escalade 15h-19h). Une adresse pour louer du matériel, trouver un guide et des renseignements sur la randonnée et l'escalade. Jojo Villareal, le propriétaire, connaît tous les rochers et les voies, et est généralement présent en soirée. Il emmène des groupes sur la péninsule de Caramoan. Il gère une autre boutique dans le SM City Mall.

Steady Eddie PLONGÉE

(☎472 7333 ; www.steadyeddiedivecenter.com ; 2e ét., Edventure Bldg, Peñafrancia Ave ; ⏰8h-19h). L'adresse pour les plongeurs. Téléphonez quelques jours à l'avance et demandez à vous joindre à l'une des expéditions du week-end vers des sites comme Pasacao, dans le golfe de Ragay, ou à Catanduanes. À partir de 130 $US/3 plongées. Cours Open Water et pour plongeurs confirmés.

Naga

À voir

1 Naga City Museum A2

Activités

2 Kadlagan Climbing Wall B2
3 Kadlagan Outdoor Shop B2
4 Steady Eddie C1

Où se loger

5 Avenue Plaza Hotel D1
6 CBD Plaza Hotel B3
7 Crown Hotel A3
8 Naga Regent Hotel 1 .... A3

Où se restaurer

Crown Hotel .... (voir 7)
9 Geewan A2

Où prendre un verre

10 Beanbag Coffee D1

Où sortir

Lolo's Music Bar .... (voir 5)
Westpark .... (voir 5)
11 Wharf Galley B2

Où se loger

Il existe à Naga d'excellents hôtels de catégorie moyenne, qui peuvent servir de base pour visiter le sud-est de Luzon.

Avenue Plaza Hotel HÔTEL $$$

(☎473 9999 ; www.theavenueplazahotel.com ; Magsaysay Ave ; ch à partir de 4 400 P ; ❄@📶🏊). Le meilleur hôtel de la ville, dans un quartier de bars et de restaurants – un avantage qui se paie. Les grandes chambres (lits moelleux et TV) valent largement celles des hôtels d'affaires occidentaux. Café, salle de gym, grande piscine avec solarium.

CBD Plaza Hotel HÔTEL $$

(☎472 0318 ; www.cbdplazahotel.com ; Ninoy et Cory Ave ; s/d à partir de 600/1 000 P ; ❄@📶). Ce bon hôtel de catégorie moyenne est ce qui se rapproche le plus de l'hôtel de charme à Naga. Les chambres, assez ordinaires, sont nettes et confortables. Les plus économiques sont très exiguës. Les "suites" familiales de 6 lits coûtent 3 600 P. En retrait de Palomares St, au sud du SM City Mall.

Crown Hotel HÔTEL $$

(☎473 1845 ; Burgos St ; d à partir de 1 200 P ; ❄@📶). Cet hôtel ne déçoit pas avec ses chambres très correctes, ses jolis espaces communs et son personnel aimable. Petit-déjeuner (inclus) servi dans le confortable restaurant dominant la place. Les chambres côté rue sont bruyantes. Wi-Fi (capricieux).

Naga Regent Hotel HÔTEL $$

(☎472 2626 ; http://nagaregenthotel.com ; Elias Angeles St ; dort 400 P, s/d 1 100/2 000 P ; ❄@📶). Cet hôtel d'affaires remplit son office, mais les chambres les moins chères sont petites et celles du 3e niveau résonnent de l'activité du bowling adjacent. En face, l'annexe loue des chambres et des dortoirs économiques un peu défraîchis. Lorsque vous lirez ces lignes, les deux hôtels devraient n'en faire plus qu'un. Petit-déjeuner inclus dans les deux.

Où se restaurer et prendre un verre

MAGSAYSAY AVENUE

Des bars, discothèques, restaurants et cafés branchés se concentrent vers l'extrémité de Magsaysay Ave, côté Dayangdang St, et dans Avenue Sq, adresse du Avenue Plaza Hotel. Les bars ouvrent généralement vers 16h et jusqu'à 1h (parfois plus tard le week-end).

Lors de nos recherches, une sorte de complexe de restauration-shopping-bar-

ROYAUME DE LA GLISSE

Ne quittez pas Naga sans avoir fait un tour au **Camsur Watersports Complex** (CWC ; ☎477 3172 ; www.cwcwake.com ; ⌚8h30-19h mar-jeu, 8h30-21h ven-dim, 8h-19h lun), couronné par le magazine *Wake* du titre de "meilleur *cable park* du monde".

Bienvenue dans le monde du wakeboard, sorte de snowboard nautique. Les pieds attachés à la planche, on est tiré autour d'un plan d'eau par un câble. Observez les professionnels à l'œuvre sur le parcours : le treuil permet de réaliser de belles figures sur une série d'obstacles et la plage artificielle lisse la surface de l'eau. Les débutants sont les bienvenus, et la grande piscine, le restaurant et le café, les boutiques d'équipement et le personnel enthousiaste, viennent s'ajouter à l'atmosphère branchée. Les tarifs varient en fonction des activités et de l'équipement nécessaire. Pour une demi-journée/journée sur l'eau, casque, gilet et planche compris, comptez 250/750 P. Pour se détendre, regarder le spectacle et profiter de la piscine, le prix est de 165 P.

Les fanatiques y passent des semaines, voire des mois. Un choix d'hébergement existe sur place, des **villas** (5 000 P) privées et très confortables, près de l'eau, aux douillettes **cabañas** (à partir de 1 250 P) et **caravanes familiales** (à partir de 2 850 P). Un "Ecovillage," également dans le complexe Capitol, compte d'autres logements à petit prix, dont de minuscules **bungalows** (cabins ; sans/avec clim 350/500 P).

Depuis Naga, un jeepney fera les 10 km jusqu'à l'embranchement pour le CWC à Pili. Prenez ensuite un vélo-taxi (10 P) jusqu'au complexe. Un trajet en tricycle depuis Naga coûte 300 P. Une navette gratuite dessert la ville pour les clients du complexe.

"videoké"-discothèque, le **Westpark** (www.thewestpark.net) venait d'ouvrir sur Magsaysay Ave. Le **Penthouse**, au dernier étage, est une discothèque chic.

Bistro Roberto PHILIPPIN $
(Magsaysay Ave ; repas à partir de 70 P). Groupes live, cuisine de Bicol, étudiants philippins éméchés et "videoké", telle est la recette des bons moments ici.

Lolo's Music Bar BAR
(⌚16h-1h). Au 2e niveau d'Avenue Sq, un bar spacieux et agréable, où l'on programme de la musique live après 21h. La clientèle est plus âgée que celle du Club M8, mais les shorts et les sandales y sont aussi mal vus.

San Diego Jazz Bar BAR
(Magsaysay Ave). Si vous n'appréciez pas l'ambiance agitée et alcoolisée qu'affectionnent les jeunes de Naga, venez vous détendre ici en écoutant de la musique douce et du jazz.

Beanbag Coffee CAFÉ
(Magsaysay Ave ; ⌚9h-minuit ; wifi). Les pâtisseries ici sont délicieuses. Tard le soir, des étudiants s'y réunissent pour fumer et discuter.

Bob Marlin BAR
(Magsaysay Ave). Autre bonne adresse pour écouter de la musique live et danser. Bières fraîches et en-cas (gras) à grignoter – le porc frit croustillant est délicieux.

Club M8 DISCOTHÈQUE
(Magsaysay Ave ; ⌚19h-4h). On y danse joyeusement jusqu'à l'aube, surtout le week-end. Clientèle jeune, tenues recherchées.

CENTRE

Le soir, il y a des stands de restauration sur les places du centre-ville. Lors de notre visite, les vendeurs de boulettes de poisson semblaient majoritaires, mais on nous a assuré qu'on trouvait aussi des spécialités de Bicol.

Geewan PHILIPPIN $
(Burgos St ; plats à partir de 70 P ; ⌚déj et dîner). En rénovation lors de la rédaction de ce guide, ce restaurant a la réputation de proposer la meilleure cuisine de Bicol qu'on puisse déguster en ville. Goûtez l'*exprés* (voir l'encadré p. 162).

Crown Hotel PHILIPPIN $
(Burgos St ; plats à partir de 100 P ; ⌚déj et dîner). Excellente cuisine régionale, mais il faut parfois demander les spécialités qui ne figurent pas sur la carte (voir l'encadré p. 162). Bonne cuisine chinoise également.

Wharf Galley BAR
(Elias Angeles St ; www.wharfgalleyrockcafe.com). Musique live tous les soirs dans ce "café rock", avec des concerts acoustiques le mercredi. Programmation sur le site Internet.

Renseignements

Les grandes banques ont des agences à Naga.

Centre d'accueil des visiteurs de Naga (473 4432 ; www.naga.gov.ph/tourism ; City Hall Complex, entre J Miranda Ave et Maria Cristina St ; 8h-12h et 13h-17h lun-ven)

Poste du centre-ville (université de Nueva Caceres)

Poste principale (City Hall Complex, entre J Miranda Ave et Maria Cristina St)

Depuis/vers Naga

Avion

L'aéroport se trouve à Pili, à 14 km au sud de Naga. Cebu Pacific et Airphil Express assurent des vols quotidiens entre Manille et Naga.

Bus et jeepney

Tous les bus utilisent la gare routière centrale de Naga, située près du SM City Mall, au sud de Panganiban Dr. Les compagnies Cagsawa et **RSL** (472 6885) ont des bus climatisés directs pour Ermita à Manille et d'autres pour Cubao ; les plus confortables sont les bus **Isarog** (478 8804) et Amihan. Les bus Philtranco desservent Pasay. La plupart des bus climatisés et deluxe sont des bus de nuit (clim/siège inclinable 600/700 P).

Des jeepneys et des minivans climatisés partent à 100 m de la gare routière centrale. Des bus/minivans climatisés vont à Daet (75/150 P, 2 heures 30/2 heures) et Legazpi (100/150 P, 2 heures 30/2 heures). Évitez le bus "ordinaire" pour Legazpi : le trajet dure jusqu'à 6 heures. Changez à Legazpi pour Sorsogon et Donsol. Des minivans climatisés vont aussi à Tabaco (145 P) et Sabang (90 P). Des jeepneys vous mènent à Panicuason (20 P, 30 min) et Pili (10 P).

Parc national du mont Isarog

Dominant le paysage de Camarines Sur, le mont Isarog (1 966 m) est le deuxième plus haut volcan (endormi) de Bicol. Depuis Panicuason, une route abrupte et accidentée mène à l'entrée du **parc national du mont Isarog** (8h-17h) : elle se parcourt à pied (30 min), ou en voiture par temps sec, mais mieux vaut disposer d'un 4x4. Vous acquitterez le droit d'entrée (100 P) à la base de la montagne. Vers la droite, une courte marche mène à un escalier en pierre, très escarpé, au bas duquel s'écoulent les **chutes de Malabsay**, où vous pourrez nager en admirant le volcan – une expérience inoubliable. À Panicuason, les **sources chaudes du mont Isarog** (100 P ; 7h-18h) comptent cinq bassins chauds ou tièdes, parfaits pour se délasser après une randonnée dans le parc. Les sources se trouvent à 1,3 km de marche de la route principale, immédiatement avant l'embranchement menant au parc national.

Ascension du mont Isarog

L'ascension de 2 jours (aller-retour) du mont Isarog nécessite la présence d'un guide. À l'aller, la montée de 6 à 8 heures traverse la dernière forêt vierge tropicale de Luzon. Plus haut, la végétation laisse place à une forêt envahie par les mousses, puis à des prairies clairsemées et des étendues rocheuses à l'approche du sommet

La météo est souvent plus propice de fin février à début juin. Il existe deux sentiers : l'un (très fréquenté) part de Panicuason, tandis que l'autre, moins connu et plus écologique, commence à Consocep. Adressez-vous à Jojo, de la Kadlagan Outdoor Shop (p. 159), à Naga ; les randonnées organisées (5 000 P/1 pers, 7 000 P/2 pers) comprennent un guide local expérimenté, l'équipement de camping et les repas, tous les transports et les permis. Pour les grimpeurs les plus enthousiastes, il existe des parcours sur le **mont Lobo**, à Camarines Norte (Cam Nor), et sur le **mont Asog**, près d'Iriga.

Pour accéder au mont Isarog depuis Naga, prenez un jeepney jusqu'à Panicuason. Le dernier jeepney pour Naga quitte Panicuason vers 17h. Vous pourrez toujours tenter de faire du stop si vous le ratez, mais si vous ne trouvez pas de véhicule (notamment après la tombée de la nuit), vous serez coincé.

Péninsule de Caramoan

À environ 50 km au nord-est de Naga, une langue de terre étire sa côte de sable blanc, ses falaises calcaires et ses taches de jungle dans le bleu de la mer. C'est dans ce décor spectaculaire, qui évoque le nord de Palawan, que les versions française, israélienne et bulgare de *Koh Lanta* ont été tournées.

Rassurez-vous, il est encore possible de se détendre dans ce magnifique environnement naturel. Le grand atout de la péninsule est la découverte des îles, notamment les jolies îles de **Matukad** et **Lahus**, au large de Gota, ainsi que celle d'**Aguirangan**, au décor de carte postale. **Sabitan Laya**, en forme de V, comprend de longues étendues de sable blanc, et un affleurement de calcaire à la base du V, et fera la joie des amateurs de **snorkeling**. Parmi la dizaine d'îles, **Lahuy** se distingue par sa taille, ses plages, ses orpailleurs et sa colonie de chauves-souris frugivores. On y accède par le *barangay* (village) Bikal. Quant à **Tabgon**, encadrée de mangroves, elle est célèbre pour son immense **statue Our Lady of Peace** (Notre-Dame-de-la-Paix), qui attire de nombreux pèlerins philippins. On la rejoint par un escalier de 500 marches. La **plage de Gota**, toute de sable blanc, est à 4 km de la ville de Caramoan. Plus à l'est, la **baie de Pitogo** est formée d'un lagon bordé de nipas (encore un site qui dissimulerait un trésor japonais). Non loin de Gota, dans les terres, **escalade** et **spéléologie** sont à l'honneur, tout comme la baignade dans la **source de Bolang-Bogang**. Claire et fraîche durant la saison sèche, l'eau devient boueuse par temps de pluie.

Caramoan Kayaks (☎0921 987 3157 ; www.cki-inn.com ; heure/journée 150/1 900 P), basé au CK Inn, loue des kayaks de mer et aide les pagayeurs à se repérer parmi les îles.

Essayez de louer un *sibid-sibid* (petite embarcation de pêche) ou un *bangka* (petite embarcation en bois), plus courant, pour circuler. Une journée complète d'une île à l'autre dans un *bangka* de 7 personnes coûte au minimum 2 000 P.

Où se loger et se restaurer

Si les complexes hôteliers ne vous tentent pas, préférez le littoral est de la péninsule, vers Caramoan, ou le *barangay* côtier de Paniman. Les durs à cuire camperont à Paniman. Une plage paisible s'étend à environ 400 m du village (prévoyez de l'eau), à l'embouchure de la rivière, sous un promontoire calcaire : demandez l'autorisation au "capitaine" du *barangay*. Vous pourrez louer des tentes à la Kadlagan Outdoor Shop (p. 159), ou séjourner chez l'habitant – contactez M. Boyet, l'instituteur, ou Islaw, le conducteur de tricycle.

Des hôtels bordent l'unique rue de la tranquille localité de Caramoan (à l'écart de la plage), et les possibilités d'hébergement chez l'habitant sont de plus en plus nombreuses. Le tarif par nuit en vigueur lors de nos recherches était de 500 P/personne.

Residencia de Salvacion B&B $
(☎0939 310 1135 ; http://residenciasalvacion.multiply.com ; ch à partir de 800 P ; ❄📶). Il y a là des chambres propres, des TV et, surtout, un personnel prêt à tout pour rendre votre séjour aussi agréable que possible.

La Playa Camp CAMPING $
(☎0919 813 6766 ; www.eyeoncaramoan.com ; cabanas à partir de 800 P, empl 300 P). Ces jolis bungalows de plage, avec salles de bains communes et vue sur les îles, raviront les voyageurs prêts à troquer un peu de confort contre un peu de beauté tropicale rustique. Pour ceux qui préfèrent dormir entre quatre murs, les mêmes propriétaires gèrent la pension **Vista Del Mar**, aux tarifs similaires.

PLATS RELEVÉS

Bicol offre une belle variété de plats de poisson, de porc et de légumes. Les Bicolanos sont les seuls dans l'archipel à faire du lait de noix de coco l'ingrédient de base de leur alimentation. Tous les plats cuits dans du lait de coco sont qualifiés de *ginataán*. Ainsi, le calamar *(pusít)* au lait de coco s'appelle *ginataán pusít* (un délice). Le *ginataán santol* (fruit pulpeux) et le jaque *ginataán* sont aussi succulents. Autre ingrédient clé de la cuisine de Bicol, le *sili* (piment fort), existe en plusieurs variétés : le *labuyo*, puissant, relève les tendres noix de *pili*, servies dans les bars.

Deux mots reviennent souvent sur les cartes de Bicol : l'*exprés* et le *pinangat*. Le premier désigne un mélange pimenté de porc haché, de *sili*, de petites crevettes, d'oignon, d'ail et d'autres épices, cuits dans du lait de coco. Le *pinangát* se compose de feuilles de *gabi* (taro) enveloppant des morceaux de poisson, des crevettes et/ou du porc, et un légume vert émincé appelé *natong (laing)*, souvent servi seul comme accompagnement. N'oublions pas le délicieux *candingga* – cubes de foie de porc et carottes sucrées cuites dans du vinaigre.

Les spécialités de Bicol ne sont pas servies partout. La plupart des hôtels et des restaurants s'en tiennent aux classiques philippins. C'est dans les stands de rue de Naga, que vous goûterez les meilleurs plats locaux. À Legazpi, essayez le Small Talk Cafe (p. 165 ; superbes plats alliant les influences italiennes et celles de Bicol) et le WayWay Restaurant (p. 165 ; buffet authentique de Bicol).

Villa Juliana PENSION $
(☎0917 763 3167 ; http://villajuliana.multiply.com ; ch à partir de 750 P ; ❄📶). Une pension rose vif (avec annexe jaune citron) appréciée des touristes philippins. Les chambres propres et confortables (TV) sont aussi colorées que l'extérieur. Un lieu où l'on soigne la clientèle.

CK Inn B&B $
(☎0921 987 3157 ; www.ck-inn.com ; ❄📶). Une maison spacieuse transformée en pension. Les tarifs sont un peu élevés, mais les chambres impeccables, le petit-déjeuner inclus et le cadre verdoyant en font une charmante adresse. La chambre familiale de 8 lits peut dépanner les groupes (2 500 P). Même direction que Caramoan Kayaks.

La Casa Roa PENSION $
(☎811 5789 ou 0917 580 1850 ; lacasaroa@yahoo.com, momieperez@gmail.com ; s/d 950/1 550 P ; ❄). Cette maison des années 1950, tout en parquets polis, est parfaite si vous n'avez rien contre un séjour en ville. Chambres propres. Jardin pour la détente.

Rex Tourist Inn PENSION $
(☎0919 882 1879 ; s/d 700/1 400 P ; ❄). Cette pension qui ne cache pas son âge a gardé un personnel serviable et jovial.

Gota Village Resort COMPLEXE HÔTELIER $$$
(☎02 817 0831 ou 0928 308 3969 ; http://caramoanislands.com ; cabanas à partir de 3 500 P ; ❄). À environ 20 minutes de Caramoan, c'est le grand resort local. Nous ne sommes guère emballés par ces groupes de bungalows et de huttes de plage. Les mêmes propriétaires gèrent le **Hunongan Cove**, un village de bungalows et de villas (tarifs identiques) plus isolé et plus joli, nettement préférable.

ℹ Depuis/vers la péninsule de Caramoan

Le trajet jusqu'à la localité de Caramoan est un des grands attraits de la péninsule et une aventure en soi. Le mont Isarog apparaît d'abord, suivi du panorama côtier – et du profil parfait du mont Mayon se découpant de l'autre côté du golfe de Lagonoy par temps clair. La meilleure époque va de fin mai à début septembre, quand la mer est plutôt calme.

Depuis Naga, prenez un minivan climatisé jusqu'à Sabang (90 P, 1 heure 30), d'où des bateaux partent dès qu'ils sont pleins pour l'embarcadère de Guijalo (120-150 P, 2 heures) jusqu'à environ 13h. Préférez les Harry, plus volumineux (sur les petites embarcations, dès que les volets sont tirés, la chaleur et l'obscurité sont redoutables).

Le Gota Beach Resort assure une navette de Sabang à Guijalo (350 P, 45 min) en catamaran rapide, qui appareille à 10h et 13h30. Vous pouvez louer un bateau pour 1 500-2 000 P, selon vos talents de négociateur.

Depuis Guijalo, comptez quelque 10 minutes de trajet en jeepney ou en tricycle jusqu'à la localité de Caramoan.

La mauvaise route reliant Sabang à Guijalo (35 km, 4 heures actuellement) est en travaux depuis des années. Son amélioration devrait réduire à 2 heures le trajet jusqu'à Naga, mais rien n'est moins certain. Vous pouvez conduire jusqu'à Sabang et laisser votre voiture sur les quais pour 100 P/jour.

En venant de Legazpi ou de Tabaco, des jeepneys empruntent aussi la route côtière, *via* Tiwi, jusqu'à Tigaon, où un autre jeepney vous mènera à Sabang.

Legazpi

☎052 / 180 000 HABITANTS

Cette capitale provinciale grisâtre se situe au pied du mont Mayon (2 462 m), qualifié à juste titre de volcan le plus parfait du monde. Malgré une circulation intense et un grand nombre de fast-foods Jollibee (chaîne de restauration rapide philippine), c'est une ville assez agréable qui a un certain charme.

Legazpi (ou Legaspi) se répartit entre Albay District et Legazpi City. La plupart des bureaux officiels, l'aéroport, les restaurants et hôtels haut de gamme sont établis dans Albay District. Legazpi City est un labyrinthe bruyant d'échoppes de rue, de marchés, de bars et d'édifices noircis par la pollution. C'est là que se trouvent la gare routière et les hébergements bon marché. De très nombreux jeepneys relient chaque jour les deux quartiers, séparés par 3,5 km sur National Hwy.

Les autorités municipales sont en train d'aménager sur une portion du front de mer l'**Embarcadero**, luxueux complexe dédié au shopping, à la restauration et à la vie nocturne, desservi par une petite flotte de jeepneys électriques.

👁 À voir

Le **Legazpi City Museum** (City Hall Annex ; ⏰8h-17h lun-ven) réunit une belle collection de trésors archéologiques et de bric-à-brac donné par des habitants. Des photos montrent Legazpi pendant la Deuxième Guerre mondiale, ainsi que les destructions causées par le mont Mayon à diverses époques.

Le mont Mayon surgit en perspective à chaque coin de rue. Pour mieux voir ce volcan (et la ville), faites l'ascension de **Lignon Hill** (à pied, en voiture ou en tricycle ; comptez 300 P l'aller-retour). Cette grimpette de 20 minutes le long d'une côte raide mais asphaltée doit être faite le matin, avant les fortes chaleurs. Au sommet on trouve un petit **parc**, un poste d'observation géré par le Philippine Institute of Volcanology et une vue extraordinaire de Legazpi et du mont Mayon. Ce chemin est à côté des courts de tennis, près de l'**Albay Wildlife Park**, qui tient plutôt du jardin municipal que du parc (aire de jeu avec des dinosaures !).

Activités

Legazpi est une base de choix pour profiter des activités. L'ascension du mont Mayon (p. 167), le snorkeling avec les requins-baleines à Donsol (p. 169) et la plongée à Manta Bowl (p. 170) sont très appréciés.

La plupart des hôtels peuvent organiser un transfert en van avec chauffeur – certains sont aussi guides. Pour faire une excursion d'une journée dans la province d'Albay, il vous faudra débourser 3 000 P environ.

Bicol Adventure & Tours EXCURSIONS
(☎480 2266 ; www.freewebs.com/bicoladventures ; V&O Bldg, Quezon Ave, Legaspi City ; ⌚8h-17h lun-ven, 8h-12h sam). Cet organisme professionnel propose tout une gamme d'excursions allant de la plongée à l'escalade, et emmène des randonneurs sur le mont Mayon.

Mayon Outdoor Guides Association GUIDES
(☎0915 422 4508 ; pinangat2001@yahoo.com). Cette association rassemble un groupe d'amateurs et de guides très expérimentés : l'un d'entre eux a même gravi l'Everest. Elle organise des circuits dans la région de Bicol, notamment à destination du mont Mayon. Adressez-vous à George Cordovilla.

Legazpi

Où se loger et se restaurer

Les hébergements à Legazpi sont principalement de sinistres hôtels petits pour budgets. On peut trouver des chambres à 300 P voire moins, mais elles sont peu engageantes.

LEGAZPI CITY

Hotel Villa Angelina HÔTEL $$
(☎480 6345 ; www.villaangelinahotel.com ; Diego Silang St ; ch à partir de 1 800 P ;). La meilleure adresse à Legazpi. Chambres un peu mièvres, bien tenues, petit-déjeuner inclus. Les deluxe ont des baignoires tape-à-l'œil. Le restaurant du rez-de-chaussée sert une bonne cuisine philippine et occidentale.

Legazpi Tourist Inn HÔTEL $
(☎820 4880 ; V&O Bldg, Quezon Ave ; s/d avec ventil 550/600 P, avec clim 800/900 P ;). Au cœur de la ville, un hôtel petits budgets correct avec des chambres modernes impeccables, dotées de salles de bains privées, de TV et de nombreux miroirs. Le personnel était d'une incompétence comique lors de notre visite.

Dreams Inn & Cafe HÔTEL $
(☎820 0885 ; F Imperial St ; s avec ventil/clim 350/500 P, d avec clim 700 P ;). Le tarif de ces chambres rudimentaires mais nettes est une affaire. Cela dit, TV, eau chaude, climatisation, salle de bains privative et fenêtres sont en option. Sachez aussi que les simples sont minuscules, et que le café est fermé.

WayWay Restaurant PHILIPPIN $
(Peñaranda St ; plats environ 100 P ; déj et dîner, fermé dim). Legazpi ne manque pas de fast-foods et de *carinderias* (restaurants locaux, parfois annexes d'une maison ou simple grill dans un jardin, au nombre limité de plats) mais, pour goûter l'authentique cuisine de Bicol, rien ne vaut le WayWay, réputé pour son splendide buffet de spécialités épicées cuites dans du lait de coco. À 1 km au nord de Legazpi City.

Legazpi

Activités

Bicol Adventure & Tours .... (voir 3)

Où se loger

1 Casablanca Hotel C2
2 Dreams Inn & Café B3
3 Legazpi Tourist Inn C3

Où se restaurer

4 WayWay Restaurant C1

Où sortir

5 Bar 101 .... C3

Achats

6 LCC Mall C3
7 Pacific Mall B4
8 Satellite Market A4

ALBAY DISTRICT

Il existe plusieurs bons hôtels accessibles à pied depuis l'aéroport.

Hotel Venezia HÔTEL $$$
(☎481 0888, www.hotelvenezia.com.ph ; Renaissance Gardens, Washington Dr ; d à partir de 5 000 P ;). L'hôtel le plus raffiné de la ville. Chambres design décorées dans des tons gris, agrémentées de superbe linge de lit et prolongées par des balcons individuels donnant sur le mont Mayon. Personnel professionnel. Environnement verdoyant.

Alicia Hotel HÔTEL $$
(☎481 0801 ou 0918 625 3696 ; www.aliciahotel.com.ph ; Washington Dr ; d à partir de 1 950 P ;). Agréable hôtel de catégorie moyenne proche de l'aéroport. Choisissez soigneusement votre chambre : si toutes sont modernes et bien équipées, certaines sont assez petites. Piscine avec vue sur la montagne.

Pepperland HÔTEL $$
(☎481 8000 ; pepperlandhotelbikol@yahoo.com ; Airport Rd ; ch à partir de 2 184 P ;). Hôtel d'affaires animé avec un agréable café et une cour en plein air. Le décor moyen-oriental révèle l'origine du propriétaire libanais. Les chambres à l'arrière sont parfois sombres et humides : préférez celles du dernier étage.

Casablanca Hotel HÔTEL $$
(☎480 8334 ou 820 1428 ; Peñaranda St ; s/d à partir de 1 600/2 000 P ;). Un hôtel d'affaires aux chambres propres avec moquette et TV. À s'offrir pour se détendre au frais.

Outre leurs propres tables, ces trois hôtels sont entourés de divers restaurants. Le **Cafe Cubaña** (Airport Rd), à côté du Pepperland, propose en-cas, café et Wi-Fi gratuit. Le **Smoke'n' Grill** (aéroport) est plébiscité par les habitants pour sa bière et ses grillades.

À portée de tricycle, le **Small Talk Cafe** (51 Doña Aurora St ; 11h-22h) est une adresse de référence pour la cuisine de Bicol version fusion, avec des plats comme les pâtes "Bicol express", les raviolis au *pinangat*, de délicieuses salades et des desserts aux noix de *pili*. Côté décoration – très réussie – on peut

À NE PAS MANQUER

LE LION ENDORMI

Si le mont Mayon monopolise tous les regards à Legazpi, les visiteurs manquent souvent un autre beau panorama : le joli port de Legazpi. Pour une belle vue d'ensemble de cette capitale régionale, montez sur la **Kapuntukan Hill**, près du front de mer. Les habitants ont surnommé cette petite hauteur "Sleeping Lion hill" (la colline du lion qui dort), car sa silhouette arrondie évoque celle d'un félin endormi. L'ascension ne peut se faire qu'à pied et les sandales ne sont pas recommandées ; cette grimpette de 30 minutes sur un sentier grossier est couronnée d'une belle vue sur la côte et les îles environnantes. Legazpi Blvd conduit directement au pied du lion. Pour l'anecdote, les autorités touristiques de Legazpi aiment comparer Kapuntukan Hill au célèbre pain de sucre de Rio de Janeiro – une formule publicitaire pour le moins ambitieuse.

admirer des photos anciennes sur les murs. À l'angle de la rue, sur National Hwy, **La Mia Taza** est un café-pâtisserie apprécié, avec Wi-Fi gratuit. Des restaurants modernes sont regroupés vers la place du City Hall.

Où prendre un verre et sortir

Des boissons alcoolisées sont servies au bar de l'hôtel Pepperland, qui propose de la musique live (20h-minuit, mer-sam), et au **Bar 101** (Magallanes St ; 16h-minuit lun-sam), au-dessus du cinéma Bichara Silverscreens, autre référence pour écouter de la musique.

Achats

Le **Satellite Market**, près de la gare routière, est une bonne adresse où acheter des objets artisanaux en abaca. Le **Pacific Mall** et le **LCC Mall** sont deux grandes surfaces où trouver tout ce dont vous avez besoin.

Renseignements

Cybercafés et distributeurs de billets (DAB) ne manquent pas à Legazpi City, mais sont plus rares à Albay District.

Musings of the Midnight Writer (http://goldimyrr.repolles.com). Ce site d'un écrivain basé à Legazpi informe sur l'activité culturelle de la région de Bicol.

Office provincial du tourisme (820 6314 ; http://tourism.albay.gov.ph ; Albay Astrodome Complex, Capt F. Aguende Dr). Excellent plan gratuit de la ville.

Wow! Legazpi (http://wowlegazpi.com). Bon site Internet touristique.

Depuis/vers Legazpi

Avion

Cebu Pacific, Airphil Express et Zest Air assurent chacun au moins une liaison quotidienne depuis/vers Manille.

Bus

La plupart des bus climatisés et deluxe à destination de Manille (environ 800 P, 10 heures 30) partent entre 18h30 et 20h, tandis que les bus "ordinaires" (non climatisés et à éviter) partent toute la journée. **Cagsawa** (480 7810) et RSL lines proposent des bus de nuit confortables vers Ermita (Manille). **Isarog** (481 4744) et **Penafrancia** (820 0518) desservent Cubao et **Philtranco** (820 2794) assure la liaison avec Pasay.

Les minivans sont fréquents en journée depuis/vers Naga (150 P, 2 heures), Sorsogon (70 P, 1 heure 30), Tabaco (30 P, 30 min) et Donsol (80 P, 1 heure, 17h). Le trajet en bus dure un tiers du temps en plus (il n'y a pas de bus pour Donsol).

Environs de Legazpi

Église de Daraga PATRIMOINE

Perchée sur une colline offrant une superbe vue plongeante sur le mont Mayon, l'église de Daraga, de style baroque, a été intégralement construite en pierre volcanique en 1773, et ses colonnes sont ornées de reliefs finement sculptés. Juste à côté, faites une halte au très élégant **7 Degrees Grill & Restaurant** (plats à partir de 100 P ; déj-tard) pour siroter une boisson fraîche, ou bien pour vous offrir un déjeuner, en admirant la vue depuis l'une des terrasses. Depuis Legazpi, prenez un jeepney pour Daraga sur National Hwy.

Ruines de Cagsawa PATRIMOINE

À environ 8 km au nord-ouest de Legazpi, les vestiges de l'**église de Cagsawa** (10 P) – le haut des murs et le clocher – sont posés au milieu d'une plaine herbeuse d'où l'on voit les courbes harmonieuses du mont Mayon. La violente éruption du volcan, en 1814, a enseveli 200 personnes qui s'y étaient réfugiées. Le site bourdonne de marchands de glace, de stands de souvenirs et de restaurants. On est pourtant touché par la beauté et l'étrangeté du lieu. Plus loin, de grandes **piscines** (50 P) d'eau propre permettent de se rafraîchir avant le retour en jeepney.

Depuis Legazpi, tous les jeepneys en direction de Camalig, Guinobatan ou Ligao vous déposent à Cagsawa : demandez au conducteur de s'arrêter aux ruines. Le site est à 500 m de la route.

Grotte de Hoyop-Hoyopan SITE NATUREL

Facile d'accès, cette grotte de calcaire, creusée à flanc de colline, surplombe une belle vallée rurale. C'est là qu'ont été mises au jour des poteries datant de 200 av. J.-C. au Xe siècle (certaines sont exposées dans l'église de Camalig). Hoyop-Hoyopan signifie "souffle-souffle," en référence au vent frais qui souffle parfois dans la grotte. Des guides sont disponibles à l'entrée (150 P avec une torche ; des lampes électriques peuvent être allumées moyennant 150 P). Ils ne touchent pas grand-chose sur le billet d'entrée : les pourboires sont appréciés.

La visite dure environ 30 minutes ; demandez **Maripe** (☎0915 286 7221), guide comme son père. Il y a quantité de formations rocheuses à l'intérieur des grottes. Les Philippins estiment qu'elles ressemblent soit à la Vierge, soit au démon. Hoyop-Hoyopan est un site privé, raison pour laquelle une piste de danse occupe l'une des cavités ; d'après les guides, des réceptions ont parfois lieu dans les grottes. Si le temps est clément, les plus audacieux peuvent continuer jusqu'à la **grotte de Calabidongan** ("grotte aux chauves-souris"), à environ 2,5 km de là.

Hoyop-Hoyopan est à environ 25 km de Legazpi. Prenez un jeepney en direction de Camalig, Polangui, Guinobatan ou Ligao, et descendez à Camalig, à 14 km au nord-ouest de Legazpi. De Camalig, les choses se compliquent : les jeepneys vers Cotmon sont rares, mais vous trouverez peut-être le moyen de vous faire transporter à moto (250 P aller simple). La location d'une voiture, pour une excursion d'une journée, facilite considérablement la visite des grottes.

Mont Mayon VOLCAN

Site emblématique des Philippines, le mont Mayon (2 462 m) se dresse majestueusement dans la plaine d'Albay. Le volcan, visible jusqu'à Naga et Catanduanes, doit son nom au mot bicol *magayon,* "beauté," qualificatif amplement mérité.

Ce volcan, l'un des plus dangereux au monde, est entré en éruption environ 15 fois depuis 1900. La dernière éruption ayant fait des victimes remonte à 1993, lorsqu'elle s'est poursuivie pendant deux mois, tuant 77 personnes, dont une équipe de vulcanologues américains. L'autre catastrophe en date remonte à 2006 : peu après l'arrêt des coulées de lave, un typhon gigantesque a déclenché sur le mont Mayon des coulées de boue qui ont coûté la vie à plus de 1 000 personnes.

Une colonne de fumée émane en permanence de Mayon, surveillé par le **Philvolcs** (☎824 8166 ou 02 426 1468 ; www.phivolcs.dost.gov.ph). Installé près de Lignon Hill à Legazpi, ce bureau de l'Institut philippin de volcanologie et de sismologie consacre d'intéressantes petites expositions aux volcans. Depuis longtemps au service de l'institut, Alex (alexbaloloy2002@yahoo.com) répondra à vos questions s'il n'est pas sur le terrain.

En cas de danger, le Philvolcs ferme l'accès aux environs du volcan dans un rayon de 6 à 10 km. Durant les périodes d'accalmie, il est possible de faire l'ascension d'une partie du volcan. Le Philvolcs déconseille fortement de dépasser 1 800 m, mais certains guides montent jusqu'à 2 000 m. Plus haut, les gaz sulfureux vous feront suffoquer.

Ascension du mont Mayon

La route du sud-est commence près du *barangay* Buyoan, à 15 km au nord de Legazpi City. De là, 2 heures de marche vous séparent du "camp un," puis 2 heures 30 du "camp deux," à 1 800 m, au-delà duquel se situe le *knife edge* (fil du couteau). L'ascension est possible en une journée, à condition de partir tôt. Elle peut se répartir sur 2 jours avec une nuit dans l'un des deux camps.

La meilleure période va de février à avril. Du mois de mai au mois d'août, la chaleur est vraiment insupportable, et de septembre à janvier l'humidité rend difficile la montée. Un guide pour une excursion organisée au mont Mayon demande environ 7 000 P pour 2 jours et 4 500 P pour la journée (nourriture, transport, équipement et porteurs compris). Pour escalader le volcan, vous trouverez des guides à Legazpi ; nous recommandons **Eugene Bañares** (☎0921 651 8851 ; eugene_banares@yahoo.com).

Autre possibilité d'excursion : rendez-vous en voiture au **Mayon Skyline Hotel** (810 m), également connu sous le nom de Mayon Rest House, sur la face nord-ouest du mont Mayon. L'établissement, qui n'a jamais ouvert ses portes, est aujourd'hui délabré et, malgré les rumeurs, une rénovation est peu probable. La vue sur le Pacifique est spectaculaire par temps clair. On y trouve des tables de pique-nique, un joli café (dont l'ouverture était prévue peu de temps après notre passage) et le **Mayon Planetarium & Space Park** (entrée libre), qui présente une collection éclectique de photos de la NASA, à côté d'informations sur le volcan.

La route menant au Skyline depuis Legazpi est vraiment en mauvais état. Lors de nos recherches, les véhicules passaient par Tabaco : un trajet bien plus long, mais bien plus agréable. En l'absence de transport en commun, il vous faudra louer un van à Legazpi (environ 2 500 P aller-retour, prévoyez environ 4 heures). Reportez-vous p. 164 pour en savoir plus sur les excursions au mont Mayon.

Tabaco

052 / 123 500 HABITANTS

À l'ombre du mont Mayon, Tabaco est le point de départ des bateaux pour Catanduanes. La belle façade XIXe siècle de l'**église San Juan Batista** (église Saint-Jean-Baptiste) ravira les amateurs d'architecture coloniale ; certaines de ses briques portent des marques de maçons, chose rare dans le pays. L'église mise à part, la nécessité de prendre le bateau de bonne heure est la seule raison de séjourner à Tabaco.

Près du marché, plusieurs hôtels proposent des chambres à 400 P, voire moins ; quoique bien vieillottes, elles feront l'affaire si vous recherchez simplement un hôtel économique. De l'autre côté de la rue, le **Tabaco Gardenia Hotel** (487 8019 ; Riosa St ; ch à partir de 1 000 P ;) abrite 30 chambres correctes et bien tenues, soit calmes mais aveugles, soit donnant sur la rue bruyante. Vous pouvez sinon toujours opter pour le **Casa Eugenia Hotel & Restaurant** (481 8334 ; Tagas St ; ch à partir de 1 100 P ;), tout aussi propre et confortable. L'embarcadère est à un saut de vélo-taxi (*pedicab* ; 10 P) de tous ces hôtels.

Les bus Cagsawa, Amihan et Raymond Tours desservent Cubao, à Manille (clim/deluxe à partir de 850/1 100 P, 11 heures). Des bus, des jeepneys et des minivans effectuent régulièrement l'aller-retour depuis/vers Legazpi (à partir de 25 P, 30 min), et des minivans rallient Naga. Reportez-vous p. 176 pour en savoir plus sur les ferries à destination de Catanduanes.

Sorsogon

056 / 151 450 HABITANTS

La capitale éponyme de la province la plus méridionale de Bicol est blottie dans une région magnifique, entre plages à perte de vue, sources naturelles et vastes rizières verdoyantes s'étendant jusqu'au pied de volcans couverts de jungle. De belles **randonnées** attendent les amateurs sur le plus haut volcan de la région, le mont Bulusan.

Où se loger et se restaurer

Sirangan Beach Resort COMPLEXE HÔTELIER $$$
(0919 582 2732 ; www.sirangan.com ; ch à partir de 4 000 P ;). À 10 km de la ville, sur la superbe plage de Bacon, un resort raffiné et haut de gamme fort apprécié. Ses 8 chambres sont dotées de balcons, d'un élégant mobilier en bois artisanal, et de magifiques salles de bains. Des chambres supplémentaires sont en cours d'aménagement.

Villa Kasanggayahan PENSION $
(211 1275 ; Rizal St ; ch 700-950 P ;). Le ravissant jardin, les balcons et les espaces de détente en plein air font de cet endroit paisible un régal. Grandes chambres, un peu kitsch. Les aboiements des chiens du voisinage troublent parfois la quiétude des lieux.

Fernandos Hotel HÔTEL $$
(211 1357 ; www.fernandoshotel.com ; angle N Pareja St et Rizal St ; d/tr 1 600/1 800 P ;). Une bonne adresse malgré des prix un peu élevés. Les chambres les plus chères sont vastes, et leurs murs sont ornés d'abaca et autres fibres végétales. Les moins chères sont petites, mais fonctionnelles (et surplombent le bar musical). Agréable jardin intérieur/extérieur, pour prendre le petit-déjeuner.

Fritz Homestay HÔTEL $$
(0921 396 0852 ; http://fritzhomestay.multiply.com ; Block 21, Executive Village ; ch à partir de 1 300 P ;). Il ne s'agit pas de chambres chez l'habitant, mais d'un hôtel de catégorie moyenne. Les chambres propres, les propriétaires accueillants, la climatisation et le Wi-Fi sans défaillance sont déjà plus que ce qu'on trouve souvent ailleurs. Il y a 3 piscines dans le jardin.

La Villa Kasanggayahan et le Fernandos Hotel sont à courte distance des restaurants du centre de Sorsogon (le **Jane's Fast Foods** prépare, à la demande, de bons plats philippins).

Renseignements

Les banques PNB, BPI et BDO, entre autres, disposent de DAB, et des cybercafés bordent Rizal St, l'artère principale de la ville.

Au Fernandos Hotel, Cecilia Duran, et sa fille Angie, sont une mine d'informations sur la randonnée, le VTT et la plongée. Elles vous trouveront du matériel de camping, des vélos, des vélomoteurs ou une voiture, et vous fourniront un guide pour gravir le mont Bulusan, ou pour aller admirer les requins-baleines en faisant du snorkeling à Donsol.

Depuis/vers Sorsogon

Des bus de nuit (à 4h !) Philtranco assurent la liaison avec Manille (ordinaire/clim/deluxe 430/750/1 300 P, 14 heures). Des bus/minivans desservent Legazpi (50/70 P, 1 heure 30).

Pour Donsol, il faut prendre un jeepney jusqu'à Putiao (35 P, 45 min), puis un autre jusqu'à Donsol (30 P, 45 min).

Parc national du volcan Bulusan et ses environs

Le **parc national du volcan Bulusan** (10 P ; 7h-17h30) est situé au sud de Sorsogon. Dans le parc, le **lac Bulusan** est un lieu de pique-nique apprécié des familles, et un **sentier de randonnée** de 1,8 km en fait le tour. Lorsque la brume enveloppe la forêt, et que les oiseaux chantent, l'endroit est ravissant et les eaux claires invitent à la baignade ou à la pêche au tilapia. Un permis et la présence d'un guide sont nécessaires pour faire l'ascension du volcan : le Fernandos Hotel (voir p. 168) ou le "capitaine" du *barangay* de San Roque vous mettront en contact avec un guide local. Prenez garde aux sangsues.

La conquête du mont Bulusan est récompensée par une baignade dans les **chutes de Palogtoc** (10 P). Un sentier de 500 m partant de la route, entre l'entrée du parc et San Roque (également desservi par le jeepney Bulusan-Irosin), conduit à la grotte. Un beau bassin d'eau fraîche, alimenté par les cascades, jouxte une rivière ombragée. Épargné par le béton, on y trouve quelques huttes en bambou et nipa. Non loin, les **sources de Masacrot** (20 P) sont similaires, mais dotées de huttes en béton et d'un "videoké".

Le **Mateo Hot & Cold Springs Resort** (20 P), en dehors d'Irosin, au pied du Bulusan, dispose de bassins d'eau chaude et froide. Le complexe est parfois complet et bruyant (voire d'une propreté douteuse le week-end).

La **Villa Luisa Celeste** (0920 906 0969 ; ch à partir de 850 P ;), à 2,5 km au nord de la ville de Bulusan, est un hôtel correct. Toutefois, il avait été mis en vente lors de nos recherches. Mieux vaut prévoir un hébergement à Gubat ou à Sorsogon.

Depuis/vers le parc national du volcan Bulusan

On entre dans le parc près de San Roque, à environ 10 km à l'ouest de la ville de Bulusan. Une excursion jusqu'au lac est possible sans s'inscrire à un circuit organisé : prenez un jeepney de Sorsogon à Gubat (45 min environ), et un autre de Gubat à la ville de Bulusan (même durée). De là, un jeepney Bulusan-Irosin vous déposera à 6 km de la ville, à l'entrée du sentier du parc, long de 2 km. Autre possibilité : louez un tricycle depuis Bulusan jusqu'au lac (environ 200 P, attente comprise). Jusqu'à l'entrée du parc, comptez 6 km depuis Bulusan ou 8 km depuis Irosin. Le voyage se fait aussi depuis Sorsogon via Irosin.

Donsol

056 / 44 000 HABITANTS

Avant la "découverte" de requins-baleines (*butanding*) au large de la côte en 1998, Donsol, à environ 45 km au sud-ouest de Legazpi, n'était qu'une petite localité de pêcheurs dans l'une des régions les plus reculées de Sorsogon. En 1998, un plongeur local filma les animaux, et les journaux relayèrent l'histoire des paisibles *butanding* de Donsol, devenus depuis l'une des premières attractions touristiques de l'archipel.

Seul un resort accepte les cartes de crédit, et il n'y a pas de DAB internationaux ; prévoyez suffisamment d'espèces. La ville compte quelques cybercafés.

Activités

Rencontre avec les requins-baleines

La découverte de ces immenses créatures est une expérience grisante, réservée aux nageurs en bonne forme physique et ayant une expérience du snorkeling. Quoique relativement lentes, ces bêtes sont nettement plus rapides que les humains dans l'eau : sauf chance extraordinaire, n'espérez pas esquisser un pas de deux avec l'un de ces mastodontes.

Durant la haute saison (mars-avril), les plongeurs en croisent beaucoup. Les requins commencent parfois leur migration dès le

LA TOILETTE DES MANTAS

La meilleure période pour plonger à **Manta Bowl** va de mars à mai. Dans ce spot de 17 m sur 22 m, traversé par un fort courant, les plongeurs peuvent se fixer sur le fond et observer les raies manta qui attendent que les labres nettoyeurs débarrassent leur peau des parasites. On croise aussi des requins-baleines et des requins-renards, entre autres. La plongée exige un bon niveau, mais les prestataires y emmènent les moins expérimentés s'ils prennent un guide par personne (600 P). Appartenant géographiquement à Masbate, le site est plus facile d'accès depuis Donsol, dans le sud-est de Luzon (voir ci-dessous). Parmi les prestataires fiables pour la plongée à Manta Bowl, citons le Bicol Dive Center (ci-dessous). Lors de nos recherches, le tarif par personne pour une sortie de 2 personnes avec 3 plongées à Manta Bowl (équipement inclus) était de 6 500 P.

mois de novembre pour rester jusqu'à fin juin. Tout dépend aussi du temps : si la mer est agitée, ou qu'un typhon se profile, les bateaux ne sortent pas. Consultez les prévisions météorologiques.

En arrivant à Donsol, rendez-vous au **centre d'accueil des visiteurs de Donsol** (nenitapedragosa@yahoo.com ; ⌚7h30-17h) situé à 1,5 km au nord du pont sur la rivière (30 P en tricycle depuis la ville).

La procédure en vigueur lors de notre visite était la suivante. Payez votre inscription et réservez un bateau (d'une capacité de 7 passagers) pour le circuit de 3 heures. Le personnel du centre d'accueil des visiteurs fait son possible pour remplir les bateaux, au tarif de 1 500 P environ par personne. Puis c'est le départ ! Le centre ferme parfois plus tôt (dans la journée ou pendant la saison) si le temps est mauvais ou faute de visiteurs.

Seule la plongée au tuba est autorisée : les bouteilles sont interdites. L'équipement de snorkeling à louer (300 P/séance) se raréfie parfois en haute saison. Il y a sur chaque bateau un Butanding Interaction Officer (BIO, responsable du contact avec les *butanding*) et un guetteur – donnez-leur un pourboire si vous avez passé une bonne journée.

Les règles sont assez strictes, pour le bien-être des animaux, mais aussi compte tenu du nombre de visiteurs et de la nécessité de répartir équitablement les équipages. Le nombre de bateaux admis est donc limité à 25. Durant la semaine sainte, les foules s'y pressent : il vaut mieux vaut éviter de vous déplacer à cette période.

Plongée

De nombreux plongeurs affluent à Manta Bowl (voir l'encadré ci-dessus) et autres sites de plongée macro plus proches du rivage. Tous les resorts possèdent un centre de plongée et des instructeurs expérimentés ; le plus ancien est le **Bicol Dive Center** (☎0921 929 3811 ; www.bicoldivecenter.webs.com), situé juste en face de l'office de tourisme de Donsol. Un forfait d'une journée avec 2 plongées à Donsol coûte 6 500 P/personne, moins si vous faites partie d'un groupe.

Snorkeling et exploration des îles

La somptueuse île de San Miguel, au large de Ticao, peut se visiter en louant un bateau, et il existe de bons sites de snorkeling à courte distance au nord des resorts.

Observation des lucioles

Une expérience insolite : les visiteurs se réunissent sur la rivière, après la tombée du jour, et observent les lucioles. La sortie en bateau coûte 1 250 P pour 6 personnes au plus (départ du pont sur la rivière à 18h).

Où se loger et se restaurer

De nombreux établissements ferment en basse saison (juin-décembre). En bord de mer et durant la saison touristique, nos lecteurs conseillent aussi le restaurant La Meza Taza, derrière le centre d'accueil des visiteurs. Le Baracuda, situé entre le Vitton et le Woodland Farm, est apprécié pour ses cocktails et ses dîners au bord de l'eau.

Les voyageurs à petits budgets trouveront à se loger en ville, à 10 minutes de tricycle du centre d'accueil des visiteurs.

Giddy's Place HÔTEL **$$**
(☎0917 848 8881 ; www.giddysplace.com ; d avec ventil/clim 600/2 500 P, qua 4 500 P ; ❄📶🏊). Le Giddy's a beaucoup rehaussé l'offre hôtelière locale. Bar-restaurant, accès Wi-Fi, TV, chambres modernes, spa, service professionnel et piscine sont des prestations luxueuses pour Donsol. Ouvert toute l'année, l'établissement accepte les cartes de crédit mais prévoyez des espèces au cas où.

Ses chambres bon marché pour routards ne sont pas climatisées et se contentent de salles de bains communes.

Amor Farm Beach Resort HÔTEL $
(☎0921 245 4028 ou 411-3180 ; rasyl_r_amor@yahoo.com, amorfarmbeachresort@gmail.com ; ch avec ventil/clim à partir de 800/2 200 P ; ❄). Lieu bucolique, ouvert toute l'année, composé de bungalows disséminés dans un jardin. Les chambres avec ventilateur à proximité du centre d'accueil des visiteurs sont les plus intéressantes. Bar et restaurant, parfaits pour se détendre et lier connaissance.

Casa Bianca Beach Resort HÔTEL $
(☎0906 309 9372 ; http://casabiancadonsol.multiply.com ; d avec ventil/clim à partir de 800/1 500 P, tr/qua à partir de 1 800/2 000 P ; ❄📶). À 10 minutes de marche du centre d'accueil des visiteurs. Chambres un peu défraîchies et cantine bizarrement loin de la mer. Le cadre ravissant et le grand jardin sont un plus.

Woodland & Vitton Resort HÔTEL $$
(☎0927 912 6313 ou 0915 420 3285 ; http://whalesharksphilippines.com ; qua à partir de 2 000 P ; ❄🏊). Deux resorts gérés par une même famille : chacun dispose d'un beau jardin et de chambres impeccables, en plus d'un personnel accueillant. Nous préférons le Vitton pour son bar et sa piscine. Les chambres du Woodland, plus ancien, accusent leur âge.

Aguluz Homestay CHEZ L'HABITANT $$
(☎0918 942 0897 ou 0917 209 4757 ; razormarilyn@yahoo.com ; ch avec ventil/clim 700/1 600 P ; ❄📶). L'adresse la plus chic à Donsol pour loger chez l'habitant, et on y dort très bien. Marilyn, votre adorable hôtesse, fera tout son possible pour organiser vos circuits et votre transport.

Santiago Lodging House CHEZ L'HABITANT $
(Ch 700 P). Il y a ici 3 chambres propres, dans une vieille demeure en bois assez défraîchie. De l'autre côté de la rue, l'**Hernandez Guesthouse** (☎0906 431 4173 ; ch 700-1 200 P ; ❄) loue quelques chambres simples (avec ventilateur). On trouve d'autres chambres chez l'habitant en ville (qualité et tarifs similaires), généralement ouvertes pendant la saison touristique uniquement.

Elysia Beach Resort COMPLEXE HÔTELIER $$$
(☎0917 547 4466 ; http://elysia-donsol.com ; d à partir de 3 150 P ; ❄🏊). L'unique resort haut de gamme de Donsol. Les charmants bungalows (*cabanas*) au toit de chaume, impeccables et climatisés, sont disposés autour d'une piscine chlorée. Nous trouvons les tarifs un peu élevés, surtout par rapport aux prestations des autres resorts.

ℹ Depuis/vers Donsol

Des minivans climatisés assurent des liaisons directes depuis/vers Legazpi (80 P, 1 heure) toutes les heures jusqu'à 16h. Des jeepneys assurent la même desserte via Pilar en deux fois plus de temps. Après 16h, rejoignez Pilar en jeepney, d'où les minivans et les bus passent plus souvent. Des bus Philtranco (800 P) partent de Cubao, à Manille, pour Donsol/Pilar (12 heures) à 15h30, et repartent pour Manille à 12h. Depuis Manille, il est plus facile de trouver un bus pour Donsol via Legazpi.

Il existe 4 vedettes rapides qui circulent chaque jour entre Masbate et Pilar (voir p. 172), avec des correspondances entre Pilar et l'île Ticao (p. 174).

Matnog

Matnog est un village se réduisant à une artère unique, d'où part le ferry pour Samar. Il y a au large des îles ravissantes. Évitez d'y passer la nuit ; nous conseillons aux retardataires de traverser en ferry jusqu'à Allen (p. 322), sur Samar, et d'y chercher un hébergement. Sinon, vous pouvez pousser vers le nord à 9 km de Matnog, jusqu'à une jolie petite plage aux abords de Santa Magdalena (120 P en tricycle), où le New Port Beach Resort et la Villa Veronica louent des chambres.

Des ferries (120 P seulement) font fréquemment la navette, 24h/24, toute la semaine, entre Matnog et Allen sur Samar.

Des jeepneys assurent la liaison depuis/vers Sorsogon (60 P, 1 heure 30). Des jeepneys et bus circulent entre Matnog et Bulan, à 60 km, où des bateaux rejoignent Masbate.

MASBATE

☎056 / 771 000 HABITANTS

Masbate possède une beauté tout en douceur. Un Irlandais ou un Gallois ne s'y sentiraient pas dépaysés si leur imagination pouvait concilier les paysages verdoyants et vallonnés de leur pays natal avec un climat tropical. L'ambiance y est décontractée, particulièrement parmi les habitants, mais il y a du changement dans l'air. Le bénéfice en revient en partie au dynamisme du gouvernement

Masbate

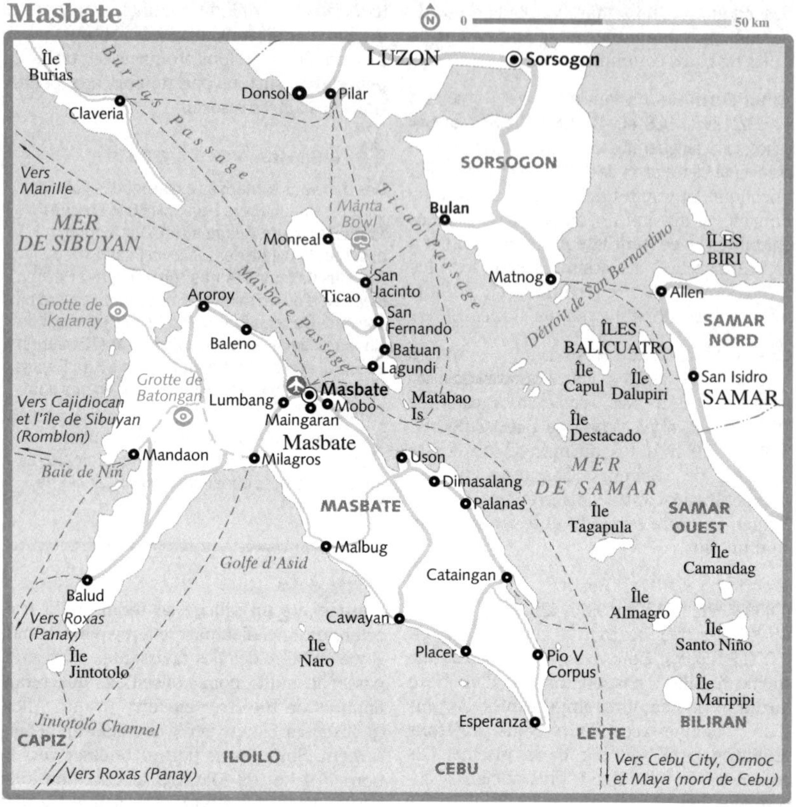

local et au soutien de Manille, surtout en ce qui concerne le développement de Masbate en tant que plaque tournante maritime de la National Nautical Hwy. L'intérêt croissant que suscite auprès des plongeurs le Manta Bowl, au large de la côte est de l'île Ticao, y est aussi pour quelque chose...

Depuis/vers Masbate

Avion

Zest Air et Airphil Express assurent des vols quotidiens depuis/vers Manille.

Bateau

Des ports rouliers (RoRo, avec des rampes d'accès aux navires) sont en construction à Esperanza et Mandaon. Lorsque vous lirez ce guide, d'autres lignes seront peut-être ouvertes. Des horaires hebdomadaires actualisés sont disponibles au bureau des autorités portuaires (*Port Authority*) à l'embarcadère de Masbate.

Des *pumpboats* font aussi plusieurs liaisons par jour entre Pilar et Monreal ou San Jacinto sur l'île Ticao (110 P, 2 heures), entre Bulan et San Jacinto, et apparemment entre Donsol et Claveria sur l'île Burias.

CEBU **Trans Asia** (☎032 254 6491 ; www.transasiashipping.com ; 2e/1re/cabine 575/850/1 465 P) assure un départ de Cebu pour Masbate le lundi et le mercredi à 18h. Arrivée à 7h30 et retour à la même heure le mardi et le jeudi.

Asia Marine (☎02-888 6550 ; 2e/1re/cabine 600/800/1 000 P) assure un départ quotidien de Bogo pour Cayawan à 22h. Au retour, départ tous les jours à 12h.

LEYTE Ormoc et Calubian sont desservies 1 fois/semaine par la compagnie **Sulpico** (☎056 333 2205 ; 290 P).

MANILLE Des ferries Sulpico appareillent de Manille le lundi et le mercredi à 17h (19 heures). Les tarifs pour ventil/clim/couchette sont de 905/1 155/1 280 P.

ROMBLON Lors de nos recherches, des bateaux étaient prévus entre Mandaon et Cajidiocan, sur l'île de Sibuyan, tous les mercredi et dimanche matin. Des ferries de Cajidiocan à Mandaon partaient les mardi et vendredi matin. Ces horaires changent fréquemment.

SUD DE LUZON Le moyen de transport le plus confortable et le plus rapide est la vedette Montenegro entre Pilar et Masbate (360 P, 2 heures). Des ferries quotidiens (288 P) **Montenegro Lines** (☎043 723 6980; www.montenegrolines.com.ph) partent à 5h, 8h, 12h et 16h. Des *pumpboats* relient Bulan à Masbate. **Philharbor** (☎775 0480 ; 3ᵉ/2ᵉ/1ʳᵉ 220/264/308 P) assure aussi des départs depuis Pilar, à 7h et 19h.

Depuis Bulan, **Santa Clara** (☎0918 900 5450 ; 250 P) assure un départ quotidien à 8h pour Masbate.

VISAYAS Montenegro assure des liaisons maritimes (3ᵉ/2ᵉ/1ʳᵉ 350/420/525 P) entre Naval, sur l'île de Biliran, et Cataingan, à Masbate ; départs de Naval à 6h et de Cataingan à 9h.

Masbate City

La ville de Masbate, qui s'avance dans la baie, offre une belle vue aux arrivants. Dès le débarquement sur le quai, en revanche, le chaos et l'affairement règnent, comme dans la plupart des villes du pays, et les zones jouxtant le port offrent un intérêt limité pour les visiteurs. À quelques minutes de tricycle, l'anarchie cède progressivement la place à une vaste étendue de mangrove, tandis que quelques hôtels et restaurants, aussi accueillants que tranquilles, se découpent à l'horizon.

À voir et à faire

Près de la ville, on peut admirer le **banc de sable de Buntod**, situé dans la **réserve marine de Bugsayon**. Jaja, du centre d'interprétation, vous indiquera la route à suivre. Le banc de sable est à 20-30 minutes en *bangka* (250 P environ). Une fois sur place, visitez l'îlot avant qu'il ne soit recouvert par la marée.

Le **parc naturel de la mangrove de Pawa** consiste en 300 ha de mangrove à travers laquelle serpente une promenade en planches de 1,3 km. Vous pourrez y flâner à loisir et aurez de grandes chances d'y apercevoir quantité d'échassiers. Pour y aller, prenez un jeepney pour Maingaran et empruntez le sentier qui passe devant l'école élémentaire de Santos. À marée basse, les laisses de vase grouillent de vie et les échassiers sont particulièrement nombreux.

Fêtes et festivals

Rodeo Masbateño FÊTE POPULAIRE
Joignez-vous au ballet des cow-boys locaux autour des bêtes lors de cette grande fête du rodéo, la 2ᵉ semaine du mois d'avril. Au programme : rodéo, slalom équestre et capture au lasso (c'est rude pour les chevaux). La ville et ses hébergements sont pris d'assaut : mieux vaut réserver longtemps à l'avance.

Où se loger et se restaurer

MG Hotel & Restaurant HÔTEL $$
(☎333 5614 ; Punta Nursery ; ch 1 050-1 800 P ; ❄📶). Cet hôtel tenu par des Allemands est le plus efficacement géré de Masbate. Les chambres du 3ᵉ (et dernier) niveau sont très accueillantes : vastes et lumineuses, elles ont des lits immenses et des balcons donnant sur l'eau. Le restaurant du rez-de-chaussée (où accéder au Wi-Fi) sert une bonne cuisine, encore que la carte ne soit pas forcément en rapport avec ce qui est proposé. Le **Sea Blick Hotel** (☎333 6911), tout proche et géré par la même équipe, propose des chambres et des tarifs similaires, mais pas la même vue.

Balay Valencia HÔTEL $
(☎333 6530 ; Ibañez St ; ch à partir de 400/650 P ; ❄). Hôtel de caractère aménagé dans une demeure ancienne bien entretenue (malgré un extérieur improbable), avec parquet et mobilier sobre. Les chambres ont des aérations en treillis sous les plafonds. Tout ici est délicieusement suranné. Parfois sources de bruit, les stands de restauration qui s'installent dans la rue sont pratiques pour le dîner.

Bituon Beach Resort COMPLEXE HÔTELIER $$
(☎333 2242 ou 0918 346 4987 ; bituonbeach.com ; ch 1 000-1 800 P ; ❄📶). À 14 km de Masbate, près de Mobo, l'unique complexe balnéaire de l'île, toujours apprécié pour ses hébergements variés. On peut aussi louer huttes et des bungalows à la journée ou venir simplement profiter des installations (50 P). On peut rejoindre le resort en tricycle (200 P).

Minlan Restaurant PHILIPPIN $
(Osmeña St). Ce restaurant de Masbate réchauffera le cœur des végétariens, notamment avec son tofu croustillant (60 P) et ses aubergines grillées (90 P).

Renseignements

Les deux artères principales sont Tara St, parallèle à l'embarcadère, et Quezon St qui la jouxte. Cette dernière comprend plusieurs

À NE PAS MANQUER

ÎLE TIKLING

Situé à 4 km de Matnog, **l'île Tikling**, îlot d'émeraude serti de sable rose – une rareté – et ombragé par des bosquets de palmiers offre de bons spots de snorkeling sans un touriste à l'horizon. On peut y camper (en versant environ 100 P au chef du village) et nager dans le bonheur sans rien à faire. Pour rejoindre l'île, trouvez un *bangka* sur le front de mer à Matnog ou appelez Eddie (☎0926 140 4577) ; le tarif est de 1 500 P pour un aller-retour à Tikling.

banques, comme PNB et Metrobank, dotées de DAB, ainsi que des cybercafés.

L'excellent **Coastal Resource Management Interpretation Center** (centre d'interprétation de la gestion des ressources côtières ; ☎0906 212 5684 ; esperanzadanao@yahoo.com) est installé dans le bâtiment de l'hôtel de ville. On y trouve quantité d'informations et des installations à manipuler à l'intention des écoliers locaux. Le responsable du centre, Jaja, est un spécialiste de la mer.

De l'autre côté du parc, face à l'hôtel de ville, dans le Capitol Building, le responsable de l'office du tourisme répondra à vos questions.

Ailleurs sur l'île de Masbate

Dans le sens inverse des aiguilles d'une montre depuis la ville de Masbate, l'île compte plusieurs sites d'intérêt : le plus vieux **phare** de la province, à Aroroy, une ville de mineurs, et les **grottes de Kalanay et de Batongan**, près de Mandaon. Des **ranchs en activité** sont ouverts aux visites non loin de là. Citons aussi la **Facenda da Esperanza**, une ferme dont les propriétaires gèrent un centre de réinsertion à Milagros, et une **maison de pierre** en construction depuis 30 ans à Esperanza. On peut aussi admirer des **chutes** à Palanas et de **vieilles demeures espagnoles** à Uson. Une réserve cependant : le développement touristique et les infrastructures de l'île en sont à leurs balbutiements. Il faut faire preuve d'initiative pour trouver tous ces sites ou contacter l'office du tourisme de Masbate, qui peut aussi vous aider à trouver des hébergements.

Île Ticao

Ticao semble hésiter entre nonchalance et développement touristique. Pour l'instant, l'odeur du coprah flotte dans les arbres et, sauf dans les petits bourgs, le béton supplante rarement le bambou et les toits de chaume. L'unique route de l'île serpente entre les villages. Batuan possède un **sentier dans la mangrove**. À **San Fernando**, ne manquez pas de vous arrêter chez l'étonnant Dr Roger Lim (dont le cabinet ressemble à un petit musée ; voir p. 177).

À **Monreal**, louez un *pumpboat* pour la journée (3 500 à 5 000 P) et longez la côte jusqu'aux chutes et autres îles. À San Jacinto, vous découvrirez quelques **vieilles demeures espagnoles** et un **canon**.

Où se loger et se restaurer

Ticao Island Resort COMPLEXE HÔTELIER $$
(☎893 8173 ou 0917 506 3554 ; www.ticao-island-resort.com ; s/d/tr par pers pension compl 60/65/94 $US, s/d petits budgets 65/40 $US ; ❄). À Tacdogan, à 8 km au nord de San Jacinto, 9 bungalows (*cabanas*) de luxe au fond d'une belle crique isolée voisinent avec 4 chambres équipées de ventilateurs. Les plongeurs apprécieront la proximité de Manta Bowl. Il n'y a pas un chat hors saison. La route qui y accède vous laissera fourbu.

Altamar Ticao Island Beach Resort COMPLEXE HÔTELIER $$
(☎817 7463 ou 0917 812 8618 ; www.ticaoaltamar.com ; bungalows/pers pension compl 2 000-2 700 P ; ❄). L'Altamar consiste en une série de bungalows décorés avec goût, certains conçus pour des couples, d'autres pouvant accueillir jusqu'à 8 personnes (la villa jaune citron, de 3 niveaux, peut en loger jusqu'à 15, pour 20 000 P/jour). Le personnel attentif prépare une délicieuse cuisine et les propriétaires peuvent organiser des sorties de plongée, des massages et autres distractions.

Depuis/vers l'île Ticao

Trois ou quatre *pumpboats* circulent chaque jour entre Lagundi et la ville de Masbate (70 P, 1 heure), entre San Jacinto et Bulan ou Pilar dans le sud-est de Luzon, et entre Monreal et Pilar (120 P, 2 heures). Dernier départ vers 13h.

Île Burias

Encore moins développée que Ticao, parcourue de routes encore plus défoncées, Burias possède la plus vieille église (1560) de Bicol, à San Pascual. Des **grottes** se trouvent à Claveria et à San Pascual, ainsi qu'un ancien site de sépultures où ont été retrouvés des fragments de porcelaines Ming. Au large, l'île Sombero est une **réserve de tortues**. Il n'existe aucune infrastructure touristique.

Le matin, un *pumpboat* rejoint Claveria (150 P, 3 heures) depuis la ville de Masbate.

CATANDUANES

☎052 / 234 000 HABITANTS

L'île de Catanduanes, dont la côte orientale fait face à l'océan Pacifique, est humide et battue par les vents, mais bordée de somptueuses plages adossées à des montagnes, et quasiment inaccessibles. Cette barrière naturelle constitue le premier front de défense du sud de Luzon contre les *bagyo* (typhons) qui s'abattent sur la région entre juillet et novembre. Les violentes pluies sont épongées par les forêts tropicales, heureusement préservées par l'isolement de Catanduanes et sa population peu nombreuse. Les typhons qui dévastent régulièrement certaines parties de l'île découragent l'urbanisation et compliquent l'entretien des infrastructures. La plupart des visiteurs étrangers sont des surfeurs désireux de se mesurer à la vague "Majestics", un *reef break* mondialement connu. Les meilleures vagues coïncident avec la saison des typhons, surtout entre août et octobre, mais requièrent de la patience.

ℹ Depuis/vers Catanduanes

Avion

PAL Express relie tous les jours Manille à Virac (1 heure 15). Zest Air assure la même ligne. L'aéroport, à 3,5 km de la ville, est accessible en tricycle (environ 35 P).

Bateau

Regina Shipping Lines (☎811 1707) propose 3 ferries par jour entre Tabaco et San Andres (ordinaire/clim 185/240 P, 3 heures), à 17 km à l'ouest de Virac. Les bateaux quittent Tabaco à 5h30, 8h et 13h30, puis font le trajet inverse à 9h30 et 12h. Des jeepneys attendent le ferry à San Andres et rejoignent Virac (20 P, 30 min).

Une autre possibilité consiste à prendre le MV *Eugenia*, ferry lent entre Tabaco et Virac (ordinaire/clim 196/252 P, 4 heures), qui part à 6h30 et rentre à 13h. Tous les ferries embarquent les voitures.

Virac

La capitale de Catanduanes, d'un intérêt limité pour les voyageurs, est néanmoins confortable et commode pour explorer les plages des alentours.

La ville compte quelques cybercafés. Les banques PNB et BDO, de part et d'autre de la place centrale, ont des DAB.

Où se loger et se restaurer

Virac n'est pas un haut lieu culinaire. On peut se restaurer chez Special Finds, en face du Midtown Inn, ou à l'hôtel.

Virac

Virac

Où se loger
1 Catanduanes Midtown Inn B1
2 Marem Pension House B1

Où se restaurer
3 Special Finds B1

Monte Karlo Waterfront Inn HÔTEL $
(☎0928 698 9559 ; San Vicente St ; ch à partir de 800 P ; ❄). Cet hôtel a une façade rose vif, des chambres douillettes avec terrasse pour profiter de la brise marine et un bon restaurant-bar. Service chaleureux et attentif.

Marem Pension House PENSION $
(☎0928 237 5398 ; 136 Rizal St ; d avec ventil et sdb commune 175 P, d avec clim et sdb 775 P ; ❄📶). Un lieu labyrinthique où règne une ambiance informelle. Les chambres y sont pimpantes et les aquariums nombreux. Dans cette décontraction générale, le personnel est accueillant, mais le service parfois irrégulier.

Catanduanes Midtown Inn HÔTEL $$
(☎811 0527 ; http://catmidinn.tripod.com ; San José St ; s/d à partir de 900/1 200 P ; ❄). Hôtel apprécié du centre-ville aux grandes doubles parées de touches classiques et de parquet ; quelques-unes ont un balcon. Les "deluxe" ne valent pas le supplément. Pour vous prémunir contre les "videokés" et les discothèques du quartier, demandez une chambre à l'intérieur.

Sud-ouest de Virac

La région qui s'étend au sud-ouest de Virac est ponctuée de formations karstiques couvertes de verdure, rappelant les Chocolate Hills de Bohol. La côte est bordée de criques de sable blanc et, par beau temps, la vue sur le mont Mayon est superbe.

Où se loger

Twin Rock Beach Resort COMPLEXE HÔTELIER $
(☎811 3122 ; ch avec eau froide et ventil/clim 800/1 200 P ; ❄🏊). Un charmant resort, merveilleusement situé dans une crique isolée qui fait face à une petite plage et deux rochers jumeaux en forme d'abat-jour. Seuls bémols : on s'y sent un peu esseulé (sauf quand il est plein de touristes philippins chantant à tue-tête lors des karaokés) et le restaurant sert une cuisine médiocre. Chambres bien tenues, d'un bon rapport qualité/prix.

Emmalyn's Paradise Resort COMPLEXE HÔTELIER $$
(☎0917 344 6667; http://paradise.resort.tripod.com ; bungalows à partir de 1 000 P ; ❄🏊). À Agojo, une collection de jolis bungalows assortis de kiosques pour pique-niquer en bord de plage. Les hôtes y profitent de grandes chambres fraîches, de vérandas face

DOCTEUR ESTHÈTE

Il sculpte, peint, écrit et met en scène des pièces de théâtre. Ses fresques et autres œuvres d'art envahissent les murs de son cabinet. Dans la maison située derrière, des vitrines renferment des icônes, des monnaies et toutes sortes d'objets restaurés, retrouvés dans des épaves espagnoles voire antérieures : urnes en céladon, porcelaines Ming, bracelets de bébé en ivoire et perles de verre. Le docteur Roger Lim, esthète et médecin de San Fernando, est érudit, charmant et accueillant.

Présent presque tous les jours à partir de 15h, il vous montre sa collection en échange d'un intérêt sincère et un peu de conversation (un don pour la restauration de l'église locale est cependant apprécié). Tout le monde sait où le trouver.

à l'océan et d'une piscine. Équipements assez rudimentaires. La direction se fait une joie de vous aider à organiser votre transport.

Nord-est de Virac

À 4 km au nord-est de Virac, les chutes de Maribina (5 P ; ⏲8h-17h) alimentent une série de bassins, parfois très fréquentés : nous conseillons aux baigneurs de venir en semaine. À 200 m de la grand-route.

PURARAN

Au nord-est de Bato, le bitume laisse place à une route éprouvante (des travaux de terrassement auront peut-être eu lieu lorsque vous lirez ces lignes) menant, 20 km plus loin, à la large baie de Puraran, spot de surf époustouflant avec la vague Majestics.

Les cocotiers se balançant dans le vent, le sable blanc et le récif corallien propice au snorkeling en font un lieu paradisiaque. Deux resorts excellents et bon marché logent les visiteurs passionnés ou non de surf, tombés sous le charme de la baie.

À 200 m du rivage, la vague Majestics (une vague de *reef break*) s'adresse aux plus expérimentés. Si elle est parfois parfaite, Majestics dépend, comme toutes les vagues de la côte pacifique du pays, de la présence d'un typhon au large pendant le *habagat* (moussons du sud-ouest), généralement entre août et octobre. Durant l'*amihan* (mousson du nord-est), synonyme de vents violents d'octobre à mars, la mer est trop agitée pour les surfeurs – à l'exception peut-être des plus intrépides. De mars à mai, le calme revient et des surfeurs locaux proposent des cours particuliers peu chers (100 P/h).

Où se loger et se restaurer

Mieux vaut réserver à l'avance entre juillet et octobre. Les deux resorts servent des menus à prix fixe (environ 100 P).

Majestic Puraran COMPLEXE HÔTELIER $
(☎0918 497 9188 ; http://majesticpuraran.com ; bungalows 500 P). Ce resort accueillant, tenu en famille, est un havre de paix. Bungalows (cottages) simples et confortables en bambou, agrémentés de terrasses et de hamacs donnant sur l'océan. Jeux de société et livres pour les jours de pluie, TV dans le bar et une exceptionnelle ambiance familiale. L'équipement de snorkeling coûte environ 50 P/jour.

Puting Baybay Beach Resort COMPLEXE HÔTELIER $
(☎0919 512 9938 ; http://puraran-surf-putingbaybay.webnode.com ; ch 400 P). Difficile de faire plus idyllique, décontracté et meilleur rapport qualité/prix que ce complexe hôtelier. Aux bungalows rudimentaires s'ajoutent des chambres neuves avec salle de bains commune dans le bâtiment principal en béton (moins confortable et moins intime).

Depuis/vers le nord-est de Virac

Sachez que le moyen de transport le plus simple consiste à louer un van. L'aller simple (1 000 P) de Virac à Puraran dure environ 1 heure selon l'état de la route.

Un seul jeepney circule de Virac à Gigmoto via Puraran (60 P, 2 heures, 32 km) : il part vers 10h30. Au retour, il passe par Puraran vers 7h.

Vous pouvez aussi prendre un bus normal, ou un jeepney, de Virac à Baras (40 P, 1 heure) et louer un tricycle (170 P) jusqu'à Puraran.

Côte ouest

La route menant de Virac à **Pandan** est assez accidentée, panoramique et parfois vraiment effrayante lorsqu'elle longe le littoral rocheux. En chemin, vous aurez un aperçu de la vie rurale de l'île, ponctuée de petites fermes et de villages de pêcheurs, et bénéficierez de vues magnifiques au-delà du détroit de Maqueda. Faute d'hébergement touristique à Pandan, vous pourrez être hébergé chez l'habitant (300 P environ).

Trois bus font la navette depuis/vers Pandan (120 P, 5 heures). Le dernier bus part à 12h de Virac et à 9h de Pandan.

MARINDUQUE

☎042 / 231 600 HABITANTS

Marinduque ("Duque"), dont la silhouette est soulignée par une route côtière panoramique asphaltée de 120 km, est une île paisible et plutôt rurale qui semble s'éveiller seulement à Pâques pour le festival des Moriones (voir p. 179). En comparaison, la vie insulaire à Palawan ou à Leyte paraît absolument trépidante. Le reste de l'année, les visiteurs doivent se contenter de routes plus ou moins cahoteuses, de somptueux paysages dominés par le volcan Malindig, de quelques complexes hôteliers, de sources chaudes à l'intérieur des terres et de grottes peuplées d'animaux. En un mot, un véritable rêve de Robinson !

Depuis/vers Marinduque

Avion

Zest Air (www.zestair.com.ph) propose des vols quotidiens entre Manille et Masbate.

Bateau

Montenegro Shipping Lines (☎723 6980 ; www.montenegrolines.com.ph) effectue plusieurs liaisons entre Lucena et Balanacan (3e/2e/1re classe 208/250/270 P, 2 heures 30), à 30 minutes au nord de Boac. Départ à minuit, 2h, 10h, 12h et 16h.

Boac

☎042 / 51 300 HABITANTS

Située à la croisée de quelques routes, ombragée de palmiers et ponctuée de demeures décrépites héritées de l'ère espagnole, la capitale de Marinduque est pleine

Marinduque

de caractère. La superbe cathédrale, édifiée en 1792 sur une hauteur du centre-ville, et son couvent, sont les principaux sites d'intérêt.

À voir et à faire

Le **musée** (Mercador St ; 8h-17h) et la **cathédrale**, à Boac même, donnent à voir des expositions consacrées aux Moriones.

Louer un jeepney ou un van, avec chauffeur (environ 3 500 P/jour), vous permettra des escapades sur la route panoramique au sud de l'île. Gare aux nids-de-poule... Vous pouvez aussi louer un 4x4 auprès du **Eastpoint Hotel** (332 2229), pour 350 P/heure.

Où se loger et se restaurer

Boac Hotel HÔTEL **$$**
(332 1121 ; Nepomuceno St ; d avec ventil/clim/ste 1 000/1 200/1 800 P ;). À côté de la cathédrale, un hôtel pittoresque décoré de disques anciens, de photos et de sacs à main. Côté équipements, vous disposerez du Wi-Fi et de l'eau chaude. Suites de charme dans les tons sombres, avec rideaux fluides, éclairages tamisés et images décalées – de vrais nids d'amour pour lesquels nous avons un coup de cœur.

Tahanan Sa Isok HÔTEL **$**
(332 1231 ; 5 Canovas St ; ch 800-1 500 P ;). Dans une rue tranquille en retrait de Magsaysay St, le Tahanan offre le meilleur rapport qualité/prix de Boac. Chambres simples bien tenues, joli restaurant dans le jardin, et personnel serviable. Échange de livres, exposition d'œuvres originales.

Happy Bunny PENSION **$**
(332 2040, Mercado St ; ch avec ventil/clim 300/650 P ;). Une pension rudimentaire, aux des chambres roses ornées de personnages de dessins animés. Le propriétaire et cuisinier est le roi du poulet et du porc rôtis.

En face du musée, la **Casa de Don Emilio** est un restaurant au cadre superbe : une salle à manger tout en boiseries sombres, installée dans une vieille demeure espagnole donnant sur la place de Boac. On y goûte des plats philippins et occidentaux (150 P environ).

La vie nocturne est presque inexistante à Boac. Pour trouver où endroit où prendre une bière San Miguel, il suffit de vous balader et de guetter les bruits de karaoké.

Renseignements

La **PNB** (Gov D. Reyes St) possède un DAB. Des cybercafés sont répartis dans les rues adjacentes.

L'**office provincial du tourisme** (www.marinduque.gov.ph ; 8h-17h lun-ven) est situé dans le Capitol Compound, à 2 km de la ville vers le sud, sur la route principale.

Comment circuler

Des jeepneys vont à Boac depuis l'embarcadère des ferries à Balanacan (40 P, 25 min).

LA FOLIE MORIONES

Marinduque est un lieu à part, comme en témoignent les insolites centurions romains (*moriones*) en plâtre qui accueillent les visiteurs au rond-point de l'embarcadère de Balanacan. Quant à la route qui fait le tour des îles, elle est bordée de poteaux au sommet desquels sont juchés des pots de fleurs en forme de têtes de *moriones*, dont certains arborent une chevelure végétale hirsute.

Le **festival des Moriones** de Marinduque a été lancé en 1807. Le Padre Dionsio Santiago, curé de Mogpog, mit en scène une pièce inspirée de l'histoire de Longinus, l'un des centurions romains chargés de l'exécution du Christ. Borgne de l'œil droit, Longinus aurait recouvré la vue pendant la Crucifixion, grâce à une goutte du sang de Jésus. Pour avoir proclamé sa foi, Longinus fut poursuivi dans la ville, capturé et décapité.

Aujourd'hui, un extraordinaire festival de Pâques, alliant mysticisme populaire et fête catholique, voit les rues de Marinduque et des localités voisines envahies tout au long de la semaine sainte par une reconstitution de cette histoire. Chaque municipalité de Marinduque organise son propre festival, animé par des centaines de *moriones* coiffés de masques et de costumes de centurions, et armés d'épées de bois, de lances et de boucliers. Les masques requièrent des mois de préparation et sont soigneusement cachés, même aux amis et à la famille, afin que l'identité des *moriones* reste secrète.

Toute la semaine, les *moriones* déchaînés descendent dans la rue, pour s'affronter à l'épée, danser et jouer des tours aux passants. On vous aura prévenu... !

De Boac, des jeepneys prennent la direction du sud jusqu'à Gasan (20 P, 30 min) et Buenavista (40 P, 1 heure) via le Capitol Compound. D'autres jeepneys vont aussi à Mogpog (10 min), Balanacan (45 min), Santa Cruz (35 P, 1 heure) et Torrijos (70 P, 2 heures), au nord-est.

Tous les véhicules partent du terminus près du carrefour de Nepomuceno St et Magsaysay St.

Gasan et la côte ouest

☎042 / 34 500 HABITANTS

De Boac au sud de la ville de Gasan, le littoral consiste, sur 17 km, en des plages de galets parsemées de débris que borde une collection disparate de complexes balnéaires. Le paysage s'améliore, tout comme les plages, à mesure que l'on avance vers le sud.

À Gasan, louez un bateau pour explorer les **îles Tres Reyes** (îles des Trois Rois, qui portent les noms des Rois mages, Gaspard, Melchior et Balthazar), moyennant environ 2 000 P pour quelques heures. L'île Gaspar est une réserve marine propice au **snorkeling**, au large de la plage côté nord. Apportez votre matériel de snorkeling.

Où se loger et se restaurer

Eastpoint Hotel by the Sea HÔTEL **$$**
(☎332 2229, www.eastpointhotel.com ; s/d/qua à partir de 850/1 000/1 800 P ; ❄📶). Le meilleur établissement en bord de mer à proximité de Boac. Chambres bien équipées et entretenues d'un bon rapport qualité/prix. Il y a un centre de soins (massages) avec salle de sport, des huttes à toit de chaume pour paresser dans le jardin et un restaurant qui surplombe l'océan.

Katala Beach Resort & Restaurant COMPLEXE HÔTELIER **$$**
(☎0915 512 4784 ; www.members.tripod.com/katala.beach.resort ; ch avec ventil/clim 1 000/1 500 P ; ❄). À 3 km au sud de Gasan, ce resort de gestion allemande est perché au-dessus d'un embarcadère privé doté d'un ponton flottant et donnant sur les îles Tres Reyes. Depuis le balcon des chambres, correctes, on peut admirer le coucher du soleil et se laisser bercer par le bruit des vagues. Restaurant coquet, de cuisine locale et occidentale – on y sert même des saucisses allemandes.

Depuis/vers Gasan et la côte ouest

Deux bateaux partent le matin de Marinduque pour Pinamalayan (200 P, 2 heures 30), sur Mindoro. Départ de l'embarcadère de Gasan vers 8h : mieux vaut arriver tôt. Les deux rentrent de Mindoro en fin de matinée.

Buenavista et ses environs

Buenavista marque le début de la magnifique **route côtière** autour du mont Malindig. Il vous faudra louer une voiture ou un tricycle pour faire cette escapade.

À quelques kilomètres de la ville, vers l'intérieur des terres, les **sources chaudes de Malbog** (70 P) consistent en une série de bassins construits pour recueillir l'eau ; des travaux sont en cours.

L'**île Elefante**, ancien site de pêche au large de Lipata, est en perpétuel chantier depuis dix ans. Elle accueillera un jour un gigantesque resort avec golf.

L'ascension du **mont Malindig** (5 heures aller-retour) emprunte un sentier généralement bien indiqué depuis Sihi, un *barangay* de Buenavista. Prenez un tricycle de Buenavista à Sihi (400 P aller-retour), ou n'importe quel jeepney allant vers Torrijos.

Un jeepney part quelquefois le matin pour parcourir la jolie (et assez lente) route de montagne jusqu'à Poctoy (48 P, 1 heure). Pour vous rendre à Poctoy et en revenir, il vaut mieux louer un tricycle (800 P, 1 heure). Des jeepney circulent de Buenavista à Boac, en passant par Gasan.

Poctoy et la côte est

La plage la plus longue et la plus blanche de Marinduque est **White Beach**, à Poctoy, d'où l'on aperçoit le cratère conique du mont Malindig. Des bungalows y sont proposés pour la journée. La plage est envahie par les foules le week-end. Le **Jovita's Paradise Resort** (☎0918 773 8154 ; ch avec ventil/clim 800/1 500 P ; ❄), installé à quelques kilomètres au nord de White Beach, à Cagpo, est un paisible resort entouré de jardins luxuriants. Les chambres assez décrépites échappent de peu à la musique qui retentit dans le restaurant. L'établissement donne directement sur la plage.

Mindoro

Dans ce chapitre »

Le top des hébergements

» Pandan Island Resort (p. 197)

» Coco Beach Island Resort (p. 187)

» Apo Reef Club (p. 197)

» El Galleon Beach Resort (p. 186)

» Tambaron Green Beach Resort (p. 194)

Le top des restaurants

» Luca's Cucina Italiana (p. 189)

» Hemingway's (p. 188)

» Casa Italia (p. 188)

» Full Moon (p. 188)

» Puerto Galera Yacht Club (p. 189)

Pourquoi y aller

L'île de Mindoro tient autant du paradis tropical que de la province tranquille et rurale. Elle est coupée en deux par une spectaculaire chaîne de montagnes presque infranchissables (appelées High Rolling Mountains) qui séparent les deux provinces de l'île : le Mindoro Oriental et le Mindoro Occidental.

La plupart des visiteurs rallient directement les stations balnéaires autour de Puerto Galera, sur la côte nord, pour plonger et faire du snorkeling. Si vous préférez la tranquillité, optez pour le Mindoro Occidental. Là, Sablayan, point de chute idéal pour profiter d'Apo Reef, le meilleur site de plongée du pays, est en passe de devenir la prochaine destination en vogue aux Philippines. Avec l'amélioration des routes autrefois impraticables, cette province est devenue plus accessible que jamais.

Quant à la côte sud de Mindoro, ses îles ne demandent qu'à être explorées, tandis que l'intérieur montagneux permet de belles randonnées jusqu'à des villages isolés où vivent des Mangyans, premier peuple de l'île, à la culture tribale encore bien vivante.

Quand partir

San José

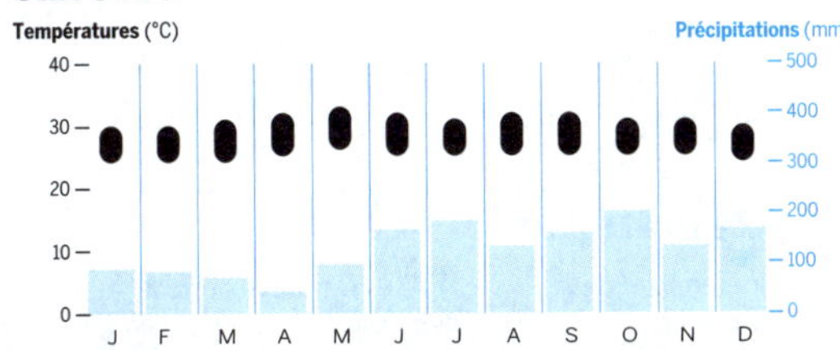

Avr-mai
La saison des pluies n'est pas encore entamée et les vents sont des plus calmes.

Fév-avr
Les mois les plus secs et la meilleure saison pour escalader le mont Halcon.

Oct-nov
Une autre période de transition, sans trop de vent,donc une mer calme pour les plongeurs.

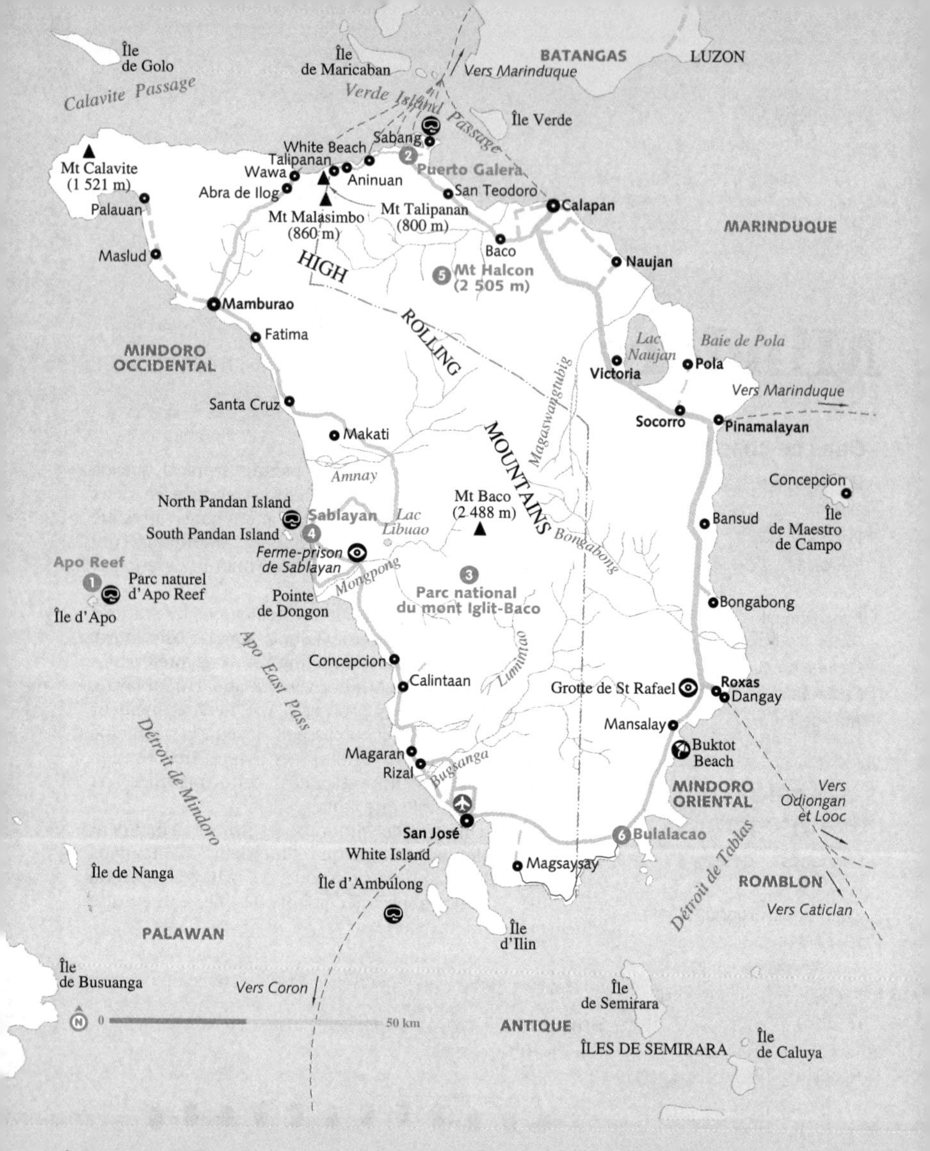

À ne pas manquer

1. Plonger au milieu des tortues, des requins et autres créatures marines dans les magnifiques eaux d'**Apo Reef** (p. 197)
2. Les criques et les plages de **Puerto Galera** (p. 183), et ses merveilles sous-marines
3. Le comptage annuel des *tamaraw* (buffles d'eau), espèce locale menacée, au **parc national du mont Iglit-Baco** (p. 196)
4. Les activités insolites de la **ferme-prison de Sablayan** (p. 198)
5. L'ascension du **mont Halcon**, réputée la plus ardue du pays (p. 191)
6. L'expérience de plongée unique, loin de la foule, à **Bulalacao** (p. 194)

Depuis/vers Mindoro

Il est possible de rejoindre San José en avion, mais la plupart des gens arrivent en bateau.

BATEAU

LUZON Le trajet habituel pour se rendre à Mindoro se fait en *bangka* rapide de Batangas à Puerto Galera, mais une flotte de bateaux lents et rapides relient aussi Batangas à Calapan, dans le Mindoro Oriental. Des ferries pour voitures font la liaison entre Batangas et Abra de Ilog, porte d'accès à Sablayan, dans le Mindoro Occidental.

MARINDUQUE Tous les jours 1 à 2 *bangka* partent vers 11h de Pinamalayan (200 P, 2 heures 30), sur la côte sud-est de Mindoro, pour Gasan.

PANAY ET ROMBLON Depuis Roxas, dans le sud du Mindoro Oriental, des ferries pour voitures se rendent régulièrement à Caticlan (pour l'île de Boracay) et, moins fréquemment, des bateaux rejoignent Odiongon, sur Romblon.

PALAWAN Lors de nos recherches, les seuls bateaux pour Palawan étaient des *bangka* partant irrégulièrement de San José pour Coron et les îles Cuyo.

BUS

En venant de Manille, on peut prendre un bus jusqu'à Calapan ou Abra de Ilog et d'autres destinations au sud. La section Batangas-Mindoro se fait avec le bus embarqué sur un ferry pour voitures.

Comment circuler

La route qui fait le tour de Mindoro est en majeure partie asphaltée et sillonnée par des bus et des jeepneys. Toutefois, il n'y a toujours aucune liaison routière entre Puerto Galera et Abra de Ilog, dans le nord de l'île ; le trajet entre les deux se fait en bateau. Une nouvelle route est en projet, mais elle n'avait pas été commencée lors de nos recherches.

MINDORO ORIENTAL

Des deux provinces de l'île, le Mindoro Oriental est de loin la plus riche et la plus peuplée. Calapan est sa capitale administrative, mais les visiteurs s'intéressent surtout aux cités balnéaires situées tout au nord, désignées collectivement sous le nom de Puerto Galera ("PG", ou "Puerto"). À l'extrémité sud de l'île, Bulalacao a déjà l'étoffe d'une futur destination de vacances alliant plage et plongée, encore plus si des liaisons directes en bateau depuis/vers Palawan sont assurées depuis son tout nouveau terminal pour RORO (car-ferries).

Puerto Galera

☎043 / 28 035 HABITANTS

À seulement quelques heures de Manille, Puerto Galera, magnifique ensemble de baies et d'îles, est l'une des principales destinations de plongée du pays. Avec son profond port naturel abrité de tous côtés, Puerto Galera ("port des galions" en espagnol) était un point d'ancrage fort connu bien avant l'arrivée des Espagnols en 1572. Les yachts qui s'y attardent, et les nombreux visiteurs de passage, l'apprécient toujours autant.

Puerto Galera fait référence à la ville même, ainsi qu'à la collection de resorts aménagée tout autour – à savoir la zone de Sabang à 7 km à l'est, et celle de White Beach, à 7 km à l'ouest. Chacune a sa propre personnalité, de la plus petite ou quelconque à la plus sophistiquée ; choisissez avec discernement votre destination.

À voir

Chutes de Tamaraw SITE NATUREL

(10 P ; ⏲7h-16h). Ces chutes tombent d'un ravin boisé pour se jeter dans des bassins non loin de la principale route Puerto Galera-Calapan, à environ 14 km de la ville. Très fréquentées le week-end, elles sont presque désertes en semaine – emportez un pique-nique et profitez-en. Les jeepneys à direction de Calapan vous y déposeront (25 P, 30 min).

Chutes de Talipanan SITE NATUREL

(Carte p.184). De la plage de Talipanan, on peut accéder à pied aux chutes du même nom. Prenez la route d'accès à la plage et traversez le minuscule pont ; juste en face du magasin Sari-Sari, une petite route en dur part vers la droite. Marchez sur 500 m environ jusqu'au **village Iraya Mangyan**, authentique et intéressant, où un sentier derrière l'école grimpe en sinuant pendant environ 40 minutes à travers la forêt jusqu'aux chutes, où l'on peut se baigner. Les villageois n'ont pas souvent l'occasion de gagner des extras, louez donc, si possible, les services d'un guide (200 P).

Excavation Museum MUSÉE

(P. Concepcion St, ville de Puerto Galera ; don apprécié ; ⏲8h-11h30 et 13h30-17h). Ce minuscule musée, constitué d'une seule salle étouffante, donne à voir quelques urnes funéraires et d'anciennes porcelaines et poteries chinoises, principalement récupérées dans des épaves. Le musée est situé à côté de l'église.

Plages de Puerto Galera

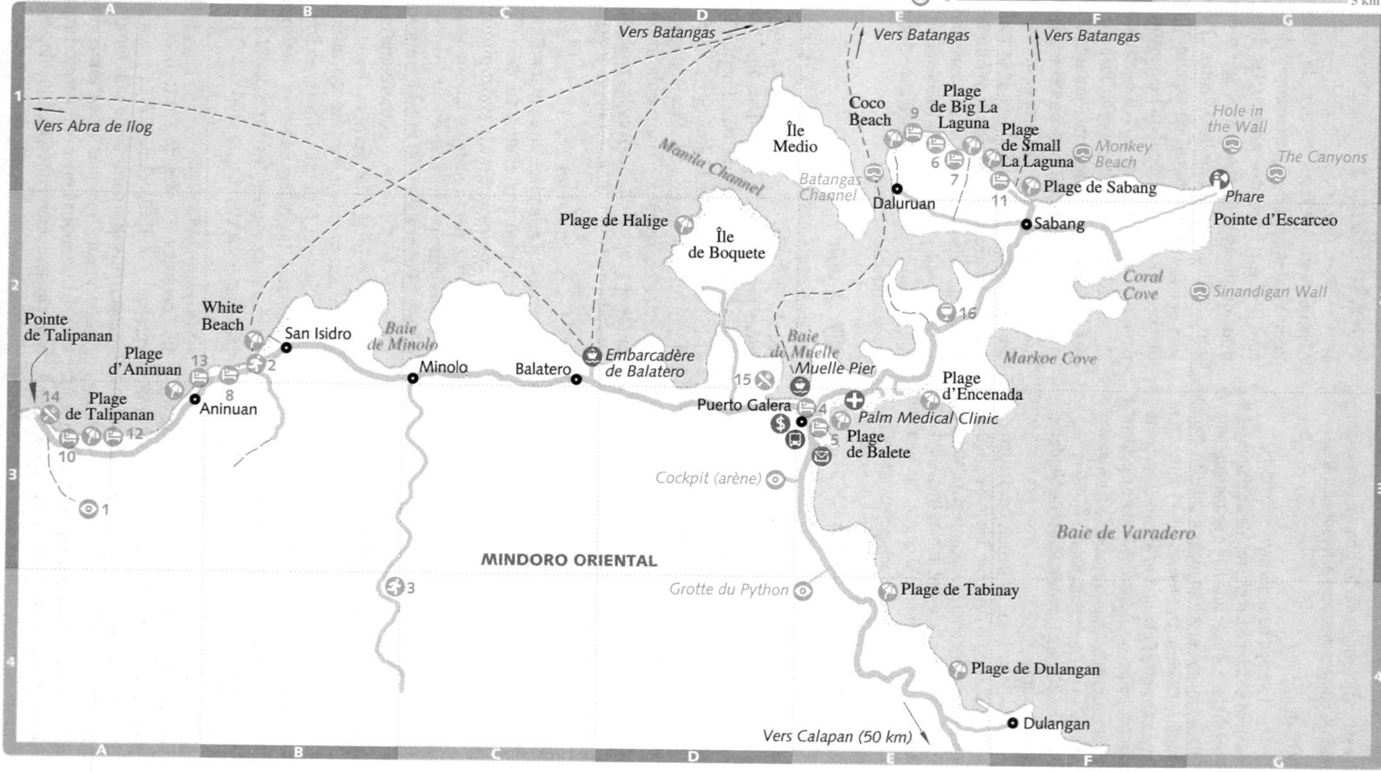

Activités

Autour de Puerto Galera, la plongée est l'activité reine, et la plupart des prestataires proposent aussi du snorkeling. Pour ceux qui rêvent de vraies plages, mieux vaut aller au-delà de White Beach, à Aninuan ou à Talipanan. Les amateurs de voile pourront se rendre au **Puerto Galera Yacht Club** (carte p. 184 ; ☎442 0136 ; www.pgyc.org ; ville de Puerto Galera), qui leur adjoindra un marin expérimenté pour les courses "Wet Wednesday" du mercredi après-midi (450 P). Départ à 13h.

Les golfeurs iront au **Ponderosa Golf & Country Club** (carte p. 184 ; ☎0915 507 6348 ; 9 trous, matériel et caddy 1 200 P), dessiné au gré d'une colline escarpée, à 300 m au-dessus de la ville de PG.

Tous les samedis à 15h30, l'association locale de **Hash House Harriers** se retrouve au Capt'n Gregg's pour une course, généralement suivie d'un pot.

Plages de Puerto Galera

À voir

1	Chutes de Talipanan	A3

Activités

	Asia Divers	(voir 11)
	Badladz	(voir 4)
	Blue Ribbon Divers	(voir 11)
2	Pacific Divers	B2
3	Ponderosa Golf & Country Club	B4
	Puerto Galera Yacht Club	(voir 15)

Où se loger

4	Badladz	E3
5	Bahay Pilipino	E3
	Blue Ribbon	(voir 11)
6	Campbell's	E1
7	Cataqui's	E1
8	Coco Aroma	B2
9	Coco Beach Island Resort	E1
10	El Canonero	A3
11	El Galleon Beach Resort	F1
	Luca's	(voir 14)
12	Mountain Beach Resort	A3
	Sha-Che	(voir 11)
13	Tamaraw Beach Resort	A2

Où se restaurer

	Full Moon	(voir 11)
	Hangout Bar	(voir 4)
	Le Bistro	(voir 4)
14	Luca's Cucina Italiana	A3
15	Puerto Galera Yacht Club	D2

Où prendre un verre

16	View Point	E2
	Point Bar	(voir 11)

Renseignements

	Bureau de l'Immigration	(voir 5)
	Office du tourisme	(voir 4)

Plongée et snorkeling

La diversité de la vie marine des Philippines s'apparente à un trésor, et les eaux autour de Puerto Galera sont réputées en la matière. Poissons-grenouilles et poissons-mandarins, hippocampes pygmées, poissons-fantômes et nudibranches sont parmi les espèces vivant au milieu des coraux. Les plongeurs de tous niveaux pourront trouver un site leur convenant. Certains des meilleurs spots sont situés autour de l'île Verde, à quelques kilomètres au large.

Les tarifs varient énormément. Blue Ribbon et Dive VIP facturent 1 000 P par plongée, matériel inclus. D'autres prestataires demandent jusqu'à 1 800 P. Un cours PADI Open Water revient à 15 000-20 000 P ; les meilleurs tarifs sont ici encore pratiqués par Blue Ribbon et Dive VIP.

Nombre des meilleurs sites de plongée sont adaptés au **snorkeling**. Comptez 1 200 P pour une sortie de 3 heures.

Les prestataires proposent diverses formules, notamment avec hébergement. Les agences suivantes sont recommandées pour leur bonne réputation et/ou leurs tarifs :

PLAGES DU NORD-EST

Asia Divers PLONGÉE
(Carte p. 184 ; ☎287 3320 ; www.asiadivers.com ; Small La Laguna)

Blue Ribbon Divers PLONGÉE
(Carte p. 184 ; ☎0920 823 5452 ; www.blueribbondivers.com ; Small La Laguna)

Capt'n Gregg's Dive Shop PLONGÉE
(Carte p. 189 ; ☎287 3070 ; www.captngreggs.com ; Sabang)

Dive VIP PLONGÉE
(Carte p. 189 ; ☎287 3140 ; www.divevip.com ; Sabang)

VILLE DE PUERTO GALERA ET PLAGES DE L'OUEST

Badladz PLONGÉE
(Carte p. 184 ; ☎0927 268 9095 ; www.badladz-adventure-divers.com ; Muelle Pier)

Pacific Divers PLONGÉE
(Carte p. 184 ; ☎0919 888 6763 ; www.philippines-diving.com ; White Beach)

Des resorts et prestataires proposent des circuits d'une journée incluant la visite des chutes de Talipanan, des villages mangyans et/ou des visites des îles. Ces circuits requièrent en général un minimum de 6 personnes (environ 1 200 P/pers) ; inscrivez-vous sur la liste et soyez prêt à attendre un jour ou deux s'il y a peu de candidats (ou à payer un supplément pour un groupe plus restreint).

Où se loger

Vous pouvez négocier dans les établissements les moins chers. Il n'y a pas vraiment de saisons haute et basse à Puerto Galera, car les plongeurs y viennent toute l'année.

Les plages de Sabang, Small La Laguna et Big La Laguna s'étendent d'est en ouest sur toute la côte nord. Ne vous attendez pas à de vastes étendues de sable blanc ponctuées de transats et de parasols ; il s'agit plutôt de minces bandes de sable occupées par de nombreux *bangka*, avec un fond rocheux où les locaux pêchent à pied à marée basse. Sur les collines alentour, les resorts s'étalent presque jusqu'à l'océan (y déversant parfois des flux alarmants de déchets liquides).

Les hébergements les moins chers sont situés à l'extrémité est de la plage de Sabang, où vous pourrez aussi trouver une chambre chez l'habitant, moyennant 500-600 P.

SABANG

Sabang s'étend fièrement sur la côte est. Le jour, l'ambiance est plutôt calme, mais au coucher du soleil, les bars ouvrent, le volume de la musique augmente et tous les types de vie nocturne, mais vraiment tous, émergent.

Steps Garden Resort COMPLEXE HÔTELIER $$
(Carte p. 189 ; (☎287 3046 ou 0915 381 3220 ; www.stepsgarden.com ; d 1 200-1 900 P) ;). Un resort haut perché surplombant la plage, où les jolis bungalows avec balcons privés sont installés dans un jardin luxuriant. On y profite de la brise et de vues panoramiques, le tout à l'écart du bruit. Il y a beaucoup de marches à gravir ! La piscine est une agréable nouveauté.

Reynaldo's Upstairs PENSION $
(Carte p. 189 ; ☎0917 489 5609 ; rey_purie@yahoo.com ; ch 500-1 200 P ;). Chez Reynaldo's, tenu par une famille adorable, vous aurez le choix entre des chambres avec ventilateur, bon marché et plus que correctes, et de grandes chambres (un peu kitsch) avec vue, kitchenette et balcon privé à flanc de colline. Seules les salles de bains sont décevantes.

Capt'n Gregg's Dive Resort COMPLEXE BALNÉAIRE $$
(Carte p. 189 ; ☎287 3070 ou 0917 540 4570 ; www.captngreggs.com ; ch avec ventil/clim à partir de 800/1 200 P ;). Une véritable institution à Sabang, depuis près de 25 ans. Petites mais confortables, les chambres “anciennes”, donnant sur l'eau, ont le plus de charme et sont moins chères. La plupart des nouvelles chambres sont à l'étage, à l'arrière.

Big Apple Dive Resort COMPLEXE BALNÉAIRE $
(Carte p. 189 ; ☎287 3134 ; 0919 449 8298 ; www.divebigapple.com ; d avec ventil/clim à partir de 500/1 100 P ;). Au milieu de la plage de Sabang, avec des chambres bruyantes et défraîchies, mais des infrastructures plus attrayantes autour de la piscine à l'arrière. Plongée.

Tina's Reef Divers COMPLEXE BALNÉAIRE $
(Carte p. 189 ; ☎287 3139 ou 0917 532 4555 ; www.tinasreefdivers.com ; d avec ventil/clim 800/1 200 P ;). Appréciée de longue date, cette pension familiale tranquille dispose de bungalows très propres (eau chaude), avec balcon, du côté bon marché de la plage.

Dive VIP COMPLEXE BALNÉAIRE $
(Carte p. 189 ; ☎287 3140 ; www.divevip.com ; ch 500 P ;). Quatre chambres basiques mais en bon état, avec patio, eau chaude et TV.

At-Can's Inn APPARTEMENTS $
(Carte p. 189 ; ☎287 3659 ou 0920 567 9300 ; d avec ventil/clim à partir de 800/1 200 P ;). Rien d'exceptionnel, mais ces semi-appartements ont de très bonnes kitchenettes, pour ceux qui apprécient de faire leurs courses.

SMALL LA LAGUNA

Lovée autour d'un promontoire, Small La Laguna, à 5 minutes à pied de Sabang, est plus discrète. Les resorts y sont plus grands et plus verts, et vous y dormirez mieux. Les bars et les restaurants y sont moins tapageurs.

♥ **El Galleon Beach Resort** COMPLEXE HÔTELIER $$
(Carte p. 184 ; ☎0917 814 5170 ; www.elgalleon.com ; d avec petit-déj à partir de 51 $US, villas 105-300 $US ;). Des chambres élégantes de style bungalow, avec mobilier en rotin et véranda, étagées à flanc de colline jusqu'au bord de la piscine. Il y a sur place un bon restaurant et une excellente école de plongée technique, sans parler du Point Bar, très réputé. Pour une “folie” raisonnable, renseignez-vous sur les incroyables villas.

MINDORO MINDORO ORIENTAL

Blue Ribbon COMPLEXE HÔTELIER $$
(Carte p. 184 ; ☎0920 823 5452 ; www.blueribbon-divers.com ; ch 1 400-2 300 P ;). Voisin d'El Galleon, cet établissement rénové affiche des tarifs très attractifs. Les chambres sont d'un excellent rapport qualité/prix, tout comme les formules plongée/hébergement, et les tarifs de plongée eux-mêmes. Salle de gym (gratuite pour les clients), piscine, kitchenette (dans les chambres les plus chères) et bar en front de mer.

Sha-Che APPARTEMENTS $$
(Carte p. 184 ; ☎0917 641 0112 ; shacheinn@yahoo.com.ph ; ch 1 500-2 500 P ;). Un ensemble de petits appartements d'un bon rapport qualité/prix avec patio et cuisine, dans les rangées de béton en retrait de la plage, à côté du restaurant Full Moon.

BIG LA LAGUNA

Big La Laguna se caractérise par un mélange éclectique de grands resorts et de petits bungalows de style pension. Pas de vie nocturne débridée ici ; comptez une dizaine de minutes à pied par une petite colline – ou quelques minutes en *bangka* – pour Sabang.

Coco Beach Island Resort COMPLEXE BALNÉAIRE $$
(Carte p. 184 ; ☎0919 540 1698 ; www.cocobeach.com ; ch 30-50 $US ;). Un lieu de rêve que ce resort qui s'étend sur un domaine de 10 ha de jungle depuis une longue plage privée voisine de la pointe de Big La Laguna. Il offre des chambres standard en bambou et rotin, ainsi que des suites plus luxueuses de style local. En plus de 2 piscines et 4 restaurants, des soirées cinéma pour les enfants et toutes sortes d'activités sont organisées. C'est un endroit d'un extraordinaire rapport qualité/prix, à mille lieues du côté un peu louche de Sabang. À 10 minutes à pied à travers la jungle en partant de l'extrémité d'une longue route d'accès, à moins de prendre un *bangka* depuis Sabang (250 P, 10 min).

Campbell's COMPLEXE HÔTELIER $$
(Carte p. 184 ; ☎287 3466 ou 0920 416 0502 ; www.campbellsbeachresort.com ; d/deluxe avec petit-déj 1 280/2 000 P ;). Situé juste au bord de l'eau, le resort le plus à l'ouest de la plage de Big La Laguna est aussi son adresse la plus intéressante. Les chambres standard n'ont rien de spécial, mais les "deluxe", avec vue sur la mer depuis le balcon, ont une TV à écran plat et une literie de choix. De quoi dormir comme une pierre.

Cataqui's COMPLEXE HÔTELIER $$
(Carte p. 184 ; ☎0920 223 8219 ; ch avec ventil/clim 1 000/1 200 P ;). Ici, pas de service (le "restaurant" tient plutôt du *sari-sari*), mais les bungalows en dur, répartis en 2 groupes près de l'accès à la plage de Big La Laguna, plairont à certains. Plusieurs sont installés en plein sur la plage ; les plus beaux sont nichés dans les arbres à l'arrière.

VILLE DE PUERTO GALERA

Certains visiteurs préfèrent aux resorts animés le calme relatif du front de mer de la ville de Puerto Galera. C'est là que les propriétaires de yachts jettent l'ancre, et c'est devenu une enclave pour les expatriés.

Badladz COMPLEXE BALNÉAIRE $
(Carte p. 184 ; ☎0927 268 9095 ; www.badladz-adventure-divers.com ; ch avec clim/ventil 800/1 200 P ;). Sur le front de mer, le Badladz a un centre de plongée bien considéré, des chambres quelconques mais fonctionnelles, et sert de bons plats mexicains.

Bahay Pilipino PENSION $
(Carte p. 184 ; ☎442 0266 ; d sdb commune 420 P). Pension la moins onéreuse pour séjourner dans la région, située à proximité du marché public. Les chambres sont simples, il n'y a pas d'eau chaude dans les salles de bains et le restaurant sert des spécialités allemandes.

WHITE BEACH ET SES ENVIRONS

À quelque 7 km à l'ouest de Puerto Galera 3 plages se succèdent, dont **White Beach**, la première, très populaire. La plage est bien plus belle que celle de Sabang, mais les tarifs des hébergements sont excessifs et les Manillais y viennent nombreux le week-end et durant la saison "estivale", de mars à mai. Hors ces périodes, White Beach s'avère plutôt calme et agréable, même si le côté monolithique des resorts gâche la vue, et vous pouvez alors essayer de négocier les tarifs.

À quelques kilomètres du chaos de White Beach en contournant le cap, la plage d'**Aninuan**, plus propre et tranquille, est presque entièrement occupée par deux resorts. Un peu plus à l'ouest, celle de **Talipanan** a pour toile de fond le mont Talipanan à l'ouest et le mont Malasimbo au sud. C'est la plage la plus éloignée du Mindoro Oriental. Ici, on s'adonne à la bronzette, à la plongée et aux promenades dans les collines, et la vie nocturne se limite à une conversation autour d'un dîner et de quelques verres.

Luca's COMPLEXE HÔTELIER $$
(Carte p. 184 ; ☎0916 417 5125 ; www.lucaphilippines.com ; Talipanan ; ch à partir de 1 500 P ; ❄). Le Luca's est idéalement situé à l'extrémité ouest, très isolée, de la plage de Talipanan. L'endroit est connu pour son restaurant, mais les chambres sont spacieuses et fonctionnelles et le cadre imbattable – c'est la plus belle étendue de sable de la zone.

El Canonero COMPLEXE HÔTELIER $$
(Carte p. 184 ; ☎0915 845 4399 ; www.divingresortelcanonero.com ; Talipanan ; ch avec petit-déj 1 300-2 500 P ; ❄@wifi). Juste à côté du Luca's, ce nouveau resort met plus l'accent sur les activités. Il possède un centre de plongée et une belle piscine, avec un bar. Il y a un bon choix de chambres, dont plusieurs prolongées de vérandas donnant sur la mer.

Tamaraw Beach Resort COMPLEXE HÔTELIER $$
(Carte p. 184 ; ☎0927 597 5588 ; www.tamarawbeachresort.com ; Aninuan ; ch 1 000-4 000 P ; ❄wifi). Le Tamaraw, qui ne cesse de s'agrandir, s'étend le long de la plage de sable d'Aninuan et jouit de jardins ombragés et d'une ambiance tranquille. Plusieurs bungalows confortables font face à la plage, et les chambres les moins chères sont installées dans un grand édifice de béton.

Coco Aroma COMPLEXE HÔTELIER $$
(Carte p. 184 ; ☎0919 472 8882 ; www.cocoaromawhitebeach.com ; White Beach ; ch sans/avec sdb à partir de 1 000/1 500 P ; ❄). Exception notable aux resorts de White Beach, le Coco est rustique et décontracté, et situé à l'extrémité ouest, plus calme, de la plage. Les chambres les moins chères sont minuscules, tenant presque du camping. Le restaurant convient aux végétariens. Musique live le week-end.

Mountain Beach Resort COMPLEXE HÔTELIER $$
(Carte p. 184 ; ☎0906 362 5406 ; http://mountainbeachresort.com ; Talipanan ; d avec ventil/clim à partir de 500/1 500 P ; ❄@wifi). Le meilleur (et le plus à l'est) d'un groupe de petits resorts tenus en famille sur la plage de Talipanan. Nous préférons les chambres avec ventilateur, installées dans une longue maison en bois aux murs en chaume, agrémentée d'une longue véranda.

Où se restaurer et prendre un verre

Les *happy hours* ont lieu presque partout, n'importe quand entre 14h et 19h.

SABANG ET SES ENVIRONS

Si les restaurants de Sabang sont plutôt chers, la qualité est au rendez-vous – ce qui n'est pas le cas dans la plupart des régions balnéaires du pays. Pour peu que vous y mettiez le prix, vous ne serez pas déçu. Vous n'aurez aucun mal à trouver bars de la ville.

♥ **Hemingway's** INTERNATIONAL $$$
(Carte p. 189 ; Sabang ; plats 320-1 000 P ; ⏲10h30-22h30). À la carte, les saveurs caribéennes côtoient steaks et saucisses allemandes parfaitement préparés. Ambiance tranquille et belle situation en front de mer.

Full Moon INTERNATIONAL $$$
(Carte p. 184 ; Small La Laguna ; plats 200-500 P). Le chili con carne mérite à lui seul le détour à pied depuis Sabang. Pâtes, steaks et curries figurent au rang des autres spécialités. Le "Full Moon breakfast" a tous les ingrédients rêvés d'un petit-déjeuner copieux.

Casa Italia ITALIEN $$$
(Hors carte p. 189 ; plats 580-850 P ; ⏲11h-23h). Un autre restaurant de Sabang à ranger dans la catégorie : "C'était délicieux, comment se fait-il que je vienne de dépenser 1 500 P ?". Belle carte des vins et 'ambiance détendue. Les bruschettas font d'excellentes entrées. Sur le chemin du marché.

Tamarind Restaurant INTERNATIONAL $$$
(Carte p. 189 ; plats 300-600 P). Quelques classiques thaïs (dont le poulet au curry vert) sont à l'honneur sur la longue carte du Tamarind. Le restaurant est bien situé, face à la mer, juste assez à l'écart de l'animation de l'artère qui traverse Sabang.

Mira's Bakery BOULANGERIE-TRAITEUR $$
(Carte p. 189 ; hamburgers 200-250 P ; ⏲6h-minuit). Excellentes viandes, fromages et produits importés parfaits pour un pique-nique.

Teo's Native Sizzling House PHILIPPIN $
(Carte p. 189 ; plats 150-300 P ; ⏲24h/24). Des classiques philippins et des grillades.

Tina's PHILIPPIN $$
(Carte p. 189 ; plats 155-400 P). On goûte ici l'une des meilleures cuisines du front de mer. L'escalope viennoise est une valeur sûre.

Small Shot PHILIPPIN $
(Carte p. 189 ; repas 120-300 P ; 50 P ; ⏲6h-3h30). Un restaurant *turo-turò* (littéralement "pointez-pointez"), où l'on peut aussi commander à la carte.

Sabang

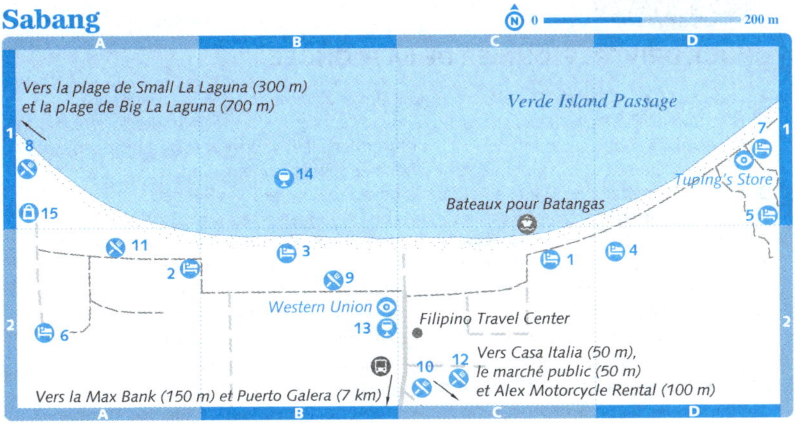

Point Bar BAR
(Carte p. 184 ; El Galleon Beach Resort, Small La Laguna). Notre préféré. C'est un bar du crépuscule, avec une très belle vue et une programmation musicale éclectique. L'ambiance est tranquille et c'est l'un des rares bars où les femmes seules peuvent se sentir à l'aise.

Floating Bar BAR $$
(Carte p. 189 ; 9h-19h nov-mai). Bar flottant amarré, desservi par des navettes gratuites qui partent en face du Capt'n Greggs.

Aquabest STATION À EAU $
(Carte p. 189 ; Sabang ; 7h-19h). Recharges d'eau : 5 P la bouteille de 1 litre.

VILLE DE PUERTO GALERA ET PLAGES DE L'OUEST

Le joli port à l'ouest du Muelle Pier est bordé de bars et de restaurants proposant tout un choix de plats locaux et occidentaux. Essayez le **Hangout Bar** (carte p. 184) pour une cuisine de pub de qualité et un accès à Internet (60 P/h) ou **Le Bistro** (carte p. 184 ; plats 300-500 P), où les nostalgiques de la France pourront déguster steak tartare et bouillabaisse.

Puerto Galera Yacht Club INTERNATIONAL $$
(Carte p. 184 ; poissons et grillades à partir de 250-400 P ; 12h-21h). Un joyau caché dans les arbres, à l'ouest de la baie de Muelle. Une navette gratuite (3 min) part du front de mer du Muelle Pier, de 9h à 21h tous les jours, à moins de s'y rendre en voiture. Boissons et barbecue au coucher du soleil sont la manière traditionnelle de fêter le vendredi.

Sabang

Activités

Capt'n Gregg's Dive Shop .... (voir 3)
Dive VIP .... (voir 4)

Où se loger

1 At-Can's Inn C2
2 Big Apple Dive Resort A2
3 Capt'n Gregg's Dive Resort B2
4 Dive VIP D2
5 Reynaldo's Upstairs D1
6 Steps Garden Resort A2
7 Tina's Reef Divers D1

Où se restaurer

8 Hemingway's A1
9 Mira's Bakery B2
10 Small Shot C2
11 Tamarind Restaurant A2
12 Teo's Native Sizzling House C2
Tina's .... (voir 7)

Où prendre un verre

13 Aquabest B2
14 Floating Bar B1

Achats

15 Frontier Handicrafts A1

Luca's Cucina Italiana ITALIEN $$
(Carte p. 184 ; Talipanan ; plats 180-280 P). De la très bonne cuisine italienne, généralement préparée par le propriétaire italien. Pizzas (300-400 P) savoureuses et copieuses, cuites dans le four en briques à l'extérieur. Le restaurant domine la plage, avec les falaises en surplomb et les montagnes en toile de fond. Charmant.

INTERVIEW

CHUCK DRIVER : PIONNIER DE LA PLONGÉE

À la tête du Capt'n Greggs Dive Resort, Chuck Driver a vu tout ce qu'il y a à voir dans les eaux autour de Puerto Galera. Cela fait 25 ans qu'il est arrivé dans ce paradis de la plongée alors inexploré et qu'il a commencé à s'aventurer dans les fonds marins en compagnie de deux autres légendes de la plongée aux Philippines : Brian Homan, fondateur de Capt'n Greggs et propriétaire de Magellan's, dans la baie de Subic, et John Bennett.

Driver et Bennett testaient alors les limites de la plongée en eaux profondes, descendant à 200 m à Sinandigan Wall avant même que l'on commence à enregistrer les records. À quoi ça ressemble là-dessous ? "Noir de chez noir", selon Driver. "Tu passes en plongée de nuit après 135 m. Sinon, ça ne change pas grand-chose, hormis qu'il fait froid – il faut mettre deux combinaisons de 6 mm." Bennett est parvenu à 300 m, d'après Driver, avant de mourir dans un accident lors d'une plongée commerciale. Après 8 000 plongées, Driver, lui, est toujours là et continue. Il nous a conseillé cinq spots.

» **De Hole in the Wall aux Canyons** "Grosses gorgones, *sweet lips* (lethrinidae), thons et carangues à une profondeur maximale d'environ 27 m." Lieu : Escarceo Point, à 3 km à l'est de Sabang.

» **Sinandigan Wall** "Un bon site de plongée multiniveaux, avec beaucoup de macrofaune, de nudibranches et de trucs comme ça. Beaucoup de "*swim throughs*" ... C'est le matin que la lumière est la meilleure. Commencez à 42 m et remontez." Lieu : Sinandigan Point, à 3 km à l'est de Sabang.

» **Monkey Beach** "Un autre bon spot multiniveaux. Partez à 30 m et remontez graduellement jusqu'à 4 m. Poissons magnifiques et beaucoup de coraux différents." Lieu : au large de Sabang.

» **Verde Island Dropoff (alias "Spanish Fort")** "Un grand tombant qui descend jusqu'à 70 m. Beaucoup de carangues et de poissons pélagiques. Attention aux courants, toutefois. C'est une excellente plongée de nuit, mais plus personne n'y va parce que c'est trop loin." Lieu : île Verde.

» **Washing Machine** ("machine à laver") "Un gros, gros, courant et... c'est super fun. On le suit, puis on remonte par les canyons en s'accrochant aux rochers. J'ai vu des gens se faire emporter. C'est une vraie aventure." Lieu : île Verde.

View Point BAR

(Carte p. 184 ; plats 175-275 P ; ⏲9h-21h). Au sommet d'une crête de la route qui serpente entre la ville de PG et Sabang. Belle vue sur le port. Classiques anglais (tourte à la viande).

Achats

Frontier Handicrafts SOUVENIRS

(Carte p. 189 ; ⏲6h30-21h). Excellent magasin de souvenirs niché parmi les restaurants de Sabang. Beaucoup de statuettes ifugao en bois (nord de Luzon) et d'artisanat local.

Renseignements

Accès Internet

Il y a des cybercafés dans l'allée couverte de Sabang et dans la ville de PG (au Hangout Bar).

Argent

Il y a enfin des DAB à Puerto Galera – un à l'Allied Bank de la ville de PG, et un à la Max Bank à Sabang, juste après le Tropicana Resort en remontant la colline. Tous deux acceptent les cartes étrangères. Les plus grands resorts acceptent les cartes de crédit mais peuvent prélever un pourcentage.

Le **Tuping's Store** (carte p. 189 ; Sabang ; ⏲7h-19h) et **Western Union** (carte p. 189 ; Sabang ; ⏲7h30-23h) changent les devises et font des avances en espèces sur les cartes de crédit (commission de 7%).

Offices du tourisme

Filipino Travel Center (carte p. 189 ; ☎287 3108 ; ⏲9h-21h lun-sam). Sur la route principale de Sabang. Informations sur les hôtels et les transports. Peut recommander des sociétés pour les circuits dans les environs.

Office du tourisme (carte p. 184 ; ☎287 3051 ; front de mer de Muelle Pier, ville de Puerto Galera). Horaires de bateau et bonne carte des environs.

Poste

Bureau de poste (carte p. 184 ; E Brucal St, ville de Puerto Galera)

Visas

Bureau de l'immigration (carte p. 184 ; ☎288 2245 ; marché public, 2e ét ; ⏲9h-17h lun-mar, 9h-12h30 mer). Renouvellements de visas en une journée.

Depuis/vers Puerto Galera

Bateau

Des ferries *bangka* relient Puerto Galera à Batangas, sur Luzon (voir p. 89). Le dernier bateau vers Batangas part de Sabang à 13h ou 14h (le dimanche et en période de pointe, un bateau est prévu plus tard). Depuis White Beach, il part à 15h et à 15h30 depuis Puerto Galera.

Les services bus climatisé-bateau de Swagman Travel et Si-Kat sont pratiques pour voyager entre Ermita, Manille et Sabang (via Batangas). Les deux sociétés ont des bureaux à Ermita (voir p. 79) et aux guichets de l'embarcadère de Sabang. Comptez de 700 P (Si-Kat) à 850 P (Swagman), contre 430 P en y allant seul. Chaque société assure un départ quotidien. Les deux passent par des *bangka* publics, avant de vous mettre dans des bus privés à Batangas.

Lorsque le temps le permet, un grand *bangka* part tous les jours à 10h30 de l'embarcadère de Balatero, à 2,5 km à l'ouest de la ville de Puerto Galera, jusqu'à Abra de Ilog (200 P, 1 heure).

Jeepney et van

Des jeepneys (80 P, 1 heure 30, toutes les 45 min jusqu'à 16h30) et des vans climatisés (100 P, 1 heure 15, 1/h) desservent Calapan, à 48 km au sud-est de la ville de PG, en passant par une route sinueuse offrant des vues spectaculaires sur le Verde Island Passage. Les jeepneys partent de la gare de Petron, dans la ville de Puerto Galera. Pour les vans, non autorisés à prendre des passagers dans Puerto Galera même, les départs se font à 2 km au sud-est de la gare de Petron, sur la route de Calapan.

Pour aller à Roxas, prenez une correspondance à Calapan.

Comment circuler

Des jeepneys relient Sabang à la ville de PG dans la journée (20 P, 25 min). Le trajet en tricycle entre les deux coûte 100 P (plus de nuit) ; comptez 300 P de Sabang à Talipanan. Les motos-taxis ("singles") sont moins chers.

On peut louer des motos à Puerto Galera, dans plusieurs boutiques autour d'**Alex Motorcycle Rental** (hors carte p. 189 ; Sinandigan Rd), à l'est du marché public. Négociez en gardant à l'esprit un tarif de 500 P pour une petite moto et 700 P pour une moto tout-terrain.

Calapan

☎043 / 117 000 HABITANTS

Calapan, capitale animée du Mindoro Oriental, est un port secondaire pour Batangas, Luzon et – en ce qui concerne la plupart des touristes – l'un des arrêts sur le trajet bus-bateau entre Manille et Boracay. C'est aussi une bonne base pour partir en randonnée sur le formidable mont Halcon, et pour découvrir la culture mangyane.

À voir et à faire

Mangyan Heritage Center CENTRE CULTUREL

(☎288 5318 ; www.mangyan.org ; Quezon Blvd ; entrée libre ; ⏲8h30-12h et 13h30-16h30 lun-ven, sur rdv le week-end). Géré par une petite ONG, il s'agit d'un centre de recherche, doublé d'une bibliothèque. Vous pourrez y découvrir une superbe exposition de photos, ainsi qu'une boutique de souvenirs qui vend livres, cartes de vœux et objets artisanaux issus du commerce équitable (paniers, ceintures et colliers mangyans). Le Mangyan Heritage Center est situé à 1 km au nord-est du centre, sur la route principale menant à la jetée, indiqué par un panneau déteint signalant "Calero Mangyan Mission".

Mont Halcon RANDONNÉE

Le mont Halcon (2 505 m), visible vers le sud-ouest depuis Calapan, est considéré par beaucoup comme le sommet le plus difficile des Philippines. Les autorités ferment fréquemment l'accès à la montagne pour des raisons environnementales, ce qui n'était pas le cas lors de nos recherches. Si vous voulez le gravir, rendez-vous à l'**Apâk Outdoor Shop** (☎288 3391 ; richard.alcanices@yahoo.com ; Quezon Blvd). Le propriétaire, Richard, membre de la Mt Halcon Mountaineering Association, pourra vous expliquer comment aborder la montagne. Vous devrez auparavant trouver un guide et obtenir un permis auprès de l'office de tourisme municipal, à Baco, ville située au sud-ouest de Calapan en direction du mont Halcon. Organisez-vous bien à l'avance.

La randonnée standard dure 4 jours (2 jours pour monter, et 2 pour descendre). On franchit le Monkey Bridge, un enchevêtrement périlleux de troncs d'arbres jetés sur la rivière Dulangan, puis on continue en prenant un passage impressionnant sur l'arête de Knife Edge et, enfin, on atteint le sommet, qui souvent perce les nuages.

LE PEUPLE MANGYAN

Premiers habitants de Mindoro, les Mangyans sont arrivés il y a environ 800 ans. C'est un peuple proto-malais, issu de la même ethnie que la majorité des Malais, qui compte sept – certains disent huit – tribus linguistiquement apparentées, réparties dans la chaîne de montagnes de l'île. Par rapport à d'autres groupes indigènes des Philippines, les Mangyans ont davantage préservé leur culture. Ainsi, ils portent des costumes traditionnels, comme le pagne *(ba-ag)*, apanage des hommes. L'animisme reste une force puissante de leur cosmologie, souvent teinté d'une influence chrétienne.

La plupart pratiquent l'agriculture sur brûlis pour fertiliser le sol et planter des tubercules, du maïs, des légumes secs et du riz "de montagne" (très sec). À la saison des pluies, si le gibier est suffisant, ils chassent des cochons, des singes, des oiseaux et autres petits animaux.

Les Mangyans descendent vers les basses terres les jours de marché pour vendre leurs récoltes et de l'artisanat. À Puerto Galera, vous verrez des paniers hexagonaux en *nito*, habilement tressés, faits par des Iraya Mangyans qui peuplent principalement les montagnes autour d'Abra de Ilog.

Les Mangyans ont longtemps été persécutés par les nouveaux arrivants, quand ils n'étaient pas involontairement mêlés à leurs guerres. Les Espagnols les ont châtiés pour la relation étroite qu'ils entretenaient avec les Moros ; les Américains les ont fait travailler dans les plantations de cannes à sucre ou les ont parqués dans des réserves. Récemment, les Mangyans ont été pris dans les feux croisés de l'armée philippine et de la Nouvelle Armée du peuple (NPA). Le fait que leur culture traditionnelle ait survécu, malgré des siècles d'incursions étrangères, témoigne de leur vitalité et de leur ténacité. Si vous voulez en savoir plus, visitez le Mangyan Heritage Center de Calapan (p. 191).

Les alpinistes locaux ont des arrangements avec les membres des tribus mangyanes de la région, employés comme porteurs (350 P/j). Comptez en plus 1 800-2 000 P/jour pour un guide et l'équipement. Demandez à Richard quelles sont les autres activités possibles – randonnées, VTT en montagne – à Mindoro et ses environs.

L'Apâk est en face du Land Transportation Office (LTO), à quelque 1,5 km à l'est du centre sur la route menant à l'embarcadère.

Où se loger et se restaurer

Calapan n'est pas réputée pour sa gastronomie. On peut se restaurer au **Robinson's**, galerie marchande proche de l'enceinte de la capitale provinciale, ou, dans le centre, au **Mang Inasal** (chaîne de restaurants de poulet), ou encore dans l'une des nombreuses *carenderias* (petits restaurants) de la ville.

Filipiniana Hotel HÔTEL $$
(☎286 2624 ; www.filipinianacalapan.com ; M Roxas St ; ch avec ventil/clim à partir de 1000/1500 P ; ❄📶🏊). Un personnel serviable, de confortables chambres bien tenues et une grande piscine entourée de jardins luxuriants en font une bonne adresse, face au Robinson's. Demandez bien le tarif promotionnel ("promo rate"). Wi-Fi 100 P/h.

Calapan Bay Hotel HÔTEL $$
(☎288 1309 ; calapanbayhotel@ymail.com ; Quezon Blvd ; ch 1 100-1 200 P ; ❄@). Situé à 5 minutes à pied de la jetée, sur le front de mer, cet hôtel est apprécié pour ses grandes chambres pimpantes dont les fenêtres donnent sur la baie, et sa terrasse où vous pourrez dîner tout en admirant les îles. Choisissez une chambre la plus éloignée de la route.

Marco Vincent Hotel HÔTEL $
(☎441 0239 ; Ivaba St ; ch 1 000-5 000 P ; ❄). Un hôtel impeccable et tranquille, idéal pour tous ceux qui auraient besoin de rester près du centre. Très bonne affaire, mais il y a seulement 5 chambres.

Riceland 2 Inn HÔTEL $
(☎288 5590 ; MH del Pilar St ; d avec ventil et sdb commune 390 P, avec sdb et clim à partir de 700 P ; ❄📶). Bruyant mais bon marché, et situé dans le centre.

Renseignements

Il existe des DAB de la BPI (Bank of the Philippine Islands), de la BDO (Banco de Oro) et de la Metrobank dans le centre le long de JP Rizal St, la principale artère, ainsi que des cybercafés.

Depuis/vers Calapan

Bateau

L'embarcadère est à 4 km du centre-ville (20-30 P en tricycle). La seule destination accessible depuis Calapan est Batangas, sur Luzon. Les billets s'achètent à l'embarcadère. Comptez 1 heure de trajet jusqu'à Batangas à bord d'un bateau rapide (*fascraft*) SuperCat (300 P, 7/ jours). Plus lents, des ferries pour voitures RORO circulent au moins toutes les heures, sans interruption (192 P, 2 heures 30). Ceux de Montenegro et de Starlite sont les plus rapides – ces compagnies gèrent la plupart des trajets.

Bus et jeepney

Les jeepneys à destination de Puerto Galera (80 P, 1 heure 30, toutes les 45 min) partent pour la plupart du terminal des jeepneys, à côté de la station-service Flying V, dans JP Rizal St, à 1,5 km au sud du centre de Calapan. Les vans (et quelques jeepneys) à destination de PG partent du marché de Calapan, dans Juan Luna St (100 P, 1 heure 15, toutes les 45 min). Départs moins fréquents après 17h.

Toujours depuis le marché de Calapan, des vans font la liaison avec Pinamalayan (100 P, 1 heure 30), Roxas (200 P, 3 heures) et San José (500 P, 5 heures 30), de 7h à 18h. Pour Roxas ou San José, on peut aussi prendre un bus Dimple Star à destination du sud en quittant le ferry.

Roxas

043 / 10 000 HABITANTS

Roxas est une localité poussiéreuse, d'où des liaisons sont assurées en ferry pour Caticlan (sur Panay). Vous aurez peu de raisons de passer la nuit en ville, à moins de vouloir visiter des villages mangyans isolés de l'intérieur du Mindoro.

Les bus ont leur terminus dans le centre de Roxas, à côté du **marché**. Essayez d'être en ville un mercredi ou un dimanche matin, quand les Mangyans et d'autres villageois viennent y vendre leurs produits. Sinon, le marché du vendredi du *barangay* de Bait est encore plus intéressant.

Le **Roxas Villa Hotel & Restaurant** (289 2026 ou 0921 962 0844 ; roxasvillahotel@yahoo.com ; Administration St ; s/d à partir de 350/450 P ;), dans le centre, dispose de chambres sommaires et d'un restaurant. S'il est en ville, le gérant Bhoy Villaluna vous racontera tout ce qu'il y a à savoir sur Roxas.

Depuis/vers Roxas

L'**embarcadère de Dangay** est à 3 km environ du centre (10 P en tricycle public ou 50 P pour un trajet spécial). Des vans arrivant du nord desservent l'embarcadère avant de rejoindre le centre-ville. Si vous vous rendez à Caticlan (400 P, 4 heures), appelez les **autorités portuaires** (289 2813) à l'embarcadère de Dangay, pour vérifier les horaires du car-ferry : ils changent souvent et les départs sont rares dans la journée. Lors de nos recherches, **Montenegro Shipping** (0932 461 9096 ou 0909 8567 6559) assurait un départ à 14h, à 16h et plusieurs trajets de nuit ; les autres compagnies ne font que des trajets de nuit. Il faut arriver à Caticlan bien avant 22h, heure à laquelle les *bangka* pour Boracay cessent de circuler.

Outre Caticlan (Panay), Roxas est aussi reliée à Odiongon, sur Romblon, en *bangka* (300 P, 3 heures, un jour sur deux, à 10h) ou en RORO (300 P, 4 heures, le mercredi à 11h).

Des vans pour Calapan (180 P, 3 heures) attendent l'arrivée des ferries à l'embarcadère. D'autres vans partent toute la journée d'autres endroits dans le centre-ville. Dans l'autre sens,

DE BORACAY À PALAWAN VIA BULALACAO ?

Le grand sujet de conversation à Bulalacao lors de notre passage était le tout nouveau terminal pour RORO (car-ferries). Bulalacao espère ainsi concurrencer Roxas sur le très populaire trajet Mindoro-Caticlan (pour Boracay). Une fois opérationnel, le terminal réduira la distance de traversée des car-ferries sur cet itinéraire. Une autre rumeur affirmait qu'une ligne pour RORO Bulalacao-Coron (pour Palawan) pourrait voir le jour, permettant des voyages en bateau très faciles entre les deux destinations les plus prisées du pays : Boracay et Palawan – une bénédiction pour le secteur touristique.

Bulalacao se tient prête à profiter de toute augmentation de la fréquentation touristique (on espère toutefois qu'elle échappera aux maux qui affectent la plupart des villes portuaires). À vrai dire, c'est tout le Mindoro qui cherche à en profiter. Les routes des côtes sud et ouest de Mindoro, notoirement affreuses depuis des dizaines d'années, sont aujourd'hui presque complètement asphaltées. Se rendre à Sablayan (point d'accès à Apo Reef) par la route n'est désormais plus réservé aux téméraires. Certains passagers arrivant de Boracay pourront peut-être reconsidérer leur projet de rejoindre Palawan, au sud, pour rejoindre plutôt le Mindoro Occidental, à l'ouest.

des vans partent toutes les heures du centre vers Bulalacao (100 P, 1 heure 15) et San José (350 P, 2 heures 30), jusqu'à plus ou moins 16h.

Depuis la route principale, des bus Dimple Star passent chaque jour en direction du sud, vers San José, et du nord, vers Calapan et Manille (600 P, 8 heures – avec un passage en ferry).

Environs de Roxas

Non loin de **Mansalay**, petite localité côtière à 18 km au sud de Roxas, vous découvrirez une magnifique plage de sable blanc baignée par des eaux propres et calmes, à **Buktot**. Derrière la maison du gardien, un petit enclos vert renferme 3 jolis bungalows de bambou rudimentaires (350 P/nuit). À l'intérieur, il y a des lits et du linge, ainsi que des toilettes, mais pas de moustiquaire ni d'électricité. Emportez votre nourriture, de quoi vous éclairer et vous protéger des moustiques ; l'eau est disponible à la pompe du jardin. En semaine nous avons eu la plage à nous seuls, mais elle ne désemplit pas le week-end. Comptez 11 km vers le sud depuis Mansalay jusqu'à l'embranchement, puis 2 km de plus pour arriver à la plage.

Bulalacao

Cette cité côtière sans prétention est l'une des deux destinations de Mindoro (l'autre est Sablayan) en passe de connaître un mini boom touristique. Dans le cas de Bulalacao, cela tient à son emplacement et à ses infrastructures (voir l'encadré p. 193). Ses nombreuses criques perdues et ses îles pratiquement inhabitées sont son principal attrait pour les voyageurs indépendants. Les Mangyans sont nombreux à venir en ville les jours de marché (mardi et samedi).

Où se loger et se restaurer

Plusieurs resorts haut de gamme étaient en construction sur certaines îles au large lors de nos recherches. L'**office du tourisme** (☎0939 532 3761 ; Municipal Hall) fournit des renseignements sur tous les resorts.

Tambaron Green Beach Resort COMPLEXE BALNÉAIRE $
(☎0929 893 7871, à Manille 02-781 2306 ; www.tambaron.com ; ch 200-300 P/pers). Situé sur l'île de Tambaron, toute proche, ce resort offre un rapport qualité/prix imbattable. L'île compte 4 plages privées de sable blanc accessibles à pied pour faire du snorkeling. Les chambres sont de simples structures en béton aux toits de chaume, et les repas sont des buffets variés (150-175 P). On peut se rendre sur place en louant un *bangka* depuis Bulalacao (600 P, 30 min) ou Balatasan (400 P, 15 min), sur la péninsule de Balatasan, à 20 minutes au sud-est de Bulalacao en "single" (moto-taxi).

J Felipa Lodge II LODGE $
(☎099 332 0734 ; ch 500 P). Une affaire exceptionnelle, sur l'eau, à 2 km à l'ouest de la ville, près du nouveau terminal des RORO. Les chambres peuvent accueillir 4 personnes. Demandez une moustiquaire.

South Drive Grill CHEZ L'HABITANT $
(☎0920 436 6481 ; ch 800-850 P ; ❄). Ce bar-restaurant, face à la mer, se place en tête des meilleures tables de la ville (et de loin !), et on peut y louer deux chambres confortables et accueillantes, avec climatisation.

Depuis/vers Bulalacao

Des vans font la liaison avec San José, mais mieux vaut arrêter un bus Dimple Star, plus confortable, sur la route principale (250 P, 1 heure 15 environ). Les vans sont plus fréquents dans l'autre sens, vers Roxas (100 P, 1 heure 15), à moins de héler un bus Dimple Star pour Manille pour rejoindre Roxas ou d'autres destinations.

MINDORO OCCIDENTAL

La province du Mindoro Occidental est plus isolée et moins développée que sa voisine ; la plupart du temps, vous aurez autant de chances d'être pris pour un missionnaire que pour un voyageur ! La majorité des touristes vont directement à Sablayan, point d'accès au merveilleux site de plongée d'Apo Reef. Autre atout, la beauté sauvage du parc national du mont Iglit-Baco, destination de randonnée très prisée, et habitat du *tamaraw* (buffle d'eau indigène) menacé.

San José

☎043 / 137 000 HABITANTS

Ville la plus au sud du Mindoro Occidental, San José fait face à trois jolies îles : White, Ambulong et Ilin. Elle possède un aéroport, et des DAB, notamment de **Metrobank** (Sikatuna St), qui sont les seuls du Mindoro Occidental. Des cybercafés bordent Rizal St et C. Liboro St, dont le **Geox** (20 P/h, ⏰8h-20h).

San José

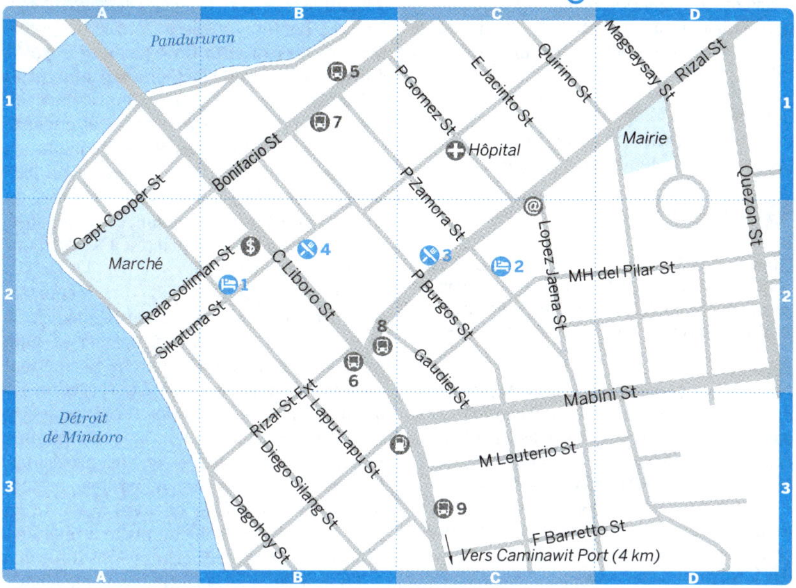

Où se loger et se restaurer

Disons qu'à San José même, ville bruyante et enfumée, l'hébergement est de meilleure qualité que la cuisine. Mieux vaut séjourner à Aroma Beach, à 2 km seulement en tricycle (20 P) au nord de la ville. L'endroit est propre, propice aux promenades et on peut même s'y baigner à marée haute.

Sikatuna Beach Hotel HÔTEL **$**
(☎491 2182 ; Airport Rd ; d avec eau froide/chaude à partir de 900/1 000 P ; ❄📶). Cet hôtel d'Aroma Beach bat tous les établissements du centre. Les chambres avec ventilateur sont nettes, sans prétention, et les plus récentes (visitez-en plusieurs), climatisées, sont claires. Bonne cuisine philippine au restaurant.

White House Beach Resort HÔTEL **$$**
(☎491 1656 ; edithpark@yahoo.com ; Airport Rd ; ch 2 500-3 500 P ; ❄). Toujours à Aroma Beach, le White House ressemble à une demeure de charme. C'est l'hôtel le plus luxueux alentour, avec ses balcons et ses immenses salles de bains en marbre, mais il manque un peu d'ambiance et les tarifs semblent surévalués.

Jazmine Royal Hotel HÔTEL **$**
(☎491 4269 ; Sikatuna St ; d 800-1 800 P ; ❄). Un cran au-dessus du Midtown Plaza en terme de confort, si vous tenez à rester dans le centre, et les salles de bains sont plus propres. Proche du marché et de l'embarcadère des bateaux pour Coron.

San José

Où se loger

1 Jazmine Royal Hotel B2
2 Mindoro Plaza Hotel C2

Où se restaurer

3 Chowder C2
4 Kusina Restaurant B2

Transports

5 Terminal des bus Dimple Star B1
6 Jeepneys et minibus pour Sablayan B2
7 Jeepneys pour Manoot B1
8 Vans pour Calapan B2
9 Vans pour Roxas et Calapan C3

Mindoro Plaza Hotel HÔTEL **$**
(☎491 4661 ; P Zamora St ; s/d avec ventil à partir de 300/400 P, avec clim à partir de 750/8 500 P ; ❄). Les chambres avec ventilateur sont parfaites pour les voyageurs à petit budget. Sinon, l'endroit est quelconque et présente des problèmes d'entretien, même dans les chambres les plus chères.

Kusina Restaurant PHILIPPIN $
(Sikatuna St ; plats 50-220 P). L'un des rares lieux cuisinant à la commande, et sans doute le seul, avec le Jollibee, à être climatisé.

Chowder PHILIPPIN $
(Rizal St ; plats 50-150 P ; 24h/24). Ce bar-restaurant proche du Mindoro Plaza Hotel passe pour être tendance à San José.

Depuis/vers San José

Avion

L'aéroport de San José, à 5 km au nord-ouest de la ville (50 P en tricycle), est desservi par des vols Cebu Pacific (2/jour), Airphil Express (1/jour) et Zest Air (1/jour) depuis/vers Manille.

Bateau

Les *bangka* à destination de la ville de Coron, dans le nord de Palawan (600 P, 8 heures), partent d'une large plage à San Roque, juste après le pont, en allant vers le nord depuis le centre. Départs les mardi et vendredi matin.

Depuis Caminawit, principal port de pêche de San José, à 4 km au sud de la ville, un bateau rejoint deux fois par semaine Manamok, dans les îles Cuyo (500 P, 8 heures).

Bus et jeepney

Des bus climatisés **Dimple Star** (Bonifacio St) à destination de Manille (950 P, 12 heures) passent via Abra de Ilog (8/jour) ou Calapan (3/jour). Les bus allant vers le nord peuvent vous déposer à Calintaan (60 P, 1 heure) et Sablayan (140 P, 2 heures 30). Solution moins chère et plus lente : prenez un jeepney ou un bus ordinaire bringuebalant pour rallier Calintaan et Sablayan.

Des bus Dimple Star allant vers l'est passent par Bulalacao (250 P, 1 heure 15) et Roxas (350 P, 2 heures 30). Des vans aux tarifs similaires, avec plusieurs points de départ, permettent également d'aller vers l'est.

Parc national du mont Iglit-Baco

Les randonneurs qui accèdent à cette zone ont parfois la chance de voir l'insaisissable *tamaraw*, le buffle d'eau philippin vivant uniquement à Mindoro, menacé d'extinction. Le parc national est composé de grandes prairies (habitat de prédilection du buffle), de la zone de brûlis des Mangyans, et d'arêtes boisées.

Pour visiter le parc, il faut suivre une procédure simple, mais assez stricte visant à protéger les animaux sauvages. Il faut s'inscrire et obtenir une autorisation (gratuite) auprès du **bureau de la zone protégée du parc national du mont Iglit-Baco** (Protected Aera Office PAO ; 043-491 1236 ou 0918 511 1323 ; Airport Rd ; 8h-17h lun-ven) à San José. Le bureau appellera l'entrée du parc à Mantancob (un *sitio* du *barangay* Poypoy) dans la municipalité de Calintaan, afin qu'un guide (300 P nourriture comprise) et un porteur (optionnel, 200 P) vous y attendent.

Si vous ne pouvez pas rejoindre le bureau du parc, contactez **Dante Diwa** (491 1683 ou 0928 521 4124), qui dirige le bureau du CENRO au *barangay* Labangan, à San José, et il vous dira tout ce qu'il y a à savoir pour visiter le parc national.

Depuis Mantancob, il faut compter 3 heures de marche environ jusqu'à la 2ᵉ station, où vous pourrez passer la nuit. Au matin, 2 heures de marche permettent d'atteindre la plate-forme d'observation du mont Magawang, d'où vous verrez peut-être des *tamaraw* gambader dans les plaines. Prévoyez votre matériel et vos provisions. Les mois de décembre à avril se prêtent bien à l'ascension, et en avril votre trajet peut coïncider avec le comptage annuel des *tamaraw* ; Dante Diwa saura vous informer.

Le bureau de la zone protégée (PAO) de San José partage ses locaux avec le **programme de préservation des Tamaraw** (Tamarraw Conservation Program), qui propose une petite exposition d'information sur les *tamaraw* et gère une station d'élevage appelée Gene Pool, à l'intérieur du parc, que l'on peut visiter. On y élève des *tamaraw* en captivité. La station se trouve dans le *barangay* Manoot, dans la municipalité de Rizal, à 1 heure 30 environ en "single" depuis San José. Il est possible de faire une randonnée de Gene Pool jusqu'à la plate-forme d'observation du mont Magawang (env 4 heures).

Depuis/vers le parc national du mont Iglit-Baco

Des jeepneys qui rejoignent directement Poypoy depuis San José vont tout droit à Mantancob. Sinon, vous pouvez prendre le bus jusqu'à Calintaan (60 P, 1 heure), puis un tricycle jusqu'à l'entrée du parc à Mantancob (75 P, 35 min).

Calintaan

À quelque 40 km au nord de San José, **Calintaan** est un point de départ possible aussi bien pour le parc national du mont Iglit-Baco qu'Apo Reef. Vous pouvez ainsi partir de Manille par un vol tôt le matin et plonger à Apo Reef dans la matinée avec l'Apo Reef Club.

APO REEF

Avec ses 35 km², le parc naturel d'Apo Reef (à ne pas confondre avec l'île d'Apo près de la côte sud de Negros) est le plus grand atoll des Philippines. La vie sous-marine foisonne dans ces eaux cristallines : on dénombre ainsi 285 espèces de poissons et 197 espèces de coraux. C'est le seul site de plongée des Philippines facilement accessible où les plongeurs comme les adeptes du snorkeling sont pratiquement assurés de voir de gros poissons pélagiques – requins à pointes blanches et requins bordés, requins corail, labres, carangues et thons. Lors d'une excursion d'une journée au départ de Sablayan, nous avons vu de très nombreux requins. Vous pourrez peut-être aussi voir des requins marteaux, des requins-baleines ou des raies manta, mais nous n'avons pas eu cette chance. Les trois îles du récif abritent également de nombreuses espèces de tortues et d'oiseaux, dont le Nicobar à camail, une espèce menacée.

Apo Reef est à 2 heures de bateau de Sablayan par mer calme (un peu moins depuis North Pandan Island, un peu plus depuis Calintaan). Des bateaux de croisière au départ d'Anilao et de Coron naviguent aussi jusqu'ici.

La meilleure période pour venir à Apo Reef est lorsque les eaux sont calmes – soit avril-mai et octobre-novembre. Le trajet est plus difficile de décembre à mars et de juillet à septembre. N'oubliez pas toutefois qu'il y a des exceptions à chaque règle, en particulier lorsqu'il s'agit de la météo aux Philippines.

Apo Reef Club COMPLEXE BALNÉAIRE **$$**
(☎0917 815 2499 ou 02-506 1801 ; www.aporeefclub.com ; par pers s/d petit-déj et dîner inclus 1 500/2 000 P avec ventil, à partir de 2 200/3 200 P avec clim ; ❄@📶≋). Tenu par des Suisses, ce resort, le plus haut de gamme du Mindoro Occidental, est seulement à 2 heures 30 d'Apo Reef (ce qui évite de parcourir encore 33 km le long de la côte jusqu'à Sablayan). Côté hébergement, vous aurez le choix entre de beaux bungalows en dur sur le front de mer, et des huttes plus rustiques en nipa. Côté cuisine, vous profiterez de grands buffets pour les repas. L'Apo Reef Club est situé à 1 km de la National Hwy, à 10 km au nord de Calintaan, dans le *barangay* Concepcion.

Sablayan

☎043 / 90 000 HABITANTS

Escale bienvenue après un long trajet, Sablayan borde de part et d'autre la rivière Bagong Sabang. Si l'intérieur des terres a beaucoup de charme, le principal attrait dans les environs reste Apo Reef, le meilleur site de plongée du pays (si l'on excepte Tubbataha), à moins de 2 heures au large.

Si, durant des années, Sablayan était pratiquement coupée du reste de l'île (et du pays) en raison de ses routes atroces allant vers Abra de Ilog au nord et San José au sud, cette époque est révolue. Depuis que ces routes ont été entièrement refaites, ce n'est plus qu'une question de temps avant que Sablayan devienne une destination touristique de choix. Il faut donc en profiter maintenant.

À voir et à faire

Parc naturel d'Apo Reef PLONGÉE
Lors de nos recherches, trois opérateurs seulement organisaient des excursions plongée et snorkeling à Apo Reef : le North Pandan Island Resort et le bureau d'écotourisme (Ecotourism Office) à Sablayan, et l'Apo Reef Club à Calintaan. Il est conseillé aux petits groupes cherchant à partager les frais avec d'autres plongeurs de passer par le bureau d'écotourisme. Les tarifs pour une excursion d'une journée sont de 8 000 P par groupe pour le bateau (jusqu'à 15 pers, 2 heures dans chaque sens), un droit d'entrée de 350/1 300 P/personne pour les adeptes de snorkeling/plongée, 500 P pour un instructeur et 125/1 600 P/jour pour le matériel de snorkeling/plongée. Apportez vos propres repas, eau et en-cas. En nous joignant à un groupe, nous n'avons payé que 4 400 P pour une journée complète (avec 3 plongées), transport compris. Vous paierez plus avec les deux autres opérateurs, mais le matériel et les instructeurs sont meilleurs. Ces 3 prestataires peuvent organiser des sorties sur 2 jours, avec nuit (dans un hamac ou sur le sol) à la station de rangers à ciel ouvert de l'île d'Apo (ou sur des bateaux). Mais attention à ne pas passer la nuit sur l'île d'Apo durant l'*amihan* (mousson du nord-est, de

mi-novembre à mi-mai), car les mouches des sables peuvent être intolérables.

Circuits organisés

Bureau d'écotourisme (☎0928 465 9585 ; www.sablayan.net, amazingsablayan@yahoo.com ; Town Plaza, P Urieta St ; ⏰8h-17h, fermé sam et dim juin-déc). Ce bureau organise des circuits et les excursions plongée à Apo Reef sont les plus prisées. Il est aussi possible d'en organiser à la ferme-prison de Sablayan, au parc national du mont Iglit-Baco ou de faire une randonnée de 2 jours à la découverte de plusieurs villages mangyans.

Où se loger et se restaurer

Plusieurs lieux d'hébergement très corrects ont ouvert à Sablayan ; espérons qu'il en sera bientôt de même pour les restaurants.

Pandan Island Resort COMPLEXE BALNÉAIRE $
(☎0919 305 7821 ; www.pandan.com ; ch premier prix 750 P, bungalows 1 500 P, bungalow qua à partir de 2 500 P). Une magnifique île-resort, paradis tropical sans prétention. Plusieurs spots de plongée de premier ordre entourent l'île. Au petit matin on peut observer des oiseaux, dont le pic des Philippines. Le resort s'étend sur une longue plage de sable blanc. Les chambres vont des plus élémentaires et bon marché (salle de bains commune) aux confortables bungalows. L'électricité, assurée par des capteurs solaires, est limitée (oubliez le ventilateur, espérez une brise nocturne). Les repas sont des buffets (450 P/pers) et il est demandé aux clients d'en prendre au moins un ; la pension complète coûte 900 P. Comptez 150 P pour visiter l'île dans la journée – une navette gratuite attend sur la rivière Sabang au sud-ouest de l'Emily Hotel, mais vous pouvez aussi louer un *bangka* (150 à 350 P/pers dans chaque sens, 20 min).

Sablayan Adventure Camp COMPLEXE BALNÉAIRE $
(☎0917 850 0410 ; embabia@yahoo.com ; ch 800 P). Un bon choix, avec un domaine laissé sauvage, un beau front de plage et de grandes chambres élégantes, semi-ouvertes, avec moustiquaires. À l'embouchure de la Sabang, à 1 km au sud-ouest du centre.

Country Woods COMPLEXE BALNÉAIRE $
(☎0920 805 7255 ; ch 2 000 P ; ❄). Sur une plage tranquille à 3,5 km au sud de Sablayan. On profite d'une grande piscine et des chambres les plus chics des alentours. Les bungalows en dur ont de grandes salles de bains (eau chaude) et des balcons privés, mais pas de TV. Toutes les chambres peuvent accueillir 4 personnes dans deux grands lits.

GVD Kubo PHILIPPIN $
(Town Plaza, P Urieta St ; plats 50-80 P ; ⏰6h-22h). C'est à peu près le seul vrai restaurant du centre, servant des plats tout faits et d'autres préparés à la commande. Vente à emporter.

Autres hébergements possibles :

Along D' Beach HÔTEL $
(☎0921 404 9242 ; National Hwy ; ch avec ventil/clim 350/700 P ; ❄). Sur la route principale au sud du centre, un hôtel assez désordonné jouissant de belles vues, aux chambres avec ventil d'un bon rapport qualité/prix.

Land Manz HÔTEL $
(☎0928 219 7011 ; C Salgado St ; ch avec ventil/clim à partir de 400/800 P ; ❄). Correct, mais uniquement par rapport à l'Emily Hotel. Chambres très basiques, assez spacieuses. Dans le centre, près de la place principale.

Emily Hotel HÔTEL $
(☎0919 337 9492 ; Gozar St ; ch avec sdb commune/privée à partir de 200/300 P). Pas agréable, mais bon marché et bien situé, face à l'embarcadère des bateaux pour North Pandan Island.

Depuis/vers Sablayan

Les bus climatisés Dimple Star traversent la ville toutes les 2 heures en chemin vers Cubao, à Manille (800 P, 9 heures, env 8/jour), via Abra de Ilog (220 P, 3 heures 30), et, dans l'autre sens, vers San José (140 P, 2 heures 30). Sinon, vous pouvez prendre un bus ordinaire, plus fréquent et beaucoup plus lent, à destination d'Abra de Ilog ou, vers le sud, en direction de Calintaan et de San José. On peut louer des motos (400 P/jour) à l'arrêt *habal-habal* à côté du marché, qui fait face à la Sabang, près de l'Emily Hotel.

Environs de Sablayan

FERME-PRISON DE SABLAYAN

La **ferme-prison de Sablayan** (entrée libre) est un projet pilote où les détenus participent aux activités proposées. Les excursions dans la forêt alentour sont guidées par eux, et l'on peut dormir sur place, dans la **pension** (Siburan subprison ; ch avec 2 lits superposés 500 P). Il vous faudra obtenir un permis (50 P) auprès du bureau d'écotourisme de Sablayan pour pouvoir entrer sur le domaine. Une demi-journée d'activités peut combiner une randonnée guidée d'une heure dans la **forêt tropicale de Siburan** (50 P) et une

INTERVIEW

PETER, DÉTENU

À voir l'entrain de certains détenus, on pourrait presque penser que la ferme-prison de Sablayan est une sorte de camp de vacances un peu spécial. Bien entendu la situation est loin d'être aussi rose qu'elle n'y paraît. Peter (nous ne donnons pas son vrai nom car les prisonniers ne sont pas autorisés à donner d'interviews) nous a parlé de sa vie en prison.

Pourquoi êtes-vous ici ? Falsification de documents officiels.

Ça fait combien de temps que vous êtes là ? Je suis là depuis 2001. J'ai écopé de 12 à 16 ans, mais je vais être mis en liberté conditionnelle en juin (2011).

Qu'est-ce que vous rêvez le plus de faire une fois dehors ? Revoir mon frère à Makati. Mais il ne répond pas à mes messages !

La prison va vous manquer ? Oui. En prison, on se fait des amis. On est comme des frères. Une tasse de café peut être partagée par 10 détenus. Je n'avais rien vu de tel avant.

Mais vous voulez sortir ? Oui, bien sûr. C'est dur, ici. On ne peut pas aller où on veut. Moi, je veux être libre !

Qu'est-ce qui vous déplaît le plus ici ? Les gardiens sont considérés comme des dieux, ici. Ils se sentent tellement supérieurs. Parfois, ils nous traitent comme des animaux. J'en ai même entendu plaisanter en disant qu'on était leurs "carabaos", puisqu'on fait tout leur travail (à la ferme). Bien sûr, ça, c'était avant. Aujourd'hui, on a des tracteurs.

Un message pour le monde extérieur ? Je voudrais que l'on change cette ferme pénitentiaire. J'aimerais avoir des preuves pour montrer au monde que la vie ici est dure. En fait, c'est bien que vous, étrangers, veniez ici – ça nous sort des murs de la prison, ... et ça nous fait plaisir. Mais la vie est difficile. Regardez comme nous sommes maigres ! On nous donne seulement 3,5 kg de riz par semaine, avec un peu de poisson séché, 4 œufs, une pauvre sardine, quelques haricots mango et un petit paquet de macaronis. C'est tout !

excursion au **lac de Libuao** (50 P), un peu de temps passé à discuter avec les détenus dans la **subprison centrale** et une visite à la **subprison de Pasugi**, où vous pourrez acheter des objets fabriqués par les détenus. La forêt de Siburan et le lac de Libuao sont propices à l'observation des oiseaux ; l'un des guides pourra vous montrer des coucals de Steer, une espèce endémique, des pigeons impériaux, des tourterelles tigrines et des pygargues blagres, ainsi que des serpentaires des Philippines. Réputé pour ses lotus, le lac est aussi apprécié pour la pêche, le canotage (150 P) et l'observation des oiseaux. Vous pourrez louer les services d'un guide (150 P) dans les quartiers des prisonniers de la subprison de Siburan, à 5 km au nord-est de la subprison centrale.

Les visiteurs sont bien accueillis par des détenus portant des T-shirts/uniformes indiquant "minimum" ou "medium" selon le niveau de sécurisation dont ils font l'objet. Les détenus des quartiers de haute sécurité sont tenus à l'écart des touristes.

La ferme-prison constitue une excursion d'une demi-journée au départ de Sablayan en "single" (env 800 P) ou en moto de location. Quittez la National Hwy à 17 km au sud de Sablayan et prenez vers l'est sur 7 km jusqu'à la subprison centrale.

Abra de Ilog

☎043 / 25 150 HABITANTS

La ville d'Abra de Ilog est la porte d'accès nord à la côte ouest de Mindoro. Si vous arrivez par la mer, vous verrez pourquoi il n'y a aucune route praticable à l'ouest de Puerto Galera : un immense mur de montagnes déchiquetées s'étend jusqu'au rivage.

Il est peu probable que vous souhaitiez vous attarder ici. Essayez de prendre un bus Dimple Star sortant du ferry à destination de San José, ce qui vous fera passer par Sablayan (220 P, 3 heures 30). Sinon, prenez un tricycle jusqu'à la ville même, à 5 km au sud du port et montez dans un jeepney en partance vers le sud ou un bus local ordinaire jusqu'à Mamburao, pour prendre une correspondance pour Sablayan ou San José.

Des RORO Montenegro desservent Batangas (260 P, 2 heures 30) 6 fois par jour et un *bangka* part chaque jour à destination de l'embarcadère de Balatero, à Puerto Galera (200 P, 1 heure).

Les Visayas

Dans ce chapitre »

Le top des restaurants

- Rosita's Native Restaurant (p. 317)
- Angelina (p. 222)
- STK (p. 210)
- L'Éléphant Bleu (p. 300)
- Baybay Seafood Buffets (p. 266)

Le top des hébergements

- Villa Marmarine (p. 290)
- Nami Boracay (p. 259)
- Takatuka Lodge & Dive Resort (p. 279)
- ChARTs Resort (p. 299)
- Harold's Mansion Tourist Inn (p. 281)

Pourquoi y aller

Cœur géographique des Philippines, les Visayas constituent un superbe archipel encore méconnu des touristes. Si toutes ces îles offrent des sites de plongée de classe internationale et des plages splendides, chacune possède son propre caractère. L'une abrite des tarsiers aux yeux immenses, la suivante propose des treks sur un volcan ou d'exceptionnels spots de surf, d'autres se distinguent par leur héritage architectural ou leurs chamans guérisseurs. Cette diversité rend passionnante l'exploration de la région.

Boracay, qui possède la plage la plus connue des Philippines, est de loin l'île la plus visitée. Tape-à-l'œil, vulgaire et trop développée, la White Beach reste l'une des plus belles plages de sable blanc au monde et le principal pôle touristique du pays.

Cette popularité préserve les autres îles plus discrètes, qui somnolent à son ombre. Ainsi des îles comme Negros, Bohol, Siquijor et Samar, quasiment ignorées, deviennent les destinations favorites d'un nombre croissant de voyageurs.

Quand partir

Cebu

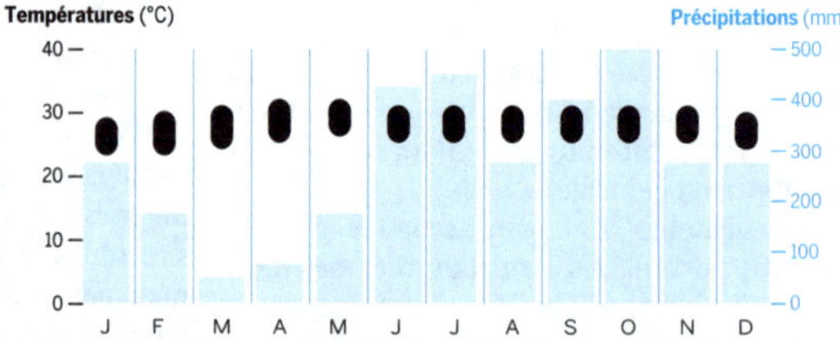

Déc-avr
Un climat généralement plaisant, parfait pour la plongée.

Mai-oct
La "saison des pluies", avec moins de monde et souvent peu de pluie.

Août-déc
La meilleure période pour le surf à Guiuan.

CEBU

2,4 MILLIONS D'HABITANTS

Être originaire de Cebu implique un poids culturel, dont on devine facilement la raison. Cebu est le noyau des Visayas. Île la plus densément peuplée du pays, elle vient en second après Luzon pour son importance stratégique et économique. Le cebuano, parlé à Cebu, est considéré comme la variante classique ou "prestigieuse" du visayan, une langue hétérogène qui compte plus de 20 millions de locuteurs dans le centre des Philippines.

Ses principaux attraits sont ses plages de sable blanc et de spectaculaires sites de plongée, au large de la pointe nord de Cebu près des îles de Bantayan et de Malapascua, ainsi qu'à Moalboal sur la côte sud-ouest.

Comment s'y rendre et circuler

Cebu City, porte d'entrée des Visayas, abrite le port le plus actif et le deuxième aéroport du pays. Si vous arrivez d'Asie, ce dernier constitue une bonne alternative à Manille, avec plusieurs vols internationaux directs. De nombreux vols domestiques relient Cebu à des destinations nationales, dont Manille.

Du port de Cebu City, des bateaux (pas toujours directs ni quotidiens) desservent presque toutes les destinations. Negros se rejoint plus facilement des villes de la côte ouest de Cebu, qui disposent de ferries réguliers ; la traversée de Lilo-An à Dumaguete est la plus empruntée. Parmi les alternatives à Cebu City pour rejoindre les îles voisines figurent Siquijor via Mainit, Bohol via Argao, Camotes via Danao et Leyte via Maya.

Des bus et des vans climatisés offrent des liaisons fiables entre les villes.

Cebu City

032 / 798 809 HABITANTS

Sorte de petite Manille, Cebu City peut sembler dynamique et survoltée, ou tapageuse, sale et impitoyable, selon les points de vue. Au premier abord, elle manque cruellement d'attrait avec ses jeepneys bruyants, une surabondance de centres commerciaux et l'absence de sites majeurs. Toutefois, la vie nocturne animée, la gentillesse des Cebuanos et un riche passé garantissent un séjour agréable avant de rejoindre une destination de vacances plus appropriée. Son grand port maritime en fait la ville la mieux desservie de la région, avec des transports pour toutes les destinations des Visayas.

Histoire

Lorsque Fernand de Magellan entra dans le port de Cebu le 7 avril 1521, il débarquait après bien d'autres, ainsi que le relate un témoin de l'époque : "De nombreux vaisseaux du Siam, de Chine et d'Arabie mouillaient dans le port. Les gens mangeaient dans de la vaisselle en porcelaine et faisaient grand usage d'or et de bijoux..." S'il n'était pas le premier étranger à visiter Cebu, Magellan apportait une nouveauté : le zèle missionnaire. Même sa mort des mains du chef guerrier Lapu-Lapu sur l'île de Mactan, quelques semaines plus tard, n'apporta qu'un bref répit aux autochtones avant les incursions des conquistadors. L'arrivée du vengeur espagnol Miguel López de Legazpi en 1565 livra Cebu – puis toutes les Philippines – au trône castillan et au catholicisme. La fondation en 1575 de Villa del Santisimo Nombre de Jesús (Ville du Saint Nom de Jésus) fit de Cebu City la première colonie espagnole des Philippines, sept ans avant Manille.

À voir

La ville se divise en deux parties, "uptown", la partie la plus récente, et "downtown", la plus pauvre, avec des rues malfamées et la plupart des sites. La visite de ces derniers – le Fort San Pedro, la croix de Magellan et la Basilica Minore del Santo Niño – permet de se rendre compte du chaos et de la misère de ce quartier avant de battre en retraite. Outre le Museo Sugbo, d'autres musées plus petits méritent le détour ; le Cebu Normal University Museum, l'University of San Carlos Museum et le Cebu City Museum possèdent d'intéressantes collections.

Basilica Minore del Santo Niño ÉGLISE

(Carte p. 206 ; entrée libre ; Pres Osmeña Blvd). La plus sacrée et la plus vieille des églises des Philippines est une véritable rescapée. Fondée en 1565 et détruite trois fois par un incendie, sa dernière reconstruction date de 1737. Des bougies brûlent en permanence dans sa cour et une procession incessante de fidèles viennent vénérer une représentation flamande de l'Enfant Jésus, conservée dans une chapelle à gauche de l'autel. Datant de l'époque de Magellan et réputée miraculeuse (elle a survécu aux incendies), cette statue est promenée dans les rues durant la fête de Sinulog, le plus grand événement annuel de Cebu.

À ne pas manquer

1. Plonger avec des tortues géantes autour de **l'île d'Apo** (p. 288), puis dans le récif multicolore
2. Découvrir une biodiversité protégée sur **l'île de Sibuyan** (p. 236)
3. Plonger parmi des bancs de sardines au large de **Moalboal** (p. 223)
4. Pratiquer les sports nautiques et profiter du soleil sur les plages fabuleuses de **Boracay** (p. 250)
5. Faire de la spéléologie dans un vaste réseau souterrain aux alentours de **Catbalogan** (p. 324) dans l'ouest de Samar

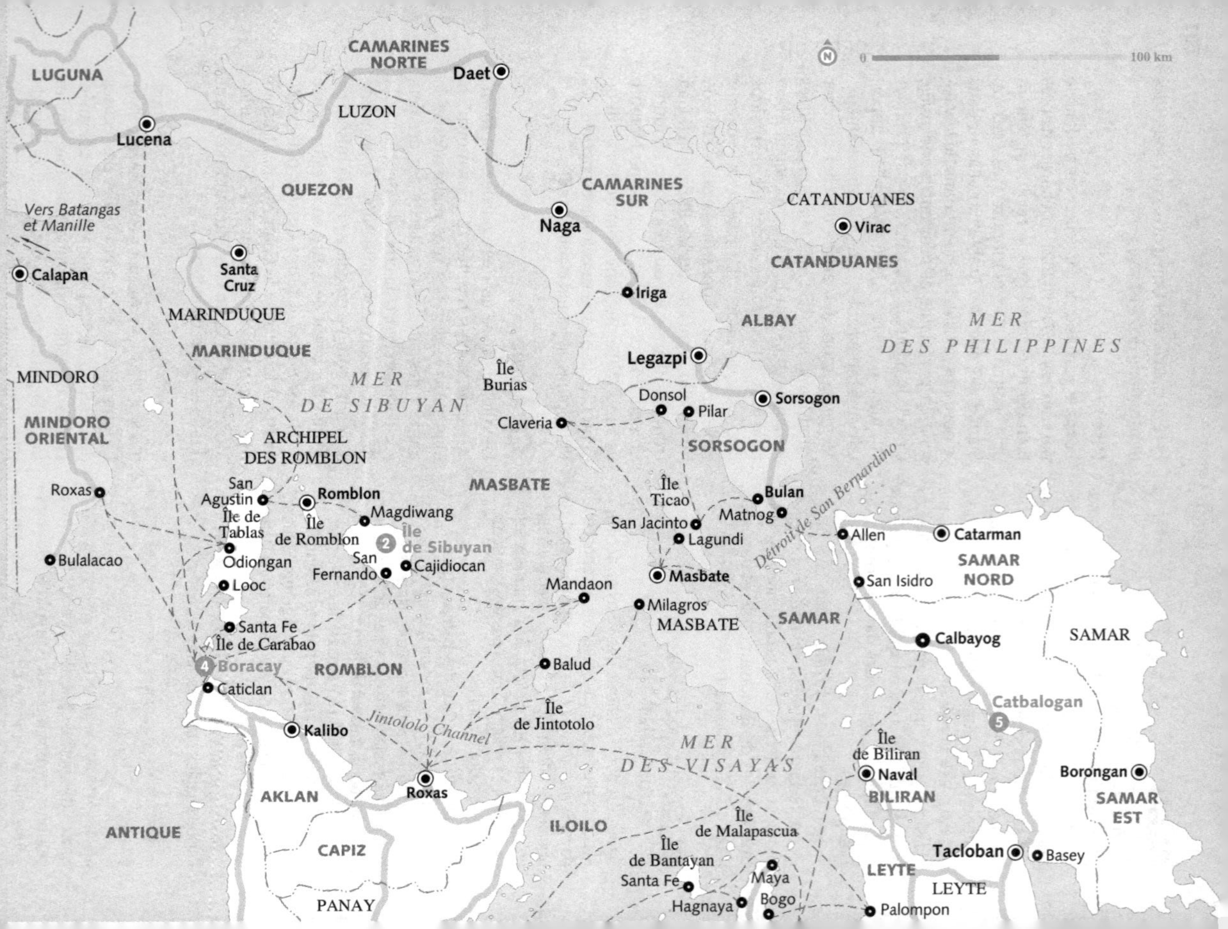

6 Plonger dans la splendide baie de Sogod à Leyte, du confortable et discret **Padre Burgos** (p. 315)

7 S'étendre sur les plages isolées et idylliques d'**Anda** (p. 306)

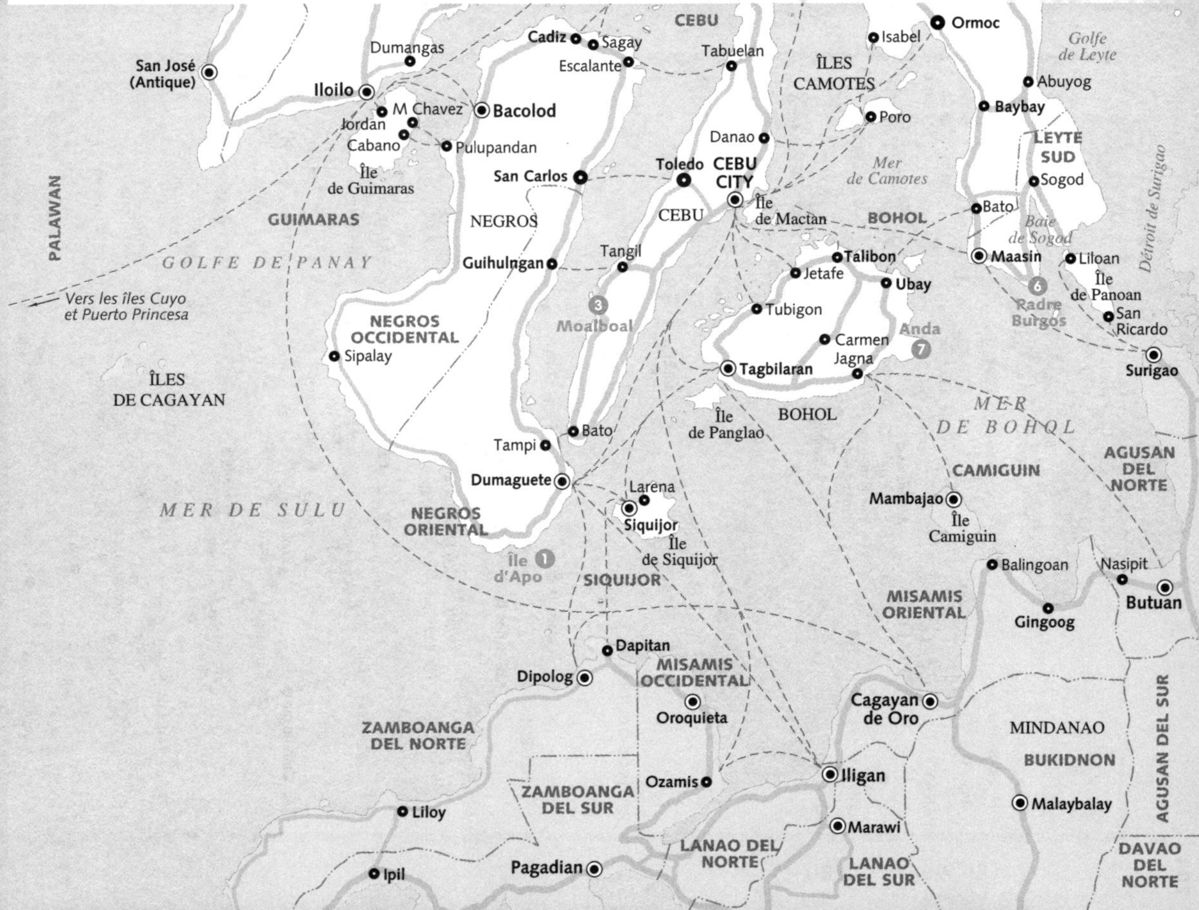

Cebu

0 30 km

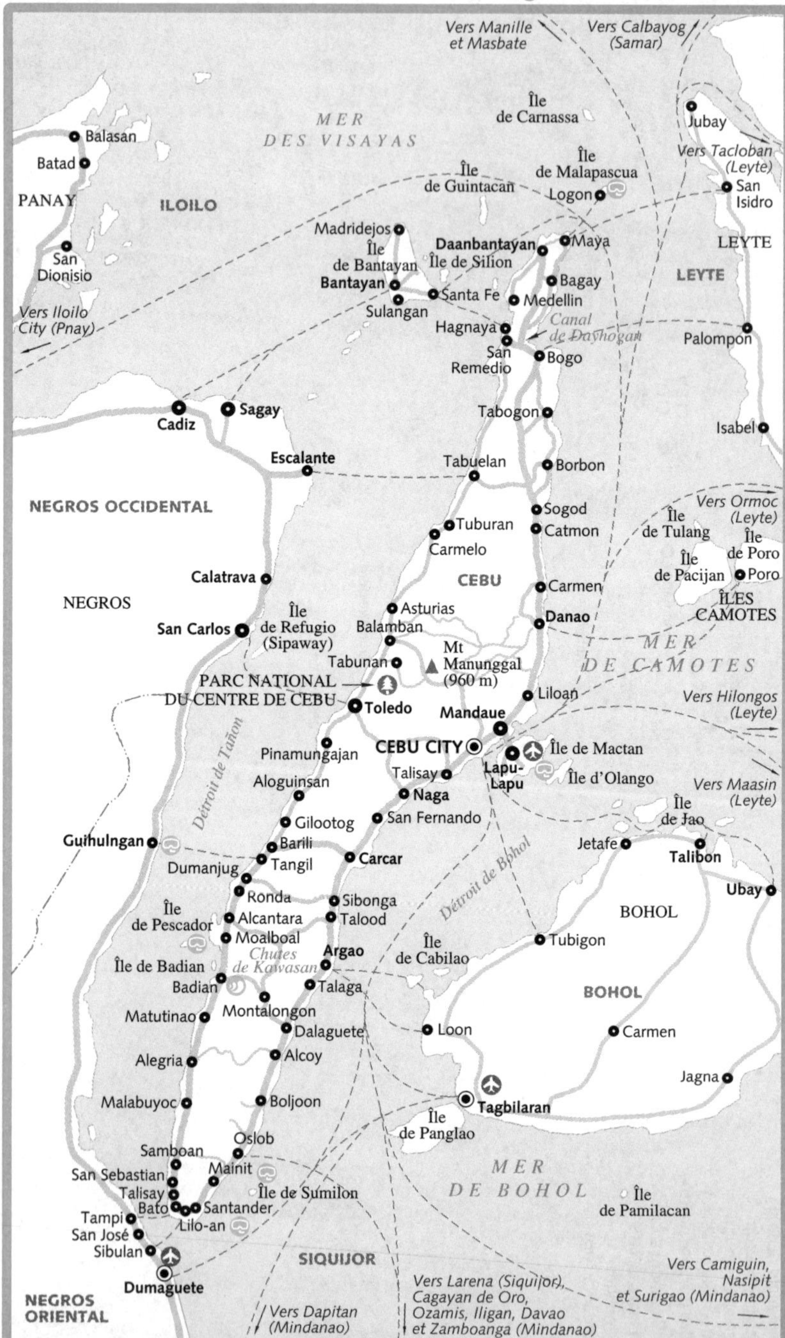
Vers Manille et Masbate
Vers Calbayog (Samar)
MER DES VISAYAS
Île de Carnassa
Jubay
Balasan
Batad
Vers Tacloban (Leyte)
Île de Malapascua
Île de Guintacan
San Isidro
PANAY
ILOILO
Logon
Madridejos
Maya
Daanbantayan
LEYTE
San Dionisio
Île de Bantayan
Île de Silion
LEYTE
Bantayan
Bagay
Santa Fe
Medellin
Sulangan
Vers Iloilo City (Pnay)
Hagnaya
Canal de Dayhogan
Palompon
San Remedio
Bogo
Cadiz
Sagay
Tabogon
Isabel
Escalante
Tabuelan
Borbon
NEGROS OCCIDENTAL
Sogod
Vers Ormoc (Leyte)
Tuburan
Catmon
Île de Tulang
Carmelo
Île de Poro
Île de Pacijan
Poro
CEBU
Calatrava
Carmen
ÎLES CAMOTES
NEGROS
Asturias
Île de Refugio (Sipaway)
Danao
San Carlos
Balamban
MER DE CAMOTES
Mt Manunggal (960 m)
Tabunan
PARC NATIONAL DU CENTRE DE CEBU
Liloan
Vers Hilongos (Leyte)
Toledo
Mandaue
CEBU CITY
Île de Mactan
Pinamungajan
Lapu-Lapu
Talisay
Île d'Olango
Aloguinsan
Naga
Vers Maasin (Leyte)
Détroit de Tañon
Île de Jao
Gilootog
San Fernando
Guihulngan
Barili
Jetafe
Talibon
Tangil
Carcar
Dumanjug
Ubay
Ronda
Sibonga
Détroit de Bohol
Île de Pescador
Alcantara
Talood
BOHOL
Moalboal
Tubigon
Chutes de Kawasan
Argao
Île de Cabilao
Île de Badian
Badian
Talaga
BOHOL
Montalongon
Matutinao
Loon
Carmen
Dalaguete
Alcoy
Alegria
Jagna
Malabuyoc
Boljoon
Tagbilaran
Île de Panglao
Oslob
Samboan
MER DE BOHOL
San Sebastian
Mainit
Talisay
Île de Sumilon
Île de Pamilacan
Bato
Santander
Tampi
Lilo-an
San José
Sibulan
SIQUIJOR
Vers Camiguin, Nasipit et Surigao (Mindanao)
Dumaguete
Vers Larena (Siquijor), Cagayan de Oro, Ozamis, Iligan, Davao et Zamboanga (Mindanao)
NEGROS ORIENTAL
Vers Dapitan (Mindanao)

Le dimanche, la basilique se remplit de pèlerins, de marchands d'eau et de vendeurs de reproductions du Santo Niño.

Croix de Magellan SITE HISTORIQUE

(Carte p. 206). Héritage catholique de Magellan, une grande croix en bois se dresse dans une rotonde en pierre (construite en 1841) face à l'hôtel de ville. Le crucifix contiendrait des vestiges d'une croix plantée par Magellan sur le rivage de Cebu en 1521. Une peinture sur le plafond de la rotonde représente Magellan érigeant la croix (en réalité, les autochtones firent le travail sous la supervision de Magellan et de ses compagnons). Après le Santo Niño, cette croix est la relique religieuse la plus vénérée de Cebu.

Museo Sugbo-Cebu Provincial Museum MUSÉE

(Carte p. 206 ; M Cuenco Ave ; adulte/enfant 75/50 P ; ⏲9h-17h30 lun-sam). Ouvert en 2008 sur le site de l'ancienne prison provinciale, ce complexe réunit trois musées. Le musée Sugbo, le plus intéressant, comprend quatre galeries consacrées à Cebu à différentes époques : précoloniale, colonisation espagnole, colonisation américaine et Deuxième Guerre mondiale. On découvre comment les Cebuanos déformaient les crânes des bébés pour des raisons esthétiques au XVIe siècle. À l'étage, la galerie consacrée à la Deuxième Guerre mondiale contient notamment une bombe américaine lancée sur Cebu, une médaille du Purple Heart et des affiches de propagande. Les bâtiments entourent une jolie cour avec un café et une boutique de souvenirs.

Fort San Pedro FORTERESSE

(Carte p. 206 ; S Osmeña Blvd ; adulte/enfant 30/20 P ; ⏲8h-19h30). Construit en 1565 sur ordre de Miguel López de Legazpi, le conquérant des Philippines, le fort San Pedro servit de garnison, de bastion pour les rebelles, de prison et de zoo municipal. Aujourd'hui en ruine, il est devenu un jardin entouré d'un mur, une retraite idéale pour échapper au tumulte du centre-ville.

Casa Gorordo Museum MUSÉE

(Carte p. 206 ; 35 L Jaena St ; adulte/enfant 70/10 P ; ⏲9h-18h mar-dim). À Downtown, dans un paisible quartier résidentiel, le musée Casa Gorordo était à l'origine une demeure privée construite dans les années 1850 et achetée par les Gorordo, une puissante famille de Cebu. Les murs de la partie inférieure sont en pierre de corail de Mactan et les splendides quartiers d'habitation à l'étage, en bois dur philippin, uniquement assemblé avec des chevilles en bois. Outre des influences

LA RÉSERVE DE PAPILLONS DE JUMALON

Julian Jumalon (1909-2000), artiste cebuano renommé et collectionneur de papillons, installa le fascinant **Jumalon Butterfly Sanctuary** (☎261 6884 ; 50 P ; ⏲9h-17h) dans sa maison, à l'ouest de Downtown. Il acquit son savoir durant ses expéditions en forêt pour étudier les papillons. Il découvrit de nouvelles espèces locales et remporta de nombreux prix de biologie. Il milita aussi activement pour la restauration et la protection de sites historiques de Cebu.

La partie la plus intéressante de cette réserve est la petite galerie d'art adjacente ; elle contient des mosaïques en ailes de papillon, réalisées par Jumalon avec des ailes endommagées recueillies auprès d'entomologistes du monde entier. Des aquarelles originales de l'artiste côtoient leurs superbes doubles en mosaïque de lépidoptères.

Au début de la Deuxième Guerre mondiale, le gouvernement philippin demanda à Jumalon de dessiner des billets de banque. Aujourd'hui considérés comme des pièces de collection, ces billets sont exposés au musée Sugbo.

La réserve elle-même ravira les amateurs de papillons. Le matin est le meilleur moment pour les observer, surtout durant la saison de reproduction, d'août à janvier. La réserve est dirigée par le fils et la fille de l'artiste, tout aussi passionnés, qui proposent une visite instructive du jardin, de l'exposition sur le cycle de vie du papillon et de la collection exhaustive de papillons nocturnes et diurnes dans la salle principale.

Pour rejoindre la réserve, prenez un jeepney (n°9 ou 10) dans N Bacalso Ave, qui devient Cebu South Rd, et descendez à Macopa St (après la seconde passerelle piétonne). Remontez Macopa St et prenez la première à gauche après la Basak Elementary School. La réserve se trouve au bout de la rue (lors de nos recherches, il était question de rebaptiser cette rue "Jumalon"). Du centre-ville, la course en taxi coûte environ 80 P.

espagnoles et locales, la maison respecte les principes du feng shui, en raison de l'ascendance chinoise de la matriarche des Gorordo, Donna Telerafora. Parmi les objets exposés figurent des ustensiles de cuisine, de vieilles photos et des meubles. Demandez à voir les carrosses, à l'extérieur.

Tops Lookout POINT DE VUE

(100 P). Majestueux arrière-plan pour Cebu City, le mont Busay offre une vue superbe du Tops Lookout. Communément appelée "Tops", cette plate-forme d'observation moderne aux allures de forteresse domine un panorama spectaculaire, surtout à l'aube et au crépuscule. Des stands d'en-cas vendent des bières pour 60 P. Pour rejoindre le Tops, prenez un jeepney du Capitol Building (signalé O4H Plaza Housing) au JY Square Mall. Ensuite, grimpez en *habal-habal* (moto-taxi ; aller-retour 300-400 P) la route sinueuse jusqu'au sommet. L'aller-retour en taxi coûte de 1 000 à 1 500 P ; négociez le prix avant de démarrer.

Un autre point de vue se trouve à Mountain View, non loin. En chemin, les plus intrépides feront peut-être un détour par les tyroliennes du parc de Doce Pares.

Cebu Provincial Detention and Rehabilitation Center CENTRE DE RÉINSERTION

(CPDRC). C'est ici que vous pouvez voir danser les détenus qui ont fait sensation sur YouTube il y a quelques années avec leur interprétation de *Thriller* de Michael Jackson. Ce spectacle a été monté par Byron Garcia, directeur de la prison et amoureux de la pop des années 1980, qui a voulu insuffler un peu de rythme aux exercices physiques des détenus. Des représentations gratuites ont lieu le dernier samedi du mois ; vous devez d'abord vous inscrire au bureau du **Capitol Building** (☎254 1882). Le transport gratuit est proposé du Capitol Building au CPDRC.

Cebu City – Downtown

Fêtes et festivals

La **fête de Sinulog** attire chaque année des pèlerins de tout le pays. Célébrée le 3e dimanche de janvier, Sinulog, ou Fiesta Señor, est la fête du Santo Niño (l'Enfant Jésus) et s'accompagne d'une procession qui transporte la statue révérée. Le mot *sinulog* est un terme visayan qui désigne une danse imitant le rythme du fleuve. Rituel animiste à l'origine, la danse rend hommage au Santo Niño depuis la conversion des Cebuanos au christianisme.

Où se loger

Cebu City offre un grand choix d'hébergements. Si vous prévoyez de loger à Uptown, ce que nous recommandons, mieux vaut réserver. Les hôtels de Downtown n'ont souvent guère d'attrait, hormis leurs prix bas.

DOWNTOWN

Diplomat Hotel HÔTEL $$

(Carte p. 206 ; ☎253 0099 ; www.diplomathotelcebu.com ; 90 F Ramos St ; d 1 300-2 100 P ; ❄📶). Avec des réceptionnistes efficaces et d'élégants canapés en cuir, le Diplomat ne manque pas d'allure. Les chambres, un peu datées mais fonctionnelles, s'agrémentent d'un grand bureau et d'un bon éclairage. Wi-Fi payant.

Teo-Fel Pension House PENSION $

(Carte p. 206 ; ☎253 2482 ; 4 Junquera St ; s/d à partir de 450/650 P ; ❄). Les doubles disposent d'eau chaude et un supplément de 100 P procure une TV dans les simples standard. Calme et centrale, une pension tout en hauteur d'un bon rapport qualité/prix.

Hotel de Mercedes HÔTEL $

(Carte p. 206 ; ☎253 1105 ; www.hoteldemercedes.com ; 7 Pelaez St ; s/d à partir de 490/670 P ; ❄). Hôtel classique dans la partie louche de la ville, il comprend des chambres pratiques avec climatisation et TV câblée, ainsi qu'un bar-restaurant.

Century Hotel HÔTEL $

(Carte p. 206 ; ☎255 1341 ; www.cebucenturyhotel.com ; angle Colon St Pelaez St ; s/d/lits jum 550/630/740 P ; ❄). L'éclairage bleu fluo des couloirs rappelle un hôpital et l'eau chaude n'est disponible qu'à certaines heures matin et soir, mais le Century, un peu négligé, reste une bonne affaire pour les petits budgets.

UPTOWN

♥ **Premiere Citi Suites** HÔTEL $$

(Carte p. 208 ; ☎266 0442 ; www.premierecitisuites.webs.com ; 62 M Cristina St ; ch 995-1 895 P ; ❄📶). D'un excellent rapport qualité/prix, ce nouvel hôtel stylé en plein centre et au personnel sympathique affiche souvent complet. Chambres lumineuses avec draps blancs impeccables et TV à écran plat. Eau filtrée gratuite à chaque étage. Bar sur le toit avec vue sur la montagne.

Cebu R Hotel HÔTEL $$

(Carte p. 208 ; ☎505 7188 ; www.ceburhotel.com ; 101 M Cui St ; s/d à partir de 1 020/1 360 P ; ❄@📶). Un parfum d'assurance légitime flotte dans ce nouvel hôtel proche du Capitol Building. Tout est de bon goût, de l'uniforme du personnel aux tons citron vert et bois sombre du lobby. Les chambres comportent toutes bureau, TV à écran plat et salles de bains modernes. Certaines ont vue sur la montagne et les deluxe sont plus grandes.

Fuente Oro Business Suites HÔTEL DE CHARME $$

(Carte p. 208 ; ☎268 7912 ; www.fuenteoro.com ; 173 M Roa St, s/d à partir de 1 200/1 700 P ; ❄@📶). Cet hôtel abrite un café Cupcake Society et un centre d'affaires. Les suites superbes, à des prix attractifs, comprennent de grandes chambres confortables aux lits moelleux, des salons séparés et un bon éclairage.

🍃 **Mayflower Inn** HÔTEL $$

(Carte p. 208 ; ☎255 2800 ou 0919 438 7111 ; www.mayflowerinn.multiply.com ; A Villalon Dr ; s/d/tr 896/1 232/1 568 P ; ❄📶). Proche du Capitol Building, cet hôtel chaleureux décline un

Cebu City – Downtown

Les incontournables

	Basilica Minore del Santo Niño	C3
	Fort San Pedro	D4
	Croix de Magellan	C4
À voir		
1	Casa Gorordo Museum	D2
2	Museo Sugbo	D2
Où se loger		
3	Century Hotel	B3
4	Diplomat Hotel	B1
5	Hotel de Mercedes	B3
6	Teo-Fel Pension House	B2
Où se restaurer		
7	AA BBQ	D3
8	Carbon Market	B4
9	Elicon Cafe	B2

Cebu City – Uptown

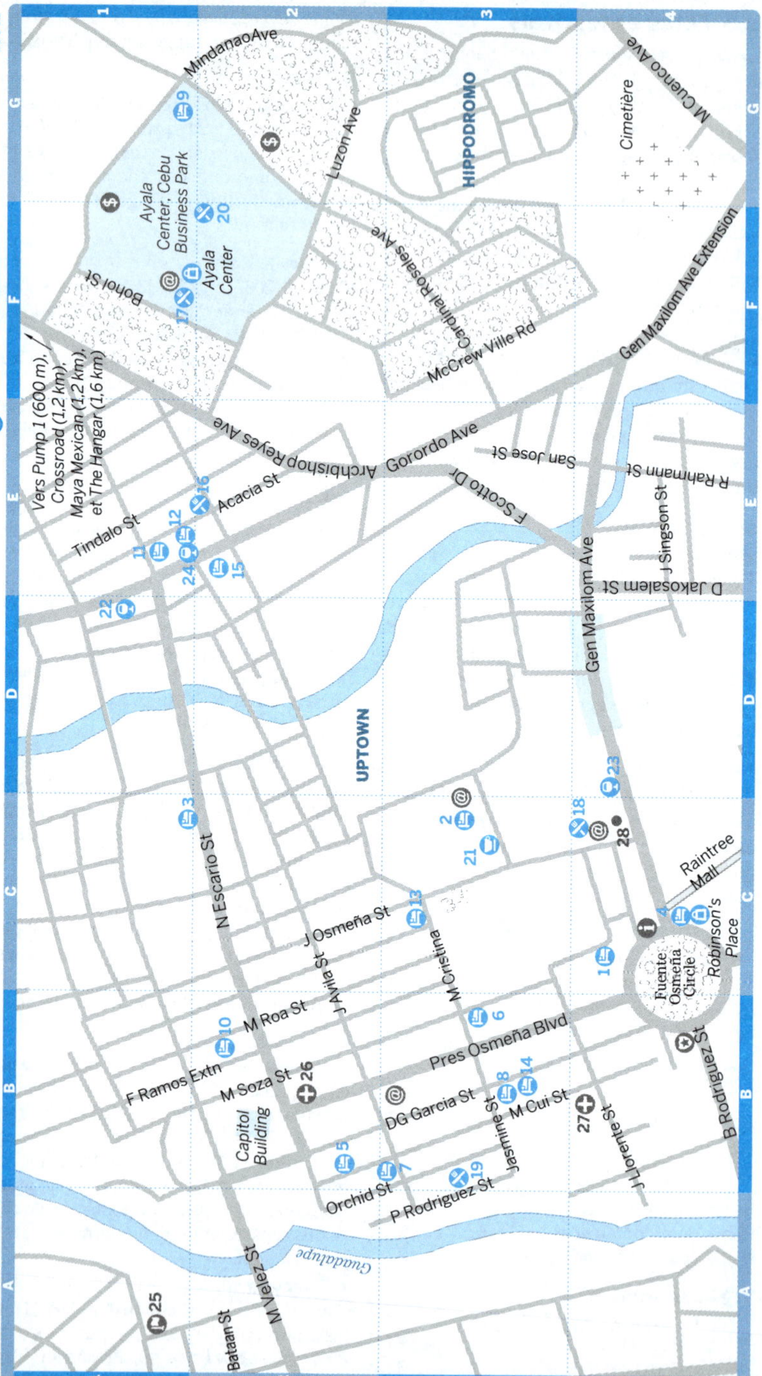

Cebu City – Uptown

Où se loger

1 Apple Tree Suites ... C4
2 Casa Rosario ... C3
3 Cebu Grand Hotel ... C1
4 Cebu Midtown Hotel ... C4
5 Cebu R Hotel ... B2
6 Fuente Oro Business Suites ... B3
7 Hotel Asia ... B3
8 Jasmine Pension House ... B3
9 Marriott Hotel ... G1
10 Mayflower Inn ... B2
11 Myra's Pensionne ... E1
12 Pensionne La Florentina ... E1
13 Premiere Citi Suites ... C3
14 Travelbee Pension ... B3
Verbena Pension House ... (voir 8)
15 West Gorordo Hotel ... E2

Où se restaurer

16 La Buona Forchetta ... E2
17 Persian Palate ... F1
18 Persian Palate ... C4
19 STK ta Bay! Sa Paolito's Seafood House ... B3
20 Terraces ... F2

Où prendre un verre

21 Cofifi Café ... C3
22 Kukuk's Nest ... D1
23 Mango Square ... D4
24 Wineshop ... E1

Achats

Fully Booked ... (voir 20)

Renseignements

25 Consulat du Canada ... A1
26 Cebu Doctors' University Hospital ... B2
27 Chong Hua Hospital ... B4
28 National Bookstore ... C4

thème mexicain. Chambres lumineuses, propres et confortables. Au rez-de-chaussée, un restaurant sert des plats philippins dans une jolie cour verdoyante.

Apple Tree Suites HÔTEL $

(Carte p. 208 ; ☎253 4236 ; www.appletreesuites-cebu.com ; 22 J Llorente St ; d/lits jum à partir de 998/1 398 P ; ❄📶). La façade délabrée cache des chambres simples et claires, aux couvre-lits abondamment fleuris. Les chambres standard n'ont pas de fenêtre, mais la vue n'a guère d'intérêt. Wi-Fi gratuit dans le lobby et café sur le toit.

Pensionne La Florentina PENSION $

(Carte p. 208 ; ☎231 3318 ; 18 Acacia St ; ch à partir de 900 P ; ❄). Dans une rue paisible, cette pension familiale est une bonne adresse pour les petits budgets. Les chambres du rez-de-chaussée sont un peu sombres. Préférez celles en étage ; la 3A est la plus belle. La pension n'a pas de restaurant, mais l'Ayala Center n'est qu'à 5 minutes de marche.

Marriott Hotel HÔTEL DE LUXE $$$

(Carte p. 208 ; ☎411 5800 ; www.marriottcebu.com ; Cardinal Rosales Ave ; d à partir de 6 260 P ; ❄📶🏊). Jouxtant l'Ayala Center, le somptueux Marriott offre des chambres confortables, décorées d'art contemporain, avec douche à pommeau pluie dans les salles de bains. Vous pouvez aussi plonger dans la piscine Oasis, joliment éclairée en soirée.

Casa Rosario PENSION $$

(Carte p. 208 ; ☎253 5134 ; www.casarosario.multiply.com ; 101 R Aboitiz St ; d à partir de 1 100 P ; ❄@📶). Ne vous laissez pas rebuter par le lobby sans goût, le reste est bien plus chic. La propreté est irréprochable et le service affable. Les chambres, peintes de couleurs vives, varient en qualité ; demandez à en voir plusieurs avant de choisir. Préférez celles en étage et en façade.

Myra's Pensionne PENSION $

(Carte p. 208 ; ☎231 5557 ; 12 N Escario St ; d avec eau froide/chaude à partir de 896/1 008 P ; ❄). Si le papier peint et les fleurs dans le hall ont un côté vieillot, l'adresse reste plaisante pour une nuit malgré le bruit de la circulation. Les petits budgets préféreront les dortoirs dans la maison de sa sœur près de JY Mall, à 336 P la nuit.

West Gorordo Hotel HÔTEL $$

(Carte p. 208 ; ☎231 4347 ; http://westgorordohotel.multiply.com ; 110 Gorordo Ave ; s/d/tr à partir de 1 150/1 650/2 150 P ; ❄📶). Des œuvres d'art ornent les chambres, agrémentées de lits moelleux, de magazines et du Wi-Fi gratuit.

Cebu Grand Hotel HÔTEL $$$

(Carte p. 208 ; ☎254 6331 ; www.cebugrandhotel.com ; N Escario St ; d à partir de 3 300 P ; ❄🏊). Des fleurs tombent en cascade des balcons de cet hôtel, en retrait de l'artère principale. Les chambres sont douillettes, avec de superbes couvre-lits et des salles de bains correctes, plus un balcon pour les deluxe, qui sont un peu plus chères.

Cebu Midtown Hotel HÔTEL $$$

(Carte p. 208 ; ☎253 9711 ; www.cebumidtownhotel.net ; Fuente Osmeña Circle ; s/d à partir de 2 700/3 000 P ;). Très bien tenu et parfaitement isolé du bruit, cet hôtel se tient au cœur de l'animation. Les chambres deluxe, dans les étages supérieurs, bénéficient d'une meilleure vue que les standard. La piscine sur le toit est idéale pour se rafraîchir en fin de journée. Wi-Fi en supplément.

Hotel Asia HÔTEL $$

(Carte p. 208 ; ☎255 8534 ; www.hotelasiacebu.com ; 11 J Avila St ; s/d à partir de 1 400/1 700 P ;). Cet hôtel élégant, tenu par des Japonais, possède un restaurant *yakiniku* (barbecue) sur le toit avec une vue superbe sur la ville. Les chambres, propres et tranquilles, ne manquent pas de caractère. Préférez cependant celles deluxe ou supérieures pour profiter de beaux meubles anciens, de draps en soie et d'une profonde baignoire.

Verbena Pension House PENSION $

(Carte p. 208 ; ☎253 3430 ; www.verbenapensionhouse.com ; DG Garcia St ; s/d/tr 750/800/1 150 P ;). Cette pension familiale est l'une des plus anciennes de Cebu et une adresse fiable pour les petits budgets. Les chambres, toutes sommaires et un peu petites, disposent de lits corrects et du Wi-Fi.

Travelbee Pension PENSION $

(Carte p. 208 ; ☎253 1005 ; 294 DG Garcia St ; d à partir de 400 P ;). Les chambres sont presque toutes sans fenêtres et les salles de bains communes plutôt petites, mais le personnel attentif et le salon accueillant en font un bon choix pour les petits budgets.

Jasmine Pension House PENSION $

(Carte p. 208 ; ☎253 3757 ; angle DG Garcia St et Jasmine St ; d/lits jum à partir de 680/720 P ;). Bien située dans une rue calme au nord de Fuente Osmeña, cette pension propose des chambres sommaires, propres et de taille moyenne. Un excellent rapport qualité/prix sans fioritures inutiles.

Arbel's Pension House PENSION $

(☎253 5303 ; 57 Pres Osmeña Blvd ; s/d à partir de 375/500 P ;). L'établissement le moins cher qu'on puisse trouver sans s'aventurer dans un quartier sordide. Les chambres sont spartiates mais dotées de fenêtres et l'endroit est assez tranquille.

LAHUG

Waterfront Hotel & Casino HÔTEL DE LUXE $$$

(☎232 6888 ; www.waterfronthotels.com.ph ; 1 Salinas Dr ; d à partir de 110 $US ;). Contrairement à ce que son nom laisse supposer, le Waterfront se situe à plus de 2 km de la mer. Temple du jeu, il séduit ceux que tentent un casino ouvert 24h/24 et d'innombrables bars et restaurants, discothèques, salles de gym, piano-bars, etc. Les chambres deluxe et "superior" ont une vue superbe.

Où se restaurer

Pour une ville de cette taille, les possibilités de restauration sont assez décevantes. Des fast-foods bordent les rues et nombre des meilleurs restaurants sont installés dans les galeries marchandes et manquent d'ambiance. Vous trouverez néanmoins quelques bonnes adresses en ville. Les stands de restauration, nombreux en ville et au **marché Carbon** (carte p. 206 ; MC Briones St), conviendront aux petits budgets.

DOWNTOWN

Elicon Cafe PHILIPPIN $

(Carte p. 206 ; www.eliconcafe.multiply.com, Del Rosario St ; plats 35-120 P ; 6h-21h lun-ven, 6h-minuit sam-dim). Ce café, carrelé de mosaïques, est une halte bienvenue au cours de la visite du centre-ville. Les plantes en pot et les jeux de société contribuent à l'ambiance plaisante et il participe à une initiative de permaculture en utilisant des produits locaux. Les végétariens se régaleront d'un délicieux *rellonong talong* (aubergines frites avec un œuf et des légumes).

AA BBQ BARBECUE $

(Carte p. 206 ; Manalili St ; plats 70-120 P). Dans ce restaurant de chaîne en plein air, les clients choisissent la viande ou le poisson crus avant qu'ils soient grillés. C'est aussi un endroit idéal pour une bière fraîche après la promenade du soir au fort San Pedro.

UPTOWN

STK ta Bay! Sa Paolito's Seafood House POISSON $$

(Carte p. 208 ; ☎256 2700 ; 6 Orchid St, Capitol Site ; repas 95-300 P ; 9h-14h30 et 17h-22h). Prisé des Cebuanos, le STK occupe une grande demeure ancestrale, remplie de souvenirs de famille. Goûtez le filet de thon, grillé au charbon de bois, qui est fumé et croustillant. Le curry de crabe de Jerry compte parmi les plats favoris de la clientèle, mais ne manquez pas les *calamares* relevés, frits dans des épices et nappés de piments verts.

Aranos ESPAGNOL $$
(☎256 1937 ; 31 Fairlane Village, Guadalupe ; repas 100-300 P ; ⏲11h-13h30 et 18h-22h lun-sam). Demandez à votre chauffeur de vous conduire à Fairlane Village dans le district de Guadalupe et repérez la porte en bois cachée par des feuillages. Dès l'entrée dans cet authentique restaurant basque espagnol, vous serez salué par le señor Arano. La salle confortable en façade, avec nappes à carreaux et souvenirs d'Espagne, donne sur un jardin intime, éclairé de guirlandes électriques, où savourer une paella maison ou une *caldereta* (ragoût de bœuf).

Terraces GALERIE MARCHANDE $$
(Carte p. 208 ; Ayala Center, Cebu Business Park). Ce nouvel espace, rattaché à l'Ayala Center, offre un choix surprenant de bons restaurants. Parmi les meilleurs figurent le **Laguna Garden Cafe** (plats 115-300 P), qui propose des plats philippins sains comme la salade d'algues *guso* arrosée d'un jus de carottes frais, le **Tsim Sha Tsui** (plats 40-200 P), un bar rose et vert qui sert des *dim sum* et du thé, parfait pour un *yum cha*, et le **Red Kimono** (plats 120-500 P), pour une cuisine japonaise contemporaine.

La Buona Forchetta ITALIEN $$$
(Carte p. 208 ; Advent Business Center ; 139 Acacia St ; repas 150-500 P ; ⏲11h-14h et 18h-23h). À l'arrière d'un paisible pâté de maisons, ce restaurant offre une cuisine italienne roborative : généreuses portions de pizza et de pâtes. Essayez les raviolis *funghi*, farcis de crème de champignons et nappés de sauce tomate au fromage. Parfait pour un déjeuner prolongé avec une bouteille de vin.

Persian Palate MOYEN-ORIENTAL $$
(Carte p. 208 ; Mango Sq Mall, General Maxilom Ave ; repas 45-300 P ; 🖉). Cette franchise prisée sert de copieuses portions de spécialités indiennes et moyen-orientales plutôt authentiques. Même les curries "hot" restent modérément épicés. La carte comprend une vaste sélection de plats végétariens, une rareté à Cebu City. Autres succursales dans l'Ayala Center et l'Asiatown IT Park.

LAHUG

Pour une cuisine internationale haut de gamme, rendez-vous à **Crossroads** (M Cuenco Ave), un minicentre commercial aux abords du Waterfront Hotel. De Fuente Osmeña Circle, un taxi avec compteur revient à 80 P.

Maya MEXICAIN $$$
(☎238 9552 ; Crossroads, Banilad ; plats 300 P ; ⏲16h-tard lun-ven, à partir de 11h sam-dim). De lourdes portes en bois sculpté ouvrent sur un restaurant élégant, au joli décor mexicain et éclairé aux chandelles, mais la musique gêne la conversation. La cuisine est tex-mex, avec quelques spécialités comme les tacos au poisson grillé parfumé de citron vert et de coriandre et un choix de tequilas 100% agave. Dégustation de tequila.

Golden Cowrie Native Restaurant PHILIPPIN $$
(☎233 4243 ; Salinas Dr ; plats 230 P ; ⏲11h-14h et 18h-22h). Un lieu idéal pour apprécier la cuisine philippine. Les chefs préparent de délicieuses spécialités régionales de tout le pays, avec une préférence pour celles de Cebu comme le *manok halang halang* (soupe de poulet épicée). Les longues tables et les fenêtres treillissées coloniales créent une ambiance informelle. Succursale au Terraces.

Où prendre un verre et sortir

Cebu City est réputée à juste titre pour sa vie nocturne animée et compte de nombreuses discothèques. Les endroits les plus fréquentés se regroupent, aussi choisissez un quartier, prenez un taxi et, lorsque vous êtes las d'un club, entrez dans le suivant.

Wineshop BAR À VIN
(Carte p. 208 ; www.thewineshopcebu.com ; 51 Gorordo Ave ; ⏲10h-14h). Une clientèle locale et étrangère fréquente ce bar convivial tenu par des Espagnols. Si vous rêvez de tapas (65-140 P), vous serez déçu par les *sardinas* (sorties de la boîte) et surpris par le *kinilaw* (*ceviche* philippin). Du lundi au samedi, profitez de la musique live en commandant un pichet de vin rouge maison (135 P).

Kukuk's Nest RESTOBAR

(Carte p. 208 ; 124 Gorordo Ave). Des Philippins, des expatriés et un dessinateur résident se retrouvent dans ce restobar négligé, ouvert 24h/24. Les tables et les chaises en plastique installées sur le trottoir sont parfaites pour lier connaissance dans une ambiance détendue ou pour terminer la soirée après la fermeture des autres bars. Des chambres à petits prix sont aussi disponibles.

Cofifi Café CAFÉ

(Carte p. 208 ; R Aboitiz St ; café 50-75 P ; ⊙7h30-minuit ; 📶). Avec des sols en béton ciré, des meubles originaux et un bon café, ce refuge séduit les jeunes branchés qui s'installent avec leur ordinateur portable pour profiter du Wi-Fi gratuit et siroter une boisson glacée aux miettes de cookies (85 P). Il sert des petits-déjeuners classiques, des pâtisseries et des sodas italiens à la cerise, au concombre ou à la menthe. Juste à côté de Calda Pizza.

Mango Square DISCOTHÈQUES

(Carte p. 208 ; Mango Sq Mall, Mango Ave ; entrée par discothèque avec 1 boisson 50-100 P). Dans ce paradis des *clubbers* l'animation débute vers 22h et les boîtes les plus prisées ouvrent jusqu'à l'aube. Le **Beat**, un club sur 2 niveaux avec musique live et DJ, séduit surtout des étudiants locaux. Grimpez l'escalier jusqu'au **Hybrid**, une nouvelle adresse prisée, bondée les vendredi et samedi soir. Si vous préférez les salons VIP, rendez-vous au **Juliana's** ; vous devrez faire la queue et plaire aux vigiles avant de danser sur de la house, de la techno et du R&B dans l'une des discothèques les mieux tenues de Cebu. Le **Numero Doce** est un bar gay.

Asiatown IT Park DISCOTHÈQUES

Essentiellement fréquenté par de jeunes professionnels, ce long tronçon de rue est bordé de restaurants, bars et discothèques haut de gamme. Le **Loft** (☎231 3284 ; Skyrise Bldg, Lahug), une adresse prisée, était en travaux lors de nos recherches. Au 3e niveau du même bâtiment, le **Penthouse** (☎231 3284) accueille des DJ qui mixent de la house, de la techno et du R&B du haut d'un podium.

Pump 1 DISCOTHÈQUE

(Hors carte p. 208 ; ☎232 3637 ; Archibishop Reyes, Lahug). Derrière le Grand Convention Centre, cette discothèque prisée des étudiants résiste dans le paysage changeant des boîtes de nuit. Après s'être dépensés sur la piste de danse, les groupes s'installent en terrasse sous des parasols, pour prendre un verre.

Hangar DISCOTHÈQUES

(Salinas Dr, Lahug). Impossible de manquer ce secteur nocturne à Lahug, signalé par un avion géant suspendu à l'entrée. Parfois appelé Sunflower City (du nom du club à l'arrière), il s'agit d'un espace semi-découvert avec bars et clubs indépendants. Premier de la rangée, le **Tonyo's Bar & Resto** est le genre d'endroit où l'on peut boire un tube de bière de 3 litres (225 P) en regardant des groupes de musiciens. Plus loin, le **Nuvo** est une discothèque plus classique avec piste de danse, DJ et lumière fluo.

Achats

Fully Booked (carte p. 208 ; www.fullybookedonline.com ; the Terraces, Ayala Center) et **National Bookstore** (carte p. 208 ; www.nationalbookstore.com.ph) sont de bonnes adresses pour des cartes, livres et magazines philippins ou internationaux. Fully Booked se tient dans les Terraces, dans l'Ayala Center. National Bookstore dispose de succursales dans la plupart des galeries marchandes.

Renseignements

La brochure *Your Guide to Cebu*, disponible dans la plupart des librairies, comprend la liste complète des consulats à Cebu City.

Le **Bureau de l'Immigration** (BOI ; ☎345 6442 ; www.immigration.gov.ph ; angle Burgos St et Mandaue Ave, Mandaue ; ⊙8h-11h30 et 13h-16h30 lun-ven) se situe derrière la caserne de pompiers de Mandaue, en face du Mandaue Sports Complex. Mandaue, une banlieue de Cebu City, s'étend de l'autre côté du pont vers l'île de Mactan, sur la route de l'aéroport. Venez tôt pour éviter une longue attente.

Des cartes touristiques correctes sont distribuées gratuitement à l'aéroport, au Department of Tourism et dans la plupart des hôtels. Plus détaillée et en vente partout, l'*E-Z Map for Cebu* (100 P) couvre Cebu City, Mandaue, Mactan et Moalboal.

Pour des cartes nautiques et topographiques, rendez-vous à la **National Mapping & Resource Authority** (NAMRIA ; carte p. 206 ; ☎505 9945 ; pièce 301, 3e ét, Osmeña Bldg, angle Pres Osmeña Blvd et D Jakosalem St ; ⊙8h-12h et 13h-17h lun-ven).

Accès Internet

Les cybercafés (15-30 P/heure) sont nombreux, surtout dans les rues animées d'Uptown et aux alentours des universités. Les cafés Bo's Coffee Club dans Pres Osmeña Blvd et l'Ayala Center offrent l'accès Internet gratuit avec le café. L'Ayala Center et SM City abritent des cybercafés.

LA PROSTITUTION AUX PHILIPPINES

La prostitution, y compris enfantine, est un problème social majeur aux Philippines. D'après diverses estimations, elle concernerait environ 400 000 personnes dans le pays, dont 20% d'enfants. La plupart des prostituées viennent de familles pauvres de province et constituent des proies faciles pour les bars à hôtesses, qui prélèvent la majeure partie de leurs gains en échange de l'essentiel pour survivre.

La prostitution féminine

Le commerce du sexe a proliféré autour des bases militaires américaines de Clark et Subic Bay et a atteint son apogée à la fin de l'ère Marcos. Les Américains ont été chassés en 1991, mais la prostitution reste endémique dans des endroits comme Angeles, Subic, Cebu City et certains quartiers de Manille. Dans des magazines étrangers, les Philippines sont vantées comme une destination de tourisme sexuel.

Bien que la prostitution soit officiellement illégale dans le pays, les quartiers chauds des grandes villes, les bars à karaoké, les "discothèques", les go-go bars et les clubs de strip-tease fonctionnent librement et ouvertement. L'acronyme GRO (*guest relation officers*, agents de relation avec les hôtes) est un euphémisme pour désigner les call-girls. Les policiers, souvent payés par l'industrie du sexe, ont tendance à fermer les yeux.

Le bureau Asie-Pacifique de la **Coalition Against Trafficking in Women** (☎02-426 9873 ; www.catw-ap.org) est installé à Quezon City, Manille. Son site Internet renseigne sur la prostitution aux Philippines et comporte des liens utiles. À Angeles, la **Renew Foundation** (www.renew-foundation.org) œuvre à sortir de la rue des prostituées en leur apprenant un métier et en leur procurant un abri.

La prostitution enfantine

Une omerta entoure l'abus sexuel des enfants aux Philippines. Si la *hiya* (honte) joue un rôle dans ce silence, il est le plus souvent acheté. La pédophilie est lucrative, pour les entremetteurs qui organisent les rencontres entre pédophiles et enfants, mais aussi pour les fonctionnaires chargés de faire respecter la loi, qui se font payer pour fermer les yeux.

Le tourisme sexuel pédophile est considéré comme un crime dans de nombreux pays, dont les pays européens. Des lois extraterritoriales permettent de poursuivre et de punir les coupables dans leur pays de résidence. En plus de ces lois, des mesures plus dures (dont l'emprisonnement) sont désormais prises dans les pays référencés comme foyers d'exploitation sexuelle d'enfants.

À Quezon City, **ECPAT Philippines** (☎02-920 8151 ; ecpatphil@gmail.com) travaille à promouvoir un tourisme qui ne menace pas les enfants et à mettre fin à leur exploitation sexuelle. Pour signaler un incident, contactez ECPAT, la **Philippine National Police Women and Children's Division** (☎0919 777 7377) ou la **Human Trafficking Action Line** (☎02-1343).

Le Internet Cafe (☎254 1181 ; Mango Plaza, General Maxilom Ave ; ⊙8h-minuit)

Ludan's Internet Cafe (F Ramos St ; ⊙8h-1h). En face de la Chinabank.

Prints & More (☎254 2467 ; Pelaez St ; ⊙9h-18h)

Agences de voyages

Quelques agences sont installées dans le foyer du Diplomat Hotel et dans la plupart des galeries marchandes.

2GO Modern Teknika (☎254 6741 ; 98 F Ramos St). Autres succursales dans l'Ayala Center et à Mandaue City.

Grand Hope Travel (☎254 0343 ; Rajah Park Hotel, Fuente Osmeña Circle)

Uni-Orient Travel (carte p. 206 ; ☎253 1866 ; Diplomat Hotel, 90 F Ramos St)

Argent

Les grandes banques ont des agences autour de Fuente Osmeña et dans l'Ayala Center. HSBC permet les retraits les plus élevés (40 000 P). Les DAB sont nombreux dans les galeries marchandes, avec des retraits limités à 10 000 P.

Bank of Commerce (Fuente Osmeña Circle). Entre Rodriguez St et Pres Osmeña Blvd.

Citibank (Cebu Business Park, Mindanao Ave). Près de l'Ayala Center. Change espèces et chèques de voyage ; retrait jusqu'à 15 000 P au DAB ⌚24h/24.

HSBC (Cebu Business Park, Cardinal Rosales Ave). Près de l'Ayala Center. Change les espèces et les chèques de voyage ; DAB ⌚24h/24.

Offices du tourisme

Comptoir d'information touristique de l'aéroport (Mactan-Cebu International Airport). Dans le terminal des arrivées ; ⌚24h/24.

Department of Tourism (DOT ; carte p. 206 ; ☎254 2811 ; www.visitmyphilippines.com ; rdc, LDM Bldg, Legaspi St ; ⌚7h-17h lun-ven) Cartes et brochures gratuites, dont *Where at Cebu*, horaires des transports et réservations d'hébergements.

Poste

La **poste principale** (☎253 8892) se tient dans Downtown, près de l'embarcadère 1 et du fort San Pedro. Dans Uptown, une poste jouxte le Capitol Building. Des bureaux de poste sont installés dans la plupart des universités. Des agences de coursiers internationaux se trouvent à l'extérieur de l'entrée principale de l'Ayala Center.

Services médicaux

Cebu Doctors' University Hospital (carte p. 208 ; ☎253 7511 ; Pres Osmeña Blvd)

Chong Hua Hospital (carte p. 208 ; ☎255 8000 ; M Cui St)

Urgences

Cebu City Tourist Police Station Fuente (☎253 5636) ; R Landon St (☎231 5802). Police touristique.

Report Child Sex Tourism National Hotline (☎à Manille 02-524 1660). Pour signaler un cas de tourisme sexuel impliquant des enfants.

Task Force Turista (☎254 4023 ; ⌚24h/24). Police touristique.

ℹ Depuis/vers Cebu City

Avion

Deuxième aéroport après celui de Manille en termes de trafic aérien, le **Mactan-Cebu International Airport** (MCIA ; ☎340 2486 ; 📶) se situe sur l'île de Mactan, à 15 km à l'est de Cebu City. Taxes d'aéroport (en espèces) : vols domestiques 200 P, vols internationaux 550 P.

Aux Philippines, les 4 principales compagnies domestiques desservent Manille et des villes de province, dont Bacolod, Cagayan de Oro, Caticlan, Davao, General Santos, Iloilo, Puerto Princesa, Ozamis, Siargao, Tacloban et Zamboanga.

Mid-Sea Express (www.midseaexpress.com). Courts vols plusieurs fois par semaine vers des destinations peu éloignées, dont Bantayan, Siquijor, Camiguin et Tagbilaran.

Les compagnies suivantes disposent d'agences au MCIA :

Airphil Express (☎341 0930 ; www.airphilexpress.com)

Cebu Pacific (☎230 8888 ; www.cebupacificair.com)

Mid-Sea Express (☎495 6976 ; www.midseaexpress.com)

Philippine Airlines (PAL ; ☎340 0422 ; www.philippineairlines.com)

South East Asian Airlines (SEAIR ; ☎268 5670 ; www.flyseair.com)

Zest Air (☎341 0226 ; www.zestair.com.ph)

Bateau

Une véritable armada de bateaux relie le vaste port de Cebu au reste du pays. Il s'agit de ferries rapides appelés *fastcrafts*, empruntés pour les courts trajets, de car-ferries plus lents RORO, ou de grands bateaux à plusieurs ponts.

Les informations sur les transports maritimes sont sujettes à changement. Les journaux *Sun Star* et *Cebu Daily* publient des horaires assez fiables, mais mieux vaut vérifier auprès des compagnies maritimes. Faites-vous confirmer l'embarcadère de départ pour éviter une course à la dernière minute. Achetez votre billet à l'embarcadère plutôt que dans une agence. Dans la plupart des cas, la billetterie de la compagnie se tient sur le quai d'où partent ses bateaux.

2GO (Aboitiz Express ; ☎233 7000 ; ⌚10h-18h), qui a des bureaux dans Robinson's Plaza, l'Ayala Center et SM City, vend des billets de SuperFerry, SuperCat, Negros Navigation et Cebu Ferries.

Compagnies de bateaux de passagers :

Cebu Ferries (☎233 7000 ; www.cebuferries.com ; embarcadère 4)

Cokaliong Shipping (☎232 7211-18 ; www.cokaliongshipping.com ; embarcadère 1)

George & Peter Lines (☎254 5154 ; embarcadère 2)

Golden Express (☎255 7560 ; embarcadère 1)

Island Shipping (☎416 6592 ; embarcadère 3)

Kinswell Shipping Lines (☎038-512 1195 ; embarcadère 3)

Lite Shipping Corporation (☎416 6462 ; www.lite-shipping.com ; embarcadère 1).

Montenegro Shipping Lines (☎in Batangas 043-723 6980 ; www.montenegrolines.com.ph ; embarcadère 5)

Negros Navigation (☎02-554 8777 ; www.negrosnavigation.ph ; embarcadère 4)

Oceanjet (☎255 7560 ; www.oceanjet.net ; embarcadère 1)

Palacio Shipping Lines (☎255 4538 ; embarcadère 1)

Philippine Span Asia Carrier Corp (PSACC ; ☎232 5361 ; Sulpicio Go St, Reclamation Area)

Roble Shipping (☎232 2236 ; embarcadère 3)

SuperCat (☎233 9630 ; www.supercat.com.ph ; embarcadère 4)

SuperFerry (☎233 7000 ; www.superferry.com.ph ; embarcadère 4)

Super Shuttle Ferry (☎232 3150 ; www.supershuttleferry.com ; SM City). Réservez auprès de Travellers' Lounge.

Trans-Asia Shipping Lines (☎254 6491 ; www.transasiashipping.com ; embarcadère 5)

VG Shipping (☎238 7635 ; embarcadère 3)

Weesam Express (☎412 9562 ; embarcadère 4)

Destinations desservies à partir de Cebu City :

BILIRAN Roble Shipping propose un bateau en soirée pour Naval (450 P, 9 heures) le samedi et le lundi, tandis qu'un ferry Super Shuttle (430 P) part le mercredi à 20h.

BOHOL Tagbilaran est le principal point d'entrée, desservi plusieurs fois par jour par des fastcrafts Oceanjet (520 P, 2 heures), SuperCat (520 P, 1 heure 45) et Weesam Express (500 P, 1 heure 45). Cokaliong (210 P, 5 heures), Lite Shipping (220 P, 4 heures) et Palacio Shipping (4 heures) offrent aussi des bateaux plus lents et moins fréquents.

Parmi d'autres ports moins utilisés figurent Tubigon, desservi, entre autres, par Island Shipping (150 P, 1 heure 30) et Kinswell Shipping (180 P, 1 heure 15), et Talibon que rallie VG Shipping (240 P, 3 heures) 2 fois/jour.

CAMOTES Golden Express propose un ferry quotidien à 17h30 pour Poro (380 P, 2 heures).

LEYTE Cokaliong offre 3 ou 4 ferries/semaine pour Maasin (320 P, 6 heures), Baybay (250 P, 6 heures) et Palompon (320 P, 5 heures 30). Des *fastcrafts* de SuperCat (895 P, 3 heures) et Weesam (650 P, 2 heures 15) rejoignent Ormoc plusieurs fois par jour, tandis que Cebu Ferries (400 P, 4 heures) et Lite Shipping (400 P, 5 heures) proposent des services plus lents. Un service quotidien de Roble Shipping part à 21h pour Hilongos (250 P, 5 heures).

LUZON SuperFerry propose 4 bateaux/semaine pour Manille (1 600 P, 24 heures), PSACC (1 005 P, 24 heures) offre 2 bateaux les dimanche et mercredi et Negros Navigation un service hebdomadaire le mercredi à 20h (1 128 P, 21 heures).

MASBATE Trans-Asia Shipping Lines dessert Masbate Ville (575 P) 3 fois/semaine à 18h.

MINDANAO Cebu Ferries part en soirée 2 ou 3 fois par semaine pour Cagayan de Oro (935 P, 10 heures), Nasipit (825 P, 12 heures), Surigao (825 P, 7 heures), Ozamis (850 P, 11 heures) et Iligan (850 P, 14 heures 30). SuperFerry offre des services similaires pour Cagayan, Nasipit et Surigao, ainsi qu'un bateau le dimanche soir pour Camiguin. George & Peter Lines rallie Dapitan (600 P, 11 heures) et Cagayan, tandis que Trans-Asia dessert Cagayan, Ozamis et Zamboanga (6 heures). PSACC se rend aussi à Cagayan et Butuan. Cokaliong offre un service régulier pour Surigao, Dapitan et Zamboanga.

NEGROS Cokaliong (300 P, 6 heures) et George & Peter (300 P, 6 heures) proposent chacun des ferries quotidiens pour Dumaguete. Ocean Jet offre un *fastcraft* (970 P, 4 heures) via Tagbilaran.

PANAY Trans-Asia (710 P, 12 heures, 6/sem) et Cokaliong (550 P, 12 heures, 3/sem) desservent Iloilo.

SAMAR Un bateau de Roble Shipping part le vendredi à 19h pour Catbalogan (650 P, 12 heures). Palacio (780 P, 12 heures) et Cokaliong (690 P, 11 heures) proposent des départs à 19h pour Calbayog 3 fois/semaine.

SIQUIJOR Cokaliong offre un ferry/semaine pour Larena le lundi à 13h (280 P, 8 heures).

Bus

Ceres Bus Liner (☎345 8650) est la principale compagnie de bus qui dessert la région de Cebu. **La gare routière sud** de Cebu se situe à courte distance en taxi du centre-ville (environ 50 P) ; vous pouvez aussi prendre un jeepney Basak-Colon, Urgello-Colon ou Labangon-Colon-Pier. De cette gare, des bus partent toute la journée pour Argao (70 P, 2 heures), Bato via Moalboal ou Oslob (168 P, 3 heures 30), Toledo (68 P, 3 heures) et Moalboal (112 P, 3 heures). De la station Citi-link proche de la gare, des vans climatisés ("V-hires") se rendent à Moalboal (100 P, 2 heures) et Toledo (100 P, 2 heures).

Les bus publics en direction du nord partent de la **gare routière nord**, au-delà de SM City dans Wireless St, au cœur du sinistre Reclamation Area. Un jeepney Mabolo-Carbon ou Mandaue-Cebu City vous y conduira.

De cette gare, des bus rallient Maya (163 P, 3 heures 30, toutes les 20 min), point de départ des bateaux pour Malapascua (jusqu'à 19h), et Hagnaya (132 P, 3 heures, départs fréquents 7h30-17h), qui donne accès à l'île de Bantayan ; certains bus à destination d'Hagnaya ne vont pas plus loin que Bogo (120 P, 3 heures), où il faut prendre un tricycle jusqu'à l'embarcadère d'Hagnaya (50 P, 20 min). Le dernier bateau d'Hagnaya à Bantayan part à 17h30.

Pour faire du tourisme le long de la côte, descendez en route et attendez un autre bus. En héler un sur la nationale ne pose pas de problème, mais attendez-vous à voyager debout.

ℹ Comment circuler

Depuis/vers l'aéroport

À la sortie du terminal, une flotte de taxis jaunes de l'aéroport facture environ 450 P pour rejoindre Cebu City (ou 70 P de prise en charge).

Un passage pour piétons conduit à une volée de marches et à une station de "taxis blancs", avec une prise en charge de 40 P et généralement un "prix fixe" de 200 P pour toute destination dans Cebu City, tarif très raisonnable. En théorie, la course avec compteur devrait coûter quelque 175 P, mais peu de chauffeurs acceptent ce prix.

Depuis/vers l'embarcadadère

Pour gagner Uptown depuis les ports, prenez l'un des jeepneys qui passent près des embarcadères jusqu'à Pres Osmeña Blvd, puis un autre pour Uptown. Les taxis, nombreux sur tous les quais, demandent environ 70 P pour Fuente Osmeña.

Jeepney

À Cebu City, jeepneys et taxis pallient la carence de bus urbains. Comme à Manille, la plupart des jeepneys suivent un itinéraire fixe, indiqué sur le pare-brise et sur les côtés. Un trajet en ville coûte 8 P jusqu'à 5 km et les trajets plus longs ne devraient pas dépasser 15 P. En cas de doute, renseignez-vous auprès des habitants, toujours serviables et bien informés.

Sachez que les jeepneys font des parcours circulaires. Ainsi, un jeepney qui vient de passer par une destination fera la boucle complète avant de revenir – un long trajet pour un endroit qui n'est peut-être qu'à 10 minutes de marche.

Taxi

Les taxis sont de loin le moyen le plus pratique pour se déplacer en ville. Les chauffeurs sont pour la plupart honnêtes, et les courses rapides et bon marché ; si les rues sont encombrées aux heures de pointe, les embouteillages restent rares, sauf exception. La prise en charge s'élève à 40 P, puis s'ajoutent 3,50 P par 300 m (ou 2 min d'attente). La plupart des chauffeurs utilisent le compteur pour toute course autre que l'aéroport ou des destinations en dehors de la ville. Avant de soupçonner votre chauffeur d'emprunter l'itinéraire le plus long, souvenez-vous que les sens uniques sont légion, surtout en centre-ville.

Louer un taxi pour la journée revient habituellement à 1 000 P (après négociation).

Pour nombre de destinations en dehors de la ville, les chauffeurs annoncent un prix qui peut sembler élevé, mais il couvre le carburant et un retour qui se fera peut-être à vide.

Île de Mactan

☎032 / 337 596 HABITANTS

Si vous arrivez en avion à Cebu City, vous atterrirez sur l'île voisine de Mactan (parfois appelée Lapu-Lapu). Reliée à Cebu City par le pont Mandaue-Mactan (ou "vieux pont") et le pont Marcelo B Fernan (ou "nouveau pont"), cette petite île n'a guère d'attrait pour le voyageur indépendant. Elle ne compte aucune plage naturelle correcte et la plupart des complexes hôteliers importent le sable de Boracay. La plongée, la détente et la visite des îles sont les principales distractions. Mactan est plus agréable que Cebu City, à courte distance en taxi. L'île voisine d'Olango se prête à l'observation des oiseaux.

À voir et à faire

Mactan Shrine SITE HISTORIQUE

Mactan est le site d'un des événements-clés de l'histoire des Philippines. C'est ici que, le 27 avril 1521, Fernand de Magellan commit l'erreur de sous-estimer l'esprit belliqueux du chef Lapu-Lapu. En tant que représentant de l'Espagne, Magellan avait jusqu'alors réussi à gagner les faveurs des chefs les plus puissants de la région, à l'exception de Lapu-Lapu. Aussi, escorté de 60 de ses meilleurs soldats, Magellan appareilla pour l'île de Mactan afin de lui apprendre la diplomatie à coups de canon. Mais Lapu-Lapu et ses hommes défendirent si farouchement leur île que Magellan, mortellement blessé, dut battre en retraite. Le sanctuaire de Mactan, sur un socle en pierre qui porte la date de l'événement, commémore cette victoire. À côté se dresse une statue de Lapu-Lapu, les armes à la main.

Alegre Guitar Factory ARTISANAT

(☎340 4492 ; ⏰7h30-18h30 lun-sam, 8h-18h dim). Pour visiter une fabrique de guitares, demandez à un conducteur de tricycle de vous conduire à l'Alegre Guitar Factory à Abuno, où les instruments réalisés artisanalement valent de 2 500 à 70 000 P. Les plus chers sont en ébène importé de Madagascar. De superbes mandolines locales, dont certaines taillées dans un seul morceau de bois et incrustées de coquilles d'ormeau polies, sont vendues de 4 000 à 14 000 P. Les enfants adoreront les ravissantes *cocoleles*, faites avec des noix de coco (à partir de 1 800 P).

Plongée

Au large de Mactan, des récifs se prêtent à la plongée bien que des typhons, des acanthasters pourpres (étoiles de mer prédatrices du corail) et la pêche à la dynamite aient détruit de grands pans de coraux. Pour protéger les récifs de la pêche, d'excellentes réserves marines ont été créées au large des îles de Nalusuan et Hilutungan, dont l'entretien est financé par la plongée (Hilutungan/Nalasuan 300/200 P par plongeur). Parmi les centres de plongée : **Kontiki Divers**

(☎495 2471 ; www.kontikidivers.com ; Club Kon Tiki, Maribago Beach ; 35 $US par bateau, équipement compris) et **Tropical Island Adventures** (☎492 1922 ; www.cebudive.com ; Buyong Beach, Maribago ; 50 $US les 2 plongées, équipement compris).

Où se loger et se restaurer

CÔTE NORD-OUEST

L'aéroport international de Mactan-Cebu se trouve sur la côte nord-ouest de Mactan, aussi peut-il être pratique d'y passer la nuit si vous devez prendre un vol tôt le matin.

Hotel Cesario HÔTEL $$
(☎340 0211 ; ML Quezon Hwy ; d à partir de 1 400 P). D'un bon rapport qualité/prix, avec un excellent service, le Cesario offre l'accès gratuit au spa et à la piscine de l'hôtel Bellavista voisin. Les chambres, sans vue, disposent d'une TV et d'une grande salle de bains avec eau chaude. Le petit-déjeuner et les transferts de l'aéroport inclus en font l'une des adresses les plus intéressantes de l'île.

Waterfront Airport Hotel & Casino HÔTEL DE LUXE $$$
(☎340 4888 ; www.waterfronthotels.net ; Airport Rd ; d à partir de 6 590 P). Succursale plus récente et moins flamboyante du Waterfront Hotel de Lahug à Cebu City, avec prestations et tarifs comparables.

CÔTE EST

Une dizaine de complexes balnéaires jalonnent la côte sud-est de Mactan. Tous possèdent un restaurant et un centre de plongée, et ils offrent presque tous des transferts gratuits depuis/vers l'aéroport.

Club Kon Tiki COMPLEXE BALNÉAIRE $$
(☎495 2434 ; www.kontikidivers.com ; Maribago Beach ; d avec ventil/clim 1 220/1 460 P). Le Kon Tiki est ce qui se rapproche le plus de la catégorie petits budgets à Mactan. Idéal pour faire un peu de plongée, cet endroit calme et isolé se situe parmi les cocotiers, loin de la route principale, et comprend un agréable restaurant en plein air. Il n'y a pas de plage, mais les chambres deluxe, avec climatisation et TV, ont vue sur le rivage rocheux.

Abacá Boutique Resort & Restaurant COMPLEXE BALNÉAIRE $$$
(☎495 346 ; www.abacaresort.com ; Punta Engano Rd ; ste et villas 14 500-26 500 P). Luxueux complexe de charme, l'Abacá a tout pour plaire : un emplacement isolé en bord de mer, une piscine à débordement et un service de majordome. Conçues par des décorateurs locaux, les suites et les villas marient bois sombre, tons chauds, ardoise et pierre. Malgré l'absence de plage, l'Abacá justifie à lui seul un séjour sur l'île. Il est prisé pour les lunes de miel.

Maribago Grill & Restaurant POISSON $$$
(☎495 8187 ; Bagumbayan, Maribago ; plats 200-800 P ; ⏲10h-22h lun-sam, à partir de 14h dim). Ses huttes individuelles en nipa, disséminées dans une oasis de verdure ornée de guirlandes électriques, séduisent une clientèle d'habitants et de touristes. Régalez-vous d'un crabe à l'ail charnu ou d'une succulente langouste (à partir de 1 095 P). Non loin du Maribago Bluewater Resort.

Inday Pina's Sutukil POISSON $
(Manna STK ; ☎495 7776 ; Mactan Shrine ; ⏲11h-22h). Le meilleur des restaurants rustiques de poisson qui se cachent derrière le marché, près de l'entrée du Mactan Shrine. Choisissez votre poisson ou crustacé et donnez-le au chef pour qu'il le prépare. Calamars, mérous, langoustes et crabes sont proposés tous les jours au prix du marché (180-250 P/kg).

Renseignements

Les DAB sont un peu difficiles à trouver, sauf au Gaisano Mall, au Marina Mall et à l'aéroport.

DAB Megalink (Gaisano Mall ; ⏲24h/24). Accepte la plupart des cartes occidentales ; commission de 200 P pour les transactions internationales et retrait limité à 10 000 P.

Comment s'y rendre et circuler

Des jeepneys circulent toute la journée entre Lapu-Lapu et Cebu City (12 P). En taxi, comptez 200 P de Cebu City à Lapu-Lapu ou à l'aéroport et environ 300 P jusqu'aux complexes balnéaires de la côte est. Attendez-vous à une forte circulation et une lente progression.

À Mactan, tout étranger est supposé fortuné, aussi n'escomptez pas payer moins de 100 P pour une course en tricycle (les tricycles n'ont pas le droit de circuler sur la nationale).

Lapu-Lapu City (soit ML Quezon Hwy) est desservie par des jeepneys. Des taxis locaux sillonnent l'île de long en large.

Île d'Olango et environs

☎032 / 6 943 HABITANTS

L'île d'Olango, un écosystème riche et fragile avec des salants, des mangroves et des récifs coralliens, est malheureusement menacé par une intense activité humaine. La majeure partie du récif de la côte ouest a été détruite par un typhon en 1993. La pêche à la dynamite et au cyanure ne lui a laissé aucune chance de se régénérer. Le récif de la côte est se trouve en meilleur état, mais les courants le rendent dangereux pour les plongeurs inexpérimentés. Pour observer les oiseaux, rejoignez la **réserve naturelle de l'île d'Olango** (☎0915 386 2314 ; www.olangowildlifesanctuary.org ; San Vicente ; 100 P), qui couvre 1 030 ha de vasières et de mangroves le long de la côte sud. Elle accueille la plus importante concentration d'oiseaux migrateurs aux Philippines, soit 48 espèces (dont l'aigrette de Chine et le bécassin d'Asie). Les oiseaux préfèrent Olango aux îles voisines en raison de la nourriture abondante et des excellents sites de nidification. La meilleure période pour les observer s'étend de septembre à avril, surtout à marée basse quand ils investissent les vasières. Le seul hébergement est le camping proche du bureau de la réserve ; renseignez-vous sur place.

L'île compte quelques restaurants. Demandez à un conducteur de tricycle ou de *habal-habal* de vous conduire aux restaurants flottants près de Talima, tel **Arnold & Candie's** (☎492 6121 ; ⏲8h-16h). À marée haute, un bateau vous emmènera à la rangée de plate-formes branlantes sur pilotis où vous pourrez acheter les prises du jour – ormeaux, crabes, langoustes. À marée basse, vous pouvez faire le trajet à pied dans la vase ; attention aux algues et aux oursins.

Un peu plus loin se tient la réserve marine de l'**île d'Hilutungan**. Autour de la réserve, les récifs étaient menacés par la pêche à la dynamite, au cyanure, et plus récemment, au chlorure. La réserve elle-même est bien protégée, en partie grâce aux fonds récoltés par une taxe de plongée (300 P/pers). Pour oublier la civilisation, envisagez un séjour à l'**Island & Sun Beach Resort** (☎238 1878 ; www.islandandsun.com ; ch deluxe à partir de 8 000 P), sur Hilutungan. Des coqs déambulent en liberté sur cette petite île jonchée de noix de coco tombées des palmiers, où règne une merveilleuse ambiance insulaire. Le complexe hôtelier possède des bungalows en béton sur pilotis au-dessus d'une eau miroitante et la marée basse dévoile un petit banc de sable. Il n'y a pas grand-chose à faire hormis paresser, prendre un verre au bar coiffé de chaume et contempler l'océan.

Au sud d'Hilutungan, l'île de **Nalusuan** (http://nalusuan.mencaresorts.com), un complexe balnéaire privé, possède les coraux les mieux préservés du récif d'Olango. Les non-résidents paient 200 P pour plonger sur le récif de Nalusuan, une somme employée à sa conservation. Les clubs de plongée de Mactan organisent des sorties.

Au cours d'un périple d'île en île, on peut faire escale sur l'**île de Caohagan** (www.caohagan.com), plus éloignée et appartenant à des Japonais. L'hébergement en bord de plage est sommaire et un peu surévalué.

ℹ Depuis/vers l'île d'Olango

La plupart des resorts de Mactan organisent des excursions d'une journée d'île en île incluant Olango. On peut aussi s'y rendre de l'embarcadère Angasil, au sud du Shangri-La Resort, ou de celui proche du Hilton. Les bateaux partent pour Santa Rosa (10 P, 30 min) toutes les heures de 6h à 18h. De Santa Rosa, un tricycle jusqu'à la réserve ornithologique coûte environ 80 P pour les non-résidents.

Il est possible de faire le tour des îles en s'adressant à Sunrise Watersports, près de Plantation Bay au sud-est de Mactan, qui loue des bateaux et du matériel de snorkeling pour environ 2 000 P/jour.

Toledo

☎032 / 152 960 HABITANTS

Cette ville portuaire quelconque, à l'ouest de Cebu City, offre des traversées rapides et peu chères entre Cebu et San Carlos, sur Negros. Des ferries fréquents évitent de passer la nuit à Toledo. Si vous êtes coincé, préférez l'**Aleu's Lodge** (☎322 5672 ; Poloyapoy St ; ch avec ventil et sdb commune à partir de 250 P, avec clim 650 P ; ❄), au-dessus d'une épicerie dans un quartier paisible, à 1,5 km de l'embarcadère (8 P en tricycle).

ℹ Depuis/vers Toledo

Des ferries font régulièrement la traversée Toledo-San Carlos. **Aznar Fastcraft** (☎467 9447) assure 5 liaisons/jour, la dernière à 15h30 (200 P, 40 min). **Montenegro Shipping Lines** (☎0922 774 8199) propose 3 bateaux à 6h, 14h et 16h (225 P, 45 min). **Lite Ferry** (☎467 9604) offre 3 services/jour à 7h30, 13h et 18h (190 P, 1 heure 30).

Des bus circulent environ toutes les heures entre la gare routière sud de Cebu et celle de Toledo (70 P, 2 heures 30, dernier départ vers 16h). Des minibus V-hire plus rapides et climatisés desservent aussi Cebu City (100 P,

1 heure 30). La gare routière de Toledo se situe au bout de la longue jetée (8 P en tricycle).

Pour rejoindre Moalboal, il faut prendre un bus jusqu'à Naga (50 P, 1 heure), puis une correspondance.

Danao

032 / 109 354 HABITANTS

Avec un bel arrière-plan montagneux, la ville côtière de Danao est connue pour sa gracieuse **église San Tomas de Villanueva**, construite en pierre de corail en 1755 et restaurée en 1981. La plupart des visiteurs viennent à Danao pour prendre un ferry à destination des îles Camotes.

Plusieurs compagnies de ferries desservent diverses localités des Camotes (180 P, 2 heures). Les bateaux partent du port, devant l'église, tôt le matin, en milieu de matinée et en milieu d'après-midi.

Des bus réguliers circulent entre Cebu City et Danao (30 P, 50 min).

Île de Bantayan

032 / 71 655 HABITANTS

Si vous recherchez un endroit où la seule activité consiste à lézarder sur la plage, vous adorerez l'île de Bantayan, au large de la pointe nord-ouest de Cebu. Vous pourrez profiter du sable d'un blanc éblouissant, d'une cuisine succulente et de bars animés. Détendue et bucolique, la ville de Santa Fe, sur la côte sud, possède la plus belle plage et de modestes complexes hôteliers. Somnolente durant 51 semaines, Santa Fe s'anime pendant la semaine sainte, quand arrivent des ferries remplis de Philippins. L'affluence est telle que des visiteurs dorment sur les plages, des habitants louent leur maison et les hôtels doublent, triplent ou quadruplent leurs prix.

Activités

Si le snorkeling n'a aucun intérêt à Bantayan, vous pouvez faire une excursion d'une journée à **Virgin Island** (150 P), qui possède des affleurements coralliens, un peu décevants selon les standards des Philippines. La traversée de 30 minutes en *bangka* coûte de 900 à 1 500 P selon le nombre de passagers.

L'exploration des routes paisibles et ombragées de Bantayan constitue une activité prisée. La plupart des hôtels louent des bicyclettes pour 200 P/jour, ou des motos à partir de 300 P.

Où se loger

Les complexes hôteliers de Santa Fe jalonnent la plage, au nord et au sud de l'embarcadère (qui se situe au nord de la ville).

St Bernard Beach Resort COMPLEXE BALNÉAIRE $
(0917 963 6162 ; www.bantayan.dk ; cottages avec ventil/clim 850/1 300 P). À 1 km au nord de l'embarcadère de Santa Fe, ce complexe, tenu par des Danois, offre des cottages coiffés de chaume nichés dans un jardin tropical, parmi les palmiers et des volières de perroquets. Si chacun diffère, tous comportent du bois poli, des tapis et des rideaux en dentelle.

Marlin Beach Resort COMPLEXE BALNÉAIRE $$
(438 9093 ; www.marlin-bantayan.com ; ch à partir de 1 750 P ;). L'une des meilleures adresses de catégorie moyenne, il offre des grandes chambres de style motel en bordure de plage, un bar et un restaurant. Téléphonez pour qu'on vienne vous chercher à l'embarcadère.

Bamboo Oriental Beach Villas COMPLEXE BALNÉAIRE $$$
(0910 419 0447 ; www.bamboo-oriental.com ; ste/villa pension compl 5 550/9 950 P ;). En bois et bambou, les bungalows sophistiqués sur la plage sont l'hébergement le plus luxueux de Bantayan. Les villas sont immenses et bien équipées pour les familles et les groupes.

Budyong Beach Resort COMPLEXE BALNÉAIRE $
(438 5700 ; www.budyong.net ; cottages avec ventil/clim à partir de 500/1 500 P ;). Excellente adresse en bord de plage pour les petits budgets ; ses huttes en nipa, propres et simples, donnent presque toutes sur l'océan à travers les palmiers. Seul point noir : l'indifférence du personnel.

Yooneek Beach Resort COMPLEXE BALNÉAIRE $$
(438 9124 ; www.yooneekbeach.com ; ch à partir de 1 300 P ;). Prisé et bien tenu, le Yooneek propose des chambres spacieuses près de la plage, dont certaines avec balcon et vue sur l'océan. D'autres plus récentes et plus jolies donnent sur le jardin, à l'arrière du complexe. Il possède l'un des meilleurs bars de plage de l'île. Transfert gratuit de l'embarcadère.

White Beach Bungalows COMPLEXE BALNÉAIRE $$
(0921 362 7499 ; www.white-beach-bungalows.com ; ch à partir de 1 100 P ;). À 5 km au nord de Santa Fe, le White Beach séduit par son

élégance et son atmosphère. Pas de restaurant, mais on peut commander un repas en ville ou cuisiner sur place. Vélos et navettes gratuits permettent de se déplacer. Petite salle de gym à disposition.

Hard Kock Kafe 'n' Kottages HUTTES $
(☎0920 668 1268 ; www.kiwikottages.com ; huttes avec ventil/clim 550/750 P ;). Parmi les rares établissements pour petits budgets, ces grandes huttes en nipa présentent un exceptionnel rapport qualité/prix si vous pouvez vous passer de plage et supporter la clientèle macho d'expatriés.

Où se restaurer et prendre un verre

Santa Fe compte un nombre impressionnant de restaurants près de la route principale, à proximité du Marlin Beach Resort.

D'Jungle INTERNATIONAL $$
(Plats 80-300 P ;). Difficile de ne pas succomber devant les alléchantes brochettes de viande et de poisson de ce restaurant en plein air. Tenu par un Allemand, le barbecue central prépare tous les soirs des grillades de poisson mariné, des nouilles singapouriennes, des pommes de terre à l'ail, des coquillages cuits à la vapeur et toutes les variantes imaginables de poulet. Le service peut être lent.

Marisquera O' Portuguese RESTOBAR $$
(Repas à partir de 135 P ; ⏲10h-tard ;). La carte de ce sympathique restobar reflète les drapeaux accrochés aux murs et parcourt le globe, du coûteux *bacalhau* (morue) portugais et des tapas d'inspiration basque (thon épicé) aux spécialités du Mozambique.

Cou Cou's INTERNATIONAL $$
(Pizzas à partir de 300 P ;). Parmi les pizzas à pâte fine, la Hongroise (saucisse, olives noires et champignons) a notre préférence ; bonne carte des vins.

Le Petit Bonheur PHILIPPIN $$
(Repas à partir de 150 P ; ⏲10h-tard ;). De charmants cottages drapés de rideaux blancs où se régaler d'un somptueux festin philippin de 5 plats (495 P), dont un curry de crevettes et de saint-jacques et une glace à l'*ube* (igname mauve) en dessert.

Floating Bar BAR
(www.thefloatingbar.com ; ⏲10h-18h). Tenu par des Suédois, ce bar sur l'eau n'ouvre qu'en haute saison (déc-mai).

Renseignements

À 10 km à l'ouest de Santa Fe, la ville de Bantayan (15 P en jeepney), superbement préservée, est le centre administratif de l'île. Un DAB Allied Bank est installé sur la place principale, mais mieux vaut prévoir des espèces avant de venir.

Parmi les divers cybercafés de Santa Fe, **SFEC** (20 P/h ; ⏲11h-22h) est le moins cher.

Pour des informations actualisées, consultez le site www.wowbantayan.com.

Depuis/vers Bantayan

Mid-Sea Express offre 4 vols hebdomadaires entre Cebu City et Santa Fe.

Les ferries RORO partent du port de Hagnaya pour Santa Fe environ 6 fois/jour (170 P, 1 heure) de 5h à 17h30 ; en sens inverse, le dernier bateau part de Santa Fe à 16h30. En cas de mauvais temps, appelez la **billetterie de Hagnaya** (☎435 2078) pour vous renseigner sur d'éventuelles annulations.

Des bus Ceres relient régulièrement Hagnaya à Cebu City (132 P, 3 heures) ou Bogo (12 P, 30 min), où l'on peut prendre des correspondances. Si vous allez à Malapascua, descendez à Bogo et prenez un bus pour Maya.

Un ferry de nuit circule également entre Cebu City et Santa Fe.

De Bantayan Ville, un ferry à destination de Cadiz (220 P, 4 heures), sur Negros, part tous les 2 jours à 10h. Dans l'intervalle, un *bangka* plus petit et plus rapide se rend à Sagay (250 P, 3 heures), également sur Negros.

Louer un bateau pour rejoindre Malapascua est possible, mais la traversée via Cebu est plus sûre, plus rapide et moins chère.

Île de Malapascua

☎032 / 3 500 HABITANTS

Si les sites de plongée de classe internationale attirent la plupart des visiteurs sur cette petite île paradisiaque, ses plages ravissantes et son atmosphère joyeuse contribuent à sa popularité. À la pointe nord de la province, une communauté soudée, l'absence de voitures et une électricité sporadique donnent à Malapascua un charme particulier qui la protège d'un développement fulgurant.

La plongée en compagnie de requins-renards constitue son principal attrait. Malapascua est l'un des meilleurs endroits au monde pour les observer.

Si vous avez raté à Maya le dernier bateau pour Malapascua, vous pourrez passer la nuit à l'**Abba Family Lodge** (☎437 2525 ;

Île de Malapascua

Activités

- Evolution Diving .... (voir 6)
- Exotic Divers .... (voir 8)
- 1 Sea Explorers B3
- 2 Thresher Shark Divers B3

Où se loger

- 3 Bebe's Lodging House B3
- 4 Blue Corals Resort A3
- 5 Cocobana Beach Resort B3
- 6 Evolution B3
- 7 Hippocampus Beach Resort B3
- 8 Malapascua Exotic Dive & Beach Resort B3
- 9 Mr Kwiz B3
- 10 White Sand Bungalows A3

Où se restaurer

- 11 Angelina A3
- 12 Ging-Ging's Garden Restaurant B3
- 13 La Isla Bonita B3
- 14 Purple Snapper B3
- 15 Sunsplash Resort B3

d avec ventil/clim et sdb commune 500/750 P ; ❄), à 100 m de l'embarcadère.

Activités

Bien que la plongée soit la principale activité, Malapascua a d'autres attraits. Une belle **randonnée** de 3 heures le long de la côte permet de faire le tour de l'île. En chemin, vous découvrirez le cimetière en bord de mer et ses tombes blanchies par le soleil, le phare de la rive nord-ouest et un point de vue haut de 12 m près de Guimbitayan, d'où quelques téméraires plongent dans l'océan. Emportez de l'eau. Les plus belles plages s'étendent à la pointe sud, le secteur des complexes hôteliers.

Plongée

Monad Shoal, où l'on peut voir des requins-renards et des raies manta, est le site de plongée le plus populaire de de l'île. Vous aurez plus de chances d'en observer à la "station de nettoyage", un plateau à 25 m de profondeur, à 15 minutes en *bangka* ; des labres nettoyeurs attendent les squales tôt le matin pour les débarrasser de leurs parasites. Sachez que la visibilité peut être mauvaise et les requins pas toujours au rendez-vous.

On peut faire de superbes photos autour de **Gato Island**, une réserve marine et un secteur de reproduction du serpent de mer (fév-sept). Vous découvrirez aussi 3 **épaves**, dont un bateau de la Deuxième Guerre mondiale et le *Dona Marilyn*, un ferry qui sombra lors d'un typhon en 1988, faisant 250 victimes, désormais colonisé par des coraux mous et une abondante faune marine.

Les centres de plongée louent l'équipement de snorkeling (200 P environ) ; le site le plus accessible est le récif relié à l'île, proche du rivage, avec des coraux décents. On peut aussi se joindre à un groupe de plongeurs en partance pour l'île de Calangaman.

Les nombreux centres de plongée de Malapascua pratiquent pour la plupart des tarifs standard : plongée 25 $US, location d'équipement 6 $US et brevet PADI Open Water 350 $US.

Face à l'afflux touristique, plusieurs opérateurs ont signé une charte de bonne conduite pour préserver l'environnement, notamment les requins-renards. Une taxe de 50 P contribue à la protection de la réserve. Si cet aspect vous importe, adressez-vous de préférence aux compagnies signataires.

Parmi les centres de plongée locaux, citons **Evolution Diving** (☎0917 628 7333 ; www.evolution.com.ph), **Exotic Divers** (☎437 0983 ; www.malapascua.net ; Malapascua Exotic Dive & Beach Resort), **Sea Explorers** (☎0917 640 1689 ;

www.sea-explorers.com) et **Thresher Shark Divers** (☎0927 612 3359 ; www.malapascua-diving.com).

Excursions d'île en île

Les excursions en bateau (environ 800 P la demi-journée) dans les îles, avec snorkeling et observation des dauphins, s'organisent facilement. Les îles proches de **Carnassa** (1 heure) et de **Calangaman** (2 heures) possèdent des plages splendides et d'excellents sites de snorkeling ; comptez environ 3 000 P/jour pour la location d'un bateau.

Où se loger

White Sand Bungalows COMPLEXE BALNÉAIRE $
(☎0927 318 7471 ; www.whitesand.dk ; ch à partir de 900 P). Tenu par un Danois, ce complexe fait face à la sublime Poblacion Beach et propose de confortables huttes en nipa à des prix très raisonnables. Idéal pour lézarder sur le sable avec un bon livre.

Hippocampus Beach Resort COMPLEXE BALNÉAIRE $$
(☎437 0460 ; www.hippocampus-online.com ; ch avec ventil/clim à partir de 1 500/2 800 P ; ❄📶). De vastes terrasses très bien conçues en retrait de Bounty Beach et un ravissant bar-restaurant à ciel ouvert en façade.

Cocobana Beach Resort COMPLEXE BALNÉAIRE $$
(☎437 1040 ; www.cocobana.ch ; cottages s/d avec petit-déj et ventil à partir de 800/1 000 P, avec clim à partir de 2 200/2 400 P ; ❄). En plein milieu de Bounty Beach, le tout premier resort de Malapascua reste une adresse favorite. Il offre des cottages douillets, l'électricité 24h/24, un bar et un restaurant correct. Possibilité de forfait hébergement/plongée en passant par Sea Explorers.

Evolution COMPLEXE BALNÉAIRE $$
(☎0917 628 7333 ; ch avec petit-déj et ventil/clim 1 600/2 500 P ; ❄📶). À la lisière sud-est de la plage, ce complexe de plongée anglo-irlandais ne manque pas d'attrait : un personnel agréable, des chambres sans prétention et confortables, et la bonne cuisine du restobar Craic House (goûtez le burger de thon épicé). Avec un nombre de chambres limité, il donne la priorité aux plongeurs.

Malapascua Exotic Dive & Beach Resort COMPLEXE BALNÉAIRE $$
(☎437 0983 ; www.malapascua.net ; ch avec ventil 1 200 P, avec clim 2 400-4 800 P ; ❄). Sur la paisible plage orientale, l'Exotic constitue l'option la plus luxueuse de Malapascua. Le personnel est sympathique, décontracté et efficace, les chambres, avec eau chaude et réfrigérateur, d'un bon rapport qualité/prix et le centre de plongée de premier ordre.

Blue Corals Resort COMPLEXE BALNÉAIRE $$
(☎437 1021 ; www.malapascuaisland.com.ph ; d avec ventil/clim à partir de 1 500/2 800 P ; ❄@📶). Un bâtiment imposant, édifié sur la crête rocheuse qui s'avance dans la mer à l'extrémité ouest de Bounty Beach. Les chambres face à l'est ont une superbe vue. Accès Internet coûteux (100 P/30 min).

Mr Kwiz PENSION $
(☎0906 620 5475 ; ch 500 P). Bonne adresse à prix doux dans le village, cette pension offre des chambres en béton rose vif. Accès par un petit sentier qui file à côté d'Evolution, à 100 m de la plage.

Bebe's Lodging House PENSION $
(☎0916 756 6018 ; ch sans/avec sdb 300/500 P). Tenue par une famille, une pension toute simple dans le village.

Où se restaurer et prendre un verre

Malapascua offre un choix correct de restaurants. La plupart des bars proposent une *happy hour* entre 17h et 18h.

♥ **Angelina** ITALIEN $$$
(www.angelinabeach.com ; repas 320-400 P ; ❄📶). Cet élégant restaurant possède un emplacement romantique dans une crique sablonneuse de Poblacion Beach. La carte authentique s'inspire de recettes d'Émilie-Romagne et comprend pizzas, pâtes et raviolis maison, ainsi qu'un risotto avec crabe, crevettes et calamars dans une sauce au vin (355 P). Nombre d'ingrédients sont importés d'Italie. Longue carte des vins.

Ging-Ging's Garden Restaurant PHILIPPIN $
(Repas 60-100 P). Le meilleur restaurant à petits prix de l'île, avec un bon choix de plats philippins et internationaux. Le poisson aigre-doux est délicieux (60 P).

La Isla Bonita INTERNATIONAL $$
(☎0926 294 3930 ; repas 200-280 P ; ⏲8h-14h et 18h-22h). Dans le modeste village de Logon, La Isla Bonita utilise des produits frais de qualité pour préparer avec soin des plats divers, notamment de poisson.

Sunsplash Resort INTERNATIONAL $$
(☎0905 269 4234 ; www.sunsplash.info ; repas 215-280 P). Ambiance festive pour ce restobar où l'on vient s'installer au bar de plage ou prendre le bateau pour rejoindre le fameux bar flottant. Plats roboratifs, comme le cordon bleu ou le gyros kebab.

Purple Snapper BURGERS $$
(www.purplesnapper.com ; burgers 230 P). Savoureux burgers à base de bœuf haché de Nouvelle-Zélande.

Renseignements

Un générateur au diesel fournit l'électricité dans l'île de 18h à 23h. Certains complexes hôteliers possèdent leur propre générateur (bruyant).

Prévoyez des espèces car Malapascua n'a pas de DAB ; le plus proche est à Bogo.

Plusieurs complexes hôteliers offrent le Wi-Fi et l'accès Internet ; essayez Maldito's (60 P/heure, gratuit si vous mangez sur place).

Depuis/vers l'île de Malapascua

On rejoint l'île en *bangka* depuis Maya (80 P, 30 min). Le bateau part dès qu'il est plein, habituellement toutes les heures de 6h30 à 17h30. En sens inverse, le dernier bateau pour Maya part à 14h.

Des *bangka* desservent aussi San Isidro, sur Leyte, et Esperanza, sur Masbate.

Des bus Ceres circulent toutes les heures entre Maya et Cebu City (163 P, 4 heures). Vous pouvez également rallier Bogo (40 P, 1 heure) et prendre une correspondance.

Moalboal

☎032 / 5 211 HABITANTS

Plongée, bars et restaurants sont les principales activités dans la vaste colonie de plongeurs de Moalboal. À 90 km de Cebu City, Moalboal proprement dite borde la grand-route ; ce que les touristes appellent "Moalboal" est en fait **Panagsama Beach**, un village balnéaire surpeuplé à courte distance en tricycle (100 P) ou *habal-habal* (30 P) à l'ouest de la ville.

À part la plongée, vous pourrez paresser sur le sable à **White Beach**, qui contrairement à Panagsama possède une plage correcte. Prisée des habitants, elle est assez tranquille en semaine, bondée le week-end et pendant les vacances. White Beach est à 20 minutes en tricycle (150 P) de Panagsama, à 15 minutes en tricycle (100 P) ou *habal-habal* (50 P) de Moalboal.

À voir

Chutes de Kawasan CASCADES
(10 P). À 20 km au sud de Moalboal, dans les terres en venant de Badian, les chutes de Kawasan se composent de trois cascades, dont la plus grande dévale sur 20 m, dans une belle forêt. Un plongeon dans les trous d'eau, d'un bleu laiteux, justifie amplement la visite. Malgré l'affluence du week-end, les petits restaurants et les tables (300 P pour le droit de s'asseoir !) qui le dénaturent un peu, l'endroit reste plaisant. Les plus aventureux grimperont au-delà de la troisième cascade jusqu'à des coins plus retirés ou organiseront une sortie de canyoning à Panagsama. Pour rejoindre les chutes, prenez un bus (11 P) jusqu'au marché de Badian, puis un tricycle (30 P) jusqu'au départ du sentier, une agréable promenade de 20 minutes le long d'une rivière. Si vous êtes motorisé, le parking revient à 50 P.

Naomi's Bottle Museum & Book Club LIBRAIRIE
(☎0917 435 3910). Cette librairie d'occasion montre l'exemple en recyclant des bouteilles pour la décoration, conserve de vieux manuscrits ou des préceptes de sagesse, qui sont offerts aux visiteurs ou vendus.

Activités

Plongée et snorkeling

La petite **île de Pescador** offre des plongées parmi les plus spectaculaires de Cebu. Avec une visibilité souvent excellente et une profondeur d'environ 50 m, les eaux regorgent de poissons. Un trajet en bateau de 3 km, souvent agité, y conduit depuis le spot de plongée Tongo Point de Moalboal.

Pescador se prête aussi au snorkeling ; le meilleur endroit se situerait du côté sud de l'île, mais le récif de White Beach offre aussi des coraux et une vie marine intéressants. Vous pouvez aussi nager tout droit jusqu'au tombant, à 30 m du rivage. La plupart des complexes hôteliers louent l'équipement de snorkeling pour environ 250 P/jour.

Le prix moyen d'une plongée s'élève à 25 $US. Un brevet PADI Open Water revient à 350 $US. Une taxe de 100 P pour la protection du récif est exigée pour plonger à **Savedra Reef** et à Pescador.

Les centres de plongée abondent, ce qui permet de comparer.

Nelson's Dive Shop (Ocean Safari ; ☎474 3023, 0917 276 7969 ; www.ibara.ne.jp/~bitoon ; Eve's Kiosk)

Neptune Diving (☎495 0643 ou 0917 455 6742 ; www.neptunediving.com)

Savedra Dive Centre (☎474 0014 ou 0917 321 1475 ; www.savedra.com)

Sea Explorers (☎Cebu 234 0248 ; www.sea-explorers.com ; Kasai Village Beach Resort)

Seaquest Dive Centre (☎474 0005 ; www.seaquestdivecenter.ph ; Sumisid Lodge)

Visayas Divers (☎ 474 3068 ; www.visayadivers.com ; Quo Vadis Beach Resort)

Autres activités

Planet Action CIRCUITS D'AVENTURE
(☎0916 624 8253 ou 474 3016 ; www.action-philippines.com). Offrant des circuits d'aventure parmi les plus exaltants des Visayas, Planet Action s'adresse aussi bien aux débutants qu'aux sportifs expérimentés et fournit l'équipement et les repas. Les diverses excursions d'une journée proposées (à partir de 2 200 P) comprennent canyoning, spéléologie, VTT et équitation. Un circuit de trois jours à Negros comporte l'ascension du mont Kanlaon (9 500 P/par personne tout compris). Planet Action loue des VTT à partir de 300 P/jour.

Où se loger

PANAGSAMA BEACH

La plupart des complexes hôteliers sont associés avec un centre de plongée ou en abritent un. Renseignez-vous sur les forfaits plongée/hébergement à prix intéressants.

Quo Vadis Beach Resort COMPLEXE BALNÉAIRE $$
(☎474 0018 ; www.moalboal.com ; d avec ventil/clim à partir de 850/900 P ;). De solides huttes en nipa sont réparties dans un charmant jardin, tandis que les cottages plus chers (2 500 P), avec décoration stylée, parquets et grande salles de bains, ouvrent sur la plage. Associé à Visayas Divers. Hébergement gratuit pour les moins de 12 ans.

Tipolo Beach Resort COMPLEXE BALNÉAIRE $$
(☎0916 653 7608 ; www.tipoloresort.com ; d 1 500 P ;). Géré par les propriétaires de Planet Action, ce petit complexe en bord de mer offre des chambres plaisantes et bien tenues, avec sol carrelé, robustes meubles en bambou, terrasse et des équipements modernes (eau chaude, réfrigérateur et coffre). Le restaurant est réputé pour ses copieux petits-déjeuners et son café corsé.

Moalboal Backpacker Lodge AUBERGE DE JEUNESSE $
(☎0905 227 8096 ; www.moalboal-backpackerlodge.com ; dort/s/d avec ventil à partir de 220/350/450 P ;). Cette nouvelle adresse répond aux besoins des baroudeurs : dortoir, cuisine commune, terrasse en bambou et forfaits plongée à des prix très raisonnables.

Sumisid Lodge COMPLEXE BALNÉAIRE $$
(☎474 0005 ; www.seaquestdivecenter.ph ; s/d 700/1 000 P, avec cllim et sdb 1 800/2 300 P ;). Au cœur du quartier des bars, le

INTERVIEW

WOLFGANG DAFERT : MONITEUR DE PLONGÉE EN APNÉE

Âgé de 37 ans, l'Autrichien Wolfgang Dafert se définit comme un triton de 16 ans. Il vit aux Philippines depuis plus de 6 ans et propose à Moalboal des **cours de plongée en apnée** (☎0928 263 4646 ; www.freediving-philippines.com).

En quoi consiste la plongée en apnée ? Il s'agit de plonger sans les bouteilles, simplement en retenant son souffle. Le silence s'apparente à la méditation et l'absence de bulles permet d'approcher des poissons avec la sensation de faire partie de l'océan.

Comment s'apprend-elle ? Après 2 jours de formation, les élèves acquièrent des techniques de respiration et de relaxation apparentées au yoga. Tout le monde peut apprendre à plonger plus profondément et plus longtemps qu'il ne s'en croit capable. Pour les débutants, la première difficulté consiste à surmonter l'envie irrépressible de respirer et à "transférer" ce réflexe en une sensation de détente.

Quels sont vos records de profondeur et de durée ? J'ai plongé en apnée à 70 m (l'équivalent d'un immeuble de 23 étages) en retenant mon souffle pendant 7 minutes et 10 secondes.

Qu'est-ce qui fait l'attrait de Moalboal ? Pour une amusante plongée en apnée, les énormes bancs de millions de sardines autour de l'île de Pescador, un spectacle extraordinaire. Sans oublier les nombreuses tortues à Moalboal.

Panagsama Beach

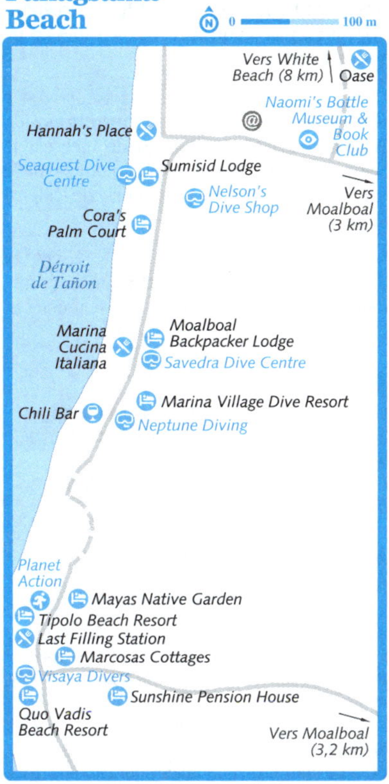

Sumisid propose des chambres pour tous les budgets, avec la meilleure vue et sans climatisation pour les moins chères, ainsi qu'un charmant restaurant sur une plage de sable. Associé au Seaquest Dive Centre.

Sunshine Pension House PENSION $
(☎0921 689 1865 ; www.sunshinepension.webs.com ; d avec ventil 800 P ; @🏊). Bien située à l'écart de la foule, cette pension possède des chambres ornées de peintures murales sur le thème de la mer et dotées de salles de bains (avec eau chaude). Grande piscine, accès Internet gratuit et motos à louer (300 P/jour) compensent l'éloignement de la plage.

Mayas Native Garden COMPLEXE BALNÉAIRE $$
(☎0915 480 9610 ; www.mayasnativegarden.com ; cottages avec ventil/clim 800/1 500 P, maison 2 500 P ; ❄@📶). Des cottages coiffés de chaume, merveilleusement simples, dans un jardin luxuriant. Une maison à 2 étages parfaitement équipée, d'un excellent rapport qualité/prix.

Cora's Palm Court PENSION $
(☎474 3220 ; cora _abarquez@yahoo.com ; ch avec ventil/clim à partir de 400/1 500 P ; ❄@). Au bord de l'eau, les grandes chambres, blanches et dépouillées, ont des placards qui ferment à clé. Les plus chères offrent kitchenette et petit réfrigérateur. Réductions possibles pour les longs séjours.

Marcosas Cottages COMPLEXE BALNÉAIRE $$
(☎474 0064 ; www.moalboal-cebu.com ; d sans/avec kitchenette et vue mer 1 700/2 150 P ; ❄📶🏊). Un dédale de cottages blancs à toit de chaume autour d'une piscine somptueuse et de pelouses soignées donne au Marcosas une ambiance balnéaire caractéristique. Il abrite le centre de plongée Blue Abyss.

Savedra Beach Bungalows COMPLEXE BALNÉAIRE $$
(☎474 0011 ; www.savedrabeachbungalows.com ; ch à partir de 1 500 P ; ❄📶). Des chambres banales et confortables et des balcons qui donnent directement sur l'eau.

Marina Village Dive Resort COMPLEXE BALNÉAIRE $
(☎474 0034 ; www.marina-village-resort.com ; ch sans/avec clim 600/1 600 P ; ❄🏊). Dans un jardin soigné, les huttes en nipa avec ventilateur offrent un excellent rapport qualité/prix.

WHITE BEACH

Les prix sont plus élevés à White Beach, car il s'agit d'une *vraie* plage.

Club Serena Resort COMPLEXE BALNÉAIRE $$$
(☎474 0050 ; www.clubserenaresort.com ; ch 3 000-5 600 P ; ❄🏊). Aussi original que luxueux, le Serena est une perle en bord de plage. Tous les bâtiments, du spacieux bar-restaurant octogonal à la grande chambre dans un arbre, ont été conçus avec goût et parfaitement équipés. Centre de plongée Aquaholics sur place.

Blue Orchid Resort COMPLEXE BALNÉAIRE $$
(☎474 0800 ou 0929 273 1128 ; www.blueorchidresort.com ; ch à partir de 2 500 P ; ❄📶🏊). Les villas de style méditerranéen bénéficient d'un superbe emplacement, à l'écart des clameurs de la plage. Une petite plate-forme sablonneuse, avec chaises longues et belvédères en bois, offre la vue sur les eaux turquoise jusqu'à Negros. Les grandes chambres ont des lits à baldaquin et une douche

spacieuse carrelée avec de l'eau brûlante. L'immense suite avec un Jacuzzi est idéale pour des jeunes mariés. Centre de plongée professionnel.

Ravenala COMPLEXE BALNÉAIRE $$$
(☎253 5053 ; cottages avec ventil/clim 3 000/3 500 P ; ❄). Choisissez une chambre avec ventilateur sur la plage ; la brise marine et la fraîcheur des murs en pierre rendent la climatisation inutile.

Asian Belgian Resort COMPLEXE BALNÉAIRE $$
(☎0917 744 7603 ; www.asian-belgian-resort.com ; ch avec ventil/clim 1 200/1 800 P ; ❄). La meilleure adresse pour les petits budgets ne dispose pas d'une plage de sable, mais offre un beau point de vue sur l'eau et un centre de plongée.

BADIAN

♥ **Badian Island Resort & Spa** COMPLEXE BALNÉAIRE $$$
(☎475 1102 ; www.badianhotel.com ; ch à partir de 150 $US ; ❄@📶🏊). Si vous avez envie de luxe, rejoignez directement l'île de Badian, à 20 km au sud de Moalboal, et ce somptueux complexe, l'un des plus beaux du pays. Les suites junior sont fantastiques. Les villas, ont chacune avec sa piscine d'eau de mer à débordement.

Où se restaurer et prendre un verre

Si la plupart des hébergements possèdent un restaurant, nombre d'autres tables méritent la visite. Vous trouverez certainement un bar qui vous convient à Panagsama Beach. En revanche, la vie nocturne est inexistante à White Beach.

♥ **Hannah's Place** INTERNATIONAL $$
(www.hannahs-place.com ; repas à partir de 250 P). Idéalement situé sur la plage avec une carte variée de plats philippins et internationaux et 2 bières pour le prix d'une de 17h à 18h.

Marina Cucina Italiana PIZZERIA $
(Pizzas à partir de 200 P ; ⏲7h-15h et 17h-22h). D'authentiques pizzas au bord de l'eau.

Oase ALLEMAND $$
(Plats à partir de 190 P ; ⏲14h-22h mer-dim). Un restaurant allemand chic et intime à la périphérie de Panagsama ; bières à prix doux.

Ravenala PHILIPPIN $
(Plats à partir de 80 P). Un endroit charmant pour un repas ou un verre sur le sable fin de White Beach.

Chili Bar BAR-RESTAURANT $
(Plats à partir de 80 P). Une institution de Panagsama, ce bar en bord de mer est le rendez-vous des moniteurs de plongée. Belle carte de cocktails et concours de billard le mercredi soir.

Last Filling Station CAFÉ $$
(Repas à partir de 180 P). Réputé pour ses petits-déjeuners roboratifs, avec yaourt, muesli et baguette, et pour son café corsé.

ℹ Renseignements

Lors de nos recherches, Moalboal ne comptait aucun DAB et le plus proche se situait à Carcar ; prévoyez des espèces.

À Panagsama, le **Hotline Internet Cafe** (30 P/h) offre l'accès à Internet.

ℹ Depuis/vers Moalboal

De Moalboal, des bus partent chaque heure jusqu'à 19h30 pour la gare routière sud de Cebu City (107 P, 3 heures 30). Des vans climatisés (100 P, 2 heures 30) effectuent le même trajet toutes les 30 minutes jusqu'à 17h. En taxi, comptez 2 000 P.

Des bus réguliers partent de l'artère principale pour Bato (58 P, 2 heures), où vous pouvez prendre une correspondance pour Lilo-an (15 P). Chaque jour, 5 ferries relient Bato et Negros (50 P, 25 min).

Argao

☎032 / 5 853 HABITANTS

Des édifices de l'époque coloniale espagnole et la *Chaerephon plicata*, une chauve-souris menacée, font la singularité d'Argao, mais les visiteurs viennent surtout pour les plages de sable brun de **Kawit**, **Mahawak** et **Lawis**.

Derrière une façade quelconque le long de la nationale, l'accueillant **Bamboo Paradise Beach Resort** (☎367 7271 ; s/d 1 000/1 500 P ; ❄) offre une cour plaisante, des meubles de jardin, des plantes en pot et la vue sur la mer.

Argao se situe à 65 km au sud de Cebu City. De nombreux bus Ceres et autres y font halte (70 P, 2 heures).

Des bateaux Lite Shipping relient Argao et Loon (110 P, 2 heures), sur Bohol, 2 ou 3 fois/jour, avec un dernier départ vers 15h. Des bateaux desservent l'île de Cabilao

2 fois/semaine. Prenez un bus Ceres pour rejoindre le port (12 P), à 8 km au nord d'Argao.

Lilo-an et île de Sumilon

☎032 / 14 998 HABITANTS

Lilo-an, bourgade quelconque, offre une vue superbe sur le détroit jusqu'à Negros. À moins de prévoir la visite de l'île de Sumilon, il n'y a guère de raison de s'y attarder. C'est néanmoins une étape pratique pour une nuit si vous allez à Dumaguete. Le long de l'artère principale, des centres de plongée s'adressent principalement aux touristes d'Asie du Nord (Moalboal ou Negros comptent des sites bien supérieurs).

La réserve marine de l'île de Sumilon, exemple réussi de protection de l'environnement aux Philippines, abrite les plus belles plages et les meilleurs sites de plongée. Les visiteurs doivent payer 10 P à l'entrée de la réserve et 150 P pour plonger. Les centres de plongée de Negros organisent des sorties à Sumilon.

Où se loger et se restaurer

Eden Resort COMPLEXE BALNÉAIRE $$
(☎480 9321 ; http://eden.ph ; ch avec petit-déj 2 500 P ;). Haut perché sur la colline dans Lilo-an, ce complexe de style méditerranéen est très bien situé. Même si vous n'y séjournez pas, venez déguster une pizza et vous baigner dans la belle piscine à débordement en profitant d'une vue superbe.

Kingdom Resort COMPLEXE BALNÉAIRE $$
(☎480 9017 ; ch à partir de 1 500 P ;). Un complexe de plongée sud-coréen au pied de la colline, sur la plage de Lilo-an ; les chambres en étage offrent la vue sur Negros.

Sumilon Bluewater Island Resort COMPLEXE BALNÉAIRE $$$
(☎481 0801 ; www.bluewater.com.ph/sumilon2 ; ch 8 760 P ;). Établissement luxueux sur l'île de Sumilon, le Bluewater possède des plages de sable blanc et des chambres aux touches japonaises (portes coulissantes). Elles sont trop chères et manquent d'intimité, partageant une véranda à plusieurs. Transfert en bateau gratuit pour les hôtes de l'embarcadère de Banlogan, à 10 km de Lilo-an. Les non-résidents peuvent utiliser les équipements moyennant 600 P.

Depuis/vers Lilo-an et l'île de Sumilon

Du nouvel embarcadère de Lilo-an, des ferries partent pour Negros (62 P, 30 minutes) toutes les heures de 4h à 19h30. Du vieil embarcadère, des *bangka* rallient Sibulan (45 P, 40 min) pour Dumaguete toutes les heures.

À Oslob, à 10 km de Lilo-an, un **Super Shuttle Ferry** (☎0933 968 2779) dessert tous les jours Larena, sur Siquijor, à 10h30 (200 P, 1 heure).

Des bus Ceres circulent toute la journée de Lilo-an à Cebu City (169 P, 3 heures) et Moalboal via Bato (80 P, 2 heures).

L'embarcadère du Sumilon Bluewater Island Resort se situe à Banlogan, à 3 km au nord de Mainit. La location d'un bateau pour la journée auprès du complexe balnéaire revient à 600 P, repas et équipements compris.

ÎLES CAMOTES

☎032 / 78 058 HABITANTS

À quelques heures de *bangka* de Cebu, les Camotes offrent une vie insulaire authentique qui séduit les touristes aventureux. Les deux îles principales, Poro et Pacijan, sont reliées par un isthme frangé de mangroves qui permet de les découvrir à moto, le moyen de transport privilégié. Pacijan possède les meilleurs hôtels et plages. Rarement visitée, la troisième île, Ponson, ressemble plus à Leyte qu'à Cebu.

Activités

Les plongeurs apprécient le tombant autour de l'île de Tulang, au nord de Pacijan. Les récifs au nord et au sud de l'île de Poro, près d'Esperanza et de Tudela, sont devenus des réserves marines. Les Camotes comptent deux modestes centres de plongée.

Ocean Deep PLONGÉE
(☎0927 676 6641 ; www.oceandeep.biz). Associé au Mangodlong Paradise Beach Resort, sur l'île de Pacijan.

Flying Fish Resort PLONGÉE
(☎0908 876 5427 ; www.camotesflyingfishresort.com). Sur l'île de Poro.

Renseignements

Sur l'île de Pacijan, un **comptoir d'information touristique** (☎497 0296 ; www.travelcamotes.com), près de l'hôtel de ville à San Francisco, renseigne sur les ferries et vend des cartes des Camotes (100 P).

TFNG (15 P/h ; 8h-minuit), près de l'hôtel de ville, et le **Sel's Internet Cafe** (15 P/h ; 8h30-20h),

Îles Camotes

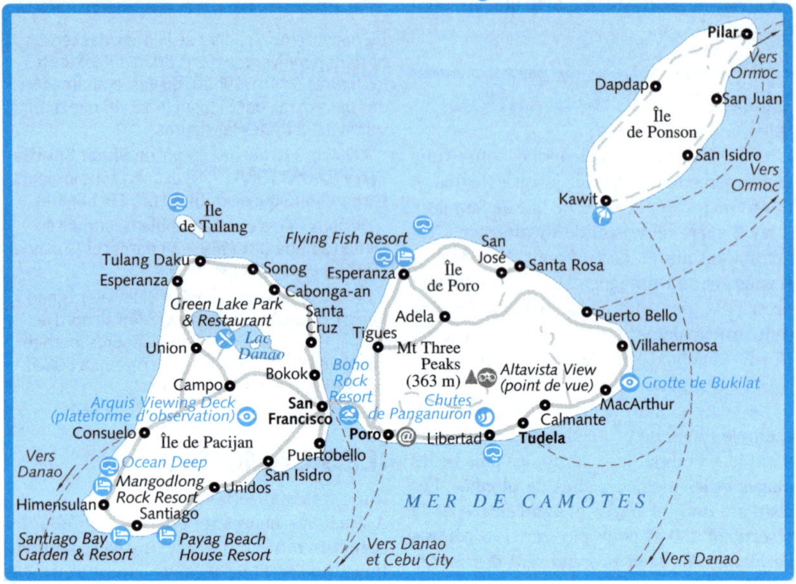

sur l'embarcadère de Poro, offrent l'accès à Internet.

Il n'y a pas de DAB dans les Camotes.

Depuis/vers les îles Camotes

Golden Express part à 17h30 de l'embarcadère 1 à Cebu City pour Poro Ville (380 P, 2 heures) et repart en sens inverse à 6h.

Un moyen plus rapide et moins pénible de rejoindre les Camotes depuis Cebu consiste à partir de Danao, qui propose des services quotidiens de *bangka* pour Consuelo et San Francisco (à partir de 180 P) sur l'île de Pacijan, et pour l'île de Poro (200 P). Les bateaux partent régulièrement de 5h30 à 12h, puis quelques-uns en fin d'après-midi. Consuelo est le débarcadère le plus pratique et le plus proche de meilleurs hébergements.

Des Camotes, un ferry part tôt le matin pour Ormoc sur Leyte (200 P, 3 heures) de l'embarcadère de Bokok sur Pacijan, et de Tudela sur Poro.

Aucun ferry ne relie Cebu et Ponson, mais **Junmar** (☎0927 2128 666) propose un *bangka* quotidien à 13h de Tudela sur Poro à Pilar (200 P, 2 heures). Vous pouvez aussi louer un bateau de Puerto Bello à Kawit (50 P, 45 min). Ponson offre aussi des *bangka* pour Ormoc, sur Leyte.

Comment circuler

La moto est le principal moyen de transport dans les Camotes. Les prix sont négociables ; comptez environ 40 P pour un trajet de 5 km, 100 P jusqu'à 10 km et 200 P au-delà (par exemple de Poro Ville à Santiago). Vous pouvez aussi louer une moto au Mangodlong pour 400 P/jour ; la plupart des sites sont bien indiqués. Des jeepneys attendent les bateaux aux ports excentrés, comme Consuelo.

Île de Pacijan

☎032 / 44 588 HABITANTS

Pacijan possède les seules plages de sable blanc des Camotes autour de la baie Santiago, où se situent la plupart des hôtels. **San Francisco**, ou "San Fran", la principale ville de l'île de Pacijan, se tient à une extrémité de l'isthme bordé de mangrove qui court jusqu'à l'île de Poro. San Fran abrite un marché animé (sur la gauche après la chaussée, le long de la baie), une église et une jolie place.

À 30 minutes en moto de San Fran, **Esperanza**, la seconde localité de Pacijan, longe une plage de sable blanc, jalonnée de bateaux de pêche. La route au nord d'Esperanza conduit à Tulang Daku, où vous pouvez demander à un pêcheur de vous emmener au meilleur site de plongée des Camotes, l'**île Tulang** (500 P aller-retour), ou prendre le petit bateau public (10 P aller).

Où se loger et se restaurer

Payag Beach House Resort COMPLEXE BALNÉAIRE $

(233 1158 ; ch avec ventil/clim 700/1 200 P ;). Sur une plage de sable privée, le Payag offre quelques chambres sommaires et séduit par son ambiance décontractée.

Santiago Bay Garden & Resort COMPLEXE BALNÉAIRE $$

(345 8599 ; www.camotesresorts.com.ph/santiago.htm ; ch avec ventil/clim à partir de 1 000/1 500 P ;). Surplombant un vaste croissant de sable blanc, le Santiago possède l'un des plus beaux terrains de l'île. Le grand domaine semble luxueux au premier abord, mais les chambres sont assez simples ; certaines ont une vue. Le restaurant sert une cuisine quelconque (repas 180 P environ) que compense le panorama sur l'océan.

Mangodlong Rock Resort COMPLEXE BALNÉAIRE $$

(345 8599 ; www.camotesresorts.com.ph/mangodlong.htm, ch à partir de 1 700 P ;). Associé au Santiago, il borde également une jolie plage, moins spectaculaire, où l'on ne peut se baigner qu'à marée haute.

Green Lake Park & Restaurant PHILIPPIN $

(Repas 100 P ; 6h-tard). Sur la route au sud-est d'Union, suivez les panneaux jusqu'à ce restaurant, où vous savourerez une bonne cuisine philippine au bord du lac Danao, sur fond de karaoké.

Île de Poro

032 / 21 529 HABITANTS

La plus petite des deux îles principales, Poro, est dépourvue de plages. En VTT on peut faire de belles balades dans ses collines boisées. **Poro**, la principale localité, est une ville côtière sans grand attrait, avec une église espagnole de 1849. Les bateaux venant de Cebu City accostent à Poro ; à moins de devoir prendre un ferry tôt le matin en sens inverse, il n'y a aucune raison d'y passer la nuit.

À côté d'une piste accidentée, juste après MacArthur, se cache la **grotte de Bukilat** (10 P). Si vous êtes prêt à nager, vous pourrez l'explorer à condition de trouver un guide et des lampes torches. Renseignez-vous à l'office du tourisme de San Fran.

Juste à l'ouest de Tudela, un sentier de 1 km conduit dans l'arrière-pays aux **chutes de Panganuron**, souvent asséchées en plein été (mars-mai).

À la pointe sud-ouest de l'île, le **Boho Rock Resort** est un joyau pour la baignade et le snorkeling parmi les rochers.

Où se loger et se restaurer

Big Z Pension House PENSION $

(0932 441 2990 ; ch avec ventil/clim 300/1 000 P ;). Dans la ville de Poro, cette rustique maison en bois offre quelques chambres sans prétention avec ventilateur et des salles de bains avec eau froide.

Flying Fish Resort COMPLEXE BALNÉAIRE $$

(0908 876 5427 ; www.camotesflyingfishresort.com ; maison dans les arbres 750 P, ch avec ventil/clim à partir de 1 200/1 800 P ;). Isolé à Esperanza, le Flying Fish se perche au-dessus d'une plage rocheuse avec un récif de corail. Il a son propre centre de plongée et des bungalows confortables ; des chambres étaient en construction face à la mer lors de notre passage. Transfert gratuit pour les hôtes.

Île de Ponson

032 / 11 941 HABITANTS

Le plaisir de visiter un endroit aussi reculé que Ponson est la réaction des habitants, qui va de l'accueil chaleureux à l'amusement narquois. Ponson compte deux localités principales : **Pilar** et **Kawit**. Kawit, la plus pittoresque, possède une longue et charmante plage de sable blanc. Il n'y a pas d'hôtel ; renseignez-vous sur les logements chez l'habitant dans les *barangay* (mairies).

ROMBLON

042 / 264 400 HABITANTS

Mystérieux, ignoré et difficile d'accès, l'archipel des Romblon puise son attrait dans cet isolement. La ville même de Romblon, capitale provinciale au charme suranné, sert de point d'accès à Sibuyan, forte de l'une des plus riches biodiversités au monde. Les voyageurs qui souhaitent échapper à l'effervescence de Boracay apprécieront cet endroit méconnu.

Si Romblon ne fait pas techniquement partie des Visayas (il est inclus dans un district administratif avec Mindoro et Palawan), il s'intègre mieux à un périple dans les Visayas et nous l'avons inclus dans ce chapitre. La quatrième plus grande île

Romblon

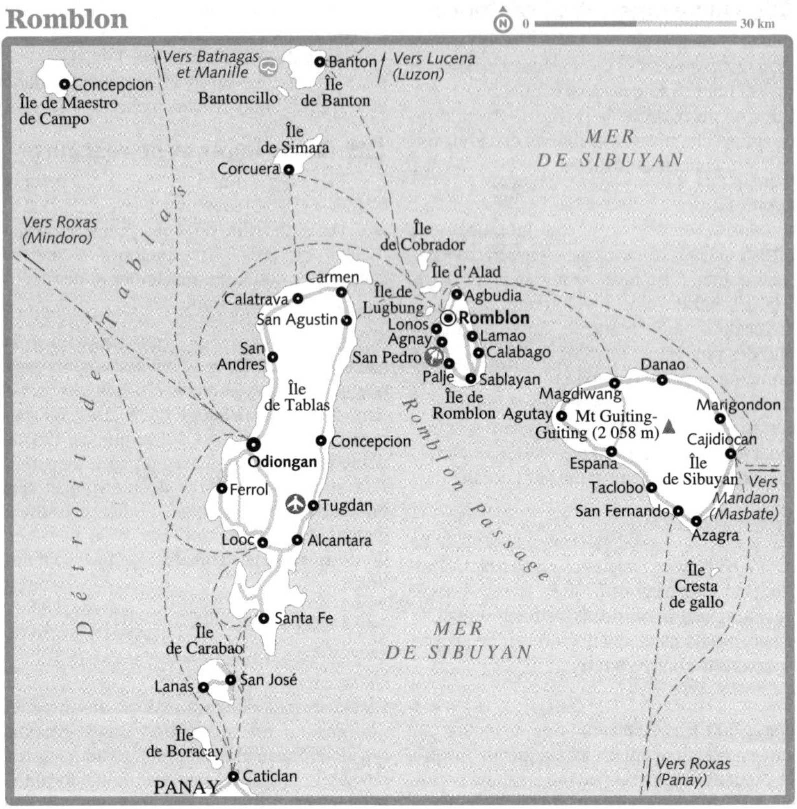

des Romblon, Carabao, est décrite dans la section *Boracay*.

Depuis/vers Romblon

AVION

Un aéroport proche de Tugdan, sur la côte est de Tablas, est desservi presque tous les jours en alternance par Seair et Zest Air.

BATEAU

Gardez à l'esprit que les tempêtes tropicales interdisent souvent les liaisons maritimes durant la saison des typhons (juin-nov).

Les lignes les plus empruntées partent de Caticlan (à Looc sur l'île de Tablas) et de Batangas (à Odiongan sur Tablas et la ville de Romblon). Looc et Odiongan offrent aussi des services réguliers pour Roxas, sur Mindoro. L'île de Sibuyan est reliée à Roxas (Panay) et à Mandaon (Masbate).

Le grand car-ferry confortable *Mary the Queen* de Romblon Shipping Lines part de Manille le mardi à 17h et dessert la ville de Romblon, Cajidiocan (Sibuyan) et Mandaon (Masbate). Le même bateau suit un itinéraire différent le vendredi, partant à 17h de Manille pour Odiongan et Caticlan (Panay).

Pour plus de précisions, reportez-vous aux rubriques *Depuis/vers* de chaque destination.

Anchor Bay Aqua Sports sur Romblon et Tablas Fun Center à Looc louent des vedettes qui rallient directement Boracay en 20 minutes à 1 heure (12 000-22 500 P par bateau).

Compagnies desservant Romblon :

Kalayaan Shipping (☎Manille 02-710 3990)

Montenegro Shipping Lines (embarcadère d'Odiongan)

Romblon Shipping Lines Inc (RSLI ; ☎Ville de Romblon 0908 444 1175 ; www.romblonshippinglines.com)

Île de Tablas

☎042 / 151 059 HABITANTS

Pauvre Tablas. La plus grande île des Romblon et la mieux desservie se voit largement éclipsée par ses voisines, Romblon et

Sibuyan, tandis que sa ville la plus importante, Odiongan, traîne une réputation de port peu engageant. Tablas est pourtant une île superbe, avec un fort potentiel touristique. Principal point d'entrée de la province et proche des trois grandes îles de Boracay, elle commence à se développer. Des complexes balnéaires et des tour-opérateurs sont apparus autour d'Odiongan et à Looc, au sud, où accostent chaque jour des bateaux en provenance de Caticlan.

Depuis/vers l'île de Tablas

Odiongan (bateaux en provenance de Luzon et de Mindoro), Looc (bateaux en provenance de Panay) et San Agustin (pour l'île de Romblon) sont les trois principaux ports.

BATANGAS Montenegro Shipping Lines relie Odiongan et Batangas (752 P, 8 heures) tous les jours sauf le mercredi (sauf le mardi en sens inverse).

CATICLAN (BORACAY) De Looc, au moins 2 *bangka* partent tous les jours pour Caticlan à 8h et 9h30 (300 P, 2 heures 30). D'Odiongan, un ferry RSLI hebdomadaire dessert Caticlan.

MANILLE Le MV *Mary the Queen* de RSLI part de Manille le vendredi à 17h, arrive à Odiongan le lendemain à 5h et continue vers Caticlan à 6h. En sens inverse, il quitte Odiongan le dimanche à 17h (850 P).

ÎLES DE ROMBLON ET DE SIBUYAN Des *bangka* effectuent chaque jour la traversée entre San Agustin et Ville de Romblon (100-150 P, 1 heure) à 8h et 13h dans les deux sens. À San Agustin, les lève-tôt peuvent prendre le RORO *Maria Querubin* de Montenegro Shipping Lines qui part à 6h pour Romblon et continue jusqu'à Magdiwang, sur Sibuyan (370 P, 3 heures 30). Montenegro propose aussi 3 traversées hebdomadaires entre Odiongan et Ville de Romblon (320 P, 3 heures).

ROXAS (MINDORO) Des *bangka* partent un matin sur deux d'Odiongan et une fois par semaine de Looc (l'un ou l'autre 300 P, 3 heures 30). Un RORO de Thunder Lines part également d'Odiongan le mercredi à 7h.

SAN JOSÉ (ÎLE DE CARABAO) Un *bangka* quitte San José à 6h pour Santa Fe, sur Tablas, et revient à 9h (1 heure).

Comment circuler

Des jeepneys attendent l'arrivée des vols à Tugdan et desservent San Agustin (70 P, 1 heure 15) et Looc (40 P, 45 min). Vous pouvez aussi louer un van à l'aéroport pour rejoindre San Agustin (1 500 P, 40 min) ou Odiongan (1 200 P, 50 min).

Des jeepneys relient les principales villes de l'île mais sont peu fréquents, sauf sur l'itinéraire Looc-Odiongan. Ils sont plus nombreux le matin.

Les jeepneys entre Looc et Odiongan (50 P, 1 heure) cessent de circuler vers 15h30. De San Agustin à Looc (100 P, 2 heures) et Odiongan (100 P, 2 heures), les derniers trajets ont lieu vers 14h, quand arrivent les derniers ferries de Romblon. En sens inverse, les dessertes matinales permettent d'arriver à temps pour les ferries.

Les motos-taxis, appelées "*singles*" dans la région, sont de loin le moyen de transport le plus rapide de l'île.

Quelques tarifs et temps de trajet :

De l'aéroport à Looc 50 P, 30 minutes

De l'aéroport à Odiongan 400 P, 1 heure 15

De l'aéroport à San Agustin 250 P, 45 minutes

De Looc à Odiongan 120 P, 35 minutes

De San Agustin à Looc 400 P, 1 heure 15

ODIONGAN

Presque au milieu de la côte ouest de Tablas, Odiongan offre un bon choix d'hébergements et le seul DAB fiable de la province de Romblon. La fête d'Odiongan a lieu début avril.

Parmi les nombreuses cascades qui parsèment la région, les **chutes de Garing** sont les plus impressionnantes. Le petit **Provincial Tree Park & Wildlife Sanctuary**, dans le *barangay* de Rizal, constitue une agréable promenade matinale. Un *single* rejoint chacune de ces destinations en 30 minutes (250 P). Les plus belles plages se situent à Ferrol, au sud d'Odiongan.

Pour une excursion plus longue, suivez la belle route escarpée vers le nord jusqu'à San Andres, qui compte quelques cascades.

Où se loger et se restaurer

Odiongan Plaza Lodge HÔTEL $

(☎567 5760 ; ch avec ventil à partir de 400 P, avec clim 1 200 P ; ❄). Au-dessus du Lynne's Snack Shop à l'extrémité nord de la place, les grandes chambres climatisées, avec d'impeccables salles de bains, sont sans doute les meilleures d'Odiongan. Les moins chères avec ventilateur n'ont guère d'attrait.

Harbour Chateau HÔTEL $

(☎567 5386 ; www.harbourchateau.com ; ch avec ventil 150-600 P, avec clim et petit-déj 1 000-1 500 P ; ❄📶). Ce nouveau complexe de catégorie moyenne est construit autour d'un vieil hôtel bon marché et loue toujours ses chambres défraîchies. Les chambres récentes, plus fonctionnelles que charmantes, peuvent accueillir 3 ou 4 personnes. Le Chateau se tient sur Poctoy Beach, vers l'embarcadère.

Rencios Resort COMPLEXE HÔTELIER $
(☎567 5834 ; doodsendaya@yahoo.com ; ch avec ventil/clim 400/1 200 P ;). En dehors de la ville, parmi des bassins à poissons et des jardins d'ornement, cet hôtel propose un choix de chambres propres et confortables, avec eau chaude. Bémol : le karaoké bruyant.

Islands Gourmet Deli INTERNATIONAL $
(☎0919 483 8531 ; www.islandsgourmetdeli.com ; Quezon St ; repas 100-200 P ;). Excellente adresse pour un bon repas et/ou des conseils touristiques, le Gourmet Deli sert la meilleure cuisine de la ville et passe une bonne musique. Steve, le propriétaire, vous suggérera des excursions à Tablas et vous aidera à les organiser. À la lisière sud du centre, sur la route de Looc.

Pearl's Cafe CAFÉ $
(☎567 6048 ; www.harbourchateau.com ; Quezon St ;). Le petit-déjeuner philippin (50 P) justifie à lui seul le détour, mais le Pearl's, près de l'Islands Gourmet Deli, sert aussi un bon café et vend des produits alimentaires d'importation. Il gère aussi un charmant B&B de 2 chambres au bord de l'eau (chambre avec petit-déjeuner 1 000 P).

Renseignements

L'Islands Gourmet Deli fournit des informations touristiques sur Tablas et les Romblon. Un DAB fiable de la Bank of the Philippine Islands (BPI) se tient près de la place, un autre moins fiable de la Philippine National Bank (PNB) à l'angle de M Formilleza St et de JP Laurel St. Un bon **cybercafé** (Quezon St ; 30 P/h ; 24h/24) fait face à l'Islands Gourmet Deli.

LOOC

Looc (law-awk) est la première escale sur la traversée de Boracay à Romblon et aux îles Sibuyan plus à l'est. Récemment ouverts, quelques complexes balnéaires permettent de s'y attarder.

Activités

Looc Bay Marine Refuge & Sanctuary SNORKELING
(100 P). Principale attraction de Looc, ce récif corallien protégé de 48 ha est à 10 minutes en *bangka* de l'embarcadère. Le trajet en bateau est compris dans le droit d'entrée pour les groupes à partir de 4 personnes ; sinon, comptez 300 P pour le bateau. Rendez-vous au **bureau KOICA** (☎0918 500 9136), sur le port de pêche de Looc, à courte distance du centre, pour réserver un bateau et louer l'équipement de snorkeling (50 P). Les bateaux vous déposent sur le ponton en bambou de la réserve, d'où vous pouvez nager parmi des bénitiers géants. Ne les touchez pas, ils mordent !

Buenavista Marine Sanctuary SNORKELING
À 7 km au nord de Looc (100 P en tricycle), cette autre réserve marine de 2 ha se situe autour d'un îlot relié par un pont à Looc.

Fêtes et festivals

Fiesta Sa Dagat CULTUREL
Fin avril, la Fiesta Sa Dagat (fête de la Mer) dure une semaine : défilé et courses de bateaux, concours de pêche.

Festival Talabukon CULTUREL
La Fiesta Sa Dagat coïncide avec le festival Talabukon (fête de la Ville), qui célèbre le géant légendaire qui défendit la région en étranglant les pirates qui la menaçaient, donnant son nom à la ville (Looc signifie "étrangler").

Où se loger et se restaurer

Parmi les restaurants de la ville, essayez **Ashley's** (plats 75-130 P ; 7h-19h), qui possède une longue carte de plats philippins et de petits-déjeuners (évitez les pizzas).

By the Sea Resort COMPLEXE BALNÉAIRE $$
(www.bythesearesort-tablas-island.com ; ch pension compl 3600 P/pers ;). Tenu par des Italiens, ce complexe au sud de Looc offre de jolis cottages à flanc de colline au-dessus d'une plage de sable privée et de nombreux extras, comme le transfert gratuit de Caticlan ou de l'aéroport de Tugdan. Quelques boissons sont comprises dans le prix.

Tablas Fun Center COMPLEXE BALNÉAIRE $$
(☎0949 737 5543 ; www.tablasfun.com ; ch avec ventil/clim 900/1 300 P ;). Sur le point d'ouvrir lors de notre passage, ce complexe met l'accent sur les sports motorisés (*swamp buggies* et jet-ski), mais propose aussi de la voile. Le kitesurf devrait bientôt s'ajouter à la liste.

Angelique Inn PENSION $
(☎0927 315 3638 ; ch avec ventil/clim 300/600 P ;). Donnant sur la place, cette pension accueillante, tenue par la famille Gelindon, possède des chambres claires et spacieuses avec sol en marbre et salle de bains commune.

Renseignements

L'office du tourisme de Looc se tient au coin sud de la place et la ville compte quelques cybercafés. Pour des informations, demandez les sœurs Fiel ; l'une officie à la boutique "New

Era", près de la grand-place, l'autre est la maire de Looc.

ALCANTARA

Alcantara, à 9 km de Looc sur la côte est de Tablas, est une petite ville dotée d'une plage correcte. Elle est desservie par le jeepney qui relie Looc et San Agustin, et peut constituer une étape pour une nuit.

Où se loger

Aglicay Beach Resort COMPLEXE BALNÉAIRE $$
(☎0915 425 6898 ; www.aglicaybeachresort.com ; s/d à partir de 900/1 100 P ; ❄). À 4 km de la nationale le long d'une route accidentée, ce complexe paisible possède une large plage, d'agréables bungalows et un petit bar-restaurant. Le personnel vous procurera l'équipement de snorkeling. Des *singles* stationnent au bord de la nationale pour vous conduire au complexe (50 P, 10 min).

SAN AGUSTIN

Étape pittoresque avant de rejoindre l'île de Romblon, San Agustin ne justifie pas d'y passer la nuit, à moins d'avoir manqué le dernier ferry à 13h. Plusieurs grills et stands de restauration sont installés aux abords du marché. Les hébergements se concentrent dans une rue perpendiculaire à l'artère principale, à quelques pas de l'embarcadère. Aucun ne dispose d'un numéro de téléphone permanent ; choisissez sur place.

Où se loger

Paksi Cove Resort COMPLEXE HÔTELIER $
(☎0946 145 6356 ; www.paksicoveresort.com ; cottages 750-1 000 P). Voici des cottages dans une crique isolée avec une plage privée à Calatrava, à 20 minutes en *single* (30 P) de San Agustin. Avec la jungle en arrière-plan, c'est un endroit idéal pour fuir la civilisation.

Kamilla Lodge PENSION $
(ch sans/avec sdb à partir de 200/400 P) ❄). Cette pension accueillante et confortable, installée dans un bâtiment moderne, est la meilleure du lot.

Felnor Lodge & Restaurant PENSION $
(s/d avec sdb commune à partir de 200/300 P ; ❄). Des chambres chaleureuses – demandez-en une avec vue sur la mer –, mais pas de restaurant contrairement à ce qu'annonce l'enseigne.

August Inn PENSION $
(s/d sans sdb 200/400 P, tr avec sdb 800 P ; ❄). Quelques petites chambres carrelées au 2e étage d'un édifice rose vif et une salle de bains commune avec un baquet.

Île de Romblon

☎042 / 37 544 HABITANTS

Difficile d'accès, Romblon possède une ville charmante et une côte alternant sable et rochers. En faisant le tour de l'île, vous traverserez des cours d'eau à gué, vous passerez par des villages accueillants, des montagnes couvertes de cocotiers, des vallées de rizières en terrasses, plusieurs phares et diverses marbreries. La route circulaire, mauvaise par endroits, est en majeure partie goudronnée et généralement carrossable.

À voir et à faire

Ville de Romblon, une superbe cité historique entourée de collines verdoyantes, offre un spectacle enchanteur en arrivant par bateau. Capitale de la province du même nom, elle est sillonnée de rues charmantes et possède des forts, des fontaines, des églises, des ponts et des cimetières du XVIIe siècle. En soirée, vous pourrez faire une agréable promenade dans le **marché**, à l'est de la place.

Fort San Andres POINT DE VUE
Pour une belle vue de la ville, grimpez les escaliers jusqu'aux ruines de ce fort du XVIIe siècle, qui surplombe le centre de la cité.

D'une île à l'autre EXCURSIONS EN BATEAU
Quand le temps le permet, des *bangka* (500 P/aller, 1 000-2 000 P/journée) effectuent l'excursion d'une journée aux "Tres Marias", les îles voisines de **Lugbung**, **Alad** et **Cobrador**. Cobrador se prête au snorkeling et Lugbung a une jolie plage. Emportez des provisions. Les plus aventureux peuvent faire la traversée souvent agitée jusqu'aux îles reculées de **Banton**, **Sibale** et **Simara** ; elles sont réputées pour leurs sites de plongée, réservés aux plongeurs expérimentés munis de leur propre équipement. Elles comptent aussi des plages de sable blanc très isolées, des forts espagnols et, à Baton, d'antiques grottes funéraires. La location d'un *bangka* vers ces îles coûte au moins 6 000 P ; vous pouvez sinon prendre le *bangka* qui part 2 fois par semaine de Romblon pour Banton (300 P, 3 heures 30).

Plages PLAGES

Tiambin Beach et **Bon Bon Beach**, un peu plus proche de la ville de Romblon, sont toutes deux propices à la baignade et se rejoignent en suivant la route de la côte ouest vers le sud (tricycle 100 P, jeepney 12 P). **San Pedro** possède aussi une plage charmante et des récifs qui se prêtent à la plongée et au snorkeling.

Airsoft JEU DE GUERRE

(☎0906 212 8143 ; 750 P/pers par jour). Airsoft semble l'héritier présomptif du paintball. Carlos, un Américain d'origine philippine qui dirige aussi l'agréable hôtel Stone Creek, a lancé ce jeu et un groupe de pratiquants locaux affrontent volontiers les touristes. Les terrains sont dans la jungle, à quelques kilomètres de la ville (on y conduit les participants).

Plongée

Les seuls centres de plongée de l'île sont ceux du Three P Resort et du Cabanbanan Beach Resort. Au nord de Romblon gît une **épave japonaise de la Deuxième Guerre mondiale**. Au large de la proche île de Tablas, le **Blue Hole**, l'intérieur d'un ancien volcan, a la faveur des plongeurs expérimentés.

Sports nautiques

Les plages et le port abrités de Romblon se prêtent parfaitement au paddleboard (ou planche à bras). Vous pourrez louer un paddleboard (340/520 P la demi-journée/journée) auprès d'**Anchor Bay Aqua Sports** (☎0918 247 9941 ; anchorbayromblon@yahoo.com), à 3 km au sud-ouest de la ville de Romblon. L'établissement propose aussi des planches à voile, un catamaran et un hors-bord pour le ski nautique et le wakeboard. Le Three P Resort dispose aussi de paddleboards.

Où se loger

La pénurie de bons complexes hôteliers autour de l'île fait du centre-ville un excellent choix. Vous serez près des restaurants et pourrez facilement explorer l'île. La fête de la ville de Romblon a lieu vers la 2e semaine de janvier et dure une semaine ; mieux vaut réserver bien à l'avance à cette période.

VILLE DE ROMBLON

Stone Creek House PENSION $

(☎0906 212 8143 ; ch avec ventil/clim à partir de 2 000/3 000 P, maison 8 500 P ; ❄@🛜). Seul hébergement élégant de la ville, cette imposante maison en pierre peut accueillir 6 personnes. Joliment décorée, elle comprend un salon avec grande TV et PlayStation. Carlos, le propriétaire et directeur d'Airsoft, préfère la louer en entier, mais accepte parfois les réservations individuelles à condition de le prévenir à l'avance.

Romblon Plaza Hotel HÔTEL $

(☎507 2269 ; rphreservation@yahoo.com ; Roxas St ; ch avec ventil/clim à partir de 650/1 100 P ; ❄@). Ce grand hôtel, orné de fleurs et plantes en plastique, fait face au terrain de basket municipal et souffre du bruit en raison de son emplacement central. Les chambres sont spacieuses, propres et claires, avec une belle vue pour les plus chères.

Blue Ridge Hotel HÔTEL $

(☎0999 780 4631 ; Fetal Vero St ; d 1 000 P). À quelques minutes de marche de la place, le Blue Ridge offre des chambres bien tenues, avec quelques meubles disposés au hasard, mais sans eau chaude.

D'Maeastro Inn LODGE $

(☎0949 930 277 ; d avec ventil/clim 400/700 P ; ❄). Tenu par une famille, ce lodge en bois sans prétention domine le port. Il se situe dans un virage, à 300 m au sud du Romblon Deli.

Muravian Hotel HÔTEL $

(☎0919 970 5137 ; ch avec ventil/clim à partir de 350/600 P; ❄). Juste derrière le Romblon Plaza, un hôtel spartiate à prix doux.

L'ÎLE DU MARBRE

Romblon est réputée dans le pays pour son marbre gris, qui orne le sol des églises et des resorts, en particulier dans l'île et à Boracay. Une promenade autour de l'île vous fera découvrir des dizaines de carrières et d'ateliers, où des artisans sculptent des bouddhas, des lions grandeur nature, des nus et des portraits. Ils sont plus nombreux à 5 km à l'est de la ville de Romblon, près de Lamao. Très bon marché, le marbre n'est pas pratique à transporter. Un petit mortier et pilon ou un cendrier ne coûtent pas plus de 100 P dans les boutiques de souvenirs du centre commercial de l'artère principale, près du port de la ville de Romblon.

AILLEURS DANS L'ÎLE

San Pedro Beach Resort COMPLEXE BALNÉAIRE $
(☎0928 273 0515 ; minamingoa@yahoo.com ; Ginablan ; cottages 700 P). Ce complexe surplombe une petite plage de sable blanc à Ginablan, à 10 km au sud de la ville de Romblon. Des impeccables cottages en bambou, vous apercevrez la plage en contrebas (snorkeling à marée haute). Un restaurant abordable sert le petit-déjeuner et le déjeuner (dîner sur commande) et une bibliothèque est à disposition. De la ville, le trajet en tricycle revient à 150 P. Si vous venez par vos propres moyens, vous aurez besoin d'indications précises car il n'y a quasiment aucun panneau.

Cabanbanan Beach Resort COMPLEXE BALNÉAIRE $
(☎0910 283 7612 ou 0920 711 5451 ; www.romblon-isl.com ; cottages 800-1 000 P). Sur une langue de terre uniquement accessible en bateau, ce petit paradis offre de jolis cottages avec hamacs, un restaurant, un centre de plongée PADI et l'électricité 24h/24. Le récif attenant est une réserve de poissons. Appelez à l'avance pour le transfert gratuit en bateau de la ville de Romblon.

Three P Holiday & Dive Resort HUTTES NIPA $$
(☎0921 601 0252 ou 0939 368 9841 ; www.the-three-p.com ; huttes 1 000 P ; ❄). Assez récent, ce centre de plongée compte des huttes en nipa bien aménagées dans un enclos verdoyant en bord de plage, à 6,5 km au sud-ouest de la ville de Romblon.

Buena Suerte Resort RESORT $
(☎507 2069 ; cottages 700 P ; ✉). Éloigné, ce complexe semble ouvrir par intermittence, mais peut séduire les ermites. De la ville de Romblon, suivez la nationale vers l'est sur 10 km et repérez l'embranchement signalé dans le petit village de Tambac. Une mauvaise route de 1 km mène à l'entrée.

Où se restaurer et prendre un verre

La qualité de la cuisine surprend agréablement. Des gargotes à petits prix sont nombreuses autour du marché et de la place.

Romblon Deli & Coffee Shop INTERNATIONAL $$
(Plats 100-250 P ; ⏲6h30-21h). Au centre du front de mer à proximité des embarcadères, cet établissement sans prétention sera sans doute votre premier arrêt. Faisant office de centre d'information sur Romblon, il sert de succulentes crêpes à la banane, des omelettes et des plats comme le filet de bœuf avec une sauce au fromage bleu. Le jus de genièvre (30 P) est une autre spécialité.

Republika Bar & Restaurant INTERNATIONAL $$
(Plats 150-220 P ; ⏲6h-21h). À quelques pas du Romblon Deli, cet excellent restaurant offre une carte sans cesse renouvelée, avec des plats tels que bœuf bourguignon ou faux-filet, ainsi que d'authentiques expressos.

Romblon Plaza Restaurant PHILIPPIN $$
(Roxas St ; plats 150 P). Sur le toit du Romblon Plaza Hotel, ce bar-restaurant est idéal pour un verre au coucher du soleil en profitant de la vue, malgré l'extrême lenteur du service.

Renseignements

La poste, le poste de police se tiennent près de la place, de même que plusieurs **cybercafés** (20-35 P/h) aux connexions très lentes. Dans le quartier du port, **Bright & Bubbly** (⏲8h-19h) propose un service de blanchissage.

Argent

Une banque PNB avec un DAB se situe un peu plus haut que le Republika, de l'autre côté de la rue. Prévoyez néanmoins des espèces car la PNB n'est guère fiable.

Informations touristiques

Romblon Deli & Coffee Shop (☎0929 304 0920 ou 0999 583 5064 ; dpkershaw@gmail.com). Les propriétaires fournissent des cartes de l'île, connaissent les horaires des bateaux et peuvent vous renseigner dans de multiples domaines. Ils organisent aussi des circuits.

Depuis/vers l'île de Romblon

Voir l'encadré p. 236 pour les services de bateau au départ de la ville de Romblon.

Des *bangka* effectuent la traversée de Romblon à Magdiwang les matins où arrivent de gros ferries en provenance de Batangas et de Manille.

Comment circuler

Faire le tour de l'île en tricycle est pratiquement impossible car la route est trop raide par endroits. Mieux vaut louer un *single* (avec chauffeur 700 P, essence en plus ; sans chauffeur 300-500 P/jour). Si vous conduisez, soyez prudent quand il pleut. Des jeepneys desservent la majeure partie de l'île, mais ils sont irréguliers et plus rares à mesure que l'on s'éloigne de la ville de Romblon.

BATEAUX AU DÉPART DE ROMBLON

DESTINATION	TYPE DE BATEAU	TARIF	DURÉE	HORAIRES
Batangas (via Odiongan)	RORO (Montenegro)	960 P	12 heures	14h mar, ven et dim
Lucena (via San Agustin et l'île de Banton)	RORO (Kalayaan)	700 P	13 heures	3/sem
Magdiwang (Sibuyan)	RORO (Montenegro, Kalayaan)	256 P	2 heures 15	7h tlj (Montenegro) plus 3/sem (Kalayaan)
Mandaon (Masbate) via Cajidiocan	RORO (RSLI)	350 P	8 heures	6h mer
Manille	RORO (RSLI)	850 P	12 heures	19h jeu
San Agustin	*Bangka*, RORO (Montenegro)	100-150 P	1 heure	tlj 8h et 13h (*bangka*), 12h30 (RORO)

Île de Sibuyan

☎042 / 35 249 HABITANTS

Équivalent philippin des Galapagos, l'île de Sibuyan a été coupée de toutes les autres masses continentales pendant la dernière période glaciaire. Isolée et préservée, elle est couverte à 60% par l'une des forêts les plus denses du pays et abrite 5 espèces de mammifères uniques, dont une bizarre chauve-souris fructivore à long nez (*Nyctimene rabori*). Aucune autre île de cette dimension au monde ne compte autant d'espèces endémiques, et l'on estime qu'il en reste à découvrir. Les ressources naturelles de l'île sont protégées, de même que le secteur autour de l'imposant mont Guiting-Guiting (2 058 m). Plus récemment, des compagnies minières de nickel basées à Manille ont menacé l'environnement de Sibuyan. Des protestations contre de potentielles extractions, conduites par le maire de San Fernando, ont abouti en 2011 à l'annulation par le gouvernement national du permis de prospection au pied du mont Guiting-Guiting.

Théoriquement, on peut accéder au parc naturel du mont Guiting-Guiting depuis les trois municipalités de Magdiwang, Cajidiocan et San Fernando. En pratique, les guides et les permis étant obligatoires, il faut d'abord se rendre au centre des visiteurs de Magdiwang pour des renseignements et les formalités nécessaires.

ℹ Depuis/vers l'île de Sibuyan

La plupart des voyageurs arrivent de la ville de Romblon au port d'Ambulong, à 2 km de Magdiwang. Des bateaux en provenance de Roxas, sur Panay, accostent à San Fernando et d'autres relient Masbate et Cajidiocan.

LUCENA (LUZON) Kalayaan Shipping propose un bateau à l'aspect délabré entre Magdiwang et Lucena (800 P, 17 heures, 3/semaine) via la ville de Romblon, San Agustin et l'île de Banton.

MANDAON (MASBATE) Des *bangka* effectuent la traversée de Cajidiocan à Mandaon, sur Masbate, les jeudi et vendredi à 9h (350 P, 4 heures). Le grand ferry RSLI part le mercredi à 10h.

MANILLE Le ferry RSLI part de Cajidiocan pour Manille à 15h le jeudi (920 P, 16 heures).

ROMBLON ET TABLAS Meilleure option pour la ville de Romblon, le ferry quotidien de Montenegro part vers 10h (260 P, 2 heures 15) et continue jusqu'à San Agustin, sur Tablas. Des *bangka* supplémentaires font le trajet les jours où des ferries partent de Romblon pour Batangas et Manille.

ROXAS (PANAY) Des *bangka* à destination de Roxas partent du port d'Azagra, à San Fernando, les lundi, mercredi et vendredi (300 P, 5 heures), et de Cajidiocan certains jours. Le jeudi à 7h, un bateau relie Magdiwang et Roxas via San Fernando et revient suivant le même itinéraire le vendredi matin.

ℹ Comment circuler

Chaque jour, environ 3 jeepneys circulent entre Magdiwang et Cajidiocan (70 P, 1 heure 30) et entre Magdiwang et San Fernando (100 P, 2 heures). Certains coïncident avec l'arrivée des ferries à Magdiwang. Des jeepneys relient aussi San Fernando et Cajidiocan (55 P, 1 heure, 3/jour). La plupart des liaisons ont lieu le matin.

La majeure partie de la route circulaire de Sibuyan n'est pas goudronnée, ce qui la rend difficile à moto. On peut louer des *singles* ou des tricycles entre les 3 villes principales. Les resorts louent des motos (600 P/jour) et des VTT.

MAGDIWANG

Point d'entrée pour la plupart des visiteurs et porte du parc naturel du mont Guiting-Guiting, Magdiwang est une ville portuaire accueillante avec de jolies maisons sur pilotis, ornées de plantes fleuries.

À voir

Chutes de Cataja CASCADES

Ces chutes à 3 niveaux dévalent dans une piscine naturelle et constituent une belle excursion d'une demi-journée. Sortez de la ville vers l'est en laissant le terrain de basket sur votre droite et continuez sur 1 km jusqu'à une bifurcation. Prenez l'embranchement de droite, puis tournez à droite au sommet d'une colline et parcourez environ 2 km jusqu'à un groupe de huttes en nipa le long de la route. Le cas échéant, laissez votre vélo et demandez un guide pour vous conduire aux chutes (100 P, 30 min) à travers des champs et la forêt.

Chutes de Lambingan CASCADES

Ces superbes chutes et un bassin propice à la baignade se situent à 12 km de Magdiwang (à 4 km après l'embranchement vers le centre des visiteurs du parc naturel du mont Guiting-Guiting). Des tricycles vous y conduiront (130 P, 25 min).

Où se loger et se restaurer

Sanctuary Garden COMPLEXE CLIMATIQUE $

(0920 217 4127 ; www.sanctuarygardenresort.com ; camping/dort 50/200 P, ch 500-1 500 P ;). Confortable et stylé, ce complexe propose d'élégants cottages privés sur pilotis (dont quelques-uns avec balcon et vue sur la montagne) et des chambres à petits prix dans une maison qui sent bon le pin. Au bord d'un ruisseau près du début du principal sentier du mont Guiting-Guiting, il est idéal pour les grimpeurs lève-tôt. Le propriétaire, Edgar, vous renseignera sur l'ascension et diverses excursions.

Europhil Beach House COMPLEXE BALNÉAIRE $

(0939 768 4023 ; cottages 300-500 P). Sur la route de l'embarcadère à 1 km au sud de la ville, ce complexe compte 2 cottages directement sur la plage. Hôte affable, Wolfgang mitonne une excellente cuisine, mais vous devrez arriver tôt pour la savourer.

Corran Guesthouse PENSION $

(0920 530 8533 ; MH del Pilar St ; s/d à partir de 250/400 P ;). Toujours connue sous son ancien nom, Vicky's, cette pension accueillante, en face de l'école, offre au 2e étage des chambres avec parquet et une salle de bains commune immaculée. Vicky prépare de délicieux repas philippins et occidentaux et fournit de précieux renseignements.

Bagumbahay Beach Resort COMPLEXE BALNÉAIRE $

(0918 234 7090 ; ch avec ventil/clim à partir de 500/800 P ;). Un endroit paisible avec 15 chambres et un service quasi inexistant sur une plage de sable brun en ville. Repas sur demande.

Rancher's PENSION $

(0908 786 4006 ; José Rizal St ; s 250 P, d avec ventil/clim à partir de 500/750 P ;). Au cœur de la ville, cette pension reste sommaire malgré des efforts de décoration.

PARC NATUREL DU MONT GUITING-GUITING

Ce parc de plus de 15 000 ha compte parmi les trésors naturels des Philippines. Paradis des biologistes, l'île est considérée comme un haut lieu de la diversité animale et végétale en Asie et dans le Pacifique. Selon les estimations, elle abrite 700 espèces de plantes, dont certaines endémiques, 130 d'oiseaux et de nombreux mammifères et reptiles rares ou menacés.

L'ascension du mont Guiting-Guiting, l'une des plus belles du pays, nécessite un guide mais aucune connaissance technique. L'itinéraire le plus populaire, au départ de Magdiwang, conduit le premier jour au camp 3, où l'on passe la nuit avant de rejoindre le sommet le lendemain avant midi. Au retour, vous pouvez faire étape au camp 3 ou tenter de rejoindre Magdiwang dans la journée.

Vous avez besoin d'un permis (200 P) pour l'ascension. Passez d'abord à l'**office du tourisme municipal** (0908 786 4006), dans le centre de Magdiwang, pour vous enregistrer et obtenir des renseignements. L'office du tourisme peut également vous aider à rejoindre le **Protected Areas Office** (Bureau des secteurs protégés ; 7h-17h), à 8 km à l'est de Magdiwang (100 P en tricycle). Si vous vous déplacez à moto, sachez qu'il se trouve à 3 km de la nationale, sur une piste boueuse et défoncée.

Au Protected Areas Office, payez votre permis et réservez les services d'un guide (500 P/jour) et éventuellement de porteurs ; essayez d'effectuer ces formalités la veille. Ce bureau loue quelques vieilles tentes en mauvais état. Pour du matériel plus récent, essayez le Sanctuary Garden. Prévoyez de bonnes chaussures et des vêtements chauds.

CAJIDIOCAN ET SES ENVIRONS

Cajidiocan (ca-hi-*d'yo* -can) est une alternative à Magdiwang pour des excursions dans le parc naturel du mont Guiting-Guiting. Vous devrez cependant vous enregistrer d'abord à Magdiwang.

Autour des **chutes de Lakting**, à 20 minutes de marche de la grand-route, se trouvent une jolie forêt tropicale et des bassins propices à la baignade. Demandez votre chemin à un habitant ou à Reiner (de Reiner's Place) qui peut vous procurer un guide pour de plus longues randonnées, comme le trek de 4 heures le long de la rivière Cambajao.

Dans l'artère principale de la ville, la **Marble House** (☎0906 135 5758 ; s 250-800 P, d 500-1 000 P ; ❄) offre des chambres très confortables et bien meublées, avec TV, et une vaste salle de bains commune, en marbre bien entendu.

Dans la même rue au nord de la Marble House, **Mariposa** (repas 40-150 P) sert une bonne cuisine européenne dans une salle attrayante, avec un grand bar en bois et une TV branchée sur les sports.

À 3 km en direction de San Fernando (40 P en tricycle), **Reiner's Place** (☎0906 278 5457 ; d avec petit-déj 600 P ; ⏲7h-21h) loue de superbes chambres carrelées de marbre au bord de l'eau, dans un quartier appelé le "German Village", exclusivement peuplé de familles allemandes et germano-philippines.

SAN FERNANDO

Cette bourgade paisible, proche des berges de la rivière Cantingas, est l'un des trois points d'entrée dans l'île. Elle offre un cadre d'hébergement superbe et décontracté.

Pour une véritable escapade, prenez un *bangka* privé jusqu'à **Cresta de Gallo** (1 000 P, 40 min), un îlot de sable corallien blanc à la pointe sud de Sibuyan. Vous pouvez en faire le tour en une demi-heure sans croiser âme qui vive et faire du snorkeling, à condition d'apporter l'équipement.

En ville, du côté littoral, le **Sea Breeze Inn** (☎0921 211 6814 ; s/d à partir de 250/500 P), tenu par une famille, offre des huttes en bambou avec véranda face à la mer, une cuisine commune et un café.

Dans le quartier du marché, 3 gargotes à petits prix ouvrent à des heures irrégulières.

PANAY

Les hédonistes rejoignent la destination la plus recherchée de Panay : la longue et somptueuse plage de sable blanc de Boracay. Bien qu'offrant les atouts des Visayas dans un microcosme, le reste de Panay demeure peu touristique, d'où son attrait. Parmi les merveilles méconnues figurent l'île tropicale de Guimaras, à courte distance d'Iloilo City, la capitale régionale, et de superbes églises espagnoles, classées au patrimoine mondial. Un littoral escarpé borde le sud et l'ouest, et s'assagit au nord et à l'est. Dans l'arrière-pays, des montagnes et des cascades peu visitées ravissent les randonneurs. Des sports d'aventure – VTT, trekking, kayak et escalade – peuvent s'organiser à Iloilo.

Le fabuleux festival Ati-Atihan, qui se déroule à Kalibo en janvier, est le plus célèbre des Philippines. La plupart des traditions festives de Panay proviennent de ses groupes tribaux indigènes, les Ati et les Ata, qui vivent toujours sur l'île.

ℹ Depuis/vers Panay

Les principaux aéroports se situent à Iloilo au sud, à Caticlan (pour Boracay) et Kalibo au nord. Des vols internationaux desservent Kalibo, alternative économique pour rejoindre Boracay.

Les car-ferries de Roxas, sur Mindoro, à Caticlan et le *fastcraft* de Bacolod, sur Negros, à Iloilo sont les liaisons maritimes les plus empruntées. Les ports de Caticlan, Kalibo, Roxas, Iloilo et Dumangas desservent aussi nombre d'autres îles.

Iloilo

☎033 / 418 710 HABITANTS

Centre régional, Iloilo City offre tous les avantages et infrastructures d'une grande ville, mais garde des dimensions humaines et jouit d'une atmosphère provinciale. Iloilo est une base idéale pour explorer Panay, ou combiner une excursion à Boracay avec la proche Guimaras. Le centre-ville d'Iloilo est entouré de trois anciens faubourgs : Molo, Lapaz et Jaro, à basse altitude.

Histoire

Iloilo, la dernière capitale de l'Empire espagnol en Asie, fut livrée en 1898 à l'Armée révolutionnaire philippine après que Manille eut déjà capitulé devant les forces d'invasion américaines. Le siège du gouvernement y fut provisoirement transféré, son port en eaux profondes ayant déjà fait de la cité un centre de négoce important avec l'Europe. À peine une semaine plus tard, un bataillon

Panay

Iloilo City

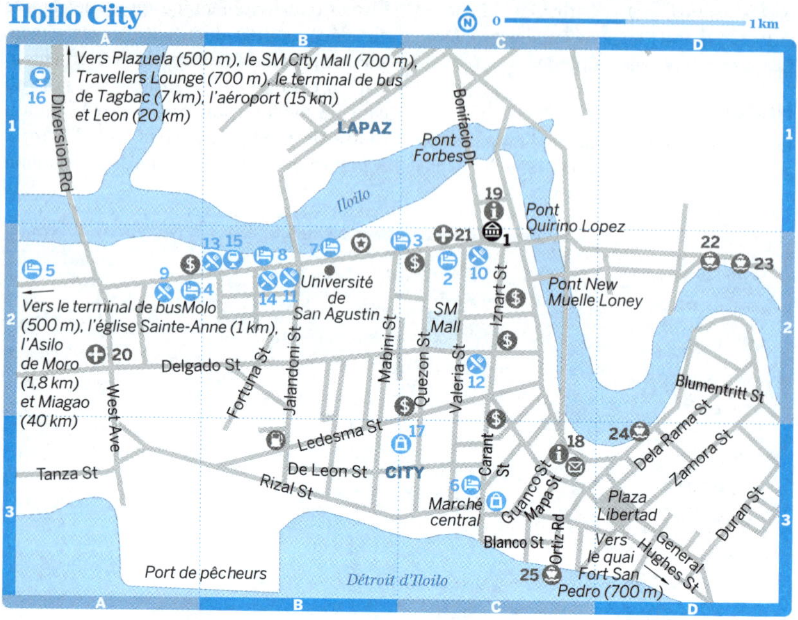

américain de 3 000 hommes bombarda la ville et s'en empara. Cet événement marqua le début officiel de la guerre d'indépendance contre les États-Unis.

À voir

Museo Iloilo — MUSÉE

(Bonifacio Dr ; 25 P ; 8h-11h et 14h-17h lun-sam). Le principal musée de Panay présente une intéressante exposition sur les Ati (Negritos) et une collection d'anciens tissages en *pinya* (fibre d'ananas), typiques de la région. On y voit aussi des trésors provenant de navires coulés et des bijoux trouvés dans des sites funéraires espagnols.

Lapaz et Jaro — QUARTIERS HISTORIQUES

Au nord d'Iloilo City, de l'autre côté du pont Forbes (Bonifacio Dr), les faubourgs de Lapaz et Jaro abritent des maisons ancestrales et d'imposantes églises. À Jaro, la **place du Clocher** mérite le détour. Le **clocher de Jaro**, une haute et belle structure ancienne, domine la place. De l'autre côté de la rue, l'immense **cathédrale métropolitaine de Jaro** est le siège du diocèse catholique des Visayas occidentales. Une fête a lieu chaque année en l'honneur de la Señora de la Candelaria, la sainte patronne de l'église.

Demandez la permission d'entrer dans certaines demeures ancestrales, comme l'opulente **Nelly Gardens Mansion** (Bonifacio Dr). L'office du tourisme régional fournit une carte (médiocre) qui indique certaines de ces maisons. Explorez le quartier à pied ou louez un cyclo-pousse. Pour rejoindre les faubourgs, hélez un jeepney signalé "Jaro" dans le centre-ville ou au pont Forbes.

Molo — QUARTIER HISTORIQUE

À 1 km à l'ouest du centre, le faubourg de Molo était jadis une ville séparée. Aujourd'hui plus ou moins intégré à Iloilo, il conserve son indépendance. La charmante **église Sainte-Anne** domine sa grande place centrale.

Activités

Iloilo compte une communauté d'amateurs de sports, prêts à vous emmener faire de la plongée, de l'escalade, de l'alpinisme, du VTT, du kayak et de la spéléologie. Parmi ces activités, les plus prisées sont l'escalade et la spéléologie au parc national Bulabog Puti-An, ainsi que la plongée et le VTT à Guimaras. Pour d'autres activités, contactez Panay Adventures qui propose des forfaits et indique des guides.

Iloilo City

À voir

1 Museo Iloilo C2

Où se loger

2 Eros Travellers Pensionne C2
3 Family Pension House C2
4 Highway 21 Hotel A2
5 Hotel del Rio A2
Iloilo Business Hotel .... (voir 16)
6 Iloilo Grand Hotel C3
7 Pensionne del Carmen B2
8 Riverside Inn B2
Smallville 21 .... (voir 16)

Où se restaurer

9 Al Dente A2
10 Atrium Shopping Mall C2
11 Bluejay Coffee & Delicatessen B2
12 Butot Balat C2
13 Coffee Break B2
Freska .... (voir 16)
Robinson's Mall .... (voir 17)
14 Vege Burger B2

Où prendre un verre

15 Mellow Mangrove B2
16 Smallville Complex A1

Où sortir

Aura .... (voir 16)
Flow .... (voir 16)
MO2 Ice .... (voir 16)

Achats

17 Robinson's Mall C3

Renseignements

18 Bureau de l'Immigration C3
19 Office du tourisme C1
20 Iloilo Doctors' Hospital A2
21 St Paul's Hospital C2

Transports

22 Milagrosa Shipping D2
23 Montenegro Lines D2
24 Muelle Pier (bateaux pour Bacolod) .. D3
25 Gare maritime d'Ortiz, (bateaux pour Guimaras) C3

Circuits organisés

Panay Adventures CIRCUITS D'AVENTURE
(☎321 4329 ou 0917 717 1348 ; panay_adventures@yahoo.com.ph). L'anthropologue Daisy et son associé Reuel organisent des circuits recommandés à Guimaras et Panay pour tous les goûts et budgets. Le Tribal Tour (2 500 P/pers) comprend la visite de divers groupes ethnolinguistiques à Panay. Les circuits à VTT à Guimaras ou l'escalade et la spéléologie dans le parc national de Bulabog Puti-An séduiront les sportifs. Location de vans et de voitures.

Fêtes et festivals

Plusieurs faubourgs et bourgades autour d'Iloilo City organisent chaque année des courses de *carabaos* (buffles d'eau). La plus pittoresque a lieu le 4 mai à Pavia, à 5 km au nord d'Iloilo.

Fête de Dinagyang CULTUREL
Célébrant le Santo Niño (Enfant Jésus) avec des danses et des costumes, cette fête dure 3 jours (4e semaine de janvier).

Paraw Regatta RÉGATE
Une course d'Iloilo à Guimaras dans de traditionnels outriggers à voile appelés *paraw*. Remontant au XVIe siècle, cette course est la version accélérée du trajet effectué par les anciens colons malais de Panay, venus de Bornéo. Elle a lieu fin février ou début mars, selon le temps.

Où se loger

Iloilo compte d'innombrables hébergements d'un bon rapport qualité/prix. La plupart se concentrent le long de la rivière dans General Luna St, non loin du Smallville, le principal complexe de restauration et de loisirs.

♥ **Smallville 21** HÔTEL $$
(☎501 6821 ou 0917 301 0021 ; smallville21hotel@yahoo.com ; complexe Smallville ; d 1 500-3 000 P ;). D'un excellent rapport qualité/prix, le nouveau Smallville 21 possède un décor très stylé, tout le confort moderne et des lits douillets. Il équivaut presque à son voisin plus cher, l'Iloilo Business Hotel. Si l'emplacement festif ne vous dérange pas, il est le meilleur choix.

Highway 21 Hotel HÔTEL $
(☎335 1839 ou 0917 722 4321 ; General Luna St ; s/d à partir de 750/875 P ;). Avec ses jolis couloirs inondés de lumière et ses chambres confortables, cet hôtel est une affaire. Vous pouvez même y laisser vos bagages si vous partez quelques jours à Guimaras ou ailleurs. Les chambres de la "nouvelle aile", plus grandes et plus coquettes que celles de l'"annexe", justifient les 200 pesos supplémentaires. Wi-Fi à 100 P/jour.

Pensionne del Carmen PENSION $
(☎0926 578 2057 ; 24-26 General Luna St ; s/d à partir de 500/550 P, tr bord de rivière 700 P ; ❄). Essentiellement une chambre d'hôtes, en bord de rivière et tenue par une famille adorable. Paisible, elle ne conviendra pas aux oiseaux de nuit.

Iloilo Business Hotel HÔTEL $$
(☎320 7972 ; www.iloilobusinesshotel.com ; complexe Smallville ; ch avec petit-déj à partir de 2 800 P ; ❄@). Bien situé dans le Smallville, ce grand hôtel a des chambres contemporaines, agrémentées de boiseries et bien aménagées. Copieux buffet du petit-déjeuner et bons équipements.

Hotel del Rio HÔTEL $$
(☎335 1171 ; www.hoteldelrio.com.ph ; MH del Pilar St ; ch anciennes/nouvelles avec petit-déj à partir de 2 800/3 400 P ; ❄@). Autre excellente adresse de catégorie moyenne, le del Rio offre des prestations d'hôtel d'affaires dans un endroit plus isolé. Les chambres rénovées sont d'une élégance sans faille. Les plus anciennes manquent de style, mais certaines ont une vue partielle sur la rivière et d'une grande terrasse.

Iloilo Grand Hotel HÔTEL $
(☎335 1801 ; www.iloilograndhotel.com ; Iznart St ; s/d à partir de 555/888 P ; ❄). Le meilleur de plusieurs hôtels défraîchis du centre-ville, il loue 110 chambres spacieuses avec bureau et lits propres, dont des simples avantageuses malgré l'odeur de tabac. Wi-Fi payant.

Family Pension House PENSION $
(☎335 0070 ; familypension@yahoo.com ; General Luna St ; s 325 P, d sans/avec clim à partir de 450/675 P ; ❄). Dans ce bâtiment néoclassique aux parquets cirés, les chambres sont mal entretenues et les moins chères microscopiques. L'adresse reste prisée des baroudeurs pour ses prix bas.

Riverside Inn HÔTEL $
(☎508 3488 ou 0922 838 0191 ; www.riverside-inn.net ; General Luna St ; s/d à partir de 695/995 P ; ❄@). Si l'hôtel a belle allure, il souffre du bruit de la rue. Demandez une chambre à l'arrière. Wi-Fi payant.

Eros Travellers Pensionne PENSION $
(☎337 1359 ; General Luna St ; s/d à partir de 490/570 P ; ❄). De style motel, avec des chambres sommaires en retrait de la rue.

Où se restaurer et prendre un verre

Diversion Rd, entre la rivière et la galerie marchande SM City, est bordée de restaurants. Nombre des meilleures tables sont dans le Smallville et dans Plazuela, la galerie marchande haut de gamme en plein air proche de SM City. Plus près du centre-ville, les centres commerciaux Atrium et Robinson's disposent d'espaces de restauration.

Bluejay Coffee & Delicatessen CAFÉ $$
(General Luna St ; sandwichs/plats à partir de 85/150 P ; ⌚10h-22h ;). Ce séduisant café se spécialise dans les sandwichs aux viandes importées – pastrami, rosbeef, jambon au miel, dinde fumée – et vend une gamme de produits gastronomiques. Une succursale plus petite, dans Iznart St, ouvre à 8h, idéale pour un petit-déjeuner dans une salle climatisée, connectée Wi-Fi.

Butot Balat PHILIPPIN $
(☎321 3752 ; Solis St ; repas 150-250 P ; ⌚10h30-23h). Installez-vous dans un pavillon coiffé de chaume et savourez des spécialités d'Ilonggo, comme le *tira-un* (poulet dans des feuilles de bananier), dans ce restaurant du centre-ville, au cœur d'un jardin soigné. La plupart des plats conviennent pour 2 ou 3 convives. Butot Balat signifie "peau et os", une référence au bouillon à la moelle utilisé pour la cuisine d'Ilonggo.

Al Dente ITALIEN $$
(☎336 7813 ; 101 General Luna St ; pâtes 150-200 P ; ⌚11h-23h). L'un des 3 restaurants du chef réputé Pauline Banusing, Al Dente sert des classiques italiens avec une touche contemporaine, tel le succulent cheesecake à la mangue. Il partage la cuisine et la carte avec le grill Pacific 101 (ainsi que les toilettes peu engageantes).

Freska PHILIPPIN $$
(☎321 3885 ; complexe Smallville ; plats 100-200 P ; ⌚11h-15h et 17h-1h). Partageant l'espace avec le bar à sushis Maki, cet autre établissement géré par Pauline Banusing privilégie les plats de poisson traditionnels d'Ilonggo ; le vivaneau et les coquillages figurent en bonne place sur la carte.

Mellow Mangrove BAR-RESTAURANT $$
(General Luna St ; plats 100-170 P ; ⌚18h-1h lun-sam). À l'écart et surplombant la rivière, ce restaurant est prisé des amoureux.

LES MOTS À LA BOUCHE

"Vous devez goûter la spécialité locale !" insista Edison N. Molanida, l'employé de l'office du tourisme de Miagao. "C'est le KBL, le KBL pour les KBL !" Après un moment de perplexité, je compris qu'il s'agissait du *kadyos, baboy, langka* (un savoureux mélange de haricots noirs, de porc et de jaque), un plat servi pour les *kasal*, les *bunyag* et les *lutong* (mariages, baptêmes et funérailles).

Les viandes grillées dominent la carte et la San Miguel coûte 39 P. Excellente musique de fond.

Barbecues de la plage d'Arevalo POISSON $$
(Barangay Arevalo, Otom ; repas 200-500 P). Les amateurs de poisson se rendront dans le village d'Arevalo, à 10 km à l'ouest d'Iloilo, où plusieurs buffets de poisson bordent la plage. Le rapport qualité/prix est honnête. **Tatoy's** (du mauvais côté de la route) offre une meilleure cuisine. **Breakthrough** doit sa popularité à sa bonne ambiance. La plupart des jeepneys signalés "Arevalo" vous y déposeront.

Vege Burger VÉGÉTARIEN $
(General Luna St ; repas 50-75 P ; 9h-19h ;). Restaurant et café, il propose des petits burgers à la noix de coco ou aux fleurs de bananier (25 P), ainsi que d'autres plats végétariens.

Coffee Break CAFÉ $
(General Luna St ; 24h/24 ;). Un clone de Starbucks. Cafés frappés et sandwichs.

Où sortir

Smallville Complex DISCOTHÈQUES
(Diversion Rd). Iloilo compte des discothèques animées, pour la plupart dans le complexe Smallville. **Flow** est la plus fréquentée, suivie par **MO2 Ice** et **Aura**, qui attirent une clientèle plus jeune. L'entrée, gratuite en semaine, vaut environ 150 P le week-end dans les 3 établissements. Smallville offre aussi de nombreux bars à bière et de la musique live.

Achats

Robinson's est la grande galerie marchande du centre-ville, tandis que **SM City**, au-delà de Smallville dans Diversion Rd, dessert les quartiers chics. Tous deux abritent des cinémas, des restaurants et autres divertissements.

Asilo de Molo SOUVENIRS
(338 0252 ; asilo_demolo@yahoo.com ; 9h-17h lun-ven). Sur le site d'un ancien orphelinat de filles, à 800 m à l'ouest de l'église de Molo en direction de la plage, il vend des portefeuilles, des T-shirts et de superbes broderies réalisés par des femmes nouvellement formées. Prenez un jeepney "Molo".

Renseignements

Accès Internet

Installés partout en ville, les cybercafés facturent en moyenne 30 P/heure.

Argent

Les DAB se regroupent dans les galeries marchandes et le long d'Iznart St.

Office du tourisme

DOT (337 5411 ; deptour6@mozcom.com ; Capitol Grounds, Bonifacio Dr ; 8h-17h lun-sam)

Services médicaux

Iloilo Doctors' Hospital (337 7702 ; West Ave). L'hôpital le plus moderne de la ville.

St Paul's Hospital (337 2741 ; General Luna St)

Visas

BOI (509 9651 ; Customs House Bldg, 2e ét, Aduana St)

Depuis/vers Iloilo

Dans les grands centres commerciaux, des billetteries ouvrent tous les jours de 9h à 20h.

Avion

PAL, Airphil Express et Cebu Pacific offrent un vol quotidien pour Cebu City et Manille. Les deux dernières assurent aussi des vols quotidiens directs pour Davao. Zest Air dessert Manille.

Bateau

Bacolod, sur Negros, est la principale destination ; si vous êtes motorisé, rejoignez Dumangas, à 20 km au nord d'Iloilo City, pour prendre un ferry RORO fréquent pour Bacolod (80 P, 2 heures).

Les billets des compagnies longue distance **SuperFerry** (336 2110) et **Negros Navigation** (335 1966) peuvent s'acheter dans leurs agences de la galerie marchande SM City. Pour les autres compagnies, achetez les billets à l'embarcadère.

BACOLOD De l'embarcadère central de Muelle, Weesam Express, Supercat et Oceanjet effectuent la traversée agitée jusqu'à Bacolod environ 20 fois par jour de 6h à 17h (225-325 P, 1 heure). Seule Oceanjet offre des places en plein air (225 P). Inutile de réserver.

CEBU Trans-Asia (710 P, 12 heures, 6/sem) et Cokaliong (550 P, 12 heures, 3/sem) relient Iloilo et Cebu City.

GUIMARAS Des *bangka* à destination de Jordan (15 P, 15-20 min jusqu'à la nuit) partent de deux endroits : la plupart de la gare maritime d'Ortiz, à l'extrémité sud d'Ortiz St (prenez un jeepney Mandurriao), les autres d'un quai devant la poste, près de l'embarcadère de Muelle. Des motos peuvent vous y conduire.

MANILLE De l'embarcadère du fort San Pedro, à l'est de celui de Muelle, Negros Navigation (2/sem) et SuperFerry (1/sem) proposent des ferries pour Manille (à partir de 1 000 P, 20 heures).

MINDANAO Negros Navigation offre un bateau/semaine hebdomadaire pour Cagayan de Oro (1 995 P, 14 heures) parmi d'autres destinations dans le nord de Mindanao. SuperFerry dessert General Santos City (à partir de 1 300 P, 30 heures) une fois par semaine.

PALAWAN **Milagrosa Shipping** (☎337 3040) part à 19h les lundi et jeudi et **Montenegro Shipping Lines** (☎708 1322) le samedi matin pour Puerto Princesa (à partir de 950 P, 25-30 heures) via les îles Cuyo (12 heures). Leurs embarcadères voisins se situent du côté nord de la rivière Iloilo (prenez le pont Lopez). Plus cher, le bateau de Montenegro est plus grand, plus rapide et plus fiable.

Bus et jeepney

La principale destination en dehors d'Iloilo est Caticlan (pour Boracay). Si vous manquez le dernier service, prenez un bus pour Kalibo, puis une correspondance. Des vans rapides partent pour Caticlan (350 P, 4 heures 30) le matin de la **gare routière de Tagbac**, à 7 km au nord du centre. Les vans pour Kalibo sont plus fréquents.

Des bus ordinaires pour la province d'Antique, dont San José de Buenavista (105 P, 2 heures 30, toutes les 30 min jusqu'à 19h), partent de la gare routière de Molo, à 500 m à l'ouest du centre. Tous passent par Miagao. Quelques bus rejoignent aussi Caticlan via la province d'Antique, un itinéraire plus long et pittoresque.

Les destinations suivantes sont desservies par des bus Ceres de la gare routière de Tagbac :

Caticlan 313 P, 6 heures, toutes les 30 minutes jusqu'à 16h

Estancia 156 P, 3 heures, départs fréquents

Kalibo 150 P, 3 heures 30, toutes les 30 minutes jusqu'à 18h

Roxas 146 P, 3 heures, toutes les 30 minutes jusqu'à 18h30

ℹ Comment circuler

Depuis/vers l'aéroport

L'aéroport se situe à Santa Barbara, à 15 km au nord d'Iloilo. Des navettes (70 P, 20 min) partent du Travellers Lounge de 4h à 18h. Les horaires étant irréguliers, venez au moins 2 heures avant le vol. On peut aussi prendre un jeepney pour Santa Barbara dans Diversion Rd. Un taxi du centre d'Iloilo City coûte environ 300 P.

Voiture

Pour louer une voiture avec ou sans chauffeur, adressez-vous à votre hôtel. Un van climatisé pour sillonner la campagne revient à 2 500 P/jour, essence non comprise. Panay Adventures Tours loue des voitures et des motos, avec éventuellement les services d'un guide.

Environs d'Iloilo

PARC NATIONAL DE BULABOG PUTI-AN

À 33 km au nord d'Iloilo, ce parc de 854 ha abrite des singes, des pythons menacés et 18 espèces de chauves-souris, de rares espèces de tarentules et de scorpions, une forêt primaire et des orchidées endémiques. On y dénombre 35 **grottes**, dont 8 dans un rayon de 3 km autour de l'entrée du parc, ainsi que des trous d'eau propices à la baignade.

Des **voies d'escalade** parmi les meilleures du pays sont l'un des principaux attraits du parc. Les grimpeurs les plus expérimentés peuvent profiter de voies de 50 m, et aider à en pitonner d'autres s'ils le souhaitent. Des cours sont proposés aux débutants. **Panay Adventures Tours** (☎033-321 4329 ou 0917 717 1348 ; panay_adventures@yahoo.com.ph) à Iloilo peut vous indiquer des guides.

Pour de simples randonnées et explorations de grottes, louez les services d'un guide (150 P) au poste de rangers près de l'entrée du parc. En théorie, vous devez vous procurer un permis (100 P) avant de venir, auprès du DOT à Iloilo ou au **bureau du parc** (☎0909 500 9563) à Baratoc Viejo. Cependant, vous devriez pouvoir le payer au poste des rangers.

Ce dernier possède 2 cottages sommaires, avec matelas mais sans couvertures, où passer la nuit (don suggéré 250 P). Vous pouvez aussi planter une tente parmi les acajous. L'eau potable abonde, mais apportez des victuailles.

À NE PAS MANQUER

PATRIMOINE RELIGIEUX DE MIAGAO

Ville côtière à 40 km à l'ouest d'Iloilo City, Miagao abrite l'élégante **église de Miagao** (officiellement appelée Santo Tomas de Villanueva) couleur miel, l'une des quatre églises des Philippines classées au patrimoine mondial de l'Unesco (en 1993). Construite entre 1787 et 1797, elle servit de forteresse contre les pillards musulmans et fut endommagée au fil des ans par des combats, des incendies et des séismes. En 1962, une restauration lui rendit sa splendeur rococo. Sur la façade en grès, un somptueux bas-relief représente saint Christophe traversant une forêt de cocotiers et de papayers avec l'Enfant Jésus.

Les amateurs d'églises baroques espagnoles en découvriront dans la ville de **Guimbal**, à 8 km à l'est de Miagao, et plus loin à **Tigbauan**, où un chemin de Croix en mosaïques détaillées orne les murs intérieurs.

Depuis/vers le parc national de Bulabog Puti-An

De la ville de Dingle, un trajet cahoteux en tricycle (150 P, 20 min) ou en *single* (100 P, 10 min) conduit à l'entrée du parc. Pour rejoindre Dingle, descendez du bus Iloilo-Kalibo dans la ville de Pototan ou le village de Tabugon, où des tricycles publics (10-15 P) stationnent près de la nationale. Sinon, des jeepneys directs pour Dingle, lents et peu fréquents, partent de la gare routière de Tagbac, à Iloilo.

Le secteur d'escalade se situe à 2 km de la route qui relie Dingle et la nationale.

LA CONSOLACION

Plusieurs sites naturels, dont la **grotte de Sinuhutan**, le **lac Danao**, d'intéressantes formations rocheuses et des forêts de fougères, sont accessibles à pied de La Consolacion, un *barangay* de Miagao. Serviable, l'**office du tourisme** (033-315 8050, poste 106 ; www.miagao.gov.ph) de Miagao, dans la mairie, vous indiquera des excursions dans la région.

BUCARI

Pour échapper à l'effervescence et la touffeur des basses terres, rejoignez les montagnes qui entourent la ville de Leon, au nord-ouest d'Iloilo City. Le **Pineridge Bucari Mountain Resort** (0920 712 4912 ; ch 1 000 P/pers), une paisible retraite nichée parmi les pins à 500 m d'altitude, possède de grands cottages avec vue sur les vallées et les forêts alentour. Des sentiers de randonnée et de VTT sillonnent les parages. Les non-résidents peuvent déjeuner sur place à condition de téléphoner à l'avance (repas 300 P).

D'Iloilo, prenez un jeepney au marché de Jaro pour Leon (40 min), puis un tricycle, une moto-taxi (*single*) ou un jeepney occasionnel pour Bucari (*barangay* Bacolod, 40 min). Vous pouvez aussi demander au complexe hôtelier qu'on vienne vous chercher à Leon.

Guimaras

033 / 162 943 HABITANTS

À courte distance en bateau d'Iloilo City et de Panay, Guimaras illustre ce qu'une séparation par un bras de mer de quelques kilomètres peut signifier en termes de développement. Cette coupure, à la fois physique et mentale, souligne la spécificité de Guimaras. Si l'île est renommée pour ses mangues, elle séduit les visiteurs par ses belles routes sinueuses (parfaites à VTT ou à moto) et ses plages.

En août 2006, la côte sud-ouest a été dévastée par une marée noire. Aujourd'hui, les effets résiduels se remarquent peu et l'on peut se baigner sans risque dans tous les complexes balnéaires.

San Miguel, la capitale de l'île, n'est guère plus qu'une large rue principale, avec une billetterie, des boulangeries et des *sari-sari* (petits faubourgs).

À voir

Guimaras Museum MUSÉE

(10h-17h lun-sam). Le petit musée de Guimaras, près du Capitol Building dans San Miguel, expose un fouillis de reliques et de babioles anciennes. Le personnel est une bonne source d'informations sur l'île.

Église de Navalas ÉGLISE

À la pointe nord de l'île, l'église de Navalas, un édifice en grès du XVIIe siècle érodé par le temps, se situe à Navalas, à 7 km de Buenavista. Devant se dressent un clocher trapu sans toit et de grands arbres. De Jordan, comptez 400 P en tricycle jusqu'à Navalas. Continuez jusqu'à la plage de Navalas pour découvrir la retraite d'été de la riche famille López, **Roca Encantada** (Roche enchantée), une propriété juste au large.

Oro Verde Mango Plantation PLANTATION
(☎0905 952 8767). Pour voir de près les fameuses mangues de Guimaras, rendez-vous à la plantation de manguiers Oro Verde près de Pina, à 5 km au nord-ouest du Guimaras Adventure Park. Elle compte plus de 12 000 arbres, dont certains vieux de plus de 100 ans. Visite sur rendez-vous.

Activités

VTT CYCLOTOURISME
Des complexes hôteliers de Guimaras louent des **VTT** (environ 300 P/jour) corrects, mais sachez qu'on s'égare facilement sur l'île. Pour un vélo de meilleure qualité et les services d'un guide, contactez **Panay Adventures Tours** (☎321 4329 ou 0917 717 1348 ; panay_adventures@yahoo.com.ph ; vélo 700 P). Sur Guimaras, adressez-vous à **Tommy** (☎0927 553 7575 ; location vélo 500 P) ; demandez le bar de Tommy près du port Hoskyn à Jordan.

D'une île à l'autre EXCURSIONS EN BATEAU
La côte sud de Guimaras est parsemée de dizaines d'îles, certaines vastes et habitées, d'autres minuscules. Vous dénicherez facilement une bande de sable blanc pour vous seul. Les îles plus accessibles sont au large des *barangays* de San Antonio et Cabalagnan (Nueva Valencia), à la pointe sud de Guimaras, où des bateliers vous conduiront à l'île de Panobolon ou à d'autres îlots voisins pour 250 P (aller).

Au large de Navalas, au nord de Guimaras, les **Siete Pecados** ("Sept Péchés") peuvent s'explorer en louant un *bangka* dans l'un des hôtels du secteur.

Guimaras Adventure Park SPORTS D'AVENTURE
(☎0926 606 4538 ; vincecam08@yahoo.com ; descente en rappel 150 P, paintball 200-300 P). Sur une parcelle de forêt de près de 30 ha entre San Miguel et Buenavista, ce parc d'aventure

Guimaras

offre paintball, tir sur cible et descente en rappel. On peut également y camper (tentes 300 P). Il se tient à l'ouest de Jordan et au nord-ouest de San Miguel (100 P en tricycle).

Fêtes et festivals

Fiesta Manggahan Sa Guimaras FRUITS
(Fête de la Mangue). La principale fête de l'île célèbre les mangues réputées, juste après la récolte en avril ou mai. Un défilé de chars descend l'artère principale de San Miguel, où se déroule un concours du plus gros mangeur de mangues ; les pelouses devant le Provincial Capitol Building deviennent un gigantesque carnaval.

Ang Pagtaltal Sa Guimaras RELIGION
Le Vendredi saint, la reconstitution de la Crucifixion attire les foules à Jordan. Ici le "Christ" est attaché sur la croix par des cordes, et non par des clous.

Où se loger

Sachez qu'il n'est pas toujours possible de rejoindre les complexes hôteliers haut de gamme sans arrangements préalables en raison de la difficulté d'accès, souvent par bateau. Essayez de réserver et demandez si l'établissement peut vous aider pour le transport. Guimaras ne compte guère d'hébergements pour les petits budgets ; Tommy, le guide de circuits à VTT, loue une chambre pour 400 P.

ENVIRONS DE SAN MIGUEL

Valle Verde Mountain Spring Resort COMPLEXE CLIMATIQUE $
(☎0918 730 3446 ; valleverde_mtresort@yahoo.com.ph ; d avec ventil 500-800 P, avec clim 1 500 P ;). Perché sur l'un des points culminants de l'île, avec une vue superbe sur la vallée couverte de jungle et la baie de Lawi au loin, le Valle Verde change agréablement des habituels complexes en bord de plage. Quittez la nationale à 6 km au sud de San Miguel et suivez une mauvaise route sur 1 km (100 P en tricycle de San Miguel).

CÔTE SUD

La plupart des hôtels se regroupent près d'Alubihod Beach, une plage fréquentée, mais vous trouverez des adresses plus intéressantes ailleurs.

Costa Aguada Island Resort COMPLEXE BALNÉAIRE $$
(☎0918 924 1237, Manille 02-896 5422 ; www.costaaguadaislandresort.com ; ch avec ventil/clim à partir de 1 700/2 500 P ;). Sur Inampulugan, une grande île à 30 minutes de la côte sud-est de Guimaras, ce complexe comporte 68 cottages spacieux en bambou et nipa ; le restaurant en plein air propose la pêche du jour. Organisez le transfert du port de Sabang avec l'établissement (625 P).

Baras Beach Resort COMPLEXE BALNÉAIRE $
(☎0917 303 0282 ; www.baras.willig-web.com ; cottages d/qua à partir de 950/1 200 P). Uniquement accessible par bateau, le Baras possède de grandes et robustes huttes en nipa, perchées sur des affleurements rocheux au-dessus de l'eau. Les équipements sont réduits au minimum, mais qui se soucie de la climatisation dans pareil environnement ? Le transfert du quai Puyo à Alubihod revient à 300 P.

La Puerta Al Paraizo COMPLEXE BALNÉAIRE $$
(☎0926 413 5970 ; lapuertaalparaizo@rocketmail.com ; ch avec ventil 1 800 P, avec clim 2 800-3 800 P ;). Flambant neuf, ce complexe se prétend le plus chic de Guimaras et bénéficie d'un emplacement privilégié, sur un promontoire calcaire qui domine deux plages de sable blanc privées. Nous aurions aimé moins de béton et davantage de vérandas, mais la vue sur les îles au large est splendide. De la nationale, prenez l'embranchement vers San Roque à 6 km au sud d'Alubihod et continuez sur 5 km. De Jordan, comptez 500/700 P en tricycle/multicab.

Kenyama Beach Resort COMPLEXE BALNÉAIRE $$
(☎394 0018 ou 0939 427 6433 ; http://kenyamaresort.jimdo.com ; Guisi Beach, Dolores ; cottages 700-1 200 P, ch avec clim à partir de 2 500 P ;). Si les cottages sont trop sommaires pour un séjour plaisant, les chambres climatisées du bâtiment principal, avec des balcons qui surplombent Guisi Beach, sont grandes et confortables. De la nationale, prenez l'embranchement à 3,5 km au sud d'Alubihod et parcourez 5,5 km.

CÔTE NORD

El Retiro COMPLEXE BALNÉAIRE $$
(☎328 0779 ou 0916 256 7556 ; www.elretirobeachpark.blogspot.com ; ch avec ventil/clim et petit-déjeuner à partir de 1 400/1 700 P ;). Sans doute le meilleur hôtel au nord de Buenavista, il borde une large plage avec vue sur la Lopez House et loue des cottages corrects.

Kelapa Gading Beach Resort COMPLEXE BALNÉAIRE **$$**
(☎0917 302 7458 ; ch avec ventil/clim à partir de 800/1 500 P ; ❄). Deux complexes se tiennent sur une plage décente dans la localité d'East Valencia (Buenavista). Aucun n'est extraordinaire, mais celui-ci propose des huttes en nipa avec ventilateur à des prix abordables et des chambres climatisées rudimentaires.

Renseignements

Serviable, l'**office du tourisme** (www.guimaras.gov.ph ; 7h30-17h), sur l'embarcadère à Jordan, affiche les tarifs des transports pour toutes les destinations de l'île. **White Star Internet** (20 P/h ; 7h-21h), dans l'artère principale de San Miguel, fait face au Provincial Capitol Compound.

Depuis/vers Guimaras

Des *bangka* et des ferries circulent entre Iloilo et le port Hoskyn de Jordan toutes les 15 minutes dans la journée (15 P, 15 min).

Des ports de Tumanda (Cabano) et de M Chavez, sur la côte est de Guimaras, des *bangka* rallient 2 fois/jour la ville de Pulupandan (60 P, 50 min), sur la côte ouest de Negros.

Comment circuler

Sur l'embarcadère de Jordan, l'office du tourisme peut vous aider à louer un tricycle ou un multicab pour n'importe quel resort. Des jeepneys publics relient Jordan et San Miguel (15 P), mais ne sont pas pratiques pour les complexes situés à plusieurs kilomètres de la nationale.

Pour explorer l'île à VTT, mieux vaut louer les services d'un guide, qui vous conduira sur des chemins et des pistes hors des sentiers battus.

La carte sommaire que distribue gratuitement l'office du tourisme indique les principaux axes routiers. Une meilleure carte de Guimaras figure au verso de celle de Panay publiée par EZ Map.

Province d'Antique

Pendant des années, cette province accidentée, le long de la côte ouest de Panay, a été oubliée en raison de sa difficulté d'accès et de déplacements encore plus compliqués du fait du manque d'infrastructures et d'une haute chaîne de montagnes qui la sépare du reste de l'île. Avec l'amélioration des routes et la popularité croissante de la proche Boracay, la province d'Antique (an- *ti* -ké) pourrait finalement sortir de l'isolement.

SAN JOSÉ DE BUENAVISTA

☎036 / 54 800 HABITANTS

"San José Antique", comme on l'appelle souvent, est la capitale provinciale et le port où arrivent les bateaux en provenance d'Iloilo, à 96 km à l'est. La ville n'a guère d'intérêt pour les voyageurs, aussi vaut-il mieux continuer jusqu'à Tibiao. Une belle excursion de 40 km le long de la côte vers le sud conduit à Anini-y, qui possède des sources chaudes sulfureuses et une réserve marine au large, autour de l'**île de Nogas**.

San José compte les seuls DAB de la province et des cybercafés dans l'artère principale. Si vous devez passer la nuit sur place, essayez le **Centillon House 2000** (☎540 9403 ; http://centillionhouse.com ; TA Fornier St ; s/d avec petit-déj 900/1 300 P ; ❄📶) ou l'**Adelaide Tourist and Travelers Inn** (☎540 9182 ; adelaideinn@gmail.com ; Bantayan Rd ; s/d à partir de 700/900 P ; ❄), tous deux un peu au nord du centre-ville.

Boondoc's (plats 90-180 P ; 11h-23h), sur une colline derrière le principal centre commercial, sert du poisson et bénéficie d'une vue surperbe sur la ville.

Des bus Ceres fréquents desservent l'est jusqu'à Iloilo (105 P, 2 heures 30) et toutes les localités au nord.

TIBIAO

☎036 / 4 000 HABITANTS

Dans la province d'Antique, la plupart des activités se concentrent à Tibiao, à 75 km au nord de San José, avec du kayak sur la rivière Tibiao et de l'alpinisme au mont Madjaas (2 117 m). À 1 heure 30 (85 km) de Caticlan, la ville possède tous les atouts pour devenir une destination d'excursion à partir de Boracay.

D'après les habitants, l'ascension du mont Madjaas est la plus difficile des Visayas, ce que contestent les défenseurs du mont Kanlaon. Un itinéaire est éprouvant – 7 ou 8 heures de grimpée quasiment directe. D'autres plus faciles traversent une forêt primaire et passent par de nombreuses cascades. La présence d'un guide et un permis (150 P/jour) sont obligatoires ; adressez-vous au **bureau du maire** (☎277 8077), dans la mairie de Culasi, au nord de Tibiao.

Au **Tibiao Fish Spa & Katahum Tours** (☎0917 631 5777 ; http://katahum.com ; spa 20 P, plus 2 P/min), des petits poissons viennent grignoter les peaux mortes de vos pieds. D'après son fondateur, Flord Calawag, ce spa est le plus abordable du genre au monde. Katahum Tours organise d'excellents circuits dans les rivières, cascades et trous d'eau alentour, dont des sorties de kayak sur les rapides de la Tibiao (jusqu'au niveau III) et d'autres plus tranquilles pour débutants. L'un des circuits les plus excitants implique de partir à l'aube avec des pêcheurs locaux et de remonter les filets, souvent remplis de thons et de thazards.

Seul hébergement, l'**University of Antique Hometel** (d avec sdb commune 600 P), d'un excellent rapport qualité/prix, se tient sur le paisible campus de l'université. Réservez auprès de Katahum Tours.

Les bus réguliers qui relient San José et Caticlan font halte à Tibiao.

LIBERTAD

Cette municipalité escarpée, parsemée de grottes et de montagnes, avec des récifs coralliens au large, se situe à proximité de Boracay. Elle demeure difficile d'accès car desservie par des routes épouvantables de Caticlan, à 30 km au nord, ou de Pandan, à 21 km à l'est. Louez plutôt un *bangka*.

Villa Tinigbas (☎0949 963 4103 ; www.tibas.com.au ; barangay Tinigbas ; ch 4 500 P, avec sdb 6 500-8 500 P ;). À 7 km au nord-ouest de Libertad, ce nouveau complexe hôtelier est bien situé pour profiter des nombreuses activités (spéléologie, randonnée, plongée et excursion d'île en île). Il loue de grandes villas avec 1 ou 2 lits et un couchage au sol pour 10 personnes. Le propriétaire est un biologiste impliqué dans des projets de protection de l'environnement. Il possède un bateau de 7 m pour des excursions dans les îles et organise, entre autres, des randonnées dans la jungle.

Des bus peu fréquents desservent Libertad au départ de Caticlan (7h30, 14h et 16h), San José et Kalibo. Prenez plutôt un *single* à Caticlan (300 P, 1 heure 15), ou descendez du bus San José-Caticlan à Pandan et empruntez un bus, un jeepney, un *single* ou un tricycle (environ 45 min).

Caticlan

☎036

Caticlan n'est guère plus qu'un port de départ pour Boracay. Les bus qui arrivent ici déposent les passagers directement sur le quai, et des guides les conduisent à travers le terminal jusqu'aux bateaux. Après 22h, vous devrez louer un bateau privé pour rejoindre Boracay (difficile après 23h) ou passer la nuit dans l'une des pensions sommaires de la ville.

Depuis/vers Caticlan

Avion

Le petit aéroport de Caticlan, à 500 m du port, dessert les vols toujours pleins en provenance de Manille et de Cebu.

Airphil Express, Cebu Pacific, **Seair** (D'Mall, Boracay) et **Zest Air** (D'Mall, Boracay) proposent des vols fréquents de Manille à Caticlan jusqu'à 16h30. Cebu Pacific (2/jour) et Airphil Express (1/jour) desservent aussi la ligne Cebu-Caticlan. Les avions ne peuvent pas atterrir à Caticlan à la nuit tombée ; en cas de retard, ils sont détournés vers Kalibo après 18h30.

L'aéroport se situe à 5 minutes de marche ou 1 minute en tricycle (50 P) de l'embarcadère.

BATEAUX AU DÉPART DE CATICLAN

DESTINATION	TYPE DE BATEAU	TARIF	DURÉE	HORAIRES
Île de Carabao (Lanas)	*Bangka*	70 P	1 heure	vers 9h tlj
Île de Carabao (San José)	*Bangka*	70 P	45 min	vers 9h tlj
Roxas (Mindoro)	RORO (Montenegro, Starlite)	400 P	4 heures	tlj (4h, 10h, 14h, 18h et 22h)
Manille	RORO (RSLI)	900 P	17 heures	12h dim
Île de Tablas (Looc)	Grand *bangka* et RORO	300 P	2 heures 30	2/jour le matin
Île de Tablas (Odiongan)	RORO (RSLI)	300 P	3 heures	12h dim

Bateau

Pour la traversée Caticlan-Boracay, reportez-vous p. 263.

Guettez la possible ouverture d'une ligne de RORO Caticlan-Bulalacao-Coron (Palawan) lorsque le nouveau terminal des ferries de Bulalacao, sur Mindoro, sera achevé.

Consultez l'encadré p. 249 pour les destinations desservies de Caticlan.

Montenegro Shipping Lines (☎288 7373 ; embarcadère de Caticlan)

Romblon Shipping Lines (RSL ; ☎288 3202, 0930 296 1837 ; www.romblonshippinglines.com ; embarcadère de Caticlan et Casa Pilar Resort, Boracay)

Starlite (☎288 7495 ; embarcadère de Caticlan)

Bus et jeepney

À la sortie du port de Caticlan, des chauffeurs de bus, de van et de jeepney assaillent les voyageurs, hurlant le nom des destinations et faisant signe de les suivre.

ILOILO Ceres propose des bus climatisés toutes les heures jusqu'à 16h (313 P, 6 heures). Des vans climatisés plus rapides ne partent habituellement que le matin (350 P).

KALIBO La plupart des bus à destination d'Iloilo passent par Kalibo (100 P, 2 heures). Des vans fréquents desservent le centre de Kalibo (100 P, 1 heure 30) et directement l'aéroport de Kalibo. Quelques jeepneys effectuent le même trajet (75 P, 2 heures 15). Louer un van pour Kalibo revient à 1 200-1 500 P.

SAN JOSÉ (ANTIQUE) Des bus Ceres ordinaires partent environ toutes les 2 heures (250 P, 3 heures 30).

Boracay

☎036 / 12 000 HABITANTS

Avec une plage de sable blanc paradisiaque, longue de 4 km, et une vie nocturne animée, on comprend aisément que Boracay soit devenue la destination touristique phare des Philippines. Si l'urbanisation fait regretter à certains les jours heureux sans électricité, la plupart des visiteurs ne s'en soucient guère lorsqu'ils foulent le sable de White Beach et contemplent son coucher de soleil légendaire. Parachute ascensionnel, oiseaux de mer, frisbees et *paraw* (petits *bangka*) traversent un horizon technicolor, tandis que la brise balance les palmiers sur fond de reggae et qu'un bar de plage vous sert deux cocktails pour le prix d'un. Bien que "développée", Boracay reste un éden.

À voir

White Beach PLAGE

Cette magnifique plage de sable fin est le centre de l'activité à Boracay et le seul site que découvrent la plupart des visiteurs. Trois "boat stations" (gares maritimes) désaffectées, où accostaient jusque récemment les *bangka* en provenance de Caticlan, la jalonnent. Aujourd'hui, tous les bateaux arrivent à l'embarcadère de Cagban, construit à la pointe sud de l'île. Si ce nouvel aménagement ne fait pas l'unanimité, il a rendu White Beach moins bruyante et moins polluée, avec moins de *bangka* amarrés au crépuscule.

L'aspect de la plage change au fil de sa longueur. La partie au sud de la Boat Station 3, appelée Angol, ressemble davantage au "vieux Boracay" moins développé et abrite la plupart des hébergements pour petits budgets. Le tronçon entre la Station 1 et la Station 3 est animé et commercial. Les hôtels haut de gamme se situent presque tous au nord de la Boat Station 1, sur une splendide portion de plage.

Une route sablonneuse, interdite aux véhicules à moteur, longe White Beach ; il est quasiment obligatoire de l'emprunter pieds nus. D'innombrables vendeurs guettent les touristes et leur proposent toutes sortes de marchandises et de services ; pour les éviter, marchez sur la plage.

Autres plages PLAGES

Boracay possède d'autres plages presque aussi belles que White Beach, mais moins longues. De l'extrémité nord de White Beach, une belle promenade conduit à la charmante **Diniwid Beach** (carte p. 251), bien moins fréquentée. À la pointe nord de l'île, la jolie **Puka Beach** (carte p. 251) est prisée des touristes asiatiques qui roulent en buggy ; marchez jusqu'au bout pour dénicher un coin tranquille. Les *puka* sont les minuscules coquilles d'escargots de mer qui composent les colliers et bracelets vendus partout à Boracay. Sur place, quelques gargotes servent des plats et des boissons. D'autres plages au nord restent ignorées des vacanciers et vous y serez pratiquement seul. Difficile d'accès, **Ilig-Iligan Beach** (carte p. 251) fait face à une poignée d'îlots calcaires qu'on peut rallier à la nage.

Mt Luho View Deck POINT DE VUE

(Carte p. 251 ; Lapus-Lapus Rd ; 60 P). Dominant la côte est, la plate-forme panoramique du mont Lutho offre une vue sublime sur l'île. La route de campagne, boisée et verdoyante,

Boracay

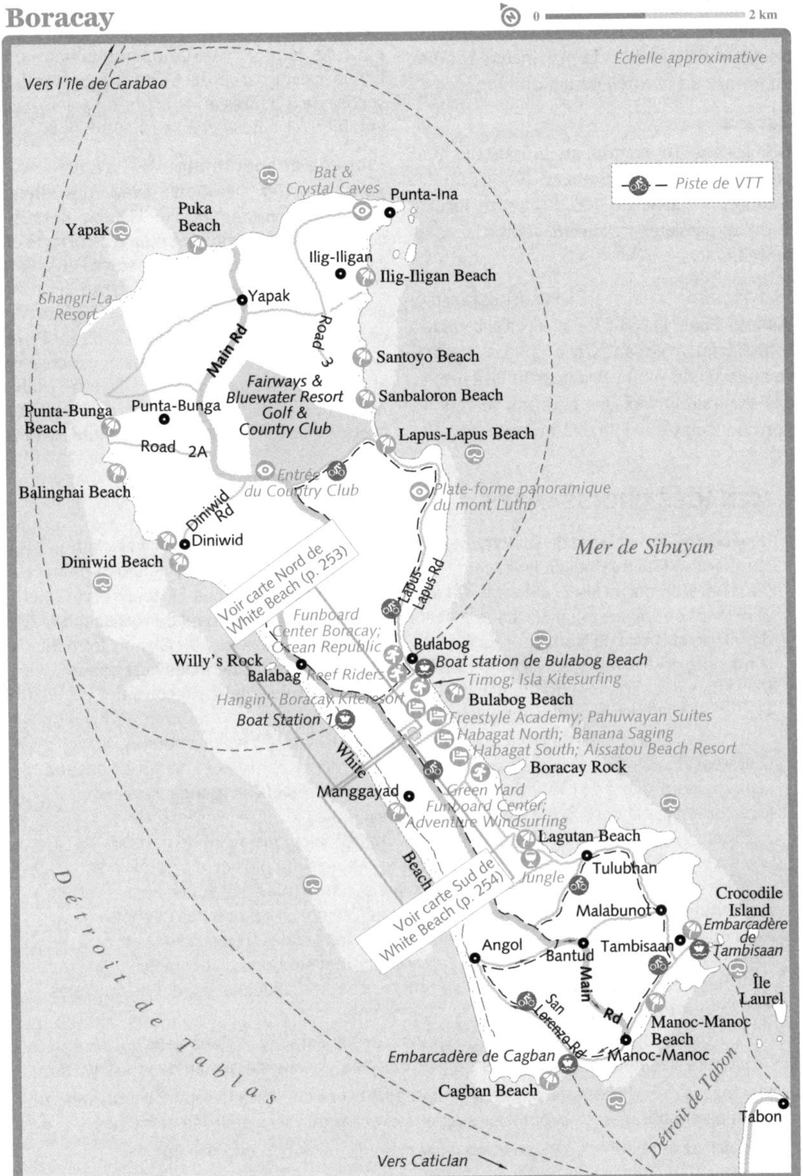

qui la relie à la grand-route contraste avec le paysage côtier.

Activités

Boracay offre d'innombrables activités sportives : bateau, plongée, kitesurf, skimboard, wakeboard, parachute ascensionnel, etc. Vous pourrez aussi pêcher. Des parties de football, de volley et de frisbee se déroulent sur White Beach en fin d'après-midi. Quelques endroits proposent des cours de yoga, tels le Mandala Spa et le restaurant

True Food Indian (à 9h) à la Station 2. Si aucune de ces activités ne vous convient, rejoignez Tibiao dans la province d'Antique, ou prenez un *bangka* pour Romblon.

Bateau

Les sorties en *paraw* au crépuscule font partie d'un séjour à Boracay. Il vous faudra compter à partir de 700 P l'heure jusqu'à 5 ou 6 passagers, souvent moins si vous marchandez.

Red Pirates EXCURSIONS EN BATEAU
(Carte p. 254 ; ☎288 5767 ; redpiratesboracay@hotmail.com). Avec son *paraw* (12 passagers) il va au large de White Beach (800 P/heure) et des excursions vers des endroits secrets au nord de Panay et à l'île de Carabao.

D'Boracay Sailing EXCURSIONS EN BATEAU
(☎0906 308 8614 ; www.boracay-sailing.com). Plus haut de gamme, ce tour-opérateur loue un luxueux catamaran de 13 m et propose des sorties de 2 heures au coucher du soleil avec vin, bière et amuse-gueule (3 500 P/pers).

Plongée et snorkeling

Sans pouvoir rivaliser avec des lieux renommés comme Puerto Galera, Boracay compte quelques sites de plongée corrects et est un excellent endroit pour suivre un cours PADI. Fierté de Boracay, **Yapak**, au large de la pointe nord, est un tombant couvert de corail mou qui descend de 30 à 65 m. Prisé des amateurs de gros poissons, il est réservé aux plongeurs expérimentés. L'île offre également des plongées dérivantes et dans des grottes. Sur le côté protégé (en haute saison)

MENACES CROISSANTES

Longue de 7 km et large de seulement 1 km au centre, Boracay fait figure de confetti comparée à Bali ou Phuket. Un récent battage médiatique a provoqué un engouement pour Boracay parmi les Occidentaux et les Russes. Pendant ce temps, les touristes asiatiques en voyage organisé affluent, du fait notamment du lancement de vols directs de Taïwan et d'Asie du Nord pour Kalibo. Les Taïwanais, les Coréens et les Chinois forment la majorité des visiteurs, suivis de loin par les Américains, les Russes et les Australiens. Ceci change le caractère de l'île, car la plupart des complexes hôteliers reçoivent exclusivement les touristes asiatiques.

La capacité d'accueil de White Beach étant presque saturée, les promoteurs s'intéressent au reste de l'île, assez préservé. Un immense complexe Shangri-La occupe la pointe nord-ouest de l'île, jadis isolée, tandis que des projets de grande ampleur investissent la côte est. Seule l'extrémité nord-est reste plus ou moins intacte.

Boracay luttait déjà pour éviter une catastrophe écologique avant de devenir une coqueluche internationale. Le système d'égout ne suffit plus et le trop-plein se déverse dans la mer. Durant les mois les plus chauds, de mars à mai, des algues vertes prolifèrent dans les eaux peu profondes de White Beach. La gestion des déchets est un problème majeur, de même que les fréquentes pannes d'électricité. Les réglementations destinées à protéger l'environnement sont peu respectées.

Si cela ne doit pas vous empêcher de profiter de votre séjour, le respect de quelques consignes réduira votre impact sur l'île.

- Répartissez les bénéfices. Sans pour autant éviter Boracay, incluez dans votre itinéraire des destinations moins fragiles et ayant davantage besoin de vos devises.
- Évitez les grands complexes hôteliers qui proposent des forfaits tout compris afin de ne pas encourager les promoteurs à dénaturer les derniers endroits préservés.
- Réutilisez les bouteilles d'eau et ne jetez pas vos déchets n'importe où.
- Circulez à pied ou en cyclo-pousse sur le chemin de White Beach plutôt qu'en tricycle bruyant et polluant. Le cas échéant, prenez un tricycle public (8 P) plutôt qu'un privé (à partir de 50 P).
- Ne fumez pas sur White Beach (la loi l'interdit).
- Ne ramenez pas du sable de White Beach en souvenir.

Les écologistes Boracay Yuppies vous fourniront plus de conseils. Retrouvez-les sur Facebook.

Nord de White Beach

Nord de White Beach

Activités

1	Boracay Horse Riding Stables	B1
	Tribal Adventures	(voir 10)

Où se loger

2	Boracay Beach Club	B2
3	Boracay Beach Resort	A4
4	Cottage Queen	B1
5	Frendz Resort	B4
6	Friday's	B1
7	MR Holidays Hotel	B1
8	Nigi Nigi Too	B2
9	Red Coconut	A4
10	Sandcastle's	A4
11	Sea Wind	B1

Où se restaurer

12	Aria Restaurant	A4
13	Budget Mart	B4
	Crafty's	(voir 25)
14	Cyma	B4
15	English Bakery	B3
	Friday's	(voir 6)
16	Heidiland	B4
	Jammers	(voir 12)
17	Jonah's Fruit Shake & Snack Bar	A3
18	Kasbah	B1
19	Lemon Cafe	A4
20	Mañana Mexican	A4
21	Real Coffee & Tea Cafe	A3
22	Smoke	A4

Où prendre un verre

23	Beach Bum Bar	A3
	Bom Bom	(voir 9)
24	Cocomangas Wine Bar	B2
25	Crafty's	B4
	Exit Bar	(voir 9)
26	Rumbas	B4

Où sortir

27	Club Paraw	A3
28	Cocomangas Disco	B2
29	Epic	A4

Renseignements

30	Boracay Lying-In & Diagnostic Center	B4

Transports

31	Seair	A4
32	Zest Air	B4

de Boracay, les débutants peuvent plonger sur des récifs calmes et peu profonds, tel celui de **Crocodile Island**, au large de la petite plage de Tambisaan.

Boracay compte d'innombrables centres de plongée, aux prix fixés par la Boracay Association of Scuba-Diving Schools : 1 600 P par plongée, équipement compris, et 20 000 P pour un brevet PADI Open Water. Des tarifs élevés correspondent souvent à un équipement et une formation de qualité.

Quelques tour-opérateurs offrent d'intéressants forfaits hébergement/plongée, dont les suivants, établis de longue date à White Beach et/ou réputés :

Aqualife Divers Academy PLONGÉE

(Carte p. 254 ; ☎288 3276 ; www.aqualifedivers.net ; Station 3)

Blue Mango Dive Center PLONGÉE

(☎288 5170 ; www.boracaydive.com ; Angol)

Calypso Diving PLONGÉE
(Carte p. 254 ; ☎288 3206 ; www.calypso-boracay.com ; Station 2)

Victory Divers PLONGÉE
(Carte p. 254 ; ☎288 3209 ; www.victorydivers.com)

White Beach Divers PLONGÉE
(☎288 3809 ; www.whitebeachdivers.com ; Angol)

Kitesurf

Au plus fort de la mousson du nord-est (*amihan*), de décembre à mars, les vents constants, les eaux peu profondes et les prix encore corrects malgré une augmentation rapide (450 $US pour un cours de certification de 12 heures) font de Bulabog Beach, du côté est de l'île, un endroit idéal pour s'initier au kitesurf. Pendant la mousson du sud-ouest (*habagat*), de mai à octobre, l'activité se déplace à White Beach et nécessite davantage d'expérience.

Les établissements ci-dessous restent ouverts toute l'année. Nous mentionnons leur adresse à Bulabog ; tous s'installent à White Beach hors saison.

Freestyle Academy (carte p. 251 ; ☎0915 559 3080 ; www.freestyle-boracay.com)

Habagat (carte p. 251 ; ☎288 5787 ; www.kiteboracay.com)

Hangin' (carte p. 251 ; ☎288 3766 ; www.kite-asia.com)

Isla Kitesurfing (carte p. 251 ; ☎288 5352 ; www.islakitesurfing.com)

Ocean Republic (carte p. 251 ; ☎288 4977 ; www.ocean-republic.com)

Timog (carte p. 251 ; ☎288 3302 ; www.timogkiteboarding.com)

Planche à voile

Si Boracay était un haut lieu de la planche à voile bien avant l'invention du kitesurf, les véliplanchistes sont désormais minoritaires à Bulabog Beach. La saison correspond à celle du kitesurf. La location d'une planche coûte 700-1 300 P l'heure, et un cours d'une heure environ 1 300 P. Depuis 1988, l'île accueille la Boracay International Funboard Cup en janvier. Pendant la haute saison, on peut facilement louer une planche longue ou courte de bonne qualité. Essayez les établissements suivants à Bulabog Beach :

Adventure Windsurfing (carte p. 251 ; ☎288 3182).

Funboard Center Boracay (carte p. 251 ; ☎288 3876 ; www.windsurfasia.com).

Green Yard Funboard Center (carte p. 251 ; ☎288 3663 ; www.boracaywindsurfing.com).

Reef Riders (carte p. 251 ; ☎260 2394 ; www.reefridersboracay.com).

Autres activités

Tribal Adventures CIRCUITS D'AVENTURE
(Carte p. 253 ; ☎288 3207 ; www.tribaladventures.com ; Sandcastles Resort, Station 2). Circuits dans la partie montagneuse de Panay, dont du kayak à Tibiao.

Fairways & Bluewater Resort Golf & Country Club GOLF
(Carte p. 251 ; ☎288 3974 ; www.fairwaysandbluewater.com ; parcours 18 trous avec voiture, caddy et clubs 7 330 P en semaine). Coûteux pour les

Sud de White Beach

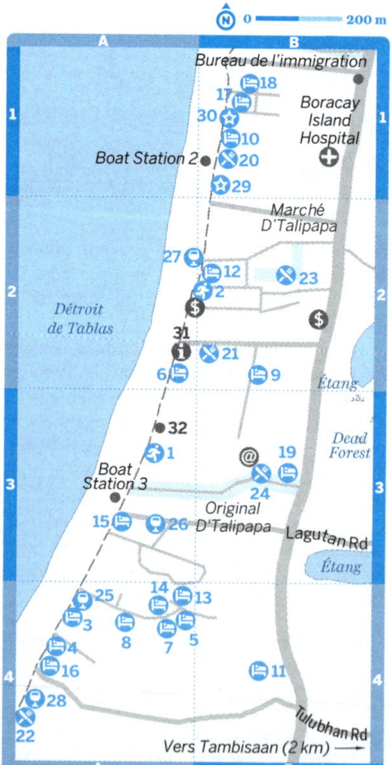

Philippines, mais un parcours splendide et des vues panoramiques.

Boracay Horse Riding Stables ÉQUITATION
(Carte p. 253 ; ☎288 3311 ; ⏲6h-18h). Convient à tous les niveaux (575/1 030 P pour 1/2 heures). Les écuries se situent près de l'artère principale, au nord de la poste.

Massage et spa

Les spas sont presque aussi nombreux que les hôtels. Des masseurs indépendants arpentent la plage, des établissements "massage-spa-yoga" poussent comme des champignons et la plupart des complexes hôteliers offrent des services identiques. Comptez 400 P pour un massage du corps.

Mandala Spa SPA
(Carte p. 254 ; ☎288 5857 ; www.mandalaspa.com ; ⏲10h-22h). Le meilleur du lot, il est associé au luxueux complexe hôtelier du même nom et offre le même niveau de standing. Les soins varient de 3 000 P pour un massage facial à 11 500 P pour le "Princess Treatment" ou la journée "Mandala detox".

Où se loger

Nous ne couvrons ici que les principaux secteurs d'hébergement : White Beach, Diniwid Beach, juste au nord, et Bulabog Beach, le rendez-vous du kitesurf, de l'autre côté de l'île. D'autres complexes hôteliers sont disséminés autour de l'île, dans des endroits plus isolés. Nombre d'entre eux, comme le nouveau Shangri-La Resort, se situent dans des domaines entièrement privés et facturent ce privilège à prix d'or. Si vous cherchez un endroit retiré, vous trouverez plus de tranquillité à bien moindre coût à Romblon, Guimaras, Siquijor ou le sud de Negros.

Les tarifs baissent partout de 20 à 50% en basse saison (juin-octobre). Quelle que soit la saison, n'hésitez pas à négocier.

Sud de White Beach

Activités
1 Aqualife Divers Academy A3
Blue Mango Dive Center ....(voir 4)
Calypso Diving ....(voir 6)
Mandala Spa ....(voir 11)
Red Pirates ....(voir 28)
2 Victory Divers B2
White Beach Divers ....(voir 4)

Où se loger
3 Angol Point Beach Resort A4
4 Blue Mango Inn A4
5 Bora Bora Inn A4
6 Calypso Resort A2
7 Dave's Straw Hat Inn A4
8 Escurel A4
9 Jung's House Resort B2
10 Le Soleil de Boracay Hotel B1
11 Mandala Spa B4
12 Nigi Nigi Nu Noos B2
13 Ocean Breeze Inn A4
14 Orchids Resort A4
15 Sulu-Plaza A3
16 Surfside Boracay A4
17 Taj Guesthouse B1
18 Tans Guesthouse B1
19 Trafalgar Garden Cottages B3
Tree House Da Mario's ....(voir 22)
Tree House Da Mario's ....(voir 16)
White Beach Divers Hostel ....(voir 4)

Où se restaurer
Bei Kurt und Madz ....(voir 25)
Carinderia ....(voir 3)
Cowboy Cucina ....(voir 4)
20 Deparis B1
21 Dos Mestizos B2
22 Pizzeria Floremar A4
23 Plato D'Boracay B2
Summer Place ....(voir 30)
24 Zest Boracay B3

Où prendre un verre
25 Arwana A4
26 Boracay Nutria Water A3
27 Charlh's Bar A2
Nigi Nigi Nu Noos ....(voir 12)
28 Red Pirates A4

Où sortir
29 Juice B1
30 Summer Place B1

Renseignements
31 Boracay Tourist Center A2
Filipino Travel Center ....(voir 31)

Transports
32 RSLI A3

ANGOL (SUD DE STATION 3)

Vous trouverez encore des chambres d'un bon rapport qualité/prix à Angol, où selon certains subsiste l'esprit du "vieux Boracay". Séjourner dans ce secteur ne présente aucun inconvénient, car on rejoint aisément à pied le centre de White Beach, autour du D'Mall.

Si vous arrivez sans réservation, explorez la paisible colonie d'une dizaine de complexes hôteliers au bout d'un sentier, derrière le bar-hôtel Arwana, tous à 2 minutes de marche de la plage.

Mandala Spa HÔTEL DE LUXE **$$$**
(Carte p. 254 ; ☎288 5857 ; www.mandalaspa.com ; ch à partir de 305 $US). L'un des complexes hôteliers les plus romantiques, il se situe sur une colline boisée, près de la route principale mais protégé du bruit. D'abord spa haut de gamme, il a rehaussé les standards d'hébergement à Boracay en mettant l'accent sur le bien-être et l'ambiance zen. Ses cottages en teck et bambou ultracontemporains sont bien équipés (lecteur DVD, douche extérieure aux murs en pierre). Les prix incluent un massage quotidien et des cours de yoga le matin.

Ocean Breeze Inn COMPLEXE BALNÉAIRE **$**
(Carte p. 254 ; www.oceanbreezeinn.info ; ch 900-1 500 P ; ❄). Sans doute le meilleur des établissements derrière l'Arwana. Les chambres les plus séduisantes sont aussi les moins chères : des cottages en rotin dans le jardin. Elles complètent les chambres en béton climatisées, simples et bien aménagées. Pas de repas, mais café gratuit.

Surfside Boracay COMPLEXE BALNÉAIRE **$$$**
(Carte p. 254 ; ☎288 5006 ou 0920 951 1366 ; http://boracaysurfside.com ; ch avec petit-déj à partir de 85 $US ; ❄📶). Tenu par des Japonais, ce complexe possède tout le confort moderne. De l'art et de l'artisanat des Visayas ainsi que de jolis meubles locaux ornent les chambres, pour la plupart avec lits jumeaux. L'aménagement des vérandas laisse un peu à désirer. Intéressants forfaits hébergement/plongée.

Dave's Straw Hat Inn COMPLEXE BALNÉAIRE **$$**
(Carte p. 254 ; ☎288 5465 ou 0917 716 8647 ; www.davesstrawhatinn.com ; ch sans réservation avec ventil/clim à partir de 1 200/1 800 P ; ❄@📶). Les chambres climatisées sont installées dans de confortables cottages modernes, avec toit en nipa et véranda privée, dans un jardin. Celles avec ventilateur, moins jolies, restent d'un excellent rapport qualité/prix. Savoureux petits-déjeuners.

Angol Point Beach Resort COMPLEXE BALNÉAIRE **$$**
(Carte p. 254 ; ☎288 3107 ; cottages 2 750 P ; ❄📶). Une clientèle d'habitués apprécie l'ambiance à l'ancienne de cet ensemble de huttes en nipa, dans une cocoteraie en bord de plage. D'autres trouvent l'endroit un peu spartiate et sans vie. Il n'y a pas de restaurant mais le café est gratuit.

Sulu-Plaza COMPLEXE BALNÉAIRE **$$**
(Carte p. 254 ; ☎288 3400 ou 0917 474 5058 ; www.sulu-plaza.com ; ch 1 600-2 000 P ; ❄📶). Pour un prix très raisonnable, vous obtiendrez une chambre stylée et joliment décorée, avec 2 fauteuils en bambou et des lits confortables, face à la plage à la Station 3.

White Beach Divers Hostel AUBERGE DE JEUNESSE **$**
(Carte p. 254 ; ☎288 3809 ; www.whitebeachdivers.com ; ch 500-600 P ; 📶). Une formidable aubaine, surtout si vous obtenez le spacieux loft en bambou à l'arrière, qui peut accueillir 3 personnes. Les autres chambres sont plus sommaires. Le propriétaire a installé un petit kiosque d'information en façade et vous renseignera sur les circuits à Romblon et dans d'autres régions accessibles de Boracay.

Blue Mango Inn COMPLEXE BALNÉAIRE **$$**
(Carte p. 254 ; ☎288 5170 ou 0906 205 1605 ; www.bluemangoinn.com ; ch avec petit-déj 2 000-4 500 P ; ❄@📶). Préférez les élégants

RÉSERVATIONS

- Certains hôtels accordent des réductions aux clients qui arrivent à l'improviste ; renseignez-vous avant de réserver. Nous indiquons ici les tarifs sans réservation s'ils diffèrent.
- La moitié des hôtels de Boracay facturent un supplément de 3 à 5% pour le paiement par carte bancaire.
- Agoda.com et d'autres sites asiatiques de réservation proposent souvent d'importants rabais sur la plupart des hôtels cités.
- Demandez toujours un "tarif promotionnel", surtout en basse saison et même en cas de réduction.
- Négociez ferme systématiquement, plus encore en basse saison.

cottages dans la cour verdoyante à l'arrière. Les plongeurs qui suivent des cours auprès de Blue Mango Divers obtiennent des réductions sur l'hébergement. L'hôtel ne lésine pas sur des détails tels que bouteilles d'eau et shampooing.

Orchids Resort COMPLEXE BALNÉAIRE $

(Carte p. 254 ; ☎288 3313 ou 0917 242 0833 ; www.orchidsboracay.com ; ch sans réservation 915-2 000 P ; ❄📶). Ce séduisant complexe en nipa possède des chambres bien tenues et un jardin rempli d'orchidées. Des conditions de réservation rigides en font essentiellement une option de dernière minute. Comptez 50 P/jour pour le Wi-Fi.

Tree House Da Mario's COMPLEXE BALNÉAIRE $

(Carte p. 254 ; ☎288 3601 ou 0918 661 9640 ; treehouse_damario@yahoo.com.ph ; dort 200-300 P, d 1 000-3 500 P ; ❄). Mario, le propriétaire, offre un large éventail de chambres dans deux complexes. Les dortoirs de 4 lits, dans la partie sud derrière le savoureux restaurant italien Da Mario, sont les moins chers de l'île. Ceux de l'autre propriété sont plus plaisants et un peu plus chers. Les chambres, plus élégantes, auraient besoin d'un entretien plus soigné.

Bora Bora Inn COMPLEXE BALNÉAIRE $

(Carte p. 254 ; ☎288 3186 ; ch 800-1 800 P ; ❄). Parmi les adresses les moins chères d'Angol et les plus distantes de la plage, le Bora Bora se perche dans une pinède.

Escurel COMPLEXE BALNÉAIRE $$

(Carte p. 254 ; ☎288 3611 ou 0928-341 1911 ; s/d à partir de 1 300/1 500 P ; ❄@📶). Pour des chambres climatisées près de la plage, difficile de trouver beaucoup mieux.

CENTRE DE WHITE BEACH (STATIONS 1-3)

En séjournant ici, vous serez au cœur de l'animation et de tout ce qui fait le succès de Boracay : hôtels, restaurants, bars, vendeurs de plage, masseuses, boutiques de souvenirs, travestis et petits délinquants. La plupart des complexes hôteliers sont suffisamment en retrait de la plage pour garantir des nuits paisibles.

Si les prix sont plus élevés dans ce secteur, des établissements pour petits budgets se regroupent autour de la Tans Guesthouse, derrière le Summer Place, et accueillent principalement des touristes philippins. Les étrangers préfèrent habituellement Angol.

♥ **Calypso Resort** COMPLEXE BALNÉAIRE $$$

(Carte p. 254 ; ☎288 2038 ; www.calypso-boracay.com ; ch 5 040-8 775 P ; ❄@📶). Dans un bâtiment blanc de 2 étages qui marie les styles contemporain et local, les chambres superbement aménagées comportent des lits fantastiques ; les deluxe ont une vue superbe. Vous devrez apprécier la compagnie des plongeurs.

Boracay Beach Resort COMPLEXE BALNÉAIRE $$

(Carte p. 253 ; ☎288 3208 ; www.boracaybeachresort.com ; cottages 2 500-4 165 P, ste 6 800-11 400 P ; ❄📶). Les cottages standard constituent une excellente affaire à cet emplacement, mais en payant un peu plus pour un cottage deluxe, vous profiterez d'une salle de bains en marbre, de linge d'une qualité supérieure et d'une grande véranda bien meublée. Demandez un transfert gratuit de Caticlan.

Nigi Nigi Nu Noos COMPLEXE BALNÉAIRE $$

(Carte p. 254 ; ☎288 3101 ou 0923 701 2163 ; www.niginigi.com ; ch sans réservation à partir de 3 000 P ; ❄📶). Les cottages en bambou et nipa de style balinais, répartis dans un jardin luxuriant, comprennent des chambres immenses et des balcons avec des bancs. L'hébergement le plus élégant du secteur si vous aimez le style local.

Le Soleil de Boracay Hotel COMPLEXE BALNÉAIRE $$$

(Carte p. 254 ; ☎288 6209 ; www.lesoleil.com.ph ; ch avec petit-déj à partir de 5 400 P ; ❄@📶🏊). Cet hôtel de charme apporte un peu de Méditerranée en Asie du Sud-Est. Plusieurs ailes avec différents types de chambres aux boiseries sculptées. Le mobilier des balcons pourrait être plus joli à ces prix.

Trafalgar Garden Cottages BUNGALOWS $

(Carte p. 254 ; ☎288 3711 ; trafalgarboracay@hotmail.com ; Original D'Talipapa ; ch 650-1 700 P ; ❄). Ce petit village verdoyant de chambres pour petits budgets se situe près de la route principale mais n'est pas aussi bruyant qu'on pourrait le craindre. Les bungalows indépendants à 650 P sont bon marché pour Boracay. Une courte marche mène à la plage.

Frendz Resort COMPLEXE BALNÉAIRE $$

(Carte p. 253 ; ☎288 3803 ; frendzresort@hotmail.com ; dort 700 P, ch 2 800-3 800 P ; ❄@📶). Un peu surévalués, les dortoirs sont bien plus confortables que ceux de la Tree House. Les chambres privées sont pour la plupart aménagées dans des bungalows de style local bien entretenus. Prisé des baroudeurs, le Frendz possède un restaurant, un bar et un billard.

Sandcastle's APPARTEMENTS $$$
(Carte p. 253 ; ☎288 3207 ou 0920 558 7188 ; www.boracaysandcastles.com ; qua à partir de 7 085 P ;). Les grands studios somptueux s'agrémentent de canapés et de lits splendides et d'une cuisine aménagée. Les chambres les plus chères, en front de mer, sont à quelques pas de la promenade de White Beach ; pour préserver votre intimité, il vous suffira de fermer les persiennes. Réductions souvent proposées.

Jung's House Resort HÔTEL $
(Carte p. 254 ; ☎288 5420 ou 0917 320 5420 ; ch avec ventil/clim 800/1 000 P ;). Le propriétaire coréen offre les chambres climatisées les moins chères de l'île dans cet édifice en béton, à 150 m de la plage. Elles sont agréables pour le prix.

Red Coconut COMPLEXE BALNÉAIRE $$$
(Carte p. 253 ; ☎288 3508 ; www.redcoconut.com.ph ; d avec petit-déj 4 000-4 750 P ;). Une bonne adresse si vous recherchez un grand établissement central en bord de plage, autour d'une piscine.

Taj Guesthouse HÔTEL $$
(Carte p. 254 ; ☎288 4628 ; tajboracay@gmail.com ; d/qua 2 000/2 500 P ;). Sans doute le meilleur des hôtels quelconques derrière le Summer Place. Visitez l'annexe, plus séduisante.

Tans Guesthouse HÔTEL $$
(Carte p. 254 ; ☎288 6878 ; http://tansguesthouse-boracay.com ; ch à partir de 1 500 P ;). Comme le Taj voisin, le Tans offre des chambres diverses dans deux bâtiments.

NORD DE STATION 1

Toutes les photos publicitaires de Boracay ont sans doute été prises sur ce tronçon paradisiaque de White Beach. À marée basse, le sable blanc semble s'étendre à l'infini, et les *paraw* – une caractéristique de Boracay – sont nombreux au crépuscule. Dans ce secteur luxueux subsistent quelques adresses d'un bon rapport qualité/prix.

♥ **Friday's** COMPLEXE BALNÉAIRE $$$
(Carte p. 253 ; ☎288 6200 ; www.fridaysboracay.com ; ch avec petit-déj 17 000-22 000 P ;). Installé sur le plus beau secteur de White Beach, le Friday's demeure le nec plus ultra des complexes balnéaires de Boracay. Les cottages, avec véranda et hamacs, ressemblent à des cabanes, mais l'intérieur n'a rien de rustique : lecteurs DVD, Wi-Fi gratuit, peignoirs et linge somptueux. Un splendide pavillon en nipa abrite le bon restaurant.

♥ **Punta Rosa** HÔTEL DE CHARME $$$
(Hors carte p. 253 ; ☎288 6740 ou 0917 500 7878 ; www.puntarosa.com ; d avec petit-déj 4 500-7 600 P ;). Parmi les hôtels les plus raffinés de Boracay, le Punta Rosa est à deux pas de la plage, à l'extrémité nord quasi déserte de White Beach. Les expatriés de Manille viennent y profiter du calme et des chambres avec de confortables lits bas, TV et lecteur DVD.

Boracay Beach Club COMPLEXE BALNÉAIRE $$$
(Carte p. 253 ; ☎288 4853 ou 0910 777 8888 ; www.boracaybeachclub.com ; s/ste avec petit-déj à partir de 123/165 $US ;). À moins d'une minute de la plage, le "BBC" se situe de l'autre côté de la route de White Beach. Charmante piscine ombragée, chambres standard compactes mais ultraconfortables et suites somptueuses.

Sea Wind COMPLEXE BALNÉAIRE $$$
(Carte p. 253 ; ☎288 3091 ; www.seawindboracah.ph ; ch 8 250-11 000 P ;). Depuis longtemps l'alternative pour les touristes qui ne veulent pas se ruiner au Friday's, le Sea Wind n'en a pas l'opulence, mais partage la même plage ravissante. Il devient plus élégant à mesure qu'il s'agrandit, avec de luxueux bungalows à flanc de colline de l'autre côté de la rue. Les chambres en bord de mer ne sont pas aussi chics.

MR Holidays Hotel HÔTEL $$$
(Carte p. 253 ; ☎288 5360 ou 0917 893 2362 ; www.mrholidaysboracay.com ; d 3 000-5 000 P ;). Parmi les quelques hôtels de catégorie moyenne qui se regroupent derrière le restaurant Kasbah, celui-ci est le meilleur du lot, avec des petites chambres stylées et impeccables.

Nigi Nigi Too COMPLEXE BALNÉAIRE $$$
(Carte p. 253 ; ☎288 3150 ; www.niginigitoo.com ; cottages 65-90 $US, ch 90-140 $US ;). La plupart des chambres se situent dans le bâtiment principal en béton et ressemblent à celles du Nigi Nigi Nu Noos, avec de plaisantes vérandas.

Cottage Queen HUTTES EN NIPA **$$**
(Carte p. 253 ; ☎288 3062 ; ch 1 200 P). D'un excellent rapport qualité/prix pour l'endroit, il n'offre que 2 cottages sans prétention.

DINIWID BEACH
De White Beach, continuez vers le nord le long de l'étroit chemin en ciment qui contourne la pointe pour rejoindre la paisible Diniwid Beach, une plage superbe, couverte d'un sable blanc d'une douceur exceptionnelle.

♥ **Nami Boracay** COMPLEXE BALNÉAIRE **$$$**
(Hors carte p. 253 ; ☎288 6753 ; www.namiresorts.com ; ch avec petit-déj 10 675-13 725 P ; ❄📶). Perché au-dessus d'une plage splendide, le Nami offre l'intimité et une vue magnifique. Les 12 chambres luxueuses possèdent leur propre Jacuzzi en plein air qui surplombe l'océan. Le restaurant sert un brunch au champagne (660 P) et propose une carte éclectique, des plats philippins et fusion asiatique aux burgers et au filet mignon avec fromage de chèvre.

Spider House COMPLEXE BALNÉAIRE **$$$**
(Hors carte p. 253 ; ☎0949 501 1099 ; www.spiderhouseresort.com ; ch à partir de 3 000 P ; 📶). Située sur le promontoire rocheux à l'extrémité nord de Diniwid, la Spider House semble au bout du monde. Les chambres (toutes avec ventilateur et certaines avec salle de bains commune) et la salle commune en bambou surplombent une mer agitée et bénéficient d'une vue superbe.

Beach House COMPLEXE BALNÉAIRE **$$**
(Hors carte p. 253 ; ☎288 3934 ou 0928 931 1075 ; cja1025@yahoo.com ; d avec petit-déj 2 500-3 500 P ; ❄@🏊). Meilleure adresse de catégorie moyenne dans cet endroit, la Beach House propose des chambres propres et stylées. Son emplacement reste son principal atout, au centre et au bord de Diniwid Beach. Choisissez une chambre face à la plage.

BULABOG BEACH
De l'autre côté de l'étroit milieu de Boracay en venant de White Beach, à 10 minutes de marche de D'Mall, Bulabog Beach, la plage du kitesurf, est moins fréquentée. Les hôtels augmentent leurs prix en saison (déc-mars), quand soufflent les vents du large. Bulabog somnole et se remplit de *bangka* en basse saison, lorsque se lève l'*habagat*, un vent de terre. L'eau n'est pas très propre car la plupart des eaux usées de Boracay sont déversées de ce côté de l'île.

Aissatou Beach Resort HÔTEL DE CHARME **$$$**
(Carte p. 251 ; ☎288 5787 ou 0917 492 1537 ; www.kiteboracay.com ; ch à partir de 3 500 P ; ❄📶). Derrière la branche sud de l'Habagat, il offre 9 chambres impeccables, ornées d'art local et de meubles artisanaux. L'hôtel installe des chaises longues sur la plage en façade. Pas de restaurant.

Pahuwayan Suites COMPLEXE BALNÉAIRE **$$$**
(Carte p. 251 ; ☎288 1449 ou 0949 750 4242 ; www.pahuwayan.com ; ch avec petit-déj 3 750-4 250 P ; ❄📶). Bonne adresse pour les kitesurfeurs argentés, ce complexe joliment aménagé se tient derrière la Freestyle Academy. Toutes les chambres disposent d'une TV, d'excellents lits, d'équipements luxueux et d'un agréable patio semi-privé. Celles du dernier étage ont une vue superbe sur l'océan.

Banana Saging COMPLEXE BALNÉAIRE **$$**
(Carte p. 251 ; ☎288 6121 ; www.boracayguesthouse.com ; ch avec ventil/clim à partir de 1 100/1 500 P ; ❄📶). Excellente affaire derrière la branche nord de l'Habagat. Chambres propres avec éléments design et sculptures originales.

Boracay Kiteresort COMPLEXE BALNÉAIRE **$$**
(Carte p. 251 ; ☎288 3766 ; www.kite-asia.com ; ch avec ventil/clim à partir de 1 200/1 800 P ; ❄📶). Au-dessus du Hangin's, un bar fréquenté, des chambres avec ventilateur plutôt sommaires et d'autres plus chères et plus attrayantes.

Où se restaurer

La route de White Beach est un vaste espace de restauration, où flâner au crépuscule en se laissant guider par les fumets appétissants et les cartes. Nombre de restaurants appâtent le client avec de généreux menus ou buffets (à partir de 200 P/pers). Examinez de près les plats présentés avant de vous laisser séduire, car les poissons et les fruits de mer restent souvent des heures dans la chaleur.

Vous trouverez les meilleures offres de cuisine philippine près de deux marchés : D'Palengke, au coin sud-est de D'Mall (l'arcade piétonne au milieu de White Beach), et D'Talipapa, près de la Boat Station 2. Certains des meilleurs restaurants se situent dans D'Mall. Les *turo-turo* dans l'artère principale servent des repas à petits prix.

Sauf mention contraire, tous les restaurants cités bordent la plage.

ANGOL

♥ **Cowboy Cucina** INTERNATIONAL $$
(Carte p. 254 ; plats 180-600 P). Vous pourrez vous régaler d'excellentes côtelettes (325 P) en enfonçant vos pieds dans le sable. Menu enfant et *Sunday roast* (rôti dominical).

Bei Kurt und Madz INTERNATIONAL $$
(Carte p. 254 ; plats 200-400 P ; 🛜). Une *happy hour* merveilleusement longue (14h-20h), avec la San Miguel à 30 P, et une carte variée et abordable qui satisfera tout autant les amateurs de nouilles que ceux de viande et pommes de terre. Les saucisses allemandes sont la spécialité de la maison.

Michaella's Carinderia PHILIPPIN $
(Carte p. 254 ; repas 75-110 P). Cette cabane d'en-cas (dans un virage au sud de la Boat Station 3) propose la nourriture la moins chère de la plage, à accompagner d'une bière fraîche à 30 P.

Pizzeria Floremar PIZZERIA $$
(Carte p. 254 ; pâtes et pizzas 180 P). Le restaurant du Da Mario's offre de succulentes pizzas, de délicieuses pâtes (sans doute les meilleures de Boracay) et de bonnes salades.

CENTRE DE WHITE BEACH

♥ **Plato D'Boracay** POISSON $$
(Carte p. 254 ; D'Talipapa ; poisson et fruits de mer 100-150 P/kg). Les langoustes, crevettes et coquillages que sert ce grill familial viennent tout droit du marché D'Talipapa voisin. Les prix sont sensiblement inférieurs à ceux des barbecues de poisson sur la plage.

Cyma GREC $$$
(Carte p. 253 ; ☎288 4283 ; D'Mall ; plats 250-600 P ; ⏲11h-23h ; ✍). Ce restaurant grec est réputé pour ses viandes grillées, ses entrées comme le *saganaki* (fromage de brebis frit) et ses délicieuses salades. Les moins fortunés choisiront le gyros. Le service est stylé et professionnel.

Dos Mestizos ESPAGNOL $$$
(Carte p. 254 ; ☎288 5786 ; plats à partir de 300 P). Ce restaurant espagnol sert une authentique paella, des soupes de haricots et de copieux ragoûts. Pour un festin à plusieurs, commandez un *lechón* (cochon de lait ; 3 250 P).

Lemon Cafe INTERNATIONAL $$$
(Carte p. 253 ; D'Mall ; plats 300-550 P). La fraîcheur est le mot d'ordre, comme en témoignent les bonnes salades, les sandwichs inventifs, les brunchs avec œufs Bénédicte et les savoureuses *laksa* (soupes de nouilles épicées). Le plateau-déjeuner – soupe du jour, salade verte, sandwich ou plat de riz et dessert – ne coûte que 450 P. Ajoutez 10% pour le service.

Aria Restaurant ITALIEN $$$
(Carte p. 253 ; plats 360-600 P ; ⏲11h-23h30). Bien situé pour observer les passants sur le chemin de la plage, à l'entrée de D'Mall, l'Aria possède une élégante salle moderne et concocte une fabuleuse cuisine italienne ; essayez les *tagliatelle con tartufu* (truffe blanche) ou la *panna cotta* à la cardamome.

Crafty's INDO-THAÏLANDAIS $$
(Carte p. 253 ; Main Rd ; plats 200-300 P). La meilleure cuisine indienne de Boracay, véritablement épicée, est mitonnée sur les fourneaux de ce bar sur un toit qui surplombe D'Mall. Le Crafty's sert aussi des plats thaïlandais très relevés.

Deparis FRANCO-THAÏLANDAIS $$
(Carte p. 254 ; plats 200-300 P). Comme son nom le suggère, le Deparis maîtrise les secrets de la cuisine française, faisant d'un simple steak-frites une révélation culinaire. Les plats thaïlandais sont également réussis.

Real Coffee & Tea Cafe CAFÉ $$
(Carte p. 253 ; petit-déj 100-200 P ; ⏲7h-19h ; ✍). Proche du chemin de la plage et prisé de longue date, on y sert du vrai café, du thé, de bons sandwichs, des jus de fruits frais mixés, de copieux petits-déjeuners et des brownies maison.

Summer Place MONGOL $$
(Carte p. 254 ; barbecue à volonté 250 P ; ⏲17h-tard). Voici l'un des meilleurs barbecues mongols de Boracay, avec des ingrédients frais et rapidement resservis. Préférez les tables sur la plage car il fait très chaud dans la salle. Ambiance festive en fin de soirée.

Smoke PHILIPPIN $
(Carte p. 253 ; D'Mall ; plats 100-120 P ; ⏲9h-6h). Avec deux établissements à chaque extrémité de D'Mall, Smoke offre le meilleur rapport qualité/prix de Boracay : une cuisine locale fraîchement préparée, d'appétissants curries au lait de coco et un petit-déjeuner philippin à 80 P. L'établissement le plus proche de la route principale ouvre de 7h à 22h.

Mañana Mexican MEXICAIN $$$
(Carte p. 253 ; plats 275-450 P ; ⏲11h-23h ; ✎). De classiques *burritos* et tortillas, et une excellente margarita à la mangue.

Zest Boracay PHILIPPIN $$
(Carte p. 254 ; Original D'Talipapa ; repas 150-200 P ; ⏲8h-20h). Si le cadre n'a rien de séduisant, cette gargote bien tenue sert des spécialités philippines et des petits-déjeuners à petits prix.

Jammers MEXICAIN $
(Carte p. 253 ; sandwichs 100-200 P). Délicieux sandwichs, tacos et burgers au poisson, bon marché et rapidement servis dans un endroit superbe.

English Bakery BOULANGERIE $
(Carte p. 253 ; Bulabog Rd ; petit-déj 100-200 P). Du pain frais et des petits-déjeuners de style bacon, œuf et sandwichs au fromage (130 P).

Heidiland TRAITEUR $$
(Carte p. 253 ; D'Mall). Pour un pique-nique sur la plage : sandwichs, pain et produits gastronomiques d'importation.

Budget Mart SUPERMARCHÉ $
(Carte p. 253 ; D'Mall ; ⏲7h30-23h30). Très bien approvisionné.

NORD DE STATION 1

Friday's INTERNATIONAL $$$
(Carte p. 253 ; plats 370-640 P). Pour un dîner raffiné dans un complexe hôtelier, choisissez le Friday's ; le cadre, la cuisine et l'ambiance sont parfaits. Optez pour le buffet-barbecue du vendredi.

Kasbah MAROCAIN $$$
(Carte p. 253 ; plats 250-500 P). Surprenant dans ce secteur de luxueux complexes hôteliers, ce restaurant marocain sans prétention propose de délicieuses et copieuses *kemia* (entrées), comme le houmous et le *zaalaouk* (purée d'aubergines et de tomates). Après le repas, détendez-vous en fumant un narguilé.

Jonah's Fruit Shakes PHILIPPIN $$
(Carte p. 253 ; shakes environ 80 P). Malgré la concurrence, le Jonah's peut se vanter de servir les meilleurs shakes de l'île ; le mélange avocat-banane est fantastique. Longue carte de plats philippins.

Où prendre un verre

Les soirées à White Beach commencent par une longue *happy hour*, qui commence généralement à 16h ou 17h et se termine à 19h, 20h, voire 21h. La plupart des bars ferment entre 1h et 3h, ou au départ du dernier client.

> **ÉCONOMIES D'EAU**
>
> Protégez l'environnement – et faites des économies – en remplissant vos bouteilles d'eau aux diverses stations qui jalonnent la route principale de Boracay. **Boracay Nutria Water** (carte p. 254 ; remplissage 1 litre 7 P ; ⏲6h30-20h) se situe près de la Station 3, non loin de la plage.

♥ **Red Pirates** BAR DE PLAGE $$
(Carte p. 254 ; Angol). À l'extrémité sud de White Beach, ce bar installe ses meubles en bois flotté sur le sable et conserve l'esprit du "vieux Boracay".

Nigi Nigi Nu Noos BAR DE PLAGE $$
(Carte p. 254 ; Station 2-3) ; ⏲happy hour 17h-19h). Les légendaires bocaux de thé glacé Long Island (2 pour le prix d'un pendant l'*happy hour*) sont parfaits pour entamer la soirée.

Exit Bar BAR DE PLAGE
(Carte p. 253 ; Station 2). Il pourrait s'appeler le "Bar des Expats".

Bom Bom BAR
(Carte p. 253 ; Station 2). Avec des concerts de bongos tous les soirs, le Bom Bom est idéal pour se détendre dans une ambiance cool entre le dîner et une discothèque.

Crafty's BAR $$
(Carte p. 253 ; Main Rd). Venez dans ce repaire aéré, au sommet du supermarché Craft's, pour la vue ou pour bavarder.

Charlh's Bar BAR DE PLAGE
(Carte p. 254 ; Station 2-3). Autre endroit fréquenté par une clientèle d'habitués.

Beach Bum Bar BAR DE PLAGE $$
(Carte p. 253 ; Station 1). La danse du feu remporte un franc succès à Boracay. Ce bar est sans doute le meilleur endroit où siroter un cocktail sur la plage (2 pour le prix d'un toute la soirée) en observant les danseurs.

Arwana BAR DE PLAGE $
(Carte p. 254 ; ⏲happy hour 13h-22h). La longue *happy hour* signifie les San Miguel (25 P) les moins chères de Boracay et des cocktails (69 P) à la demande.

VAUT LE DÉTOUR

ÎLE DE CARABAO

De Puka Beach, à la pointe nord de Boracay, il semble possible de rejoindre à la nage cette île luxuriante que les habitants appellent "Hambil" (n'essayez pas, les courants sont mortels). Carabao fait partie de Romblon, mais se visite bien plus facilement de Boracay/ Caticlan que de tout autre endroit sur Romblon. Ses rues tranquilles, des plages de sable blanc et de superbes récifs invitent à une escapade depuis Boracay.

En suivant les routes étroites de l'île à travers les rizières, les collines et les bosquets de cocotiers et de nipa, il arrive de ne pas croiser âme qui vive à part un *carabao* (buffle d'eau). Vous pouvez louer une moto ou un cheval pour explorer les plages et visiter la **grotte Ngiriton** au nord et la **grotte Angas** au sud.

Carabao a peu d'hébergements. Sur une belle plage de sable blanc près du débarcadère à Lanas, l'**Ivy's Vine** (☎0929 715 7881 ; www.carabao-island.com ; dort 300 P, cottages duplex avec ventil/clim 800/1 200 P) comprend un superbe bar-restaurant sur 2 niveaux avec un billard, et un centre de plongée ; les propriétaires dirigent White Beach Divers à Boracay. D'autres resorts sont installés au nord de l'Ivy's.

Carabao ne mesure que 6 km de large et moins de 10 km de long. À défaut de route circulaire, une route, asphaltée par endroits, longe toute la côte est. Une route goudronnée relie San José, la ville principale, à Lanas sur la côte ouest.

Pour venir, le plus simple consiste à louer un *bangka* à la Boat Station 1 de White Beach, sur Boracay (ou à la gare maritime de Bulabog Beach en basse saison). Prévoyez environ 2 500 P aller-retour pour un petit *bangka*.

Quelques grands *bangka* publics partent de Caticlan chaque matin pour Lanas et San José (70 P, 45 min-1 heure), mais ne reviennent habituellement que le lendemain matin. Les habitants de Carabao qui travaillent à Boracay rentrent chez eux l'après-midi à partir de la Boat Station 1 (haute saison) ou de Bulabog Beach (basse saison). Vous pouvez emprunter le même bateau (60 P) et revenir avec un grand *bangka* public. Ne tentez pas cette traversée par grand vent, surtout à bord d'un petit *bangka*.

Rumbas BAR DES SPORTS $
(Carte p. 253 ; D'Mall). Avec de grands écrans et un bon choix de chaînes, le Rumbas est ce qui ressemble le plus à un bar des sports.

☆ Où sortir

Suivez les pulsations des sonos pour dénicher les discothèques ; cinq ou six restent animées jusqu'au petit matin, même en basse saison, et pratiquement toutes offrent de la musique live entre 18h et 23h.

Juice DISCOTHÈQUE $$
(Carte p. 254 ; Station 2-3). La plus petite et la plus simple des discothèques du centre de la plage, avec autant de monde au bar que sur la piste de danse. Les gays y sont bienvenus.

Jungle BAR/DISCOTHÈQUE $$
(Carte p. 251 ; Lagutan Beach ; droit d'entrée variable). Isolé dans une crique de l'autre côté de l'île, ce bar hippie déjanté est réputé pour ses fêtes de la pleine lune qui durent 3 jours et son cocktail "F*** you Archie".

Epic DISCOTHÈQUE $$
(Carte p. 253 ; Station 2). La discothèque de plage la plus populaire, également prisée pour son baby-foot. De plus, elle veille à éloigner les prostituées.

Summer Place DISCOTHÈQUE $$
(Carte p. 254 ; droit d'entrée variable). Turbulente presque tous les soirs, elle attire quelques personnages louches.

Cocomangas BAR/DISCOTHÈQUE
(Carte p. 253). Participer aux défis "Drink for Your Country" ("Buvez à la santé de votre pays") du Cocomangas est une tradition à Boracay. Le douillet Cocomangas Wine Bar (bar à vin) en bord de plage est plus plaisant que la discothèque un peu douteuse de l'autre côté de la rue.

Club Paraw DISCOTHÈQUE
(Carte p. 253). Cette grande discothèque en plein air doit relever un défi : faire venir les fêtards au nord de la Boat Station 1.

ℹ Renseignements

Accès Internet

L'accès Internet (30-70 P/h) et Wi-Fi (habituellement gratuit) est disponible partout.

Boracay Tourist Center (carte p. 254 ; Station 2-3 ; 70 P/h ; ⌚9h-22h30). Connexions rapides.

Cybros (Station 3 ; 20 P/h ; ⌚8h-23h)

Argent

BPI (D'Mall) et **Metrobank** (D'Mall) disposent de DAB, et d'autres sont installés le long de l'artère principale et du chemin de la plage. De nombreux resorts et le Tourist Center changent les devises.

Laveries

Sur la route principale autour de D'Mall (35 P/kg).

Offices du tourisme

Boracay Tourist Center (carte p. 254 ; Station 2-3 ; ⌚9h-23h). Services postaux et téléphoniques, informations sur Boracay, service de change (y compris de chèques de voyage Amex) et connexions rapides à Internet (70 P/h).

Filipino Travel Center (carte p. 254 ; ☎288 3704/5 ; www.filipinotravel.com.ph ; Station 2-3 ; ⌚9h-18h). Dans le Boracay Tourist Center ; service de billetterie.

Poste

Dans le Tourist Center, un comptoir postal fiable et efficace facture près de 50% de service pour toute expédition. Une poste se tient à l'extrémité nord de Main Rd.

Services médicaux

En cas de problème sérieux, des bateaux de plongée peuvent transporter rapidement les patients jusqu'au "continent", d'où ils sont transférés à Kalibo ou Manille.

Boracay Lying-In & Diagnostic Center (carte p. 253 ; ☎288 4448 ; D'Mall ; ⌚24h/24). La clinique privée recommandée par les expatriés.

Visas

BOI (carte p. 253 ; ☎288 5267 ; Nirvana Resort, Main Rd ; ⌚7h30-17h30 lun et mar). Prorogation facile des visas.

Depuis/vers Boracay

Avion

De Manille, le moyen le plus rapide de rejoindre Boracay est de prendre un avion pour Caticlan, des vols très convoités durant la haute saison. L'aéroport de Kalibo, à 1 heure 30 ou 2 heures de route de Caticlan, revient moins cher.

Bateau

Une flotte de *pumpboats* fait la navette entre Caticlan et Boracay (150 P, 15 min) toutes les 15 minutes de 5h à 18h, puis selon la demande de 19h à 22h. Le tarif comprend 75 P de taxe environnementale, 50 P de taxe de terminal et 25 P pour le bateau. Tous les bateaux arrivent à l'embarcadère de Cagban à Boracay, où des tricycles attendent pour vous emmener à votre hôtel ; comptez 25 P/pers ou 150 P pour le véhicule (plus pour aller au nord de la Boat Station 1).

De juin à novembre, les vents de sud-ouest obligent souvent les bateaux à contourner la pointe nord de Caticlan jusqu'à Tabon, où les *pumpboats* rallient l'autre embarcadère de Boracay, à Tambisaan.

Comment circuler

Pour aller d'un bout à l'autre de White Beach, vous pouvez marcher, prendre un cyclo-pousse le long du chemin piétonnier (20-60 P) ou un tricycle sur la route principale. Ce dernier ne coûte que 8 P à condition d'éviter les tricycles signalés "special trips" ("trajets spéciaux"), qui n'ont de "spécial" que le prix, de 40 à 60 P !

Kalibo

☎036 / 69 700 HABITANTS

Pour les voyageurs, Kalibo, la capitale de la province d'Aklan, est essentiellement un autre port d'accès à Boracay et le site du festival Ati-Atihan, l'ancêtre de toutes les fêtes du pays, qui se déroule en janvier. Sans doute fondée vers 1250 par des colons malais venus de Bornéo, Kalibo est une cité provinciale typique, bruyante et encombrée. L'*aklano* est le dialecte local.

À voir et à faire

Heritage Arts & Crafts TEXTILES

(☎268 5270 ; heritagearts_craft@yahoo.com ; Luis Barrios St ; ⌚9h-17h lun-sam, sur rdv dim). Outre le *pinya*, cette boutique-atelier tisse de l'*abaca* – à partir de graines de bananier –, qui produit un tissu raide, ainsi qu'une liane appelée *nito* pour fabriquer des paniers et des nattes. Vous pourrez observer les tisserands à l'œuvre. Petite boutique.

Bakhawan Eco-tourism Centre & Mangrove Park MANGROVE

(15 P ; ⌚8h-17h). À 5 minutes de la ville dans New Buswang (40 P en tricycle), ce parc de 170 ha constitue la base d'un projet de reforestation de la mangrove, entamé à la fin des années 1980. Les visiteurs peuvent découvrir l'environnement intertidal d'une passerelle en bambou de 850 m tout en observant les oiseaux et d'autres créatures. Une escapade plaisante de la cité polluée.

Fêtes et festivals

Festival Ati-Atihan CULTUREL

En janvier a lieu le festival Ati-Atihan, qui remonte probablement à l'époque des colons de Bornéo. Décrite comme un mélange de "rituel catholique, de spectacle indigène et d'attraction touristique", la plus grande fête du pays anime les rues de l'aube au crépuscule durant une semaine et atteint son paroxysme le 3e dimanche de janvier.

Où se loger

Pour Ati-Atihan, vous devrez réserver une chambre des mois à l'avance et vous attendre à des prix de 2 à 5 fois plus élevés.

Ati-Atihan County Inn AUBERGE DE JEUNESSE $

(☎268 6116 ; D Maagma St ; dort/d/tr/qua 150/800/900/1 200 P ; ❄). Offrant le meilleur rapport qualité/prix de Kalibo, cette auberge de jeunesse n'augmente pas ses prix durant le festival Ati-Atihan. Toutes les chambres sont coquettes et climatisées, et le dortoir de 16 lits avec ventilateur est impeccable.

Marzon Hotel HÔTEL $$

(☎268 2188 ; www.marzonboracay.com ; Quezon Ave Ext ; d/tr/qua 1 500/2 100/2 800 P ; ❄). Un hôtel parfaitement aménagé, avec une piscine de 25 m.

Kalibo Hotel HÔTEL $$

(☎268 4765 ; bcombinn@hotmail.com ; 467 N Roldan St ; ch 1 050-1 600 P ; ❄). Cet hôtel bénéficie d'un emplacement central sans trop souffrir du bruit. Un hôtel de catégorie moyenne accueillant et bien tenu.

Garcia Legaspi Mansion HÔTEL $

(☎262 5588 ; garcialegaspimansion@yahoo.com ; 1016 Roxas Ave ; ch avec ventil/clim à partir de 500/700 P ; ❄). Gerwin, le propriétaire excentrique et bien informé, loue des chambres, bien meublées et soignées, qui donnent toutes sur la bruyante artère principale.

La Esperanza Hotel HÔTEL $

(☎262 3989 ; laesperanzahotel@yahoo.com ; Osmeña Ave ; dort/d avec ventil 150 P, ch avec clim 1 000-3 000 P ; ❄). Des chambres climatisées trop chères et des dortoirs bien moins plaisants que ceux de l'Ati-Atihan County Inn.

Bakhawan Inn HÔTEL $

(☎262 7013 ; New Buswang ; ch 600-700 P ; ❄). Dans le parc de mangroves, il offre la tranquillité mais est loin de tout.

Où se restaurer et prendre un verre

Le Gaisano Mall abrite des cybercafés, des cinémas, des boutiques et des fast-foods.

Kalibo

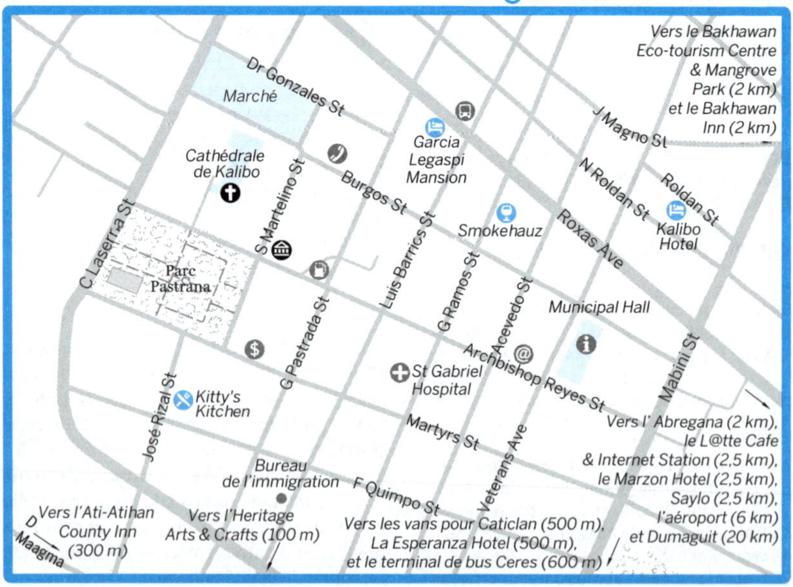

PINYA DE KALIBO

Panay est la capitale de la production de *pinya* aux Philippines, et le cœur de cette industrie se trouve à Kalibo. Le tissage du *pinya*, une tradition qui remonte au VIIIe siècle, produit un joli tissu soyeux en fibres de feuilles d'ananas. Une fois tissé, il est envoyé ailleurs – souvent à Laguna, près de Manille – pour être transformé en sets de table, en mouchoirs ou en *barong* brodés. Un *barong Tagalog* en *pinya* est un vêtement luxueux, porté pour les grandes occasions. Heritage Arts & Crafts et l'office du tourisme de Kalibo organisent la visite de plantations d'ananas avec démonstration des 7 étapes du tissage.

Saylo FUSION $$
(☎268 6800 ; Quezon Ave Ext ; plats 85-260 P ; ❄). Le meilleur restaurant de Kalibo. Les clients se régalent de pâtes à l'encre de seiche, de curry vert de chèvre et de pains pita généreusement garnis. Le houmous est délicieux.

L@tte Cafe & Internet Station CAFÉ $
(Quezon Ave Ext ; plats à partir de 50 P ; ⏲9h30-22h lun-sam ; ❄📶). Aussi moderne et branché que le Marzon Hotel voisin, le L@tte est un plaisant refuge pour échapper à l'agitation urbaine. Un comptoir d'ordinateurs offre l'accès à Internet (30 P/heure).

Kitty's Kitchen INTERNATIONAL $
(☎Rizal St ; plats 60-110 P ; ⏲10h-21h ; ❄). Oasis climatisée dans le centre-ville, Kitty's propose des plats mexicains et des plats américains, comme les *Kansas City ribs* (côtelettes).

Smokehauz RESTOBAR $$
(☎268 1461 ; Ramos St ; ⏲jusqu'à 3h). Musique live tous les soirs.

Abregana RESTOBAR $$
(☎262 1482 ; Martelino St ; ⏲15h-1h). Musique live tous les soirs également.

Renseignements

BOI (☎500 7601 ; Luis Barrios St ; ⏲8h-17h mer-ven). S'occupe des prorogations de visa. Le personnel partage son temps entre ce bureau et celui de l'aéroport.

Office du tourisme de Kalibo (☎262 1020 ; 2e ét, Hôtel de ville, Burgos St). Peut organiser la visite d'un atelier de tissage de *pinya* et vous aider à trouver une chambre pour l'Ati-Atihan.

Comment s'y rendre et circuler

Avion

Les voyageurs allant à Boracay peuvent prendre un vol Zest Air direct pour Kalibo de Séoul, Shanghai, Taipei et Pusan. Sur les lignes intérieures, vous paierez beaucoup moins cher en prenant l'avion pour Kalibo au lieu de Caticlan pour rejoindre Boracay. Les vols réguliers Airphil Express et Cebu Pacific de Manille à Kalibo sont très bon marché et les avions plus grands. Cette solution implique un trajet par la route, contrairement à Caticlan.

Les tricycles coûtent 100 P pour aller au centre de Kalibo. Parcourez 500 m jusqu'à la nationale et hélez un tricycle public ou un jeepney (10 P).

Bateau

Du port voisin de Dumaguit, Super Shuttle Ferry propose 3 ferries/semaine pour Batangas (750 P) via Odiongan (455 P) et Moreta Shipping Lines dessert Manille 2 fois/semaine (18 heures).

Bus et van

Du **terminal de bus Ceres** (Toting Reyes Ave), des bus partent fréquemment pour Caticlan (100 P, 1 heure 45), Iloilo (ordinaire/climatisé 186/216 P, 4 heures) et Roxas (ordinaire 100 P, 2 heures).

Des vans climatisés attendent à l'arrivée de tous les vols à l'aéroport de Kalibo, et emmènent directement les passagers à Caticlan (200 P, 1 heure 30). De la ville, les vans pour Caticlan coûtent moitié moins. Des vans desservent aussi Iloilo (250 P, 3 heures 30) et Roxas (120 P, 1 heure 45). Les vans partent de plusieurs endroits dans le centre, notamment près de La Esperanza Hotel, au coin de Toting Reyes Ave et de Quezon Avenue.

Roxas (Capiz)

☎036 / 147 700 HABITANTS

Autoproclamée "capitale du poisson des Philippines", Roxas, la capitale animée de la province de Capiz et le centre commerçant du nord de Panay, expédie chaque jour par bateau des tonnes de poissons et de fruits de mer conditionnés. La ville, à l'écart de l'itinéraire touristique Boracay-Kalibo-Iloilo, n'offre guère d'intérêt, sauf pour se régaler de délicieux produits de la mer très bon marché, ou pour rejoindre l'île de Sibuyan, dans l'archipel des Romblon.

À voir et à faire

Baybay Beach PLAGE

À 3 km au nord du centre de Roxas, cette plage de sable brun, longue de 7 km, est bordée de gargotes et d'abris de pique-nique. L'endroit est idéal pour déguster poissons et fruits de mer. À l'aube et au crépuscule, vous verrez les pêcheurs décharger leurs prises.

Église et clocher Santa Monica ÉGLISE

Dans la ville de Panay, à 20 minutes en jeepney ou tricycle (100 P) de Roxas, cette église de 1572 abrite la plus grande cloche d'Asie. Constituée de monnaies de la période espagnole, elle mesure plus de 2 m de haut.

Parcs de mangroves MANGROVES

Roxas possède deux parcs de mangroves, où des passerelles en bambou sur pilotis permettent d'observer les formes curieuses des racines et les créatures vivant dans la vase en contrebas. **Cadimahan** (10 P), entre Baybay Beach et le port de Culasi, propose des circuits de 2 heures dans des barques en bambou (500 P). Le **Culajao Mangrove Ecopark** (20 P) loue des barques et des huttes en nipa pour pique-niquer. Il se situe à l'est de Banica, à 15 minutes en tricycle de Roxas.

Fêtes et festivals

Fête de Sinadya sa Halaran CULTUREL

Début décembre, cette fête pittoresque célèbre durant 4 jours l'Immaculée Conception. Procession solennelle, éclairée aux chandelles, sur la rivière Roxas.

Où se loger

Baia Norte Beach Blub HÔTEL $

(☎621 2165 ; Baybay Beach ; d 880-1 800 P ; ❄). À Roxas, on loge soit dans le centre-ville très bruyant, soit à Baybay Beach. Les chambres sans âme mais propres ne sont pas complètement à l'abri du bruit des tricycles, mais au moins, celui des vagues le couvre en partie.

Roxas President's Inn HÔTEL $$

(☎621 0208 ; www.roxaspresidentsinn.com ; angle Rizal St et Lopez Jaena St ; s/d à partir de 980/1 500 P ; ❄). Alliant le charme de la vieille Europe au confort moderne, voici la meilleure adresse du centre. Les chambres sentent un peu le renfermé, mais sont élégamment meublées. Il n'y a que 2 chambres simples bon marché.

San Antonio Resort RESORT $$

(☎621 6638 ; d 1 000-2 340 P ; ❄). Ce grand resort prisé de la clientèle familiale philippine, est une autre adresse de Baybay Beach. S'il n'est pas installé sur la plage mais de l'autre côté de la route, il a une piscine gigantesque. Les chambres sont assez spartiates, à moins d'opter pour les plus chères.

Halaran Plaza Hotel LODGE $

(☎621 0649 ; P Gomez St ; d avec ventil 500 P, avec clim 750-850 P ; ❄). Un lodge en bois à l'ancienne dans le centre, défraîchi et bruyant, mais qui possède beaucoup de charme et des chambres immenses.

Où se restaurer

Baybay Seafood Buffets POISSON $$

(Baybay Beach ; repas 150-300 P). On vient essentiellement à Roxas pour manger dans les cabanes et restaurants de poisson et fruits de mer qui jalonnent Baybay Beach. Le mieux est de vous balader le long de la route de la plage jusqu'à tomber sur un endroit qui vous plaise. Ainsi, dans une cabane nous avons déboursé moins de 200 P pour un immense plateau d'huîtres, une assiette de noix de saint-jacques et 8 crevettes au beurre d'escargot. Si vous cherchez un lieu plus grand et plus chic, mais pas tellement plus cher, optez pour le **Coco Veranda** (⏲10h-23h), qui sert aussi des plats de viande.

Cebrew CAFÉ $

(Gaisano Arcade, en face du Gaisano Mall, Arnaldo Blvd ; boissons et en-cas 50-100 P ; ⏲11h30-2h ;). Refuge climatisé pour échapper à la ville. Cafés frappés, brownies et Wi-Fi gratuit.

Renseignements

Largement distribué, l'EZ Map Panay comporte un plan de Roxas bien mieux fait que celui fourni gratuitement par les offices du tourisme.

Office du tourisme municipal (☎621 5316). Sur la rive nord du fleuve, à côté du pont.

Office du tourisme provincial (☎621 0042 ; Capitol Bldg). Informations et bonnes idées sur les activités à faire dans la province de Capiz.

Depuis/vers Roxas

Avion

L'itinéraire Roxas-Manille est desservi chaque jour par Cebu Pacific et Philippine Airlines. Leurs bureaux se trouvent à l'aéroport, à 5 minutes en tricycle (15 P) au nord du centre de Roxas.

Bateau

Depuis le vaste **port de Culasi** (☎522 3270), à 3 km à l'ouest de Baybay Beach, il y a des *bangka* pratiquement chaque jour à destination de l'île de Sibuyan, dans l'archipel des Romblon – la plupart desservent San Fernando (300 P, 5 heures), mais aussi Cajidiocan et Magdiwang. Leurs horaires varient ; renseignez-vous par téléphone. Au départ du même endroit, Negros Navigation et Moreta Shipping assurent 2 ou 3 liaisons/semaine à destination de Manille.

À l'est de la ville, c'est du petit **quai de Banica** que part le *bangka* quasi quotidien pour Masbate. Les trajets qui alternent entre Mandaon, Milagros, Balud et Jintotolo, coûtent environ 350 P, et durent 4 à 6 heures (départ entre 8h30 et 10h). Il y a un bateau pour Palompon, sur Leyte, les mardi et vendredi (350 P, 5 heures).

Bus et jeepney

Les bus climatisés à destination d'Iloilo (146 P, 3 heures) et Kalibo (ordinaire 100 P, 2 heures) partent du terminal de la compagnie Ceres Liner, à l'extrémité sud de Roxas Avenue, en face de la station-service Caltex. Des vans climatisés desservent aussi Kalibo (120 P, 1 heure 45). Changez à Kalibo pour Caticlan.

NEGROS

3,6 MILLIONS D'HABITANTS

Impossible de résumer en quelques mots l'inépuisable diversité de Negros, que l'on évoque son relief déchiqueté, ses plages préservées et ses jardins de coraux, ses traditions et l'animation de ses villes. L'île commence tout juste à attirer l'attention qu'elle mérite. Les voyageurs viennent s'imprégner de l'ambiance détendue de Dumaguete, la ville universitaire du Sud-Est, ou profiter des sites de plongée, parmi les plus beaux du pays. Au nord, les plages sublimes et isolées qui entourent Sipalay, les collines boisées abritant le mont Kanlaon, les "musées vivants" de Silay et les restaurants de Bacolod font de Negros l'étoile montante du pays.

Pendant plus d'un siècle, Negros a joué le rôle de "sucrière" des Philippines. Depuis les années 1850, la majeure partie des terres arables est dévolue aux plantations de canne à sucre. Les villes, grandes ou petites, conservent de nombreux bâtiments historiques témoignant des fortunes amassées par les barons du sucre. Le phénomène "Sugarlandia" (terre de sucre) est encore omniprésent dans le nord de l'île, comme en témoigne le défilé incessant des camions chargés de canne.

L'île est divisée en deux provinces que sépare une chaîne de montagnes : Negros Oriental (ayant pour capitale Dumaguete) à l'est, et Negros Occidental (capitale Bacolod) à l'ouest.

Depuis/vers Negros

Les aéroports de Bacolod et Dumaguete sont desservis par des vols provenant de Manille et Cebu City.

Bacolod et Dumaguete sont les plus gros ports de Negros, mais plusieurs petites villes sont aussi accessibles par bateau. Des ferries relient Negros à des ports de Cebu, Bohol, Mindanao, Panay et Siquijor. Reportez-vous à chaque destination pour plus d'informations sur les bateaux.

Negros Occidental

BACOLOD

☎034 / 499 497 HABITANTS

Parmi les voyageurs, Bacolod a la réputation injuste de n'être qu'un carrefour de transports. Si elle offre en effet le visage peu engageant d'une vaste étendue désordonnée d'édifices en béton, ceux qui s'attardent assez longtemps découvriront un lieu de culture et de gastronomie – la meilleure des Visayas. Si les Philippins ont tendance à taxer les habitants de Bacolod d'élitisme – la région est l'une des plus riches des Philippines grâce au commerce du sucre –, cela ne perturbe pas les sympathiques habitants de la "Cité des Sourires" qui arborent fièrement leur bon goût.

À voir

Negros Museum MUSÉE

(☎433 4764 ; Gatuslao St ; adulte/enfant 50/20 P ; ⏲10h-20h mar-dim). Joliment aménagé, ce musée est consacré à la riche histoire de l'île, des missionnaires espagnols aux plantations de canne à sucre et la révolution. Pièces maîtresses du principal hall d'exposition, le "*dinosaure de fer*", une machine à vapeur transportant la canne à sucre, et une reproduction d'un *batil* (cargo) chargé de bananes, de sacs de sucre et de quelques produits anachroniques tels que de la bière San Miguel et du rhum Tanduay. Il possède aussi une petite galerie d'art, un musée miniature et un café.

Dizon Ramos Museum MUSÉE

(☎434 8512 ; http://dizonramosmuseum.com ; Burgos St ; 30 P ; ⏲10h-12h et 13h30-16h mar-dim). Si le mode de vie de la classe moyenne supérieure de Bacolod dans les années 1950 vous intéresse, vous pourrez voir dans ce musée de gigantesques collections de céramiques plutôt kitsch, d'articles en verre et d'objets de piété, ainsi que la table dressée pour le dîner dominical.

N'oubliez pas d'aller jeter un œil, à une rue de là, à la magnifique **demeure Art déco**, propriété de GV & Sons.

Negros Forests & Ecological Foundation ZOO
(Centre de protection de la diversité ; ☎433 9234 ; www.negrosforests.org ; South Capitol Rd ; don apprécié ; ⊙9h-12h et 13h30-16h30 lun-ven). En fait de zoo, la Negros Forests & Ecological Foundation vise à préserver les espèces animales

Negros

endémiques de Negros en voie d'extinction. Géré par des bénévoles, ce centre abrite 17 espèces différentes, dont des daims, des chats sauvages et des rapaces. Aujourd'hui, l'île ne compte plus que 3% de sa couverture forestière originelle, laquelle pourrait devenir l'une des zones les plus précieuses des Philippines.

ANP Showroom SOUVENIRS
(Association des producteurs de Negros ; ☎433 8833 ; www.anp-philippines.com ; angle 9th St et Lacson St ; ⏲9h30-19h). Ce magasin vend tous les produits de l'île, y compris des bijoux traditionnels, des masques MassKara et des *piaya* (gâteaux plats sucrés).

Activités

Les amateurs de volcans désireux de randonner à proximité dans le parc naturel du mont Kanlaon doivent demander un permis auprès du **Bureau du superintendant du parc** (☎0917 301 1410 ou 0939 894 3662 ; Porras St et Abad-Santos St, Barangay 39 ; ⏲8h-12h et 13h-17h lun-ven). Demandez Rex Mulave ou Angelo Bibar ; tous deux connaissent bien la région et vous trouveront des guides au besoin. Accordez-leur plusieurs jours de délai, pour qu'ils se procurent un formulaire de décharge de responsabilité, désormais obligatoire pour les randonneurs. Pour venir, prenez un jeepney allant de Bata à Libertad jusqu'à Lupit Church, puis un tricycle jusqu'au bureau.

Le tour-opérateur **Billy Torres** (☎0917 887 6476 ; billytorres369@yahoo.com) peut aussi se charger de tout, y compris d'obtenir les permis (7 000 P/pers, réductions pour les groupes importants). L'hébergement vient en sus, mais pour chaque randonneur, 500 P sont versés à la Negros Forests Foundation.

Fêtes et festivals

Fête du MassKara CULTUREL
Tous les ans, le week-end le plus proche du 19 octobre, la fête du MassKara donne à la ville un petit air de folie : les habitants portent des masques souriants (*máscara* signifie masque en espagnol) et dansent dans les rues.

Où se loger

Si vous voulez être près des bars et restaurants chics, et loin de la poussière et de la saleté, restez dans les quartiers résidentiels. Cependant, le centre-ville est beaucoup plus vivant (la journée du moins) et propose de bonnes adresses.

Suites at Calle Nueva HÔTEL DE CHARME $$
(☎708 8000 ; www.thesuitesatcallenueva.com ; 15 Nueva St ; s/d avec petit-déj à partir de 800/1 200 P ; ❄☮). Sans conteste le meilleur rapport qualité/prix de la ville. Cet hôtel de charme central loue des chambres décorées avec goût et aussi confortables (TV, salles de bains modernes, lits douillets) que celles d'un hôtel haut de gamme en miniature. Le buffet petit-déjeuner avec plats cuisinés vous rassasiera pour une bonne partie de la journée.

11th Street Bed & Breakfast Inn PENSION $
(☎433 9191 ; www.bb11st.webeden.co.uk ; 11th St ; s/d/tr petit-déj compris avec ventil 400/500/600 P,

VAUT LE DÉTOUR

LES VESTIGES D'UN GRAND AMOUR

Nichée dans un ravissant domaine entouré de plantations de canne à sucre, **The Ruins** (☎476 4334 ; www.theruins.com.ph ; 50 P ; ⏲8h30-20h) est une demeure du début du XXe siècle offrant un aperçu du temps jadis. Seule la structure de ce grandiose édifice italianisant est encore debout. La maison a en effet été détruite par les Américains pendant la Deuxième Guerre mondiale afin d'empêcher les Japonais d'en faire leur quartier général. Surnommées le Taj Mahal de Negros, ces ruines ont elles aussi été construites par amour : la magnat du sucre Mariano Macson fit en effet ériger la demeure en mémoire de sa femme, Maria. Ouverte au public en 2008, elle fait désormais office de somptueux **restaurant** (⏲11h-20h) dont la carte témoigne d'influences méditerranéennes et espagnoles. Tâchez de la visiter au couchant : les colonnes néoclassiques et les arches grandioses sont alors un spectacle de toute beauté.

Le site est à 7 km au nord de Bacolod. Pour venir, prenez un jeepney indiqué "Bata" dans Lacson St et demandez à vous faire déposer aux Ruins ; de là, il faut terminer le trajet en tricycle (15 P). Sinon, comptez 200 P en taxi depuis Bacolod.

Bacolod

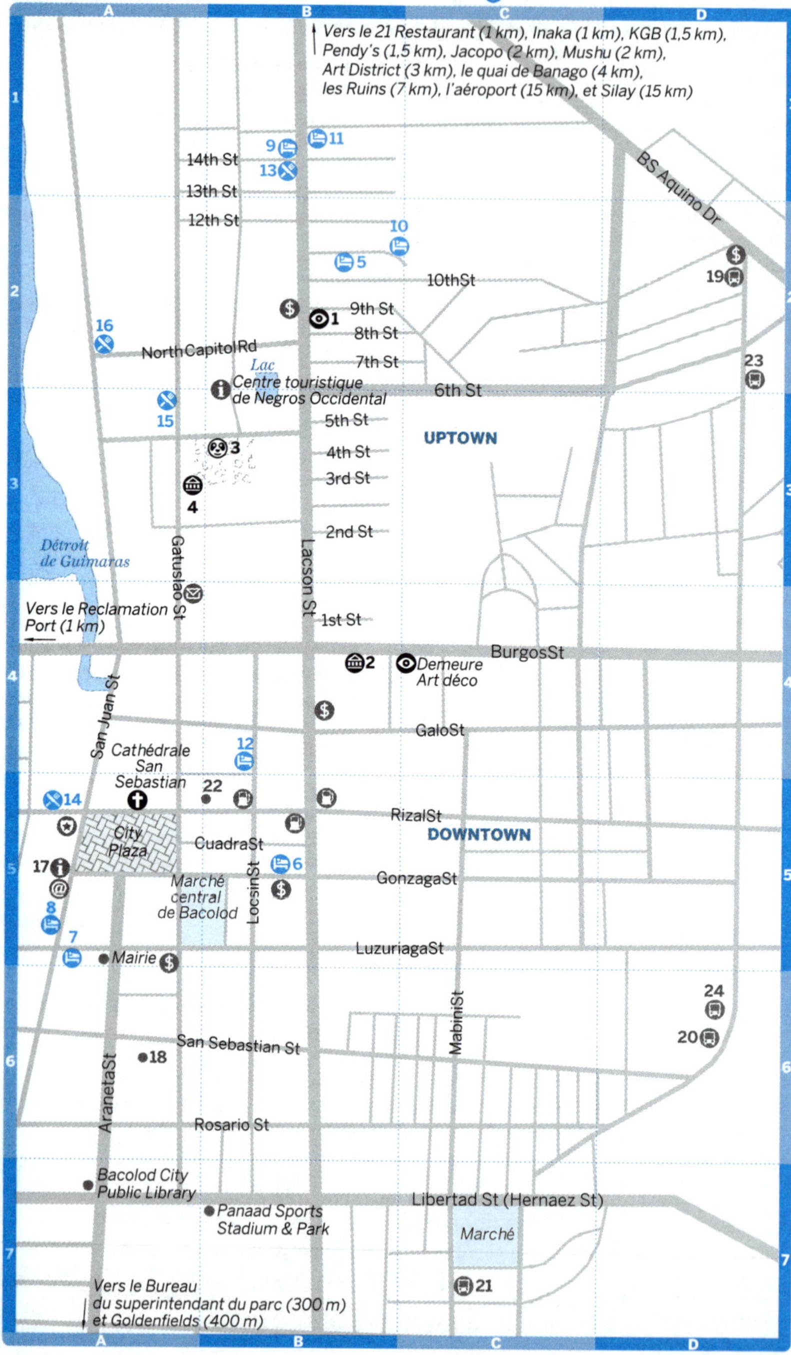
0
400 m
A
B
C
D
1
2
3
4
5
6
7
Vers le 21 Restaurant (1 km), Inaka (1 km), KGB (1,5 km), Pendy's (1,5 km), Jacopo (2 km), Mushu (2 km), Art District (3 km), le quai de Banago (4 km), les Ruins (7 km), l'aéroport (15 km), et Silay (15 km)
BS Aquino Dr
14th St
13th St
12th St
10thSt
9th St
8th St
7th St
6th St
5th St
4th St
3rd St
2nd St
1st St
North Capitol Rd
Lac
Centre touristique de Negros Occidental
UPTOWN
Détroit de Guimaras
Gatuslao St
Lacson St
Vers le Reclamation Port (1 km)
Burgos St
Demeure Art déco
San Juan St
Galo St
Cathédrale San Sebastian
Rizal St
DOWNTOWN
City Plaza
Cuadra St
Gonzaga St
Marché central de Bacolod
Locsin St
Luzuriaga St
Mairie
Mabini St
San Sebastian St
Araneta St
Rosario St
Bacolod City Public Library
Panaad Sports Stadium & Park
Libertad St (Hernaez St)
Marché
Vers le Bureau du superintendant du parc (300 m) et Goldenfields (400 m)
1
2
3
4
5
6
7
8
9
10
11
12
13
14
15
16
17
18
19
20
21
22
23
24

Bacolod

À voir

1 ANP Showroom B2
2 Dizon Ramos Museum B4
3 Negros Forests & Ecological Foundation B3
4 Negros Museum A3

Où se loger

5 11th Street Bed & Breakfast Inn B2
6 Bascon Hotel B5
7 Check Inn A5
8 Hotel Sea Breeze A5
9 L'Fisher Hotel B1
10 Pension Bacolod B2
11 Saltimboca Tourist Inn B1
12 Suites at Calle Nueva B4

Où se restaurer

13 Calea B1
14 Manokan Country A5
15 Organic Market A3
16 Pala Pala A2

Renseignements

17 Office du tourisme A5

Transports

18 Aboitiz Express A6
Cebu Pacific .... (voir 22)
19 Terminal nord de Ceres Bus Liner D2
20 Terminal sud de Ceres Bus Liner D6
21 Jeepneys pour La Carlota, Ma-ao et Mambucal C7
22 Negros Navigation et SuperFerry B5
23 Gare routière nord D2
24 Gare routière sud D6

avec clim 650/800/990 P ; ❄📶). Emplacement calme, dans une petite rue, mais à courte distance à pied de l'animation de Lacson St, pour cette pension verdoyante. Chambres sans fioritures mais d'une propreté impeccable.

Hotel Sea Breeze HÔTEL $

(☎433 7370 ; San Juan St ; ch à partir de 750 P ; ❄📶). C'est l'un des premiers hôtels de Bacolod, et il donne à ce titre un aperçu de l'époque glorieuse des plantations de canne à sucre. Un grandiose escalier en bois passe devant une salle de bal à l'ancienne pour conduire à des chambres défraîchies mais fonctionnelles. Jolie cour arborée à l'arrière.

L'Fisher Hotel HÔTEL $$

(☎433 3731 ; www.lfisherhotelbacolod.com ; angle 14th St et Lacson St ; ch à partir de 1 195 P ; ❄@📶🏊). Théâtral malgré lui avec son atrium d'opéra, ses fougères en pot et son personnel en uniforme, cet hôtel propose des chambres tout confort ; sa seconde enseigne, le **L'Fisher Chalet**, installée à l'arrière, abrite des chambres moins chères (à partir de 1 195 P) et a une sublime piscine à débordement installée sur le toit.

Pension Bacolod PENSION $

(☎433 3377 ; 11th St ; s/d avec ventil 150/200 P, avec clim 430/520 P ; ❄📶). Un havre de paix d'un excellent rapport qualité/prix louant 76 chambres de taille raisonnable et bien tenues. Il affiche souvent complet, pensez à réserver.

Check Inn HÔTEL $

(☎432 3755 ; www.checkinn.com.ph ; Luzuriaga St ; s/d à partir de 650/850 P ; ❄@📶). Confort de catégorie moyenne (eau chaude, TV) dans cet élégant hôtel de chaîne du centre-ville. Excellent rapport qualité/prix et direction impeccable. Accès gratuit à la salle de sport.

Saltimboca Tourist Inn HÔTEL $

(☎432 3617 ; ch avec ventil et sdb commune 430 P, avec clim à partir de 700 P ; ❄📶🏊). Adresse assez inclassable, cet hôtel tape-à-l'œil abrite des chambres un peu surannées. Il n'en offre pas moins un bon rapport qualité/prix, et comporte un joli jardin, une petite piscine, un restaurant et un bar-discothèque avec concerts (mer-sam).

Bascon Hotel HÔTEL $

(☎435 4071 ; basconbacolod@gmail.com ; Gonzaga St ; s/d avec ventil 500/650 P, avec clim 650/750 P ; ❄). À en juger par sa décoration, cet hôtel du centre n'a guère changé depuis son ouverture en 1965. Situé plus haut que le marché, le secteur est animé en journée mais calme la nuit. Chambres avec TV et eau chaude. Visitez-en plusieurs car certaines sont plus agréables que d'autres.

Où se restaurer

Bacolod entretenant une véritable histoire d'amour avec la gastronomie, on est certain de très bien y manger. Outre les quartiers commerçants emplis de stands de rue, le haut de Lacson St abrite un chapelet d'excellents restaurants.

Les amateurs de douceurs goûteront aux *napoleons* (pâtisseries fourrées de crème pâtissière) de chez **Pendys** (Lacson St), une institution à Bacolod. **Calea** (Lacson St) est aussi réputé pour ses gâteaux et son café.

Manokan Country PHILIPPIN $
(Poulet 25-65 P). Si vous demandez à un habitant de Manille ce qui fait la réputation de Bacolod, on vous répondra invariablement le poulet *inasal* (poulet mariné dans du citron et du soja, puis grillé au barbecue). Pour en déguster, le Manokan Country est l'adresse incontournable. Il s'agit d'un petit ensemble de restaurants en plein air, dont la devise semble être "dans le poulet, tout est bon". À vous de choisir les brochettes à votre goût. Les assiettes d'huîtres (35 P l'assiette) font une entrée très appréciée, à des prix défiant toute concurrence. Le tout s'accompagne d'une bière fraîche et bon marché.

Aboys PHILIPPIN $$
(Goldenfields ; repas 160-350 P ; ⏲10h-22h lun-sam). Institution de Goldenfields, au sud de la ville, cette adresse très prisée a pour spécialité la cuisine philippine. On choisit parmi des viandes marinées, des poissons et des fruits de mer. Mention spéciale au filet de marlin grillé.

Inaka JAPONAIS $$$
(Lacson St ; repas 80-640 P ; ⏲10h-16h et 18h-22h mar-dim). Décoré avec goût d'œuvres d'art moderne, ce restaurant propose une authentique carte japonaise (bon choix de sushis et de sashimis). Les végétariens opteront pour le steak de tofu avec riz aux champignons (220 P).

Pala Pala POISSON ET FRUITS DE MER $$
(North Capitol Rd ; ⏲10h-tard). Adresse localement très appréciée. Passez d'abord acheter au marché au poisson attenant ce qui vous fait plaisir (poisson, crevettes ou langouste), puis choisissez n'importe lequel des petits restaurants du lieu pour les faire cuire au barbecue. Frais de cuisson à partir de 50 P, et bière bon marché.

Jacopo GRILL $$
(Lacson St ; repas 170-285 P). Tendance et décontracté, le Jacopo est réputé pour son filet mignon et ses succulents kebabs aux prix très abordables. L'étage arbore une décoration d'avant-garde. En face du centre commercial Robinson's Place.

21 Restaurant PHILIPPIN $$
(Lacson St ; www.21restaurant.com ; plats 185-360 P). Nappes blanches, serveurs professionnels et carte appétissante, voilà pour ce restaurant chic dont seuls les tarifs très raisonnables détonnent avec l'ensemble. Le poulpe grillé à la citronnelle est délicieux.

Organic Market CAFÉ $
(Gatuslao St ; milk-shakes 25 P ; ⏲6h-18h lun-sam). Sur un terrain situé derrière le Provincial Building, cette cafétéria spacieuse et ensoleillée sert de bonnes salades, des en-cas et des milk-shakes faits avec des produits bio issus de fermes de tout le Negros. À l'extérieur, des stands vendent des fruits et légumes bio.

Où sortir et prendre un verre

C'est au nord du centre que sont rassemblés les meilleurs bars où se joindre à la clientèle locale, tandis que Goldenfields, quartier de sorties et de fêtes situé au sud, regroupe les discothèques et attire une clientèle plus interlope.

KGB BAR
(23rd St ; ⏲18h-tard). Aussi apprécié des étudiants que des jeunes cadres, des artistes et des expatriés, c'est l'un des bars les plus décontractés de la ville. Dans le bar situé à l'avant, des arbres semblent pousser à travers le plafond tendu de tentures. D'autres sièges et des tables de billard vous attendent au fond.

Art District BARS
(Lacson St, Mandalagan). Un tout nouvel ensemble de bars, de restaurants et de galeries d'art frequenté par des artistes et des étudiants. Plusieurs adresses méritent le détour, notamment la **Gallery Orange** (⏲14h-21h lun-sam) qui expose les créations contemporaines d'artistes de Negros. Le **Gypsy Bar Tea Room** attire une foule bruyante d'étudiants qui viennent fumer une chicha et profiter des consommations aux tarifs très avantageux. Plus tranquille, le **Café Joint** (⏲16h-tard) est un bar en plein air apprécié de la clientèle arty.

Mushu BAR
(Angle Lacson St et 20th St). Une bonne adresse où déguster de délicieux cocktails maison et écouter des groupes locaux tout en mangeant d'excellents plats chinois au comptoir, comme des petits crabes sel et poivre (80 P).

Renseignements

Posez toutes vos questions d'ordre touristique au **Centre touristique de Negros Occidental** (☎433 2515 ; www.negrosoccidentaltourism.com ; Provincial Capitol Bldg). **Office du**

tourisme (☎433 7362 ; San Juan St). En face de la City Plaza.

Les DAB ne manquent pas. La **poste** (Gatuslao St) est proche du croisement avec Burgos St, tandis que le **commissariat de police** (San Juan St) fait face à la City Plaza.

En ville, on n'est jamais loin d'un cybercafé, en particulier dans le secteur de l'université. Vous en trouverez aussi quelques-uns au dernier étage de SM City. Comptez environ 25 P/h.

ℹ Depuis/vers Bacolod

AVION

PAL, Cebu Pacific et Airphil Express assurent des vols quotidiens à destination de Cebu City et Manille. Zest Air dessert aussi Manille.

BATEAU

Le Bredco Port se rejoint en tricycle (15 P) depuis la City Plaza. De là, des bateaux desservent Manille et Iloilo, sur Panay. Toutes les sociétés de ferries rapides ainsi que **SuperFerry** (☎434 2531) ont des guichets sur le port. SuperFerry et **Negros Navigation** (☎441 0652) ont aussi des agences en centre-ville.

ILOILO La liaison Bacolod-Iloilo City est la plus empruntée en ferry rapide (voir p. 243). Il y a aussi de nombreux car-ferries au départ de Dumangas, à 20 km au nord-est d'Iloilo City.

MANILLE SuperFerry assure 3 liaisons/semaine vers Manille (à partir de 1 300 P, 19 heures) ; Negros Navigation (1 100 P, 19 heures) en assure 4/semaine au départ du quai de Banago, à 7 km au nord du centre de Bacolod.

MINDANAO SuperFerry exploite la ligne Bacolod-Mindanao avec un bateau le samedi pour Ozamis (à partir de 1 100 P, 18 heures) et Iligan (1 100 P, 14 heures), et 2/semaine à destination de Zamboanga (à partir de 1 100 P, 17 heures). Negros Navigation rejoint Cagayan de Oro le mardi (1 176 P, 17 heures), également au départ du Bredco Port.

BUS ET JEEPNEY

Ceres Bus Liner est la principale compagnie de bus. Pour les destinations au nord de Bacolod, appelez le **terminal nord** (☎433 4993) ; pour vous rendre au sud de Bacolod (y compris San Carlos), appelez le **terminal sud** (☎434 2387).

Les bus entre Bacolod et Dumaguete (310 P, 6 heures 45) passent par Mabinay ; départ toutes les 30 minutes entre 2h30 et 22h30 depuis le terminal sud.

Les bus pour Cebu City partent des 2 terminaux, mais le plus rapide part du terminal nord, et son itinéraire comprend une traversée en ferry entre San Carlos et Toledo (535 P, 8 heures). Le bus qui part du terminal sud passe par Mabinay (507 P, 9 heures) ; départ à 2h40 et 17h40.

Ceres et d'autres petites lignes de bus sillonnent la route côtière entre Bacolod et San Carlos (140 P, 4 heures), avec des arrêts ou leur terminus dans des villes sur le trajet, notamment Cadiz (80 P, 1 heure 30) à 0h30 et 6h30, et Sagay (80 P, 2 heures 30), d'où des bateaux partent pour l'île de Bantayan. Le plus rapide pour rejoindre San Carlos consiste à prendre le bus qui passe par l'intérieur des terres (140 P, 3 heures) à 7h15 et 12h15.

Les bus à destination du Sud s'arrêtent à La Carlota (43 P, 1 heure, toutes les 45 min jusqu'à 17h), Ilog (85 P, 2 heures 30) et Sipalay (169 P, 4 heures 30, toutes les 30 min jusqu'à 20h).

Les bus Ceres sont rapides et assez fréquents mais si aucun ne dessert la destination qui vous intéresse, empruntez les petites lignes qui circulent à partir des gares routières nord et sud, non loin des deux terminaux Ceres.

Nombre de jeepneys effectuent de petits trajets. Ceux qui desservent La Carlota (30 P, 1 heure 15), Ma-ao (25 P, 30 min) et Mambucal (25 P, 45 min) sont stationnés derrière le marché, entre Libertad St et Lizares Avenue.

ℹ Comment circuler

L'aéroport est installé à 15 km de Bacolod, juste à l'est de Silay.Vous devrez compter environ 300 P pour la course en taxi jusqu'au centre-ville.

Pour rejoindre le centre-ville en jeepney depuis les terminaux nord et sud des bus, prenez un jeepney "Shopping" jusqu'à Lacson St. Les jeepneys "Shopping" et "Bata" circulent du nord au sud dans Lacson St jusqu'au centre-ville.

Une voiture avec chauffeur revient à environ 1 500 P/jour. Renseignez-vous auprès des offices du tourisme et des hôtels.

Des bus réguliers desservent Silay (14 P, 30 min) au départ du terminal nord.

LA CARLOTA

☎034 / 19 300 HABITANTS

La Carlota est située à environ 45 km au sud de Bacolod, au pied du mont Kanlaon. Le **Kabankalan Sinulog** de la ville est une fête de rue annuelle organisée le 2e dimanche de janvier. Les danseurs sont grimés de noir pour ressembler au peuple negrito de l'île, et une fête est donnée en l'honneur de l'Enfant Jésus. Le dimanche le plus proche du 1er mai se tient le **Festival Pasalamat**, ou fête de la Lumière : durant 3 jours, la ville fête la moisson à grand renfort de costumes traditionnels et de chars de parade.

Des jeepneys rejoignant Bacolod (30 P, 1 heure) ou Guintubdan (30 P, 1 heure) circulent jusqu'à environ 17h, et partent du marché. Après 17h, il vous faudra dénicher un tricycle pour vous mener à Guintubdan

(300 P, 30 min) afin de trouver l'hébergement le plus proche. Contactez le **bureau du maire** (☎460 2582) pour plus de renseignements.

PARC NATUREL DU MONT KANLAON

Avec sa forêt dense et son volcan en activité dont on peut faire l'ascension jusqu'au sommet, le parc naturel du mont Kanlaon (24 400 ha) est un des lieux les plus prisés des randonneurs dans les Visayas. Les hauteurs, au centre du parc, abritent des espèces animales, notamment des oiseaux, menacées d'extinction, et plusieurs espèces d'orchidées.

Activités

Le mont Kanlaon (2 465 m) n'est pas une randonnée difficile et ne nécessite pas d'escalade. Toutefois, monter au sommet d'un volcan en activité reste risqué et demande beaucoup de paperasserie.

Trois itinéraires grimpent jusqu'en haut, l'un d'eux pouvant être effectué en un jour par des marcheurs confirmés. La plupart des randonnées jusqu'au sommet prennent 1 à 2 jours, même si certains inconditionnels font l'aller-retour depuis Guintubdan en 10 heures (déconseillé).

Quel que soit votre itinéraire, le meilleur endroit pour camper la première nuit est Margaha Valley, plateau formé par l'ancien cratère (éteint). La partie la plus intéressante de l'ascension s'étend entre la crête Pagatpat et le sommet, d'où, par temps dégagé, on aperçoit Margaha Valley en contrebas, le cratère fumant au-dessus et Bacolod au loin. Le tronçon le plus difficile est la montée longue et raide menant à la crête Pagatpat.

Parmi les espèces qui peuplent le secteur, citons le sanglier, la civette, le chat léopard d'Asie, le cerf tacheté, le calao, l'aigle-vautour et la gallicolombe poignardée, une espèce très menacée.

Randonnée jusqu'au sommet

Pour monter au sommet du volcan, vous devez impérativement obtenir un permis (300 P) auprès du **Bureau du superintendant du parc** (☎0917 301 1410 ou 0939 894 3662 ; Porras et Abad-Santos Sts, Barangay 39, Bacolod ; ⏲8h-12h et 13h-17h lun-ven), à Bacolod. Pour votre sécurité et pour préserver l'environnement du parc, seul un nombre limité de marcheurs sont autorisés à visiter le parc en même temps. La haute saison va de mars à mai et d'octobre à décembre.

Il existe 3 points d'entrée d'où entamer l'ascension du sommet : Murcia, Guintubdan et Canlaon. Les randonneurs qui souhaitent partir sans groupe devront réserver un guide (500 P/jour, 9 marcheurs maximum) auprès du superintendant du parc à Bacolod ou par le biais du bureau du **ministère de l'Environnement et des Ressources naturelles** (DENR ; ⏲6h30-19h lun-ven) à Guintubdan. Le bureau local du DENR héberge le groupe de conservation, la Mt Kanlaon Green Brigade. Un porteur coûte 1 300 P de plus par jour.

Pour éviter toute la paperasserie, il est plus simple de randonner avec un groupe organisé. **Dumaguete Outdoors** (☎035-226 2110 ; www.dumagueteoutdoors.com ; 3 Noblefranca St, Dumaguete), **Harold's Mansion Tourist Inn** (☎035-225 8000 ; www.haroldsmansion.com ; 205 Hibbard Ave, Dumaguete), **Planet Action** (☎0916 624 8253 ou 032-474 3016 ; www.action-philippines.com) à Moalboal, ou encore le guide local **Billy Torres** (☎0917 887 6476 ; billytorres369@yahoo.com), organiseront la randonnée et s'occuperont de toutes les démarches nécessaires.

La météo est assez imprévisible : prenez un T-shirt, un imperméable, un pantalon et des chaussures de marche, et préparez-vous à des nuits fraîches (vêtements chauds et bonnet).

Certaines années, le volcan entre en activité ou, comme le disent les habitants, “éternue”. La menace d'éruption volcanique fait l'objet d'une surveillance quotidienne, et aucun permis n'est délivré si une telle menace est détectée. Le superintendant du parc évacue parfois la montagne et met en place une zone dégagée de 6 km autour du volcan. La dernière éruption, survenue en août 1996, a tué trois randonneurs.

Où se loger et se restaurer

Les complexes hôteliers du mont Kanlaon sont dispersés sur son flanc est.

GUINTUBDAN

Haut perché sur les pentes du mont Kanlaon, le *barangay* très décontracté de Guintubdan possède deux complexes hôteliers appartenant à La Carlota et à Bago. La présence d'hébergements fait de Guintubdan une base intéressante pour les randonnées. L'autonomie est le maître mot de ces deux complexes : le personnel peut faire la cuisine, mais il faudra souvent vous contenter de riz et de conserves. Depuis les deux complexes, des guides vous emmènent faire d'excellentes excursions d'une journée (150 P) à l'une des sept cascades voisines.

Seuls quelques jeepneys circulent chaque jour de Guintubdan à La Carlota (le dernier à 14h30), où il faut changer pour Bacolod. Les jeepneys s'arrêtent dans les deux complexes hôteliers mais pour l'horaire d'arrivée, renseignez-vous auprès d'un habitant.

Centre des visiteurs de Guintubdan PENSION $
(☎/fax bureau du maire de La Carlota 034-460 2582 ; s/d à partir de 400/800 P, tente camping 6 pers 150 P). Sises dans un imposant édifice de pierre, des chambres simples et propres, avec salles de bains (eau froide), et une salle commune jouissant d'une vue magnifique. Apportez votre nourriture et utilisez la cuisine, ou demandez au personnel de cuisiner ce qu'il y aura à disposition.

Raphael Salas Nature Park PENSION $
(☎034-461 0540 ; dort 100 P, ch avec sdb 300 P). À 200 m au-dessus du centre des visiteurs de Guintubdan, le Raphael Salas propose plus ou moins la même chose. L'hébergement est un peu plus spartiate, mais la vue est plus belle. Repas à 200 P.

MA-AO

Les collines boisées entourant Ma-ao ne comptent qu'un seul complexe hôtelier. Prenez un jeepney pour Ma-ao depuis Bago (20 P, 45 min) ou Bacolod (40 P, 1 heure 30). Depuis Ma-ao, la course de 30 minutes en tricycle coûte 200 P. Les deux cascades jumelles de Kipot (entrée 20 P) situées à proximité font l'objet d'une agréable excursion.

Buenos Aires Mountain Resort COMPLEXE HÔTELIER $
(☎034-461 0540 ; tourismbago@yahoo.com ; dort 200 P, chalets à partir de 800 P, ch avec clim à partir de 1 200 P ; ❄☒). Construit dans les années 1930, ce resort aux allures d'hacienda installé près d'une rivière est connu pour avoir caché le président Quezon des Japonais pendant la Deuxième Guerre mondiale. Restaurant sur place. Les chambres de l'"auberge" ressemblent plus à des chambres d'hôtel que les chalets, confortables mais rustiques. Attention aux marches glissantes. Mieux vaut venir en semaine pour profiter du calme de la forêt alentour.

SILAY

☎034 / 24 500 HABITANTS

Située à 14 km de Bacolod, Silay fut le joyau de Negros au temps florissant de la canne à sucre. Les premiers succès de la ville remontent aux années 1850, lorsqu'un habitant français introduisit la culture de cette plante tropicale. Le port de Silay devint rapidement une escale internationale. La ville connut son âge d'or entre 1880 et 1935, période durant laquelle furent construites ses 31 "demeures ancestrales" reconnues. Les haciendas de Silay étaient réputées pour leur raffinement, et au début des années 1900, la ville devint le lieu de rendez-vous des musiciens et artistes européens. Mais la gloire fut éphémère. La

Silay

Silay

À voir
1 Balay Negrense Museum A3
2 Bernardino Jalandoni Ancestral House B1
3 Église San Diego B2
4 Hofileña Ancestral Home A2

Où se loger
5 Baldevia Pension House B1

Où se restaurer
6 Café 1925 .... B3
7 El Ideal Bakery B3

Transports
8 Bus et jeepneys pour Bacolod B3
9 Bus et jeepneys pour San Carlos B1

croissance de Bacolod, les dégâts provoqués par la Deuxième Guerre mondiale et le développement de l'industrie du sucre dans le monde entraînèrent le déclin de l'activité culturelle et industrielle de Silay.

À voir et à faire

Partir sur les traces des splendeurs passées de Silay est un must pour tous les amoureux d'histoire et d'architecture. Parmi les "demeures ancestrales" de Silay, les mieux préservées sont trois grandioses demeures historiques : deux d'entre elles sont des musées, la troisième est une résidence privée. Impossible de visiter Silay sans goûter aux délices que propose El Ideal Bakery, qui est aussi l'une des 31 demeures classées de la ville.

L'office du tourisme de Silay procure un plan gratuit et pratique répertoriant ces bâtiments historiques.

Hofileña Ancestral Home ÉDIFICE HISTORIQUE

(☎495 4561 ; Cinco de Noviembre St ; adulte/enfant 40/20 P ; ⏲sur rdv). L'imposante Hofileña Ancestral Home rassemble l'une des plus belles collections d'art des Philippines, ainsi que des antiquités appartenant à l'une des plus grandes familles de Silay, les Hofileña. La demeure appartient aujourd'hui à Ramon Hofileña, défenseur de l'héritage culturel du Negros Occidental. Si vous réservez, Ramon vous fera faire le tour du propriétaire, y compris de sa collection de peintures et d'objets d'art anciens.

Pendant près de 35 ans, Ramon a dirigé l'**Annual Cultural Tour of Negros Occidental** (circuit 700 P). Trois circuits culturels d'une journée, organisés en décembre, font le tour des sites de la région, et passent par la célèbre église de Saint-Joseph-Artisan de la Victorias Milling Company (compagnie des moulins). En le prévenant quelques jours à l'avance, Ramon peut organiser une visite de la Silay architecturale à tout moment de l'année.

Bernardino Jalandoni Ancestral House MUSÉE

(☎495 5093 ; Rizal St ; adulte/enfant 50/20 P avec visite guidée ; ⏲9h-17h mar-dim). Construite en 1908 et affectueusement baptisée la "maison rose", la Bernardino Jalandoni Ancestral House est restée presque intacte depuis que la famille Jalandoni l'a quittée. Devenue musée, les parquets cirés, ainsi que les meubles et objets d'art du 2e niveau en sont les objets historiques les mieux conservés. L'antichambre regroupe d'anciennes photos de reines de beauté des années 1940 et 1950, ainsi qu'une vitrine remplie de poupées Ken et Barbie en costume philippin traditionnel, dont un Ken général MacArthur et une Barbie Imelda Marcos entourée de chaussures !

Balay Negrense Museum MUSÉE

(☎714 7676 ; Cinco de Noviembre St ; adulte/enfant 40/20 P ; ⏲10h-18h mar-dim). Aussi appelé "demeure ancestrale de Victor Gaston", ce musée a été construit en bois de cassia rose en 1898. C'est l'une des plus belles maisons de la ville. Le père de Victor, Yves Léopold Germain Gaston, aurait été le premier à cultiver la canne à sucre à des fins commerciales dans la région. La demeure a été minutieusement restaurée et meublée de pièces d'époque données par des habitants. Les fenêtres en verre biseauté et les treilles ouvragées à la chinoise sont d'origine.

Église San Diego ÉGLISE

Sur la rue principale qui traverse la ville, l'église San Diego, de style roman au dôme argenté, a été dessinée par l'architecte italien Lucio Bernasconi. Construite en 1927, elle est surmontée d'un crucifix éclairé la nuit et que l'on aperçoit depuis le large.

Où se loger et se restaurer

Fortuna Pension House PENSION $

(☎714 8166 ; fortuna_pension@yahoo.com ; ch avec sdb commune/privative 750/1 000 P ; ❄@). Construite dans les années 1950, cette maison en bois de 3 étages installée sur des terres cultivées offre un aperçu de la vie des haciendas. La chambre du grenier est charmante, malgré la salle de bains commune, point négatif. Le petit-déjeuner est l'unique repas possible (100 P). À 1 km au sud de la ville, prenez à gauche dans José Locsin St, passez le bâtiment City Health et suivez les panneaux. La course en tricycle coûte 15 P.

Baldevia Pension House PENSION $

(☎495 0272 ; angle Burgos St et Rizal St ; ch avec ventil 450 P, avec clim 650-1 400 P ; ❄). Autre demeure ancestrale, cet établissement bien tenu et installé dans l'artère principale loue des chambres carrelées confortables mais spartiates avec salles de bains propres et eau chaude. Les chambres avec ventilateur affichent souvent complet.

El Ideal Bakery BOULANGERIE $
(Rizal St ; tartes et gâteaux 25-40 P ; ⏲6h-18h30). Au sud de la place publique, dans l'une des demeures ancestrales les moins avenantes, se trouve ce temple des douceurs fondé en 1935, fierté de la ville. Son intérieur aux boiseries sombres a conservé son cachet d'antan. Le *lumpia ubod* (rouleaux de printemps au porc, crevettes et chou de cocotier) et le *piaya* (pain plat saupoudré de sucre roux et de graines de sésame) sont délicieux. Excellent choix de tartes, gâteaux et sandwichs.

Café 1925 CAFÉ $
(www.cafe1925.weebly.com ; JP Ledesma St ; ⏲9h-22h lun-sam ;). Petit café insolite au personnel sympathique servant du café fort, des sandwichs au bifteck d'aloyau (90 P) et de la glace à la crème de mangue maison (60 P).

Renseignements

L'**office du tourisme** (☎495 5553 ; silaycity_tourism@yahoo.com ; angle Zamora St et Gamboa St ; ⏲8h-12h et 13h-17h lun-ven) de Silay, situé sur la place publique, organise la visite de plantations de canne à sucre des environs et délivre les permis pour le parc naturel de Negros Nord.

Woofy.net (Rizal St ; 15 P/h ; ⏲8h-minuit). Accès Internet. En face du marché.

La ville compte plusieurs DAB ; celui de **Metrobank** (angle Burgos St et Rizal St) offre la limite de retrait la plus importante.

Depuis/vers Silay

L'aéroport de Silay est à 10 minutes environ de la ville même (10 P en tricycle et environ 500 P en taxi).

Des bus et des jeepneys circulent entre Silay et Bacolod (14 P, 30 min). À Silay, tous les bus et jeepneys se dirigeant vers le nord et le sud s'arrêtent dans Rizal Street.

Depuis Silay, des bus rallient toute la journée les villes côtières en direction de San Carlos (130 P, 3 heures).

ENVIRONS DE SILAY

Les plantations de canne à sucre qui entourent Silay ont leur propre histoire. Pour en visiter une, vous devrez passer par l'office du tourisme de Silay. Hélas, la Victorias Milling Company était fermée aux touristes lors de nos recherches. Renseignez-vous au cas où cela aurait changé.

La **Hawaiian Philippine Sugar Company** (☎034-495 2085 ; ⏲8h-12h et 13h-17h lun-ven nov-avr) n'est qu'à 15 minutes en jeepney au nord de Silay. Les circuits comprennent selon les cas l'observation du processus de récolte (nov-avr), un tour en locomotive, un tour en charrette à bras et même le séjour chez l'habitant (300 P/pers).

À 32 km environ de Silay (37 P en jeepney, 1 heure), le **parc naturel de Negros Nord** (parc national de Patag) fut le théâtre d'une bataille sanglante de la Deuxième Guerre mondiale, où périrent 6 000 soldats japonais. Le parc, qui représenterait la zone forestière la plus importante de Negros, rassemble plus de 90 espèces d'oiseaux, dont 37 sont endémiques. De superbes randonnées sont possibles de Patag jusqu'au parc, par un chemin jalonné de plusieurs cascades. L'office de tourisme de Silay peut vous trouver un guide (150 P/pers) et organiser une **nuit chez l'habitant** (300 P/pers). Le seul autre hébergement se fait dans l'ancien **hôpital de Patag** (avec sdb commune/privative 80/100 P par pers). Même si vous partez seul, vous devrez obtenir un permis (10 P) auprès de l'office de tourisme de Silay. Il vous faudra mentionner par écrit les dates et le nom des participants de l'ascension. En théorie, les permis sont délivrés en 5 minutes.

SAGAY

☎034 / 19 330 HABITANTS

Sagay se compose d'Old Sagay, sur la côte, et de New Sagay, à 5,5 km de là, sur la route nationale (comptez 9 P en jeepney entre les deux). Mais Sagay est surtout connu pour les 32 000 ha de la **réserve marine de Sagay**, créée en 1999 pour protéger l'une des seules régions de Negros encore foisonnantes de vie sous-marine. Ce sanctuaire s'organise autour du **récif de Carbin** (50 P), à 15 km environ au nord-est d'Old Sagay (20 min en *bangka*). Il comprend aussi le **récif de Maca**, où il n'est pas rare de voir des oiseaux migrateurs.

Pour trouver un bateau, demandez à l'**office du tourisme** (☎488 0649 ; www.sagay-city.com.ph ; hôtel de ville, New Sagay) ou sur la jetée. Un petit bateau coûte 1 000 P (maximum 5 pers). L'office du tourisme peut aussi vous procurer du matériel de snorkeling (300 P) ; les récifs étant peu profonds, la plongée est déconseillée.

L'office du tourisme vous aidera à trouver un hébergement en ville. Propriété de la municipalité, l'immense **Balay Kauswagan** (☎488 0316 ; Municipal Hall, New Sagay ; dort 200 P, lits jum avec clim et sdb 800 P ;) est un centre de conférences sans charme avec des chambres correctes et une piscine, mais pas de restaurant.

Chaque jour, un *bangka* part à 10h pour la ville de Bantayan sur l'île éponyme (250 P, 2 heures 30). Les bus Ceres desservent Cadiz (16 P, 30 min) et Escalante (9 P, 15 min).

ESCALANTE

☎034 / 14 570 HABITANTS

Comme sa voisine Sagay, Escalante comporte deux parties : Old Escalante, sur la côte, et New Escalante, sur la route nationale, à 7 km de là. L'hôtel de ville, la place principale, le terminal des bus et la banque Equitable PCI se trouvent à New Escalante. Le port de Danao, d'où partent les bateaux pour Cebu, est à Old Escalante. Un tricycle entre les deux coûte environ 10 P (15 min).

L'**office du tourisme** (☎454 0696 ; www.escalantecity.gov.ph ; hôtel de ville, New Escalante) vous aidera à trouver un hébergement et à organiser vos activités. Il peut vous trouver un guide (1 000 P/jour) pour visiter les grottes voisines, dont certaines ont servi de cachettes aux Japonais pendant la Deuxième Guerre mondiale, ou observer les oiseaux à **Kalanggaman**.

La petite **Isla Puti** (l'île enchantée), à 20 minutes en *bangka* d'Escalante (on l'atteint également par le port Vito, à Old Sagay), possède de belles plages de sable blanc. On peut réserver des bateaux (idéal pour 10 pers ; 600 P, 20 min) sur le quai Barcelona ou via l'office du tourisme. Vous pourrez loger au **Jomabo Island Paradise Beach Resort** (☎0920 438 8963, Bacolod 034-434 3972 ; www.jomabo.com ; ch et bungalows 1 500-3 000 P).

En ville, le **Rodeway Inn** (☎454 0176 ; National Hwy, New Escalante ; d avec ventil et sdb commune 350 P, avec clim et sdb privative à partir de 800 P ; ❄📶) est la meilleure adresse. Cet établissement familial accueillant loue des chambres confortables et sûres. Il est situé en face de la jolie place de la ville.

Un ferry dessert quotidiennement Tabuelan (200 P, 2 heures) sur Cebu ; départ à 8h du port de Danao, à Old Escalante. Des bus directs circulent entre Escalante et Bacolod (85 P, 2 heures), et des bus se rendent à Dumaguete via San Carlos (107 P, 5 heures).

SAN CARLOS

☎034 / 33 614 HABITANTS

San Carlos est la principale escale portuaire reliant Negros à Cebu. Des ferries effectuent quotidiennement la liaison entre San Carlos et Toledo, sur la côte ouest de Cebu. Si la ville a peu de charme, elle est parfaite pour passer la nuit. L'**île de Sipaway**, à 15 minutes en bateau, comporte de jolies plages. Sinon, vous pouvez découvrir aux alentours des cascades, des grottes et des rizières en terrasse. Renseignez-vous à l'**office du tourisme** (☎312 6558 ; http://sancarloscityinteractive.com).

Le **Skyland Hotel & Restaurant** (☎312 5589 ; Broce St ; ch avec ventil/clim 475/625 P ; ❄📶), à mi-chemin entre la jetée et le terminal des bus, loue des chambres impeccables alimentées en eau chaude. Le restaurant sert une cuisine bien préparée (plats 150 P).

ℹ Depuis/vers San Carlos

M/V Lite Ferry (☎729 8040) assure des liaisons quotidiennes vers Toledo (190 P, 1 heure 30) à 5h, 10h et 15h30. **Montenegro** (☎0922 890 2573) propose un service plus rapide mais plus cher (225 P, 45 min) à 5h, 13h et 15h.

Toute la journée, des bus partent régulièrement de la gare routière de San Carlos (à 1 km de la jetée ; 7 P en tricycle) pour Dumaguete (107 P, 4 heures) et Bacolod (155 P, 4 heures). Pour La Carlotta, prenez un premier bus pour Canlaon (55 P, 1 heure), dans la montagne, puis un autre pour traverser le plateau du mont Kanlaon jusqu'à La Carlotta (81 P, 2 heures 45) ; le trajet est l'un des plus spectaculaires de Negros.

SIPALAY

☎034 / 11 275 HABITANTS

À 200 km de Bacolod et de Dumaguete, la ville côtière et isolée de Sipalay est entourée de splendides plages de sable blanc, de baies calmes, de petits îlots, de récifs où plonger et d'eaux foisonnant de makaires, de carangues à grosse tête et de thons.

Les amoureux de la plage iront à **Sugar Beach** (Langub pour les locaux), un petit coin de paradis, tandis que les plongeurs expérimentés lui préféreront les resorts spécialisés de **Punta Ballo**. Les deux se trouvent à quelques kilomètres de Sipalay.

À moins de vouloir prendre un bus, il n'y a aucune raison de visiter la ville de Sipalay. Le minuscule **Centre d'information touristique de Sipalay** (Poblacion Beach ; www.sipalaycity.gov.ph ; ⏲8h-17h tlj oct-mai, lun-ven juin-sept) peut vous aider à louer un bateau et à trouver un hébergement. Il n'y a pas de DAB à Sipalay ; le plus proche est à Kabankalan (à 2 heures 30).

Le **Driftwood City Restaurant** (☎0919 236 7055 ; Poblacion Beach ; repas 120-170 P ; ⏲8h-tard) sert de savoureuses pizzas en bord de mer, et organise aussi la traversée en bateau de Sipalay à Sugar Beach (environ 300 P). Pensez à réserver.

Si vous vous retrouvez coincé à Sipalay, sachez que le **Sipalay Suites** (☎473 0350 ; www.sipalaysuites.com ; ch avec ventil/clim à partir de 700/1 500 P ; ❄📶) propose des chambres confortables.

Des bus relient régulièrement Sipalay et Bacolod (169 P, 4 heures 30). Rejoindre Dumaguete nécessite de prendre 3 bus Ceres distincts, qui circulent tous de façon régulière ; allez d'abord à Hinoba-an (32 P, 50 min), changez pour Bayawan (77 P, 1 heure 30) et poursuivez ensuite jusqu'à Dumaguete (100 P, 2 heures 30).

SUGAR BEACH

Avec sa poignée de complexes balnéaires variés et rustiques, une plage somptueuse et des couchers de soleil inoubliables, Sugar Beach est l'un des trésors les mieux gardés de Negros. Cette ravissante étendue de sable descend en pente douce vers la mer sans rencontrer le moindre rocher ni d'algues : le paradis des baigneurs. L'atmosphère étant plutôt paisible, si vous cherchez à faire la fête, vous avez tout intérêt à choisir Boracay.

Le Takatuka Lodge organise des sorties de plongée.

Où se loger et se restaurer

Tous les resorts s'égrènent le long de la plage.

♥ Takatuka Lodge & Dive Resort COMPLEXE BALNÉAIRE **$$**
(☎0920 679 2349 ; www.takatuka-lodge.com ; d avec ventil et eau froide 1 050 P, avec clim et eau chaude 1 550 P ; ❄📶). Une quantité de petits détails témoignent de l'amour et de l'énergie qui présidèrent à la création de l'extravagant Takatuka Lodge, de gérance allemande. C'est vrai pour le restaurant, et davantage encore pour la décoration des lodges. Toutes les chambres arborent des couleurs chaudes et s'agrémentent de petites touches originales. La chambre Rockadelic réveillera le rockeur qui sommeille en vous : amplis Marshall, guitares électriques et disque d'or serti dans le mur. Les interrupteurs sont dissimulés de manière très originale, parfois dans des coins... bien cachés ! Le restaurant sert la meilleure cuisine de Sipalay, et propose une carte très fournie. Enfin, l'établissement possède le seul centre de plongée opérationnel de Sugar Beach.

Driftwood Village Resort COMPLEXE BALNÉAIRE **$**
(☎0920 900 3663 ; www.driftwood-village.com ; dort 280 P, d avec sdb commune/privative à partir de 400/800 P ; ❄). La meilleure adresse pour les voyageurs à petit budget. Décontracté, l'établissement baigne dans l'ambiance plage/hamacs, avec des huttes en nipa disséminées sur son domaine ombragé. La cuisine est surtout thaïlandaise, mais on peut aussi manger des classiques européens (plats environ 200 P).

Bermuda Resort COMPLEXE BALNÉAIRE **$$**
(☎0920 529 2582 ; www.bermuda-beach-resort.com ; d à partir de 850 P ; ❄@📶). Tous les bungalows insolites de cet agréable petit complexe balnéaire disposent de belles salles de bains privatives. Le personnel organise des randonnées dans la campagne environnante et le restaurant élégant sert une cuisine européenne ; goûtez aux crevettes à l'ail.

Sulu Sunset Beach Resort COMPLEXE BALNÉAIRE **$**
(☎0919 716 7182 ; www.sulusunset.com ; bungalows sans/avec vue sur la mer à partir de 450/1 100 P ; @📶). Onze jolis bungalows, du plus basique au quasi luxueux, avec véranda et hamacs.

ℹ Depuis/vers Sugar Beach

Pour venir par voie terrestre, demandez au chauffeur de bus de vous déposer dans le *barangay* de Montilla, à 3 km au nord de Sipalay, puis prenez un tricycle (75 P) jusqu'au *barangay* de Nauhang, d'où des bateaux à rames font traverser une petite rivière à marées (15 P/pers) ; accordez-vous sur un prix au préalable. De l'autre côté de la rivière, contournez la pointe à pied jusqu'à la longue étendue de sable de Sugar Beach. Notez qu'à marée haute, surtout à la saison des pluies, vous aurez peut-être besoin de prendre un bateau à moteur (200 P) au départ du pont de Nauhang ; sinon, appelez votre resort pour qu'on vienne vous chercher.

En réservant à l'avance, de nombreux resorts peuvent vous trouver un bateau de Sugar Beach à Sipalay pour 300 P environ.

PUNTA BALLO

Dotée de certains des plus beaux sites de plongée de Negros, Punta Ballo est à 7 km au sud-ouest de Sipalay, sur un promontoire : une plage de sable fin de coquillages blancs est adossée à des collines boisées. On ne peut y nager qu'à marée haute.

La région compte plus de 30 sites de plongée, dont 3 épaves (une de la Deuxième Guerre mondiale). Plusieurs resorts de Punta Ballo possèdent des centres de plongée. Les prix sont assez standard : 25 $US la plongée simple, location de l'équipement à partir de 5 $US, et 350 $US pour un certificat open water.

Où se loger et se restaurer

Artistic Diving Beach Resort COMPLEXE BALNÉAIRE $
(0919 409 5594 ; www.artisticdiving.com ; ch avec sdb commune 500 P, avec ventil/clim 1 250/1 590 P ;). L'Artistic se compose de grands bungalows confortables en rangées, avec balcon privatif, TV et salles de bains alimentées en eau chaude. Le tout est aménagé dans un jardin soigné en bord de plage. La carte, d'influence suisse, s'accompagne de pain maison et propose aussi de bons curries végétariens. Forfaits séjour/plongée.

Easy Diving Beach Resort COMPLEXE BALNÉAIRE $$
(0917 300 0381 ; www.sipalay.com ; bungalows avec ventil/clim à partir de 1 400/1 800 P ;). Plus loin sur la plage, agréables bungalows de style méditerranéen, jolie plage et centre de plongée ayant pignon sur rue. Gérants peu aimables.

Depuis/vers Punta Ballo

L'embranchement menant à Punta Ballo se trouve à hauteur de la place, sur la gauche quand on entre en ville. Un trajet de 7 km en *habal-habal* (50 P) ou en tricycle (150 P) conduit aux complexes balnéaires, qui donnent sur la mer.

BULATA ET ÎLE DE DANJUGAN

À 20 km au nord de Sipalay se trouve la petite ville de Butala. Prenez l'embranchement sur une longue piste de terre qui vous mènera à l'élégant **Punta Bulata White Beach Resort** (433 5160 ; www.puntabulata.com ; bungalows de nipa à partir de 2 000 P, ch à partir de 3 000 P ;). Les hébergements proposés vont des chambres asiatiques de style "spa" dans une cour autour d'une piscine, à de petits bungalows de nipa et de grandes maisons sur pilotis. Le restaurant chic de la plage propose une carte de poisson et fruits de mer impressionnante.

L'**île de Danjugan** (entrée à la journée déj compris 1 750 P, entrée avec nuit sur place 1re nuit/nuits suivantes 3 000/2 000 P) est gérée comme une réserve naturelle par l'ONG **Philippine Reef & Rainforest Conservation Foundation** (PRRCF ; 034-441 1617 ou 0918 600 1589 ; www.prrcf.org) basée à Bacolod. Située à 3 km à l'ouest de Bulata, cette île de 42 ha entourée de superbes récifs coralliens possède six lagunes, une forêt tropicale primaire calcaire et des mangroves. Elle abrite plus de 9 espèces de chauves-souris et 58 espèces d'oiseaux, dont l'aigle à poitrine blanche et le pygargue à tête grise, menacés d'extinction. Un hébergement sommaire alimenté en énergie solaire mais sans eau courante est proposé par la PRRCF. Le tarif comprend le transfert en bateau, 3 repas et l'utilisation de kayaks et de matériel de snorkeling. Vous trouverez aussi un **club de plongée** (2 000 P/plongée matériel compris). Il est recommandé de réserver 3 jours à l'avance.

Des excursions à la journée sont organisées depuis le Punta Bulata White Beach Resort (1 750 P/pers, excursion en bateau, déjeuner et snorkeling inclus).

Negros Oriental

Le Negros Oriental est la province la plus populaire de Negros. Tout est facilement accessible depuis la pittoresque capitale provinciale de Dumaguete, notamment de fantastiques sites de plongée (en particulier l'île d'Apo), de belles randonnées dans la nature, des cascades et des possibilités de spéléologie de tout premier rang.

La côte est desservie par de bonnes routes et des bus circulant quasiment en permanence. Visiter les nombreux complexes balnéaires et les sites naturels de Negros Oriental est donc aussi simple qu'agréable.

DUMAGUETE

035 / 116 400 HABITANTS

La ville universitaire de Dumaguete séduit les voyageurs car elle est plus urbanisée et branchée qu'une capitale de province moyenne. Sa promenade cosmopolite le long du port est idéale pour flâner ou s'arrêter dans un des restaurants ou bars élégants installés en bord de mer. La ville est un point de chute parfait si l'on veut explorer les sites de plongée voisins ou faire des excursions dans le Negros Oriental.

À voir et à faire

Les deux monuments emblématiques de la ville sont le **clocher** (Bell Tower, angle Perdices St et Teves St) proche de la place publique, construit en pierre de corail entre 1754 et 1776, et le **marché public** de Real St, vaste et animé.

Rizal Boulevard RUE
Alors que les villes philippines ne sont pas particulièrement réputées pour leur beauté ou leur charme, Dumaguete et sa superbe promenade de front de mer le long du Rizal Blvd fait figure d'exception. Construit en 1916, ce beau boulevard de 780 m bordé de vieux lampadaires se prête idéalement à

la flânerie. De l'autre côté de la promenade, un choix intéressant de restaurants et de bars vous attend.

Anthropology Museum & Centre for the Study of Philippine Living Culture MUSÉE
(40 P ; ⌚8h30-11h30 et 14h-17h lun-ven). Aménagé sur 3 niveaux dans un édifice ancien, le musée d'Anthropogie et Centre d'étude de la culture vivante des Philippines expose notamment des objets de Siquijor et des lances en bambou fabriquées par les Negritos. Le musée se situe dans le centre du campus universitaire. Entrez par l'Hibbard Avenue, dans le prolongement de Perdices St, et dirigez-vous vers l'ancien bâtiment avec un escalier en façade.

Centrop ZOO
(Center for Tropical Conservation Studies ; ☎422 6002 ; Ipil St ; ⌚9h-17h lun-sam) En face de l'hôpital, ce petit zoo et centre de recherche accueille 16 espèces de mammifères, reptiles et oiseaux locaux, y compris le daim moucheté des Philippines et le sanglier des Visayas, deux espèces menacées. Dons appréciés.

Sidlakang Negros Village VILLAGE CULTUREL
(☎226 3105 ; Blanco Dr). Au même endroit que l'office du tourisme provincial, ce centre d'exposition culturel met en valeur les produits et l'artisanat locaux du Negros Occidental, dont la plupart des municipalités sont représentées dans le village. Mieux vaut le visiter pendant une fête ou un festival car, sinon, beaucoup de pavillons sont fermés. Les principaux ouvrent cependant toute l'année. Pour venir, empruntez la National Hwy (route nationale) en direction de l'aéroport, puis prenez à droite dans la rue latérale en face du Mercury Drugstore.

PLONGÉE

La plupart des complexes balnéaires bordant la côte au sud de la ville disposent d'équipement de plongée. Dumaguete compte trois centres de plongée fiables.

Adventure Dive Shop PLONGÉE
(☎422 1718 ; www.adventurediveshop.com ; Rizal Blvd ; ⌚11h-20h lun-sam, 6h-21h dim). Établissement apprécié, professionnel et sûr, dans l'artère principale.

Diveworx PLONGÉE
(☎422 6715 ; National Hwy). En face du bâtiment du Provincial Capitol Bldg.

Scuba Ventures PLONGÉE
(☎0915 809 0544 ; www.dumaguetedive.com ; Hibbard Ave). Bonne adresse gérée par des Philippins, à côté du Harold's Mansion Tourist Inn.

AUTRES ACTIVITÉS

Non loin de Dumaguete, les splendides chutes d'eau de l'arrière-pays de Valencia, la forêt vierge du Parc national Twin Lakes et les grottes de calcaire de Mabinay sont accessibles avec un guide. Outre Dumaguete Outdoors, le Harold's Mansion Tourist Inn est une bonne adresse pour organiser des randonnées et des sorties de spéléologie.

Dumaguete Outdoors SPORTS D'AVENTURE
(☎226 2110 ; www.dumagueteoutdoors.com ; 3 Noblefranca St ; ⌚9h-18h lun-sam). Organise tout un éventail d'activités de plein air, plongée, canyoning et randonnées dans le secteur notamment, ainsi que des sorties de spéléologie à Mabinay et Bayawan. Tout le matériel est fourni. Si vous prévoyez de monter au mont Kanlaon, dans le Negros Occidental, vous éviterez la paperasserie en vous joignant à l'un de ces circuits.

Où se loger

♥ **Harold's Mansion Tourist Inn** PENSION $
(☎225 8000 ; www.haroldsmansion.com ; 205 Hibbard Ave ; dort/s/d avec petit-déj et ventil 250/350/500 P, s/d/f avec clim, eau chaude TV 750/800/1 125 P ; ❄@). Notre adresse préférée, et de loin, pour son ambiance originale et sa gestion professionnelle. Harold sait exactement ce qui plaît aux voyageurs sac au dos et loue des chambres propres à prix raisonnables, allant du dortoir à la confortable chambre double, l'accès Internet gratuit, le petit-déjeuner et le transport jusqu'à l'établissement. Celui-ci comporte un toit en terrasse idéal pour lier connaissance avec les autres voyageurs. Harold est une excellente source d'informations sur les activités dans le secteur, et organise au besoin des circuits dans tout le Negros. L'établissement est aussi une bonne adresse pour organiser des sorties plongée, et dispose d'un bateau avec hébergement amarré à Dauin. Enfin, dans un souci d'éco-responsabilité, il a commencé à s'équiper de panneaux solaires et de toilettes sèches.

South Sea Resort & Hotel COMPLEXE BALNÉAIRE $$
(☎422 0113 ; www.southseahotel.wordpress.com ; ch avec eau froide/chaude à partir de 1 000/1 500 P ;

❄📶🏊). Largement en retrait, et difficile à dénicher au bout d'un labyrinthe de ruelles, le South Sea bénéficie d'un bel emplacement en bord de mer. Chambres élégantes et spacieuses d'un excellent rapport qualité/prix. Certes, il n'y a pas de plage où se baigner, mais la luxueuse piscine compense cet inconvénient. Le Likha, restaurant attenant, est un bar à tapas et à vodka.

Coco Grande Hotel HÔTEL $$
(☎422 0746 ; cocograndehotel@yahoo.com ; Hibbard Ave ; d avec petit-déj à partir de 1 230 P ; ❄📶). Petit frère du populaire Coco Grove de Siquijor, cet hôtel est tenu par un personnel efficace. Les vastes chambres accueillantes, aux meubles en rotin, ont un sol de pierre et de parquet, un réfrigérateur et la TV. Les œuvres d'art qui décorent les couloirs donnent un air coquet à l'ensemble.

Honeycomb Tourist Inn HÔTEL $
(☎225 1181 ; www.honeycombtouristinn.com ; Rizal Blvd ; s/d avec petit-déj à partir de 800/1 000 P ; ❄📶). Les chambres sont datées et arborent une moquette de motel bien abîmée, mais vu son emplacement sur Rizal Blvd, l'hôtel conserve un excellent rapport qualité/prix. Bon restaurant de poisson et fruits de mer.

Dumaguete

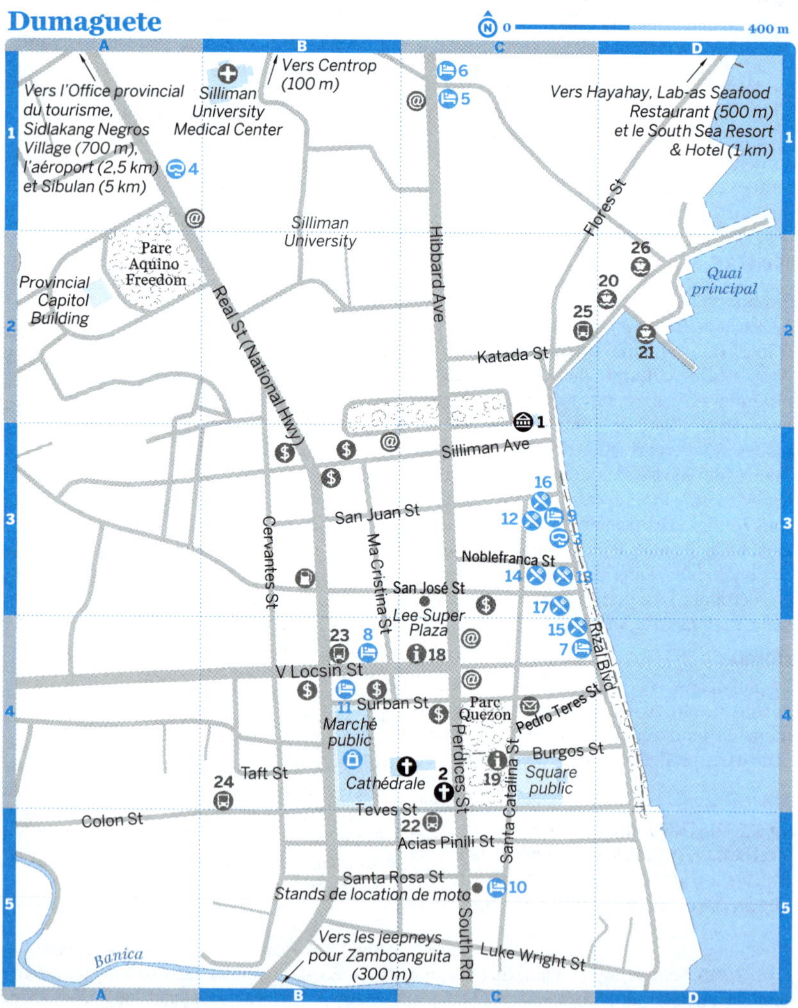

Réservez longtemps à l'avance pour une chambre avec vue sur mer.

Hotel Palwa HÔTEL $$
(☎422 8995 ; www.hotelpalwa.com ; V Locsin St ; ch avec petit-déj à partir de 969 P ; ❄@📶). En plein cœur de l'animation, hôtel coquet dont les chambres aux couleurs pastel, avec TV et eau chaude, offrent un excellent rapport qualité/prix. L'agence de voyages de l'établissement organise des circuits dans les environs.

La Residencia Al Mar HÔTEL $$
(☎422 0888 ; laresidenciaalmar@yahoo.com.ph ; Rizal Blvd ; ch à partir de 1 790 P ; ❄📶). Cette réplique d'une hacienda espagnole est agrémentée d'un large escalier en bois et de fougères en pots. Planchers en bois et décoration coloniale un peu ringarde dans les chambres. À moins d'opter pour les chambres les plus chères donnant sur la mer (2 300 P), vous avez tout intérêt à loger ailleurs. Bon restaurant japonais cependant.

OK Pensionne House PENSION $
(☎422 7731 ; Santa Rosa St ; d avec ventil/clim à partir de 275/440 P ; ❄). Établissement immense et un peu délabré mais correct. Grande diversité de chambres, mais préférez les plus chères (550 P et plus).

Vintage Inn PENSION $
(☎422 9106 ; Surban St ; s/d avec ventil 300/400 P, avec clim à partir de 400/600 P ; ❄📶). Adresse pour petits budgets fiable, propre et centrale, en face du marché.

Où se restaurer

Des stands de barbecue sont dressés en soirée le long du Rizal Blvd. Ne quittez pas la ville sans avoir goûté aux *silvanas* (meringues croquantes de noix de cajou garnies de crème au beurre) de **Sans Rival Cakes** (San José St) : un pur délice.

Jutsz Café ITALIEN $$
(Angle Santa Catalina St et Noblefranca St ; plats 100-580 P ; ⏲10h-22h). Charmant restaurant italien utilisant des produits frais ; goûtez aux spaghettis *pomodoro basilico* accompagnés de crevettes et de champignons. Propose aussi des repas demi-portion.

Casablanca AUTRICHIEN $$
(Rizal Blvd ; plats 185-575 P). L'un des restaurants les plus courus de Dumaguete. Installé dans un coin ravissant au bord de l'eau, il sert un rôti de porc et des escalopes viennoises succulents, ainsi qu'une délicieuse variante aux aubergines pour les végétariens. Le thon sauté au sésame accompagné de sauce salsa

Dumaguete

À voir
1 Anthropology Museum & Centre for the Study of Philippine Living Culture C2
2 Clocher C4

Activités
3 Adventure Dive Shop C3
4 Diveworx A1
Dumaguete Outdoors ..... (voir 13)
Scuba Ventures ..... (voir 6)

Où se loger
5 Coco Grande Hotel C1
6 Harold's Mansion Tourist Inn C1
7 Honeycomb Tourist Inn C4
8 Hotel Palwa B4
9 La Residencia Al Mar C3
10 OK Pensionne House C5
11 Vintage Inn B4

Où se restaurer
12 Café Antonio C3
13 Casablanca C3
14 Jutsz Café C3
15 Mamia's C4
16 Persian Kebab Tandoori C3
17 Sans Rival Cakes C3

Où prendre un verre
Zanzibar ..... (voir 13)

Renseignements
18 Bureau de l'Immigration C4
19 Office du Tourism de Dumaguete C4

Transports
Aleson Shipping ..... (voir 21)
20 Cokaliong Shipping D2
21 Delta Fast Ferry D2
George & Peter Lines ..... (voir 21)
22 Jeepneys pour Dauin et Malatapay C5
23 Jeepneys pour San José et Tampi B4
24 Jeepneys pour Valencia B4
Montenegro Shipping Lines ..... (voir 21)
25 Terminal des bus nord C2
26 Oceanjet D2
Agence SuperFerry ..... (voir 21)

fait une excellente entrée. Bon choix de sandwichs au déjeuner.

Mamia's INTERNATIONAL $$
(64 Rizal Blvd ; plats 150-300 P ; 📶). Restaurant sophistiqué du boulevard affichant néanmoins des tarifs raisonnables. Au menu : bon choix de poisson et fruits de mer et de viande d'importation australienne. Ambiance couleur locale, personnel sympathique, bière bon marché, et café attenant très populaire servant un bon café, des sandwichs toastés et des petits-déjeuners.

Lab-as Seafood Restaurant FRUITS DE MER $$
(Flores St ; repas environ 250 P). Vaste établissement avec salle et terrasse, qui se remplit le week-end et reste animé jusque tard dans la nuit. Une adresse de choix pour ses excellents fruits de mer et son ambiance. Le *maya maya* (vivaneau rouge) mariné et cuit au barbecue ne déçoit jamais. Après le dîner, on joue de la musique live au Hayahay voisin.

Persian Kebab Tandoori INDIEN $$
(San Juan St ; plats 95-350 P ; ⏲11h-23h lun-sam). Établissement indien et moyen-oriental plus élégant que les autres enseignes de la chaîne Persian Palate. Sert des samosas végétariens, des falafels et des curries.

Café Antonio CAFÉ $
(San Juan St ; repas 40-80 P ; ⏲10h-23h ; ❄📶). À l'étage d'un bâtiment élégant datant de l'ère espagnole, ce café étudiant stylé sert un excellent café, des sandwichs et des viandes grillées. On peut même manger assis sur une balançoire.

Où sortir et prendre un verre

Le soir, le quartier des bars du Rizal Blvd devient un brin sordide. Autant faire comme les gens du cru et se diriger vers les adresses plus branchées.

Hayahay BAR
(⏲16h-tard). Idéal pour prendre un verre ou dîner (ce bar partage la cuisine de son voisin Lab-as). La musique change de style chaque soir ; le vendredi et le samedi, les groupes jouent jusqu'à 4h du matin.

Zanzibar BAR
(www.zanzibardumaguete.com ; 2 San José St ; ⏲17h-tard). Apprécié des jeunes étudiants, ce bar intimiste passe de la dance music sur ses 2 petits niveaux.

Renseignements

Le **BOI** (☎225 4401 ; 38 V Locsin St ; ⏲8h-12h et 13h-17h lun-ven) est parfait pour faire proroger son visa ; il est en principe délivré le jour même. À côté du Lu Pega Building.

Nouvelle adresse pour l'**office du tourisme provincial** (☎225 1825 ; www.negrostourism.com ; www.negor.gov.ph ; ⏲8h-20h) dont le personnel organise au besoin des circuits dans les environs, notamment une visite d'observation des dauphins, la visite des grottes de Mabinay et du lac Balanan. Il partage un emplacement avec le Sidlakang Negros Village. Plus petit, l'**office du tourisme de Dumaguete** (☎422 3561 ; tourismdgte@gmail.com ; Quezon Park ; ⏲8h-12h et 13h-17h lun-ven) est aussi plus central.

L'adresse Internet www.dumagueteinfo.com est une excellente source d'informations sur Dumaguete.

Les cybercafés ne manquent pas et les moins onéreux facturent 15 P/heure.

Il y a plusieurs banques équipées de DAB en ville, notamment des agences de BPI, Chinabank, Metrobank et PNB. La **poste** (angle Santa Catalina St et Pedro Teres St) principale se situe près du Quezon Park. Le **Silliman University Medical Center** (☎225 0841 ; V Aldecoa Rd ; ⏲24h/24) bénéficie des meilleurs équipements médicaux.

Depuis/vers Dumaguete

AVION

PAL et Cebu Pacific proposent 2 vols quotidiens entre Dumaguete et Manille.

BATEAU

Après Cebu City, Dumaguete est le port le mieux desservi des Visayas. Les compagnies suivantes ont des agences sur la jetée :

Aleson Shipping Lines (☎225 8169)
Cokaliong Shipping (☎225 3588 ; www.cokaliongshipping.com)
Delta Fast Ferry (☎420 0888)
George & Peter Lines (☎422 8431)
GL Shipping Lines (☎480 5534)
Montenegro Shipping Lines (☎422 3632)
Oceanjet (☎0923 7253 734 ; www.oceanjet.net)
Super Shuttle Ferry (☎0922 880 2518)
SuperFerry (☎225 0734 ; www.superferry.com.ph)

BOHOL Oceanjet assure une liaison en bateau rapide le matin et l'après-midi avec Tagbilaran (650 P, 1 heure 40).

CEBU Cokaliong Shipping et George & Peter Lines (à partir de 300 P, 6 heures 30) exploitent la ligne Cebu City-Dumaguete. Oceanjet (970 P, 4 heures) assure 2 liaisons/jour en bateau rapide. Le plus simple pour rallier le sud de Cebu, en particulier Moalboal, est de prendre un jeepney (10 min) jusqu'au **port de Sibulan** (☎035-419 8280), au nord de Dumaguete, et d'y embarquer sur un bateau rapide ou un *bangka* partant pour Lilo-an (45 P, 20 min) ; premier départ à 5h30, dernier à 17h30.

LUZON SuperFerry assure 1 liaison/semaine pour Manille (à partir de 600 P, 27 heures) à 13h15 le jeudi, pour Cagayan de Oro (1 028 P, 7 heures) le dimanche et Iligan City (607 P, 6 heures 30) le mercredi.

MINDANAO George & Peter Lines, Cokaliong, Montenegro et Aleson Shipping Lines assurent des liaisons quotidiennes avec Dapitan (Zamboanga City ; à partir de 262 P, 4 heures).

SIQUIJOR Delta (160 P, 1 heure) et GL Shipping (120 P, 1 heure) font circuler de nombreux bateaux à destination de la ville de Siquijor, tandis qu'Oceanjet assure une liaison en soirée à 19h40 (200 P, 45 min). Un ferry lent Montenegro se rend chaque jour à Larena (136 P, 2 heures).

BUS ET JEEPNEY

La **gare routière Ceres Bus Liner** (South Rd) est à courte distance en tricycle au sud de la ville (8 P). Les bus partent vers le nord et le sud, en particulier à destination de Zamboanguita (30 P, 45 min) et Bais City (45 P, 1 heure). Rejoindre Sipalay nécessite de prendre un bus jusqu'à Bayawan (100 P, 2 heures), de changer pour Hinoba-an (77 P, 1 heure 30), puis de nouveau pour Sipalay (32 P, 50 min) – c'est plus simple et rapide qu'il n'y paraît, les bus partant régulièrement jusqu'à 23h30. Des bus desservent aussi Bacolod toutes les 30 minutes jusqu'à 19h30 (310 P, 6 heures 30), ainsi que Cebu City ; départ toutes les 2 heures jusqu'à 14h15, plus un bus de nuit à 22h30 (270 P, 5 heures), incluant une traversée en ferry.

Un terminal routier plus petit, près de la jetée, dessert des villes du Nord situées à proximité, dont Bais City (40 P, 1 heure 15), Mabinay (80 P, 2 heures 30), Manjuyod (55 P, 1 heure 30) et San José (pour Twin Lakes ; 30 P, 30 min). Les jeepneys de la station située à l'angle de Real St et de V Locsin St vont aussi à San José. Les jeepneys pour Valencia partent de Colon St, à quelques rues à l'ouest du marché public. Les jeepneys pour Zamboanguita qui s'arrêtent à Dauin et à Malatapay partent de Teves St, à côté du clocher, et de Real St, à 1 km au sud de la Banica.

ℹ Comment circuler

Un tricycle de l'aéroport de Dumaguete jusqu'en ville coûte environ 12 P. Sinon, les tricycles demandent 8 P pour une course en ville. En tant que touriste, fixez clairement un prix avant le départ. Pour des courses plus longues, montez jusqu'à 10-15 P.

À l'angle de Santa Rosa St and Perdices St, près de l'OK Pensionne House, s'alignent plusieurs stands de location de motos. Les locations de bicyclettes commencent à partir de 300 P/jour, ou 1 750 P/semaine. Comparez les prix et vérifiez freins et phares. Essayez **Kokoi's** (☎0906 659 7942).

PARC NATIONAL TWIN LAKES

À 20 km au nord-ouest de Dumaguete, les lacs de cratères jumeaux de **Balinsasayao** et **Danao** offrent des randonnées parmi les plus spectaculaires des Visayas. La région est recouverte de forêt vierge qui abrite une vie sauvage foisonnante et vous apercevrez peut-être un daim moucheté des Philippines ou un sanglier des Visayas, deux des nombreuses espèces menacées. Avec un guide, il est possible de randonner jusqu'aux chutes de Casaroro. C'est ici que réside le peuple autochtone de Bukidnon.

On paye le droit d'entrée du parc (100 P) au bureau de contrôle, où des guides (300 P) et des jumelles sont parfois à disposition. Mieux vaut toutefois engager son guide par l'intermédiaire de l'office du tourisme provincial de Dumaguete. Quelque 900 m après la barrière se trouve le premier lac où l'on peut louer des kayaks (100 P/heure). Un restaurant agréable surplombe les eaux scintillantes.

Depuis Dumaguete, l'accès à la piste panoramique de 15 km menant aux Twin Lakes se situe juste avant San José sur la route côtière, à la borne kilométrique 12,4 (un panneau pointe vers l'intérieur des terres). De là, un *habal-habal* jusqu'au lac coûte 300 P l'aller-retour. Pour atteindre l'embranchement depuis Dumaguete, prenez l'un des bus partant quotidiennement du terminal des bus (18 P) ou un jeepney dans Real S.

BAIS CITY

☎035 / 13 900 HABITANTS

À environ 40 km de Dumaguete, Bais est l'une des meilleures destinations pour observer les dauphins et les baleines. Dans les eaux du détroit de Tañon, entre Negros et Cebu, on a pu voir plus d'espèces de cétacés (y compris des orques) que partout ailleurs dans les Visayas.

Apercevoir des baleines est très rare, surtout en dehors de leur période migratoire (mars-oct). Les dauphins à long bec sont en revanche plus répandus toute l'année. L'**office du tourisme** (☎402 8338 ; City Plaza) de Bais City peut réserver un bateau de 10 places pour 3 500 P. Les bateaux partent du **quai de Capiñahan**, à 4 km de la ville

(25 P en tricycle depuis la place), où l'on peut aussi en louer à des tarifs similaires. Le meilleur moment pour l'observation se situe entre 7h et 10h, ou bien en fin d'après-midi. Les sorties durent 3-4 heures, et la formule comprend la visite du banc de sable blanc de Manjuyod ainsi que l'observation des oiseaux dans la **réserve d'oiseaux et de mangrove de Talabong**, sanctuaire de 250 ha doté d'un réseau de passerelles surélevées sillonnant les forêts de mangrove. On y voit entre autres des hérons et des aigrettes.

À Bais, l'historique **La Planta Hotel** (☎402 8321 ; Mabini St ; ch à partir de 1 281 P ; ❄📶🍽) est le meilleur hébergement. Niché dans un cadre agréablement ombragé, il propose de grandes chambres doubles pimpantes, et un restaurant plein de cachet aux tarifs toutefois excessifs.

Quelque 8 km plus au nord, à **Manjuyod**, il est possible d'organiser la visite d'un idyllique banc de sable blanc, étroite étendue de 7 km qui apparaît à marée basse. Un hébergement sommaire est proposé dans des **bungalows sur pilotis** (bungalow 3 800 P). Ils sont éclairés à l'énergie solaire et vous devrez emporter vos provisions. Le tarif comprend le transport en bateau aller-retour, lequel peut s'organiser via l'**office du tourisme** (☎404 1136 ; manjuyodtourismoffice@yahoo.com.ph) de Manjuyod.

Au carrefour sur la route de Manjuyod, prenez à gauche (vers l'intérieur des terres) sur 20 km pour rejoindre **Mabinay**. Située à 87 km de Dumaguete, Mabinay abrite un ensemble de plus de 400 grottes. Vous trouverez des guides et des renseignements au **Centre d'information sur les grottes de Bulwang** (☎0917 789 2445 ; entrée grotte débutant/avancé 15/30 P). Il vous fournira au besoin des guides (à partir de 400 P) pour visiter les 8 grottes ouvertes au public. La plus populaire et la plus accessible (avec éclairage et chemin balisé) est la **grotte de Cristal** : dans ce monde fantastique souterrain fait de cristal étincelant et de stalactites d'un blanc laiteux vivent des rhinolophes à grandes oreilles, des amblypyges et des martinets des Philippines. On peut faire de la spéléologie dans la **grotte Odloman**, deuxième grotte des Philippines avec ses 8,7 km de long. On y pénètre par un goulet vertical à descendre en rappel, et elle n'est accessible que de décembre à mai ; le reste du temps, une rivière souterraine la traverse en grondant. Les spéléologues expérimentés seront bien avisés d'apporter leur propre matériel, car on ne fournit sur place que des casques et des lampes torches.

Le centre d'information peut aussi vous faire visiter le **village d'Aetas** situé à proximité. Les Aetas appartiennent à l'ethnie des Negritos, originaire de Negros, et ont la peau plus sombre et les cheveux bouclés.

Si vous voulez passer la nuit sur place, l'**Econotel Guess Inn** (☎0918 510 3997 ; ch à partir de 500 P ; ❄) dispose de diverses chambres (certaines avec Jacuzzi et lits à eau !), 3 km avant les grottes.

Des bus desservent régulièrement Dumaguete (2 heures 30, 110 P).

VALENCIA ET SES ENVIRONS

☎035 / 1 280 HABITANTS

Valencia, bourg propret et verdoyant, compte de belles et de larges avenues arborées ainsi qu'une vaste place centrale couverte de gazon. Elle se tient au pied du **mont Talinis** (1 904 m), dont les pics jumeaux sont également baptisés Cuernos de Negros (les cornes de Negros). Quatre sentiers mènent au sommet. Vous pourrez louer les services de guides à l'office du tourisme provincial de Dumaguete, ou par l'intermédiaire de **Dumaguete Outdoors** (☎035-226 2110 ; www.dumagueteoutdoors.com ; 3 Noblefranca St, Dumaguete) ou du **Harold's Mansion Tourist Inn** (☎035-225 8000 ; www.haroldsmansion.com ; 205 Hibbard Ave, Dumaguete).

À 4 km de Valencia, les splendides **chutes de Casaroro** (15 P), hautes de 30 m, sont encore plus rafraîchissantes une fois gravies les 335 marches qui y mènent. Pour s'y rendre, le mieux (après la marche) est de prendre un *habal-habal* du marché jusqu'aux marches (150 P). Attention : si vous êtes à vélo, sachez que les 500 derniers mètres sont extrêmement traîtres. Il est conseillé de marcher à partir de l'endroit où s'achève la route asphaltée. La balade vous fera traverser de jolis villages dans les collines.

Sur la route des chutes de Casaroro, l'**Harold's Ecolodge** (dort/ch 200/500 P), récemment ouvert et bénéficiant de la même réputation que l'Harold's Mansion, se compose de simples bungalows en bois. L'idéal pour les amoureux de la nature et ceux qui s'apprêtent à randonner sur le mont Talinis. Dommage qu'un "vidéoké" gâche le lieu, mais heureusement, il cesse avant la tombée de la nuit.

Des jeepneys relient Dumaguete et Valencia (21 P, 30 min) toute la journée. De Dumaguete, un *habal-habal* revient à 150 P environ.

VAUT LE DÉTOUR

LA DEUXIÈME GUERRE MONDIALE À VALENCIA

Aménagé dans la résidence privée de Felix Constantino Cata-al dans les faubourgs de Valencia, le **Cata-al War Memorabilia Museum** (☎035-423 8078 ; don apprécié ; ⌚8h-17h) possède l'une des plus belles collections d'objets et souvenirs de la Deuxième Guerre mondiale des Philippines. L'essentiel de la collection a été découvert par Felix Constantino Cata-al lui-même lors de ses fouilles dans l'épaisse jungle du mont Talinis, théâtre de terribles combats. Le secteur fut l'un des derniers bastions des Japonais, qui avaient installé une base à 25 km du rivage pour se tenir hors de portée de la puissance de feu des navires de guerre américains. L'aviation américaine finit par bombarder la zone pendant plus d'un mois, faisant 10 000 victimes.

On peut notamment voir des douilles de bombe "Big Mama", des mitrailleuses, des pistolets, des obus antichar, des médailles, des masques à gaz, des uniformes, des plaques militaires et des objets personnels comme un phonographe qui fonctionne encore. Parmi les objets les plus précieux, citons les sabres en ivoire de samouraï et d'officier dont se servaient les soldats japonais pour le *seppuku* (suicide par éviscération).

Inspiré par les souvenirs de son père, un vétéran de la Deuxième Guerre mondiale qui fut prisonnier de guerre et réside toujours sur les lieux, Felix Constantino Cata-al a commencé à recueillir ces objets dès l'âge de 5 ans, mais il ne mena le gros de ses efforts qu'après 1983, quand les Japonais eurent terminé de rechercher leurs soldats disparus. Felix Constantino Cata-al reste à ce jour persuadé qu'il y a encore une grande découverte historique à faire, celle d'une partie du trésor de Yamashita, butin de guerre pillé à Singapour et que les Japonais auraient enterré ici.

Sur le flanc paisible de la colline, à quelques kilomètres de Valencia, se dresse un **sanctuaire de la Deuxième Guerre mondiale**. Ce petit obélisque a été érigé en 1977 en mémoire des soldats philippins, américains et japonais morts au combat.

DAUIN

☎035 / 25 239 HABITANTS

Dauin, la plus grande ville du Sud, est réputée pour les vastes possibilités de plongée qu'offre la réserve marine de **Masaplod Norte**. La plage de sable brun est agréable et la faille, à 20 m du rivage, est un endroit idéal pour pratiquer le snorkeling. On peut aussi aller faire un tour aux **sources chaudes de Baslay** (don apprécié), situées à 10 km de la route principale par une route cahoteuse. Le mieux est de s'y rendre en moto ou en *habal-habal*.

Où se loger et se restaurer

Mike's Dauin Beach Resort COMPLEXE BALNÉAIRE $$
(☎0916 754 8823 ; www.mikes-beachresort.com ; ch à partir de 2 500 P ; ❄📶🏊). Géré par le propriétaire de l'Adventure Dive Shop, à Dumaguete, cet établissement prisé des plongeurs offre des chambres spacieuses et confortables, aux tarifs surévalués.

Pura Vida Beach & Dive Resort COMPLEXE BALNÉAIRE $$
(☎425 2284 ; www.pura-vida.ph ; s/d avec petit-déj à partir de 2 772/3 234 P ; ❄🏊). Affilié à l'entreprise de plongée Sea Explorers, présente dans tout le pays, un resort de plongée et spa de haute volée.

Atlantis Dive Resort COMPLEXE BALNÉAIRE $$$
(☎424 2327 ou 0917 562 0294 ; www.atlantishotel.com ; s/d à partir de 4 770/5 680 P ; ❄🏊). Resort de plongée proposant des entraînements techniques. Charmants bâtiments de style espagnol, au décor d'inspiration maya.

Puerto Cita Beach Resort COMPLEXE BALNÉAIRE $
(☎0919 656 2244 ; www.puertocitas.com ; ch à partir de 950 P ; ❄🏊). Pas de club de plongée sur place, mais les agréables bungalows installés dans un jardin sont parmi les plus économiques de Dauin.

MALATAPAY

☎035

Malatapay est connue pour son immense **marché**, où villageois, pêcheurs et membres de l'ethnie Bukidnon marchandent leurs produits tous les mercredis en dégustant du *lechón* (cochon rôti). C'est aussi le point de départ pour l'île d'Apo ; les bateaux partent de la plage, face au marché.

Si vous voulez séjourner ici pour avoir accès aux sites de plongée de l'île d'Apo, l'élégant **Thalatta Resort** (☎426 1039 ; www.thalatta-beach.com ; bungalows avec petit-déj 3 000 P ;) loue des huttes en nipa de style balinais installées autour d'une belle piscine à débordement donnant sur l'océan. Le resort est équipé de panneaux thermiques et photovoltaïques, et accessible aux fauteuils roulants. Club de plongée également.

ÎLE D'APO

☎035 / 750 HABITANTS

Volcanique et accidentée, la minuscule île d'Apo (72 ha) connaît une notoriété croissante en raison de ses sites de plongée parmi les plus beaux des Philippines, de ses somptueuses plages de sable blanc et d'une chaleureuse communauté insulaire.

Activités

Outre les hébergements sommaires chez l'habitant, on trouve sur l'île d'Apo des resorts dotés de clubs de plongée.

À marée haute en matinée, juste devant la plage principale, vous êtes pratiquement assuré de voir d'énormes tortues vertes en train de se nourrir dans les hauts-fonds. Une expérience de snorkeling mémorable !

Apo Island Marine Reserve & Fish Sanctuary PLONGÉE

Cette zone protégée de 15 000 m² (qui fait partie du Parc marin du Negros Oriental), située dans le coin sud-est du Negros, est l'une des réserves marines les plus visitées et les mieux gérées des Philippines. Elle abrite une zone de reproduction marine essentielle, que les plongeurs apprécient pour son excellente visibilité. L'entrée coûte 100 P, puis il faut compter 50/300 P supplémentaires pour pratiquer le snorkeling/la plongée. Cet argent sert à l'entretien du site.

Où se loger et se restaurer

L'hébergement étant limité sur l'île d'Apo, il est recommandé de réserver (longtemps à l'avance en haute saison, soit janvier et décembre). Vous trouverez des chambres basiques chez l'habitant (environ 500 P).

Liberty's Lodge COMPLEXE BALNÉAIRE $$

(☎424 0888 ; www.apoisland.com ; pension complète dort 800 P, s/d avec sdb commune à partir de 1 300/1 950 P, avec sdb à partir de 1 500/2 150 P ;). Complexe perché au-dessus de la plage et du village, c'est la destination favorite de la plupart des plongeurs. Paul's Diving propose des cours de très bonne qualité ainsi qu'un large choix de chambres bien conçues avec balcon et vue splendide. Excellent rapport qualité/prix.

Apo Island Beach Resort COMPLEXE BALNÉAIRE $$

(☎225 5490 ; www.apoislandresort.com ; dort 800 P, bungalows à partir de 2 500 P). Retranché dans une petite crique de rochers privée, ce complexe paisible affirme que sa plage de sable blanc est la plus belle qui soit. Les chambres et bungalows, de style mission espagnole, possèdent ventilateur et salles de bains (eau froide). La carte, simple, propose une bonne cuisine philippine (plats 175-210 P). L'établissement possède un club de plongée. À marée haute, accès via les marches qui montent après le Liberty's.

Mario Scuba PENSION $

(☎0906 361 7254 ; marspascobello@hotmail.com ; ch à partir de 400 P). Petit club de plongée/hébergement chez l'habitant avec chambres ensoleillées. Les plus chères (1 000 P), immenses avec parquets cirés et balcon, sont d'un excellent rapport qualité/prix.

Depuis/vers l'île d'Apo

L'île d'Apo se situe à 25 km au sud de Dumaguete. On part de Malatapay Beach, d'où un *bangka* appareille l'après-midi pour Apo (300 P, 30 min) vers 15h (en fait, souvent plus tard). Autres solutions : organiser le transport avec le Liberty's Lodge (300 P), former un groupe pour partager les frais ou encore organiser le transfert avec un club de plongée. Si vous êtes pressé, le trajet spécial coûte 1 000 P/4 pers l'aller. Protégez vos objets de valeur dans des sacs étanches.

Depuis Apo, un *bangka* public se rend chaque jour à Malatapay (300 P) ; départ vers 6h30.

BAIE DE TAMBOBO

☎035

À l'extrémité sud de Negros, la magnifique baie de Tambobo est appréciée des yachts qui mouillent dans ses eaux sûres, à l'embouchure de deux petites rivières. L'entrée de la baie est bordée de rares étendues de sable.

Géré par un couple anglais, le **Kookoo's Nest** (☎0919 695 8085 ; www.kookoosnest.com.ph ; huttes avec sdb commune/privative à partir de 450/650 P) est situé dans une petite crique de sable blanc. Il propose 5 huttes de bambou toutes simples donnant sur l'eau. Excellents restaurant et centre de plongée.

Pour y aller, prenez un *habal-habal* de Zamboanguita (150 P) ou demandez au Kookoo's Nest qu'on vienne vous chercher.

SIQUIJOR

☎035 / 91 066 HABITANTS

Pour la plupart des Philippins, Siquijor est un monde à part, empreint de sorcellerie et de mystère. Cette petite île et province est célèbre pour ses *mangkukulam* (guérisseurs) habitant dans les montagnes, qui soignent les maladies au moyen d'onguents. Une route côtière goudronnée de 72 km entoure l'île, offrant une vue dégagée sur l'océan et la possibilité de découvrir la vie des villageois.

Autrefois rattachée à Bohol, puis à Negros Oriental, Siquijor n'est devenue une province indépendante qu'en 1971, bien que, sur les plans économique et politique, elle n'ait pas le même poids que ses grands voisins. Il est peu probable que cela change tant que ses habitants continueront de partir travailler à Cebu, Manille ou à l'étranger.

Moins connus qu'ailleurs aux Visayas, les spots de plongée de l'île comptent la plage de Paliton (avec 3 grottes sous-marines), Tubod, la plage de Salagdoong (abritant coraux et requins mako), Sandugan et Tongo Point (et ses récifs colorés). Non loin, l'île d'Apo possède aussi de très beaux sites de plongée, ainsi que l'épave, longue de 30 m, d'un navire hôpital japonais, près de la jetée Larena. Le snorkeling peut se pratiquer partout à Siquijor. Comme sur de nombreuses plages des Visayas, la baignade n'est possible qu'à marée haute, et le port de tongs est recommandé pour se protéger des oursins.

Depuis/vers Siquijor

Mid-Sea Express (www.midseaexpress.com) assure des vols hebdomadaires pour Siquijor au départ de Cebu City et de Tagbilaran, sur Bohol ; consultez le site Internet pour les horaires.

Il y a deux ports sur Siquijor, et les ferries partent soit de Siquijor Town, soit de Larena. La plupart des voyageurs arrivent cependant dans le premier. Les horaires étant susceptibles de changement, pensez bien à vérifier à l'embarcadère avant le départ.

Liaisons au départ de Siquijor Town :

NEGROS Plusieurs compagnies assurent des liaisons régulières en ferry vers Dumaguete, notamment GL Shipping Lines (120 P, 1 heure 15) jusqu'à 15h45, ainsi que Delta Fast (160 P, 1 heure) et Montenegro Shipping Lines (2 heures) à 16h. Ocean Jet assure une traversée en bateau rapide à 6h (200 P, 45 min).

Au départ de Larena :

BOHOL Lite Shipping dessert Tagbilaran (180 P, 3 heures) en se rendant à Cebu City ; départ vers 17h. Palacio Shipping assure 3 liaisons/semaine pour Tagbilaran à 21h.

CEBU Cebu City est desservie par Lite Shipping 3 fois/semaine via Tagbilaran (290 P, 8 heures 30), tandis que Cokaliong Shipping assure une liaison

Siquijor

hebdomadaire en ferry (280 P, 7 heures ; départ à 23h le lundi). Super Shuttle Ferry assure des liaisons quotidiennes en ferry à destination d'Oslob (2 heures), dans le sud de Cebu, à 6h30 et 14h.

MINDANAO Lite Shipping dessert Plaridel, tandis que Montenegro dessert Dapitan à 6h tous les jours (136 P).

NEGROS Delta Fast (160 P) et Montenegro (100 P) ont un ferry tôt le matin pour Dumaguete (45 min), départ à 5h30 et 6h respectivement.

Il y a aussi un port à Lazi, d'où les bateaux **Orlines Shipping** (☎482 0058) se rendent à Iligan, sur Mindanao, les mardi et vendredi à 17h.

Comment circuler

Le vélo ou la moto sont parfaits pour visiter l'île. La route côtière de 72 km est presque déserte, ce qui permet d'apprécier le paysage. Les complexes hôteliers facturent généralement 1 500 P par jeep (3 pers) pour une excursion guidée, 750 P pour un multicab, 300 P pour une moto et 300 P/jour pour des VTT. Depuis le secteur du marché dans le centre des grandes villes, un circuit en *habal-habal* coûte environ 60 P les 10 km. La route croise les villes et villages principaux de l'île, quelques magnifiques plages (surtout sur la côte est) et des embranchements menant vers les terres.

Si vous comptez sur les jeepneys pour circuler, partez tôt, car la plupart s'arrêtent à partir de 15h. Les jeepneys relient Larena et Lazi (65 P) via Maria (40 P) par la route côtière, mais ne poussent pas jusqu'à Siquijor Town. Ils desservent aussi le tronçon Larena-Maria par Basak.

Siquijor Town

☎035 / 25 231 HABITANTS

Outre le marché où l'on trouve du poisson frais et les petites échoppes habituelles, la ville de Siquijor n'est guère animée. Elle possède cependant une **église** en pierre de corail érigée en 1783. Montez en haut du clocher pour une vue imprenable sur la ville.

L'**office du tourisme provincial de Siquijor** (☎344 2088 ; www.siquijor.gov.ph ; Provincial Capitol Bldg) est à courte distance en tricycle du quai, mais n'en attendez pas grande aide. Vous pourrez vous connecter à Internet chez **3JKs** (15 P/h ; ⏲8h-minuit), près du Samyz Pizza Bar & Restaurant.

Le tricycle est l'unique moyen de se rendre de la ville de Siquijor à Larena (20 P, 15 min), à moins de prendre l'un des très rares cyclo-pousse qui font le trajet. **Scandinavian** (☎0939 640 5132) loue des motos sur le quai.

Où se loger

Villa Marmarine PENSION $$
(☎480 9167 ; www.marmarine.jp/en ; bungalow sans sdb 500 P, s/d à partir de 1 000/1 400 P ; @). La Villa Marmarine est aménagée dans le style nippon. Mezzanines, bains japonais *furo*, ventilateurs en bois et kitchenettes sont parfaitement conçus. La villa se trouve sur une superbe plage de sable blanc, avec transats, et compte même un club de plongée. Autres avantages : accessible aux handicapés, ordinateurs en accès libre, matériel de snorkeling gratuit et court de tennis. L'inconvénient : il n'y a qu'une chambre bon marché. L'endroit est à 10 minutes à l'est de Siquijor Town en *habal-habal* (30 P).

Swiss Stars Guesthouse PENSION $
(☎480 5583 ; National Hwy ; ch avec sdb commune/privative à partir de 380/500 P ; @). Bonne adresse pour petits budgets à l'est de Siquijor Town si l'on ne regrette pas de loger en retrait de la plage. Restaurant abordable.

Larena et ses environs

☎035 / 1 800 HABITANTS

Larena compte un bureau de poste et une Allied Bank avec DAB non fiable. L'agglomération ne compte pas d'hébergement digne de ce nom, mais il est assez simple de se rendre en *habal-habal* depuis la zone portuaire jusqu'à l'un des resorts voisins, quelle que soit l'heure.

Où se loger

Les hébergements ci-dessous sont tous à proximité de Sandugan Beach, à 6 km au nord de Larena. Le Kiwi Dive Resort est le seul à offrir un centre de plongée complet dans la région.

Kiwi Dive Resort COMPLEXE BALNÉAIRE $
(☎424 0534 ; http://kiwidiveresort.com ; bungalows avec ventil/clim à partir de 450/750 P ; @). Une charmante promenade sur un sentier couvert d'une treille mène des chambres simples et propres à flanc de colline jusqu'à la plage, l'espace commun avec sièges et le petit bar avec TV. Sur place : centre de plongée, motos, VTT, jeeps et kayaks à louer. Téléphonez pour qu'on vienne vous chercher gracieusement sur les quais.

POTIONS MAGIQUES

Associée de longue date à des récits de chamans, sorcellerie et autre magie noire, Siquijor est souvent surnommée "l'île mystique". Une réputation qui ne plaît guère au gouverneur de Siquijor, lequel craint qu'une telle image dissuade les Philippins de la visite. À tel point qu'à l'arrivée, un panneau accueille les visiteurs en ces termes : "*Siquijor est idéale pour se détendre et se reposer. La sorcellerie et la magie noire n'existent pas sur cette île – quiconque propose ses services dans le domaine des sciences occultes est un imposteur. Signalez immédiatement l'incident à l'office du tourisme provincial.*" L'ennui, c'est que c'est justement le mystère auréolant Siquijor qui attire nombre de visiteurs étrangers.

L'île préfère se présenter comme lieu consacré à la "magie blanche", en référence aux "guérisseurs folkloriques" qui vivent dans les montagnes des environs de San Antonio. La plupart d'entre eux ont plus de 70 ans, preuve incontestable que cette tradition se meurt du fait du manque de foi des jeunes générations. Ceci dit, la majorité des habitants ont des anecdotes à raconter en lien avec des événements plus ou moins magiques.

Le commerce des guérisseurs pour touristes n'est pas très répandu à Siquijor, mais si vous voulez voir un *mangkukulam* (guérisseur), faites-vous accompagner par quelqu'un du cru ou demandez au personnel du **Coco Grove Beach Resort** (☎481 5008 ; www.cocogroveresort.com), près de San Juan, qui vous donnera les noms de certains d'entre eux. Comptez environ 500 P la "consultation", qui consiste le plus souvent en un bref diagnostic, et un mélange d'herbes et d'huiles curatives. L'une des pratiques les plus courantes, le *bolo-bolo*, se déroule comme suit : un verre d'eau contenant une pierre noire dans laquelle on souffle avec une paille est promené au-dessus du corps du patient jusqu'à ce que l'eau brunisse, phénomène permettant d'identifier les affections. Pour les sceptiques, c'est un excellent tour de passe-passe.

Durant la semaine sainte, guérisseurs et chamans de toutes les Philippines se rassemblent à San Antonio pour la **fête de Carême des préparations à base de plantes**, laquelle attire des visiteurs du monde entier.

Islander's Paradise Beach & Restaurant COMPLEXE BALNÉAIRE $
(☎377 2412 ; www.islandersparadisebeach.com ; bungalows avec ventil/clim à partir de 670/950 P ; ❄@). L'un des plus anciens resorts de Siquijor, l'Islander's est un charmant village de bungalows en faux nipa sur l'eau. Pour y accéder, dépassez l'étrange structure camouflage et descendez en direction de la plage.

Casa de la Playa COMPLEXE HÔTELIER $$
(☎484 1170 ; www.siquijorcasa.com ; bungalows 1 300-2 200 P ; ❄📶). Lieu clinquant aux couleurs vraiment éclatantes. Les jolis bungalows en bord de mer, ressemblant à des mini-villas, ont un intérieur chic. Très décontracté, le restaurant en forme de pagode est spécialisé dans la cuisine végétarienne.

Guiwanon Spring Park HUTTES EN NIPA $
(☎0926 978 6012 ; bungalows 300 P). Bungalows simples aménagés dans les arbres, auxquels on accède par une passerelle en bois à l'équilibre précaire surplombant les mangroves. Géré par une coopérative de pêcheurs, l'établissement est bon marché et assez novateur, mais son emplacement est fort peu pratique.

Où se restaurer

Triad PHILIPPIN $
(Plats 90-250 P ; ⏲10h-21h). Pour sortir un peu de l'ordinaire, rendez-vous à l'incroyable Triad, perché sur une colline au-dessus de Larena. La vue superbe sur Cebu et Negros au loin compense largement la nourriture, qui n'a rien d'exceptionnel. Pour venir en tricycle, comptez 30 P.

Break Point RESTOBAR $
(Plats 45-150 P ; ⏲8h-minuit). Bonne adresse pour lier connaissance avec les habitants, ce restobar en plein air concocte un poulpe au piment très correct.

Bandila-an Nature Center et grottes

Sur le mont Bandila-an (557 m), le plus haut sommet de Siquijor, se trouve le "centre de nature" de Bandila-an, le point de départ d'une promenade menant à des sources naturelles, des papillons voltigeant, des oiseaux et d'innombrables variétés de fleurs. À 10 km environ de la ville de Siquijor, la route en lacets monte lentement vers la montagne entre des ravins envahis par la jungle.

Le centre en lui-même n'est qu'un bureau dans le village de Cantabon. À quelques kilomètres se trouvent plusieurs grottes, telles que **Cang Anhao**, **Ambaka'g Baki**, la **grotte de Dacanay** et la **grotte de Cantabon**, la plus connue et la plus facile d'accès. Vous trouverez aisément un guide (au centre de nature ou via un resort) qui fournira lampes torches (indispensables) et casques. Les excursions coûtent environ 500 P (jusqu'à 3 personnes, équipement et parking compris). Escalade de boyaux étroits et verticaux, traversée d'eaux jusqu'à la taille et humidité : vous ressortirez mouillé !

Le meilleur itinéraire pour se rendre au centre de nature de Bandila-an et à Cantabon depuis la rocade principale part de Siquijor Town, à côté de l'école élémentaire centrale de Siquijor. Une route plus accidentée (praticable en moto) part de San Juan.

Au km 6, vous passerez par **San Antonio**, centre des cérémonies durant la semaine sainte, abritant nombre de guérisseurs.

San Juan et ses environs

☎035 / 760 HABITANTS

Petit bourg typique des Visayas, San Juan s'organise autour d'une place centrale et d'un jardin paysager fermé appelé Calipay's Spring Park. Dans le bourg, **Shanemark** (☎0919 564 7725) loue des motos pour 270 P/jour. Il existe aussi une petite librairie.

Pour les plongeurs ne logeant pas dans un complexe de plongée, le **Siquijor Dive Safari** (☎481 5089 ; tatarelacion@yahoo.com), à côté du Coco Grove Beach Resort, est tenu par Tata Relacion, qui pourvoit aux besoins des routards et des étudiants.

Au sud de San Juan s'étend la superbe **plage de Paliton**. Le sable y est blanc, l'eau claire comme le cristal et la vue sur l'île d'Apo imprenable. Prenez l'embranchement à la hauteur de la petite église dans le village de Paliton, près de la pointe la plus occidentale de l'île, et longez la piste en terre sur environ 1 km jusqu'à la mer ; la plage principale est un peu plus loin.

Passer à la **coopérative laitière de Kapanig** (Kapanig Dairy Processing Plant ; ⌚8h-16h lun-sam), dans le petit village de Cangmunag (à 700 m de la route à mi-chemin entre San Juan et Lazi), constitue une excursion amusante. Cette micro-entreprise communautaire vend du lait en bouteille extrafrais, du fromage et des yaourts. Les variétés aromatisées (25 P) sont au chocolat, à la mangue ou à l'*ube* (igname violet). Des barres glacées au lait (3 P) existent dans les mêmes parfums.

Plus loin se dresse un magnifique **balete**, arbre de la famille des ficus, dont on pense qu'il a 400 ans et qui serait, pour certains, enchanté. C'est une bonne étape pour piquer une tête dans la source située à proximité.

Où se loger et se restaurer

Certains des meilleurs hébergements et plages se trouvent à l'écart.

♥ **JJ's Backpackers Village & Café** COMPLEXE BALNÉAIRE $
(☎0918 670 0310 ; jiesa26@yahoo.com ; tente/dort/d 150/300/400 P ; @). Cet établissement décontracté est installé sur une portion de plage bien entretenue, il n'a que quelques chambres mais compte s'agrandir ; sinon, libre à vous d'y planter votre tente. Le café sert une cuisine savoureuse et bon marché. Le pain est cuit sur place et on utilise du lait frais. Chaque matin, un pêcheur passe vendre le poisson que vous pourrez cuisiner au dîner. Location de motos bon marché.

Coco Grove Beach Resort COMPLEXE BALNÉAIRE $$
(☎481 5008 ; www.cocogroveresort.com ; ch à partir de 2 400 P ; ❄🛜🏊). Resort haut de gamme à Tubod, à 3 km au sud-est de San Juan, jouissant d'une bonne réputation méritée pour son excellent service, sa nourriture et ses hébergements confortables sur la plage. Bénéficiant de l'accès direct au **sanctuaire marin de Tubod** (50 P) réputé pour son incroyable visibilité sous l'eau (un luxe), il possède aussi un club de plongée renommé. Kayaks gratuits.

Royal Cliff Resort COMPLEXE BALNÉAIRE $$
(☎481 5038 ; www.royal-cliff-resort.de.tf ; huttes sept-avr 980-1 500 P, mai-août 700-1 000 P). Resort modeste proposant des bungalows de béton en duplex. Les huttes indépendantes sont plus chères mais plus vastes, confortables et bien décorées. Restaurant avec vue imprenable sur la mer et hamacs.

Coral Cay Resort COMPLEXE BALNÉAIRE $$
(☎481 5024 ; www.coralcayresort.com ; ch avec ventil 850 P, bungalows avec clim à partir de 1 700 P ;). Installé sur une plage à Solangon, à 3 km au nord-ouest de San Juan, Coral Cay loue un charmant ensemble de bungalows au parquet de bois en bord de plage et dans un jardin. Moins chères, les chambres du bâtiment bas à l'arrière de la propriété sont fonctionnelles. Excellent bar de plage. Adresse prisée des expatriés d'âge mûr.

Castaways Beach Cafe AUBERGE DE JEUNESSE $
(☎0939 617 6462 ; www.castawayscafe.com ; ch à partir de 250 P). Nouvelle adresse pour routards à San Juan, installée au bord de l'eau mais sans plage et manquant de cachet.

Czars Place HÔTEL $
(☎481 5012 ; ch avec ventil/clim 500/800 P ;). Réputé pour ses vendredis soir endiablés, le Czars dispose d'une scène à l'arrière où se produisent des groupes, et possède aussi des chambres. Pas d'accès à la plage.

Lazi et ses environs

☎035 / 20 024 HABITANTS

Cette ville calme du Sud-Est, que coupe la seule grande rivière de l'île, le Po-o, abrite l'**église Saint-Antoine-de-Padoue**. Datant de 1884, cette impressionnante église est bâtie en pierre de corail et en bois. De l'autre côté de la route, le plus ancien **couvent** des Philippines, une magnifique villa de bois et de pierre, est un lieu étrangement serein. Un petit **musée** (20 P ; 10h-16h mar-dim) présente des photographies historiques et des reliques religieuses. À la sortie de Lazi, tournez à gauche à la station-service et poursuivez sur quelques kilomètres jusqu'aux **chutes de Cambugahay** sur la rivière Po-o. Un parking est aménagé au-dessus des chutes pour votre tricycle (20 P) ou moto (10 P). De l'autre côté de la route, des marches mènent à ces points de baignade. Attention les vols sont fréquents.

Entre les villes de Lazi et Maria, on arrive à la **plage de Kagusua** par le joli village de Minalolan (cherchez le croisement pour le *barangay* Nabutay et passez l'ancienne mine de calcaire). Une route en bon état part pour le village de Kagusua, où de hautes marches de béton descendent à une série de magnifiques criques isolées. Demandez au conducteur de *habal-habal* de vous déposer au carrefour, et appréciez la balade (5 min) jusqu'à une plage parfaite. En contournant les rochers à l'une ou l'autre des extrémités de la crique, vous découvrirez des endroits encore plus retirés.

Entre Kagusua et Salagdoong, la baie de Maria, en forme de fer à cheval, abrite le **Princesa Bulakna Resort** (☎0905 292 0591 ; www.princesabulakna.com ; bungalows 1 050-2 600 P ;). Cet établissement est construit sur le flanc d'une colline fleurie descendant vers une plage somptueuse et un sanctuaire marin. Les bungalows les moins chers en forme de hutte étant très austères, cela vaut la peine de débourser un peu plus pour une chambre plus agréable.

Étonnamment élue plage la plus pittoresque de l'île, **Salagdoong**, quelques kilomètres après la ville de Maria, possède des criques de sable blanc, mais aussi un énorme toboggan aquatique. Elle est très prisée de la foule des excursionnistes d'un jour. L'**Hotel Agripino** (☎0917 964 4873 ; ch 800-1 200 P ;), propriété du gouvernement, possède des chambres correctes avec balcon et vue sur mer.

Un peu plus loin, l'**Olang Art Park** (Galeria Cielomia ; ☎0939 464 5180 ; escminnie@yahoo.com), résidence pour artistes philippins occupant 3 ha, comporte une petite galerie d'art moderne présentant des projets en cours de réalisation.

BOHOL

☎038 / 1,25 MILLION D'HABITANTS

À courte distance en avion de Manille ou en ferry de Cebu, l'île et province verdoyante de Bohol séduira les voyageurs indépendants. Bohol est presque exclusivement réputée pour ses tarsiers, petits primates aux grands yeux, et ses majestueuses Chocolate Hills ("collines de chocolat"), qui sont incontournables. Cependant, c'est l'île de Panglao et ses sites de plongée qui attirent les foules. Il faut ajouter à cela la jungle de l'intérieur des terres, les sports d'aventure, les rizières en terrasses et les splendides plages de sable blanc d'Anda.

Les habitants appellent leur province "république de Bohol", en référence à la brève indépendance que connut l'île au début du XIXe siècle. L'appellation est toujours d'actualité, les successeurs de la république étant de fervents défenseurs de l'héritage culturel de Bohol.

Bohol

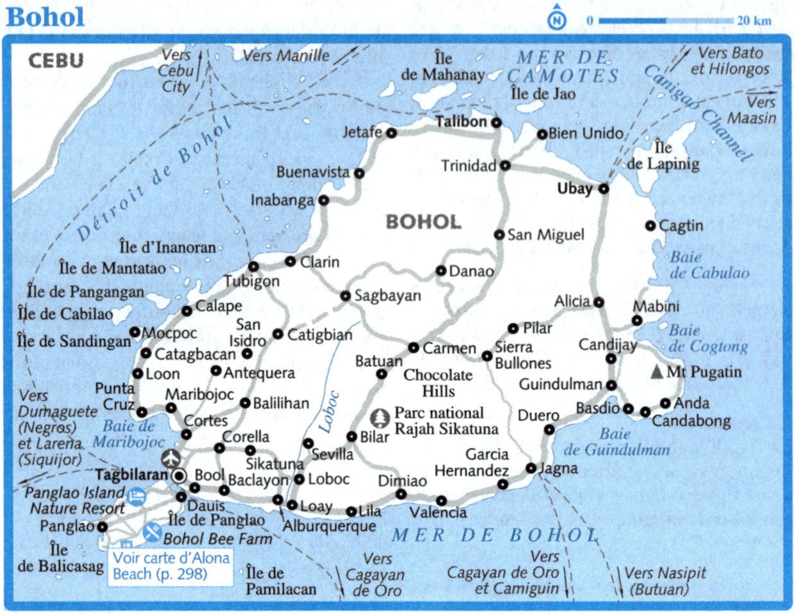

Depuis/vers Bohol

Avion

Des vols quotidiens relient Manille à l'aéroport de Tagbilaran et, depuis peu, à Cebu City.

Bateau

Tagbilaran est le principal port de Bohol (Tubigon, Jagna, Ubay et Talibon sont d'autres ports de l'île). Il y a d'innombrables possibilités pour venir ici depuis Cebu City, ainsi que des connexions pour Manille, Leyte, Mindanao, Siquijor et Negros.

Tagbilaran

☎038 / 96 792 HABITANTS

Tagbilaran, qui signifie "abri caché" *(tago bilaan)* en dialecte visayan, se réfère soit à son emplacement calme dans un détroit protégé, soit à son rôle historique de sanctuaire face aux invasions des Moros. Aujourd'hui, la ville est envahie de tricycles-taxis bruyants et n'a plus rien de calme ni de protecteur. Si vous hésitez entre mer et terre, cette ville commerciale constitue un point de chute pratique.

Au cœur de la ville, allez voir l'immense **cathédrale Saint-Joseph-Artisan** (St Joseph the Worker Cathedral), aussi appelée cathédrale de Tagbilaran, construite en 1767 puis détruite en 1798 et enfin rebâtie et agrandie en 1855. De l'autre côté de la rue, le **Musée national** (adulte/enfant 10/5 P ; ⏲9h30-11h30 et 13h30-16h30 dim-ven) possède une collection restreinte mais bien présentée d'objets découverts sur Bohol.

Activités

S'il n'y a pas grand-chose à faire à Tagbilaran, plusieurs tour-opérateurs offrent aux voyageurs intrépides de bonnes occasions d'aller plus loin que le classique duo Panglao/Chocolate Hills.

Paddles & Ladles KAYAK

(Island Buzz ; ☎0918 357 3818 ; paddles2ladles@gmail.com ; 80-B Gallares St ; sorties à partir de 1 500 P). Emmenées par Buzzy au départ de Cortes, quand le soleil se couche, ces inoubliables sorties en kayak permettent de voir, en pagayant sur l'Abatan – rivière frangée de palmiers nipa –, les lucioles qui illuminent les arbres comme des guirlandes. À la saison des récoltes, vous vous arrêterez en chemin pour regarder les villageois tisser les murs et les toits de huttes en nipa. Les tarifs comprennent le dîner et le transport jusqu'à Cortes. Pensez à emporter une serviette et des vêtements de rechange car vous serez mouillé à coup sûr. L'agence organise aussi des sorties en kayak de mer plus longues.

Barkada Tours CIRCUITS D'AVENTURE
(☎0920 901 2792 ; www.barkadatours.com ; circuits 1 journée avec repas à partir de 1 800 P). Excursions (repas compris) hors des sentiers battus et écologiquement responsables. Possibilité de circuits sur mesure.

Fêtes et festivals

Fiesta de Bohol CULTUREL
Tagbilaran est au cœur de cette gigantesque fête en l'honneur de saint Joseph. La fête de la ville donne le coup d'envoi officiel le 1er mai, mais les réjouissances démarrent dès le 22 avril.

Festival Sandugo CULTUREL
Cette fête qui a lieu la 1re semaine de juillet célèbre le pacte du sang de mars 1565 entre le conquistador espagnol Miguel López de Legazi et le chef de Bohol, Rajah Sikatuna, qui firent la paix en buvant chacun une tasse du sang de l'autre. S'ensuivent une série d'autres manifestations durant le mois (festival d'art et de culture et un salon agricole).

Où se loger

Pour goûter à la vie authentique de Bohol, contactez **Process-Bohol** (☎416 0067 ; www.processbohol.org), une organisation à but non lucratif proposant des **séjours chez l'habitant** (350 P petit-déj compris) bon marché. L'argent récolté aide les communautés à vivre décemment.

Nisa Travelers Inn PENSION $
(☎411 3731 ; www.nisatravellersinn.com ; Carlos P Garcia Ave ; s/d avec petit-déj avec ventil et sdb commune 550/700 P, ch avec clim et sdb privative 1 100 P ; ❄). On ne trouve pas moins cher et plus central à Tagbilaran. Ambiance accueillante, chambres propres et réception ouverte 24h/24. Des réductions sont souvent proposées ; possibilité d'organiser des circuits.

Hotel La Roca HÔTEL $
(☎411 3796 ; www.bohollaroca.com ; Graham Ave ; s/d à partir de 875/950 P ; ❄@📶). Premier grand hôtel de Tagbilaran, à présent défraîchi mais conservant son charme. Les chambres standard sont spacieuses et d'un excellent rapport qualité/prix. Les chambres deluxe, beaucoup plus chères, sont identiques aux standards, petit-déjeuner en plus.

Villa Alzhun Tourist Inn & Restaurant HÔTEL $$
(☎412 3883 ; www.villa-alzhun.com ; 162 VP Inting St, Mansasa ; s/d à partir de 1 100/1 500 P ; ❄@📶🏊). Charmante villa à l'ancienne, à 2 km au sud de la ville, surplombant le détroit de Tagbilaran. Les chambres au parquet de bois sont bien tenues. Restaurant extérieur au-dessus de l'eau.

Où se restaurer et prendre un verre

Pour un en-cas nocturne, les **stands de nourriture** (Bernadino Inting St) derrière le Bohol Quality Mall servent des grillades.

Gerarda's PHILIPPIN $
(JS Torralba St ; repas 75-295 P ; ⏲10h-22h). Dans une demeure familiale historique avec objets anciens, parquets cirés, argenterie et jazz pour l'ambiance, ce restaurant sophistiqué sert une fabuleuse cuisine philippine. Associé à la chaîne Alison's Seafood Park, l'établissement est si sûr de la qualité de ses produits que vous n'êtes pas obligé de payer si vous n'aimez pas. Le *kare kare* aux fruits de mer (poisson et crabe dans une sauce à l'arachide) est délicieux.

Payag PHILIPPIN $
(Angle Carlos P Garcia Ave et Matiga St ; repas 55-250 P). Restaurant installé dans une demeure de l'ère espagnole rénovée moyennant quelques ajouts insolites. Tout ce qui se mitonne ici est excellent, mais les gambas sont à se damner.

Garden Cafe AMÉRICAIN $
(JS Torralba St ; repas 75-200 P ; ⏲6h30-22h30). Ce restaurant de style cow-boy emploie des serveurs et des chefs cuisiniers sourds-muets. La carte, qui comporte un guide d'initiation à la langue des signes, propose une vraie cuisine de ranch (poulet frit, beignets d'oignons et burgers). À l'étage, communiquez votre commande à la cuisine en la tapant sur les téléphones de table.

Martin's Music Restobar RESTOBAR $$
(Angle C Gallares St et MH del Pilar St ; repas 100-300 P ; ⏲18h-tard). Bar en étage apprécié des étudiants pour ses concerts fréquents.

Renseignements

Accès Internet

Nombre d'hôtels sont équipés d'Internet ou du Wi-Fi. Sinon, vous trouverez plusieurs cybercafés près de l'université de Bohol.

Argent

La plupart des grandes banques ont des agences avec DAB. **Metrobank** (Carlos P Garcia Ave) offre le plus haut plafond de retrait.

Office du tourisme

Office du tourisme de Bohol (☎412 3666 ; www.bohol.gov.ph ; rdc, New Capitol Bldg, Marapao St ; ⏲8h-18h lun-ven). Le personnel fournit des cartes, aide à réserver circuits et transports et à trouver des hébergements. Contactez-les via boholtourism@yahoo.com plutôt qu'à l'adresse e-mail indiquée sur le site Internet (uniquement pour des informations sur l'administration provinciale). Autres comptoirs plus petits à l'aéroport et sur le quai.

Poste

Poste principale (JS Torralba St). En face de l'ancienne mairie.

Services médicaux

Ramiro Community Hospital (☎411 3515 ; 63 C Gallares St)

Comment s'y rendre et circuler

Avion

Les billetteries se trouvent à l'aéroport, à quelques kilomètres au nord du centre-ville. Plusieurs agences de voyages et la plupart des hôtels vous aideront à réserver vos billets.

Tagbilaran

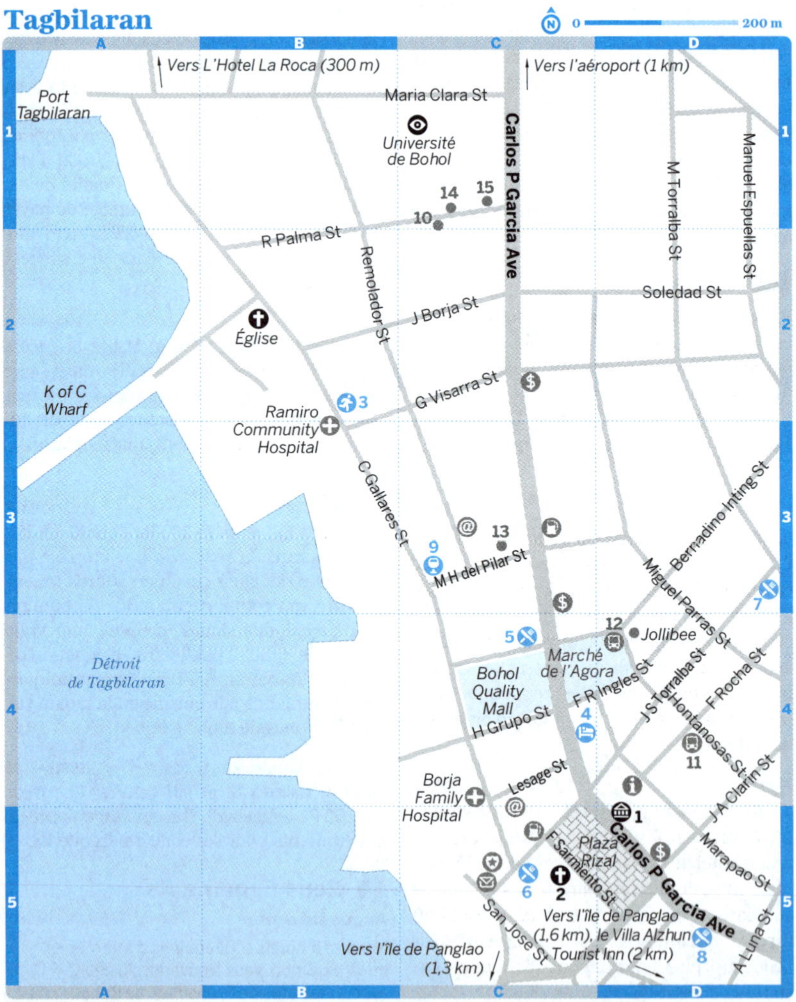

PAL, Cebu Pacific, Airphil Express et Zest Air assurent toutes plusieurs vols quotidiens entre Manille et Tagbilaran. Mid-Sea Express propose 3 vols/semaine pour Cebu et Camiguin.

Bateau

Hormis pour **Trans-Asia Shipping Lines** (☎411 3234 ; R Palma St), les billetteries des compagnies de ferry suivantes sont sur la jetée :

Cokaliong Shipping (☎501 8598)

Lite Shipping (☎411 4724)

Negros Navigation (☎032-554 8777). Possède un bureau sur la jetée et un autre dans MH del Pilar St.

Oceanjet (☎032-255 7560)

Palacio Shipping (☎0916 210 2927)

SuperCat (☎501 8380)

Weesam Express (☎501 8223)

CEBU Entre SuperCat, Oceanjet et Weesam, environ 8 bateaux rapides relient Tagbilaran et Cebu (à partir de 500 P, 1 heure 45) de 6h30 à 19h20. Plusieurs bateaux plus lents et plus grands effectuent aussi cette liaison quotidiennement.

NEGROS Oceanjet part pour Dumaguete (680 P, 2 heures) tous les jours à 8h et 17h45.

MANILLE Negros Navigation propose une ligne entre Tagbilaran et Manille (à partir de 1 499 P, 27 heures) le dimanche à 15h.

Tagbilaran

À voir

1 National Museum ... D5
2 Cathédrale Saint-Joseph-Artisan ... C5

Activités

3 Paddles & Ladles ... B2

Où se loger

4 Nisa Travelers Inn ... C4

Où se restaurer

5 Stands de nourriture ... C4
6 Garden Cafe ... C5
7 Gerarda's ... D3
8 Payag ... D5

Où prendre un verre

9 Martin's Music Restobar ... C3

Transports

10 Boysam Motor Rental ... C1
11 Bus pour Panglao ... D4
12 Multicab pour la gare des bus et jeepneys de Dao ... D4
13 Negros Navigation ... C3
14 Speed Motor Rental ... C1
15 Trans-Asia Shipping Lines ... C1

MINDANAO Oceanjet assure une liaison pour Dapitan à 8h (950 P, 3 heures 40). Un bateau de Trans-Asia part pour Cagayan de Oro (à partir de 655 P, 10 heures) à 19h (lun, mer et ven). Negros Navigation dessert Iligan (744 P, 7 heures), Ozamis (744 P, 12 heures) et Dipolog (944 P, 23 heures 30). Un bateau SuperFerry se rend à Dipolog (940 P, 9 heures) tôt le dimanche matin. Lite Shipping et Palacio desservent Plaridel (400 P, 11 heures) ; départ vers 18h.

SIQUIJOR Un ferry Oceanjet part tous les jours à 17h45 pour Siquijor Town via Dumaguete (800 P, 3 heures). Lite Shipping dessert Larena (180 P, 2 heures) 5 fois/semaine à 18h, et le bateau Palacio part à 19h (170 P, 4 heures).

Bus

Voir p. 300 pour plus de précisions sur le transport jusqu'à l'île de Panglao. Les bus pour Panglao partent de l'angle de Hontanosas St et F Rocha St.

Pour les autres destinations, la **gare des bus et des jeepneys de Dao**, située à côté du grand Island City Mall, au nord-est de la ville, est le principal carrefour des transports routiers de Tagbilaran. Comptez 30 P pour vous y rendre en tricycle, ou bien prenez un multicab depuis l'angle nord-est du marché de l'Agora (face au Jollibee). Les bus desservent Loboc (30 P, 1 heure), Carmen (60 P, 2 heures), Anda (100 P, 4 heures), Ubay (120 P, 5 heures), Loon (30 P, 45 min) et Tubigon (50 P, 1 heure 30) ; derniers départs vers 18h.

Des vans V-Hire partent aussi de la gare de Dao. Bien plus rapides, ils sont aussi plus chers. En outre, on voyage plus serré, et il faut parfois payer un supplément pour les bagages.

Voiture et moto

La voiture de location est commode pour faire la boucle touristique Chocolate Hills/Danao/Loboc/sanctuaire des tarsiers en une journée. **Lugod Rent A Car** (☎411 2244), agence fiable, facture 3 500 P les 8 heures (200 P/heure supplémentaire).

On peut louer des motos chez **Boysam Motor Rental** (☎411 2594) ou **Speed Motor Rental** (☎0906 507 7848), tous deux installés dans R Palma St, pour 500 P/jour. Pensez bien à tester le klaxon, les freins et les phares, et insistez pour que l'on vous remette un casque.

Île de Panglao

☎038 / 62 000 HABITANTS

L'île de Panglao est souvent associée à **Alona Beach**, un alignement de complexes balnéaires et de centres de plongée au sud de l'île. Si vous ne venez pas pour plonger, Alona présente peu d'attraits pour le voyageur indépendant. À quelques exceptions près, l'hébergement est excessivement cher et sans intérêt, mais les plongeurs obtiendront des offres intéressantes en combinant plongée et hébergement. Si les fonds sous-marins d'Alona sont exceptionnels, les amateurs de plages désertes (avec plongée) devraient plutôt essayer l'île de Cabilao (p. 301) ou Anda (p. 306).

En passant le pont menant à l'île de Panglao, regardez un instant le pittoresque village de **Dauis** et admirez la magnifique **cathédrale Notre-Dame-de-l'Assomption** datant du XIXe siècle et son presbytère récemment restauré. Il y a aussi un petit **musée et une boutique** (9h-18h) qui vend de beaux bijoux fabriqués ici, et des livres sur la culture locale.

Activités

Plongée

C'est la plongée qui attire les touristes à Panglao, dont les sites sont parmi les plus beaux des Philippines, en particulier le paradis sous-marin de l'île de Balicasag. L'île de Pamilacan est également très belle mais moins visitée car ses récifs coralliens doivent récupérer des dégâts provoqués par la pêche à la dynamite. L'idéal est de combiner un forfait hébergement et plongée pour profiter des prix les plus avantageux. Les prix moyens sont les suivants : une plongée 25 $US, location de matériel 6 $US, et brevet *open water* 350 $US.

Les amateurs de snorkeling n'auront qu'à nager tout droit sur 75 m pour admirer les coraux mous du récif d'Alona.

Les clubs suivants sont basés dans les resorts de l'île de Panglao :

Genesis Divers (502 9056 ; www.genesisdivers.com ; Peter's House)

Philippine Islands Divers (502 9164 ; www.phildivers.com ; Bohol Divers Resort)

Scuba World (502 9450 ; www.scubaworld.com.ph ; Aquatica Beach Resort)

Sea Explorers (Cebu 032-234 0248 ; www.sea-explorers.com ; Alona Vida Beach Resort)

SeaQuest Divers (502 9069 ; www.seaquestdivecenter.net ; Oasis Resort)

Tropical Divers (502 9031 ; www.tropicaldivers-alona.com ; Alona Tropical)

D'île en île

On peut louer des *bangka* à Alona Beach (3 000 P la demi-journée) pour se promener d'île en île, et participer à des sorties d'observation des dauphins et des baleines. À savoir cependant : ces expéditions ont reçu de mauvais échos, car elles tiendraient davantage de la "chasse aux dauphins". Mieux vaut donc organiser ces circuits en passant par Baclayon, à 6 km de Tagbilaran.

Baignade

Si vous rêvez de plages calmes et désertes, quittez Alona pour le **Panglao Island Nature Resort** qui dispose d'une ravissante plage privée ouverte aux non-résidents moyennant 250 P (350 P le week-end). Les baigneurs apprécieront les eaux fraîches de la **grotte de Hinagdanan** (15 P) à Bingag, sur la côte nord de l'île, où se mêlent eau douce et eau de mer. À Alona, l'extrémité est de la plage, devant le Hennan Resort, est l'endroit le plus propice à la baignade car les bateaux

Alona Beach

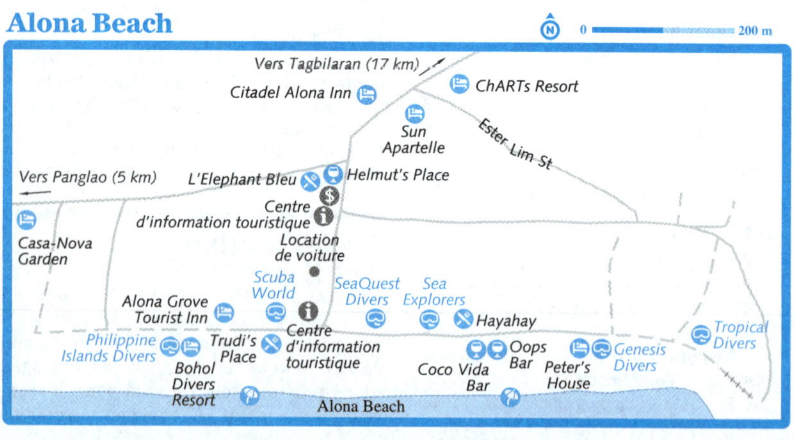

ont interdiction de jeter l'ancre à moins de 50 m du rivage.

Où se loger

ALONA BEACH

Presque tous les complexes balnéaires disposent d'un centre de plongée ou sont associés avec l'un d'eux, et la plupart possèdent un restaurant et un bar.

ChARTs Resort HÔTEL DE CHARME $$
(☎502 9095 ; www.charts-alona.com ; d avec petit-déj avec ventil 1 500 P, ch avec clim 2 200-5 000 P ;). Les amateurs d'art seront conquis par ce resort ultracréatif sur la route d'Alona Beach. Disposées autour d'une piscine en forme de dauphin, les somptueuses chambres évoquent les tableaux de Dali et l'Asie. Les murs de stuc mettent en valeur les meubles vernis. Toutes les œuvres d'art, dans les chambres et en dehors, sont à vendre. Café à l'étage servant des repas et un café excellents.

Citadel Alona Inn PENSION $
(☎502 9424 ; www.citadelalona.com ; d avec ventil/clim 600/800 P ;). Seule ombre au tableau de cet établissement familial d'un excellent rapport qualité/prix, sur la route menant à Alona Beach : les salles de bains communes. Chambres petites mais confortables et bien décorées, cuisine commune pour les visiteurs en long séjour.

Alona Grove Tourist Inn HUTTES EN NIPA $
(☎502 4200 ; alongagrove@yahoo.com ; hutte sans ventil avec sdb commune/privative 600/700 P, avec clim 1 300 P ;). Adresse pour petits budgets décontractée, juste au-dessus de la plage, avec huttes en nipa disséminées dans un agréable jardin à la pelouse soignée. Location de motos (500 P/jour).

Peter's House COMPLEXE BALNÉAIRE $
(☎502 9056 ; www.genesisdivers.com ; ch plongeurs/autres à partir de 500/850 P). Complexe de huttes en nipa à l'atmosphère conviviale, le Peter's est idéal pour les plongeurs au budget limité. Quelques chambres (surtout au dernier étage) sont spacieuses et ont une belle vue. Toutes se partagent une salle de bains bien tenue (eau froide). Associé à Genesis Divers. Sauf hors saison, l'établissement est réservé aux plongeurs.

Sun Apartelle APPARTEMENTS $$$
(☎502 9063 ; www.sunapartelle.de ; Ester Lim St ; appt à partir de 2 800 P ;). Des chambres-appartements ultrastylées, propres et bien aménagées, avec cuisine équipée, salon et tout le confort moderne. Piscine installée dans une grotte et restaurant ensoleillé. Les prix baissent d'un tiers pour les longs séjours.

Bohol Divers Resort COMPLEXE BALNÉAIRE $
(☎502 9050 ; www.boholdiversresortph.com ; ch avec ventil à partir de 500 P, avec clim, eau chaude et TV à partir de 3 000 P ;). Tranquillement niché à l'extrémité de la plage, ce resort possède un joli jardin avec piscine d'eau douce. Nombreuses possibilités, des chambres en ciment avec ventilateur bon marché aux villas plus onéreuses. Associé à Philippine Islands Drivers.

Casa-Nova Garden COMPLEXE BALNÉAIRE $
(☎502 9101 ; s/d à partir de 300/500 P ;). On trouve encore un authentique hébergement pour budgets très serrés à Alona grâce à cette douillette oasis, située toutefois un peu à l'écart. L'embranchement qui y conduit est à 700 m après (à l'ouest de) Helmut's Place.

DANS L'ÎLE

Panglao ne propose pas de véritable option petits budgets, mais la plupart des complexes balnéaires laissent les voyageurs accéder à leurs plages et équipements contre des frais de "consommation" (nourriture ou boisson).

Panglao Island Nature Resort COMPLEXE BALNÉAIRE $$$
(☎501 7288 ; www.panglaoisland.com ; s/d avec petit-déj et dîner à partir de 7 260/9 740 P ;). L'un des complexes les mieux intégrés au paysage de l'île. Les chambres les moins chères de cette propriété de 14 ha dégagent une atmosphère de maison de vacances avec vue imprenable sur la mer, tandis que les bungalows haut de gamme ont des douches donnant sur un jardin privatif, un spa sur le balcon et un intérieur feng shui. Le restaurant concocte des plats créatifs et un bon choix de salades (220 P). Les tarifs comprennent un massage gratuit d'une demi-heure et le transport depuis Tagbilaran. Les non-résidents payent 450 P de consommation pour accéder à la splendide plage de sable blanc et à la piscine à débordement avec vue sur la baie.

Amarela COMPLEXE BALNÉAIRE $$$
(☎502 9497 ; www.amarelaresort.com ; Libaong ; d à partir de 7 000 P, ste à partir de 12 000 P ;). Une retraite sur la plage mais tout en élégance. Les chambres avec parquet

ciré sont inondées de lumière, et la plupart ont un balcon. Hamacs et transats vous attendent sur la ravissante plage privée. Piscine superbe et quantité de fleurs dans le domaine. À 4 km d'Alona Beach sur la route côtière.

Bohol Bee Farm HÔTEL DE CHARME $$
(http://boholbeefarm.com ; ch 2 000-4 000 P ;). Sur le domaine d'une ferme bio, bungalows rustiques et bien conçus avec parquet, et peints de couleurs chaudes. Les chambres familiales disposent de mezzanines et de balcons à l'étage. Descendez jusqu'à la mer pour profiter de la terrasse aménagée en solarium. L'établissement est à 7 km à l'est d'Alona Beach sur la même portion de littoral.

Où se restaurer et prendre un verre

À Alona Beach, on mange en principe bien mieux dans les restaurants en retrait de la plage, laquelle est en revanche le meilleur endroit pour les bars.

L'Éléphant Bleu FRANÇAIS $$
(www.lelephantbleu.com ; plats 260-620 P ; 8h-minuit ;). Ce restaurant français sert d'exquises crevettes à l'ail flambées qui s'accompagnent à la perfection d'escargots en entrée, et d'une crème brûlée en dessert. On déguste aussi du vin, du fromage et du café, tous excellents. Des films cultes sont projetés le lundi soir dans le bar en plein air. Hébergement pour petits budgets proposé.

Bohol Bee Farm BIO $$
(http://boholbeefarm.com ; plats 180-380 P ;). Adresse idéale pour un déjeuner ou un repas léger, cette ferme bio à 7 km d'Alona fait aussi l'objet d'une agréable excursion. Goûtez les muffins au potiron, le jus de citronnelle, les pâtes aux herbes ou encore la salade de fleurs épicée. Profitez-en pour participer à la visite (départ toutes les heures jusqu'à 16h) du jardin qui vous permettra de voir d'où proviennent les ingrédients. Il y a également ce qu'il faut pour satisfaire les amateurs de viande, notamment le poulet au miel accompagné de riz rouge bio.

Graziella ITALIEN $$
(Repas 225-315 P). Nouveau nom pour l'ancien Kamalig, qui continue néanmoins à servir une authentique cuisine italienne et du vin italien au verre (110 P).

Trudi's Place PHILIPPIN $
(Plats à partir de 90 P ; 6h-22h). Malgré la décoration hideuse, c'est l'endroit idéal pour manger à bon marché : plats philippins et occidentaux, et bon choix de salades.

Hayahay PIZZERIA $$
(pizzas 190 P ; 7h-minuit). Sur la plage, pizzas, tourtes thaïlandaises et tourtes à la viande.

Helmut's Place BAR
(10h-tard). Loin de l'agitation, ce bar sympathique mais un brin louche sert des cocktails bon marché (160 P).

Coco Vida Bar BAR
(8h-tard). Le bar le plus animé de la plage lors de notre passage.

Oops Bar BAR
(8h-tard). Ambiance endiablée de discothèque le samedi soir dans ce bar de plage.

Renseignements

Il y a un distributeur BPI à Alona Beach.

Le **centre d'information touristique** (502 9487 ; 9h-21h) privé tient plus de l'épicerie que de l'office du tourisme, mais il donne l'accès à Internet (60 P/h), change les espèces, propose des avances d'espèces sur présentation d'une carte de crédit, vend des billets de ferry et articles de plage, assure un service postal et renseigne sur les transports. Un autre centre plus petit plus bas dans la même rue propose un accès Internet.

Comment s'y rendre et circuler

Depuis Tagbilaran, des bus indiqués "Tawala Alona" se rendent à Alona Beach environ toutes les heures jusqu'à 15h. Ils partent de l'angle de Hontanosas St et F Rocha St (25 P, 45 min). Des bus partent aussi du même endroit pour la ville de Panglao (20 P, 30 min).

Le plus simple pour atteindre Alona (ou n'importe quel endroit sur Panglao) est de louer un tricycle à Tagbilaran (200 P, 30-45 min) ou un *habal-habal* (100 P). Les conducteurs se rassemblent souvent près de l'angle de FR Ingles St et de Carlos P Garcia Ave à Tagbilaran, ou bien devant le centre d'information d'Alona Beach. Les taxis depuis Tagbilaran sont plus rapides (350 P).

Les conducteurs de voitures et de minibus stationnés devant le "centre touristique" pratiquent (approximativement) les tarifs suivants : Tagbilaran : 500 P ; Anda : 3 000 P ; Loboc : 2 200 P ; Loon 1 800 P ; Corella 1 500 P.

Île de Balicasag

Balicasag, à 6 km environ au sud-ouest de Panglao, est l'un des plus beaux sites de plongée des Philippines. Bordé par un récif virginal, il a été classé sanctuaire marin. Il s'achève par d'impressionnantes failles sous-marines de 50 m de profondeur. On trouve des coraux durs et mous autour des falaises, ainsi que des carangues à grosse tête, des barracudas, des girelles et, parfois, des requins océaniques entre décembre et mars.

Balicasag Island Dive Resort (☎Cebu City 032-211 440 ; ptabidr@bohol-online.com ; bungalows duplex 2 500 P, dort 800-1 000 P/pers ; ❄≋), géré par l'Autorité du tourisme des Philippines, loue des bungalows en nipa sur 2 niveaux avec salles de bains et vérandas privatives. Personnel sympathique, bon restaurant et île de sable de corail pour lui seul. Les dortoirs comptent 8 lits, mais les groupes moins nombreux devront peut-être payer pour les lits vides.

Balicasag est à 45 minutes en bateau d'Alona Beach et reçoit essentiellement la visite de clubs de plongée ; sinon, appelez à l'avance pour que le resort vienne vous chercher. Pour une visite d'un jour, l'aller-retour en bateau depuis Panglao coûte environ 2 000 P.

Île de Cabilao

☎038 / 4 200 HABITANTS

La légende raconte que l'idyllique île de Cabilao est habitée par Balikaka, un monstre terrifiant à l'aspect de chien. En réalité, Cabilao est si tranquille que seul le son des cloches et les coqs viennent perturber ce calme parfait. Comptant peu de plages, Cabilao attire les plongeurs, mais c'est un lieu de choix si vous voulez vous relaxer un peu.

Tout comme les îles de Balicasag et Pamilacan au sud, les eaux de Cabilao recèlent un site de plongée d'une richesse impressionnante ainsi que deux **sanctuaires marins** (plongée 50 P) gérés par la communauté. Bien qu'elles abritent 7 espèces de requins, ces eaux regorgent de vie microscopique, telle que l'hippocampe pygmée (*Hippocampus bargibanti*) qui, avec ses 8 mm de long, est plus facile à voir dans les magazines spécialisés que dans son habitat naturel.

Ce fameux hippocampe vit sur le récif principal, mais il est possible aux plongeurs débutants et confirmés de plonger tout autour de l'île. Le récif supérieur se trouve au large du point nord-ouest, près du phare. Bien coté, **Sea Explorers** (☎416 0463 ; www.sea-explorers.com) possède l'un de ses 5 centres de plongée des Visayas sur Cabilao.

Outre la plongée, l'une des curiosités de l'île est son **église**, qui posséderait le plus grand escalier de pierre du pays.

Où se loger

Cabilao compte quatre hébergements, dont trois sont situés du côté nord-ouest de l'île. La majorité disposent d'un club de plongée. L'alimentation en électricité sur l'île est limitée.

Cabilao Beach Club COMPLEXE BALNÉAIRE $$
(☎416 0463 ; www.cabilao.com ; ch avec ventil 2 800 P ; ❄📶). Familièrement appelé "CBC", cet hôtel à la gestion suisse situé à l'extrémité nord-est de l'île propose des bungalows sophistiqués d'une propreté impeccable, avec toit de chaume et salles de bains modernes. Restaurant avec vue sur mer et Sea Explorers sur place. Tarifs réduits de moitié en basse saison.

Polaris Resort COMPLEXE BALNÉAIRE $$
(☎505 4118 ; www.polaris-dive.com ; ch avec ventil/clim à partir de 2 100/3 000 P, cabane dans les arbres 2 100 P ; ❄@📶≋). Grandes chambres correctes dans des bungalows en dur, et 2 "maisons dans les arbres" sur pilotis. Bonne adresse pour les familles : les enfants aiment les buttes et les rochers artificiels abritant des piscines. Un bon point pour le fonctionnement partiel à l'énergie solaire. Centre de plongée attenant proposant le brevet PADI. Le banc de sable situé à proximité est agréable pour la baignade et le snorkeling à marée basse.

Depuis/vers Cabil

Pour atteindre l'île de Cabilao, il faut parcourir plusieurs kilomètres au nord de Loon jusqu'à Mocpoc (20 min sur une route cahoteuse ; bus ou jeepney 10 P, *habal-habal* 50 P). Loon se situe à 27 km de Tagbilaran (bus ou jeepney 30 P, 45 min). De Mocpoc, pour vous rendre au nord-est de Cabilao et accéder au Cabilao Beach Club, comptez 20 minutes de *bangka* (20 P) jusqu'au quai de Cambaquiz, mais il faut attendre que le bateau soit plein, ou payer pour les sièges vides (140 P). Du quai de Cambaquiz, le Cabilao Beach Club est à 5 minutes à pied. Pour accéder aux resorts du nord-ouest de l'île, prenez un *bangka* pour Talisay (20 P), d'où un *habal-habal* vous conduira au Polaris Resort ou à l'Estrella pour

50 P. Un bateau direct de Mocpoc aux resorts coûte environ 500 P. Depuis l'île de Panglao ou l'île de Mactan, le trajet peut prendre 2-3 heures.

Des bateaux circulent aussi de Cabilao à Cebu, qui rallient Argao (120 P, 2 heures) le lundi et le samedi à 8h. Sinon, des bateaux partent chaque jour le matin et l'après-midi pour Argao (110 P, 2 heures) au départ de Catagbacan, à 8 km au nord de Loon.

Intérieur de Bohol

☎038

SANCTUAIRE DES TARSIERS

Dans le *barangay* Canapnapan, entre les villes de Corella et Sikatuna, vous pourrez visiter le **sanctuaire philippin des tarsiers** (☎0927 541 2290 ; www.tarsierfoundation.org ; 50 P ; ⏲9h-16h). Ce minuscule primate, avec ses grands yeux implorants, est capable de faire des bonds de 5 m, de tourner sa tête presque à 360° et d'orienter ses oreilles dans la direction du son. Le tarsier, l'un des plus petits primates au monde et le plus ancien membre de cet ordre, du haut de ses 45 millions d'années, est aujourd'hui une espèce en danger. Il vit également sur Samar, Leyte et certaines régions de Mindanao, mais c'est la province de Bohol qui fait le plus d'efforts pour sensibiliser la population et tenter de sauver le tarsier.

Le centre des visiteurs, équipé de panneaux d'information, comprend un programme de reproduction en captivité, une réserve sauvage et un sentier de randonnée. La zone de reproduction de l'animal n'est pas accessible au public, mais une petite partie de la forêt à côté du centre est ouverte aux randonnées guidées et à l'observation discrète de plusieurs tarsiers adultes.

Pour venir depuis Tagbilaran, prenez un bus pour Sikatuna (25 P, 1 heure) à la gare de Dao et demandez à vous faire déposer au sanctuaire. Depuis l'hébergement appelé Nuts Huts au nord de Loboc, le sanctuaire est à 30-45 minutes en moto, à moins de prendre un jeepney depuis Loboc (25 P, 45 min).

LOBOC

Des restaurants flottants diffusant du Frank Sinatra et autres tubes rétro glissent sur la rivière Loboc au nord de la ville du même nom. Même ce fond sonore pour le moins incongru n'entame en rien le charme de Loboc qui semble émerger de la jungle. La ville abrite l'**église San Pedro** (1602), la plus ancienne de Bohol. Des bateaux de croisière emmènent leurs passagers en amont, jusqu'aux **chutes de Tontonan**, et la centrale hydroélectrique la plus ancienne des Visayas. Non loin, le **Loboc Eco-Tourism Adventure Park** (☎537 9292) est équipé d'une tyrolienne de 500 m (305 P) qui passe au-dessus d'une gorge.

Fin mai et en juin, Loboc est le théâtre du **festival Balibong Kingking**, qui rend hommage à Notre-Dame-de-Guadalupe.

Nuts Huts (☎0920 846 1559 ; www.nutshuts.com ; dort 300 P, huttes en nipa à partir de 700 P). Cette adresse populaire nichée dans la jungle, sur les rives du Loboc, est à 2 km au nord de la ville de Loboc. Les huttes en nipa sur pilotis sont cachées au pied d'une colline escarpée, dans un endroit ravissant en bord de fleuve. Toutes ont des balcons et une vue superbe, mais sont très sommaires. Les repas sont servis dans le beau salon-salle à manger, où la vue donne sur la frondaison de la jungle sur l'autre rive. Profitez des randonnées guidées vers les grottes voisines (attendez-vous à vous faire tremper) et dans le parc national Rajah Sikatuna, ou paressez dans un hamac. Sur place également : sauna aux herbes aromatiques chauffé au bois.

Pour vous rendre à Nuts Huts depuis Tagbilaran, prenez un bus en direction de Carmen et descendez au panneau indiquant Nuts Huts, environ 3 km après Loboc. De là, il faut marcher environ un quart d'heure sur un chemin de terre. Il est préférable de prendre un bus pour Loboc puis une navette fluviale qui remonte le Loboc au départ du débarcadère de Sarimanok, au nord du centre de la ville de Loboc (200 P/pers, 2 pers minimum). On peut aussi prendre un *habal-habal* (50 P) menant directement à Nuts Huts au départ de Loboc.

Loboc est à 24 km de Tagbilaran, et accessible en bus ou en jeepney (30 P, 1 heure).

CHOCOLATE HILLS

Les emblématiques "collines de chocolat", majestueuses collines ondulantes s'étendant à perte de vue, sont l'un des principaux sites touristiques de Bohol, et certainement le plus en vogue. À cheval sur trois municipalités, l'ensemble le plus vaste et le plus visité se trouve à 5 km au sud de Carmen, au Chocolate Hills Complex. Les collines doivent leur nom à leur végétation semblable à une pelouse, qui prend des teintes brun chocolat à la saison sèche (déc-mai). Elles sont très belles au crépuscule ou à l'aube, dans la brume. Les romantiques accordent foi à la légende, qui raconte qu'il s'agit des larmes solidifiées d'un géant transi d'amour. Les scientifiques, en revanche, déclarent que les 1 268 collines pratiquement identiques, dont la taille varie de 40 à 120 m, résultent d'un soulèvement d'anciens dépôts de coraux, façonné ensuite par l'érosion.

À l'endroit où les Chocolate Hills s'arrêtent, sur la route principale, au pied du **Chocolate Hills Main Viewpoint** (point de vue ; 50 P), des motos vous emmènent en haut de la colline (20 P aller), d'où la vue est encombrée par des kiosques vendant des souvenirs. L'ascension de la colline se fait aussi à pied (20-30 min). Les mêmes motos font le trajet depuis et vers Carmen (20 P l'aller) et proposent des circuits (250 P) sur les routes tortueuses jusqu'aux principaux points de vue, ainsi que d'autres sites moins connus, tels que les **Eight Sisters Hillocks** ("dunes des huit sœurs").

La ville voisine de Carmen abrite la colline de Fatima. Les pèlerins grimpent les marches menant à la **statue de Notre-Dame-de-Fatima** tous les 13 mai.

Le **Chocolate Hills Complex Hotel** (☎0919 680 0492 ; ch 1 200 P ; ❄📶🏊) est une adresse pratique où loger et admirer les collines à l'aube ou au crépuscule. Il présente dans l'ensemble un très bon rapport qualité/prix. Demandez une chambre avec vue.

ℹ Depuis/vers les Chocolate Hills

Le mieux pour rejoindre les Chocolate Hills consiste à louer une moto à Tagbilaran ou à Loboc ; le paysage est très beau et, au nord de Loboc, il n'y a pratiquement pas de circulation. Combinez le trajet à la visite du sanctuaire des tarsiers, voire à celle de Danao.

Au départ de Tagbilaran, des bus se rendent régulièrement de la gare de Dao à Carmen (60 P, 2 heures). La plupart des hôtels de Tagbilaran organisent la location d'une voiture, ou assurent le transport depuis/vers les Chocolate Hills. Le prix moyen pour une berline standard climatisée avec chauffeur est de 2 000 P.

Depuis Nuts Huts, les Chocolate Hills sont à 45 minutes en moto, mais vous pouvez aussi héler un bus circulant en direction de Carmen.

De Carmen, il y a aussi des bus depuis/vers Talibon (62 P, 2 heures) et Tubigon (50 P, 1 heure 30).

DANAO

☎038 / 17 700 HABITANTS

Niché dans une jungle montagneuse émaillée de gorges spectaculaires, de grottes et de puissantes rivières, le **Danao Adventure Park** (☎412 2338, 0939 431 4306 ; www.eatdanao.com ; Suislide 350 P) est un terrain de jeu géant conçu pour les amateurs de sensations fortes. Descente en rappel, spéléologie, escalade, kayak et descente en chambre à air sont autant d'activités proposées, mais pour une véritable montée d'adrénaline, il faut essayer la tyrolienne "Suislide" qui vous fait voler au-dessus d'une gorge de 500 m, à moins d'opter pour le "Plunge" (plongeon), soit une chute libre de 75 m dans la vallée, qui serait la plus grande du monde.

Né dans l'imagination du dynamique maire de Danao, ce parc de sports d'aventure a transfiguré la région : ce qui était en effet l'une des municipalités les plus pauvres de Bohol est devenu une destination très en vogue, et emploie nombre de villageois. Ne manquez pas le groupe maison qui joue des airs de rock des sixties, composé d'habitants défavorisés.

Lors de nos recherches, le parc s'apprêtait à organiser des **vols panoramiques** au-dessus des Chocolate Hills, et le buggy dans les dunes promettait de bons moments. Ceux qui le souhaitent pourront loger sur place car il y a des **chambres** (camping avec tente 225 P, ch avec ventil/clim 600/1 000 P).

Le parc est à 72 km de Tagbilaran. Prenez un bus pour Danao (85 P, 2 heures 30) puis un *habal-habal* (40 P, 15 min) jusqu'au parc.

BILAR

☎038

Escale appréciée des excursionnistes, le **Simply Butterflies Conservation Center** (☎535 9400 ; www.simplybutterfliesproject.com ; adulte/enfant avec guide 30/5 P ; ⊙7h30-17h) abrite une petite collection de papillons. Les visites guidées mettent l'accent sur des détails intéressants, et le centre propose aussi des **safaris nocturnes** (900 P/pers ; ⊙17h30-19h30) près du parc national Rajah Sikatuna afin d'apercevoir des tarsiers. Il est très agréable de se promener dans leur habitat naturel, où vivent aussi des chouettes, des podarges, des chauves-souris, des civettes et des lucioles.

Bilar abrite aussi la **source de Logarita** (10 P ; ⊙sam-jeu), bassin naturel public donnant sur les rizières.

La ville, à 40 km à l'est de Tagbilaran, est régulièrement desservie par les bus (40 P, 1 heure 30).

ANTEQUERA

☎038 / 1 700 HABITANTS

À la sortie d'Antequera, à environ 20 km de Tagbilaran (bus ou jeepney 30 P), ne manquez pas les **chutes de Mag-aso** et

CRÉATURES CAPTIVES

Malgré des actions menées sur le terrain depuis longtemps pour enrayer cette pratique, un nombre croissant de tarsiers sont capturés dans la nature pour être exhibés dans des cages comme curiosité touristique ou égayer des boutiques. Pourtant, en captivité, les tarsiers ne survivent pas plus de 12 mois. Leurs os fragiles se brisent très facilement, même lorsqu'on les manipule avec délicatesse. L'existence même de ce trafic alimente la demande, les tarsiers morts devant être remplacés par des animaux vivants.

Heureusement, les choses se sont améliorées. En mai 2011, le gouverneur de Bohol, avec le ministère de l'Environnement et des Ressources naturelles (DENR), a obtenu que l'on relâche des centaines de tarsiers en captivité. Néanmoins, le rôle du DENR dans cette affaire est assez ambivalent. Tout en veillant à faire relâcher ces animaux, il délivre des permis pour des "fermes sauvages" où l'on exhibe les tarsiers à des fins commerciales – une pratique critiquée par des ONG comme la Philippines Tarsier Foundation (PTFI).

Si vous voyez un tarsier en cage *où que ce soit*, signalez-le au **DENR** (☎Cebu 032-346 9177 ; r7@denr.gov.ph) ainsi qu'au **Bureau des zones protégées et de la faune sauvage** (Protected Areas & Wildlife Bureau ; ☎Manille 02-928-1178 ; cites@pawb.gov.ph).

Le mieux pour la préservation de l'espèce est d'aller visiter le sanctuaire philippin des tarsiers (Philippine Tarsier Sanctuary), réplique la plus proche de leur habitat naturel.

d'**Inambacan**, les plus importantes de l'île, ni les **grottes** qui comptent parmi les plus belles de Bohol. Vous pourrez trouver un guide pour les grottes à Antequera même.

BACLAYON

☎038 / 2 200 HABITANTS

À environ 6 km de Tagbilaran (bus ou jeepney 8 P), Baclayon fut fondée en 1596 par deux prêtres jésuites espagnols. La magnifique **église de Baclayon**, en pierre de corail, fut bâtie bien plus tard, en 1727. Baclayon a aussi un **musée** (25 P) renfermant des objets religieux.

C'est par ailleurs le meilleur endroit pour organiser une excursion d'observation des dauphins et des baleines sur l'île de Pamilacan.

On y voit aussi de superbes **demeures historiques** sauvées de la démolition par la Baclayon Ancestral Home Organisation, qui propose la visite guidée à pied de ses 67 demeures coloniales espagnoles datant de 1853. On peut loger chez l'habitant dans ces demeures ancestrales.

Pour plus de précisions, contactez l'**office du tourisme** (☎540 9474 ; www.baclayontourism.com), sur le port.

Île de Pamilacan

☎038 / 1 200 HABITANTS

Les eaux de la petite île de Pamilacan, à 23 km environ à l'est de Balicasag, abritent des baleines et des dauphins. Depuis l'interdiction en 1992 de chasser ces créatures, les habitants de l'île, descendants de trois générations de baleiniers, ont trouvé d'autres moyens de subsistance. Aujourd'hui, 3 organisations communautaires organisent des expéditions. Tous naviguent sur d'anciens baleiniers et emploient un équipage local. L'excursion comprend la journée en mer et les transferts depuis Baclayon (sur Bohol) ou Panglao. Les bateaux peuvent embarquer 6 personnes. S'il est rare d'apercevoir des baleines, la meilleure saison dure de février à juillet. Les dauphins sont présents toute l'année. Essayez **Pamilacan Island Dolphin & Whale Watching Tours** (PIDWWT ; ☎540 9279 ; http://whales.bohol.ph ; marché public de Baclayon ; groupe de 4 à partir de 1 500 P).

Pamilacan se prête aussi à la plongée, son sanctuaire marin étant le fief des raies manta et des coraux mous.

L'île compte plusieurs établissements proposant des repas simples. Pas d'électricité après 22h, et donc pas de karaoké non plus : repos garanti. **Nita's Nipa Huts** (☎0921 320 6497 ; ch avec pension complète, ventil et sdb commune 600 P) est l'option la moins chère et la plus réputée. Les chambres doubles avec vue sur l'eau bénéficient du meilleur emplacement. Nita organise au besoin des sorties de snorkeling ou une pêche au poulpe nocturne, et vient vous chercher à Panglao (2 000 P).

Pamilacan étant le domaine de l'**office du tourisme** (☎540 9474 ; www.baclayontourism.com) de Baclayon, contactez-le pour plus de précisions.

Vous pourrez louer un bateau de Pamilacan à Baclayon (aller simple/aller-retour 1 500/2 000 P, 45 min), ou, si vous avez de la chance, prendre un bateau public (100 P) à condition qu'il y ait suffisamment de monde. Le mercredi étant jour de marché, vous aurez de meilleures chances ce jour-là. Les bateaux au départ d'Alona Beach vous conduiront à Pamilacan pour environ 2 500 P.

Route du littoral de Bohol

TUBIGON

☎038 / 2 800 HABITANTS

La petite ville de pêcheurs de Tubigon, sur la côte nord-ouest verdoyante de Bohol, est bien desservie par la navette rapide quotidienne avec Cebu City, mais présente par ailleurs peu d'intérêt pour les voyageurs.

Le **Tinangnan Beach Resort & Lodging House** (☎0908 172 5115 ; ch avec ventil et sdb commune 250 P), monté sur pilotis au-dessus de la mangrove interstitielle, a un plancher de bambou quelque peu instable. Il se trouve à 5 minutes en tricycle (20 P) au nord du terminus des bus et du marché.

Jadestar (☎345 3745) et **MV Start Crafts** (☎0922 381 0116), entre autres, assurent de nombreuses liaisons en ferry depuis/vers Cebu City (à partir de 150 P, 1-2 heures). Les billets s'achètent près du marché.

Les bus pour Tagbilaran (50 P, 1 heure 30) passent par Loon (30 P, 1 heure). Il y a aussi des minibus plus rapides (90 P, 1 heure). Si vous allez directement aux Chocolate Hills depuis Tubigon, les bus de l'intérieur des terres partent régulièrement pour Carmen (50 P, 1 heure 30).

BUENAVISTA

☎038 / 850 HABITANTS

Buenavista possède un joli **marché** sur un îlot de mangrove. Ici, ou au gué 3 km plus au sud sur la route principale, vous pourrez acheter le produit local le plus délicat : du corail d'oursin.

Pour une expérience exceptionnelle, vous pouvez faire une excursion organisée par **Cambuhat Village Ecotour**, qui comprend une croisière sur la rivière Daet bordée de mangrove, de Buenavista jusqu'au village de Cambuhat, où vous visiterez une ferme ostréicole et assisterez au tressage du raphia. Pour plus d'informations, appelez l'**office du tourisme** (☎513 9188) de Buenavista.

La région au sud de Buenavista, près de la ville d'Inabanga, est réputée pour ses guérisseurs traditionnels.

TALIBON

☎038 / 4 700 HABITANTS

Talibon, sur la côte nord, est l'un des centres les plus animés de Bohol. Depuis son long embarcadère, des bateaux réguliers font la navette entre Cebu et l'île de Jao toute proche (15 P, 15 min) ; il n'y a pas d'hébergement sur Jao. Tous les transports partent du marché, dans la rue principale, devant l'embarcadère. Contactez le **bureau du maire** (☎515 0051) pour plus de renseignements.

La **Talibon Pension House** (☎0918 927 4280 ; ch avec ventil/clim à partir de 250/500 P ; ❄📶) est certainement le meilleur hébergement de la ville.

Des ferries rallient Cebu City (à partir de 240 P, 3-4 heures), notamment ceux de **Golden Star Fastcraft** (☎032-318 5591) et **VG Shipping** (☎032-238 7635 ; vgshipping@yahoo.com), qui partent à 10h et 22h tous les jours.

Les bus pour Tagbilaran (110 P, 4 heures) et Carmen (62 P, 2 heures) permettent de rejoindre les Chocolate Hills.

BIEN UNIDO

☎038 / 23 400 HABITANTS

Bien Unido est le seul site de plongée dans le nord de Bohol. Le maire de la ville a pris l'initiative de lutter contre la pêche illégale et la pêche à la dynamite en immergeant à 5 m de profondeur des statues à l'effigie de la Vierge Marie et de l'Enfant Jésus, afin d'empêcher les croyants du coin d'endommager davantage la double barrière de corail de Danajon. Les statues offrent un intéressant spectacle sous-marin, et l'on peut s'attendre à ce que la vie marine reprenne ses droits sous peu.

Vous pourrez loger au **Bien Unido Double Barrier Reef Dive Camp** (d 1 300 P ; ❄) près de l'île de Jao, à 10 minutes en bateau de Bien Unido. Outre les sorties de plongée, l'établissement organise des sorties en kayak et d'île en île.

Pour plus de précisions, consultez l'adresse www.bienunido.com, ou contactez le **bureau du maire** (☎517 2391).

UBAY

☎038 / 3 700 HABITANTS

De l'autre côté de Bohol par rapport à Tagbilaran, cette bourgade isolée possède un marché animé en bord de mer, juste à côté de l'embarcadère. De nombreuses petites gargotes locales jalonnent le front de mer. Non loin d'Ubay, l'**île de Lapinig** est peu explorée par les touristes. Une minuscule **maison d'hôte** (s avec ventil 75 P) vous attend tout près de l'embarcadère.

Des ferries et des *bangka* se rendent dans le sud de Leyte – bateaux pour Bato (250 P, 2 heures) de 8h30 à 13h. Super Shuttle Ferry assure une liaison quotidienne à 12h30 avec Maasin (250 P, 3 heures), et **Leopard** (☎0922 892 9899) dessert Hilongos (150 P) à 9h.

Des bus circulent entre Ubay et Talibon (120 P, 4 heures).

ANDA

☎038 / 1 400 HABITANTS

Surnommée le "berceau de la civilisation boholano", en raison de ses sites préhistoriques, l'étonnante péninsule d'Anda, dans le sud-est de Bohol, semble toujours vivre à une époque révolue. Depuis la ville d'Anda, près de 3 km d'une plage déserte de sable blanc s'étirent vers l'ouest. C'est ici que se concentrent tous les complexes ; une douce brise marine vient rafraîchir l'air, même pendant la saison chaude. Ici, calme et isolement sont les maîtres mots. Pour une atmosphère plus festive, rendez-vous à Alona Beach, sur l'île de Panglao, mais les plages n'y sont pas aussi paradisiaques.

Il n'y a pas de DAB à Anda, le plus proche se trouve à Tagbilaran. La municipalité d'Anda vous réclamera peut-être 50 P de droit d'entrée, une somme censée servir à l'entretien de la plage.

À voir et à faire

Il y a fort à parier que les superbes plages d'Anda vous fassent oublier tous vos projets. La plupart des resorts ont de petites plages de sable blanc privées. Sinon, la majestueuse **Anda Long Beach** est la plus grande plage, mais elle est très fréquentée.

La plongée sur le superbe **récif de Basdio** peut s'organiser par l'intermédiaire des clubs de plongée des resorts.

Partez à la découverte des piscines naturelles, des grottes calcaires et des peintures rupestres préhistoriques. Arvin Rubillos à l'**office du tourisme** (☎528 2009) vous renseignera plus précisément et vous trouvera un guide.

Où se loger et se restaurer

La majorité des hébergements de la plage sont chers, mais l'on trouve des pensions meilleur marché dans la ville même d'Anda. La meilleure adresse est sans doute le **Transient Lodge** (☎0927 383 3734 ; 600 P/pers), dont le nom vient du panneau indiquant "We accept transient lodgers" (Nous acceptons les hôtes de passage).

Flower Beach Resort COMPLEXE BALNÉAIRE $$
(☎0918 579 6166 ; www.flower-beach.com ; ch à partir de 1 900 P ; ❄@🛜). Resort bien conçu tenu par un couple sympathique, au bord d'une minuscule crique de sable blanc. Les huttes "côté océan" surplombent une plage parfaite pour la baignade. Elles ne sont pas climatisées, mais la brise marine les rafraîchit. Pour 200 P de plus, vous aurez la climatisation, un réfrigérateur et l'eau chaude, mais pas la vue sur mer. Location de moto et centre de plongée organisant des sorties sur le récif de 14 km, au large.

Anda White Beach Resort COMPLEXE BALNÉAIRE $$$
(☎0915 541 0507 ou 0918 691 1011 ; www.andabeachresort.com ; ch 4 100 P ; ❄🏊). Avec ses grandes chambres (TV, lecteurs DVD, eau chaude) et sa piscine à débordement avec vue sur mer, cette adresse est la plus luxueuse que la modeste ville d'Anda puisse offrir. Elle compte aussi une plage sensationnelle. La carte du restaurant réserve de bonnes surprises telles que les "crevettes géantes avec un filet de vin blanc", et le bar sert des cocktails à 190 P. Les personnes extérieures à l'établissement peuvent utiliser la piscine moyennant 150 P. Centre de plongée sur place.

Dapdap COMPLEXE BALNÉAIRE $
(☎528 2011 ; www.boholdapdapresort.com ; huttes en nipa avec ventil 900 P, huttes en nipa avec clim 1 500-3 200 P ; ❄). Ce resort est d'un bon rapport qualité/prix, mais un peu banal. La plage est jolie, et le restaurant affiche une longue carte, mais il est souvent en rupture de stock. Demandez une réduction.

Depuis/vers Anda

Il y a de temps à autre un bus ou un minibus direct de Tagbilaran à Anda (140 P, 3 heures) ; sinon, prenez un bus jusqu'à la ville carrefour de Guindulman (100 P), puis un tricycle jusqu'à Anda (150 P).

JAGNA

☎038 / 32 000 HABITANTS

À moins de prendre un ferry pour Mindanao, il n'y a aucune raison de s'attarder dans cette ville poussiéreuse.

Super Shuttle Ferry (☎0939 850 2987) assure une liaison quotidienne vers Camiguin (425 P, 3 heures 30) à 13h, tandis que le bateau **Ocean Jet** (☎0922 857 5500) part à 9h30 (550 P, 2 heures). Super Shuttle dessert aussi Cagayan de Oro (650 P, 7 heures), de même que **Cebu Ferries** (☎411 3651).

À destination de Tagbilaran, il y a régulièrement des minibus (100 P, 1 heure) et des bus (60 P, 2 heures) jusqu'à 18h.

LEYTE

Pour qui s'intéresse à la guerre du Pacifique, le nom de "Leyte" évoque d'âpres batailles navales et le retour de MacArthur aux Philippines. Pour les Philippins, l'île est aussi associée à Imelda Marcos, et au portrait romantique qu'elle a fait de son île natale. Pour le voyageur, le sud de Leyte, qui sert d'écrin aux eaux profondes de la baie de Sogod, est un haut lieu de la plongée aux Philippines, avec ses magnifiques récifs et parois sous-marines. Il est possible de plonger sur des parois et des grottes immergées sur Lungsodaan, à Padre Burgos. Au sud de l'île, les Leyteños parlent le cebuano, tandis que leurs voisins du Nord, région d'élevage, parlent le waray.

Depuis/vers Leyte

AVION

Tacloban est relié à Manille et à Cebu par des vols quotidiens.

BATEAU

Leyte est bien reliée aux îles voisines par ferry, notamment à Cebu City au départ d'Ormoc, de Maasin et d'Hilongos ; idem pour Manille, Bohol, les îles Camotes ainsi que Surigao, sur Mindanao, au départ du sud de Leyte.

BUS

Des bus fréquents font la navette entre Leyte, Biliran et Samar, et assurent des liaisons quotidiennes avec Luzon et Mindanao. Des bus réguliers partent de Tacloban et d'Ormoc pour Manille via Samar. **Philtranco** (www.philtranco.com.ph) assure des trajets depuis Tacloban et Ormoc vers Davao, sur Mindanao, via Surigao. Départs l'après-midi, l'horaire varie.

Plusieurs des grandes villes de Leyte, Biliran et Samar sont reliées entre elles par des minibus climatisés.

Nord de Leyte

Si la province du Nord ne se prête pas à la plongée, elle compte quantité de merveilles naturelles, de sites liés à la Deuxième Guerre mondiale et des villes modernes qui la relient à Manille.

TACLOBAN

053 / 217 200 HABITANTS

Capitale administrative de Leyte, cette ville active aux rues est aussi le centre géographique et commercial de Leyte et de Samar à la fois. Plutôt cosmopolite, l'endroit compte d'excellents restaurants, de bons hébergements, une librairie correcte et un réseau de transport efficace. L'animation se concentre dans la zone portuaire, autour du marché du centre-ville, et sur la promenade du front de mer.

La personnalité la plus célèbre originaire de Tacloban est Imelda Romualdez Marcos, dont la demeure familiale se trouve à Tolosa, un peu plus au sud. L'influence de cette famille sur la ville est évidente dans les noms des rues et des différents édifices publics.

Sur le plan historique, Tacloban est tenue pour l'endroit où le général MacArthur revint aux Philippines avec les forces de libération américaines le 20 octobre 1944 (il débarqua en réalité à Palo, à quelques kilomètres de la ville). Cette date est commémorée tous les ans, et la ville compte plusieurs monuments évoquant la Deuxième Guerre mondiale, notamment des bas-reliefs sur le mur d'enceinte du Capitol, à la mémoire du débarquement.

À voir et à faire

Santo Niño Shrine & Heritage Center BÂTIMENT REMARQUABLE

(Entrée jusqu'à 6 pers visite guidée comprise 180 P ; 8h-17h). Construite à l'intention d'Imelda Marcos en tenant compte des exigences de sa famille qui, étonnamment, n'y vint jamais, cette demeure aux airs de palais est aussi ostentatoire que la légendaire collection de chaussures d'Imelda. Elle abrite une collection variée d'antiquités et d'objets d'art. Chaque pièce est consacrée à une province des Philippines et renferme un diorama représentant Imelda dans ses bonnes œuvres. L'étage comporte des chambres pour chaque membre de la famille, tandis que le rez-de-chaussée est occupé par une église tape-à-l'œil dédiée à Santo Niño. Pour venir, prenez un jeepney dans Rizal Avenue.

GRATUIT **MacArthur Memorabilia Rooms** SITE HISTORIQUE

(Angle Justice Romualdez St et Santo Niño St ; 8h30-12h et 13h-17h lun-ven). Les passionnés de la Deuxième Guerre mondiale seront intéressés par la visite de l'appartement commémoratif de MacArthur, au 2e étage du College Assurance Plan (CAP). Ce charmant

Leyte

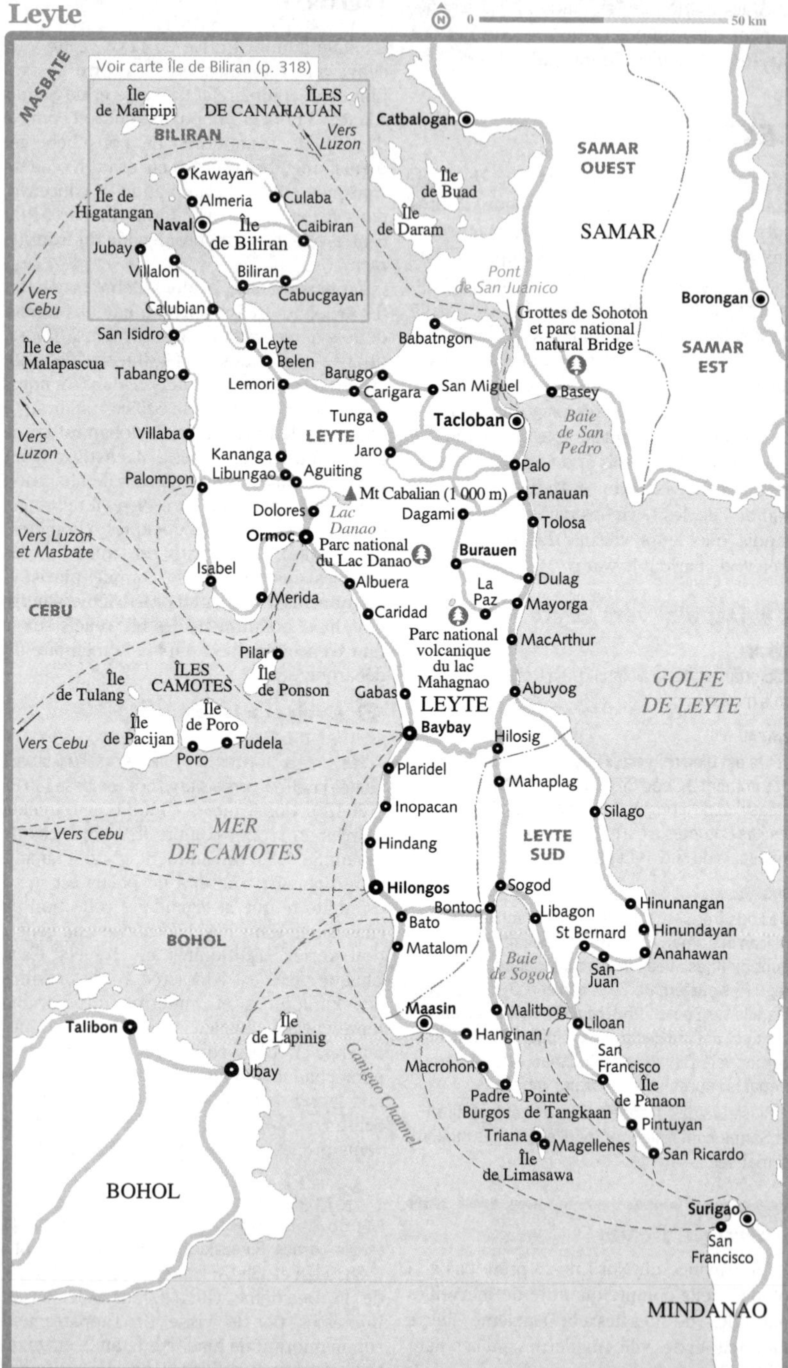
0
50 km
Voir carte Île de Biliran (p. 318)
MASBATE
Île de Maripipi
ÎLES DE CANAHAUAN
Vers Luzon
BILIRAN
Kawayan
Île de Higatangan
Almeria
Culaba
Naval
Île de Biliran
Caibiran
Jubay
Villalon
Biliran
Cabucgayan
Calubian
Vers Cebu
San Isidro
Île de Malapascua
Tabango
Leyte
Belen
Lemori
Catbalogan
Île de Buad
Île de Daram
SAMAR OUEST
SAMAR
Pont de San Juanico
Grottes de Sohoton et parc national natural Bridge
Borongan
SAMAR EST
Babatngon
Barugo
Carigara
San Miguel
Basey
Tunga
Tacloban
Baie de San Pedro
LEYTE
Jaro
Villaba
Vers Luzon
Kananga
Libungao
Aguiting
Palompon
Palo
Mt Cabalian (1 000 m)
Tanauan
Dolores
Lac Danao
Dagami
Tolosa
Vers Luzon et Masbate
Ormoc
Parc national du Lac Danao
Burauen
Isabel
Albuera
La Paz
Dulag
Merida
Mayorga
CEBU
Caridad
Parc national volcanique du lac Mahagnao
MacArthur
Pilar
Île de Tulang
ÎLES CAMOTES
Île de Ponson
Gabas
Abuyog
GOLFE DE LEYTE
LEYTE
Île de Pacijan
Île de Poro
Tudela
Poro
Baybay
Hilosig
Vers Cebu
Plaridel
Mahaplag
Inopacan
Silago
Vers Cebu
MER DE CAMOTES
Hindang
LEYTE SUD
Hilongos
Sogod
Bontoc
Libagon
Hinunangan
Bato
St Bernard
Hinundayan
BOHOL
Matalom
Baie de Sogod
Anahawan
San Juan
Maasin
Malitbog
Liloan
Talibon
Hanginan
Île de Lapinig
San Francisco
Ubay
Canigao Channel
Macrohon
Île de Panaon
Padre Burgos
Pointe de Tangkaan
Pintuyan
Triana
Magellenes
San Ricardo
Île de Limasawa
BOHOL
Surigao
San Francisco
MINDANAO

petit musée de photos et autres babioles est sis dans la Price Mansion, magnifique demeure de 1910 aujourd'hui sur le déclin. À l'extérieur se dresse une statue de MacArthur et du président philippin Sergio Osmeña, qui évoque le moment où le pouvoir fut rendu au gouvernement philippin. Le week-end, demandez au gardien du rez-de-chaussée de vous laisser entrer.

Bukid Outdoor Shop SPORTS D'AVENTURE
(☎0918 905 0079 ; 206 Burgos St ; ⏲9h-19h30, mur d'escalade 13h-19h lun-sam). Pour rencontrer des amateurs de sports en plein air et récolter des informations et des contacts pour le kayak, le VTT, la randonnée ou l'escalade, rendez-vous à la boutique. Elle abrite aussi un club d'escalade en salle (50 P) et renseigne sur le skimboarding (surf de plage) à Tanauan, capitale philippine de ce sport située au sud de Palo.

Fêtes et festivals

La fin juin étant une période de fête à Tacloban, c'est l'époque idéale pour visiter la ville et assister aux diverses fiestas en semaine.

Pintados-Kasadyaan CULTUREL
La fête "peinte", qui se déroule le 27 juin, célèbre la pratique traditionnelle du tatouage qui avait cours ici avant l'arrivée des Espagnols. Aujourd'hui, ce sont des pigments à base d'eau qui sont utilisés pour les ornements corporels de la fête.

Sangyaw CULTUREL
Un Mardi gras à la mode de Leyte, avec des chars colorés et des troupes de danseurs paradant dans les rues de Tacloban le 29 juin.

Où se loger

Il est fortement recommandé de réserver longtemps à l'avance pour la fin juin, période festive qui voit affluer énormément de monde en ville.

Hotel Alejandro HÔTEL $$
(☎321 7033 ; http://alejandro.tacloban.biz ; Patermo St ; d à partir de 1 100 P ; ❄@📶🏊). Construit autour de la demeure classique d'Alejandro Montejo datant des années 1930, cet hôtel de 3 étages a des airs de villa coloniale. Les chambres sont quelconques, mais compensées par les belles parties communes de l'ancien bâtiment, notamment la véranda du 2e étage. Terrasse avec piscine sur le toit de la nouvelle annexe, qui présente une collection de photos retraçant l'histoire locale et la guerre à Tacloban.

Welcome Home Pensione PENSION $
(☎321 2739 ; 161 Santo Niño St ; ch avec ventil et sdb commune 350 P, avec clim et sdb 600 P ; ❄📶). Des chambres simples, propres et bon marché agencées autour d'une paisible cour arborée. Loin de l'agitation du centre-ville, la pension est proche des restaurants et des cafés Internet de Burgos St et Ave Veteranos.

Rosvenil Pensione PENSION $
(☎321 2676 ; 302 Burgos St ; ch avec sdb commune/privative à partir de 600/650 P ; ❄📶). Bonne adresse économique, l'hôtel intègre une immense maison de bois des années 1940 dans laquelle vit toujours la famille d'origine. Au rez-de-chaussée, l'ancien bâtiment offre des chambres simples et propres. D'autres, neuves, plus grandes et confortables, ont été aménagées dans un bel édifice de 3 étages avec balustrade en fer forgé et balcon. Il y a même un jardin.

Hotel La Rica HÔTEL $
(☎325 3337 ; Zamora St ; ch à partir de 750 P ; ❄📶). Chambres correctes. Les chambres lumineuses et hautes de plafond donnant sur la rue sont confortables mais bruyantes la journée, celles du fond sont plus calmes et plus sombres. Attention aussi au bar karaoké du dernier étage.

Manhattan Inn HÔTEL $
(☎321 4170 ; Zamora St ; s/d à partir de 710/1 060 P ; ❄📶). Bon rapport qualité/prix pour cet hôtel du centre-ville aux chambres assez ordinaires mais calmes. Certaines donnent sur le marché et sur l'eau.

Leyte Park Hotel HÔTEL $$
(☎325 6000 ; www.leyteparkhotel.com.ph ; ch 1 400-15 000 P ; ❄📶🏊). Ce mastodonte décati, jadis le complexe le plus chic de Tacloban, subissait une rénovation lors de notre passage. Les chambres non rénovées, vraiment fatiguées, contrastent avec les villas élégantes flambant neuves disposant chacune d'une piscine à débordement. L'emplacement en bord de mer reste fabuleux, avec une belle piscine (non-résidents : 100 P) et vue sur l'océan depuis le café.

Où se restaurer et prendre un verre

La révolution culinaire entamée à Tacloban ces dernières années se poursuit, et c'est ici que le choix est le plus vaste de toutes les îles de Leyte et de Samar. On trouve des tables raffinées aux alentours de l'Astrodome et de Leyte Park, tandis que des

stands de barbecue sont dressés sur le Magsaysay Blvd.

Ceux qui veulent sortir de la ville pour prendre un bol d'air à la campagne opteront pour les **Rafael Farms** (☎325 0729 ; Babatngon). Au programme : beau jardin en montagne et banquets de 4 plats d'un bon rapport qualité/prix (250 P). L'établissement se trouve à Babatngon, à 30 minutes de route de Tacloban.

Ochó Seafood & Grill POISSON ET FRUITS DE MER **$$**
(Senator Enage St ; plats à partir de 100 P ; ⏰10h-23h ; ❄📶). Ce restaurant est unanimement apprécié par la clientèle locale. Servez-vous directement en poisson, calamars ou fruits de mer sur l'étal et demandez qu'on les cuise à votre goût. Ou bien optez pour une énorme portion de soupe épaisse, suffisante pour 2 personnes. Les végétariens se régaleront de plats de tofu et de légumes, à cuire selon leur goût également.

Socsargen Grill GRILLADES **$**
(Plats à partir de 100 P ; ⏰6h-23h30). Dépendant de Rosvenil Pensione, ce grill en plein air décontracté et très fréquenté sert du poisson cru (sashimi) ou cuit (*lapu-lapu* ; mérou) ou encore des gambas grésillantes.

Giuseppe's ITALIEN **$$**
(173 Ave Veteranos ; plats 100-475 P ; ⏰10h30-22h30 ; ❄). Grand classique, ce restaurant aux murs de brique est décoré à la manière d'un bistrot italien. À la carte : pâtes et pizzas.

Stereo Sushi JAPONAIS **$$**
(Senator Enage St ; plats 150-450 P ; ⏰16h-23h ; ❄). Élégant restaurant japonais tenu par de jeunes propriétaires branchés. Bon choix de sushis, et concerts le samedi soir.

Tacloban

Café Lucia CAFÉ $$
(Real St ; plats à partir de 120 P ; ⌚14h-minuit ; 📶). Juste après l'Astrodome, café prisé d'une clientèle de jeunes tapotant sur le clavier de leur ordinateur portable (Wi-Fi gratuit), et qui viennent profiter aussi de l'agréable cadre au bord de l'eau et du café délicieux. Pâtes correctes.

San Pedro Bay Seafood Restaurant RESTOBAR $
(Plats 100-200 P ; ⌚10h-23h). Restaurant spacieux en bord de mer, dans l'enceinte du Leyte Park Hotel, prisé à juste titre des expatriés.

Tacloban

À voir
- 1 Bukid Outdoor Shop B3
- 2 MacArthur Memorabilia Rooms C3

Où se loger
- 3 Hotel Alejandro C4
- 4 Hotel La Rica B2
- 5 Leyte Park Hotel D1
- 6 Manhattan Inn B2
- 7 Rosvenil Pensione C4
- 8 Welcome Home Pensione B4

Où se restaurer
- 9 Stand de barbecue D2
- 10 Giuseppe's B4
- 11 Ochó Seafood & Grill B2
- 12 San Pedro Bay Seafood Restaurant D1
- Socsargen Grill .... (voir 7)
- 13 Stereo Sushi B1
- 14 Sunzibar B3

Où prendre un verre
- 15 Club 65 Hundred C1
- Elements .... (voir 15)
- 16 Julio's Buffet & Jazz Joint C4
- 17 Libro C3
- 18 Lion's Den D3
- Na ning .... (voir 15)

Renseignements
- 19 Bureau de l'immigration C3

Transports
- 20 Cebu Pacific B2
- 21 Duptours B4
- 22 Grand Tours B2
- 23 Jeepneys pour Palo B2
- 24 Ancien terminal des bus et jeepneys. A2
- 25 Van Vans B3

Sunzibar MEXICAIN $$
(Burgos St ; plats à partir de 100 P ; ⌚10h30-22h lun-sam). Petit restaurant à l'élégance minimaliste, apprécié pour sa cuisine mexicaine convenable (bonnes *fajitas* au poulet).

Julio's Buffet & Jazz Joint BAR
(Patermo St ; ❄). Petit bar-salle de jazz live proche de l'hôtel Alejandro, qui n'exploite pas tout son potentiel. Cela vaut tout de même la peine de venir du jeudi au dimanche pour les concerts (21h).

Libro CAFÉ
(Angle Santo Niño St et Gomez St ; ⌚12h-20h lun-jeu, jusqu'à 22h ven et sam). Une librairie d'occasion exceptionnelle qui sert du vrai café (38 P), des sandwichs concoctés avec de la ciabatta (à partir de 50 P) et un excellent choix de gâteaux.

Club 65Hundred ENSEMBLE D'ÉTABLISSEMENTS
(Magsaysay Blvd). Ensemble de restaurants haut de gamme, de bars et de discothèques, fréquentés par les *beautiful people* de Tacloban. Parmi les bars, le **Na ning** se distingue grâce à ses bières glacées, tandis que l'**Elements** (⌚22h-tard jeu-sam) est l'une des discothèques les plus en vue.

Lion's Den RESTOBAR
Au bord de l'eau, bonne adresse locale pour boire une bière au soleil couchant.

Renseignements

Procurez-vous un exemplaire de **8 Magazine** (88 P), magazine trimestriel détaillant les sorties et manifestations, disponible dans divers bars et librairies.

Les cybercafés sont légion. Metrobank et BDO ont des DAB.

Bureau de l'immigration (BOI, Justice Romualdez St ; ⌚8h-12h et 13h-17h). Fournit des prorogations de visa le jour même si vous arrivez le matin. Situé dans une improbable cabane en bois à l'arrière d'un bâtiment administratif.

Office du tourisme régional (☎321 2048 ; www.visitmyphilippines.com ; dotreg8@yahoo.com ; Kanhurao Hill). Informations à foison sur Leyte et Samar.

Depuis/vers Tacloban

AVION

Tacloban est bien reliée à Manille, avec environ 12 vols/jour ; Cebu Pacific, PAL, Airphil Express et Zest Air desservent Manille quotidiennement.

Il y a également chaque jour des vols pour Cebu City, assurés par Cebu Pacific, Airphil Express et PAL.

L'aéroport est à 10 km au sud du centre-ville. Comptez 30 P en jeepney, ou 200 P en taxi. En théorie, les tricycles ne sont pas autorisés à se rendre à l'aéroport.

BUS, VAN ET JEEPNEY

Des bus, vans et jeepneys réguliers venant d'autres régions de Leyte et de Samar utilisent le nouveau terminal des bus d'Abucay, à environ 2 km à l'ouest de la ville. Des multicabs fréquents font la navette avec le centre-ville.

Pour rallier Padre Burgos, on peut prendre un bus ou un minibus pour Sogod (100 P, 4 heures), d'où d'autres transports partent fréquemment pour Padre Burgos jusque vers 16h.

Plusieurs bus longue distance à destination de Manille (à partir de 900 P, 22 heures) partent aussi chaque jour du nouveau terminal.

Des jeepneys et bus locaux, comme ceux qui se rendent à Basey (pour les grottes de Sohoton et le parc national Natural Bridge), utilisent encore l'ancien terminal près du marché, en ville, mais cela pourrait changer.

Presque toutes les destinations sont aussi desservies par des minibus climatisés plus rapides et plus confortables, pour à peine plus cher. **Duptours** (523 8107 ; angle Ave Veteranos et Santo Niño St), **Van Vans** (325 8293 ; Salazar St) et **Grand Tours** (325 4640 ; angle Trece Martirez St et A Mabini St) ont tous des minibus desservant l'essentiel de Leyte, notamment Ormoc (120 P, 2 heures) et Maasin (220 P, 3 heures 30), ainsi que Naval (130 P, 2 heures 30), sur Biliran, et des destinations sur Samar, en particulier Catbalogan (120 P, 2 heures 30) et Guiuan (130 P, 3 heures).

GROTTES DE SOHOTON ET PARC NATIONAL NATURAL BRIDGE

Bien que ce parc national soit situé sur Samar, il est plus facilement accessible depuis Tacloban, c'est pourquoi nous l'évoquons ici. L'accès même du parc lui confère une bonne partie de son intérêt : depuis la ville de **Basey**, il faut remonter une large rivière bordée de palmiers et de villages de bambou sur pilotis. En amont, la rivière rétrécit et laisse apparaître des affleurements calcaires de plus en plus hauts à mesure que le bateau avance dans une gorge étroite. Le parc en lui-même recèle plusieurs **grottes** sous des formations calcaires, ornées d'immenses stalactites et stalagmites scintillantes. Encore 10 minutes de bateau vers l'amont, puis 300 m à pied dans la forêt, et vous découvrez une vaste **piscine naturelle** sous l'arche d'un pont naturel auquel le parc doit son nom. Au cœur de la forêt, c'est un endroit calme où les villageois s'occupent activement de la gestion du parc et proposent leurs services comme guides. Des sorties en kayak sont organisées.

De fortes précipitations peuvent provoquer des crues éclair, et le parc est souvent fermé pendant les mois les plus humides (déc-fév).

À Basey, l'**office municipal du tourisme** (055-276 1471 ; embarcadère de Basey ; 8h-17h lun-ven, 8h-13h sam et dim) vous organisera une excursion au parc et vous trouvera un guide ; l'aller-retour prend 4 à 5 heures – 1 heure en bateau à l'aller et autant au retour, et environ 4 heures dans le parc. Aucun bateau ne part de Basey après 13h.

Il est difficile de prévoir le prix de cette excursion, mais comptez environ 2 000 P pour 1 à 6 personnes, ce qui comprend le trajet en pirogue à moteur (1 500 P), le guide qui vous rejoint à Sohoton (350 P) et fournit quelques lampes-tempête (300 P). Il faut ajouter à cela le droit d'entrée (200 P/pers) et le permis délivré par le maire (50 P). L'office du tourisme de Tacloban peut aussi organiser des excursions au parc.

Si vous ratez le dernier transport, passez la nuit chez **Distrajo's Lodge** (055-276 1191 ; à partir de 250 P/pers), une pension familiale sympathique en face de l'embarcadère. Basey est renommée pour sa vannerie.

Pour rejoindre Basey, prenez un bus ou un jeepney (50 P, 1 heure 30) au marché de Tacloban, qui vous fera franchir le San Juanico Bridge, pont escarpé conduisant à Samar. Pour parer aux imprévus, mieux vaut quitter Tacloban avant 8h, si vous partez pour la journée. Emportez votre déjeuner, ni eau ni nourriture n'étant disponibles après Basey. Des minibus (30 P) retournent à Tacloban depuis l'embarcadère de Basey jusqu'à 16h.

ORMOC

053 / 177 500 HABITANTS

La baie d'Ormoc encerclée de montagnes est spectaculaire lorsqu'on arrive par bateau. Ormoc en elle-même est une ville portuaire animée. La promenade du front de mer, son principal attrait, est rafraîchie par la brise et dotée d'excellents restaurants et bars. Ormoc se prête parfaitement à une visite à pied, et il est facile de s'y repérer.

Ormoc a joué un rôle important au cours de la Deuxième Guerre mondiale. En 1944, les Américains, alliés aux Philippins, ont livré des batailles extrêmement sanglantes aux Japonais qui battaient en retraite. La baie est littéralement jonchée d'épaves de navires américains et japonais ; aucun club de plongée ne s'est pourtant encore installé ici. Les plongeurs expérimentés (eaux profondes et/ou compétences techniques) pourront contacter **Rob Lalumiere** (✆0918 907 2265 ; rob.lalumiere@yahoo.com), un plongeur qui vit ici depuis longtemps.

Où se loger

Ormoc Villa Hotel HÔTEL $$
(✆255 5006 ; www.ormocvillahotel.com ; Obrero St ; ch à partir de 1 830 P ; ❄🛜🏊). Véritable oasis en ville avec son jardin joliment aménagé et sa piscine (non-résidents 100 P). Grandes chambres confortables. Bon restaurant (sandwichs à partir de 110 P).

Hotel Don Felipe HÔTEL $
(✆255 2460 ; hdfelipe@yahoo.com ; I Larrazabal St ; s/d avec ventil 400/480 P, avec clim 650/850 P, nouveau bâtiment 1100/1400 P ; ❄@🛜). Bâtiment massif sur le front de mer. Chambres bien tenues dans le bâtiment principal, plus récent, certaines avec balcon sur la mer. Dans l'annexe, plus ancienne, les chambres sont petites, sombres et pas très soignées.

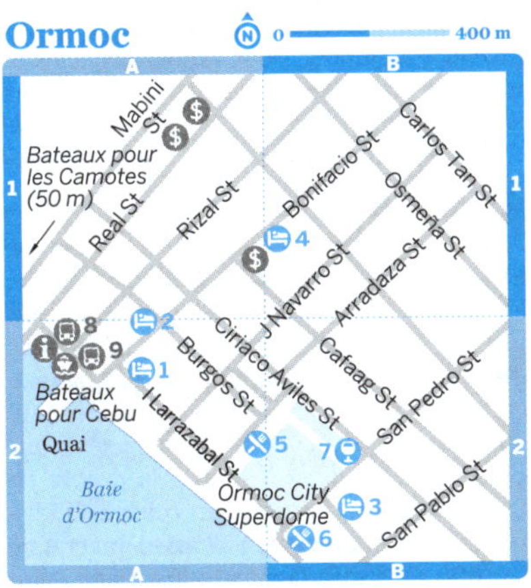

Ormoc

Où se loger
1 Hotel Don Felipe A2
2 IALodge A2
3 Ormoc Villa Hotel B2
4 Pongos Hotel B1

Où se restaurer
5 Al Dentre A2
6 Stands de barbecue B2

Où prendre un verre
7 Bebidas Coffee Bar B2

Transports
8 Station de jeepneys A2
9 Station de transports publics A2

Sabin Resort Hotel HÔTEL $$
(✆561 4499 ; Bantigue ; ch à partir de 1 850 P ; ❄🛜🏊). Hôtel dans un cadre verdoyant, à quelques minutes de la ville. Les chambres, vastes et claires, ont des balcons donnant parfois sur la baie. Joli jardin et piscine immense (non-résidents 100 P).

IALodge HÔTEL $
(✆561 0088 ; ialodgereservations@gmail.com ; angle Bonifacio St et Burgos St ; ch à partir de 700 P ; ❄🛜). Petit frère de l'Ormoc Villa, cet hôtel est largement un cran en dessous en termes de qualité, mais il est aussi bien moins cher. Emplacement central pratique et chambres confortables.

Pongos Hotel HÔTEL $
(✆255 2540 ; pongoshotel@yahoo.com ; Bonifacio St ; ch avec ventil 350 P, avec clim à partir de 600 P ; ❄🛜). Les chambres de l'ancien bâtiment sont très ordinaires et décrépites, mais celles de la nouvelle aile sont grandes et carrelées (et méritent qu'on paie un peu plus cher).

Où se restaurer et prendre un verre

Ormoc compte un quartier de restauration très animé où l'on trouve aussi bien des stands de rue que de luxueux restaurants et bars. Après le Superdom, plusieurs petits restaurants sont regroupés sur la promenade. En face, des stands de barbecue s'animent une fois la nuit tombée. Ne manquez pas de goûter au jus d'ananas frais qui fait la réputation de la région.

Al Dentre RESTOBAR
(Plats 70-250 P ; ⏲9h-2h lun-sam, à partir de 16h dim ; ❄🛜). Ravissant petit restaurant d'inspiration italienne, proposant un bon choix de pâtes et de salades, et parfois des plats plus inventifs comme les crevettes au beurre citronné et à la sauce au whisky. Possède aussi un bar à l'avant.

♥ **Bebidas Coffee Bar** BAR
(⏲9h-2h lun-sam, à partir de 16h dim ; ❄🛜). Si vous passez la soirée à Ormoc, ne manquez pas de faire un détour par ce petit café-bar où les branchés locaux viennent se régaler de bon café et de cocktails bon marché.

Renseignements

Ormoc compte une multitude de cybercafés. **Metrobank** (Real St) et **BPI** (Lopez Jaena St) possèdent des DAB et changent les dollars américains.

La responsable du tourisme Ira Bantasan vous renseignera à l'**office du tourisme de la ville d'Ormoc** (☎255 8356 ; www.ormoc.gov.ph/tourism ; Ebony St ; ⏲8h-12h et 13h-17h) dont les bureaux se trouvent à l'extérieur du port.

Depuis/vers Ormoc

BATEAU

Les bateaux rapides **SuperCat** (☎561 9818) et **Weesam Express** (☎561 0080) circulent chaque jour entre Ormoc et Cebu City (à partir de 675 P, 2 heures 30). Parmi les bateaux plus lents à destination de Cebu, ceux de Cebu Ferries partent à 13h30 (lun-jeu), et ceux de Lite Shipping à 22h (tlj sauf ven ; 400 P, 4 heures).

Le matin et l'après-midi, des *pumpboats* desservent les îles Camotes (à partir de 140 P, 4 heures).

Au départ de Palompon, **Super Shuttle Ferry** (☎0915 513 1510) assure une liaison quotidienne à 12h vers Bogo (250 P, 2 heures 30), sur Cebu, pratique quand on veut rejoindre Malapascua.

BUS ET JEEPNEY

Des bus font régulièrement la navette avec Tacloban (98 P, 3 heures), Maasin (130 P, 4 heures) et Naval (90 P, 2 heures 30), sur l'île de Biliran. D'autres services réguliers desservent Palompon (80 P, 2 heures 30) et San Isidro (90 P, 3 heures), au nord-ouest.

À la gare routière principale, des minibus climatisés font les mêmes itinéraires plus rapidement pour un peu plus cher.

ENVIRONS D'ORMOC

Le **parc naturel du lac Danao** (permis 45 P), magnifique lac d'eau douce perché dans les montagnes à 18 km d'Ormoc, fait l'objet d'une agréable excursion. On peut s'y baigner et pique-niquer sur une journée, voire y camper ou passer la nuit dans un lodge sommaire (chambre 300 P). Généralement, un jeepney ou un multicab (35 P) y monte en 45 minutes vers 10h du matin, et redescend en fin d'après-midi. Comptez 1 000 P/journée pour le multicab.

Le **Leyte Mountain Trail**, magnifique sentier sauvage et accidenté de 45 km, traverse des forêts tropicales, croise des lacs et des chutes d'eau. Hélas, on l'emprunte rarement car il n'est pas entretenu et ne comporte aucune infrastructure touristique ; les escarmouches qui éclatent parfois dans les environs avec la Nouvelle armée du peuple (NPA) font aussi que le ministère du Tourisme hésite à le faire connaître. Les randonneurs expérimentés mettront entre 4 et 7 jours pour le parcourir. Il est indispensable d'avoir un guide. Contactez **Aileen Suarez** (☎255 4369, 0918 925 5801) de l'Ormoc Mountaineering Club (club d'alpinisme d'Ormoc).

Sud de Leyte

Avec des sites de plongée parmi les plus beaux du pays, la province du sud de Leyte, à l'ambiance décontractée, attire l'essentiel des touristes qui visitent l'île.

MAASIN ET SES ENVIRONS

☎053 / 79 730 HABITANTS

Maasin, capitale provinciale effervescente du sud de Leyte, tient d'une magnifique carte postale avec l'océan en premier plan et les montagnes en toile de fond. C'est un point de chute commode pour randonner dans la région. Faites-y des provisions si vous partez à Padre Burgos. La ville possède une belle **église** datant de 1700.

Activités

Peu de voyageurs explorent la région de Maasin, alors que les belles randonnées, les grottes et les chutes d'eau ne manquent pas. Si certaines peuvent se faire seul, d'autres nécessitent un guide. Soyez patient, endurant, et préparé à des conditions rudimentaires. On peut randonner seul aux **chutes de Guinsohoton** et à la **grotte de Cagnituan.** En revanche, un guide est indispensable pour aller au **lac Danao**, un cratère à 1 000 m d'altitude sur le luxuriant mont Cabalian, où vous pourrez camper après les 3 heures de bus et les 2 heures de montée nécessaires pour y parvenir. On peut aussi se rendre aux **gorges et chutes d'Uwan-uwanan**, une randonnée d'une heure moins escarpée. Pour plus de renseignements et engager un guide, contactez Nedgar au Provincial Planning Development Office ou PPDO.

Où se loger et se restaurer

Villa Romana Hotel HÔTEL **$$**
(☎381 0639 ; villaromana_hotel@yahoo.com.ph ; s/d avec petit-déj à partir de 950/1 350 P ; ❄@📶). Les pieds dans l'eau et donnant sur le quai, ce bel établissement est le meilleur hôtel et restaurant de la ville. Chambres élégantes et bien meublées. Au rez-de-chaussée, le restaurant donnant sur le front de mer a bonne

À NE PAS MANQUER

LE DÉBARQUEMENT DE LEYTE

Lorsque les troupes américaines durent battre en retraite des Philippines en décembre 1941, en abandonnant le contrôle aux envahisseurs japonais, le général MacArthur prononça ces mots restés célèbres : "Je reviendrai." Les Philippines subirent trois années d'occupation brutale, mais le 20 octobre 1944, fidèle à sa promesse, MacArthur revint pour les libérer de l'occupant japonais. Un film célèbre montre le général marchant dans l'eau jusqu'aux genoux accompagné d'une troupe de soldats d'élite, dont le futur président philippin, Sergio Osmeña. Le discours qu'il prononça à son retour commençait par ces mots émouvants : "Peuple des Philippines, je suis revenu." La scène est immortalisée à Red Beach, l'endroit du débarquement situé à 1 km de Palo. C'est là que se dresse le **Leyte Landing Memorial** (mémorial du débarquement de Leyte), constitué de statues en bronze de MacArthur et de son escorte qui semblent jaillir des eaux. Il y a aussi un **jardin de pierres** où des hommages internationaux ont été gravés en 1994 pour commémorer le cinquantenaire de ce débarquement.

Le **mont Guinhangdan**, connu pendant la Deuxième Guerre mondiale sous le nom de Hill 522, fut le théâtre de combats acharnés. La magnifique église du XVIe siècle a servi d'hôpital entre octobre 1944 et mars 1945.

La localité de Palo se trouve à 12 km de Tacloban. Pour venir, prenez un jeepney à destination de Palo (15 P) indiqué "Via Government Centre", près du McDonald's du front de mer de Tacloban. Demandez au chauffeur de vous déposer au rond-point de Red Beach, environ 1 km avant Palo. Des tricycles (20 P) sont à disposition pour parcourir les courtes distances entre chaque site.

Note à l'attention de ceux qui veulent loger sur place : lors de nos recherches, le **LKY MacArthur Resort**, d'allure luxueuse et situé juste après le monument de Red Beach, sur une magnifique portion de littoral, était sur le point d'ouvrir.

réputation : bons plats de fruits de mer, entre autres ; le riz aillé aux crevettes grillées (135 P) est un délice.

Ampil Pensionne PENSION $

(☎570 8084 ; T Oppus St ; s/d sans sdb 200/300 P, ch avec sdb 400-800 P ; ❄📶). Excellente adresse petits budgets. Les chambres en retrait de la rue donnent sur une petite cour : le lieu est assez calme.

ℹ Renseignements

Les cybercafés ne manquent pas. **Metrobank** (T Oppus St) possède un DAB. Plus haut dans la rue, le Candy's Supermarket et le Southern Comfort changent les dollars US à des taux intéressants, mais seulement quand le propriétaire est là.

Nedgar Garvez, du **PPDO** (office provincial du développement ; ☎570 8300 ; Provincial Capitol Bldg ; 🕗8h-12h et 13h-17h lun-ven), est le responsable touristique local. Vous pouvez le contacter au ☎0915 879 4923 ou à l'adresse nvg4663@gmail.com. Il y a aussi un **office du tourisme municipal** (☎570 8097 ; maasin_cipto@yahoo.com) plus petit en ville.

ℹ Depuis/vers Maasin

Des bus réguliers desservent Ormoc (130 P, 4 heures), Padre Burgos (30 P, 1 heure) et Tacloban (180 P, 5 heures). Des bus réguliers circulent aussi jusqu'à Liloan (100 P, 4 heures), d'où partent les ferries pour Mindanao. On peut aussi rejoindre Padre Burgos en jeepney (30 P) ; ceux-ci s'arrêtent de circuler à 18h.

Des minibus climatisés vont à Ormoc (150 P, 3 heures 30) et Tacloban (220 P, 4 heures).

Cokaliong assure 3 liaisons/semaine en ferry vers Cebu City (320 P, 6 heures, départ à minuit), et 2 liaisons/semaine pour Surigao (300 P, 4 heures). Super Shuttle Ferry assure une traversée chaque soir pour Ubay (250 P, 3 heures), sur Bohol.

Plusieurs bateaux naviguent chaque jour de Bato à Ubay (245 P, 3 heures), sur Bohol. Plus au nord, Roble Shipping assure une traversée quotidienne entre Hilongos et Cebu City.

PADRE BURGOS ET SES ENVIRONS

☎053 / 10 200 HABITANTS

Padre Burgos s'étend sur environ 3 km sur une paisible langue de verdure le long de la jolie **baie de Sogod**. Ses récifs de coraux très sauvages, ses parois à-pic, ses grottes et courants sous-marins, ainsi que ses gros poissons, notamment sa population de requins-baleines, en font l'un des tout premiers spots de plongée des Philippines.

Vous trouverez un cybercafé près du quai mais pas de DAB – pour retirer de l'argent, Maasin ou Sogod sont les localités les plus proches.

À voir et à faire

Requins-baleines VIE SAUVAGE
Une population itinérante de requins-baleines, appelés localement *tiki-tiki*, revient chaque année dans la baie de Sogod, généralement entre janvier et avril.

Coral Cay Conservation PROTECTION ENVIRONNEMENTALE
(www.coralcay.org). Consultez le site Internet de cette organisation internationale afin de comprendre pourquoi il est essentiel de travailler avec les communautés locales pour préserver les récifs de coraux dans cette région. L'organisme n'accepte que les bénévoles qui se sont organisés longtemps à l'avance.

Île de Limasawa ÎLE
Si vous avez du temps devant vous, profitez-en pour visiter Limasawa, petite île somnolente revêtant une importance historique et religieuse pour les Philippins. C'est ici que les Espagnols célébrèrent une messe pour la première fois le 31 mars 1521, entamant ainsi la christianisation du pays.

Le premier **site de messe** est à 5 minutes de marche sur la gauche du quai. À côté, gravissez les 450 marches raides qui mènent à la **croix commémorative**, où vous reprendrez votre souffle en admirant la vue qui s'étend jusqu'à Mindanao, Bohol et Leyte. L'île recèle de ravissantes petites criques idéales pour la baignade et le snorkeling.

Une pirogue à moteur fait tous les jours la navette avec Padre Burgos (50 P, 1 heure) et accoste au *barangay* Magellanes (vérifiez bien la destination de la pirogue). Si vous êtes venu en bateau public (plutôt qu'avec un bateau de plongée dans le cadre d'une sortie), vous devrez probablement passer la nuit sur place ; il n'y a pas à proprement parler d'hébergement mais le maire (demandez sur place à le voir) pourra vous trouver un endroit où loger. Louer un *bangka* coûte entre 600 P et 1 000 P l'aller-retour.

Resorts-centres de plongée PLONGÉE
Padre Burgos accueille avant tout des visiteurs plongeurs. Plusieurs resorts de plongée y sont installés, qui prennent 1 500 à 2 000 P par plongée, équipement compris. Ils peuvent organiser des sorties plongée vers les îles de Limasawa et de Panaon, et acceptent ceux qui ne veulent faire que du snorkeling ou de la plage quand il reste des places sur le bateau.

Tangkaan Point, au sud de la ville, est un bel endroit pour le snorkeling au large.

Où se loger et se restaurer

Peter's Dive Resort COMPLEXE BALNÉAIRE $
(☎573 0015 ; www.whaleofadive.com ; ch avec ventil/clim à partir de 400/1 300 P ; ❄📶🍽). En retrait de la route, sur une plage de galets. Chambres pour tous les budgets. Plusieurs chambres bon marché partagent une salle de bains dans le bâtiment principal ; les bungalows plus grands et plus confortables sur la plage ont une salle de bains privative. Tâchez d'obtenir une chambre avec balcon. Le restaurant a un bon choix de plats philippins et internationaux. Les chambres coûtent un peu plus cher à ceux qui ne plongent pas.

Southern Leyte Dive Resort COMPLEXE BALNÉAIRE $$
(☎572 4011 ; www.leyte-divers.com ; San Roque ; ch 850-2 650 P ; ❄). Le plus ancien et le plus charmant des resorts de plongée. Les 9 bungalows, en bambou avec ventilateur, ou modernes, confortables et climatisés, en retrait de la route principale, donnent sur une plage de sable. Adresse familiale avec terrasse, hamacs et plantes vertes partout. Excellent restaurant dans le jardin (plats à partir de 100 P) servant sashimis, pâtes, salades et saucisses allemandes.

Sogod Bay Scuba Resort COMPLEXE BALNÉAIRE $$
(☎573 0131 ; www.sogodbayscubaresort.com ; ch/bungalow sur la plage 1 100/1 500 P ; ❄@). Chambres simples, propres, claires et ouvertes sur la baie, ou chambres meilleur marché dans un édifice en ciment à 200 m sur la route, à l'écart de la mer. Le restaurant avec vue (plats à partir de 100 P) propose une carte intéressante.

Padre Burgos Castle COMPLEXE BALNÉAIRE $$$
(☎0927 548 8598 ; www.padreburgoscastle.com ; Tangkaan ; s/d 3 600/4 500 P ; ❄📶🍽). À quelques kilomètres de Padre Burgos, cet hôtel de charme sur une falaise surplombant la plage de Tangkaan est une merveilleuse adresse pour ceux qui ne font pas de plongée. Ses ravissantes chambres sont équipées de lits douillets et d'accessoires élégants. Le restaurant s'ouvre sur une belle piscine. Plage privée de sable de corail. Possibilité d'organiser des sorties plongée avec l'un des clubs de Padre Burgos.

Depuis/vers Padre Burgos

Des jeepneys et des minibus rallient Padre Burgos depuis Maasin (30 P, 1 heure), d'où l'on peut prendre des correspondances de bus pour poursuivre le voyage. Des transports réguliers desservent Sogod, parfaite pour rejoindre d'autres destinations sur Leyte.

SOGOD ET SES ENVIRONS

053

La ville animée de Sogod, à l'embouchure de la baie de Sogod, se dresse devant un paysage pittoresque de forêts, et offre des opportunités de randonnée jusqu'aux grottes et chutes voisines. Contactez le responsable touristique **Robe Estillore** (0921 291 8027 ; carlstone75@yahoo.com) pour plus d'informations. Le DAB de Metrobank sera peut-être votre ultime moyen de retirer des espèces avant longtemps.

Le **Regis Bed n' Breakfast** (382 2776 ; Veloso St ; d avec ventil/clim 250/400 P ;) dispose de chambres sûres, propres et tranquilles dans un bâtiment vraiment très rose.

Sogod est un important nœud de transport : vous pourrez y prendre une correspondance vers l'ouest pour Maasin (70 P, 2 heures), vers le nord pour Tacloban (100 P, 4 heures) et vers le sud pour Liloan (60 P, 1 heure) d'où partent les bateaux pour Mindanao.

Dans la localité voisine d'Agas-Agas, une **tyrolienne** (280 P) survole le plus haut pont des Philippines, haut de 89 m, avant de continuer dans la vallée. Frissons garantis.

LILOAN ET SES ENVIRONS

053

Au sud, sur l'île reculée de Panaon, Liloan est une ville portuaire à l'abandon sur les rives de la baie de Sogod. L'unique raison d'y venir est de prendre un ferry pour Lipata, près de Surigao sur Mindanao (300 P, 3 heures 30, départ tous les jours en début et en fin d'après-midi). Si par malchance vous deviez passer la nuit ici, l'**Ofelia's Lodge** (s/d 150/250 P), près du marché, est le seul hébergement.

Verdoyante et rustique, l'île de Panaon est une mosaïque de petits villages de pêcheurs et de criques blanches, entourée par de superbes sites de plongée. Très réputé, le **récif de Napantao**, au large de San Francisco, fait l'objet de toutes les attentions de la part de l'organisme Coral Cay Conservation (voir p. 316). À **Pintuyan**, vous pourrez organiser une sortie snorkeling à Son-ok, non loin. L'endroit se prête idéalement à l'observation des requins-baleines. L'**office du tourisme** (587 2015) local organise des circuits d'observation de ces animaux moyennant 1 400 P (pour 3 personnes, avec location de bateau, guide et contribution pour la protection de l'environnement). Pour plus de précisions, contactez le responsable touristique **Moncher Bardos** (0916 952 3354 ; moncher64bardos@yahoo.com).

Le **Pintuyan Beach Resort** (www.pintuyan.com ; ch en pension complète 45 €), meilleur hébergement, peut vous procurer du matériel de plongée. Sinon, le **La Guerta Lodge** (0926 142 6986 ; ch avec ventil/clim 150/350 P) est bon marché. Des bus se rendent à Sogod (90 P, 2 heures 30) d'où on peut prendre des transports vers d'autres destinations.

Les car-ferries pour Lipata partent du nouveau terminal de ferries RORO à Benit, San Ricardo (120 P, 1 heure 30, 4/jour) ; c'est plus rapide et moins cher que de partir de Liloan. De Benit, le meilleur moyen pour rejoindre Pintuyan consiste à prendre un *habal-habal* (100 P).

HINUNAGAN ET SES ENVIRONS

053

Au nord-est de Liloan, une route spectaculaire et plutôt tranquille serpente entre les rizières vers Tacloban. Hinunagan est banale, mais de là, on peut rejoindre à pied ou à cheval des grottes et des chutes. Pour obtenir un guide ou de plus amples renseignements, contactez l'**office du tourisme municipal** (0999 442 1086 ; pedrofauste@yahoo.com) situé près de l'église.

La jolie **plage de Tahusan**, à 4 km au sud de la ville, est l'une des plus belles de Leyte. Passant du brun miel (avr-oct) au noir (déc-mars), cette jolie étendue de sable doux est idéale pour la baignade.

Le **Doña Marta Boutique Hotel** (0920 981 6581 ; www.donamartahotel.com ; ch avec petit-déj à partir de 2 000 P ;) est le meilleur hébergement de Tahusan. Ses chambres à la décoration originale (quoique très roses) sont dotées de vérandas donnant sur un joli jardin au bord de la plage. Le petit-déjeuner est délicieux.

Meilleur marché, le **Morgana Beach Resort** (0927 998 3846 ; malulanjacino@yahoo.com ; ch 800-1 800 P ;), également sur la plage, propose des chambres d'un bon rapport qualité/prix dans un bâtiment en forme de bateau. Venez en semaine pour éviter le karaoké de plage.

Rosita's Native Restaurant (0917 501 0131 ; plats à partir de 80 P ;). Ce restaurant sert l'une des meilleures cuisines que nous ayons goûtée à Leyte. Cadre séduisant et confortable, et carte exceptionnelle mettant à l'honneur les produits de la mer. Les énormes crevettes grillées au beurre d'escargot sont sensationnelles, tout comme le crabe au lait de coco. Grand choix de plats de légumes (à partir de 40 P) et délicieux cocktails.

Les îles voisines de **San Pedro** et **San Pablo** méritent le détour pour leur sable blanc de côrail et les possibilités de snorkeling et de baignade. À San Pedro, le **Vista Resort** (☎0919 379 0333 ; ch 250 P) propose un hébergement sans fioritures. La carcasse métallique d'un vaisseau japonais de la Deuxième Guerre mondiale est visible à marée basse. Le mieux pour rejoindre ces deux îles est de prendre un *bangka* public dans le *barangay* Canipaan (20 P, départ une fois au complet). Sinon, vous pouvez louer un bateau moyennant 1 000 P l'aller-retour. Au départ de Hinunagan, il y a des bus toutes les heures pour Tacloban (140 P, 3 heures) jusqu'à 14h, et Sogod (80 P, 3 heures) jusqu'à 16h.

ÎLE DE BILIRAN

☎053 / 150 000 HABITANTS

Des sources d'eau pure, d'innombrables chutes d'eau, des rizières en terrasses et de belles plages de sable blanc qui ourlent ses petites îles satellites : la paisible île de Biliran, où le tourisme se développe doucement, a de quoi vous occuper plusieurs jours, à l'écart des foules.

Mesurant environ 32 km sur 8 km, l'île est devenue une province indépendante de Leyte en 1992. Un petit pont relie les deux îles. La végétation de Biliran est luxuriante, et les précipitations abondantes toute l'année, même si c'est en décembre qu'elles sont les plus fortes, et en avril les plus faibles. La majeure partie de la population

Île de Biliran

est composée d'agriculteurs et de pêcheurs, qui pratiquent une activité vivrière et parlent généralement cebuano sur la côte ouest, et waray-waray à l'est.

Depuis/vers Biliran

Vous pouvez rallier Biliran depuis Cebu, Leyte, Luzon et Samar.

BATEAU

Roble Shipping assure la traversée depuis/vers Cebu et Naval (450 P, 9 heures 30) à 20h30 les mardi et dimanche, tandis que le bateau de Super Shuttle Ferry part à 20h le jeudi (430 P). Il peut être plus rapide d'aller en bateau jusqu'à Ormoc, puis de prendre un bus pour Naval. Les billetteries des deux compagnies de ferries se trouvent en ville, loin du quai.

BUS

Des bus réguliers circulent de Naval à Ormoc (90 P, 3 heures) et à Tacloban (120 P, 3 heures). Des minibus climatisés relient Naval à Tacloban (130 P, 2 heures) toutes les 30 minutes jusqu'à 17h. Pour les plus courageux, des bus partent tous les jours à 17h45 de Naval à destination de Manille (1 300 P, 24 heures).

Tous les bus et jeepneys arrivent/partent au/du terminal à proximité de l'*embarcadero*.

Comment circuler

Des bus et des jeepneys assurent la liaison entre Naval et Kawayan (25 P, 30 min) au nord, ainsi que Cabucgayan (50 P, 1 heure) au sud-est, via la ville de Biliran. Des tricycles motorisés et à pédales assurent le transport en ville. Comptez 6 P pour une petite course.

Aucun transport public ne dessert la côte entre Kawayan et Caibiran, ni la petite route entre Naval et Gabibihan. Pour vous y rendre, vous pouvez louer une moto avec chauffeur (1 000 P/jour).

Naval

053 / 44 300 HABITANTS

Naval, capitale de la province, s'étire le long de la route, entre quelques bâtiments administratifs à une extrémité et la zone portuaire de l'autre. Vous aurez peu de raisons de vous attarder ici, hormis pour effectuer des excursions d'une journée dans l'île. L'**office provincial du tourisme** (500 9627 ou 0906 470 7040 ; http://tourism.biliranisland.com ; 8h-12h et 13h-17h lun-ven) est situé dans un bâtiment à droite du siège du gouvernement provincial, dont l'étage expose une collection d'artisanat et de photographies. Demandez Jun Dacillo. Naval compte de nombreux cybercafés, et la Metrobank dispose d'un DAB.

Où se loger et se restaurer

La plupart des restaurants sont rassemblés dans P Inocentes St, l'artère principale de Naval, qui part du marché, de la jetée et de la zone du terminal.

Marvin's James Seaside Inn HÔTEL $
(500 9171 ; ch 600-1 500 P ;). Les pieds dans l'eau, ce bâtiment moderne jaune moutarde de 3 étages est géré par le sympathique Marvin à 2 km au nord de la ville (tricycle 10 P). Chambres propres et confortables, avec salles de bains privatives et TV. Demandez la 12B ou la 17, claires et aérées, avec vue imprenable sur la mer et balcon presque privé. Salon-salle à manger agréable (bonne cuisine), et jolie piscine dans l'annexe, de l'autre côté de la rue (non-résidents 20 P).

Biliran Garden Resort HÔTEL $$
(500 9233 ; ch à partir de 1 500 P ;). Bel aménagement paysager pour ce resort de 17 chambres à 3 km de Naval, vers l'intérieur des terres (tricycle 15 P), en bord de rivière dans le petit *barangay* Lomboy. Chambres d'un bon rapport qualité/prix : grandes, propres et lumineuses, elles ont des salles de bains de dimensions correctes. Piscine (non-résidents 50 P) et affreux mini-zoo qui fait perdre des points à l'hôtel.

D'Jan Dell's Cabin PENSION $
(500 9338 ; P Inocentes St ; d avec ventil/clim à partir de 300/500 P ;). En ville, adresse sommaire, mais propre et accueillante.

Nord de Naval

Cette jolie portion de littoral est la seule partie de l'île facilement accessible en transport public.

À quelques kilomètres d'Almeria, la **plage d'Agta** est la plus connue, et pourtant elle est assez médiocre par rapport aux autres plages des Visayas. Le meilleur hébergement, le **VRC Resort** (0916 466 5809 ; www.agtabeach.com ; s/d avec ventil 300/400 P, ch avec clim à partir de 600 P ;), dispose de plusieurs piscines et de chambres d'un rapport qualité/prix correct, prises d'assaut le week-end par les amateurs de karaoké. Optez plutôt pour le bungalow sur la colline avec vue sur mer.

Ce resort est un point de chute pratique pour partir explorer **Dalutan**, une île de sable blanc propice au snorkeling, non loin de la côte. La location d'un *bangka* coûte environ 700 P aller-retour.

Les **chutes de Bagongbong** sont à 2 heures de marche de Caucab, où le capitaine du *barangay* vous aidera à trouver un guide (150 P).

Les **rizières** de Sampao, Iyusan et Salangi sont toutes à 5 km de la route principale. À moins de louer une moto, vous devrez y aller à pied. Bien plus modestes que les rizières en terrasses de Banaue, elles valent néanmoins le coup d'œil si vous ne prévoyez pas d'aller dans le nord de Luzon.

Un peu plus loin au large, la charmante **île de Maripipi**, à peine développée, abrite la ravissante plage de Candol. Vous pouvez en faire le tour en moto (23 km ; 100 P) en 1 heure, ou faire à pied la route qui fait le tour de l'île. Des chambres sont disponibles au **Napo Beach Resort** (☎0921 347 6620 ; www.beachresortmaripipi.com ; ch avec ventil/clim à partir de 800/1 800 P ; ❄🍽) et chez certains particuliers (demandez la maison de Judith Daviola).

À l'ouest, les **îles de Sambawan**, inhabitées, offrent sable blanc et possibilité de snorkeling.

Un bateau part tous les jours de Naval pour Maripipi (60 P, 1 heure 30) en milieu de matinée, et revient le lendemain. Il est plus simple de louer un *bangka* (aller 1 000 P, 30 min) à Kawayan.

Est et sud de Naval

En retrait d'une petite route, le **bassin de la source de Naval** (Naval Spring Pool), à Locso-on, et, quelques kilomètres plus loin, les **chutes de Tinago**, disposent d'infrastructures rudimentaires, et sont relativement accessibles. On peut faire une courte balade à Tinago, et si le courant n'est pas trop fort, se baigner dans les deux grandes piscines naturelles en contrebas.

Non loin, vous pourrez grimper en 1 heure 30 au sommet du **Volcan Caibiran**, dont la dernière éruption remonte à 1939. Renseignez-vous auprès de l'office provincial du tourisme de Naval pour savoir comment vous y rendre, car aucun de ces sites n'est indiqué ; vous devrez être accompagné d'un guide, que vous pourrez trouver au *barangay* Pulang Yuta à Caibiran.

Les **sources chaudes de Mainit** sont une série de petites cascades d'eau sulfureuse reliant plusieurs bassins au bord d'une rizière. Sur la côte est, les **chutes de Tomalistis**, réputées pour leur eau cristalline, dévalent la paroi d'une falaise et ne sont accessibles qu'à marée basse (ou par bateau), bien que le débit se soit amoindri car les villageois détournent l'eau de la rivière pour leur usage quotidien. Les **chutes de Casiawan** sont spectaculaires lorsqu'il a plu, et le site est resté préservé. Pour vous y rendre, comptez 20 minutes de voiture sur une piste qui quitte la route du littoral sud à Cabucgayan, puis 10 minutes de marche.

Ouest de Naval

À l'ouest de Naval, l'**île de Higatangan**, avec son banc de sable blanc, invite à la natation et au snorkeling, à moins que vous ne préfériez faire une balade à la **grotte de Ka Ventong**, connue pour les serpents qui y ont élu domicile. L'ouest de l'île, accessible uniquement par bateau, recèle d'intéressantes formations rocheuses séparées par des criques sablonneuses. L'ancien président Marcos, et ses compagnons de résistance, se réfugièrent sur l'île pendant la Deuxième Guerre mondiale, comme le rappelle le nom du mont, Marcos Hill.

De petits resorts basiques permettent de se loger, dont le **Higatangan Island Beach Resort** (☎0999 512 8006 ; www.higatanganislandresort.com ; ch à partir de 800 P ; ❄). Tous les jours, à 11h, un *bangka* part de Naval (50 P, 45 min), et les bateaux dans le sens inverse partent à 7h. Il faudra donc passer la nuit sur l'île si vous utilisez les transports en commun. Comptez 1 500 P l'aller pour un trajet privé.

SAMAR

Samar est une île à la beauté sauvage. Son littoral vierge et ses paysages dégagés s'étendent presque sans discontinuer depuis la pointe sud de Luzon, au nord, jusqu'à l'extrémité nord de Mindanao, au sud. L'intérieur des terres, couvert d'une forêt dense, creusé de galeries souterraines et de chutes d'eau, commence à être exploré par les professionnels du tourisme d'aventure. À l'est, les côtes sont presque désertes et feront le bonheur des surfeurs expérimentés. Il est possible d'arriver en avion sur l'île à Catarman, au nord, d'où l'on accède à une myriade de petites îles peu connues, ou à Calbayog, sur la côte ouest davantage développée.

Samar

Histoire

C'est sur l'île de Homonhon, au sud de Samar, que Fernand de Magellan a accosté pour la première fois dans l'archipel, en 1521. Au cours de la guerre qui opposa les Philippines aux Américains, Samar fut le théâtre de batailles sanglantes. Samar compte des villes et des villages fondés ou baptisés par des Américains : Allen, Taft, Wright, MacArthur, sans oublier le petit village de Washington.

ℹ Depuis/vers Samar

AVION

Samar est bien reliée à Manille grâce aux vols quotidiens au départ de Calbayog (1 heure, 20 min) et Catarman (1 heure).

BATEAU

Les bateaux qui partent de Calbayog et de Catbalogan vont à Cebu City. Il existe des bateaux entre Allen et Matnog, sur Luzon.

BUS ET MINIBUS

De nombreux bus et minibus se rendent à Tacloban, sur Leyte, au départ de Catarman, Guiuan, Calbayog, Borongan et Catbalogan. Des minibus relient ces villes entre elles.

Philtranco (☎02-851 8078) et **Eagle Star** (☎02-913 1510) assurent des liaisons quotidiennes à destination de Manille au départ de la plupart des villes importantes de Samar.

Nord de Samar

Magnifique et peu fréquentée, la côte nord de Samar devient peu à peu une destination touristique au charme discret. Sous l'impulsion d'expatriés enthousiastes, épaulés par des locaux, des complexes hôteliers fleurissent, permettant de découvrir la constellation des îles du Nord. Vous y serez émerveillé par les formations rocheuses et les bassins d'eau de mer, les sites de snorkeling, de plongée et de surf, les plages paradisiaques, et les fruits

LA TUERIE DE BALANGIGA

En septembre 1901, des guérilleros philippins, dont beaucoup étaient déguisés en femmes, s'infiltrèrent dans la ville de Balangiga, entre Basey et Guiuan. Ils réussirent à entreposer des armes dans l'église, en les transportant dans des cercueils censés contenir des victimes du choléra. Le 28 septembre, les guérilleros lancèrent l'attaque contre la garnison américaine en faction, et tuèrent presque tous les soldats. Les représailles de la relève américaine furent sanglantes, les soldats ayant reçu l'ordre "de tuer quiconque capable de porter une arme", soit tous les garçons de plus de 10 ans. Le commandant américain comparaîtra plus tard en cour martiale. Une commémoration et une reconstitution des événements ont lieu tous les ans à cette date.

de mer pêchés dans des eaux parmi les plus cristallines du globe.

Certains secteurs du nord-est de Samar abritent des petits groupes de la New People Army (NPA), qui continuent à défier le gouvernement. Les étrangers n'ont jamais été pris pour cible, et les actions éventuelles sont plutôt menées dans l'arrière-pays.

CATARMAN

☎055 / 81 000 HABITANTS

Catarman est le point d'entrée par avion du nord de Samar, et une halte pour ceux qui longent le littoral nord-est ou qui se rendent dans les îles Biri. La ville est le seul endroit du nord de Samar où l'on trouve des DAB, et plusieurs cybercafés sont regroupés à l'angle de Magsaysay St et Annunciacion St. Parmi les quelques pensions, citons la **SaSa Pension** (☎251 8515 ; www.sasapensionhouse.multiply.com ; Jacinto St ; ch avec ventil et sdb commune 375 P, avec clim à partir de 775 P ; ❄📶), propre et pimpante, offrant des chambres pour tous les budgets. Restaurez-vous chez **Michz** – le restaurant, pas le fast-food – qui sert de bonnes pâtes au pesto (85 P), ou bien chez **Nest**. À 6 km à l'est de la ville, l'**UEP White Beach Resort** (☎0912 651 1134 ; www.uepwhitebeach.webs.com ; ch à partir de 800 P ; ❄🍴) propose des chambres standard au bord d'une jolie plage. L'établissement appartient à l'université locale. On peut parfois faire du surf (oct-déc).

ℹ Depuis/vers Catarman

Airphil Express et PAL assurent des vols quotidiens entre Catarman et Manille, tandis que Cebu Pacific et Zest Air organisent 4 vols/semaine. L'aéroport est à 2 km de la ville (20 P en tricycle). Des jeepneys desservent Allen (60 P, 1 heure), et les minibus Grand Tours se rendent à Calbayog (100 P, 1 heure 30) via la route de campagne.

ENVIRONS DE CATARMAN

Plage de Bobon – une superbe étendue de sable blanc parfaite pour la baignade, et parfois pour le surf (sept-mars) –, ainsi que sa voisine, **San José**, commencent à s'équiper pour le tourisme. La **Villa Alabado** (☎0926 717 9630 ; ch 500-1 200 P ; ❄) loue des huttes sur la plage, mais l'endroit peut paraître un peu sombre et isolé la nuit. L'établissement compte aussi des chambres plus confortables à l'arrière, près de la route, installées dans une ferme de pisciculture. À côté, le Bobon Beach Club était fermé lors de notre passage, mais n'hésitez pas à y faire un tour au cas où il aurait rouvert.

Les **îles Biri** sont une zone marine protégée où vivent des communautés de pêcheurs. L'île Biri elle-même, avec ses étonnantes formations rocheuses, ses bassins d'eau de mer et ses magnifiques chutes d'eau de mer, est la destination parfaite pour une excursion d'une journée. Des bateaux partent de Lavezares (50 P, 1 heure) à 30 km de Catarman, lorsqu'ils sont complets. Sinon, le trajet privé revient à 1 500 P, temps d'attente compris. L'île compte deux hébergements, dont le **Biri Resort** (☎0915 509 0604 ; www.biriresort.com ; ch avec ventil/clim ; ❄), qui possède un club de plongée proposant la visite des coraux mous sur le tombant du récif.

Le long de la côte nord, la route est ouverte jusqu'à Rawis, où vous devrez prendre un *bangka* pour poursuivre jusqu'à Laoang. À côté du débarcadère, remarquez le **phare** construit par les Américains : un édifice pittoresque qui résiste aux typhons depuis 1907. En suivant la côte nord-est, vous découvrirez également une région peu développée de plages de surf et de formations rocheuses. La piste littorale accidentée est idéale pour le VTT.

ALLEN

☎055 / 22 300 HABITANTS

Cette ville portuaire est desservie par le ferry qui relie le nord de Samar au sud de Luzon. Pour passer la nuit, entre deux ferries, le meilleur hébergement est le **Wayang**

Wayang Resort (☎0917 804 7585 ; barangay Jubasan ; ch 750-1 950 P ; ❄). Au bord de l'eau, l'établissement joliment aménagé, avec ses huttes en nipa confortables, est à 4 km au sud de la ville. On y trouve un restaurant et des huttes en bambou où l'on peut s'installer pour manger. Les chambres plus chères, plus agréables, sont équipées de balcons et de baignoires, et offrent une vue splendide sur la mer.

De nombreux lodges jalonnent la route près du vieux quai Dup Dup, le meilleur étant le **Christ Ians Lodge** (☎0949 479 9779 ; ch à partir de 250 P; ❄), le long de la plage de Buenos Aires, tenu par des Écossais.

Un conseil : s'il se fait tard, dormez à Allen et prenez un bateau du matin. Mieux vaut ne pas passer la nuit à Matnog, où les ferries arrivent, croyez-nous.

Les ferries RORO qui vont d'Allen à Matnog (120 P, 1 heure 15) sont gérés par **168 Shipping** (☎0918 619 1446) et Santa Clara ; départ toutes les 2-3 heures.

Un bus part pour Tacloban (350 P, 7 heures) à 9h. Sinon, le mieux est de prendre un minibus **Grand Tours** (☎9209 694 485) pour Calbayog (100 P, 1 heure 30), puis de trouver un transport pour continuer jusqu'à Tacloban ; à Calbayog, les bus cessent en principe de circuler vers 16h.

Des jeepneys desservent Catarman (60 P, 1 heure) jusqu'à 17h.

ÎLES DE BALICUATRO

Ce chapelet d'îles émerge juste sous la pointe nord-ouest de Samar. La plus grande, **Dalupiri** (plus souvent appelée San Antonio), proche du littoral de Samar, bénéficie de belles plages et d'une eau limpide. Son charme est tel qu'il est facile de s'y attarder plus longtemps que prévu.

Des hébergements sommaires sont installés le long de la plage. L'électricité étant coupée de 6h à la mi-journée, les chambres sont étouffantes quand il n'y a pas d'air.

Propriété suédoise, le **Crystal Sand Beach Resort** (☎0929 197 1843 ; www.crystalsandbeachresort.weebly.com ; bungalows avec ventil 500 P, ch avec clim 750 P ; ❄📶), au-dessus du centre du village, a un superbe emplacement à 500 m d'un sanctuaire marin. Pas de possibilité de plongée mais l'établissement peut vous procurer du matériel de snorkeling. Les chambres principales se trouvent dans d'affreuses constructions en ciment rose, mais les bungalows, simples, conviennent mieux à l'emplacement en bord de plage. Le resort organise des excursions aux Seven Islands.

Citons aussi le **Haven of Fun** (☎0917 327 6594 ; info@havenfunresort.com ; ch avec ventil/clim 600/1 200 P ; ❄), à deux pas du quai, un établissement fiable dans un beau cadre paysager, et le tranquille **Puro Beach Resort** (☎0916 545 0468 ; ch avec ventil/clim 500/800 P ; ❄).

Des bateaux publics desservent San Antonio (30 P, 30 min) plusieurs fois par jour depuis Victoria (tricycle 15 P depuis Allen) et moins fréquemment au départ du quai Dup Dup, à Allen ; pour revenir, postez-vous sur la plage et hélez les bateaux de passagers. Comptez environ 300 P pour un trajet privé.

Sur l'île de **Capul**, à l'ouest, couverte de forêt, la vie s'écoule à un rythme encore plus tranquille. À l'époque espagnole, c'était une zone de transit de galions et son nom vient certainement d'Acapulco, destination finale de ces navires. Depuis son phare et son fort en ruine, que l'on aperçoit en arrivant, les sentinelles guettaient l'arrivée des pirates Moros. Sa pittoresque église datant de l'ère espagnole est l'une des plus anciennes de Samar.

Détendez-vous au **Capul Island Beach Resort** (☎0921 672 6524 ; www.perfectplaces.com/vacation-rentals/33125.htm ; ch avec ventil/clim 500/1 000 P ; ❄), dont les chambres correctes donnent sur une plage ravissante, quoique parfois jonchée de détritus. L'électricité ne fonctionne que de 16h à minuit. L'établissement compte une cuisine mais pas de restaurant, il faut donc faire ses courses au marché situé à 30 minutes à pied (ou 10 P en *habal-habal*).

Un bateau part quotidiennement de Capul à 6h30, et revient d'Allen (70 P, 1 heure) vers 11h. Vous devrez soit passer la nuit sur l'île, soit payer un trajet privé (500 P).

Au-delà de l'île de Capul s'étendent les **îles San Vincente**, dont les Seven Islands et leurs eaux cristallines, leurs coraux mous et leurs plages de sable fin à la couleur rosée. Vous devrez louer un bateau ; sur Dalupiri, le Crystal Sand Beach Resort organise des excursions jusqu'ici.

Ouest de Samar

Sur la côte ouest de Samar, le tourisme devient une véritable aventure tant les possibilités de randonnée, de spéléologie ou de balades en VTT à l'intérieur des terres sont nombreuses.

CALBAYOG

☎055 / 147 200 HABITANTS

Calbayog est un point d'accès pratique pour les voyageurs allant à Manille en avion ou qui en viennent. Ville somnolente et poussiéreuse, elle n'en est pas moins assez agréable. Vous pourrez loger à l'**Eduardo's Hotel** (☎209 2407 ; Paharito St ; d avec ventil/clim à partir de 400/500 P ; ❄📶), dont les chambres sont de taille, de qualité et de niveau sonore variés, mais toutes nettes et confortables. De l'hôtel, qui se trouve à côté d'un DAB de la Metrobank et à deux pas du restaurant de grillades **Carlos & Carmelo's**, de nombreux cybercafés sont accessibles à pied. Si vous recherchez le confort, le **Ciriaco Hotel** (☎209 6521 ; www.ciriacohotel.com ; ch avec petit-déj à partir de 4 800 P ; ❄📶🏊), un hôtel haut de gamme, est le plus luxueux de Samar. Situé à 5 km de la ville au bord de la route nationale, il propose le transfert gratuit.

Depuis/vers Calbayog

Airphil Express et PAL assurent des vols quotidiens entre Calbayog et Manille, tandis que Cebu Pacific et Zest Air en proposent 4/semaine. L'aéroport est à 10 km de la ville (tricycle 100 P).

Les bus et jeepneys locaux partent de la gare routière de Capoocan, au nord de Rosales Bridge et à 2 km du centre-ville. Les bus pour Tacloban (180 P, 4 heures) circulent jusqu'à 16h.

Les vans Grand Tours circulent de Calbayog à Catarman (100 P, 1 heure 30), et Allen (100 P, 1 heure 30).

Cokaliong Shipping assure des traversées en ferry jusqu'à Cebu City (à partir de 690 P, 11 heures) au départ de Calbayog à 19h les mardi, jeudi et samedi. Les ferries Palacio partent les mêmes jours à 18h30 (780 P, 12 heures).

Il y a un bateau de Calbayog à Masbate (250 P, 6 heures) les lundi et vendredi ; départ du petit débarcadère situé sur la route menant au port principal.

CATBALOGAN ET SES ENVIRONS

☎055 / 84 180 HABITANTS

Capitale provinciale de l'ouest de Samar, Catbalogan est une base idéale pour explorer les extraordinaires grottes et rivières souterraines nichées sous une jungle luxuriante, ainsi que les gorges de la région. La ville elle-même baigne dans une atmosphère sympathique et offre le choix d'hébergements le plus varié de l'île.

Catbalogan n'a pas de véritable sites d'intérêt, mais au centre de **Pita Park**, petite enclave de verdure non loin du port, s'élève un mémorial rappelant le terrible naufrage du ferry *Doña Paz* en 1987, dont la majeure partie des 5 000 victimes était originaire de Catbalogan, ou d'autres villes de Samar.

Les cybercafés ne manquent pas et les banques BDO et Metrobank sont équipées de DAB.

Activités

Pour visiter les sites souterrains, vous devrez contacter **Trexplore** (☎251 2301, 0919 294 3865 ; www.trexplore.blogspot.com ; Abesamis Store, Allen Ave ; ⏱8h-20h). Cette agence gérée par Joni A. Bonifacio est le seul prestataire qui puisse proposer des excursions vers les grottes, les rivières et les gorges de toute l'île. Joni organise toutes sortes d'excursions, mais prenez vos dispositions bien à l'avance. Trexplore possède une boutique qui vend des vêtements, chaussures et équipement de plein air de qualité.

Excursion très populaire, la **grotte de Jiabong**, récemment découverte, se compose de quatre grottes offrant un paysage souterrain très varié, avec rivières, cascades, plages sablonneuses, piscines naturelles, bains de boue et de majestueuses stalactites blanches.

Au nord, ne manquez pas les superbes chutes de **Bangon**, **Mawacat** et **Larik**, ainsi que la galerie de la **grotte de Guinogo-an**.

Au sud, la **grotte de Calbiga** est la plus grande formation karstique des Philippines (2 970 ha) et l'une des plus vastes d'Asie. Elle n'a été explorée qu'en 1987, et sa grotte principale, **Langun-Gobingob**, possède une salle qui pourrait contenir 3 terrains de football.

Toutes ces visites impliquent des déplacements en voiture et de la marche, et, selon vos aptitudes et votre intérêt, de la spéléologie, du camping et de la natation. Seule la grotte de Jiabong peut être visitée sur une journée au départ de Catbalogan. Les tarifs démarrent à 3 000 P/pers environ (réductions pour les groupes plus importants), un prix qui comprend la nourriture, le transport, le matériel et un CD gravé des photos prises par Joni dans la journée.

Où se loger et se restaurer

Summers Garden Pension House PENSION $

(☎251 5135 ; ch avec petit-déj à partir de 900 P ; ❄📶). Un excellent choix pour ceux qui recherchent une ambiance familiale. Grande maison impeccable, avec plancher en bois, terrasse ensoleillée et jardin. Quatre grandes chambres aérées tenues par de charmants propriétaires d'un certain âge. Mention spéciale pour le petit-déjeuner.

Fortune Hotel HÔTEL $
(☎251 2147 ; 555 Del Rosario St ; ch avec ventil/clim à partir de 390/700 P ; ❄📶). Ouvert de longue date et fiable, le Fortune propose divers types de chambres (dimensions, confort) dans une large gamme de prix. Préférez celles qui ne donnent pas sur la rue, bruyante. Au rez-de-chaussée, le restaurant animé sert des repas chinois et philippins (plats 50 P).

New Maqueda Bay Hotel HÔTEL $$
(☎251 2386 ; ch à partir de 950 P ; ❄📶). À quelques kilomètres au sud du centre-ville, le Maqueda, autrefois splendide, propose des chambres (certaines avec balcon sur la mer) un peu négligées avec salle de bains. Principal atout, son restaurant avec baie vitrée ouverte sur la mer.

First Choice Hotel HÔTEL $
(☎251 2688 ; hotelfirstchoice@yahoo.com ; Del Rosario St ; s/d avec ventil 300/400 P, ch avec clim 950-1 500 P ; ❄📶). Si la façade a ce côté morne du classique motel pas cher (le rose de la décoration n'arrange rien), les chambres sont bon marché, propres et d'un rapport qualité/prix convenable.

Flaming Hat PHILIPPIN $$
(Repas 60-210 P ; ⏲10h-21h30 ; ❄📶). De loin la meilleure table de la ville, cet élégant restaurant a un bon choix de plats philippins et de pizzas, mais les crevettes au poivre et à l'ail, et la poitrine de porc grillée sont très réussies. Les cocktails sont bon marché (45 P).

Balay Balay RESTOBAR $
(⏲9h-tard). Un peu à l'écart, près du New Maqueda Bay Hotel, ce bar en plein air au bord de l'eau est parfait pour siroter une bière.

ℹ Depuis/vers Catbalogan

Des vans climatisés assurent des liaisons efficaces et régulières. **Duptours** (☎543 9127), **Van Vans** (☎543 9118) et **Grand Tours** (☎0920 908 6185) desservent toutes Tacloban (100 P, 2 heures). Van Vans et Grand Tours vont aussi à Calbayog (90 P, 1 heure 30). De Calbayog, des vans assurent la correspondance pour Allen et Catarman.

Des bus desservent aussi fréquemment les destinations ci-dessus, mais ils sont plus lents pour des tarifs à peu près identiques. Ils poursuivent plus au nord jusqu'à Allen (180 P, 6 heures) et Catarman (180 P, 6 heures). Il y a tous les jours des bus pour Borongan (140 P, 3-4 heures). Buray, à 30 minutes en jeepney (25 P) au sud de Catbalogan, offre plus de transports vers la côte est que Catbalogan.

Les bus Philtranco et Eagle Star pour Manille (1 120 P, 18 heures) partent assez régulièrement de la gare routière proche de la jetée.

Roble Shipping Lines assure le transport depuis/vers Cebu City (650 P, 12 heures) 1 fois/semaine ; départ de Catbalogan à 20h le vendredi.

Est et sud de Samar

En visitant les côtes est et sud de Samar, faites le plein de nature sauvage et détendez-vous sur la plage, sans oublier de plonger dans le passé en découvrant des vestiges de la Deuxième Guerre mondiale. Traditionnellement, ce littoral était frappé par des typhons, mais avec le changement climatique, les grosses tempêtes entraînant des glissements de terrain sont moins nombreuses et contournent la côte pour aller sur Bicol.

Il existe de superbes spots de surf sur la côte sud-est, les plus connus étant ceux de l'île de Calicoan et de Borongan.

BORONGAN

☎053 / 59 350 HABITANTS

Borongan est une ville industrieuse qui n'a rien de spécial, mais les surfeurs apprécieront ses *reef-breaks* et ses *beach-breaks*, en particulier ceux des plages de Bato et Baybay, ainsi que des îles environnantes. Si les vagues sont là par intermittence toute l'année, elles ne conviennent vraiment qu'aux surfeurs expérimentés et patients. Le boulevard près de Baybay Beach, une belle étendue de sable brun miel, est le secteur le plus joli de la ville. Dans les environs, on trouve des paysages montagneux et boisés, ainsi que de petits villages retranchés du monde extérieur. Il est possible d'organiser des randonnées jusqu'à des cascades.

Borongan est aussi la base de départ pour rejoindre l'île de **Divinubo**, bel endroit à 10 minutes en bateau, qui possède un phare construit par les Américains en 1906. Divinubo offre de beaux sites de snorkeling, des grottes et un relief boisé. Pour venir, prenez un tricycle jusqu'à Lalawigan, et là, attendez qu'un bateau se remplisse de passagers (12 P) ou bien louez-en un (500 P, 30 min). Sinon, à marée basse, il est parfois possible de faire tout le trajet à pied depuis Borongan.

Pour plus de renseignements, contactez l'**office du tourisme** (☎0917 426 9167 ; turismoborongan@gmail.com) en face de l'hôtel de ville, qui possède un bon choix de brochures.

Plusieurs cybercafés sont regroupés dans le quartier proche de la gare routière Eagle Star. Metrobank dispose d'un DAB.

Où se loger et se restaurer

Des stands de barbecue s'installent en début de soirée le long de Baybay Beach.

Pebbles & Tides COMPLEXE BALNÉAIRE $$
(☎560 9104 ; www.pebbles101.bravehost.com ; huttes 950 P ; ❄). Au bord de la mer sur Bato Beach, des huttes sommaires mais assez confortables avec véranda. Si la plage n'est pas très belle, elle est baignée de vagues propices au surf. L'établissement est aussi la meilleure table de la ville.

Domsowir Hotel HÔTEL $
(☎261 2133 ; ch avec ventil/clim 125/455 P ; ❄📶). Un peu vieillissant et bruyant, le Domsowir est central, en bord de rivière.

Hotel Dona Vicenta HÔTEL $$
(☎261 3586 ; hoteldonavicenta@yahoo.com ; ch 980-3 070 P ; ❄📶🏊). Un classique hôtel d'affaires, aux chambres vastes et confortables, mais qui pâtissent de la musique de fond permanente émanant de l'Uptown Mall voisin. La piscine est d'autant plus agréable que l'hôtel est un peu loin de la plage.

Phenpoint Grill PHILIPPIN $
(Plats 70-200 P). Agréable restaurant en plein air dans la rue au-dessus de Baybay Beach, servant des plats philippins et des sandwichs savoureux et bon marché. Goûtez au *lapu-lapu* (mérou rouge) en sauce à l'ail (95 P). Autre enseigne près du capitole.

Depuis/vers Borongan

Eagle Star assure une liaison directe entre Borongan et Catbalogan (170 P, 4-5 heures), mais on peut aussi prendre un jeepney pour Buray puis une correspondance pour Catbalogan. Autre solution : prendre un bus pour Manille qui passe par Catbalogan. Des minibus climatisés rallient Tacloban (190 P, 5 heures) via Basey, de même que les bus publics. Des bus desservent aussi Guiuan (120 P, 3 heures).

GUIUAN

☎053 / 43 500 HABITANTS

Guiuan, qui marque la fin de la route cahoteuse vers l'extrémité sud-est de Samar, devient peu à peu une destination touristique. Il n'y a pas de plage, mais les hébergements donnent sur une baie splendide. Une profusion d'îles se trouvent à proximité, dont l'île de Calicoan, réputée pour le surf. Une fois que l'aéroport fonctionnera correctement (il est en chantier depuis la Deuxième Guerre mondiale, époque de sa construction), il est probable que Guiuan deviendra l'une des destinations les plus populaires de Samar.

L'histoire intéressante de Guiuan débute dès l'arrivée des premiers colons, avec l'accostage de Magellan sur l'île de Homonhon, et va jusqu'à celle des Américains (les vestiges d'une immense base de l'armée américaine en témoignent).

L'**office du tourisme** (TIPC ; ☎0927 458 1175 ; ⌚9h-12h et 13h-19h), qui sert aussi de boutique de souvenirs, renseigne sur la région environnante.

Le centre-ville compte un PNB avec un DAB (longues files d'attente), mais il est peu fiable. Nous vous conseillons d'apporter suffisamment d'espèces.

À voir et à faire

Ne manquez pas l'**église** du XVIe siècle avec ses magnifiques portes sculptées et son imposante tour de guet.

Station météorologique POINT DE VUE
Grimpez jusqu'à la station météorologique pour admirer le panorama sur l'océan et le golfe de Leyte. Pendant la Deuxième Guerre mondiale, l'armée américaine transforma la zone pour lancer de là ses attaques contre le Japon, et celle-ci fut à un moment la base de patrouilleurs la plus importante du monde, avec 300 bateaux et 150 000 hommes, parmi lesquels le futur président Kennedy. La **piste d'atterrissage** de 2 km est devenue la piste de marche/course/cyclisme de la ville. Un **mémorial** simple mais émouvant, offert par un vétéran japonais, s'élève sur la plage de Dumpao.

Pearl Island ÎLE
De l'autre côté de la baie (comptez 400-500 P pour la traversée attente sur place comprise, 30 min), Pearl Island est connue pour ses palourdes géantes et ses bons sites de snorkeling.

Où se loger et se restaurer

Guiuan ne possède qu'une poignée d'hébergements, les meilleures adresses étant de loin celles situées en bord de mer à quelques kilomètres de la ville (10 P en tricycle).

Tanghay View Lodge COMPLEXE BALNÉAIRE $
(☎0915 416 8067 ; www.tanghaylodge.multiply.com ; ch 250-1 300 P ; ❄📶). Gérée depuis des années par Susan Tan, cette adresse propose des chambres pour toutes les bourses. Les plus belles sont confortables, avec salle de bains et climatisation, tandis que les moins

chères, plus petites, partagent des salles de bains très propres mais étouffantes. Au bord de l'eau, cet établissement bleu et blanc possède d'agréables pavillons aérés, faisant salon et salle à manger. Au menu, de la conque, spécialité locale, en sauté épicé au gingembre (90 P). Possibilité de circuits sur une demi-journée (environ 400 P), combinant les curiosités de la ville et l'île de Calicoan.

Misty Blue Boathouse COMPLEXE BALNÉAIRE **$**
(☎0920 471 9526 ; mistyblueboathouse@hotmail.com ; ch avec ventil/clim 500/1 000 P ;). Ce resort décontracté satisfait aux fondamentaux : emplacement en bord de mer, belle piscine, restaurant en plein air servant des pizzas au feu de bois et même un bar flottant. Les meilleures chambres sont aussi les moins chères avec ventilateur et une vue sublime sur la mer. Le jet-ski sert à conduire les clients aux îles voisines, idéales pour la baignade.

Depuis/vers Guiuan

Lors de notre passage, on venait juste de refaire la piste de décollage car l'aéroport de Guiuan attendait son tout premier vol. Ceci dit, mieux vaut pour l'instant ne pas trop compter dessus.

Plusieurs bus et jeepneys desservent Tacloban (130 P, 4 heures 30) et Borongan (120 P, 3 heures) ; les derniers partent à 15h.

Des minibus climatisés (120 P, 2 heures 30) rallient aussi Tacloban (130 P, 3 heures). Si vous allez à Borongan, il est possible de se poster au carrefour, à 45 minutes de la ville (50 P), là où la route part au nord vers Borongan (100 P) et à l'ouest vers Tacloban, et d'attendre le passage d'un minibus. Le dernier minibus part de Guiuan à 14h. Sinon, le plus rapide est de prendre un bus pour Manille qui parte aussi de Guiuan.

ÎLE DE CALICOAN

À environ 16 km de Guiuan par la route, la somnolente île de Calicoan est surtout connue comme destination de surfeurs, mais les visiteurs viennent aussi profiter de ses plages tranquilles et de son atmosphère paisible.

Les meilleures vagues sont celles de la **plage d'ABCD**, qui tient à la fois son nom des quatre *reef-breaks* au large de sa côte, et de l'"Advance Base Construction Depot", qui ravira les amateurs d'histoire de la Deuxième Guerre mondiale. Les plus belles déferlantes droite et gauche sont au rendez-vous de mai à octobre. La zone de courants forts ne convient pas aux débutants. Les surfeurs feront bien de prendre contact avec **Jun Jun**

LES RUSSES BLANCS DE TUBABAO

Pour une petite île aussi méconnue, **Tubabao** a traversé une décennie riche en événements pendant et après la Deuxième Guerre mondiale. Importante base américaine pendant la guerre, elle vit arriver, en 1949, 5 500 réfugiés russes qui fuyaient les persécutions de la Chine communiste. Installés à Harbin en 1917 après avoir fui l'URSS et la révolution bolchevique, les "Russes blancs" anticommunistes furent de nouveau contraints à l'exil. Ayant accepté le statut de réfugiés que leur offrait le gouvernement philippin, ils furent envoyés sur l'île presque déserte de Tubabao.

À l'époque l'hébergement se résumait à de vieilles tentes de l'armée américaine, et les conditions de vie étaient difficiles. Les gens vivaient entassés les uns sur les autres, subissaient le climat et manquaient des produits de première nécessité. L'endroit avait tout d'un camp de réfugiés. On érigea cependant des églises en bois, tandis qu'un cinéma et un glacier donnaient un semblant de normalité à la vie quotidienne.

En 1951, au bout de deux années passées sur l'île, la plupart des réfugiés se virent accorder le droit d'asile par l'Amérique, l'Australie et la France. Les Russes qui demeuraient encore sur place furent évacués en décembre 1951 après qu'un terrible typhon eut détruit tous les bâtiments de l'île. Tubabao sombra alors dans la torpeur.

Aujourd'hui, l'île compte quelques villages de pêcheurs tranquilles, et fort peu de vestiges du camp russe. Ceux-ci se résument à la dalle en ciment du cinéma, une église, un mess et une centrale électrique. Le pont qui reliait autrefois Tubabao à l'île principale a été détruit, et l'on accède désormais à l'île en prenant un petit bateau qui part d'un embarcadère situé à côté du Misty Blue Boathouse.

Pour vous promener une heure ou deux sur cette île assoupie, contactez **Cesar** (☎0920 268 7510), capitaine de *barangay* à Tubabao, pour qu'il vous conduise sur les sites d'intérêt. À Guiuan, une petite exposition de photos du camp est bizarrement installée dans les cellules au fond du poste de police, à côté de l'office du tourisme.

(☎0906 451 9719), gourou local de la discipline et président de club de surf de Guiuan. Il vous trouvera au besoin des planches de surf et des bodyboards (500 P/jour), ainsi que des cours (1 000 P/jour). Si vous avez des problèmes d'hébergement, il vous trouvera un endroit où loger. Enfin, il vous renseignera sur les autres spots de surf sur la côte sud-est de Samar.

Longue de 3 km, la **plage de Ngolos**, au nord de l'ABCD, est magnifique pour la baignade (sauf quand il y a de la houle). Les férus d'histoire seront intéressés par les vestiges de la **Base 3149 de la Navy**. La côte ouest de l'île est frangée de splendides plages de sable parfaites pour se baigner.

À la pointe sud de l'île se trouve le village de pêcheurs de **Sulangan**. Des pèlerins viennent du monde entier pour visiter son église abritant un sanctuaire dédié à saint Antoine de Padoue.

En matière d'hébergement, la **Calicoan Villa** (☎0917 206 9602 ; www.calicoanvilla.com ; ch avec ventil/clim à partir de 1 000/2 500 P ; ❄@≋), avec ses modestes bungalows pointus jouissant d'une vue splendide sur la plage d'ABCD, offre le meilleur rapport qualité/prix. Le bâtiment principal abrite des chambres plus haut de gamme. Belle piscine et location de planches de surf (500 P/jour).

Sinon, repliez-vous sur le luxueux **Calicoan Surf Camp** (☎0917 628 6615 ; www.calicoansurfcamp.com ; ch avec petit-déj à partir de 6 700 P ; ❄≋), resort sélect, installé sur un site magnifique. Promenade en bois avec vue sur l'océan et sublime piscine à débordement. Les chambres sont aménagées dans des huttes à toit de chaume de style batak à l'intérieur très confortable.

De rares multicabs et jeepneys circulent entre Guiuan et Calicoan (30 P), mais vous pouvez aussi louer un tricycle (300 P). Le dernier jeepney de retour pour Guiuan part vers 14h.

ÎLES HOMONHON ET SULUAN

C'est sur l'île de Homonhon que Magellan accosta pour la première fois aux Philippines le 16 mars 1521. L'île possède des geysers maritimes, des plages de sable blanc, une cascade d'eau douce et une crique. Pour vous y rendre, prenez un *bangka* public à Guiuan (20 P, 2 heures). Attention, ce mode de transport dépend des marées et de la météo, la période allant de mai à juillet étant généralement la plus clémente.

À 1 heure d'Homonhon, Suluan, qui subit les mêmes difficultés d'accès, possède un **phare** abandonné. En haut des 500 marches qui mènent à son sommet, un magnifique panorama s'étend sur les îles du golfe de Leyte et l'océan Pacifique. Plusieurs **grottes marines** sont accessibles à marée basse. Si vous souhaitez passer la nuit sur Suluan, le chef du *barangay* vous trouvera une chambre.

Il est aussi possible de louer un bateau à Guiuan et de visiter les deux îles dans la même journée en partant tôt le matin (environ 6 000 P). Renseignez-vous bien avant de partir.

ÎLES MARABUT

Le littoral, déjà superbe, qui s'étend entre Basey et Marabut, déroule un charmant chapelet d'îlots de calcaire. Le paysage évoque la baie d'Halong, au Vietnam, en miniature.

Le **Marabut Marine Park** (☎276 5206 ; www.caluwayanresort.com ; ch à partir de 1 600 P ; ≋) est un bon tremplin pour explorer les promontoires rocheux. On peut y louer des kayaks de mer et pagayer à quelques centaines de mètres du rivage. Face aux îlots, le **Caluwayan Palm Island** (☎276 5206 ; www.caluwayanresort.com ; ch à partir de 1 600 P ; ≋) loue des chambres assez onéreuses et des pédalos (100 P/heure). De Marabut, des bus locaux circulent à peu près toutes les heures entre Tacloban (30 P, 1 heure 30) et Guiuan (100 P, 3 heures).

GROTTES DE SOHOTON ET PARC NATIONAL NATURAL BRIDGE

Ce site protégé composé de grottes et de forêts est la plus belle curiosité naturelle de Samar. Au moins six espèces d'oiseaux endémiques y ont élu domicile. L'entrée s'effectue par Basey. Au vu de sa proximité avec Leyte, les voyageurs s'y rendent souvent depuis Tacloban (voir p. 311 pour plus de détails).

Mindanao et Sulu

Dans ce chapitre »

Le top des restaurants

» Night Café (p. 335)
» Kawayan (p. 353)
» Claude's Café (p. 358)
» Alavar Seafood House (p. 368)

Le top des hébergements

» Camiguin Action Geckos Resort (p. 345)
» Sagana Beach Resort (p. 352)
» Ponce Suites (p. 355)
» Chema's by the Sea Resort (p. 361)

Pourquoi y aller

Malgré ses plages splendides, ses vagues de rêve pour les surfeurs, ses montagnes et ses communautés autochtones, Mindanao reste à l'écart des circuits touristiques. De fait, le conflit entre le gouvernement et les rebelles est le principal responsable de cette situation. Cela ne veut pas dire que l'urbanisation soit absente – la majeure partie du littoral nord a été bétonnée, et, au sud, la ville de Davao est à la fois cosmopolite et raffinée –, mais l'essentiel de ce qui a disparu ailleurs dans les Philippines est resté vivant à Mindanao.

Mindanao compte une large diversité ethnique et autant de rivalités mettant en cause les revendications territoriales et les ressources naturelles, abondantes et très recherchées. Depuis les années 1950, les musulmans ne sont majoritaires que dans 4 provinces sur les 21 que compte l'archipel ; dans ces régions historiquement musulmanes, les autorités ont créé la "Région autonome dans la partie musulmane de Mindanao" (ARMM), sur une superficie de 14 000 km², qui inclut les îles s'étendant vers la Malaisie et l'Indonésie.

Quand partir

Cagayan De Oro

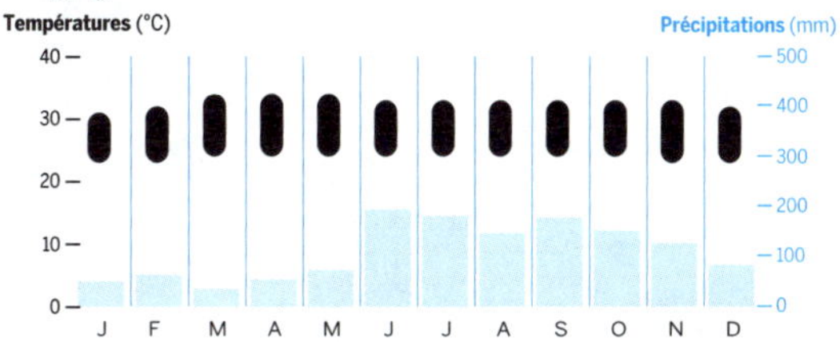

Juin-sept Saison la plus sèche sur la côte est.

Nov-mars Saison la plus humide sur la côte est.

Nov-avr Saison la plus sèche pour la majeure partie de l'île.

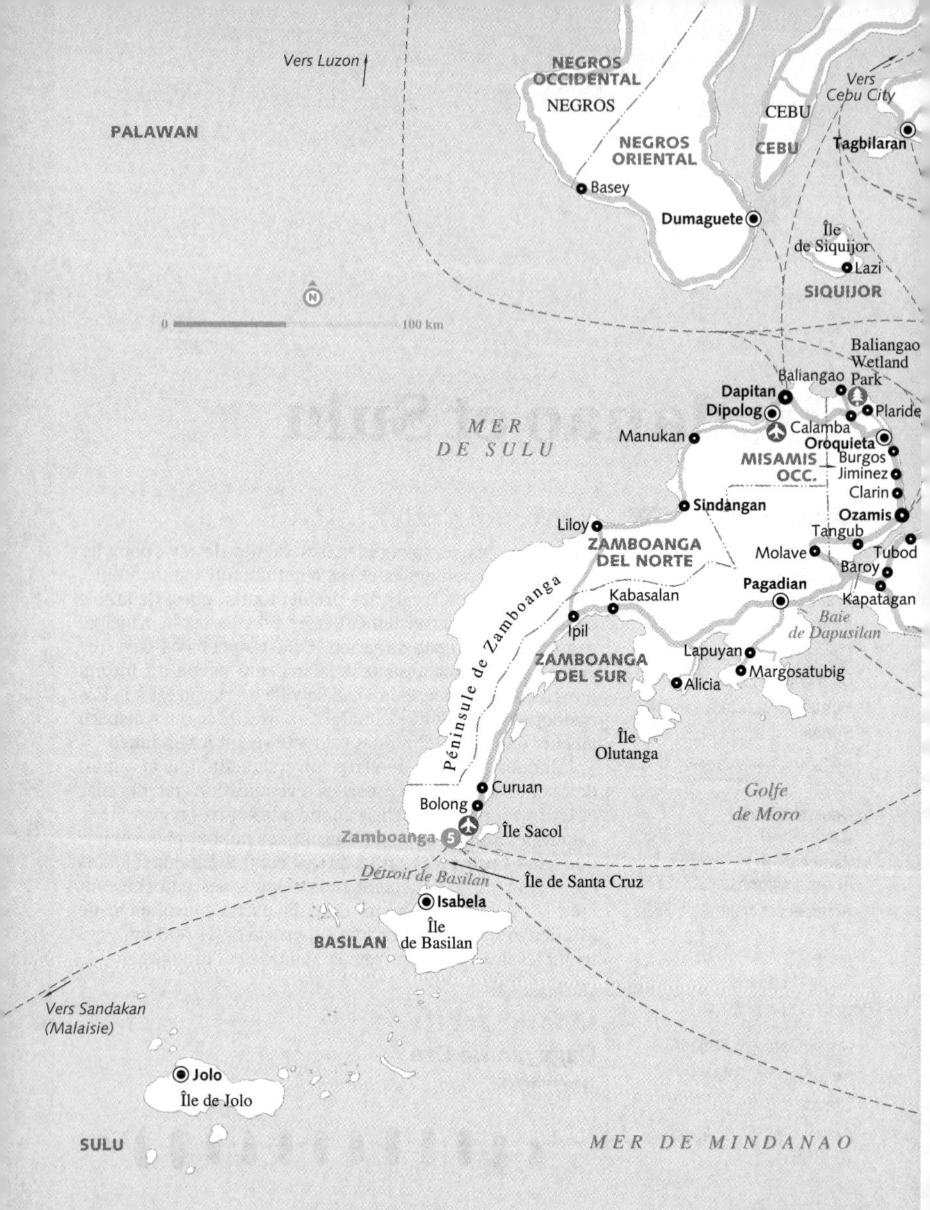

À ne pas manquer

1 Les sources chaudes et les cascades sur l'île **Camiguin**, à la végétation luxuriante (p. 341)

2 Les célèbres vagues de **Cloud Nine** (p. 352), le *break* de surf de Siargao

3 Faire une descente en eaux vives sur la **rivière Cagayan de Oro** (p. 338)

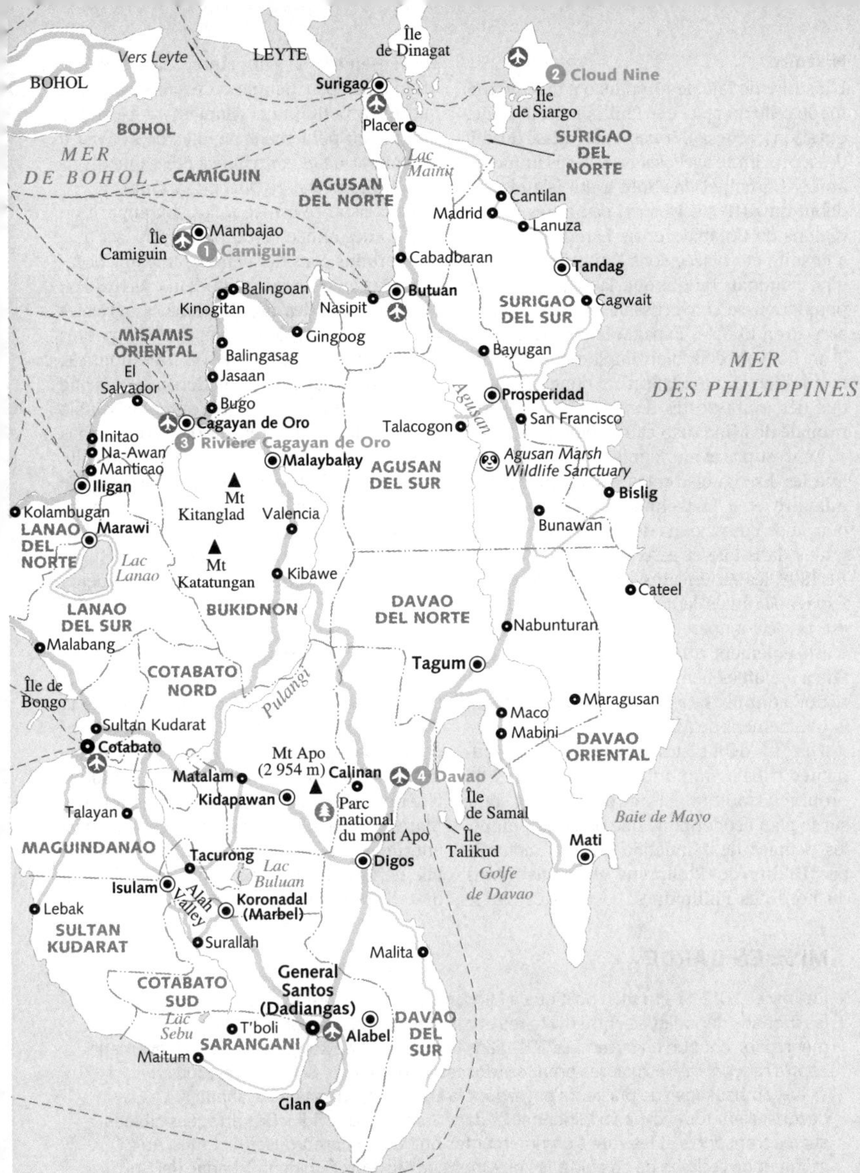

4 La tournée des bars, d'un lieu animé à un autre, dans la ville cosmopolite de **Davao** (p. 359)

5 L'histoire et la diversité ethnique de l'île à **Zamboanga** (p. 365)

Histoire

L'histoire de l'île de Mindanao a divergé très tôt de celle du reste des Philippines, pour des questions géographiques mais aussi du fait de sa proximité avec des zones sous influence arabe. L'archipel des Sulu a été islamisé au début du XIIIe siècle, suivi peu après par les régions de Cotabato et de Lanao. La région a ensuite été placée sous l'autorité politique d'un sultanat, tandis que la majorité de la population se convertissait à l'islam. À leur arrivée en 1527, les Espagnols se sont heurtés à un pouvoir déjà bien implanté et plus ou moins bien organisé ; ils n'ont donc pu établir que des avant-postes dans la partie septentrionale de Mindanao et à Zamboanga.

Ce n'est pas avant le milieu du XIXe siècle que les Espagnols, grâce à leur supériorité militaire et à la technologie de la vapeur, ont pu se lancer dans des incursions importantes dans l'île et asseoir leur domination. En 1898, les Américains ont pris le relais des Espagnols, mais leur présence à Mindanao est passée inaperçue pendant des années. C'est seulement une décennie plus tard que l'île a été officiellement intégrée comme une région administrative, sous la suzeraineté du gouvernement de Manille.

Dès le début, les droits des communautés tribales minoritaires et le droit à la propriété traditionnel ont été bafoués. Tant sur le plan économique que démographique, les peuples de Mindanao ont été menacés par l'afflux de Philippins chrétiens venus du nord des Philippines, encouragés par le gouvernement à s'implanter dans l'île de Mindanao, peu peuplée. Certains estiment que cette politique a simplement permis à une région faiblement peuplée de s'ouvrir à l'immigration et contribué à créer une diversité ethnique encore plus importante.

La résistance armée a fait son apparition à la fin des années 1960 pour s'opposer à ce que certains considéraient comme une occupation et une annexion de leurs terres. Peu après, de grandes multinationales agricoles ont investi la région, menaçant les petites fermes et les modes de vie traditionnels. Selon des groupes plus modérés, le cœur de ce conflit armé n'est pas le résultat inévitable de la cohabitation entre des populations musulmanes et chrétiennes, mais il résulte aussi de l'exploitation des ressources de l'île sans que les populations locales ne reçoivent une compensation équitable et ne bénéficent du développement de leur territoire.

À la fin des années 1960, les présidents Macapagal et Marcos ont tous deux espéré incorporer une large partie de territoire à l'archipel de Mindanao en tirant parti de sa longue tradition d'indépendance, source de bien des conflits. Ils ont proposé d'annexer la région de Sabah au nord de Bornéo, récemment intégrée dans la Malaisie. Après l'échec du projet appelé Maphilindo, État irréaliste fédérant Malaisie, Philippines et Indonésie, Marcos a lancé un programme visant à entraîner des commandos musulmans dans l'île de Mindanao, dans le but assez flou de déstabiliser la région de Sabah. Le secret a

MISE EN GARDE

En janvier 2012, la situation politique à Mindanao était une fois de plus incertaine. Outre les frictions périodiques entre militaires et rebelles, la région a connu des attentats meurtriers, dont un en novembre 2011 dans une pension de Zamboanga. Les enlèvements contre rançon, menés par des groupes rebelles ou des gangs, sont un vrai problème.

Les ambassades de plusieurs pays, dont la France, la Suisse et le Canada, déconseillent tout voyage à Mindanao et dans l'archipel des Sulu. Des attaques ciblées sur les transports et les zones commerçantes ont fait de nombreuses victimes. Au moment de l'édition de ce guide, les provinces de Misamis Occidental, Lanao del Sur, Maguindanao, Sultan Kudarat, Cotabato Sud et Nord, l'archipel des Sulu sont jugées dangereuses ; soyez très prudent si vous prévoyez d'aller à Marawi dans la province de Lanao del Norte. Vérifiez la situation auprès de votre ambassade ou auprès des Philippins qui connaissent parfaitement les différentes régions de Mindanao.

Tous ces avertissements mis à part, tant que vous vous fiez aux conseils des habitants locaux, que vous restez éloigné de points névralgiques précis, que vous êtes prudent dans le choix de votre destination et du mode de transport, vous ne devriez pas avoir d'ennuis. Le nord de Mindanao, y compris Cagayan de Oro et les îles Siargao et Camiguin, sont pacifiques et, en général, sont restés à l'écart des troubles endeuillant le reste de l'île. Davao, poumon économique et commercial de Mindanao, est aussi parfaitement sûre.

été éventé et le projet s'est terminé par la mort, dans des circonstances mystérieuses, de la plupart des guérilleros.

En 1976, le gouvernement a conclu un accord avec l'un des groupes rebelles, le Front de libération nationale moro (MNLF) et a instauré l'ARMM (Région autonome dans la partie musulmane de Mindanao) ; en 1996, le MNLF a été officiellement reconnu comme une formation politique. D'autres mouvements, opposés à une autonomie limitée au sein d'un système fédéral qui, pour des raisons pratiques, réglait la plupart des questions importantes à Manille, ont fait sécession ; ils ont ainsi donné naissance, en 1978, au groupe séparatiste du Front de libération islamique moro (MILF – Moro Islamic Liberation Front). Le plus radical des mouvements islamiques indépendantistes est Abu Sayyaf. Ses membres, à l'origine issus du MILF, ne se satisfaisaient pas des tentatives de compromis. Aujourd'hui encore, ce petit groupe continue à exiger la création d'un État islamiste indépendant, au sud des Philippines. Le gouvernement prétend également que l'organisation indonésienne Jemaah Islamiyah a infiltré le groupe Abu Sayyaf (environ 300 membres) et d'autres groupes séparatistes, et qu'elle se sert de territoires reculés de Mindanao pour entraîner un nombre important de recrues.

Les gouvernements ont tenté d'asseoir leur autorité par différents moyens : Ferdinand Marcos a ainsi combiné interventions militaires et propositions d'amnistie, mais ce sont des négociations entre Cory Aquino et Nur Misuari, fondateur du MNLF, qui ont abouti à une diminution de la violence à la fin des années 1980. Malheureusement, la plupart des questions essentielles n'ayant jamais été résolues, les luttes armées ont repris à la fin des années 1990 et au début des années 2000.

En août 2005, Zaldy Ampatuan a été élu gouverneur de l'ARMM, faisant de lui le premier chef de la région n'appartenant pas à un groupe rebelle. Mais au début du mois d'août 2008, la Cour suprême des Philippines a dénoncé le caractère anticonstitutionnel du mémorandum d'accord sur le domaine ancestral (MoA-AD), avant même qu'il soit signé par le gouvernement. L'accord prévoyait la création d'un territoire musulman distinct et reconnaissait le Front de libération islamique moro, fort de 11 000 hommes, en tant qu'entité juridique.

LES INONDATIONS DE 2011

En décembre 2011, des inondations dues à la tempête tropicale Washi ont dévasté des parties du nord de Mindanao, dont Cagayan de Oro et Iligan. Lors de la parution de ce guide, on recensait plus de 1 000 morts et de nombreux disparus. Des infrastructures ont été touchées ; renseignez-vous avant de vous rendre à Mindanao.

Le MILF a mené des attaques meurtrières dans une grande partie de l'île et l'armée philippine a lancé une offensive contre les camps du Front suspectés de rébellion ; les combats ont causé la mort de plus de 400 personnes et le déplacement de 7 500 000 civils. Les négociations ont été suspendues et la présidente Arroyo a ordonné de livrer les premiers chefs responsables de l'attaque du mois d'août, mais l'opposition a refusé. Après 7 ans de présence, le pays voisin, la Malaisie, a retiré de Mindanao ses forces de maintien de la paix.

Les observateurs pensent que le gouvernement Aquino a plus de chances d'obtenir la paix que ses prédécesseurs, notamment parce que les rebelles les plus âgés se lassent du combat. Le président a souhaité s'engager dans des négociations de paix, en Malaisie, avec Al Haj Murad Ebrahim, leader du MILF. Toutefois, une nouvelle poussée de violence a débuté en octobre 2011, lorsque 19 soldats du gouvernement ont été tués lors de heurts à Basilan, à 700 km au sud de Manille. Mécontents du désir du MILF de poursuivre les négociations avec le gouvernement après 14 années de pourparlers, un petit groupe sécessionniste a organisé une série d'attentats et s'est battu contre les troupes gouvernementales dans la province de Zamboanga Sibugay. Aquino a résisté aux appels à une guerre ouverte aérienne et les assauts terrestres ont continué jusqu'à la fin de l'année. Des milliers de civils ont été déplacés de leurs foyers et les combats ont été les pires depuis 2008.

Le massacre de Maguindanao (voir p. 406), l'une des plus choquantes explosions de violence de ces dernières années, a été plutôt motivé par des luttes de clans. On estime que, depuis la fin des années 1960, plus de 160 000 personnes ont péri dans les combats opposant les troupes gouvernementales aux groupes séparatistes.

Depuis/vers Mindanao

Des vols réguliers relient tous les jours Manille à Butuan, Cagayan de Oro, Cotabato, Davao, Dipolog, General Santos, Surigao et Zamboanga ; depuis Cebu, des vols sont assurés vers Camiguin, Davao, General Santos, Siargao et Zamboanga ; et depuis Iloilo City à Panay, vers Davao. La compagnie Silk Air assure la liaison entre Davao et Singapour.

On peut accéder à Mindanao par bateau depuis Bohol, Cebu, Leyte, Luzon, Manille, Negros, Palawan, Panay et Siquijor, et directement depuis l'Indonésie. Les horaires et les tarifs des transports mentionnés ici le sont à titre indicatif.

Comment circuler

La majeure partie de l'île de Mindanao peut être parcourue dans des bus assez confortables et climatisés ; sinon, la route nationale reliant Cagayan de Oro et Butuan à Davao est un moyen pratique et peu coûteux pour rejoindre le sud de l'île. Pour aller dans la péninsule de Zamboanga et rejoindre la ville de Zamboanga, la plupart des Philippins évitent de traverser l'île par la route et optent pour l'avion (ou parfois le bateau).

Une voie de chemin de fer, reliant au départ Cagayan de Oro et Cotabato, toujours en cours d'étude, pourrait ne jamais voir le jour.

NORD DE MINDANAO

Le littoral de Cagayan de Oro à Surigao, ainsi que les îles côtières au nord-est de Mindanao, constituent une région distincte du reste de l'île. Bien qu'elle soit largement épargnée par la violence qui règne ailleurs dans Mindanao, elle est souvent stigmatisée à tort. La ville universitaire de Cagayan, très animée, est à la fois une porte d'entrée vers cette région et une base pour explorer la province voisine de Bukidnon. L'île volcanique de Camiguin est un véritable paradis pour les amateurs de loisirs en plein air, tandis que Siargao est le lieu rêvé pour les surfeurs.

Cagayan de Oro

088 / 554 000 HABITANTS

Ville universitaire fort animée, Cagayan de Oro (Oro faisant référence à l'or découvert par les Espagnols dans la rivière bordant la ville) est une métropole assez prospère ; sa principale activité est l'usine de conditionnement d'ananas Del Monte, au nord de la ville. C'est ici que les multinationales Nestlé et Pepsi ont installé leur siège aux Philippines. Rencontrant un vif succès auprès des touristes coréens qui y viennent apprendre l'anglais, profiter du climat relativement frais et du parcours de golf, la ville sert aussi de point de départ pour toutes sortes d'activités de plein air (rafting, randonnée, escalade, exploration de grottes, etc.).

À voir

Musée des Trois Cultures MUSÉE

(Corrales St ; 100 P ; 9h-12h et 14h-18h lun-ven, 9h-12h sam). Ces trois galeries accueillent un intéressant mélange de photos, céramiques, œuvres d'art et objets divers, dont plusieurs immenses épées Maranao (M'ranao) de cérémonie et un *pangao*, lit à baldaquin prévu pour accueillir la famille du sultan, à l'échelle. Le musée occupe un ensemble de salles de classe construites sur les terrains de la Capitol University, à quelques pas du Gaisano Mall au nord du centre-ville.

Où se loger

Victoria Suites HÔTEL $

(857 4447 ou 0917 707 4009 ; www.victoria-suitesonline.com ; Tirso Neri St ; s/d avec petit-déj 650/850 P ;). La façade de cet hôtel central se caractérise par ses 2 colonnes romanes et ses marquises. L'intérieur est moins somptueux, avec un mobilier assez minimaliste. Personnel de sécurité, un café-restaurant et une masseuse maison.

Nature's Pensionne HÔTEL $

(857 1900 ; T Chavez St ; ch 580-870 P ;). Idéalement situé à quelques pâtés de maisons de Divisoria, cet hôtel est géré avec professionnalisme. Les chambres de la nouvelle aile "affaires" disposent de TV et de salles de bains modernes ; celles de l'aile ancienne sont dotées de murs en bois très mince.

Grand City Hotel HÔTEL $$

(857 1900 ; Apolinar Velez St ; ch à partir de 980 P ;). Le Grand City partage un parking avec le Nature's Pensionne, son hôtel jumeau. Certes, le salon est luxueux et l'hôtel possède un ascenseur, mais excepté les sols en faux bois et les grands lits doubles, les chambres ne justifient pas les prix. Wi-Fi (100 P/4h).

Dynasty Court Hotel HÔTEL $$

(272 4516 ; www.dynastycourthotel.com ; angle Tiano Brothers St et Hayes St ; ch/ste à partir de 1 600/3 000 P ;). Dans ce vaste hôtel, au salon élégant certaines chambres standard sont aveugles mais dotées de rideaux, alors que les "deluxe" et les suites, mieux tenues, vous assurent un grand buffet gratuit pour le petit-déjeuner.

Mallberry Suites HÔTEL $$

(☎855 7999 ; www.mallberrysuites.net ; Florentino St ; ch à partir de 1 800 P ; ❄🏊). À deux pas du Limketkai Complex et du supermarché Robinson's, le Mallberry est un hôtel d'affaires de 7 étages. Plusieurs restaurants et un bar apportent une note de fantaisie. Chambres simples et quelconques.

Ridgeview Chalets BUNGALOWS $$

(☎858 7930 ; www.ridgeviewchalets-cdo.com ; Xavier Estates, Airport Rd ; chalets 1 850 P ; ❄📶🏊). Faisant partie d'un luxueux domaine résidentiel proche de l'aéroport, avec vues panoramiques, piscine et grands terrains, le Ridgeview Chalets ne fait "chalet" que de l'extérieur ; il y a de la moquette dans les chambres, qui sont équipées de meubles et de dessus-de-lit peu attrayants.

Marigold Hotel HÔTEL $$

(☎856 4320 ; www.marigoldhotel.net ; angle Luna St et Velez St ; ch avec petit-déj 1 300 P ; ❄📶). Cet hôtel occupe les 4e et 5e niveaux d'un bâtiment sans intérêt sur le principal axe nord-sud (très bruyant). Les chambres sont austères, mais un client par chambre a droit à un massage gratuit, et à une casquette ou à un parapluie Marigold !

Pearlmont Inn HÔTEL $$

(☎856 2653 ; www.pearlmontinn.com ; Limketkai Dr ; ch à partir de 1 400 P ; ❄). À proximité des restaurants du Limketkai, le Pearlmont se distingue par sa façade à colonnes, ainsi que son hall et sa salle de restaurant très éclairés. Les chambres standard manquent de chaleur et de lumière.

VIPHotel HÔTEL $$

(☎856 2505 ; www.theviphotel.com.ph ; Apolinar Velez St ; ch avec petit-déj à partir de 1 950 P ; ❄📶). Cet hôtel de 6 étages n'est pas d'un excellent rapport qualité/prix, avec ses chambres quelque peu spartiates au mobilier vieillot. Personnel est professionnel. Restaurant dans le lobby.

Maxandrea Hotel HÔTEL $$

(☎857 2244 ; www.maxandrea.com ; JR Borja St ; ch 2 100 P ; ❄📶). Un hôtel d'affaires de 8 étages, à mi-chemin entre Divisoria et Limketkai. Assurez-vous d'avoir une chambre avec vue et lumière naturelle.

Hotel Ramon HÔTEL $

(☎857 4804 ; angle Tirso Neri St et Burgos St ; ch à partir de 500 P ; ❄📶). Un bloc de béton à l'extrémité ouest de Divisoria ; les vues sur le fleuve sont cachées par le feuillage.

Parkview Hotel HÔTEL $

(☎857 1197 ; angle Tirso Neri St et General Capistrano St ; ch avec/sans sdb 575/330 P ; ❄📶). Domine Divisoria. Wi-Fi dans le hall.

Wilshire Inn HÔTEL $

(☎720 762 ; angle Aguinaldo St et Yacapin St ; s/d 450/500 P ; ❄📶). Assez bon rapport qualité/prix, mais certaines chambres sentent le renfermé.

Où se restaurer

La galerie **Rosario Arcade**, qui fait face au Limketkai Complex, à quelques kilomètres au nord-est du parc Divisoria ("parc de l'amitié dorée"), est le centre gastronomique et de loisirs de Cagayan. Toutes sortes de cuisines sont représentées, notamment thaïlandaise (Siam Thai Cuisine), japonaise (Ramen Tei) et méditerranéenne (La Vetta). Citons le **Kagay-anon** (plats 275 P) pour des mets traditionnels philippins, le **Bigby's** (plats 325 P), à la carte plus internationale, ainsi que l'agréable **Missy Bon Bon** (glace 55 P) en matière de glaces et de pâtisseries.

Tous les vendredi et samedi soir, Divisoria est exclusivement ouvert aux piétons et se transforme en dîner-théâtre à ciel ouvert, proposant un grand choix de spécialités culinaires de Cagayan, accompagnées de musique – les habitants l'appellent le **"Night Café"**. Le dimanche soir, un marché culinaire se tient près du rond-point (rotunda) du Paseo del Rio, emplacement d'un grand projet hôtelier au sud du centre.

Le soir, des stands de rue vendent des brochettes d'*isaw* (intestins de poulet, 5 P), et du *proven* (ou *proben* ; fricassée d'abats de volaille). La spécialité de la région est le *kinilaw* (poisson cru mariné), épicé au *tabon tabon*, un fruit du nord de Mindanao. Les gastronomes de Cagayan affirment que le *lechón baboy* (cochon rôti) de leur ville, farci à la citronnelle et autres herbes et épices, est le plus savoureux de Mindanao.

La ville compte de délicieuses tables de poissons et fruits de mer. Le **Panagatan** (plats 200 P), restaurant sur pilotis au-dessus de l'eau, à 10 km environ à l'ouest de la ville, sur la route pour Iligan, est le plus réputé.

Karachi Restaurant INDIEN, PAKISTANAIS $

(Hayes St ; plats 100 P ; ⏰8h30-22h). Un lieu qui met à l'honneur les mets indiens et pakistanais épicés. Les hors-d'œuvre, dont de croustillants samosas (15 P), permettent d'attendre les copieux plats de viande et de légumes.

Cagayan de Oro

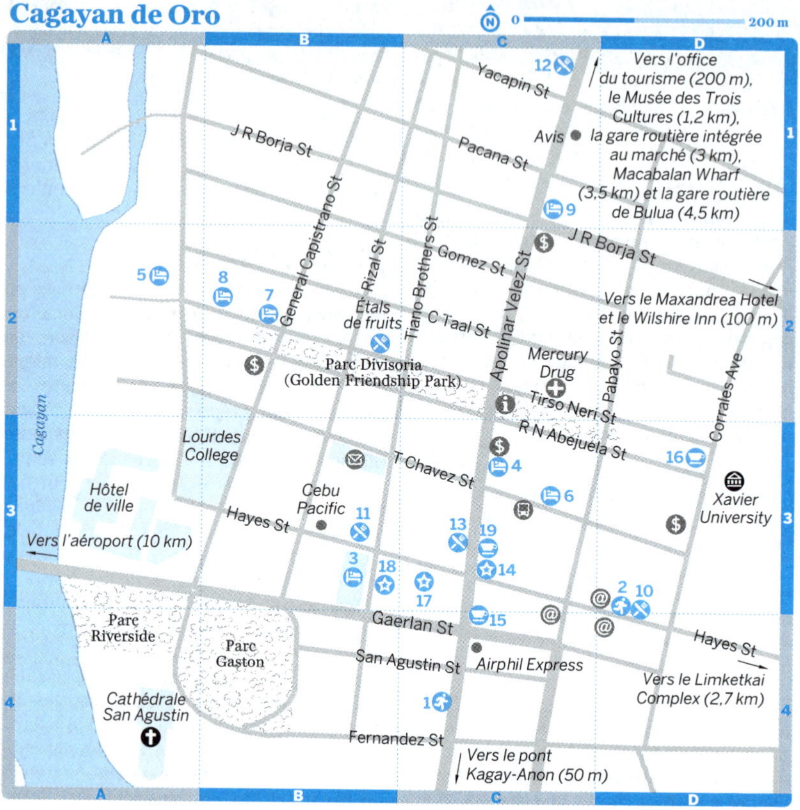

Cocina de Oro PHILIPPIN, MÉDITERRANÉEN $$
(Plats 180 P ; ⏲10h-23h). Dans ce restaurant situé juste avant le Limketkai Complex, un menu est axé sur la cuisine philippine (avec des plats à base d'autruche, la spécialité maison), l'autre sur les classiques méditerranéens.

Sentro 1850 PHILIPPIN, INTERNATIONAL $$
(50 Apolinar Velez St ; plats à partir de 180 P ; ⏲10h-23h). Propose une carte variée de plats philippins, internationaux (comme des côtes levées de porc ou des hamburgers – 120 P), ou à base de fruits de mer pêchés localement. Cadre assez moderne et élégant.

Butcher's Best Barbeque GRILL $
(Hayes St ; brochettes de viande 15 P). On s'y régale de brochettes de viande grillée accompagnées de riz, à des prix défiant toute concurrence. Les sièges en salle ou à l'extérieur sont strictement utilitaires. Près de l'angle de Corrales Ave.

Malt Café & Art Lounge INTERNATIONAL $$
(Apolinar Velez St ; plats 180 P ; 📶). Adresse simple appréciée pour ses sandwichs, pâtes et salades au-dessus de la moyenne.

Robinson's SUPERMARCHÉ $
(⏲9h-20h dim-jeu, 9h-21h ven-sam). Pour faire ses courses, il n'y a pas mieux que cette grande épicerie installée dans le Limketkai Complex.

🍷 Où prendre un verre et sortir

Le **Club Mojo** (Hayes St ; ⏲21h-2h) et le **Pulse** (Tiano Brothers St ; ⏲19h-3h), voisins, proposent des concerts la plupart des soirs de la semaine (prix d'entrée modiques). À l'étage du premier se trouve le **Rolf's Sports Bar**, avec TV et billards. À quelques pâtés de maisons, les DJ font chauffer les platines au **Tilt** (angle Apolinar Velez St et Hayes St ; ⏲20h-tard).

Cagayan de Oro

Activités

1 CDO Bugsay River Rafting.................C4
2 Viajero Outdoor Centre.....................D3

Où se loger

3 Dynasty Court Hotel..........................B3
4 Grand City Hotel...............................C3
5 Hotel Ramon.....................................A2
6 Nature's Pensionne...........................C3
7 Parkview Hotel..................................B2
8 Victoria Suites...................................B2
9 VIP Hotel...C1

Où se restaurer

10 Butcher's Best Barbeque...................D3
11 Karachi Restaurant...........................B3
12 Malt Café & Art Lounge.....................C1
13 Sentro 1850......................................C3

Où prendre un verre

14 Bo's Coffee Club...............................C3
15 Kiwi Swirl..C4
16 Park Cafe...D3
Rolf's Sports Bar.....................(voir 17)

Où sortir

17 Club Mojo...C3
18 Pulse...B3
19 Tilt..C3

Transports

Philippine Airlines.......................(voir 8)

La mode des cafés bat son plein à Cagayan. Le **Bo's Coffee Club** (Apolinar Velez St ; 7h-minuit ; wifi) a ouvert plusieurs établissements, tout comme le **Coffee Works** (Limketkai Complex ; wifi). Plus cosy et original, le **Kiwi Swirl** (angle Apolinar Velez St et Gaerlan St ; sandwichs 85 P ; 9h30-21h ; wifi) a remplacé le Gazebo Café ; outre des yaourts glacés et des boissons au café, on y déguste des spaghettis et des sandwichs. Le **Park Cafe** (Corrales Ave ; 24h/24) est un établissement en plein air situé à l'extrémité est de Divisoria.

Il y a des cinémas dans le Limketkai Complex et le Gaisano Mall.

Renseignements

Les principales banques sont représentées et disposent de DAB. Plusieurs sont installées le long de Divisoria et d'Apolinar Velez St. Il y a aussi une Citibank dans le Limketkai Complex.

Vous trouverez de nombreux cybercafés au sud de Divisoria ; certains sont situés dans Hayes St, entre Apolinar Velez St et Corales Ave.

Bureau de l'Immigration (BOI ; 272 6517 ; Room 205, BPI Bldg, Sergio Osmeña St ; 8h-17h lun-ven)

Limbros Travel & Tours (856 2334 ; Rosario Arcade, Limketkai Complex). Réservations de ferries et billets d'avion pour les vols intérieurs et internationaux.

Office du tourisme de la région 10 (Department of Tourism Region 10 office ; DOT ; 856 4048 ; dotr10@_nmyahoo.com ; Gregorio Pelaez Sports Center, Apolinar Velez St ; 8h30-17h30 lun-ven).

City Tourist Office (857 3165 ; Divisoria Park et Apolinar Velez St ; 8h-12h et13h-17h lun-ven, 9h-22h sam). Renseignements sur les hôtels et les horaires des transports.

Oro Laundry Station (Hayes St ; 8h-19h lun-sam). Tarif : 25 P/kg.

Depuis/vers Cagayan de Oro

Avion

Des vols quotidiens des compagnies **Airphil Express** (857 1124 ; angle Velez St et Gaerlan St), **Cebu Pacific** (856 6661 ; angle Rizal St et Hayes St) et **Philippine Airlines** (857 2295 ; Tirso Neri St) relient quotidiennement Cagayan à Manille (1 heure 30). Airphil Express et Cebu Pacific assurent des liaisons quotidiennes avec Cebu (45 min). Cebu Pacific dessert aussi Davao (50 min).

À partir de 2012, tous les vols domestiques devraient passer par le nouvel aéroport international de Laguindingan, à 30 km à l'ouest de la ville et à 55 km à l'est de Iligan.

Bateau

Vous pourrez rejoindre le quai de Macabalan en jeepney ; comptez environ 80 P en taxi.

SuperFerry assure 4 liaisons hebdomadaires entre Manille et Cagayan (2 250 P, 35 heures), tandis que Negros Navigation (650 P, mer et sam) et Sulpicio Lines en assurent 2.

Plusieurs compagnies, dont SuperFerry, Trans Asia et Negros Navigation, desservent Cebu City (env 10 heures) plusieurs fois/semaine ; Negros assure aussi une liaison/semaine avec Iloilo City, à Panay (1 995 P, 14 heures). Cebu Ferries et Super Shuttle Ferry se rendent à Jagna, sur l'île de Bohol (650 P, 7 heures) plusieurs fois par semaine, et Trans Asia dessert aussi Tagbilaran (655 P, 10 heures, 3/sem).

Bus

Des bus à destination de l'est et du sud partent 24h/24 de la gare routière (Integrated Bus Terminal), installée dans le marché d'Agora. Les bus climatisés s'arrêtent de rouler en début de soirée. Pour Surigao (point de départ des bateaux pour Siargao), il faut prendre une correspondance à Butuan. Les bus à destination de l'ouest partent de la gare routière située à quelques kilomètres au nord-ouest du centre-ville, dans le *barangay* de Bulua. En général, les départs des bus ont lieu toutes les 30 minutes à 1 heure.

DESTINATION	TARIF	DURÉE
Balingoan	145 P	1 heure 45
Butuan	325 P	4 heures 45
Davao	600 P	6 heures
Iligan	145 P	2 heures

Taxi

Un taxi jusqu'à Balingoan (3 000 P) ou Iligan (1 500 P) n'a rien d'excessif si vous êtes plusieurs.

Comment circuler

L'ancien aéroport étant à 10 km à l'ouest de la ville, on peut y aller en taxi pour 150 P. De cet aéroport à la ville (200-300 P), la situation est différente : les chauffeurs de taxi tentent d'augmenter le prix de la course après avoir convenu d'un tarif. Des jeepneys pour le centre-ville attendent en face de la porte centrale de l'aéroport. Les trajets incluent 2 correspondances ; prenez-en d'abord un affichant "SM City", puis un autre à destination de Cogon, et un à destination de Divisoria.

Des jeepneys desservant de nombreuses destinations, y compris le quai, Cugman (pour le village d'écotourisme de Malasag) et le Limketkai Complex, passent devant la Nature's Pensionne.

Au lieu de prendre plusieurs taxis pour visiter la ville, mieux vaut louer une voiture si vous êtes 2 personnes ou plus. **Avis** (☎857 1492 ; www.avis.com.ph ; RT DeLeon Plaza, angle Yacapin St et Apolinar Velez St) dispose d'un bureau en ville, et l'on peut rendre le véhicule loué à Davao. La location avoisine 2 700 P/jour (hors carburant) ; il est possible de louer des voitures et des vans avec un chauffeur.

Environs de Cagayan de Oro

Cagayan est la porte d'accès à quantité de sports de plein air, dont du rafting, à seulement 1 heure de route au sud de la ville, dans la province de Bukidnon. L'activité, qui a été lancée par quelques pionniers intrépides, est reprise aujourd'hui par plusieurs sociétés professionnelles respectueuses de l'environnement.

Le rafting est praticable toute l'année. Pendant la saison sèche (janv-juin), l'eau est plus limpide et les parcours plus techniques ; en juin-juillet, les descentes sont plus rapides, malgré une eau boueuse.

À voir et à faire

L'excursion standard de 3 heures (700-900 P) fait traverser plusieurs rapides de classe I à III ; plusieurs rapides de classe IV sont compris dans une excursion plus longue (1 000-1 500 P, 6 heures). Un repas à base de grillades (150 P) est proposé à la fin. Six sociétés sont officiellement enregistrées, dont **Kagay CDO Rafting** (☎856 3972 ; www.cdorafting-map.com) et **CDO Bugsay River Rafting** (☎309 1991 ; www.bugsayrafting.com ; Apolinar Velez St, Cagayan de Oro).

Village d'écotourisme de Malasag SITE
(Malasag Eco-Tourism Village ; ☎855 6183 ; 30 P). Niché dans des jardins botaniques où vivent des papillons, des oiseaux et des daims, le village d'écotourisme de Malasag est un parc à thème avec des maisons tribales, un musée et un centre de formation. Il comprend un camping, des bungalows (à partir de 500 P), une piscine (50 P) et un bon restaurant. Prenez un jeepney pour Cugman, descendez à Malasag, puis louez une moto (50 P) pour monter la colline menant au village. Un taxi coûte environ 250 P (aller simple).

Del Monte PLANTATION
(☎855 5976 ; ⏲8h-13h sam). Ces plantations d'ananas, qui s'étendent sur 9 000 ha, se situent à 35 km au nord et à l'est de Cagayan, sur le plateau de Bukidnon, à Camp Phillips (où le général MacArthur prit la fuite après la bataille de l'île de Corregidor en 1942). Les jeepneys desservent bien Camp Phillips, mais comme les plantations sont assez loin à l'arrière du complexe, il vaut mieux engager un chauffeur. Un aller-retour en taxi coûte 750 P. Il est plus facile de prévoir une voiture avec chauffeur avec l'une des sociétés de rafting citées plus haut.

Del Monte propose des visites gratuites de son usine de conditionnement d'ananas, à Bugo, à 15 km à l'est de Cagayan. Réservez par téléphone au moins un jour à l'avance.

Grotte de Makahambus SITE NATUREL
C'est dans cette grotte, située à quelques encablures du Makahambus Adventure Park, que des soldats philippins se réfugièrent avec leurs familles pendant la guerre américano-philippine ; prévoyez une lampe de poche. Non loin de là, une **plate-forme d'observation** (viewing deck) surplombant la rivière offre un beau point de vue sur les alentours et permet d'accéder aux gorges. La plupart des gens visitent le parc Makahambus dans le cadre de leur excursion en rafting.

ESCALADE ET SPÉLÉOLOGIE

Un petit groupe d'amateurs d'aventure a élu domicile à Cagayan de Oro. Eric et Reina Bontuyan du **Viajero Outdoor Centre** (☎857 1799 ou 0917 708 1568 ; www.viajerocdo.com ; 137 Hayes St, Cagayan de Oro) organisent et guident des randonnées en montagne, ou des sorties escalade et spéléologie (qu'ils enseignent également) dans la région.

Une randonnée jusqu'au sommet du mont Kitanglad (2 899 m), 4e point culminant du pays, ou du mont Sumagaya (2 248 m), offre des vues spectaculaires. Le mont Balatukan (2 400 m) est le sommet le plus éprouvant, notamment en raison du manque d'ombre. Les Talaandig, une tribu vivant dans la province de Bukidnon, sont les "gardiens" de la montagne et sacrifient rituellement 3 poulets (500 P) pour chaque groupe de grimpeurs.

Comptez environ 2000 P pour un guide lors d'une expédition de 2 jours/1 nuit. La meilleure période pour gravir ces sommets va de février à mai (décembre et janvier aussi, bien que moins agréables). En dehors de ces périodes, l'abondance de pluie rend le terrain glissant. La nuit, les températures peuvent être glaciales, notamment durant les "mois d'été" ; prenez des vêtements chauds et du matériel en conséquence. Consultez www.pinoymountaineer pour plus d'informations.

Les grottes les plus grandes se trouvent dans la chaîne des Palaopao, vieille de 25 millions d'années. La grotte de Paiyak est un site funéraire pour les tribus locales, qui placent leurs défunts dans des pots en argile. La grotte de Sumalsag offre une expérience plus active, avec traversées à gué et nage.

Makahambus Adventure Park PARC AVENTURE
(☎0916 234 6776 ; passerelle, tyrolienne et rappel 500 P ; ⏲8h-17h). Ce parc est très fréquenté par les rafteurs, puisqu'il se trouve sur le chemin de la rivière. Une passerelle de plus de 36,5 m de long est fixée à 40 m au-dessus de la jungle ; il est possible de faire de une glissade en tyrolienne ou de la descente en rappel. Les sociétés de rafting proposent des forfaits à 200 P (passerelle et tyrolienne).

Mapawa Nature Park PARC AVENTURE
(☎272 5265 ; 40 P ; ⏲9h-17h mar-ven, 7h30-17h sam-dim). À quelques kilomètres de Malasag, ce parc comprend une tyrolienne, ainsi que des toboggans et des bassins aquatiques naturels – forfait canyoning 1 000 P.

Malaybalay et ses environs

☎088 / 144 000 HABITANTS / ALTITUDE 857 M

Située sur un plateau dominant l'île de Mindanao, Malaybalay est la capitale de la province de Bukidnon, à la topographie spectaculaire. Depuis Overview, au sommet de la montagne, à Quezon, au sud de Valencia, la vue s'étend jusqu'à Cotabato par temps clair. Là, vous pourrez visiter un **parc de sculptures** gigantesques réalisées par les peuples de la région, tels les Bukidnon, les Higgonon, les Matissalug et les Umayammon.

En roulant de Cagayan à Malaybalay, on aperçoit l'imposant mont Kitanglad ; culminant à 3 000 m, c'est l'un des sommets les plus élevés des Philippines et l'un des derniers royaumes de l'aigle philippin. La majorité du territoire a été défrichée pour céder la place à des plantations de bananes, de carottes, d'ananas et de canne à sucre, dont la quasi-totalité est exportée. Avec l'aide de locaux ou de guides venus de Cagayan de Oro, il est possible de partir en randonnée vers l'une des **chutes d'eau** (il y en a plus de 20) des environs de la route Bukidnon-Davao (appelée aussi BuDa Hwy).

À environ 40 minutes au nord de Malaybalay, on arrive au **centre de reforestation d'Impalutao**, d'où partir en randonnée dans l'une des seules forêts vierges de la région. On peut se baigner dans les piscines artificielles alimentées par des sources, les chutes d'eau et les cours d'eau disséminés dans la réserve. Prenez un bus de Cagayan à Malaybalay en demandant au conducteur de vous indiquer à quel endroit descendre. Des jeepneys desservent le centre depuis le marché public de Malaybalay (20 min).

Juste au nord de Valencia (au sud de Malaybalay), à l'écart de l'autoroute, le **monastère de la Transfiguration**, en forme de pyramide, vaut le détour, rien que pour la splendide route serpentant dans les collines. En l'absence de tout transport public, vous devez louer une moto pour vous déplacer.

Chaque année, de mi-février à fin mars, Malaybalay accueille le **festival de Kaamulan**, qui met en vedette les danses, les chants, les légendes et les spécialités culinaires des peuples de la région.

Côté hébergement dans la région, citons, à Malaybalay, le **Pine Hills Hotel** (☎221 3211 ; ch à partir de 900 P ; ❄), non loin de la nationale, qui dispose d'un restaurant ; le **Haus Malibu** (☎221 2714 ; Bonifacio Dr ; ch 200-700 P ; ❄) est quant à lui réservé aux petits budgets.

Iligan

☎063 / 308 000 HABITANTS

Bien qu'elle soit vantée comme "la cité des chutes d'eau majestueuses", Iligan se présente d'abord au travers d'une zone industrielle tentaculaire composée d'innombrables cimenteries et d'usines. Grâce à l'énergie hydroélectrique (qui couvre 95% des besoins de Mindanao) puisée dans les eaux du lac Lanao, situé dans les collines surplombant la ville, Iligan s'est bien développée, mais elle manque un peu de charme.

À voir et à faire

Si vous avez besoin d'aide ou d'idées, Pat Noel, de l'**office du tourisme d'Iligan** (☎0919 320 9944 ; www.iligan.gov.ph), pourra vous servir de guide ou vous conseiller.

Maison d'enfance de la présidente Gloria Macapagal-Arroyo ÉDIFICE NOTABLE
Située directement en face des sources de Timoga, le long de la route principale, cette maison ne passionnera que les amateurs de politique locale. L'exposition la plus intéressante est peut-être celle des photos de famille, de son enfance à l'âge adulte.

Sources de Timoga SITE NATUREL
Ces sources (*springs*) sont très rafraîchissantes par temps chaud ; de nombreux étals d'alimentation entourent ces bassins modernes, dotés de toboggans.

Chutes de Tinago SITE NATUREL
(10 P). Dissimulées dans les profondeurs d'une montagne, ces chutes sont les plus spectaculaires de toutes celles d'Iligan ; vous pouvez aller en voiture jusqu'à un escalier très raide (365 marches) qui descend jusqu'aux chutes. Pendant la saison humide, la cascade est puissante et bruyante, mais on peut toujours se baigner dans la piscine au pied de la cascade (on vous fournira des gilets de sauvetage).

Chutes de Maria Cristina SITE NATUREL
(30 P) Ces chutes jumelles sont exploitées pour en tirer de l'énergie hydroélectrique ; une tour d'observation offre une superbe vue sur les environs. Il y a aussi une courte tyrolienne, un endroit où se restaurer et un parc de crocodiles au pied des chutes.

Où se loger et se restaurer

Le *pinakurat,* plat à base de sanglier, est une spécialité d'Iligan (il n'y a que dans les zones musulmanes que la chasse est pas interdite).

Rene's Diner & Pension House HÔTEL $
(☎223 8441 ; ch avec ventil/clim 350/480 P ; ❄📶). Si Iligan est facilement accessible en bus depuis Cagayan de Oro, la solution la plus pratique pour passer la nuit sur place est cet hôtel, situé sur la route principale, à quelques minutes à l'ouest du centre.

Corporate Inn Boutique Hotel HÔTEL $
(☎221 4456 ; corpor8inn@yahoo.com ; 5 Sparrow St, Isabel Village ; s/d avec petit-déj à partir de 750/1 050P ; ❄). Un établissement calme, et plus chaleureux que son nom ne le laisse supposer (terrasse extérieure). Plusieurs restaurants se trouvent à proximité.

Cheradel Suites HÔTEL $$
(☎0917 459 6773 ; Jeffery Rd ; ch avec petit-déj à partir de 1 590 P ; ❄📶🏊). Assez kitsch, l'adresse la plus chic d'Iligan est située à 5 minutes à l'est de la ville, près de la poste et de la Landbank.

Gloria's Ihaw Ihaw PHILIPPIN $
(Plats 100 P). Au bord de l'eau, en face des sources de Timoga, le Gloria propose de délicieux *kinilaw,* poissons et poulets grillés.

Achats

Pour l'artisanat islamique, allez au **Jolo Iligan Trading** (Quezon Ave), ou au **marché central** (⏲5h-19h), qui vendent des tissages, des batiks et des objets de dinanderie.

Marawi et lac Lanao

☎063 / 187 106 HABITANTS

Marawi (officiellement connue sous le nom de "cité islamique de Marawi", et aussi appelée la "perle islamique") est nichée au creux d'une cuvette entourée de collines sur la rive nord du lac Lanao. Considérée comme le cœur islamique des Philippines, la ville compte 90% de musulmans et la charia y est appliquée. Les habitants ont conservé leur système de gouvernement royal traditionnel, avec un sultan, une reine, un *datu* (chef de tribu préhispanique) et une princesse. Le plus souvent, les dirigeants jouent un rôle de médiateur dans les conflits interfamiliaux ; des querelles engendrent parfois de violentes représailles sur plusieurs générations.

Grâce à une route qui fait le tour du lac Lanao, le deuxième plus grand lac et l'un des plus profonds des Philippines, tous les villages sont facilement accessibles par voie terrestre. Les Maranao (ou M'ranao), peuple autochtone de Lanao, étaient jadis appelés les "Maranaw", des termes *taw* et *ranaw*, qui signifient littéralement "hommes du lac".

La rivière Agus, qui prend sa source dans le lac Lanao, poursuit son cours à proximité d'Iligan, alimentant les centrales hydroélectriques. Deux mosquées aux dessins très élaborés se trouvent sur la rive du lac, dans la localité de Bacolod.

À Marawi, vous pouvez visiter le **musée de l'Aga Khan** (9h-12h et 13h-16h) et l'imposante **mosquée du roi Fayçal**, sur le campus de l'université de Mindanao (Mindanao State University, MSU) ; en déambulant sur le **palitan** (marché), on peut admirer des coffres en bois sculpté, des tissus et des objets de dinanderie créés dans la communauté de Tugaya, située de l'autre côté du lac. Faites un détour par le **village de tisserands de Dayawan**, hors la ville proprement dite. Dans le *barangay* de Tokah, vous découvrirez des **torongan**, bâtiments construits en bois, sur des rochers, rares exemples d'architecture traditionnelle vernaculaire dans lesquels vivaient jadis les membres de la famille royale des Maranao. Si vous visitez la région au moment d'une fête ou d'une cérémonie publique, vous aurez peut-être la chance d'entendre le *kulintang* – un ensemble instrumental similaire au gamelan indonésien.

Le seul hôtel proprement dit de la ville est le **Marawi Resort Hotel** (0917 716 6379 ; marawiresorthotel@yahoo.com ; bungalows 1 300 P ;), situé sur l'immense campus de l'université de Mindanao (MSU) et dominant le lac. Il comprend un restaurant, un parcours de golf et une piscine.

Des jeepneys et des bus effectuent des navettes entre Iligan et Marawi (50 P, 1 heure). Un aller-retour en taxi depuis Iligan (il est parfois difficile de trouver un chauffeur), avec 2 ou 3 heures d'attente, coûte environ 2 000 P. Sinon, des bus relient Cagayan de Oro à Marawi (250 P, 3 heures 30) via Iligan.

SÉCURITÉ

Le principal danger dans ce territoire est la menace d'un enlèvement. Le mieux est de visiter la région avec un guide contacté grâce aux offices du tourisme de Iligan ou de Cagayan de Oro, qui connaissent bien le terrain. Un groupe de gardes en armes fait souvent partie du "forfait", ce qui pousse les visiteurs à réfléchir avant d'entreprendre le voyage.

Camiguin

088 / 83 807 HABITANTS

Semblable à l'île toute proche de Siquijor, qui dépend des Visayas, Camiguin se singularise par sa silhouette imposante. Avec une bonne vingtaine de cônes de scories dépassant 100 m de haut, Camiguin a plus de volcans au kilomètre carré que toute autre île sur la planète ! Située à 10 km au large de Mindanao par la baie de Gingoog, elle est restée intacte et épargnée du tourisme. Outre la plongée ou le snorkeling, ses plages de sable fin, ses cascades et ses sources d'eaux chaudes et froides, Camiguin offre la possibilité de randonner dans la jungle, d'escalader des volcans et de faire des descentes en rappel.

Capitale de Camiguin, Mambajao (mah-bow-ha) est à 30 minutes de Benoni, port d'arrivée des ferries. On y trouve des boutiques, un marché et quelques endroits où loger, bien que les visiteurs préfèrent séjourner près des plages du nord de l'île.

À voir et à faire

Les eaux qui baignent Camiguin sont propices à la plongée sous-marine. On y recense une bonne dizaine de sites parfaits pour les débutants, qui peuvent admirer, dans des eaux peu profondes, des formations rocheuses créées par les coulées de lave des éruptions du Hibok-Hibok. Le plus beau site de plongée se situe au large de White Island, minuscule îlot proche d'Agoho, et au large de l'île Mantigue. Si vous êtes un plongeur confirmé, il vous en coûtera environ 2 800 P pour 2 sorties en bateau, matériel inclus. Côté snorkeling, tablez sur 200 P pour la location de masque et tuba, et 200 P de plus pour des palmes et des chaussons.

Pour pratiquer d'autres activités, notamment l'escalade, la randonnée pédestre, équestre ou à VTT, la pêche et la descente en rappel, nous conseillons les services de Camiguin Action Geckos ou de Johnny's Dive N Fun, à moins de passer par votre

Camiguin

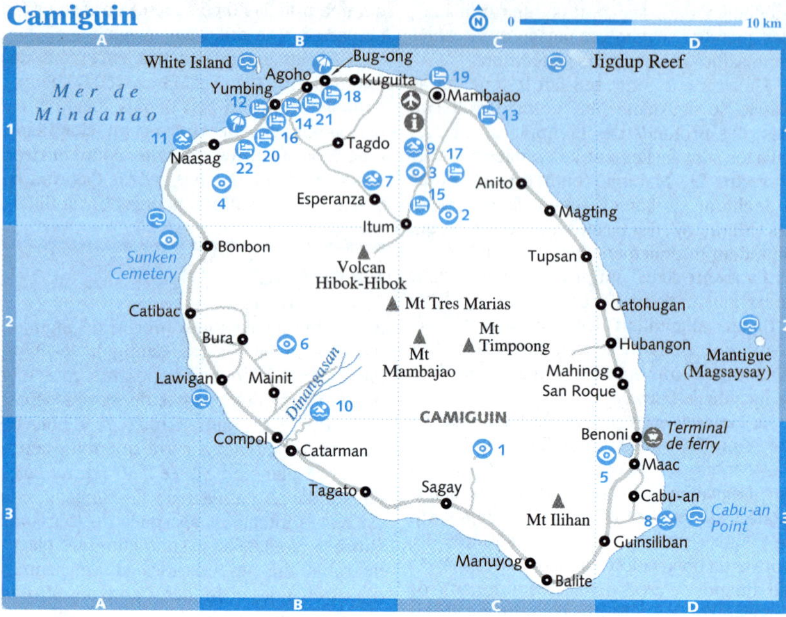

hôtel. Une ascension du Hibok-Hibok ou une randonnée dans l'île revient à environ 1 660 P/personne. Les excursions peuvent être adaptées au niveau des participants.

Camiguin Action Geckos SPORTS DE PLEIN AIR
(☎387 9146 ; www.camiguinaction.com). Plongée et autres activités peuvent être organisées avec Camiguin Action Geckos, dans le complexe hôtelier du même nom.

Johnny's Dive N Fun PLONGÉE
(☎387 9588 ; www.johnnysdive.com). Ce centre a des bureaux au Caves Dive Resort et au Paras Beach Resort.

Free Diving PLONGÉE
(www.freediving-philippines.com). Pour une plongée "à l'ancienne", la plongée en apnée est désormais enseignée par un instructeur allemand, basé au Camiguin Action Geckos durant 4 semaines en mai. Les groupes à partir de 4 personnes devraient pouvoir organiser des cours sur mesure à d'autres périodes de l'année.

DE BENONI À MAMBAJAO

Île Mantigue PLONGÉE, SNORKELING
Entre Benoni et Mambajao, vous apercevrez, au large, l'île Mantigue – appelée aussi Magsaysay –, où vivent des familles de pêcheurs. Ses eaux sont classées réserve marine, d'où des récifs coralliens assez bien préservés autour de son littoral, et de belles plages de sable blanc. La plongée autour de l'île est fort appréciée. Les frais et taxes en vigueur sur l'île – entrée (20 P), taxe environnementale (30 P), plus 120 P pour les plongeurs (80 P pour faire du snorkeling) – sont généralement inclus dans les forfaits de plongée.

Volcan Hibok-Hibok RANDONNÉE
Le volcan Hibok-Hibok (1 320 m), dont la dernière éruption, en 1951, a coûté la vie à quelque 600 personnes, domine l'intérieur de l'île. Hébergée dans de nouveaux locaux à environ 500 m de la route principale, la station de l'**Institut philippin de volcanologie et de sismologie** (Philvolcs) surveille de près le volcan.

Vous pouvez louer une moto ou encore prendre un taxi collectif pour aller découvrir ses équipements. Vous pouvez escalader le volcan (pendant la saison sèche), mais vous devez être bien équipé et compter au moins 3 heures d'ascension car la pente est assez rude. Les resorts proposent les services de guides (1 500 P, plus 500 P d'admission/pers) ; partez dès l'aube pour faire l'ascension et la descente en une journée. Depuis le sommet, par temps clair, on aperçoit Bohol, Cebu et Negros.

Camiguin

Ardent Hot Springs SOURCES CHAUDES

(30 P ; 24h/24). Allez-y en fin d'après-midi, quand la température des sources a un peu baissé. Le grand bassin est vidé le mercredi pour le nettoyer et il faut une bonne partie de la journée pour le remplir. Les sources, prises d'assaut les week-ends, sont nichées dans un site à la végétation luxuriante.

Chutes de Katibawasan SITE NATUREL

(25 P). On peut y admirer une somptueuse cascade, dont les eaux limpides tombent dans un bassin plus de 70 m en contrebas. Il est possible de nager et de pique-niquer sur le site. Il y a aussi des stands de souvenirs et une promenade en béton. Un trajet spécifique aller-retour en jeepney ou en taxi collectif à partir de Mambajao coûte environ 300 P ; depuis les resorts autour d'Agoho, comptez quelque 350 P aller-retour.

GRATUIT **Sources de Saii** SOURCES FROIDES

À 4 km environ (le dernier kilomètre se fait à pied) dans les terres depuis l'église de Mambajao, ce bassin de béton est alimenté par des sources froides.

Lagon de Taguines LAGON

Le lagon artificiel de Taguines, utilisé comme pisciculture, se trouve au sud de Benoni.

LITTORAL NORD JUSQU'À GUINSILIBAN

Kuguita, **Bug-ong**, **Agoho** et **Yumbing**, les plages les plus développées de la côte nord, concentrent la plupart des hébergements. L'érosion a fait disparaître une grande partie de la plage entre Agoho et Yumbing. En réalité, les autorités ont dû ériger de nombreuses digues pour protéger les terres sur le front de mer. Les plages restantes sont constituées d'un sable sombre, témoignant de l'activité volcanique de l'île.

Chutes de Tuwasan SITE NATUREL

À environ 10 km au sud de Bonbon par la route littorale, on arrive à Catarman (la localité fut détruite par l'éruption du mont Vulcan Daan voisin en 1871), proche des chutes de Tuwasan, peu fréquentées. La route est principalement pavée et un tricycle ou une moto vous conduira au départ du sentier. De là, il faut compter un quart d'heure de marche sur un sentier étroit et escarpé pour rejoindre les chutes, en traversant deux fois la rivière (impossible après de fortes pluies, la rivière étant trop haute). La cascade tombe dans un bassin dont les eaux sont peut-être trop tumultueuses pour s'y baigner ; le plus simple est de passer à pied par les rochers et de plonger dans les bassins. Il y a aussi un bassin d'eau froide à **Bura**, sur le chemin des chutes.

Réserve de Cantaan Kabila White Beach SITE NATUREL

Les eaux aux larges de White Beach, petite plage de sable blanc à mi-chemin entre Benoni et Guinsiliban, dans le *barangay* de Cantaan (sud-est de l'île), abritent certains des coraux les mieux préservés de Camiguin, ainsi que des bénitiers géants. La famille qui possède la propriété gère le site (Cantaan Kabila White Beach Giant Glam Sanctuary) et fait payer le guide (150 P), l'entrée (50 P) et la taxe environnementale (25 P). Location masque et tuba pour 250 P. L'observation des bénitiers dans les bassins est gratuite.

Chutes de Binangawan SITE NATUREL

Avec ses 15 m de haut seulement, c'est la plus "petite" des cascades et aussi l'une des plus difficilement accessibles. On ne peut la rejoindre qu'en louant les services d'un guide auprès d'un hôtel ou de l'office du tourisme (1 500 P). L'embranchement se situe juste après le village de Sagay ; de là, comptez encore 5 km jusqu'à ce que la route commence à se détériorer, puis quelques kilomètres plus loin, se transforme en montée abrupte le long d'un sentier rocheux. Il faut beaucoup marcher pour rejoindre les chutes ; emportez de l'eau et de quoi vous protéger des intempéries.

Tangub Hot Spring SOURCES CHAUDES

La température des sources varie avec les marées, passant du froid au chaud, puis au très chaud, selon la source qui alimente les bassins ; l'eau brûlante provient d'une source d'origine volcanique sous les fonds marins. Ces sources, à environ 12 km à l'ouest de Mambajao, ne sont pas exploitées.

White Island ÎLOT

(20 P). Le minuscule îlot inhabité de White Island (Medano Island), banc de sable blanc pur à quelques centaines de mètres du littoral, est accessible par bateaux (400 P), qui partent d'à côté du Paras Beach Resort. Le soleil peut être aveuglant dans la journée. La forme de l'île évolue en permanence, luttant contre la marée et l'érosion.

Santo Niño Cold Spring SOURCES FROIDES

(20 P ; 24h/24). Ces sources sont plus proches de Catarman et situées à plusieurs kilomètres à l'écart de la nationale, le long d'une route asphaltée.

Chemin de Croix POINT DE VUE

Juste avant Bonbon, on passe devant l'ancien volcan de Camiguin, dont les flancs ont été transformés en un chemin de Croix escarpé. Au pied des marches, vous passerez devant des échoppes de souvenirs.

Sunken Cemetery POINT DE REPÈRE

Entre les coteaux et Bonbon, vous apercevrez une gigantesque croix blanche flottant sur un ponton dans la baie : elle marque l'endroit du cimetière submergé ("Sunken Cemetery") qui a été englouti par la mer à la suite du tremblement de terre de 1871 ; c'est depuis un site de snorkeling et de plongée.

Ce même séisme a détruit à Bonbon l'**église espagnole** du XVIIe siècle, dont les ruines abritent un autel rudimentaire.

Tour de guet espagnole SITE HISTORIQUE

À Guinsiliban, derrière l'école, près du quai, s'élèvent les vestiges de cette ancienne tour de guet qui permettait de surveiller d'éventuelles attaques des Moros venus du continent. Elle renferme un joli sanctuaire.

Fêtes et festivals

Festival des Lanzones CULTURE

Camiguin est connue dans tout l'archipel pour avoir les *lanzones* (petits fruits jaunes au goût de citron et de litchi) les plus sucrés de l'archipel. Le festival qui leur est dédié a lieu tous les ans autour de la 3e semaine d'octobre. Processions, spectacles fastueux, danses et dégustation de lanzones.

Panaad RELIGION

Pendant la semaine sainte, la fête de **Panaad**, longue procession de 64 km autour de l'île, témoigne de la foi des fidèles. Le chemin de Croix est positionné le long de la procession, se terminant par le "Tabo", le dimanche de Pâques, à Mambajao.

Où se loger et se restaurer

MAMBAJAO ET SES ENVIRONS

Vous trouverez à Mambajao plusieurs restaurants simples et des épiceries, en plus des étals de marché ; un arrêt à la **boulangerie Vjandeap** permet de découvrir les spécialités sucrées de l'île. Le restaurant du Rooftop Hotel est le meilleur de la ville.

Bahay-Bakasyunan sa Camiguin HÔTEL $$

(088 387 1057 ; www.bahaybakasyunan.com ; ch avec petit-déj à partir de 2 750 P ;). Établissement le plus chic de Camiguin, qui s'étend de la route littorale jusqu'à la plage, au cœur d'une cocoteraie. D'élégants bungalows (à partir de 4 000 P) modernes, en forme de A, font face à d'autres bungalows en bambou, plus anciens, situés de l'autre côté d'une pelouse impeccable menant à une piscine et un restaurant en bord de mer.

Enigmata Treehouse Ecolodge ÉCOLODGE $

(0918 230 4184 ; http://camiguinecolodge.com ; dort/ste à partir de 200/800 P ;). L'écologie rencontre l'art alternatif dans cet écolodge-maison dans les arbres géré par des artistes locaux. L'intimité n'est pas une priorité, mais ainsi va la vie communautaire. L'Enigmata est situé au sommet d'une colline, en retrait de la route principale (repérez la grande statue tribale de Tarzan), à 2 km au sud-est de Mambajao ; téléphonez avant d'y aller.

Camiguin Highland Resort HÔTEL $$
(☎0920 953 3295 ; www.camiguinhighlandresort.com ; ch à partir de 2 300 P ; ❄@≋). Ressemblant à une résidence de grand standing, ce resort plutôt est installé à flanc de montagne. Outre son cadre luxuriant, on y profite de superbes panoramas, à seulement quelques minutes à pied ou à cheval. Restaurant de qualité, café, piscine et Jacuzzi.

Rooftop Hotel & Restaurant HÔTEL $$
(☎0918 589 8915 ; www.camiguinrooftophotel.com ; angle Neriz St et Rizal St, Mambajao ; ch à partir de 2 000 P ; ❄📶). Les 7 chambres du 3e étage, chacune décorée selon un thème original, sont toutes dotées de hauts plafonds et de touches cosy. Au **restaurant** (plats 170 P ; ⊙6h-23h) du rez-de-chaussée, parmi les plus fameux de Mambajao, on se régale de pizzas (250 P), hamburgers, à côté des classiques philippins. Il y a un billard et des films sont parfois projetés au 2e étage.

GV Hotel HÔTEL $
(☎387 1041 ; Burgos St, Mambajao ; ch sans/avec clim 330/530 P ; ❄). Hébergement basique, à Mambajao.

Camiguin Island Grill PHILIPPIN $
(Plats 130 P). Pour du poulet rôti bon marché (60 P) ou du poisson et des crevettes grillés ; sur la route à l'est de Mambajao.

J&A Fishpen POISSON ET FRUITS DE MER $
(Plats 170 P). Les produits de la mer viennent du lagon de Benoni, sur lequel donne ce restaurant.

PLAGES DU NORD

♥ **Camiguin Action Geckos Resort** COMPLEXE BALNÉAIRE $
(☎387 9146 ; www.camiguinaction.com ; ch sans sdb 600 P, bungalows avec sdb à partir de 1 800 P). Tout ici est d'une belle "sophistication rustique" : les spacieux bungalows en bois exotique avec véranda, et les attrayantes "travellers rooms", moins onéreuses, situées à l'étage du restaurant en plein air. L'établissement propose des activités de plein air, et il y a sur place un club de plongée tous services (et matériel). Sachez aussi que le Geckos borde l'une des plus vastes étendues de plage des environs.

Caves Dive Resort COMPLEXE BALNÉAIRE $$
(☎0918 807 6888 ; www.cavesdiveresortcamiguin.com ; Agoho ; ch sans sdb 700 P, bungalows avec ventil/clim et petit-déj à partir de 1 500/2 500 P ; ❄📶). Situé sur une plage assez large, à Agoho. Le bâtiment principal en bord de mer, avec son restaurant et ses chambres basiques en bambou, est assez décrépit, alors que les bungalows en béton, situés à l'arrière du domaine, sont bien entretenus. Sur place l'une des boutiques Johnny's Dive N Fun.

Agohay Resort HÔTEL $
(☎0928 410 4994 ; agohayvillaforte@yahoo.com ; Agoho ; dort 200 P, ch avec ventil/clim 800/1 200 P). Cette vaste propriété va d'un énorme pavillon de style autochtone à un restaurant en front de mer. Outre 2 grandes chambres (pouvant loger jusqu'à 6 pers), il y en a une plus petite, très décorée, appréciable pour sa douche extérieure. Bien géré, mais uniquement lorsque les propriétaires sont là.

Seascape BUNGALOWS $
(☎0910 920 6152 ; Bug-ong ; bungalows/ch 500/700 P). Bordé par une grande demeure moderne sans attrait et ayant une digue pour toute plage, le Seascape a l'air serein et isolé. Préférez l'une des deux grandes chambres en bambou avec balcon donnant sur la mer, aux bungalows mal entretenus situés au fond du parc. Le restaurant est agréable pour un verre au coucher du soleil.

Puesta del Sol HÔTEL $$
(☎0915 334 8608 ; ww.puestadelsol-camiguin.com ; Yumbing ; ch 2 000 P ; ≋). Un petit domaine calme, avec une piscine minuscule et une plage à peine plus grande entourée de grands murs de béton. Il n'y a que 2 chambres (aux jolies salles de bains) et un petit restaurant.

Secret Cove Beach Resort HÔTEL $$
(☎387 9084 ; www.secretcovecamiguin.net ; Yumbing ; ch 1 400 P ; ❄). Propriétaires charmants, excellente cuisine et bar dans ce petit hôtel tranquille. Certaines des chambres manquent de lumière naturelle et mériteraient plus d'attention.

Jasmine by the Sea HÔTEL $
(☎387 9015 ; melindawidmer@yahoo.com ; Bug-ong ; ch avec ventil 800 P). Les 4 chambres, basiques, sont situées sur un côté de l'agréable bar-restaurant à ciel ouvert – cuisine occidentale et philippine correcte.

Paras Beach Resort COMPLEXE BALNÉAIRE $$
(☎0926 944 3606 ; www.parasbeachresort.com ; ch à partir de 2 250 P ; ❄📶≋). Typique des resorts

préférés des groupes et des familles philippines : il y a une piscine et de la musique tonitruante. Le mobilier et la décoration de certaines chambres ont été agréablement revus, mais ce n'est pas le cas pour toutes. Bar, restaurant ; sports aquatiques.

Luna Ristorante ITALIEN $$
(Plats 200 P ; 🕗7h-minuit ; 📶). Situé sur la route principale à Yumbing, après l'embranchement menant au Paras Beach Resort. Excellentes pizzas cuites dans le four en briques. On pourrait passer tout l'après-midi à l'extérieur sur le belvédère.

Puesta del Sol MEXICAIN $$
(Plats 185 P). Une adresse bien tenue et plaisante... lorsque les propriétaires sont là. À côté du Secret Cove.

Renseignements

La Philippine National Bank (PNB) et la Landbank à Mambajao ont des DAB peu fiables ; on ne peut y utiliser une carte étrangère. La PNB change les dollars mais ne prend que les billets en bon état à partir de 5 $ (des voyageurs ont eu des difficultés à changer des euros). Préférez le magasin **All in One Island**, sur la route entre le Rooftop Hotel & Restaurant et l'église, où l'on change dollars et euros à un taux correct.

Vous trouverez 2 cybercafés dans Rizal St.

Fun Trips Travel & Tours (☎387 0380 ; www.funtripstravelcamiguin.com ; B Aranas St, Mambajao). L'un des seuls opérateurs indépendants, à la base une agence de voyages. Les hôtels peuvent organiser une visite de l'île et toutes sortes d'excursions à la journée.

Office du tourisme (☎387 1097 ; www.camiguin.gov.ph ; Provincial Capitol Bldg ; 🕗8h-17h lun-ven). Fait partie d'un complexe de bâtiments officiels en haut d'une colline au sud-ouest de Mambajao.

Depuis/vers Camiguin

Avion

Fly Avia Tour (☎Cebu 032-495 2268 ou 0910 805 9846 ; www.flyaviatour.com). Assure des vols charter pour Cebu (4 000 P/pers, minimum 2 pers) et d'autres destinations. L'aéroport se trouve à quelques kilomètres à l'ouest de Mambajao.

Mid-Sea Express (☎0927 634 4632 ; www.midseaexpress.com). Assure 3 vols/semaine vers Cebu (1 950 P) ; horaires sporadiques.

Bateau

Des ferries font la traversée de Benoni, à 18 km au sud de Mambujao, à Balingoan (Mindanao), toutes les heures de 4h à 15h30 (170 P, 1 heure). Les départs de Balingoan à Benoni se font de 4h30 à 18h. Un ferry rapide Oceanjet pour Balingoan part à 8h30 (250 P, 30 min).

Depuis le quai de Balbagon, près de Mambajao, un ferry pour voitures Super Shuttle Ferry part tous les jours à 8h (425 P, 3 heures 30) à destination de Jagna et une autre à destination de Cebu (880 P, 11 heures) le dimanche soir. Un ferry rapide Oceanjet relie Benoni à Jagna (550 P, 2 heures) tous les jours à 14h20.

Il n'y a plus de service rapide (*fastcraft*) pour Cagayan de Oro ; Oceanjet ou une autre compagnie pourrait reprendre cet itinéraire.

Comment circuler

Comme la route faisant le tour de l'île est longue de 64 km au total, il est possible de la parcourir en quelques heures. Pour visiter des lieux inaccessibles en jeepney, mieux vaut louer une moto (300-500 P) ; moins agréable mais plus pratique, prenez un taxi collectif, pouvant accueillir 6 passagers (1 500 P) et vous conduire partout pendant une journée.

Des minivans climatisés, des jeepneys, des *motorellas* (tricycles motorisés) et des taxis collectifs attendent l'arrivée des bateaux à Benoni pour transporter les passagers jusqu'à Mambajao (25 P, 40 min). Un trajet spécial vers Mambajao coûte 100-150 P ; pour aller vers les resorts au nord de Mambajao, comptez 250 P. Depuis Mambajao, on peut prendre un tricycle "westbound" pour la plupart des resorts.

Balingoan

9 000 HABITANTS

Presque à mi-chemin entre Cagayan de Oro et Butuan au nord de Mindanao, Balingoan est le principal point de départ pour rallier l'île de Camiguin. Des bateaux (170 P, 1 heure) partent toutes les heures environ, de 4h30 à 18h. Ocean Jet assure cette liaison en ferry rapide (250 P, 30 min), mais son heure de départ de Balingoan était incertaine lors de nos recherches. Des bus et des jeepneys circulent entre Balingoan et Cagayan de Oro (145 P, 1 heure 45) et Butuan (350 P, 2 heures 15). Il faut marcher quelques instants depuis la gare routière de Balingoan pour rejoindre le quai.

Butuan

☎085 / 298 000 HABITANTS

À l'exception de ses sites historiques et archéologiques, Butuan, qui s'étend le long des berges de la rivière Agusan à 9 km au sud du littoral, est une ville provinciale typique avec ses rues congestionnées et trottoirs défoncés. C'est une escale si vous voyagez entre les îles de Camiguin et de Siargao. Elle possède aussi un port important, puisque Butuan est largement reconnue, depuis au moins le IVe siècle, comme le premier site connu d'implantation humaine et de commerce maritime des Philippines.

Le **Balangay Shrine Museum** (entrée libre ; 8h30-16h30 lun-sam), dans le *barangay* de Libertad en direction de l'aéroport, abrite les vestiges du *balangay* (pirogue à balanciers) construit vers 321, qui est l'un des objets fabriqués les plus anciens des Philippines. Le terme "*barangay*" (village) dérive en réalité de *balangay* puisque ces embarcations étaient assez vastes pour transporter des groupes entiers de passagers. Les archéologues ont mis au jour, à seulement quelques mètres du bateau, plusieurs cercueils datant des XIIIe et XVIe siècles. Vous pourrez accéder au site en tricycle (100 P/h), qui permettra la traversée de plusieurs petits villages.

Comme Limasawa sur Leyte, Butuan est fier d'être le lieu où a été dite la première messe catholique (8 avril 1521) sur le sol philippin. L'office religieux a été célébré par Magellan près de **Magallanes**, au nord de la ville à l'embouchure de l'Agusan, là où elle se jette dans la baie de Butuan. Un monument commémoratif en marque l'endroit précis.

Où se loger

VCDU Prince Hotel HÔTEL $
(342 7267 ; Montilla Blvd ; www.vcduprincehotel.com.ph ; s/d 800/1 000 P ;). Ce grand hôtel du centre offre le meilleur rapport qualité/prix, même si les chambres sont minuscules.

Almont City Hotel HÔTEL $$
(342 5263 ; www.almont.com.ph ; San José St, Rizal Park ; ch avec petit-déj à partir de 1 500 P ;). Une adresse plus haut de gamme, plus contemporaine et encore plus centrale, du côté nord du parc Rizal.

Butuan Luxury Hotel HÔTEL $
(342 5366 ; Villanueva St ; s/d 800/1 100 P ;). Cet hôtel au nom mal choisi est l'une des meilleures adresses bon marché de la ville ; les chambres sont propres et certaines reçoivent même la lumière du jour.

Où se restaurer

On trouve des fast-foods près du parc Rizal, au Gaisano Mall, la plus grande galerie marchande de la ville, ainsi qu'à quelques kilomètres à l'ouest du centre, dans JC Aquino St.

Margie's Kitchen CAFÉ $$
(1342 Sentro Bldg, JC Aquino St ; plats à partir de 150 P ; 10h-1h ;). Ce lieu ressemble à une cafétéria haut de gamme. Ce sont surtout les boissons et les desserts qui ont du succès.

Weegols Grill Haus PHILIPPIN $$
(Montilla Blvd ; plats 160 P). Une institution locale, qui propose poulet grillé, soupes et plats divers à base de viande.

Rosarios SINO-PHILIPPIN $$
(JC Aquino St ; plats à partir de 170 P). Un restaurant propre, réputé pour ses savoureux mets chinois, philippins et à base de produits de la mer. Les spécialités incluent les nids d'hirondelle accompagnés de pétoncles séchés, ainsi que divers ragoûts (225 P/4-6 pers).

Depuis/vers Butuan

Avion

L'aéroport est à 10 km à l'ouest du centre-ville (taxi 200 P, tricycle 150 P). Airphil Express, Cebu Pacific et PAL ont plusieurs vols par jour depuis Manille, et Cebu Pacific a des vols directs pour Cebu.

Bateau

Le principal port maritime de Butuan est situé à Nasipit, à 24 km à l'ouest de la ville. Des jeepneys font la navette entre les deux localités (30 min). SuperFerry assure des liaisons 2 fois/semaine entre Manille et Nasipit (1 800 P, 20 heures), Jagna (750 P, 7 heures), sur Bohol, et Cebu (990 P, 10 heures).

Bus

La gare routière (bus terminal) est à 3,5 km au nord du centre-ville ; peu de taxis, mais de nombreux tricycles vous conduiront en ville. Le dernier bus pour Davao part vers 14h30 ; des bus ordinaires partent à heures régulières 24h/24 (toutes les 30 min à 1 heure). Les indications dans le tableau ci-après concernent des bus climatisés.

DESTINATION	TARIF	DURÉE
Balingoan	195 P	2 heures 15
Cagayan de Oro	325 P	4 heures 30
Davao	500 P	7 heures 15
Surigao	195 P	3 heures

Surigao

086 / 132 000 HABITANTS

Pour ceux qui souhaitent visiter l'île de Siargao, cette ville assez quelconque, capitale de la province de Surigao del Norte, est généralement une étape nécessaire où passer la nuit. Si la grand-place est le théâtre de parties d'échecs impromptues, l'interminable boulevard du front de mer est strictement fonctionnel. Parmi les sites d'intérêt dans la région de Surigao, citons : la **grotte de Silop**, à 7 km de la ville, dont les 12 entrées mènent à une grande cavité centrale ; le village flottant de **Day-asin**, distant de 5 km, et celui de **Mati**, au sud, où le peuple Mamanwa a construit un "village" pour mettre en avant sa culture. Il y a aussi nombre de plages toutes proches, dont celle de **Mabua**, une plage de galets où se détendre en attendant le prochain vol.

Bien qu'elle soit plus grande que Siargao et plus proche de Mindanao, l'île de **Dinagat**, avec son littoral accidenté et sauvage, est peu fréquentée par les touristes. La côte nord-ouest est très belle avec ses formations karstiques envahies par la végétation et surgissant des eaux turquoise. L'île abrite des villages de pêcheurs, et pendant la semaine sainte, des pèlerins se rendent sur un îlot près de Basilia, où se trouvent les lacs jumeaux de **Bababu**, dont les eaux auraient des pouvoirs de guérison. Trois *bangka* (8h, 10h et 12h, 100 P, 4 heures) par jour, font la liaison avec San José, sur Dinagat, depuis le quai devant le Tavern Hotel.

Où se loger

EY Tourist Pension HÔTEL **$$**

(☎826 5440 ou 0921 425 1846 ; Navarro St ; s/d à partir de 780/900 P ; ❄📶). Ses petites chambres avec douches et TV offrent le meilleur rapport qualité/prix de Surigao.

Tavern Hotel HÔTEL **$$**

(☎826 8566 ; www.surigaoislands.com/tavernhotel ; Borromeo St ; ch avec petit-déj à partir de 1 500 P ; ❄@📶). L'hôtel le plus chic de Surigao, et le seul à tirer parti de sa situation sur le front de mer. Les chambres plus sophistiquées, avec vue sur mer, de la nouvelle annexe, valent le supplément. Concerts certains soirs au bar (17h-1h). Café extérieur (6h-1h).

Metro Pension Plaza HÔTEL **$**

(☎231 9899 ; Navarro St ; s/d 500/700 P ; ❄). Que vous soyez en couple ou non, préférez les chambres les plus vastes, avec grand lit, car les autres sont plutôt déprimantes. Les douches sont froides et les toilettes n'ont pas de siège, mais il y a la TV.

Lemondee Hotel HÔTEL **$**

(☎232 7334 ; Borromeo St ; s/d 500/650 P ; ❄📶). Le mobilier vieillot et les salles de bains

Surigao

0 — 200 m

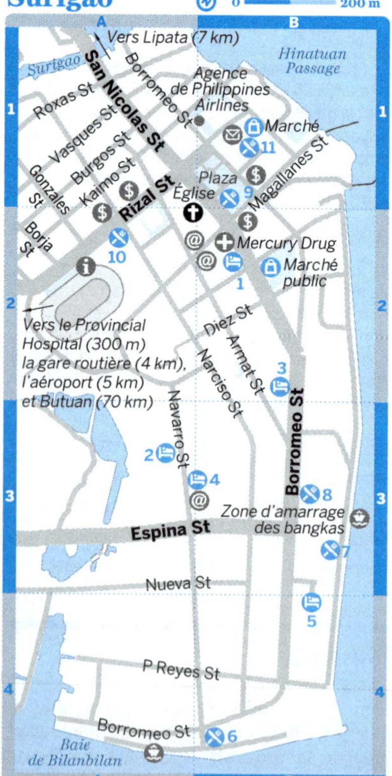

Surigao

Où se loger

1 Dexter Pension House B2
2 EY Tourist Pension A3
3 Lemondee Hotel B2
4 Metro Pension Plaza B3
5 Tavern Hotel B4

Où se restaurer

6 Stands de barbecue B4
7 Calda's B3
8 Frank Lloyd Jazz Bar B3
9 Étals de fruits B1
10 Island's Seafood Restaurant A2
11 Mario's Garden Grill & Restaurant B1
Red Table Dim Sum .... (voir 11)

Où prendre un verre

BG & C Coffeehouse .... (voir 11)
Rab's Book Café .... (voir 11)

SUIVRE LES VAGUES JUSQU'AU PROCHAIN BREAK

Des surfeurs étrangers ne jurant que par les vagues de Cloud Nine (à Siargao) – tel Wilmar de la **Hippie's Surf Shop** (☎0928 744 0495 ; www.surfshopsiargao.com) – signalent d'autres *breaks* tout aussi formidables dans la région de **Lanuza**, mais il vous faudra plusieurs jours rien que pour faire l'aller-retour. Les mois de novembre et décembre sont la meilleure période pour le surf. Vous trouverez à vous héberger en contactant Jerry Erizara, adjoint au maire de Lanuza (renseignez-vous sur place). Comptez 5 heures de trajet dans un bus bringuebalant ou un jeepney depuis Surigao ; si vous venez de Siargao, vous pouvez prendre le bateau qui part chaque jour à 6h de Dapa pour rallier Socorro, sur l'île de Bucas Grande (1 heure) et, de là, prendre un autre bateau jusqu'à Cantilan (2 heures) sur l'île principale de Mindanao ; prenez un tricycle jusqu'au terminal et sautez dans un jeepney à destination de "Tandag", au sud de Lanuza (30 min).

minuscules ne manquent pas de décevoir par rapport à la façade peinte en jaune et bleu.

Dexter Pension House PENSION $
(☎232 7526 ; angle San Nicolas St et Magallanes St ; s/d à partir de 200/350 P ; ❄). Acceptable si vous n'êtes pas un accro de l'entretien.

Où se restaurer

Le restaurant du Tavern Hotel est assez ordinaire. Des fast-foods sont rassemblés du côté sud-ouest de la place ; sur le côté est s'alignent d'appétissants étals de fruits. Quantité de stands de grillades sont installés dans Borromeo St, vers le quai.

Island's Seafood Restaurant PHILIPPIN $
(Rizal St ; plats 160 P ; ❄📶). Un petit restaurant moderne et animé, servant du poisson au poids (*lapu-lapu ;* mérou ; 80 P/100g), et plats de viande et de poulet.

Calda's PIZZERIA $
(Borromeo St ; pizza 180 P ; ⏲9h-minuit). Grandes pizzas à pâte fine. À côté du Dunkin Donuts, face au quai juste derrière le Tavern Hotel.

Mario's Garden Grill & Restaurant PHILIPPIN $
(Borromeo St ; grillades 30 P ; ⏲9h-minuit). Un grill en extérieur, proposant des concerts, juste à côté de l'hôtel de ville (*City Hall*).

Frank Lloyd Jazz Bar PHILIPPIN $$
(Borromeo St ; plats 160 P ; ⏲8h-tard). Le Frank Lloyd a souvent l'air abandonné dans la journée. L'endroit est plus qu'accueillant en soirée, surtout quand il y a de la musique.

Alignés les uns à côté des autres sur la route du Mario, 3 établissements modernes permettent de se restaurer et de prendre un verre : le **BG & C Coffeehouse** (⏲8h-23h ; 📶), le **Red Table Dim Sum** (plats 50 P), ainsi que le **Rab's Book Café** (plats 150 P ; 📶), qui propose tacos, burritos, etc.

Renseignements

Il y a plusieurs agences bancaires avec DAB (ne lésinez pas sur les retraits d'espèces avant de rejoindre Siargao) autour de la place, ainsi que des cybercafés disséminés à travers la ville.

Pour des renseignements sur les déplacements et les modes de transports ailleurs dans la région, l'**office du tourisme de la province de Surigao del Norte** (☎231 9271 ; Rizal St) est situé à côté de la tribune de la ville.

Bureau de l'immigration (BOI ; ☎826 8263 ; Narcisco St). Extensions de visas.

Depuis/vers Surigao

Avion

Airphil Express, PAL et Cebu Pacific assurent des vols quotidiens vers Manille ; Cebu Pacific propose aussi plusieurs vols par semaine vers Cebu. Les arrivées et les départs coïncident avec les correspondances en bateau vers Siargao, mais les liaisons sont serrées. Prenez un taxi ou un tricycle (30 P) jusqu'à l'aéroport, à 5 km à l'ouest du centre-ville.

Bateau

CEBU Cebu Ferries assure des départs les lundi, mercredi et vendredi à 23h. Cokaliong Shipping assure des trajets tous les jours, sauf le dimanche, à 19h.

DINAGAT Des *bangka* (100 P) partent pour San José, sur l'île de Dinagat, à 8h, 10h et 12h de la zone en face du Tavern Hotel.

LEYTE Des ferries pour voitures ("RORO") desservant les villes de San Ricardo (100 P, 1 heure 30, départs à 4h, 8h, 16h et 20h) et Liloan (300 P, 3 heures 30, départs à 6h30, 11h, 13h, 18h et minuit), au sud de Leyte, partent du quai de Lipata, à 8 km environ à l'ouest de Surigao.

BUS AU DÉPART DE SURIGAO

DESTINATION	TARIF	DURÉE	FRÉQUENCE
Butuan	195 P	2 heures 45	Toutes les 30 min ; dernier bus climatisé à 19h
Davao	500 P	7 heures	Toutes les heures
Tandag	200 P (ordinaire)	6 heures	Lorsqu'il est plein

MANILLE SuperFerry dessert Manille (31 heures) plusieurs jours par semaine à 11h.

SIARGAO Des *bangka* rapides à destination de Dapa, sur Siargao (200 P, 2 heures 15), partent à 6h et 11h du long quai en face du Tavern Hotel, comme le bateau légèrement plus grand et moins rapide (200 P, 3 heures, à 11h30). Par mauvais temps, préférez le RORO quotidien (250 P, 4 heures, à 12h), qui utilise le **quai principal** (Borromeo St), à 2 km au sud de la place.

Si votre destination à Siargao est Burgos, au nord, plutôt que Cloud Nine, prenez le *bangka* de 12h (200 P) pour Santa Monica, qui part de **Punta Bilang Bilang**, à peu de distance au sud-ouest du quai principal.

Bus

La gare routière est à 4 km environ de la ville, vers l'aéroport ; le trajet en tricycle coûte 30 P. Pour Cagayan de Oro, il faut changer de bus à Butuan. Voir le tableau ci-dessus pour les détails.

Siargao

Ici, les expatriés "vétérans" sont de petits groupes de surfeurs attirés à Siargao (shargao) par des vagues praticables tout au long de l'année et une tranquillité qui n'existe plus dans d'autres îles des Philippines tout aussi superbes. Ici aussi, les touristes sont peu nombreux et l'on coule des jours heureux dans des resorts à l'ambiance décontractée. L'île est également fréquentée par des sportifs plus discrets. Vous trouverez des bassins rocailleux, des mangroves, des îles côtières avec d'étranges formations rocheuses, une riche faune sauvage, des chutes d'eau, des forêts, sans oublier des hamacs, qui constituent généralement l'épilogue de la journée.

Le port est situé à **Dapa**, principale commune de l'île. À votre arrivée, vous aurez envie de rejoindre directement l'un des resorts qui bordent la mauvaise piste entre General Luna (appelée localement GL) et Cloud Nine. Le **Mem's** (☎0919 419 3285 ; ch 600 P ; ❄), juste sur le quai, est un établissement correct où passer la nuit si vous devez prendre un ferry tôt le matin.

Activités

Le **surf** se pratique toute l'année, mais la période d'août à novembre est considérée comme la meilleure car la houle est grossie par les vents des typhons. La période de décembre à avril est caractérisée par de forts vents latéraux, alors que de mai à juillet, le surf est plus facile. Vous pouvez louer des planches de surf dans les resorts tout autour de l'île. Il est recommandé de protéger vos pieds car le *break* se trouve le long d'un récif, bien que ce dernier ne soit pas tranchant.

Siargao est aussi l'un des seuls endroits aux Philippines où l'on peut pratiquer la **pêche hauturière** (excursion 3 pers maximum 5 000 P/j), et ce tout au long de l'année, même si la mer est parfois très agitée de décembre à février. Il n'est pas rare de remonter un espadon à voile de 130 kg ; les mahi-mahi (coryphènes) et le thazard tacheté sont aussi des prises courantes. Contactez **Junior Gonzalez** (☎0920 772 8875), qui propose aussi un hébergement chez lui à Pilar.

À cause des grottes profondes, comme la Blue Cathedral, et des courants puissants, la plongée sous-marine est réservée aux plongeurs expérimentés. Pour organiser une excursion, contactez **Driftwood Surf & Dive** (☎0928 302 2992 ; www.surfdriftwood.com) ou **Siargao Divers** (☎0927 733 4805 ; www.siargaodivers.com).

Fêtes et festivals

La compétition de surf **Siargao Cup**, l'une des plus grandes manifestations internationales du pays, a lieu vers Cloud Nine, fin septembre ou début octobre ; la **Filipino National Cup** est une autre compétition de surf qui se tient la semaine précédente.

Renseignements

Les prix des chambres augmentent partout lors des compétitions de surf et la semaine sainte. Ne comptez pas sur les deux banques de Dapa (Green Bank et Cantilan Bank) pour des retraits d'argent (certains disent toutefois que Green Bank accepte les cartes Visa étrangères).

Dapa et General Luna ont chacune au moins un cybercafé ; L'Ocean 101 Resort, à Cloud Nine, en a un accessible aux personnes non résidentes, et la plupart des resorts ont des bornes Wi-Fi et un ordinateur.

Depuis/vers Siargao

AVION

Cebu Pacific propose des vols directs 2 fois/semaine entre Cebu et l'aéroport Sayak de Siargao, près de Del Carmen. Il est possible de prendre l'avion de Manille à Surigao. Plusieurs *habal-habal* (motos-taxis) attendent l'arrivée des avions, juste à l'extérieur de l'aéroport, mais il est plus pratique d'organiser à l'avance votre transfert depuis l'aéroport auprès de votre hôtel.

BATEAU

Pour plus d'informations sur les bateaux au départ de Surigao, voir p. 349. Les départs pour Surigao ont lieu à 5h30 et 11h pour le *bangka* rapide, à 5h45 pour le plus grand *bangka* et à 6h pour le RORO. Partir tôt le matin permet de prendre un vol pour Manille à Surigao ou un bus jusqu'à Davao dans la même journée... mais cela implique de partir de Cloud Nine *très* tôt. Réservez une moto auprès de votre hôtel pour vous conduire à Dapa.

Les *bangka* pour Socorro, sur Bucas Grande, partent du quai municipal, à côté du quai principal.

Comment circuler

Des jeepneys vont de Dapa à GL (1 heure), mais mieux vaut opter pour un *habal-habal* (150-200 P, 30 min), des motos assez grandes pour transporter plus d'un passager avec des sacs, et dotées d'un auvent en cas d'intempérie. Pour faire le tour de l'île par vos propres moyens, le tarif de location d'une moto est d'environ 300 P pour une demi-journée ou 800 P pour la journée.

GENERAL LUNA ET SES ENVIRONS

13 400 HABITANTS

Plusieurs pâtés de maisons sillonnés de chemins, des bâtiments délabrés, quelques restaurants et enfin une plage publique bordée d'une rangée de *sari-sari* (petites épiceries) : bienvenue à General Luna, considérée comme la grande ville par les personnes résidant à Cloud Nine. Il y a plusieurs *breaks* de surf au sud de GL, dont certains autour de quelques îles côtières, auxquels on accède par *bangka*. À marée haute, on peut aller se baigner dans une rivière près du village d'Union, entre GL et Cloud Nine.

> **CLIMAT**
>
> La saison humide (décembre-mars) sur Siargao coïncide avec l'*amihan* du nord-est. C'est durant la saison sèche (juin-septembre), que le *habagat* souffle du sud-ouest.

Où se loger

Le Patrick's et le Cherinicole Resort sont les deux seuls établissements implantés à GL même. Les autres se situent à mi-chemin entre GL et Cloud Nine sur une plage de sable étroite, inadaptée à la baignade.

Kalinaw Resort COMPLEXE BALNÉAIRE $$$
(☎0921 320 0442 ; www.kalinawresort.com ; villas pour 2 avec petit-déj à partir de 5 200 P ;). Ce resort détenu par un Français pourrait figurer dans un magazine de design. Les salles de bains sont particulièrement belles, et le minimalisme règne en maître dans tout l'établissement, y compris dans le restaurant, réputé pour ses pizzas.

Island Dream Resort COMPLEXE BALNÉAIRE $$$
(☎0939 891 4538 ; www.islanddreamsiargao.com ; bungalows 4 000 P ;). Dans ces villas, les salles de bains sont aussi grandes que les chambres, avec des sols en pierre, de hautes fenêtres et des baignoires qui semblent pensées pour les couples en lune de miel. Chaque villa, s'ouvrant sur un porche, est posée sur une pelouse bien entretenue, et il y a une piscine et un restaurant-lounge en plein air.

Siargao Inn Beach Resort BUNGALOWS $$
(☎0917 714 4110 ; www.siargao-inn.com ; ch avec ventil/clim 1 800/2 500 P ;). Géré par un couple, dont un excellent surfeur qui pourra vous enseigner les bases, cet établissement décontracté dispose de tout un ensemble de bungalows avec toit en nipa et sols et murs en acajou. Couchage et design simples et agréables. Restaurant-bar en bord de plage.

Patrick's on the Beach BUNGALOWS $$
(☎0918 481 6483 ; www.patrickonthebeach.com ; ch avec ventil/clim à partir de 1 200/2 100 P ; @). Ces petits bungalows au toit en nipa bordent un front de mer assez étroit. Fantastique bungalow-cabane dans un arbre (1 800 P), face à la plage.

Cherinicole Resort COMPLEXE BALNÉAIRE $$
(☎0918 244 4407 ; www.cherinicolebeachresort.com ; ch avec ventil/clim 1 000/1 500 P ;). À côté du Patrick's, le Cherinicole est apprécié des familles et des groupes philippins. Les chambres, agencées autour d'une petite piscine, sont en deçà de la moyenne.

Environs de Surigao

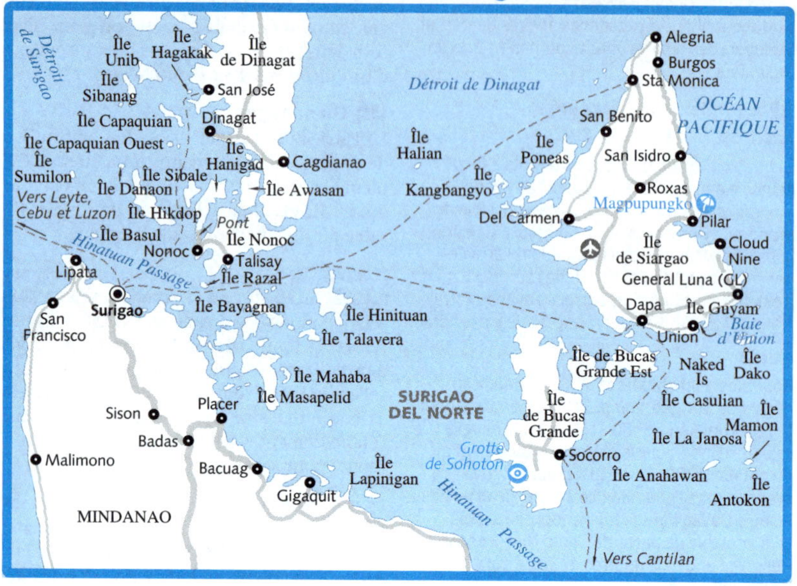

Où se restaurer et prendre un verre

Tous les resorts ont des restaurants, dont la plupart accueillent aussi les clients extérieurs. Le Marydales et le Jabiness, en ville, sont des restaurants sans prétention. L'ouverture d'un bar, aussi humble soit-il, est toujours source de réjouissance à GL, car la vie nocturne y est très limitée.

Dajon Restaurant Grill & Bar PHILIPPIN, INTERNATIONAL
(Plats 180 P). C'est en prenant la route de Dapa à la sortie de GL que vous trouverez le Dajon, un restaurant tous services.

Wave Cave BAR
(⏲8h-tard). Sur la piste sortant de GL vers l'ouest, en direction du village de Malinau, le Wave Cave dispose d'un billard, qui trône à l'étage, construit en bois et doté d'un auvent. Au programme : bière (40 P), alcools (80 P) et en-cas.

Nine Bar BAR
Le Nine Bar, sur la route entre GL et Cloud Nine, est très apprécié des expatriés.

CLOUD NINE

Très réputé dans le circuit international de surf, le *break* de Cloud Nine se signale clairement par le pavillon en bois qui s'avance dans la mer. Billabong et Quiksilver sont les deux seuls mots techniques que vous devez connaître car vous rencontrerez ici une communauté de surfeurs composée de Philippins amicaux. Les surfeurs plus expérimentés peuvent rejoindre plusieurs autres *breaks*, accessibles en *bangka*, dont **Rock Island**, visible depuis la plage de Cloud Nine ; un grand nombre de belles plages sont à 1 heure de bateau ou de route.

Ici, tous les complexes balnéaires peuvent vous aider à organiser des excursions et des sorties en bateau, ainsi que réserver des cours de surf (500 P/h, matériel compris) et louer des planches (300 P/demi-journée). On peut également s'arrêter à la **Hippie's Surf Shop** (☎0928 744 0495 ; www.surfshopsiargao.com), juste avant l'Ocean 101 Beach Resort ; son équipe propose des cours de yoga (200 P) les lundi, mercredi et vendredi à 9h30.

Où se loger et se restaurer

Des maisons particulières et des bungalows spartiates sont disponibles à la location à court et moyen terme ; demandez autour de vous à GL ou dans l'un des resorts.

♥ Sagana Beach Resort COMPLEXE BALNÉAIRE $$$
(☎0919 809 5769 ; www.cloud9surf.com ; 3 300 P/pers 3 repas inclus ; 🅦). Un complexe haut de

gamme et discret, installé sur une propriété exceptionnelle en bord de mer, à quelques encablures seulement du pavillon de Cloud Nine. Les bungalows, de style balinais, comprennent tous : parquet en bois sombre, véranda avec hamacs et grande salles de bains. Propriétaires de bon conseil. Il y a une petite piscine d'eau de mer, et les repas, surtout les dîners, sont d'un excellent rapport qualité/prix. Le Sagana ferme généralement de décembre à février.

À côté, le **Bones Sports Pub** dispose de quelques tables éparpillées autour d'une hutte en nipa, et il y a une TV pour regarder le sport.

Ocean 101 Beach Resort HÔTEL $

(☎0910 848 0893 ; www.ocean101cloud9.com ; ch 660-1 100 P ; ❄@📶). C'est le lieu de résidence d'une grande majorité de surfeurs économes, à quelques minutes de marche au nord du *break* de Cloud Nine. L'Ocean 101 est composé de 2 bâtiments principaux et d'un restaurant donnant sur une pelouse. Des chambres moins chères, construites en béton, sont situées près de la route ; d'autres, plus récentes et agréables, ont des plafonds hauts, des salles de bains spacieuses et des balcons avec vue.

Boardwalk at Cloud 9 HÔTEL $$

(☎0939 164 1268 ; www.surfingsiargao.com ; ch à partir de 1 350 P ; ❄📶). Le Boardwalk doit son succès à sa propriété absolument sublime, face au pavillon de Cloud 9, et à son restaurant à ciel ouvert. Chambres spacieuses, assez classiques. Le bâtiment de style local, à l'arrière, abrite des chambres basiques moins chères. Le personnel pourra vous apprendre l'art du paddleboard et du kitesurf, et organiser d'autres sports aquatiques.

Kawayan Resort BUNGALOWS $$$

(☎0920 364 0663 ; www.kawayansiargaoresort.com ; ch 4 500 P ; 📶). Juste derrière le restaurant, très réputé, du même nom, se trouvent quelques bungalows en bois sophistiqués et décorés d'artisanat, avec des douches extérieures faites de pierres. Le tout dans un jardin verdoyant, en face de la plage, de l'autre côté de la route.

Le **restaurant** (plats 250 P ; ⏰6h-14h et 18h-23h) du Kawayan, le meilleur de Siargao, propose une cuisine d'inspiration française, basque, marocaine (le tajine est la spécialité ; 450 P) et philippine, à déguster dans un espace où le bois domine.

Kesa Cloud 9 Resort HÔTEL $$

(☎0921 281 2960 ; www.cloud9philippines.com ; ch avec ventil et sdb commune 1 200 P, ch avec clim et sdb privée 2 200 P ; ❄). Le Kesa est fort bien situé à côté du Boardwalk, mais il offre moins de services. Vous avez le choix entre de confortables chambres modernes et neutres, dans le bâtiment principal, ou de petits bungalows en nipa à l'arrière du resort.

Point 303 HÔTEL $

(☎0946 261 4316 ; ch 600 P). Appartenant au Ocean 101 Beach Resort, cet hôtel, situé en face du Sagana Resort, compte 14 chambres propres basiques ; celles à l'étage ont des douches avec eau chaude. Une piste de skateboard remplie d'eau fait office de piscine.

ℹ Depuis/vers General Luna et Cloud Nine

On trouve sans difficulté un *habal-habal* au départ du quai de Dapa à destination de GL (150 à 200 P, 20 min) ou des resorts proches, voire de Cloud Nine (250 P, 30 min) – même si, passé GL, la route se transforme en piste. Les tricycles coûtent à peu près le même prix mais sont plus lents.

BURGOS ET SES ENVIRONS

En approchant de la ravissante petite localité de Burgos depuis le sud, vous pouvez vous arrêter au sommet de la route pour profiter de la vue sur la plage en croissant de lune et la mer bleu ciel. Les surfeurs expérimentés profitent ici, tout au long de l'année, de superbes vagues accessibles en pagayant un peu depuis le rivage et de *reef breaks* (6 sur 1 km). Contactez **Raul Cursat** (☎0912 240 5563), un guide indépendant, pour passer d'île en île ou faire des excursions dans les terres, vers quelques grottes. Les habitants vous autoriseront peut-être à les suivre lorsqu'ils vont pêcher.

Les **Bohemia Bungalows** (☎0916 391 0195 ; www.bohemiabungalows.com ; ch 750 P) disposent notamment d'une chambre à l'étage d'une ravissante petite maison ; il y a aussi une rondavelle (*Zanzibar cottage*). Un peu plus au nord, vous trouverez plusieurs bungalows au **Marco's at Burgos** (☎0917 391 2238 ; www.marcos-at-burgos.com ; ch avec ventil/clim 900/1 200 P ; ❄). À quelques kilomètres au sud de Burgos, dans le *barangay* de Pacifico, le **Surf & Sail Camp Resort** (☎0919 379 6244 ; jafesurfandsail.com ; ch avec ventil et sdb commune/clim et sdb privée 500/2 000 P ; ❄) est une grande maison de forme octogonale avec restaurant, installée sur un domaine en front de mer. De belles vagues attendent les surfeurs à proximité.

Un van ou un tricycle pourra vous conduire vers n'importe laquelle de ces destinations depuis Dapa (quelque 2 000 P). Deux *bangka* partent tous les jours à 5h (500 P) à proximité de Santa Monica à destination de Surigao, sur Mindanao.

Depuis Cloud Nine ou Dapa, la route de Burgos passe par le *barangay* de **Pilar**, en grande partie bâti sur pilotis au-dessus de la mangrove ; **Blue Cathedral** est un site de plongée au large de la côte. Non loin au nord de Pilar, **Magpupungko** est une plage avec de nombreux petits bassins aux eaux cristallines où se baigner à marée basse ; l'endroit n'est qu'à une demi-heure environ de bateau (800 P/bateau) de Cloud Nine et il est très prisé des gens du coin le week-end.

ÎLES PRÈS DE SIARGAO

Au sud de l'île de Siargao, non loin de la côte, vous pouvez naviguer vers plusieurs îles : le minuscule îlot de **Guyam** (Gilligan's Island), aux paysages de carte postale avec palmiers et sable blanc, l'île plus grande de **Dako**, qui possède une superbe plage et des sites de snorkeling et de plongée, et **Naked Island**. Une excursion d'une demi-journée en *bangka* vers ces 3 îles revient à 1 500 P.

Au sud de Siargao, sur l'île de **Bucas Grande**, vous explorerez la grotte et le lagon de Sohoton, qu'il ne faut pas confondre avec le parc éponyme au sud de l'île de Samar. Dans ce lagon souterrain, accessible seulement à marée basse, où évoluent d'étranges créatures marines et des méduses non piquantes, on peut voir des monticules semblables aux Chocolate Hills qui s'élèvent des fonds marins. Une excursion d'une journée depuis GL ou Cloud Nine, organisée par un resort, coûte environ 2 000 P.

Les amateurs de surf trouveront des vagues autour des îles de **La Janosa** et de **Mamon**, entre lesquelles il est possible de naviguer à la pagaie sur la planche de surf. Vous pouvez passer la nuit dans l'un des bungalows basiques de La Janosa. Pour vous y rendre, louez un *bangka* à l'embarcadère de GL. Le tarif dépend de la distance et de la durée du trajet, mais attendez-vous à payer 1 500 P environ par personne.

Sur l'île de **Kangbangyo**, vous pourrez prendre un bateau jusqu'aux mangroves de Caob, parmi les plus grandes des Philippines, et chercher des crocodiles – un *bangka* depuis Del Carmen, localité située du côté ouest de Siargao, vous coûtera environ 300 P, selon que vous vouliez vous enfoncer plus ou moins dans la mangrove.

SUD DE MINDANAO

La région autour de Davao est une terre d'aventures, de l'ascension du mont Apo aux randonnées dans la Compostela Valley, en passant par l'exploration d'un littoral interminable, au nord comme au sud de la ville – sans oublier les nombreuses îles côtières. Peu fréquentée par les voyageurs étrangers, la région est très prisée des habitants de Davao qui viennent y passer leurs week-ends.

Davao

☎082 / 1 449 296 HABITANTS

Cette ville tentaculaire – la deuxième dans le monde de par sa superficie – est le cœur battant de Mindanao. Ancrée tout au sud de l'île, elle en est la capitale gastronomique, culturelle, économique et commerciale. Le mont Apo, qui se dresse majestueusement au loin, symbolise la dualité des habitants, qui sont à la fois citadins et profondément attachés à la campagne environnante. Ceux qui la quittent pour aller vivre à Manille et Cebu y reviennent souvent des années plus tard. De fait, la ville offre une pléiade d'activités et elle est très proche, en voiture ou en bateau, de coteaux boisés et de plages de sable blanc.

Ayant tenu bon face à l'envahisseur espagnol jusqu'au milieu du XIXe siècle, Davao se caractérise par un mélange d'influences musulmanes, chinoises, philippines et même japonaises – cette dernière due à la présence très ancienne d'usines de transformation de chanvre de Manille (abaca) et à l'occupation japonaise pendant la dernière guerre. Majoritairement chrétienne, la cité a connu des conflits armés, surtout dans les années 1980, où la guérilla sévissait dans ses rues.

Alors que la majeure partie des terres autour de la ville ont été consacrées à de gigantesques plantations d'ananas, de bananes et d'agrumes destinés à l'exportation, il existe encore de nombreux endroits pour des activités hors des sentiers battus.

À voir et à faire

Certaines rues principales sont répertoriées à la fois sous leur ancien nom et leur nouvelle appellation, ce qui prête à confusion. La ville est bordée par la rivière Davao à l'ouest et s'étale autour du golfe de Davao, au sud.

En matière de **plongée**, voir la section consacrée à l'île Samal (p. 360). Pour plus d'informations sur les activités de plein air, dont la plongée au large de Samal, le rafting ou la randonnée, contactez **Pet Pet Decastro** (☎0917 701 8314 ; punta_del_sol@yahoo.com) ou faites un arrêt à la **Edge Outdoor Shop** (Wheels N More Compound, JP Laurel Ave), propriété d'Erwin "Pastor" Emata, qui a réalisé l'une des plus rapides ascensions de l'Everest en 2007. Si vous prévoyez de faire du **rafting** sur la Davao, à l'ouest de la ville, sachez que les rapides se transforment en véritables machines à laver après les fortes pluies. La meilleure saison pour les amateurs d'adrénaline est le mois de juin… ou toute la saison humide.

GRATUIT **Museo Dabawenyo** MUSÉE
(Angle A Pichon St et CM Recto St ; 9h-12h et 13h-18h lun-sam). Excellent musée, avec 2 étages de galeries bien conçues qui explorent le patchwork complexe des différents peuples autochtones, ainsi que les cultures et les religions des ethnies de Davao et Mindanao dans leur ensemble. Les expositions photographiques portant sur les occupations japonaise et américaine de la ville sont très intéressantes.

Parc aux crocodiles de Davao ZOO
(☎286 1054 ; www.davaocrocodilepark.com ; 300 P ; 8h-18h lun-jeu, 8h-21h ven-sam, 8h-19h dim). À 5 km au nord du centre-ville, ce vaste parc s'étend en bordure de la Davao. L'endroit associant zoo et centre de préservation, le visiteur pourra y découvrir des "spectacles" de crocodiles, dont des séances de nourrissage, ainsi que l'art des équilibristes et un spectacle culturel, entre autres. Le restaurant en bord de rivière sert du crocodile accommodé de différentes façons, ainsi que d'autres viandes (de l'autruche notamment) et des fruits de mer. Le parc gère aussi une tyrolienne (300 P) dans les collines environnantes, offrant de belles vues.

People's Park PARC
(Entrée libre ; 5h-8h et 13h-22h lun-jeu et dim, jusqu'à 23h ven-sam). Ce parc est un havre de paix parsemé de vastes espaces verts, avec des chemins pavés et des étangs où nagent des carpes koï. Il abrite aussi des sculptures des différents peuples de l'île de Mindanao, créées par l'artiste Kublai Millan.

Dabaw Museum MUSÉE
(Musée de Davao ; 20 P ; 9h-17h lun-sam). Ce musée, proche du Waterfront Insular Hotel, au nord-est du centre-ville, donne à voir une importante collection de tissages et d'objets réalisés par des tribus de Mindanao.

GRATUIT **Temple de Long Hua** TEMPLE
(Cabaguio St ; 7h30-16h30). Situé à 2,5 km du centre-ville, ce grand temple bouddhique chinois éblouit par ses somptueux parquets, ainsi que ses murs et ses portes ornés de sculptures. De là, en marchant sur quelques centaines de mètres en direction du centre-ville, une pancarte indique une petite rue transversale sur votre droite : elle mène au **temple taoïste** et sa superbe pagode rouge. Sonnez à la porte pour entrer.

Davao Wildwater Adventures RAFTING
(☎221 7823 ou 0920 954 6898 ; www.psdgroupph.com ; 2 000 P/pers). Cette agence recommandée est installée dans les mêmes locaux que le parc aux crocodiles. Des excursions avec camping et rafting, sont en projet.

Festival

Festival Kadayawan sa Dabaw CULTUREL
Bien plus qu'une simple fête des moissons, ce festival, qui a lieu la 3e semaine d'août, présente les diverses cultures tribales, l'agriculture et l'artisanat de la région à travers des spectacles et d'extraordinaires étalages de fruits et de fleurs.

Où se loger

Ponce Suites HÔTEL $
(☎227 9070 ou 0929 810 5699 ; www.poncesuites.net ; angle 3 Rd et 4 Rd, Doña Vicente Village, Bajada ; s/d à partir de 595/700 P ;). Le moindre centimètre carré de cet hôtel est couvert d'œuvres d'art – sculptures, photographies, tableaux –, créées par Kublai Millan, artiste prolifique. Certes, les chambres n'ont rien d'extraordinaire, mais c'est le restaurant sur le toit, digne de Gaudí, qui est le véritable point fort du Ponce.

Hotel Galleria HÔTEL $$
(☎221 2480 ; hotelgalleriadvo@yahoo.com ; General Duterte St ; s/d 900/1 300 P ;). Refuge bienvenu dans le centre-ville surpeuplé, cet hôtel bien tenu offre des chambres agencées autour d'une cour intérieure avec piscine. Chambres peu spacieuses, propres et modernes. Agréable café dans le lobby.

Las Casitas HÔTEL $$
(☎222 3001 ; 185 J Rizal St ; s/d avec clim à partir de 900/1 100 P dîner inclus ;). Avec son hall confortable et son café-restaurant, cet hôtel du centre-ville est correct. L'ascenseur est une bénédiction. Malheureusement, les

Davao

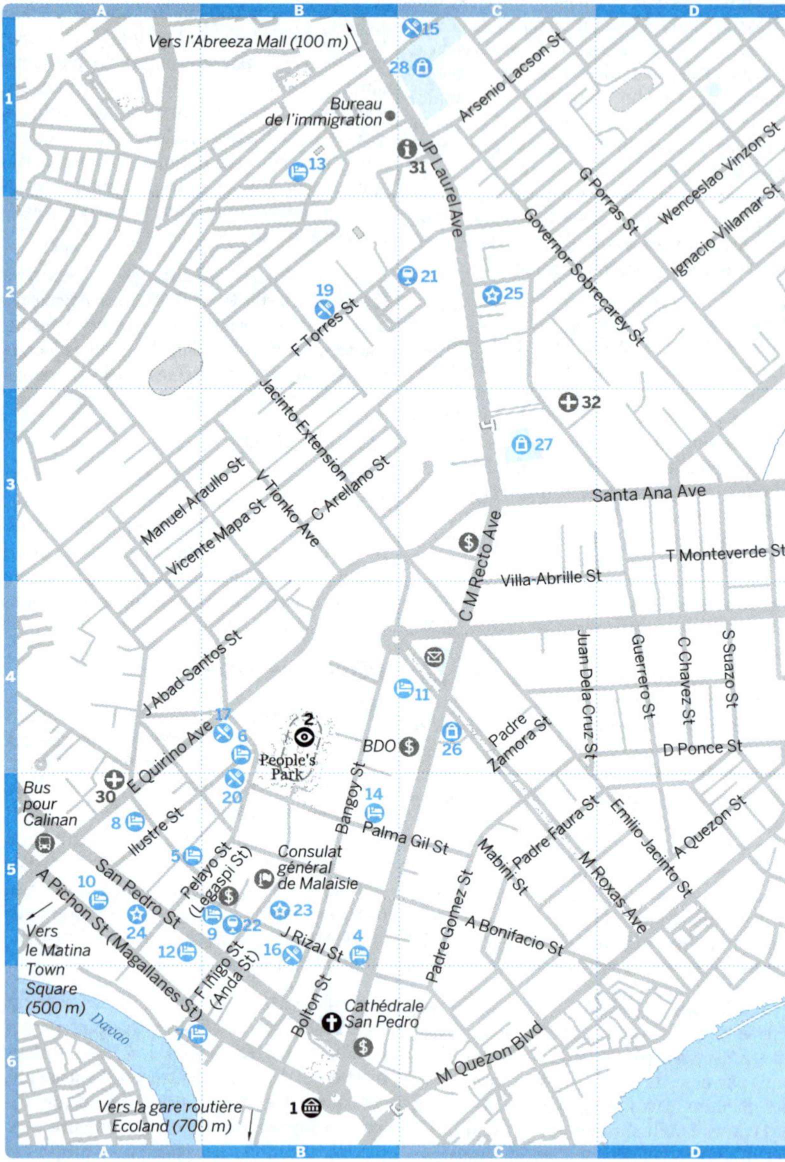

chambres sont meublées de façon banale et le bruit peut poser problème dans certaines.

Manor Hotel HÔTEL $

(☎221 2511 ; www.manorhoteldavao.com ; A Pichon St ; s/d 850/1 200 P ; ❄). L'agréable café-restaurant du rez-de-chaussée est un véritable atout dans ce petit hôtel bien géré du centre-ville. Les petites chambres sont fonctionnelles (certaines plus lumineuses que d'autres), et possèdent des salles de bains modernes et la TV.

My Hotel HÔTEL $$
(☎222 2021 ; www.myhoteldavao.com ; San Pedro St ; s/d 800/1 000 P ; ❄📶). Un haut bâtiment coloré, abritant de grandes chambres modernes ; celles donnant sur la rue ne manquent pas de lumière.

Aljem's Inn 2 HÔTEL $
(☎300 8255 ; 49 J Rizal St ; s/d avec petit-déj 750/875 P ; ❄📶). Préférez le Inn 2 à son hôtel jumeau, l'**Aljem's Inn 1** (☎227 9629 ; A Pichon St ; s/d 600/730 P ; ❄), contigu au Manor Hotel, bien que les deux établissemnts soient propres et bien tenus. Le premier possède un certain charme avec ses parquets et ses chambres carrelées.

Casa Leticia HÔTEL $$
(☎224 0501 ; www.casaleticia.com ; J Camus St ; s/d 2 400/2 600 ; ❄@📶). La clientèle d'affaires domine ici, ce qui n'est pas forcément déplaisant. Cependant, les studios sont exigus et les chambres décorées avec des motifs désuets. Situation pratique, en face du People's Park.

Marco Polo Hotel HÔTEL DE LUXE $$$
(☎221 0888 ; www.davao.marcopolohotels.com ; CM Recto Ave ; ch à partir de 4 800 P ; ❄@📶🏊). L'hôtel le plus luxueux de la ville ne pouvait pas être plus central. Il compte plusieurs restaurants de haute réputation.

Royal Mandaya Hotel HÔTEL $$
(☎225 8888 ; Palma Gil St ; www.theroyalmandayahotel.com ; ch avec petit-déj à partir de 3 000 P ; ❄@📶🏊). Grand hôtel qui se double d'un centre de convention, dans le centre de la vieille ville. Joli restaurant.

Waterfront Insular Hotel HÔTEL $$$
(☎233 2881 ; www.waterfronthotels.net ; ch à partir de 3 600 P ; ❄@). Un spacieux complexe hôtelier doté de jardins et d'une petite plage privée, à 8 km au nord-est du centre-ville.

Grand Menseng Hotel HÔTEL $$
(☎221 9040 ; www.grandmenseng.com ; A Pichon St ; s/d avec petit-déj à partir de 1 500/1 800 P ; ❄@📶🏊). Un hôtel de style chinois aux chambres très correctes, qui a la faveur des familles et des hommes d'affaires. Agréable piscine sur le toit, mais la musique y est souvent trop forte.

Bagobo House Hotel HÔTEL $$
(☎222 4444 ; General Duterte St ; s/d avec petit-déj 1 000/1 300 P ; ❄📶). Dans le centre de la vieille ville. Chambres impeccables et restaurant au rez-de-chaussée.

Où se restaurer

Les Davaoeños sont fiers de leur diversité culinaire, de loin la plus brillante de l'île de Mindanao. Avec beaucoup de persévérance, on finit par s'habituer au goût particulier du durian, fruit symbolique de la cité. La saison de ce fruit va de septembre à décembre ;

Davao

À voir

1 Museo Dabawenyo B6
2 People's Park B4

Activités

3 Carabao Divers F3
Edge Outdoor Shop .... (voir 25)

Où se loger

Aljem's Inn 1 .... (voir 10)
4 Aljem's Inn 2 .... B5
5 Bagobo House Hotel A5
6 Casa Leticia B4
7 Grand Menseng Hotel A6
8 Hotel Galleria A5
9 Las Casitas B5
10 Manor Hotel A5
11 Marco Polo Hotel C4
12 My Hotel A5
13 Ponce Suites B1
14 Royal Mandaya Hotel B5

Où se restaurer

15 Akiko Japanese Restaurant C1
Banoks .... (voir 20)
Barbeque Boss .... (voir 21)
16 Claude's Cafe B5
17 Hanoi Restaurant B4
18 Kong-Ai Vegetarian Centrum E3
19 Ronaldo's B2
Victoria Plaza Compound .... (voir 28)
20 Whaw B5

Où prendre un verre

Blugre Coffee .... (voir 31)
21 K1 Compound C2
22 Rizal Promenade B5

Où sortir

23 Chico's Music Bistro B5
24 Mindanao Billiards Tournament Center A5
25 Starr C2

Achats

26 Aldevinco Shopping Centre C4
27 Gaisano Mall C3
28 Victoria Plaza C1

Renseignements

29 City Tourist Office F4
30 Davao Doctors' Hospital A5
31 Office du tourisme (DOT) C1
32 San Pedro Hospital C3

le reste de l'année, essayez, en guise de succédané, la crème glacée au durian ou le cappuccino au durian (au Blugre Coffee).

Sur **F Torres St**, près de JPLaurel Ave, il y a quantité de restaurants (et une école de cuisine), ainsi que des cafés-restaurants (*coffee shops*), des bars et des discothèques. Les cuisines du monde (italienne, thaïe, chinoise et japonaise) sont aussi à l'honneur.

Alignement de bâtiments bas derrière la galerie marchande du même nom, le **Victoria Plaza Compound** regroupe des restaurants, la plupart de qualité. Citons de vastes établissements dédiés au poisson, à la cuisine chinoise, coréenne ou philippine.

Le **Banoks** (J Camus St ; plats 70 P) et le **Whaw** (Legazpi St ; plats 70 P) sont deux restaurants-grills en plein air installés sur la même portion de trottoir en face du People's Park. Le porc et le poisson sont les spécialités, mais d'autres viandes sont également à la carte.

Les petits restaurants autour du quai (Pier) de Santa Aña et du village de pêcheurs musulman sont très animés en début de soirée et proposent du poisson à prix modique.

Akiko Japanese Restaurant JAPONAIS $$
(Victoria Plaza Compound ; plats 250 P). L'une des meilleures tables du Victoria Plaza Compound, où déguster des sashimis et sushis sans égal de ce côté-ci du marché au thon de Gensan.

Claude's Café INTERNATIONAL $$$
(☎222 4287 ; 29 J Rizal St ; plats 250 P). Réinstallé dans une belle maison blanche de l'époque coloniale, le Claude's Cafe caracole toujours dans le peloton de tête des restaurants de Davao. Viandes, poissons et pâtes sont parfaitement cuisinés, et les vins à la carte les mettent en valeur. Réservation conseillée.

Ronaldo's ITALIEN, PHILIPPIN $$
(F Torres St ; plats 250 P ; 🕒11h-23h). Pâtes, viandes et poissons sont préparés avec soin, de même que les desserts. Le service est aussi sophistiqué que les mets, sans trop en faire.

Barbeque Boss GRILL $
(K1 Compound, F Torres St ; plats 100 P ; 🕒10h-2h30 lun-sam, 14h30-2h30 dim). Ce restaurant décontracté en plein air sert un délicieux *lapu-lapu* (mérou) cru, mariné avec de l'ail, des oignons et des tomates.

Jack's Ridge Restaurant PHILIPPIN $$
(Cuayco-Santiago St, Shrine Hills, Matina ; plats 200 P). Perché en haut d'une colline surplombant la ville, à l'ouest du centre, ce restaurant (et bar) vous apportera une bouffée d'air frais et une vue superbe. La carte est très fournie. Un taxi vous y conduira pour 100 P.

Hanoi Restaurant VIETNAMIEN $$
(J Camus St ; plats 200 P). Partageant les cuisines et les locaux du restaurant japonais Tsuru, le Hanoi, très coquet, sert une bonne cuisine vietnamienne. Les connaisseurs chipoteront peut-être sur certains plats, des versions un peu édulcorées des authentiques recettes.

Kong-Ai Vegetarian Centrum VÉGÉTARIEN $
(Gempesaw St ; plats 60 P ; 10h-19h ;). Ce restaurant chinois tout simple, très fréquenté par les employés des commerces voisins, sert des plats végétariens de type cafétéria.

Où prendre un verre et sortir

Le **Matina Town Sq** (MTS) et certaines parties de F Torres St, dont le **K1 Compound**, ne manquent pas de bars, cafés-restaurants et restaurants, beaucoup proposant des concerts. Tous les mardi et jeudi soir, on peut assister au MTS à un spectacle en plein air gratuit de musiques et danses locales. Il y a d'autres concerts tous les soirs vers 21h ; la scène fait face à une demi-douzaine de grills. Également au MTS, le **Kanto Jazz Blues** est un joli bar qui accueille surtout des auteurs-compositeurs. Le **Studio Onnie** voit quant à lui se produire des humoristes de stand-up.

Rizal Promenade, arcade fermée où sont notamment installés plusieurs bars, est le centre de la vie nocturne dans la vieille ville.

Plusieurs bars proposent de la "bière glacée" ("frozen beer"), spécialité de Davao – elle est refroidie à -5°C. Il est aussi possible d'assister à des concerts et de danser le week-end jusqu'à 2h (l'heure du couvre-feu dans toute la ville), dans la plupart des hôtels de catégorie supérieure.

Plusieurs cafés-restaurants sont ouverts au MTS et dans le K1 Compound, et près de Victoria Plaza, ainsi que dans le centre-ville, au sud de People's Park.

Starr DISCOTHÈQUE
(Wheels N More Compound, JPLaurel Ave). Programmation à dominante techno et house dans cette discothèque en bas de la rue en venant de Victoria Plaza. Clientèle mixte.

Chico's Music Bistro CONCERTS
(Paseo de Habana, 29 J Rizal St). Dans un bâtiment ancien de style colonial, ce bar propose des concerts de blues et de jazz.

Mindanao Billiards Tournament Center BILLARD
(San Pedro St). Compétitions de billard.

Achats

En matière de galeries marchandes, citons l'**Abreeza**, non loin au nord du centre-ville, et le **Victoria Plaza**, le plus récent du genre, très à la mode ; le **Gaisano Mall** est plus central et le SM est situé au sud du centre-ville. Il y a des cinémas dans les quatre.

Aldevinco Shopping Centre ARTISANAT
(CM Recto Ave). Pour des objets artisanaux, faites un tour dans ce dédale d'échoppes de tissus, batiks, tissages, sculptures, etc. Prenez le temps de marchander ; les commerçants changent les euros et les dollars.

Renseignements

Les principales banques disposent toutes de DAB, et il existe 2 agences de la Citibank (Rizal St et JP Laurel Ave).

Les cybercafés sont regroupés dans les rues situées au sud du People's Park et le long de CM Recto Ave, près du Marco Polo Hotel. Il y a au moins un cybercafé dans chaque galerie marchande.

Bureau de l'Immigration (BOI ; 228 6477 ; JPLaurel Ave, Bajada ; 8h-17h lun-ven). Juste en face du Victoria Plaza.

Consulat indonésien (299 2930 ; General Ecoland Subdivision)

Consulat de Malaisie (221 4050 ; 3e ét, Florantine Bldg, A Bonifacio St)

Davao Doctors' Hospital (224 0616 ; E Quirino Ave). Hôpital

Laundry Talk (0920 576 6233 ; JTL Plaza, Surveyor St, Doña Vicente Village, Bajada ; 20 P/kg). Laverie automatique.

Office du tourisme de la région XII (Department of Tourism Region XII office ; DOT 225 1940 ; www.discoverdavao.com ; Room 512, Landco Corporate Center Bldg, JPLaurel Ave)

City Tourist Office (222 1958 ; www.davaotourism.com ; 8h-17h lun-ven). À l'arrière du parc Magsaysay. Renseignements et coordonnées des prestataires proposant des randonnées, de la plongée sous-marine, etc.

Depuis/vers Davao

Avion

L'aéroport est à 12 km au nord du centre-ville. En taxi, comptez 150 P. Des jeepneys allant de la ville à Sasa passent par l'aéroport ; vous devrez ensuite prendre un tricycle jusqu'au terminal.

Silk Air (☎221 1039 ; www.silkair.com) et **Tiger Airways** (02-884 1524 ; www.tigerairways.com) assurent des vols pour Singapour depuis Davao plusieurs fois par semaine.

PAL, Airphil Express et Cebu Pacific ont des vols quotidiens pour Manille ; ces deux dernières desservent aussi Cebu, Zamboanga (1 heure) et Iloilo City (Panay). Taxe d'aéroport : 200 P.

Bateau

Les gros bateaux inter-îles accostent à la gare maritime de Sasa, près des citernes Caltex, à 8 km au nord de la ville. Les bateaux pour Paradise Island Beach Resort et l'île Samal mouillent aussi là. Les jeepneys arrivent à la gare maritime ou, sinon, prenez un taxi (environ 85 P). D'autres bateaux en partance pour les îles Samal et Talikud partent du quai de Santa Aña, en ville.

Bus

Tous les bus longues distances sont à la gare routière Ecoland, à 2 km au sud du centre-ville.

Les bus à destination de Calinan, pour le Philippine Eagle Research Center, partent d'une gare, à l'angle de San Pedro St et d'E. Quirino St. Départs toutes les 30 minutes à 1 heure.

DESTINATION	TARIF	DURÉE
Butuan	500 P	7 heures 15
Cagayan de Oro	500 P	6 heures
General Santos	275 P	3 heures 30
Surigao	500 P	7 heures

Comment circuler

Une course en taxi vers la gare routière Ecoland coûte environ 75 P, un jeepney 12 P.

Pour louer une voiture, la société Avis a des bureaux dans les hôtels Apo View et Marco Polo.

Environs de Davao

ÎLE SAMAL

☎082

Ne tenez pas compte de son nom officiel, l'Island Garden City of Samal (abrégé en Igacos) : cette île située dans la baie de Davao est simplement appelée Samal. Les Davaoeños affluent en nombre sur ses 116 km de plages. Le front de mer n'offre pas toujours un paysage idyllique ; en réalité, la majeure partie des resorts installés sur la côte ouest font face à des raffineries et des terminaux portuaires, de l'autre côté du bras de mer très fréquenté. La côte est de l'île est plus calme et mieux préservée.

À voir et à faire

Tous les resorts facturent des frais d'entrée (50-75 P/jour) pour accéder à leurs plages (et à leur piscine le cas échéant), et ce, même si vous prenez un repas dans leurs restaurants.

Une route cahoteuse, partiellement asphaltée, longe la côte ouest ; mieux vaut circuler à l'arrière d'une moto. Vous en trouverez à la location pour quelque 600 P/jour.

Monfort Bat Cave SITE NATUREL
(40 P ; ⌚8h-17h). Située dans le *barangay* de Tambo, à 11 km au nord de Babak, cette grotte abrite la plus grande colonie au monde de roussettes de Geoffroy, des chauves-souris frugivores. Un guide calé vous conduira aux 5 brèches où vivent 2,5 millions de ces créatures nocturnes (il est interdit de fumer, le guano étant explosif). Mieux vaut la visiter à la tombée de la nuit, avant qu'elles ne se réveillent pour aller se nourrir.

Carabao Divers PLONGÉE
(☎300 1092 ; www.cdc.e-davao.com ; Hermanos Bldg, Santa Aña Pier, Davao). Pour échapper au tumulte de la ville une journée, optez pour le snorkeling et la plongée sous-marine autour de l'île, notamment pour voir deux épaves japonaises au large de la plage Pearl Farm et des murs de corail. Carabao Divers, à Davao, est conseillé (2 plongées 1 400 P, équipement inclus). Certains des resorts proposent des sorties de plongée.

Chutes de Hagimit SITE NATUREL
(⌚6h-18h). Près de San José, dans le *barangay* de Cawag, ces chutes sont composées d'innombrables petites cascades et de bassins. C'est un site très construit, avec des sentiers bétonnés et des cabanes de pique-nique... Pas idéal pour communier avec la nature.

Où se loger

Les resorts (il y a même une copropriété hôtelière), bondés et bruyants, surtout le week-end, s'égrènent en rangs serrés sur la majeure partie du littoral, du quai de Babak à Peñaplata, plus au sud. Certaines plages sont d'une bonne largeur, d'autres sont très étroites, en particulier à marée haute. Tous les resorts proposent des pass à la journée (environ 150 P) et certains vous laisseront dormir à l'extérieur, dans les huttes de pique-nique (220 P).

Pearl Farm Beach Resort COMPLEXE BALNÉAIRE $$$
(☎221 9970 ; www.pearlfarmresort.com ; ch avec petit-déj à partir de 5 000 P ;). Du grand luxe avec des maisons sur pilotis version cinq-étoiles. En plus de villas en haut de la colline, il y a aussi des bungalows sur la petite île côtière appartenant au resort.

Chema's by the Sea Resort COMPLEXE BALNÉAIRE $$$
(☎286 1352 ou 0917 814 0814 ; bungalow d/qua 3 800/4 500 P ;). Plutôt intime, le Chema's dispose de bungalows de style indigène haut de gamme et magnifiquement meublés. La propriété, nichée sur une colline, descend jusqu'à une piscine et à une plage agrémentée d'un patio et d'un lounge superbes.

Maxima Resort BUNGALOWS $$
(☎300 8636 ou 0923 659 3725 ; www.davaocrocodilepark.com ; dort 500 P, bungalows ventil/clim 1 800/4 000 P ;). Royaume des sports nautiques (snorkeling, plongée, toboggans), ce resort, perché sur une colline, se compose de bungalows simples. Si vous êtes en groupe, optez plutôt pour la maison sur pilotis tout équipée (15 000 P), de 4 chambres. Le Maxima a son propre embarcadère et laisse à disposition des bouteilles de plongée.

Paradise Island Park & Beach Resort COMPLEXE BALNÉAIRE $$
(☎233 0251 ; www.paradiseislanddavao.com ; bungalows ventil/clim à partir de 2 300/2 900 P ;). Une institution de Samal, sorte de petit Boracay à lui tout seul. Cet immense complexe balnéaire au beau jardin paysager possède un zoo et une plage de sable bordée de boutiques, de coins repas et d'aire de loisirs. Tous les sports nautiques y sont proposés. La majorité des 76 chambres sont des bungalows joliment meublés, avec véranda et jardin clos. Pas de piscine.

Bluejazz Resort COMPLEXE BALNÉAIRE $$
(☎302 8411 ; www.bluejaz.net ; dort 770 P, ch à partir de 2 000 P ;). Les toboggans aquatiques vieillissants sont l'attraction de ce vaste resort, qui aurait bien besoin des services d'un architecte paysager. Ensemble éclectique de bungalows de style local et moderne.

Bluewaters Resort COMPLEXE BALNÉAIRE $$
(☎303 2618 ; www.ebluwaters.com ; ch ventil/clim 1 200/1 500 P ;). À côté du Chema's, cet établissement loue des bungalows et des chambres "appartement" sans attraits. Jolie piscine à débordement (non-résidents 50 P).

Depuis/vers l'île Samal

Des *bangka* accostent à Samal (10 P, 10 min, fréquents de 5h à 23h) et partent au niveau des grandes citernes Caltex, près du quai de Sasa de Davao ; traversez le marché pour aller au point de départ. La plupart des resorts organisent les transferts des clients depuis les quais de Davao. Le Island City Express (40 P, toutes les 15 min) relie la gare routière Ecoland, à Davao, au quai de Sasa, avant de déposer les passagers sur Samal.

En moto, du quai de Samal à votre resort, comptez entre 20 et 150 P selon la distance.

ÎLE TALIKUD

☎082

Cette petite île au sud-ouest de Samal est idéale pour ceux qui désirent s'échapper de la ville, avec quelques resorts discrets ici et là, et c'est tout. Au large du littoral ouest, il existe des sites de plongée.

Les plus audacieux peuvent camper sur une plage, avec l'autorisation du gardien du domaine. L'**Isla Reta** ((☎234 7903 ; bungalows 700 P), sur la côte est de l'île, en face de Samal, dispose de bungalows rudimentaires en bambou, et il y a un sanctuaire de poissons proche du littoral. Dans cet établissement, le plus proche du quai de Santa Cruz, on peut vous servir des repas simples. Si vous êtes nombreux, vous pouvez louer la ravissante propriété **Leticia's by the Sea** (☎0917 702 5427 ; 10 000 P/nuit ;), également côté est de l'île. Le **Pacific Little Secret** (☎0917 747 7637 ; d 3 repas inclus 4 000 P), plus chic, se trouve sur la côte sud de l'île ; il comprend deux belles maisons bien ventilées avec des patios donnant sur la mer. Le **Babu Santa** (☎0918 726 1466) dispose de bungalows spartiates sur une plage de sable blanc, à l'extrémité nord-ouest de Talikud.

Des bateaux assurent la liaison avec Talikud (30 P, 1 heure, toutes les heures de 6h au début de l'après-midi), depuis le quai de Santa Aña à Davao. La minuscule bourgade et l'appontement de Santa Cruz sont à quelques centaines de mètres de l'Isla Reta, mais la plupart des bateaux débarquent leurs passagers directement devant le resort.

PHILIPPINE EAGLE RESEARCH & NATURE CENTER

Pour observer l'un des plus grands aigles du monde, rendez-vous au **Philippine Eagle Research & Nature Center** (☎082-224 3021 ; www.philippineeagle.org ; 50 P ; 8h-17h), consacré à la sauvegarde de cette espèce menacée. Il héberge environ 35 aigles philippins (également appelés "aigles mangeurs de singes"), dont 20 se sont reproduits par insémination artificielle. Le centre est niché dans un coin de forêt vierge, près de Malagos, à 36 km au nord de Davao. Il y a assez de rapaces sauvages planant tout autour pour satisfaire l'ornithologue amateur ; d'autres espèces d'aigles et d'animaux ont aussi trouvé refuge dans le centre. On peut visionner une vidéo montrant les aigles – il en existe environ 500 dans les Philippines – et les menaces que la déforestation et la chasse font peser sur eux. L'espérance de vie moyenne d'un aigle à l'état sauvage est de 20 ans.

Des guides bénévoles sont présents le week-end. Pour éviter la foule, visitez le centre dès l'ouverture. Le **Malagos Garden Resort** (☎301 1375 ; www.malagos.com ; barangay de Malagos ; tentes/pers 250 P, dort 350 P, qua à partir de 2 400 P ; ❄) dispose de bungalows dans une propriété aménagée avec jardins, sentiers, parc ornithologique, sanctuaire de papillons. Le resort fournit également des tentes aux clients qui désirent camper.

Depuis/vers le Philippine Eagle Research & Nature Center

De Davao, prenez un jeepney pour Calinan (45 min) devant l'université Ateneo en face du Marco Polo Hotel, ou dans Roxas St, entre Quezon St et Burgos St. Les bus partent de l'Annil Terminal, à l'angle de Quirino et de San Pedro Extension. À Calinan, prenez un jeepney, une moto ou un tricycle pour Malagos (10 min). Comptez 600 P l'aller au départ de Davao.

MONT APO ET SES ENVIRONS

☎082

Signifiant littéralement "grand-père de toutes les montagnes", le mont Apo est un volcan dont le sommet n'a jamais explosé ; du haut de ses 2 954 m, il est le point culminant des Philippines. Le matin, on aperçoit sa silhouette majestueuse au-dessus de Davao. Selon les croyances des peuples de la région, qui le vénèrent comme une montagne sacrée, des divinités résideraient près du sommet ; cependant, c'est l'affluence

VAUT LE DÉTOUR

MONDE AQUATIQUE : DANS LES ENVIRONS DE DAVAO

» **Mati** À environ 3 heures de route à l'est puis au sud de Davao on atteint Mati, dans la province du Davao Oriental, une localité proche de la **plage de Dahican**, propice au kayak de mer, à la planche à voile et au snorkeling. Depuis les plages autour de Mati, on accède à des îles côtières ourlées de plages de sable blanc et dont les eaux recèlent une riche faune marine (raies manta, requins, tortues, dauphins et dugongs).

» **Glan** Dans la province de Sarangani, au sud de General Santos, Glan possède une plage de sable blanc bordant une baie ; outre le camping (autorisé), vous avez le choix entre plusieurs resorts construits sur le front de mer.

» **Cateel** Au nord de Mati, sur le littoral, Cateel est l'une des localités espagnoles les plus anciennes des Philippines. Longue de 4 km, **Long Beach** est une plage sauvage qui se prête au surf et au skimboard. Citons aussi, à l'est de Cateel, les **chutes d'Aliwag** et au sud, une **réserve de mangrove** d'une incroyable biodiversité.

» **Sources chaudes de Mainit** Ces sources sulfureuses, près de Maco, dans la partie orientale du golfe de Davao, ont des vertus apaisantes. Plus au nord, le **Toyozu Inland Resort** (bungalows 750 P), situé à Nabunturan, capitale de la Compostela Valley, dispose de spas alimentés par une source voisine chauffée par un minivolcan de 1,5 m de haut.

» **Cascades** On recense plus de 25 cascades près de Maragusan (640 m d'altitude), à 83 km au sud-est de Nabunturan. Les plus intéressantes sont celles de Marangig et de Tagbibinta. Pour une nuitée, le **Haven's Peak** (☎0926 719 7558 ; www.thehavenspeak.com ; dort 350 P, bungalows 1 400 P), jouit d'un panorama splendide.

» **Eau vive** La glissade sur chambre à air (200 P) sur la rivière Sibulan, à l'écart de Santa Cruz, entre Davao et Digos, est très divertissante. L'endroit n'a rien d'officiel et l'on doit y venir par ses propres moyens ou faire appel à un guide à Davao. Des bus climatisés partent de la gare routière Ecoland à Davao presque toutes les demi-heures, depuis le matin. Demandez à descendre au carrefour de Sibulan ; le point de départ de la descente se trouve à environ 100 m de là.

» **Observation des dugongs** La région de Malita, au sud de Digos, permet d'observer ces animaux dans leur habitat. Deux tours de surveillance ont été construites à cet effet. La meilleure période pour les voir va de mai à juin, quand les eaux sont les plus limpides.

touristique excessive, et les méfaits sur l'écologie, qui rendent le permis de randonnée plus difficile à obtenir. Renseignez-vous à l'office du tourisme de Davao (qui fournit une liste de guides réputés), au parc aux crocodiles, ou encore à Kidapawan, à 110 km de Davao, municipalité la plus proche du point de départ des randonnées. On cultive du café sur la montagne.

Des sentiers de **randonnée** traversent des forêts primitives, près de cascades tumultueuses. On peut apercevoir des espèces animales et végétales menacées, comme la sarracénie, plante carnivore, et l'aigle philippin. L'orchidée *Vanda Sandariana,* connue localement sous le nom de *waling-waling*, est une espèce endémique dont seraient issues toutes les orchidées commercialisées. Étant donné la difficulté de l'ascension et l'impossibilité ou presque de suivre le sentier seul, vous devrez engager un guide dans un office de tourisme. L'**office de tourisme de Kidapawan** (☎278 7053) est logé dans la mairie, au nord de la grand-place. Prévoyez des vêtements chauds et du matériel de couchage – près du sommet, les températures chutent – pour une durée de randonnée d'au moins 4 jours. Le permis de randonnée coûte 500 P, les services de guides et de porteurs environ 400 P et 300 P/jour ; la nourriture et le matériel ne sont pas inclus. La meilleure période pour effectuer l'ascension va de mars à août, lorsque les précipitations sont les moins abondantes.

La plupart des randonneurs commencent l'ascension après un trajet en jeepney les amenant à **Ilomavis** et au lac Agko (1 193 m d'altitude), où ils passent la nuit et s'organisent avec des porteurs, avant de mettre le cap sur le lac Venado (2 182 m) et le sommet.

Si vous êtes tenté par la plus longue tyrolienne (300 P) d'Asie du Sud-Est, arrêtez-vous à Camp Sabros, près de Kapatagan, sur les pentes sud du mont Apo. Les **chutes de Tudaya**, parmi les plus hautes des Philippines à plus de 90 m, sont toutes proches.

Non loin, le Lake Mirror et le Hillside appartiennent tous deux au **Mt Apo Highland Resort** (☎0918 959 1641 ; www.davaocrocodilepark.com ; tente 300 P/pers, bungalow 2 000 P ; ❄). Le camping est une bonne option dans les deux établissements ; des matelas gonflables et des tentes sont disponibles à la location. Le restaurant du Hillside jouit d'une belle vue sur le mont Apo, et depuis le Lake Mirror, on voit la montagne se refléter dans l'eau.

Tout près de là également, au pied du mont Talomo, vous pouvez rejoindre l'**Eden Nature Park Resort** (☎0918 930 7590 ; www.edennaturepark.com.ph ; tentes 800 P, ch/bungalows à partir de 1 300/4 000 P ; ❄❄). Ce coteau autrefois dénudé, victime d'une exploitation forestière excessive, a été transformé en forêt luxuriante avec pistes de randonnée, terrains de sport, aires de jeu et descente en tyrolienne (20 secondes). Une navette dessert le parc depuis le bureau principal du parc, sur Matina Town Sq, à Davao.

ℹ Depuis/vers le mont Apo

De Davao, prenez un bus à la gare routière Ecoland en direction de Kidapawan (80 P, 2 heures, toutes les 30 min). Pour rallier les points de départ de la randonnée, prenez un jeepney à Kidapawan à destination de Ilomavis (55 P, 1 heure), à 17 km de là.

General Santos (Dadiangas)

☎083 / 529 500 HABITANTS

Connue des habitants de la région sous le nom de "Gensan", des marchands de poissons comme la "capitale du thon des Philippines" et des amateurs de sports comme la cité natale du célèbre boxeur Manny Pacquiao (alias Pacman), General Santos est la ville la plus méridionale des Philippines. Autrefois appelée Dadiangas, elle a été rebaptisée en 1965 en l'honneur du général Paulino Santos qui, accompagné de chrétiens issus des ethnies Visayan et Tagalog, a fondé une colonie à cet endroit en 1939. De nos jours, c'est une ville embouteillée, et les thoniers amarrés dans la baie de Sarangani chargent des poissons fraîchement pêchés pour les vendre aux restaurants de toute l'Asie.

Avant la fondation de la ville, la région était principalement habitée par les Maguindanao, de confession musulmane, et les B'laan ; leur histoire est relatée dans le **Museum of Muslim & Tribal Culture** situé sur le campus de l'université de Mindanao (Mindanao State University ; MSU), près de l'aéroport. Il y a également un petit **musée de souvenirs**, consacré au général Santos en personne, à l'université Notre-Dame-de-Dadiangas (NDDU). Les deux musées sont ouverts pendant les heures de cours.

Gensan mérite vraiment le détour pendant la **fête du thon** (première semaine de septembre), et le **festival de Kalilangan** (dernière semaine de février), qui commémore la fondation de Gensan en 1939, par des danses, des concours culinaires et des expositions artistiques et d'objets artisanaux.

Plutôt que de séjourner en ville, mieux vaut opter pour le **Dolores Tropicana Resort Hotel** (☎380 7328 ; www.doloreshotels.rdgropu.com.ph ; Tambler ; ch 1 300 P ; ❄📶🏊), vaste complexe de bungalows en bord de mer agrémenté d'un agréable restaurant en plein air, le tout face à la baie de Sarangani. Considéré comme le meilleur hôtel d'affaires de la ville, l'**East Asia Royale Hotel** (☎553 4119 ; www.eastasiaroyalehotel.com ; ch 2 500 P ; ❄@📶), à quelques minutes de marche du Gaisano Mall, abrite un café, un restaurant et un bar animé. Faisant directement face au marché et proche du front de mer, l'**Amigotel Hotel & Suites** (☎552 4574 ; www.amigotelgensan.com ; angle Santiago Blvd et Cagampang St ; dort 250 P, ch à partir de 325 P ; ❄📶), anciennement Anchor Hotel, loue des chambres assez médiocres, mais possède un restaurant sur le toit.

Les restaurants suivants font tous la part belle aux produits phares de Gensan que sont le thon et l'*opah* (poisson-lune ou lampris). Ainsi du **Grab-A-Crab** (Laurel St ; plats 250 P) qui les accommode façon chinoise, du **Manokan sa Negros** (Pioneer Ave ; plats 150 P) qui les prépare au barbecue, et du **Mi-Mosho-Be** (J. Catolico St ; plats 200 P) pour une interprétation japonaise. Sinon, rejoignez assez tôt pour le déjeuner (les mets disparaissent vite) le **Kambingan sa Depot** (KSD ; P. Acharon Blvd ; plats à partir de 50 P), situé en face d'énormes dépôts pétroliers, apprécié pour ses spécialités à base de viande de chèvre – dont une soupe de testicules de bouc, que certains considèrent comme le Viagra philippin.

ℹ Depuis/vers General Santos

Avion

L'aéroport de Tambler est à 12 km à l'ouest du centre-ville ; en taxi comptez environ 125 P. Les compagnies Cebu Pacific, Airphil Express et PAL assurent des liaisons quotidiennes de Manille à General Santos (2 heures). Cebu Pacific propose des vols vers Cebu (1 heure 30).

Bateau

Le quai de Makar se trouve à 2 km à l'ouest de la ville. SuperFerry propose plusieurs fois par semaine des liaisons pour Manille (54 heures) via Zamboanga, et Iloilo (30 heures), sur l'île de Panay. La compagnie assure aussi la traversée vers Zamboanga une fois/semaine (12 heures).

Bus

Des bus circulent entre General Santos et Davao (3 heures 30), Cagayan de Oro (8-10 heures) et Butuan (8-10 heures).

La gare routière pour bus et jeepney se trouve à Bula-ong en périphérie ouest de la ville, à environ 1 km du centre.

Lac Sebu

ALTITUDE 300 M

Évoquant le fond aquatique d'un magnifique bassin, le lac Sebu, situé à une altitude de 300 m, est cerné de toutes parts par des montagnes et de belles forêts. Sa surface est hérissée de pièges à poissons en bambou. De temps à autre, des pirogues fendent lentement ses eaux paisibles. Cependant, une grande église construite au sommet d'une colline surplombant le lac et plusieurs autres bâtiments modernes en béton défigurent quelque peu ses berges et le panorama jusque-là inaltéré.

Le samedi est le meilleur jour pour venir dans la région lorsque les membres des communautés ethniques des environs se rendent au **marché** hebdomadaire. Faites un détour par le **musée T'boli** (⏲7h-17h), qui se résume à une petite maison de style autochtone où l'on vend des objets d'artisanat local ; quantité de stands de souvenirs installés au bord de la route proposent les mêmes objets tissés et la même dinanderie que le musée. Vous pouvez louer un bateau (350 P, 1 heure) pour naviguer sur le lac, et faire des randonnées vers les **chutes de Seven** ou les **chutes de Trangikini**, toutes proches. Une moto vous amènera à un point d'où il vous restera une demi-heure de marche pour atteindre les chutes.

Le **festival de Lem-Lunay**, qui met à l'honneur, chaque année, la culture T'boli, a lieu la 2e semaine de novembre. Il se termine par des combats de chevaux – sport royal dans la culture locale –, où deux étalons se disputent une femelle en chaleur.

Le **Punta Isla** (☎0919 485 2910 ; www.puntaislaresort.webs.com ; ch 750 P) est le plus beau complexe composé de bungalows surplombant le lac.

La bifurcation pour rejoindre le lac Sebu est située à Koronadal (Marbel), à seulement une heure en bus de Cotabato ou bien de General Santos.

Cotabato

☎064 / 259 000 HABITANTS

Cette ville fondée par les Maguindanao borde le Rio Grande de Mindanao, souvent appelé la rivière Pulangi. Le terme "Maguindanao" est une combinaison de mots locaux signifiant tribu, pays et lac ; par conséquent, il signifie littéralement que cette communauté est le "peuple du pays du lac". Ici, l'islam, introduit en 1475, est la religion la plus ancienne, comparée au christianisme, apparu sous l'impulsion des jésuites en 1871. Cotabato est réputée anarchique et peu sûre, réputation injustifiée selon les habitants et simplement due à sa localisation au cœur de l'ARMM.

Mettez le cap sur **Piedro Colina Hill** pour jouir d'un superbe panorama sur la ville et la côte. Au pied de la montagne, les **grottes de Kutawato** sont étrangement situées au beau milieu d'un carrefour animé ; elles recèlent des bassins d'eau de mer, une rivière souterraine et des chauves-souris. L'eau est le plus souvent souillée et ne peut être recommandée pour la baignade.

L'**hôtel de ville de Cotabato** (*City Hall*) a une façade impressionnante montrant essentiellement des influences islamiques. À quelques kilomètres hors de la ville, le Regional Autonomous Government Centre abrite un **musée** (entrée libre ; ⏲9h-16h) et sert aussi de siège au gouvernement de l'ARMM. N'oubliez pas que le vendredi étant le jour de prière des musulmans, tous les bureaux gouvernementaux ferment tôt.

Si vous êtes dans la région à la mi-juin, ne manquez pas le **festival Araw ng Kutabato**, célèbre pour ses parades de la danse du mammouth. À la mi-décembre, la **fête de Shariff Kabungsuan** commémore la diffusion de l'islam dans la région à travers des processions fluviales de bateaux magnifiquement ornés.

L'**Estosan Garden Hotel** (☎421 6777 ; Governor Gutierrez Blvd ; ch à partir de 2 000 P ; ❄@🏊) est souvent considéré comme le plus bel hôtel de la ville, et certainement comme l'un des plus vastes ; il est situé à quelques kilomètres du centre-ville, à deux pas du centre gouvernemental régional autonome.

ℹ Depuis/vers Cotabato

Les compagnies Airphil Express, Cebu Pacific et PAL assurent des vols quotidiens depuis/vers Manille (1 heure 30). L'aéroport est à environ 10 km au sud de la ville.

Des bateaux interîles et d'autres à destination de Zamboanga (plusieurs fois/semaine) partent du quai (Pier) de Polloc, distant de 30 km.

Des bus circulent tous les jours entre Davao et Cotabato (220 P, 5 heures). Aucun bus direct ne vient de General Santos ; si vous partez de là, prenez un bus pour Tacurong (45 min), puis un minivan pour Cotabato (1 heure 30).

PÉNINSULE DE ZAMBOANGA

Zamboanga et ses environs

☎062 / 774 000 HABITANTS

À Zamboanga, dont la ligne des toits est ponctuée de minarets, le soleil se couche à l'extrême pointe ouest de l'île de Mindanao. Alors que Zamboanga figure une sorte de fin géographique, elle représente un point

FORT PILAR

Ce fort, en périphérie sud-est de Zamboanga près du front de mer, est un bâtiment massif, partiellement restauré pour en conserver le caractère historique. Édifié par les Espagnols en 1635, il a été attaqué par les Hollandais en 1646, déserté en 1663, reconstruit une première fois en 1666 puis une deuxième en 1719, pris d'assaut par 3 000 Moros en 1720, détruit par des tirs de canons britanniques en 1798, abandonné par les Espagnols en 1898, occupé par les Américains en 1899, conquis par les Japonais en 1942, et, pour finir, revendiqué par les Philippins en 1946.

Il abrite un **musée** (entrée libre ; ⏲8h30-12h et 1h30-17h dim-ven) avec des salles impressionnantes, dont une consacrée à des gravures des XVIIIe et XIXe siècles, et une autre à des œuvres contemporaines. L'**exposition marine** aborde les écosystèmes marins de la région. Dans la cour intérieure du fort, ne manquez pas la formidable **galerie ethnographique** dédiée à l'habitat flottant des Sama Dilaut (également appelés Badjao, ou nomades des mers) de l'archipel des Sulu. Une promenade au gré des **remparts** permet de jouir d'une vue panoramique à 360° sur la ville et l'océan.

de départ sur le plan historique, depuis l'arrivée de l'islam dans les îles Philippines au tout début du XIVe siècle jusqu'aux vagues de migrants venant de l'archipel des Sulu.

Même si la population est à 70% musulmane, la plupart des femmes qui vivent ici ne sont pas voilées. La langue la plus couramment parlée est le chabacano, mélange d'espagnol et de créole composé de grammaire malaise et de verbes espagnols non conjugués. Le nom aux consonances exotiques de la ville peut avoir trois origines : il peut venir du mot malais *jambangan* du XVIe siècle, qui signifie "pays des fleurs", il peut également venir du mot *samboangan,* qui fait référence à un "point d'amarrage" identifié sur une ancienne carte espagnole, ou encore du mot *sabuan,* qui désigne la perche en bois utilisée par les habitants pour pousser leur *vinta* (une embarcation en bois dont les voiles en toile angulaires sont peintes de couleurs vives) dans les marécages côtiers.

Souvent citée dans la presse étrangère à cause des violences qui se déroulent sur l'île de Mindanao, Zamboanga a eu sa part de conflits au fil des années. Le quartier général de la Philippine Army's Southern Command (Southcom), responsable des actions militaires américaines aux Philippines, y est installé, aux côtés d'un contingent de soldats des Forces spéciales américaines.

À voir

Rio Hondo VILLAGE

Le village musulman sur pilotis de Rio Hondo se trouve à l'est du fort Pilar (on repère facilement sa mosquée depuis les remparts). Le village est construit au bord de l'eau et les maisons sont reliées par des passerelles. L'office du tourisme ne conseille pas de flâner dans les environs du village sans escorte et il est difficile de trouver son chemin dans les sentiers. Contactez **Gammar Hassan** (☎0906 457 1563), un ancien administrateur du *barangay.*

Zamboanga

Taluksangay
VILLAGE

Dans ce village situé à environ 18 km au nord-est de Zamboanga, les communautés musulmanes et chrétiennes cohabitent pacifiquement. Comme Rio Hondo, Taluksangay est partiellement construit sur pilotis. Une mosquée aux minarets rouges domine les toits ; édifiée en 1885, elle est la plus ancienne de la péninsule de Zamboanga. Les visiteurs étrangers doivent respecter les mêmes règles tacites qu'à Rio Hondo : porter des vêtements non provocants et demander l'autorisation avant de prendre des photos. Des jeepneys desservent Taluksangay (35 min). L'aller-retour en taxi coûte environ 150 P.

Île de Santa Cruz
ÎLE

La grande île de Santa Cruz, à environ 7 km au large de la côte de Zamboanga, est habitée par quelques douzaines de familles samal. Les voyageurs viennent ici pour admirer la plage de 2 km de sable rose, coloré par du corail rouge finement broyé. La baignade est possible, mais les eaux du détroit sont très fréquentées par les navires et parcourues de courants puissants. Plusieurs *bangka* ont des licences pour transporter des visiteurs vers Santa Cruz ; le trajet aller-retour coûte environ 2 500 P (6 pers maximum). À Zamboanga, des bateaux partent du bord de mer, entre le Lantaka Hotel et Fort Pilar.

Fêtes et festivals

La principale fête de la ville, la **Fiesta de Nuestra Señora Virgen del Pilar** (10-12 oct). Constituée de processions chrétiennes, de danses, à côté de marchés et de foires, elle est appréciée par tous les habitants. Il y a aussi une grande **régate** au cours de laquelle les *vintas* sont mises à l'eau.

Zamboanga

Où se loger

Lantaka Hotel
HÔTEL $$

(☎991 2033 ; Valderoza St ; s/d à partir de 950/1 200 P ; ❄📶🏊). Une institution de Zamboanga, occupant une longue bande de front de mer, avec piscine, bar en plein air et huttes en nipa où se détendre. Les chambres existantes sont grandes mais sentent un peu le renfermé ; celles avec vue sur la mer ont de petits balcons avec chaises en métal. Restaurant de spécialités philippines et des classiques internationaux.

Marcian Business Hotel
HÔTEL $$

(☎991 0005 ; www.marcianhotel.com ; Mayor Cesar Climaco Ave ; ch à partir de 1 000 P ; ❄📶). Avec ses carrelages rutilants, ses salles de bains spacieuses et ses très jolies chambres, cet hôtel est le meilleur choix de catégorie moyenne de la ville. Situé près d'un carrefour animé, le Marcian est cependant un havre de paix où l'on oublie le bruit et la pollution.

Grand Astoria Hotel
HÔTEL $$

(☎991 2510 ; www.grand.astoria.phil.com ; Mayor Jaldon St ; s/d à partir de 850/1 200 P ; ❄@📶). Un hôtel de catégorie moyenne, géré d'une main de maître, souvent réservé par des groupes assistant à des séminaires, des congrès ou des mariages. Bien que la décoration des chambres soit banale, le personnel est très efficace. Des agences vendant des billets d'avion et un restaurant sont ouverts au rez-de-chaussée.

Où se restaurer

Le **Mindpro City Mall** et le **Southway Mall** comptent chacun une aire de restauration, ainsi que des enseignes de fastfoods.

Mr Bean's Café
CAFÉ $$

(Catribo Complex, Buenavista St ; plats 150 P ; 📶). On vient ici déguster de bonnes pizzas, à l'intérieur du Catribo Complex, une galerie marchande abritant plusieurs bars et restaurants.

La Vista Del Mar
POISSON $$

(Plats 175 P). Le meilleur restaurant de poisson en plein air, situé juste après le village de tisserands de Yakan (Yakan Weaving Village), à l'ouest de la ville. Comptez 100 P en taxi.

Alavar Seafood House FRUITS DE MER $$
(Barangay Tetuan ; plats 200 P). Choisissez vos fruits de mer et le type de cuisson à partir de la carte. Dîner aux chandelles dans la splendide cour à l'arrière, couverte d'un treillage, en écoutant les chants d'une volière d'oiseaux est plaisant. Au nord-est du centre-ville ; comptez 30 P pour y venir en tricycle.

Mano-Mano na Greenfield PHILIPPIN $
(Governor Ramos St, barangay Santa Maria ; plats à partir de 70 P). Un pavillon assez criard imitant le style autochtone, où goûter des spécialités de travers de porc et de côtes levées grillés. À 1 km au nord de la base aérienne d'Edwin Andrews.

Hai-san Restaurant POISSON $$
(San José Rd ; repas 200 P). Vous savez que votre dîner est parfaitement frais, puisque les poissons et fruits de mer sur l'étalage sont la pêche du jour ; choisissez et régalez-vous. Le prix des produits est souvent fixé au poids.

Hana Sono JAPONAIS $$
(Governor Camins Rd ; sushi 140 P). Un établissement moderne, installé au sous-sol du Garden Orchid Hotel.

Achats

À 7 km de Zamboanga en allant vers l'ouest, le **village de tisserands de Yakan** (Yakan Weaving Village) n'est qu'un regroupement de 6 ou 7 étals proposant des tissages de haute qualité, comme des sets de table, des objets de dinanderie ou des batiks fabriqués en série. Les Yakan, originaires de l'île Basilan, toute proche, créent des tissages de couleurs vives et ornés de motifs géométriques.

Renseignements

Les agences des banques PNB et Bank of the Philippine Islands (BPI) autour des places, et la Metrobank, dans La Purisma St, ont des DAB.

On trouve des cybercafés dans le centre-ville, à l'est de Mayor Jaldon St et au nord de la Plaza Pershing.

Bureau de l'Immigration (BOI ; (☎991 2234 ; 2e ét, Radja Bldg, Airport Rd)

City Tourist Office (☎992 3007 ; Valderoza St ; ⏲8h-12h et 13h-17h lun-sam). À côté du Lantaka Hotel. Un autre **bureau** (☎992 3007) se trouve à une rue de la Plaza Rizal.

Zamboanga Travel & Tours (☎991 2033 ; Lantaka Hotel). Paciencia Tan Mañalac saura vous renseigner, de la présentation historique de la ville, aux excursions à la journée, en passant par les billets d'avion.

ALLER EN MALAISIE

Aleson Shipping Lines (☎991 2687 ; Veterans Ave) a une flotte de navires pour Sandakan en Malaisie. Des navires (économique/cabine 2 900/3 300 P) quittent Zamboanga les lundi et jeudi en début d'après-midi et arrivent à destination environ 20 heures plus tard. Ils partent de Sandakan le mardi et le vendredi tôt le matin.

Depuis/vers Zamboanga

Quelques voyageurs se risquent jusqu'à Zamboanga par voie de terre mais la plupart y viennent en avion. Pour ceux qui veulent visiter le nord de Mindanao avant de voir la ville, il est possible de prendre un ferry rapide (4 heures) ou un bus (8 heures) dans la ville de Pagadian, au nord de la province de Zamboanga del Sur.

Philippine Airlines, Cebu Pacific et SuperFerry ont des bureaux dans un bâtiment adjacent au Lantaka Hotel.

Avion

PAL, Airphil Express et Cebu Pacific ont des vols quotidiens entre Manille et Zamboanga (1 heure 30). Cebu Pacific et Airphil Express assurent aussi des liaisons vers Cebu (1 heure) et Davao (1 heure) plusieurs fois/ semaine, ainsi que Jolo et Tawi-Tawi dans l'archipel des Sulu.

Bateau

SuperFerry dessert toutes les semaines Cebu (14 heures), Davao (10 heures), General Santos (12 heures) et Iloilo City (12 heures) ; des bateaux font la liaison avec Manille (48 heures) 2 fois/ semaine. Des bateaux de Negros Navigation rallient Manille (32 heures) 1 fois/semaine, via Iloilo sur Panay.

De petits bateaux partent tous les jours vers Cotabato.

Bus

Si vous voyagez par la route, circulez uniquement en journée. Des bus à destination de Zamboanga partent plusieurs fois par jour jusqu'en fin de matinée de Dipolog (8 heures) et Pagadian (7 heures). La gare routière est tout près du marché de Santa Cruz, en périphérie de la ville.

Comment circuler

L'aéroport est à 2 km du centre de Zamboanga. Sortez du hall des arrivées et prenez un tricycle public, ou un tricycle (*special trip*) pour 40 P. Le taxi coûte environ 150 P. De la ville, vous pouvez prendre un jeepney marqué "Canelar-Airport".

ARCHIPEL DES SULU

Malgré leur nom mélodieux, les quelque 500 îles qui composent l'archipel des Sulu et s'étendent sur environ 300 km de Basilan à Bornéo, sont devenues synonymes du conflit opposant les troupes gouvernementales aux groupes séparatistes musulmans. L'archipel est divisé en deux provinces, Sulu (capitale Jolo) et Tawi-Tawi (capitale Bongao). Ces provinces sont à nouveau divisées en groupes d'îles, tels ceux de Jolo, Tawi-Tawi, Tapul, Tapiantana, Pangutaran et Sibutu. Basilan, la plus grande île de l'archipel, fait partie sur le plan administratif de la péninsule de Zamboanga.

Îles Sulu

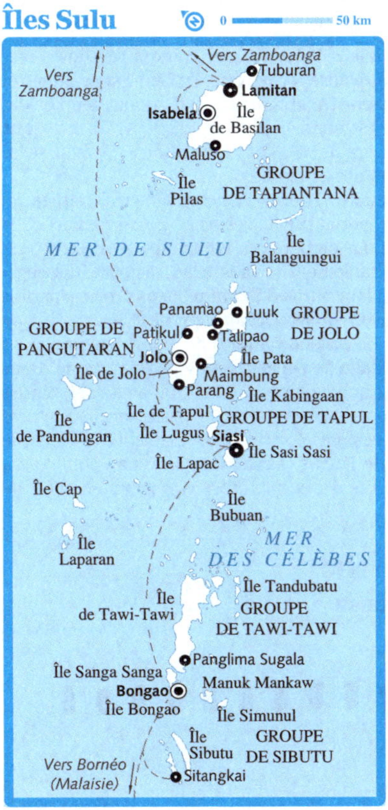

Le groupe isolé de Cagayan de Tawi-Tawi est situé au large de la côte de Bornéo, à mi-chemin entre Palawan et l'archipel des Sulu. Pour les marins, cette région est dangereuse, pas tant à cause des éléments naturels que des pirates et des contrebandiers. Dans cette zone, les petits bateaux comme les gros cargos sont régulièrement pillés.

Dans cet archipel intégré dans l'ARMM, 94% de la population est de confession musulmane. Toutefois, la culture dominante est celle des Tausug, qui sont aussi appelés "peuple du courant". À Tawi-Tawi et dans la région alentour, les Samal vivent dans des maisons sur pilotis près du littoral. Les termes désignant les différentes ethnies de la région peuvent être source de confusion. Sama est une appellation générique qui englobe quatre groupes ethniques distincts, qui ont la langue sama en commun et vivent sur les îles au sud du groupe de Jolo. Les Sama Laut, qui veut dire "Sama des mers", sont souvent surnommés les "nomades des mers" et connus sous le nom de Badjao, bien qu'ils n'emploient pas ce terme pour se désigner eux-mêmes.

Des communautés badjao vivent encore sur des bateaux dans le sud de l'archipel, mais beaucoup se sont sédentarisées soit dans des maisons sur pilotis, soit dans leurs bateaux à l'endroit de leur mouillage. Bien que la plupart des Badjao soient musulmans, ils observent toujours des croyances et des rites animistes. Sitangkai, dans le groupe d'îles de Sibutu, est surnommée la "Venise des Philippines" car un grand nombre de communautés lacustres badjao se sont installées ici.

Depuis/vers l'archipel des Sulu

Tous les horaires pour accéder à l'archipel des Sulu sont indiqués à partir de Zamboanga. Airphil Express et Cebu Pacific assurent des vols quotidiens vers Tawi-Tawi et Jolo.

Weesam Express propose plusieurs dessertes par semaine vers Jolo (600 P, 3 heures) ; 2 fois par semaine, le bateau fait escale à Jolo, avant de poursuivre jusqu'à Bongao (1 200 P, 7 heures 30), toutefois, lors de nos recherches, il était question de supprimer cette liaison ; vérifiez.

Palawan

Dans ce chapitre »

Le top des restaurants

- Poisson frais grillé sur un *bangka* dans l'archipel de Bacuit (p. 394)
- Kalui (p. 377)
- Restaurants du front de mer d'El Nido (p. 392)
- Badjao Seafront Restaurant (p. 377)

Le top des hébergements

- Bungalows dans un village de pêcheurs (p. 386)
- Sangat Island Reserve (p. 399)
- Flower Island Beach Resort (p. 388)
- Daluyon Resort (p. 382)
- Krystal Lodge (p. 397)

Pourquoi y aller

Rien ne définit mieux Palawan que l'eau qui l'entoure. Avec ses paysages qui rivalisent avec ceux du Sud-Est asiatique et sa vie sauvage terrestre et aquatique, la moins peuplée des îles philippines est aussi la plus attirante. Sa forme – une fine langue de terre de 650 km jusqu'à Bornéo – évite de se poser la question des itinéraires.

Capitale culinaire, Puerto Princesa (Puerto), située au centre, est une porte privilégiée vers la campagne et la côte tranquilles. La plupart des voyageurs se dirigent vers le nord, indiscutablement le plus beau secteur. Glisser en *bangka* dans un labyrinthe d'îles inhabitées procure parfois le sentiment d'avoir survécu à l'apocalypse.

La côte sert de seconde autoroute pour acheminer les voyageurs de village de pêcheurs en ville touristique. Dans le Sud à la topographie plus accidentée, on peut explorer des montagnes recouvertes de jungle, mais les infrastructures sont très rustiques. La plongée et le snorkeling d'île en île dans l'archipel de Bacuit et celui des Calamian comblent à la fois les amateurs d'aventure et les voyageurs en quête de détente.

Quand partir

Puerto Princesa

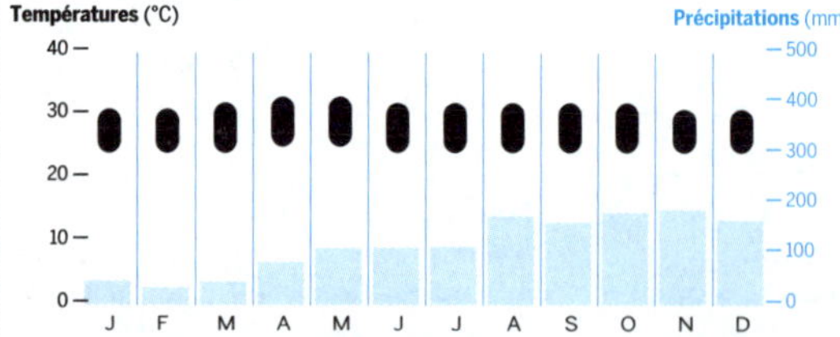

Mars-début mai
La meilleure période pour les voyages en mer.

Mai-oct
Mousson dans le Sud-Est : il pleut à verse au moins l'après-midi.

Nov-fév
Saison plus tempérée et plus sèche,très prisée des voyageurs.

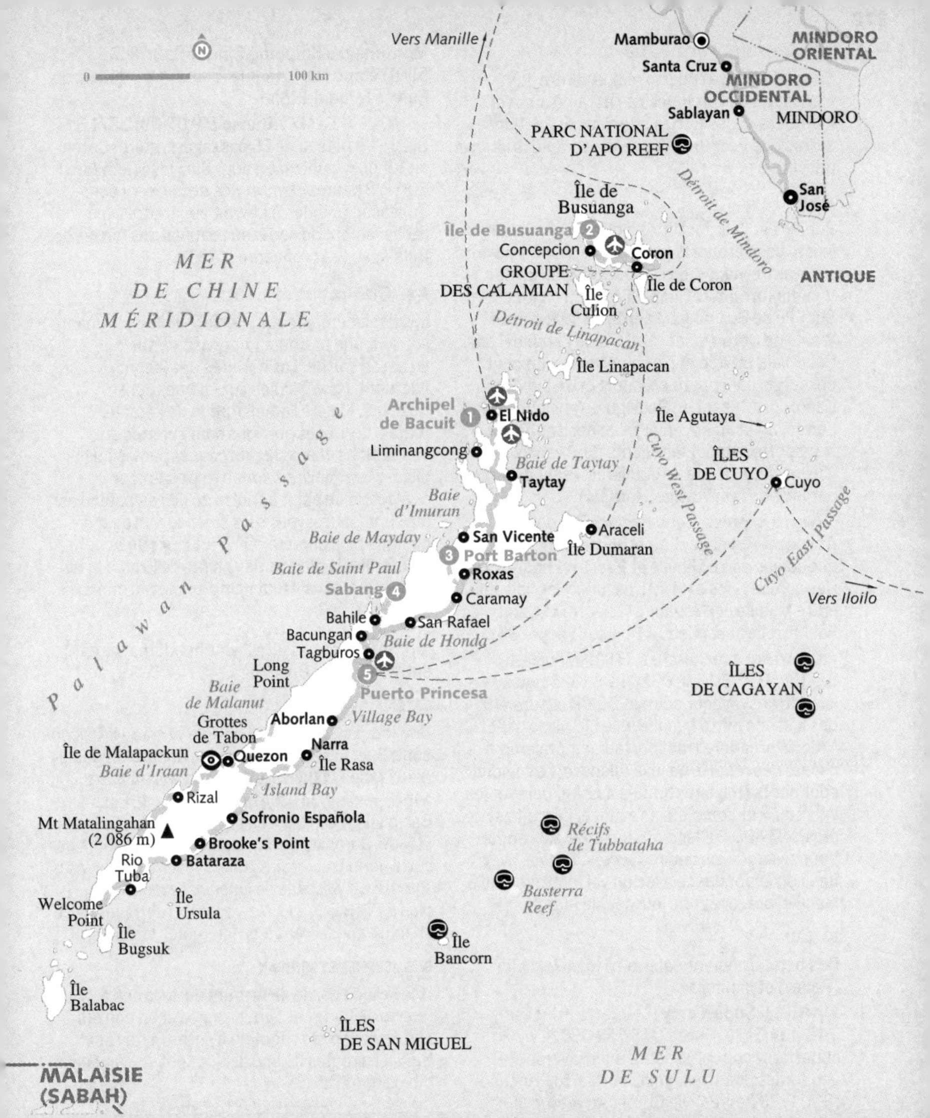

À ne pas manquer

1. Du snorkeling dans les lagons, véritables aquariums naturels, de l'**archipel de Bacuit** (p. 394)
2. L'exploration des épaves de la Deuxième Guerre mondiale, autour de l'**île de Busuanga** (p. 396)
3. Des journées délicieusement alanguies, entre hamac et plage à **Port Barton** (p. 385)
4. Une journée bien remplie à **Sabang** (p. 381), de l'obscurité des grottes de la rivière souterraine au coucher du soleil sur la plage
5. Une escapade à moto dans la campagne autour de **Puerto Princesa** (p. 373)

Depuis/vers Palawan

Puerto Princesa (Puerto) est le centre des transports de l'archipel. Les horaires des vols intérieurs et des ferries pour les destinations autres que Puerto et Busuanga sont fluctuants et difficiles à prévoir.

AVION

Puerto est l'aéroport principal de Palawan. Il existe des aéroports plus modestes plus au nord et un autre vient d'être construit près de San Vicente (on ignore quand il entrera en fonction). Sur l'île de Busuanga, l'aéroport YKR dessert la ville de Coron et les stations de l'archipel des Calamian. El Nido et l'archipel de Bacuit sont desservis par le petit aéroport privé Lio Airport. L'aéroport Cesar Lim Rodriguez (anciennement Sandoval), à 30 km environ au nord de Taytay, transporte surtout les clients des resorts voisins, les liaisons, irrégulières, étant assurées par Island Transvoyager, Inc (ITI).

Airphil Express, Cebu Pacific, Philippine Airlines (PAL) et Zest Air proposent des vols quotidiens entre Manille et Puerto (1 heure 15). Ces compagnies sauf PAL assurent les liaisons entre Manille et Busuanga (1 heure) et Cebu Pacific relie aussi Cebu à Puerto (1 heure 30).

Lors de nos recherches, **ITI** (☎Manille 02-851 5674, El Nido 0920 908 1025 ; www.islandtransvoyager.com) et SEAIR assuraient des liaisons entre Manille et le Lio Airport d'El Nido, la première transportant généralement les clients des resorts de luxe offshore. Les avions sont petits (bagages limités à 12 kg/pers) et les vols souvent complets à l'avance. Le tarif est de plus de 7 400 P aller simple. SEAIR est réputé pour ses horaires peu respectés. Si vous avez une correspondance avec un vol international à Manille, prévoyez une journée de marge.

BATEAU

Des bateaux relient Palawan à Manille, Iloilo (Panay) et Mindoro.

MANILLE **SuperFerry** (☎Puerto Princesa 048-434 5734, Coron 048-732 0302 ; www.superferry.com.ph) assure une traversée le vendredi soir entre Manille et Puerto Princesa (800 P, 28 heures) via Coron. Au retour, le départ de Puerto a lieu le dimanche vers 9h.

Atienza Shipping Lines (☎Coron 0919 377 9751, El Nido 0918 566 6786) assure une liaison El Nido-Coron-Manille irrégulière. Les bateaux quittent El Nido le vendredi à minuit, arrivent à Coron le samedi matin et en repartent le samedi à 16h. Le retour a lieu le mardi depuis Manille et le mercredi à 10h depuis Coron. Ces voyages en cargo sont réservés aux voyageurs endurcis !

ILOILO (PANAY) **Milagrosa Shipping** (☎Puerto Princesa 048-433 4806) assure 2 départs hebdomadaires (15h, mar et dim) de Puerto pour Iloilo (30 heures, à partir de 950 P), avec escale aux îles Cuyo (13 heures, 725 P).

Montenegro Shipping Lines (☎0919 516 6501) emprunte le même itinéraire au départ de Puerto le lundi à 18h.

MINDORO Le **M/V Bunso MP** (☎0910 371 0621), un bateau de 25 passagers, quitte Coron les lundi et jeudi matin pour San José (Mindoro ; 600 P, 8 heures). Un service de carferry pour Bulalacao (Mindoro) devrait apparaître avec l'achèvement du nouveau terminal des ferries de Bulalacao (voir l'encadré p. 193).

Comment circuler

Les déplacements sur l'île de Palawan prennent souvent une tournure imprévisible, surtout en basse saison. Les horaires des jeepneys fluctuent, les véhicules eux-mêmes sont vétustes. Malgré l'amélioration de l'état des routes, certaines portions sont sujettes aux inondations et aux dégâts causés par les fortes pluies. Les minivans sont très prisés et se déplacer d'un point à l'autre de l'île en bateau est plaisant (sauf si vous êtes sujet au mal de mer) quoique plus onéreux. On peut louer un *bangka* pour rallier la plupart des points de la côte et les autres îles, mais il faut compter avec la météo.

AVION

Airphil Express assure 2 vols hebdomadaires entre Puerto et Busuanga.

BATEAU

Une fois par semaine, SuperFerry assure la liaison entre Puerto et Coron tandis qu'Atienza Shipping relie El Nido et Coron. Les voyageurs utilisent généralement un *bangka* entre Sabang, Port Barton, El Nido et Coron en haute saison (le trajet El Nido-Coron est le plus demandé). En dehors de cette période, certains trajets restent desservis ; sinon, il est possible de louer un bateau. Pour plus de détails, reportez-vous aux rubriques de ce chapitre consacrées aux différentes localités.

BUS, JEEPNEY ET MINIVAN

Une grande partie de la route du nord entre Puerto et Taytay est goudronnée et en bon état. Elle devient piste cahoteuse entre Taytay et El Nido. Les routes du sud de l'île sont souvent en moins bon état.

Puerto est le centre des transports. Des véhicules à mi-chemin entre les jeepneys et les cars (jeepney géant avec sièges tournés vers l'avant) desservent presque toutes les destinations sur l'île au départ de la gare routière au nord de la ville. Des compagnies de bus desservent les principaux itinéraires à bord d'engins vétustes. Les minivans publics offrent souvent la solution la plus rapide et la plus confortable. Ils circulent sur des axes importants, le principal étant la route entre Puerto et El Nido. Si vous voyagez en groupe ou acceptez de payer un peu plus cher, vous pouvez louer un minibus privé pour presque n'importe quelle destination.

CENTRE DE PALAWAN

Le centre géographique de l'île est le point de départ logique de toute exploration. Tout près de Puerto Princesa, la capitale bétonnée de la province, vous attendent des paysages bucoliques et des îles. Sabang, au nord, est doté d'une plage superbe et d'une rivière souterraine qui se visite.

Puerto Princesa et ses environs

☎048 / 210 500 HABITANTS

La capitale de la province de Palawan, "Puerto", comme l'appellent les insulaires, offre une scène gastronomique dynamique et d'innombrables excursions, des îles aux plages de Palawan en passant par des paysages ruraux assez étonnants. Bien que plus propre que d'autres grandes villes philippines, grâce à une sévère réglementation antidétritus strictement appliquée, Puerto n'est pas un paradis tropical. Malgré son titre de capitale écologique du pays, elle connaît les embouteillages de tricycles et le bétonnage.

À voir et à faire

Plusieurs destinations à proximité de Puerto sont souvent visitées dans le cadre de circuits d'une journée organisés pour des habitants de Manille. Chaque site est passionnant : mieux vaut de louer une moto pour faire le circuit à sa guise. On peut observer des dauphins à long bec acrobates et d'inoffensifs requins-baleines dans les eaux de Puerto.

Pour les plongeurs confirmés, Puerto Princesa est le point de départ des bateaux pour les récifs de Tubbataha (voir p. 379).

PUERTO PRINCESA

Palawan Museum MUSÉE

(Mendoza Park ; 20 P ; ⌚9h-12h et 13h30-17h lun-sam). Installé dans un bâtiment de l'hôtel de ville adjacent au parc Mendoza, ce musée

Centre de Palawan

Puerto Princesa

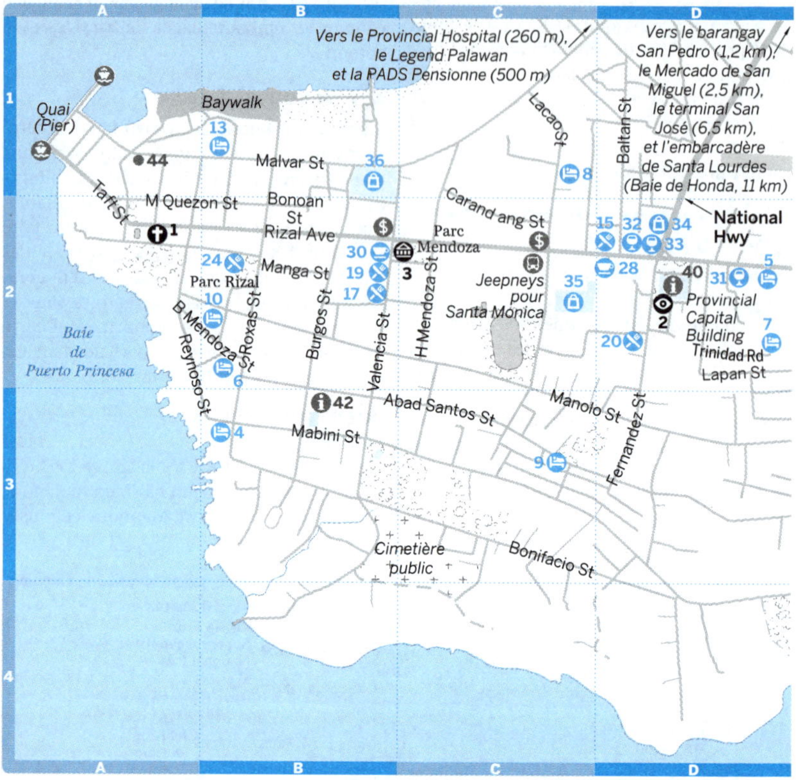

sur 2 niveaux propose des expositions sur l'importance ethnologique et archéologique de Palawan.

Palawan Heritage Center MUSÉE
(Provincial Capitol Bldg ; 30 P ; ⏲9h-12h et 13h30-16h lun-ven). Ce nouveau musée conçu et géré par le gouvernement provincial comporte de nombreux écrans tactiles et un hologramme. Il retrace l'histoire de l'île et expose ses défis économiques et environnementaux actuels.

Plaza Cuartel ANCIENNE GARNISON
Derrière la cathédrale, ces ruines restaurées sont celle d'une garnison de la Seconde Guerre mondiale où 154 prisonniers de guerre américains auraient été brûlés vifs.

Cathédrale de l'Immaculée Conception ÉGLISE
(Rizal Ave). Cet édifice date de 1872. Derrière la place du marché le long de la mer, le **Baywalk**, promenade de béton et de terre, offre une vue sur le soleil couchant. Au nord de la ville, à quelques kilomètres de National Hwy, **Baker's Hill** est un complexe immobilier comprenant un **restaurant** (⏲mar-sam ; plats 175 P), une boulangerie et un jardin avec des statues de dessins animés et une vue sur la baie de Honda (tricycle aller simple 80 P). L'embranchement pour Baker's Hill se trouve près de l'intersection pour le Butterfly Garden.

ENVIRONS DE PUERTO PRINCESA

Sources chaudes SOURCES
Plusieurs sources chaudes parsèment la région. Celle de Kim's Hot Spring (400 P/4 heures, jusqu'à 8 pers) est sans doute la plus pratique sur la National Hwy, peu après le tournant menant à la baie de Honda, vers le nord. Les bassins sont alimentés par de l'eau brûlante et se résument à un appentis couvert, entouré d'un jardin et d'un restaurant.

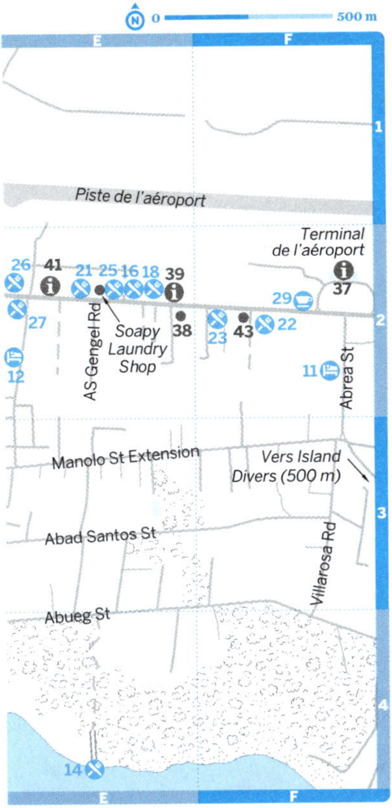

Palawan Wildlife Rescue & Conservation Center RÉSERVE

(Crocodile Farming Institute ; 40 P ; ⌚8h30-11h30 et 13h30-16h30 lun-sam). Cette réserve se compose de bâtiments en béton et d'enclos en plein air abritant des centaines de crocos, des nouveau-nés aux mastodontes. Des visites guidées ont lieu toutes les 30 minutes. Au fond, dans un secteur de forêt dense, d'autres animaux et oiseaux survivent dans des volières et cages vétustes.

Palawan Butterfly Garden PARC

(27 Bunk House Rd, Santa Monica ; 50 P ; ⌚8h-17h). Près de Santa Monica, ce parc est l'occasion de se promener en admirant différentes espèces de papillons. Avant d'entrer, un petit documentaire explique le cycle de vie de ces créatures délicates.

Iwahig Prison & Penal Farm SITE

Environ 5 km après le Conservation Center, on atteint l'Iwahig Prison & Penal Farm, dont le panneau tranche avec le superbe paysage et l'horizon montagneux. Les visiteurs peuvent explorer le vaste domaine (photos non conseillées) où les détenus, vêtus de T-shirts de couleurs différentes en fonction de la durée de leur peine, vivent, travaillent et circulent librement. On y vient surtout pour le paysage.

Viet Village VILLAGE

Un peu plus au nord des Sources chaudes, le Viet Village, hormis un restaurant connu pour son *chaolong* (soupe de nouilles au bœuf), n'est plus qu'une ville fantôme. Une communauté florissante de réfugiés vietnamiens arrivés en 1979 occupait jadis les rues aujourd'hui envahies par la végétation.

Nagtabon Beach PLAGE

Cette plage située sur le côté nord-est de l'isthme offre plusieurs centaines de mètres de sable blanc et d'eau peu profonde adaptée à la nage. Des jeepneys partent de la gare routière de San José vers midi ; la route est mauvaise dès qu'on quitte la nationale.

Fêtes et festivals

Le festival Baragatan a lieu la 3e semaine de juin dans les jardins du Provincial Capitol Building. Les habitants de la province viennent danser, chanter, manger et boire ; des marchands ambulants vendent des objets artisanaux traditionnels et des spécialités culinaires.

Irawan Canopy Zipline CIRCUIT D'AVENTURE

(☎434 1132 ; de 200 à 650 P). Des tyroliennes de longueurs diverses traversent une zone forestière protégée le long de la rivière Irawan, tout près du Conservation Center. Il y a un café agréable et le bureau de réservation de Puerto se trouve au Lotus Garden Restaurant, sur Rizal Ave.

Où se loger

♥ **Pagdayon Traveler's Inn** AUBERGE $

(☎434 9102 ou 0909 211 3677 ; Pagdayon Rd ; ch 900 P ; ❄📶). Le long d'une piste étroite près de l'aéroport, cet hébergement autochtone modestement haut de gamme offre des chambres carrelées avec de petites TV, de grands placards et des balcons individuels. Personnel efficace et discret.

Casa Linda Inn AUBERGE $$

(☎433 2606 ou 0917 241 3144 ; casalindainn@gmail.com ; Trinidad Rd ; s/d clim 950/1 100 P ; ❄📶).

Puerto Princesa

À voir

1	Cathédrale de l'Immaculée-Conception	A2
2	Palawan Heritage Center	D2
3	Palawan Museum	C2
	Plaza Cuartel	(voir 1)

Où se loger

4	Ancieto's Pension	B3
5	Badjao Inn	D2
6	Banwa Art House	B2
7	Casa Linda Inn	D2
8	Hotel Fleuris	C1
9	La Charica Inn	C3
10	Manny's Guest House	B2
11	Mercedes B&B	F2
12	Pagdayon Traveler's Inn	E2
13	Puerto Pension	B1

Où se restaurer

14	Badjao Seafront Restaurant	E4
15	Balinsasayaw	D2
16	Bilao at Palayok	E2
17	Bruno's Swiss Food	B2
18	Bulwagang Princesa Garden Chaolong House	E2
19	Café Nori	B2
20	Ima's Vegetarian	D2
21	Kalui	E2
22	La Terrasse	F2
23	Lou Chaolong Hauz	F2
24	Neva's Place	B2
25	Sari's Baryo	E2
26	Tio Rods Resto Bar & Lounge	E2
27	Ugong Rock Seafood & Grill	E2

Où prendre un verre

28	Café Itoy's	D2
29	Crossing Bridge Café	F2
30	Divine Sweets	B2
31	Kinabuchs Grill & Bar	D2
32	Republik Resto Bar	D2
	Taverna Luna	(voir 18)
33	Tiki Restobar	D2

Achats

34	Kamantian Native Handicrafts	D2
35	NCCC Mall	C2
36	Marché public	B1

Renseignements

37	Guichet d'information touristique (aéroport)	F2
38	Bureau de l'immigration	E2
39	Floral Travel & Tours	E2
40	Palawan Tourism Promotions & Development Office	D2
	Pasyar Developmental Tourism	(voir 38)
	Puerto Princesa Subterranean River National Park Office	(voir 5)
41	Sanctuary Travel & Tours	E2
42	Tubbataha Management Office	B3

Transports

43	Airphil Express	F2
44	Negros Navigation	A1
	PAL	(voir 43)

Son jardin et sa pergola soignés lui donnent un air de refuge campagnard. Autour, les chambres avec plancher sont propres et meublées simplement, mais mal isolées. L'auberge comporte un restaurant, pratique pour les petits-déjeuners avant les départs en excursion.

Puerto Pension HÔTEL $$

(☎433 2969 ou 0915 406 8568 ; www.puertopension.com ; 35 Malvar St ; ch sdb commune/privée à partir de 900/1 500 P ; ❄📶). Situé près de la jetée, cet impressionnant édifice en bois et en bambou, sur 4 niveaux, abrite un restaurant au dernier étage avec une vue panoramique sur la baie. Il est confortable (TV et ventilateurs), mais les chambres sont très exiguës. Petit-déjeuner compris dans le prix de certaines chambres.

Banwa Art House PENSION $

(☎434 8963 ou 0946 345 7853 ; www.banwa.com ; Liwanag St ; dort 350 P, ch avec/sans sdb 750/550 P ; @📶). Après rénovation et agrandissement, cette adresse de choix pour routards, cachée derrière une clôture dans un quartier résidentiel dense, pourrait bien vous surprendre. Son porche et son *lounge* à l'arrière, propices à la détente, constituent son point fort. Les chambres (2 dortoirs non mixtes) sont propres et chaleureuses, mais peu adaptées aux couples recherchant l'intimité.

Hotel Centro HÔTEL $$$

(☎434 1111 ; www.hotelcentro.ph ; National Hwy, Barangay San Pedro ; ch avec petit-déj à partir de 5 500 P ; ❄📶🏊). Alliance de classe affaires et de luxe façon resort, c'est désormais l'hôtel le plus haut de gamme de Puerto. Sa piscine est la plus belle du secteur. Également salle de musculation et spa. Sur la National Highway, au nord de la ville.

Badjao Inn HÔTEL $

(433 2761 ; badjao_inn@yahoo.com ; 350 Rizal Ave ; ch ventil/clim 500/1 000 P ;). Derrière sa façade digne d'un centre commercial des années 1970, son jardin intérieur verdoyant et son restaurant raffiné dans une hutte en nipa créent la surprise. Certaines chambres, comme les grandes chambres anciennes du devant avec ventilateurs, répercutent le bruit de la rue ; des chambres plus modernes et climatisées sont situées à l'arrière.

Hotel Fleuris HÔTEL $$$

(434 4338 ; www.fleuris.com ; Lacao St ; s/d à partir de 3 000/3 700 P ;). Proche de Rizal Ave, mais à distance suffisante pour bien dormir la nuit, cet hôtel de classe affaires comprend quelques extras comme un piano-bar et un café. La piscine découverte est belle, malgré le voisinage du parking et de son allée.

Legend Palawan HÔTEL $$$

(434 4270 ; www.legendpalawan.com.ph ; Malvar St ; s/d à partir de 4 500/5 100 P ;). Le vaste atrium à plusieurs niveaux qui constitue le lobby rappelle des hôtels citadins du monde entier. Les grandes chambres standard sont un peu chères pour les prestations, mais le niveau de confort grimpe dans les chambres deluxe. En dehors de leurs petites dimensions, les chambres de la **PADS Pensionne** (ch à partir de 2 200 P ;), l'annexe voisine, offrent des prestations dignes d'un hôtel de charme.

Ancieto's Pension PENSION $

(0927 205 9782 ; arc_tess@yahoo.com.ph ; 71 Reynoso St ; s/d ventil et sdb commune 250/400 P ;). Le point fort de l'établissement est son jardin sur le toit avec cuisine à disposition de la clientèle et vue sur la baie. La plupart des chambres sont très simples ; les plus chères ont une salle de bains privée et la climatisation.

Manny's Guest House PENSION $

(0912 872 1294 ; www.mannysguesthouse.com ; 2 B Mendoza St ; ch sdb commune et ventil/clim 400/650 P ;). Cette vieille maison en bois pleine de charme comporte une cuisine à la disposition de la clientèle.

Palo Alto Bed & Breakfast B&B $$

(434 2159 ; www.paloalto.ph ; Kawayanan St, Barangay San Pedro ; ch avec petit-déj à partir de 1 500 P ;). Cette adresse comporte des TV écran plat et deux terrasses pour savourer la brise et la vue.

Mercedes B&B HÔTEL $$

(0916 714 5220 ; www.mercedesbb.com ; Abrea St ; ch à partir de 1 200 P ;). Quelques chambres modernes joliment décorées face à un jardin désolé.

La Charica Inn HÔTEL $$

(434 2088 ; www.lacharica.com ; 126 Abad Santos St ; s/d avec petit-déj 1 500/1 900 P ;). Sa façade étroite et sans goût cache des chambres modernes et confortables.

Où se restaurer

Puerto est de loin le meilleur endroit pour se restaurer à Palawan. Les restaurants y sont nombreux et variés. Beaucoup sont situés sur Rizal Ave, entre l'aéroport et la National Hwy, et accessibles à pied depuis de nombreux hôtels. On y dénombre aussi une profusion de **restaurants chaolong** (plats de 40 à 45 P), petits restaurants informels où l'on sert de savoureuses soupes à la viande (bœuf, porc ou poulet) et aux nouilles avec du vrai pain. Ces restaurants sont une trace de la communauté vietnamienne qui occupait autrefois Puerto (voir Viet Village, p. 375). Le **Lou Chaolong Hauz** (8h-4h) et le **Bulwagang Princesa Garden Chaolong House** (24/24h) sont proches l'un de l'autre sur Rizal Ave en direction de l'aéroport.

Kalui PHILIPPIN $$

(433 2580 ; 369 Rizal Ave ; plats à partir de 195 P ; 11h-14h et 18h-23h lun-sam). L'ambiance balinaise – plancher, tableaux colorés, sculptures et masques aux murs – est teintée d'un certain raffinement. Les produits de la mer y sont accompagnés de légumes et la salade de fruits est servie dans une noix de coco évidée. Réservation recommandée, surtout le soir.

Badjao Seafront Restaurant POISSON $$

(433 9912 ; Abueg Sr Rd, Barangay Bagong Sikat ; plats 195 P ; 11h-22h). Ce restaurant juché sur l'eau au bout d'une promenade en planches propose des tables plutôt élégantes et sa vue superbe sur la montagne vaut le détour. Débordez sur l'après-midi lors d'un long déjeuner de poisson grillé et autres fruits de mer. Service lent les jours d'affluence.

Ugong Rock Seafood & Grill PRODUITS DE LA MER $$

(Rizal Ave ; plats 175 P ; 10h-14h et 17h-minuit). Sélectionnez votre mets sur les plateaux d'exposition (crabe, crevettes, langouste,

VAUT LE DÉTOUR

LA BAIE DE HONDA

Comparée aux îles de l'archipel de Bacuit, la baie de Honda peut faire figure de parent pauvre. Oubliez cette comparaison injuste et ne faites pas l'impasse sur une journée de **snorkeling** et de **visite des îles** si vous séjournez plusieurs jours dans le secteur.

Un circuit normal comprend la visite de 3 îles, généralement **Pandan**, **Cowrie** et la bien nommée **Snake Island** ("île du serpent"), sinueux ruban de sable blanc qui change de contour avec les marées. Les circuits organisés par les agences (voir p. 380) et les hôtels de Puerto coûtent environ 1 100 P, snorkeling, transport et déjeuner inclus, et se déroulent de 8h à 16h. Pour effectuer votre propre circuit, rejoignez l'embarcadère (*pier*) Santa Lourdes, à 11 km au nord du centre de Puerto (la course en multicab ou en tricycle coûte 100 P) et renseignez-vous – un bateau pour 6 personnes devrait coûter environ 1 500 P. Au retour, prévoyez une attente car les transports sont parfois rares. En dehors d'une baraque vendant quelques denrées et du poisson grillé à Snake Island, vous ne trouverez ni restaurants ni commerces. Les îles de Cowrie, Pandan et Starfish prélèvent un prix d'entrée.

Le luxueux **Dos Palmas Arreceffi Island Resort** (Manille 02-637 4226 ; www.dospalmas.com.ph ; pension compl/pers à partir de 11 000 P ;), sur Arreceffi Island, est le seul hébergement de ces îles. Il propose des bungalows avec plancher sur pilotis ou des villas en béton plus spacieuses en bord de plage et comprend un spa de luxe, une piscine à débordement et un centre de plongée en activité. Il est à 50 minutes en *bangka* depuis l'embarcadère Santa Lourdes et les personnes extérieures à l'hôtel peuvent accéder aux prestations pour 500 P.

moules, calmars, et au moins deux variétés de poissons), choisissez la cuisson, la sauce, et dégustez la recette que vous venez de créer.

Ima's Vegetarian VÉGÉTARIEN $
(Fernandez St ; plats 75 P ; 11h-21h dim-jeu, 11h-15h ven ;). Restaurant tenu par un couple chaleureux militant pour une vie saine grâce à une meilleure alimentation. Les *burritos* aux haricots, les burgers de tofu et autres plats de riz ou de légumes sont sans additifs ni conservateurs.

Neva's Place PIZZERIA $
(Manga St ; plats 70 P, pizza 140-245 P). Certains habitants de Puerto prétendent qu'on y sert la meilleure pizza de la ville ; la carte comprend aussi du poulet, du porc et des pâtes. Grande salle au 2e étage.

La Terrasse FRANCO-PHILIPPIN $$
(www.laterrassepalawan.com ; Rizal Ave ; plats 250 P ; 11h-minuit). Cette salle en plein air propose une brève carte de pâtes, produits de la mer et viandes grillées privilégiant les ingrédients bio et locaux.

Bruno's Swiss Food EUROPÉEN $$
(Valencia St ; plats 550 P ; lun-sam). Pour les envies de saucisses suisses, polonaises ou allemandes, et de vins et bières européens.

Tio Rods Resto Bar & Lounge PHILIPPIN $$
(Rizal Ave ; plats 200 P ; 6h-minuit). Cet établissement élégant sur 2 niveaux propose des produits de la mer au poids, du curry de chèvre bio et de bons petits-déjeuners.

Café Nori PHILIPPIN-JAPONAIS $
(Valencia St ; plats 100 P). Ce petit café, entre Divine Sweets et Bruno's Swiss Food, propose quelques plats japonais comme le poulet *katsu*, des maki, des nouilles et des sandwichs.

Prochcs l'un de l'autres sur Rizal Ave, **Sari's Baryo** (plats 140 P), **Balinsasayaw** (plats 140 P) et **Bilao at Palayok** (plats 140 P) servent tous des spécialités philippines et du poisson grillé. Agrémenté d'une petite mare, d'une chute d'eau et de musique douce, le troisième est sans doute le plus agréable.

Le marché de San Miguel, à quelques kilomètres au nord de Rizal, près de la National Hwy, offre deux bonnes tables. Le **Gypsy's Lair** (plats 120 P ; 8h-23h dim-jeu, 9h-minuit ven-sam ;), minuscule restaurant qui sert des plats philippins et mexicains agrémentés de bonne musique acoustique live le week-end en soirée. Le **Sky Box** (plats 180 P ; 10h30-2h), doté d'un élégant bar extérieur et d'une carte éclectique, propose des pizzas à pâte fine, des hamburgers et des côtelettes grillées.

Où prendre un verre et sortir

De nombreux bars informels, des baraques à karaoké et des restaurants où l'on peut prendre un verre bordent la route entre l'aéroport et la National Hwy. On y trouve de bons cafés servant d'excellentes pâtisseries ou des repas plus substantiels comme le **Café Itoy's** (Rizal Ave ; 6h-23h ;) et **Divine Sweets** (Valencia St ; plats 150 P ; 7h-22h ;).

Kinabuchs Grill & Bar RESTOBAR
(Rizal Ave ; 17h-2h). Une bonne partie de la ville semble s'y retrouver le soir. Ce vaste établissement à ciel ouvert a quelques tables de billard, des TV grand écran et une vaste carte (plats à partir de 100 P). La plupart des clients viennent pour la bière bon marché et l'ambiance. Les gastronomes intrépides goûteront le *tamilok*, un ver à bois à saveur d'huître.

Crossing Bridge Café CAFÉ
(Rizal Ave ; 7h-23h). juste avant d'entrer dans l'aéroport, parfait pour prendre un café glacé ou un frappuccino aux cookies et la crème en attendant son avion.

Voisins et situés près de la jonction de Rizal Ave et de la National Hwy, le **Republik Resto Bar** (plats 160 P) et le **Tiki Resto Bar** (plats 160 P) sont des lieux nocturnes qui bougent, avec de la musique live et de bonnes cartes de plats et de boissons. Le premier propose un spectacle de stand-up tous les soirs à 22h (en philippin). Le **Taverna Luna** (Rizal Ave), coincé entre des restaurants sur la route de l'aéroport, propose aussi de la musique live de 20h à 1h.

Achats

Quelques boutiques d'artisanat situées sur Rizal Ave entre l'aéroport et AS Gengel Rd vendent des répliques bas de gamme de masques indigènes et de statues comme on en trouve de Nairobi à Bangkok. Lors de la rédaction de ce guide, un centre commercial géant Robinson's avec restaurants et cinéma, le premier dans la province de Palawan, était en construction sur la National Hwy à environ 5 km au nord de Rizal Ave.

Kamantian Native Handicrafts ARTISANAT
(National Hwy). Cette boutique vend des objets de qualité légèrement supérieure à la moyenne.

Marché public MARCHÉ
(Public Market, Burgos St ; 9h-17h). Des montagnes de beaux fruits tropicaux, de légumes colorés et de poissons bien alignés y composent un tableau pittoresque.

NCCC Mall CENTRE COMMERCIAL
(Lacao St ; 9h-19h). Cet humble bâtiment vieillissant regroupe un supermarché, une pharmacie et un grand magasin.

LES RÉCIFS DE TUBBATAHA

À 10 ou 12 heures de bateau de Puerto Princesa, les **récifs de Tubbataha** sont une réserve marine protégée souvent comparée aux îles Galapagos. Le parc est une merveille naturelle attirant des centaines d'espèces de poissons et d'oiseaux de mer, dont des raies manta, des requins-baleines et des tortues.

Au milieu des années 1980, les pêcheurs de Cagayancillo, l'archipel habité le plus proche au nord, commencèrent à pêcher à la dynamite et au cyanure. Peu de temps après, l'apparition de bateaux de plongée sans licence et l'intensification de la pêche commerciale ont poussé le gouvernement à déclarer la zone "parc national" en 1988 et le site a été distingué par l'Unesco en 1993. Il bénéficie désormais de l'expertise technique et de l'expérience de gestion du World Wildlife Fund (WWF).

Ces récifs se visitent de mars à juin. Il faut s'adresser aux loueurs de bateaux installés à Puerto Princesa. Une croisière d'une semaine coûte en moyenne de 1 200 à 1 500 US$. **Cruise Island Adventure Inc** (Manille 02-813 2909 ; www.expeditionfleet.com), basé à Manille, et **Queen Anne Divers** (www.queenannedivers.com.ph) et **Moonshadow** (www.moonshadow.ch), basés à Puerto, sont des adresses recommandées. Début mars et début juin, lorsqu'ils quittent ou regagnent leur port d'attache, ces bateaux proposent généralement des "transition trips" à prix réduit.

Passez au Tubbataha Management Office de Puerto Princesa pour plus de renseignement sur Tubbataha (p. 380).

Renseignements

Accès Internet

Plusieurs cybercafés s'égrènent sur Rizal Ave, entre le terminal de l'aéroport et Jollibee.

Agences de voyages

Floral Travel & Tours (434 2540 ; floral_travel@yahoo.com ; Rizal Ave)

Island Divers Ventures (433 2917 ; www.islanddivers.ph ; Manalo Ext, Barangay Bancao-Bancao). Plongées dans la baie de Honda et alentour.

Pasyar Developmental Tourism (723 1075 ou 0926 437 5224 ; www.pasyarpalawan.tripod.com ; Rizal Ave). Cette agence dédiée à la protection et au tourisme communautaire propose des itinéraires sur mesure, de l'excursion d'une demi-journée aux mangroves de San Carols River jusqu'à la "waterfalls adventure" d'une semaine en passant par le "old growth forest trekking tour", avec des fonctionnaires chargés de traquer les bûcherons fraudeurs dans le Sud près de Quezon.

Sanctuary Travel & Tours (434 7673 ; sanctuarytours@yahoo.com ; Rizal Ave)

Argent

Dans toute la province de Palawan, vous ne trouverez des DAB qu'à Puerto et Coron, sur l'île septentrionale de Busuanga. Soyez prévoyant. Plusieurs banques bordent Rizal Ave.

Laverie

Soapy Laundry Shop (Rizal Ave ; 8h-20h lun-sam, 13h-20h dim ; 28 P/kg)

Offices du tourisme

Bureau de l'immigration (433 2248 ; 2e ét, Servando Bldg, Rizal Ave)

Office du tourisme municipal (434 4211 ; www.visitpuertoprincesa.com ; Puerto Princesa Airport ; 7h-18h). Juste à la sortie du terminal de l'aéroport à droite. Au bureau situé à l'intérieur du terminal, le personnel répond à vos questions.

Palawan Tourism Promotions & Development Office (433 2968 ; www.palawan.gov.ph ; rez-de-ch, Provincial Capital Bldg, Rizal Ave ; 8h-12h et 13h-17h lun-ven). Renseignements sur Puerto et d'autres destinations à Palawan.

Puerto Princesa Subterranean River National Park Office (434 2509 ; www.puerto-undergroundriver.com ; Badjao Inn, 350 Rizal Ave). Pour déposer une demande d'excursion normale ou longue durée sur la rivière souterraine.

Tubbataha Management Office (434 5759 ou 0929 597 8529 ; www.tubbatahareef.org ; 41 Abad Santos St). Pour plus de renseignement sur les excursions à Tubbataha, voir l'encadré p. 379.

Services médicaux

Palawan Adventist Hospital (433 2156 ; National Hwy, barangay San Pedro)

Provincial Hospital (433 2621 ; Malvar St)

Salvador P. Socrates Government Center (Kilusang ligtas malaria ; 434 6346 ; PEO Rd, Barangay Bancao-Bancao). Pour les questions de paludisme uniquement. Tests sanguins.

Depuis/vers Puerto Princesa

Pour plus de détails sur les trajets par avion et bateau voir p. 372.

Bus et jeepney

Tous les bus publics, jeepneys et vans partent du terminal San José, à 7 km au nord du centre de Puerto Princesa (tricycle 40 P/1 pers ou 100 P si vous êtes seul), près de la National Hwy (une pancarte indique "New Public Market"). De là, demandez quand part le premier bus ou jeepney pour la destination de votre choix. Voir aussi le tableau des bus au départ de Puerto Princesa ci-dessous.

BUS AU DÉPART DE PUERTO PRINCESA

DESTINATION	PRIX	DURÉE	FRÉQUENCE
Brooke's Point	200 P	4 heures	6/jour, 6h-17h
El Nido	Bus 380 P/ Minivan 600 P	Bus 9 heures/ Minivan 5 heures	5h, 7h, 9h
Port Barton	250 P	3 heures 30	8h, 9h30
Quezon	200 P	3 heures	Toutes les heures, 7h-17h
Roxas	120 P	2 heures 30	Plusieurs, surtout le matin
Sabang	Bus 200 P/ Minivan 300 P	2 heures 15	7h, 9h, 12h
Taytay	250 P	4 heures 30	Plusieurs, surtout le matin

RIVIÈRE SOUTERRAINE, MODE D'EMPLOI

Pour visiter la rivière souterraine, il faut acheter un **permis** (adulte/enfant 200/50 P) à Puerto ou au **Tourist Information & Assistance Center** (☎723 0904 ; ⏲8h-16h), à l'embarcadère de Sabang. Cet office du tourisme organise aussi le transport en bateau jusqu'à la rivière (aller-retour pour 6 pers 700 P, 15 min). Les permis (400 P/pers) pour des excursions plus longues (plus de 4 km, 3 heures) doivent être demandés au moins 2 jours à l'avance au bureau de Puerto.

La plupart des bateaux étant réservés pour des groupes, il vaut mieux se présenter tôt le matin pour obtenir des places, surtout si vous êtes plusieurs (environ 100 P/pers).

Il arrive que ces excursions en bateau soient annulées en raison de la pluie ou d'une mer agitée. En cas de mauvais temps, il est plus prudent de contacter à l'avance le bureau de Puerto pour s'éviter une déception.

Dernier conseil : fermez la bouche quand vous levez la tête. Des chauves-souris et salanganes circulent dans le tunnel et produisent le guano qui "parfume" les lieux.

La majorité des départs ont lieu de 7h à 9h, d'autres se font plus tard dans l'après-midi, mais mieux vaut se présenter le plus tôt possible : les jeepneys et les vans ne partent que lorsqu'ils sont pleins. L'attente est parfois très longue… Notez que les itinéraires, compagnies, heures de départ et tarifs changent en permanence.

Voiture et moto

Si vous pouvez vous le permettre, la location d'une voiture ou d'un van avec chauffeur est un bon moyen de circuler. Avec un groupe suffisamment important, cette solution est raisonnable – adressez-vous à **Tourister Rent a Car Travel & Tours** (☎0906 449 9991 ; ARL Bldg, Rizal Ave), ou à l'une des agences de voyages mentionnées p. 380. Pour El Nido (6 heures), comptez 10 000 P pour un van de 6 personnes avec chauffeur.

Comment circuler

Le prix standard d'un tricycle entre l'aéroport et le centre de Puerto est de 50 P. Dans Puerto, le tarif officiel d'un trajet en tricycle est de 8 P tous les 2 km.

La moto permet de passer la journée à explorer la campagne autour de Puerto. Des agences de location sur Rizal Ave près de l'aéroport demandent entre 250 P et 500 P/jour.

Sabang et ses environs

☎048

S'il existe à Sabang une jolie plage parfaite pour la baignade, l'impressionnante rivière souterraine est son principal attrait touristique. Imaginez une version aquatique de la maison hantée dans une fête foraine, avec le bruit du ruissellement de l'eau et les battements d'ailes des oiseaux en guise de fond sonore. Quand les nombreux visiteurs venus en excursion pour la journée ont déserté les huttes à pique-nique de la plage et regagné Puerto en ferry, vous ne pourrez pas vous empêcher de penser qu'ils ont fait intrusion dans un coin de paradis qui vous appartient.

À voir et à faire

Puerto Princesa Subterranean River National Park CIRCUIT EN BATEAU

(Anciennement rivière souterraine de Saint-Paul ; www.puerto-undergroundriver.com). Si la rivière souterraine fait 8 km de long, le circuit ne parcourt généralement que 1,5 km (au-delà la navigation devient difficile). Le trajet aller-retour prend environ 45 minutes. La grotte en calcaire que traverse la rivière est l'un des plus longs tunnels fluviaux navigables au monde. En 2010, des spéléologues italiens ont découvert des restes fossilisés d'un dugong (lamantin) dans une partie de la grotte non accessible au public.

Le bateau depuis l'embarcadère de Sabang vous dépose sur une plage près de l'entrée de la grotte (on croise parfois quelques singes et varans). De là, 5 minutes de marche vous mènent à l'entrée et l'on vous assignera un bateau pour visiter la grotte. Ce deuxième trajet est compris dans le prix du permis (voir l'encadré ci-dessus). En chemin, votre guide vous montrera à l'aide d'une lampe torche les diverses caractéristiques des grottes.

Plages BAIGNADE

Si la plage face à Sabang est jolie, et que les eaux chaudes et paisibles sont idéales pour la baignade, une plage de sable blanc s'étend de l'autre côté de la rivière Poyuy-Poyuy. L'après-midi, des mouches des sables envahissent la plage : prenez vos précautions.

Jungle Trail RANDONNÉE

Après avoir visité la grotte, les plus sportifs retourneront à Sabang à pied par le Jungle Trail, un sentier de plus de 5 km. En partant du poste de gardes forestiers (rangers) près de la rivière souterraine, ce sentier commence par gravir abruptement une série de karsts de calcaire couverts de verdure avant de se séparer en deux. L'embranchement de droite est le Jungle Trail (il comprend un autre poste de rangers pour se reposer), celui de gauche le Monkey Trail (fermé pour une durée indéterminée à l'époque de nos recherches). On peut aussi suivre le Jungle Trail dans le sens inverse depuis Sabang jusqu'à la rivière souterraine mais attention : le sentier ferme officiellement à 15h, il n'est pas très bien balisé et il faut se procurer un permis pour circuler dans le parc au bureau de Sabang.

Rivière Poyuy-Poyuy CIRCUIT EN BATEAU

(150 P ; 8h-16h). Ces circuits gérés par une communauté consistent à remonter en barque sur quelques kilomètres avec un guide le Poyuy-Poyuy, rivière saumâtre bordée de mangrove. Ce circuit de moins d'une heure est préférable de bon matin quand les oiseaux (perroquets, calaos, hérons etc.) sont plus actifs. On peut aussi apercevoir quelques bébés pythons et des serpents de mangrove. De janvier à mai, l'eau est claire et le fond visible. Traversez le Mary's Beach Resort à l'extrémité nord de la plage et suivez le sentier envahi par la végétation jusqu'à un petit bureau près de la rivière.

Rocher d'Ugong RANDONNÉE

À environ 20 km de Sabang, près du *barangay* Tagabinet, commence le sentier de 7 km menant au rocher d'Ugong, formation karstique dominant la campagne environnante. Des cordes et des passerelles en bois vous permettent d'explorer le sentier parfois abrupt qui traverse des tunnels et des salles aux formes étranges. Le guide (100 P) et le permis (100 P) obligatoires sont fournis au point de départ. Les campeurs pourront passer la nuit dans un village des environs, à condition d'apporter leur tente. La tyrolienne n'était pas en fonction lors de notre passage. Un aller-retour en tricycle depuis le point de départ du sentier coûte 700 P. On trouve quelques spots de **snorkeling** près de Sabang, notamment la grotte de Panganan (1 500 P en bateau) et il est possible d'organiser des expéditions de **pêche** avec des bateliers ou le Daluyon Resort.

Où se loger et se restaurer

Sachez qu'en dehors de deux resorts haut de gamme, il n'y a pas d'eau courante à Sabang et l'électricité ne fonctionne que de 18h à 22h. Tous les hébergements ci-après servent des repas et l'on trouve quelques restaurants très simples près de l'embarcadère.

Daluyon Resort COMPLEXE BALNÉAIRE $$$

(433 6379 ; www.daluyonresort.com ; ch avec petit-déj à partir de 3 900 P ;). S'ils apportent la preuve que le luxe ne compromet pas nécessairement la beauté d'un site, ces bungalows à 2 niveaux se repèrent facilement derrière les cimes des palmiers. À l'intérieur, tout est haut de gamme dans les chambres contemporaines, des TV à l'équipement des salles de bains. Le **restaurant** (plats 220 P) de l'hôtel est de loin le meilleur de Sabang.

Dab Dab Resort BUNGALOWS EN NIPA $

(0949 469 9421 ; bungalows avec/sans sdb 700/400 P). Ce complexe paradisiaque est situé à l'extrémité de l'embarcadère au bout d'un chemin de terre. Pas de plage, rien qu'une côte rocheuse, mais les quatre bungalows en bois recouverts de toits en nipa sont beaucoup plus beaux que ceux de la plage. Chacun est équipé d'un porche avec hamac ; on peut prendre ses repas au restaurant, tout aussi beau et doté d'un espace *lounge*.

Sheridan Beach Resort COMPLEXE BALNÉAIRE $$$

(434 1449 ; www.sheridanbeachresort.com ; ch avec petit-déj 7 000 P ;). Dernier arrivé sur le front de mer de Sabang, ce resort contemporain légèrement impersonnel ne déparerait pas à Boracay. Son petit côté élitiste, qui n'est pas condamnable en soi, semble un peu anachronique ici. Le seul défaut de ces chambres décorées avec goût est qu'elles font face à d'autres chambres ou à la piscine et non à la plage.

Mary's Beach Resort BUNGALOWS EN NIPA $

(0910 384 1705 ; bungalows avec/sans sdb 500/350 P). Ces bungalows exigus et sans chichi sont très prisés, notamment en raison de leur situation à l'extrémité nord de la plage, où les passants sont rares.

Blue Bamboo Cottages BUNGALOWS EN NIPA $

(0910 582 2589 ; bungalows 300 P). Des bungalows tout en bambou à la décrépitude pleine de charme situés à environ 50 m après Dab Dab qui possèdent tous un porche ; certains sont dotés de hamacs, de toilettes privées et de douches communes.

Taraw Lodge & Restaurant BUNGALOWS EN NIPA **$**
(☎0905 335 6235 ; bungalows avec/sans sdb 1 000/500 P). Ces bungalows sont spartiates, surtout ceux qui partagent des salles de bains communes. Le restaurant se remplit de groupes à midi.

Tribal Beach Resort Lodge & Restaurant HÔTEL **$**
(☎0929 523 2553 ; tribalbeachresort@yahoo.com ; 500 P). Cinq chambres très simples, installées près du Mary's Beach Resort, à l'extrémité nord de la plage.

Depuis/vers Sabang

Bateau

En haute saison (nov-mai), des *bangka* relient Sabang à El Nido (2 000 P, 7 heures) presque tous les jours, avec escale à Port Barton (1 200 P, 3 heures 30). On peut aussi louer un bateau, indispensable en saison basse ou humide (juin-oct). Le prix pour 6 passagers est généralement de 9 000 P pour Port Barton et de 12 000 P pour El Nido. Par beau temps, la traversée jusqu'à Port Barton est généralement agréable ; le long trajet jusqu'à El Nido peut être éprouvant.

Bus, jeepney et van

On bifurque en direction de Sabang à Salvacion sur la route principale, puis on suit une route sinueuse et majoritairement asphaltée sur 35 km dans des paysages magnifiques.

La majorité des visiteurs choisissent les excursions tout compris à la rivière souterraine proposées par la plupart des agences de voyages, pensions et hôtels de Puerto. Sinon, les minivans qui partent tous les jours de la gare routière San José de Puerto à 7h, 14h et 16h (300 P, 2 heures) sont le moyen de transport le plus confortable. Retour de Sabang à peu près aux mêmes heures.

Deux ou 3 trajets quotidiens supplémentaires combinant jeepneys et bus (200 P, 3 heures) partent de la gare routière San José de Puerto à 7h, 9h et 12h ; au retour, ils quittent Sabang à 7h, 10h, 12h et 14h (horaires approximatifs).

Pour rejoindre Port Barton ou El Nido par la route depuis Sabang, on peut prendre un jeepney (80 P), un van (120 P) ou un tricycle (1 000 P) jusqu'à Salvacion (45 minutes), puis attendre le prochain bus/jeepney/van à destination de Roxas, Taytay ou El Nido (4 heures). Pour atteindre Port Barton, il faut descendre à San José, à l'embranchement de la route nationale, puis emprunter un tricycle ou une moto (400 P, 1 heure). Il est possible de louer un van privé pour Port Barton (5 000 P, 3 heures) et El Nido (7 000 P, 5 heures). Demandez Ed Garcia (☎0926 689 9812).

SUD DE PALAWAN

Rares sont les voyageurs qui s'aventurent au sud de Puerto Princesa, en partie du fait de la pauvreté des infrastructures touristiques. Les plus aventureux, dédaignant les sites du Nord, trouveront dans le Sud une destination rude mais gratifiante.

Narra

☎048 / 62 000 HABITANTS

Sans grand intérêt pour les touristes, cette ville est considérée comme le grenier à riz de Palawan. Les environs recèlent des plages, parmi lesquelles **Isla Areana**. L'**île Rasa**, non loin de là, abrite une colonie de cacatoès. Les **chutes d'Estrella** sont une invitation au pique-nique, tandis que les amateurs graviront le **mont Victoria** (1 709 m), l'un des sommets culminants de l'île. La présence d'un guide est indispensable.

Le meilleur hébergement est le **Crystal Paradise Resort Spa & Winery** (☎0919 457 3042 ; www.crystalparadiseresort.com ; 1 Sea Rd, Barangay Antipuluan ; ch avec petit-déj à partir de 4 800 P ; ❄ 🏊), lové dans une crique à environ 7 km de Narra. Outre les chambres de style motel, ornées d'œuvres prétendument autochtones, une villa jouit d'une piscine à débordement. Le resort produit son propre

GARE AU PALUDISME

Le paludisme (résistant à la chloroquine) est considéré comme endémique dans le sud de Palawan et ailleurs dans les zones rurales (où la dengue est plus commune). La prise d'un antipaludique est hautement conseillée à ceux qui voyagent dans la région. Il en existe plusieurs types à Mercury Drug (comptez 1 000 P pour 8 pilules de Lariam ; informez-vous des effets secondaires néanmoins) et dans d'autres pharmacies de Puerto Princesa. Pour limiter le risque de contamination, utilisez une parade antimoustiques, portez des pantalons et des manches longues le soir et dormez si possible sous une moustiquaire.

vin à base de mangues, d'ananas, de bananes et d'autres fruits.

Des minivans desservent régulièrement la route entre Puerto et Narra (160 P).

Quezon

☎048 / 51 000 HABITANTS

C'est la grande ville la plus proche des **grottes de Tabon**, vaste réseau réunissant plus de 200 grottes dont est truffée la pointe de Lipum. Les grottes ont révélé des vestiges préhistoriques sous la forme de tumuli funéraires primitifs. Des restes humains vieux de 47 000 ans ont été retrouvés ici. Les grottes, à une demi-heure de bateau de Quezon, sont un site fascinant pour leur intérêt anthropologique et pour leur stupéfiante beauté.

Le moyen le plus facile d'explorer les grottes est de s'adresser au **musée de Tabon** (entrée libre ; 8h-12h et 13h-17h lun-ven), indiqué par un panneau près de la route principale menant à Quezon, juste avant la ville. Demandez la responsable touristique **Mabel Campilan** (☎0918 400 9645). Le personnel vous fournira un guide et un bateau (1 200 P). Autre possibilité : contacter un indépendant (un conducteur de bateau qui fera office de guide) pour environ 800 P (à 30 min de bateau dans chaque direction, puis à quelques minutes à pied des grottes). Habillez-vous confortablement, prévoyez des chaussures de marche et une lotion anti-moustiques. Le musée lui-même contient des céramiques de Tagbanua, des objets rituels et d'autres objets provenant de découvertes archéologiques des environs.

Près de Quezon, dans la baie de Malanut, le **Tabon Village Resort** (☎0910 239 8381 ; bungalows avec/sans sdb à partir de 500/250 P) propose des bungalows simples et vétustes dans un cadre verdoyant et peut organiser des excursions en bateau vers les îles. Moins charmante mais commode, la **Zambrano Pension House** (☎0921 612 1767 ; ch 400 P ; ❄) comporte un restaurant et un bar.

Charing Bus Lines dessert toutes les heures Puerto-Quezon (200 P, 4 à 5 heures).

Rizal

35 500 HABITANTS

Cette ville très reculée sur la côte occidentale de l'île fait un bon point de départ pour explorer les montagnes environnantes, dont le **mont Matalingahan** (2 086 m), sommet culminant de Palawan. Les Tao't Bato vivent à environ 6 à 8 heures de marche de la ville. Ils ne possèdent ni écriture ni alphabet, et pratiquent l'animisme. Pendant la saison des pluies, ils vivent sur des plates-formes dans les grottes nichées dans les montagnes. Le reste de l'année, les Tao't Bato pratiquent l'agriculture sur brûlis sur les pentes escarpées, la cueillette et la chasse de subsistance. Rendez-vous au bâtiment municipal de Rizal et demandez le responsable touristique **Anthony Bojie Lorenzo** (☎0919 403 4435 ; bojielorenzo@gmail.com). Il vous procurera un guide et vous aidera à trouver du matériel de camping pour le trajet.

Castelar Store & Lodging Inn (☎0921 504 4108 ; ch 500 P) propose des chambres avec ventilateurs très rudimentaires. Charing Bus Lines assure trois départs quotidiens depuis Puerto (5h, 9h et 13h, 5 à 6 heures).

Brooke's Point

56 000 HABITANTS

Relativement vaste pour le sud de Palawan, Brooke's Point est littéralement au bout de la route. Cette dernière grande ville sur la côte sud-est de Palawan est aussi le point de départ pour se rendre dans le Sud, dans des régions encore plus sauvages. Entre les trafiquants et les pirates, les habitants sont peut-être moins chaleureux qu'ailleurs. Les randonneurs trouveront néanmoins à s'occuper, notamment sur le mont Matalingahan, et la région recèle nombre de cascades et de plages. Demandez à **Agnes Onda** (☎0908 736 4118), responsable touristique de la ville, de vous trouver un guide et des provisions.

Mt Maruyog Farms & Gardens (☎0917 700 0867 ; www.maruyogresort.com ; Tubtub, Brooke's Point ; cottages ventil/clim à partir de 500/950 P ; ❄🏊) loue des bungalows joliment équipés en bambou, osier et bois dans un jardin superbement entretenu, ainsi qu'une cabane dans un arbre, avec restaurant et piscine. **Silayan Lodge** (☎0918 386 1262 ; ch 350 P), près du marché public, loue des chambres sommaires avec ventilateurs.

NORD DE PALAWAN

Beaucoup de voyageurs se rendent directement ici et n'arrivent plus à en bouger. Doté d'une côte découpée et sinueuse jalonnée de criques isolées, de plages et d'un labyrinthe d'îlots, c'est un paradis pour les amateurs

Nord de Palawan

d'objets échoués et les plongeurs. El Nido et Coron sont les principaux accès à ce secteur.

Port Barton et ses environs

4 400 HABITANTS

Se réduisant à une route, Port Barton est une modeste bourgade entre la jungle et la baie. En allant sur la plage, on est conquis par la sérénité des lieux. Plusieurs îles avec de belles plages et des sites de snorkeling se trouvent non loin, et la mer est ponctuée de bouées indiquant des fermes perlières. Faites attention aux méduses sur la plage du village.

À voir et à faire

Visite des îles et excursions de snorkeling (demi-journée/journée jusqu'à 4 pers 700/1 400 P) ressemblent à leurs homologues de la baie de Honda. Pour louer un bateau, nous recommandons **Jensen Gabco** (☎0921 626 9191).

Plongée sous-marine PLONGÉE

On peut plonger sur plusieurs épaves et récifs dans le secteur. **Easy Dive** (☎0918 402 7041 ; www.palawaneasydive.com), installé dans une baraque à l'extrémité sud de la plage, et **Sea Dog Diving** (☎0920 841 4650 ; www.seadogdivingpalawn.com), au Greenviews Resort (il y a une succursale à El Nido), proposent deux plongées en bateau, équipement et déjeuner inclus, pour environ 2 800 P.

Long Beach PLAGE

S'étendant sur 14 km de sable blanc, cette plage se trouve sur l'île de Palawan, près de San Vicente. C'est l'une des plus longues plages non encore "développées" du pays (mais convoitée par les promoteurs).

Chutes de Pamuayan CASCADE

Ces chutes, à environ 4 km de la ville, font un excellent bassin où se rafraîchir. Mieux vaut se faire accompagner d'un guide (50 à 100 P) : le sentier est mal indiqué et difficile à repérer. Il part immédiatement après le Greenview Resort.

Où se loger

Plusieurs resorts occupent le front de mer, la plupart sans eau chaude.

PORT BARTON

Greenviews Resort BUNGALOWS EN NIPA $
(0921 586 1442 ; www.palawan-greenviews.com ; bungalows 1 000 P). De solides bungalows en bois, équipés de mobilier simple et bien conçu et de salles de bains modernes, entourent un grand et beau jardin agrémenté d'un restaurant. L'hôtel loue des kayaks, possède sa propre boutique de plongée (voir p. 385) et un bateau pour la visite des îles et les excursions à El Nido et Sabang.

Elsa's Beach Cottages BUNGALOWS $
(0908 271 4390 ; bungalows à partir de 800 P). Proches de l'extrémité sud de la plage, ces bungalows spacieux dotés d'un beau plancher et de murs en pierre et en bambou n'ont qu'un défaut : ils font face au jardin et non à la plage. Lors de la rédaction de ce guide, 9 autres chambres étaient en cours d'aménagement dans un bâtiment à l'arrière de la propriété. Un restaurant joliment conçu jouxte la maison du propriétaire.

Summer Homes Beach Resort HÔTEL $
(0921 401 6906 ; www.portbarton.info/summerhomes ; ch 550 P, bungalows 1 200 P ;). Situées à peu près au milieu de la plage, dans un bâtiment bas derrière le restaurant en plein air, les chambres ne cultivent pas le style local et sembleraient plus à leur place à Puerto. Les bungalows indépendants, dotés de porches avec vue sur l'océan, sont les seules chambres avec eau chaude. Un générateur alimente les ventilateurs pendant la journée.

Villa Marguerita APPARTEMENT $
(0919 488 0146 ; www.villamarguerita.com ; ch avec sdb commune/privée 600/1 200 P). Cette grande maison de style local dotée d'un vaste jardin en bord de mer convient aux groupes, mais on peut aussi louer des chambres individuelles.

El Dorado Sunset Cottages BUNGALOWS $
(0920 329 9049 ; ch 400-800 P). Neuf bungalows propres derrière un bar en bord de mer, sur la route juste avant le Greenviews.

Malaika (0919 378 5497 ; bungalows 1 200 P) et **Ausan** (0930 957 2801 ; bungalows 500 P) proposent chacun deux jolis bungalows vers le milieu de la plage ; ceux du Malaika ont des porches avec hamacs, ceux du Ausan de l'électricité produite par un générateur de 7h30 à minuit.

Le **Deep Gold Resort** (anciennement Ysobelle, anciennement Swissippini) était fermé pour rénovation lors de nos recherches ; malgré le changement de propriétaire, ses bungalows en A risquent d'être toujours les seuls à donner directement sur la plage.

PETITES ÎLES

On peut se faire déposer dans ces resorts par les bateaux qui relient les divers points de l'île principale, ou s'y faire transporter depuis Port Barton ou San Vicente en prévenant son hôtel à l'avance ou en louant un bateau.

Secret Paradise Resort BUNGALOWS EN NIPA $
(0928 339 9446 ; www.secretparadiseresort.com ; dort 350 P, ch à partir de 750 P ;). Le stress s'évanouit dans cette retraite tranquille, dans une petite baie non loin de San Vicente. Les propriétaires, qui se consacrent à la protection, ont créé une miniréserve marine propice au snorkeling devant des plages de sable blanc. En plus des bungalows idéalement espacés pour l'intimité, quelques chambres, dont un dortoir, occupent le même bâtiment que le restaurant.

Coconut Garden Island Resort COMPLEXE BALNÉAIRE $
(0918 370 2395 ; www.coconutgarden.palawan.net ; s/d 850/900 P, bungalow 1 200 P). Sur l'itinéraire des bateaux entre Port Barton et Sabang, ce resort occupe une ravissante plage de sable blanc de l'île Cacnipa. Plusieurs édifices, dont un restaurant, quelques bungalows et des chambres, occupent une hauteur, tous dotés d'une vue sur l'océan et d'espaces de détente.

Blue Cove Tropical Island Resort COMPLEXE BALNÉAIRE $$
(0908 562 0879 ; www.bluecoveresort.com ; bungalows à partir de 950 P). Sur l'île Albaguen, à une demi-heure de Port Barton en *bangka*, ce resort comporte plusieurs bungalows en bambou dont un sur pilotis. L'agréable restaurant-bar sert aussi des déjeuners aux excursionnistes.

Où se restaurer

Tous les resorts possèdent des restaurants également ouverts à la clientèle extérieure.

Jambalaya Cajun Café INTERNATIONAL $$
(Plats 180 P ; 7h-21h ; @). Il doit emménager à une nouvelle adresse mais, quel que soit l'endroit, comptez sur l'accueil chaleureux et excentrique du couple philippino-irlandais qui s'en occupe. Le jambalaya (version cajun de la paella) et le gumbo (70 P), originaire de La Nouvelle-Orléans, sont les spécialités maison ; des milk-shakes et du café d'importation figurent aussi sur la carte. On peut troquer des livres, jouer à des jeux de société – bref s'attarder.

Bamboo House Restaurant POISSON $$
(Plats 150 P). Près de la station Caltex, ce restaurant accueillant et tenu en famille propose des tables de pique-nique nappées et quelques huttes en nipa dans le jardin. Les plats de la mer comme le curry de poisson sont particulièrement bons.

Renseignements

L'électricité fonctionne de 18h à minuit. Le Jambalaya et le Summer Homes ont accès Internet pendant cette plage horaire ; le second a un accès Wi-Fi (gratuit pour les clients de l'hôtel et ceux du restaurant qui commandent pour 150 P minimum). Il n'y a pas de banque ; quelques resorts acceptent les cartes Visa et MasterCard.

Un **Tourist Assistance Center** (0910 672 1641 ; 8h-17h) d'un intérêt limité est installé au 2e étage d'un édifice en bois au milieu de la plage, près de la station Caltex ; les tarifs de diverses excursions en bateau y sont affichés.

Depuis/vers Port Barton

Bateau

De novembre à mai, on peut se faire déposer à Port Barton par les bateaux qui circulent régulièrement entre El Nido (1 500 P, 5 heures) et Sabang (1 200 P, 3 heures 30). Ces bateaux n'étant pas autorisés à prendre des passagers en chemin, il faut rejoindre l'île de Cacnipa pour monter à bord. On peut louer un bateau (renseignez-vous au Tourist Assistance Center) ou se joindre à un groupe qui en loue un ; il faut parfois attendre plusieurs jours, du moins en basse saison. Les tarifs de la plupart des trajets sont fixés et contrôlés par une association. Pour Sabang, un petit bateau pour 4 personnes coûte 3 500 P ; un bateau transportant jusqu'à 8 personnes coûte 6 000 P. Pour El Nido, la location d'un petit/grand bateau coûte environ 6 000/12 000 P.

Des bateaux rejoignent San Vicente (100 P, 45 min), sur la côte de l'île principale, au nord. Ils partent généralement de Port Barton tous les jours à 8h en haute saison et selon la demande en basse saison. En louer un coûte 1 200 P.

Bus et jeepney

Quelque 22 km de route cahoteuse séparent Port Barton de la nationale à San José. Nids-de-poule et fossés boueux empirent après quelques jours de pluie. Par beau temps, c'est un trajet sans encombre et le bus constitue un moyen économique d'admirer le paysage.

Un jeepney (très grand avec des sièges face à la route) circule tous les jours entre Port Barton et Puerto (200 P, 5 heures, départ vers 9h). Il part de l'abri situé près du Bamboo House Restaurant. La location d'un van pour Puerto pour 4 personnes coûte de 5 000 et 6 000 P.

Un jeepney quotidien circule de Port Barton à Roxas (150 P, 1 heure 30, départ de l'abri entre 8h et 9h) et aux mêmes heures dans l'autre sens.

On peut aussi circuler avec une moto ou un tricycle (400 P, 1 heure) depuis/vers la sortie de la nationale de San José ou prendre le jeepney du matin (100 P, 1 heure). Ensuite, prenez le bus ou le van pour Taytay et El Nido au nord, ou Sabang et Puerto au sud (il faut alors changer de moyen de transport à l'embranchement de Salvacion).

Taytay et ses environs

048 / 62 000 HABITANTS

Ancienne capitale de Palawan appelée aujourd'hui Taytay (*taï*-taï), cette ville côtière assoupie sert essentiellement d'étape aux voyageurs. Elle se distingue par ses impressionnants vestiges témoignant de l'histoire coloniale de la région. Édifiées tout au bord de la ville, les solides murailles du **fort Santa Isabel** (Kutang Santa Isabel) protégeaient la ville des attaques des pirates Moros. À droite de l'entrée, une borne indique qu'il fut d'abord érigé par des ermites récollets augustins en 1667. L'enceinte dissimule un jardin bien conservé et offre une vue panoramique sur la baie.

À plus de 20 minutes de route au sud de la ville, le **lac Danao** (Manguao) est le plus grand lac d'eau douce de Palawan. Il est entouré de sentiers se prêtant à la randonnée ou au VTT. Entre autres espèces, des singes, des varans et des oiseaux rares y abondent. Vous pourrez peut-être voir des dugongs et des dauphins de l'Irrawaddy au **Malampaya Sound**.

Où se loger

TAYTAY

Casa Rosa HÔTEL $$
(0916 653 3311 ; www.casarosataytay.com ; ch sans sdb 350 P, bungalows avec sdb 1 000 P ; ❄). Sur une colline derrière l'hôtel de ville, cet hôtel avec vue panoramique sur la baie

est idéal lorsqu'on se retrouve coincé une nuit à Taytay. Il comprend 5 bungalows et 2 chambres – nous recommandons les premiers, dotés de sol en terre cuite et de grandes salles de bains – ainsi qu'un joli petit **restaurant** (plats 145 P).

ÎLES AU LARGE DE TATAY

Le prix des chambres à Flower Island et sur l'île Apulit comprend les transferts depuis l'aéroport ou l'embarcadère de Taytay. On peut aussi rejoindre ces trois resorts en bateau depuis Batakalan, minuscule village de pêcheurs à environ 45 minutes en tricycle à l'est d'El Nido. On peut regagner ce village en empruntant le jeepney quotidien qui part d'El Nido (90 P, 1 heure 30) ou en louant un tricycle (750 P).

Flower Island Beach Resort COMPLEXE BALNÉAIRE **$$$**
(0918 924 8895 ; www.flowerisland-resort.com ; bungalows ventil/clim pension compl par pers 4 500/6 100 P ;). Gare à la déprime en quittant cet idyllique et discret resort ! Tout y est calme et volupté : le personnel chaleureux et accueillant, les bungalows de style indigène mêlant à la perfection confort moderne et charme rustique, et la petite plage de sable blanc. On peut aussi dormir sur la colline dans une tour de 5 étages surplombant la mer. La visite de la ferme perlière voisine, qui appartient aux mêmes propriétaires, est passionnante. Membre de la fondation Save Palawan Seas (voir p. 439).

Apulit Island Resort COMPLEXE BALNÉAIRE **$$$**
(Manille 02-844 6688 ; www.elnidoresorts.com ; bungalows pension compl/pers à partir de 10 000 P ;). Ses huttes deluxe sur pilotis surplombant des eaux éclairées la nuit par des projecteurs qui les rendent d'un vert transparent font de ce resort récemment rénové une retraite d'exception. L'île étant une réserve naturelle, on peut observer des coraux et la flore et la faune marine en snorkeling et pratiquer de nombreuses autres activités aquatiques.

Dilis Beach Island Resort COMPLEXE BALNÉAIRE **$$**
(0910 231 6392 ; pension compl/pers à partir de 1 500 P). Sur l'île Icadambanuan, à l'extrémité sur de la baie de Taytay, ce petit paradis insulaire comprend 2 bungalows face à une plage de sable blanc et 2 chambres modernes dans une maison au sommet d'une colline. La cuisine y est particulièrement bonne pour un établissement aussi modeste. On peut louer des *bangka* à Taytay pour environ 1 000 P aller simple (traversée 1 heure environ).

Depuis/vers Taytay

Avion

ITI assure des vols quotidiens entre Manille et l'aéroport Cesar Lim Rodriguez (anciennement Sandoval) est situé à l'extrémité nord de la baie de Taytay, à environ 30 km de la ville. La route est goudronnée en grande partie.

Bateau

Les bateaux entre El Nido (2 500 P, 3 heures) et les autres villes de la côte ouest partent d'Embarcadero (aussi appelé Agpay), à 8 km en tricycle (150 P).

Bus et jeepney

Des bus, jeepneys et vans empruntent fréquemment la route entre Puerto Princesa et Taytay (220 P, 5 à 6 heures, jusqu'à 8 départs/jour dans chaque direction) sur leur trajet depuis/vers El Nido (150 P, 1 heure 30). La plupart partent le matin. La route qui relie les deux villes consiste en une succession de tronçons goudronnés et de routes de terre caillouteuses.

El Nido

048 / 30 000 HABITANTS

El Nido est dénuée d'intérêt, mais c'est d'ici que partent les circuits dans le fameux archipel de Bacuit (p. 394). Signifiant "nid" en espagnol, El Nido, prise en étau entre des hautes falaises karstiques de calcaires et la baie de Bacuit, compte des maisons bancales installées sur la plage. Le crépuscule contemplé depuis le rivage, alors que l'île de Cadlao se découpe dans le décor, est un spectacle grandiose. En passant la nuit en ville, vous serez proche des restaurants et des bars de plage, mais aussi au milieu de l'animation et du bruit. Vous pouvez aussi loger dans l'un des bourgs voisins ou casser votre tirelire pour réserver une chambre dans l'archipel.

À voir et à faire

L'activité essentielle d'El Nido consiste à **arpenter les îles** de l'archipel de Bacuit et à faire du **snorkeling**. Des dizaines de vitrines vantent leurs services (certaines enseignes sont plus éphémères que d'autres). Quelques hôtels gèrent leurs propres circuits, et les autres peuvent vous dépanner. Les prix sont partout les mêmes, encore que certaines enseignes demandent un supplément pour la location du matériel de plongée. Tous les tarifs comprennent un repas (poisson grillé, riz, salade, fruits et café). Le circuit A, qui comprend plusieurs lagons et plages, coûte 700 P ; le circuit B (Snake Island, grottes, île Pinabuyutan) coûte 800 P ; le circuit C (îles de Tapiutan et de Matinloc, Secret Beach) coûte 900 P. Nous recommandons le circuit organisé par El Nido Boutique & Art Café (p. 392).

Faites un tour chez **Tao Philippines** (www.taophilip pines ; Serena St) et consultez l'encadré p. 392 pour des renseignements sur les circuits de deux jours dans les îles les plus recommandées.

Toute personne pénétrant dans l'archipel de Bacuit doit désormais acquitter une taxe de développement éco-touristique de 200 P (ETDF) destinée à financer la protection de l'environnement ; on vous remet en échange un ticket valable 10 jours, disponible auprès de la plupart des hôtels et loueurs de bateaux.

Les plongeurs trouveront une vingtaine de **sites de plongée** – récifs en eau peu profonde, parois abruptes, plongée dérivante – qui font de ce secteur une destination privilégiée pour les brevets PADI. Deux plongées en bateau avec location d'équipement coûtent en moyenne 2 800 P. Plusieurs centres de plongée opèrent en ville, notamment **El Nido Marine Club** (☎0916 668 2748 ; www.elnidomarineclub.com ; Hama St), **Sea Dog Divers** (☎0916 777 6917 ; www.seadogdivingpalawan.com ; Serena St) et **Submariner Diving Center** (☎0905 484 1764 ; ronny.oliwka@hotmail.com ; Hama St). Chaudement recommandé, **Palawan Divers** (☎0916 552 1938 ; www.palawandivers.com.ph) organise aussi des excursions entre El Nido et Coron.

Souvent négligés, les alentours terrestres d'El Nido offrent des possibilités d'excursion pour les plus sportifs. **El Nido Boutique & Art Café** (☎0917 560 4020 ; www.elnidoboutiqueandartcafe.com ; Serena St ; ⏱renseignements transports 7h-20h ; 📶) fait office de guichet unique pour la **randonnée**, le **VTT** et l'**escalade** ; le **trek** d'une demi-journée à l'île de Cadlao est très prisé. **Tuba Tours** (Hama St) peut vous aider à organiser une visite des îles ou une sortie d'escalade.

La plage de **Calitan**, à 20 km au nord d'El Nido, offre une belle étendue de sable blanc sans construction près d'un petit village de pêcheurs. Quelques kilomètres après avoir quitté la route principale au nord d'El Nido, on passe près d'une maison portant l'inscription "Nagkalit-kalit Waterfalls" ; elle est à 45 minutes de marche et de traversée de rivières (ayez des chaussures imperméables) du petit bassin situé au pied des **chutes d'eau de Nagkalit-kalit**, où l'on peut nager. Demandez un guide dans cette maison (300 P) pour vous aider à trouver les chutes.

Les sources chaudes de Makinit ne sont en fait qu'un ruisseau marécageux, bouillant et difficile à trouver qui ne vaut pas le détour.

Renseignez-vous sur tous les sites du secteur chez Pittstop Motorbike Rentals (p. 394).

Où se loger

Le secteur des hôtels sur le front de mer d'El Nido offre surtout un mélange oppressant de petits bâtiments et de chantiers de construction. L'extrémité orientale est plus tranquille et, plus on va vers l'ouest, plus la plage se rétrécit et plus il y a de *bangka*. L'eau chaude est rare, l'électricité fonctionne de 14h à 6h environ ; certains hôtels et pensions possèdent des générateurs.

Pour échapper au secteur touristique, pensez aux hôtels de la tranquille plage de Caalan (accessible par une passerelle à l'extrémité est de celle d'El Nido, ou par un étroit sentier tout proche, réservé aux piétons et aux motards adroits) ou de Corong Corong, village en bord de mer à quelques kilomètres au sud d'El Nido (15 P en tricycle depuis El Nido) doté d'une minuscule plage sablonneuse garnie de palmiers.

On peut aussi descendre dans un des resorts haut de gamme de la baie de Manille (p. 394).

EL NIDO

Entalulua Beach Cottages HÔTEL **$$**
(☎0920 906 6550 ; www.entalula.com ; ch avec ventil/clim 1 000/1 700 P ; ❄). Ses bungalows indépendants en bord de mer, avec porches privés et belles salles de bains, sont peut-être les plus beaux. La maison des propriétaires, un immeuble de deux étages en retrait, comprend 10 chambres supplémentaires.

Rosanna's Beach Cottages HÔTEL **$$**
(☎0920 605 4631 ; www.rosannas.multiply.com ; Hama St ; ch avec ventil/clim à partir de 1 500/2 000 ; ❄📶). Aux 4 chambres doubles situées dans le bâtiment s'ajoutent 2 bungalows en bord de mer tous dotés de porches privés. Plancher et murs en bois changent agréablement des légères constructions en bambou qu'on trouve ailleurs ; certaines chambres possèdent des douches chaudes et le petit-déjeuner compris. De l'autre côté

El Nido

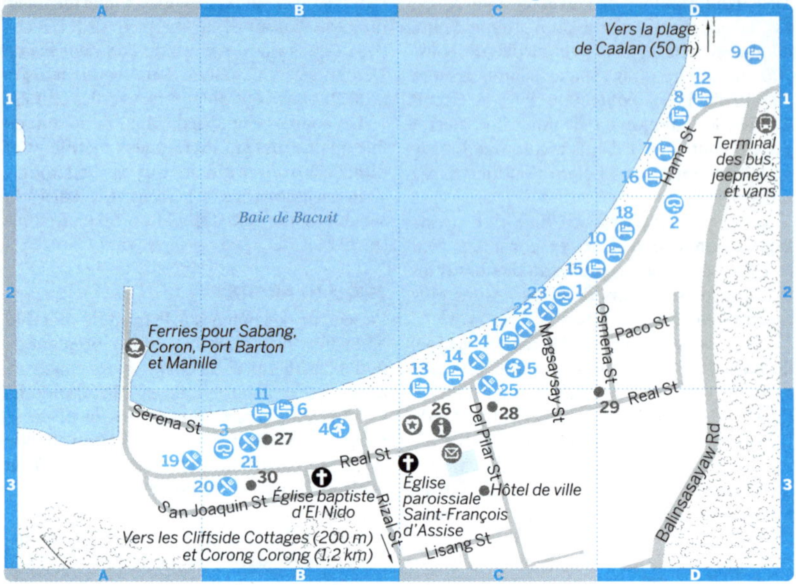

de la rue, l'annexe moderne de 6 chambres est tout indiquée pour les groupes ou les familles.

La Salagane HÔTEL $$
(☎0916 648 6994 ; www.lasalagane.com ; Serena St ; ch avec petit-déj à partir de 1 500 P ; ❄📶). Situées à l'extrémité étroite et sans plage de la ville, les chambres accueillantes bénéficient de porches et de l'eau chaude. Le restaurant pittoresque en bord de mer sert de la cuisine française et des produits de la mer. Le propriétaire possède un établissement homonyme sur la plage de Caalan.

Alternative PENSION $
(☎0917 595 5952 ; beckygordon8@yahoo.com ; Serena St ; dort 200 P, d avec/sans sdb 800/500 P). Parmi les quelques hôtels coincés à l'extrémité ouest de la ville, son rez-de-chaussée sombre offre un contraste saisissant avec le premier étage lumineux, ouvert et doté d'espaces détente surplombant la plage. Le restaurant propose des petits-déjeuners à prix intéressant ainsi que des jus de fruits et milk-shakes.

Marina Garden Beach Resort HÔTEL $$
(☎0917 624 7722 ; www.mgelnido.com ; Hama St ; bungalows à partir de 700 P, ch avec petit-déj 2 000 P ; ❄📶). Situé au milieu de la plage, son terrain sablonneux qui peut sembler spacieux pour El Nido, permet de jouer au volley-ball. La "country villa", un bâtiment bas en béton, comprend des chambres d'hôtel modernes standard sans rien de bucolique. Les bungalows en bois, vestiges de l'établissement précédent, sont en mauvais état.

Chislyk Cottages BUNGALOWS $
(☎0919 879 9333 ; ana.bacsa@yahoo.com ; bungalows 500 P). Ces quelques petits bungalows en bambou se partagent une plage minuscule ; chacun possède un porche équipé de chaises longues en bois.

El Nido Garden Beach Resort HÔTEL $$$
(☎0915 489 9009, 723 0127 ; www.elnidogardenresort.com ; ch 5300 P ; ❄📶🏊). Situé à l'extrémité est d'El Nido, où la digue remplace le sable, ce resort s'est inventé sa propre plage. Les bungalows en béton, pierre et bois comportent des salles de bains avec des touches haut de gamme. Le tout encercle un joli jardin avec piscine.

Ogie's Beach Pension HÔTEL $
(☎0916 707 0393 ; www.ogspensionne.weebly.com ; Hama St ; ch ventil/clim avec petit-déj à partir de 800/1 600 P ; ❄📶). En plein milieu de la plage, cette pension ressemble de l'extérieur à un petit immeuble de bureaux désaffecté.

El Nido

Activités

- El Nido Boutique & Art Café .... (voir 21)
- 1 El Nido Marine Club C2
- 2 Palawan Divers D2
- 3 Sea Dog Divers B3
- Submariner Diving Center .... (voir 22)
- 4 Tao Philippines B3
- 5 Tuba Tours C2

Où se loger

- 6 Alternative B3
- 7 Chislyk Cottages D1
- 8 El Nido Beach Hotel D1
- 9 El Nido Garden Beach Resort D1
- 10 Entalula Beach Cottages D2
- 11 La Salagane B3
- 12 Lally & Abet Beach Cottages D1
- 13 Marina Garden Beach Resort C2
- 14 Ogie's Beach Pension C2
- 15 Rico's Cottages C2
- 16 Rosanna's Beach Cottages D1
- 17 Rovic's Pension House C2
- 18 Tandikan Cottages D2

Où se restaurer

- 19 Balay Tubay A3
- 20 Blue Azul Restaurant B3
- 21 El Nido Boutique & Art Café B3
- 22 Habibi Restaurant & Shisha Café C2
- 23 Pukka Restobar C2
- Ric Sons .... (voir 14)
- 24 Sea Slugs C2
- 25 Squido's Restaurant C2

Renseignements

- 26 Office du tourisme municipal C3
- El Nido Boutique & Art Café .... (voir 21)
- 27 El Taraw Ticketing Agency B3

Transports

- 28 Pittstop Motorbike Rentals C3
- 29 Agence Ten Knots Travel D3
- 30 Agence de réservation Win Eulen Joy Liner B3

Ses chambres propres au sol carrelé constituent une plaisante surprise. Évitant le style bungalow de plage, le lieu privilégie le béton, notamment dans l'espace avec vue sur mer situé à l'étage où est servi le petit-déjeuner.

Lally & Abet Beach Cottages HÔTEL $$
(☎0928 502 9841 ; www.lallyandabet.com ; Hama St ; ch ventil/clim avec petit-déj 1 300/2 000 P ; ❄📶). Cet hôtel installé de longue date à l'extrémité nord de la plage comprend un vaste jardin, de jolis porches et un restaurant. L'intérieur est un peu simple pour le prix.

Tandikan Cottages BUNGALOWS $
(☎0920 318 4882 ; tandikan_elnido@yahoo.com ; Hama St ; bungalows 800 P). Ces huttes au toit de chaume sont ordinaires et un peu exiguës.

El Nido Beach Hotel HÔTEL $$$
(☎723 0887 ; www.elnidobeachhotel.com ; Hama St ; ch 3 500 P ; ❄📶). Sur une bande de sable à l'extrémité est de la plage, vous ne pouvez pas manquer cet hôtel moderne à 2 niveaux.

Rovic's Pension House HÔTEL $
(☎0928 520 2655 ; www.rovicspensionelnido.multiply.com ; Hama St ; ch ventil/clim 1 300/1 500 P ; ❄📶). Les chambres, petites mais agréables, manquent de lumière naturelle car elles sont alignées dans un couloir intérieur.

Rico's Cottages BUNGALOWS $
(☎0929 467 1632 ; Hama St ; ch 600 P). Bungalows à 2 niveaux sur la plage, avec plancher dans les chambres et toilettes à la turque. Les porches offrent une belle vue.

Cliffside Cottages BUNGALOWS $
(☎0919 785 6625 ; Rizal St ; ch à partir de 500 P). Situés au pied des falaises, qui forment une toile de fond spectaculaire plutôt tranquille et fournissent de l'ombre le matin, ces bungalows sont ordinaires et insuffisamment entretenus ; la plupart des toilettes sont à la turque.

PLAGE DE CAALAN

Makulay Lodge & Villas APPARTEMENTS $$
(☎0917 257 3851 ; makulayelnido@yahoo.com ; ch/apt à partir de 1 000/2 700 P ; 📶). Sur une petite hauteur, juste à la sortie de la ville, ces appartements commodes procurent de l'intimité et une vue superbe. Les chambres plus utilitaires du rez-de-chaussée possèdent une cuisine et ouvrent sur une petite terrasse extérieure.

Kalinga Beach Resort BUNGALOWS $
(☎0921 570 0021 ; ch 800 P). Voici des bungalows joliment construits qui possèdent des porches individuels et qui disposent de ventilateurs.

CIRCUIT EN *BANGKA*

Le point culminant de votre voyage dans le nord de Palawan pourrait bien être un circuit de plusieurs jours en *bangka* dans l'archipel de Bacuit, à Linapacan, Culion et dans les îles Calamian. Ces circuits offrent la possibilité de découvrir et communiquer avec les habitants et les communautés locales sans le filtre du tourisme de masse. On loge en bord de mer dans des huttes en nipa ou dans des villages de pêcheurs isolés et l'on déguste du poisson frais le soir, accompagné d'algues recueillies en plongée.

Tao Philippines (www.taophilippines.com ; bureaux à El Nido et Coron), organisme à portée sociale menant des programmes éducatifs et nutritionnels dans le nord de Palawan, organise ces expéditions entre Coron et El Nido. Départ le dimanche, de mi-octobre à mi-juin. Le tarif par jour tout compris est d'environ 3 800 P/pers.

La Salangane APPARTEMENTS **$$**
(☎0916 648 6994 ; www.lasalangane.com ; app 2 500 P). Quatre grandes chambres avec cuisines équipées dans une bâtisse en acajou.

Golden Monkey Cottages BUNGALOWS **$$**
(☎0929 206 4352 ; www.goldenmonkeyelnido.com ; 1 500 P). Bungalows à hauts plafonds en bord de plage. La propriété comprend une grande cage remplie de singes.

CORONG CORONG ET ALENTOUR

Greenviews Resort BUNGALOWS **$$**
(☎0921 586 1422 ; www.palawan-greenviews.com ; Corong Corong ; ch ventil à partir de 1 000 P, bungalows à partir de 1 700 P ; ❄📶). Comme son homologue de Port Barton, le Greenviews semble être l'œuvre d'habiles artisans et sculpteurs sur bois. Les parquets, le mobilier des chambres et les bancs magnifiques du restaurant, tout y est de meilleure qualité qu'ailleurs.

Island Front Cottages BUNGALOWS **$$**
(☎0939 275 7801 ; www.islandfrontcottages.com ; Corong Corong ; ch ventil/clim avec petit-déj 1 500/2 000 P ; ❄). Ces chambres trop décorées au milieu d'un jardin exigu et sauvage ont finalement un certain charme avec leurs couleurs bariolées et leurs bibelots en bois. Les bungalows donnent sur la plage, où l'on trouve à peine la place d'étendre sa serviette.

Dolarog Beach Resort COMPLEXE BALNÉAIRE **$$$**
(☎0919 867 4360 ; www.dolarog.com ; ch/bungalow par pers avec petit-déj et dîner 3 500/5 000 P ; ❄📶). Bien que situé sur l'île principale de Palawan, ce resort n'est accessible qu'au terme de 30 minutes de *bangka* depuis la ville. Alignés sur une petite plage de sable blanc, les bungalows avec ventilateur ou climatisation sont dotés de parquets et de charmants porches. Un bâtiment bas moderne regroupe plusieurs "chambres sur jardin" qui ont moins de caractère.

Las Cabanas Beach Resort BUNGALOWS **$$$**
(☎0917 887 8808 ; www.lascabanasresort.com ; juil-mi-déc 3 000 P, mi-déc-juin 4 500 P). Ces 5 grands bungalows répartis dans un beau jardin font face à une plage isolée. Avec des bagages, il vaut mieux y accéder par bateau. Sinon, on peut suivre le sentier qui part de la route principale à environ 3 km au sud de la ville, puis arpenter la plage sur quelques centaines de mètres. Vous trouverez le resort juste avant de tourner pour rejoindre le Dolarog.

Four Seasons Beach Resort HÔTEL **$$**
(☎0921 281 4057 ; www.elnidofourseasonsresort.com ; ch 2 600 P ; ❄📶🏊). Prisé pour son étroite piscine face à l'océan et son espace *lounge*, cet hôtel propose des chambres standard plutôt quelconques.

Où se restaurer et prendre un verre

Hama St est bordée de nombreux restaurants pour touristes qui servent toutes sortes de plats issus de la cuisine internationale et philippine. Parmi les restaurants d'hôtels, ceux de La Salagane et du Alternative sont les meilleurs.

Sea Slugs (au service très lent) et **Ric Sons** sont de bonnes adresses pour s'installer au coucher du soleil, à la lumière des torches et au son des guitares acoustiques. La cuisine – pâtes, poulet et poisson – n'est pas à la hauteur du cadre. Un peu plus à l'est, le **Pukka Restobar** est le plus intéressant du lot, surtout au petit-déjeuner.

El Nido Boutique & Art Café INTERNATIONAL **$$**
(Serena St ; plats 220 P ; ⏲6h30-23h ; 📶). Cet endroit devient parfois l'épicentre du tourisme à El Nido. La grande salle sur

2 niveaux est un endroit chaleureux et relaxant pour manger et prendre un verre. Salades, pizzas et bons petits-déjeuners. Bar, musique live 5 jours par semaine.

Balay Tubay PHILIPPIN, INTERNATIONAL **$$**
(Real St ; plats 120 P ; 17h-2h). On joue de la musique live presque tous les soirs de 20h à minuit dans cette sorte de club pour auteurs-compositeurs-interprètes. La longue carte comporte des produits de la mer grillés ou frits, et des plats plus ordinaires.

Squido's Restaurant INTERNATIONAL **$$**
(Hama St ; plats 150 P). Ce restaurant qui rappelle des lieux touristiques du sud de la Thaïlande possède une TV grand écran perpétuellement allumée et une des cartes les plus variées d'El Nido.

Habibi Restaurant & Shisha Café INTERNATIONAL **$$**
(Plats 180 P ;). Ce *lounge* élégant surplombant la plage propose pâtes, pizzas, délicieuses boissons glacées au café et narguilés aromatisés (350 P).

Blue Azul Restaurant INTERNATIONAL **$**
(Real St ; plats 140 P ; 6h-22h ;). Falafels, *shwarma* et *pad thai* ne sont que quelques-uns des mets proposés.

Renseignements

Il n'y a ni banque ni DAB à El Nido. De nombreux hôtels et restaurants fournissent l'accès Wi-Fi et l'on trouve des cybercafés sur Hama St et Serena St.

Office du tourisme municipal (0915 558 2896 ; www.elnidotourism ; Real St ; 8h-20h). En ville ; renseignements de base.

El Nido Boutique & Art Café (0917 560 4020 ; www.elnidoboutiqueandartcafe.com ; Serena St ; guichet d'information sur les transports 7h-20h ;). Guichet unique pour tous les déplacements. Situé près de l'embarcadère, il sert de bureau de change, avance des espèces sur les cartes de crédit (8% de commission, passeport exigé), s'occupe des réservations sur ITI et autres compagnies aériennes et aide les voyageurs à trouver un bateau (5% de commission sur certaines réservations). Surtout, il propose tous les circuits terrestres et maritimes imaginables. C'est aussi un troc de livres, une boutique de vêtements et de souvenirs et un cybercafé (100 P/heure) ; Wi-Fi pour les clients.

El Taraw Ticketing Agency (0918 648 6765 ; boyet_dandal@yahoo.com ; Serena St). Réservation pour toutes les compagnies aériennes.

Depuis/vers El Nido

Avion

El Nido est mal desservi par l'avion bien qu'il soit une des premières destinations touristiques philippines. Lors de nos recherches, seuls SEAIR et ITI desservaient l'aéroport Lio de El Nido, à 7 km au nord de la ville (course en tricycle 150 P). SEAIR est une compagnie peu fiable que nous ne recommandons pas sur cette ligne.

Le El Nido Boutique & Art Café effectue les réservations et délivre les billets ITI.

Bateau

La plus importante desserte maritime pour visiter le nord de Palawan est la liaison El Nido-Coron. D'immenses *bangka* motorisés (M/Bca *Overcomer*, M/Bca *Welia*, M/Bca *Jessabel* ou M/Bca *Joe* selon les jours de la semaine) partent quotidiennement quand le temps le permet vers 7h30 (2 200 P avec déjeuner, café et boissons sucrées ; de 7 à 8 heures) ; ils ont souvent du retard. Certains bateaux étant mis en cale sèche pour de courtes durées durant la basse saison, ne comptez pas sur des départs quotidiens à cette période.

Le bateau hebdomadaire d'Atienza Shipping Lines qui relie El Nido à Manille (voir p. 383) passe par Coron.

La location d'un *bangka* pour Coron coûte environ 15 000 P.

Des bateaux rejoignent de temps en temps Sabang (2 000 P, 7 heures) avec escale à Port Barton (1 500 P, 4 heures 30). On peut louer un *bangka* de 6/8 personnes moyennant 6 000/7 500 P pour Port Barton et 8 500/13 000 P pour Sabang.

Bus, jeepney et van

La majorité des visiteurs pour El Nido arrivent désormais en minivans depuis Puerto (600 P, 5 heures minimum, départ 5h, 7h, 7h30, 9h, 11h et 13h). Réservez vos places à l'avance auprès de **Win Eulen Joy Liner** (0919 716 2210), **Fort Wally** (0917 276 2875) ou El Nido Boutique & Art Café. Win Eulen Joy Liner et **Sweety Bus Liner** proposent aussi des bus plus lents et moins confortables pour Puerto (380 P, 8 heures) avec escales à Taytay (150 P, 1 heure 30) et Roxas (200 P, 6 heures) ; départs quotidiens à 5h, 7h et 9h. On peut aussi louer un van pour Puerto (de 8 000 à 10 000 P, 6 heures).

Un jeepney rejoint chaque jour l'embarcadère de Batakalan (60 P, 1 heure, départ 12h), d'où l'on peut se faire déposer dans les resorts des îles à l'est de Palawan près de Taytay. La course en tricycle coûte environ 750 P.

Bus, jeepneys et vans partent de la "gare routière" (un simple terrain vague) en face du El Nido Garden Beach Resort.

Comment circuler

Pittstop Motorbike Rentals (☎0919 874 7178 ; Del Pilar St) propose des motos très bien entretenues (700 P sans le carburant) et Arnaud, le propriétaire, peut vous indiquer des circuits, des itinéraires et vous conseiller. Les jeeps 4x4, également à louer, sont une bonne solution pour explorer l'île principale.

Archipel de Bacuit

Que l'on soit sous l'eau, dans les airs ou allongé sur la plage, le paysage que composent les îlots de calcaire baignés par les eaux cristallines de la baie de Bacuit est éblouissant. Rivalisant avec le sud de la Thaïlande ou la baie d'Along dans le nord du Vietnam, les îles recèlent tant de plages de sable blanc, de lagons difficiles d'accès et de criques paisibles qu'il est impossible de ne pas être conquis par une telle beauté.

ÎLE DE MINILOC

L'île de Miniloc est sans doute la plus intéressante de l'archipel. Ses deux grandes attractions sont **Big Lagoon** et **Small Lagoon**, deux des sites les plus photographiés de Palawan.

À Big Lagoon, un chenal très peu profond (il vous faudra peut-être laisser le bateau dehors et y pénétrer à la nage) débouche sur un énorme bassin naturel encadré de murs de karst couverts de jungle.

Small Lagoon est accessible par une anfractuosité dans la roche, que l'on franchit à la nage ou en kayak à marée basse (attention à ne pas laisser la marée montante vous piéger à l'intérieur). On découvre alors un monde étonnant, ainsi qu'une petite grotte que l'on peut explorer en nageant.

ÎLES DE MATINLOC ET DE TAPIUTAN

Évoquant le dos d'un stégosaure à demi immergé, l'île de Matinloc serpente sur 8 km le long de la rive ouest de l'archipel de Bacuit. Avec l'île voisine de Tapiutan, elle forme le **détroit de Tapiutan**, dont les parois comptent parmi les plus beaux spots de snorkeling de l'archipel. De même, d'excellents spots et quelques bonnes plages se trouvent sur le côté est de Matinloc.

Les plus aventureux ne manqueront pas la minuscule **Secret Beach**, à laquelle on ne peut accéder qu'en traversant à la nage une fissure dans le mur ouest de Matinloc. Sachez que l'entrée est encadrée de rochers et de coraux tranchants. Abandonnez toute idée de traverser en cas de houle : un accident peut être fatal.

ÎLE DE CADLAO

L'île de Cadlao est une sorte de Tahiti miniature. Elle offre un spectacle somptueux depuis la plage d'El Nido et comprend aussi l'adorable **Cadlao Lagoon** (également appelée Ubugun Cove – crique d'Ubugun). Les jardins de coraux qui affleurent à faible profondeur près de la plage à l'entrée de la baie sont propices au snorkeling.

AUTRES ÎLES ET PLAGES

Dans chaque île de l'archipel, les aventuriers découvriront des lieux inexplorés. L'**île de Pangalusian** comprend des spots de snorkeling de grande qualité. Sur la minuscule **île Pinasil**, la **Cathedral Cave** est une caverne se distinguant par ses colonnes de calcaire et ses varans qui escaladent les parois. Si vous envisagez de l'explorer, munissez-vous de chaussures et faites attention en marchant sur les rochers tranchants. L'**île de l'Hélicoptère (Dilumacad)** possède une jolie plage sur son bord est. Plus somptueuse encore est **Seven Commandos Beach**, sur l'île de Palawan elle-même. Quant à **Snake Island**, qui lui est reliée par une étroite langue de sable à marée basse, son sommet offre une vue panoramique à couper le souffle.

D'autres plages, baies et jardins de coraux existent dans l'archipel. Emportez un déjeuner, votre matériel de snorkeling, de la crème solaire, et à vous le paradis !

Où se loger

Miniloc Island Resort (☎Manille 02-894 5644 ; www.elnidoresorts.com ; bungalow/pers 220 US$; ❄📶) et **Lagen Island Resort** (ch/pers 190-215 US$, bungalow/pers 285 US$; ❄🏊@📶) sont un couple de resorts haut de gamme dans un cadre idyllique, sur des îles privées entourées d'eaux limpides dans la baie de Bacuit. Le Miniloc, situé dans une crique abritée, propose des bungalows et une ambiance plus détendue que le Lagen, doté de chambres luxueuses dans une atmosphère plus élitiste. Tous deux comprennent des bungalows sur pilotis et d'autres formes d'hébergement. **Ten Knots Travel Office** (☎0917 207 2742 ; Real St, El Nido) assure les réservations pour ces resorts.

Les prix comprennent les transferts depuis/vers l'aéroport d'El Nido. Les propriétaires des deux resorts construisaient une nouvelle retraite de luxe sur l'île de Pangalusian à l'époque de nos recherches.

Archipel de Bacuit

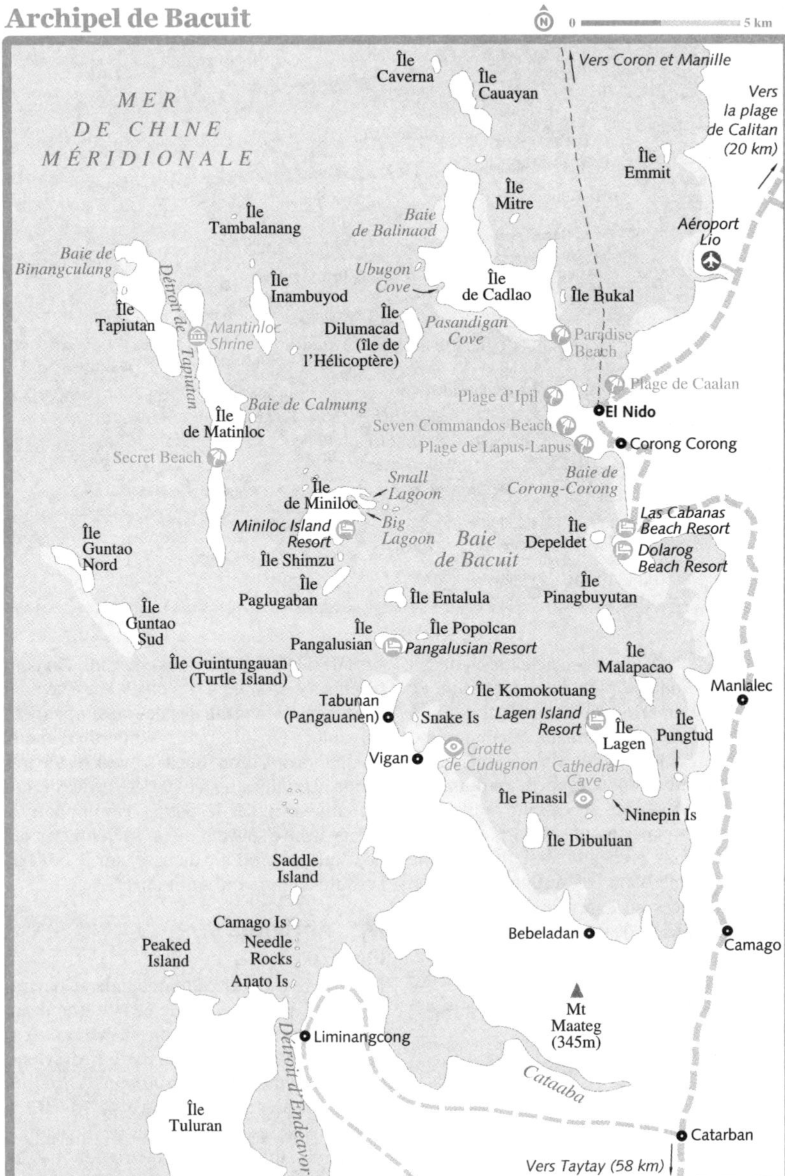

ARCHIPEL DES CALAMIAN

Ce groupe d'îles à l'extrême nord de Palawan a des airs de bout du monde. En se dirigeant vers le nord depuis Linapacan, après Culion et enfin Busuanga, où se trouve la ville de Coron, principale ville de l'archipel des Calamian, on croise un chapelet de petites îles dont les magnifiques plages sont bordées de groupes de huttes. Après le coucher du soleil, n'espérez ni route ni lumière.

Île de Busuanga/Archipel des Calamian

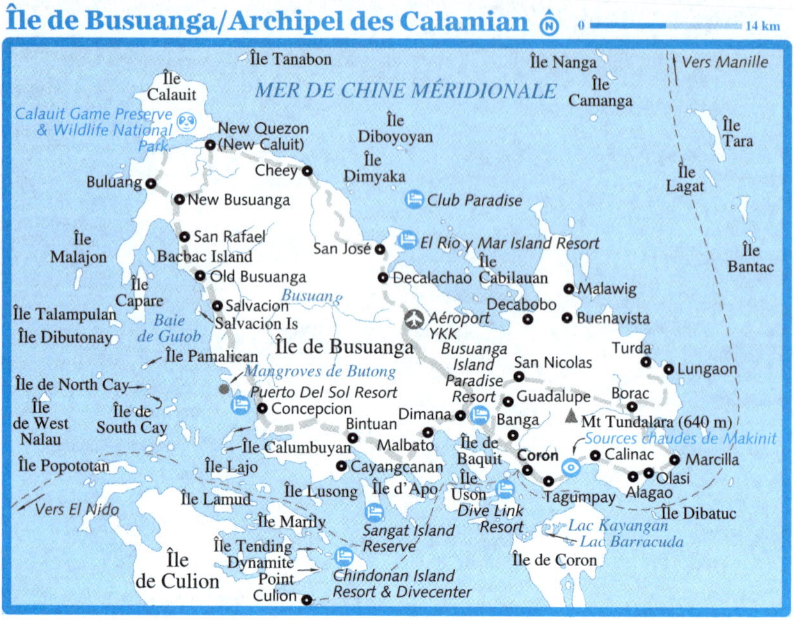

En revanche, le spectacle sous-marin est extraordinaire : plus d'une vingtaine de navires de la marine japonaise remontant à la Deuxième Guerre mondiale gisent au fond de la mer, coulés par les avions américains le 24 septembre 1944. Une demi-douzaine d'autres épaves sont accessibles aux plongeurs les plus expérimentés (voir p. 396).

Les environs recèlent aussi quantité de plages de sable blanc, d'excellents bancs de coraux propices au snorkeling, une épaisse forêt tropicale et des marais de mangrove, ainsi que les lacs cristallins de l'île de Coron.

Pour d'autres renseignements sur les transports desservant l'archipel des Calamian, voir p. 401.

Ville de Coron et île de Busuanga

☎048 / 59 000 HABITANTS

En arrivant à Coron par la mer, on se demande souvent si ça vaut le coup : aucune plage à l'horizon, et le front de mer est un amas de bâtiments à moitié achevés et de maisons délabrées qui s'avancent dans la baie. Ne vous y fiez pas. Le centre marchand de l'archipel des Calamian, qui est aussi la ville principale de l'île de Busuanga, fait un excellent point de départ pour des circuits sur l'île de Busuanga et ses environs. On peut en effet s'y adonner à la plongée sur épave, au snorkeling, à la visite des îles ou simplement à l'exploration des petits sentiers en moto. En dehors de Coron, Busuanga est restée très rurale. Certaines terres ont été cédées à des agriculteurs et à de petites communautés. On n'y trouve souvent qu'un *sari-sari* (petite boutique de produits de base) sur le bord de la route de terre qui ceint l'île.

Activités

Plongée

La dizaine de navires marchands et navires de guerre japonais fait de ce site une destination de premier plan pour la **plongée sur épaves**. L'*Akisushima,* un porte-hydravions, le *Kogyo Maru,* l'*Irako,* le *Tangat,* l'*Olympia Maru,* le canonnier *Lusong* et le *Tae Maru* gisent dans les eaux autour de Busuanga. Il faut 45 minutes à 2 heures en bateau depuis la ville de Coron pour accéder aux épaves. Quel que soit leur niveau, les plongeurs y trouveront leur compte. Les plongées les mieux adaptées aux débutants sont le *Lusong* (snorkeling aussi) et East Tangat, à 9 m et 22 m respectivement. Le lac Barracuda, sur l'île de Coron, est très apprécié, essentiellement pour les changements de température qui se produisent sous l'eau.

Les organismes de plongée demandent généralement de 2 200 à 2 800 P pour 2 plongées, équipement compris.

Discovery Divers (carte p. 398 ; ☎0920 901 2414 ; www.ddivers.com), basé sur l'île voisine de Decanituan (Discovery Island), a une boutique au bout de l'embarcadère proche de Coastal Rd en ville et au resort Puerto del Sol.

Sea Dive (carte p. 398 ; ☎550 9207 ou 0918 400 0448 ; www.seadiveresort.com), dans le complexe hôtelier éponyme, a l'expérience des groupes nombreux, tandis que **DiveCal** (carte p. 398 ; ☎0918 285 2060 ; www.divecal.com) est associé au Dive Link Resort.

Parmi les autres organismes, citons **Coron Divers** (carte p. 398 ; ☎0918 653 9854 ; www.corondivers.com.ph ; National Hwy) et **Rock Steady Dive Center** (carte p. 398 ; ☎0919 624 0034 ; www.rocksteadydivecenter.com).

Autres activités

Même si vous ne venez que pour plonger, des *bangka* (environ 1 500/2 500 P par jour 4/6 pers) proposent des excursions d'un jour ou deux autour des îles de la région. Le tarif ne comprend pas le prix d'entrée sur l'île de Coron ni le matériel de snorkeling (250 P). Presque tous les hôtels et resorts peuvent organiser des excursions, de même que plusieurs organismes en ville ; sinon, suivez l'embarcadère derrière le marché central où les bateaux se rassemblent (l'association des bateliers affiche là une liste de tarifs).

Les excursions d'une journée en *bangka* à l'île de Coron comprennent souvent une baignade dans les eaux pas si brûlantes que ça des **sources chaudes de Makinit** (carte p. 396 ; 150 P ; ⌚6h-22h). Ces sources à 5 km à l'est de la ville sont faciles d'accès en tricycle depuis la ville de Coron (aller-retour 300 P).

Il suffit d'une plongée avec tuba à **Siete Pecados** (entrée 100 P), petite réserve non loin des sources chaudes de Makinit, pour comprendre l'étendue des dégâts subis ailleurs : les coraux sont un véritable arc-en-ciel de couleurs et de formes.

L'un des sites de **kayak** les plus intéressants se trouve près de Butong (carte p. 396) : une mangrove coupant une petite péninsule au nord de la ville de Concepcion, sur l'île de Busuanga.

L'ascension du **mont Tundalara** (carte p. 396), point culminant du nord de Palawan, est réservée aux plus endurants, surtout dans la chaleur de midi. Néanmoins, le sentier (2 heures 30) ne pose pas de difficultés particulières et est accessible en tricycle en direction de Mabingtungan, à environ 3 km au nord de la ville de Coron.

Circuits organisés

Calamianes Expeditions Eco Tour (carte p. 398 ; ☎0919 305 4363 ; www.corongaleri.com.ph ; San Augustin St) loue des tentes (200 P/nuit), des VTT, des kayaks et organise des excursions de 1 à 2 jours.

Géré par Betan Pe (demandez-le en ville), **Showtime Adventures** (☎0927 372 8846 ; www.showtimeadventuretours.com) propose des excursions de 2 jours en kayak à travers les îles.

Consultez l'encadré p. 392 pour plus de renseignements sur les expéditions de plusieurs jours entre Coron et El Nido organisées par **Tao Philippines** (carte p. 398 ; www.taophilippines.com ; National Hwy), vivement recommandées.

Tribal Adventure Tours (carte p. 398 ; ☎0920 558 7188 ; www.tribaladventures.com ; National Hwy). Autre organisme recommandé.

Où se loger

La ville de Coron compte de nombreux bons hôtels. Plusieurs étaient en construction lors de notre passage, mais y aura-t-il suffisamment de touristes pour les faire vivre ? On peut aussi loger sur une des îles ; certaines ne sont qu'à quelques minutes, d'autres exigent un trajet plus long.

VILLE DE CORON

♥ **Sea Dive Resort** HÔTEL $

(Carte p. 398 ; ☎0920 945 8714 ; www.seadiveresort.com ; ch ventil et sdb commune 400 P, ch ventil/clim à partir de 800/900 P ; ❄📶). Il n'y a pas mieux placé à Coron que ce bâtiment de plusieurs étages en saillie sur la baie. Plus on monte, plus les chambres sont belles. Toutes sont simples et propres, dotées de salles de bains modernes avec eau chaude. Les bruits des chambres voisines sont le seul défaut. Un grand restaurant en plein air occupe le rez-de-chaussée et un bar est situé à l'arrière. La boutique de plongée est une véritable ruche.

♥ **Krystal Lodge** BUNGALOWS $

(Carte p. 398 ; ☎0949 333 0429 ; pretty_kryz23@yahoo.com ; s/d 400/800 P, bungalows 1 200 P ; 📶). Dormez comme les gens du cru dans des bungalows tout en bambou sur pilotis. Les bungalows individuels, dotés d'un bar et d'un salon, valent largement le supplément. Le propriétaire, accueillant, peut se procurer

Ville de Coron

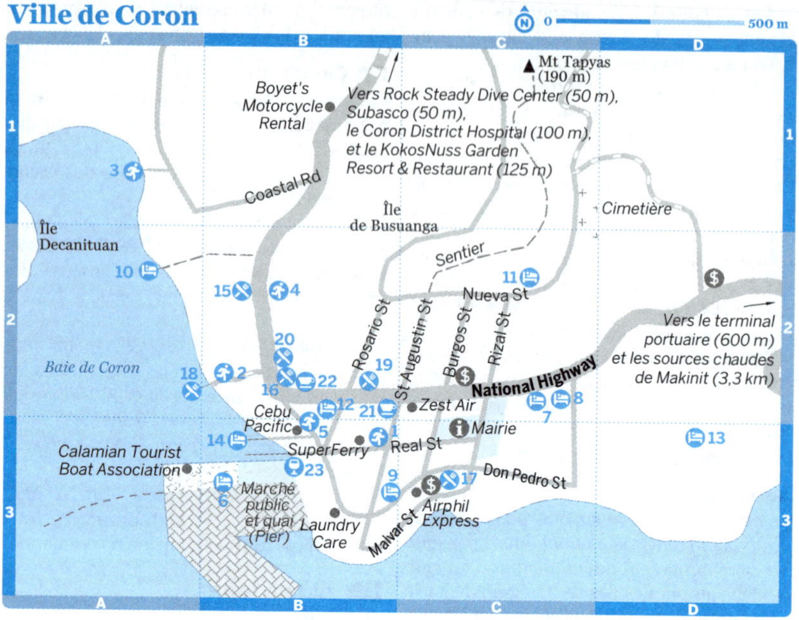

un projecteur pour regarder des films en plein air le soir. Petit-déjeuner en sus.

KokosNuss Garden Resort & Restaurant BUNGALOWS $$
(Hors carte p. 398 ; ☎0919 776 9544 ; www.kokos-nuss.info ; National Hwy; ch ventil sdb commune/privée 450/1 500 P, bungalows clim 1 700 P ; ❄📶). À 20 minutes de marche de la ville, ce resort bâti autour d'un jardin légèrement envahissant et particulièrement ombragé comprend des chambres variées, qui vont des huttes rondes modernes ornées de fresques de couleurs vives aux chambres en forme de tipis dans une construction en bambou.

Darayonan Lodge HÔTEL $$
(Carte p. 398 ; ☎0908 773 2964 ; www.darayonan.com ; 132 National Hwy ; s/d ventil 700/1 000 P, s/d clim et petit-déj 1 000/1 350 P ; ❄🏊📶). Les chambres en bambou les moins chères ne manquent pas de caractère, tandis que les chambres deluxe et "business" sont moins originales. Le bâtiment situé à l'arrière est plus tranquille. Le restaurant dans le jardin offre un beau cadre pour un repas.

Princess of Coron Austrian Resort HÔTEL $$
(Carte p. 398 ; ☎0919 236 1430 ; www.philippinen-urlaub.at ; 6 Nueva St ; ch à partir de 1 500 P ; ❄📶🏊). Cet hôtel autrichien se fond en toute discrétion dans le flanc de la colline. Le bâtiment principal, enduit de blanc, renferme de grandes chambres dotées de carrelage étincelant et de salles de bains spacieuses. Les bungalows pointus situés devant sont parfaits pour les familles ; les enfants peuvent se rafraîchir dans un petit bassin.

Coron Village Lodge HÔTEL $
(Carte p. 398 ; ☎425 2231 ; www.coronvillagelodge.com ; National Hwy ; ch à partir de 850 P ; ❄). L'hôtel regroupe des chambres propres et fonctionnelles, un jardin verdoyant et un agréable restaurant-bar.

Island's View Inn HÔTEL $$
(Carte p. 398 ; ☎0906 255 0468 ; islandsviewinn@yahoo.com ; Don Pedro St ; ch avec petit-déj 1 800 P ; ❄📶). Les chambres, toutes neuves, sont dotées de TV écran plat et d'eau chaude. Un restaurant en plein air et un *lounge* occupent le 3e étage.

Coron Gateway Hotel HÔTEL $$$
(Carte p. 398 ; ☎à Manille 02-887 7107 ; www.corongateway.com ; Market Pier ; ch à partir de 3 900P ; ❄📶). Cet hôtel, le plus luxueux et le plus grand de la ville, est situé du côté du site d'enfouissement des déchets.

Ville de Coron

Activités

1 Calamianes Expeditions Eco Tour B3
2 Coron Divers B2
3 Discovery Divers A1
4 DiveCal B2
Sea Dive ..... (voir 14)
5 Tao Philippines B3
Tribal Adventure Tours ..... (voir 4)

Où se loger

6 Coron Gateway Hotel B3
7 Coron Village Lodge C2
8 Darayonan Lodge C2
9 Island's View Inn B3
10 Krystal Lodge A2
11 Princess of Coron Austrian Resort C2
12 Ralph's Pension House B2
13 Saragpunta D3
14 Sea Dive Resort B3

Où se restaurer

15 Amphibi-ko B2
16 Bistro Coron B2
17 Kawayanan Grill Station C3
18 La Sirenetta A2
19 Manneken Pis Restobar B2
20 Marcilla Noodles B2

Où prendre un verre

21 B.O.G. Coffee B2
22 Dad's Coronzy Coffee & Tea B2
23 Kookie Bar B3

Ralph's Pension House PENSION $$
(Carte p. 398 ; ☎0921 631 5449 ; www.ralphspensionhouse.webs.com ; National Hwy ; ch 1 400 P ; ❄📶). Les chambres, assez mal décorées, jouxtent le logement du propriétaire. L'établissement comprend aussi une véranda, un jardin et une terrasse sur le toit.

ÎLE DE BUSUANGA

Puerto del Sol Resort COMPLEXE HÔTELIER $$$
(Carte p. 396 ; ☎0908 889 0866 ; www.puertodelsolresort.com ; bungalow 4 600 P ; 📶). À flanc de colline avec vue sur la baie, ce resort de style méditerranéen est proche de plusieurs épaves mais aussi d'activités terrestres comme l'équitation ou la randonnée. Les bungalows enduits de blanc et les grandes fenêtres contribuent à l'ambiance lumineuse. Une boutique Discovery Divers y est installée.

Busuanga Island Paradise Resort BUNGALOWS $$$
(Carte p. 396 ; ☎0918 368 8904 ; www.busuangaislandparadise.com ; km 12, Coron-Busuanga Hwy ; ch à partir de 3 500 P ; ❄📶🏊). À 12 km à l'est de la ville de Coron, isolé dans une forêt sans plage ni eau en vue, sauf celle de la piscine, ce resort apporte l'élégance dans l'arrière-pays avec ses bungalows haut de gamme décorés de bois poli et de touches contemporaines.

El Rio y Mar Island Resort COMPLEXE BALNÉAIRE $$$
(Carte p. 396 ; ☎à Manille 02-833 4964 ; www.elrioymar.com ; ch 7 000 P ; ❄📶🏊). Le long d'une belle plage de sable blanc au nord de l'aéroport, ce resort n'est accessible qu'au terme d'un bref trajet en bateau. Les bungalows de style indigène avec parquet sont supérieurs aux chambres plus modernes mais ordinaires. L'établissement comprend un spa et une boutique de plongée. On peut aussi pratiquer le kayak et la planche à voile.

Pier House Lodging HÔTEL $$
(☎0918 271 1956 ; www.pierhouselodging.com ; Concepcion, ch à partir de 1 600 P). Cet hôtel enduit de blanc situé à Concepcion comprend un bar, un restaurant et de grandes chambres carrelées. Il peut sembler désert en basse saison.

Ann & Mike's Bar & Restaurant HUTTES EN NIPA $
(☎0929 582 4020 ; ch sdb commune 500 P). En face du Pier House Lodging, cette adresse regroupe deux bungalows avenants en nipa et un agréable petit restaurant.

La côte nord de Busuanga est très peu construite, notamment en raison des routes difficiles ; lors de la rédaction de ce guide, le **Cashew Grove Beach Resort** (☎0949 869 4420 ; www.cashewgrove.com), série de bungalows en bord de mer, était en construction près du village de Cheey.

AUTRES ÎLES

La plupart des tarifs suivants comprennent les transferts depuis l'aéroport de Busuanga ou la ville de Coron ; faites-le vous confirmer. Sangat et Chindonan sont proches de nombreuses épaves sur lesquelles on peut plonger.

♥ **Sangat Island Reserve** COMPLEXE BALNÉAIRE $$$
(Carte p. 396 ; ☎0920 954 4328 ; www.sangat.com.ph ; bungalows pension compl/pers à partir de 4 000 P ; 📶). On a l'impression d'arriver en

TERRES ANCESTRALES

Promulguée en 1997, la National Commission on Indigenous People (NCIP ; aussi appelée Indigenous People's Act ou loi sur les peuples indigènes) a pour but de permettre aux tribus des Philippines de recouvrer leurs droits sur leur territoire. Il s'agit d'un processus long et compliqué, si bien que peu d'îles sont concernées pour l'instant. L'île de Coron, a été restituée la première et Caluit rendue aux Tagbanua. La communauté décide de ce qu'elle veut faire de ses terres, beaucoup ayant choisi de les louer aux non-Tagbanua pour des baux de 25 ans.

Le groupe de défense des Tagbanua **Saragpunta** (☎0919 886 1157 ou 0909 596 8936 ; saragpunta@yahoo.com) propose des hébergements dans une île appartenant à la tribu ou dans la ville de Coron. Passer une nuit sur **l'île de Tending** (☎0918 280 3257 ; 600 P pension compl), où une école reçoit des élèves venus de tout l'archipel des Calamian, est une expérience enrichissante ; on peut donner un cours ou faire chanter les élèves. L'hébergement – matelas sur une plate-forme en bambou, oreillers, couvertures et moustiquaire – est tout à fait convenable. Pour vous y rendre, prenez un billet pour la ville de Culion d'où l'on vous transporte gratuitement jusqu'à l'île, ou louez un *bangka* depuis la ville de Coron (1 000 P ; 1 heure 15).

Si vous souhaitez soutenir cet organisme sans vous rendre sur l'île de Tending, Saragpunta propose des chambres rudimentaires dans un grand bâtiment de style local près de son siège à Coron (voir carte p 398) ; pour 200 P, vous disposerez d'un matelas sur une plate-forme en bambou et d'une salle de bains en plein air avec douche. Ce bâtiment est un peu difficile à trouver. Repérez une boutique à 2 niveaux à l'enseigne du "Diamond Center" sur la National Hwy, juste avant la St Augustine Academy. Suivez la piste juste après sur la droite. Environ 100 m plus loin, une petite **boutique** (National Hwy) près de la banque BPI vend des souvenirs et de l'artisanat Tagbanua.

bateau sur l'île secrète de son enfance. À moins de 40 minutes en vedette de Coron, parfait pour le farniente comme pour l'action, ce complexe comprend un centre de plongée tous services et loue des kayaks et des jet-skis. Plusieurs bungalows de style local bordent une belle plage de sable blanc, deux autres sont juchés sur des hauteurs dans la jungle ; la grande villa desservie par une passerelle dispose d'une douche extérieure dans une grotte.

Club Paradise COMPLEXE BALNÉAIRE **$$$**
(Carte p. 396 ; ☎à Manille 02-838 4956 ; www.clubparadisepalawan.com ; pension compl/pers 5 500-8 500 P ; ❄📶🏊). Ce resort sur l'île de Dimyaka, au nord de Busuanga, n'usurpe pas son nom. Des beaux bungalows (versions haut de gamme de la hutte philippine) aux somptueux buffets-repas, tout justifie ses quatre étoiles. On peut organiser des excursions de plongée et de snorkeling sur l'Apo Reef, à 2 ou 3 heures de mer.

Chindonan Island Resort & Divecenter BUNGALOWS **$$$**
(Carte p. 396 ; ☎0929 312 1594 ; www.chindonan.com ; bungalow/ch par pers avec petit-déj et dîner 3 600/2 400 P ; 📶). Sur une île entre Culion et Sangat, quelques spacieuses chambres modernes et blanches à flanc de colline ainsi que deux huttes en nipa de style indigène. Bar et restaurant sur l'embarcadère.

Discovery Resort COMPLEXE BALNÉAIRE **$$**
(Carte p. 398 ; ☎0918 398 7125 ; www.divers.com ; île de Decanituan ; ch ventil/clim à partir de 1 000/1 500 P ; ❄@). Ce modeste resort pour plongeurs n'est qu'à 10 minutes en *bangka* de la ville de Coron. Les bungalows avec parquet et terrasses carrelées offrent une belle vue sur le soleil couchant. Bar et restaurant.

Dive Link Resort RESORT **$$**
(Carte p. 396 ; ☎0918 926 1545 ; www.divelink.com.ph ; île d'Uson ; ch à partir de 2 000 P ; 📶🏊). À seulement 10 minutes en bateau de la ville de Coron, ce resort sans plage comprend des bungalows rénovés bleu et jaune autour d'une piscine souvent occupée par les plongeurs débutants.

Où se restaurer et prendre un verre

La plupart des hébergements, notamment les resorts situés sur les petites îles ou à Busuanga, possèdent leur propre restaurant. Celui du Sea Dive Resort est le meilleur de

Coron, tant par l'emplacement que pour l'ambiance et la qualité de la carte.

Bistro Coron INTERNATIONAL $$
(Carte p. 398 ; Don Pedro St ; plats 170 P ; 8h-23h). La longue carte comprend des plats du jour comme une variante de la soupe de poisson à la sétoise ou des saucisses hongroises, italiennes et suisses.

La Sirenetta PHILIPPIN, INTERNATIONAL $$
(Carte p. 398 ; plats 250 P). Facile à repérer depuis la mer, ses quatre colonnes en forme de sirène apportent à Coron une touche d'extravagance. La carte, éclectique, a des accents européens. Également indiqué pour prendre un verre au coucher du soleil.

Kawayanan Grill Station PHILIPPIN $$
(Carte p. 398 ; Don Pedro St ; plats 150 P ;). Cuisine philippine classique – et boyaux de chèvre bouillis – sous des huttes en nipa ouvertes.

Amphibi-ko JAPONAIS $$
(Carte p. 398 ; National Hwy ; 11h-22h ; plats 140 P). Les tables sont peu nombreuses ; la carte, brève, comprend des sushis.

Manneken Pis Restobar PHILIPPIN, INTERNATIONAL $$
(Carte p. 398 ; National Hwy ; 8h-20h ; plats 250 P). À la carte de ce restaurant à la décoration moderne : pizzas et steaks d'aloyau.

Marcilla Noodles VIETNAMIEN $
(Carte p. 398 ; National Hwy ; plats 45 P). Restaurant modeste servant des *chaolong* (soupe aux nouilles) au bœuf et au porc.

Dad's Coronzy Coffee & Tea (carte p. 398 ; National Hwy ; 6h-22h ;) et **BOG Coffee** (carte p. 398 ; angle National Hwy et St Augustin St ; 14h-22h, fermé dim ;) sont des cafés modernes et confortables.

Le **Subasco** (hors carte p. 398 ; National Hwy), en sortant de la ville au nord, propose de la musique et du karaoké. Au 2e étage du **Kookie Bar** (carte p. 398 ; angle National Hwy et Real St), un endroit proche du marché, il est agréable de prendre un verre.

Renseignements

BPI (National Hwy) et **Allied Savings Bank** (angle Don Pedro St et Burgos St) acceptent les cartes de retrait étrangères. La majorité des hôtels proposent l'accès Wi-Fi et quelques cybercafés sont installés sur National Hwy près de St Augustin St.

Coron District Hospital (carte p. 398 ; National Hwy)

Laundry Care (Don Pedro St ; 40 P/kg ; 9h30-12h et 13h30-19h)

Office municipal du tourisme (carte p. 398 ; 0919 354 0655 ; tourism_coron2010@yahoo.com.ph ; Municipal Hall, angle Real St et Burgos St). Particulièrement utile.

Depuis/vers l'archipel des Calamian

Avion

L'île de Busuanga, la ville de Coron et le reste de l'archipel des Calamian sont reliés à Manille par **Airphil Express** (carte p. 398 ; Don Pedro St), **Cebu Pacific** (carte p. 398 ; 0929 898 1111 ; Don Pedro St) et **Zest Air** (carte p. 398 ; 0920 654 9484 ; National Hwy), dont la flotte part de l'aéroport YKR au nord de l'île de Busuanga, à environ 25 km de la ville de Coron. Les annulations et les retards ne sont pas rares par mauvais temps.

Une demi-heure de route en minivan (150 P) sépare l'aéroport de la ville de Coron. Les minivans coïncident avec les vols à l'arrivée avant de rejoindre la ville de Coron. Dans l'autre sens, ils stationnent en ville devant les bureaux des compagnies aériennes et démarrent généralement 2 heures avant le vol. Plusieurs hôtels proposent une navette gratuite.

L'ÎLE À MOTO

Visiter l'intérieur de Busuanga à moto permet de traverser de petits villages, des forêts et des paysages cultivés où les habitants souriants vous saluent gentiment. En quittant la ville de Coron par l'ouest, les routes se détériorent après l'embranchement pour l'aéroport au nord ; mieux vaut avoir l'expérience de la piste, oser traverser des passerelles en planches et rouler sur les sentiers rocailleux. Aller de Coron à Concepcion en une demi-journée est un objectif raisonnable. La boucle entre l'aéroport, San José, Cheey et New Busuanga doit être envisagée exclusivement en 4x4. Plusieurs enseignes louent des motos, notamment **Boyet's Motorcycle Rental** (carte p. 398 ; 0928 292 9884 ; National Hwy) pour 600 à 800 P/jour.

Bateau

Quelques *bangka* de capacité moyenne partent d'El Nido, derrière le marché, près du Coron Gateway Hotel (le *bangka* motorisé *Jessabel* assure les transferts depuis/vers le Sea Dive Resort) presque tous les jours par beau temps (2 200 P avec déjeuner, 7 heures). Sinon, on peut louer un bateau n'importe quel jour (environ 15 000 P/6 pers). Reportez-vous p. 393 pour plus de renseignements. Le cargo d'Atienza Shipping Lines qui relie Manille à El Nido et transporte aussi des passagers s'arrête à Coron (voir p. 383).

Reportez-vous p. 383 pour des renseignements sur les ferries depuis/vers Manille, Mindoro et Puerto Princesa. Le terminal portuaire est à environ 1,5 km à l'est du centre.

ℹ Comment circuler

Lors de la rédaction de ce guide, l'association locale des bateaux de tourisme s'apprêtait à fixer des tarifs plus élevés. À titre d'exemple, il faudrait compter 2 500 P pour une excursion à l'île de Malcapuya et 3 000 P pour l'île de Calumbuyan. Les tour-opérateurs et les hôtels proposent généralement des tarifs moins élevés.

Un bateau part chaque jour à 12h pour la ville de Culion (180 P, 1 heure 30).

Un jeepney pour Salvacion quitte Coron à 11h tous les jours (80 P, 1 heure 30).

Des minivans assurent des visites de l'île de Busuanga. À titre d'exemple, un aller-retour à Concepcion coûte 2 500 P.

Île de Coron

Cette île, à seulement 20 minutes en *bangka* de la ville de Coron, arbore une silhouette mystérieuse digne d'un film de *King Kong*. En survolant Coron, on remarque que le centre de l'île, une fois franchis les escarpements tapissés de jungle qui se dressent comme une forteresse, est parsemé de lacs. Deux d'entre eux, le **lac Kayangan** (entrée 250 P) et le **lac Barracuda** (entrée 100 P) constituent les principales attractions de Coron.

Accessibles au terme d'une ascension de 10 minutes, les eaux cristallines du lac Kayangan sont lovées dans les parois de la montagne. Le paysage sous-marin est lunaire. Une petite passerelle en bois mène à une plate-forme où vous pourrez laisser vos affaires avant de vous baigner. N'espérez ni calme ni intimité : le lagon où les *bangka* acheminent les passagers ressemble à un parking de supermarché aux heures de pointe.

Le lac Barracuda, composé de couches successives d'eau douce, salée et saumâtre, connaît des changements brusques de température (pouvant atteindre 38°C) qui intéresseront davantage les plongeurs. Un mur escarpé aboutit directement dans l'eau : l'ascension est courte mais délicate.

Les visiteurs s'arrêtent aussi sur la **plage de Banol** (entrée 100 P), petite étendue de sable abritée du soleil, et à **Twin Lagoons** (entrée 50 P). Prévoyez de la monnaie et notez que tous les tarifs d'entrée sont à acquitter au débarquement sur chaque site.

L'ensemble de l'île est considéré comme le domaine ancestral des Tagbanua, peuple de pêcheurs et de chasseurs de *balinsasayaw* (nids d'oiseaux), une denrée très lucrative. Soucieux de l'impact touristique, les Tagbanua ont limité l'accès de l'île à quelques sites (on parle d'imposer une taxe unique pour l'accès à toute l'île).

Île de Culion et ses environs

L'île de Culion, l'une des plus grandes de l'archipel des Calamian, se prête idéalement au snorkeling autour de **Dynamite Point**, à l'extrémité nord-est. **L'île de Malcapuya**, à mi-hauteur au large de la côte est, possède une jolie plage ; non loin, **l'île Banana** offre une jolie plage côté est et de bons sites de snorkeling côté ouest. Une excursion d'une journée en bateau de la ville de Coron vers ces îles coûte entre 3 000 et 3 500 P. Lors de la rédaction de ce guide, un complexe haut de gamme était en construction à la pointe nord de l'île Bulalacao, toute proche.

À Culion, dans les jardins de l'hôpital, on peut visiter le **Culion Museum & Archives** (250 P ; ⌚9h-12h et 13h-16h lun-ven). Un film de 30 minutes et des photos et objets exposés dans plusieurs grandes salles retracent l'histoire émouvante et peu connue de la colonie de lépreux ouverte ici en 1906, autrefois la plus grande du monde. L'intérieur de **l'église de la Immaculada Concepcion**, ancien fort espagnol construit au milieu du XVIIIe siècle, vaut le détour. Une grimpette jusqu'à l'endroit où un aigle est sculpté dans la colline (œuvre de lépreux créée en 1926 pour remercier les services sanitaires philippins) permet d'admirer une vue panoramique de la ville et des îles voisines.

JOYAUX SOUS L'EAU

Des rangées de balises flottent à la surface de l'océan, comme pour une course de slalom. À seulement quelques mètres sous la surface, dans des paniers en fil de fer attachés à des cordes, pendent des dizaines d'huîtres dont un tout petit pourcentage produira, après quelques années, un petit grain brillant qui rejoindra une joaillerie de Hong Kong, New York ou Paris.

Dénommées "perles des mers du Sud" (Indonésie, Malaisie, Vietnam et Australie), ces merveilles au reflet légèrement doré sont généralement considérées plus fines que les perles produites en eau douce dans le monde entier. Il a fallu 10 ans d'expérimentation et d'études aux producteurs philippins pour mettre au point un processus efficace sur l'huître *Pinctada maxima*. La mère, ou huître porteuse, reçoit un fragment du manteau d'une huître donneuse ; c'est ce qui donne aux perles leur couleur particulière. La future perle elle-même se forme autour d'un corps étranger implanté par des techniciens très expérimentés dans la gonade ou organe reproducteur de la mère. Il s'agit d'un grain (qui a déjà l'aspect d'une perle, sans l'éclat, la brillance et les irrégularités) fabriqué à base de coquille d'huître du Mississippi (l'achat de ces noyaux représente au moins 30% des coûts de production). Après 4 ans de culture et de soins, les huîtres sont prêtes pour la récolte.

L'industrie perlière s'appuie désormais sur des laboratoires, la biologie marine et les dernières techniques de l'aquaculture pour le production de ces joyaux naturels. On estime généralement que les fermes perlières ont un impact positif sur les réserves halieutiques, notamment parce que les patrouilles armées qui veillent sur les huîtres découragent les pêcheurs qui utilisent des méthodes illégales comme la dynamite ou le cyanure. Le temps des plongées en apnée pour récupérer ces perles est pratiquement révolu (la perle d'Allah, la plus grosse jamais découverte – plus de 4 kg –, fut trouvée près de Palawan en 1934). Les professionnels de la plongée de Busuanga et des Calamian, au nord du Palawan, prétendent néanmoins que les déchets des fermes perlières troublent les eaux, détériorent la visibilité et corrodent le métal des épaves de la Seconde Guerre mondiale qui font du secteur une destination de choix pour la plongée.

Jacques Branellec, copropriétaire de Jewelmer, le plus gros producteur de perles des Philippines (propriétaire du Flower Island Beach Resort, voir p. 388), explique : "Ce que nous faisons se rapproche de la viticulture en ce qu'il s'agit d'une recherche d'équilibre entre des phénomènes naturels incontrôlables, comme les typhons et la hausse des températures de l'eau, et une méthode rigoureuse." Les eaux, louées pour 25 ans au gouvernement, doivent être non polluées, à la bonne température, riches en une certaine espèce de plancton et présenter juste ce qu'il faut de courant. Une hausse de la température de l'eau – en 2010 à Palawan, on a enregistré jusqu'à 35°C, soit près de 4 degrés au-dessus du maximum précédent – détruit à la fois le récif corallien et le travail des huîtres, qui ont besoin d'une température plus fraîche pour produire. J. Branellec souligne que cette industrie dépend de la santé des mers et que les mêmes modifications du milieu qui menacent la pêche et le corail dans le monde pourraient aussi un jour mettre un terme à la culture des perles des mers du Sud.

L'**Hotel Maya** (☎0939 254 2744 ; www.islaculionhotelmaya.com ; s/d 550/1 100 P ; ❄📶), de loin le plus beau de la ville, est un établissement moderne appartenant aux dynamiques étudiants de l'Ateneo-Loyola College qui le dirigent. Le **Tabing Dagat Lodging House & Restaurant** (☎0908 563 1590 ; www.tabingdagatlodge.multiply.com ; ch ventil/clim 590/790 P ; ❄) comprend des chambres lumineuses dotées de petits balcons dans le *barangay* de Balulua.

La ville n'est alimentée en électricité que de midi à minuit. Un bateau (180 P, 1 heure 30, 7h30) relie chaque jour la ville de Culion à celle de Coron.

Autres îles

De nombreuses îles sont dans la ligne de mire de promoteurs philippins et étrangers qui envisagent d'y établir resorts et campings. Certaines ont déjà été achetées.

Presque directement à l'ouest de Concepcion, sur Busuanga, l'**île Calumbuyan** recèle sur son front nord-est l'un des meilleurs récifs de la région (entrée 100 P) pour le snorkeling. Le gardien du site peut vous offrir un café et vous vendre un permis pour y passer la nuit (400 P, entrée comprise) dans une hutte rudimentaire, un hamac ou votre propre tente.

Autre bon spot de snorkeling et de plongée : le récif proche de la pointe sud-ouest de l'**île Lusong**. L'épave la moins profonde, la **Lusong gunboat (canonnière)**, gît au sud et ravira les amateurs de snorkeling.

La plage de sable blanc et les magnifiques lueurs du crépuscule justifient un détour par l'**île de North Cay**. Le récif au nord de l'île est bien conservé. Vous pouvez y faire halte dans votre exploration des îles environnantes, ou y passer la nuit dans la maison du gardien de l'île à condition d'avoir le temps et de vous y prendre à l'avance. Il vous logera dans une demeure rudimentaire mais propre avec cuisine. Il peut vous fournir du poisson, mais prévoyez d'autres provisions.

Près de la pointe nord-ouest de Busuanga, **l'île Calauit** abrite le **Calauit Game Preserve & Wildlife National Park** (carte p. 396 ; ☎0921 215 5482 ; 350 P/pers, visite guidée 2 heures 1 000 P). Les grands animaux que l'on croise communément dans les safaris au Kenya, girafes, zèbres ou impalas, vivent ici depuis 1976 grâce aux efforts de Ferdinand Marcos pour sauvegarder la faune africaine (une autre version dit que le fils de Marcos, Bongbong, voulait avoir des animaux à chasser).

On peut effectuer l'aller-retour en bateau depuis Macalachao, à 7 km au nord de Bululang sur Busuanga (350 P, 10 minutes dans chaque sens). On peut passer la nuit à l'extérieur du parc dans une chambre rudimentaire (250 P) ou camper dans sa propre tente. Les eaux de Caluit abritent des dugongs, ou vaches de mer. Cet animal en voie de disparition est le seul mammifère marin herbivore, et ses apparitions sont extrêmement rares.

Comprendre › les Philippines

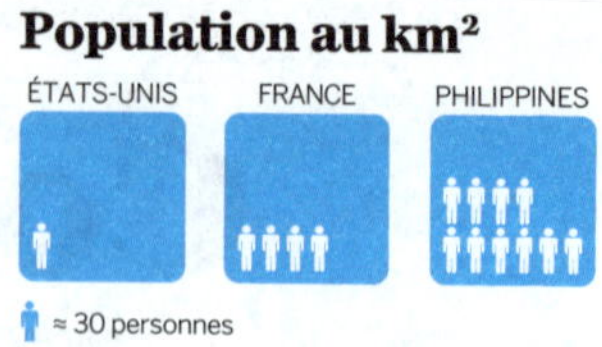

Les Philippines aujourd'hui

Une ère nouvelle ?

La politique philippine a connu des remous durant la première décennie du XXIe siècle. La mise en accusation du président Joseph Estrada (José Marcelo Ejército, plus connu comme Joseph Estrada) pour corruption a fait descendre des millions de Philippins dans la rue pour réclamer sa démission. C'était la deuxième révolution pacifique "People Power" en quinze ans. Estrada a laissé place à sa vice-présidente, Gloria Macapagal-Arroyo, dont les dix ans passés aux affaires n'ont pas été exempts de scandales, l'un d'eux concernant des irrégularités lors de sa réélection en 2004. Lors de la réalisation de ce guide, elle venait d'être arrêtée pour manipulation électorale lors des élections du congrès en 2007.

Lors de la présidentielle de 2010, le pays a trouvé l'homme nouveau qu'il cherchait en la personne de Benigno Aquino III, fils irréprochable de Corazon Aquino et héros du premier "People Power" en 1986. Surfant sur le deuil national à la mort de sa mère en 2009, Benigno Aquino a remporté une écrasante victoire sur les autres candidats.

Les bilans de son premier mandat de six ans sont positifs. Les analystes louent sa détermination à éradiquer la corruption et les groupements d'intérêt. Deux questions risquent cependant de mettre sa volonté politique à l'épreuve : le procès du "massacre de Maguindanao" et le Reproductive Health Bill (ou RH Bill), un projet de loi favorisant la contraception et le droit à l'avortement.

» Le président Benigno Aquino est le fils de Corazon Aquino, 11e président des Philippines.

» Lui a précédé Gloria Arroyo (14e président), fille du 9e président, Diosdado Macapagal.

» Fidel Ramos, 12e président, est cousin issu de cousins germains de Ferdinand Marcos.

Le massacre de Maguindanao et les médias

Ce crime lié à une campagne électorale a bouleversé le monde : durant la campagne pour le gouvernorat de Maguindanao (île de Mindanao) en 2010, 58 personnes ont été abattues à l'arme à feu dans un meeting de l'opposition. Trente-quatre d'entre elles travaillaient pour les médias. Les coupables présumés étaient liés aux Ampatuan, le clan dominant

Pas d'impair !

» Ne vous énervez pas ! Les Philippins croiraient que vous êtes *loco loco* (fou).

» Lors d'un karaoké (vous n'y échapperez pas), ne vous moquez pas d'une personne qui chante mal. Cela pourrait être mal interprété.

» Ne prenez pas le dernier morceau au fond du plat familial : vos hôtes croiraient que vous êtes un miséreux.

» Ne vous plaignez pas des voisins qui vous collent dans les jeepneys – l'espace est fait pour être partagé.

À voir

» ***Kubrador*** (2006) Une loterie illégale, avec Gina Pareño.

» ***Serbis*** (2008) L'histoire d'un cinéma porno tenu en famille à Angeles.

» ***Busong*** (2012) Une femme malade traverse Palawan à la recherche d'un guérisseur.

Religions
(% de la population)

Sur 100 personnes aux Philippines

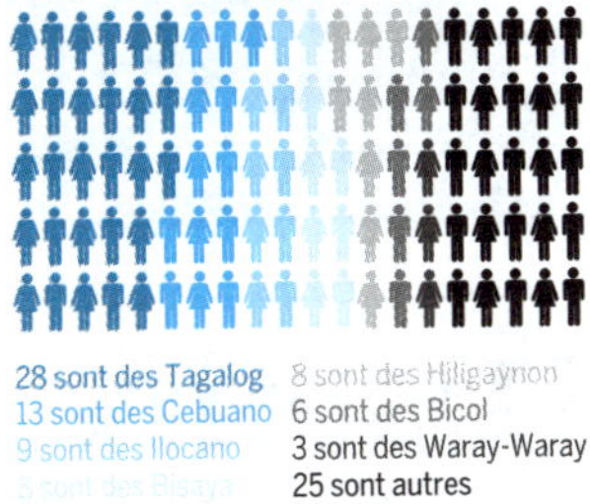

de la région dirigé par le patriarche et gouverneur sortant Andal Ampatuan Sr. Candidat à la succession paternelle, son fils Andal Jr serait l'instigateur de ce massacre.

Une condamnation dans un procès aussi retentissant n'est pas garantie aux Philippines, où des clans comme les Ampatuan peuvent opérer en toute impunité. Le président Aquino a juré que justice serait faite. Le succès de son mandat pourrait bien reposer sur la question de la justice.

Malgré – ou à cause – du dynamisme de la presse libre, les meurtres de journalistes sont fréquents aux Philippines. En 2011, ce pays a été classé troisième sur l'index d'impunité du Committee to Protect Journalists, qui mesure la prévalence des meurtres non élucidés de journalistes.

- » Taux de croissance de la population 1,9%
- » Âge médian 22,9 ans
- » Espérance de vie 71,7 ans
- » Taux d'alphabétisation 92,6%
- » Taux de chômage 7,3%

Plus de 100 millions d'habitants

La population philippine a dépassé les 100 millions en 2011, alors qu'elle n'atteignait que 76,5 millions en 2000. Cette explosion démographique entrave les efforts pour réduire la pauvreté. Le PIB, en progression constante depuis les années 1990, ne suit pas en termes réels la croissance démographique. Le revenu par tête n'a donc pas augmenté et, dans le même temps, la proportion de personnes vivant avec moins de 2 US$ par jour s'est maintenue autour de 40%.

La puissante Église catholique a fait pression avec succès contre un contrôle des naissances plus strict qui aurait pu désamorcer la bombe démographique. En 2008, le Congrès philippin a voté le Reproductive Health Bill, un programme national de planning familial encourageant la contraception et autorisant l'avortement. Cette loi controversée n'a pas été votée durant les deux dernières années du mandat d'Arroyo. Le président Aquino soutient ce texte et tous les observateurs attendent la décision que prendra le Sénat courant 2012.

Rang mondial

- » Population : 12e
- » Taille des habitants : 79e
- » Nombre de catholiques : 3e
- » Biodiversité : Top 17
- » Dépense de santé (% du PIP) : 169e
- » Journalistes tués depuis 1992 : 2e

À lire

» ***Aventures d'un gentilhomme breton aux îles philippines*** (Paul Proust de la Gironière). Les incroyables aventures vécues par l'auteur, jeune chirurgien de marine originaire du Pays nantais, aux Philippines de 1820 à 1838.

» ***Philippines, archipel du sourire*** (Éric Pasquier). Des textes d'écrivains philippins et des photos pour découvrir un archipel encore peu connu.

Histoire

Les Philippins restaient sur leurs îles et dans leurs groupes sociaux jusqu'à ce que Fernand de Magellan débarque au XVIe siècle, revendique ces îles pour la Couronne espagnole et entame une christianisation sanglante. La soumission déclinante des Philippins à la férule espagnole s'évapora après l'exécution du héros national José Rizal en 1896. Ils se révoltèrent et parvinrent à chasser les Espagnols, uniquement pour voir les Américains les remplacer, se révoltèrent à nouveau et perdirent. Si la Deuxième Guerre mondiale fut un bain de sang, une république indépendante sortit de ses cendres. Quelques décennies plus tard, Ferdinand Marcos fut élu à la tête du pays. Partisan de la ligne dure, il imposa la loi martiale en 1972 avant d'être renversé par la révolution du People Power en 1986, deux moments-clés de l'histoire moderne des Philippines. Depuis, le pays est resté un État démocratique, mais sa situation ne s'est que peu améliorée après la chute de Marcos.

Une histoire de différence

En 1904, 1 100 Philippins furent emmenés à l'exposition universelle de Saint Louis (Missouri, États-Unis) et exhibés comme des trophées coloniaux.

On dit souvent que quatre siècles de colonisation espagnole puis américaine ont rendu les Philippines différentes du reste de l'Asie. En fait, l'archipel philippin possédait ses particularités bien avant l'arrivée des Espagnols, qui en firent le seul pays d'Asie à dominante chrétienne.

Les premiers occupants de l'archipel arrivèrent par la mer, depuis le nord, le sud et l'ouest, créant des zones de peuplement éparses, favorisant le développement d'identités multiples dans chacune des îles. Il y a un millier d'années, le nord de Luzon, l'une des principales îles de l'archipel, était peuplé par les Ifugao – dont les ancêtres seraient arrivés avec d'autres vagues d'immigrants venant de Chine et du Vietnam il y a 15 000 ans –, qui cultivaient déjà leurs spectaculaires rizières en terrasses, autour de Banaue, devant lesquelles les touristes s'ébahissent encore de nos jours.

CHRONOLOGIE

45 000 av. J.-C.

L'"homme de Tabon", le plus ancien habitant découvert dans les 7 000 îles, a laissé un fragment de crâne dans une grotte à Palawan et fournit des indices sur la période préhistorique des Philippines.

100-200

Les Chinois sont les premiers étrangers à commercer avec les îles, qu'ils appellent Mai. C'est le début d'une longue influence économique et culturelle.

100-1000

Les Malais arrivent à bord de *balangay* et deviennent le groupe ethnique dominant. Les 8 langues principales de l'archipel dérivent de langues malaises.

En revanche, le sud de Luzon, comme les plaines des Visayas étaient, il y a un millénaire, le domaine d'animistes d'origine malaise, tandis que dans les régions du sud de Mindanao et Sulu, l'islam se diffusait déjà, véhiculé par des immigrants venant du Brunei. Pendant toute cette période, les Negritos (également appelés Aeta, Dumagat ou Ati), les habitants d'origine des Philippines, étaient dispersés dans tout l'archipel, comme aujourd'hui.

Rarement sédentaires, les diverses communautés des Philippines étaient assez mobiles, vivaient de la chasse, de cueillette et de pêche, cultivant quelques denrées de base, comme le riz. Ces communautés étaient regroupées en *barangay* (du nom des *balangay*, les bateaux des immigrants malais), placés sous l'autorité d'un chef, le *datu*. Ces *barangay* (villages) constituaient la plus importante unité politique en l'absence d'un État centralisé, d'une culture et d'une religion communes.

C'est dans cet archipel aux multiples facettes que débarquèrent les conquérants espagnols, déterminés à l'unifier grâce au christianisme. Étonnamment ils y parvinrent et, au cours des siècles suivants, une identité philippine, façonnée par les cultures espagnole et traditionnelle, commença à émerger. Par la suite, les vagues d'immigration chinoise, puis l'occupation américaine, influencèrent à leur tour le caractère de ce pays qui gagna finalement son indépendance en 1946.

L'archipel des épices : la corruption de l'administration espagnole aux Philippines (Casa de Velazquez, 2006), de Xavier Huetz de Lemps, décrit les formes que revêt la corruption, pratiquée à large échelle au XIXe siècle par les fonctionnaires espagnols, de l'humble village aux plus hautes sphères de Manille.

L'arrivée du catholicisme

Au début du XVIe siècle, l'islam commença à se diffuser dans la région. Vers le nord, jusqu'à Manille, les *barangay* s'y étaient convertis, et tout portait à croire que l'archipel adopterait cette religion à grande échelle. Mais un homme allait changer le cours de l'histoire des Philippines : l'explorateur portugais naturalisé espagnol Fernand de Magellan (vers 1480-1521). Le 16 mars 1521, il accosta à Samar et revendiqua les îles pour la Couronne espagnole, commença à enseigner le catholicisme aux îliens et réussit à vaincre divers chefs tribaux. Ayant presque accompli son but, Magellan fut tué lors d'une bataille contre l'un des derniers bastions, celui du chef Lapu-Lapu de l'île de Mactan, au large de Cebu.

Déterminée à asseoir sa position dans la région après avoir cédé au Portugal l'archipel stratégique des Moluques (les îles des épices), l'Espagne décida d'envoyer de nouvelles expéditions vers les Philippines. Ruy López de Villalobos, le commandant de la quatrième expédition, nomma l'archipel “Felipinas” du nom de l'héritier du trône espagnol, Philippe, fils de Charles Quint. Devenu roi, Philippe II (1527-1598) ordonna en 1564 à Miguel López de Legazpi (1502-1572) de quitter le Mexique pour rallier l'archipel afin de le coloniser et le christianiser. En 1565, Legazpi arriva à Cebu, lieu du trépas de Magellan, et vainquit la

1100
Des marchands de Chine, d'Inde, du Japon, du Vietnam, du Cambodge, de Thaïlande et d'autres pays commercent avec les Philippines. Les Chinois installent des comptoirs sur les côtes de Luzon.

1521
Fernand de Magellan accoste à Samar et revendique le pays pour la Couronne espagnole. Il est tué peu après par le chef Lapu-Lapu sur l'île de Mactan, près de Cebu.

1565
Legazpi débarque à Cebu et oblige le chef local à signer un accord soumettant tout Philippin à la loi espagnole. En dix ans, l'Espagne contrôle la majeure partie des Philippines.

1700
Des galions transportent des marchandises chinoises des Philippines à Acapulco au Mexique, enrichissant Manille surnommée la Perle de l'Orient.

tribu locale. Un accord fut signé entre Legazpi et Tupas, le *datu* vaincu, qui soumettait tout Philippin à la loi espagnole.

Après leur victoire, Legazpi, ses soldats et des moines augustins fondèrent une colonie à l'emplacement de l'actuelle Cebu City ; le fort San Pedro est un vestige de cette époque. Legazpi découvrit rapidement que l'accord conclu avec Tupas n'avait pas de de réelle portée sur le terrain car le *datu* ne détenait aucune autorité sur la pléiade d'autres tribus qui peuplaient les différentes îles. Legazpi s'employa alors à les conquérir une par une.

Après avoir défait la population locale, il établit un bastion sur Panay (près de l'actuelle Roxas) en 1569, acte décisif qui lui permit de poursuivre son avancée. La prise la plus importante fut Manille, qu'il arracha au chef musulman, le rajah Sulayman, en 1571. Legazpi proclama immédiatement Manille capitale de Las Islas Filipinas, et construisit le fort Santiago sur l'ancien *kuta* (fort) de Sulayman.

La nouvelle colonie était dirigée par un gouverneur espagnol qui dépendait du vice-roi du Mexique. En dehors de Manille, les moines catholiques détenaient le véritable pouvoir et s'efforçaient de déplacer la population des *barangay* dans des *pueblos* (villages) plus grands et plus centralisés. Des églises imposantes qu'ils firent bâtir dans chaque pueblo, des dizaines subsistent et quelques-unes, dont l'église de Paoay (p. 117), sont classées au patrimoine mondial de l'Unesco. Les moines régnaient tels des potentats sur des fiefs essentiellement ruraux.

Les Philippines sont devenues le premier producteur mondial d'ananas depuis les années 1980, quand la majeure partie de la production a été délocalisée d'Hawaï en raison du coût du travail.

La révolution philippine

Alors que l'Espagne déclinait et que les moines accroissaient la répression, les Philippins commençaient à résister. Plusieurs révoltes mineures marquèrent la fin du XVIIIe siècle, mais furent facilement réprimées car trop locales et sans ressources financières. Cependant, la résistance changea d'aspect au XIXe siècle avec l'apparition d'une classe aisée de *mestizos* (métis ; Philippins métissés avec des Espagnols ou des Chinois), ayant bénéficié d'une éducation européenne et sensibles au nationalisme. Parmi ces *ilustrados* (*lettrés*), José Rizal (1861-1896), le plus grand et le plus connu, était docteur en médecine, écrivain, poète, sculpteur, peintre, linguiste, naturaliste et escrimeur.

Fusillé en 1896 par les Espagnols à l'âge de 35 ans, Rizal incarna la lutte des Philippins pour la liberté individuelle et nationale. “Je suis plus inquiet pour la liberté de notre pays”, écrivait-il à la veille de son exécution. “Mais je place au premier rang l'éducation du peuple afin que notre pays puisse forger son individualité et mériter sa liberté.”

En exécutant des personnalités de cette trempe, les Espagnols créèrent des martyrs. Andrès Bonifacio (1863-1896) fonda une société secrète appelée le Katipunan, ou KKK, qui instaura un gouvernement

1762

La Grande-Bretagne occupe Manille 2 ans, avant d'en être chassée. Cet incident montre la faiblesse du régime espagnol et marque le début d'un esprit philippin nationaliste unifié.

1815

Le dernier galion espagnol fait voile vers Acapulco, signant la fin du monopole de Manille sur le commerce mondial avec le Mexique et l'Amérique du Sud.

1850

La prospérité des industries du sucre et du tabac crée une classe de riches *mestizos*. Les *ilustrados*, qui ont étudié à l'étranger et ont importé des idées d'indépendance, sont issus de cette classe.

» Coupeurs de canne, les Visayas

révolutionnaire clandestin à Manille, avec un réseau de conseils provinciaux. Le Katipunan compta jusqu'à 30 000 membres au milieu de l'année 1896. En août, les Espagnols apprirent l'imminence d'une insurrection (d'après la confession d'une femme à un moine espagnol, selon certaines sources) et les chefs du Katipunan durent fuir la capitale.

Décimés, déçus et mal armés, les Katipuneros se replièrent à Balintawak, un *barangay* de Caloocan, et votèrent le lancement de la révolution. Au cri de "*Mabuhay ang Pilipinas* !" (Longue vie aux Philippines !), la révolution philippine naquit à la suite de l'incident désormais appelé le "Cri de Balintawak".

Après un bain de sang de dix-huit mois, et des victimes essentiellement philippines, un pacte de paix philippino-espagnol fut signé et le général Emilio Aguinaldo, le chef des insurgés, accepta de partir en exil à Hong Kong en décembre 1897. Les clauses de ce pacte ne satisfaisaient personne. Les Espagnols ne respectèrent jamais les promesses de réformes et les Philippins ne tinrent pas plus celles de renoncer aux complots révolutionnaires.

Pendant ce temps, en février 1898, une autre colonie espagnole, Cuba, était le théâtre d'une crise entre l'Espagne et les États-Unis suite à l'explosion d'un navire de guerre américain à La Havane. Cet incident fut le prétexte qu'attendaient les États-Unis pour intervenir contre l'Espagne et prendre le contrôle de Cuba. Ils proposèrent de racheter l'île moyennant 300 millions de dollars. L'Espagne refusa et déclara la guerre aux États-Unis : en tant que colonie espagnole, les Philippines furent mêlées au conflit.

Une flotte américaine, commandée par l'amiral George Dewey, entra dans la baie de Manille et coula les navires espagnols. Afin de s'attirer les bonnes grâces des Philippins, Dewey fit revenir d'exil le général Aguinaldo et supervisa la seconde révolution philippine. Aguinaldo devint président de la première République philippine. Le drapeau philippin fut levé pour la première fois durant sa proclamation de l'indépendance du pays, à Cavite, le 12 juin 1898.

N'y touchez pas ! et *Révolution aux Philippines* (Gallimard, 1980 et 1984), de José Rizal, sont deux romans avant-gardistes parus à la fin du XIXe siècle, qui ont joué un rôle vital pour l'unification du pays autour d'un idéal spirituel libérateur.

Pendant la révolution philippine à la fin du XIXe siècle, 57 Espagnols retranchés dans l'église de Baler résistèrent pendant onze mois face à 800 Philippins.

La guerre philippino-américaine

Avec la signature du traité de Paris en 1898, la guerre hispano-américaine prit fin, et les États-Unis rachetèrent à l'Espagne les Philippines, Guam et Porto Rico pour 20 millions de dollars. Les débats firent rage aux États-Unis sur le destin de ce territoire nouvellement acquis de l'autre côté du Pacifique. Les "faucons" de droite souhaitaient garder l'archipel pour des raisons stratégiques et "humanitaires", tandis que les libéraux "anti-impérialistes" dénonçaient la domination d'un peuple étranger et prévoyaient des années de batailles pour occuper les Philippines.

1871

Nommé roi d'Espagne par l'armée, Amédée Ier nomme le général Rafael de Izquierdo gouverneur des Philippines, dans l'espoir de réprimer le nationalisme grandissant des Philippins.

1872

Izquierdo fait exécuter le Padre José Burgos et deux autres prêtres philippins, soupçonnés de rébellion, réveillant le sentiment nationaliste né sous l'occupation britannique un siècle plus tôt.

1892

José Rizal revient aux Philippines un an après la publication de son livre *El Filibusterismo*, qui critique les Espagnols. Il fonde La Liga Filipina, mouvement de réforme sociale, et est exilé à Mindanao.

1899

Lors d'une patrouille de nuit près de Manille, William Grayson, un mercenaire américain du Nebraska, tire le premier coup de feu de la guerre philippino-américaine et tue un civil philippin.

Le président américain William J. McKinley (1843-1901), d'abord opposé à la colonisation, finit par se rallier aux "faucons" du parti républicain et accepta d'occuper l'archipel. Il prétendit que les Philippins "étaient incapables de se gouverner" et qu'il n'avait pas d'autre choix que les "civiliser".

Ayant goûté une première fois à l'indépendance, les Philippins, toujours dirigés par Aguinaldo, avaient d'autres projets. Ils installèrent une capitale à Malolos, en dehors de Manille, une provocation qui exaspéra les Américains. La guerre éclata en février 1899.

Les Américains anticipaient une victoire rapide, mais la guérilla, lancée par Aguinaldo et des rebelles comme Gregorio del Pilar et Apolinario Mabini, fut d'une remarquable efficacité pour neutraliser la supériorité militaire américaine.

Malgré la capture d'Aguinaldo en mars 1901, la guerre continua, les pertes augmentèrent de part et d'autre et l'opinion publique américaine devint de plus en plus hostile au conflit. Cette opposition atteignit un pic en septembre 1901, après le massacre de Balangiga (voir p. 322). Les États-Unis purent finalement déclarer la victoire le 4 juillet 1902, mais des poches de guérilla perdurèrent pendant plusieurs années. Quelque 200 000 civils et 20 000 soldats philippins et plus de 4 000 soldats américains périrent au cours de cette guerre.

La période américaine

Les Américains s'employèrent rapidement à soigner les plaies causées par leur victoire. Parmi les réformes destinées à améliorer la vie des Philippins, la plus importante est la refonte totale du système éducatif. Alors que les Espagnols les avaient maintenus dans l'analphabétisme et l'ignorance de la langue espagnole, les Américains firent venir des centaines de professeurs pour enseigner la lecture, l'écriture, l'arithmétique et l'anglais. En l'espace de trente-cinq ans, le taux d'alphabétisation passa d'un pourcentage presque nul à près de 50% et 27% de la population parlait désormais anglais. Le système d'enseignement public demeure à ce jour le plus important héritage de l'époque coloniale américaine.

Outre des écoles, les Américains construisirent des ponts, des routes et un système d'égouts. Ils parvinrent à soumettre les irréductibles Moros de Mindanao et à christianiser les tribus de la cordillère du Nord, deux groupes qui avaient tenu les Espagnols en échec. Ils instaurèrent un système politique à l'américaine qui accordait un pouvoir croissant aux Philippins. De plus, ils leur promirent ouvertement une indépendance future, une démarche sans précédent dans l'histoire du colonialisme.

Les Américains se sont entraînés pour la guerre du Vietnam aux Philippines dans les années 1950, sous le commandement du général Edward Lansdale. Celui-ci a inspiré Graham Greene pour son roman *Un Américain bien tranquille* (1955), qui fut adapté deux fois au cinéma (1958 et 2002).

1901

Les Américains capturent le général Emilio Aguinaldo, qui exhortera ses compatriotes à accepter la domination américaine. Ces derniers ne l'écoutent pas et la guerre durera encore un an et demi.

1904

Des chasseurs de têtes de la tribu Igorot, du nord de Luzon, composent un "tableau vivant" à l'exposition universelle de Saint Louis.

1935

Manuel L. Quezon, un riche métis, remporte la première élection présidentielle du Commonwealth philippin. La véritable indépendance n'interviendra qu'après la guerre.

1942

75 000 soldats américains et philippins capitulent devant le Japon à Bataan. La "marche de la mort de Bataan" s'ensuit, et Corregidor tombe un mois plus tard.

Des critiques considèrent la bienveillance américaine comme un leurre voilant le véritable objectif qui consistait à établir une hégémonie économique sur l'archipel. En fait, quelle que soit la raison, les États-Unis avalisèrent le Commonwealth des Philippines en 1935, en même temps qu'ils dotaient le pays d'une Constitution largement inspirée de la leur, et qu'ils organisaient des élections nationales dont sortira vainqueur Manuel L. Quezon (Manuel Luis Quezon y Molina, 1878-1944), premier président du Commonwealth des Philippines. Sur le papier, les Philippines connaissaient enfin la démocratie et la liberté. Malheureusement, la Deuxième Guerre mondiale allait rapidement mettre un terme à ce progrès.

LA NAISSANCE DU PEOPLE POWER

Le People Power (Pouvoir du Peuple) est né dans les rues de Manille en février 1986. Alors que le monde entier suivait les événements, des millions de Philippins, armés de leur seul courage, descendaient dans les rues pour défier le pouvoir militaire du régime de Marcos.

Malgré l'impopularité de Marcos au milieu des années 1980, le People Power aurait pu ne jamais voir le jour sans l'assassinat de Benigno "Ninoy" Aquino Jr (1932-1983), un opposant immensément populaire. Avec sa mort, les Philippins perdaient tout espoir d'un retour pacifique à la démocratie. Ils furent environ 2 millions à suivre le cortège funéraire dans les rues de Manille pendant plus de 12 heures.

Le déclin et la chute de la dictature Marcos suivirent peu après. En 1986, même les États-Unis, qui avaient soutenu Marcos pendant des années face à une hypothétique menace communiste, commencèrent à retirer leur appui. Face à la montée des critiques à l'étranger et de l'agitation interne, Marcos organisa des élections le 7 février 1986. Corazon, "Cory", Aquino, la veuve de Benigno, devint le porte-parole (à contre-cœur au début) de l'opposition, à l'instigation de l'Église catholique romaine menée par l'influent cardinal Jaime Sin. Marcos remporta le scrutin, mais le peuple, sachant qu'il était truqué, décida de réagir.

Le 26 février, une marée humaine se rassembla autour du Camp Aguinaldo et du Camp Crame dans l'avenue Epifanio de los Santos à Manille, couramment appelée EDSA, où deux anciens ministres de Marcos, Juan Ponce Enrile et Fidel Ramos, avaient trouvé refuge après être passés du côté du peuple. La foule chanta, psalmodia, pria, partagea boissons et nourriture avec les troupes gouvernementales, qui refusèrent d'ouvrir le feu sur les manifestants et prirent leur parti. À la nuit tombée, les manifestants menacèrent d'envahir le palais. Les Américains conseillèrent alors à Marcos de "partir". Les Marcos embarquèrent rapidement dans un avion américain et se réfugièrent à Hawaï.

Les Philippins avaient réussi l'une des premières révolutions pacifiques au monde, qui en inspira d'autres au fil des années.

1945

Durant les batailles pour la reconquête des Philippines, Manille est détruite et 150 000 civils sont tués par les bombardements américains et les troupes japonaises.

1946

Le général japonais Tomoyuki Yamashita, dont les subordonnés n'ont pas respecté ses ordres d'abandonner Manille, est jugé pour crimes de guerre et pendu sur ordre du général MacArthur.

1969

Ferdinand Marcos devient le premier président philippin réélu, malgré le ressentiment dû à sa politique autoritaire et à l'implication des Philippines dans la guerre du Vietnam.

1972

Alors que s'accroît le mécontentement, Marcos impose la loi martiale et emprisonne des milliers d'enseignants, journalistes, et chefs de l'opposition, dont Benigno "Ninoy" Aquino Jr.

La destruction de Manille

Manuel Quezon : les Philippines de la décolonisation à la démocratisation (Maisonneuve et Larose, 2004), de William Guéraiche, propose la biographie du premier président des Philippines, et pose le problème de l'établissement de la démocratie dans un pays qui ne l'a pas choisie.

Alors que le Japon bombardait Pearl Harbor à Hawaï en 1941, des troupes japonaises attaquaient Clark Field, surprenant le général MacArthur, pourtant alerté depuis plusieurs heures. Ce fut le premier d'une série d'événements qui allait aboutir à l'occupation japonaise des Philippines de 1942 à 1945.

En 1944, MacArthur honora sa désormais fameuse promesse de retour et débarqua à Leyte, déterminé à chasser les Japonais. La principale bataille terrestre eut lieu à Manille, où les habitants sans défense furent pris sous les feux croisés en février 1945. Alors que MacArthur marchait sur Manille, les atrocités japonaises et les bombardements américains tuaient au moins 150 000 civils et une cité qui avait été l'une des plus belles d'Asie était détruite.

Aujourd'hui encore, la responsabilité de cette tragédie suscite des débats houleux. Si l'artillerie américaine fit la plupart des victimes civiles, beaucoup affirment qu'en refusant de quitter la capitale et la déclarer ville ouverte, les Japonais obligèrent MacArthur à livrer cette bataille. Quelle que soit la vérité, Manille fait partie comme Varsovie, Hiroshima, Hambourg et Dresde des villes martyres de la Deuxième Guerre mondiale.

En juillet 1946, Manuel Roxas (1892-1948) fut élu président de la république des Philippines sous la houlette des États-Unis, avec pour tâche d'envergure la reconstruction d'une nation détruite par la guerre.

Le régime Marcos

Les Feux, de Shohel Ooka (Livre de poche, 2003), raconte la débâcle, en 1945, de l'armée japonaise face à l'avancée des troupes américaines et des résistants philippins. Le film *Feux dans la plaine*, réalisé par Kon Ishikawa en 1959, s'inspire de ce témoignage.

En 1965, Ferdinand Marcos (1917-1989), brillant avocat issu d'une grande famille politique d'Ilocos, devint le 4e président des Philippines après la Deuxième Guerre mondiale, avec le slogan “La nation peut retrouver sa grandeur”. Les débuts de son mandat furent prometteurs. Marcos et son épouse Imelda s'efforcèrent de rendre à Manille son dynamisme d'avant-guerre. Ainsi, Imelda patronna des projets comme le Centre culturel des Philippines. En 1970, la pauvreté largement répandue, l'inflation galopante, des financements publics dérisoires et une corruption flagrante déclenchèrent une vague de protestations dans la capitale. Lorsque plusieurs manifestants furent tués par la police devant le palais présidentiel de Malacañang, Marcos cessa d'apparaître comme un sauveur de la nation.

Prenant pour prétexte la montée en puissance de groupes d'étudiants de gauche et de la NPA (Nouvelle Armée du Peuple) communiste, Marcos imposa la loi martiale (l'armée assure le maintien de l'ordre à la place de la police) à l'ensemble du pays en 1972. Grâce à cela, Marcos put se maintenir au pouvoir (la Constitution l'empêchait de se présenter à un troisième mandat) et protéger ses intérêts commerciaux à l'étranger.

1980

Ninoy Aquino est libéré pour subir un triple pontage cardiaque aux États-Unis. Il restera en exil pendant plus de 3 ans.

1981

La loi martiale est levée à la veille d'une visite du pape Jean-Paul II, qui critique les violations des droits de l'homme commises par Marcos. Peu après, des élections truquées confèrent à Marcos un autre mandat de 6 ans.

1983

Aquino est abattu à l'aéroport de Manille lors de son retour des États-Unis. Deux millions de personnes suivront son cortège funéraire.

1986

La révolution pacifique EDSA I (le People Power) chasse Marcos du pays. La veuve d'Aquino, Corazon, qui a perdu les élections contre Marcos quelques jours auparavant, devient présidente.

Dans le cadre de la la loi martiale, un couvre-feu fut imposé, les médias furent réduits au silence ou contrôlés par l'armée, les voyages à l'étranger interdits et des milliers de supposés opposants furent arrêtés et enfermés dans des camps militaires. On estime que 50 000 d'entre eux furent emprisonnés, exilés ou assassinés. Marcos ne leva la loi martiale qu'en 1981. Sa chute, cinq ans plus tard, a été abondamment décrite (voir l'encadré p. 413).

Ferdinand Marcos est mort en exil en 1989 et sa veuve Imelda est rapidement rentrée aux Philippines. Bien qu'il ait été prouvé que les Marcos ont détourné des milliards de dollars des fonds publics, Imelda continue de vivre libre à Makati.

Imelda Marcos s'est présentée sans succès aux élections présidentielles de 1992 et 1998, alors qu'elle était encore mise en examen pour quelque 900 faits de corruption et d'autres crimes. Elle a réussi à se faire élire au Congrès en 1995, puis de nouveau en 2010, à l'âge de 80 ans.

Le problème moro

La dissension musulmane émanant de Mindanao a été une constante au cours des 450 années d'existence des Philippines en tant que territoire unifié. Lorsque Legazpi accosta à Cebu en 1565, il découvrit que des missionnaires musulmans de Malacca vivaient à Mindoro et Luzon depuis des décennies. Si Legazpi parvint à chasser assez facilement les chefs musulmans de Maynilad (aujourd'hui Manille) et d'autres localités centrales, les territoires du Sud furent plus difficiles à conquérir, et une guerre de religion couva à Mindanao pendant les quatre siècles suivants.

Groupe musulman séparatiste le plus important du pays, le Front moro islamique de libération (Moro Islamic Liberation Front ; MILF) compte 12 500 membres. Cependant, le plus connu est le groupe Abou Sayyaf, qui a fait la une de la presse internationale en 2001 avec des enlèvements d'étrangers.

Le MILF a signé un cessez-le-feu avec le gouvernement en 2001, mais la violence et les attentats ont continué de manière sporadique dans la région autonome du Mindanao musulman (ARMM) jusqu'à la rupture du cessez-le-feu en août 2008. Les combats se sont intensifiés et ont perduré jusqu'à ce qu'une trêve soit signée un an plus tard. Des négociations de paix ont repris en Malaisie fin 2009, mais n'avaient guère progressé lors de nos recherches. Reportez-vous p. 332 pour une histoire complète de ce conflit.

Violences et rancœurs entre chrétiens et musulmans dans le sud des Philippines (Indes Savantes Éd., 2006), du journaliste Solomon Kane, tente de faire la lumière sur un conflit vieux de 400 ans entre Moro et nouveaux conquérants, qui déborde du simple cadre religieux.

1989

Lors d'une tentative de coup d'État contre Cory Aquino, des étrangers sont pris en otage à Makati. La supposée implication des États-Unis dans la levée du siège attise un sentiment anti-américain.

1991

L'éruption du mont Pinatubo rend inutilisable la base militaire américaine de Clark. Le Sénat philippin vote la fin de la présence militaire américaine aux Philippines.

SEONG JOON CHO/LONELY PLANET IMAGES ©

» Mont Pinatubo

1999

Alors qu'il lutte contre le MILF, le président Estrada signe le Visiting Forces Agreement permettant le retour des troupes américaines pour former les forces philippines.

Arts et culture

Les Philippins

Il est une qualité qui distingue les Philippins des autres peuples de notre planète : leur joie de vivre. Le jeepney, véritable symbole national, en est d'ailleurs une belle illustration : une antique jeep trafiquée, un peu poussive (même si désormais les jeepneys modernes sont fabriqués dans des usines philippines), qui arbore des couleurs éclatantes, des décorations faites d'images pieuses et d'inscriptions rouge vif. Les Philippins envisagent leur avenir souvent sombre avec un sourire désinvolte et malicieux. Quoi qu'il arrive... "c'est comme ça".

Avec l'exposition sur la place Saint-Pierre de ses neuf statues d'indiens philippins jouant des instruments de musique, l'artiste mindanao Kublai Ponce-Millan a été le premier artiste non italien à être autorisé à participer aux scènes de la nativité annuelles du Vatican.

Ce fatalisme porte un nom, *bahala na*, qui exprime l'idée que, comme tout est appelé à disparaître, dans l'intervalle, il faut bien vivre sa vie. Cet état d'esprit imprègne profondément la société philippine. Tout comme le *bahala na* façonne le tempérament philippin, accueillant et marqué par une certaine insouciance, il a également beaucoup à voir avec la réputation de l'archipel, qualifié parfois d'"homme malade de l'Asie", en référence à la disgrâce économique ininterrompue qu'il a connue ces quarante dernières années.

La famille et la religion sont deux influences majeures de la vie des Philippins. La famille philippine, très soudée, s'étend aux cousins éloignés, aux nombreux parrains et marraines, et au *barkada* (la bande d'amis). Tous les membres, presque sans exception, d'un groupe de parenté, peuvent compter sur une loyauté sans faille. Le respect des anciens est quant à lui d'une importance capitale.

Les familles philippines, particulièrement les familles pauvres, sont généralement nombreuses. Il n'est pas rare pour une famille d'une dizaine de membres de vivre dans un appartement minuscule, dans une cabane ou dans une paillote (hutte en feuilles de nipa). Pour cette raison, la notion d'intimité ne revêt pas pour les Philippins la même importance que pour les Occidentaux. Dans les complexes balnéaires, les visiteurs étrangers sont souvent très surpris – voire un peu inquiets – lorsqu'une famille de dix personnes prend ses quartiers, avec armes et bagages (animaux de compagnie, machine à karaoké et ustensiles de cuisine), dans la chambre d'à côté.

Tout ce qu'il faut savoir sur la démographie des Philippines est sur le site internet www.census.gov.ph/index.html.

Le *barangay*, plus petite unité administrative du pays, n'est en fait que l'extension de la communauté composée de quelques familles qui définissait la structure sociale à l'époque préhispanique. L'idée de travailler ensemble au bien commun, quasiment inexistante au niveau national, est très vivace à l'échelle du *barangay*, où on l'appelle le *bayanihan*. Petite communauté rurale à l'origine, le *barangay* est aujourd'hui encore d'actualité dans les bidonvilles, où la solidarité est essentielle à la survie des gens.

Les Philippines sont le seul pays majoritairement chrétien d'Asie : près de 90% de la population se réclament en effet de la foi chrétienne, et plus de 80% des Philippins sont catholiques romains. Malgré leurs convictions, les Philippins s'adonnent volontiers à la boisson et l'eau-de-vie locale, très bon marché, est très appréciée. L'adultère et la prostitution sont endémiques, et les vieilles rancunes se règlent souvent avec des armes à feu.

Au grand dam de l'Église catholique, les Philippins sont aussi extrêmement superstitieux. Dans les zones urbaines, guérisseurs, médiums, diseurs de bonne aventure, chaman, et évangélistes chassent le "mauvais œil", tandis que dans les campagnes, certains pensent que les grottes et les forêts sont habitées par des esprits, des fantômes et des *aswang*.

Les Philippins font preuve d'une extraordinaire tolérance à l'égard de tout le monde, y compris des voyageurs. Quelles que soient son origine ethnique, ses croyances ou son orientation sexuelle, tout un chacun reçoit un accueil très chaleureux et d'une extrême courtoisie.

Enfin, ultime caractéristique de la société philippine : un grand nombre de personnes (plus d'un million) travaillent à l'étranger. Selon les chiffres officiels (le véritable chiffre est sans doute beaucoup plus élevé), celles-ci envoient à leurs familles 15 milliards de dollars par an. Les travailleurs philippins de l'étranger (OFW, Overseas Filipino Workers) – l'infirmière au Canada, l'ouvrier du bâtiment au Qatar, la domestique à Singapour, en Israël ou en Europe – sont devenus de véritables héros nationaux.

Le documentaire *Carnets de voyage de Bernard Giraudeau : Esquisses philippines* (2005) prend le parti de nous montrer les habitants plutôt que le pays lui-même : un voyage déroutant et une belle leçon d'humanité.

Être une femme aux Philippines

Les Philippines ont élu deux femmes à la présidence au cours des vingt dernières années, et nombre d'autres femmes ont occupé des postes de pouvoir depuis l'indépendance du pays en 1946. Beaucoup considèrent que Gabriela Silang, dirigeante révolutionnaire du XVIIIe siècle, a ouvert la voie de la réussite aux femmes philippines. Comme Cory Aquino, qui aida à renverser le régime du président Marcos, Gabriela Silang était la veuve d'un dissident assassiné. À la mort de son mari, elle prit la tête d'un mouvement de résistance contre les Espagnols (voir la rubrique *Histoire* p. 408).

Toutefois, toutes les femmes de l'archipel ne connaissent pas une telle ascension. Dans de nombreux foyers, et en particulier chez les femmes les plus pauvres, ce sont elles qui assument l'éducation des enfants, la cuisine et plus généralement, les corvées domestiques. En outre, ce sont elles qui le plus souvent rapportent des revenus. Si les hommes sont autorisés – voire incités – à avoir une *querida* (maîtresse), les femmes coupables d'adultère sont la plupart du temps battues ou abandonnées par leur mari.

La violence domestique est un problème majeur aux Philippines. Environ une douzaine de cas de violences conjugales sont signalés chaque jour à la police, mais ce chiffre ne reflète sans doute qu'un très faible pourcentage des cas réels dans la mesure où de nombreuses victimes n'osent pas porter plainte. Bantay Banay (www.lihokpilipina.com), organisme local d'aide aux femmes, a mis sur pied des groupes de surveillance qui aident les victimes dans plus de 50 villes.

Dans *Princesse des rues – quinze ans au secours de l'enfance aux Philippines* (2007), Laurence Ligier décrit le sort réservé à plus d'un million d'enfants des rues et nous livre son témoignage poignant.

Arts

Musique

Les Philippins sont connus pour leurs innombrables groupes qui chantent des reprises et pour leur amour du karaoké. Cela dit, derrière leur don d'imitation se cache aussi un grand talent musical.

Phénomène en pleine expansion, la musique pop appelée OPM (Original Pinoy Music) désigne un vaste éventail de sons rock ("Pinoy rock" ou rock philippin), folk et new age, ainsi qu'un sous-genre incluant ces trois-là.

Ce dernier est incarné par Kalayo, qui compose une musique mêlant styles autochtones et rock contemporain. Formé de 11 membres, le groupe joue avec une kyrielle d'instruments à vent en bambou (semblables aux flûtes de Pan), de flûtes et de percussions, et chante dans divers dialectes et langues, notamment le cebuano, le français et le bicol. De sa voix douce et profonde, Grace Nono chante des textes empreints de spiritualité, ponctués de cris tribaux rauques et mélodiques.

Dans la mouvance du Pinoy rock, le groupe éponyme, dont le chanteur et leader s'appelle Bamboo, domine les ondes. Ces rockers combinent invectives à caractère politique et ballades, le tout pimenté de la hargne du rock garage. Plus populaire encore, la diva Kitchie Nadal, parfois douce, parfois amère, fait régulièrement des tournées internationales. À ces trois grands groupes, vient s'ajouter Rivermaya, dont l'ancien chanteur n'était autre que Bamboo. Son tube de 2005, *You'll Be Safe Here*, a remporté un certain succès à l'étranger. Tous ces groupes chantent à la fois en filipino et en anglais.

Figures vampiriques mythiques qui dévorent les enfants à naître, les *aswang* ont servi de sujet à un film d'horreur américain à succès. À la campagne, de nombreux Philippins parlent des *aswang* qui hantent les forêts locales comme s'il s'agissait d'un fait établi.

Le Pinoy rock a connu son âge d'or il y a une trentaine d'années, lorsque la scène musicale était dominée par des artistes de blues-rock comme le Juan de la Cruz Band, Anakbayan et Maria Cafra. Ces formations des années 1970 étaient bien de leur époque, tant sur le plan de la musique que du look. Le Juan de la Cruz Band est tenu pour l'inventeur du Pinoy rock car il a été le premier grand groupe à écrire des paroles en tagalog. C'est de ces humbles origines que sont nés les Eraserheads, le premier groupe philippin à connaître un modeste succès international. Composé de quatre garçons appelés les Beatles des Philippines, il s'est rendu célèbre au début des années 1990 grâce à son rock alternatif saturé de guitares. Les Philippines ont aussi leurs U2 – The Dawn, groupe vaguement new age des années 1980 – et leur Elvis en la personne d'Eddie Mesa, acteur et chanteur des années 1960.

La musique folklorique est fermement enracinée aux Philippines. La chanson *Anak*, de Freddie Aguilar, qui traite des relations parents/enfants, a apporté la gloire à ce dernier au début de la révolution pacifique People Power dans les années 1980. Joey Ayala et sa sœur, Cynthia Alexander, jouent une musique folk progressiste mâtinée d'influences tribales. Freddie Aguilar se produit régulièrement au Ka Freddie's House à Malate (Manille). Pour leur part, Cynthia Alexander et Joey Ayala jouent souvent au Conspiracy Bar de Quezon City, dont ils sont copropriétaires.

Le yo-yo, qui signifie "reviens" en tagalog, a été inventé par un Américano-Philippin. À l'origine, le yo-yo était aux Philippines une arme de chasse hérissée de clous et attachée à des cordes de 6 m de long.

YO-YO

Remontant à la fin du XIXe siècle, le *kundiman*, genre qui aborde des thèmes comme l'amour, la fatalité et la mort, demeure l'un des modes d'expression musicale les plus prisés. Les principaux instruments traditionnels dont on joue dans le *kundiman* sont le *kudyapi,* luth au son envoûtant, et le *kulintang,* série de petits gongs montés sur un *langkungan,* sorte de plate-forme de résonance.

Parmi les artistes qui ont reçu les éloges du monde entier, citons Lea Salonga qui a joué le rôle-titre de *Miss Saigon*, adaptation moderne de *Madame Butterfly*. De même, Cecile Licad s'est fait un nom sur le plan international, principalement au Japon, aux États-Unis et en Europe, en interprétant les pièces pour piano de Chopin et Schumann.

Cinéma

L'âge d'or de l'industrie cinématographique philippine remonte aux années 1950, époque à laquelle les films philippins ont remporté d'innombrables récompenses, et où Manille était la capitale incontestée du cinéma asiatique. Les studios à gros budgets, tel le légendaire LVN Pictures, produisaient de grands films épiques dans lesquels jouaient les superstars d'alors, notamment le fringant Fernando Poe Senior, et le jeune Joseph Estrada, qui deviendra plus tard président des Philippines.

L'industrie a connu un creux dans les années 1960 pour atteindre de nouveau des sommets dans les années 1970, trouvant une voie d'expression au milieu de la censure répressive mise en place par le régime Marcos. Dans les années 1980, s'inspirant d'Hollywood, les grands studios de Manille ont produit des milliers de thrillers à petit budget et très violents. Ces films sont devenus encore plus populaires lorsque l'on y ajouta des scènes de sexe dans les années 1990, pour donner naissance à un genre surnommé "bold" (audacieux).

Dans les années 2000, l'industrie cinématographique a fait faillite, victime des superproductions étrangères, du piratage endémique et de taxes très élevées. Alors que le cinéma grand public déclinait, les cinéastes indépendants se sont engouffrés dans la brèche. Les films d'auteur philippins figurent depuis régulièrement dans les festivals de cinéma internationaux. En 2008, le film *Serbis* de Brillante Mendoza, portrait d'une famille qui gère un cinéma porno à Angeles City, capitale philippine de la prostitution, a fait sensation à Cannes. Le film met notamment en scène Gina Pareño, qui a également joué dans *Kubrador* (*The Bet Collector*, 2006). *Lola* (2010) autre film réalisé par Brillante Mendoza, met en scène deux femmes âgées confrontées, dans leur propre famille, au drame de la violence à Manille. D'autres réalisateurs, comme Lino Brocka (*Les Insoumis*, 1989) et Auraeus Solito (*Busong*, 2012) ont également porté le cinéma philippin au niveau international.

Parmi les autres grandes stars philippines, citons Sharon Cuneta et Cesar Montano ; ce dernier a joué dans le film hollywoodien *The Great Raid* (2005), qui retrace le sauvetage de 500 prisonniers de guerre américains d'un camp situé au nord de Manille pendant la Deuxième Guerre mondiale.

Po-on de Francisco Sionil José (Fayard, 2001) comporte tous les ingrédients de la littérature philippine : méchants prêtres espagnols, *ilustrados* héroïques (intellectuels), résistance passive et lutte armée. C'est le 1er volume de la Saga des Rosales qui en comprend 5.

Architecture

Bien avant l'arrivée des Espagnols, l'architecture philippine se résumait à la simple hutte utilitaire en feuilles de nipa. La paillote la plus ordinaire est constituée d'une armature en bois et en bambou, coiffée

LE FABULEUX DESTIN D'ARNEL PINEDA

Il n'était qu'un petit provincial (un small-town boy, du titre éponyme de son groupe préféré, Bronski Beat), qui évoluait dans le circuit des groupes de reprises de Quezon City (conurbation du Grand Manille) comme chanteur du groupe Zoo. Arnel Pineda ne pensait pas connaître plus de gloire que les innombrables chanteurs de groupes de reprises qui divertissent la clientèle dans les bars et les hôtels, de Bahreïn à Pékin. Toutefois, il avait un atout : il imitait comme personne la tessiture gutturale très caractéristique de Steve Perry, le chanteur du groupe de rock américain Journey.

En 2006, un événement mineur sur la scène rock internationale a changé la vie d'Arnel Pineda pour toujours. Les rockers vieillissants du groupe Journey ont été contraints de se séparer de leur chanteur de l'époque, Steve Augeri, car il était en train de perdre sa voix. Il remplaçait Steve Perry, mais n'avait jamais vraiment réussi à l'égaler. L'année suivante, le groupe tomba par hasard sur les clips de Pineda diffusés sur le site YouTube. Ils l'invitèrent aussitôt à venir passer une audition à Los Angeles.

D'après ce que l'on dit, lorsque Arnel Pineda a fait sa demande de visa, personne à l'ambassade des États-Unis n'a cru à la raison officielle de son voyage : auditionner pour devenir chanteur du groupe Journey. On lui a donc demandé de chanter quelques mesures de "Wheels in the Sky". Il s'est exécuté, a reçu son visa et... en route pour la gloire ! Le groupe a présenté Pineda comme son nouveau chanteur au début 2008, et transformé du jour au lendemain près de 90 millions de Philippins, fiers de cette success-story, en fans inconditionnels du groupe Journey.

d'un toit en feuilles de palmier. Fraîche et bien ventilée, elle est adaptée au climat chaud, et se répare facilement lorsqu'elle est endommagée par un typhon.

Les Espagnols ont introduit ensuite de nouvelles formes d'architecture, comme la *bahay na bato* (maison en pierre) et les églises de style baroque, adaptées aux risques de tremblement de terre (édifices moins hauts pour plus de stabilité). Ce qui n'empêcha pas les huttes en feuilles de nipa de perdurer. Dès le XIXe siècle, les Philippins aisés construisaient déjà des demeures hybrides mêlant les styles espagnol et asiatique, auxquels ils incorporaient certains éléments des huttes traditionnelles. Ces édifices composites, reconnaissables à leurs fenêtres en coquilles de capiz (huître plate) et à leur immense *sala* (salle de séjour) en étage, restent les exemples architecturaux les plus élégants et les plus caractéristiques de l'archipel. La cité coloniale espagnole de Vigan est le meilleur endroit où les admirer. Vous en trouverez aussi de superbes dans les *barangay* les plus reculés.

L'époque coloniale américaine se caractérisait par une architecture néoclassique, visible dans nombre des bâtiments officiels de Manille. Dans les années 1930, les architectes locaux ont introduit le style Art déco dans le paysage urbain, comme en témoigne le Metropolitan Theater de Manille. Les années 1970 virent naître les créations monumentales en acier et en béton de l'architecte Leandro Locsin (1928-1994), qui dessina le Centre culturel des Philippines (Cultural Center of the Philippines) et la Banque centrale des Philippines (Central Bank of the Philippines). Aujourd'hui, le paysage urbain se distingue surtout par les gratte-ciel en verre fumé tels ceux d'Ayala Avenue à Makati, qui abritent des sociétés, et les tours d'habitation de Fort Bonifacio.

Sites Internet

» **Filipiniana.net** (www.filipiniana.net). Publie les œuvres complètes de Rizal.

» **NCCA** (www.ncca.gov.ph). Excellent site sur les arts et les groupes ethniques.

» **The Bontoc Igorot** (www.gutenberg.org/files/3308/3308-h/3308-h.htm). Une étude ethnographique délicieusement rétro.

Théâtre

Le théâtre s'est développé à partir de longues mélopées et de légendes épiques, comme le *hudhud* d'Ifugao, chant inscrit au patrimoine culturel de l'Unesco, que chantaient les Philippins pour tromper leur ennui dans les rizières autour de Kiangan, dans le nord de Luzon. Au XVIIe siècle, les Espagnols ont introduit les *sinakulos* – mystères de la Passion (représentation théâtrale de la Passion du Christ) – afin de convertir les autochtones au christianisme. Au nombre des autres formes théâtrales, citons le *moro-moro* qui glorifiait la lutte des chrétiens contre les musulmans au XIXe siècle, et la *zarzuela*, opéra-comique plus léger destiné à protester contre l'occupation américaine au début du XXe siècle.

Avec l'arrivée des Américains, l'anglais est alors devenu la langue de la scène nationale. Le journaliste, romancier et dramaturge Nick Joaquin écrivit son œuvre phare, *Portrait of a Young Artist as a Filipino*, en 1951. Mais le XXe siècle a connu d'autres dramaturges d'envergure, notamment Rolando Tinio, dont l'adaptation en filipino des classiques de langue anglaise, parmi lesquels les tragédies de Shakespeare, reste

ON NE SE MOQUE PAS DU KARAOKÉ !

Quand les Philippins veulent passer un bon moment entre eux, ils le font souvent avec un karaoké, plus connu sous le nom de "videoké" dans tout le pays. Lorsqu'il s'agit de chanter, en toute circonstance, seul ou à plusieurs, les Philippins affichent une franche décontraction et s'exécutent sans un soupçon d'ironie. Ainsi, critiquer ou se moquer de la performance de quelqu'un est tout à fait tabou, ou peut même parfois engendrer des réactions violentes.

Le "videoké" étant omniprésent, il est parfois difficile de trouver le calme dans certains lieux très touristiques. Les allergiques au karaoké auront intérêt à se cantonner aux lieux tenus par des étrangers où ce divertissement est moins présent.

sans égale, et Rene Villanueva, plus connu pour ses livres pour enfants mais également très estimé dans le domaine du théâtre.

Les dramaturges contemporains mêlent la tradition aux problèmes actuels. La Philippine Educational Theater Association (PETA ; www.petatheater.com) propose un excellent programme de création aux jeunes talents. Parmi les productions, mentionnons l'adaptation moderne du *hudhud* par Nick Pichay, et la pièce satirique *Fluid,* de Floy Quinto, qui épingle l'arrivisme régnant au sein de la scène artistique de la capitale.

Pour les M'ranano du Mindanao, le *sarimanok* (coq) est un symbole de chance ; il brise le silence, fait le lien entre la nuit et le jour, l'invisible et le visible.

Peinture et sculpture

Les *bulol,* figurines sacrées en bois sculptées par les Ifugao, servant depuis des siècles à veiller sur les rizières, sont la forme artistique la plus typique de l'archipel. Les noms des sculpteurs étaient rarement indiqués, néanmoins les Ifugao les plus âgés savent souvent identifier le créateur d'un *bulol* en se fiant au style de la statuette. Les reproductions de ces figurines abondent dans les boutiques de souvenirs.

La sculpture philippine moderne est incarnée par le chef-d'œuvre néoclassique de Guillermo Tolentino (1890-1976) : son *Monumento,* installé à Caloocan City, est un hommage au héros révolutionnaire Andrès Bonifacio. Les œuvres de José Mendoza, autre sculpteur connu, ornent, quant à elles, les rues de Makati.

Durant la colonisation espagnole, la peinture était dominée par deux maîtres incontestés de l'art philippin : Juan Luna (1857-1899) et Felix Resurrección Hidalgo (1855-1913). Le *Spoliarium* (1884) de Luna et l'*Œdipe et Antigone* d'Hidalgo firent grande impression sur le monde de l'art européen en remportant les médailles d'or et d'argent lors de la prestigieuse Exposition de Madrid en 1884.

Le saviez-vous ?

Les femmes philippines ont obtenu le droit de vote en 1937.

Le début du XXe siècle a vu émerger le talent de Fabian de la Rosa (1869-1937), dont l'œuvre se caractérise par une composition et une facture rigoureuses, et Fernando Amorsolo (1892-1972), qui peignait des personnages et des scènes de la vie rurale dans un style impressionniste libre et délié.

Vicente Manansala (1910-1981), Arturo Luz (1926), Anita Magsaysay Ho (1914), Fernando Zobel (1924-1984) et Hernando Ocampo (1911-1978) sont quelques-uns des grands peintres modernes qui se sont distingués après la Deuxième Guerre mondiale. Zobel s'essaya au cubisme, avant de devenir le premier peintre abstrait du pays. Le talentueux peintre d'origine chinoise Ang Kiukok (1931-2005), qui étudia sous la férule de Manansala, proposa, dans un style cubiste, une vision crue et violente de combats de coqs, de chiens errants et d'amants à l'âme tourmentée.

La scène artistique contemporaine est en perpétuelle effervescence. L'artiste conceptuel David Cortez Medalla, installé en Grande-Bretagne, a été le premier à lancer les mouvements d'avant-garde comme le minimalisme et les performances. Reconnu sur le plan international, l'artiste engagé Benedicto Cabrera ("Bencab") travaille au développement de l'art contemporain. Il a créé le village de Tam-awan, retraite d'artistes située à Baguio (p. 119).

Danse

La danse philippine est aussi riche et variée que l'archipel lui-même. Le *tinikling*, danse traditionnelle nationale, fait évoluer un garçon et une fille qui sautillent par-dessus deux perches en bambou maintenues horizontalement juste au-dessus du sol par d'autres danseurs, et frappées en cadence au rythme de la musique, ou de claquements de mains. Pour certains, cette danse aurait été inspirée par les oiseaux voletant dans les hautes herbes, ou par le héron qui se déplace en sautillant dans les rizières. Dans le remarquable *singkil,* variante du *tinikling*, deux danseurs, qui représentent une princesse musulmane et sa dame d'honneur, exécutent des sauts au-dessus de quatre perches en bambou que l'on frappe l'une contre l'autre de plus en plus vite. Les peuples des montagnes du nord de Luzon sont réputés pour leurs danses de chasse comme le *tag-gam* et les danses célébrant la victoire comme le *balangbang*. Au sud, le gracieux *pangalay*, parade nuptiale dansée dans l'archipel des Sulu, fait évoluer des femmes vêtues d'amples tuniques qui se disputent l'affection d'un homme.

Les deux troupes de danse folklorique les plus célèbres sont la Bayanihan National Folk Dance Company, qui s'est produite pour la première fois sur la scène internationale à l'occasion de l'Exposition universelle de Bruxelles en 1958, et le Ramon Obusan Folkloric Group, fondé en 1972. Ce sont toutes deux les compagnies résidentes du Centre culturel des Philippines.

Nombre de danseurs classiques se sont taillé une belle réputation à l'étranger, notamment Maniya Barredo, ancienne danseuse étoile du ballet d'Atlanta, et Lisa Macuja, qui a interprété Giselle avec le ballet Kirov en Russie. Lisa Macuja dirige aujourd'hui sa propre compagnie de danse, le Ballet Manila.

Sport

Le monde du sport philippin a sa star incontestée : le boxeur poids léger Manny Pacquiao ("PacMan"), considéré comme l'un des meilleurs boxeurs du monde. Pacquiao s'est extrait de la pauvreté de Mindanao pour remporter de multiples titres de champion du monde dans quatre catégories différentes (poids légers, mouches, super coqs et super plumes). Le sportif a été élu député de la province de Sarangani en 2010.

Autre légende du sport philippin, Efren "Bata" ("le Kid") Reyes est l'un des neuf meilleurs joueurs mondiaux de billard. Par ailleurs, hormis les combats de coqs, l'autre sport favori de l'archipel est le basket. La plupart des agglomérations de taille moyenne, et même les *barangay* les plus pauvres et les plus reculés sont pourvus au moins d'un terrain en ciment, couvert d'un toit en tôle ondulée. La très populaire Philippine Basketball Association (Association de basket philippine, ou PBA) attire nombre d'anciennes stars des équipes universitaires américaines.

Quant aux classes privilégiées de Manille, elles préfèrent jouer au polo ou au golf sur l'un des nombreux et excellents greens situés aux environs de la ville.

Combats de coqs

Les combats de coqs sont aux Philippines ce que le football est à la France ou le base-ball aux États-Unis. Vous en verrez à la télévision, toutefois, le seul moyen d'aborder la passion des Philippins pour ce "sport" consiste à assister à un combat.

Avant chaque combat, les paris vont bon train, et le volume sonore va crescendo au fur et à mesure que les joueurs crient le montant de leur mise à des intermédiaires. Puis la foule se tait dès que les coqs entrent dans l'arène (*cockpit*). Les volatiles, dont les pattes sont équipées d'ergots métalliques de 8 cm, circulent dans l'arène au hasard, jusqu'à ce que leurs propriétaires les excitent contre leur adversaire. Le combat lui-même, lorsqu'il commence véritablement, est aussi rapide que violent. Le vainqueur est ensuite amené à une équipe de chirurgiens qui recousent ses plaies et lui administrent des antibiotiques. Quant au perdant, il finit en principe dans la casserole.

Les touristes occidentaux apprécient peu ce sport national, mais leurs plaintes ne suscitent guère de compassion de la part des Philippins qui se demandent, avec un sourire, pourquoi faire tant d'histoires…

Pour voir un combat de coqs, consultez le programme dans les principales arènes des villes des différentes provinces. À Manille, le plus sûr est d'aller au **Pasay City Cockpit** (carte p. 58 ; Libertad St, Pasay).

La cuisine philippine

Kain na tayo – “mangeons”. C'est l'invitation philippine à passer à table, que vous entendrez partout. Cette expression révèle deux aspects essentiels du peuple philippin : le sens de l'hospitalité et l'amour de la nourriture. Trois repas par jour ne suffisant pas, les Philippins y ont ajouté deux *meryendas*. Le terme signifie “en-cas”, mais ne vous y trompez pas, la *meryenda* de l'après-midi (goûter) comprend des mets aussi nourrissants que le *bihon* (bâtonnets de riz cuits) ou du *goto* (sorte de porridge philippin) et de la *bibingka* (gâteau de riz et fromage).

La cuisine philippine a une réputation assez médiocre tant en Occident, où les restaurants philippins sont rares, qu'en Asie, où leur cuisine est considérée comme peu fine. En réalité, la cuisine locale (ou *pinoy*) ne mérite ni sa mauvaise réputation à l'étranger, ni les louanges dans l'archipel. Mais tout dépend de vos goûts, évidemment. Les visiteurs trouvent parfois la cuisine philippine un peu lourde, trop salée et surtout trop sucrée. On ajoute en effet du sucre un peu partout, que ce soit dans les hamburgers de l'enseigne Jollibee ou dans les plats du restaurant thaï du coin. Soyez curieux, les expériences font partie du voyage !

La Cuisine des Philippines, de Margarita Marquis (Publibook, 2007), présente un aperçu assez complet des plats et de la cuisine de ce pays.

Spécialités locales

Si le *balút,* un œuf de cane bouilli contenant un embryon partiellement développé, parfois doté de duvet, repousse la plupart des Occidentaux, les autres spécialités sont plus appétissantes comme le plat national, l'*adobo*, à base de porc, de poulet ou un mélange des deux, mariné dans du vinaigre et de l'ail, et que l'on fait mijoter jusqu'à ce que les viandes deviennent tendres. Bien cuisiné, c'est un régal.

On trouve souvent dans les menus du *sinigáng* (viande ou poisson bouilli dans une soupe amère au tamarin), du *kare-kare* (queue de bœuf et légumes cuits dans une sauce d'arachides), la *crispy pata* (jarret ou articulation de porc frits) et du *pancit* (nouilles sautées). On voit un peu partout des restaurants *ihaw-ihaw*, qui servent l'*inihaw* (grillade de viande ou de poisson). Le *lechón* (cochon de lait rôti à la broche) est de rigueur lors des fêtes. Les amuse-gueule courants sont la *lumpia* (rouleau de printemps, souvent végétarien) et le délicieux *kinilaw* (produits de la mer marinés). Le petit-déjeuner se compose de riz (à l'ail de préférence) avec un œuf sur le plat, de *tapa* (tranches de bœuf salé et séché), de *tocino* (porc au miel), de *bangús* (chanos ou poisson-lait) ou de *longganisa* (saucisse). En dessert, essayez le *halo-halo,* un verre rempli de fruits en conserve, de maïs, de noix de coco et de diverses délices tropicales, auxquels on ajoute de la glace pilée laiteuse, une touche de crème caramel et une boule de glace.

Vous trouverez sur www.filipinorecipe.com une excellente gamme de recettes philippines, un bon glossaire culinaire et un forum. En anglais.

La cuisine philippine est généreuse en viandes, moins en légumes. Un seul plat végétarien est assez courant : le *pinakbét,* bon ragoût de citrouille, haricots verts, aubergine, okra et autres légumes, assaisonnés d'ail, d'oignon, de gingembre, de tomates, de beurre de crevette et, parfois, de lait de coco.

Les régions ont leurs spécialités et accommodent les plats comme la *longganisa, le lechón* et même le *balút* à leur manière. La cuisine épicée de Bicol est sans doute la plus accessible aux palais occidentaux (consultez l'encadré p. 162), et les Philippins considèrent la province de Pampanga, dans le centre de Luzon, comme la capitale gastronomique du pays.

Fruits et légumes

Même si elles n'importent que 10% du riz qu'elles consomment, les Philippines en sont le plus grand importateur au monde.

Si vous êtes en manque de fruits et de légumes aux Philippines (et nombre de visiteurs le sont), achetez-en dans les marchés de rue ou aux étals de rue et, dans les grandes villes, dans les supermarchés. Les fruits et les légumes sont d'une étonnante variété, et tous les produits locaux sont plus qu'abordables.

Les fruits exotiques comme le durian, le mangoustan, le ramboutan, le jaque et le longane, poussent ici de façon saisonnière. Les *lanzones*, de la taille d'une noix, semblables aux longanes, mais plus acides, sont la spécialité locale. Le *santol* ressemble extérieurement à l'orange, mais sa pulpe blanche a une texture granuleuse. La région de Davao est réputée pour faire pousser les meilleurs fruits tropicaux du pays, notamment de délicieux mangoustans, de fameux durians (malodorants) et de succulents pomélos. Par ailleurs, c'est aux Philippines que l'on trouverait les meilleures mangues du monde.

Des légumes comme la laitue, les carottes et les brocolis sont cultivés à haute altitude et vendus dans les marchés de tout le pays. Les légumes exotiques comprennent le *kamote* (patate douce), l'*ube* (igname violette), l'*ampalaya* (une courge au goût amer) et le *sayote* (christophine).

Boissons

Boissons sans alcool

La mangue des Philippines a été classée parmi les fruits les plus sucrés du monde dans le *Guinness Book of Records* de 1955.

Vous pouvez boire l'eau du robinet dans la plus grande partie des Philippines, mais afin de ne prendre aucun risque, nous vous conseillons de consommer de l'eau bouillie, ou en bouteille, qui ne coûte presque rien (sauf dans les restaurants). Sinon munissez-vous, avant votre départ, de cachets purificateurs d'eau (voir aussi p. 452).

Dans les restaurants chinois, on vous servira du thé, et ailleurs, bien souvent, des boissons non alcoolisées, du genre soda. Le jus de *buko*, réputé pour éviter la déshydratation, est du lait de coco avec des morceaux du fruit. Il est généralement vendu dans la coque même, mais mieux vaut le consommer dans un verre ou en bouteille. Le jus de *guayabano* (corossol) est sucré et rafraîchissant. Quant au jus du *calamansi* ou *kalamansi*, un petit agrume local, il est tout aussi désaltérant, et on en met parfois dans le thé noir. On lui attribue de merveilleux pouvoirs curatifs, alors goûtez-en...

Boissons alcoolisées

À environ 30 P la bouteille, la San Miguel ("San Mig") et autres bières légères produites sur place monopolisent le marché, même si l'on trouve d'autres marques importées, et plus chères, à Manille. À l'exception de la bière Beer Na Beer (locale), la plupart des bières dans les boutiques sont des produits San Miguel, y compris la très populaire Red Horse "extra forte" (7% d'alcool – et 100% de chance d'avoir une gueule de bois).

Cognacs, whiskies et gins sont également distillés dans l'archipel. Le Tanduay Rum (40-80 P la bouteille de 500 ml) est un rhum parfaitement correct – et un antiseptique au cas où ! Les breuvages ruraux comprennent le *basi*, un vin doux comme le porto fait à base de jus de canne à sucre. Il existe aussi un vin de palme fort appelé *tuba*, extrait des fleurs de coco ;

dans sa forme distillée brute, on l'appelle *lambanog*. La "gnôle" locale est plutôt forte et votre estomac (voire votre tête) vous remerciera au matin d'avoir mangé du *pulutan* (amuse-gueule) toujours servi avec l'alcool.

Plats de fête

Chaque village et chaque ville des Philippines ont leur propre fête, généralement célébrée le jour de leur saint patron (calendrier catholique). Historiquement, la coutume voulait que chaque maisonnée prépare un repas et le serve à quiconque se présentait à sa porte. Aujourd'hui, quand les Philippins reçoivent des invités, le menu varie selon la région, mais il est en général constitué de porc, de bœuf et de poulet, parfois d'un peu de poisson et de crevettes.

La *kaldereta* (ragoût de bœuf ou parfois de chèvre), l'*igado* (foie de porc sauté), le poulet frit et, bien sûr, le *lechón* font partie des mets qui vous seront présentés lors d'une fête. Des gâteaux de riz sucrés et des spécialités locales sont servis en dessert. Les anniversaires et autres fêtes privées sont généralement célébrés avec un grand plat de *pancit*, bien qu'aujourd'hui il soit souvent remplacé par des spaghettis, très sucrés pour les papilles de la plupart des Occidentaux, et l'on termine le repas par un gâteau et de la crème glacée.

Dingras, dans la province d'Ilocos Norte, détient le record mondial du plus gros gâteau de manioc (un genre de *bibingka* ; gâteau de riz surmonté de fromage) : 100 m de long !

Établissements

Le restaurant philippin de base est appelé *turo-turò* (littéralement "pointez-pointez"), un lieu où les clients commandent en montrant du doigt la nourriture présentée. Les restaurants peuvent prendre de nombreuses formes, depuis les petites cantines de bord de route aux grandes chaînes populaires. N'hésitez pas à vous attabler dans ces chaînes de restaurants ordinaires, comme Gerry's, Dencio's ou Max's, car ils préparent une cuisine philippine authentique et vous changeront des en-cas proposés aux étals de rue.

Contrairement au reste de l'Asie du Sud-Est, où l'on peut faire un repas complet dans la rue, aux Philippines les étals ambulants ne proposent guère plus que de la *meryenda*. Les boulettes de poisson, ou de calamar, frites dans de l'huile bouillante et servies sur une brochette, sont très populaires. Les vendeurs ambulants proposent aussi du *balút* (dans un panier) et une douceur à base de fromage de soja appelée *taho*.

FAITES VOYAGER VOS PAPILLES

Les Philippines sont l'endroit rêvé pour les aventuriers culinaires. Commencez par le *balút*, ou "œuf à pattes". Le site de WOW Philippines (www.wowphilippines.com.ph) recommande de s'y prendre ainsi : "Tapotez légèrement l'extrémité la plus large de cet œuf de cane mollet et commencez à l'écaler. Ajoutez un peu de sel et aspirez la savoureuse soupe. Cela fait, continuez à écaler l'œuf jusqu'au jaune qui présente l'aspect d'un œuf dur, et contient un embryon de canard."

L'*aso*, ou *asusena* (viande de chien), a la réputation d'être plus savoureuse que toute autre viande rouge. Ce mets est très apprécié dans les montagnes de la cordillère du nord de Luzon, comme la "soupe n°5" (soupe de testicules de taureau).

Dans certaines provinces, les gens cuisinent tout et n'importe quoi sous forme d'*adobo* – rat, chat, chauve-souris, grenouille, grillon, *bayawak* (varan)... Si vous manquez de courage, buvez d'abord un verre de *lambanog* (vin de palme grossièrement distillé). Les scarabées, frits ou flottant dans la soupe, et les nids de fourmis vapeur sont deux spécialités des Philippines, mais qui se font plus rares.

Comparé à ces délices, le *sisig* – une assiette de joues de porc grillées – n'a pas de quoi faire peur. C'est un amuse-gueule très apprécié dans les bars, et c'est très bon. Le *sisig* est le cousin des *bopi* – morceaux de poumons de porc sautés.

Certaines villes ont des marchés extérieurs où des vendeurs servent des spécialités régionales et nationales. On en trouve notamment à Vigan, Legaspi, Dumaguete et Cagayan de Oro.

Végétariens

Le dessert philippin éclectique *halo-halo* se traduit très justement par "mix-mix".

HALO-HALO

Si vous êtes végétarien ou végétalien, les Philippines vous donneront du fil à retordre, au point que vous pourrez envisager d'importer des produits ! Il est difficile de trouver des produits à base de soja en dehors des grandes villes, où les marchands et les restaurants chinois vendent du tofu, du lait de soja, etc. Les haricots (haricots secs) ne sont pas si fréquents dans les menus, il est donc difficile de trouver des protéines adéquates. Si cela vous contrarie, achetez-en avant de quitter Manille ou Cebu.

La plupart des restaurants, même *turo-turò*, proposent des légumes poêlés, mais de nombreux légumes sont cuisinés avec (ou incorporent tout simplement) des morceaux de viande. Les bouillons de viande sont fréquemment utilisés en cuisine et autant dire qu'il est quasiment impossible de demander aux chefs de changer leurs méthodes, notamment dans les villages. Dans les villes, vous trouverez des petites boutiques qui vendent du pain, des céréales et du lait ; et dans les grandes métropoles, comme Manille, Cebu ou Puerto Princesa, des supermarchés bien approvisionnés. Une fois encore, si vous allez vers l'intérieur des terres, ou dans les petites îles, faites des provisions avant de prendre la route. Cela dit, si vous mangez du poisson et des œufs, vous n'aurez aucun problème pour vous nourrir aux Philippines… et vous pourrez toujours vous rabattre sur un bol de riz !

À table

Un repas de tous les jours aux Philippines est très informel, mais qui peut prendre l'apparence d'un dîner à l'occidentale dans les maisons les plus aisées. En général, les habitants mangent avec une fourchette et une cuillère (mais pas de couteau) – ce qui décontenance parfois les visiteurs. Pour manger, la plupart s'assoient à table, comme en Occident.

Les mots à la bouche

Le nom des plats décrit souvent la façon dont ils sont cuisinés. Ainsi, il est utile de se souvenir que l'*adobo* est cuit dans le vinaigre et l'ail, que le *sinigáng* est une soupe amère, que *ginataan* signifie cuit dans du lait de coco, que *kilawin* ou *kinilaw* désignent des produits de la mer crus ou marinés dans du vinaigre, que le *pangat* comprend des tomates dans un bouillon clair et que l'*inihaw* est une grillade de poisson ou de viande (*ihaw-ihaw* désigne les restaurants de grillades). Épicé se dit *maanghang*.

Reportez-vous également au chapitre *Langue* (p. 458).

Quelques expressions utiles

Je suis végétarien.	Akó ay bedyetaryan.
Je ne mange pas de viande.	Hindî akó kumakain ng karné.
Qu'y a-t-il de bon ?	Anong masarap ?
S'il vous plaît, apportez-moi…	Pakidalá ang…
Combien ?	Magkano ?
Le service est-il compris ?	Kasama na ba ang serbisyo sa tsit ?
Jusqu'à quelle heure restez-vous ouvert ?	Hanggang anong oras kayo bukas ?

Boissons

avec/sans glace	may/waláng yelo
avec /sans lait	may/waláng gatas
avec /sans sucre	may/waláng asukal
bière	serbesa
boisson à l'orange	orens juice
boisson non alcoolisée	sopdrink
cacao	kokwa
café	kapé
eau	tubig
eau bouillie	pinakuluáng tubig
eau chaude	mainit na tubig
eau froide	malamíg na tubig
eau minérale	míneral water
jus	juice
limonade	limonada
(tasse de) thé	(isáng) tsaá

Épices et condiments

ail	bawang
beurre de crevette	bagoong alamáng
beurre de poisson	bagoong
gingembre	luya
petit piment fort	siling labuyò
poivre	pamintá
sauce de poisson	patís
sauce soja	toyò
sel	asín
sucre	asukal
vinaigre	sukà

Fruits

ananas	pinyá
avocat	abokado
banane	saging
fruits	frutas or prutas
citron (local)	calamansi
citron vert	dayap
mangue	manggá
orange (locale)	dalandán
pamplemousse	suhà
papaye	papaya
pastèque	pakwán
pomme de lait (ou caïmite)	kaimitò
prunes (locales)	sinigwélas

Légumes

aubergine	talóng
chou	repolyo
germes d'épinards	kangkóng
germes de soja	togè
haricots	bataw
légumes	gulay
manioc	kamoteng kahoy
margose ou melon amer	ampalayá
okra	okra
patates douces	kamote
piment de Cayenne	dahon ng siling
pommes de terre	patatas
tomates	kamatis

Produits de la mer

crabes	alimango (grands, carapace épaisse) alimasag (tachetés, carapace fine) talangkâ (petits crabes de rivière)
crevettes	hipon
crevettes (roses)	sugpo
encornet	pusit
huîtres	talabá
langouste	uláng
mérou	lapu-lapu
moules	tahóng
palourdes	tulyá
poisson	isdâ
poisson-chat	hitò
poisson-lait ou chanos	bangús

Viande

bœuf	(karnéng) baka
canard	pato
chèvre	(karnéng) kambíng
gibier	(karnéng) usá
jambon	hamón
porc	(karnéng) baboy
poulet	manók
viande	kárné

Vocabulaire de base

assiette	plato
beurre	mantikilya
couteau	kutsilyo

cuillère	kutsara
déjeuner	tanghalian
dîner	hapunan
en-cas	meryenda
fourchette	tinidór
lait de coco	gatâ
œufs	itlóg
pain	tinapay
petit-déjeuner	almusál/agahan
riz (cuit)	kanin
riz (cru)	bigás
serviette	serbilyeta
verre	baso

Pour décrypter la carte

adobo	poulet, porc ou les deux, mariné dans du vinaigre et de l'ail et mijoté
adobong pusít	calamar (ou seiche) cuit façon *adobo*
arróz caldo	soupe de riz à l'espagnole avec poulet, ail, gingembre et oignons
aso	viande de chien ; mangée (avec ou sans condiments) par les tribus des collines du nord de Luzon
balút	œuf de cane contenant un embryon partiellement formé
calamares	calamars frits et croustillants
crispy pata	jarret ou articulations de porc frits
goto	gâteau de riz aux tripes (porc ou bœuf)
halo-halo	fruits en conserve, glace pilée, crème glacée, noix de coco et maïs
lechón	cochon de lait rôti à la broche avec une sauce au foie
lechón kawali	porc frit croustillant
lomi	plat de nouilles
lumpia	rouleau de printemps à la viande et/ou aux légumes
mami	soupe aux nouilles ; semblable au *mee* de Malaisie ou d'Indonésie
menudo	porc sauté avec ail et oignon, et généralement garni de saucisse
pancit bihon	soupe aux nouilles, claire ou épaisse
pinakbét	ragoût de légumes variés
pochero	ragoût de bœuf, poulet, porc, saucisse et légumes, principalement du chou
rellenong bangus	chanos farci et frit
tapsilog	*tapa* (bœuf séché), *sinangag* (riz frit à l'ail) et *itlog* (œuf frit) ; au petit-déjeuner
tocino	porc séché au salpêtre

Environnement

Les Philippines sont en train de mener une véritable bataille pour préserver les extraordinaires flore et faune qui en font l'un des principaux centres névralgiques de la biodiversité mondiale. Malheureusement, la déforestation, la pêche intensive avec parfois des méthodes dévastatrices (dynamite, cyanure) et la pollution ont déjà dévasté nombre des fragiles écosystèmes marins et forestiers du pays. Le compte à rebours est enclenché pour sauver ce qui reste.

Malgré ses allures d'ours en peluche, le binturong n'est ni un ours ni un chat, mais un type de viverridé apparenté à la civette.

Ces dernières années, le pays a fait beaucoup de progrès en matière environnementale. Des zones de non-pêche et des réserves marines ont été instaurées. Des forêts et des espèces ont été déclarées protégées. Toutefois, comme souvent dans les pays pauvres, les problèmes de base, tels que l'explosion de la croissance démographique, la pauvreté et l'indifférence de la population aux problèmes environnementaux, gâchent les efforts entrepris.

Le message adressé aux visiteurs qui veulent jouir des trésors naturels des Philippines est clair : profitez-en tant qu'il en est encore temps.

Géographie et géologie

Pour des informations de l'ONG Conservation International sur la biodiversité aux Philippines, voyez le site www.biodiversityhotspots.org/xp/Hotspots/philippines.

Formées d'un chapelet de 7 107 îles s'étirant sur 1 900 km depuis l'extrémité des Batanes jusqu'à l'archipel des Sulu, les Philippines défient les catégories géographiques. Les îles se composent typiquement d'un centre montagneux couvert de jungle, et ceint d'un rivage baigné par des eaux turquoise et d'un récif corallien.

Il existe des variantes : certaines îles se réduisent à une langue de sable blanc, à la crête d'un volcan immergé ou à une imposante muraille de calcaire stratifié qui a émergé des profondeurs. Cette dernière formation est caractéristique de l'un des sites naturels les plus extraordinaires du pays, l'archipel de Bacuit, à Palawan.

Les Philippines sont riches en montagnes, volcans, récifs coralliens, grottes calcaires, et le pays doit ses célèbres plages à la ceinture de feu de l'océan Pacifique. Le volcan le plus beau est le mont Mayon, extrêmement actif et dont le cône symétrique apparaît sur d'innombrables cartes postales. Le plus haut sommet est le mont Apo (2 954 m), à Mindanao, l'un des quatre massifs du pays dépassant les 2 900 m.

La plus grosse perle au monde a été pêchée par un plongeur philippin au large de Palawan en 1934. Pesant plus de 6 kg, elle vaudrait 42 millions de dollars américains.

Sous l'eau, de formidables forces souterraines ont sculpté certaines des plus longues et des plus vastes cavernes d'Asie, comme celle où coule la rivière souterraine de Palawan.

Le paysage doit aussi parfois sa beauté à la main de l'homme, comme en témoignent les spectaculaires rizières en terrasses du nord de Luzon.

Faune et flore

Pendant des millénaires, des milliers d'espèces inconnues du reste du monde ont évolué, isolées du reste de l'Asie du Sud-Est. Leurs singularités sont telles que les biologistes ont surnommé l'archipel les “Galapagos puissance dix”.

SITES INTERNET UTILES

Les sites Internet suivants publient des informations sur les problèmes écologiques propres aux Philippines sous un angle local ou mondial.

» **Coral Cay Conservation** (www.coralcay.org). Impliqué dans la protection des récifs de corail et des forêts tropicales.

» **Haribon Foundation** (www.haribon.org.ph). L'un des précurseurs du mouvement écologiste aux Philippines. La fondation, qui entend protéger la biodiversité du pays, travaille à la préservation de l'habitat des espèces en voie de disparition et d'autres zones.

» **Negros Forests and Ecological Foundation Inc** (www.negrosforests.org). Pour la protection de divers habitats philippins, notamment à Negros.

» **One Ocean** (www.oneocean.org). Pour la protection et la gestion des zones côtières des Philippines.

» **Protected Areas & Wildlife Bureau** (Bureau des zones et des espèces protégées, PAWB ; www.pawb.gov.ph). Entre autres informations de premier ordre, ce site fournit des nouvelles fraîches sur les programmes publics de protection du *tamaraw* (buffle des Philippines), du rat des nuages, du *pawikan* (tortue de mer), du grand-duc des Philippines, des rapaces, des cacatoès et du crocodile.

Le pays abrite environ 13 500 espèces de plantes – seuls quatre pays en possèdent davantage. Selon les scientifiques, 30 à 40% de ces espèces ne se trouveraient qu'aux Philippines.

Cet endémisme caractérise aussi la faune : les îles sont peuplées d'au moins 111 mammifères uniques au monde, soit davantage que Madagascar. Pourtant, les Philippines sont moins connues des chasseurs d'images, et pour cause : les animaux terrestres y sont souvent petits et/ou difficiles à repérer.

Les eaux et le ciel ne sont pas moins intéressants. Leurs 500 espèces de coraux classent les Philippines au deuxième rang mondial pour leur diversité. Quelque 600 espèces d'oiseaux vivent dans ce pays, dont 200 ne se rencontrent nulle part ailleurs. Seuls l'Indonésie et le Brésil, beaucoup plus vastes, possèdent davantage d'espèces endémiques.

Animaux

L'animal emblématique des Philippines est l'adorable tarsier, un primate qui a la taille d'une main et que l'on trouve uniquement dans l'île de Bohol. Cet animal nocturne est extrêmement discret, mais le sanctuaire des tarsiers (p. 302) permet de l'observer sans menacer l'espèce. Le tarsier est souvent décrit comme le plus petit primate au monde, mais à tort, car cette distinction revient au microcèbe pygmée de Madagascar. Les Philippines peuvent néanmoins s'enorgueillir du plus petit mammifère ongulé, le grand chevrotain, très rare.

Un crocodile de plus de 6 m, l'un des plus grands du monde, a été capturé en 2011 près de Bunawan, à Mindanao.

D'autres espèces sont également en voie de disparition : le crocodile des Philippines, que l'on peut apercevoir dans le parc naturel du nord de la Sierra Madre (p. 147), le *tamaraw* ou buffle des Philippines – un buffle d'eau nain vivant uniquement à Mindoro, où on peut l'apercevoir dans le parc national du mont Iglit-Baco (p. 196), et les huit espèces de chauves-souris frugivores (renards volants) qui occupent les grottes de tout le pays.

Les reptiles sont moins rares. Outre les incontournables geckos, il existe une grande variété de serpents, venimeux ou non, comme le python et les serpents marins. Moins visibles sont les bêtes à écailles (lézards) comme l'agame aquatique et le dragon volant, découvert par José Rizal, héros national, durant son exil à Dapitan, sur Mindanao.

Les requins-baleines, les requins-renards et les myriades de poissons attirent les plongeurs du monde entier. Pendant la saison, vous pourrez peut-être repérer des baleines, mais les dauphins sont beaucoup plus courants. Moins connus, les dugongs (appelés *duyong* aux Philippines), sortes de vaches de mer qui peuplaient jadis le eaux du pays, se sont considérablement raréfiés. Vous pourrez en observer dans la région de Malita, à Mindanao, et dans les eaux au large de l'île de Busuanga, dans le nord de Palawan.

L'oiseau national, l'aigle des singes ou *haribon*, qui serait le plus grand aigle au monde, est également en voie de disparition. Seules quelques centaines d'individus survivent en liberté, essentiellement dans les forêts humides de Mindanao, Samar, Leyte et dans le massif de la Sierra Madre dans le nord de Luzon. La **Philippine Eagle Foundation** (www.philippineeagle.org) s'emploie à sauver cet oiseau majestueux.

Avec ses 24 mm, l'*Hippocampus bargibanti* philippin s'est fait voler le titre de plus petit hippocampe du monde par un cousin indonésien de 16 mm récemment découvert, l'*Hippocampus denise*.

Plus au sud, le calao des Sulu est un oiseau aussi beau que discret des montagnes de Sulu, Jolo et Tawi-Tawi. L'éperonnier napoléon est également remarquable : le mâle arbore une crête d'un bleu métallique, de longs sourcils blancs et une queue pourvue de taches de couleurs ressemblant à des yeux bleus ou pourpres. Candidat au statut d'espèce en voie de disparition, cet oiseau terrestre vit au plus profond des forêts de Palawan.

Plantes

Si l'emblème des Philippines est l'arbre *nara*, paré de jolies fleurs jaunes, la plante officielle devrait être le nipa, auquel les traditionnelles huttes de nipa empruntent leur nom et leurs feuilles (dont on tapisse les murs et le plafond).

La fleur nationale est la *sampaguita*, variété très parfumée de jasmin, mais l'orchidée mériterait aussi ce titre : les Philippines en possèdent quelque 900 superbes espèces endémiques, comme le *waling-waling* (*Vanda sanderiana*) de Mindanao et l'epidendrum à taches rouges (*Renanthera mautiana*).

Le rat des nuages est un rongeur nocturne que l'on ne rencontre qu'aux Philippines. Deux des six espèces de ce petit rongeur sont en grave danger d'extinction, et l'une s'est peut-être déjà éteinte.

Écotourisme

Avec ses merveilles naturelles faisant face à toutes sortes de menaces environnementales, les Philippines sont prêtes pour une révolution écotouristique. Sous l'eau, celle-ci a déjà commencé : le développement de la plongée a conduit à la création de réserves marines protégées, tandis qu'à Donsol, ceux qui pêchaient jadis à la dynamite gagnent désormais leur vie en amenant les touristes nager avec les requins-baleines.

Malheureusement, la situation est loin d'être aussi encourageante sur terre, où les intérêts de l'exploitation forestière sapent les efforts de protection et où les autorités touristiques semblent ignorer l'extraordinaire potentiel du pays en matière de tourisme "d'aventure". Seules quelques agences proposent des circuits spéléo, randonnée, rappel, kayak et VTT pour lesquels le pays semble avoir été conçu.

L'OR NOIR

Projet de 4,5 milliards de dollars, le gazoduc sous-marin de Malampaya transporte du gaz naturel depuis les plates-formes de forage au nord-ouest de la pointe de l'île principale de Palawan et traverse le détroit de Linapacan avant de rejoindre les centrales de Luzon. En activité depuis 2001, ce gazoduc constitue le deuxième plus gros investissement étranger de l'histoire du pays : le gouvernement recevrait des compagnies pétrolières une somme estimée à 800 millions de dollars. Une grande partie de cette somme est réservée aux autorités de Palawan, mais l'essentiel va néanmoins directement dans les poches des politiciens.

Parcs nationaux

Une meilleure gestion des parcs nationaux du pays serait bien nécessaire avant l'éclatement d'une révolution écotouristique terrestre. On estime que seuls sept parcs nationaux des Philippines remplissent les critères internationaux en vigueur. La plupart des parcs contiennent des foyers de populations, parfois importants. Seuls quelques-uns sont dotés d'une administration, de plans des sentiers, de campements réglementés, voire d'une petite infrastructure. Le parc national du mont Pulag dans le nord de Luzon (p. 130), le parc naturel du mont Kanlaon sur Negros (p. 274), le parc national du mont Isarog dans le sud-est de Luzon (p. 161) et le parc naturel du mont Guiting Guiting (p. 237), d'une stupéfiante diversité, sur l'île de Sibuyan, à Romblon, sont parmi les rares à être aménagés, même modestement.

Dans la plupart des autres zones protégées, le visiteur devra compter sur ses propres ressources. Prenons l'exemple de la plus importante zone protégée du pays. Occupant 476 588 ha, le parc naturel du nord de la Sierra Madre (p. 147), à Luzon, contient environ la moitié de ce qui reste de forêt primaire aux Philippines. Or, faute de sentiers clairement signalés et de cartes, il est impossible de l'explorer sans une solide expérience de l'orientation et de la survie dans la jungle, et/ou un excellent guide local. La situation est meilleure à l'échelle provinciale et municipale. Là, quelques gouvernements locaux dissidents (comme la ville d'Alaminos, proche du parc national Hundred Islands) apportent leur soutien à la création de réserves marines et naturelles, tout en menant campagne contre la pêche illégale, et les dégâts causés par l'industrie minière, l'abattage et les chantiers énergétiques dans les zones protégées. Entre 1997 et 2008, le nombre de zones marines protégées du pays a doublé pour dépasser 1 150. Ainsi, à Palawan, où l'écologie est prise très au sérieux, plus de 60 zones marines ont été créées. Mieux protégée, la vie sous-marine a repris, et les récifs coralliens se sont assainis, notamment dans des parcs côtiers tels que le parc national Hundred Islands et le parc naturel d'Apo Reef.

Réfléchissez à deux fois avant de commander du poisson vivant dans un restaurant philippin : beaucoup sont pêchés avec du cyanure ou autres méthodes destructrices.

Écologie

Terre

L'ONG Conservation International, alarmée par le sort des forêts, de la faune et de la flore des Philippines, a désigné l'archipel "première priorité écologique." Avant 1900, environ deux tiers de l'archipel étaient couverts d'une forêt primaire dense et humide. Aujourd'hui, on estime que les arbres ne couvrent qu'un quart du pays, voire moins, et qu'une petite portion seulement constitue une véritable forêt primaire. La déforestation se poursuit à un rythme très soutenu et les forêts philippines pourraient disparaître d'ici à 2100.

Les écologistes ont observé que l'altitude protège une bonne partie des arbres de l'avidité de l'industrie du bois. Quant à la forêt secondaire clairsemée, elle n'a pas encore été victime des terribles accords de gestion forestière intégrée. Ces conventions sont les principales coupables : les textes ouvrent 75% des forêts à l'exploitation !

Cette situation dramatique s'explique par l'abattage anarchique des arbres, l'accroissement considérable des terres agricoles et le départ des populations vivant dans les plaines. Tout au long du XXe siècle, les revendications des peuples autochtones sur les hautes terres furent ignorées, et les richesses confisquées par une puissante élite. Les communautés pauvres des plaines gagnèrent les collines, souvent pour défricher, repoussant les autochtones vers des terres de moins en moins fertiles.

Les premières batailles pour sauver ce qui restait de forêts montagneuses ont coïncidé avec les revendications foncières des

Atteignant 10 497 m de profondeur, la fosse de Mindanao (Mindanao Trench), située dans la mer des Philippines, est la deuxième plus profonde fosse océanique du globe.

En 2011, le lézard moniteur à points dorés découvert dans le parc naturel du nord de la Sierra Madre, dans le nord de Luzon, est apparu sur la très convoitée liste des dix espèces récemment découvertes de l'International Institute for Species Exploration.

autochtones, et de nouvelles politiques de protection, mais les grandes entreprises nationales et internationales continuent de plaider auprès du gouvernement en faveur de l'abattage généralisé et, surtout, de l'extraction minière. La présidente Gloria Macapagal Arroyo s'est conformée à leurs exigences durant tout son mandat : de 2006 à 2009, l'investissement dans le secteur minier a plus que doublé. Reste à voir si son successeur, Benigno Aquino III, sera aussi généreux dans la distribution des permis miniers.

Le gouvernement affirme que des mesures ont été prises contre le déplacement des communautés autochtones et la destruction de l'environnement, et pour prévenir les graves accidents qui se sont répétés sur les chantiers, comme celui de Marcopper, à Santa Cruz, Marinduque. Reste à savoir si les entreprises s'y plieront…

Mer

Avec un écosystème côtier s'étendant sur près de 20 000 km, les Philippines sont parmi les premières victimes du réchauffement climatique. Des coraux centenaires meurent à un rythme effréné. Selon une estimation récente de la Banque mondiale, seul 1% des récifs coralliens de l'archipel demeure intact, et plus de 50% sont touchés. Il suffit de plonger sur un cimetière de corail dans des sites de plongée touristiques comme Puerto Galera (Mindoro) ou Boracay (Panay) pour le constater…

Les scientifiques expliquent ce "lessivage corallien" par l'augmentation de la température de l'eau induite par le réchauffement climatique. El Niño a aussi endommagé les récifs des Philippines, de même que l'acanthaster, étoile de mer vorace, qui prolifère à mesure que la surpêche détruit ses prédateurs, comme le poisson napoléon (*Shelinus undulatus*). Des associations écologiques et des groupes de plongeurs locaux ont réagi en organisant des ramassages d'étoiles de mer dans l'espoir de sauver les récifs dans des zones comme Puerto Galera et Padre Burgos (Leyte).

La pauvreté est un autre fléau : les communautés de pêcheurs emploient encore des méthodes dévastatrices comme la dynamite, le cyanure et le chlore. Le cyanure assomme les poissons, qui sont ainsi attrapés vivants et vendus plus cher, mais tue aussi le corail. La pêche à la dynamite détruit les poissons et les récifs.

Les Philippines pratique

Carnet pratique

Activités sportives

En dehors de la plongée (p. 25), l'activité la plus populaire dans l'archipel, on peut aussi pratiquer le snorkeling, le surf, la randonnée, le kitesurf et la spéléologie. Des informations à ce sujet figurent dans les chapitres régionaux. L'excellent site Internet www.pinoymountaineer.com décrit en détail des itinéraires de trekking que nous n'avons pas abordés.

Autres activités moins traitées dans ce guide :

Cyclotourisme et VTT Voir www.bugoybikers.com.

Escalade Voir www.climbphilippines.com.

Golf Près de Manille s'étendent plusieurs parcours de classe mondiale, bien qu'un grand nombre soit privé. Le parcours Fairways & Bluewater de Boracay, ouvert au public, offre un magnifique panorama.

Kayak Avec votre propre kayak, partez à la découverte des rivières isolées et (presque) inexplorées des grandes îles, notamment dans le nord de Luzon et à Mindanao. Pour des conseils, contactez Raft Sagada (p. 132).

Observation des oiseaux Voir www.birdwatch.ph.

Pêche hauturière Les eaux des Philippines grouillent entre autres de requins pèlerins, thons, carangues, de thazards noirs, coryphènes (*mahi-mahi*), mais peu d'opérateurs organisent des excursions. Le seul que nous ayons trouvé est à Siargao (p. 350). Ailleurs, vous trouverez sans doute un pêcheur qui vous prendra à bord de son *bangka* (bateau à balanciers). Sipalay dans le Negros Occidental et Santa Ana au nord-est de Luzon sont des eaux très riches en poissons.

Rafting C'est en amont de la rivière Chico du nord de Luzon (p. 138) que les sports d'eau vive sont les meilleurs, mais ils sont saisonniers (sept-déc), onéreux et les sites sont difficiles d'accès.

Alimentation

Voir p. 423 pour plus de détails. Les restaurants sont classés dans ce guide en fonction des gammes de prix suivantes :

Petits budgets ($) Plat de résistance inférieur à 120 P

Catégorie moyenne ($$) 120-250 P

Catégorie supérieure ($$$) Plus de 250 P

Ambassades et consulats

Le site Internet du **Philippines Department of Foreign Affairs** (DFA ; www.dfa.gov.ph) liste toutes les ambassades et consulats philippins à l'étranger, ainsi que les ambassades et consulats étrangers aux Philippines.

Ambassades et consulats philippins à l'étranger

Les sites Internet des ambassades listent tous leurs consulats.

Belgique (☎32 2340 33 77 ; www.philembassy.be ; av. Molière 297, 1050 Bruxelles).

Canada (☎ (613) 233-1121 ; www.philembassy-ottawa.com ; 130 rue Albert, suite 900, Ottawa, Ontario K1P 5G4).

France (☎01 44 14 57 00 ; www.philembassyparis.com ; 4 hameau Boulainvilliers/45 rue du Ranelagh, 75016 Paris).

Suisse (☎031/350 17 17 ; www.philembassyberne.ch ; Kirchenfeldstrasse 73-75, 3005 Berne).

Ambassades et consulats étrangers aux Philippines

Belgique Manille (☎02-845 1869 ; www.diplomatie.be/manilafr ; Multinational Bancorporation Center, 9e ét, 6805 Ayala Ave, Makati)

Canada Cebu City (☎032-254 4749 ; 45-L Andres Abellana St) ; Manille (carte p. 62 ; ☎02-857 9000 ; www.dfait-maeci.gc.ca/manila ; niv 6-8, Tour 2, RCBC Plaza, 6819 Ayala Ave, Makati)

France Manille (carte p. 62 ; ☎02-857 6900 ; www.ambafrance-ph.org ; 16e ét, Pacific Star Bldg, angle Gil Puyat Ave et Makati Ave, Makati)

PRATIQUE

- **Magazines et webzines** Désormais en ligne, *Newsbreak* sort du lot. Il est associé au **Philippine Centre for Investigative Journalism** (www.pcij.org). On peut aussi se procurer la presse internationale disponible un peu partout.
- **Journaux** Les Philippines ont une presse dynamique comptant une vingtaine de titres nationaux et régionaux en anglais, plus quantité de publications locales. Parmi les meilleurs journaux : *Philippine Daily Inquirer, Business World* et *Business Mirror*, en vente dans tous les kiosques du pays. Autres quotidiens nationaux, le *Philippine Star* et le *Manila Bulletin* font la part belle à l'actualité étrangère et philippine ainsi qu'au sport.
- **Radio** Les meilleures stations rock/pop sont Jam 88.3, pour le rock philippin, et Win Radio 107.5.
- **TV** Sept grandes chaînes diffusent depuis Manille des programmes en anglais et en tagalog. La plupart des hôtels de catégorie moyenne captent entre 20 et 120 chaînes câblées en tout genre, dont la BBC et la chaîne sportive ESPN.
- **Poids et mesures** Les Philippines utilisent le système métrique, mais pour le textile les pouces, les pieds et les yards sont couramment utilisés. Poids indiqués en kg et distances en km.

Indonésie Manille (☎02-892 5061 ; www.kbrimanila.org.ph ; 185 Salcedo St, Legaspi Village Makati)

Malaisie Manille (☎02- 864 0761 ; 10/F et 11/F, the World Centre Building, 330 Sen. Gil J. Puyat Ave, Makati)

Suisse Manille (☎02-845 4545 ; 24e ét, Equitable Bank Tower, 8751 Paseo de Roxas, 1226 Makati)

Argent

- La monnaie philippine est le peso (P), divisé en 100 centavos.
- Billets de 20, 50, 100, 200, 500 et 1 000 pesos.
- Les pièces les plus courantes sont de 1,5 et 10 pesos.

Cartes de crédit

- La plupart des cartes de crédit sont acceptées dans de nombreux hôtels, restaurants et commerces.
- Hors de Manille, les commerces peuvent prendre une commission (environ 4%) pour les transactions par cartes de crédit.
- La plupart des banques philippines vous fournissent une avance en espèces sur présentation de votre carte de crédit.
- En cas de vol ou de perte de votre carte, numéros gratuits à appeler aux Philippines : MasterCard ☎1800-1111 0061, Visa ☎1800-1111 9015.

Chèques de voyage

- Nous ne recommandons pas d'emporter des chèques de voyage car les banques semblent avoir organisé une cabale contre eux.
- Sauf exception, vous aurez toujours besoin de votre passeport et des reçus originaux, et vous verrez parfois des banques et des bureaux de change qui ne changent les chèques qu'entre 9h et 10h du matin, ou dans certaines filiales seulement.
- Vos meilleures chances restent avec les chèques en dollars US d'Amex – les autres marques et dénominations peuvent ne pas être changeables. Le meilleur endroit pour encaisser les chèques Amex est sa filiale de Makati.

Distributeurs automatiques de billets (DAB)

- On peut facilement retirer des billets de 500 et 1 000 P dans toutes les villes de province de quelque importance.
- Quand une région ne comporte aucun DAB (comme presque partout à Palawan), nous l'évoquons dans le chapitre.
- Les cartes Maestro-Cirrus sont les plus couramment acceptées, suivies de Visa/Plus et d'American Express (Amex).
- Les DAB qui acceptent la plupart des cartes occidentales appartiennent au Banco de Oro (BDO), à la Bank of the Philippine Islands (BPI) et à Metrobank.
- La majorité des DAB facturent 200 P par retrait et limitent chaque transaction à 10 000 P. Ceux de HSBC à Manille et à Cebu permettent toutefois de retirer jusqu'à 40 000 P à la fois.

Espèces

- Il est avisé de conserver une somme en dollars sur vous au cas où vous vous retrouveriez dans une zone dépourvue de DAB en état de fonctionner. Les autres devises, comme l'euro, sont plus difficiles à changer en dehors des grandes villes.
- "Sorry, no change" (Désolé, pas de monnaie) est une ritournelle familière dans certaines provinces. Faites des réserves de billets inférieurs de 20, 50 et 100 P.

Pourboires

» Au restaurant, une taxe de 10% est souvent comprise pour le service, mais il est toujours apprécié de laisser 20 P/personne supplémentaire (voire 40 ou 50 P/pers si le service n'est pas compris).

» Arrondissez au moins le prix de la course en taxi (de 164 P à 170 P par exemple), mais envisagez de donner plus (disons 20 à 50 P).

Assurance

» Il est conseillé de souscrire à une police d'assurance qui vous couvrira en cas d'annulation de votre voyage, de vol, de perte de vos affaires, de maladie ou encore d'accident. Vérifiez notamment que les "sports à risques", comme la plongée, la moto ou même la randonnée ne sont pas exclus de votre contrat, ou encore que le rapatriement médical d'urgence, en ambulance ou en avion, est couvert. De même, le fait d'acquérir un véhicule dans un autre pays ne signifie pas nécessairement que vous serez protégé par votre propre assurance.

» Vous pouvez contracter une assurance qui réglera directement les hôpitaux et les médecins, vous évitant ainsi d'avancer des sommes qui ne vous seront remboursées qu'à votre retour.

» Avant de souscrire une police d'assurance, vérifiez bien que vous ne bénéficiez pas déjà d'une assistance par votre carte de crédit, votre mutuelle ou votre assurance automobile.

» N'oubliez pas de prendre avec vous les documents relatifs à l'assurance ainsi que les numéros à appeler en cas d'urgence.

» Reportez-vous également à la rubrique *Santé*.

» Pour plus de renseignements sur l'assurance automobile, voir p. 449.

Bénévolat

En France, quelques organismes offrent des opportunités de travail bénévole sur des projets de développement ou d'environnement, parfois sur des périodes courtes, de 1 à 4 semaines. Certaines associations s'adressent plus spécifiquement aux jeunes. Les chantiers proposés vont de la réfection d'une école aux travaux liés à l'environnement. Il s'agit d'une bonne formule pour s'immerger dans le pays, connaître l'envers du décor touristique, et bénéficier d'une ambiance internationale (les volontaires viennent de divers pays en général). En revanche, les conditions de vie sur un chantier sont spartiates, et prenez garde au décalage fréquent entre le programme et la réalité. La fouille archéologique peut rapidement se transformer, une fois sur place, en coup de peinture donné à la Maison des jeunes locale. Le matériel est parfois rudimentaire, et la réalité du terrain souvent plus dure qu'on ne l'imaginait.

Comité de coordination pour le service volontaire international (CCIVS ; ☎01-45-68-49-36 ; www.unesco.org/ccivs), **Maison de l'Unesco** (1 rue Miollis, 75732 Paris Cedex 15)

Délégation catholique pour la coopération (DCC ; ☎01 45 65 96 65 ; www.ladcc.org ; 106 rue du Bac, 75007 Paris)

Jeunesse et reconstruction (☎01 47 70 15 88 ; www.volontariat.org ; 10 rue de Trévise, 75009 Paris)

Solidarités jeunesses (☎01 55 26 88 77 ; www.solidaritesjeunesses.org ; 10 rue du 8-mai-1945, 75010 Paris)

Organisations internationales et locales

Center for Education, Research and Volunteering Philippines (CERV ; ☎0918 938 7030 ; http://cervphilippines.blogspot.com). Missions à Manille et à Romblon.

Gawad Kalinga (www.gk1world.com/ph). Construit des villages entiers destinés aux populations déshéritées. Les bénévoles peuvent notamment participer aux chantiers et enseigner.

Habitat for Humanity (☎02-846 2177 ; www.habitat.org.ph). Bâtit des maisons pour les plus démunis, en priorité dans les zones touchées par des catastrophes.

Hands On Manila (☎02-386 6521 ; www.handsonmanila.org). Recherche des volontaires pour aider lors de catastrophes ou sur

CONSEILS AUX VOYAGEURS

La plupart des gouvernements possèdent des sites Internet qui recensent les dangers possibles et les régions à éviter. Consultez notamment les sites suivants :

Ministère des Affaires étrangères français (www.diplomatie.gouv.fr)

Ministère des Affaires étrangères de Belgique (http://diplomatie.belgium.be)

Ministère des Affaires étrangères du Canada (www.voyage.gc.ca)

Département fédéral des Affaires étrangères suisse (www.eda.admin.ch/eda/fr)

d'autres projets dans tout le pays.

Process Bohol (www.processbohol.org). Projets écologiques et sociaux à Bohol et au sud de Leyte.

Springboard Foundation (☎02-821 5440 ; www.springboard-foundation.org). Entretient des liens avec de nombreuses organisations caritatives bénévoles des Philippines.

Volunteer for the Visayas (☎053-325 2462 ; www.visayans.org). Gère différents programmes à Tacloban, Leyte.

World Wide Opportunities on Organic Farms (http://wwoof.ph). Les Philippines comptent plusieurs membres du réseau WWOOF, dont le Julia Campbell Agroforest Memorial Park (p. 144) et l'Enca Farm (p. 127) dans le nord de Luzon.

Pour collaborer à des projets touchant la biodiversité et la protection des espèces, contactez :

Coral Cay Conservation (www.coralcay.org)

Haribon Foundation (www.haribon.org.ph)

Save Palawan Seas Foundation (www.projectseventhousand.org.ph). Cette ONG appartenant aux principaux producteurs de perles des Philippines sensibilise les pêcheurs de Palawan aux dangers que présentent pour l'environnement certaines méthodes d'agriculture et de pêche.

WWF Philippines (www.wwf.org.ph)

Cartes de réduction

» Réduction de 20% sur les vols intérieurs offerte par Philippine Airlines (PAL), Asian Spirit, Cebu Pacific et SEAIR aux passagers de plus de 60 ans.

» Les compagnies maritimes proposent souvent des réductions aux seniors et parfois aux étudiants munis d'une carte en cours de validité.

Cartes et plans

» La meilleure carte représentant tout le pays est sans doute celle de Nelles Verlag à l'échelle 1/1 500 000 *Philippines*.

» Pour des cartes régionales, E-Z Maps (édité par United Tourist Promotions) et **Accu-Map** (www.accu-map.com) proposent une série de cartes de plusieurs grandes villes, grandes îles et certaines petites îles. On les trouve dans les hôtels, les aéroports, les librairies et les stations-service. Ces cartes sont indispensables si vous comptez vous déplacer avec votre propre véhicule.

» Pour acheter des cartes topographiques très détaillées de quasiment toutes les régions, contactez l'agence cartographique du gouvernement, **Namria** (☎02-810 4831 ; Lawton Ave, Fort Bonifacio, Makati).

Désagréments et dangers

» On ne peut nier que les Philippines ont leur part de risques. Typhons, tremblements de terre, éruptions volcaniques, glissements de terrain et autres catastrophes naturelles peuvent ruiner vos projets de voyage, voire pire.

» Mieux vaut donc garder un œil sur les actualités et les prévisions météorologiques.

» L'île de Mindanao, en particulier le centre et le sud-ouest, ainsi que l'archipel des Sulu voient s'affronter sporadiquement l'armée et des groupes séparatistes musulmans (voir p. 332).

» Manille, surtout, est le théâtre de quelques escroqueries récurrentes (voir p. 76).

Douane

» Les armes à feu et la pornographie sont interdits.

» Vous pouvez apporter jusqu'à 2 l d'alcool et 400 cigarettes (ou 2 boîtes de tabac) dans le pays sans payer de taxe.

» Si vous transportez plus de 10 000 $US en devises ou plus de 10 000 P, il faut les déclarer en entrant ou en sortant du territoire.

Électricité

220 V/60 Hz

Enfants

» Les Philippins raffolent des enfants, et voient les parents d'un bon œil – vous et votre progéniture serez l'objet de nombreuses conversations, et vos enfants ne manqueront pas de compagnons de jeu.

» Vous trouverez des couches jetables et du lait en poudre dans la plupart des villes, mais faites le plein avant de partir dans des contrées isolées.

» De nombreux hôtels et resorts proposent des chambres familiales et peuvent fournir des lits d'enfant.

» L'allaitement en public, s'il est discret, est accepté dans la plupart des lieux publics sauf dans quelques zones musulmanes conservatrices du sud de l'archipel.

» Il est presque impossible de trouver un taxi pourvu d'un siège enfant.

» De nombreux restaurants fournissent une chaise haute sur demande.

» *Voyager avec ses enfants* de Lonely Planet fournit plus d'informations.

Formalités et visas

» Les ressortissants de la plupart des pays se voient attribuer un visa gratuit pour 21 jours à leur arrivée.

» En cas de dépassement de ce délai, les contrevenants encourent une amende et le risque d'être bloqués à l'aéroport par les agents de l'immigration.

» Votre passeport doit être valide pendant les 6 mois qui suivent la période couvrant votre séjour.

Billet de retour

» Il vous faut un billet retour (ou de continuation pour une autre destination, et avec visas ou permis de séjour pour le pays de continuation, si nécessaire) avant d'entrer aux Philippines et de recevoir un visa de 21 jours.

» Si les inspecteurs de l'immigration philippine demandent rarement à voir votre billet de retour, la plupart des compagnies aériennes refusent l'accès aux vols à destination des Philippines si vous n'avez pas de preuve de sortie de territoire. Une photocopie de votre billet ne suffira pas ; il faut montrer l'original du billet papier ou électronique.

» Si vous demandez un visa à plus long terme à une ambassade ou un consulat philippin à l'étranger, il vous faudra aussi produire une preuve que vous poursuivrez votre voyage, bien que dans ce cas la photocopie de votre itinéraire fournie par votre agence de voyages puisse suffire (appelez l'ambassade pour vous en assurer).

Prorogation de visa

» Pour proroger votre visa de 21 à 59 jours ou plus, demandez un formulaire de prolongation auprès de n'importe quel **Bureau de l'immigration** (BOI ; www.immi gration.gov.ph) des Philippines. La plupart des centres régionaux et des sites touristiques, comme Boracay, disposent d'un BOI. Les plus fréquentés sont cités dans ce guide, et vous pouvez cliquer sur le lien "Subport Offices" du site Internet pour une liste complète des bureaux.

» Prolonger un visa de 21 à 59 jours coûte 3 030 P. Il est possible d'obtenir des prorogations plus longues, les tarifs augmentant en proportion – voyez le site Internet du BOI.

» Proroger son visa est assez aisé, à une exception près : l'immense bureau BOI de Manille. Vous pouvez payer une agence de voyages environ 1 000 P pour y aller à votre place. Si vous voulez vraiment y aller, prenez une pièce d'identité et préparez-vous à attendre.

» Mieux vaut demander une prorogation avant l'expiration de votre visa de 21 jours. Toute demande en retard donne lieu à un supplément de 1 010 P. Il est parfois possible de proroger son visa de manière rétroactive (et en payant au moins cette somme) à l'aéroport au moment du départ, mais nous vous déconseillons de tenter le coup.

» La meilleure option consiste à demander un visa de 3 mois avant d'arriver aux Philippines. Il en coûte entre 30 et 45 $US selon le pays. On peut également obtenir un visa à entrées multiples valable jusqu'à 6 ou 12 mois.

» Avant le départ, il est impératif de contacter les ambassades et les consulats pour s'assurer que les modalités d'entrée sur le territoire n'ont pas changé. Nous vous conseillons de photocopier tous vos documents importants (pages d'introduction de votre passeport, cartes de crédit, numéros de chèques de voyage, police d'assurance, billets de train/d'avion/de bus, permis de conduire, etc.). Emportez un jeu de ces copies, que vous conserverez à part des originaux. Vous remplacerez ainsi plus aisément ces documents en cas de perte ou de vol.

Handicapés

» Les escaliers d'accès, les toilettes exiguës et les portes étroites constituent la norme en dehors des hôtels quatre étoiles de Manille, de Cebu et d'une poignée de grandes villes de province.

» Les ascenseurs sont souvent en panne et l'utilisation des transports ruraux pose problème.

» En revanche, les Philippins proposent volontiers leurs services et le coût d'un taxi à la journée, voire d'une aide personnelle, n'a rien d'excessif.

» L'**APF** (Association des paralysés de France, ☎01 40 78 69 00, fax 01 45 89 40 57 ; www.apf.asso.fr ; 17 bd Blanqui, 75013 Paris) peut vous fournir d'utiles informations sur les voyages accessibles. Deux sites Internet dédiés aux personnes handicapées comportent une rubrique consacrée au voyage et constituent une bonne source d'information. Il s'agit de **Yanous** (www.yanous.com/pratique/tourisme/tourisme030613.html) et de **Handica** (www.handica.com).

Hébergement

Catégories de prix

» **Petits budgets ($) :** moins de 1 000/500 P la chambre double/le lit en dortoir.

» **Catégorie moyenne ($$) :** 1 000-3 000 P la double la plus économique.

» **Catégorie supérieure ($$$) :** plus de 3 000 P.

À l'économie

» En deçà de la catégorie petits budgets, les chambres entre 200 et 450 P mentionnées dans ce guide sont généralement dotées d'un ventilateur et d'une salle de bains commune.

» Les chambres entre 500 et 700 P disposent le plus souvent d'un ventilateur et d'une salle de bains individuelle. Toute chambre d'un prix plus élevé doit aussi comporter la climatisation. Ces tarifs sont un peu plus hauts à Manille et dans les complexes balnéaires de destinations prisées comme Boracay et Alona Beach.

Tarifs selon la saison

» Les prix sont indiqués pour la pleine saison (nov-mai).

» Le prix des chambres dans certains sites touristiques peut baisser jusqu'à 50% hors saison, doubler ou tripler pendant les périodes de Pâques et du nouvel an, et lors du nouvel an chinois dans certaines régions.

Réservations

Il est parfois difficile de trouver une chambre sans réserver dans les petites stations balnéaires ou dans les villes touristiques comme Vigan. La réservation est conseillée en haute saison, essentielle pendant les périodes les plus prisées, et facultative hors saison. Cela dit, sans réservation, même durant la haute saison, vous trouverez certainement à vous loger.

CENTRES DE BIEN-ÊTRE

Les centres de bien-être (Wellness Centres), qui vous proposent une semaine ou plus d'exercices, de repas végétariens, de massages et de séjour (généralement) sans alcool, gagnent en popularité aux Philippines. Les bonnes adresses comprennent Farm at San Benito (p. 89) au sud de Manille, le **Malapacao Resort** (www.malapacao.com) de Palawan, sur une île privée, ainsi que le Mandala Spa (p. 255) de Boracay. Une idée d'itinéraire intéressant aux Philippines peut comprendre une semaine de fête dans un site qui abrite des resorts doublée d'une cure d'une semaine dans un centre de bien-être.

Cautions

De nombreux resorts (complexes balnéaires), surtout dans la catégorie supérieure, demandent des cautions – parfois de 100% ! Les règlements par carte de crédit sont rarement acceptés pour les cautions, ce qui oblige à faire un dépôt sur un compte bancaire à Manille. Plus ennuyeux encore, de 50 à 100% de votre caution n'est pas remboursable si vous annulez moins de 2 semaines avant votre date d'arrivée.

Esquivez cette pratique en choisissant simplement un autre resort. Sinon, essayez sans réservation. Appelez le resort quelques jours à l'avance pour demander s'il reste des chambres (prévoyez toujours une adresse de secours).

Réductions et promotions

Quelques conseils pour économiser sur l'hébergement aux Philippines :

Promotions En particulier hors saison, les hôtels consentent fréquemment des "offres promotionnelles" sans toutefois l'annoncer d'emblée, à moins que vous leur demandiez.

"Walking-in" Dans de nombreuses stations balnéaires, le tarif "walk-in", c'est-à-dire sans réservation, est beaucoup plus bas. Inversement, certains hôtels pratiquent des prix inférieurs pour les clients qui réservent. Renseignez-vous à ce sujet.

Sites Internet Des sites asiatiques de réservation en ligne comme Agoda.com accordent d'importants rabais hôteliers aux Philippines, surtout à Manille, Cebu et Boracay.

Heure locale

Les Philippines ont 8 heures d'avance sur l'heure GMT/UTC. Ainsi, quand il est midi à Manille, il est 5h le même jour à Paris (6h, heure d'été) et 23h la veille à Montréal (minuit, heure d'été).

Heures d'ouverture

Dans cet ouvrage, seules sont indiquées les heures d'ouverture qui diffèrent des normes suivantes :

Ambassades et consulats 9h-13h lun-ven

Banques 9h-16h lun-ven (la plupart des DAB fonctionnent 24h/24).

Bars 18h à tard

Bureaux publics et privés 8h ou 9h-17h ou 18h, avec une pause déjeuner 12h-13h, lun-ven

Centres commerciaux (shopping malls) 10h-21h30

Poste 9h-17h lun-sam
Restaurants
7h ou 8h-22h ou 23h
Supermarchés
9h-19h ou 20h

Homosexualité

» Les *bakla* (hommes gays) et les *binalaki* ou *tomboy* (lesbiennes) sont socialement acceptés aux Philippines.

» Il existe des lieux de drague gays dans les grandes villes, mais gare à la police et aux prostitués.

» Remedios Circle à Malate (Manille) est un lieu nocturne animé qui accueille en juin la Gay Pride.

» Informations en ligne : **Utopia Asian Gay & Lesbian Resources** (www.utopia-asia.com)

Internet (accès)

» Accéder à Internet n'est pas un problème dans la plus grande partie des Philippines ; toute ville de taille raisonnable possède au moins un cybercafé. Beaucoup des plus petites villes et des îles ont accès à Internet.

» Comptez 25 P/heure, voire le double ou le triple dans des sites très isolés – ou très touristiques.

» Les connexions sont souvent rapides et efficaces, mais ralentissent à mesure que vous vous éloignez des centres urbains.

» De nombreux hôtels et resorts possèdent des ordinateurs pour les clients et le Wi-Fi se popularise dans les hôtels et les cafés des grandes villes et des zones touristiques.

» Le symbole @ dans ce guide indique qu'un hôtel met à disposition de sa clientèle un ordinateur connecté à Internet. Le symbole (Wi-Fi) désigne un lieu d'hébergement (ou autre) équipé du Wi-Fi, dans les chambres, le hall ou le restaurant. Sauf mention contraire, le Wi-Fi est gratuit.

» Si votre téléphone est équipé, vous pouvez accéder à Internet par le biais du réseau sans fil normal des deux fournisseurs des Philippines, Smart Telecom et Globe Telecom. Vous pouvez aussi connecter votre ordinateur portable au réseau Smart's 3G ou Globe 3G networks. Faites paramétrer votre appareil dans n'importe quel centre Smart présent dans la plupart des centres commerciaux de Manille et d'ailleurs.

Jours fériés

Les administrations et les banques ferment les jours fériés, mais la plupart des boutiques et étals de rue restent ouverts. Le Jeudi et le Vendredi saints sont les seuls jours où tout le pays baisse le rideau – même la plupart des transports en commun s'arrêtent, et certaines compagnies aériennes clouent leurs avions au sol.

Jour de l'an 1er janvier

People Power Day (Jour du Peuple) 25 février

Jeudi saint variable ; mars ou avril

Vendredi saint variable ; après le Jeudi saint

Arawng Kagitingan (jour de Bataan) 9 avril

Fête du Travail 1er mai

Fête de l'Indépendance 12 juin

Jour de Ninoy Aquino 21 août

Fête des Héros nationaux Dernier dimanche d'août

Toussaint 1er novembre

Fin du ramadan variable ; en fonction du calendrier musulman

Saint Bonifacio 30 novembre

Noël 25 décembre

Fête de Rizal 30 décembre

Saint Sylvestre 31 décembre

Jours de fête musulmans

Les jours de fête musulmans ne sont observés que dans les zones musulmanes de Mindanao, bien que certains soient aujourd'hui des jours fériés nationaux.

Hari Raya Haji variable ; selon calendrier musulman

Nouvel an Hijra variable ; selon calendrier musulman

Maulod En Nabi (anniversaire du prophète) variable ; selon calendrier musulman

Ramadan variable ; selon calendrier musulman

Hari Raya Puasa (fête de la fin du jeûne) commence au dernier soir du ramadan et peut durer 3 jours.

Offices du tourisme

» L'organe officiel du tourisme est le **Philippine Department of Tourism** (DOT ; www.visitmyphilippines.com).

» Le principal centre d'information DOT se trouve à Manille et il existe des antennes régionales, plus ou moins utiles, dans les lieux fréquentés du pays. La plupart de ces agences devraient au moins vous aider pour l'hébergement. Les meilleures vous fourniront des guides et des véhicules à louer. Certaines proposent même des circuits aventure, comme les excursions à la rencontre des requins-baleines à Donsol, la spéléologie à Tuguegarao (nord de Luzon) ou la plongée à Apo Reef par l'intermédiaire de l'office du tourisme de Sablayan (Mindoro Occidental).

Photo

» Il vaut mieux demander l'autorisation aux gens avant de les prendre en photo, notamment parmi les tribus montagnardes du nord de Luzon et de Mindanao.

» Consultez l'ouvrage *La photo de voyage* de Lonely Planet pour plus d'informations.

Problèmes juridiques

» La possession de drogue, y compris de cannabis, pour son usage personnel peut se solder par une peine de prison.

» Si vous avez des problèmes légaux aux Philippines, contactez en priorité votre ambassade.

» Les petits bakchichs sont monnaie courante dans le cadre des infractions au code de la route.

Téléphone

» La Philippine Long Distance Telephone Company (PLDT) gère le réseau fixe du pays. Le coût des appels locaux sur le réseau PLDT est infime et les appels longue distance nationaux sont aussi très raisonnables.

» Les appels internationaux peuvent être passés de nombreux hôtels (fort cher) ou de n'importe quel bureau PLDT. La PLDT propose des taux forfaitaires de 0,40 $US/min pour les appels internationaux (les appels passant par un opérateur sont bien plus chers).

Appels internationaux

» Pour appeler les Philippines depuis l'étranger, composez l'indicatif international (☎00) suivi de celui des Philippines (☎63) puis le numéro de votre correspondant.

» Pour appeler l'étranger depuis les Philippines, faites le ☎00 puis composez le code du pays (☎33 pour la France, ☎32 pour la Belgique, ☎41 pour la Suisse et ☎1 pour le Canada), le code régional et le numéro désiré.

Cartes téléphoniques

» Les cartes téléphoniques prépayées sont vendues dans les hôtels, les boutiques *sari-sari* et les kiosques téléphoniques, en général d'une valeur de 100 ou 200 P.

» Les cartes PLDT "Budget" (pour les appels internationaux), "Pwede" et "Touch" peuvent être utilisées pour passer des appels de n'importe quelle ligne fixe PLDT ou de téléphones à carte PLDT situés dans les foyers des hôtels et les centres commerciaux. Avec la carte "Budget", un appel international coûte en général un peu plus de 3 P/minute.

» Les cartes "Pwede" et "Touch" permettent de passer des appels nationaux à prix modique de n'importe quelle ligne fixe ou téléphone public PLDT.

Indicatifs

» Pour les appels nationaux longue distance ou vers un mobile, composez le ☎0 suivi de l'indicatif de la ville (ou le préfixe du portable), puis du numéro à 7 chiffres.

» Indicatifs utiles depuis une ligne fixe :

Indicatif des Philippines
☎63

Indicatif international
☎00

Annuaire de la PLDT
☎187

Opérateur international
☎108

Opérateur national
☎109

Téléphones portables

» Utiliser votre propre téléphone ne devrait pas poser de problème (s'il est GSM), mais cela coûte cher. Mieux vaut acheter une carte SIM locale prépayée pour 40 P, avec à peu près le même montant de crédit texto. Ces cartes sont en vente dans les commerces de proximité, les boutiques *sari-sari* et les kiosques téléphoniques des centres commerciaux.

» Les opérateurs offrant la meilleure couverture nationale sont **Globe** (www.globe.com.ph) et **Smart** (www.smart.com.ph).

» Les textos sur ces deux réseaux ne coûtent que 1 ou 2 P, les appels locaux 7,50 P/min.

» Les textos internationaux coûtent 15 P, et les appels internationaux 0,40 $US/min.

» Beaucoup de petits villages n'ont pas de ligne fixe mais sont connectés à au moins un des deux principaux réseaux de téléphonie mobile des Philippines.

» Les numéros de portables aux Philippines commencent par ☎09. Quand un numéro cité dans ce guide comporte 10 chiffres et commence par ☎09, il s'agit d'un numéro de portable.

Toilettes

» Les toilettes sont souvent appelées "CR", abréviation de "comfort room."

» Les toilettes publiques sont pratiquement inexistantes, mais vous pouvez vous rendre dans l'un des nombreux fast-foods.

» En philippin, les hommes sont *lalake* et les femmes *babae*.

» Les hommes philippins se soulagent souvent sur le premier mur venu, ce qui explique les nombreux gribouillages "Bawal Ang Umihi Dito!" ("Interdit de pisser ici !").

Transports

DEPUIS/ VERS LES PHILIPPINES

La plupart des voyageurs arrivent aux Philippines par avion dans l'un des trois grands aéroports internationaux de l'archipel :

» **Manille** Aéroport international Ninoy Aquino (NAIA), le plus fréquenté et le mieux relié au reste du pays.

» **Cebu** Intéressant pour se rendre aux Visayas.

» **Clark** La plaque tournante des vols économiques, au nord de la capitale.

Des vols internationaux directs desservent aussi Davao sur l'île de Mindanao et Kalibo sur l'île de Panay, près de Boracay.

Le seul mode de transport non aérien est le ferry qui dessert Zamboanga (Mindanao) depuis Sandakan dans l'État malaisien de Sabah (Bornéo).

Entrer aux Philippines

Entrer dans le pays via l'un des principaux ports ne pose pas de problème. Les Français, les autres ressortissants de l'UE, les Canadiens, ainsi que les ressortissants de la plupart des autres nationalités, se voient délivrer un visa de 21 jours en arrivant à l'aéroport. Vous devrez produire un billet de retour (ou de continuation) avant de monter à bord d'un vol à destination des Philippines (voir p. 440 pour plus de détails).

Avec ses terminaux épars, l'aéroport de Manille (NAIA) déconcerte un peu, surtout si vous avez une correspondance. Pour savoir vous repérer et vous rendre d'un terminal à l'autre, voir l'encadré ci-contre.

Voie aérienne

Aéroports

Aéroport international Ninoy Aquino (NAIA ; www.miaa.gov.ph). Récemment rénové, l'aéroport est en cours de réaménagement – voir l'encadré ci-contre.

Aéroport international de Mactan (www.mactan-cebuairport.com.ph). Pour les Visayas, mieux vaut atterrir à Cebu City.

Aéroport international Diosdado Macapagal (aéroport de Clark ; www.clarkairport.com). Près d'Angeles, à environ 2 heures de bus au nord de Manille, cet aéroport est devenu une destination prisée par les compagnies asiatiques à bas prix.

Aéroport international Francisco Bangoy Davao devient la plaque tournante des vols intérieurs et songe à mettre en place des liaisons internationales.

Aéroport international de Kalibo La popularité croissante de Boracay auprès des touristes asiatiques a fait de Kalibo, sur l'île de Panay voisine, une destination aérienne internationale. La compagnie intérieure Zest Air assure des vols pour Chengdu, Pusan, Séoul, Shanghai et Taipei, la liste ne cessant de s'allonger.

Des grandes compagnies internationales desservent les Philippines, ainsi que les transporteurs régionaux et low cost suivants :

Air Asia (www.airasia.com)

Cebu Pacific (www.cebupacificair.com)

Jetstar (code 3K ; ☎1-800 1611 0280 ; www.jetstar.com)

AVERTISSEMENT

Les informations contenues dans ce chapitre sont particulièrement susceptibles de changements. Vérifiez directement auprès de la compagnie aérienne ou de l'agence de voyages les modalités d'utilisation de votre billet d'avion. N'hésitez pas à comparer les prestations. Les détails fournis ici doivent être considérés à titre indicatif et ne remplacent en rien une recherche personnelle attentive.

CHAOS AU TERMINAL

À l'aéroport international Ninoy Aquino (NAIA) de Manille, il est prévu de déplacer les vols internationaux du vétuste Terminal 1 au nouveau Terminal 3, mais malheureusement les problèmes techniques de ce dernier, construit en 2002, persistent.

Pour le moment, Airphil Express et Cebu Pacific sont les seules compagnies à utiliser le Terminal 3. Tous les vols de Philippine Airlines (PAL) partent d'un autre terminal, le Centennial Terminal 2. Les transporteurs internationaux continuent d'être accueillis au Terminal 1, tandis que les avions de Zest Air et SEAIR décollent de l'ancien aéroport des vols intérieurs (Manila Domestic Airport), au-delà du Terminal 3.

Les quatre terminaux NAIA partagent des pistes, mais ils ne sont pas très proches les uns des autres et seules des routes publiques très empruntées les relient. Prévoyez un délai suffisant si vous devez changer de terminal pour prendre une correspondance. Une **navette** (20 P ; ⏲7h-22h) circule entre les 4 terminaux.

Philippine Airlines (www.philippineairlines.com). PAL, la principale compagnie nationale.

South East Asian Airlines (SEAIR ; www.flyseair.com)

Spirit of Manila Airlines (www.spiritofmanilaairlines.com). Vols au départ de Taipei et de Macao.

Tiger Airways (www.tigerairways.com)

Zest Air (www.zestair.com.ph)

Depuis la France

Il n'existe pas de vols directs au départ de la France. Le groupe Air France-KLM propose des vols Paris-Manille via Amsterdam (comptez 700-1 000 € aller-retour, durée 16 heures). Avec Cathay Pacific, Etihad Airways ou Qatar Airways par exemple, vous ferez escale dans une capitale asiatique ou du Moyen-Orient.

Air France (☎3654, 0,12 €/min ; www.airfrance.fr)

Cathay Pacific (☎0811 70 60 50 ; www.cathaypacific.com)

Etihad Airways (☎01 57 32 43 43 ; www.etihadairways.com)

KLM (☎0892 702 608 ; www.klm.com)

Qatar Airways (☎01 55 27 80 80 ; www.qatarairways.com)

SNCF (☎0892 335 335, 0,34 €/mn ; www.voyages-sncf.com)

Nouvelles Frontières (☎0825 000 747, 0,15 €/min ; www.nouvelles-frontieres.fr)

Thomas Cook (☎0826 826 777, 0,15 €/min ; www.thomascook.fr)

Voyageurs Associés (☎0892 888 949, 1,35 € + 0,34 €/min ; www.bourse-des-voyages.com)

Voyageurs du Monde (☎0892 235 656 ; www.vdm.com)

Depuis la Belgique

Des vols avec escale(s) relient Bruxelles à Manille (Doha par exemple avec Qatar Airways) coûtent entre 700-1 000 € l'aller-retour (durée 16 heures).

SN Brussels Airlines (☎0902 51 600 ; www.brusselsairlines.com)

Airstop (☎070 233 188 ; www.airstop.be)

Connections (☎070 233 313 ; www.connections.be)

Etihad Airways (☎02 714 5830 ; www.etihadairways.com)

Éole (☎02/672 35-03 ; www.voyageseole.be)

KLM (☎070 22 53 35 ; www.klm.com)

Lufthansa (☎070 353 030 ; www.lufthansa.com)

Depuis la Suisse

Des vols avec escale(s) relient Genève (ou Zurich) à Manille. Comptez au moins 20 heures de vol et environ 1 100 FS.

Swiss (☎848 700 700 ; www.swiss.com)

KLM (☎848 874 444 ; www.klm.com)

Kuwait Airways (☎022 717 8091 ; www.kuwaitairways.com)

Lufthansa (☎0900 900 933 ; www.lufthansa.com)

Singapore Airlines (☎0900 881 818 ; www.singaporeair.com)

STA Travel (☎058/450 49 49 ; www.statravel.ch)

Depuis le Canada

Au Canada, Philippine Airlines propose des vols directs à partir de Vancouver (comptez 1 400 $C, durée au moins 20 heures). Sinon des vols relient Montréal à Manille (2 escales ou plus).

Air Canada (☎1 888 247 2262 ou 1 514 393-3333 ; www.aircanada.com)

Airlineticketsdirect.com (☎1 877 679 8500 ; www.airlineticketsdirect.com)

Expedia (☎1 888 397 3342 ; www.expedia.ca)

Philippine Airlines (☎1 800 4 359 725 ; www.philippineairlines.com)

Travelocity (☎800 457 8010 ; www.travelocity.ca)

Travel Cuts – Voyages Campus (☎1 866 246 9762 ; www.travelcuts.com)

TAXE D'AÉROPORT

La taxe pour les vols internationaux est de 750 P à NAIA et Clark, 550 P à Cebu (en espèces uniquement, pesos ou $US).

AGENCES EN LIGNE

Vous pouvez réserver votre vol via une agence en ligne ou vous renseigner auprès d'un comparateur de vols :

» www.anyway.com
» www.ebookers.fr
» www.illicotravel.com
» www.sprice.fr
» www.opodo.fr
» www.voyages-sncf.com
» http://voyages.kelkoo.fr
» www.govoyage.com

Depuis l'Asie

Il existe de nombreux vols directs pour Manille, Cebu et Clark au départ de la plupart des pays d'Asie sur Philippine Airlines, Cebu Pacific et diverses compagnies étrangères, dont des compagnies à bas prix.

Voie maritime

Malgré le grand nombre de voies navigables à l'intérieur des Philippines, les services internationaux sont rares. La seule voie ouverte aux étrangers lors de notre passage était celle de Zamboanga (Mindanao) à Sandakan dans l'État malaisien de Sabah (Bornéo) – (voir l'encadré p. 368). Notez bien que la région de Zamboanga est considérée comme risquée (voir p. 332). Les bateaux pour Sabah depuis Palawan sont interdits aux étrangers.

VOYAGES ORGANISÉS

Les Philippines font l'objet de nombreux voyages et séjours organisés. Un tour-opérateur facilite la vie, surtout si vous axez vos vacances autour de la plongée, la randonnée ou la découverte de villages et de sites naturels.

Adeo - Les Confins du Monde (☎01 43 72 80 20 ; www.adeo-voyages.com)

Akaoka (☎01 48 28 31 10 ; www.akaoka.com)

Asia (☎0825 897 602 ; www.asia.fr)

Atalante (☎01 55 42 81 00 ; www.atalante.fr)

Club Aventure (☎0826 882 080, 0,15 €/min ; www.clubaventure.fr)

Comptoirs du monde (☎01 44 54 84 54 ; www.comptoirsdumonde.fr)

Monde du Népal, de l'Inde et de l'Asie (☎01 53 10 31 00 ; www.mondeasie.com)

Océanes (☎04 42 52 82 40 ; www.oceanes.com)

Philippines Authentiques (☎01 53 34 92 71 ; www.philippines-authentiques.com)

Tamera (☎04 78 37 88 88 ; www.tamera.fr)

Terres d'Aventure (☎0825 700 825, 0,15 €/min ; www.terdav.com)

Ultramarina (☎0825 029 802, 0,15 €/min ; www.ultramarina.com)

Voyageurs du Monde (☎0892 23 56 56 ; www.vdm.com)

Zig Zag (☎01 42 85 13 93 ou 01 42 85 13 18 ; www.zigzag-randonnees.com)

COMMENT CIRCULER

Avion

Les compagnies ci-après desservent des dizaines de destinations intérieures. Consultez les rubriques *Depuis/vers...* qui se rapportent à ces dernières.

Airphil Express (☎02-855 9000 ; www.airphilexpress.com)

Cebu Pacific (☎02-702 0888 ; www.cebupacificair.com)

ITI (☎02 851 5674 ; www.islandtransvoyager.com)

Mid-Sea Express (☎032-495 6976 ; www.midseaexpress.com)

Philippine Airlines (☎02-855 8888 ; www.philippineairlines.com)

SEAIR (☎02-849 0100 ; www.flyseair.com)

Sky Pasada (☎02-912 3333 ; www.skypasada.com)

Zest Air (☎02-855 3333 ; www.zestair.com.ph)

PAL et Cebu Pacific, les principales compagnies nationales, disposent des appareils les plus récents. Leur filiale à bas prix, Airphil Express, utilise par contre des avions plus petits et plus anciens sur des destinations moins fréquentées. Zest Air, jadis réputée peu fiable, modernise actuellement sa flotte. Les jets de SEAIR, de 20 à 40 places pour la plupart, sont plus agréables mais plus onéreux.

Il est possible d'éviter les files d'attente, ou de rallier des lieux non desservis par les lignes commerciales, en affrétant son propre avion auprès de Sky Pasada ou de Mid-Sea Express.

Quelques conseils :

» Le jeu de la concurrence maintient des prix bas. En réservant 1 mois à l'avance, vous payerez rarement plus de 1 200 P (environ 28 $US) pour un aller simple.

» Boracay et surtout El Nido ont tendance à être plus chères. Toutes les compagnies augmentent leurs tarifs durant les périodes d'affluence (nouvel an chinois, Pâques et Noël).

» La plupart des transporteurs vendent les allers simples au prix fort.

TAXE DES VOLS INTÉRIEURS

La taxe d'aéroport pour les vols intérieurs de Manille et Cebu est de 200 P. Dans les plus petits aéroports, elle varie de 20 à 200 P.

» Vous ne ferez aucune économie en achetant un billet aller-retour.

» Les vols passent fréquemment par Manille et, à un moindre degré, Cebu ; pour voyager entre d'autres villes, il vous faudra acheter 2 billets : un pour Manille/Cebu et un autre pour la correspondance voulue.

» Mieux vaut ne pas prévoir un programme trop serré en cas de correspondance – les retards de vol sont courants aux Philippines.

» En cas d'alerte au typhon (juin-nov), la plupart des vols sont annulés. Soyez certain que le premier vol partant après un typhon sera "surbooké".

» La plupart des vols au départ de Manille et de Cebu durent entre 45 minutes et 1 heure 15, rarement plus. En tenant compte des retards, tous les trajets reviennent plus ou moins au même.

Bateau

Les îles des Philippines sont desservies par un nombre incalculable de lignes de ferry, et les traversées coûtent généralement peu cher. Les embarcations vont des bateaux à balanciers motorisés (*bangka*) aux fastcrafts rapides, en passant par les car-ferries (RORO ou rouliers) et, pour les longs trajets, les grands ferries de passagers à plusieurs ponts. Pour le détail des liaisons maritimes, voir les sections *Depuis/vers...* des différentes destinations.

Bangka Les jeepneys de la mer, les *bangka* (aussi appelés *pumpboats*) sont de petites embarcations en bois munies de deux balanciers. Les ferries *bangka* font des itinéraires réguliers entre les îles, mais on peut aussi les louer à la journée pour des sorties de plongée ou des déplacements occasionnels autour des îles. Les moteurs de ces bateaux sont parfois assourdissants, apportez des bouchons d'oreille au besoin. Ces embarcations ne sont pas les plus stables sur une mer agitée, mais sur des îles comme celle de Palawan, le *bangka* peut être préférable aux déplacements par voie de terre.

Fastcrafts Ils ne transportent que des passagers, essentiellement sur de courtes distances. Ils peuvent diviser le temps de trajet par deux, mais coûtent souvent le double des RORO. La climatisation étant souvent poussée à fond sur ces bateaux, prévoyez une petite laine. Les compagnies de fastcrafts comme SuperCat et Oceanjet naviguent tous les jours de l'année, sauf le Vendredi saint et le jour de l'an. .

Paquebots Ces gros bateaux à plusieurs ponts, comme le SuperFerry, couvrent de longues distances et peuvent transporter jusqu'à 4 000 passagers ainsi que des voitures. Ils sont assez fiables, mais il faut s'attendre à des changements d'itinéraires en cas de mauvaises conditions météo ou pour cause de maintenance.

RORO (car-ferries) Très utilisés pour les traversées de durée moyenne, en particulier sur la "Nautical Highway" entre Manille et Davao, dans le sud de Mindanao. Les RORO sont lents mais quand les conditions sont bonnes, ils sont de loin les plus agréables car, contrairement aux *fastcrafts*, ils permettent de s'asseoir à l'extérieur.

Billets

» Pour les paquebots longue distance, il faut réserver aux billetteries ou auprès des agences de voyages de la plupart des villes.

» Pour les *fastcrafts* et *bangka*, les billets sont en vente à la jetée ou à l'embarcadère avant le départ.

» Les ferries offrent différents niveaux de confort, à tarifs variables. Les couchettes des ponts inférieurs en 3e classe ou classe "éco" sont correctes, tant que le bateau n'est pas surchargé. La 1re classe vous propose une cabine confortable pour 2 personnes.

» Avant d'acheter votre billet, renseignez-vous sur les "promo rates" (tarifs promo), notamment pour les étudiants (de 20 à 30%).

» Le site http://schedule.ph n'est pas exhaustif mais c'est un bon point de départ pour connaître les horaires de ferry.

Sécurité

La plupart du temps, les ferries sont un mode de transport facile et plaisant pour aller d'île en île, mais le risque d'accident n'est pas nul. En juin 2008, un ferry Sulpicio Lines a coulé au large de Romblon au moment du typhon Frank ; moins de 60 passagers ont survécu et plus de 800 ont péri. Depuis le naufrage du Doña Paz en 1987, plus grande catastrophe maritime de l'histoire en temps de paix avec près de 4 500 morts, c'était le 4e accident faisant au moins 150 victimes pour Sulpicio.

En mai 2009, un *bangka* surchargé faisant la traversée Batangas-Puerto Galera a sombré, et 12 de ses 60 passagers ont péri noyés. En septembre 2009, un SuperFerry a subi le même sort au large de

Mindanao, mais seules 9 des 900 personnes à bord n'ont pu être sauvées.

La plupart des accidents de ferry aux Philippines sont la conséquence de facteurs associant le mauvais temps et la surcharge des bateaux. Écoutez votre instinct et si le bateau a l'air bondé, c'est qu'il l'est, et si la météo a l'air défavorable, elle l'est probablement. Les trajets en *bangka* sont particulièrement effrayants par mauvais temps.

Suspendus pendant 3 ans après le naufrage de 2008, les services de passagers de Sulpicio Lines (www.sulpiciolines.com) viennent juste de reprendre à l'heure où nous mettons sous presse ; nous ne les citons donc pas dans ce guide.

Bicyclette

Il est agréable de découvrir les îles moins visitées à l'abri des embouteillages et des gaz des pots d'échappement.

» Il est possible d'emporter son vélo sur les vols intérieurs (il faut parfois le démonter en partie), mais gare à la quantité de bagages autorisée sur les petits avions.

» Quand il y a de la place, vous pouvez le monter à bord d'un bus ou d'un jeepney, souvent à petit prix.

» Selon l'endroit, la location d'un VTT revient entre 300 et 700 P/jour, le prix étant largement fonction de la qualité.

» Dans les grandes villes, des magasins de cycles vendent des vélos neufs ; à Manille, vous en trouverez plusieurs le long de Chino Roces (Pasong Tamo) Ave.

Bus et van

» Les bus philippins sont de toutes les formes et de toutes les tailles. Villes et campagnes sont parsemées de gares routières et de terminaux de bus, et la plupart des bus s'arrêtent quand on les hèle.

» Les services sont plus nombreux le matin – sur les routes de terre, surtout dans les régions les plus isolées, les bus ne circulent pas l'après-midi. Les services de nuit – notamment les 27 places "deluxe" – sont courants entre Manille et les principaux centres urbains de Luzon, et à Mindanao.

» Des minivans climatisés (et certains jeepneys) suivent les itinéraires de bus dans plusieurs régions des Philippines (surtout Bicol, Leyte et Cebu) et les ont parfois remplacés. Il faut souvent attendre que le véhicule soit plein avant le départ.

» Les minivans sont plus rapides que les bus, mais ils sont plus chers et plus exigus.

» Mieux vaut surveiller vos bagages quand les bus s'arrêtent pour faire descendre ou monter des passagers.

» Les réservations sont utiles sur les itinéraires peu desservis et essentiels dans les bus de nuit desservant Manille (réservez au moins 2 jours à l'avance, si possible à la gare routière). Sinon, la plupart du temps, la réservation n'est pas utile.

En stop

L'auto-stop n'est jamais sûr dans aucun pays du monde, et nous ne le recommandons pas. Un auto-stoppeur est une vision si incongrue aux Philippines que la plupart des automobilistes vous ignoreront tout simplement ; les seuls à s'arrêter seront des chauffeurs de camion ou de jeepney, qui attendront quelques pesos en échange.

Évidemment, il est fort déconseillé de faire du stop dans le territoire sous le contrôle des groupes séparatistes musulmans à Mindanao.

Train

La voie de chemin de fer *Bicol Express* vers le sud, de Manille au sud-est de Luzon – la seule en fonctionnement du pays – vient juste de rouvrir au moment où nous écrivons, après 3 ans d'interruption (voir p. 79).

Transports urbains

Jeepney

Les premiers jeepneys étaient des jeeps de l'armée américaine rafistolées après la Deuxième Guerre mondiale. Elles ont par la suite été customisées à grand renfort de chrome, de phares colorés, de peintures de la Vierge Marie et de scènes tirées de bandes dessinées.

» Les jeepneys sont le principal moyen de transport dans la plupart des villes, et complètent les services de bus entre les centres régionaux.

» Dans les villes, le prix de départ d'un trajet en jeepney tourne autour de 8 P, un peu plus pour sortir de la ville. Les itinéraires sont normalement écrits sur le côté du véhicule.

» Les jeepneys ont un certain charme, mais ont un grand défaut : on ne voit quasiment rien par les minuscules ouvertures qui font office de fenêtres. Les meilleurs sièges sont à l'avant, près du chauffeur.

Light Rail (LRT)

Certains quartiers de Manille sont desservis par un réseau de lignes de métro aériennes (Light Rail Transit) ; voyez les détails p. 81.

Taxi

Les taxis avec compteur sont courants à Manille et dans les grandes villes de province. La prise en charge est de 40 P, un trajet de 15 minutes dépassant rarement les 150 P.

Les taxis d'aéroport facturent un peu plus.

La majorité des chauffeurs mettent le compteur, sinon, demandez-leur poliment de le faire. Si le compteur est "cassé" ou qu'on vous dit de fixer vous-même le montant de la course, descendez et trouvez un autre véhicule (ou négociez). Les compteurs trafiqués sont fréquents, mais les chauffeurs se montrent le plus souvent honnêtes.

Il est arrivé que des voyageurs se fassent agresser au couteau ou avec un pistolet. Parfois le conducteur est de mèche, quand ce n'est pas lui l'agresseur. Sortez immédiatement du taxi (dans un endroit sûr, évidemment, pas au milieu de nulle part) si vous pensez que vous allez être victime d'un vol ou d'une escroquerie.

Tricycle, kalesa et habal-habal

Présent dans la plupart des villes, le tricycle est le rickshaw des Philippines – un petit side-car attaché à une moto et recouvert d'un auvent. Le prix d'un trajet local dans la plupart des villes de province est de 8 P. Les tricycles qui attendent près des centres commerciaux, des restaurants et des hôtels demandent jusqu'à 10 fois ce montant pour un "trajet spécial." Évitez-les en vous tenant au bord de la route et en hélant n'importe quel tricycle à 8 P. Vous pouvez en louer un pour environ 300 P/heure ou 150 P les 10 km si vous sortez de la ville.

Habal-habal Ce sont des motos-taxis aux sièges agrandis (le terme signifie "cochons qui copulent" en raison du niveau d'intimité atteint quand on partage un siège avec 4 autres personnes). Le *habal-habal* fonctionne comme un tricycle, en étant un peu moins cher. On les trouve surtout dans les Visayas et dans le nord de Mindanao. Dans certaines zones, on les appelle des "motorcycle taxis" ou motos-taxis.

Kalesa Les *kalesa* sont des voitures à cheval à deux roues qui circulent dans le Chinatown de Manille, à Vigan (nord de Luzon) et à Cebu City (où ils sont appelés *tartanillas*).

Pousse-pousse Dans de nombreuses villes circulent des pousse-pousse non motorisés, appelés *put-put* ou *podyak*, pour les trajets plus courts.

Voiture et moto

Si vous comptez vous déplacer avec votre propre véhicule, sachez que la conduite frénétique des Philippins est à son comble à Manille, et qu'il faut un certain temps pour s'y faire.

» Une fois sorti de Manille, les routes sont jonchées de toutes sortes d'obstacles : soyez sur vos gardes.

» Mieux vaut éviter la conduite de nuit, notamment parce que les tricycles, jeepneys et même les gros camions sont souvent dépourvus de phares (certains conducteurs pensent que conduire sans lumière leur fait faire des économies d'essence).

» La conduite de nuit en province recèle ses propres dangers, outre le problème de vols dans les endroits où la situation politique est instable (comme dans certaines parties de Mindanao).

Assurance

La loi philippine exige que vous contractiez une assurance au tiers auprès d'une compagnie d'assurance philippine pour conduire dans le pays. Si vous louez une voiture, vous pouvez la demander à l'agence de location. La couverture de l'assurance doit s'élever à au moins 750 000 P. Les compagnies d'assurance locales proposent des assurances auto.

Code de la route

La conduite se fait (en principe) à droite. À l'exception des autoroutes hors de Manille, la plupart des routes sont à voie unique, ce qui implique des dépassements de véhicules. Les conducteurs locaux ne doublent pas toujours en toute sécurité. Ainsi, si le conducteur d'une voiture arrivant en sens inverse, face à vous, refuse de vous libérer la voie (et de revenir sur sa droite), il s'attend à ce que vous vous mettiez sur le bas-côté.

Moto

Vers le sud, des îles de taille moyenne comme Camiguin, Siquijor et Bohol sont idéales à explorer en moto. Vous pouvez même emprunter la "Nautical Highway" (l'autoroute marine) – un système de car-ferries reliant de nombreuses îles – jusqu'aux Visayas et profiter d'une conduite fort agréable sur des îles plus vastes comme Cebu et Negros.

Les motos – le plus souvent 75cc à 125cc – sont faciles à louer partout. Comptez 500 P/jour, plus dans des lieux plus cotés, comme Boracay et Alona Beach à Bohol. Le casque n'est pas toujours compris.

Dans les sites les plus reculés, demandez autour de vous – même sans agence de location, vous trouverez bien quelqu'un qui vous louera sa moto pour 300 P/jour.

Permis de conduire

Le permis de conduire français (et des autres pays) est valable légalement 90 jours aux Philippines. Vous êtes censé posséder un permis de conduire international (à vous procurer à la préfecture de votre domicile), et certaines compagnies de location de véhicules peuvent vous le demander.

Santé

Les problèmes de santé (et la qualité des services médicaux) varient énormément selon l'endroit où vous vous trouvez aux Philippines. Si la plupart des grandes villes ne présentent que peu de risques, il en est tout autrement dans les zones rurales.

Les voyageurs redoutent souvent les maladies infectieuses, or celles-ci entraînent rarement de troubles graves. Ils ont bien plus à craindre d'éventuels accidents, notamment de la circulation. Tomber malade n'est cependant pas rare. Les conseils donnés ici sont d'ordre général et ne se substituent pas à l'avis d'un professionnel de la santé.

AVANT LE DÉPART

Assurances et services médicaux

» Il est conseillé de souscrire à une police d'assurance qui vous couvrira en cas d'annulation de votre voyage, de vol, de perte de vos affaires, de maladie ou encore d'accident.

» Vérifiez notamment que les "sports à risques", comme la plongée, la moto ou même la randonnée ne sont pas exclus de votre contrat, ou encore que le rapatriement médical d'urgence, en ambulance ou en avion, est couvert. De même, le fait d'acquérir un véhicule dans un autre pays ne signifie pas nécessairement que vous serez protégé par votre propre assurance.

» Vous pouvez contracter une assurance qui réglera directement les hôpitaux et les médecins, vous évitant ainsi d'avancer des sommes qui ne vous seront remboursées qu'à votre retour.

» Avant de souscrire une police d'assurance, vérifiez bien que vous ne bénéficiez pas déjà d'une assistance par votre carte de crédit, votre mutuelle ou votre assurance automobile.

» N'oubliez pas de prendre avec vous les documents relatifs à l'assurance ainsi que les numéros à appeler en cas d'urgence.

Quelques conseils

» Assurez-vous que vous êtes en bonne santé avant de partir. Si vous suivez un traitement de façon régulière, n'oubliez pas votre ordonnance (avec le nom du principe actif).

» Les pharmacies philippines sont souvent bien approvisionnées en seringues stériles, pansements et antibiotiques, mais rien ne vous empêche d'apporter votre propre trousse médicale d'urgence. Les solutions pour lentilles de contact et les lentilles elles-mêmes s'achètent en ville.

» Rangez vos médicaments dans leur emballage d'origine clairement étiqueté. Une lettre datée et signée de votre médecin décrivant votre état de santé et votre traitement, avec le nom générique de vos médicaments, est une bonne idée. Si vous avez un problème cardiaque, emportez une copie de votre ECG pratiqué avant le départ.

» Si vous suivez un traitement, prenez vos médicaments en double. Les pharmacies philippines demandent souvent une ordonnance pour délivrer des médicaments. Il peut s'avérer ardu de trouver certains médicaments, notamment les pilules contraceptives et médicaments contre l'hypertension.

Vaccins

Plus vous vous éloignez des circuits classiques, plus il faut prendre vos précautions. Faites inscrire vos vaccinations dans un carnet international de vaccination que vous pourrez vous procurer auprès de votre médecin ou d'un centre.

Le ministère des Affaires étrangères effectue une veille sanitaire et met régulièrement en ligne (www.diplomatie.gouv.fr/voyageurs) des recommandations concernant les vaccinations.

Planifiez vos vaccinations à l'avance (au moins 6 semaines avant le départ),

VACCINS REQUIS ET RECOMMANDÉS

Voici les vaccinations conseillées pour un voyage en Asie du Sud-Est :

» **Diphtérie, tétanos et poliomyélite** – à mettre à jour systématiquement (rappel tous les 10 ans à l'âge adulte).

» **Fièvre jaune** – obligatoire aux Philippines lorsque l'on vient d'une région infectée (Afrique et Amérique du Sud). À éviter en début de grossesse. Durée 10 ans.

» **Hépatites A et B** – il existe un vaccin combiné hépatite A et B qui s'administre en 3 injections.

» **Rougeole, oreillons et rubéole** – deux injections sont nécessaires si vous n'avez pas eu ces maladies. Un rappel est demandé pour la plupart des jeunes adultes. Indispensable chez l'enfant.

» **Typhoïde** – recommandé si vous voyagez dans des conditions d'hygiène médiocres. Durée 3 ans.

» **Varicelle** – parlez-en avec votre médecin si vous n'avez jamais eu la varicelle.

» Vaccins recommandés pour les voyageurs qui séjournent plus d'un mois dans la région ou qui prévoient un voyage dans des zones isolées :

» **Encéphalite japonaise** – un moustique nocturne (le *Culex*) est responsable de la transmission de cette maladie virale, surtout dans les zones rurales près des élevages de cochons ou des rizières. Les personnes les plus en danger sont celles qui doivent passer de longues périodes en zone rurale pendant la saison des pluies (juillet-octobre). Si c'est votre cas, il faudra peut-être vous faire vacciner.

» **Méningite** – le vaccin est efficace pendant 4 ans. Renseignez-vous avant votre départ sur les éventuelles épidémies.

» **Rage** – trois injections sont nécessaires pour une vaccination préventive, qui ne dispense pas de la nécessité d'un traitement antirabique immédiatement après un contact avec un animal enragé ou dont le comportement peut paraître suspect. Parlez-en avec votre médecin.

» **Tuberculose** – cette maladie ne présente pas de grand danger pour le voyageur. Les enfants de moins de 12 ans sont plus exposés que les adultes. Il est conseillé de les faire vacciner s'ils voyagent dans des régions où la maladie est endémique.

car certaines demandent des rappels ou sont incompatibles entre elles. Les vaccins ont des durées d'efficacité très variables ; certains sont contre-indiqués pour les femmes enceintes.

Centres de vaccination :

Institut Pasteur (☎0890 71 08 11 ; 211 rue de Vaugirard, 75015 Paris)

Air France, centre de vaccination (☎01 43 17 22 00 ; 148 rue de l'Université, 75007 Paris)

Centre de vaccinations (☎04 72 76 88 66 ; 7 rue Jean-Marie-Chavant, 69007 Lyon)

Hôpital Félix-Houphouët-Boigny (☎04 91 96 89 11 ; 416 chemin de la Madrague-Ville, 13015 Marseille)

Liste complète des centres en France sur le site www.diplomatie.gouv.fr/voyageurs.

Santé sur Internet

» **Agence de la santé publique du Canada** (www.travelhealth.gc.ca)

» **Centre médical de l'Institut Pasteur** (http://cmip.pasteur.fr/cmed/csmedvoy.html)

» **Lonely Planet** (www.lonelyplanet.fr)

» **Organisation mondiale de la santé** (OMS ; http://www.who.int/fr/)

Trousse médicale de voyage

Veillez à emporter avec vous une petite trousse à pharmacie contenant des produits indispensables. Certains ne sont délivrés que sur ordonnance médicale. Attention, les liquides et les objets contondants sont interdits en cabine dans les avions.

» des antibiotiques, à utiliser aux doses et périodes prescrites. Il n'est pas absurde de demander à votre médecin traitant de vous en prescrire pour le voyage

» un antidiarrhéique, en cas de forte diarrhée, surtout si vous voyagez avec des enfants

» un antihistaminique en cas de rhume, allergie, piqûre d'insecte, mal des transports – évitez de boire de l'alcool

» un antiseptique ou un désinfectant pour les coupures, égratignures superficielles et brûlures, ainsi que des pansements gras pour les brûlures

- de l'aspirine ou du paracétamol (douleurs, fièvre)
- un produit contre les moustiques, un écran total, une pommade pour soigner les piqûres et des comprimés pour stériliser l'eau
- une bande Velpeau et des pansements pour les petites blessures
- une paire de lunettes de secours (si vous portez des lunettes ou des lentilles de contact) et la copie de votre ordonnance
- une paire de ciseaux à bouts ronds, une pince à épiler et un thermomètre à alcool
- une petite trousse de matériel stérile comprenant seringue, aiguilles, fil à suture, compresses et lame de scalpel
- des préservatifs

PENDANT LE VOYAGE

Vols long-courriers

- Les trajets en avion, principalement du fait d'une immobilité prolongée, peuvent favoriser la formation de caillots sanguins dans les jambes (par exemple, une phlébite). Le risque est d'autant plus élevé que le vol est plus long.
- Généralement, l'un des premiers symptômes est un gonflement ou une douleur du pied, de la cheville ou du mollet.
- En prévention, buvez en abondance des boissons non alcoolisées, faites jouer les muscles de vos jambes lorsque vous êtes assis et levez-vous de temps à autre pour marcher dans la cabine.

Décalage horaire et mal des transports

Le décalage horaire est fréquent dans le cas de trajet traversant plus de trois fuseaux horaires. Il se manifeste par des insomnies, de la fatigue, des malaises ou des nausées. En prévention, buvez abondamment (pas d'alcool) et mangez léger. En arrivant, exposez-vous à la lumière naturelle et adoptez les horaires locaux aussi vite que possible (pour les repas, le coucher et le lever).

Les antihistaminiques préviennent efficacement le mal des transports, qui se caractérise principalement par une envie de vomir, mais ils peuvent provoquer une somnolence.

AUX PHILIPPINES

Disponibilité et services médicaux

Il est possible de se faire dispenser des soins médicaux de qualité dans la plupart des grandes villes des Philippines. Les cliniques recommandées sont citées dans la section *Renseignements* des villes des chapitres de ce guide. Il est difficile de trouver des soins médicaux fiables dans les zones rurales, même s'il est possible de trouver une clinique non loin. Votre ambassade et votre compagnie d'assurance vous aideront à en trouver.

Si vous pensez être atteint d'une maladie grave, notamment de paludisme, ne perdez pas de temps : faites-vous soigner dans l'établissement de qualité le plus proche. Mieux vaut toujours être examiné par un médecin que d'avoir recours à l'automédication.

Précautions élémentaires

Faire attention à ce que l'on mange et à ce que l'on boit est la première des précautions à prendre. Les troubles gastriques et intestinaux sont fréquents, même si la plupart du temps ils restent sans gravité. Ne soyez cependant pas paranoïaque et ne vous privez pas de goûter la cuisine locale, cela fait partie du voyage. N'hésitez pas également à vous laver les mains fréquemment.

Eau

Même si, en principe, vous pouvez boire l'eau du robinet dans la majeure partie des Philippines, il est préférable de boire des eaux minérales et des boissons gazeuses. Attention aux jus de fruits, souvent allongés à l'eau. Attention au lait, rarement pasteurisé. Pas de problème pour le lait bouilli et les yaourts. Thé et café, en principe, sont sûrs, puisque l'eau doit bouillir.

Pour stériliser l'eau, la meilleure solution est de la faire bouillir durant 15 minutes. N'oubliez pas qu'à haute altitude elle bout à une température plus basse et que les germes ont plus de chance de survivre.

Un simple filtrage peut être très efficace, mais n'éliminera pas tous les micro-organismes dangereux. Aussi, si vous ne pouvez pas faire bouillir l'eau, traitez-la chimiquement. Le Micropur (vendu en pharmacie) tuera la plupart des germes pathogènes.

Vous éviterez bien des problèmes de santé en vous lavant souvent les mains. Brossez-vous les dents avec de l'eau traitée.

Affections liées à l'environnement

Chaleur

De longues périodes d'exposition à des températures élevées peuvent vous rendre vulnérable au coup de chaleur. Cet état grave survient quand le mécanisme de régulation thermique du corps ne fonctionne plus : la température s'élève alors de façon dangereuse. Évitez l'alcool et les activités fatigantes lorsque vous arrivez dans un pays à climat chaud. Symptômes : malaise général, transpiration faible ou inexistante et forte fièvre (39 à 41°C) et céphalée lancinante, difficultés à coordonner ses mouvements, signes de confusion mentale ou d'agressivité. Il faut absolument hospitaliser le malade. En attendant les secours, installez-le à l'ombre, ôtez-lui ses vêtements, couvrez-le d'un drap ou d'une serviette mouillés et éventez-le continuellement.

Coup de soleil

Sous les tropiques, dans le désert ou en altitude, les coups de soleil sont plus fréquents, même par temps couvert. Utilisez un écran total et pensez à vous couvrir.

Insolation

Une exposition prolongée au soleil peut provoquer une insolation. Dans ce cas, il faut rester dans le noir, appliquer une compresse d'eau froide sur les yeux et prendre de l'aspirine.

Coupures, piqûres et morsures

Les blessures s'infectent très facilement dans les climats chauds et cicatrisent difficilement. Coupures et égratignures doivent être traitées avec un antiseptique et du désinfectant cutané. Évitez si possible bandages et pansements, qui empêchent la plaie de sécher.

Les coupures de corail sont très longues à cicatriser, car le corail injecte un venin léger dans la plaie. Portez des chaussures ou des sandales pour marcher sur des récifs, et nettoyez parfaitement chaque blessure.

» **Méduses** Les conseils des habitants vous éviteront de faire la rencontre des méduses et de leurs tentacules urticants. Certaines espèces peuvent être mortelles mais, en général, la piqûre est seulement douloureuse. Des antihistaminiques et des analgésiques limiteront la réaction et la douleur. La plupart des méduses des eaux d'Asie du Sud-Est sont irritantes plus que dangereuses. Certaines, dont la galère (*box jellyfish*), évoluent parfois sur les côtes des Philippines. Leur piqûre est très douloureuse, mais rarement mortelle.

» **Piqûres** Les piqûres de guêpe ou d'abeille sont souvent plus douloureuses que dangereuses. Une lotion apaisante ou des glaçons soulageront la douleur et empêcheront la piqûre de trop gonfler. Certaines araignées sont dangereuses mais il existe en général des antivenins. Les piqûres de scorpions sont très douloureuses et parfois mortelles. Inspectez vos vêtements ou vos chaussures avant de les enfiler.

» **Serpents** Ils sont nombreux en Asie du Sud-Est, les venimeux comme les inoffensifs. Même s'il est peu probable que vous croisiez un serpent aux Philippines, décidez que tous les serpents sont venimeux et ne les touchez jamais. Portez toujours bottes, chaussettes et pantalons longs pour marcher dans la végétation à risque.

Ne hasardez pas la main dans les trous et les anfractuosités, et faites attention lorsque vous ramassez du bois pour faire du feu. Les morsures de serpent ne provoquent pas instantanément la mort, et il existe généralement des antivenins. Il faut calmer la victime, lui interdire de bouger, bander étroitement le membre comme pour une foulure et l'immobiliser avec une attelle. Trouvez ensuite un médecin, et essayez de lui apporter le serpent mort. Ne tentez en aucun cas d'attraper le serpent s'il y a le moindre risque qu'il pique de nouveau. On sait désormais qu'il ne faut absolument pas sucer le venin ou poser un garrot.

Parasites

Les populations du Sud-Est asiatique sont beaucoup touchées par les parasites, mais les voyageurs le sont peu. Les deux règles à respecter pour éviter les infections parasitaires consistent à porter des chaussures et à éviter les aliments crus, surtout le poisson, le porc et les légumes. De nombreux parasites s'attrapent en marchant pieds nus, comme l'anguillulose, l'ankylostome ou la *Larva migrans* cutanée.

Plongée

Il est recommandé aux plongeurs et aux surfeurs de s'assurer que leur trousse de secours contient les médicaments appropriés en cas de coupure par du corail ou d'infection des oreilles, ainsi que pour les problèmes habituels. Si vous plongez, assurez-vous que vous êtes couvert en cas d'accident (notamment de décompression), ou contractez une assurance spéciale auprès d'un organisme tel que **Divers Alert Network** (DAN ; www.danseap.org). Passez un examen médical avant de partir, car il existe des contre-indications à la pratique de la plongée et certains centres ne sont pas très regardants.

Pollution

La pollution de l'air, en particulier celle causée par les gaz d'échappement, est un problème croissant dans les grandes villes philippines, surtout à Manille. Si vous êtes atteint de problèmes respiratoires, consultez votre médecin avant de voyager dans les centres urbains très pollués.

PLONGÉE : EN CAS D'URGENCE

Chambres de recompression

Les Philippines possèdent 6 chambres de recompression fixes et une chambre mobile gérée par le **Philippine Coast Guard Search & Rescue Center** (Centre de recherche et de sauvetage des garde-côtes philippins ; ☎02-527 8481, poste 6290/6292).

Batangas (☎043-723 2167 ou 0917 536 2757 ; www.divemed.com.ph ; Batangas Hyperbaric Medicine & Wound Healing Center, St Patrick's Hospital Medical Center, Lopez Jaena St, Batangas City, Luzon). Contactez le docteur Michael Perez, médecin spécialiste de la plongée. C'est la seule chambre de recompression privée des Philippines.

Cavite (☎046-431 6311 ; Sangley Recompression Chamber, Philippine Fleet, Naval Base Cavite, Sangley Point, Cavite City, Luzon). Demandez le standard de Sangley, puis le poste 4490.

Cebu City (☎032-254 9262, 24h/24 0919 517 5900, 235 5662 ; Viscom Station Hospital, Camp Lapu Lapu, Lahug, Cebu City). Contactez Tonton Ortega.

Davao (☎082-227 0234 ou 305 3483 ; Wind & Waves, Sta Ana Wharf, Davao City). Contactez le docteur Jeffrey Ramos.

Manille (☎02-426 2701, poste 6245, 0919 347 1773 ; Armed Forces of the Philippines Medical Center, V Luna Rd, Quezon City). Contactez le docteur Jojo Bernado.

Services de recherche et d'évacuation d'urgence

L'armée de l'air, les garde-côtes et les prestataires privés comme Subic Seaplanes peuvent organiser une évacuation, mais leur champ d'action est limité : n'espérez pas les voir apparaître comme par miracle dans des lieux aussi isolés que la mer de Sulu.

Philippines Air Force Search & Rescue (☎02-854 6701 ou 853 5013 ou 853 5008 ; Villamor Air Base, Pasay City, Manille)

Subic Seaplanes (☎047-252 2230 ou 0919 325 1106 ; Subic Bay Freeport Zone, Zambalès)

Problèmes de peau

Les infections fongiques sont courantes dans les climats humides. Elles apparaissent souvent sur les parties du corps les moins "aérées" (comme l'aine, les aisselles ou les orteils) et se caractérisent par une tache rouge qui grossit lentement, souvent accompagnée de démangeaisons.

Le traitement consiste à garder la peau sèche, à éviter les frottements et à utiliser une crème antifongique. La teigne (qui est un champignon et non un parasite animal) est fréquente. Elle se caractérise par l'apparition de petites taches légèrement colorées, souvent sur le dos, la poitrine et les épaules.

Quelle que soit l'infection, n'hésitez pas à consultez un médecin.

Maladies infectieuses et parasitaires

Bilharzioses

Les bilharzioses sont des maladies dues à des vers. On se contamine en se baignant dans les eaux douces (rivières, ruisseaux, lacs et retenues de barrage) où vivent les mollusques qui hébergent la forme larvaire des bilharzies. Juste après le bain infestant, on peut noter des picotements ou une légère éruption cutanée à l'endroit où le parasite est passé à travers la peau. Quatre à douze semaines plus tard, apparaissent une fièvre et des manifestations allergiques.

Si par mégarde ou par accident, vous vous baignez dans une eau infectée, séchez-vous vite et séchez aussi vos vêtements. Consultez un médecin si vous êtes inquiet.

Diarrhée

Le changement de nourriture, d'eau ou de climat suffit à la provoquer ; si elle est causée par des aliments ou de l'eau contaminés, le problème est plus grave. En dépit de toutes vos précautions, vous aurez peut-être la "turista", mais quelques visites aux toilettes sans autre symptôme n'ont rien d'alarmant. Il est fortement recommandé d'emmener avec soi un antidiarrhéique et un antiseptique intestinal (de type Intetrix et Ercefuryl). Demandez conseil à votre pharmacien et à votre médecin. La déshydratation est le danger principal lié à toute diarrhée, particulièrement chez les enfants. Ainsi le premier traitement consiste à boire beaucoup. Quand vous irez mieux, continuez à manger légèrement. Les antibiotiques peuvent être utiles dans le traitement de diarrhées très fortes, en particulier si elles sont accompagnées de nausées, de vomissements, de crampes d'estomac ou d'une fièvre légère. Trois jours de traitement sont généralement suffisants, et on constate normalement une amélioration dans les 24 heures. Toutefois, lorsque la diarrhée persiste au-delà de 48 heures ou s'il y a présence de sang dans les selles, il est préférable de consulter un médecin.

Dysenterie amibienne

La dysenterie amibienne ne touche que rarement les voyageurs, mais elle est souvent mal diagnostiquée en Asie du Sud-Est. Affection grave, due à des aliments ou de l'eau contaminés, la dysenterie se manifeste par une violente diarrhée, souvent accompagnée de sang ou de mucus dans les selles. La dysenterie amibienne évolue plus graduellement que la dysenterie bacillaire, sans fièvre ni vomissements, mais elle est plus grave. Elle dure tant qu'elle n'est pas traitée et peut causer des problèmes de santé à long terme. Une analyse des selles est indispensable pour diagnostiquer le type de dysenterie. Il faut donc consulter rapidement.

Giardiase

Ce parasite intestinal est présent dans l'eau souillée ou dans les aliments contaminés par l'eau. Symptômes : crampes d'estomac, nausées, estomac ballonné, selles très liquides et nauséabondes, et gaz fréquents. La giardiase peut n'apparaître que plusieurs semaines après la contamination. Les symptômes peuvent disparaître pendant quelques jours puis réapparaître, et ceci pendant plusieurs semaines.

Hépatites

L'hépatite est un terme général qui désigne une inflammation du foie. Elle est le plus souvent due à un virus. Les formes les plus habituelles se manifestent par une fièvre, une fatigue qui peut être intense, des douleurs abdominales, des nausées, des vomissements, associés à la présence d'urines très foncées et de selles décolorées presque blanches. La peau et le blanc des yeux prennent une teinte jaune (ictère). L'hépatite peut parfois se résumer à un simple épisode de fatigue sur quelques jours ou semaines.

» **Hépatite A** C'est la plus répandue, mais il existe un vaccin, recommandé en cas de fort risque d'exposition. La contamination est alimentaire : l'hépatite A se transmet par l'eau, les coquillages et, d'une manière générale, tous les produits manipulés à mains nues. Il n'y a pas de traitement médical ; il faut simplement se reposer, boire beaucoup, manger légèrement et s'abstenir totalement de toute boisson alcoolisée pendant au moins 6 mois.

» **Hépatite B** Elle est très répandue, mais la vaccination est très efficace. Elle se transmet par voie sexuelle ou sanguine (piqûre, transfusion). Évitez de vous faire percer les oreilles, tatouer, raser ou de vous faire soigner par piqûres si vous avez des doutes quant à l'hygiène des lieux. Les symptômes de l'hépatite B sont les mêmes que ceux de l'hépatite A.

» **Hépatite E** Il semblerait que cette souche soit assez fréquente dans certains pays en développement, bien que l'on ne dispose pas de beaucoup d'éléments actuellement. Similaire à l'hépatite A, elle se contracte de la même manière, généralement par l'eau. De forme bénigne, elle peut néanmoins être dangereuse pour les femmes enceintes. À l'heure actuelle, il n'existe pas de vaccin.

Rougeole

La rougeole présente un problème dans certaines parties de l'Asie du Sud-Est. La bactérie de la rougeole, très contagieuse, se propage par la toux et les éternuements. La plupart des personnes nées avant 1966 sont immunisées car elles ont contracté la maladie durant leur enfance. La rougeole s'installe avec de la fièvre intense et des rougeurs, les complications peuvent entraîner une pneumonie et des dommages au cerveau. Aucun traitement n'est à l'heure actuelle préconisé.

Typhoïde

Cette maladie se transmet par de l'eau ou de la nourriture contaminées par des matières fécales humaines. La fièvre et une éruption rose sur l'abdomen sont généralement les premiers symptômes, qui s'accompagnent parfois d'une septicémie (empoisonnement du sang). Le vaccin contre la typhoïde protège pendant 3 ans.

Tuberculose

Si elle ne concerne que rarement les touristes, le personnel médical, les membres d'organisations humanitaires et les voyageurs de longue durée qui ont des contacts prolongés avec la population doivent prendre leurs précautions. Les enfants de moins de 12 ans sont plus exposés que les adultes. Il est donc conseillé de les faire vacciner s'ils voyagent dans des régions où la maladie est endémique. La tuberculose se propage par la toux ou par des produits laitiers non pasteurisés faits avec du lait de vaches tuberculeuses. On peut boire du lait bouilli et manger yaourts ou fromages (l'acidification du lait dans le processus de fabrication élimine les bacilles) sans courir de risques.

VIH/sida

L'infection est présente dans pratiquement tous les pays. La transmission de cette infection se fait : par rapport sexuel (hétérosexuel ou homosexuel – anal, vaginal ou oral), d'où l'impérieuse nécessité d'utiliser des préservatifs à titre préventif ; par le sang, les produits sanguins et les aiguilles contaminées. Il est impossible de détecter la présence du VIH chez un individu apparemment en parfaite santé sans procéder à un examen sanguin. Évitez, s'ils ne sont pas stérilisés, tous les instruments de chirurgie, les aiguilles d'acupuncture et de tatouage, ainsi que les instruments utilisés pour percer les oreilles ou le nez.

Toute demande de certificat attestant la séronégativité pour le VIH est contraire au Règlement sanitaire international (article 81).

Affections transmises par les insectes

Chikungunya

Cette infection virale transmise par les piqûres de moustiques sévit peu aux Philippines, et principalement dans les Visayas. Des douleurs articulaires subites, de la fièvre, des maux de tête, des nausées et des éruptions en sont les principaux symptômes.

Dengue

Cette maladie transmise par les moustiques est de loin la maladie sévissant aux Philippines que vous risquez le plus de contracter. Elle est très présente dans les villes, notamment à Manille. Elle n'est pas généralement mortelle, mais peut le devenir ; plus de 300 personnes en sont mortes aux Philippines en 2008. Il n'existe pas de traitement prophylactique. La seule prévention consiste à éviter les piqûres.

Poussée de fièvre, maux de tête, douleurs articulaires et musculaires précèdent une éruption cutanée sur le tronc qui s'étend ensuite aux membres puis au visage. Au bout de quelques jours, la fièvre régresse, et la convalescence commence. Les complications graves sont rares.

Encéphalite japonaise B

C'est une maladie rarement contractée par les voyageurs, mais environ 50 000 habitants du Sud-Est asiatique sont touchés chaque année. Cette maladie virale est transmise par un moustique nocturne (le *Culex*). La plupart des cas sont signalés dans des zones rurales, et la vaccination est recommandée pour les voyageurs séjournant plus de 1 mois en dehors des villes.

Symptômes : fièvre soudaine, frissons et maux de tête, suivis de vomissements et de délire, aversion marquée pour la lumière vive et douleurs aux articulations et aux muscles. Les cas les plus graves provoquent des convulsions et un coma. Chez la plupart des individus qui contractent le virus, aucun symptôme n'apparaît.

Filarioses

Ce sont des maladies parasitaires transmises par des piqûres d'insectes. Les symptômes varient en fonction du filaire concerné : fièvre, ganglions et inflammation des zones de drainage lymphatique ; œdème (gonflement) au niveau d'un membre ou du visage ; démangeaisons et troubles visuels. Un traitement permet de se débarrasser des parasites, mais certains dommages causés sont parfois irréversibles. Si vous soupçonnez une possible infection, il vous faut rapidement consulter un médecin.

Myiase rampante cutanée

Cette maladie est provoquée par l'ankylostome du chien ; l'éruption commence sous la forme d'une petite bosse qui s'étend bientôt de façon linéaire. Elle provoque de fortes démangeaisons, notamment la nuit. On la traite facilement avec des médicaments, et il ne faut ni la couper ni la brûler à l'azote.

Paludisme

Le paludisme, ou malaria, est transmis par un moustique, l'anophèle, dont la femelle pique surtout la nuit, entre le coucher et le lever du soleil. Le paludisme survient généralement dans le mois suivant le retour de la zone d'endémie. Symptômes : maux de tête, fièvre et troubles digestifs. Non traité, il peut avoir des suites graves, parfois mortelles. Il existe différentes espèces de paludisme et le traitement devient de plus en plus difficile à mesure que la résistance du parasite aux médicaments gagne en intensité. Selon les centres pour le contrôle et la prévention des maladies (CDC) des Philippines, il n'y a pas de risque de paludisme à Bohol, Boracay, Catanduanes, Cebu, Manille ou dans d'autres zones urbaines. En général, le paludisme ne représente un problème qu'au-dessous de 600 m dans des régions isolées comme le sud de Palawan (voir p. 383). Selon les CDC, la chloroquine n'est pas toujours efficace aux Philippines.Si vous voyagez dans des régions où la maladie est endémique, il faut absolument suivre un traitement préventif (sur ordonnance), à poursuivre en général après le retour.

SE PROTÉGER DES MOUSTIQUES

Hormis les traitements préventifs, la protection contre les piqûres de moustique est le premier moyen d'éviter d'être contaminé par le paludisme. Le soir, dès le coucher du soleil, couvrez vos bras et surtout vos chevilles, mettez de la crème antimoustiques. Ils sont parfois attirés par le parfum ou l'après-rasage.

En dehors du port de vêtements longs, l'utilisation d'insecticides ou de répulsifs à base de DEET (de type Cinq sur Cinq) sur les parties découvertes du corps est à recommander.

En vente en pharmacie, les moustiquaires constituent en outre une protection efficace, à condition qu'elles soient imprégnées d'insecticide. De plus, ces moustiquaires sont radicales contre tout insecte à sang froid (puces, punaises, etc.) et permettent d'éloigner serpents et scorpions.Notez enfin que, d'une manière générale, le risque de contamination est plus élevé en zone rurale et pendant la saison des pluies.

Indispensable : vous protéger des moustiques.

Tout voyageur atteint de fièvre ou montrant les symptômes de la grippe doit se faire examiner. Il suffit d'une analyse de sang pour établir le diagnostic. Contrairement à certaines croyances, une crise de paludisme ne signifie pas que l'on est touché à vie.

Rage

Très répandue, cette maladie est transmise par un animal contaminé : chien et singe principalement. Morsures, griffures ou même simples coups de langue d'un mammifère doivent être nettoyés immédiatement. Frottez avec du savon et de l'eau courante, puis nettoyez avec de l'alcool. Même si l'animal n'est pas enragé, les morsures doivent être surveillées de près pour éviter les risques d'infection et de tétanos. Un vaccin antirabique est disponible. Il faut y songer si vous pensez explorer des grottes (les morsures de chauves-souris peuvent être dangereuses) ou travailler avec des animaux. Cependant, la vaccination préventive ne dispense pas de la nécessité d'un traitement antirabique après un contact avec un animal enragé ou dont le comportement paraît suspect.

Typhus

Le typhus est transmis soit par des acariens (dont les tiques), soit des poux. La maladie commence comme un mauvais rhume, suivi de fièvre, de frissons, de migraines, de douleurs musculaires et d'une éruption cutanée. Une plaie douloureuse se forme autour de la piqûre et les ganglions lymphatiques voisins sont enflés et douloureux. Le typhus transmis par les tiques menace les randonneurs en Afrique australe qui risquent d'attraper les tiques du bétail et des animaux sauvages.

Le typhus des broussailles est transmis par des acariens. On le rencontre surtout en Asie et dans les îles du Pacifique. Soyez prudent si vous faites de la randonnée dans des zones rurales d'Asie du Sud-Est.

Santé au féminin

Grossesse

La plupart des fausses couches ont lieu pendant les 3 premiers mois de la grossesse. C'est donc la période la plus risquée pour voyager. Pendant les 3 derniers mois, il vaut mieux rester à distance raisonnable de bonnes infrastructures médicales. Les femmes enceintes doivent éviter de prendre inutilement des médicaments. Cependant, certains vaccins et traitements préventifs contre le paludisme restent nécessaires. Mieux vaut consulter un médecin avant de prendre quoi que ce soit.

Problèmes gynécologiques

Une nourriture pauvre, une résistance amoindrie par l'utilisation d'antibiotiques contre des problèmes intestinaux peuvent favoriser les infections vaginales lorsqu'on voyage dans des pays à climat chaud. Respectez une hygiène intime scrupuleuse, et portez jupe ou pantalon ample et sous-vêtements en coton.

Les champignons, caractérisés par une éruption cutanée, des démangeaisons et des pertes, peuvent se soigner facilement. En revanche, les trichomonas sont plus graves ; pertes blanches et sensation de brûlure lors de la miction en sont les symptômes. Le partenaire masculin doit auusi être soigné.

Dans les zones urbaines des Philippines, vous n'aurez pas de mal à trouver des produits d'hygiène. En zone rurale, les tampons hygiéniques ne sont pas faciles à trouver. Le mieux est d'en apporter avec vous.

Il n'est pas rare que le cycle menstruel soit perturbé lors d'un voyage.

Langue

POUR ALLER PLUS LOIN

Indispensable pour mieux communiquer sur place : le **guide de conversation anglais/filipino de Lonely Planet** (8,70 €). Pour réserver une chambre, lire un menu ou simplement faire connaissance, ce manuel permet d'acquérir des rudiments de filipino. Inclus : un minidictionnaire bilingue.

Tagalog, pilipino, filipino… Si cette variété de noms provoque une certaine confusion, tant chez les Philippins que chez les visiteurs, elle est le reflet de l'histoire culturelle et politique d'une seule et même langue : la *lingua franca* des 7 000 îles qui constituent l'archipel des Philippines. Bien que n'étant pas la langue maternelle de tous les Philippins, le filipino est parlé en tant que seconde langue dans l'ensemble du pays (avec plus de 165 autres langues) et il est employé comme langue officielle pour l'enseignement à l'université ainsi que dans la plupart des transactions gouvernementales, juridiques et des entreprises (l'autre langue officielle étant l'anglais). Il appartient à la famille des langues malayo-polynésiennes et compte près de 45 millions de locuteurs dans le monde.

Le filipino se prononce généralement comme il s'écrit, et la prononciation des voyelles et des consonnes reste généralement la même partout. Lorsque les voyelles sont combinées, chacune se prononce séparément : *panauhin* (visiteur) se prononce ainsi "pa-na-ou-hin". Notez que aw se prononce ao (comme dans "Tchao"), ay c'est le ail de "bataille", ey le ai de "faire", iw le iou de "sioux", oy le ohi de "Moïse", et uy se dit ouhib (prononcez le son "ou", puis "i"). Le son r est légèrement roulé, et la combinaison ng comme dans "*une gare*". Peut être placé au début d'un mot, comme *ngayon* ("maintenant"). Certaines voyelles se prononcent avec un coup de glotte, qui consiste à émettre le son de la voyelle, puis à retenir sa respiration pour prononcer la suite du mot (comme la pause au milieu de "oh oh"). Les coups de glotte apparaissent surtout sur la voyelle finale d'un mot. Elle est indiquée ici par une apostrophe (') et on l'indique en filipino par un accent, circonflexe (ˆ), grave (`) ou aigu (´) au-dessus de la voyelle suivie par un arrêt glottal. Les syllabes accentuées sont signalées ici par des italiques. Les indications "pol" et "inf" désignent respectivement les formes polie et informelle.

BASES

Bonjour.	*Magandáng araw pô.* (pol)	ma·gan·*dang* a·row po'
	Magandáng araw. (inf)	ma·gan·*dang* a·row
Au revoir.	*Paalam na pô.* (pol)	pa·a·lam na po'
	Babay. (inf)	*ba*·bai
Oui.	*Opò.* (pol)	o·po'
	Oo. (inf)	oho
Non.	*Hindí pô.* (pol)	hin·*di'* po'
	Hindî. (inf)	hin·*di'*
Merci .	*Salamat pô.* (pol)	sa·*la*·mat po'
	Salamat. (inf)	sa·*la*·mat
Pas de quoi.	*Walá pong anumán.* (pol)	wa·*la* pong a·nou·*man*
	Waláng anumán. (inf)	wa·*lang* a·nou·*man*

Comment allez-vous/vas-tu ?
Kumustá po kayó? (pol) kou·mous·*ta* po ka·*yo*
Kumustá? (inf) kou·mous·*ta*

Bien. Et vous/toi ?
Mabuti pô. Kayó pô? (pol) ma·*bou*·ti po' ka·*yo* po'
Mabuti. Ikáw? (inf) ma·*bou*·ti i·*kow*

Comment vous appelez-vous/t'appelles-tu ?
Anó pô ang pangalan ninyó? (pol) a·*no* po' ang pa·*nga*·lan nin·*yo*

Anó ang pangalan mo? (inf) — a·*no* ang pa·*nga*·lan mo

Je m'appelle...

Ang pangalan ko pô ay ... (pol) — ang pa·*nga*·lan ko po' ai ...

Ang pangalan ko ay ... (inf) — ang pa·*nga*·lan ko ai ...

Parlez-vous anglais ?

Marunong ka ba ng Inglés? — ma·*rou*·nong ka ba nang ing·*gles*

Je ne comprends pas.

Hindí ko náiintindihán. — hin·*di* ko *na*·i·in·tin·di·*han*

ACHATS ET SERVICES

Je voudrais acheter...

Gustó kong bumilí ng ... — gous·*to* kong bou·mi·*li* nang ...

Je regarde juste.

Tumitingín lang akó. — tou·mi·ti·*ngin* lang a·*ko*

Je peux le voir

Puwede ko bang tingnán? — pou·*we*·de ko bang ting·*nan*

Combien ça coûte ?

Magkano? — mag·*ka*·no

C'est trop cher.

Masyadong mahál. — mas·*ya*·dong ma·*hal*

Pouvez-vous baisser le prix ?

Puwede mo bang ibabâ ang presyo? — pou·*we*·de mo bang i·ba·*ba'* ang *pres*·yo

Il y a une erreur dans l'addition.

May malí sa kuwenta. — mai ma·*li* sa kou·*wen*·ta

banque	*bangko*	*bang*·ko
cybercafé	*ínternet kapé*	*in*·ter·net ka·*pe*
poste	*pos opis*	pos o·pis
office du tourisme	*upisina ng turismo*	ou·pi·*si*·na nang tou·*ris*·mo
téléphone public	*teléponong pampúbliko*	te·*le*·po·nong pam·*poub*·li·ko

AU RESTAURANT

J'aimerais réserver une table pour...	*Gustó kong mag-reserba ng mesa para sa ...*	gous·*to* kong mag·re·*ser*·ba nang *me*·sa *pa*·ra sa ...
(huit) heures	*(alás-otso)*	(a·*las*·*ot*·so)
(deux) personnes	*(dalawáng) tao*	(da·la·*wang*) *ta*·o

Je voudrais voir le menu.

Gustó ko ng menú. — gous·*to* ko nang me·*nou*

Que recommandez-vous ?

Anó ang mairere-komendá mo? — a·*no* ang ma·i·re·re·ko·men·*da* mo

Qu'y a-t-il dans ce plat ?

Anó iyán? — a·*no* i·*yan*

Je ne mange pas (de viande rouge).

Hindî akó kumakain ng (karné). — hin·*di'* a·*ko* kou·ma·*ka*·in nang (kar·*ne*)

Santé !

Tagayan tayo! — ta·*ga*·yan *ta*·yo

C'était délicieux !

Masaráp! — ma·sa·*rap*

L'addition, s'il vous plaît.

Pakidalá ang tsit. — pa·ki·da·*la* ang tsit

Boissons

bière	*serbesa*	ser·*be*·sa
café	*kapé*	ka·*pe*
eau	*tubig*	*tou*·big
jus	*katás*	ka·*tas*
lait	*gatas*	*ga*·tas
thé	*tsaá*	tsa·*a*
vin	*alak*	*a*·lak

Divers

ail	*bawang*	*ba*·wang
beurre	*mantekilya*	man·te·*kil*·ya
crème aigre	*kremang maasim*	*kre*·mang ma·*a*·sim
fromage	*keso*	*ke*·so
glace	*yelo*	*ye*·lo
huile	*mantikà*	man·*ti*·ka
miel	*pulót-pukyutan*	pou·*lot*·pouk·*you*·tan
œufs	*itlóg*	it·*log*
pain	*tinapay*	ti·*na*·pai
poivre	*pamintá*	pa·min·*ta*
riz (cuit)	*kanin*	*ka*·nin
sel	*asín*	a·*sin*
soupes	*sopas*	*so*·pas
sucre	*asukal*	a·*sou*·kal
vinaigre	*sukà*	*sou*·ka'

Fruits et légumes

ananas	*pinyá*	pin·*ya*
champignon	*kabuté*	ka·bou·*te*
chou	*repolyo*	re·*pol*·yo
chou-fleur	*koliplawer*	ko·li·*pla*·wer
citron	*limón*	li·*mon*
concombre	*pipino*	pi·*pi*·no
épinards	*kulitis*	kou·*li*·tis
fruits	*prutas*	*prou*·tas
haricot	*bin*	bin
légumes	*gulay*	*gou*·lai
noix	*manê*	ma·*ne'*
oignons	*sibuyas*	si·*bou*·yas
orange	*kahél*	ka·*hel*

pêche	*pits*	pits
pois	*gisantes*	gi·*san*·tes
poivron	*bel peper*	bel *pe*·per
pommes de terre	*patatas*	pa·*ta*·tas
pommes	*mansanas*	man·*sa*·nas
raisins	*ubas*	*ou*·bas
tomate	*kamatis*	ka·*ma*·tis

Mots-clés

assiette	*pinggán*	ping·*gan*
avec…	*may …*	mai …
boisson	*inumin*	i·*nou*·min
bouteille	*bote*	*bo*·te
cafétéria	*kapiteryá*	ka·pi·ter·*ya*
chaud	*mainit*	ma·*i*·nit
couteau	*kutsilyo*	kout·*sil*·yo
cuillère	*kutsara*	kout·*sa*·ra
déjeuner	*tanghalian*	tang·ha·*li*·an
dîner	*hapunan*	ha·*pou*·nan
épicerie	*groseryá*	gro·ser·*ya*
fourchette	*tinidór*	ti·ni·*dor*
froid	*malamíg*	ma·la·*mig*
marché	*palengke*	pa·*leng*·ke
petit-déjeuner	*almusál*	al·mou·*sal*
restaurant	*restoran*	res·*to*·ran
sans…	*walâ …*	wa·*la'* …
végétarien	*bedyetaryan*	bed·ye·*tar*·yan
verre	*baso*	*ba*·so

Viandes et poissons

agneau	*tupa*	*tou*·pa
bœuf	*karné*	kar·*ne*
canard	*bibi*	*bi*·bi
crevettes	*sugpô*	soug·*po'*
dinde	*pabo*	*pa*·bo
huîtres	*talabá*	ta·la·*ba*
moules	*paros*	*pa*·ros
poisson	*isdâ*	is·*da'*
porc	*karnéng baboy*	kar·*neng* *ba*·boy
poulet	*manók*	ma·*nok*
thon	*tulingán*	tou·li·*ngan*
veau	*karnéng bulô*	kar·*neng* bou·*lo'*
viande	*karné*	kar·*ne*

DIRECTIONS

Où se trouve (le marché) ?
Násaán ang (palengke)? — na·sa·*an* ang (pa·*leng*·ke)

Est-ce loin ?
Gaano kalayo? — ga·a·no ka·*la*·yo

Panneaux

Pasukán	Entrée
Labásan	Sortie
Bukás	Ouvert
Sará	Fermé
Bawal	Interdit
CR	Toilettes
Lalaki	Hommes
Babae	Femmes

Quelle est l'adresse ?
Anó ang adrés? — a·*no* ang a·*dres*

Pourriez-vous me l'écrire ?
Pakísulat mo? — pa·*ki*·sou·lat mo

Pouvez-vous me montrer (sur la carte) ?
Maáari bang ipakita mo sa akin (sa mapa)? — ma·*a*·a·ri bang i·pa·*ki*·ta mo sa *a*·kin (sa *ma*·pa)

C'est…	*Iyón ay …*	i·*yon* ai …
derrière…	*nasa likurán ng …*	*na*·sa li·kou·*ran* nang …
devant…	*sa harapán ng …*	sa ha·ra·*pan* nang …
près de (…)	*malapit (sa …)*	ma·*la*·pit (sa …)
à côté de…	*katabí ng …*	ka·ta·*bi* nang …
à l'angle	*nasa kanto*	*na*·sa *kan*·to
en face…	*katapát ng …*	ka·ta·*pat* nang …
tout droit	*diretso*	di·*ret*·so

Tournez…	*Lumikó sa …*	lou·mi·*ko* sa …
au feu de circulation	*ilaw-trápiko*	*i*·low·*tra*·pi·ko
à gauche	*kaliwâ*	ka·li·*wa'*
à droite	*kanan*	*ka*·nan

HÉBERGEMENT

Où trouver un/une … ?	*Násaán ang …?*	na·sa·*an* ang …
camping	*kampingan*	kam·*pi*·ngan
pension	*bahay-bisita*	ba·hai·bi·*si*·ta
hôtel	*otél*	o·*tel*
auberge de jeunesse	*hostel para sa kabataan*	*hos*·tel *pa*·ra sa ka·ba·*ta*·an
Avez-vous une chambre… ?	*Mayroón ba kayóng kuwartong …?*	mai·ro·*on* ba ka·*yong* kou·*war*·tong …
simple	*pang-isahan*	pang·i·sa·han
double	*pandalawaha*	pan·da·la·*wa*·han

Nombres

1	*isá*	i·sa
2	*dalawá*	da·la·wa
3	*tatló*	tat·lo
4	*apat*	a·pat
5	*limá*	li·ma
6	*anim*	a·nim
7	*pitó*	pi·to
8	*waló*	wa·lo
9	*siyám*	si·yam
10	*sampû*	sam·pou'
20	*dalawampû*	da·la·wam·pou'
30	*tatlumpû*	tat·loum·pou'
40	*apatnapû*	a·pat·na·pou'
50	*limampû*	li·mam·pou'
60	*animnapû*	a·nim·na·pou'
70	*pitumpû*	pi·toum·pou'
80	*walumpû*	wa·loum·pou'
90	*siyamnapû*	si·yam·na·pou'
100	*sandaán*	san·da·an
1000	*isáng libo*	i·sang li·bo

twin	*may kambál na kama*	mai kam·bal na ka·ma

Combien est-ce par... ?	*Magkano ba para sa isáng ...?*	mag·ka·no ba pa·ra sa i·sang ...
nuit	*gabí*	ga·bi
personne	*katao*	ka·ta·o
semaine	*linggó*	ling·go

climatisation	*erkon*	er·kon
salle de bains	*banyo*	ba·nyo
toilettes	*kubeta*	kou·be·ta
fenêtre	*bintanà*	bin·ta·na'

HEURE ET DATES

Quelle heure est-il ?
Anóng oras na? a·nong o·ras na
Il est (10) heures.
Alás-(diyés). a·las·(di·yes)
(10) heures et demie.
Kalahating oras makalampás ang (alás-diyés). ka·la·ha·ting o·ras ma·ka·lam·pas ang (a·las·di·yes)

du matin	*ng umaga*	nang ou·ma·ga
de l'après-midi (12h–14h)	*ng tanghalì*	nang tang·ha·li'
de l'après-midi (12h–18h)	*ng hapon*	nang ha·pon

aujourd'hui	*sa araw na itó*	sa a·row na i·to
demain	*bukas ng*	bou·kas nang
hier	*kahapon ng*	ka·ha·pon nang

lundi	*Lunes*	lou·nes
mardi	*Martés*	mar·tes
mercredi	*Miyérkoles*	mi·yer·ko·les
jeudi	*Huwebes*	hou·we·bes
vendredi	*Biyernes*	bi·yer·nes
samedi	*Sábado*	sa·ba·do
dimanche	*Linggó*	ling·go
janvier	*Enero*	e·ne·ro
février	*Pebrero*	peb·re·ro
mars	*Marso*	mar·so
avril	*Abríl*	ab·ril
mai	*Mayo*	ma·yo
juin	*Hunyo*	houn·yo
juillet	*Hulyo*	houl·yo
août	*Agosto*	a·gos·to
septembre	*Setyembre*	set·yem·bre
octobre	*Oktubre*	ok·tou·bre
novembre	*Nobyembre*	nob·yem·bre
décembre	*Disyembre*	dis·yem·bre

TRANSPORTS

Transports publics

Quel... va à (Bataan) ?	*Alíng ... ang papuntá sa (Bataan)?*	a·ling ... ang pa·poun·ta sa (ba·ta·an)
bateau	*bapór*	ba·por
catamaran	*catamaran*	ka·ta·ma·ran
ferry	*ferry*	pe·ri

Est-ce le... pour (Baguío) ?	*Itó ba ang ... na papuntá sa (Baguío)?*	i·to ba ang ... na pa·poun·ta sa (ba·gi·o)
bus	*bus*	bous
jeepney	*dyipni*	jip·ni
megataxi	*mega-taksi*	me·ga·tak·si
train	*tren*	tren

Quand passe le... (bus) ?	*Kailán ang ... (bus)?*	ka·i·lan ang ... (bous)
premier	*unang*	ou·nang
dernier	*hulíng*	hou·ling
prochain	*súsunód na*	sou·sou·nod na

Un billet... (pour Liliw).	*Isáng tiket ... na (papuntá sa Liliw).*	i·sang ti·ket ... na (pa·poun·ta sa li·lew)
1re classe	*1st class*	pers klas
2e classe	*2nd class*	se·kan klas
aller simple	*one way*	wan way
aller-retour	*balikan*	ba·li·kan

À quelle heure part (le bus) ?
Anóng oras áalís ang (bus)? — a·nong o·ras a·a·lis ang (bous)

À quelle heure (le bateau) arrive-t-il (à Samal) ?
Anóng oras daratíng ang (bapór) sa (Samal)? — a·nong o·ras da·ra·ting ang (ba·por) sa (sa·mal)

Est-ce qu'il s'arrête (à Porac) ?
Humihintó ba itó sa (Porac)? — hou·mi·hin·to ba i·to sa (po·rak)

Prévenez-moi lorsque l'on arrive (à Tagaytay).
Pakisabi lang sa akin pagdatíng natin sa (Tagaytay). — pa·ki·sa·bi lang sa a·kin pag·da·ting na·tin sa (ta·gai·tai)

J'aimerais descendre à (Rizal).
Gustó kong bumabá sa (Rizal). — gous·to kong bou·ma·ba sa (ri·sal)

Merci de me conduire à (cette adresse).
Pakihatíd mo akó sa (adrés na itó). — pa·ki·ha·tid mo a·ko sa (a·dres na i·to)

arrêt de bus	*hintuan ng bus*	hin·tou·an nang bous
billetterie	*bilihan ng tiket*	bi·li·han nang ti·ket
gare ferroviaire	*istasyón ng tren*	is·tas·yon nang tren

Voiture et vélo

Je voudrais louer un/une...	*Gustó kong umarkilá ng ...*	gous·to kong ou·mar·ki·la nang ...
4x4	*4WD*	por·wil·draib
vélo	*bisikleta*	bi·sik·le·ta
voiture	*kotse*	kot·se
moto	*motorsiklo*	mo·tor·sik·lo

Est-ce bien la route de (Macabebe) ?
Itó ba ang daán patungo sa (Macabebe)? — i·to ba ang da·an pa·tou·ngo sa (ma·ka·be·be)

Puis-je me garer ici ?
Puwede ba akóng pumarada dito? — pou·we·de ba a·kong pou·ma·ra·da di·to

Ma (voiture) est tombée en panne à (San Miguel).
Nasiraan ang (kotse) sa (San Miguel). — na·si·ra·an ang (kot·se) sa (san mi·gel)

Questions

Comment ?	*Paano?*	pa·a·no
Où ?	*Saán?*	sa·an
Pourquoi ?	*Bakit?*	ba·kit
Quand ?	*Kailán?*	ka·i·lan
Qui ?	*Sino?*	si·no
Quoi ?	*Anó?*	a·no

J'ai un pneu crevé.
Plat ang gulóng ko. — plat ang gou·long ko

Je suis tombé en panne sèche.
Naubusan akó ng gasolina. — na·ou·bou·san a·ko nang ga·so·li·na

magasin de vélo	*tindahan ng bisikleta*	tin·da·han nang bi·sik·le·ta
mécanicien	*mekániko*	me·ka·ni·ko
essence	*gasolina*	ga·so·li·na
station-service	*serbis istesyon*	ser·bis is·tes·yon

URGENCES

Au secours !	*Saklolo!*	sak·lo·lo
Partez !	*Umalís ka!*	ou·ma·lis ka
Appelez... !	*Tumawag ka ng ...!*	tou·ma·wag ka nang ...
un médecin	*doktór*	dok·tor
la police	*pulís*	pou·lis

Il y a eu un accident.
May aksidente. — mai ak·si·den·te

Je suis malade.
May sakít akó. — mai sa·kit a·ko

Ça fait mal là.
Masakít dito. — ma·sa·kit di·to

Je suis allergique (aux antibiotiques).
Allergic akó sa (antibayótikó). — a·ler·jik a·ko sa (an·ti·ba·yo·ti·ko)

Je suis perdu.
Nawawalâ akó. — na·wa·wa·la' a·ko

Où sont les toilettes ?
Násaán ang kubeta? — na·sa·an ang kou·be·ta

GLOSSAIRE

arnis de mano – type de combat à l'épée préhispanique (souvent appelé simplement *arnis*)

bagyo – typhon

bahala na – ("c'est comme ça") pratiquement une philosophie nationale. Avant la christianisation du pays, Dieu était appelé *bathala* par les ancien Philippins. L'expression *bahala na* qui provient de ce mot exprime la foi (Dieu assure la providence) ainsi qu'une certaine sorte de fatalisme (advienne que pourra) : tout a une fin, et en attendant, la vie doit être vécue, de préférence en compagnie de ses amis, et surtout, en famille

bahay na bato – maison de pierre

balangay – pirogue à balanciers fabriquée artisanalement et pouvant aller en mer

balikbayan – Philippins émigrés revenant vivre, ou de passage, aux Philippines

balisong – éventail ou couteau papillon

bangka – embarcation en bois, généralement à balanciers, et souvent équipée d'un moteur de voiture ; pirogue à moteur (*pumpboat*)

barangay – village, quartier ou communauté, c'est l'unité sociopolitique de base de la société philippine

barkada – groupe d'amis

barong – terme générique désignant une chemise (d'homme) qui fait figure de costume national ; en général, richement brodée ou décorée devant

barong tagalog – la chemise philippine traditionnelle (le *barong* était à l'origine destiné aux hommes ; le terme désigne la chemise seulement), richement brodée ou décorée sur l'avant, faite de *jusi* ou *pinya*

baryo – philippinisation du mot espagnol *barrio* (quartier). Synonyme de *barangay*

bayanihan – tradition philippine selon laquelle des voisins aident une famille à déménager en transportant sa maison vers son nouveau lieu d'habitation. Par extension, le mot signifie l'esprit de communauté grâce auquel ce qui semble impossible devient possible par la force de l'union et la coopération

BPI – Bank of the Philippine Islands

bulol – statue dont la fonction est d'être gardien du riz chez l'ethnie ifugao

butanding – requin-baleine

carabao – buffle d'eau, parfois appelé *kalabaw*

CBST – Community Based Sustainable Tourism (tourisme durable axé sur la communauté)

CR – comfort room (toilettes)

DENR – Department of Environment & Natural Resources (ministère de l'Environnement et des Ressources naturelles)

DOH – Department of Health (ministère de la Santé)

DOT – Department of Tourism (office du tourisme)

filipino – la langue nationale, issue du tagalog, le dialecte de Manille et des provinces alentour

GRO – "Guest Relation Officers". Officiellement, ce sont des "agents de relation avec la clientèle" bien considérés, mais, officieusement, ce sont des prostituées

halal-halal – moto-taxi à plusieurs places

haribon – l'aigle philippin, une espèce menacée. Littéralement, *haribon* signifie "roi des oiseaux"

ilustrado – Philippin cultivé issu de la classe moyenne au XIXe siècle

jaï alaï – jeu de balle rapide (dérivé de la pelote basque), l'un des sports les plus populaires aux Philippines

jeepney – véhicule aux couleurs vives, de forme allongée, équipé de bancs et bondé de passagers

jusi – tissu de fibres de ramie, utilisé pour fabriquer les *barong*

kalesa – charriot tiré par des chevaux

kundiman – chansons mélancoliques originaires de Manille (et de la région tagalog), l'un des genres musicaux préférés dans l'archipel

lahar – glissement de terrain de débris volcaniques provoqué par la pluie ou coulée de boue de cendres volcaniques. Fréquents autour du mont Pinatubo

mestizo – Philippin d'origine métisse (souvent chinoise ou espagnole). Un Philippin d'ascendance asiatique autre que chinoise n'est pas appelé *mestizo*

MILF – Moro Islamic Liberation Front (Front islamique moro de libération)

MNLF – Moro National Liberation Front (Front de libération nationale Moro)

Moro – Terme colonial espagnol désignant les Philippins musulmans. Autrefois péjoratif, le terme est le plus souvent aujourd'hui revendiqué fièrement

nara – arbre au bois dur ; l'arbre national des Philippines

nipa – palmier d'eau dont les feuilles servent à fabriquer des huttes traditionnelles, l'habitat traditionnel dans les zones rurales

NPA – New People's Army (Nouvelle Armée du Peuple)

paraw – pirogue à balancier traditionnelle avec un foc et une grand-voile

pasyon – la Passion du Christ, chantée ou reconstituée pendant la semaine sainte

Philvolcs – Institut philippin de volcanologie et de sismologie

Pinoy – nom que les Philippins se donnent eux-mêmes

pinya – tissu de fibres d'ananas, souvent utilisé pour faire des *barong*

PNP – Philippine National Police (Police nationale philippine)

poblasyon – centre-ville

RCBC – Rizal Commercial Banking Corporation

sabong – combat de coqs

sala – salon

santo – statue religieuse

sari-sari – petite épicerie de quartier où l'on trouve de tout ; *sari-sari* signifie littéralement "assortiment"

swidden farming (culture itinérante) – la culture d'une portion de terrain après débroussaillement et brûlis

tagalog – dialecte dominant de Manille et des provinces environnantes, à la base de la langue nationale, le filipino

tamaraw – buffle endémique vivant uniquement à Mindoro. L'une des espèces les plus menacées au monde

tinikling – danse folklorique philippine

tricycle – pousse-pousse philippin, autrefois à pédales mais aujourd'hui largement motorisé

VFA – Visiting Forces Agreement (accord portant sur la présence de forces militaires étrangères dans le pays)

v-hire – van/minibus local

En coulisses

VOS RÉACTIONS ?

Vos commentaires nous sont très précieux et nous permettent d'améliorer constamment nos guides. Notre équipe lit toutes vos lettres avec la plus grande attention. Nous ne pouvons pas répondre individuellement à tous ceux qui nous écrivent, mais vos commentaires sont transmis aux auteurs concernés. Tous les lecteurs qui prennent la peine de nous communiquer des informations sont remerciés dans l'édition suivante, et ceux qui nous fournissent les renseignements les plus utiles se voient offrir un guide.

Pour nous faire part de vos réactions, prendre connaissance de notre catalogue et vous abonner à Comète, notre lettre d'information, consultez notre site web : **www.lonelyplanet.fr**

Nous reprenons parfois des extraits de notre courrier pour les publier dans nos produits, guides ou sites web. Si vous ne souhaitez pas que vos commentaires soient repris ou que votre nom apparaisse, merci de nous le préciser. Pour connaître notre politique en matière de confidentialité, connectez-vous à : **www.lonelyplanet.fr/confidentialite/index.cfm**

À NOS LECTEURS

Merci à tous les voyageurs qui ont utilisé la dernière édition de ce guide et qui nous ont écrit pour nous faire part de leurs conseils, de leurs suggestions et de leurs anecdotes :

B Jean-Claude Benyacar, Yann Bernard, Pierre Bordas, Rudy Borel, Sylvain Bousquet, Jean-Marie Buchilly, **C** Lisa Callot, Emmanuelle Choquet Saux, Joël Clouet **D** Marion David, Loïc Dubois, Patricia Duhamel **F** Camille Fouesnant, David Frachou **G** Denis Geairain, Fernande Gigoux, Hélène Guimpard **H** Julien Herry, Sophie Houdon **L** Guilhem Lenoire, Patricia Levy **M** Yves Mandon, Rachel Morin **N** Richard Nathan, Gilles Noé **P** Anna Perez, Philippe Roy **R** Émilie Rebreyend, Frédéric Rolland **S** Nathalie Salomon, Myriam Solee **V** Christine Veulemans, Olivier Villeblond

UN MOT DES AUTEURS

Greg Bloom

Comme toujours, un grand merci à ma *barkada* à Manille – tu te reconnaîtras. Un salut tout particulier aux clans Edes, Donahue, Fitzpatrick et (à Subic) Blythe pour leur hospitalité ; à Johnny Weekend pour m'avoir accompagné et avoir bravé un typhon entre Romblon et Batangas ; à Glen pour m'avoir rencardé sur l'itinéraire Boracay-PG ; à Peng et Will S pour l'aide aux recherches ; à Trisha et aux nombreuses personnes qui m'ont pris en stop ; et, surtout, à Anna pour m'avoir permis de respecter la pire deadline du monde.

Merci également à sa maman pour avoir tenu le fort. Et, bien entendu, à mes compagnons auteurs pour leur esprit de *bayanihan*.

Michael Grosberg

Je suis toujours reconnaissant envers les Philippins rencontrés en chemin pour leur gentillesse et leur générosité. Un grand merci à Sonny Dison, Kublai et Min Milan à Davao ; Judy Distal à El Nido ; Romie Villanueva, Huber Castillo et Onyo Austria pour la merveilleuse traversée entre El Nido et Coron ; Andy et Jojo de Sangat et Jim Goll de Coron ; Michele et Ulrich à Camiguin, Gerry and Susan Deegan à Siargao.

Et enfin merci à Carly pour avoir partagé le nord de Palawan avec moi.

Trent Holden

Comme d'habitude, ce guide est le résultat d'une collaboration entre auteur, habitants et voyageurs. Les personnes suivantes m'ont été d'une grande aide : Howard et Bambi pour tout Negros ; Aimee Marcos, Wolfgang Dafert, Felix Constantino Cata-al pour avoir été de merveilleux sujets d'interviews ; Rene Richard A Salazar pour les contacts ; Piers Kelly pour les infos ; Nedgar Garvez, Verna Vargos, Sun Dacillo et tout le personnel des offices du tourisme de la région ; Mischa et Carmen.

Pour mes collègues de travail, un très grand merci à Ilaria Walker pour m'avoir mis sur ce guide et à Greg Bloom pour toutes les informations et les conseils. Merci aussi à toute l'équipe de production Lonely Planet pour leur travail sans répit. Enfin, une pensée affectueuse pour ma famille et ma compagne Kate pour m'avoir laissé partir si longtemps l'année dernière !

Adam Karlin

Merci, *po :* tout d'abord aux volontaires des Peace Corps, qui m'ont beaucoup facilité le voyage et l'ont rendu bien plus sympathique. Chelsea Sexton et Jenn Rimbach à Olongapo, Baguio et Vigan, Tracy Fooler à Baguio, Caitlin Sherman àVigan, et un grand salut pour toutes les recherches à Dan Thalkar à Sagada, Sammy Liu à Vigan, Jessi Acuña à Marinduque et Sam West à Baguio (et... euh... Tampa). Un immense merci à mes amis philippins, en particulier Maria Teresa Madriaga et son mari à Manille, Jeff à Clark et les vieux messieurs qui m'ont aidé à Zambalès – je n'ai jamais su tous vos noms, mais soyez bénis. Un grand merci à toute l'équipe : Trent et Michael pour le feedback et le fun, Ilaria pour être une secrétaire d'édition si coopérante et Greg Bloom pour avoir dirigé le vaisseau de main de maître. "Last but not least", merci à vous, maman, papa et Rachel, pour votre amour et votre soutien, notamment pour toute la logistique lorsque l'on m'a volé mon passeport.

REMERCIEMENTS

Nous remercions Peel MC, Finlayson BL & McMahon TA (2007) "*Updated World Map of the Köppen-Geiger Climate Classication*", Hydrology and Earth System Sciences, 11, 163344, pour leur adaptation des tableaux climatiques.

CRÉDIT PHOTOGRAPHIQUE

Données de la carte climatique adaptées de Peel MC, Finlayson BL & McMahon TA (2007) 'Updated World Map of the Köppen-Geiger Climate Classification', Hydrology and Earth System Sciences, 11, 163344.

Photographie de couverture : Rizières face au mont Mayon, Albay, Bicol, John Pennock/LPI

De nombreuses photographies de ce guide sont également disponibles auprès de notre agence photographique Lonely Planet Images (LPI) : www.lonelyplanetimages.com

À PROPOS DE CET OUVRAGE

Cette 2e édition française du guide *Philippines* est la traduction de la 11e édition du guide *Philippines* en anglais, dont l'auteur-coordinateur est un grand connaisseur du pays Greg Greg Bloom. Celui-ci a écrit les chapitres de la partie *Préparer son voyage*, les chapitres de la partie *Comprendre les Philippines* et le *Carnet pratique*. Il est également allé sur le terrain et a rédigé les chapitres *Manille*, *Environs de Manille* et *Mindoro* ainsi que les sections *Panay* et *Romblon* du chapitre *Les Visayas*. Michael Grosberg a fait la mise à jour, parfois en prenant des risques, des chapitres *Mindanao et Sulu* et *Palawan*. Trent Holden a mis à jour et rédigé les sections *Îles Camotes*, *Negros*, *Siquijor*, *Bohol*, *Leyte*, *Île de Biliran* et *Samar* du chapitre *Les Visayas*. Adam Karlin a mis à jour et rédigé les chapitres *Sud-est de Luzon* et *Nord de Luzon*. Kate Morgan a mis à jour et rédigé la section *Cebu City*. Tout l'équipe s'est appuyée sur le travail des auteurs de la 10e édition ; Greg Bloom, Michael Grosberg, Virginia Jealous et Piers Kelly. Le chapitre *Santé* a été supervisé par le Dr Trish Batchelor. Ce guide a été commandé par le bureau de Melbourne de Lonely Planet.

Traduction
Nathalie Berthet, Yann Champion, Frédérique Hélion et Florence Guillemat Szarvas

Direction éditoriale
Didier Férat

Adaptation française
Muriel Chalandre-Yanes Blanch

Responsable prépresse
Jean-Noël Doan

Maquette
Laurence Tixier et Eduardo Yanes Blanch

Couverture
Adapté par Annabelle Henry pour la version française

Cartographie
Cartes originales de Csanad Csutoros adaptées en français par Nicolas Chauveau

Remerciements
Un chaleureux merci à Émilie Leibig, Claude Albert, Chantal Duquenoy, Rose-Hélène Lempereur et Sylvie Rabuel pour leur précieuse contribution au texte. Un coucou particulier à Dominique Spaety (tu nous manques !) et à Dorothée Pasqualin. Enfin merci à Darren O'Connell, Chris Love, Craig Kilburn, Carol Jackson du bureau australien et à Clare Mercer, Tracey Kislingbury et Joe Revill du bureau de Londres.

index

Références des cartes **en gras**
Références des photos en bleu

D

H

I

J

K

L

M

N

O

P

Q

R

S

T

INDEX DES ENCADRÉS

Comment utiliser ce guide

Ces symboles vous aideront à identifier les différentes rubriques :

- À voir
- Activités
- Cours
- Circuits organisés
- Fêtes et festivals
- Où se loger
- Où se restaurer
- Où prendre un verre
- Où sortir
- Achats
- Renseignements/transports

Ces symboles vous donneront des informations essentielles au sein de chaque rubrique :

- Numéro de téléphone
- Horaires d'ouverture
- Parking
- Non-fumeurs
- Climatisation
- Accès Internet
- s Chambre simple
- f Chambre familiale
- Wi-Fi
- Piscine
- Végétarien
- Familles bienvenues
- Animaux acceptés
- dort Dortoir
- d Chambre double
- app Appartement
- Bus
- Ferry
- Métro
- Tramway
- Train
- ch Chambre
- tr Chambre triple
- ste Suite

Les pictos pour se repérer

- Les coups de cœur de l'auteur
- GRATUIT Des sites libre d'accès
- Les adresses écoresponsables

Nos auteurs ont sélectionné ces adresses pour leur engagement dans le développement durable – par leur soutien envers des communautés ou des producteurs locaux, leur fonctionnement écologique ou leur investissement dans des projets de protection de l'environnement.

Légende des cartes

À voir

- Plage
- Temple bouddhiste
- Château
- Église/cathédrale
- Temple hindou
- Mosquée
- Synagogue
- Monument
- Musée/galerie
- Ruines
- Vignoble
- Zoo
- Centre d'intérêt

Activités

- Plongée/snorkeling
- Canoë/kayak
- Ski
- Surf
- Piscine/baignade
- Randonnée
- Planche à voile
- Autres activités

Se loger

- Hébergement
- Camping

Se restaurer

- Restauration

Prendre un verre

- Bar
- Café

Sortir

- Spectacle

Achats

- Magasin

Renseignements

- Poste
- Point d'information

Transports

- Aéroport/aérodrome
- Poste frontière
- Bus
- Téléphérique/funiculaire
- Piste cyclable
- Ferry
- Métro
- Monorail
- Parking
- S-Bahn
- Taxi
- Train/rail
- Tramway
- Tube
- U-Bahn
- Autre moyen de transport

Routes

- Autoroute à péage
- Autoroute
- Nationale
- Départementale
- Cantonale
- Chemin
- Route non goudronnée
- Rue piétonne
- Escalier
- Tunnel
- Passerelle
- Promenade à pied
- Promenade à pied (variante)
- Sentier

Limites et frontières

- Pays
- Province/État
- Contestée
- Région/banlieue
- Parc maritime
- Falaise/escarpement
- Rempart

Population

- Capitale (pays)
- Capitale (État/province)
- Grande ville
- Petite ville/village

Géographie

- Refuge/gîte
- Phare
- Point de vue
- Montagne/volcan
- Oasis
- Parc
- Col
- Aire de pique-nique
- Cascade

Hydrographie

- Rivière
- Rivière intermittente
- Marais/mangrove
- Récif
- Canal
- Eau
- Lac asséché/salé/intermittent
- Glacier

Topographie

- Plage/désert
- Cimetière (chrétien)
- Cimetière (autre religion)
- Parc/forêt
- Terrain de sport
- Site (édifice)
- Site incontournable (édifice)

Adam Karlin

Nord de Luzon, Sud-est de Luzon. Adam a essuyé quelques déconvenues aux Philippines. Pluies torrentielles, typhons et coulées de boue semblaient s'être donné rendez-vous pour lui servir le pire temps possible pour une recherche Lonely Planet. L'un des pneus de sa voiture a également crevé une nuit à minuit au milieu de nulle part, à Zambales. Il s'est aussi fait dérober son portefeuille et son passeport alors qu'il était en route vers l'aéroport. Et pourtant, il a adoré l'endroit. Comment pourrait-il en être autrement ? Les paysages paradisiaques, les lézards géants sculptés dans les portes de bois, la population des plus accueillantes et sympathiques... c'est irrésistible ! Adam a écrit et participé à plus de 25 guides pour Lonely Planet.

Pour en savoir plus sur Adam Karlin :
lonelyplanet.com/members/adamkarlin

Contributions

Kate Morgan. En tant que responsable éditoriale aux bureaux de Lonely Planet à Melbourne, Kate a pour mission d'envoyer les auteurs vers des destinations de par le monde. Travaillant également en tant qu'auteur et secrétaire d'édition free-lance, elle a décidé qu'il était temps pour elle de prendre la route à son tour. Après être passée d'île en île sur des *bangka* et s'être régalée de fruits de mer à Cebu, elle espère que ce ne sera pas son dernier voyage en tant qu'auteur.

LES GUIDES LONELY PLANET

Une vieille voiture déglinguée, quelques dollars en poche et le goût de l'aventure, c'est tout ce dont Tony et Maureen Wheeler eurent besoin pour réaliser, en 1972, le voyage d'une vie : rallier l'Australie par voie terrestre via l'Europe et l'Asie. De retour après un périple harassant de plusieurs mois, et forts de cette expérience formatrice, ils rédigèrent sur un coin de table leur premier guide, *Across Asia on the Cheap*, qui se vendit à 1 500 exemplaires en l'espace d'une semaine. Ainsi naquit Lonely Planet, qui possède aujourd'hui des bureaux à Melbourne, Londres et Oakland, et emploie plus de 600 personnes. Nous partageons l'opinion de Tony, pour qui un bon guide doit à la fois informer, éduquer et distraire.

LES AUTEURS

Greg Bloom

Auteur coordinateur, Manille, Environs de Manille, Mindoro, Les Visayas. Greg a vécu presque cinq ans à Manille avant de s'installer à Phnom Penh en 2009. Il a arpenté le pays de long en large pour Lonely Planet, avec autant de hauts (plongée à Apo Reef, rencontre des requins-baleines à Donsol, spéléologie à Samar) que de bas (il a été éjecté d'un jeepney en marche, a survécu à un accident de bus à Bicol, a été victime d'un pickpocket dans le MRT). Lorsqu'il n'écrit pas sur sa destination préférée, Greg se balade dans l'ancienne Union soviétique (il a habité à Kiev) ou sillonne les terrains de ultimate frisbee d'Asie. Son blog raconte ses expériences de voyage : www.mytripjournal.com/bloomblogs.

Pour en savoir plus sur Greg Bloom :
lonelyplanet.com/members/gbloom4

Michael Grosberg

Palawan, Mindanao et Sulu. C'est la quatrième édition anglaise du guide *Philippines* sur laquelle a travaillé Michael. Il y est retourné pour divers travaux pour des magazines et aime voyager aux Philippines autant pour retrouver les amis rencontrés en chemin que pour s'imprégner de la beauté physique des îles. Universitaire/journaliste reconverti en auteur, Michael a travaillé sur plus de 17 guides Lonely Planet. Il habite aujourd'hui à Brooklyn, New York.

Pour en savoir plus sur Michael Grosberg :
lonelyplanet.com/members/michaelgrosberg

Trent Holden

Les Visayas. Bien qu'il connaisse plutôt bien le Sud-Est asiatique, Trent n'était jamais allé aux Visayas auparavant. Explorer ses îles éclectiques en passant en *bangka*, *habal-habals* et jeepneys, lui a permis de découvrir certaines des plus belles plages et des gens les plus accueillants du monde. Trent vit à Melbourne, où il travaille en tant qu'auteur et secrétaire d'édition free-lance. C'est un passionné de foot, de football américain et de punk rock. Ayant auparavant travaillé sur des guides tels que *Inde* et *Indonésie*, c'est son quatrième livre pour Lonely Planet.

PAGE 479 AUTEURS (suite)

Philippines
2e édition
Traduit et adapté de l'ouvrage Philippines, 11th edition, May 2012

Dépôt légal septembre 2012
ISBN 978-2-81612-134-6
Imprimé par Pollina - L69737, France
Réimpression 03, septembre 2014

En Voyage Éditions | un département place des éditeurs